Gesetz und Schuld
im
Strafrecht.

Fragen des geltenden deutschen Strafrechts und seiner Reform.

Von

Dr. L. v. Bar,

ord. Professor der Rechte an der Universität Göttingen.

Band III: Die Befreiung von Schuld und Strafe durch das Strafgesetz.

Berlin 1909.

J. Guttentag, Verlagsbuchhandlung,

G. m. b. H.

Die
Befreiung von Schuld und Strafe durch das Strafgesetz.

Von

L. v. Bar.

Berlin 1909.
J. Guttentag, Verlagsbuchhandlung,
G. m. b. H.

Vorwort.

Auch das Erscheinen des vorliegenden dritten und letzten Bandes hat sich gegen meine Erwartung verzögert. Die Revision des vor längerer Zeit Geschriebenen veranlaßte mich, einzelne Teile umzuarbeiten, und dabei war eine in mehreren Beziehungen inzwischen erwachsene Literatur zu berücksichtigen.

Plan und Ziel der Arbeit habe ich unverändert beibehalten. Nach wie vor wollte ich den wissenschaftlichen Leistungen der früheren Zeit wie der Gegenwart möglichst gerecht werden, um daraus das meiner Ansicht nach Brauchbare und Wertvolle nutzbar zu machen, zugleich aber die geschichtliche Entwicklung in größeren Zügen erfassen, um damit eine Richtschnur für die Reform des Strafrechts zu erlangen, ohne doch das Recht neuer Bedürfnisse und neuerer Anschauungen zu verkennen.

Wenn ich im Vorwort zum ersten Bande bemerkte, ich sei zu einigen Konsequenzen gelangt, welche der neuen deutschen kriminalistischen Richtung entsprechen dürften, indes von deren Vertretern noch nicht gezogen seien, so wird jetzt das vorliegende Ganze meiner Arbeit die Prüfung gestatten, ob jene Bemerkung zutreffend war.

In dieser Hinsicht möchte ich hinweisen auf die im 2. Bande gegebene Behandlung der Schuldlehre (des Vorsatzes, des Rechtsirrtums, der Fahrlässigkeit), welche ich, eine Gesinnungsstrafe freilich ablehnend, auf die Strafwürdigkeit des Charakters zurückführte, aber auch auf die in dem vorliegenden Bande vertretenen Ansichten über Konkurrenz der Delikte und über das sog. fortgesetzte Verbrechen. Festgehalten habe ich die Meinung, daß Moral und Strafrecht in enger Verbindung stehen, daß letzteres im Grunde nur eine dem Individuum gegenüber zwingend auftretende Moral der Gesamtheit darstellt, daß aber gewichtige und tiefeinschneidende Zweckmäßigkeitsgründe diese Zwangsmoral beschränken, und daß man daher sich hüten muß, dasjenige, was moralisch für durchaus verwerflich oder einer zweifellos zu strafenden Handlung für moralisch gleichstehend erachtet wird, lediglich aus diesem Grunde und ohne genaueste Prüfung der Konsequenzen der öffentlichen Strafe zu unterwerfen. Nach dieser Erwägung mußte ich Selbstverletzung und andererseits Verletzung eines Einwilligenden streng von einander scheiden, aber auch dem im Bürgerlichen Gesetzbuche in gewissem Umfange anerkannten wirklichen, eine Gegenwehr ausschließenden Notstands r e c h t e gegenüber kritisch entgegentreten. Gegen die in der modernen Richtung der strafrechtlichen Literatur nicht selten bemerkbare Neigung, bisher straflose Handlungen künftig der Strafjustiz zu überliefern, mußte ich schon dieser Betrachtung zufolge, aber auch deshalb oft ablehnend mich verhalten, weil zutreffende Anwendung solcher Straferweiterungen ideale, unfehlbare Richter erfordern würde.

Die formulierten Gesetzesparagraphen, in denen ich Reformvorschläge zusammenfaßte, werden, verglichen mit den oft in lapidarer Kürze gehaltenen Bestimmungen unseres gegenwärtig geltenden Strafgesetzbuchs, nicht selten umfangreich erscheinen. Aber vielleicht wird man, um den verschiedenen Fällen mehr gerecht und den Laienrichtern verständlicher zu werden, künftig zu größerer Ausführlichkeit sich entschließen müssen, ohne deshalb in Kasuistik sich zu verlieren: ich finde auch in den von Anderen gemachten Gesetzesvorschlägen größere Ausführlichkeit, und schließlich ist es leichter, Entbehrliches zu streichen, als Fehlendes zu ergänzen.

Das große jetzt vollständig erschienene Sammelwerk „vergleichende Darstellung des deutschen und ausländischen Strafrechts" habe ich auch für diesen dritten Band meiner Arbeit nur teilweis noch benutzen können. Reichhaltigkeit und Einzelheiten des aus ausländischen Gesetzgebungsarbeiten beigebrachten Materials anlangend, kann meine Arbeit mit jenem großen Werke in Vergleich nicht gestellt werden. Aber Manchem mag es weniger ankommen auf eine so vollständige Darstellung, in welcher die einzelnen Gesetzgebungen meist von einander getrennt wiedergegeben werden, als auf möglichst scharfe Hervorhebung der wesentlichen Differenz- und andererseits Übereinstimmungspunkte, verbunden mit einer mehr eingehenden Darstellung des bei uns jetzt geltenden Rechtes.

Ich habe zugleich anderwärts eingeführte oder empfohlene Bestimmungen auch daraufhin geprüft, ob sie gerade im Deutschen Reiche zur Aufnahme geeignet erscheinen. Gleichlautende Gesetze können in einem Großstaate unter klaffenden politischen, sozialen und religiösen Spaltungen anders wirken als in kleinen Staaten, wo jene Gegensätze oft weniger bedeuten. Je schroffer solche Gegensätze, desto weniger dürfen strafrechtliche Normen empfohlen werden, die ihrer Dehnbarkeit oder der Möglichkeit stark verschiedener Auslegung wegen den Verdacht willkürlicher, parteiischer Anwendung ausgesetzt sind; denn die Justiz bedarf des Vertrauens um wahrhaft wertvoll zu sein und unvermeidliche Fehlgriffe der Gesetze wie der Richter erträglicher zu machen.

Streng genommen wäre die Lehre von der Konkurrenz der Delikte (einschließlich der Lehre vom fortgesetzten Verbrechen) nicht unter dem Titel zu behandeln gewesen, welcher dem dritten Bande gegeben ist. Sie ist diesem Bande als Anhang eingefügt, um den zweiten nicht unförmig werden zu lassen, und als sachlicher Grund läßt sich geltend machen, daß immerhin in Konkurrenzfällen die bei dem einzelnen Delikte sonst maßgebende Strafschuld sich ändert.

Göttingen, im März 1909.

Abkürzungen*).

AM. = Anderer Meinung.
BGB. = Bürgerliches Gesetzbuch.
Bes. oder bes. = besonders.
Arch. d. Cr. = Archiv des Criminalrechts.
AG. = Appellationsgericht.
CGB. = Criminalgesetzbuch.
E. = Entscheidung, bzw. Entscheidungen, ohne weiteren Zusatz = Entscheidungen des Reichsgerichts in Strafsachen.
GArch. = Goltdammers Archiv, jetzt Archiv für Strafrecht u. Strafprozeß, herausgegeben von *Kohler*.
GB. = Gesetzbuch.
GS. = Gerichtssaal.
Jahrbuch oder Jahrb. = Jahrbuch des Strafrechts und Strafprozesses, herausgegeben von *Soergel* u. *Krause*. Beilage zu der Zeitschrift „Das Recht" Bd. 1 1907, Bd. 2 1908.
KH. = Kassationshof.
N. oder Nr. = Nummer.
OAG. = Oberappellationsgericht.
OLG. = Oberlandesgericht.
OT. = Obertribunal.
ROH. = Reichsoberhandelsgericht.
RG. = Reichsgericht.
Rs. = Rechtsprechung des Reichsgerichts.
StGB. = Strafgesetzbuch.
U. = Urteil.
Vergl. Darstellung = Vergleichende Darstellung des deutschen und ausländischen Strafrechts. Vorarbeiten zur deutschen Strafrechtsreform, herausgegeben auf Anregung des Reichs-Justizamtes. Besonderer Teil 9 Bde. 1906 ff. Allgemeiner Teil 6 Bde. 1907, 1908.
Zeitschr. (ohne Zusatz) = Zeitschrift für die gesamte Strafrechtswissenschaft.
Bei Angabe des Datums von Entscheidungen sind bei Weglassung der beiden ersten Ziffern 18 bzw. 19 ergänzend zu lesen; also z. B. 1./6. 86 = 1. Juni 1886.

---

* Ein Verzeichnis der benutzten Literatur allgemeineren Inhalts findet sich Bd. I S. IX ff. Die auf die einzelnen Lehren besonders sich beziehende Literatur it zu den einzelnen Abschnitten angegeben.

Inhaltsverzeichnis.

I. Rechtswidrigkeit der Handlung.

(Ausschließung der Rechtswidrigkeit.)

A. Einleitung.

B. Selbstverletzung (Selbstmord) und Teilnahme an der Selbstverletzung.

C. Einwilligung des Verletzten.

D. Recht und Pflicht zur Handlung.

E. Notwehr und Notstand.

Seite

II. Erlöschen der Strafschuld.

A. Tod des Schuldigen.

B. Verjährung.

C. Begnadigung.

III. Strafschuld bei Konkurrenz von Delikten.

Berichtigungen.

Seite 7 ist in der letzten Zeile des Textes vor dem Worte „durch" das Wort „ein" zu streichen.

Seite 35 erste Zeile vor dem Worte „Tötung" einzuschalten „gegenseitige".

Seite 37 Zeile 2 der Anmerkung 58 statt „Zeitschr." zu lesen „Zeitung".

Seite 39 oberste Zeile statt „Dringen" zu setzen „Dingen".

Seite 54 fehlt im Anfange der Zeile 6 „§ 26".

Seite 76 Zeile 10 ist statt „betrachtet" zu setzen „beachtet".

Seite 94 Zeile 2 des Textes von unten sind die Worte „eine solche Schädigung" zu streichen.

Seite 129 Anm. 208) fehlt vor „C. unde vi" die Zahl 1.

Seite 208 Anm. 354 fehlt am Schlusse der Zeile 9 dieser Anmerkung das Wort „nicht".

Seite 339 Zeile 10 des Textes von unten statt „autorativer" zu setzen „autoritativer".

Seite 389 ist in der letzten Zeile des Textes statt des Wortes „leichter" zu setzen „schwerer".

Seite 443 letzte Zeile der Anm. 189 ist statt „Art. 931" zu setzen „Art. 131".

Seite 471 ist in Zeile 2 der Anm. 251 statt „hier zum Teil" zu setzen „heutzutage".

Seite 494 ist in Zeile 14 des Textes von oben hinter dem Worte „Abolition" einzuschalten das Wort „stets".

Seite 551 Zeile 5 des Textes von oben statt „eine" zu setzen „einheitliche".

I. Rechtswidrigkeit der Handlung.

Ausschließung der Rechtswidrigkeit.

A. Einleitung.

Luden, Abhandlungen a. d. Strafr. **2** S. 396ff. *Ad. Merkel*, Kriminalistische Abhandlungen **1** (1867) S. 42ff. *Hälschner*, GS. **21** S. 16ff., **28** S. 462ff. *Thon*, Rechtsnorm und subjektives Recht 1878. *Hertz*, Das Unrecht und die allgemeinen Lehren des Strafrechts (1880). *Heyssler*, Das Zivilunrecht und seine Formen, Wien 1880. *Binding*, Die Normen und ihre Übertretung **1** 2. Aufl. S. 291ff. *Kitzinger*, GS. **55** S. 1—105. *Löffler*, Zeitschr. **21** S. 539 ff. *Hold v. Ferneck*, Die Rechtswidrigkeit **1** (1903) und **2** Abt. **1** (1905). *Kohlrausch*, Irrtum und Schuldbegriff 1 (1903). *A. Graf zu Dohna*, Die Rechtswidrigkeit als allgemein gültiges Merkmal im Tatbestande strafbarer Handlungen 1903 (dazu *Kohlrausch*, Zeitschr. **25** S. 656—663). *Schleifenbaum*, Der Begriff des gegenwärtigen rechtswidrigen Angriffs 1904. *Zitelmann*, Archiv fur die zivilistische Praxis **99** S. 1—130. *Knetsch*, Der Begriff der Notwehr 1906, S. 44 ff. *Holer*, Die Einwilligung der Verletzten, Zürich 1906, S. 1—56. *Heimberger*, Zur Lehre vom Ausschluß der Rechtswidrigkeit, geschichtlicher Beitrag 1907. (S. A. aus Festschrift der jurist. Fakultät Gießen.)

§ 1. Die durch das Strafgesetz geschützten Lebensinteressen können, selbst objektiv betrachtet, meist nur einen relativen Wert beanspruchen. Es lassen sich Lebenslagen denken, in denen ein hochzustellendes Lebensinteresse einem anderen, mit dem es in Kollision gerät, zu weichen hat: die Ehre, die Freiheit einer Person kann unter Umständen geopfert oder einem Angriffe preisgegeben werden müssen, da die Strafjustiz nicht anders bestehen kann, als daß zuweilen auch gegen einen Ehrenmann vorläufig eine Beschuldigung erhoben oder ein Unschuldiger einstweilen seiner Freiheit beraubt wird usw., ja das Leben Unschuldiger kann zuweilen, wenn gegen einen aufrührerischen Haufen vorgegangen werden muß, geopfert werden, ohne daß man solches anscheinend als rücksichtsloses Vergehen zu tadeln oder als unzulässig bezeichnen dürfte. Das Strafrecht aber kann nicht einmal absolut diejenige Beurteilung für maßgebend erklären, welche vom Standpunkte des Gemeinwesens als die richtige für den Kollisionsfall gelten müßte; es muß vielmehr, wenn es über Schuld und Strafe des im Kollisionsfalle handelnden Individuums gerecht entscheiden will, bis zu einem gewissen Grade diejenige Beurteilung gelten lassen, welche nach Maßgabe von Kultur und Sitte nicht allzu große Opfer von dem Egoismus der einzelnen verlangt, um so mehr, als ein gewisser Grad des Egoismus nach rationeller Würdigung der menschlichen Verhältnisse der Regel nach selbst der Erhaltung des Gemeinwesens dient.

Daher gelten die Verbote und Gebote des Strafrechts nur mit Vorbehalt von Ausnahmen, so kategorisch sie auch abgefaßt sein mögen.[1])

Freilich würde es dem wahren Sachverhalte entsprechen, die strafrechtlichen Verbote und Gebote so zu fassen, daß diejenigen Fälle, für welche sie nicht gelten sollen, schon dem Ausdrucke nach nicht darunter zu subsumieren wären. Aber genauere Betrachtung zeigt, daß selbst ausdrückliche Anerkennung zahlreicher, die Gesetze schwer verständlich machender Ausnahmen der unendlichen Mannigfaltigkeit des wirklichen Lebens nicht gerecht werden würde, während zugleich das menschliche Denken ohne Benutzung der Denkform von Regel und Ausnahme kaum möglich erscheint, der Gesetzgeber also, indem er die Regel ausspricht und Ausnahmen vorbehält, sich nur einer allgemein beobachteten, ja notwendigen Denkform bedient.

Selbstverständlich kann von derartig stillschweigend zugelassenen Ausnahmen um so weniger die Rede sein, je wichtiger das durch das einzelne Strafgesetz geschützte Lebensinteresse ist, und umgekehrt. Die Tötung eines Nebenmenschen kann, abgesehen von den im Gesetze besonders zugelassenen Ausnahmen, kaum jemals als Ausnahme gestattet sein, während z. B. das Verbot, einen Fußsteig in bestimmter Weise zu benutzen, als unvernünftig erscheinen wird, wenn nicht diese und jene Ausnahme als vorbehalten gelten soll.

Diejenigen Fälle aber scheidet man von vornherein hier richtigerweise aus, in denen unzweifelhaftes Herkommen dem scheinbar allgemeiner lautenden Gesetze eine beschränktere Bedeutung beilegt. In Wahrheit handelt es sich hier nicht um eine wirkliche Ausnahme, vielmehr um die Regel selbst, welche nur in der hergebrachten Weise ausgesprochen ist. So ist, wenn das Gesetz die Tötung eines Menschen verbietet und bestraft, darunter nur die Tötung eines Nebenmenschen, nicht die Selbsttötung zu verstehen. Der Selbstmord ist hier

---

[1]) *Binding*, Handb. 1 S. 174. *Olshausen*, Teil 1, Abschn. 4, Anm. 1. *Hold v. Ferneck* 1 S. 205.

nicht Ausnahme, sondern unter der Regel des Verbots überhaupt nicht begriffen. [1a])

Es kann nun aber dem Gesetzgeber selbst der Gedanke sich aufdrängen, daß mancherlei Ausnahmen anzuerkennen seien: es wird sich dann empfehlen, im Gesetze selbst auf die Möglichkeit solcher Ausnahmen hinzuweisen. In welcher Weise dies im deutschen Strafgesetze zu geschehen pflegt, werden wir alsbald in Betracht ziehen.

Es kann aber auch ein solcher Hinweis fehlen. Dann wird, wenn das Strafrecht nicht dem individuellen Ermessen des Richters völlig den Platz räumen, vielmehr die vom Gesetze gewollte Norm des Verhaltens der Menschen noch irgend als „unverbrüchlich" gelten soll, eine Ausnahme nur für diejenigen Fälle zu behaupten sein, in denen die Anwendung der Strafnorm eine völlig unvernünftige sein würde, und dafür muß der Nachweis scharf erbracht werden; allerdings kann er ebenso wie durch den Nachweis unerträglicher Konsequenzen, so auch dadurch erbracht werden, daß nur bei Anerkennung der Ausnahme eine schrille Dissonanz mit anderen höchst wichtigen Rechtsprinzipien vermieden werden könne. [1b])

[1a]) Der Streit (vgl. darüber in der Kürze *Frank*, 5.—7. Aufl., S. 12, und *Kohlrausch*, Zeitschr. **24** S. 731, sowie *Beling*, Lehre v. Verbr., S. 36 ff, 164 ff.), inwiefern die sog. Strafausschließungsgründe zum Tatbestande zu rechnen seien, erledigt sich meines Erachtens dahin, daß sie regelmäßig nicht im Tatbestande im Sinne des gesetzlichen Deliktsbegriffs berücksichtigt werden, wohl aber ihre Nichtexistenz die Strafbarkeit der wirklichen konkreten Handlung bedingt.

[1b]) Graf *Dohna* stellt (S. 50ff.) im Anschluß an *Stammlers* Lehre vom richtigen Recht den Satz auf, daß, falls nicht das Gesetz das Gegenteil bestimme, eine Handlung, obschon dem gesetzlichen Tatbestande eines Delikts entsprechend, gleichwohl nicht strafbar sei, wenn sie im Hinblick auf das Endziel der sozialen Gemeinschaft als rechtes Mittel zu rechtem Zwecke sich darstelle. Abgesehen aber davon, daß die Kenntnis der Endziele der sozialen Gemeinschaft einstweilen noch nicht feststeht, wird damit in Wahrheit gesagt, daß der Richter das Gesetz in allen Fällen nicht anzuwenden habe, in welchen ihm, dem Richter, die Anwendung unzweckmäßig, die Handlung des Angeklagten nach unbestimmtem Ermessen als sozial zweckmäßig erscheint. Damit wird der Richter über den Gesetzgeber gestellt, die Wirksamkeit der Regel, die das Gesetz gerade als Regel will, von dem Nachweis abhängig gemacht, daß der Richter sie ebenfalls für zweckmäßig erachte. Vgl. dagegen zutreffend *Kohlrausch*, Zeitschr. **25** S. 661: „Der Richter darf also (nach Graf *Dohna*) die trotz dem BGB. noch ziemlich engen Notbestände und Grenzen beliebig erweitern; er darf zulassen, daß etwa der Bestohlene, der den Dieb auf frischer Tat ertappt, diesem zunächst eine Tracht Prügel verabfolgt, bevor er ihn zur Polizei führt; er darf auch zulassen, daß der betrogene Ehemann den ertappten Ehebrecher tötet — falls nur der Richter von der Richtigkeit des Zwecks und des

Endlich aber kann das Gesetz selbst gewisse allgemeine wichtige und häufig anzuerkennende Ausnahmen (z. B. Notwehr) aufstellen, die bei allen Strafgesetzen gelten sollen. Die nach der besonderen Beschaffenheit der einzelnen Strafgesetze anzuerkennenden Ausnahmen müssen dann neben diesen allgemeinen Ausnahmen zur Anwendung kommen.

Insofern nun das Strafgesetz allein ins Auge gefaßt wird, erscheint jede gegen das Strafgesetz verstoßende Handlung als „rechtswidrig"; denn auch das Strafgesetz ist Recht. Die ausnahmsweise gestattete Handlung ist „nicht rechtswidrig".[2]) Eine allgemeine, für jedes einzelne Strafgesetz erschöpfend ausreichende Beantwortung der Frage, was im strafrechtlichen Sinne rechtswidrig und andererseits nicht rechtswidrig sei, ist demnach unmöglich, und die allgemeine Erörterung dreht sich daher, wie die bisherigen Versuche zur Lösung der Frage gezeigt haben, notwendig im Kreise: rechtswidrig ist, was im Strafgesetze unter Strafe gestellt ist, und was unter Strafe gestellt ist, ist rechtswidrig. Genauer wäre freilich, nur von Strafrechtswidrigkeit oder Strafgesetzwidrigkeit zu sprechen;[3]) aber da das Strafgesetz sich im wesentlichen nur mit der Frage beschäftigt, welche Handlungen strafbar sind, und wie sie bestraft werden sollen, und der Eingriff in andere Rechtsgebiete durch Strafgesetze in der Regel als Fehler der Gesetzestechnik bezeichnet werden muß, so ist gegen jenen von unserem StGB. beobachteten Sprach-

---

Mittels überzeugt ist, und davon überzeugt zu sein, kann ihn nichts in der Welt hindern". Eingehende Widerlegung auch bei *v. Hold* 2 S. 8 ff. Soll dann etwa gar (vgl. *Kohlrausch* a. a. O.) der Richter dasjenige als richtig gelten lassen, was dem Handelnden selbst nach bestem Wissen als dem Wohle des Ganzen zutreffend erschien, so sind beliebige Mordtaten als vermeintlicher Schutz der Ehre usw. erlaubt und die allgemeine gewalttatige Anarchie die Folge. Ferner gegen Graf *Dohna*: *Beling*, Lehre vom Verbrechen, S. 162 ff.; *Frank*, 5. Aufl., S. 11; *Meyer-Allfeld*, S. 213; *Liszt*, 16. Aufl. § 32 Anm. 3.

[2]) Ebenso wie die Handlung eines Geisteskranken, eines Kindes oder die Handlung jemandes, der sich im tatsächlichen Irrtume befindet, wenn das Strafgesetz nur die dolose Handlung als strafbar ansieht.

[3]) Wird hier entgegnet, daß die zivilrechtliche Haftung nur positives Recht sei, welches für eine grundlegende Theorie nicht entscheide, so ist es leicht ein anderes in dieser Beziehung einwandfreies Beispiel beizubringen. Wer, in grobem tatsächlichem Irrtum eine fremde Sache für die seinige haltend, diese verkauft und einem anderen übereignet, begeht kein Delikt (insbesondere weder Diebstahl noch Unterschlagung). Sollte er aber nicht eines zivilrechtlichen Unrechts sich schuldig machen, namentlich wenn der Irrtum auf Fahrlässigkeit beruht?

gebrauch kaum etwas einzuwenden, und unzutreffend dürfte *Belings* (Lehre vom Verbrechen S. 169) Behauptung sein, daß es keine nur strafrechtlich wirkende Unrechtsausschließungsgründe gebe:[4]) wenn jemand im entschuldigten Notstande die Person eines anderen verletzt, so liegt strafrechtlich kein Unrecht vor; wohl aber zivilrechtlich,[5]) und umgekehrt könnte das Gesetz eine Handlung, z. B. den Abschluß eines Vertrags, verbieten, das Zivilrecht ihn dagegen als gültig, d. h. als rechtmäßig behandeln, was freilich nur selten vorkommen wird.

§ 2. Anerkannt aber muß werden, daß, wenn die Rechtsordnung ein wirkliches Recht zur Vornahme einer Handlung gibt, sei es als privatrechtliche, sei es als öffentlich rechtliche Befugnis, dadurch — und selbstverständlich ebenfalls durch Aufstellung einer Pflicht — auch die Handlung als strafrechtlich nicht rechtswidrig bezeichnet wird. Die Rechtsordnung kann sich nicht selbst widersprechen, und das Strafrecht, welches in der Hauptsache, wenn auch nicht ausschließlich, die Aufgabe erfüllt, dem Privatrechte und dem öffentlichen Rechte den unerläßlichen Schutz zu gewähren, hat im Kollisionsfalle hier zu weichen.[6]) Freilich für das Verhältnis aller derselben Autorität entstammenden Rechtssätze, mögen sie dem Strafrechte oder einem anderen Rechtsgebote angehören, gilt der Satz, daß das spätere Gesetz dem früheren vorgeht, und so kann in der Tat durch ein Strafgesetz selbst ein durch

---

[4]) In Konsequenz dieser Ansicht scheint auch die Möglichkeit eines nur objektiv rechtswidrigen Zustandes geleugnet werden zu müssen, welche Möglichkeit *Beling*, a. a. O. S. 170ff., gerade scharf verteidigt.

[5]) Daß strafrechtliche und zivilrechtliche Rechtswidrigkeit nicht identisch zu sein brauchen, ist auch *Zitelmanns* (S. 12) Ansicht.

[6]) Insoweit haben Strafgesetze nur den Charakter sekundärer Rechtsnormen. Daraus folgt auch, daß durch Landesgesetze, welche direkt nicht vermögen, Handlungen für straffrei zu erklären, die nach Reichsrecht strafbar sind, gleichwohl indirekt in recht erheblichem Umfange dies Ergebnis herbeigeführt werden kann. Wenn ein neues Landesgesetz z. B. dem Lehrer ein weitgehendes Züchtigungsrecht gegen den Schüler einräumen würde, so würden damit zahllose Körperverletzungen, die vorher nach Reichsrecht strafbar waren, nunmehr straffrei werden; ebenso zahlreiche nach Reichsrecht strafbare Körperverletzungen und Tötungen, wenn ein Landesgesetz Polizeibeamten ein weitgehendes Recht zum Waffengebrauche geben würde. Dies ist unzweifelhaft in der Praxis des RG. anerkannt. — Auf den Streit, ob die Strafrechtssätze der übrigen Rechtsordnung gegenüber nur als sekundäre Rechtssätze zu betrachten seien, was meines Erachtens unrichtig ist, aber eine Voraussetzung der Normentheorie *Bindings* ist, soll hier nicht weiter eingegangen werden. Vgl. darüber *Kitzinger*, S. 22 ff.

ein dem Privatrechte oder dem öffentlichen Rechte angehörendes Recht beseitigt werden — und zwar in besonders nachdrücklicher Weise.[7]) Aber andererseits folgt aus dem Satze »*Lex posterior derogat priori*«, daß, wenn ein späteres Gesetz irgendwelcher Gattung (ein privatrechtliches Gesetz oder ein Verfassungsgesetz) eine Handlung allgemein für „rechtmäßig" oder für dem Rechte nicht zuwiderlaufend erklärt, damit ohne weiteres ihre Strafbarkeit in Wegfall kommt.[8])

Es ist jedoch keineswegs lediglich Verirrung, wenn das Recht manche Handlung n u r in dem Sinne für nicht rechtswidrig erklärt, daß es den Handelnden nicht als straffällig behandelt, im übrigen aber an die Handlung diejenigen Folgen knüpft, welche eine rechtswidrige Handlung begleiten; denn auf strafrechtliche Repression kann weit eher verzichtet werden, als auf Auferlegung des Schadensersatzes oder Erlaubnis der Abwehr seitens derjenigen, den die straffreie Handlung bedroht. Das praktische Ergebnis kann im Falle einer Abwehr durch den, sei es in seiner Person, sei es in seiner sonstigen Rechtssphäre, Bedrohten freilich ein K a m p f sein, in welchem der straffrei Handelnde unterliegt, ja das Leben einbüßt oder umgekehrt der Abwehrende. Dies Ergebnis wird aber erträglicher durch den Einfluß moralischer Anschauungen und insbesondere dadurch, daß die Mehrzahl der Menschen nicht gern in einen wirk-

---

[7]) Das Strafgesetz gibt also keineswegs immer Gesetzen anderer Art nach, und insofern es vielfach Interessen und Lebensgüter schutzt, die privatrechtlichen Schutz nicht genießen, oder als besondere Privatrechte nicht anerkannt werden, so z. B. das Leben, die persönliche Freiheit, die Unversehrtheit der Gesundheit, tritt das Strafgesetz auch in selbständiger Weise schopferisch auf. — Auch *Hold* **2** S. 52 polemisiert mit triftigen Grunden gegen die so haufig vorgebrachte und benutzte Auffassung, welche den Strafgesetzen n u r s e k u n d a r e n Charakter beilegt, und bemerkt ebenso mit Recht, es sei der Grundsatz »*Lex posterior derogat priori*« in Verbindung mit den allgemeinen Regeln der Interpretation anzuwenden. Aber er übersieht, daß gerade fur die Interpretation der i n d e r R e g e l n u r sekundäre Charakter des Strafgesetzes maßgebend sein muß.

[8]) Vgl. *Olshausen*, Teil I Abschn. 4 Anm. 1 und z. B. RG. II, 24./6. 87 und II, 24./4. 01. GArch. **48** S. 301. — Bezüglich des Rechtsirrtums aber besteht ein fundamentaler Unterschied zwischen den Fallen, in denen der Handelnde sich irrtümlich ein bestimmtes Recht zuschreibt, und denjenigen Fallen, in denen der Handelnde glaubt, auf Grund einer durch das Strafgesetz unmittelbar selbst gegebenen Ausnahme (Befugnis) in bestimmter Weise straffrei handeln zu können Vgl. Bd. **2** S. 395. — Die Entscheidungsgründe des letzterwähnten Urteils sind in dieser Beziehung auf dem richtigen Wege, gelangen aber schließlich zu einem unrichtigen Satze.

lichen Kampf sich einläßt und nicht gern Einbuße in der moralischen Achtung anderer erleiden mag, daher in gewissem Umfange auch zu einem Nachgeben in der Verteidigung ihrer Rechtssphäre geneigt sein wird. Und dies Ergebnis kann möglicherweise, ungeachtet es keineswegs voll befriedigt, doch, wie unten sich zeigen wird, bei weitem einer Regelung vorzuziehen sein, welche den straflos Handelnden auch mit den Befugnissen eines vollständigen, selbst gegen den Widerstand eines anderen siegreich sein sollenden Rechtes ausstattet; denn die Grenze des wirklichen Rechts kann schwer feststellbar sein für den Gesetzgeber, und noch mehr für den Richter, und die Beteiligten, die oft zu raschem, wenig Überlegung zulassendem Handeln veranlaßt werden, können, darauf pochend, daß sie ein wirkliches Recht in Anspruch nehmen dürfen, erst recht zur Überschreitung dieses Rechts und somit zum Kampfe, zu schweren Exzessen gelangen. So könnte es kurzsichtige Weisheit sein, welche überall mit der nur strafrechtlich entschuldigten Handlung ein auch gegen andere wirksames vollständiges Recht verbinden möchte und in der Annahme der juristischen Möglichkeit nur entschuldigter, nicht vollberechtigter Handlungen nur eine Inkonsequenz, eine Art widerspruchsvoller Rechtsbildung erblickt, deren Beseitigung erstrebt werden müßte.

§ 3. Die soeben vorgenommene Betrachtung führt mit Notwendigkeit zu der Annahme, daß es auch ein nur objektives Unrecht gibt,[8a]) daß sogar vom Standpunkte des in seinem Rechte Geschädigten oder Bedrohten die nur entschuldigte Handlung des anderen als Unrecht abgewehrt und verfolgt werden kann.

Diese von alters her gemachte Annahme ist in neuester Zeit mehrfach angegriffen worden. *Ad. Merkel* a. a. O. bezeich-

---

[8a]) Bei der nur strafrechtlich erlaubten, objektiv rechtswidrigen Handlung ist aber des weiteren noch ein doppeltes Verhalten der Rechtsordnung möglich. Sie kann den strafrechtlich erlaubt, aber objektiv rechtswidrig Handelnden beschränken auf die eigene Kraft oder aber anderen allgemein (oder nur gewissen ihm nahestehenden) Personen gestatten, ihm im Kampfe Hülfe zu leisten. Die Hulfe allgemein zu gestatten, wenn der Widerstand gleichfalls erlaubt ware, dürfte aber ein gefährliches Prinzip sein, da der Kampf eine ungemessene Ausdehnung erlangen könnte. Die allgemeine Gestattung der Hülfe drängt daher dazu, die nur erlaubte Handlung zu einer vollkommen rechtmäßigen zu erheben, ein wiederum oft bedenkliches Prinzip. Die Ausgleichung ist in rationeller Weise möglich, aber nicht so einfach, wie die Verteidiger des Notrechts glauben und auch die Mehrheit der Verfasser der entsprechenden Paragraphen des BGB. geglaubt hat.

nete das Wesen des Rechts als einen Inbegriff von Geboten und Verboten (mein Eigentum an einer Sache besteht z. B. in dem für alle anderen geltenden Verbote, mich in Besitz, Genuß der Sache, Verfügung zu hindern oder zu beschränken). Gebote und Verbote aber wenden sich nur an den Willen zurechnungsfähiger Menschen. Wo also ohne solchen Willen Schädigung eines Gutes erfolgt, liegt ebensowenig Rechtsverletzung vor, wie in dem Falle, daß Naturgewalten (oder die Mäuse) jemandes Gut schädigen, eine Ansicht, der sich *Stammler* (Lehrbuch vom Notstand S. 3); *Janka*, Strafrecht S. 109; *Jellinek* [9]) und *Hertz* (S. 6, 7, 14) anschlossen und der neuerdings *Hold v. Ferneck* eine umfangreiche und tiefangelegte Begründung zu geben unternommen hat. Zu überwiegen scheint aber die gegenteilige, an der Annahme auch einer objektiven Rechtswidrigkeit festhaltende Ansicht. Allerdings konnte die Wiederlegung *Merkels* durch *Hälschner* für zureichend nicht angesehen werden. Sie erblickte den Fehler *Merkels* nur in einer Vermengung von Schuld und Zurechenbarkeit: bei dem auch subjektiven Unrechte sei Schuld, bei dem nur objektiven nur Zurechenbarkeit vorhanden; der nur objektiv im Unrecht Befindliche wolle tatsächlich den rechtswidrigen Zustand, sei aber wegen tatsächlichen Irrtums nicht in Schuld; bei dem Zurechnungsunfähigen dagegen fehle der Wille überhaupt, ebenso wie bei Naturgewalten und Tieren. Diese Widerlegung ist wesentlich nur zugeschnitten auf den gutgläubigen Besitzer einer fremden Sache, der diese letztere behalten will, und deshalb ungenügend, da unleugbar auch der Zurechnungsunfähige einen sehr energischen, freilich ihm nicht zur Schuld gereichenden Willen äußern kann. Wer überhaupt eine objektive Rechtswidrigkeit konstruieren will, kann dies nur tun vom Standpunkte der Wirkung der Handlung aus, insbesondere vom Standpunkte der Wirkung auf die Person oder die Rechtssphäre des Verletzten aus, nicht aber, indem er vom Standpunkte des handelnden Subjekts ausgehend eine Unterscheidung macht und lediglich das Argument *Merkels*

---

[9]) Die sozialethische Bedeutung von Recht, Unrecht und Strafe, 1878, S. 56 ff. Freilich wird zugegeben, daß auch auf andere Weise ein nicht rechtmäßiger Zustand hervorgebracht werden könne. Ein Unterschied zwischen „nicht rechtmäßig" und „rechtswidrig" dürfte aber unerfindlich sein.

beseitigt, daß man in Konsequenz der Annahme objektiver Rechtswidrigkeit die Hülfe der Gerichte auch gegen Mäuseschaden, Heuschrecken und andere schädliche Naturereignisse in Anspruch zu nehmen hätte.[10]) Und wer andererseits in Konsequenz der Normentheorie das gesamte Recht in Verbote und Gebote auflöst, muß in der Tat die Existenz eines nur objektiven Unrechts leugnen, wie dies auch von *Hold v. Ferneck* geschieht; denn eine Norm verletzen kann nur, wer sie und ihre vom Gesetze gewollte Anwendung auf den vorliegenden Fall nicht will. Aber diese von *Thon* (S. 8) insbesondere vorgenommene Auflösung des gesamten Rechts in unzählige Gebote und Verbote, wobei der Nachdruck dann wesentlich auf die Verbote fällt, und das Eigentum z. B. erscheint als das an alle Welt gerichtete Verbot, den Eigentümer im Besitz, Genuß usw. der Sache nicht zu stören, zu hindern, ist unzureichend, wie sie denn auch *Hold v. Ferneck* zu einer unten zu würdigenden, schwerlich haltbaren Theorie des Notstandes und der Notwehr geführt hat.

Sie reicht nicht aus,[11]) das völkerrechtliche Recht der Staaten auf ihren Besitz zu erklären. Wir haben unser Land, weil wir

---

[10]) Die Ansichten differieren stark in Ansehung der sog. Normenadresse. Vgl. darüber insbesondere *Kohlrausch*, Irrtum S. 50 ff.

1. Die Normen wenden sich an alle Menschen, auch an Zurechnungsunfähige, nur nicht an Tiere (*Thon*, S. 71 ff.).

2. Sie wenden sich an alle zurechnungsfahigen Menschen (*Jhering*, Das Schuldmoment im römischen Privatrecht S. 5 ff.; *Hälschner* a. a. O. und Strafrecht 1 S. 17 ff.; *Binding* 1 S. 159 und Normen, 1. Aufl. In der 2. Aufl. der Normen S. 245 ff. und besonders S. 298 hat *Binding* als Unrecht oder Rechtswidrigkeit oder Rechtsverletzung alles einem subjektiven Rechte widerstreitende Geschehen oder Verhalten bezeichnet, also sich für Anerkennung der Kategorie eines nur objektiven Unrechts erklärt.

3. Sie wenden sich nur an Zurechnungsfähige, denen die Verletzung zugerechnet werden kann, so daß rechtswidriges Handeln mit dem schuldhaften Handeln identisch ist (so *Merkel* und *Jellinek*).

Prinzipiell richtig ist die zweite Ansicht; denn vernunftigerweise soll jeder Zurechnungsfahige sich bemühen, die Gebote und Verbote der Rechtsordnung zu beobachten, und zwar in allen Lebenslagen. Daß ihm dies nicht immer gelingt, daß er oft ihre Anwendung auf den einzelnen Fall nicht erkennt, kann zwar von Schuld, Strafe und Schadenersatz, den Folgen der Normübertretung, befreien, ist aber für die Frage, wen die Normen verpflichten wollen, gleichgultig. Meiner Ansicht nach ist der ganze scholastische Streit bedeutungslos.

[11]) Auch abgesehen von der Schwierigkeit, die Rechtsordnung gegenüber den zurechnungsfähigen Personen aufrecht zu erhalten, welche doch durch Verbote und Gebote nicht verpflichtet werden können. *Hold v. Ferneck* löst diese Schwierigkeit dadurch auf, daß die gesetzlichen Vertreter der Zurechnungsunfahigen durch die Normen gebunden seien und die Übertretung der Normen zu verhindern haben. Dazu werden die gesetzlichen Vertreter aber sehr oft nicht imstande sein, und oft

es in Besitz nahmen, es kultivierten, nicht lediglich deshalb, weil es anderen Völkern verboten ist, es uns zu rauben. Wollte man auch annehmen, daß die internationale Rechtsordnung, der sich die Kulturstaaten unterwerfen, in eine Summe von Imperativen aufgelöst werden könne — eine zum mindesten gesagt recht künstliche Auffassung, da man doch fragen würde, wer denn die Gebote und Verbote autoritativ ergehen lasse —, so wäre damit ausgesprochen, daß einem Volke gegenüber, welches jene internationale Rechtsordnung nicht anerkennt, wir ein Recht nicht haben würden. Ein Staat entsteht aber rechtlich durch die Tatsache, daß er sich konstituiert, nicht erst durch die Anerkennung der übrigen Staaten, so wichtig ihm letztere auch sein mag.[12])

Die althergebrachte Auffassung, welche das subjektive Recht vom Standpunkte des Berechtigten aus als etwas Positives konstruiert und das Verbot der Störung und Beeinträchtigung des Rechtes nur als Folgeerscheinung betrachtet, ist daher zutreffend; sie allein entspricht der Auffassung des Rechts als einer Folge der dem menschlichen Verhältnisse immanenten und in die Erscheinung tretenden Vernunft.[13])

---

wird auch, wenn z. B. ein latent Geisteskranker jemanden verletzt oder totet, ein gesetzlicher Vertreter noch nicht vorhanden sein. — In letzter Linie erscheint nach *Holds* (S. 94) Auffassung das Recht der Berechtigten „formell (was bedeutet hier „formell"?) lediglich als Funktion im Verpflichteten". Genauer hatte dies schon *Luden*, Abh. **2** S. 409 dahin ausgesprochen: das Recht der einen habe in der Pflicht der anderen seinen Grund und seine Quelle. „Die Pflicht ist also das Ursprungliche, und das Recht des anderen das Begrundete." Vgl. dagegen auch *Binding*, Kritische Vierteljahrsschr. f. Gesetzgebung **21** S. 545 ff.; *Kohler*, *Grunhuts* Zeitschr. **14** S. 6.

[12]) Es dürfte auch die Theorie der gegenseitigen Anerkennung von Forderungen des Verhaltens (vgl. *Jellinek*, System der subjektiven öffentlichen Rechte S. 296—314) zur Begrundung des Volkerrechts nicht ausreichen.

[13]) In der Konsequenz der kunstlichen Auffassung des Rechts als einer Unsumme von Verboten und Geboten vermag *Hold v. Ferneck* (S. 290) die Existenz erlaubender Rechtssatze nicht anzuerkennen. Erlauben erscheint als „Nichtverbieten", d. h. als reines Nichts (S. 282: „Wer sein Leben hindurch nichts tate, als erlauben, tate gar nichts"). Das konnte richtig sein, wenn als Rechtszustand ein reines Vakuum angenommen werden könnte. Aber ein solcher Rechtszustand kann nicht gedacht werden; die Phantasie, die ihn annehmen wollte, ginge noch weit hinaus über Hypothesen des früheren Naturrechts. Sobald irgendein positiver Rechtszustand unter Menschen angenommen wird, kann das „Erlauben" etwas sehr Reales, Wirksames sein, z. B. ein Waldeigentümer erlaubt Armen in seinem Walde Holz zu sammeln, oder der Staat erlaubt eine bis dahin verbotene Handlung und liefert unzähligen Individuen damit ein Motiv, in bestimmter Weise zu handeln.

§ 4. Das Wort „rechtswidrig" hat den vorstehenden Ausführungen zufolge keineswegs immer dieselbe Bedeutung. Wenn man daher versuchte, eine allgemein gültige Bedeutung aufzustellen, so mußte man notwendig zu Widersprüchen und Unklarheiten gelangen, und so erklären sich auch die vielfachen, über den Begriff der Rechtswidrigkeit herrschenden Meinungsverschiedenheiten und der ebenfalls oft verschiedene Gebrauch des Wortes „rechtswidrig" bei einem und demselben Autor.[14]) *Hold v. Ferneck* (S. 270) hält daher für richtig, den Begriff der Rechtswidrigkeit auf den Fall der Verletzung eines subjektiven Rechtes zu beschränken und die strafrechtliche Rechtswidrigkeit im übrigen als Normwidrigkeit zu bezeichnen. Gegen das letztere spricht aber, daß bei der großen Verbreitung, welche eine Zeitlang *Bindings* eigentümliche Normentheorie gefunden hat, mit dem Ausdruck normwidrig sich bei vielen leicht eine andere nicht beabsichtigte Vorstellung verbinden würde, und jene Beschränkung des Begriffs der Rechtswidrigkeit ist willkürlich und mit dem hergebrachten Sprachgebrauche nicht zu vereinigen: wie sollte denn auch z. B. die Verletzung einer Bestimmung des Verfassungs- oder Verwaltungsrechtes bezeichnet werden?

Aufgenommen in die Definition eines Deliktes als Merkmal der Handlung des Handelnden selbst (desjenigen, der das Delikt begangen haben möchte), nicht der Handlung eines anderen [15]) oder eines Verhältnisses oder Zustandes [16]) kann das Wort „rechtswidrig" oder „widerrechtlich", wie dem obigen zufolge sich ergibt, eine mehrfache Bedeutung haben; es kann den besonderen Hinweis darauf enthalten, daß, wie dem Gesetzgeber selbst bewußt ist, leicht Fälle vorkommen können, in denen die Handlung ausnahmsweise nicht strafwürdig erscheint, Fälle, die eigentlich selbstverständlich sind, auf die aber eine ängstliche, am Buchstaben haftende Jurisprudenz hinzuweisen ratsam erscheint. Es kann aber auch mit dem Worte „rechtswidrig" die Bedeutung verbunden sein, daß jedenfalls die Hand-

---

[14]) *Hold v. Ferneck* stellt S. 399, 400 eine große Anzahl verschiedener in der Literatur vorkommender Bedeutungen zusammen.

[15]) Wie bei der Notwehr in Ansehung des abzuwehrenden Angriffs.

[16]) Hier wird die Rechtswidrigkeit lediglich nach den für andere Rechtsdisziplinen, z. B. für das Zivilrecht, geltenden Grundsätzen zu beurteilen sein.

lung, um strafbar zu sein, auch gegen ein subjektives Recht gerichtet sein oder zugleich vom Standpunkte des öffentlichen Rechts (des Staats-, Verwaltungs- oder Völkerrechts) aus betrachtet, als Rechtsverletzung gelten müsse, selbst wenn die Strafbestimmung fehlen würde. Der erstere Fall liegt vor in StGB. § 123. Es sind unzählige Möglichkeiten vorhanden, in welchen jemand in die Wohnung eines anderen eindringen darf, ohne auf ein wirkliches Recht dazu sich berufen zu können, in denen aber gleichwohl die Bestrafung wegen Hausfriedensbruchs völlig unvernünftig sein, als Karikatur der Strafjustiz erscheinen würde, so wenn jemand, um Hülfe zu leisten, in eine Wohnung eindringt, aus welcher qualvolle Hülferufe ertönen, oder in welcher, anscheinend ohne Kenntnis der Bewohner, ein Brand ausgebrochen ist, oder wenn dem Hauseigentümer verwehrt sein soll, gegen den Willen des Mieters zu einer an sich nicht unpassenden Zeit in der Wohnung des Mieters nachzusehen, ob dieser nicht die Wohnung in einer ihm strikt verbotenen, den Wohnsräumen äußert nachteiligen Weise benutzt, falls zu solchem Verdachte begründeter Anlaß vorliegt, z. B. in dem mit feinem Parkettfußboden versehenen Salon einen Petroleumkochofen benutzt oder daselbst triefende, nasse Wäsche aufhängt.[16a]) Einen Fall der zweiten Art stellt der Unterschlagungsparagraph (§ 246) dar, wie einer weiteren Auseinandersetzung wohl nicht bedarf.

§ 5. Wie nun Strafbarkeit der Handlung nicht vorhanden ist, wenn die Verletzung eines bestimmten Rechtes im Deliktsbegriffe gefordert wird, diese Verletzung aber weder vorliegt noch erstrebt wird, so muß Strafbarkeit auch geleugnet werden, wenn das Gesetz für diese Strafbarkeit die Rechtswidrigkeit eines von dem Handelnden erstrebten besonderen Zieles verlangt. Es handelt sich hier nicht um den allgemeinen Hinweis, daß die Strafbarkeit nur mit Ausnahmen zu verstehen sei oder gar um den überflüssigen Zusatz, daß die in dem betreffenden

---

[16a]) Bezüglich der letztgenannten Falle konnte freilich gesagt werden, der Vermieter habe ein Recht darauf, daß die Wohnung nicht in der fraglichen Weise benutzt werde. Aber aus d i e s e m Rechte folgt noch nicht das Recht, in die Wohnung einzudringen, um daselbst sich von der Art und Weise der Benutzung zu überzeugen, vielmehr nur das Recht auf Schadenersatz wegen verbotswidriger Benutzung der Wohnung.

Paragraphen verbotene Handlung strafrechtswidrig sei, vielmehr darum, daß in der Handlung gleichsam noch ein besonderer Kern vorhanden sein müsse, der, abgesehen von allen begleitenden Umständen, als rechtswidrig zu bezeichnen ist.[17]) Daher darf man in solchen Gesetzesparagraphen nicht das Wort rechtswidrig in dem Sinne des »*praeter legem*« nehmen, in dem Sinne, daß es genügt, wenn der Handelnde auf das erstrebte Ziel nur kein Recht habe. Dieser Interpretationsgrundsatz [18]) stellt sich als allgemein gültiger dar: er bedarf keiner Begründung bei einzelnen Delikten, wird aber freilich durch Erwägungen, welche einzelne Delikte betreffen, unterstützt.[18a])

§ 6. Es erschöpft sich aber die Möglichkeit des Verhaltens der Rechtsordnung nicht in dem Gegensatze strafrechtlich nur erlaubter (strafrechtlich nicht rechtswidriger), aber vom Standpunkte des Verletzten aus rechtswidriger rechtsverletzender Handlungen und andererseits solcher Handlungen, die in jeder Beziehung als rechtmäßig anerkannt werden und als solche den Schutz der Rechtsordnung auch in der Hinsicht genießen, daß die Rechtsordnung den in seiner Person oder in seinen Gütern von der Handlung Betroffenen zwingt, diese Handlung zu dulden (nötigenfalls zwingt durch den Prozeßgang). Es kann vielmehr geben und gibt Handlungen, welche der dar-

---

[17]) Die entgegengesetzte Interpretation legt dem Gesetzgeber eine Tautologie zur Last.

[18]) Übereinstimmend in bezug auf die Interpretation des Wortes „rechtswidrig" bei Erpressung und Betrug: *Merkel* in *Holtzendorffs* Handb. 3 S. 731, 772; *Binding*, Normen **2** S. 560 ff.; Lehrb. **1** S. 363 ff.; *Hälschner* **2** S. 273, 383; *Schütze* S. 456; *Waag* GS. **31** S. 250: „Ein Vermögensvorteil, zu dessen Wegnahme das Zivilrecht einen Anspruch nicht gewährt, entspricht dem Recht und ist deshalb kein rechtswidriger." *Lilienthal* S. 64; *Frank* zu § 253 IV, 3 und § 263 VI, 3c; *Birkmeyer*, Strafrecht (Enzyklopädie) S. 83; *Kitzinger* S. 96; *Olshausen* zu § 263 Anm. 45, neuerdings auch *Liszt* 14. Aufl. § 139 Anm. 13; *Allfeld* § 94 a. E. — Anders: Die Motive zum StGB. § 253; *Berner* S. 587; *H. Meyer* § 94 a. E.; *Geyer* **2** S. 57 (anscheinend); *Oppenhoff-Delius* § 263 Anm. 6; *Buri* GS. **29**, Beilageheft S. 65 und insbesondere das RG. in den Motiven zahlreicher Entscheidungen, wobei aber zu beachten ist, daß die Entscheidung selbst oft a u c h nach der im Text vertretenen Ansicht richtig sein dürfte, so z. B. in den durch RG. III 17./3. 80 E. **1** Nr. 155 S. 318, III 9./3. 81 E. **3** Nr. 166 S. 429 entschiedenen Fallen (der Vorteil konnte hier als »*contra bonos mores*« erlangt angesehen werden); besonders scharf ist die Ansicht, daß rechtswidrig alles sei, was nicht die Sanktion der Rechtsordnung erhalten habe, worauf ein wirklicher Anspruch nicht bestehe, ausgesprochen in I 17./1. 95 E. **26** Nr. 136 S. 354 und III 16./10. 84 E. **11** Nr. 42 bes. S. 157 ff.

[18a]) Freilich k a n n dann die Handlung strafbar sein auf Grund eines anderen Strafgesetzes, bei welchem die Rechtswidrigkeit der vom Handelnden erstrebten besonderen Ziele nicht in Betracht kommt.

unter in seiner Person oder in seinen Gütern Leidende abwenden darf, jedoch nicht durch Verletzung der Person oder der Güter des Handelnden. Der Handelnde handelt also im strafrechtlichen Sinne ebenso rechtmäßig, wie der Handelnde in dem ersten Falle (der nur erlaubten Handlung); aber sein Recht, wenngleich kein ganz vollkommenes, geht weiter: ein wirklicher Kampf, wobei der Handelnde selbst verletzt werden könnte, ist gegen ihn unzulässig und straf- wie zivilrechtlich rechtswidrig. In dieser Lage befindet sich nach unserem Rechte der in Notwehr Handelnde.[18b]) Nur in diesem Sinne ist die Notwehr ein Recht. Sie gehört zu den rechtmäßigen Handlungen, als welche der Sprache zufolge auch Handlungen verstanden werden können, die dem Rechte — d. h. hier der allgemeinen Rechtsordnung gemäß (ohne dieser zu widerstreiten) — vorgenommen werden dürfen, nicht nur solche, denen das Gesetz die Kraft beilegt, daß etwaiger Widerstand dagegen im Prozesse gebrochen werden kann, bzw. die Bedeutung beilegt, daß andere ihre Vornahme nur durch eine ihrerseits vollkommen rechtswirksame Handlung hindern dürfen.[18c])

Die Entschädigungspflicht ist keineswegs ein untrügliches Merkmal der Rechtswidrigkeit einer davon betroffenen Handlung, wenngleich sie häufig Folge der in irgendeiner Hinsicht vorhandenen Rechtswidrigkeit von Handlung ist; sonst wäre die von Staats wegen erfolgende Expropriation auch rechtswidrig. Auch knüpft das moderne Recht eine Entschädigungspflicht zuweilen selbst an vollkommen rechtmäßige Handlungen. So muß die in Gemäßheit des § 904 des BGB.

[18b]) So richtig *Thon* S. 18, der aber leugnet, daß die Notwehr ein Recht sei, sie vielmehr nur als erlaubt betrachtet. Ebenso schon *Zöpfl*, Arch. d. Cr. 1843 S. 45.

[18c]) Z. B. durch Geltendmachung eines Gegenrechts. Anders *Titze*, Die Notstandsrechte S. 1 ff., der unter rechtmäßigen Handlungen nur solche versteht, die Ausfluß eines (bestimmten) subjektiven Rechts sind, und der daher veranlaßt wird, eine Kategorie von Handlungen anzunehmen, die weder rechtmaßig noch rechtswidrig sind und von ihm als „rechtsfreie" bezeichnet werden. Aber logisch kann zwischen rechtswidrig und rechtmaßig keine dritte Kategorie anerkannt werden; eine Handlung ist entweder das eine oder das andere. Oder sollte z. B. das Schlafen, eine der Verrichtungen, ohne welche unsere physische Existenz auf die Dauer unmöglich ware, nicht zu den rechtmaßigen Handlungen gehoren? — Gegen die Annahme einer Kategorie rechtlich freier Handlungen auch *Ahsbahs*, Grunde des Notwehrrechts S. 22.

erfolgende Notstandshandlung ungeachtet des dem Handelnden vom Gesetze auferlegten Schadensersatzes als vollkommen rechtmäßig gelten.

Liegt ein Fall vor, der vermöge irgend einer Ausnahme nicht unter das Strafgesetz zu subsumieren ist, so kann von Schuld und Delikt überhaupt nicht die Rede sein.

§ 7. Von Fällen dieser Art streng zu unterscheiden sind aber solche Fälle, welche das Gesetz einstweilen noch nicht als Delikt oder doch nicht als Delikt schwererer Art betrachtet, dies aber dann tut, wenn ein besonderer Umstand hinzutritt. Man spricht hier von Bedingungen der Strafbarkeit[19]) im Gegensatz zu den Schuldausschließungsgründen. Indes, wenn auch allgemein von Bedingungen geredet wird, gehen doch die Ansichten über die einzelnen Fälle stark auseinander. Der Grund dürfte der Mangel scharfer Begriffsbestimmung sein; denn wird gesagt, Bedingung der Strafbarkeit sei ein von der Handlung unabhängiger, zu ihr hinzutretender Umstand, so ist dies zwar keineswegs unrichtig, läßt aber verschiedene Deutungen zu. Daß man darunter nicht jeden Erfolg der Handlung zu verstehen hat[20]), dürfte klar sein; der Erfolg gehört zur Handlung[21]), da es keine Handlung ohne irgend einen Erfolg gibt. Bedingung der Strafbarkeit[21a]) kann vielmehr nur dasjenige sein, was nicht von

---

[19]) Vgl. *Binding*, Normen **1** S. 232; *Liszt* § 44 III; *Finger* **1** S. 115.

[20]) Anders freilich *Francke*, GArch. **20** S. 34, 35, der nur bei den Münzverbrechen (StGB. § 146) und bei der Mehrheit der verschiedenen Arten des Hoch- und Landesverrats (StGB. § 80ff.) in der Handlung allein den Grund der Strafbarkeit erblickt.

[21]) Vgl. *Binding* **1** S. 590. Neuerdings (GS. **68** S. 1—26) nähert sich aber *Binding* der Auffassung *Franckes*, wenn er z. B. S. 21 eine fehlerhafte Handlung, aus welcher erst nach längerer Zeit ein Schaden entsteht (z. B. fehlerhafte Bauanlage, die erst nach Jahren einen Brand zur Folge hat) als bedingtes Delikt betrachtet. Der Konsequenz nach würden dann z. B. fast sämtliche Fahrlässigkeitsdelikte bedingte Delikte sein; denn auf die mehr oder minder längere Dauer der Zwischenzeit zwischen Handlung und Erfolg wird es nicht ankommen.

[21a]) Vgl. besonders *Kohler*, Tatbestandsmerkmale und Strafbarkeitsbedingung GArch. **49** S. 1—10 und *Finger*, Tatbestandsmerkmale und Bedingungen der Strafbarkeit GArch. **50** S. 32—59. Mit Ausgangspunkt und vielen der Ergebnisse der ersteren Abhandlung vermag ich mich einverstanden nicht zu erklären. Der Begriff der Strafbarkeitsbedingung wird hier als unmittelbar klar vorausgesetzt, und da diese Voraussetzung nicht zutrifft, so können die Ergebnisse nicht auf sicherem Boden ruhen: in gewissem Sinne können ja sämtliche Tatbestandsmomente als Strafbarkeitsbedingungen aufgefaßt werden. *Fingers* Ausführungen stimmen mehr mit der im Text vertretenen Ansicht überein, so wenn S. 48 auf Absicht und Kausalzusammenhang Gewicht gelegt wird, um Tatbestandsmomente und Strafbarkeitsbedingungen zu unterscheiden. Auch *Beling*, Lehre vom Verbrechen S. 51ff., be-

der Willensschuld umfaßt wird. Ein noch so unsicherer Erfolg, aber auch ein Tatumstand, dessen Verkennung durch den Handelnden bei Vornahme seiner Handlung Fahrlässigkeit begründet, also zur Schuld angerechnet wird, kann nicht als Bedingung der Strafbarkeit angesehen werden, wenn dieser Begriff von dem allgemeinen Begriffe des Tatbestandsmomentes gesondert werden soll. Ob man hier nun von Bedingungen der Strafbarkeit oder des staatlichen Strafanspruchs oder der Strafverfolgung redet, erscheint unerheblich, sofern man nur festhält, daß es sich um Tatsachen handelt, die durchaus nicht zu den Schuldmomenten gerechnet werden können, vielmehr völlig außerhalb des von dem Handelnden zu beherrschenden Kausalbereichs sich befinden. So ist beim Ehebruch die Schuld mit der Handlung abgeschlossen, und wenn die Scheidung erst erfolgt, nachdem ein anderes vor dem Ehebruch begangenes Delikt derselben schuldigen Person abgeurteilt ist, so liegt, wie auch das RG.[22]) entschieden hat, ein Fall realer Konkurrenz vor; denn die Strafe im Falle der Konkurrenz beruht auf gesetzgeberischen Erwägungen, welche die Schuld betreffen.

§ 8. Zu den Bedingungen der Strafbarkeit gehören insbesondere Willensakte anderer Personen, jedoch nicht solche Willensakte, auf die der Handelnde rechnete oder die er herbeiführen wollte; denn diese werden von seinem Willen umfaßt, gehören also zur Schuld.[23]) Daher ist für den Gehülfen und Anstifter die Handlung des Täters nicht Bedingung der Strafbarkeit, sondern Bestandteil der Schuld, obwohl dem

merkt (meines Erachtens richtig), daß wirkliche Tatbestandsmomente im Gegensatz zu den Strafbarkeitsbedingungen eine psychische Beziehung haben (sich psychisch widergespiegelt haben) müssen, macht davon aber sogleich in Ansehung des Notstandes, dessen Fehlen er als Strafbarkeitsbedingung bezeichnet, eine meines Erachtens irrige Anwendung. — *Allfeld* (*Meyer-Allfeld* S. 242) sagt, die Bedingungen liegen außerhalb des Tatbestandes. Aber wo ist die Grenzlinie des Tatbestandes, wenn durch das Gesetz das Zutreffen eines Moments, die Existenz einer Tatsache als erforderlich zur Bestrafung bezeichnet wird? Bei dieser Unterlassung, die Grenze scharf zu ziehen, ist es erklärlich, daß, wie *Allfeld* sagt, der Katalog der Strafbarkeitsbedingungen fast bei jedem Schriftsteller ein anderer ist.

[22]) I. 6./11. 82 E. 7 Nr. 89 S. 298.

[23]) Hier z. B. dürfte es sich doch zeigen, daß richtige Erfassung der Konsequenzen der Lehre vom Kausalzusammenhang nicht völlig gleichgültig ist. *Binding* (Handb. 1 S. 589 Anm. 9) ist bezüglich des Gehülfen und des Anstifters derselben Ansicht, führt aber als Grund der Straflosigkeit, wenn es nicht zur Tat kommt, an, daß, wenn kein Täter da ist, Gehülfe und Anstifter selbst nicht da sind. — *Liszt*,

Gehülfen wie dem Anstifter dem (Bd. 2 S. 68ff.) Ausgeführten zufolge nur ein bedingter Dolus zuzuschreiben ist. Dagegen sind Strafantrag der Verletzten und Ermächtigung zur Strafverfolgung allerdings Bedingungen der Strafbarkeit, ebenso die Ehescheidung für die Bestrafung des Ehebruchs (StGB. § 172). Sie gehören so wenig zum Tatbestande, daß auch prozessual eine andere Behandlung als bei den übrigen Momenten des Tatbestandes eintritt. Das Urteil über die Existenz der Bedingungen gebührt im schwurgerichtlichen Verfahren dem Gerichtshofe und nicht den Geschworenen.

Nicht Bedingung der Strafbarkeit ist im Falle des StGB. § 4 Abs. 2 Nr. 3 bei einer von einem Deutschen im Auslande begangenen Handlung der Umstand, daß die Handlung nach den Gesetzen des Orts der Tat strafbar ist. Der Deutsche kann im allgemeinen — wenn nicht die Fälle des StGB. § 4 Abs. 2 Nr. 1 und 2 vorliegen — sich der am Orte der Tat gegebenen Handlungsfreiheit bedienen; er ladet nur dann eine Schuld auf sich, wenn er diese Handlungsfreiheit überschreitet, d. h. wenn er auch nach den Gesetzen des Orts der Handlung schuldig ist.[24]) Es ist daher eine doppelte Feststellung der Schuld, einmal nach dem Gesetze des Orts der Handlung, und sodann nach dem deutschen Gesetze, im schwurgerichtlichen Verfahren durch die Geschwornen erforderlich.[25])

Ebensowenig gehört in denjenigen Fällen, in denen die Strafbarkeit einer im Auslande begangenen Handlung abhängt von dem Umstande, daß der Handelnde im Zeitpunkte der Tat Deutscher war, dieser letztere Umstand zu den in solcher Weise von der Schuld zu scheidenden Bedingungen der Strafbarkeit. Nur ein Deutscher belastet sich, wenn

§ 44 VII, 3, betrachtet dagegen die Ausführungshandlung des Täters als „außerhalb der Handlung" des Gehülfen und Anstifters liegend, daher als Strafbarkeitsbedingung. Was außerhalb einer Handlung liegt, ist aber von *Liszt* nicht gesagt.

[24]) Vgl. Bd. 1 S. 111.

[25]) Vgl. *Bar*, Recht und Beweis im Geschwornengericht (1865) S. 229; *Olshausen* § 4 Anm. 13; *Oetker* (*Glaser*, Handb. d. Strafprozesses), Das Verfahren von den Schwur- und Schöffengerichten 1907 S. 158. Im Ergebnisse übereinstimmend auch RG. I 14./1. 86 E. 18 Nr. 73 bes. S. 232. Die Begründung, daß die Tatbestände der in Betracht kommenden Gesetzgebungen selten völlig übereinstimmen, und deshalb es sich auch bei dem ausländischen Gesetze um tatsächliche Subsumtion handle, dürfte den eigentlich entscheidenden Punkt nicht treffen und nur nebensächlich in Betracht kommen; denn der Gerichtshof kann zuweilen auch Tatsachen feststellen, z. B. solche, welche den Strafantrag, die Verjährung betreffen. AM. *Finger* 1 S. 119.

er im Auslande sich aufhält, mit der Schuld eines Landesverrats, einer Majestätsbeleidigung; der Ausländer im Auslande wird nicht von den dieser Schuld zugrunde liegenden Verboten getroffen. Dasselbe muß aber auch von allen anderen nicht durch § 4 Abs. 2 Nr. 1 getroffenen, im Auslande begangenen Delikten eines Ausländers gelten; der Ausländer mag dem ausländischen Gesetze gegenüber sich mit einer Schuld (z. B. durch Begehung eines Diebstahls) belasten: unserem Gesetze gegenüber besteht keine Schuld. Folglich gehört die Inländerqualität, die Eigenschaft, Deutscher zu sein, die ja auch zur Zeit der Handlung vorhanden sein muß, zur Schuldfrage,[25a]) und es ist inkonsequent die Frage, ob A als Deutscher wegen einer im Auslande begangenen Handlung nach dem ausländischen Gesetze schuldig sei, von den Geschwornen beantworten zu lassen, die Frage dagegen, ob der Angeklagte Deutscher sei, als sog. Bedingung der Strafbarkeit den Geschwornen zu entziehen.

Die entgegengesetzte, vom RG.[26]) angenommene Ansicht stützt sich lediglich auf den Wortlaut, kann aber in Wahrheit nicht einmal diesen geltend machen. Oder ist, wenn in den §§ 331ff. des StGB. gesagt wird: „Ein Beamter, welcher" die Eigenschaft eines Beamten nur Bedingung der Strafbarkeit, nicht aber ein Tatbestandsmoment, wie dies von der Eigenschaft eines Deutschen behauptet wird?

Sobald man ferner annimmt, daß im Falle des § 103 des StGB. die Gegenseitigkeit schon zur Zeit der Tat (Beleidigung auswärtiger Landesherren) verbürgt sein müsse, wenn Bestrafung stattfinden soll (was m. E. richtig ist), kann nicht davon die Rede sein, daß hier eine Bedingung der Strafbarkeit vorliege, welche jene besondere Behandlung verlangen würde. Es handelt sich vielmehr auch hier um ein Schuldmoment.

§ 9. Im weiteren Sinne, so daß eine von den übrigen Tatbestandsmomenten abweichende prozessuale Behandlung nicht statt zu finden hat,[26a]) kann von Bedingungen der Strafbarkeit da geredet

---

[25a]) Vgl. darüber Bd. **1** S. 207. Der Begriff „Bedingung der Strafbarkeit" ist aber hier noch nicht scharf genug von mir gefaßt worden.

[26]) I. 30./4. 98 E. **31** Nr. 39 bes. S. 124.

[26a]) Insofern die gesamte Schuldfrage im schwurgerichtlichen Verfahren von den Geschwornen zu beantworten ist, während die Feststellung, daß eine

werden, wo das Gesetz für das nachfolgende die Handlung erst zum Delikt machende Ereignis nicht einen Kausalzusammenhang im juristischen Sinne fordert, vielmehr sich daran genügen läßt, daß jenes Ereignis nur als Folge der Handlung erscheint. Es wird dann der Kausalzusammenhang im Sinne der Theorie *Buri-Liszt*-Reichsgericht genügen, so in den Fällen StGB. §§ 87, 120.[26b]) In irgend einem Zusammenhange muß der ausgebrochene Krieg mit der landesverräterischen Handlung, die später von einem anderen begangene Handlung mit der Aufforderung dazu doch stehen. Ebenso, wenn das Gesetz Strafbarkeit oder höhere Strafbarkeit der Handlung von dem späteren Ereignisse abhängen läßt, das zwar mit Handlung im Kausalzusammenhang stehen kann, aber nicht zu stehen braucht, also kraft einer *Praesumtio juris et de jure* ein möglicher Kausalzusammenhang vom Gesetze angenommen wird, so in den Fällen des strafbaren Bankrotts KO. §§ 239—241, wenn die betreffenden Handlungen oder Unterlassungen der Konkurseröffnung oder Zahlungseinstellung vorhergegangen sind, so im Falle StGB. § 139 (Unterlassung rechtzeitiger Anzeige gewisser von anderen geplanter Verbrechen) die spätere Begehung des Verbrechens.

§ 10. Solange das Ereignis noch nicht eingetreten ist, ist die Handlung oder Unterlassung ein strafrechtliches Nichts.[27]) Tritt das Ergebnis aber ein, während der Kausalzusammenhang noch als möglich gedacht werden kann, ist das Delikt vollendet. Eine genauere Feststellung solcher Bedingungen, über deren Vorhandensein bezüglich einzelner Paragraphen der Strafgesetze die Meinungen sehr differieren, hat übrigens ein Interesse nicht, da bei ihnen kraft positiver Bestimmung der Gesetze eine Einrechnung zur Schuld stattfindet.[28])

Bedingung der Strafbarkeit vorliege oder mangele, als Sache der Staatsrichter betrachtet werden muß.

[26b]) Vgl. auch StGB. § 210, demzufolge Anreizung zum Zweikampf strafbar ist, falls der Zweikampf stattgefunden hat.

[27]) Daher kann der Handelnde bis zum Eintritt des Ereignisses das Getane in seiner Wirkung wieder beseitigen oder die gebotene, aber unterlassene Handlung nachholen, so daß er straflos ist, ohne daß die Voraussetzungen eines freiwilligen Rücktritts vom Versuche vorzuliegen brauchen. Es ist dann nichts mehr vorhanden, woran der Kausalzusammenhang sich anknüpfen ließe. Vgl. darüber die scharfsinnige Ausführung *Bindings*, GS. 68 S. 19 (die Bemerkung *Bindings* über den Anstifter scheint mir freilich nicht völlig zutreffend).

[28]) Die Bedingung muß in der Person des Täters eintreten; dann wird auch der Gehülfe und Anstifter strafbar. Wer den Eintritt der Bedingung hindert, ist

Von denjenigen Bedingungen der Strafbarkeit, welche nicht zur Schuldfrage zu rechnen sind — es wäre wohl zweckmäßiger, sie allein als Bedingungen der Strafbarkeit zu bezeichnen, die übrigen erwähnten dagegen wie z. B. in den genannten Fällen die Konkurseröffnung oder Einstellung der Zahlungen, als Komplemente der Strafschuld[29]) —, haben die oben genannten auch die Eigenschaft von Prozeßvoraussetzungen. Unter einer solchen kann aber nur ein Umstand verstanden werden, dessen Fehlen ein definitives Urteil verhindert, so daß nach der Terminologie eines strengen Anklageverfahrens Abweisung der Strafklage »*a limine judicii*« ohne Eingehen auf die Schuldfrage, und nach den Bestimmungen unserer gegenwärtigen Strafprozeßverordnungen Einstellung des Verfahrens erfolgen muß. Man geht übrigens anscheinend nicht selten von der Ansicht aus, als bestände Inkompatibilität zwischen Bedingung der Strafbarkeit und Prozeßvoraussetzung. Aber es hindert nichts, dem Fehlen eines materiell wirkenden Umstandes auch die Bedeutung beizulegen, daß, sofern der Mangel nicht gehoben wird, der Prozeß ohne Urteil über die Schuld (ohne materielles Urteil) für beendigt zu erklären ist.[30])

nicht Begunstiger; denn vor dem Eintritt der komplementaren Tatsache ist eine strafbare Handlung nicht vorhanden, und gerade das Inslebentreten der letzteren wird verhindert. Wer dem Insolventen, der Handelsbucher unordentlich geführt hat, die Mittel verschafft, den Konkurs abzuwenden, ist also z. B. nicht Begunstiger (*Binding* a. a. O. S. 11).

[29]) Auch *Finger* S. 115 findet hier eine besondere Bezeichnung angemessen; er nennt diese Bedingungen „symptomatische Tatbestandsmerkmale".

[30]) Rechtlosigkeit. Selbstverständlich ist, daß, wenn das Recht jemanden der allgemeinen Verletzung durch jedermann preisgibt, ihn fur rechtlos erklärt, solche Verletzung nicht rechtswidrig ist. Aber solche Rechtlosigkeit, wie sie in der altgermanischen Friedlosigkeit, der Oberacht und oft auch in der mittelalterlichen Bannitio Italiens lag, existiert in den Kulturstaaten nicht mehr (vgl. uber die wegen *Latrocinium Banniti* auch *Damhouder* Pr. c. 86 n.!!). Auch der zum Tode Verurteilte ist nicht rechtlos, darf nicht von jedermann, sondern nur von der durch die zustandige Obrigkeit beauftragten Person in der gesetzlichen Weise getötet werden, und ebensowenig ist der feindliche Soldat rechtlos. — Noch die Bambergensis 175 erklart es als fur straflos „so yemant ein Echter entleybet". In der CCC. fehlt schon dieser Satz. — Der Reichsabschied von 1500 Tit. 28 und die Reichs-Polizeiverordnungen (vgl. noch die Reichs-Polizeiverordnungen von 1577 Tit. 28) sowie noch spatere Landesgesetze erklarten allerdings, daß, wer mit der Tat gegen Zigeuner handle, damit nicht unrecht getan habe. Vgl. namentlich *Abegg* **1**, Untersuchungen aus dem Gebiete des Strafrechts. Abh. 2: Revision der Lehre von den straflosen Totungen (1830) bes. S. 292.

B. Selbstverletzung (Selbstmord) und Teilnahme an der Selbstverletzung.

Wächter, N. Arch. d. Cr. **10** (1829) S. 73—111, 216—266, 634—680 (Geschichte der Behandlung des Selbstmordes). *Lion* (Beihilfe zum Selbstmorde), GArch. **6** S. 458—468. *Mittermaier*, GArch. **9** S. 437—441. *Ullmann*, GS. **87** S. 529 bis 556. *A. Heß*, Abhandlungen aus dem Gebiete des Zivil- und Strafrechts 1892 S. 41—56. *Wellauer*, Der Selbstmord, insbesondere Anstiftung und Beihilfe zum Selbstmord. Berner Diss. 1896. *Obstfelder*, Teilnahme am Selbstmord, Göttinger Diss. 1896. *Guderian*, Die Beihilfe zum Selbstmord und die Tötung der Einwilligenden, Berliner Diss. 1899. *Klee*, Selbstverletzung und Verletzung eines Einwilligenden, GArch. **48** S. 177—207, 337—349; **49** S. 246—259; **50** S. 364—385. *Rittler* (Ist Anstiftung und Beihilfe zum Selbstmorde nach österreichischem Recht strafbar?), Schweizerische Zeitschr. f. Strafrecht **18** (1900) S. 230—258 (daselbst auch Geschichtliches über das österreichische Strafrecht). *v. Liszt* (Tötung auf Verlangen und Teilnahme am Selbstmorde), Vergleichende Darstellung des deutschen und ausländischen Strafrechts, bes. Teil **5** S. 126—143. *Holer*, Die Einwilligung des Verletzten, Zürich 1906. *Bernstein*, Die Bestrafung des Selbstmordes und ihr Ende 1907. *Kurt Hiller*, Das Recht über sich selbst, 1908.

§ 11. Die meisten Strafgesetze, welche Verletzung oder Gefährdung von Personen, Sachen und subjektiven Rechten verbieten, lassen schon ihrer Wortfassung nach einen Zweifel darüber nicht zu, daß nur die Verletzung anderer Personen und fremder Rechte gemeint ist. Wenn überhaupt Freiheit der Individuen in irgendwelchem Umfange anerkannt werden soll, so muß der einzelne, sofern er nicht andere Personen zur Tätigkeit heranzieht oder sie beschädigt oder gefährdet, mit demjenigen, was zu seiner Rechtssphäre gehört, tun dürfen, was ihm beliebt. Das Verhalten der einzelnen gegen sich selbst kann im allgemeinen nicht Gegenstand rechtlicher Vorschriften sein;[31]) es ist nur moralischer Beurteilung unterworfen, was freilich nicht ausschließt, daß höchst ausnahmsweise dergleichen moralwidriges Verhalten, etwa des schlimmen Beispiels wegen, straffällig sein kann.[31a]) In den bei weitem meisten Fällen würde da, wo das Delikt in Verletzung oder Gefährdung eines Menschen

---

[31]) Vgl. *Köstlin*, System **1** S. 99; *Hälschner* **1** S. 464; *Wächter*, Vorlesungen S. 1182; *Binding* **1** S. 698 drückt dies nach Maßgabe der Rechtsgütertheorie so aus, es sei „herabwurdigend", dem Menschen sich selbst gegenüber „Rechtsgüterqualität" beizulegen.

[31a]) Die Selbstverstümmelung in der Absicht, sich der Erfüllung der Wehr pflicht zu entziehen, ist zugleich Verletzung eines bestimmten Rechtes des Staates.

oder seiner Güter besteht, der Versuch, das Strafgesetz auch auf den Fall der Selbstverletzung anzuwenden, der Lächerlichkeit verfallen. Oder möchten wir jemanden, dem es Vergnügen macht, sich selbst einzusperren (indem er etwa das Zimmer verschließt, in welchem er sich befindet, und den Schlüssel unbrauchbar macht), deshalb nach StGB. § 239 bestrafen, weil es in diesem Paragraphen heißt: „Wer vorsätzlich und widerrechtlich einen Menschen einsperrt", und der Eingesperrte doch auch in diesem Falle ein Mensch ist, dem einzelnen aber nirgends das Recht besonders beigelegt ist (vgl. oben S. 7), sich selbst einzusperren?[31b])

Auch dem Selbstmorde[32]) gegenüber, oder was tatsachlich sich jedenfalls besser ausführen läßt, dem Versuche des Selbstmordes gegenüber hat das Strafgesetz keinen ausreichenden Grund, sich anders zu verhalten. Im allgemeinen hat das Gesetz wenig Veranlassung, dem mächtigen Triebe der Selbsterhaltung noch durch das Motiv der Strafe zu Hülfe zu kommen; andere Personen finden, wenn ihr Gefühl nicht schon stark verfeinert oder übermoralisiert ist, keine Veranlassung, als Ankläger in solchen Fällen aufzutreten, und die Untersuchung stößt, da der Täter nur mit sich selbst zu tun hat, auf besondere Schwierigkeiten: was in Wahrheit Selbstverletzung ist, kann leicht als Zufall ausgegeben werden, und wenn der Selbstmord vollendet ist, muß die Strafjustiz doch innehalten. Sie kann freilich in selteneren Fällen durch Androhung einer schimpflichen Behandlung des Leichnams[32a]) oder einer gänzlichen oder teilweisen Vermögenskonfiskation vom Selbstmorde abhalten: aber

---

[31b]) Über die uberspannten und abgeschmackten (von *Schopenhauer* verspotteten) Theorien *Gmelins* und anderer, nach denen der einzelne seine Krafte nur zum Besten des Staates bei Strafe zu benutzen verpflichtet sein sollte. Vgl. *Klee*, GArch. **48** S. 187ff.

[32]) *Kohler*, GArch. **49** S. 6, erachtet es bei dem Verbrechen der Totung nur für eine Strafbarkeitsbedingung, daß der Getotete ein anderer sei als der Tater, weshalb denn auch Beihilfe und Anstiftung zum Selbstmorde strafbar sei. Das Tatbestandsmoment, daß der Verletzte hier nicht mit dem Tater identisch sein darf, ist aber nicht Strafbarkeitsbedingung (vgl. oben S. 4), und stets hat man unter dem Verbrechen der Totung nur die Totung eines anderen verstanden. Hatte z. B. die *Lex Cornelia de sicariis* mit den Worten *»qui hominem occiderit«* unter dem Homo auch den Tater selbst verstanden, so ware es doch seltsam, wenn die romischen Juristen das nicht einmal erwahnt hätten.

[32a]) Auf den zum Selbstmorde sich entschließenden wird meist irgend eine staatliche Strafdrohung Wirkung nicht ausuben.

das erstere wirkt verrohend, das letztere wird wesentlich zu einer Bestrafung der unschuldigen Hinterbliebenen. Meistens treibt aber nur Unglück oder körperliche oder geistige Erkrankung zum Selbstmorde; dem Leiden noch den Schimpf und eine andere Personen treffende, nur äußerlich als Strafe bezeichnete Maßnahme hinzuzufügen, verletzt das allgemeine moralische Gefühl. Ja selbst, wenn der Selbstmörder sich den Tod gab, weil er schwere Schuld auf sich lud, ist es in Wahrheit nicht anders.

§ 12. Die geschichtliche Entwicklung liefert folgendes Bild. Die römische Jurisprudenz steht unter dem Einfluß der stoischen Philosophie, und bewußt und unbewußt wirkt der Verlust der Freiheit, ungeachtet der hohen und einflußreichen Stellung der Juristen unter den Kaisern, auf die Anschauung, während zugleich die Erfahrung lehrt, daß bei einem Regierungswechsel schlimme, unerträgliche Zustände hereinbrechen können. Daher muß nach der Auffassung der klassischen römischen Juristen, welche dem *Corpus juris* zugrunde liegt, Zuständen, die unleidlich erscheinen, der Freie sich dadurch entziehen können, daß er freiwillig aus dem Leben scheidet.[33]) Diese Freiheit erkannte der Römer selbst dem Sklaven zu: »*licet etiam servis naturaliter in suum corpus saevire*« sagt *Ulpian*[34]) und bekannt ist, wie die stoische Philosophie den Selbstmord als geeigneten Ausweg pries, einem beschwerlichen oder schimpflichen Leben zu entgehen: »*optimum in tantis vitae poenis*« wie

---

[33]) Der beruhmte Jurist *Nerva* tötete sich selbst. Kaiser *Tiberius* suchte vergebens, ihn davon abzubringen. Aber von Hinderung war keine Rede (*Tacitus Ann.* 6 c. 26). Über zahlreiche vorkommende Lobeserhebungen hervorragender Manner, die freiwillig aus dem Leben schieden, vgl. *Wächter* S. 83. — Nur Selbstmordversuch der Soldaten wurde bestraft. Doch wurden nach *Hadrians* Anordnung mannigfache Schuld- (oder Straf-) Ausschließungsgründe, z. B *impatientia doloris, taedium vitae* insoweit anerkannt, als dabei nur schimpfliche Verabschiedung aus dem Soldatenstande stattfand. L. 38 § 12 D. 48, 18; L. 6 § 7 D. 49, 16.

[34]) L. 9 § 7 *D. de peculio* 15, 1. Der Schaden, den ein Sklave sich selbst zufugt, soll nicht bei Berechnung des *Peculium* nach dieser Stelle in Absatz gebracht werden; also nicht einmal zivilrechtlich für das Interesse des Herrn kommt die Selbstverletzung als rechtlich freistehende Tat in Betracht. Dies laßt doch nicht die Deutung zu, daß Selbstmord und andererseits Verletzung und Tötung anderer nicht als grundverschieden betrachtet wurden. — Eine singuläre Bestimmung gegen Kastration mit Zustimmung des Kastrierten, der zufolge letzterer selbst bestraft wurde, hat freilich, wie bemerkt, *Trajan* ergehen lassen (L. 4 § 1 D. 48, 8). Aber Strafedikte absoluter, wenn auch wohlmeinender Herrscher bezeichnen nicht immer eine konsequente Entwicklung des Strafrechts.

Seneca sagte.[35]) Ebensowenig aber dachten die Germanen an Strafbarkeit oder Schimpflichkeit des Selbstmordes, da man (nachweislich allerdings nur bei den Normannen) einem untätigen und unrühmlichen Alter den selbstgewählten (häufig mit Zustimmung des Getöteten auch von anderer Hand erfolgenden) Tod und das Begräbnis mit einem getreuen Knecht Schlachtroß und Waffen durch den Scheiterhaufen vorzog.[36])

§ 13. Erst die christliche Moral[37]) lehrte nach und nach mit immer größerer Strenge die Verwerflichkeit des Selbstmordes. Leiden, Schande und Strafe sollte der Christ geduldig als Prüfung und Läuterung bis dahin ertragen, daß Gott dem Leben ein Ende bereite. Wenn dieser Auffassung auch Erhabenheit nicht abgesprochen werden kann, so verbindet sich mit derselben doch alsbald die Verurteilung des Selbstmordes als einer schweren Sünde und zugleich die Sophistik, welche das Gesetz gegen Tötung auch als Gesetz gegen eigene Tötung auslegt und dann so weit geht, die eigene Tötung noch als schwerere Versündigung zu betrachten, da hier der Schuldige sich selbst zugleich hindere, Reue und Buße zu tun, da er also, nicht nur den Körper, sondern zugleich die Seele töte.

Die ursprünglich erhabene christliche Beurteilung mußte aber der nach Herrschaft strebenden Kirche wie den höheren Ständen, welche allmählich unbeschränkte Macht über die große Masse des Volkes anstrebten, äußerst genehm sein, wenn vom Selbstmorde die Vorstellung ewiger Verdammnis abschreckte. In *majorem Dei gloriam* mußte der wirkliche oder

---

[35]) Die im Texte bezeichneten Gründe sind die realen Gründe für die prinzipielle Straflosigkeit jeder Selbstverletzung. Die apriorische Formulierung (vgl. darüber insbesondere *Binding* I S. 698) ist wie in vielen anderen Fällen eine müßige Streitfrage. Meist wird in der deutschen Literatur angenommen, daß der einzelne zu sich selbst in keinem Rechtsverhältnisse steht, und daher die Selbstverletzung auch keine Rechtsverletzung sei. Darauf kommt auch *Bindings* Ausführung hinaus, wenn er es für „herabwürdigend" erklärt, daß der Mensch sich selbst gegenüber „Rechtsgüterqualität" besitzen solle und dann zu dem eigentümlichen, mit der Verwechslung der verschiedenen Begriffe von Rechtsgut zusammenhangenden Schlusse gelangt, daß Selbstverletzung allerdings Rechtsgüterverletzung, aber rechtlich indifferent sei. Vgl. auch *Köstlin* S. 105; *Hälschner*, Preuß. Strafr. 1 S. 241, gem. d. Strafr. 1 S. 464; *Wächter*, D. Strafr. S. 182.

[36]) Vgl. *Grimm*, Rechtsaltertümer, Kap. IV: „Alte Leute".

[37]) *Lactantius Instit.* 3, 18 und *Decretum Grat.* a. 9—12 Causa 23 qu. 5. Hier auch die Beweisführung, daß das Verbot der Tötung sich auf den Selbstmord beziehe. »*Non occides nec alterum necte*«, wie bereits *Augustinus*, *De civitate Dei* c. 20, gesagt hatte.

angebliche Verbrecher, Rebell oder Ketzer die furchtbarsten Strafen erleiden, und den Aufruhr und die Rache solcher der Herrschaft am meisten gefährlichen Leute, die äußerstenfalles den Selbstmord bereit haben, brauchte man, wenn jener Verdammnisglaube allgemein war, nicht zu fürchten.[38]) Im späteren Mittelalter setzen aber überhaupt im Strafrecht falsche moralisierenden Tendenzen ein.[39])

Dazu kam folgender Umstand. Im späteren römischen Rechte (unter *Trajan*) wird es Rechtens, daß ein bereits förmlich Angeklagter die durch sein Verbrechen sonst verwirkte Vermögenskonfiskation nicht mehr durch Selbstmord abwenden kann. Den beutegierigen Gerichtsherrn paßte es ausgezeichnet, wenn die einschlagenden Stellen des römischen Rechtes möglichst auf jedes Verbrechen, wie auf jeden Selbstmord bezogen wurden.[40]) Allerdings ging die gelehrte Jurisprudenz nicht so weit. Durch die Logik der Kirchenväter, welche die eigene Tötung der Tötung eines anderen gleichstellte, hat sich die Jurisprudenz nicht irreführen lassen; auch erkannte sie an, daß nicht der Selbstmord, sondern ein zuvor begangenes Verbrechen, auf welchem Vermögenskonfiskation stehe, allein die letztere rechtfertigen könne. Aber sie machte der Kirche doch die willkürliche Konzession, daß man den Selbstmord in gewissen Fällen strafen müsse, nach *Menochius* c. 284 eigentlich nur, wenn die Tat ohne Grund (!) geschehen war,[41]) und auch stets nur mit einer arbiträr milden Strafe, und wenn es das Recht der Kirche war, dem Selbstmörder, als einem von den

[38]) Vgl. *Montesquieu*, *Considérations sur la grandeur et la décadence des Romains* I. *c.* 12. a.E. — Man muß bedenken, daß die Strafjustiz im Mittelalter oft nichts anderes war als ein in den Mantel der Gerechtigkeit gehülltes Verbrechen der Machthaber.

[39]) Vgl. Geschichte d. deutsch. Strafr. S. 96.

[40]) Vgl. daruber *Wächter* S. 647. Der Sachsenspiegel II, 31 § 1 spricht ausdrücklich dem nächsten Erben des Selbstmörders dessen Gut zu, vielleicht gerade um einem Mißbrauch zu wehren. Partikularrechtlich steht z. B. nach der *Radolphzeller* Halsgerichtsordnung von 1506 § 18 allgemein auf Selbstmord, Verfall des Gutes, und auch in Norddeutschland galten selbst nach der Erlassung des CCC. nach manchen Partikularrechten teilweise Konfiskationen (*Bernstein* S. 5, 6). In Frankreich sprach ein Edikt Ludwigs des Heiligen die beweglichen Güter des Selbstmörders dem Baron zu. Die französische Jurisprudenz machte später in den Fällen von Krankheit eine Ausnahme, wie solche auch das kanonische Recht anerkannte. Can. 15 qu. 1.

[41]) Hier zog man die vom Selbstmorde des Soldaten handelnde L. 6 § 7 *de re militari* heran. Die albernsten Argumente für die Gleichstellung der Selbstverletzung mit der Verletzung anderer macht geltend *Damhouder*, Praxis, c. 88.

Satzungen der Kirçhe Abtrünnigen das kirchliche Begräbnis zu weigern, so folgte daraus doch in keiner Weise, daß man nun, wie es schon im späteren Mittelalter geschah,[42]) für den Selbstmörder eine Begräbnisart zu erfinden hatte, welche bürgerliche Infamie aussprach (das sog. Esels- oder Hundsbegräbnis), das selbst noch von *Boehmer* (in CCC. 135 § 5a E.) bei Selbstmord eines Zurechnungsfähigen gebilligt wird,[42a]) weil dadurch vom Selbstmorde abgehalten werde.[43]) Den willkürlichen Konfiskationen hat allerdings, die Grundsätze des römischen Rechtes einschärfend, die CCC. nach dem Vorgange des Bambergensis (Art. 160) ein Ende[44]) im Art. 135 zu machen unternommen, ist aber hiermit, wie manche spätere Landesverordnungen ergeben, keineswegs überall durchgedrungen. Die gemeinrechtliche Praxis schränkte zuletzt die Konfiskationen oft noch weiter ein, da man zur Konfiskation entweder Eingeständnis oder volle Überführung verlangte.[45])

§ 14. Selbstverständlich mußte man, je mehr bei anderen Verbrechen Geisteskrankheit als Entschuldigungsgrund anerkannt wurde, auch den Selbstmord in vielen Fällen für ein Ergebnis geistiger Erkrankung erklären, und das Mitleid mit der oft traurigen Lage des Selbstmörders verstärkte in irgend zweifelhaften Fällen das Gewicht der Gründe für die Annahme geistiger Erkrankung. Aber erst *Beccaria* (c. 35) führte in wenigen, aber scharf umrissenen Sätzen aus, daß Androhung einer Strafe

---

[42]) Goslarsche Statuten ed. *Göschen* S. 138. Der Leichnam wurde aus dem Fenster geworfen oder durch ein Loch unter der Haustur gezogen und dann verbrannt (oder verscharrt).

[42a]) Vgl. auch noch d. osterr. GB. 1787 § 123.

[43]) *Quistorp*, Grundsatze d. d. peinl. Rechts (6. Aufl. 1810), § 299—301, gibt noch eine ausführliche Theorie moglicher Verteidigung, welche die Angehörigen des Selbstmorders gegen die Verfugung des Eselbegräbnisses geltend machen konnen.

[44]) Vgl. *Bernstein* S. 5ff. So z. B. straft noch Codex Bavar. I, 3, 2, 5; die vorsatzliche Selbstentleibung mit Konfiskation des dritten Teils des Vermogens.

[45]) So *Quistorp* a. a. O. § 299, wahrend noch *Boehmer*, a. a. O. § 4, bei schwereren Indizien die Konfiskation fur zulassig erachtet.

Montesquieu Espr. 1 *des lois* L. 14 ch. 12 spricht sich n u r gegen Bestrafung des Selbstmordes in England aus, weil der Selbstmord hier Ergebnis einer klimatischen Krankheit sei, und ist der Ansicht, daß in anderen Ländern der Gesetzgeber Gründe haben könne, den Selbstmord zu bestrafen. Viel scharfer war die Polemik in den *Lettres persanes*, 76 (vgl. auch 77): »*Pourquoi veut on que je travaille pour une société, dont je consens de n'être plus, que je tienne malgré moi une existence, qui s'est faite sans moi? La vie m'a été donnée comme une faveur; je puis donc la rendre lorsqu'elle ne l'est plus. Mes conciloyens peuvent-ils demander ce partage inique de leur utilité et de mon désespoir?*

gegenüber demjenigen, der zum Tode sich entschließe, nichts nütze, und daß der Gesetzgeber noch weniger den Selbstmord als die Auswanderung zu strafen Grund habe; denn der Auswandernde entziehe dem Staate auch sein Gut, nicht aber der Selbstmörder.[46]) Diese Überzeugung,[46a]) welche Friedrich der Große teilte, führte in Preußen schon 1751 in einem Reskripte des Königs zur Aufhebung der Selbstmordstrafe, und daß preuß. Landrecht (II, 20 803) sah nicht nur von jeder Strafe des Selbstmordes ab, sondern bestimmte sogar, daß Selbstmörder nach ihrem Tode nicht beschimpft, sondern nur der Ehrenbezeugungen verlustig gehen sollten. Aber[47]) viele deutsche Schriftsteller des XVIII. Jahrhunderts, z. B. *Thomasius*, *Wolff*, *Basedow*, *Möser* vertreten noch die Bestrafung des Selbstmordes[48]) und selbst *Feuerbach* (Lehrb. § 281) hielt den Selbstmord prinzipiell für strafbar, weil der Selbstmörder seine Kraft dem Staate unberechtigterweise entziehe und sprach sich nur deshalb für Straflosigkeit aus, weil das vollendete Verbrechen den Urheber der Strafe entziehe.[48a]) Den Sieg trugen jedoch schließlich die Verteidiger der Straflosigkeit des Selbsmordes[49]) davon. Zuletzt hat *Wächter* (a. a. O. S. 653—680)[49a]) die Straflosigkeit des Selbstmordes gegen mögliche Einwendungen siegreich verteidigt und die Verkehrtheit auch der vielfach üblichen oder gesetzlichen, zwangsweisen Ablieferung des Leichnams eines Selbstmörders in die Anatomie dargelegt. Die Gesetzbücher haben seit dem *Code pénal* und dem bayerischen GB. von 1813 den Selbstmord durch stillschweigendes Übergehen für straf-

---

[46]) *Filangieri*, *Scienza della legislazione* 3 c. 51, fügte diesen Gründen im Geiste der Zeit noch hinzu, daß durch den Selbstmord der Verband mit dem Staat gelöst werde: der Staat habe gegen den solchergestalt Verzichtenden keine Forderungen.

[46a]) Ähnlich *Voltaire* und andere Vertreter der sog. Aufklärung in Frankreich. Vgl. darüber *Bernstein* S. 22ff.

[47]) Weniger human Österr. GB. von 1863, II, § 92.

[48]) Vgl. *Bernstein* S. 30ff.

[48a]) Dagegen aber z. B. *Tittmann*, Handb. 2 § 549, der auch bemerkt, daß dem Selbstmörder in der Regel ein ehrliches, wenn auch nur stilles Begräbnis verstattet werde.

[49]) Insbesondere *Garve*, *Engel*, *Mendelssohne*, *Hommel*, *Sonnenfels*, *Globig*, *Husler* und *Soden*. Auch *Goethes* Werther hatte hier bedeutenden Einfluß, obschon *Goethe* gewiß nicht beabsichtigte, den Selbstmord zu verherrlichen. Vgl. über die genannten Autoren *Bernstein* S. 32ff.

[49a]) Vgl. auch die Ausführungen in *Wächters* Vorlesungen S. 182.

los erklärt,[50]) nur einige die Teilnahme am Selbstmorde eines anderen bestraft.[51])

§ 15. Es wird nicht erforderlich sein, die legislative Frage der Strafbarkeit oder Straflosigkeit des Selbstmordes weiter zu erörtern.[51a]) Die deutsche Gesetzgebung wird schwerlich wieder den Rückschritt zur Bestrafung des Selbstmordversuches machen wollen und auch nicht deshalb dazu geneigt sein, weil etwa in neuester Zeit die Selbstmorde so häufig vorkommen. Die Strafdrohung ist kein Allheilmittel gegen moralwidrige Handlungen, und die auf der Rechtstradition beruhende gesetzlich bestimmte Bestrafung des Selbstmordversuches[51b]) in England und den Vereinigten Staaten von Nordamerika hat dort die Zunahme der Strafverhandlungen wegen versuchten Selbstmordes keineswegs gehindert.[51c]) Zweckmäßig dagegen erscheint es, die neuerdings vertretene Meinung zu prüfen, welche in Selbstverletzung und Verletzung eines Einwilligenden strafrechtlich wesentlich gleichstehende Handlungen erblickt.[52]) Vom Standpunkte des

[50]) Der anfangliche Despotismus des durch die Normannen nach England gebrachten strengen Feudalrechts bewirkte es — und naturlich lockte auch die Konfiskation —, daß man den Selbstmord als Felonie gegen den König (»*felo de se*«) betrachtete. Im Laufe der Zeit mehrten sich dann die Freisprechungen wegen wirklicher oder angenommener Geisteskrankheit, je mehr die Konfiskation als Ungerechtigkeit gegen die Erben empfunden wurde. 33 et 34 Vict. c. 23 hat diese wie andere Vermögenskonfiskationen beseitigt.

[51]) Vgl. *Geib* 2 S. 210 und davon unten.

[51a]) Mit Recht hat *Berner* § 53, 2 bemerkt, daß, wer einen Selbstmordversuch gemacht habe, nicht einer strafenden, vielmehr einer heilenden Behandlung bedürfe. Man darf hinzufügen, daß bei der heutzutage so gesteigerten personlichen Empfindlichkeit die Aussicht auf ein Strafverfahren leicht zu erfolgreicher Wiederholung der Tat drangen werde. Andererseits könnten Selbstmordversuche veranlaßt werden durch die Eitelkeit, in einem Strafverfahren als interessanter Angeklagter zu erscheinen. Jedenfalls wurden die Geschafte der Strafjustiz ohne irgend welchen Nutzen wesentlich vermehrt werden.

[51b]) Früher wurde das Vermögen bei vollendetem Selbstmorde konfisziert. Der Selbstmorder galt als »*felo de se*«.

[51c]) Vgl. *Rathenau*, GArch. **50** S. 23, und *Liszt*, Vergleichende Darstellung a. a. O. S. 134.

[52]) So z. B. schon *Köstlin*, Neue Revision S. 685, 904; System **1** S. 104; *Ortmann*, GArch. **25** S. 115; *Schütze*, Notwendige Teilnahme S. 289. Auch *Ullmann*, GS. 37 S. 536, findet hier wesentlich gleiche Tatbestande, die nur in ihrer Erscheinungsform verschieden seien (dieser letztere Unterschied ist mir zu fein). *Klee*, GArch. **48** S. 181, ausgehend von dem Satze, daß Rechtsverletzung wesentlich Verletzung eines fremden Willens sei, hält Verletzung eines Einwilligenden für ebensowenig strafbar wie Selbstverletzung; denn Verneinung eines fremden Willens liege auch im ersten Falle nicht vor. Dies ist nur haltbar, wenn der Wille der allgemeinen Rechtsordnung, welche fur das Strafrecht maßgebend ist, als nicht vorhanden betrachtet wird. Daher ist *Klees* Beweisführung nur *Petitio principii*. Das Strafrecht kann jemanden auch gegen seinen eigenen (unvernünftigen)

Verletzten aus kann diese Gleichheit zugegeben werden, nicht aber von dem hier entscheidenden Standpunkte der Rechtsordnung. Die Straffreiheit der Verletzung durch einen anderen mit Zustimmung des Verletzten erregt weit schwerere legislative Bedenken als Straffreiheit der Selbstverletzung. Die Erklärung der Zustimmung kann im letzten, oft unmerklich kleinen Zeitteilchen vor der Vornahme der Verletzung fehlen, während bei der Selbstverletzung diese Zustimmung stets gewiß ist; vermöge der Grundsätze, welche über den tatsächlichen Irrtum gelten müssen, würde aber der Verletzende allemal straflos ausgehen, wenn er die Zustimmung des Verletzten als vorhanden annähme. Aber auch die Ernstlichkeit der Einwilligung wird leicht zweifelhaft sein, und wieder würde der Zweifel hier dem Verletzenden Straflosigkeit verschaffen, während, wenn jemand sich selbst verletzt, diese Frage gar nicht in Betracht kommen kann. Jene beiden Umstände aber lassen die Möglichkeit abscheulicher Mißbräuche bei Straflosigkeit der Verletzung unter Einwilligung des Verletzten offen. Ist das schon ein genügender Grund, die Verletzung mit Einwilligung des Verletzten rechtlich anders zu behandeln als die Selbstverletzung, so wird ein kultivierteres Rechtsgefühl zugleich energisch dagegen reagieren, daß es erlaubt sein soll, Mitmenschen, nur weil sie einwilligen, beliebig zu peinigen, zu verstümmeln, zu töten. Während die Selbstverletzung prinzipiell außerhalb des Rechtsverbotes fällt,[53]) verhält es sich mit der Verletzung unter Einwilligung des Ver-

---

Willen schützen, und ob und wann es dies tut, ist gerade die Frage. — *Liszt*, Lehrb. § 35 IV und V, behauptet gleichfalls (und zwar ohne weiteren Beweis), die prinzipielle Gleichstellung beider Fälle zieht daraus aber den entgegengesetzten Schluß. Die Selbstverletzung soll also in allen Fällen strafbar sein, in denen „die Rechtsordnung dem betreffenden Rechtsgut eine über die Person des Trägers hinausreichende Bedeutung beilegt". Doch wird zugestanden, daß das Gesetz „von nebensächlichen Gesichtspunkten geleitet, die Grenzlinie vielfach (abweichend) anders bestimmt". Der Satz, „die Selbstverletzung sei in den Fällen strafbar, in denen das Gesetz dem betreffenden Rechtsgut eine über die Person des Trägers hinausreichende Bedeutung beilegt", gibt über die Merkmale dieser Fälle keinen Aufschluß und dürfte nur eine Tautologie enthalten. — Auch *K. Hiller* erkennt (S. 43) einen Unterschied zwischen prinzipieller Teilnahme am Selbstmorde und Tötung eines Einwilligenden nicht an, zieht aber daraus den Schluß, daß beide Handlungen straflos seien.

[53]) Selbstverständlich müssen die Gründe, welche für Straflosigkeit, rechtliche Nichtbeachtung der Selbstverletzung als solche sprechen, um so mehr für nur fahrlässige Selbstverletzung gelten; es hat auch wohl kaum jemand daran gedacht, fahrlässige Selbstverletzung strafen zu wollen.

letzten gerade umgekehrt und nur ausnahmsweise können besondere Gründe der Einwilligung eine die strafrechtliche Rechtswidrigkeit ausschließende Wirkung verleihen.[53a]) Alle diese Gründe [53b]) sind nicht, wie freilich gesagt worden ist, nebensächliche; es sind vielmehr, wie Geschichte und Verhandlungen gesetzgebender Faktoren lehren, die wahren Gründe, nach denen von jeher diejenigen moralwidrigen Handlungen ausgewählt worden sind, deren Bestrafung für zulässig und erforderlich gehalten wurde; denn Zweckmäßigkeit und staatliche Gerechtigkeit sind keineswegs stets wirkliche Gegensätze.[53c]) Freilich, wenn es ohne weiteres für unerheblich erklärt wird, ob bei einem von mehreren ausgeführten Verbrechen der A oder der B oder C den Akt vornimmt, der als Haupthandlung alles Vorhergehende zum vollendeten Verbrechen kristallisieren läßt, so ist man gezwungen, auch Anstiftung und Beihilfe zum Selbstmorde zu bestrafen.[53d]) Allerdings muß man genau zusehen, wer die letztlich entscheidende Handlung vornimmt. Wenn mehrere Personen durch ausströmendes Gaslicht zusammen in einem Raume sich töten, den jeder jederzeit verlassen kann, so begeht jede dieser Personen Selbstmord, ohne daß es darauf ankommt, wer das Einströmen des Gases herbeigeführt hat.[53e]) Verab-

---

[53a]) Scharfe Unterscheidung beider Falle vertritt *Wächter*, Vorlesungen S. 186 (vgl. auch *Zanardellis* Ausführung zum italienischen StGB. Art. 370; *Crivellari* **7** S. 831); auch *Binding* **1** S. 700 halt sie, aber wie man sehen wird, nicht konsequent fest. Eigentümlich ist die Ansicht *Kesslers* S. 84, daß Verletzung eines Einwilligenden »*de lege ferenda*« noch mehr erlaubt sein musse als Selbstverletzung.

[53b]) Ihre Bedeutung wird in den ubrigens interessanten und lesenswerten, aber allzu aprioristischen Ausfuhrungen *K. Hillers* durchaus ubersehen.

[53c]) Vgl. *Bar*, Die Grundlagen des Strafrechts 1869 S. 14ff. und Geschichte des deutschen Strafrechts und Strafrechtstheorien S. 330ff.

[53d]) *Liszt*, Vergleichende Darstellung, besonderer Teil **5** S. 138, meint — m. E. unrichtigerweise —, daß Beihilfe zur Ausführungshandlung und eigene Ausführungshandlung ineinander überfließen. Er erachtet einen strafrechtlichen Unterschied für unmöglich zwischen demjenigen, der dem tödlich Verwundeten das Gift reicht und ihm die Hand an den Mund fuhret, und demjenigen, der ihm das Gift einträufelt. Aber im letzten Falle wird doch, die letztlich entscheidende Handlung, Zurechnungsfähigkeit des Verwundeten vorausgesetzt, von diesem kraft freien Willens vorgenommen.

[53e]) Die Gleichstellung von Mitwirkung (zur Selbstverletzung mit der Verletzung eines Einwilligenden ist daher im norwegischen StGB. §§ 235, 236) nach der von diesem Gesetzbuch angenommenen (freilich m. E. wissenschaftlich nicht haltbaren) Konstruktion der Teilnahme konsequent. — Ähnlich auch *Stoos* (Grundzüge des schweizerischen Strafrechts **2** S. 15), der denn auch einen wesentlichen Unterschied zwischen Anstiftung eines Zurechnungsfahigen und eines Zurechnungs u n fahigen nicht anzuerkennen scheint.

redete Tötung z. B. (die etwa ein Liebespaar vornimmt) dagegen ist nicht Selbstmord, sondern Tötung eines anderen mit dessen Zustimmung oder auf dessen Verlangen.

§ 16. Wie jede andere erlaubte Handlung kann auch die Selbstverletzung ein Mittel sein zur Begehung strafbarer Handlungen. StGB. 142 bestraft so die Selbstverstümmelung und andere Selbstschädigung, mittels deren jemand beabsichtigt, sich der Erfüllung der Wehrpflicht zu entziehen.[54]) Der sonst oft richtige Schluß von dem Majus auf das Minus ist hier nicht richtig, wenn man den Selbstmord als das Majus andere Selbstverletzung als das Minus betrachtet. Wer ganz aus der menschlichen Gesellschaft scheiden will, indem er sich selbst tötet, hat eine andere Gesinnung, will nicht sowohl mehr, als etwas spezifisch anderes, als derjenige, der sich nur zu verstümmeln oder sonst zu schädigen, aber fortzuleben gewillt ist, also noch Vorteile aus dem Leben, aus der Gemeinschaft mit anderen, aus dem Leben im Staate zu ziehen beabsichtigt. Die letztere Gesinnung kann als niedrig und gemein charakterisiert werden, so z. B. die Gesinnung desjenigen, der, um der Heerdienstpflicht sich zu entziehen, sich eine geringe Verletzung zufügt, die ihn zwar zum Heerdienst, dagegen nicht zum Erwerbsleben unfähig macht; nicht aber — Ausnahmsfälle abgerechnet — die Gesinnung des Selbstmörders. Straft also das Gesetz die vorsätzliche Selbstverstümmelung unter gewissen Voraussetzungen, so fordert die Konsequenz keineswegs, den Selbstmordsversuch zu strafen, der nur eine Verstümmelung zur Folge gehabt hat, und noch weniger kann geschlossen werden, daß der Selbstmordversuch überhaupt für strafbar erklärt werden müsse.

§ 17. Wenn der Selbstmord eine rechtlich indifferente Handlung ist, so scheint kein Recht zu bestehen, selbst nicht für die Polizei, gegen jemanden Gewalt zu gebrauchen, um ihn am Selbstmorde zu hindern. Gleichwohl werden Selbstmörder häufig gegen ihren Willen vom Tode errettet, ohne daß auch nur die Frage aufgeworfen wird, ob solche oft gewaltsame Rettung nicht rechtswidrig sei. Die Lösung [55]) liegt darin, daß einer-

---

[54]) Auch kann, worauf *Binding* a. a. O. aufmerksam macht, Selbstverstümmelung ein Mittel sein, betrugerisch Mitleid zu erregen.

[55]) Wer wie *Kohler*, GArch. **49** S. 6, Tötung eines anderen und Selbstmord als nur unwesentlich verschieden ansieht (vgl. oben S. 26) oder aber die Mitwirkung

seits sehr oft Selbstmord in geistiger Umnachtung begangen wird, mag diese auch nur kurze Zeit dauern, der auf Selbstvernichtung gerichtete Wille eines Zurechnungsunfähigen aber nicht respektiert zu werden braucht, daß aber andererseits, wie die Erfahrung beweist — kämpfen doch z. B. Personen, die den Selbstmord durch Ertrinken wählen, oft mit den Fluten, um sich zu retten — nicht selten im letzten Augenblicke, wo der Tod unmittelbar hereinzubrechen droht, Selbstmörder von ihrem Vorhaben zurücktreten möchten, falls sie es könnten.[56]) Der Rettende kann hier die eine oder die andere Annahme für sich geltend machen; die eine wie die andere macht Gewaltanwendung (oder auch Sachbeschädigung) zum Zwecke der Rettung erlaubt, auch wenn im einzelnen Falle die Annahme irrig sein sollte, und das muß selbst dann gelten, wenn es sich um einen, wie der Rettende weiß, wiederholten Selbstmordversuch handelt; denn im letzten Augenblicke kann dem Selbstmörder stets Rettung erwünscht sein. Weiter aber wird man nicht gehen dürfen. Man darf z. B. niemanden, der völlig zurechnungsfähig ist, einsperren, weil er einen Selbstmordversuch gemacht hat, und Wiederholung zu befürchten ist. Jede andere Begründung der Erlaubtheit, den Selbstmord einer geistig gesunden Person zu hindern, ist unrichtig. Die Annahme strafrechtlicher Rechtswidrigkeit des Selbstmordes würde höchstens genügen, das Eingreifen der Polizei zu rechtfertigen; denn der Private hat nur das Recht, einen rechtswidrigen Angriff von sich oder einem anderen abzuwehren: der andere ist aber hier derjenige selbst, der den Angriff macht.[57]) Erklärt man den Selbstmord nur für eine m o r a l widrige Handlung, so hat

---

zum Selbstmorde eines Zurechnungsfähigen und andererseits eines Geisteskranken als rechtlich identisch betrachtet (so *Kohler*, Studien 1 S. 440), kann freilich sich dahin aussprechen, daß „die Frage gar nicht aufgeworfen werden sollte".

[56]) Vgl. in diesem Sinne *Jacques Stern*, GS. 60 S. 448 bes. S. 459, der unzulässige Nötigung (StGB. 240) aber in solchen Fällen annimmt, in denen an der vollen Zurechnungsfähigkeit des Selbstmörders kein Zweifel besteht, wie in dem Falle *Catos* bei Utica. Aber im letzten Augenblicke wird die Frage, ob nicht den Handelnden Reue ergreift, stets zweifelhaft sein; die Rettung wird dann freilich oft unausführbar. Vorherige Gewaltanwendung ist aber unzulassig.

[57]) Die entgegengesetzte Ansicht kommt darauf hinaus, jedermann polizeiliche Befugnis zur Anwendung verbotener Handlungen gegen jedermann zu gewähren. StPO. 127 (Festnahme auf frischer Tat) ist eine exzeptionelle Vorschrift, deren analoge Anwendung ausgeschlossen ist. AM. *Zimmermann*, GS. S. 606.

niemand das Recht, dieselbe gewaltsam zu hindern;[57a]) denn das nur Moralwidrige ist der Freiheit des einzelnen überlassen.[58]) Aus diesem Grunde betrachten denn auch *Binding*[59]), *Liszt* (§ 100 Anm. 4) sowie *Frank* (240, III) die gewaltsame Abhaltung vom Selbstmorde als einen Fall strafbarer Nötigung.[60])

§ 18. Andererseits ergibt sich, wenn der Selbstmord nur oder höchstens moralwidrig ist, nicht rechtswidrig, aus dem im deutschen StGB. angenommenen und Bd. **2** S. 591ff. als richtig vertretenen akzessorischen Charakter der Teilnahme, daß Anstiftung und Beihülfe zum Selbstmorde eines Zurechnungsfähigen ebenfalls nicht strafrechtswidrig, nicht strafbar sein können.[61]) Dies ist auch herrschende Ansicht in Deutsch-

---

[57a]) Anders freilich *Zitelmann* S. 119: der Selbstmord sei nach der herrschenden Meinung unsittlich, verwerflich, daher gewaltsames Einschreiten (jedes Beliebigen) gerechtfertigt. Die Konsequenzen dieses Arguments dürfte *Zitelmann* schwerlich genauer erwogen haben. — *Heß* S. 47 hat gar den Satz »*Insipienter nolenti non fit injuria*«, der sich nirgends in den Quellen findet, aber von ihm als selbstverständlich angenommen wird, benutzt, um zu beweisen: 1. daß man jemanden gewaltsam am Selbstmorde verhindern und 2. jemanden auch gewaltsam einer seinen Gesundheitszustand förderlichen ärztlichen Operation unterwerfen könne. Wäre der Satz richtig, so würde er Unerträgliches, d. h. zu viel beweisen. Jeder könnte zu jeder objektiv vernünftigen Handlung gezwungen werden. Beschränkt auf das Recht der Obrigkeit, würde er jede Freiheit des einzelnen ausschließen, und ausgedehnt dahin, daß jeder Beliebige zwingen könnte, führt er zu einem Zustande der menschlichen Gesellschaft, den man sich überhaupt nicht vorstellen kann. Daß man Verrückte zwingen und einsperren darf, damit sie sich oder anderen nicht Übles zufügen, gehört nicht hierher; denn Geisteskranke haben einen zu respektierenden Willen nicht.

[58]) AM. *Zimmermann* a. a. O. S. 607. — Siehe dagegen aber *Geyer* in *Holtzendorffs* Handb. 3 S. 574 Anm. 2; *Stern* S. 455. — *Cornelius*, D. Juristen Zeitschr. **4** S. 398, leitet die Straflosigkeit gewaltsamer Hinderung des Selbstmordes zunächst freilich aus der Verwerfung des Selbstmordes nach dem allgemeinen Rechtsbewußtsein ab, kommt aber schließlich doch auf die richtigen Gründe. Völlig verkehrt war der Vorschlag, den Selbstmord zu bestrafen, um ihn gewaltsam verhindern zu dürfen (Deutsche Juristenzeit. **4** S. 359), wogegen *Cornelius* sich erklärt.

[59]) Lehrb., bes. Teil **1** S. 91.

[60]) *Lilienthal*, Zeitschr. **20** S. 446, erklärt einfach, die Erhaltung des Lebens fur einen stets berechtigten Zweck (?), welcher daher auch Gewaltanwendung rechtfertige. Dies Argument würde, falls zutreffend, zu Konsequenzen führen, die *Lilienthal* selbst schwerlich billigen würde.

[61]) Daß das *Scum Silanianum* die Sklaven strafte, welche den Selbstmord ihres Herrn nicht hinderten (*Paulus*, *Rec. Sent.* 3, 5 § 4 L. 1 § 2 D. 29, 5), kann nicht in Betracht kommen bei dem willkürlichen, teilweise barbarischen Charakter dieses Gelegenheitsgesetzes (vgl. *Mommsen* S. 630, der die Prozedur dieses *Scum* eine „grauenvolle" nennt). Übrigens ist es angesichts der mehrfachen Fälle, in denen angesehene Personen sich geradezu durch ihren Sklaven töten ließen, ohne daß eine Bestrafung der Sklaven erwähnt wird, doch zweifelhaft, ob das *Scum Silanianum* wirklich auf alle Fälle zu beziehen war, in denen Sklaven den Selbstmord des Herrn nicht hindern. Vgl. in dieser Hinsicht die scharfsinnigen, von *Mommsen* nicht berücksichtigten Bemerkungen *Ludens* (Abhandlungen **2** S. 444).

land wie in Frankreich.[62]) Anders freilich, wenn die Teilnahme lediglich nach den allgemeinen Grundsätzen behandelt wird, welche für den Kausalzusammenhang maßgebend sind. Die volle Konsequenz ist dann, den Teilnehmer am Selbstmorde und zwar auch den Gehilfen der vollen Strafe des Mordes zu unterwerfen, da die Konsequenz eine Unterscheidung von Neben- und Hauptursachen nicht gestattet. Es wird dann aber der Konsequenz nach schon strafbar der Gehilfe, wenn er nur ein Mittel zum Selbstmorde demjenigen besorgt, der Selbstmord begeht, ebenso derjenige, der ernstlich zum Selbstmorde auffordert oder den Selbstmord einem anderen anrät, wenngleich derjenige, der den Selbstmord verüben wollte, überhaupt nicht zu irgend einem Anfange der Ausführung gelangt.[62a]) Die letzteren Konsequenzen sind von denjenigen, welche die Strafbarkeit der Teilnahme hier behaupten, freilich nicht erwogen; aber auch die ersteren haben doch vielleicht ein wenig erschreckt. Sonst wäre es m. E. kaum erklärlich, wie zuweilen die Strafbarkeit der Anstiftung vertreten wird, während die Beihilfe straflos gelassen werden soll. So unterscheiden *Kohler* (Studien S. 144) und *Binding* (**1** S. 701 sowie Lehrb. bes. Teil **1** S. 25): sie betrachten den Anstifter als intellektuellen Urheber, d. h. sie behandeln ihn so, als hätte er statt des Angestifteten ein beliebiges physisches Mittel angewendet. Daß letztere Konstruktion prinzipiell und historisch unrichtig ist, und unserem StGB. zuwiderläuft, ist bereits oben (Bd. 2 S. 581ff.) dargelegt. Das Ergebnis ist aber auch insofern unpraktisch, als die Grenze zwischen intellektueller Beihilfe und Anstiftung, die schon bei anderen Verbrechen fließend ist, ganz besonders bei der Anstiftung zum Selbstmorde praktisch schwer festzustellen

---

[62]) *Hélie* 3 § 1234 (unter Berufung auf mehrere Urteile des KH.); *Garraud* 3 § 312. — Anders die englische amerikanische Praxis *Harris* S. 164; *Wharton* 1 §§ 216, 448 anscheinend auf Grund einer irrigen Kausaltheorie.

[62a]) *Kohler* S. 128 erhebt gegen die Auffassung der Anstiftung als Teilnahme noch den folgenden Einwand. Wenn der Verletzte selbst zur eigenen Tötung angestiftet habe, so müsse er als Anstifter, falls er am Leben geblieben sei, jedenfalls dann bestraft werden, wenn man in der Handlung des § 216 StGB. nicht ein Spezialdelikt (dessen Versuch an sich straflos sein würde), vielmehr nur Anerkennung eines Milderungsgrundes erblicke (A will sich durch B erschlagen oder vergiften lassen; der Schlag versagt, das Gift bleibt wirkungslos). Dieser Einwand dürfte durch das Bd. 2 S. 725 Gesagte widerlegt sein. Der Anstifter ist, wenn er zugleich Verletzter ist, ebensowenig strafbar, wie er es als Täter ist

sein wird; denn ein Auftrag, ein Dringen zum Selbstmorde wird nicht leicht vorkommen.[62b]) Und nun denke man sich eine Untersuchung über die Stärke der Motive nach dem Tode des Selbstmörders.

Ist nun Anstiftung zum Selbstmorde — abgesehen von besonderer, diese Anstiftung treffender gesetzlicher Bestimmung — nicht strafbar,[63]) so ist auch nicht strafbar das sog. amerikanische Duell, die Losung ums Leben, d. h. die Verabredung zweier Personen, daß derjenige sich zu töten habe, den das Los treffen oder sonst nach Abrede ein zufälliges, ungewisses Ereignis als dem Tode verfallen bezeichnen werde.[64])

[62b]) Wenn *Binding* sagt, der Gehilfe zum Selbstmorde setze nur Bedingungen zur Tötung des anderen, der Anstifter aber nehme den Willen des anderen in seinen Dienst, so beruht das auf einer schwerlich haltbaren Theorie des Kausalzusammenhanges (vgl. dagegen auch *H. Meyer* § 38 Anm. 6). Die Strafbarkeit der Anstiftung zum Selbstmorde dürfte auch mit der von *Binding* vertretenen weitreichenden Wirkung der Einwilligung des Verletzten kaum zu vereinigen sein.

[63]) Sofern man an dem akzessorischen Charakter der Teilnahme festhält, dürfte die einzige Möglichkeit, die Strafbarkeit der Teilnahme am Selbstmorde juristisch zu konstruieren, darin bestehen, den Tötungsbegriff auch auf den Selbstmord zu erstrecken, die Straflosigkeit des Selbstmörders selbst aber auf einen rein persönlichen Strafausschließungsgrund zurückzuführen, welches letztere nach unserem positiven Rechte und geschichtlich offenbar falsch ist. Vgl. *Rittler* a. a. O. S. 238.

[64]) Dies ist auch die herrschende Ansicht. Vgl. *Goltdammer*, GArch. **18** S. 95; *Wächter* S. 354 Anm. 9; *Teichmann* in *Holtzendorffs* Handb. 3 S. 396; *Hälschner* **2** S. 941; *H. Meyer* § 75 Anm. 14; *Geyer*, Grundr. **2** S. 14; *Olshausen* § 201 n. 4. Neuestens auch *K. Hiller* S. 41, der aber dann, wenn der Gegner mit Geltendmachung des gegebenen Ehrenwortes drohe, unter Umständen Bestrafung des Gegners wegen Mordes will, da in solchem Falle ein mit ausgeprägtem Ehrgefühle begabter Selbstmörder nicht frei handle. Aber wohin würde die Konsequenz treiben, wenn Handlungen aus Ehrgefühl — aus berechtigtem oder unberechtigtem? — als unfreie rechtlich betrachtet würden? Wer einer sog. Ehrenschuld wegen die ihm anvertraute Kasse angriffe, würde straflos sein. — *Kohler* und *Binding* sind selbstverständlich anderer Ansicht, wobei *Binding* es dem Gegner zum Vorwurf macht, daß sie trotz „der Verruchtheit" der Handlung nach Gründen der Strafbarkeit suchen. *Binding* sagt einfach, der Anstifter wolle den Tod verursachen und erreiche dies Ziel. Bei dieser Argumentation muß man aber die Existenz eines selbständigen Anstiftungsbegriffs, wie *Obstfelder* S. 21 richtig bemerkt, überhaupt leugnen. Nach englischer und nordamerikanischer Praxis wird der Überlebende wegen Mord bestraft. Doch dürfte, wie *Obstfelder* S. 33 bemerkt, hier nur eine widerlegbare Präsumtion aufgestellt sein, so daß nur im Falle wirklichen Wahnsinns des Selbstmörders Strafe eintritt. *Wellauer* und *Guderian* halten zwar die Bestrafung der Anstiftung und Beihilfe zum Selbstmorde *de lege ferenda* für wünschenswert, erkennen aber an, daß nach dem geltenden Rechte des StGB. Bestrafung unzulässig ist. *Wellauer*, der diese Ansicht genauer (S. 68) begründet, führt aus, daß die Bestrafung mit der sog. objektiven Theorie der Teilnahme unvereinbar sei.

Die von *Lüder*, GArch. **18** S. 540 ff., vorgebrachte (verkehrte) Ansicht, daß das sog. amerikanische Duell ein wirklicher Kampf sei, hat nur wenige Anhänger gefunden, von denen hier nur *Schütze* S. 293 Anm. 7 angeführt werden

§ 19. Hält man an dem akzessorischen Charakter der Teilnahme fest, so fragt es sich, ob der daraus sich ergebenden Straflosigkeit der Teilnahme am Selbstmorde durch eine Strafbestimmung abzuhelfen sei, welche diese Tat als besonderes Delikt behandelt. Solche schon im preußischen ALR. II, 20 § 834[64a]) enthaltene Bestimmung findet sich in unserem GB. so wenig, wie in dem früheren preußischen GB. und im bayerischen GB. von 1861. Dagegen fand sie sich in manchen der früheren deutschen Gesetzbücher (Braunschweig 148, 150; Baden 208; Thüringen 121; Sachsen 158) wie gegenwärtig in zahlreichen ausländischen Gesetzen,[64b]) z. B. im italienischen (Art. 294), endlich im neuen russischen StGB. Art. 462,[64c]) im schweizerischen Vorentwurf § 62, ebenso in dem Entwurfe des österreichischen Abgeordnetenhauses von 1893 (§ 228). Und sehr erheblich ist die Zahl der Autoren, die sich *de lege ferenda* für solche Bestimmung ausgesprochen haben.[65]) Ich möchte aber derjenigen Meinung Recht geben, welche weder Sonderbestimmung will, noch die Teilnahme am Selbstmorde in irgendwelcher Form als Teilnahme für strafbar erachtet.

---

mag. (Andere sind angeführt und widerlegt von *Obstfelder* S. 25 ff. Vgl. auch *Teichmann* in *Holtzend.* Handb. **8** S. 395.) Eigentümlich ist die in der österreich. Praxis und Theorie vertretene (vgl. z. B. *Lammasch*, Grundriß 2. Aufl. S. 56) Ansicht, welche Verantwortlichkeit wegen Fahrlässigkeit annimmt und § 335 des österreichischen StGB. für anwendbar erachtet. Sie übersieht, daß der Selbstmord eines Zurechnungsfähigen auf dessen freiem Entschlusse beruht und daher von einer das Leben des Selbstmörders wirklich gefährdenden Handlung des Anstifters oder Gehilfen nicht zu reden ist. Vgl. in diesem Sinne insbesondere *Rittler* a. a. O. S. 248 ff. (Der von *Hälschner* [Preuß. Strafrecht **2** S. 65] besprochene [und hier richtig, vom preuß. OT. aber unrichtig entschiedene] Fall paßt absolut nicht.) — Richtig bemerkt übrigens *Liszt* a. a. O. S. 143, es sei beim sog. amerikanischen Duell nicht ohne weiteres Teilnahme am Selbstmorde anzunehmen. Ging z. B. die Forderung von demjenigen aus, der sich tötete, so wäre der Überlebende, sofern er nicht zu dem Selbstmorde des Getöteten gedrängt hätte, m. E. weder Anstifter noch intellektueller Gehilfe. Vgl. auch *Wellauer* S. 92 und *Rittler* a. a. O. S. 257.

[64a]) Im preuß. ALR. Gleichstellung der Beihilfe zum Selbstmorde mit der Tötung auf Verlangen.

[64b]) Vgl. die Nachweisung bei *Liszt* in der Vergleichenden Darstellung a. a. O. Über das norwegische StGB. vgl. oben Anm. 53e S. 34.

[64c]) Hier aber, falls es sich nicht um Selbstmord von Zurechnungsunfähigen oder von Personen unter 21 Jahren handelt (Art. 463), unter Beschränkung auf den Fall des Verschaffens von Mitteln zum Selbstmorde, wenn diese benutzt sind, und der Selbstmord erfolgt ist.

[65]) Z. B. *Lion*, GArch. 6 S. 462; *Wächter*, Vorlesungen S. 186; *Berner* S. 99; *H. Meyer* § 38 Anm. 7; *Liszt* § 38 und Vergleichsdarstellung a. a. O. S. 136; *Guderien* S. 31. Von den von *Liszt* für diese Meinung angeführten Autoren muß aber

Man kann moralisch höchst verwerfliche Fälle ausmalen, in denen jemand einen anderen zum Selbstmorde treibt; Fälle viel „verruchter" als die Fälle des amerikanischen Duells, und vielleicht sind sie vorgekommen.[66]) Indes wird, wenn der Selbstmord wirklich erfolgt ist, der Beweis in den meisten Fällen ein höchst unsicheres Ergebnis liefern. Es fehlt dann der Hauptzeuge, der sichere Auskunft geben könnte über die Motive der Tat und die Beteiligung des Angeklagten. Wer einigermaßen schlau verfährt, kann daher sich leicht Straflosigkeit sichern, und gerade in den raffiniertesten Fällen würde das Strafgesetz praktisch versagen.[67]) Soll man auch jemanden wegen Anstiftung zum Selbstmorde strafen, der einem anderen etwa gesagt hat: „An Deiner Stelle würde ich mir eine Kugel vor den Kopf schießen",

---

z. B. *Schaper* in *Holtzendorffs* Handb. 2 S. 116, der genau betrachtet, nur die Möglichkeit einer derartigen Bestimmung hervorhebt, ausscheiden, und die Berufung auf Autoren, welche, wie *Schütze*, Notwendige Teilnahme S. 288, den Selbstmord für ein Verbrechen erklären, das nur aus kriminalpolitischen Gründen durch das positive Recht für straflos erklärt sei, scheint mir nicht recht zulässig. *Henke* 1 S. 38 äußert sich auch, wenn ich ihn recht verstehe, keineswegs für Bestrafung, während *Stübel*, Tatbestand § 106, den bei älteren Schriftstellern in zweifelhaften Fällen nicht selten beliebten Ausweg ergreift, den Selbstmord und daher auch die Teilnahme daran für ein Polizeivergehen zu erklären, also nicht für eine eigentlich strafwürdige Handlung.

[66]) *Mittermaier*, GArch. 8 S. 436, erwähnt u. a. folgenden Fall. Ein junger Mann, der seiner Geliebten überdrüssig war, verabredete mit ihr gemeinschaftlichen Selbstmord durch Gift. Das Mädchen nahm das Gift und starb; er aber nahm statt des Giftes Zucker. Aber wie, wenn jener Anstifter wirklich anfangs die Absicht hatte, sich ebenfalls zu vergiften, und er nur, nachdem das leidenschaftliche Madchen schnell das Gift genommen hatte, für sich den entscheidenden Schritt zu tun nicht den Mut fand? Ist es ferner wahrscheinlich, daß der Schuldige in dem ersteren Falle wahrheitsgetreu dem Gerichte berichten wird? *Guderian* S. 36 konstruiert folgenden Fall: A ist ins Wasser gesprungen, B will ihn retten, C hält B zurück. Hier ist aber eine verhängnisvolle Undeutlichkeit zu bemerken. Was heißt hier zurückhalten? Zurückhalten durch Überredung oder Zurückhalten mit Gewalt oder durch andere Art der Nötigung? Das Zurückhalten im ersten Falle ist nach dem StGB. straflos und kann möglicherweise keine irgend tadelnswerte, ja eine moralisch löbliche Handlung sein; z. B.: A ist ein völlig verkommenes Subjekt; das Leben des B, eines berühmten Arztes oder eines hochbedeutenden Staatsmannes, aber sehr wertvoll und zugleich die Gefahr für den Rettenden sehr groß, die Wahrscheinlichkeit der Rettung des A gering. Wendet aber C Gewalt an usw., so ist er wegen Nötigung straffällig und die Strafe brauchte, falls A ums Leben kommt, nicht dem gesetzlichen Minimum sich zu nähern. Der wirklich schlimme Fall ist also strafbar. Andererseits kann überhaupt fraglich sein, ob es moralisch stets empfehlenswert ist, Selbstmörder auch mit Gefährdung des eigenen Lebens zu retten.

[67]) Jemand kann z. B. einen anderen entsetzlich ängstigen und quälen und so tatsächlich in den Tod treiben. Da aber vermöge des freien Willens dieses anderen das Ergebnis des Selbstmordes doch nie ein im Sinne auch nur des gewöhnlichen Lebens notwendiges ist (vgl. Bd. 2 S. 310), so müßte dem Schuldigen nachgewiesen werden, daß er geradezu den Selbstmord und nicht nur jene Qualen des anderen wollte.

wenn dieser andere z. B. wegen schwerer Unterschlagungen und Fälschungen eine langedauernde Zuchthausstrafe zu erwarten hatte? Wer will über die Wirksamkeit solcher Reden hinterher ein sicheres Urteil fällen? Auch kommen Fälle vor, in denen der Anstiftende, Überredende, der sich selbst mittöten wollte, nicht völlig zurechnungsfähig oder andererseits mitleidswürdig erscheint.[68]) Will man aber auch Beihilfe und Anstiftung im Falle eines nur versuchten Selbstmordes strafen, so läuft man Gefahr, da nicht ernstliche Selbstmordsversuche gerade keine Seltenheit sind, und es oft schwer ist, ernstliche und nicht ernstliche Versuche hier zu unterscheiden, wegen bloßer Komödien und Kindereien Strafuntersuchungen einzuleiten und daneben Erpressungen eine treffliche Handhabe zu bieten. In anderen Fällen ferner würde, wie ebenfalls *Mittermaier* schon treffend bemerkt hat, die Verhandlung gegen den Teilnehmer tatsächlich auch zu einem für denjenigen, der einen Selbstmordversuch gemacht hat, höchst peinlichen und schädlichen Vorgange werden: sie könnte ihn wirklich in den Tod treiben. Die Bestrafung nur physischer Beihilfe zum Selbstmorde endlich ist, sofern es sich nicht um Untersuchungs- oder Strafgefangene oder körperlich völlig hülflose Personen handelt, von keiner Bedeutung. Unzählige Mittel des Selbstmordes stehen jedem fast jeden Augenblick zur Verfügung. Wer den Selbstmord ernstlich will, braucht meist die Hülfe anderer nicht. Die etwa geleistete Hülfe ist also meist bedeutungslos, und wer wirklich und wesentlich durch das Zureden eines anderen zum Selbstmorde sich bestimmen läßt, erscheint als ein derartig moralischer Schwächling, daß man es fast als Zeichen einer dekadenten Gesetzgebung betrachten möchte, wenn diese hier als Rächerin auftritt. Alles zusammengenommen, ist daher

---

Dies erkennt auch *Kohler* (Studien S. 145, 146) an, indem er ausfuhrt, das Bewußtsein des A, daß jemand infolge einer bestimmten Handlung des A Selbstmord begehen werde, könne keinesfalls genügen, ebenso bestehe die Verantwortlichkeit nicht, wenn jemand eine berechtigte Handlung vornehme, die einen anderen zum Selbstmord veranlasse. Aber *Kohler* fügt selbst hinzu, die Verkennung dieses Unterschiedes würde zu chinesischen Zuständen fuhren, wo es das häufigste Erpressungsmittel sei, mit Selbstmord zu drohen. Da nun jener Unterschied im konkreten Falle sehr schwer festzustellen ist, würden die bezeichneten chinesischen Zustände keineswegs außerhalb der Wahrscheinlichkeit liegen, wenn mit der Bestrafung der Anstiftung zum Selbstmorde Ernst gemacht würde.

[68]) Darauf macht *Mittermaier* a. a. O. S. 437 aufmerksam.

die Bestrafung der Beihülfe und Anstiftung nichts als ein Ausfluß unpraktischer Gefühlsjurisprudenz, und da,[68a]) wo derartige Strafbestimmung auf dem europäischen Kontinente bestehen, scheinen sie kaum wirklich angewendet zu werden, in Fällen, wo der Selbstmörder zurechnungsfähig ist. Denn allerdings die Bestimmung einer Person, deren Zurechnungs u n fähigkeit dem Bestimmenden bekannt ist, ist mittelbare Täterschaft. Hier ist der Selbstmörder nur Werkzeug in der Hand des Bestimmenden. In den englisch-nordamerikanischen Fällen aber dürfte es an Zurechnungsfähigkeit des Selbstmörders gefehlt haben. Es ist eben keine juristische Spitzfindigkeit, vielmehr ein rationeller Fundamentalsatz, daß, wenn die Tat des Täters kein Verbrechen ist, auch Anstiftung und Beiihlfe dazu kein Verbrechen sein kann.[69]) Man hat daher z. B. in Belgien einen die Strafbarkeit der Teilnahme am Selbstmorde aussprechenden Zusatz zur Strafgesetzgebung mit Grund abgelehnt.

[68a]) Diejenigen, welche eine besondere Bestrafung der Teilnahme am Selbstmorde für zweckmaßig erklären, berufen sich auch darauf, daß unser geltendes Recht in gewissen Fallen, z. B. im Falle der Kuppelei, Teilnahmehandlungen als selbstandige Delikte strafe, wahrend die Haupthandlung straflos sei. Dies paßt aber nicht. In diesen Fällen sind mehrere Personen beteiligt und daher ist eine genügende Feststellung des Sachverhalts weit leichter als im Falle des Selbstmordes. *Rittler*, der S. 244 sehr richtig den „fundamentalen Gegensatz" zwischen Anstiftung und Beihülfe zum Selbstmord und andererseits Tötung eines Einwilligenden hervorhebt, möchte gleichwohl beide Handlungen durch e i n e Strafbestimmung getroffen sehen, weil es oft nur vom Zufall abhänge, ob das eine oder das andere eintrete. Aber fundamentale Gegensätze lassen sich nur durch eine f e h l e r h a f t e gesetzliche Bestimmung ausgleichen, und der oft benutzte „Zufall" ist auch hier zweifelhafter Natur. Ist es wirklich immer nur Zufall, ob jemand den Mut findet, einen anderen — mit dessen Zustimmung freilich — zu töten, oder ob er diesem anderen selbst die entscheidende Tat überläßt, wie nahe auch immer der Entschluß zu dieser Tat gebracht werden mag? Diese Bemerkung dürfte auch gegen *Liszt* (Vergleichende Darstellung a. a. O. S. 138) und das daselbst benutzte Beispiel gelten.

[69]) Würde die Straflosigkeit des Selbstmordes lediglich darauf gegründet, daß der Selbstmörder stets im zurechnungsunfähigen Zustande handle, so ließe sich die Strafbarkeit der Anstiftung juristisch rechtfertigen. Aber jene Straflosigkeit hat eine breitere Basis, und wenn derjenige, der einen Selbstmord verhindern will, zugunsten der Erlaubtheit von Gewaltanwendung die Annahme geltend machen kann, der Selbstmörder handle im Augenblicke in nicht zurechnungsfähigem Zustande, so kann eine solche Präsumtion doch nie zuungunsten jemandes gelten, der einem anderen den Rat gibt, sich selbst zu töten oder ihm dazu ein bequemes Mittel verschafft. Der Aufsatz von *Lion* leidet an vollständiger Verwirrung infolge der Gleichstellung von Selbstmord und Tötung eines Einwilligenden und an der verkehrten Ansicht, daß der Selbstmörder zwar nicht sich selbst — *Volenti non fit injuria* — wohl aber der allgemeinen Rechtsordnung unrecht tue, der Selbstmord also nur wegen Zurechnungsunfähigkeit des Täters nicht gestraft werde.

§ 20. Anders liegt die Sache, wenn jemand gezwungen würde, sich selbst zu töten und der Zwang ein solcher wäre, daß er einen wirklichen Notstand für Personen begründete. Hier hört, wenn auch streng genommen, der Satz »*Coactus voluit*« bei kompulsivem Zwange richtig ist, die strafrechtlich in Betracht kommende freie Entscheidung auf, und es ist juristisch allein der Zwingende der Täter. Indes kann diese Entscheidung nur innerhalb jener genau innezuhaltenden Grenze gelten. Bedrohung mit anderen, wenn auch schwerwiegenden Nachteilen, Strafanzeigen, Schuldprozessen, Ausbeutung, der Macht des Vorurteils, Drohung erst in Zukunft auszuführender Verbrechen usw. genügt nicht. Man gelangt sonst zur Annahme schrankenloser Verantwortlichkeit für den Selbstmord eines anderen.

C. Einwilligung des Verletzten.

Mittermaier, GArch. **9** S. 437ff. *v. Wächter*, GS. **20** S. 1—9; *Ortmann*, GArch. **25** S. 104—109; *R. Kessler*, Die Einwilligung des Verletzten in ihrer strafrechtlichen Bedeutung 1882. *Roedenbeck*, Der Zweikampf im Verhältnis zur Tötung und Körperverletzung 1883. *Roedenbeck*, GS. **37** S. 124—150. *Ullmann*, GS **37** S. 529—556. *Kessler*, GS. **38** S. 561—578. *Breithaupt, Volenti non fit injuria* 1891. *Klee* vgl. oben S. 25. *Jul. Hartmann, Grünhuts* Zeitschr. **27** S. 697—770. *Bar*, Medizinische Forschung und Strafrecht, Festgabe der Göttinger Juristenfakultät für *Regelsberger* S. 228—251, 1901. Graf *Dohna* vgl. oben S. 25. *v. Liszt* vgl. oben S. 25. *Löffler*, Vergleichende Darstellung, bes. Teil **5** (1905) S. 240—253. *Zitelmann*, Ausschluß der Widerrechtlichkeit, Arch. f. zivilistische Praxis **9** (1906) S. 1—130. *Holer* vgl. oben S. 25. *Seydel*, Die Einwilligung des Verletzten, Rostocker Diss. 1906.

Über Straflosigkeit ärztlicher Heileingriffe, insbesondere: *Oppenheim*, Das ärztliche Recht zu körperlichen Eingriffen 1892 (dazu *Stooss*, Schweizer Zeitschr. f. Strafrecht **6** S. 53—61). *Oppenheim* daselbst S. 332—352. *Stooss* daselbst **7** S. 192ff. *v. Lilienthal*, Die pflichtmäßige ärztliche Handlung und das Strafrecht (Festgaben der Heidelberger Juristenfakultät für *Bekker*, zitiert nach d. Spezialabdruck) 1899. *Stooss*, Chirurgische Operation und ärztliche Behandlung 1898. *Heimberger*, Strafrecht und Medizin 1898. *Stooss*, Schweiz. Zeitschr. **12** S. 24—32. *R. Schmidt*, Die strafrechtliche Verantwortlichkeit des Arztes für verletzende Eingriffe 1900. *Finger*, Ze tschr. **20** S. 12—32. *Bar*, GS. **61** S. 81—112. *Rosenberg* (Staatsanwalt), GS. **62** S. 62—83. *F. König*, Der Chirurg und sein Schutzbefohlener (Festrede Berlin 1902). *Brückmann*, Zeitschr. **24** S. 657—714. *Kiehl*, Die Einwilligung eines Minderjährigen nach geltendem Strafrechte (GArch. **54** S. 357—394). *Behr* (Meizin und Strafrecht), GS. **62** S 400—424. *Zitelmann*, Die Haftung des Arztes aus ärztlicher Behandlung (Separatabdruck aus der Deutschen medizinischen Wochenschrift) 1908. *Radbruch*, Geburtshilfe und Strafrecht 1907.

§ 21. Bezeichnet Recht das Herrschaftsgebiet des Willens einer Person, so ergibt sich, daß Unrecht in diesem Sinne nicht anders, als gegen den Willen der Person geschehen kann: „Ἀδικεῖται οὐδεὶς ἑκών“, sagte *Aristoteles*, und in den römischen Quellen finden wir den Satz: »*Volenti non fit injuria*«. Nur eine modern philosophische Umkleidung dieses Satzes ist es, wenn in einem Aufsatze von *Ortmann* [70]) gesagt wird, ein Recht existiere immer nur durch den virtuellen Willen des Berechtigten. Anders aber kann die Entscheidung fallen, wenn der Wirksamkeit des Willens gewisse Schranken im Interesse

---

[70]) GArch. **25** S. 104. Hinzugefügt wird die allerdings ziemlich selbstverständliche Beschrankung, sofern der Wille des Berechtigten uberhaupt rechtlich beachtlich sei (Kinder und Geisteskranke haben keinen rechtlich zu beachtenden Willen).

des Gemeinwesens gezogen sind. Die Zustimmung des Verletzten schließt alsdann zwar das Unrecht gegen dessen Rechtssphäre, nicht aber das Unrecht gegen das Gemeinwesen aus. Man wird es ohne weiteres begreiflich finden, daß das Interesse des Gemeinwesens an der unverkümmerten Existenz des einzelnen im Laufe der Zeit wechselt.[71]) Geringes Mitleid mit dem Leiden des einzelnen und andererseits weitgehende Anerkennung der Verfügungsmacht, welche auch die Selbstvernichtung der letzteren legalisiert, z. B. wie im mittelalterlichen Rechte [72]) die Ergebung in dauernde Unfreiheit und Knechtschaft, als rechtlich wirksam betrachtet, lassen in älteren Rechtsperioden jenes Interesse des Gemeinwesens nicht aufkommen oder doch wenigstens nicht zur rechtlichen Wirksamkeit gelangen. Ein verfeinertes Gefühl sagt, daß kein einzelner das Recht haben darf, jemanden seiner Freiheit, seiner körperlichen Integrität zu berauben; ja es darf die Zustimmung des Verletzten nicht einmal ein vollkommener Entschuldigungsgrund sein für eine Handlung, welche das Leben des Verletzten vernichtet oder ihm für alle Zukunft nur eine verstümmelte, dem allgemeinen Gefühle widerstrebende Existenz belassen würde. Es besagt dagegen nichts, wenn das Recht sich der Selbstverletzung gegenüber indifferent verhält; denn wie bereits ausgeführt, die Selbstverletzung ist weit weniger gefährlich, und andererseits bietet ihre gerechte Beurteilung, überhaupt ihre Untersuchung weit größere Schwierigkeiten, und auch die letztere Rücksicht ist für die Abgrenzung des strafrechtlich Unerlaubten vom Erlaubten keineswegs ohne Bedeutung.[72a]) Man kann allerdings schließen:

---

[71]) Vgl. über den Wechsel der Anschauungen namentlich *Hartmann* a. a. O.

[72]) Vgl. *Brunner*, Deutsche Rechtsgeschichte 2 Aufl. 1 S. 141, und für die spätere Zeit *Hartmann* S. 712 (Ergebung in Unfreiheit, gültig nach Sachsenspiegel IV, 32 § 2). — Die vielfach übliche, dem Gläubiger seitens des Schuldners gegebene Erlaubnis, bei nicht rechtzeitiger Zahlung ein Schandgemälde oder einen Schandbrief öffentlich anzuschlagen, sah die Reichspolizeiordnung von 1577 Tit. 37 § 7 besonders zu verbieten sich veranlaßt. — Dagegen konnte nach römischem Rechte durch Vertrag sich niemand zum Sklaven machen. Wer sich als Sklaven verkaufen ließ, um den Käufer um den Kaufpreis zu bringen, konnte freilich nach einem später durch den Prätor eingeführten Rechtssatze seine Freiheit nicht mehr durch *Proclamatio ad libertatem* geltend machen und blieb somit Sklave. Aber dies war Strafe des begangenen Betruges. L. 7 pr. D. 40, 12. Tit. D. 40, 13.

[72a]) Die hier geltend gemachten Gründe strenger Unterscheidung von Selbstverletzung und Verletzung mit Einwilligung des Verletzten sind Gründe, welche auch in anderen Fällen für die Unterscheidung von Moralwidrigkeit und strafbarer

ist eine gewisse Handlung mit Zustimmung des Verletzten nicht strafbar, so ist es auch die gleiche Handlung als Selbstverletzung. Der umgekehrte Schluß ist falsch.[72b])

Da aber, wie gesagt, hier dem Wandel unterworfene sittliche Anschauungen über Wesen und Wert der Persönlichkeit mit gewaltiger Kraft sich Eingang und Wirksamkeit im Strafrecht zu verschaffen suchen, andererseits die im Rechte so mächtige Idee der Freiheit des Individuums, welcher es gestattet scheint, das Individuum selbst zu opfern, jenen Anschauungen Widerstand leistet, so erklärt es sich, daß gerade in der Frage, inwieweit die Einwilligung des Verletzten die Strafbarkeit der Verletzung ausschließe, die Ansichten so stark differieren oder schwankende und unsichere Aussprüche darüber erfolgen. Die ältere Literatur [73]) beschäftigt sich fast nur mit den wenigen positiven Aussprüchen, welche in den römischen Quellen über die Wirksamkeit der Einwilligung des Verletzten vorkommen. Aus der Begründung der Strafbarkeit einzelner Fälle ersieht man freilich, daß in Wahrheit doch die Einwilligung der Verletzten als die Rechtswidrigkeit ausschließend, der Satz »*Volenti non fit injuria*« [73a]) als das maßgebende Prinzip betrachtet wird, während allerdings von vielen aus der Bestrafung der mit Einwilligung des Verletzten vorgenommenen Kastration der von anderen mit Recht bekämpfte [73b]) Schluß gezogen wurde, es sei um so

---

Handlung legislativ und geschichtlich in Betracht kommen Vgl. *Bar*, Geschichte des deutschen Strafrechts § 108.

[72b]) Auf diesem freilich gerade gegenwärtig so häufig gemachten Fehlschlusse — vgl. z. B. *Liszt* § 35 V — beruht die gesamte Beweisführung *Roedenbecks*, Zweikampf S. 33 ff., über den Ausschluß der Rechtswidrigkeit bei Einwilligung des Verletzten, und ebenfalls auf nichts anderes kommt hinaus die Ansicht, welche *Kessler* in der zitierten Schrift, vgl. besonders S. 68, dahin formuliert hat: wenn eine gewisse Handlung allen Individuen mit Ausnahme eines einzigen verboten ist, so sei darin ein vollgültiger Beweis dafür gelegen, daß das Gesetz nur das Interesse dieses einen Individuums schützen wolle, daß folglich die mit Einwilligung dieses Individuums vorgenommene Handlung unverboten sei. Die Gründe, eine Handlung allen anderen Personen zu verbieten, sie dagegen, wenn sie vom Verletzten selbst begangen wird, als strafrechtlich indifferent zu behandeln, können noch andere sein, als die Absicht, in dem Verbote nur das Interesse des Verletzten zu schützen, und sind es tatsächlich oft.

[73]) Vgl. *Hälschner*, Preuß. Strafrecht 1 S. 234.

[73a]) L. 1 § 5, D. 47, 10 ....»*nulla injuria est quae in volentem fiat*«.

[73b]) So von *Kress*, Art. 134 § 4. — Diese Ausdehnung der *Lex Cornelia de sicariis* (vgl. L. 4 und 5 D. 48, 8) ist offenbar ein Spezialgesetz, welches den in großem Umfange vorkommenden Kastrationen entgegentreten sollte und daher nicht als Anwendung eines allgemeinen Prinzips betrachtet werden kann.

mehr auch eine mit Einwilligung oder selbst auf dringendes Verlangen des Getöteten erfolgte Tötung als todeswürdiges Verbrechen, als gewöhnliche Tötung zu bestrafen, eine Ansicht, zu deren Begründung auch verwendet wurde (und auch wohl gegenwärtig benutzt wird) der von *Ulpian* (L. 13, D. 9, 2) in einem durchaus anderen Sinne ausgesprochene Satz *»dominus membrorum suorum nemo videtur«*.

§ 22. Mit *Matthaeus* (Proleg. c. 3 § 3) beginnt allmählich die Aufstellung bestimmter umfassender Theorien, zuerst mit der Annahme der Zurechnungsunfähigkeit desjenigen, der sein Einverständnis zur Tötung erkläre, also mit der Folgerung, daß Einwilligung zur Tötung rechtlich nicht in Betracht komme; alsdann nach Maßgabe der *Kant*schen Rechtsphilosophie, welche das Verbrechen als Eingriff in die äußere Freiheit auffaßt,[73c]) mit der Behauptung, daß bei Einwilligung des Verletzten ein solcher Eingriff und daher auch ein Verbrechen nicht, vielmehr höchstens, wenn das positive Recht die Selbstverletzung, insbesondere aber den Selbstmord bestrafe, ein Polizeivergehen vorliege, später aber unter durchgreifender Unterscheidung von veräußerlichen und unveräußerlichen Rechten, bei welchen letzteren Einwilligung des Verletzten den Verbrechenscharakter der Handlung nicht ausschließen sollte.[74])

Diese Unterscheidung wurde als unzutreffend bezeichnet von *Heffter* (Lehrb. § 38) und in längerer Ausführung von *Luden*. Die Ausdrücke „veräußerlich" und „unveräußerlich" waren jedenfalls nicht völlig zutreffend. Niemand kann z. B. seine Ehre veräußern, und doch gilt für die Beleidigung unzweifelhaft der Satz *»Volenti non fit injuria«*, und man kann ein unveräußerliches Gut möglicherweise derelinquieren; andererseits handelt es sich beim Wucher um veräußerliche Rechte, und doch

---

[73c]) So *Stübel*, Tatbestand des Verbrechens § 106 und Arch. d. Cr. 1820 S. 555 ff.; *Tittmann*, Handb. 1 § 36; *Henke*, Handb. 1 § 38; *Wächter*, Lehrb. 1 § 59 (anscheinend auch *Martin* § 42, Anm. 9). Dies kommt hinaus auf die Unterscheidung von sog. Rechts- und andererseits Gesetzesverbrechen: ein Rechtsverbrechen, welches Verletzung eines subjektiven Rechtes erfordert, liegt nicht vor, wenn der Berechtigte die Aufrechterhaltung seines Rechtes nicht will, während selbstverständlich bei Gesetzesverbrechen, bei denen die Verletzung eines subjektiven Rechtes nicht erfordert wird, Einwilligung irgend einer Privatperson unerheblich ist. Dies ist auch die von *Ortmann* vertretene Theorie.

[74]) *Grolmann* § 26; *Feuerbach*, Lehrb. § 35 (anders in früheren Aufl.); *Abegg*, Untersuchungen S. 62 ff., Lehrb. § 102.

ist der Wucher ungeachtet der Einwilligung des Bewucherten strafbar. Nur ein anderer Name war es, wenn öfter angeborene und erworbene Rechte unterschieden wurden, und darauf kam schließlich auch die philosophische Erklärung hinaus, wenn *Köstlin* [75]) und *Hälschner* [76]) die Persönlichkeit selbst mit ihren wesentlichen Momenten der Substanz nach als der Disposition der Person nicht unterliegend bezeichneten, eine Unterscheidung, die zugleich ihrer Unbestimmtheit wegen wenig brauchbar war.

§ 23. Theorie [77]) und Praxis gelangten [78]) daher, ausgehend von der Auffassung, daß das Verbrechen als solches Verletzung des Gesetzes (der allgemeinen Rechtsordnung) sei, worüber dem Verletzten eine Disposition nicht zustehe, allmählich zu dem Satze, daß der allgemeinen Regel nach die Einwilligung des Verletzten bedeutungslos sei und ausnahmsweise nur insofern Delikt und Strafbarkeit ausschließe, als nach dem Begriffe des einzelnen Deliktes dasselbe gegen den Willen des Verletzten begangen sein müsse, eine Ansicht, die übrigens schon im österreichischen GB. von 1787 § 6, 121 und von 1803 § 4 und ebenso im bayerischen GB. von 1813 Art. 123 ausdrücklich sanktioniert war, auch wohl mit der jedenfalls zu weit gehenden theoretischen Begründung,[79]) daß die Rechtsordnung ihre Verbote gar nicht mit Rücksicht auf die Verletzung einzelner Personen und deren Rechtssphäre aufstelle, daß es vielmehr nur auf das allgemeine Rechtsgut des Lebens usw. ankomme (als wenn dies allgemeine Rechtsgut auch lediglich in abstracto verletzt werden könnte). Schließlich hat das RG. die Konsequenz dahin gezogen, daß (wenn das Gesetz zur Strafbarkeit nicht besonders eine wider Willen oder ohne Einwilligung des Verletzten vorgenommene Handlung erfordere) die Einwilligung des Verletzten für die Frage, ob das Delikt vorliege, bedeutungslos sei; denn unter den allgemeinen Strafausschließungsgründen sei im StGB. die Einwilligung des Verletzten nicht aufgeführt.[80])

---

[75]) Neue Revision S. 690; System 1 § 38.
[76]) System des preuß. Strafrechts **1** S. 235 ff.; Deutsches Strafrecht **1** S. 470 ff.
[77]) So besonders und mit ausfuhrlicher Begründung *Hepp*.
[78]) Vgl. System **1** S. 109; *Bauer*, Lehrb. § 49; *Geib* **2** S. 212.
[79]) Dagegen schon *Binding*, Normen **1** (1. Aufl.) S. 33.
[80]) I. 15./11. 80 und III. 22./2. 82 E. **1** Nr. 182 S. 442 und **6** Nr. 21 S. 61.

§ 24. Diese Konsequenz, der zufolge insbesondere eine durchaus unbedeutende Körperverletzung, z. B. Verursachung einer kleinen Schramme, der Einwilligung des Verletzten ungeachtet, für straffällig erklärt war, forderte den Widerspruch heraus. Er erfolgte durch *Zimmermann* (in unbestimmter und wenig klarer Weise), sodann durch *Binding.*[80a])

Abgesehen von Einzelheiten gelangte dagegen *Kessler*, ausgehend von dem Satze, daß Selbstverletzung und Verletzung mit Einwilligung des Verletzten juristisch gleichzustellen seien, [81]) und erachtend, daß die meisten Strafgesetze nur im Interesse einzelner Personen bestehen, zu dem von *Roedenbeck* [82]) als eine wissenschaftliche Tat ersten Ranges gepriesenen Ergebnisse (S. 68), „wenn eine gewisse Handlung allen Individuen mit Ausnahme eines einzigen verboten ist, so liegt (nach *Kessler*) darin ein vollgültiger Beweis dafür, daß das Interesse nur dieses einen Individuums geschützt werden soll, daß folglich die mit Einwilligung des Verletzten vorgenommene Handlung unverboten ist", d. h. mit anderen Worten, fast sämtliche die Verletzung einer Person erfordernde Delikte sind bei Zustimmung des Verletzten in Wahrheit keine Delikte, die Vorschrift des StGB. § 216, welche die Tötung auf ernstliches Verlangen des Getöteten mit Gefängnisstrafe bedroht, ist, genau betrachtet, nur ein *Privilegium odiosum*, und die Gesetzgeber, die bis dahin von der entgegengesetzten Ansicht ausgingen, haben sich sämtlich schwer geirrt! Die unabwendbaren, allerdings wohlbemerkt mehr verhüllt erwogenen drastischen Konsequenzen, daß dann rücksichtslose Forscher einer ganzen Anzahl von Personen gegen Entgelt straflos wichtige Leibesorgane fortzunehmen oder sie zu verstümmeln berechtigt sein würden, ja daß ein reicher Sadist sich täglich an der von ihm vorgenommenen Verkrüppelung und dem Jammer von Menschen

---

[80a]) Handb. **1** S. 708; *Kronecker*, GS. **85** S. 223.

[81]) S. 84 wird sogar die Behauptung aufgestellt, Selbstmord sei moralisch verwerflicher als Tötung eines anderen mit dessen Einwilligung.

[82]) GS. **37** S. 126. Man vergleiche gegenüber diesem haltlosen Panegyrikus aber die zutreffende Kritik der *Kessler*schen Schrift *Stengleins* GS. **37** S. 72 ff. Gegen *Kessler* insbesondere auch *Binding* **1** S. 711 ff. (Anm.), dessen Argumenten ich freilich nicht durchweg beitreten mochte. Die Erwiderung *Kesslers* (GS. 38 S. 561 ff.) enthält nichts von Erheblichkeit, was *Kesslers* Theorie zu stützen vermöchte.

neue Freude straflos verschaffen könnte, sucht *Kessler* durch den Hinweis auf StGB. § 142 abzulehnen -- indes offensichtlich irrig, da dieser Paragraph zweifellos eine Sonderbestimmung in bezug auf wehrdienstpflichtige Personen enthält, und andererseits glaubte er ebenso irrig, die ärztliche, in der Absicht zu heilen unternommene Operation für eine gewöhnliche nur wegen Zustimmung des Patienten straflose Körperverletzung erklären zu können, um damit ein Argument für seine Ansicht zu gewinnen; denn nach der entgegengesetzten Grundansicht müßte (nach *Kessler*) die ärztliche Operation immer strafbar sein.

Das wesentliche Argument *Kesslers* aber — mit welchem der erwähnte Satz steht und fällt — ist meiner oben begründeten Ansicht nach ein durchaus irriger Satz,[82a]) die Annahme, daß Verletzung eines Einwilligenden und Selbstverletzung rechtlich gleich zu behandeln seien.

Sie hat gleichwohl manche,[83]) darunter auch Autoritäten, wohl in der Ansicht bestärkt, die Verletzung Einwilligender der allgemeinen Regel nach — auch bei jeder Körperverletzung — für erlaubt zu erklären, Ausnahmen kraft besonderer Bestimmung des Gesetzes selbstverständlich vorbehalten.[83a]) Dagegen lehnen andere jede allgemeine Entscheidung ab, nur eingehende Unter-

---

[82a]) Das Argument wirkt in umgekehrter Weise, wenn die Selbstverletzung und insbesondere die Selbsttötung als normwidrig und nur wegen eines persönlichen Strafausschließungsgrundes für nicht straflos erachtet wird.

[83]) *Birkmeyer*, Enzyklopädie S. 25, und schon vor *Kessler*: *Wächter*, Vorlesungen S. 190, der aber den alten, bereits erwähnten Ausweg der Bestrafung als Polizeidelikt beibehält, ferner schon *Roedenbeck*, Der Zweikampf (1883), und neuerdings *Klee* (vgl. bes. GArch. 49 S. 365); *Klee* ist Rechtsverletzung wesentlich Handlung gegen einen fremden Willen. Dies soll nun auch der Wille des Gesetzes selbst sein können, ohne Rücksicht auf den Willen des von der Handlung unmittelbar Betroffenen. Meiner Ansicht ist dies nur ein überflüssiger philosophischer Mantel der Untersuchung der einzelnen Delikte (vgl. *Klee*, GArch. 50 S. 364 ff.). *Schwarze*, Komment. S. 163, kann zu diesen Autoren nicht gerechnet werden, obschon er der Einwilligung des Verletzten bei vielen Delikten strafausschließende Bedeutung beimißt.

[83a]) *Boehlau* wollte, um ein allgemeines Prinzip aufzufinden — eigentlich weil die göttliche Strafrechtsordnung sich um Wohl und Willen des Verletzten nicht kümmern könne — die Frage der Wirksamkeit in die Frage des Dolus auflösen. Aber der Dolus kann — abgesehen vom Irrtum des Handelnden — nur die Wirklichkeit spiegeln. Somit wird durch einen Umweg nur Undeutlichkeit herbeigeführt, sachlich aber nichts gewonnen, und das Ergebnis (S. 402): „Es gibt eine bestimmte Reihe von Verbrechen, bei denen durch die Einwilligung des Verletzten die Möglichkeit des Dolus auf seiten des Täters aufgehoben wird," besagt nichts. Vgl. dagegen auch *H. Meyer* § 38 Anm. 13; *Holer* S 95.

suchung über die Natur der einzelnen Delikte soll entscheiden.[84])

Auf diesem Standpunkte steht, was die Frage betrifft, ob strafbare Handlung vorliege oder nicht, auch *Breithaupt* (bes. S. 35). Er führt aber aus, daß Einwilligung des Verletzten allgemein als Milderungsgrund *de lege ferenda* anerkannt werden müsse; denn auch da, wo das Gesetz ungeachtet der Einwilligung des Verletzten strafe, sei doch die sonst vorausgesetzte Mißachtung des Willens des Verletzten nicht vorhanden.

§ 25. Selbstverständlich hat Graf *zu Dohna* (S. 141 seiner Schrift) das allgemeine von ihm über die Rechtswidrigkeit aufgestellte Prinzip auch hier für „fruchtbar" erachtet. Dies dürfte aber, wie vorauszusehen, keineswegs zutreffen. Der oben S. 52 erwähnte krasse Fall des Sadisten kann freilich nach dem Prinzip der Anwendung des rechten Mittels zu rechtem Zwecke richtig entschieden und der Sadist für strafbar erklärt werden, da der Zweck des Sadisten gewiß kein rechter Zweck ist. Aber der Zweck des Forschers in der Medizin ist sicher ein rechter Zweck, und das Mittel, jemandem oder einer Mehrzahl von Personen Gifte einzuimpfen oder sie wichtiger Organe zu berauben, könnte doch ein vorzügliches Mittel sein, bestimmte medizinische Fragen schnell zu lösen. Graf *zu Dohna* müßte das für erlaubt halten, und vielleicht wäre die Zustimmung des Verletzten nicht einmal nötig, wenn Zweck und Mittel für „recht" gehalten würden.[85])

Ebenfalls eine allgemeinere Lösung der Frage hat neuestens die Monographie *Holers* versucht. Er geht aus von der Rechtsgütertheorie, insbesondere von dem Begriffe des Rechtsguts im subjektiven Sinne, das aber von der Rechtsordnung nur geschützt werde, wenn diese ein Interesse an dem Rechtsgute habe. Danach unterscheidet *Holer* bedingte und

---

[84]) So *H. Meyer* § 38 1 d; in Wahrheit auch *Hälschner* 1 S. 471 (ungeachtet der Verwendung des rechtsphilosophischen Prinzips); *Liszt* § 35; *Finger* 1 S. 414.

[85]) *Zitelmann*, Arch. f. ziv. Pr. S. 73 ff., stellt ausgehend vom Zivilrecht den allgemeinen Satz auf, Einwilligung schließe die Rechtswidrigkeit aus, wenn sie den guten Sitten nicht widerspreche. Diese angebotene Hilfe des Zivilrechts kann das Strafrecht getrost zurückweisen. Man kommt damit keinen Schritt weiter zu bestimmten Ergebnissen. Die wenigen einzelnen von *Zitelmann* behandelten Fälle werden nach dem Umstande entschieden, ob ein guter Zweck vorliege, und dabei Fälle als Körperverletzung behandelt, die der gemeine Menschenverstand schwerlich als Körperverletzung betrachten wird, z. B. „Rasieren".

unbedingte Rechtsgüter (S. 90, 91). Das bedingte Rechtsgut gilt der Rechtsordnung dann nicht als Rechtsgut, wenn der Träger des Rechtsguts dieses (resolutiv) nicht geschützt sehen will. Bei dem unbedingten Rechtsgute dagegen ist der Schutz, den die Rechtsordnung gewährt, von diesem Willen des Trägers unabhängig; die das Rechtsgut verletztende Handlung bleibt also Delikt, und die Einwilligung kann nur die subjektive Seite des Delikts, den Dolus, berühren; d. h. es soll über die größere oder geringere Strafbarkeit der Handlung deren Motiv entscheiden. Das Verlangen des Trägers des Rechtsguts soll nicht in Betracht kommen, vielmehr nur die Frage, ob aus altruistischem Motive gehandelt werde.

Dieser neueste Versuch einer allgemeinen Lösung dürfte, abgesehen von den beachtenswerten Spezialausführungen über die Erfordernisse wirksamer Einwilligung, gleichfalls mißraten sein. Die Unterscheidung von bedingten und unbedingten Rechtsgütern ist, den Ausdruck anlangend, der alten Unterscheidung von veräußerlichen und unveräußerlichen Rechten allerdings vorzuziehen. Sachlich aber kommt sie auf dasselbe hinaus; denn, wie die Lehre von der *Injuria* beweist, hat man unter veräußerlichen Rechten nicht nur solche Güter verstanden, über die man bindende Veräußerungsbeträge schließen kann, vielmehr solche, die der Berechtigte der Beseitigung oder der Beschädigung oder Vernichtung durch andere preisgeben kann, ohne daß die Rechtsordnung sich um letztere Handlung kümmert. Durchaus irrig ferner ist, daß die mit Einwilligung des Berechtigten unternommene Schädigung oder Vernichtung eines Rechtsgutes der allgemeinen Rechtstheorie zufolge ebenso schwer wiege, wie die ohne oder gegen den Willen des Trägers des Rechtsguts erfolgte. Wie vor langer Zeit schon *Kress* [85a]) bemerkt und neuerdings auch *Klee* hervorgehoben hat, die allgemeine Sicherheit, [85b]) welche für die allgemeine Rechtsordnung sehr in

[85a]) In CCC. Art. 134 § 4. Auch *Hälschner*, System des preuß. Strafrechts 1 S. 239, erachtet die Rechtswidrigkeit bei Zustimmung des Verletzten für gemindert.

[85b]) Auch die geringere Strafbarkeit der im Zweikampf zugefügten Verletzungen beruht m. E. zum Teil auf der Einwilligung, zwar nicht in die Zufügung von Verletzungen, wohl aber auf Einwilligung in die Gefährdung von Leib und Leben, aus welcher sich dann sehr leicht Verletzungen ergeben. Jedenfalls ist die allgemeine Sicherheit durch Verletzungen, die in einem vereinbarten Zwei-

Betracht kommt, leidet im zweiten, nicht aber im ersten Falle. Bei dem unbedingten Rechtsgute wird nun nach *Holer* nicht die Rechtswidrigkeit objektiv gemindert, vielmehr nur subjektiv, insofern die Verletzung nach ethisch zu billigenden Motiven erfolgt. Daß freilich auch die Motive, soweit sie mit genügender Bestimmtheit sich feststellen lassen, bei der Strafabmessung berücksichtigt werden, ist selbstverständlich. Indes sehr häufig werden sie nicht genau festzustellen sein, und der Gegensatz von Altruismus und Egoismus (S. 113) dürfte hier, obschon ein Schlagwort unserer Zeit, keineswegs immer Klarheit verschaffen (sonderbar dabei ist es, wenn das „Verlangen" des Verletzten nicht als Motiv gelten soll!)[86]) Das Endergebnis ist also nicht neu, zum Teil sogar — soviel die Ablehnung der verminderten Rechtswidrigkeit betrifft — verkehrt und der Weg, auf dem es gefunden wurde, soweit er neu ist, ein Irrweg.[87])

§ 27. Nach diesen fehlgeschlagenen Versuchen allgemeiner Lösung bleibt nur die Untersuchung übrig,[88]) ob die einzelne Deliktsart ihrer positiven Natur nach die Einwilligung des Verletzten als schuldausschließend erscheinen läßt, und hierbei sind die Konsequenzen, je nach der einen oder anderen Annahme genau zu erwägen, genauer als dies oft zu geschehen pflegt.

---

kampfe erfolgen, weit weniger angegriffen, als durch Verletzungen, die sonst wider Willen des Betroffenen geschehen. — Man wird aber nicht mit *Binding* 1 S. 723 folgern dürfen, da die beim Zweikampfe vorliegende eventuelle Einwilligung eine bedeutende Strafmilderung zur Folge habe, so musse direkte Einwilligung in die Zufügung einer Körperverletzung die Strafbarkeit völlig ausschließen. Einerseits ist gänzliche Straflosigkeit doch verschieden von bloßer Strafmilderung, und andererseits kommen beim Zweikampfe noch andere Grunde der Strafmilderung in Betracht, die Macht der Sitte, des Vorurteils.

[86]) S. 109: „Der Begriff ist gefühlsarm, und in dieser Eigenschaft steht ihm das Verlangen völlig gleich, sobald man von den Motiven des Verlangens völlig abstrahiert."

[87]) Das schließt, wie bemerkt, die Anerkennung der Art und Weise nicht aus, in welcher die Schrift Einzelheiten, insbesondere die Beantwortung der Frage gefördert hat, was unter Einwilligung zu verstehen sei.

[88]) Diesen Weg der Einzeluntersuchung darf man aber (vgl. dagegen auch *Holer* S. 124 ff.) sich nicht verschließen (wie freilich nicht selten geschieht), indem man der Selbstverletzung und der Verletzung eines Einwilligenden dieselbe juristische Bedeutung zuschreibt. Denn man muß dann konsequent entweder die Selbstverletzung allgemein für strafbar erklären, oder wenn dies wegen Straflosigkeit der schwersten Selbstverletzung (des Selbstmordes) nicht geht, zu demjenigen Ergebnisse gelangen, welches *Kessler* vertreten hat — Einer Widerlegung der Polemik *Kesslers* (S 39 ff.) gegen die Erforschung von Sinn und Geist der Gesetze in der praktischen Jurisprudenz wird es nicht bedürfen.

Und dies Ergebnis ist auch für unser **positives** Recht zu behaupten. Aus der Existenz der besonderen Strafbestimmung des § 216 läßt sich nicht ableiten, daß das Gesetz ganz allgemein der Einwilligung — abgesehen von den Fällen, wo Handeln wider Willen des Berechtigten als besonderes Erfordernis des Tatbestandes ohne weiteres erhellt — schuldausschließende Wirkung versagt habe, und noch weniger enthält § 216 das Gegenteil [88a]). Er ist eine Sonderbestimmung,[88b]) die für die Auslegung anderer Bestimmungen nicht zu verwerten ist, eine Bestimmung, die deshalb allein für notwendig erachtet wurde, weil sonst die Gerichte genötigt gewesen wären, auch über denjenigen, der einem anderen auf dessen Verlangen die Todesqual verkürzt, wegen Mordes oft Todesstrafe zu verhängen.[88c])

Da die Untersuchungen über einzelne Deliktsarten[89]) nicht hierher gehören, so mögen **nur** folgende Bemerkungen von allgemeiner Tragweite beigefügt werden.

Da, wo das Gesetz eine mit **Gewalt** erfolgende Handlung zum Tatbestande eines Delikts verlangt, ist auch erforderlich, daß die Handlung gegen den Willen der maßgebenden Person geschehe. Wird daher Gewalt angewendet mit Einverständnis dieser Person, etwa, weil diese letztere sehen will (z. B. wettet), ob der die Gewalt Anwendende stärker sei als sie, so ist im juristischen Sinne von Gewalt nicht zu reden. Der **Deliktsbegriff** selbst trifft in solchen Fällen wegen

---

[88a]) Schwere, mit Einwilligung des Verletzten zugefügte Körperverletzung als solche (nicht als Ergebnis eines Versuchs, einen nach dem Tode Verlangenden zu töten) muß freilich strenger bestraft werden, falls man der Einwilligung schuldausschließende Wirkung versagt, als das vollendete Delikt des § 216. Dies Gegenargument erledigt sich aber, wenn die verschiedene Beschaffenheit des Dolus in diesen Fällen berücksichtigt wird.

[88b]) Der Streit, ob in § 216 ein selbständiges Delikt aufgestellt oder nur ein Milderungsgrund für das Verbrechen der Tötung anerkannt sei, interessiert im Zusammenhange des Textes nicht. Das legislative Material findet sich in der Tübinger Dissertation von *Garrelts*, Über Tötung auf Verlangen (1896), zusammengestellt. *Garrelts* glaubt auf Grund dieses Materials sich für Annahme nur eines Milderungsgrundes entscheiden zu sollen.

[88c]) In diesem Sinne auch *Liszt* § 87.

[89]) Vgl. darüber besonders die Ausführungen *Bindings* I S. 720 ff. Wenn ein bestimmter Deliktsbegriff **offensichtlich** das Handeln wider Willen oder ohne Zustimmung einer Person voraussetzt, so ist von einem Schuldausschließungsgrunde nicht zu reden. Anders dagegen, wenn, um zu dem Ergebnisse zu gelangen, daß Einwilligung des Verletzten die Handlung zu einer erlaubten mache, erst Erwägungen allgemeiner Art erforderlich sind.

Einwilligung der verletzten Person nicht zu.[90]) Aber der Zuruf: „Versuch's nur", „Probier's," dürfte keineswegs die Bedeutung selbst nur einer bedingten Einwilligung haben.

Macht das Gesetz die Verfolgung eines Delikts von dem Strafantrage des Verletzten abhängig, so ist damit dem Willen des Verletzten jedenfalls eine weitgehende Machtbefugnis in Ansehung des Umstandes eingeräumt, ob die Handlung in allen Beziehungen als Delikt gelten soll, und das öffentliche Interesse an der Bestrafung jedenfalls als schwächeres, dem Privatinteresse des Antragsberechtigten nachstehend bezeichnet. Wenngleich also der Schluß noch nicht absolut gerechtfertigt ist, mit dem Erfordernis des Strafantrags sei das Rechtsgut für ein bedingtes (d. h. durch den Willen des Berechtigten bedingtes), erklärt[91]) — denn Einwilligung, welche der Handlung gleichzeitig sein muß, ist von der in der Unterlassung des Strafantrags liegenden stillschweigenden nachfolgenden präsumtiven Verzeihung begrifflich stark verschieden[92]) —, so ist das Erfordernis des Strafantrags doch ein sehr erhebliches Moment für die Würdigung der Wirksamkeit der Einwilligung[92a]) und die *Ratio legis* kann daher unter gewissen Voraussetzungen zu der Annahme berechtigen, das Gesetz habe bei bestimmten Deliktsarten in Ansehung des Ausschlusses der Strafbarkeit die Einwilligung zur Handlung der nachherigen stillschweigenden Verzeihung mindestens gleichgestellt. Dies trifft meiner Ansicht nach zu für die

---

[90]) *Mittermaier*, GArch. **10** S. 438, 441; GS. 102; *Klee*, GArch. **48** S. 340; *Holer* S. 102. — Aus dem von *Klee* aufgestellten — in dieser Allgemeinheit unrichtigen — Satze, es bestehe die Rechtsverletzung nur in dem Handeln gegen den Willen des Verletzten, braucht die Entscheidung in den Fallen, wo eine Gewalthandlung zum Tatbestande des Delikts erforderlich ist, freilich nicht abgeleitet zu werden.

[91]) So allerdings *Kronecker*, GS. **85** S. 222; *Breithaupt* S. 63; Graf *Dohna* S. 149 sowie *Holer* S. 104, der hier auch Delikte heranzieht, bei denen das Handeln wider Willen des Verletzten oder Berechtigten offensichtlich zum Begriffe des Verbrechens gehört, so der Hausfriedensbruch, die unbefugte Eroffnung einer verschlossenen Urkunde (StGB. §§ 123, 299).

[92]) *Klee*, GArch. **48** S. 204.

[92a]) *Kiehl*, GArch. **54** S. 385, spricht dem Erfordernis des Strafantrags jede Bedeutung für die Frage der Wirksamkeit der Einwilligung mit dem einfachen Argumente ab, daß der Strafantrag die prozessuale Verfolgbarkeit betreffe. Mit demselben Rechte könnte man, da gewiß im Zivilprozesse die Geschäftsfähigkeit der Partei ebenso Prozeßvoraussetzung ist wie im Strafprozeß der Strafantrag des Verletzten, auch der Geschäftsfähigkeit einer Partei materiell-rechtliche Bedeutung absprechen. Prozeßvoraussetzung und materielle Rechtsnorm sind nicht stets einander ausschließende Gegensätze.

leichte Körperverletzung; nicht nur wegen der sonderbaren praktischen Konsequenzen, die mit der entgegengesetzten Ansicht notwendig verknüpft sind, sondern auch deshalb, weil die Körperverletzung nach Rezeption des römischen Rechts als Realinjurie behandelt[93]) und demnach auch nach dem Grundsatze: »*Volenti non fit injuria*« beurteilt werde. Wenn nun gegenwärtig die Anwendung dieses letzteren Satzes auch auf schwere Verletzungen unserem Rechtsgefühle entschieden widerstreitet — man denke an die oben S. 52 angeführten Beispiele —, so hat man doch allen Grund, die fortdauernde Geltung des Satzes für die leichten Verletzungen anzunehmen, deren Verfolgung auch das heutige Gesetz vom Strafantrage des Verletzten abhängen läßt.[94])

§ 28. Betrachten wir jetzt genauer die Erfordernisse der Einwilligung.

Berechtigt, Einwilligung zu erteilen, ist nach dem herrschenden Sprachgebrauch der Verletzte. Es ist klar, daß darunter nicht auch jeder zu verstehen ist, der nur indirekt durch die Handlung benachteiligt ist, vielmehr nur der unmittelbar in seiner Rechtssphäre Verletzte. Das braucht nicht notwendig ein körperlich Verletzter zu sein. Diejenigen

---

[93]) Vgl z. B. *Carpzow* qu. 99 n. 8 ff. und über die geschichtliche Entwicklung *Hälschner*, System des preuß. Strafrechts **2** S. 132 ff.

[94]) Die Frage ist sehr bestritten. Für Straflosigkeit, auch der schweren Körperverletzung: z. B. *Binding* 1 S. 724; Lehrb. bes. Teil 1 S. 44; *Kronecker*, GS. **35** S. 221; *Sontag*, Krit.Vierteljahrsschr. **19** S. 19, und besonders *Olshausen* § 223 Anm. 9a, die das (oben Anm. 88a als unzutreffend bezeichnete) Argument aus StGB. § 216 benutzen, wenn Tötung des Einwilligenden besonders milde bestraft werde, so könne um so weniger irgendwelche Körperverletzung mit der gewöhnlichen Strafe belegt werden. Für Strafbarkeit auch der leichten Körperverletzung (wie das RG.) *Hälschner* **1** S. 471, **2** S 91; *Oppenhoff-Delius* § 223 Anm. 2; *Liszt* § 87 III; *Breithaupt* S. 64. — Für die im Text vertretene Mittelmeinung: *Merkel* S. 170; *Frank* zu StGB. Abschn. 17 I, 2. — Nur für ganz unerhebliche Verletzungen will *Geyer* **2** S. 17 der Einwilligung des Verletzten schuldausschließende Bedeutung zugestehen; dies ist aber nach positivem Rechte schwerlich zu begründen. Über die verschiedenen Meinungen vgl. auch *Löffler* in der vergleichenden Darstellung bes. Teil **5** S. 243. — Allerdings reicht der technische Begriff der leichten Körperverletzung nach unserem StGB. recht weit, und in manchen Fällen nach dem Gesetze nur leichter, aber tatsächlich recht erheblicher Verletzung wird unser Gefühl Anstand nehmen, der Einwilligung strafausschließende Wirkung zuzugestehen. Der Fehler liegt hier in der Einteilung der Körperverletzungen: man sollte leichte, schwerere und schwerste Körperverletzungen unterscheiden — freilich leichte nicht in der von *Geyer* bezeichneten äußersten Beschränkung — und nur bei leichten Körperverletzungen der Einwilligung die Wirkung vollständiger Ausschließung der Rechtswidrigkeit beilegen. Ähnlich auch *Löffler* a. a. O. S. 243, der aber auch den Begriff der leichten Körperverletzung m. E. hier zu enge zu nehmen scheint.

freilich, welche einer modernen Theorie folgend leugnen, daß ein Recht verletzt werden könne, mögen nach einem anderen Ausdrucke suchen. *Holer* bezeichnet den Ausdruck Verletzter als ungenau; aber der von ihm anscheinend für besser erklärte Ausdruck „Träger des Rechtsguts" (den wohl *Liszt* § 46 I zuerst bei anderer Gelegenheit verwendet hat) klingt zwar feierlicher, ist aber zweideutig; man könnte darunter auch den gesetzlichen Stellvertreter eines Verletzten verstehen, und inwieweit dessen Einwilligung — insoweit es sich nicht um Rechtsgeschäfte handelt — in Betracht kommt, bedarf noch weiterer Untersuchung.

W a s a b e r i s t E i n w i l l i g u n g? Dem Wortlaut nach: Zustimmung zu dem Willen eines anderen, hier des Handelnden; d. h. Wille und Recht des Einwilligenden sollen dem Handelnden (Verletzenden) kein Hindernis sein (von Einwilligung jemandes, dessen Recht nicht in irgendeiner Weise als rechtliches Hindernis des Willensaktes, der Handlung eines anderen gedacht würde, wird man nicht reden).

Einwilligung ist nicht immer Dereliktion (Aufgeben) eines Rechts. Ich kann dazu meine Einwilligung geben, daß jemand in diesem Augenblicke eine mir gehörige Sache der dringenden Gefahr der Zerstörung aussetze, mit welcher letzteren auch mein Recht an der Sache aufhören würde; wird die Sache nicht in diesem Augenblick zerstört, so kann von einem Aufgeben des Rechts nicht die Rede sein. Daß Einwilligung nicht Übertragung eines Rechtes ist, dürfte selbstverständlich sein. Einwilligung an sich ist auch kein wirksames Rechtsgeschäft, vielmehr eine Willenserklärung, deren Wirksamkeit von der Existenz einer Handlung oder Willenserklärung abhängt. Tritt diese Handlung oder Willenserklärung ein oder ist sie bereits eingetreten, so kann schwere Beeinträchtigung, ja Vernichtung eines Rechts die Folge sein. Daher setzt Einwilligung, um wirksam zu sein, in der Person des Einwilligenden rechtlich anzuerkennende Willensfähigkeit voraus. So lange die komplementäre Tatsache oder Handlung nicht eingetreten ist, hängt die Einwilligung in ihrer Dauer völlig von dem Willen des Einwilligenden ab; er kann sie jeden Augenblick zurücknehmen. Aber sie kann bewirken, daß ein Rechtsgeschäft wirksam wird, und gegenüber diesem Rechtsgeschäft kann die Zurücknahme der Einwilligung anderweit ausgeschlossen sein. Auch kann in einem gültigen Rechtsgeschäfte eine wirksame Einwilligung liegen, und dann wird letztere einseitig nicht zurückgenommen werden können.[95])

Die Einwilligung kann von dem anderen (dem Handelnden) nachgesucht werden; aber in einem Verlangen des Verletzten liegt immer eine Einwilligung, und zwar eine solche, bei der dem Einwilligenden die Initiative zufällt, also eine qualifizierte Einwilligung, bei der ein eigenes Interesse des Handelnden nicht vorzuliegen braucht, oft gar nicht vorliegen wird, und der möglicherweise das Gesetz, weil ein Interesse des Verletzten selbst hervortritt, eine erhöhte Bedeutung oder auch da Bedeutung beilegen kann, wo es der einfachen Einwilligung rechtliche Bedeutung versagt.[96]) Daher ist es unrichtig, Einwilligung und Verlangen des Verletzten durchaus gleich zu behandeln, und die mildere Strafe des Tötenden nach StGB. § 216 hat keineswegs im Falle einer provozierten Einwilligung stattzufinden, obschon in manchen Fällen Tötung auf bloße Einwilligung und Tötung auf Verlangen [96a]) schwer gegeneinander kenntlich sein mögen, und deshalb nach dem Grundsatze: »*In dubio pro reo*« geurteilt werden mag.

§ 29. Wieweit die Einwilligung sich erstrecken soll, hängt innerhalb des Rechtsbereiches des Einwilligenden lediglich von diesem ab. Er kann sie für einen längeren Zeitabschnitt oder

---

[95]) Wird angenommen, daß eine Frau ihr Haar gültig verkaufen könne, so darf zwar der Kaufer das Haar nicht mit Anwendung von Gewalt gegen den Willen der Verkäuferin abschneiden; würde er aber nach Zahlung des Kaufpreises es abschneiden, während die Verkäuferin schläft, ohne daß er etwa die Verkäuferin betäubt hatte, so wurde er m. E. nicht strafbar sein. — *Klee*, GArch. **49** S. 252, und *Holer* nehmen an, daß die strafrechtliche Einwilligung stets widerruflich sei. — Einräumung eines Rechts, welches die Handlung in der Art, wie sie vorgenommen wird, zu einer berechtigten macht — z. B. der Mieter verweilt in der gemieteten Wohnung —, kann freilich nicht unter der Regel »*Volenti non fit injuria*« gebracht werden (so allerdings *Binding* **1** S. 711). Sonst würde ein großer Teil des Vertragsrechts sich in die Erörterung dieser Regel auflösen und damit nicht klarer gemacht werden. Vgl. dagegen auch *Kessler*, GS. **88** S. 261ff. und *Holer* S 81.

[96]) Die Ausführung *Holers* S. 110, daß nichts ankomme auf das Verlangen des Verletzten in den von ihm als Verletzung unbedingter Rechtsgüter bezeichneten Fallen, erscheint mir demnach irrig.

[96a]) Selbstverständlich kann die Einwilligung auch in diesem Falle jederzeit widerrufen werden. Aber der Umstand, daß die Einwilligung für längere Zeit erteilt wurde, begründet für den Handelnden einen entschuldigenden tatsächlichen Irrtum, wenn der inzwischen erfolgte Widerruf ihm nicht bekannt wurde.

bis auf Widerruf oder nur für den Augenblick erteilen. Er kann sie einer Person oder mehreren oder allgemein erteilen.[97])

Aber die Erlaubnis, eine wirkliche Körperverletzung vorzunehmen oder gar das Verlangen der Tötung wird allermeist sich auf Vornahme der Handlung durch eine bestimmte Person beschränken.

Die Einwilligung erstreckt sich ferner nicht nur auf die Handlung an sich, sondern auch auf den nach der Vorstellung des Einwilligenden damit notwendig verbundenen Erfolg.[97a]) Ob in einen nur für wahrscheinlich erachteten Erfolg eingewilligt wurde, ist nur nach den Umständen des Falles zu entscheiden. Ebenso steht es mit der Art und Weise der Verletzung. Der Kranke, der den Arzt um sanfte Tötung durch Morphium bittet, will nicht durch Arsenik getötet werden.[97]) Mit wirklicher Einwilligung, wirklichem Verlangen darf auch nicht verwechselt werden ein unbestimmter Wunsch des Eintritts eines Erfolgs, wobei die Art und Weise der Herbeiführung dieses Erfolges völlig unbestimmt bleibt: wer den Wunsch äußert bald zu sterben, stellt damit keineswegs an denjenigen, der jene Äußerung hört, das Verlangen ihn zu töten.[97b])

§ 30. Da die Einwilligung objektiv die Rechtswidrigkeit ausschließt oder in anderen Fällen mindert, so braucht sie, um diese Wirkung zu haben, dem Handelnden nicht bekannt zu sein. Freilich würde dann ein Versuch an einem untauglichen Objekte angenommen werden können. Dagegen muß ausdrückliche Einwilligung oder doch ein Verhalten vorliegen, das vernünftigerweise nur als auf Einwilligung beruhend angesehen werden kann. Ein bloßes Geschehenlassen ist mit stillschweigender Einwilligung nicht zu identifizieren.[97c]) Anderer-

---

[97]) So wenn jemand eine unbestimmte Menge auffordern wurde, ihn mit Schneeballen zu bewerfen.

[97a]) D. h. im Sinne des Kausalzusammenhanges notwendiger Erfolg. Unrichtig in dieser Beziehung: *Kessler* S. 23, der sonst, was die Erfordernisse der Einwilligung betrifft, mehrfach Irrtumer scharfsinnig widerlegt. Gegen *Kessler* auch *Stenglein*, GS. **37** S. 75; *Roedenbeck*, GS. **38** S. 128 und *Klee*, GArch. **49** S. 246; *Holer* S. 77, 78.

[97b]) Im Ergebnis hier übereinstimmend *Kessler* S. 25. — Anders *Ortmann* S. 118. — Beide Autoren identifizieren aber Wunsch und rechtlich in Betracht kommenden Willen.

[97c]) Vgl. L. 92 (91), D. 47, 2.

seits ist ein haltbarer Grund nicht erfindlich, einen Unterschied zu machen zwischen den Fällen, in denen die Einwilligung die Rechtswidrigkeit ausschließt, und andererseits den Fällen, in denen durch Einwilligung Rechtswidrigkeit und Strafbarkeit nur gemindert werden.[98]) Ein lediglich innerer psychischer Vorgang kann aber nicht als Einwilligung gelten. Der Verletzte kann sich zu leicht über die Ernstlichkeit von Stimmungen täuschen, und tatsächlich würde ihm, wenn zur wirksamen Einwilligung nicht deren unverkennbares äußeres Hervortreten gefordert werden sollte, ein dem Mißbrauch stark ausgesetztes Begnadigungsrecht eingeräumt werden.

§ 31. Ob die Einwilligung, falls sie überhaupt wirksam erteilt wurde, übrigens den wirklichen Interessen des Einwilligenden entspricht oder nicht, ist unerheblich, ebenso wie dies zweifellos gilt für zivilrechtliche Verträge. Wer das Gegenteil annähme, würde den Einwilligenden unter Vormundschaft des Richters stellen, ihn jedenfalls als nicht vollkommen dispositionsfähig behandeln. Es war deshalb ein juristisch durchaus unhaltbarer Ausgangspunkt, wenn *Hess* die Sätze aufstellte: *»Sapienter volenti non fit injuria«*, *»Insipienter volenti fit injuria«* und *»Insipienter nolenti non fit injuria«*. *Hess* wollte damit freilich das gesamte Problem gelöst, auch festgestellt haben, bei welchen Delikten die Einwilligung überhaupt als schuld- oder strafausschließend anzuerkennen ist. In dieser Weise aber wurde das Problem, wie *Liszt* bemerkt hat, nicht gelöst, vielmehr nur verschoben.[99]) Statt direkt aus der Natur der einzelnen Delikte Schlüsse zu ziehen, verwies *Hess* auf die Beantwortung der Frage, ob die Einwilligung oder ihre Weigerung vernünftig oder unvernünftig sei.[100])

---

[98]) *Holer* will, wie bemerkt, die geringere Strafbarkeit da, wo die Einwilligung die Rechtswidrigkeit nicht vollständig ausschließt, nur nach Maßgabe der M o t i v e des Handelnden anerkennen. Von diesem Standpunkte aus verlangt er, allerdings konsequent, bei den von ihm sogenannten unbedingten Rechtsgütern, daß die Einwilligung dem Handelnden bei der Tat bekannt gewesen sei.

[99]) *Hess* verwechselt übrigens in seiner Ausführung die Begriffe „verletzen und schaden". Siehe dagegen *Klee* a. a. O.

[100]) Vgl. auch *Klee*, GArch. **49** S. 249. — Dagegen erblickt Graf *Dohna* S. 147 in dem von *Hess* aufgestellten Satze das zutreffende, d. h. auch von Graf *Dohna* selbst aufgestellte Prinzip mit dem „Richtpunkte" des „sozialen Ideals", obschon (S. 148) „zuzugeben ist, daß die Würdigung der Handlung im e i n z e l n e n F a l l e" (es soll also nicht der allgemeine Charakter des Delikts entscheiden,

Eine auf Irrtum oder gar auf Täuschung durch den Verletzenden oder auf Zwang beruhende Einwilligung kann strafrechtlich nicht beachtet werden. Wenn das bürgerliche Recht eine besondere Anfechtung einer Willenserklärung verlangt, die nicht gelten soll, so beruht dies auf der Rücksicht für die Sicherheit des rechtsgeschäftlichen Verkehrs und auf der Möglichkeit nachheriger auch stillschweigender Ratihabition. Im Strafrecht kommen diese Rücksichten nicht in Betracht; vielmehr verlangt umgekehrt die Sicherheit, welche durch das Strafrecht gegen böswillige wie fahrlässige Verletzung gewährt werden soll, ohne weiteres die Berücksichtigung eines jeden Umstandes, der möglicherweise die Einwilligung und somit auch die Verletzung ausschließen könnte.

§ 32. Aber der Irrtum des Verletzenden[100a]) muß hier wie in anderen Fällen nicht mehr und nicht minder, dem Verletzenden zugute kommen. Befand er sich im Irrtum über tatsächliche Bedeutung und Tragweite der Erklärung, des Verlangens des Verletzten, so ist er zu beurteilen, als hätte diese Erklärung (diese auch durch Hand- oder Kopfbewegung des Verletzten, Getöteten) die von ihm, dem Verletzenden, angenommene Bedeutung wirklich gehabt; ebenso wenn er tatsächlich irrig Zurechnungsfähigkeit oder ein höheres Alter des Verletzten annahm. Anders dagegen, wenn er irrig annahm, bei der im übrigen richtig beurteilten Handlung rechtfertige Einwilligung des Verletzten diese Handlung völlig, oder wenn er glaubte, der Einwilligende brauche nicht zurechnungsfähig oder dem Kindesalter entwachsen zu sein, oder es gelte auch

---

das durch Einwilligung aufhoren soll, Delikt zu sein) „nicht immer mit derjenigen Sicherheit und Zweifellosigkeit zu richtigen Ergebnissen fuhren wird, welche notwendig ist". Meines Erachtens dürfte dies der Weg zu einer unbestimmten Gefuhlspraxis sein, welche von Willkür sich wenig unterscheiden möchte.

[100a]) *Holer* S. 117 spricht beim unbedingten Rechtsgute (nach *Holers* Terminologie) der irrtümlichen Annahme, Einwilligung liege nicht vor, jede Bedeutung ab; nach *Holers* Theorie, der zufolge die Strafmilderung hier nur auf subjektiven Momenten beruhen soll, auch konsequent. — *Klee*, GArch. **48** S. 349, will bei irrtümlicher Annahme in Wahrheit fehlender Einwilligung wegen Fahrlassigkeit verurteilen. Meiner Ansicht nach ist dies nur möglich unter den Voraussetzungen: 1. daß das fragliche Delikt auch fahrlässig begangen werden kann und zugleich 2. daß die Einwilligung des Verletzten bei dem fraglichen Delikte die Strafbarkeit vollständig ausschließt, sie nicht nur herabsetzt. Nach *Klee* soll eigentlich jedes Delikt (z. B. Diebstahl) auch fahrlässig begangen werden können, und das Gesetz nur „aus kriminalpolitischen Gründen" davon haufig abweichen.

eine durch Täuschung herbeigeführte Einwilligung. In den letzten Fällen handelt es sich um Irrtum über allgemeine, durch das Strafgesetz begrenzte Befugnisse,[101]) und wäre es nicht ein Zeichen von Roheit der Gesinnung, wenn jemand glaubte, durch die Zustimmung zurechnungsunfähiger oder unerwachsener Personen zur Vornahme medizinischer Versuche an diesen Personen einen Freibrief erlangt zu haben? Daß, wenn der Verletzende glaubt, Einwilligung liege nicht vor, während sie gegeben ist, höchstens ein Versuch am untauglichen Objekte angenommen werden kann, ergibt sich von selbst.[102])

§ 33. Es kann jetzt die Frage beantwortet werden, welche persönlichen Eigenschaften bei dem Einwilligenden vorhanden sein müssen, wenn seine Einwilligung als voll wirksam anerkannt werden soll. Jedenfalls wird man Zurechnungsfähigkeit verlangen müssen; ob aber auch volle Geschäftsfähigkeit kann zweifelhaft erscheinen. Mir scheint letztere da erforderlich, wo in der Einwilligung eine dem Einwilligenden nachteilige Vermögensdisposition liegt oder liegen kann.[103])

Zuweilen kann der Inhaber eines Züchtigungsrechtes dasselbe auch übertragen, und in der Übertragung dieses Rechtes liegt wiederum, was dem oben über Einwilligung vermittelst Rechtsgeschäftes Gesagten entspricht, auch eine Einwilligung zu gewissen geringen Körperverletzungen, gegen welche der Widerspruch eines Unerwachsenen nicht in Betracht kommt. Aber abgesehen hiervon kann eine Stellvertretung nur soweit anerkannt werden, als sie dem Verletzten offenbar von Nutzen ist, oder als wenigstens die Verweigerung der Einwilligung leicht ebenso nachteilig sein kann wie die Erteilung der Einwilligung,

---

[101]) Vgl. Gesetz und Schuld 2 S. 391ff., bes. S. 431.

[102]) Erblickt man in dem Delikte des StGB. § 216 ein besonderes Delikt, wie ich es für richtig halte, nicht eine Tötung mit einem besonderen Strafmilderungsgrunde, so kann so wenig von Versuch wie von fahrlässiger Begehung die Rede sein. Daß der Versuch nicht für strafbar erklärt ist, dürfte allerdings ein Fehler des Gesetzes sein.

[103]) *Kessler* S. 101 verwirft hier jede Rücksicht auf das Zivilrecht, da er die strafrechtliche Einwilligung in allen Fällen von der zivilrechtlichen trennt. Aber soll etwa ein 16jähriger sozialer Schwärmer die Devastation des ihm gehörigen wertvollen Waldes den Bewohnern der Umgegend gegen den Willen des Vormundes mit der Wirkung erlauben können, daß die Devastanten nicht wegen Forstfrevels bestraft werden können? Der Wald würde alsdann bald devastiert sein.

d. h. tatsächlich in dem Falle einer ärztlichen Operation.[104]) Da es sich hier aber um höchst persönliche Angelegenheiten handelt, muß die Meinung des Verletzten selbst entscheiden, sofern man ihm nach seinem geistigen Zustande ein Urteil über die Folgen der Verletzung zutrauen kann.[104a]) Daraus, daß das Gesetz dem gesetzlichen Vertreter, dem Vater, der Mutter, dem Vormunde das Recht des Strafantrags gibt, ist hier nichts zu schließen. Denn wirksame Einwilligung, welche die Rechtswidrigkeit ausschließen soll, bedeutet mehr als Recht des Strafantrages und ist nicht überall da anzuerkennen, wo einer Person das Recht des Strafantrags zusteht. Dies letztere Recht kann völlig selbständig jemandem in gewissen Fällen gegeben sein, während der Verletzte ebenso selbständig die Rechtswidrigkeit durch seine Einwilligung auszuschließen vermag.[105]) Bei Personen, die das Gesetz noch nicht in allen Beziehungen als mit genügend reifem, verständnisvollem Willen ausgestattet ansieht, dieser Wille also, um wirksam zu sein, dem Richter als dem Hüter des allgemeinen Gewissens billigenswert erscheinen muß, kann von den erwähnten *Hess*schen Sätzen Gebrauch gemacht werden: es kommt darauf an, daß die Einwilligung vernünftig sei, und wie man hinzufügen muß, was aber vielleicht schon in dem Erfordernisse „vernünftig" enthalten ist, daß sie unseren sittlichen Anschauungen nicht widerspreche oder wie *Zitelmann* S. 73 sagt, wider die „guten Sitten" nicht verstoße.[106]) Hier

---

[104]) Darüber unten. — Die schroffe Polemik *Kiehls* (GArch. **54** S. 385) ist gegenstandslos. Er hat meine in der Festschrift fur *Regelsberger* enthaltene Abhandlung nur höchst o b e r f l ä c h l i c h , die spater im GS. **61** erschienene Abhandlung aber anscheinend gar nicht gelesen In der ersteren Abhandlung, die nur die Hingabe zu medizinischen Experimenten betraf, habe ich allerdings die Wirksamkeit der Einwilligung des Verletzten von dessen vollendetem 21. Lebensjahre der Regel nach abhangig gemacht; in der zweiten, die sich mit der Heilbehandlung beschaftigt, aber anders mich entschieden.

[104a]) *Kessler* S. 103 bemerkt richtig, eine feste Altersgrenze, die im Zivilrecht wohltatig wirkt, würde hier im Gebiet des Strafrechts ein gesetzgeberischer Fehler sein (es würde nur das Gewaltsame einer solchen Fixierung sich bemerkbar machen). — Im *Penal Code of India* (1860) S. 87 ist das vollendete 18. Lebensjahr als fur die Zustimmung erforderlich bezeichnet.

[105]) So in dem Falle des StGB. § 196, wo den amtlichen Vorgesetzten eines in Ausübung seines Berufs oder in Beziehung auf solchen Beruf beleidigten Beamten ein selbständiges, selbst gegen den Willen des Beamten auszuübendes Antragsrecht beigelegt ist.

[106]) Ich halte diesen letzteren Ausdruck aber für weniger gut; denn nicht selten wird von „Sitte", d. h. einem öfter schon Vorgekommenen, nicht die Rede sein konnen.

wird auch der Zweck in Betracht kommen. Man wird es als unseren sittlichen Anschauungen widerstreitend ansehen, wenn Eltern darein willigen sollten, daß ihren Kindern gegen Bezahlung zum Zweck medizinischer Versuche Körperverletzungen zugefügt werden, sollte auch das vereinnahmte Geld für die Kinder zur Sparkasse gebracht werden. Dagegen könnte wohl die Einwilligung gültig gegeben werden, m. E. auch von einer erwachsenen, aber noch nicht volljährigen Person, zur Transplantation von Hautstücken, Abzapfen von Blut, wenn dies zur Heilung einer Person, insbesondere eines nahen Angehörigen für dienlich erachtet werden sollte. Andererseits darf man auf den Zweck da nicht sehen, wo die Einwilligung einer völlig willensfähigen Person in Betracht kommt, denn nach dem Gesetze soll deren Einwilligung entscheiden. Hier nach dem weiteren Zweck zu fragen, ist gerade so, als wollte man die Wirksamkeit eines unter volljährigen und zurechnungsfähigen Personen abgeschlossenen Kaufvertrags auch davon abhängen lassen, ob der Kauf auch einen Zweck habe.[107]) Zweifellos aber kann die Sitte im wahren Sinne die Einwilligung selbst unerwachsener Personen zu geringfügigen Verletzungen wirksam machen, wenn solche bei hergebrachten und billigenswerten Spielen den Mitspielenden zugefügt würden.[108]) Die Einwilligung zu einer einen anderen gefährdenden, nicht mit Verletzungsvorsatz vorzunehmenden Handlung ist an sich unerheblich, da wir bis jetzt glücklicherweise ein allgemeines Gefährdungsdelikt nicht im StGB. finden. Die Einwilligung kommt aber in Betracht, wenn die gefährdende Handlung eine Verletzung der Gefährdeten zur Folge hat. Nach dem Bd. **1** S. 217ff. in Ansehung des Kausalzusammenhanges aufgestellten Satze ist der Beschädigte selbst in solchem Falle im juristischen Sinne Ursache seines Schadens; er ist es freilich nicht, wenn der physisch Schädigende ihn durch unrichtige Angaben über seine Geschicklichkeit zur Einwilligung (oder zum Verlangen der Handlung)

[107]) *Zitelmann* S. 70 will anscheinend allgemein bei der Einwilligung den Zweck entscheiden lassen.

[108]) Vgl. über Verletzungen im athletischen Sport englische und bzw. nordamerikanische Praxis, mitgeteilt bei *Archbold-Stephenson* S. 791 und *Wharton* **1** §§ 370—373.

bewogen hat oder bei der Handlung einer besonderen, nicht zu erwartenden Fahrlässigkeit sich schuldig macht.[108a])

Leitet man den Ausschluß und bzw. die Minderung der Rechtswidrigkeit bei Einwilligung des Verletzten, wie oben geschehen, aus objektiven Gründen ab, so müssen jene Wirkungen, unbeschadet etwaiger Strafzumessung in dem zweiten Falle, ohne Rücksicht auf Verständnis, Charakter und Motive des Handelnden gelten. Anders *Holer*, der danach (nach eigenem Zugeständnis S. 118), den Charakter des Tötenden bei der Tötung auf Verlangen für die von der Strafe anderer Tötung abweichende mildere Strafe als maßgebend betrachtend, sich auf einen „höchst variablen und unsicheren Faktor" verlassen muß und zur Aushilfe einen „Durchschnittscharakter" annimmt (den es m. E. nicht gibt), eine Bemerkung, die *Holer* eigentlich zu einigem Zweifel an der Richtigkeit seiner Theorie hätte veranlassen können.

§ 34. Die Frage betreffend, ob eine gesetzliche Bestimmung über die Wirksamkeit der Einwilligung des Verletzten sich empfehle, so würde es m. E. unrichtig sein, etwa bei den einzelnen in Betracht kommenden Delikten zu bestimmen, daß solche Einwilligung die Strafbarkeit ausschließe, oder was sachlich dasselbe wäre, einen Katalog dieser Delikte zusammenzustellen. Hier handelt es sich um genaue Erfassung der aus der Natur der einzelnen Delikte sich ergebenden Konsequenzen und deren Würdigung nach Maßgabe unserer ethischen Anschauungen, und diese Aufgabe ist, wenn auch nicht mit einem Schlage und nicht sogleich stets zweifellos, Wissenschaft und Praxis zu lösen besser befähigt, als das Gesetz, das fehlgreifend nicht leicht korrigiert werden kann. Dementsprechend haben auch die Gesetzgebungen sich solcher Bestimmungen bis jetzt enthalten. Wenn ferner dem Richter ein ausgedehntes Milderungsrecht zusteht, oder die Strafrahmen für sämtliche Delikte sehr

---

[108a]) Danach sind die oft vorkommenden gefährlichen Artistenvorstellungen zu beurteilen. Rein physisch betrachtet, würde oft das Hilfspersonal als Ursache der Verletzung der Artisten anzusehen sein. Niemand denkt aber daran, das Hilfspersonal verantwortlich zu machen, sofern dieses nicht einer besonderen Fahrlässigkeit sich schuldig gemacht hat. Bei übermäßiger Gefährdung einer Hilfsperson durch den Artisten wäre aber m. E. der Artist verantwortlich, wenn er (z. B. als Kunstschütze) die Hilfsperson schädigen würde.

weit gezogen sind, so können auch Bestimmungen über Strafmilderung wegen Einwilligung des Verletzten entbehrt werden. So stand es noch im XVIII. und XIX. Jahrhundert da, wo das frühere gemeine Recht seine Herrschaft behauptete. Anders aber, als die neuere Gesetzgebung der richterlichen Strafgewalt engere Grenzen zog, dem Richter verbot, unter gewisse Strafminima bei den einzelnen Delikten herabzugehen, oder gar eine absolut bestimmte Strafe festsetzte ohne Zulassung eines allgemeinen Milderungsrechtes. Letzteres war bei der mit Überlegung vorgenommenen Tötung der Fall; denjenigen, der aus Mitleid mit entsetzlichen Qualen dem Leben eines Leidenden auf dessen Verlangen ein Ende machte, als gemeinen Mörder zum Tode zu verurteilen, verstieß aber gegen alles Rechtsgefühl, und so gab denn eine größere Zahl von Gesetzgebungen eine namentlich für solche Fälle berechnete besondere mildere Bestimmung,[109]) allerdings beschränkt auf den Fall ausdrücklichen und ernstlichen Verlangens. Nach dem preußischen StGB., in welchem solche Bestimmung fehlt,[109a]) und ebenso nach dem bayerischen StGB. von 1861 mußte dagegen auf Todesstrafe erkannt werden[110]) und blieb nur die Verweisung auf Begnadigung. Das StGB. § 216 hat nun wieder für den bezeichneten Fall die Korrektur eingefügt, welche die meisten der deutschen Gesetzbücher schon enthielten. Sie könnte fortgelassen werden, wenn dem Richter auch im Falle einer mit Überlegung ausgeführten Tötung ein weitgehendes Milderungsrecht eingeräumt oder von einem dem Richter allgemein eingeräumten Milderungsrechte der Fall an sich schwerster Tötung nicht ausgenommen

[109]) So schon preuß. allg. Landrecht II, 20 § 834, ferner die Gesetzbücher für Württemberg 239, Braunschweig 147, Hessen 257, Baden 207, Nassau 250 (diese beiden Gesetzbücher sagen: ernstliches und bestimmtes Verlangen), Thüringen 120, Sachsen 157.

[109a]) *Abegg*, GArch. **18** S. 387, führt an, daß wesentlich auf seinen wie einiger anderen Ausführungen die Weglassung einer dem zitierten Paragraphen des preußischen allgemeinen Landrechts entsprechenden Bestimmung im preußischen StGB. beruhe. Nur die Gnade sollte in gewissen Fällen eintreten — als wenn nicht schon die Verurteilung an sich das Rechtsgefühl verletzen könnte — ein aus der Überspannung der absoluten Strafrechtstheorie *Hegels* hervorgegangener unpraktischer Doktrinarismus, der allerdings durch die verkehrte Theorie der Rechtsverletzung im subjektiven Sinne als Erfordernis der eigentlichen Verbrechen provoziert war.

[110]) Vgl. die im GArch. **5** S. 336 besprochene Entscheidung des preußischen OT. vom 24/4. 57 und gegen das starre Prinzip dieses Gesetzbuches die Bemerkungen *Goltdammers* daselbst. Über das bayerische StGB. vgl. *Weiss*, Kommentar **2** S. 49.

würde. Indes gerade bei der Tötung erscheint das Verlangen von besonders schwerwiegender Bedeutung; es kann sich hier wirklich um Akte des reinen Mitleids handeln, was bei anderen Verletzungen nicht der Fall sein wird. Es empfiehlt sich daher vielleicht folgende Fassung, welche zugleich das sonst für andere Fälle mögliche Argument *a contrario* ausschließt.

„Bei einer Tötung ist der Milderungsgrund der Einwilligung des Verletzten nur im Falle eines ernstlichen und zweifellosen Verlangens, alsdann aber mit der Wirkung zu berücksichtigen, daß die Strafe auf ...... ermäßigt werden muß und nicht über ..... hinausgehen darf.

Der Versuch einer Tötung auf Verlangen ist strafbar, kann jedoch als vorsätzliche Körperverletzung nicht bestraft werden.[111])"

§ 35. Eine besondere Anwendung findet die Lehre von der Einwilligung des Verletzten bei der Frage der Erlaubtheit oder andererseits Strafbarkeit ärztlicher Eingriffe, d. h. solcher Operationen, die zum Zweck der Heilung des Verletzten oder Besserung seiner Gesundheit unternommen werden; denn Operationen, die nicht zu diesem Zwecke, sondern nur zum Zwecke der Förderung der medizinischen Wissenschaft erfolgen, sind einfach nach den Regeln der Körperverletzung unter Einwilligung des Verletzten zu behandeln, während allerdings der neben dem Heilzwecke verfolgte Zweck der Förderung der Wissenschaft

---

[111]) Über die Frage der Bestrafung des Versuchs des Delikts des § 216, wenn der Versuch zugleich eine korperliche Verletzung des den Tod Verlangenden enthält, vgl. Bd. **2** S. 564ff. Nur wegen fahrlassiger Körperverletzung zu strafen, ist nicht widersinnig, wird aber im wirklichen Leben selten praktisch werden, sofern fahrlässige Körperverletzung, wie gegenwartig der Fall ist, nur auf Antrag bestraft wird.

Ein von *Holer* S. 135 hier herangezogener Fall, welcher zeigen soll, daß auch fur die mit Einwilligung oder auf Verlangen des Verletzten vorgenommene Korperverletzung besondere mildere Bestimmungen angebracht sein konnten, durfte nicht hierher gehoren. Kann jemand den Umstanden nach nur dadurch aus dringendster Todesgefahr errettet werden, daß man ihm ein Glied abschlagt — z. B. die ins Getriebe einer Maschine geratene Hand —, so ist schon nach den uber Kausalzusammenhang (vgl. Bd. **2** S. 228ff.) dargelegten Satzen nur dasjenige Ereignis als Ursache im juristischen Sinne anzusehen, das die dringende Gefahr herbeifuhrte Hat man Zeit, den Gefahrdeten zu befragen, so m u ß man dessen Willen freilich befolgen, ebenso wie bei der arztlichen Operation. Aber Rettung ist nicht Körperverletzung, sollte sie auch getrennt von dem Endzwecke als Verletzung erscheinen, sofern der Gerettete leben will oder dies angenommen (präsumiert) werden kann. Für diese Auffassung des Falles auch *Stooss*, Schweizer Zeitschr. **12** S. 333.

die Operation, falls sie in irgendeiner Weise privilegiert sein sollte, des Privilegiums nicht verlustig machen darf, da sonst nur vollständig erprobte und bekannte Operationen das Privilegium genießen würden, eine Beschränkung, die den Fortschritt der medizinischen Wissenschaft sehr beeinträchtigen würde, häufig zum Nachteil sonst hoffnungsloser Patienten. Ja als zum Heilzwecke unternommen muß auch eine Operation gelten, die eine künftige, sonst wahrscheinliche oder leicht mögliche Erkrankung verhüten (Impfung, Immunisierung) oder sonst bei der operierten Person nicht, wohl aber bei anderen Personen normalerweise existierende wichtige Funktionen des Körpers ermöglichen soll, möchte auch im übrigen die der Operation zu unterwerfende Person völlig gesund erscheinen — im wahren Sinne sind Personen, bei denen wichtige Organe nicht funktionieren, nicht gesund.[112]) Jede Operation, die zum körperlichen Wohle oder zum normalen Funktionieren des Körpers des Operierten selbst dienen soll, ist Heilbehandlung. Der Operation juristisch gleichzustellen ist auch die Anwendung innerer Mittel, welche den Heilerfolg nur vermittelst eines anderweiten Unwohlseins oder unter Erregung einer Lebensgefahr herbeiführen; denn auch dies ist rein physisch betrachtet Gesundheitsschädigung, wenn auch nur vorübergehende.

Gegen die Auffassung der ärztlichen Operation, d. h. der kunstgerecht angewandten und ausgeführten Operation als Körperverletzung, protestiert selbstverständlich das Standesbewußtsein der Ärzte wie der Laien. Die Ärzte wollen heilen, nicht aber den Leidenden schädigen. Man kann von diesem Standpunkte aus nur die unrichtig angewandte oder ausgeführte Operation als fahrlässige Körperverletzung gelten lassen, und in der Tat wird auch meist nur in solchen Fällen, ja meist nur in Fällen der Begehung gröberer Kunstfehler an strafrechtliche Verfolgung gedacht, und die älteren Schriftsteller reden auch nur von solchen Fällen.

---

[112]) Diesen Fallen spricht *Rosenberg* S. 76 mit Unrecht den Charakter der Heilbehandlung ab. — Die Beseitigung von bloßen Schönheitsfehlern bedarf einer besonderen Erwägung. — Unter dem Vorwande der Immunisierung können allerdings auch schnöde Versuche »*in corpore vili*« vorgenommen werden.

§ 36. Aber als die Jurisprudenz anfing, die verschiedenen Möglichkeiten, unter denen ärztliche Operationen geschehen und verlaufen können, genauer zu betrachten, konnte sie sich bei dieser einfachen Auffassung nicht beruhigen. Wenn kunstgerecht angewendete und ausgeführte Operation an sich erlaubt war, mußte sich dann jemand auch gegen seinen Willen [112a]) oder doch wenigstens ohne seine Zustimmung eine Operation gefallen lassen? Und darüber, daß die ärztliche Operation äußerlich eine Körperverletzung darstellt, vermochte man um so weniger vom juristischen Standpunkte aus sich hinwegzusetzen, als im Falle der Fahrlässigkeit die Operation als fahrlässige Körperverletzung erscheint.

Allerdings ist die Begründung der Straflosigkeit für den Normalfall, daß ein vollkommen Zurechnungsfähiger seine Einwilligung erklärt hat, einfach und nur für solche Fälle, in denen diese Einwilligung nicht zu erlangen, aber eine Operation doch durchaus notwendig erscheint, schwieriger, sofern man der Einwilligung des Verletzten in jedem Falle der Körperverletzung strafausschließende Wirkung beilegt.[113])

Oppenheimer glaubt die Rechtfertigung der ärztlichen Operation in einem Gewohnheitsrechte finden zu sollen. Aber dies ist nicht nachzuweisen,[114]) und *Oppenheimers* Theorie hat auch wenig Zustimmung gefunden. Dagegen wird ein besonderes ärztliches Berufsrecht, durch welches die Rechtswidrigkeit der verursachten Körperverletzung ausgeschlossen werde, von mehreren angenommen.[115]) Indes ein solches Recht würde irrationell sein. Es würde den Leidenden bedingungslos allen und jeden ärztlichen Eingriffen preisgeben, welche nach Maßgabe der zeitweiligen — und häufig sich ändern-

---

[112a]) Man möchte einwenden, der Fall strafloser Operation gegen den Willen des Operierten sei bei vollkommener Willensfähigkeit des letzteren nicht möglich, ohne daß der Operierende wegen Gewalttätigkeit (Notigung oder Freiheitsberaubung) strafbar werde. Es ist aber doch der Fall denkbar, daß unter Anwendung von Täuschung eine Operation vorgenommen wird, ohne daß von Nötigung oder Freiheitsberaubung die Rede sein konnte. Kindern werden ja bekanntlich nicht selten unter Anwendung einer Täuschung Zähne ausgezogen.

[113]) So *Kessler*, wie schon oben bemerkt wurde.

[114]) Gegen *Oppenheimer* insbesondere *Stooss*, Schweizer Zeitschr. f. Strafrecht. Auch *Stenglein*, Deutsche Juristenzeitung 1898 S. 106.

[115]) So *von Geyer* **1** S. 79; *H. Meyer* § 38, 2 e; *Finger* **1** S. 405ff; früher auch *von Binding*, Handb. **1** S. 802.

den — ärztlichen Wissenschaft irgend gerechtfertigt werden könnten. Es widerspricht ferner dem öffentlichen Rechte aller derjenigen Länder, in denen, wie zurzeit im Deutschen Reiche, die Ausübung der Heilkunde — vorbehaltlich der Verantwortlichkeit bei falscher Behandlung — jedem gestattet ist, und führt dahin, daß der richtig behandelnde Laie — und in Notfällen kann die Behandlung durch einen Laien sehr nützlich sein, ja einem Menschen das Leben retten — ganz anders beurteilt werden muß, als der Arzt, der im Staate die Prüfung bestanden hat.[116]) Es folgt das Berufsrecht ferner nicht, wie freilich *Lilienthal* meint, aus der Errichtung von Heilanstalten seitens des Staates: mit der Existenz solcher im Wege der Staatsverwaltung geschaffenen Anstalten ist doch höchstens dargetan, daß Operationen sehr häufig zulässig oder erwünscht sind, nicht aber unter welchen Voraussetzungen dies der Fall ist. Mit aller Schärfe hat sich daher auch das RG. in einem viel besprochenen Falle gegen die Annahme eines besonderen ärztlichen Berufsrechtes erklärt. Wenn das RG. aber mit Recht auf den Willen des Behandelnden entscheidendes Gewicht legt, so ist nicht klar, wie diese Ansicht dazu stimmt, daß das RG. der Einwilligung des Verletzten bei Körperverletzungen jede Wirksamkeit abspricht. Die Annahme, daß durch den Rechtswillen des Behandelten erst eine „rechtliche Beziehung", wie die Entscheidungsgründe sagen, geschaffen wird zwischen dem Behandelten und dem Arzte, verdeckt kaum die Schwierigkeit.[117])

Neuestens hat *Finger* (1 S. 409) die Erlaubtheit ärztlicher Eingriffe wieder auf ein Berufsrecht des Arztes zu gründen unternommen. Zwar soll der Zweckwille der Heilung den ärztlichen Eingriff von der (unerlaubten) Körperverletzung unterscheiden. Aber das Urteil, ob eine Handlung diesem Zwecke diene, soll nur einem Kundigen zustehen. Der Unkundige könne von einem Gefährdungs- und Verletzungsdolus oder einem hohen Maße von Culpa nicht freigesprochen werden. Der Einwand, daß dann auch die täglich von Nicht-Ärzten vorgenommenen

---

[116]) Ein berühmter Arzt konnte in einem anderen Lande, in welchem er nicht besonders approbiert wäre, an ein Krankenbett nicht berufen werden Vgl. gegen diese Annahme eines besonderen Berufsrechts auch *Liszt* (siehe aber unten Anm. 122) § 35 III, 1 und *Löffler* S. 245.

[117]) Siehe daher auch *Löffler* a. a. O

kleinen Operationen strafbar sein würden — ein Einwand, der, wie *Finger* anzunehmen scheint, hauptsächlich Anlaß gebe, das Berufsrecht des Arztes zu leugnen — wird mit dem Hinweise auf die Geringfügigkeit solcher Eingriffe beseitigt, deren Folgen fast (?) jedermann übersehen könne. Allein die Einwendungen gegen das Berufsrecht haben eine umfassendere Basis, als *Finger* annimmt. In Notfällen kann auch an den Laien die Aufgabe herantreten, zur Rettung eines Menschenlebens eine schwerwiegende Operation, z. B. eine Amputation vorzunehmen: man denke z. B. an den Fall, daß der Schiffsarzt, den eine auf einsamer Insel befindliche wissenschaftliche Expedition mitnahm, gestorben wäre. Es könnte sich sogar darum handeln, einen schweren Eingriff an einem Bewußtlosen, im Fieberdelirium Befindlichen vorzunehmen. Soll hier der Laie, wenn er nicht einmal unrichtig verfährt, strafbar sein, während der staatlich approbierte Arzt es nicht sein würde? [117a])

§ 37. Wenn es, wie bemerkt, sehr einfach ist, die Unsträflichkeit der ärztlichen Operation auf die Einwilligung oder den Willen des Operierten zu gründen, falls man durch diese Einwilligung, durch diesen Willen auch bei schwerster Körperverletzung die Rechtswidrigkeit als ausgeschlossen betrachtet, so ist es andererseits unmöglich, auf Grund jener Einwilligung allein die von schweren Folgen begleitete Operation für erlaubt zu erklären, sobald man dem Satze *»Volenti non fit injuria«* diese weitreichende Bedeutung nicht zugesteht. [118]) *Hälschner*

[117a]) Mißlingt die Operation, so soll nach *Finger* Verantwortlichkeit wegen Eventualdolus stattfinden; denn wer zwar in wohlmeinender Absicht, aber wissend, daß seine Sachkunde vielleicht nicht ausreichen werde, eine Rettungshandlung unternehme, aber tatsachlich eine Verschlimmerung der Lage eines anderen herbeifuhre, handle mit Eventualdolus. Danach würde man bei Rettungsversuchen jeder Art leicht eine Verurteilung mindestens wegen Totschlags befurchten konnen.

[118]) Auf die zivilistische Lehre vom Auftrag und von der (*Negotiorum gestio*) Geschaftsfuhrung will *Rosenberg* die Losung des Problems grunden; aber nicht jeder Auftrag macht eine Handlung zu einer erlaubten, und die zivilistische Konstruktion ist hier nur überflüssig oder irrefuhrend. (Anders freilich, wenn uber die Honorarforderung des Arztes zu entscheiden ist). (Gegen *Rosenberg* insbesondere *Bruckmann.*) Ohne wirkliche Begrundung, in Wahrheit als apodiktische Bedeutung ist der Wille des Kranken als Rechtfertigung des Arztes von *Bruckmann* aufgestellt (vgl. bes. S. 693). Daneben verlangt *Bruckmann* aber Angemessenheit der Operation. Eigentümlich dabei ist, daß *Bruckmann* gegen das Erfordernis der Einwilligung polemisiert, als wenn Einwilligung nicht auch Willensbetätigung, Wille ware. Gegen *Brückmann* Graf *Dohna* S. 107ff.

(1 S. 471) hat freilich eine sittliche Pflicht des Leidenden angenommen, welche der Einwilligung hier rechtliche Bedeutung verleihe. In Wahrheit erscheint danach aber der sittliche Zweck, nicht aber die Einwilligung von Bedeutung, und die Konsequenz ist, daß der Arzt auch gegen den Willen des Patienten gefahrvolle wie verstümmelnde Operationen müßte vornehmen dürfen, sobald er die Operation als durch die sittliche Pflicht des Leidenden für geboten erachten würde.

Graf *Dohna* hält die Lösung des Problems selbstverständlich nach dem von ihm aufgestellten allgemeinen Prinzipe des Ausschlusses der Rechtsobrigkeit für einfach. Die Operation ist richtiges Mittel zu richtigem Zwecke, falls sie der Arzt nach pflichtmäßigem Ermessen für angezeigt erachtet; nur „würde es in vielen Fällen (in welchen?) nicht angemessen sein, die Einwilligung nicht einzuholen" und dann würde der Arzt der Körperverletzung, bzw. der Freiheitsberaubung sich schuldig machen, wenn er ohne Einwilligung des Leidenden vorginge. Die Schwäche dieser Deduktion tritt, abgesehen von der Unzulänglichkeit des Grundprinzips im allgemeinen, schon darin zutage, daß über die Fälle, in welchen die Einwilligung erforderlich sein soll — eigentlich müßten nach dem angenommenen Grundprinzipe solche Fälle überhaupt nicht angenommen werden — nichts gesagt ist, und daß tatsächlich über alles wirklich Zweifelhafte uns wie den Arzt diese summarische Jurisprudenz ratlos läßt.

§ 38. Nach der richtigen, zuerst von *Hess* angedeuteten, dann von *Stooss* im einzelnen durchgeführten Auffassung, die jetzt auch die verhältnismäßig größte Zahl von Stimmen gewonnen haben dürfte,[119]) unterscheidet der Zweck des Heilens den ärztlichen Eingriff von der Körperverletzung. Unbegründet ist der dagegen erhobene Einwand, der Zweck des Handelnden komme strafrechtlich nicht in Betracht. Wenn allgemein das praktische Leben verschiedene sich aneinander reihende Tätigkeiten als eine einheitliche Tätigkeit unter einen Zweckbegriff

---

[119]) Dafur *Zurcher*, Schweizer Zeitschr. f. Strafrecht 11; *Heimberger*, *Binding*, Lehrb. bes. Teil **1** S. 56; *Kohlrausch*, Irrtum und Schuldbegriff S. 97; *Frank* (3. und 4 Aufl.) S. 291; *Kohler*, Juristisches Literaturblatt **16** S. 224; *Spohr*, Schweizer Zeitschr. f. Strafrecht **18** S. 184; *Radbruch*, Geburtshulfe und Strafrecht S. 7

zusammenfaßt, dann hat das Recht dieser Auffassung zu folgen.[120]) Dies ist gerade bei der ärztlichen Operation der Fall. Was isoliert betrachtet als Körperverletzung erscheint, wird durch Zweck und Erfolg zu einer erlaubten, wohltätigen Handlung. Gleichwohl bedarf es zur Anerkennung dieses Zwecks, und damit die Handlung als wohltätige Heilbehandlung angesehen werden könne, der Zustimmuug desjenigen, der dem ärztlichen Eingriff unterworfen werden soll, ein Erfordernis, das von *Stooss* und *Heimberger* nicht genügend betrachtet ist. Ob das Leiden und die Gefahr, welche beseitigt werden sollen, oder aber die schmerzliche, gefährliche oder den Verlust eines Gliedes herbeiführende Operation als das geringere Übel anzusehen sei, darüber kann nur dem Leidenden selbst das entscheidende Urteil zugestanden werden. Es könnte jemand schwere Todesgefahr, ja den Tod selbst einem Leben als Krüppel (nach Amputation seiner Beine z. B.) vorziehen, und möglich bleibt in manchen Fällen, daß die Unterlassung einer für nötig erachteten Amputation schließlich keineswegs so bedenklich war. Die ohne Zustimmung des Operierten vorgenommene Operation ist daher vorsätzliche Körperverletzung, und fahrlässige Körperverletzung ist die Operation, wenn sie zwar mit Zustimmung des Operierten, aber gegen die Regeln der Wissenschaft ausgeführt oder angewendet ist.[121]) Nur dann ist sie nicht Körperverletzung, wenn sie zweifelsfrei den Gesundheitszustand des Operierten verbesserte, und bei einer Amputation oder Weg-

---

[120]) Für dies von mir GS. 60 S. 92 zur Unterstützung der *Stoos*schen Ansicht geltend gemachte Argument auch *Radbruch* a. a. O. — Individuelle und willkürliche Zwecke kommen allerdings nicht in Betracht. Diebstahl hört nicht auf Diebstahl zu sein, wenn der Dieb das Gestohlene sofort einem Bedürftigen zu schenken beabsichtigt und nur zu diesem Zwecke stiehlt.

[121]) *Stooss*, *Heimberger*, aber auch *Liszt* und *Löffler* S. 245 betrachten die ohne Zustimmung des Operierten vorgenommen Operation nur als strafbare Nötigung. *Löffler* meint gar, es sei mit Händen zu greifen, daß diese Handlung sich nicht gegen die körperliche Integrität, sondern gegen das Freiheitsrecht des Patienten richte. Wie aber, wenn alsbald, nachdem die Operation vorgenommen, sich früher unbeachtet gebliebene äußerst schädliche Folgen derselben herausstellen, wie auch schon sich ereignet hat, oder eine höchst bedeutende Autorität schon eine freilich noch wenig bekannte Heilsbehandlung erfunden hat, welche die Amputation erspart? — Die geringe Bestrafung lediglich wegen Nötigung sichert den Patienten nicht genügend gegen brutale Behandlung, wie solche zuweilen in Hospitälern armen Patienten zuteil werden könnte.

nahme innerer Organe wird dies nicht absolut[121a]) gesagt werden können.[122])

§ 39. In dem S. 52 zitierten Aufsatze habe ich die allerdings nicht ganz selten vorkommende Schwierigkeit erwähnt, daß es tatsächlich unmöglich ist, vor der Operation die Zustimmung des Leidenden einzuholen,[123]) wenn dieser dem Tode oder doch einem schlimmen Leiden nicht verfallen soll. Ich habe diese Schwierigkeit wie einige andere bei minderjährigen oder sonst willensunfähigen oder nicht vollkommen geschäftsfähigen (erwachsenen) Personen vorkommende Schwierigkeiten durch den Hinweis darauf zu lösen unternommen, daß dann der Arzt in Gemäßheit der Präsumtion zu handeln habe, es wolle der Leidende wie das Gesetz, daß das Vernünftige, d. h. das der ärztlichen Wissenschaft Entsprechende geschehe. Die Verwendung von Präsumtionen hat dann z. B. *Brückmann* genügt, um meine Arbeit sehr erheblich anzugreifen, und für Graf *Dohna*

[121a]) Relativ kann allerdings auch eine Amputation den Gesundheitszustand verbessern, wenn angenommen wird, daß der Leidende jedenfalls am Leben bleiben wollte.

[122]) *R. Schmidt* gründet die Straflosigkeit der Operation allein auf die „ärztliche Regel". Der Arzt brauche nur irgendwie zugezogen zu sein — auch daß ein Dienstbote den Arzt hole, genüge —, um den nach der ärztlichen Regel handelnden Arzt zu decken. *Schmidt* hält es für einen Vorzug dieser Theorie, daß so das „bedenkliche Erfordernis der Einwilligung des Patienten" zur Operation wegfalle. Der einmal zugezogene Arzt brauchte also von der Vornahme der bedenklichsten oder den Kranken in der stärksten Weise verstümmelnden Operation dem Kranken kein Wort vorher zu sagen, und wer einmal den Arzt zugezogen hätte, wäre völlig dessen Ermessen preisgegeben. — *Liszts* (der seine Übereinstimmung auch mit *R. Schmidt* erklärt) Theorie ist mir nicht ganz verständlich. Unter Verwerfung des Berufsrechts findet *Liszt* die Rechtfertigung (*Liszt* sagt den Rechtsgrund der Operation, das ist nicht vollkommen richtig, denn der Arzt hat kein wirkliches Recht auf Vornahme der Operation) in dem Zwecke und der Angemessenheit. Dabei soll es aber auf die Einwilligung des Patienten nicht ankommen, während wiederum die „Angemessenheit des Mittels ausgeschlossen sein soll" durch den widerstrebenden Willen des verfugungsfähigen Kranken, bzw. seines gesetzlichen Vertreters. Meiner Ansicht nach ist ein solcher Unterschied in der Beachtung des Willens des Kranken nicht haltbar. Entweder ist es der Wille des Patienten, der den Arzt deckt, oder er ist es nicht. Diese Theorie, die Perforationen und Vivisektionen wie wissenschaftliche Versuche der Heilbehandlung gleich behandelt, scheint mir darauf zugespitzt zu sein, dem Arzte freie Hand zu geben in dem Falle, daß der Kranke bewußtlos ist und ein gesetzlicher Vertreter nicht befragt werden kann. Man kann diese Falle aber vollkommen im Sinne gewissenhafter Ärzte entscheiden, ohne auch den verfugungsfähigen Patienten so, wie *Liszt* es tut, der Verfugung des Arztes zu überliefern.

[123]) Dahin gehört auch der Fall, daß der Patient einer geringeren Operation zugestimmt hat, der Arzt aber während der Narkose des Patienten die Wahrnehmung macht, daß eine erheblich weitergehende oder gefahrlichere Operation dringend notwendig sei.

S. 107 sie in der Hauptsache als „gänzlich verfehlt" zu bezeichnen und eine Art kriminalistischen Anathem gegen solche Präsumtionen [123a]) auszusprechen. Aber die Präsumtion, daß jemand das den Umständen nach Vernünftige gewollt habe, wird im Zivilrecht vielfach verwendet; sie ist insbesondere in der Lehre von der Geschäftsführung mit und ohne Auftrag unentbehrlich. Warum soll es nun ein unverzeihlicher Fehler sein, sie im Strafrecht zu verwenden; denn es handelt sich nicht um eine Präsumtion zuungunsten eines Angeklagten, vielmehr um eine Präsumtion zur Rechtfertigung des Arztes. Verwirft man daher auch mit Recht Präsumtionen, die zum Nachteil eines Angeklagten gelten sollen, so steht doch einer Präsumtion zugunsten jemandes, der möglicherweise einer strafbaren Handlung geziehen werden könnte, sicherlich nichts entgegen; entspricht dies doch der bekannten Regel »*In dubio pro reo*«. Allerdings darf der Arzt nicht einem deutlich vorher in zurechnungsfähigem Zustande von dem Kranken geäußerten abweichenden Willen zuwider gleichwohl eine Operation vornehmen. Aber auch diese Ausnahme ist einem gewissenhaften, genügend ausgebildeten Arzte nicht gefährlich, da einerseits ein rein tatsächlicher Irrtum (z. B. über den Inhalt einer Äußerung des Kranken) jede Verurteilung wegen vorsätzlicher Körperverletzung ausschließt, andererseits für den etwa zur Verantwortung gezogenen Arzt auch bei Beurteilung der Zurechnungsfähigkeit die Regel »*In dubio pro reo*« gilt, sobald er in gutem Glauben und nicht mit völliger Nichtbeachtung oder in völliger Unkenntnis derjenigen Grundsätze gehandelt hat, nach denen die Zurechnungsfähigkeit beurteilt werden muß.

Ja man wird selbst bei einer nachträglichen Billigung einer nach den Regeln der ärztlichen Wissenschaft durchaus angezeigten und diesen Regeln entsprechend ausgeführten Operation seitens des Operierten den Arzt einer

---

[123a]) Auch *Zitelmann* S. 101ff verwirft die Präsumtion, gründet aber die Rechtfertigung des Arztes in den fraglichen Fällen auf die Grundsätze der Geschäftsführung ohne Auftrag. Meiner Ansicht nach ist dies nur ein unnötiger Umweg über das Zivilrecht. Oder handelt es sich nicht um eine Präsumtion, wenn die §§ 677, 678 des BGB. den mutmaßlichen Willen des Geschäftsherrn für maßgebend erklären, und wäre nicht in Ermangelung anderer ausschlaggebender Momente zu präsumieren, der Geschäftsherr habe das den Umständen nach Vernünftige, ihm Dienliche gewollt?

Körperverletzung für schuldig nicht zu erklären haben. Zwar hat, wie *Brückmann*[124]) gegen *Rosenberg* ausgeführt hat, nachträgliche Einwilligung des Verletzten im allgemeinen im Strafrecht rückwirkende Kraft nicht, wie solche der nachträglichen Genehmigung durch den Geschäftsherrn bei der Geschäftsführung ohne Auftrag zukommt, wenn ohne solche Genehmigung der Geschäftsführer ersatzpflichtig sein würde. Aber die Rechtswidrigkeit der ohne den Willen des Operierten vorgenommenen Operation beruht nur insofern auf dem Mangel der Einwilligung des Operierten, als man der einzelnen Persönlichkeit das entscheidende Urteil darüber zugestehen muß, welches das kleinere Übel sei, der Zustand, wie er sich ohne Operation gestalten wird, oder die Vornahme der Operation. Erklärt also der Operierte nachträglich seine Billigung, so ist m. E. kein Grund erfindlich, dieses nachträgliche Urteil nicht gelten zu lassen, und selbst in dem Falle möchte ich der nachträglichen Billigung diese Kraft nicht bestreiten, daß etwa vorher der Operierte — z. B. vor der Narkose — sich gegen die Operation erklärt hätte. Es bleibt aber in allen solchen Fällen der Tatbestand der Nötigung bestehen. Die Rechtswidrigkeit als vorsätzliche Körperverletzung besteht nicht mehr, wohl aber die Rechtswidrigkeit als Nötigung deshalb, weil der operierende Arzt vermittelst augenblicklich über den Kranken erlangter Gewalt die Duldung der Operation erreicht hat.[125]) Wäre außerdem noch ein Kunstfehler begangen, so würde Konkurrenz fahrlässiger Körperverletzung vorliegen.

§ 40. Daß bei völlig willensunfähigen Personen der Arzt die Zustimmung des gesetzlichen Vertreters einzuholen hat, sofern diesem auch die Sorge für die Person des Kranken

---

[124]) Auch *Zitelmann*, Arch. f. soziale Praxis S. 102, erklärt ebenso wie RG. E. **25** S. 383 und *Brückmann* nachträgliche Einwilligung für unwirksam. Das Urteil des RG. bemerkt, die öffentlich rechtliche Tatsache (die begangene Körperverletzung) könne durch Privatwillkür, die hier nur als Verzeihung zu betrachten sei, nicht aus der Welt geschafft werden. Diese Argumentation durfte durch das im Text Gesagte widerlegt sein.

[125]) Ich gelange also, was in meiner früheren Arbeit abgelehnt war, fur gewisse Falle allerdings auch zur Moglichkeit der Verurteilung des Arztes wegen Nötigung. Ich halte es aber auch jetzt noch für juristisch unzulassig, eine gegen den Willen des Patienten vorgenommene Operation ohne weiteres als Nötigung zu behandeln, man wollte denn annehmen, daß, weil jede vorsatzliche, gegen den Willen des Verletzten vorgenommene Korperverletzung zugleich den Verletzten gewaltsam zwingt, die Verletzung zu dulden, mit jeder vorsätzlichen Körperverletzung eine Notigung ideell konkurriere.

obliegt, ist selbstverständlich. Wie aber, wenn der Kranke selbst, dem als einem ziemlich erwachsenen Menschen doch schon Einsicht in die möglichen Folgen der Unterlassung der Operation wie der Vornahme derselben zugetraut werden kann, seine Zustimmung verweigert, während der gesetzliche Vertreter die Operation vorgenommen sehen will? Der Arzt selbst darf m. E. Gewalt oder strafbare Drohungen nicht anwenden; er ist dagegen verantwortungsfrei, wenn der gesetzliche Vertreter zustimmt und der Kranke nicht widerspricht. Wie die Zustimmung oder die Unterlassung des Widerspruchs bei dem Kranken durch den gesetzlichen Vertreter erlangt ist, kümmert den Arzt nicht. Bleibt aber z. B. eine geistig ziemlich reife Person, welche das sechzehnte Lebensjahr überschritten hatte, bei ihrem Widerspruch, so dürfte m. E. der Arzt nicht operieren, selbst wenn er es ohne besondere Gewaltanwendung, z. B. durch angewandte List, zu tun vermöchte; denn es gibt rein persönliche Entscheidungen, z. B. die Wahl eines bestimmten Berufs, Eingehung einer Ehe, welche der gesetzliche Vertreter durch seine Entscheidung positiv nicht ersetzen kann, und zu diesem gehört die Vornahme einer verstümmelnden Operation. Dergleichen Fälle werden aber, wenn die Operation wirklich notwendig ist, kaum zur Entscheidung kommen. Gütliches Zureden wird allermeist helfen. Der Arzt kann aber in zweifelhaften Fällen, ohne sich verantwortlich zu machen, die weitere Behandlung weigern, und andererseits würde er, wenn er z. B. den jugendlichen Patienten selbst über die Tragweite der Operation nicht belehrt hätte, weil er ihn noch nicht für einsichtig genug hielt, durch die Regel »*In dubio pro reo*« bei zweifelsfrei nach den Regeln der Wissenschaft angezeigten Operation ebensowenig angeklagt werden dürfen.[126])

Schwieriger zu beurteilen und zugleich praktisch wichtiger ist der umgekehrte Fall, daß der gesetzliche Vertreter, z. B. der Vater eines kranken Kindes, gegen eine Operation, insbesondere gegen eine Amputation sich erklärt, wie denn gerade ein solcher Fall durch das oben zitierte bedeutsame Urteil

[126]) Es ist oben Anm. 104[a] schon bemerkt worden, daß es fehlerhaft sein würde, wollte die Gesetzgebung hier mit Feststellung absolut geltender Altersgrenzen eingreifen, eine Feststellung, die ubrigens, genau betrachtet, dem Rechte der Vormundschaft zuzuweisen ist.

des RG. entschieden wurde. Meiner Ansicht nach geht das Recht des gesetzlichen Vertreters über die Person des Pflegebefohlenen nicht bis zur Unvernunft, wie sich auch aus BGB. §§ 1666, 1837 ergibt; es könnte jedenfalls das obervormundschaftliche Gericht eingreifen, wenn z. B. der Vater oder Vormund aus übermäßiger Sparsamkeit oder im Glauben an die Vorzüglichkeit abergläubischer Mittel die weitere ärztliche Behandlung oder Operation ablehnen würde. Häufig wird aber rasch gehandelt werden müssen, und dann wäre m. E. wiederum der Arzt einer Anklage nicht ausgesetzt, wenn nach den derzeit bekannten Regeln der Wissenschaft die Operation durchaus angezeigt und richtig ausgeführt würde. Freilich darf der Arzt den Patienten nicht wider Willen des gesetzlichen Vertreters in Behandlung behalten.[127]) Beläßt aber der gesetzliche Vertreter den Patienten in solcher Behandlung, so könnte unter Umständen auch zur Befreiung von Verantwortlichkeit geltend gemacht werden, daß der Arzt annehmen durfte, der gesetzliche Vertreter würde, wenn er die Verschlimmerung des Zustandes des Patienten wahrgenommen hätte, doch seine Genehmigung erteilt haben.[128])

Nur die wirkliche Zustimmung kann aber die Operation da rechtfertigen, wo es sich um Beseitigung eines geringfügigen, erträglichen Übels handelt, und eine gefährliche Operation kann in solchem Falle durch Zustimmung oder Verlangen eines gesetzlichen Vertreters allein nicht gedeckt werden. Wem es unerträglich scheint, ein geringfügiges Übel

---

[127]) Nach *Zitelmann* S. 113 soll der Arzt sogar gegen den Vater Notwehr üben dürfen; m. E. aber doch nur, wenn der Vater gewaltsam in eine bereits begonnene Operation zum Schaden des Kindes eingreifen oder Gewalt anwenden würde, um das Kind aus dem Hospital unter Umständen zu holen, unter denen die Entfernung eine unmittelbare Lebensgefahr für das Kind bedeuten würde. — *Zitelmanns* einfach auf das recht unbestimmte Prinzip der Rechtfertigung durch die guten Sitten gestützte Ausführungen gelangen überhaupt mehrfach zu bedenklichen Satzen. So soll man — etwa auch gegen den Willen des Eigentümers? — ohne weiteres einen fremden durch einen Unglücksfall verstümmelten Hund erschießen dürfen (obwohl über die Tragweite oder teilweise Heilbarkeit man sich doch wesentlich irren könnte), und ebenso soll es erlaubt sein, einem fremden Kinde eine verdiente Züchtigung zu erteilen.

[128]) Hier könnte man in der Tat die Analogie des § 679 des BGB. geltend machen, demzufolge bei Vorhandensein einer gesetzlichen Pflicht des Geschäftsherrn dessen widerstreitender Wille den Anspruch des Geschäftsführers nicht ausschließt.

zeitlebens zu ertragen, mag einer gewagten Operation sich unterwerfen, die ihn von jenem Übel befreien soll. Aber dem gesetzlichen Vertreter ist solche Befugnis nicht zuzugestehen, und selbst der hinzukommende Wunsch eines der Volljährigkeit näherstehenden Pflegebefohlenen würde bei üblem Ausgang der Operation den Arzt hier nicht immer von Verantwortlichkeit befreien. Es kommt, wenn z. B. Vater und Sohn die Operation wünschen, auf gewissenhafte Abwägung der zu erreichenden Vorteile und andererseits der Wahrscheinlichkeit unschädlichen Gelingens der Operation an.

Das Gesagte dürfte in erhöhtem Maße auch von Beseitigung bloßer Schönheitsfehler durch Operationen gelten. Aber die Entfernung von Schönheitsfehlern durch operative Eingriffe gänzlich mit *Zitelmann* (S. 89) für unzulässig, für „ein frevelhaftes Spiel" zu erklären, ist durch nichts zu begründen; kann an der Entfernung eines stark entstellenden Schönheitsfehlers doch das Lebensglück, z. B. die Möglichkeit hängen, einen bestimmten Beruf mit Erfolg zu ergreifen.[129])

Für die Erfordernisse der Einwilligung müssen im übrigen die oben dargelegten Sätze gelten.[129a]) Die Operation braucht selbstverständlich nicht in den Einzelheiten dem Patienten vorher beschrieben zu werden; aber der Patient oder gesetzliche Vertreter wird darüber jedenfalls unterrichtet werden müssen,[129b]) ob bei der Operation es um eine Amputation oder Wegnahme innerer Organe und Einfluß dieser Wegnahme auf das Leben oder um hohe Lebensgefahr sich handelt, oder ob Narkose notwendig ist.

Befreiung eines Totkranken von schmerzlichsten Leiden durch sanft tötende Mittel auf Verlangen des Leidenden, sog.

---

[129]) Vgl. meinen Aufsatz S. 101, den *Zitelmann* überhaupt nicht gekannt oder nicht beachtet hat. In einer neuen Arbeit (S. 7, 9) hat *Zitelmann* ohne Beschränkung auch Schönheitsfehler als Objekte straffreier ärztlicher Operationen genannt.

[129a]) Das Verlangen und die Einwilligung, daß der Arzt A. die Operation vornehme, ist aber nicht immer Einwilligung dazu, daß auch der Arzt B. das gleiche tue. Wer sich in die Klinik eines berühmten Chirurgen begibt, um von diesem operiert zu werden, hat damit noch nicht darein gewilligt, sich von einem ihm völlig unbekannten Assistenzarzte in Abwesenheit jenes Chirurgen operieren zu lassen. Vgl. auch RG. E. **25** S. 383.

[129b]) Vgl. insbesondere die Festrede *Königs*, eines unserer ersten Chirurgen, S. 1a über das Erfordernis der Einwilligung des Patienten bei in der Narkose auszuführenden Amputationen.

Euthanasie, ist nicht Heilbehandlung, ist vielmehr Tötung auf Verlangen.

Tötung eines noch nicht geborenen Kindes durch Perforation, Abtreibung oder andere Mittel, um das Leben der Mutter zu retten oder sie vor Siechtum zu bewahren, ist nach der Seite der Mutter Heilbehandlung, nach der Seite des Kindes zu angesehen Vernichtung eines werdenden Lebens, um im Notstande einer anderen Person zu helfen. Die Erörterung wird daher besser in der Lehre vom Notstande vorgenommen (vgl. unten § 126).

§ 41. In meiner früheren Arbeit habe ich die Ansicht ausgesprochen, es sei nicht anzuraten, über die Voraussetzungen der Erlaubtheit ärztlicher Eingriffe besondere gesetzliche Bestimmungen aufzustellen. Es ist entgegnet worden, daß dafür von mir keine Gründe angegeben seien; es seien vielmehr solche Bestimmungen bei der Divergenz der Meinungen über die ärztliche Verantwortlichkeit durchaus notwendig. Die Gründe meiner Ansicht glaubte ich aber in den von mir gegebenen Ausführungen schon erblicken zu sollen. Über den einfachen Fall, daß ein vollkommen verfügungsfähiger Patient sich mit Vornahme der Operation einverstanden erklärt hat, besteht kein Zweifel. Über die komplizierten Fälle aber sachlich zutreffende und ausreichende genaue gesetzliche Vorschriften aufzustellen, dürfte schwierig sein und jedenfalls, wenn die von mir gegebenen Ausführungen richtig sind, zu einer bedenklichen Kasuistik führen. Die Ärzte, von denen jetzt wohl viele hoffen, dadurch für alle Fälle über die Erlaubtheit der Operation und die Grenzen der Verantwortlichkeit ohne weiteres Klarheit zu erhalten, könnten bei Erfüllung ihres Wunsches eine bittere Enttäuschung erfahren, da bei dem Urteilen nach einem Gesetz der wörtliche Ausdruck den Richter oft hindert, den tatsächlich vorhandenen besonderen Umständen gerecht zu werden, oder doch leicht eine Entscheidung lediglich nach den Buchstaben des Gesetzes veranlaßt. Die mir bekannt gewordenen Versuche [130]) gesetzlicher Formulierung haben auch bis jetzt wenig Zustimmung

[130]) Man vergleiche z. B. die Kritik, welche die von verschiedenen Ärztekammern gemachten Vorschläge durch *Brückmann* (S. 712ff.) und wiederum die *Brückmann*schen Vorschläge (S. 704) durch Graf *Dohna* (S. 108) erfahren haben.

gefunden,[131]) und in ausländischen neueren Gesetzgebungsarbeiten habe ich auch Bestimmungen nur über Tötung oder Abtreibung des noch nicht geborenen Kindes zur Rettung der Mutter gefunden, ein Fall, der, wie bemerkt, eine wesentlich andere juristische Konstruktion erfordert. Daß ohne weiteres schon durch die Buchstaben des Gesetzes alle möglichen Fälle entschieden werden sollten, ist eine Forderung, deren Erfüllung zwar von den Ärzten gewünscht werden mag, aber leider durch irgendwelche Gesetzgebungskunst nicht zu erreichen ist. Es könnte bei gesetzgeberischem Vorgehen vielleicht der alte Spruch sich verwirklichen „Vom Regen in die Traufe", und doch läßt sich jetzt, was approbierte, gewissenhafte und kundige Ärzte betrifft, eigentlich nur von einem in der Vorstellung existierenden Regen reden.

§ 42. Nur in einem gewissen tatsächlichen Zusammenhange mit den vorstehend behandelten Fragen steht, sofern man nicht allgemein das Quälen von Tieren für strafbar

---

[131]) Ich kann auch die von *Zitelmann* in dessen späterer Arbeit S. 29, 30 vorgeschlagenen Bestimmungen nicht für völlig zutreffend erachten, obwohl sie von den mir bekannten bei weitem die besten scheinen. *Zitelmann* befürwortet, was schon bedenklich sein dürfte — da der Regel nach die Aufstellung neuer Delikte zu vermeiden ist, wenn mit den vorhandenen Deliktsbegriffen auszukommen ist — die Aufstellung eines besonderen Deliktes der eigenmächtigen (d. h. ohne Zustimmung des Behandelten oder seines gesetzlichen Vertreters oder dem wirklichen oder mutmaßlichen Willen dieser Person nicht entsprechenden) ärztlichen Behandlung. Aber der wirkliche und der mutmaßliche Wille decken nicht völlig die Fälle, in denen der Arzt gegen den Willen eines offenbar unvernunftig widerstrebenden gesetzlichen Vertreters handelt und gleichwohl zweifellos eine Verbesserung der Gesundheit des Behandelten herbeifuhrt, z. B. die Hand des behandelten Kindes mittels Amputation eines Fingers rettet. Das neue Delikt soll sodann mit fahrlässiger Körperverletzung ideell konkurrieren und auch fahrlässige ärztliche Eigenmacht strafbar sein. Wahrend nach den allgemeinen über den Irrtum geltenden Grundsätzen der Arzt straffrei ist, der irrigerweise Zustimmung des Behandelten angenommen, aber im übrigen ein durchaus richtiges Verfahren beobachtet hat, würde er nach *Zitelmanns* Vorschlag gleichwohl straffallig sein können. Die Annahme der Möglichkeit ideeller Konkurrenz von ärztlicher Eigenmacht und fahrlässiger Körperverletzung kann ferner zu juristischen Schwierigkeiten Anlaß geben und den an sich richtigen Vorschlag, falls ein Delikt ärztlicher Eigenmacht aufgestellt werden soll, die Bestrafung dieses Delikts von einem Strafantrage abhängen zu lassen, in vielen Fällen wirkungslos machen. Mit der Aufstellung des Erfordernisses des Strafantrags nähert sich *Zitelmann* auch der von mir oben vertretenen Wirksamkeit nachtraglicher Genehmigung. Falls nicht eine grobe Fahrlassigkeit vorliegen wird, möchte ubrigens ohne Antrag des Behandelten ein Staatsanwalt schwerlich gegen einen approbierten Arzt vorgehen. — Sehr richtig ist aber *Zitelmann* den Vorschlagen verschiedener Ärztekammern nicht beigetreten, welche dem approbierten Arzte eine privilegierte rechtliche Stellung geben wollen.

erklärt, die Frage, unter welchen Voraussetzungen Vivisektionen erlaubt sind oder erlaubt sein sollten. Nach dem gegenwärtigen StGB. § 316 Nr. 13 könnten sie, da das Delikt der Tierquälerei, abgesehen von anderen Voraussetzungen, ein boshaftes Quälen oder rohes Mißhandeln eines Tieres erfordert, jedenfalls nur dann bestraft werden, wenn der wissenschaftliche Zweck nur ein Vorwand einer jener beiden im StGB. bezeichneten Handlungen wäre.[132])

[132]) Die in anderen Ländern jetzt bestehenden besonderen Vorschriften (vgl. darüber *v. Hippel*: Die Tierquälerei in der Gesetzgebung des In- und Auslandes 1891 S. 48—103, 136) dürften kaum empfehlenswert sein. Ein Berufsrecht, wie *H. v. Meyer* § 38 Anm. 46 will, anscheinend auch *Liszt* § 35 III, sollte um so weniger daraus gemacht werden, als die Vivisektion von unzulässiger Tierquälerei sich nur durch einen nach wissenschaftlichen Ermessen möglicherweise zu erreichenden wissenschaftlichem Forschungszweck oder einen sonst nicht leicht zu erreichenden Zweck wissenschaftlicher Didaktik unterscheidet. Für wissenschaftliche Didaktik läßt sich nun ein Monopol denken; die wissenschaftliche Forschung dagegen muß frei sein und wird in gewissem Umfange auch die Freiheit der Didaktik praktisch mit sich bringen. Es genügen richtige Bestimmungen über Tierquälerei. Wer ohne irgendwelches wissenschaftliche Verständnis auf gut Glück an lebenden Tieren quälende Versuche vornimmt, verübt einfach Tierquälerei. Weshalb aber z. B. ein höchst bedeutender Autodidakt das Recht der Vivisektion nicht haben soll, während es ein — der Fall ist doch denkbar — unfähiger Universitätsdozent haben würde, der durch unnötige, aber auffallende Experimente Zuhörer heranziehen will, läßt sich schlechterdings nicht einsehen. *v. Hippel* (S. 136) will ein Berufsrecht der Vivisektion, sofern sie von wissenschaftlich gebildeten Männern zu ernsten wissenschaftlichen Zwecken ausgeübt wird. Aber diese Formulierung enthält gerade ein Berufsrecht nicht, da der Begriff der wissenschaftlichen Bildung auf den Begriff der Sachkunde oder des Verständnisses hinausläuft.

D. Recht und Pflicht zur Handlung.

van Calker, Das Recht des Militars zum administrativen Waffengebrauch 1886; *Delius*, Über das Recht der Vollzugsbeamten und des Militärs zum administrativen Waffengebrauch, Arch. f. öffentliches Recht **11** S. 84—146 (1896); *Rissom*, Notwehr und Waffengebrauch des Militärs 1906.

Das Züchtigungsrecht betreffend: *Freudenstein*, Das Erziehungsstrafrecht in Haus und Schule 1882 (Blätter für populäre Rechtswissenschaft **1** Lieferung 6); *Seitz*, Magazin für das deutsche Recht der Gegenwart **8** (1888) S. 211—302; *Finger*, Das Züchtigungsrecht und dessen Mißbrauch, Wien 1888 (Separatabdruck aus den österreichischen Juristischen Blättern); *Kessler*, GS. **41** S. 161—191 (1889); *Stenglein*, GS. **42** S. 1—34; *Hubrich*, GS. **46** S. 161—236; *Havenstein*, GArch. **51** S. 241—259. Graf *Dohna* S. 80—94.

Über Selbsthilfe: *Lauterbach*, Zeitschr. f. Schweizer Strafrecht **1** S. 97—111, **2** S. 153—213; *Bücking*, Über die strafrechtliche Bedeutung der Selbsthilfe, Göttinger Dissertation 1892; *Kuhlenbeck*, Das Recht der Selbsthilfe, 2. Aufl. 1907.

Über die Bedeutung des Befehls: *Brauer*, GS. 1856 Bd. 1 S. 381—391; *Freund*, Archiv für öffentliches Recht 108—145 S. 355—424 1885; *van Calker*, Die strafrechtliche Verantwortlichkeit für auf Befehl begangene Handlungen; *Delius* siehe oben; *Girginoff*, Der bindende Befehl im Strafrecht, Leipziger Dissertation 1904; *Kröll*, Die Bedeutung des Befehls nach Militarstrafrecht, Breslauer Dissertation 1904.

§ 43. Besonderes Recht und selbstverständlich noch mehr besondere Pflicht müssen die in anderen Fällen strafbare Handlung zu einer erlaubten machen. »*Juris enim executio non habet injuriam.*« [133]) Dieser Satz ist selbstverständlich. Der Beamte, der kraft seiner Amtspflicht einen zur Freiheitsstrafe Verurteilten in Haft hält oder nimmt, begeht keine Freiheitsberaubung usw.; wenn das Gesetz dem Jagdberechtigten unter gewissen Voraussetzungen erlaubt, Hunde, die sich im Jagdrevier herumtreiben, zu töten, so begeht der Berechtigte, von diesem Rechte Gebrauch machend, keine Sachbeschädigung usw., ebenso begeht, wer von erlaubter Selbsthilfe Gebrauch macht, nicht das Delikt der Nötigung. Die allgemeinen Normen des Strafrechts geben hier Rechtsnormen nach, die anderen Rechtsgebieten angehören. So oft also auch Fälle, in denen die Rechtfertigung einer Handlung durch ein besonderes Recht in Frage steht — die Pflicht ist immer auch ein Recht —, die Strafjustiz beschäftigen, so

---

[133]) L. 13 § 1 D. 47_2 10.

gehört doch die Frage, unter welchen Voraussetzungen das Militär, die Polizeimannschaft usw. von der Waffe Gebrauch machen darf oder soll, im einzelnen — abgesehen von den für alle Menschen, also auch für Militär und Polizeibeamte geltenden Rechtfertigungsgründen, insbesondere von der Notwehr — nicht in das Strafrecht, sondern in das Militärrecht, in das Dienstrecht des Beamten, und da im Deutschen Reiche so viele und bedeutende Rechtsnormen dem Landesrechte [134]) angehören, so kann um so weniger hier das allgemeine Reichsstrafrecht den passenden Rahmen für ausreichende Erörterungen abgeben, und nicht wundern darf man sich, daß etwa eine Handlung mit genau den gleichen tatsächlichen Merkmalen hier als erlaubte und dort als strafbare gelten muß, daß also die Rechtseinheit auf dem Gebiete des Strafrechts, auch abgesehen von dem der Landesstrafgesetzgebung belassenen Spielraum, keineswegs eine überaus vollständige ist.[134a]) Allein das Strafrecht hat allerdings die allgemeinen Grundsätze festzustellen, die den Gebrauch eines besonderen Rechts bedingen. Das Strafrecht gibt nach, insoweit ein besonderes Recht, eine besondere Pflicht anderweit gegeben ist; aber es behauptet seine Herrschaft, insoweit ein besonderes Recht nicht gegeben ist, und dahin gehört auch der Fall, daß ein solches Recht nicht gegeben werden kann. Diese letztere Frage gehört in die allgemeine Strafrechtslehre, und mit ihr haben wir uns daher zu beschäftigen. Sie greift zugleich ein in die Frage der Grenzbestimmung zwischen Reichs- und Landesstrafrecht. Die Aufgabe der allgemeinen Strafrechtstheorie ist also gewissermaßen hier negativen Inhalts. Dabei ist aber gleich anfangs zu bemerken, daß bloße Dienstinstruktionen, abgesehen von ausdrücklicher dazu gegebener

---

[134]) Das RG. hat mit Recht das Landesrecht ohne weiteres für das Züchtigungsrecht der Lehrer als entscheidend angesehen (vgl. z. B. III E. **16** Nr. 7 S. 35), wie das Amtsrecht von Landesbeamten selbstverständlich nur nach Landesrecht beurteilt werden kann. Die dagegen von Graf *Dohna* (S. 84) erhobene Polemik halte ich nicht für zutreffend. Es gibt aber kein schrankenloses Amtsrecht und da, wo der Begriff der Körperverletzung nicht mehr durch den Begriff der Züchtigung gedeckt werden kann, beginnt die Herrschaft des Reichsstrafrechts, welches über die Körperverletzung bestimmt.

[134a]) Daher dürfte ein allgemeines Reichsgesetz über den Waffengebrauch auch der Polizeimannschaften einschließlich der Gendarmerie und ebenso des Militärs als äußerst wünschenswert zu bezeichnen sein.

gesetzlicher Ermächtigung, gesetzlich genau bestimmte Beamten beigelegte Befugnisse zu ändern nicht vermögen.

§ 44. 1. Ein im öffentlichen Interesse gegebenes Recht darf nie zur Befriedigung von Privatinteressen gebraucht werden; geschieht dies nachweisbar, so ist die Handlung nicht in Ausübung des Rechtes erfolgt, sollte auch objektiv ein genügender Anlaß zur Ausübung des Rechts vorhanden gewesen sein. Ein Beamter, der freilich objektiv nach seinem Ermessen jemanden zu verhaften berechtigt wäre,[135]) aber dies nur tut,[136]) um sich persönlich an dem Verhafteten zu rächen, macht einer strafbaren Freiheitsberaubung sich schuldig; ebenso ein Lehrer, der einen Schüler deshalb züchtigt, weil der Vater des Schülers ihn beleidigt oder über ihn Beschwerde geführt hat, sollte auch ein Anlaß zur Züchtigung vorhanden gewesen sein. Bei einem nur im Privatinteresse des Berechtigten bestehenden Rechte dagegen kann es nicht auf die Absicht ankommen, gerade das Recht auszuüben. Wer öffentliche Befugnisse ausübt, vereinigt in sich zwei verschiedene Rechtssphären, die eine gebührt ihm nur als einem Organe der Staatsgewalt, und beide müssen in ihrer Ausübung auseinandergehalten werden; anders bei privatrechtlichen Befugnissen, die nur im Interesse eines und desselben Berechtigten bestehen. Aber privatrechtliche Befugnisse, die im Interesse eines anderen oder doch vorzugsweise im Interesse eines anderen ausgeübt werden, z. B. Befugnisse des Vormundes, Erziehungsrechte des Vaters, erfordern wiederum jene Trennung. Eine Mutter, die ihr Kind züchtigt, um es krank oder kränker zu machen, kann sich nicht auf ihr privatrechtliches elterliches Züchtigungsrecht berufen: sie begeht eine strafbare Körperverletzung.[137])

---

[135]) Dies muß selbstverstandlich auch von dem Waffengebrauche der Gendarmen und des Militars gelten.

[136]) *Hubrich* S. 173; *Schwarze*, GS. **29** S. 694. Das wurde sich unter Umstanden nachweisen lassen; z. B. andere Schuler würden im gleichen Falle nicht gezuchtigt (RG. III 14./4. 80 E. **2** Nr. 5 S. 13). „Eine Mißhandlung (seitens des Lehrers), welche nur unter dem Vorwande dieser Ausübung des Züchtigungsrechtes erfolgt, ist widerrechtlich und fällt unter das Strafgesetz." OT. Berlin 17./4. 74 hielt die Verurteilung eines Lehrers aufrecht, der einen Knaben, der sein Schüler war, den er aber nicht als seinen Schüler erkannt hatte, auf der Straße gezüchtigt hatte. GArch. **22** S. 255.

[137]) In diesem Sinne auch *Finger*, Züchtigungsrecht S. 19.

2. Eine besondere Rechtsbefugnis schließt zwar die Strafbarkeit einer Handlung aus, welche als unumgängliche oder doch gewöhnliche Begleiterscheinung oder Folge der Ausübung der Rechtsbefugnis betrachtet werden kann. Wer das Recht hat zu züchtigen, ist nicht verantwortlich dafür, daß die Züchtigung dem Gezüchtigten einige Tage Schmerzen verursacht, wenngleich bei fehlender Berechtigung das Delikt der Körperverletzung vorliegen würde, wie auch das RG. in vielfachen Erkenntnissen ausgesprochen hat. Wer das Recht hat, jemanden zu verhaften oder festzunehmen, hat selbstverständlich das Recht, den zu Verhaftenden, Festzunehmenden anzufassen, wenn die Flucht des letzteren nicht unwahrscheinlich ist; und wenn wirklich ein gewaltsamer Fluchtversuch gemacht wird, so ist z. B., wie das RG.[138]) ausgeführt hat, „nicht jedes körperliche Mißbehagen, welches natürliche Folge des festen Anfassens oder Anpackens ist, deshalb als Körperverletzung strafbar".[139]) Aber die Rechtsbefugnis gibt nicht auch das Recht, die verletzendsten Mittel aus dem Grunde anzuwenden, daß im einzelnen Falle die Rechtsbefugnis ohne deren Anwendung ihren Zweck nicht erreichen lassen würde. Daher hat ein Polizeibeamter mit dem Recht oder der Pflicht (z. B. auf Befehl), jemanden zu verhaften, nicht auch das Recht, den Verhafteten mittels einer Verwundung unfähig zur Flucht zu machen oder auf den Fliehenden zu schießen.[140]) So erklärte auch CCC. 150

---

[138]) II 5./11.01 E. **34** Nr. 137 bes S. 446.

[139]) Der hervorgehobene Grundsatz muß aber auch gelten, wenn das Gesetz nicht etwa einem einzelnen, sondern dem allgemeinen Publikum ein besonderes Recht verleiht, das ist der Fall bei der Öffentlichkeit der Gerichtsverhandlungen. Die Bedeutung der Öffentlichkeit erschöpft sich nicht darin, daß eine jedenfalls nur kleine Anzahl von Anwesenden von den gerichtlichen Verhandlungen Kenntnis nehme. Vielmehr muß die Veröffentlichung der Verhandlungen durch die Presse gestattet sein, ohne Rucksicht darauf, ob uber strafbare Handlungen, z. B. uber Beleidigungen und selbst Majestätsbeleidigungen, berichtet wird. (Zweifellos schamlose Beschimpfungen wörtlich mitzuteilen, hat selbstverstandlich keinen zu billigenden Zweck und kann daher nicht für erlaubt gehalten werden). Vgl. uber diese Frage und uber die abweichende Praxis des RG. Bd. **1** S. 265ff. Es mag hier indes zusatzlich auch auf das französische Preßrecht hingewiesen werden. Nach dem Gesetze von 1887 können in gutem Glauben abgefaßte Berichte uber öffentliche gerichtliche Verhandlungen nicht Gegenstand einer Strafverfolgung wegen Diffamation oder Beleidigung sein. Verfolgung wegen »*Outrage aux bonnes mœurs*« ist zugelassen. *Barbier*, *Code de la presse* **1** § 424; **2** § 771.

[140]) *Delius* S. 86. Selbst nach den sehr weitgehenden Bestimmungen des preußischen (aber im ganzen Deutschen Reiche, Bayern ausgenommen, geltenden)

(Abs. 3) die Entleibung eines Fliehenden nur dann für entschuldigt, wenn letzterer „unziemlichen, freventlichen, sorglichen Widerstand tut"; schon *Gobler*[141]) nimmt erlaubte Tötung nur im Falle eines *»periculose reluctans«* an, und *Kress*[142]) (CCC. 150 § 11 n. 2) sagt, bei einfacher Flucht sei Tötung nicht erlaubt, während *Boehmer* CCC. 150 § 2 die Anwendung der Schußwaffe oder des Säbels gegen den Fliehenden und nicht mit Waffen Widerstand Leistenden ausdrücklich ausschließt.[143]) Mit Recht hat daher das Anm. 138 zitierte U. des RG. erkannt, daß jemand, der allerdings nach StPO. 127 das Recht der Festnahme auf frischer Tat gegen einen polizeiwidrig fahrenden Radfahrer hatte, deshalb doch wegen fahrlässiger Körperverletzung verantwortlich sei, weil er das gefährliche Mittel anwendete, dem Radfahrer so in den Weg zu treten, daß dieser zu Falle kam und nicht unerheblich verletzt wurde.[144]) Wenn aber das Gesetz ausnahmsweise zum Zwecke der Fluchtverhinderung Anwendung der Schußwaffe erlaubt, darf nie Tötung beabsichtigt werden, sie wird aber häufig das Ergebnis und dann meistens straflos sein. Unternimmt endlich der Verfolgte, weil ihm kein anderer Weg der Flucht mehr frei steht, einen für ihn äußerst gefähr-

---

Gesetzes über den Waffengebrauch des Militärs (vom 20./3. 37 §§ 4, 5 besteht für das Militär dieses Recht (diese Pflicht) nur, wenn ein bereits Verhafteter entflieht. Über den an besondere Voraussetzungen geknüpften Waffengebrauch der preußischen Grenzaufsichtsbeamten gegen Personen, die auf Anruf nicht anhalten, vgl. Gesetz vom 28./7. 34. Auch nach englisch-nordamerikanischem Rechte ist Tötung, falls der zu Verhaftende nicht Widerstand leistet, *»murder«*. *Wharton* **1** § 401. Anders wenn ein wegen *Felony* (oder schweren Verbrechens) bereits in Haft Befindlicher ausbricht. *Wharton* **1** § 406.

[141]) In diesem Sinne auch *Blumlacher* zu CCC. 150 n. 5.

[142]) Vgl. auch *Damhouder*, Pr. c. 15 n. 28. — Eine Ausnahme wurde wohl gemacht, wenn der Befehl erteilt war, einen Übeltäter lebend oder tot zu bringen (vgl. *Kress* a. a. O.). Aber *Boehmer* (a. a. O.) bezweifelt (unter Berufung auf *Oldekop* und *Kayser*), daß solcher Befehl gesetzlich sei. — Das toskanische GB. von 1786 art. 69 verbot ausdrücklich Verwundung oder Tötung eines zu Verhaftenden, falls letzterer nicht mit Gewalt Widerstand leistete.

[143]) Auch die italienische Jurisprudenz des Mittelalters scheint überwiegend Tötung oder Verwundung eines verfolgten Übeltäters doch nur im Falle einer wirklichen *»Resistentia«* erlaubt zu haben. Anders verhielt es sich im Falle eines *Bannitus*, falls dieser von jedermann getötet werden durfte. Auch machte man wohl eine fernere Ausnahme, wenn der von der Obrigkeit Verfolgte schon zum Tode verurteilt war. Vgl. *Aretinus*, Rubr. *»quod fama publica«* n. 54. — Nicht deutlich und nicht konsequent *Clarus* § homicid. n. 73, § fin. qu 29 n. 1.

[144]) Vgl. RG. I 13./2. 88; Rs. **10** S. 139. Wer das Recht zur Festnahme hat, darf doch den Festgenommenen nicht ohne Not fesseln oder gar an einen Baum binden.

lichen Fluchtversuch (springt er etwa aus dem Fenster oder in einen Fluß usw.) und verliert er dabei sein Leben, so sind die Verfolgenden dafür nach den Grundsätzen über den Kausalzusammenhang (vgl. Bd. 2 S. 213) nicht verantwortlich; aber anders ist es wiederum, wenn sie mit unberechtigten Mißhandlungen drohten oder gar mit letzteren schon begonnen hatten.[145])

3. Der Umstand, daß ein zu billigender Anlaß zur Ausübung der Rechtsbefugnis, z. B. eines Züchtigungsrechtes nicht vorliegt, insbesondere die objektive Unzweckmäßigkeit des Gebrauches des Rechtes [145a]) macht die Handlung noch nicht zu einer rechtswidrigen; [146]) denn im Wesen des Rechtes liegt es begründet, daß das freie Ermessen des Berechtigten insoweit zu entscheiden hat. Anders ist selbstverständlich zu entscheiden, wenn die Ausübung der Rechtsbefugnis an bestimmt bezeichnete Anlässe gebunden ist Ob es richtig ist, einem Kinde, welches z. B. wiederholt beim Schreiben oder Lesen denselben Fehler macht, deshalb eine Züchtigung zu erteilen, hat nicht der Richter, sondern der Lehrer, dem das Züchtigungsrecht zusteht, zu beurteilen.[147])

4. Dagegen kann ein zum Wohl der betreffenden Person auszuübendes Recht, das Züchtigungsrecht der Eltern, des Vormundes, des Lehrers eben dieser Zweckbeschränkung wegen nie eine Handlung rechtfertigen, welche im juristischen Sinne eine dauernde Gesundheitsschädigung (vgl. Bd. 2 S. 201) eine solche Schädigung adäquat verursacht [147a]) oder dieselbe gar beabsichtigt. Man muß aber auch bei anderen Disziplinarstrafen,

---

[145]) Vgl. das interessante Urteil des preußischen OT. 8./6. 60; GArch. 8 S. 780 und Bd. 2 S. 214 Anm. 70.

[145a]) Vgl. indes unten über die Befugnisse der Beamten.

[146]) Der Mangel eines genügenden Anlasses kann aber ein Indizium dafür sein, daß eine in Ausübung des Rechtes vorgenommene Handlung gar nicht vorliegt, daß der Lehrer z. B. ein Kind aus Haß gegen den Vater züchtigte, der Gendarm jemanden verhaftete, weil er (erlaubterweise) Wahlzettel für eine der Regierung opponierende Partei verteilte.

[147]) Vgl. insbesondere RG. I 24. 11. 81 E. 5 Nr. 63 bes. S. 198.

[147a]) Das italienische StGB. hat im Art. 390 eine besondere Bestimmung über den Mißbrauch des Züchtigungsrechtes, durch welchen die Gesundheit der Person geschädigt oder gefährdet wird. Als Nebenstrafe kann hier nach Art. 392 der Verlust der väterlichen Gewalt. die Absetzung des Vormundes, der seine Gewalt mißbraucht hat, die Unfähigkeit, irgend eine vormundschaftliche Gewalt auszuüben, ausgesprochen werden. Bei schwereren Folgen der übermäßigen Züchtigung kommen (nach *Crivellari-Suman* 7 S. 1063) die allgemeinen Bestimmungen über schwere Körperverletzungen zur Anwendung.

insoweit sie nicht unmittelbar gesetzlich gegeben sind, das gleiche behaupten; nach der entgegengesetzten Ansicht würde man, während das öffentliche Strafrecht Strafen mißbilligt, welche die Gesundheit geradezu schädigen, solche in einem untergeordneten Strafrechte als zulässig anerkennen.

5. Wer eine innerhalb der Rechtsbefugnis liegende Handlung vornimmt, ist andererseits, weil die Handlung nicht rechtswidrig ist, in Ansehung zufälliger (im nur natürlichen Sinne verursachter) Folgen nicht verantwortlich,[148]) wenngleich, wie z. B. nach StGB. 226, sonst der widerrechtlichen Handlung auch nur zufällige (im natürlichen Sinne verursachte) Folgen zugerechnet werden. Aber wirkliche Fahrlässigkeit begründet wieder Verantwortlichkeit nach dem allgemeinen Strafrechte; insoweit hat das Landesrecht auch gegenüber dem Reichsrechte keine Bedeutung.[148a])

Eine Züchtigung, die bei einem gesunden Kinde gerechtfertigt sein würde, kann angewendet auf ein schwächliches Kind zur strafbaren Körperverletzung werden.[149])

6. Daß nur „wissentliche" Überschreitung einer Rechtsbefugnis Strafbarkeit wegen vorsätzlichen Deliktes (bei Überschreitung des Züchtigungsrechts) begründe, ist die vom RG. angenommene und herrschende, aber ungerechtfertigte und für die allgemeine Rechtsordnung höchst gefährliche Meinung.[150]) Warum sollte hier gerade der Rechtsirrtum eine strafausschließende Wirkung haben? Gerade bei Ausübung eines besonderen Rechtes scheint es, daß der Ausübende seine

---

[148]) *Schwarze*, GS. **29** S. 608. — So werden geringfügige Körperverletzungen z. B. kleine Quetschungen bei erlaubter Gewaltanwendung, z. B. bei Ausübung des sog. Hausrechts — haufig sich nicht vermeiden lassen (vgl. Preußisches OT. 16./4. 78; GArch. **26** S. 331), ebenso bei Verhaftungen, wenn der zu Verhaftende auch nur passiven Widerstand leistet.

[148a]) Sofern eine wirkliche, wenn auch nur Verantwortlichkeit wegen Fahrlässigkeit begrundende Überschreitung einer landesgesetzlichen Rechtsbefugnis vorliegt, ist jede landesgesetzliche Vorschrift, welche für solche Falle (z. B. wenn nicht erhebliche Gesundheitsverletzung vorliegt) nur disziplinare Ahndung vorschreibt und die strafrechtliche Ahndung ausschließt, nach dem Verhältnis von Reichsrecht und Landesrecht jetzt ungultig. Vgl. RG. III 14./4. 80 E. **2** Nr. 5 bes. S. 12; II 18./12. 83 E. **9** Nr. 97 S. 303.

[149]) D. h. wenn der Zuchtigende den mangelhaften Gesundheitszustand der Kinder kannte oder dieser Zustand von ihm fahrlässigerweise nicht erkannt wurde. Vgl. das Anm. 147 zitierte U. des RG. bes. S. 199.

[150]) So *Olshausen* 223 11 b u. 13; *Binding*, Handb. **1** S. 798 Anm. 25; *Hubrich* S 177 RG. I. 29./9. 81 E. **5** Nr. 39 bes. S. 132, II. 16./4. 89 E **19** Nr. 38 S. 136.

Befugnis auch besonders genau zu prüfen habe.[151]) Dagegen wird allerdings die irrtümliche Annahme, daß man Inhaber einer besonderen Rechtsbefugnis sei, dem Bd. **2** S. 307 Dargelegten zufolge die Strafbarkeit ausschließen,[151a]) z. B. jemand nimmt irrigerweise an, es sei ihm von dem Vater eines Kindes das Züchtigungsrecht übertragen. Aber der Irrtum darüber, ob jedermann ein (m. E. nicht anzuerkennendes) Züchtigungsrecht gegen ungebührlich sich betragende Kinder, welche z. B. soeben Sachbeschädigungen, Entwendungen vorgenommen haben, zustehe, ist nichts anderes als ein Irrtum über die Existenz dieser Befugnisse selbst, daher nicht zu beachten.[152]) Wird das „bewußte" oder „wissentliche

[151]) Anders RG. I. 15./1. 00 E. **33** Nr. 24 bes. S. 74. Dasselbe legt — obschon die Anordnungen vorgesetzter Behorden die Zuchtigungsbefugnisse des Lehrers nach Ansicht des RG. mit Wirksamkeit auch fur die Frage, der strafbaren Körperverletzung, beschranken — dem Irrtum hier strafausschließende Wirksamkeit bei, weil es sich nicht um direkte Vorschriften des Strafrechts handle. Der (als Religionslehrer hier in Betracht kommende) katholische Pfarrer hatte die Kinder mit einer „Latte", wie das Urteil erster Instanz sagte „unter Anwendung eines gefahrlichen Werkzeuges" gezüchtigt. Nach Ansicht des RG. soll ein Irrtum, ob dies erlaubt sei, entschuldigen können. Auch das in *Stengleins* Zeitschr. **4** S. 152 mitgeteilte U. des württemberg. KH. vom 7./10. 74 verlangt wissentliche Übertretung.

[151a]) So der Irrtum jemandes, der nur aushilfsweise ohne höhere Genehmigung las Vertreter eines Lehrers fungierte, er sei öffentlicher Lehrer. Vgl. OT. Berlin 5./7. 66 GArch. **14** S. 849. — Das von *Binding*, Lehrb. **1** S. 45 Anm. in doppelter Hinsicht als bedenklich bezeichnete Urteil des RG. E. **33** N. 13 S. 32 stellt die beiden im Texte als verschieden bezeichnete Falle einander gleich, da es sich auf die Entscheidung E. **4** S. 98 beruft. Es ist übrigens auch bedenklich, insofern es in dem fraglichen Falle die Gültigkeit einer Übertragung des Erziehungsrechts aus m. E. nicht zureichenden Gründen verneint.

[152]) Vgl. RG. III. 9./4. E. **4** Nr. 36 S. 98. (Der Angeklagte hatte sich fur berechtigt gehalten, einen 13 jährigen Knaben, der ihm Ähren gestohlen hatte, zu züchtigen.) Auch *Hubrich* S. 179. Ein solches Züchtigungsrecht gegen fremde Kinder, wie es *Sachsensp.* II 65 § 2 anerkannte, wird h. z. T. nicht mehr anzunehmen sein, zumal die Ansichten uber Züchtigung von Kindern gegenwartig sehr verschieden sind, und eine bei einem Kinde gut wirkende Züchtigung bei einem anderen sehr schlechte Wirkung haben kann (so auch Bayr. KH. 5./2. 76; *Stengleins* Zeitschr. **6** S. 284). Anders *Binding*, Handb. **1** S. 800, und *Zitelmann*, Arch. f ZPr. 99 S. 110 auf Grund seiner Theorie der *Negetiorum gestio*; *Binding* auf Grund des allgemeinen Interesses, daß unser Gemeinleben nicht geschadigt werde durch die Unflätigkeit der unerzogenen Jugend, und weil es sonst überhaupt oft an einer Zuchtigungsinstanz fehlen wurde. Der letztere Grund trifft wohl nicht zu, soweit die unerzogene Jugend die Volksschule besucht. Aber nicht alles, was einem Erwachsenen gegenüber Beleidigung ist, ist deshalb auch einem Kinde gegenüber unerlaubt. Ein Schlag, der einem Kinde zugefugt wird, kann deshalb erlaubt sein, weil er — abgesehen von Notwehr — das Kind selbst oder andere Kinder vor Schaden zu bewahren geeignet ist, z. B. ein Kutscher gibt einem von mehreren Kindern, die sich selbst gefahrdend vor einem Wagen den Fahrweg mutwillig laufend überschreiten, einen Peitschenhieb. Aber auch einen anderweitigen Schaden wird man durch eine auf der Stelle vorgenommene Züchtigung abwenden können (so das zitierte bayerische Urteil). Aus diesem Grunde ist man allerdings

Handeln" freilich auf gewisse Wirkungen bezogen, welche hervorzubringen dem Berechtigten (insbesondere Züchtigungsberechtigten) untersagt sind, so handelt es sich um einen tatsächlichen Irrtum, und dann ist die entgegengesetzte Entscheidung richtig. Gibt das Gesetz einem bestimmten Beamten bestimmte Befugnisse,[153]) so können diese durch Anordnungen vorgesetzter Behörden allerdings mit strafrechtlicher Wirksamkeit nicht beschränkt werden. Es steht aber anders, insofern es sich um diskretionäre, auf dem Herkommen beruhende Befugnisse oder um die Frage handelt, ob gewisse Mittel zur Erreichung eines amtlichen Zweckes angewendet werden dürfen, während das Gesetz über diese Mittel nichts sagt. Hier wird vernünftiges Ermessen die Grenzen zu bezeichnen haben; aber in gewissem Umfange — nur nicht so weit, daß die Ausübung des Rechts tatsächlich völlig aufgehoben wird — kann die vorgesetzte Dienstbehörde die Ausübung beschränken;[153a]) denn das Recht steht hier dem Staate, nicht dem einzelnen Beamten zu, und soweit nicht das Gesetz entgegensteht, hat die Verwaltung das Recht der Beschränkung der ihr untergeordneten Staatsorgane;[154])

---

gegen unerzogene, rüpelhafte und boshafte Kinder und halberwachsene Personen nicht ganz so wehrlos, wie *Kulemann*, Zeitschr. **11** S. 341 meint. Die gesetzliche Statuierung des von *K.* gewünschten als *Negotiorum gestio* eines idealen Vaters auszuübenden Züchtigungsrechtes könnte schlimme Konsequenzen haben, abgesehen von der Rechtsunsicherheit, die aus dem zu weiten richterlichen Ermessen entspringen würde.

[153]) Z. B. die durch ZPO. bestimmten Befugnisse der Gerichtsvollzieher, durch die StPO. bestimmten Befugnisse der Polizeibeamten bei Erforschung strafbarer Handlungen können m. E. durch Ministerial-Verordnung nicht beschränkt werden. Dagegen besagt die StPO. z. B. nichts über Fesselung von Personen, die zwangsweise transportiert werden. Hier können Anordnungen des Ministers eingreifen, und zwar auch mit der Wirkung, daß Verletzungen solcher Anordnungen als Mißhandlungen usw. strafbar werden.

[153a]) Zur Unterstützung dieser Ansicht laßt sich auch geltend machen, daß eine hohere Behörde ein unbestimmtes oder nur durch ältere Administrativverordnungen geregeltes herkömmliches Recht besser beurteilen und den gegenwärtigen Kulturverhältnissen richtiger anpassen wird, als ein einzelner Untergebener, und von diesem Gesichtspunkte aus wird man der Oberbehörde zwar nicht die Befugnis zugestehen, das Recht des Untergebenen gegenüber dem Publikum — hier den Schülern — zu erweitern, wohl aber es zu beschranken, gleichsam authentisch beschränkend zu interpretieren (wenn auch nicht es vollständig aufzuheben), falls — wie beim Lehrer der Volksschule der Fall ist — ein gewisses Züchtigungsrecht nach dem Herkommen als Recht der Lehrer und nicht der Oberbehörde zu betrachten ist.

[154]) Auf dem hervorgehobenen Gegensatze beruht die Differenz zwischen der Grundauffassung des RG. (vgl. z. B. II. 29./3. 87 E. **15** Nr. 117 S. 375, I. 29./11. 89 E. **20** Nr. 30 S. 94, I. 24./5. 97 E. **30** Nr. 40 bes. S. 198 und andererseits *Seitz*

sie kann dies Recht freilich auch in der Weise beschränken, daß die Beschränkung lediglich disziplinare Bedeutung habe, die Überschreitung also für den Strafrichter nicht vorhanden ist und nur disziplinare Ahndung zur Folge haben soll. Erstere Beschränkung gilt aber nur für die Organe als solche; die Befugnisse der Notwehr, welche dem Beamten als Menschen zustehen, kann keine vorgesetzte Behörde durch Dienstinstruktionen beschränken.

7. Die Frage, ob das Recht übertragen werden kann, ist von der Natur dieses Rechts, bzw. von dem für das Recht maßgebenden Gesetze abhängig. Das elterliche und vormundschaftliche Züchtigungsrecht kann übertragen werden, z. B. auf Privatlehrer.[155]) Auf präsumtive Übertragung aber wird sich jemand nur auf Grund eines besonderen Rechtsverhältnisses berufen können (z. B. auf Grund der Annahme als Privatlehrer, wenn dem zu dem betreffenden Zwecke angenommenen Privatlehrer herkömmlich das fragliche Züchtigungsrecht zugestanden wird). Ein präsumtives Züchtigungsrecht ohne solche besondere Grundlage würde gleichbedeutend sein mit der Anerkennung eines dem Publikum zustehenden allgemeinen Züchtigungsrechtes gegen fremde Kinder (vgl. oben Anm. 52).

S. 288 ff., *Kessler* GS. S. 61 und neuerdings Gr. *Dohna* S. 86. Das RG. betrachtet bei dem Mangel ausreichend bestimmter Vorschriften die Anordnungen der vorgesetzten Behörde über Zulässigkeit (Voraussetzungen) und Maß des Züchtigungsrechtes öffentlicher Schullehrer als Umgrenzungen dieses Rechtes, deren Überschreitung, bzw. Verletzung die Züchtigung als Körperverletzung erscheinen läßt. *Kessler* mißt solchen Vorschriften nur disziplinare Bedeutung bei. Da die gesetzlichen Vorschriften zu unbestimmter Art zu sein pflegen, oder aber, aus früherer Zeit stammend, Maßstäbe anlegen, welche h. z. T. nicht mehr recht verständlich sind oder die mannigfachsten Anwendungen zulassen würden, wird man der Ansicht des RG. (Verteidigung derselben gegen *Kesslers* wenig maßvolle Angriffe durch *Stenglein* GS. **42** S. 1) beitreten mussen. Für diese mittlere, allerdings bei ungenauer Fassung der Anordnungen der Aufsichtsbehörden zu Zweifeln Anlaß gebende Ansicht: *H. Meyer* § 38 Anm. 35; *Frank* § 223 II; *Olshausen* § 223 Anm. 10 b und das in diesem Sinne ergangene Urteil des RG. III. 3./6. 89 E. **19** Nr. 78 S. 365. — *Havenstein* betrachtet die häusliche und von einem dazu berechtigten Lehrer vorgenommene Züchtigung wegen des damit verbundenen Zweckes, der Erziehung — dem Wohle dem Gezüchtigten zu dienen — überhaupt nicht als Körperverletzung, ebenso wie die ärztliche Operation als solche nicht zu gelten habe. Aber die ärztliche Operation setzt Zustimmung — wirkliche oder präsumtive des Operierten oder seines gesetzlichen Vertreters — voraus, und diese ist, wenn das Kind eine öffentliche Schule zu besuchen gezwungen wird, keineswegs ohne weiteres anzunehmen. Anzeigen wegen widerrechtlich vorgenommener Operationen kommen selten, dagegen Beschwerden und Anzeigen wegen Überschreitung des Züchtigungsrechtes häufig vor.

[155]) Ein öffentlicher Lehrer, der Privatunterricht erteilt, kann bei diesem Unterricht nur ein übertragenes Züchtigungsrecht in Anspruch nehmen.

§ 45. Die einem Beamten zustehende Befugnis kann, abgesehen von besonderer Ermächtigung, nicht übertragen werden. Darf der Beamte zu seiner Unterstützung gegen Widerstand Personen aus dem Publikum heranziehen, so haben diese z. B. bei Festnahme anderer Personen nur die Rechtsbefugnisse von Privatpersonen, nicht etwa das dem Beamten selbst zustehende Recht des Waffengebrauchs,[155a]) wenngleich ihr Recht zum Festhalten sich nach dem Rechte des Beamten bemißt (vgl. StGB. 127 Abs. 2 und Abs. 1). Es kann aber auch vorkommen, daß die Befugnisse eines nur zur Hilfe herangezogenen Organs der Staatsgewalt keineswegs die Befugnisse des requirierenden Beamten (der requirierenden Behörde), sondern weiter gehende, insoweit von dem requirierenden Organe unabhängige,[156]) zuweilen aber engere Befugnisse sind. Aber die Befugnisse des Militärs sind bei Einschreiten auf Ersuchen einer Zivilbehörde, abgesehen von einer gestatteten Nacheile, auf den territorialen Bezirk der ersuchenden Behörde beschränkt.[157]) In dieser Hinsicht muß stets das Recht des Übertragenden maßgebend sein. Kann ausnahmsweise das Recht eines Beamten auch in einem anderen Rechtsgebiete (z. B. in einem anderen Bundesstaate) gebraucht werden, so ist es auch an die im letzteren Staate geltenden Voraussetzungen und Beschränkungen gebunden.[158])

§ 46. Für die Voraussetzungen des Selbsthülferechts ist das bürgerliche Recht[158a]) maßgebend. So hat das RG. hier früher die Bestimmungen des preußischen allgemeinen Landrechts (auch des französischen Rechts) für anwendbar erachtet, und wenn jetzt BGB. 229 die Selbsthilfe, insoweit sie erlaubt, ausdrücklich für nicht widerrechtlich erklärt, so liegt darin auch, daß insoweit von einer strafbaren Handlung nicht die Rede sein kann.[159]) Für die Selbsthülfe ist aber auch, sofern

---

[155a]) *Delius* S. 91.

[156]) So nach dem erwähnten preußischen Gesetze, wenn das Militär requiriert wird.

[157]) *Delius* S. 135.

[158]) *Delius* S. 93. Das gilt aber auch von privatrechtlichen Züchtigungsrechten. Vgl. *Bar*, Theorie und Praxis d. internationalen Privatrechts **1** S. 532.

[158a]) Vgl. *Gierke*, Deutsches Privatrecht **1** (1895) S. 39; *Enneccerus*, Das bürgerliche Recht (2. Aufl. 1901) **1** S. 145.

[159]) II. 24./6. 87 E. **16** Nr 41 bes. S. 153, I. 30./11. 99 E. **32** Nr. 124 bes. S. 392.

nicht die Forst-, Jagd-, Fischerei- und Feldpolizeigesetze in Betracht kommen,[160]) jetzt ausschließlich das BGB. maßgebend.[161] Indes dürften die allgemeinen Vorschriften des BGB.[162]) für manche Fälle nicht ausreichen. Das ältere Recht hatte hier oft zwar lückenhafte, aber zweckmäßige, greifbare und analoger Anwendung fähige Bestimmungen. Besonders wird nicht selten mit Recht auch darauf Gewicht gelegt, daß man z. B., um nur belästigende oder gefährdende Tiere eines anderen berechtigterweise zu töten, den Eigentümer zuvor um Abhilfe ersucht haben müsse.[163]) Dann aber wird das Tötungsrecht zuweilen auf fremdem Grund und Boden gegen manche Tiere ohne weiteres gegeben. Jetzt weiß man meist nicht, wie man gegenüber solchen oft äußerst störenden, unter Umständen gefährlichen Dingen und gegen rücksichtslose Nachbarn sich zu verhalten habe. Es würde zweckmäßig sein, da hier auch lokale Verhältnisse stark in Betracht kommen, der Landesgesetzgebung, und damit nach Maßgabe dieser auch dem Polizeirecht einzelner Bezirke und Ortschaften, Freiheit in Ansehung solcher Bestimmungen zu

---

[160]) Diese Gesetze wird man auch in betreff der darin vorkommenden Bestimmungen über Selbsthilfe noch für maßgebend erachten müssen. Über Aufrechterhaltung des in Landesgesetzen gegebenen Pfandungsrechtes vgl. EG. z. BGB. Art. 89 und dazu RG. IV. 15./2. 02 E. **84** Nr. 45 bes. S. 156.

[161]) Vgl. auch *Planck*, Kommentar zu § 229 Anm. 2.

[162]) Man kann nicht behaupten, daß die Bestimmungen des BGB. durchaus sachgemäß seien. Während z. B. der Besitzer einer Sache nach § 859 Abs. 4 sogar das Recht der Selbsthilfe gegen einen ihm gegenüber fehlerhaften Besitzer hat, darf der Eigentümer eines vermieteten Raumes gegen einen Mieter, dessen Mietzeit unzweifelhaft abgelaufen ist, und der nicht das geringste Recht mehr an dem gemieteten Raume beanspruchen kann, auch vielleicht sich nur auf seinen Eigenwillen beruft, nicht einmal sein Eigentum ohne gerichtliche Hilfe soweit geltend machen, daß er dem Mieter Fenster und Turen aushängt, um ihn damit zum Abzuge zu veranlassen. (Freilich hat schon früher RG. III. 6./6. 89 E. **19** Nr. 86 S. 299 in einem dem Gebiete des gemeinen Rechts angehörenden Falle entschieden, daß der Vermieter die bezeichneten Handlungen nicht vornehmen durfe, weil unberechtigtes Verbleiben des Mieters kein „Angriff" sei. Dann wäre es aber auch kein Angriff, wenn am Abend ein völlig Unberechtigter sich in mein Schlafzimmer setzt und auf Aufforderung sich nicht entfernt. Dann wäre das sog. Hausrecht auch oft durch Notwehr nicht zu schützen. Genau betrachtet lag hier (vgl. unten Anm. 144) ein Fall wirklicher Notwehr vor. So auch *Ahsbahs*, Grundlinien des Notwehrrechts S. 51.) Jetzt nach dem neuen Besitzrecht des BGB. soll hier die Richtigkeit des bezeichneten Urteils im Ergebnisse nicht bestritten werden. Die auf einer stark sinnlichen Theorie beruhenden und doch — wie es nicht anders sein kann — inkonsequenten Bestimmungen des BGB. über den Besitz können gelegentlich auch strafrechtlich verhängnisvoll werden.

[163]) Vgl. z. B. *Statuta Taurini* in den italienischen *Monumenta patriae Legg. munic.* **1** col. 726. „*De gallinis occidendis in alienis curtibus sine poena.*"

geben, welche den Schutz von Grundstücken oder den Schutz von Personen und Tieren bezwecken. Pfändung und strenge Schadenersatzhaftung reichen hier nicht immer aus. Pfändung läßt sich oft nicht ausführen, und Schadenersatz ist in vielen Fällen tatsächlich nicht zu erlangen, zuweilen auch ein schlechter Trost bei persönlichen Belästigungen und Gefährdungen oder Zerstörung von Sachen, denen man Affektionswert beilegt.

§ 47. Eine Anzahl der früheren deutschen Strafgesetzbücher[164]) hatte nach dem Vorgang des preußischen Allgemeinen Landrechts § 157 besondere Bestimmungen über strafbare unerlaubte Selbsthilfe. Der Tatbestand dieses ein Produkt des überspannten Polizeistaates darstellenden Deliktes war aber, wie es nicht anders sein konnte — abgesehen von einzelnen etwa besonders hervorgehobenen Fällen — ein völlig unbestimmter.[164a]) Denn an und für sich kann ein allgemeines staatliches Verbot, daß jemand, um sein Recht zu wahren oder zu erhalten, selbst oder eigenmächtig tätig werde, unmöglich bestehen[164b]) und wenn gesagt wird, Selbsthilfe sei unerlaubt, so kann dies nur bedeuten, daß der Regel nach eine an sich verbotene Handlung z. B. Nötigung nicht dadurch zu einer erlaubten wird, daß dabei der Zweck eigenmächtiger Rechtsverfol-

---

[164]) Vgl. GB. für Bayern von 1813 Art. 420. „Wer mit Umgehung richterlicher Hilfe, außer den im Gesetze angenommenen Fällen, eigenmächtig seine wirklichen oder vermeintlichen Rechte gegen andere geltend macht....“ Württemberg 200, Thüringen 195, Sachsen 247. — Ein mehr bestimmter Tatbestand ist durch das Erfordernis der Gewaltanwendung aufgestellt in den Gesetzbüchern für Braunschweig 118, Hessen 167, Nassau 165. — Österreich 83 gehört nicht hierher, da richtig nur gesagt ist, daß bei den bezeichneten deliktischen Handlungen die Absicht ein angesprochenes Recht durchzusetzen kein Strafausschließungsgrund sein soll. — Eine Strafbestimmung über Selbsthilfe kannte Hannover nicht. Sie existiert auch nicht im *Code pénal*, wohl aber in den Gesetzbüchern einiger Schweizer Kantone (vgl. *Lauterburg*, Schweizer. Zeitschr. **2** S. 181 ff.) und im italienischen StGB. Art. 235, das aber zur Strafbarkeit der Handlung Gewaltgebrauch gegen Sachen fordert (Gewaltgebrauch gegen Personen ausgezeichneter Fall des Delikts). Im Schweizer Vorentwurf ist eine Bestimmung über Selbsthilfe nicht enthalten, vgl. über den (anscheinend einstimmig gefaßten) Beschluß der Expertenkommission, Verhandlungen dieser Kommission **2** S. 761. Im preußischen StGB. wie im bayerischen StGB. wurde die Bestimmung fortgelassen.

[164a]) Vgl. über die Verhandlungen betreffend die Entwürfe für das preußische StGB. *Goltdammer*, Materialien **1** S. 149. Sie findet sich ebenfalls nicht in unserem gegenwärtigen StGB. Gegen solche Bestimmung *Mittermaier* zu *Feuerbachs* Lehrb. § 186 Anm. V, auch *Bücking* S. 36.

[164b]) Es wäre danach auch strafbar eine Kompensation von Forderungen, die man gegen den Willen eines anderen, also eigenmächtig durchsetzen würde.

gung obwaltet. Möglich ist, daß bei einzelnen Delikten dieser Zweck den zum Tatbestande des Deliktes erforderlichen besonderen Dolus ausschließt, eine Frage, die nur im speziellen Teile des Strafrechts bei Erörterung einzelner Delikte beantwortet werden kann (z. B. die Frage, ob die Absicht der Rechtsverfolgung den Diebstahls-Dolus ausschließt). Aber eine allgemeine Strafbestimmung über Selbsthilfe kann auch den Sinn haben, eine größere Anzahl anderer Deliktsbegriffe zu beschränken, z. B. die Diebstahlsstrafe, die Strafe wegen Erpressung auszuschließen, wenn die Absicht des Handelnden dahin ging, sich wegen einer Forderung bezahlt zu machen.[164c]) In dieser negativen, beschränkenden Bedeutung könnte wohl eine Strafbestimmung empfohlen werden, etwa in folgender Fassung:

„Eine in der Absicht einen wirklichen oder nicht unbegründet scheinenden Rechtsanspruch zu sichern oder durchzusetzen unternommene Handlung, durch welche zufolge anderer gesetzlicher Bestimmungen eine strengere Strafe verwirkt sein würde, kann (nach richterlichem Ermessen) als verbotene Selbsthilfe mit Geldstrafe bis 150 Mark geahndet[165]) werden oder auch straffrei bleiben, wenn sie weder in der Anwendung von Gewalt gegen Personen besteht noch mit einer zu erheblichen Sachbeschädigung verbunden ist.[165a]) Das gleiche gilt von einer Handlung, welche von jemandem vorgenommen wird in der Absicht, sich aus nicht absichtlich herbeigeführter peinlicher, aber als wirklicher persönlicher Notstand nicht zu betrachtender körperlicher Lage zu befreien, sofern für die damit verbundene Sachbeschädigung Schadenersatz geleistet wird oder die Sachbeschädigung nicht unverhältnismäßig ist.[165b])"

[164c]) Vgl. *Wendt* in *Iherings* Jahrbüchern **21** S. 57, der sich hier auf *Puchta* beruft.

[165]) Vgl. bayerisches GB. von 1813 Art. 211, eine Bestimmung, die, so wie sie abgefaßt war, freilich als uberflussig bezeichnet werden muß.

[165a]) Man denke z. B. an den von einem Gerichte als Unterschlagung bestraften Fall, daß ein Inhaber eines Ladengeschäfts ein ihm zum Herausgeben auf einen Betrag übergebenes Zwanzigmarkstuck widerrechtlich einbehalt, um sich für einen zweifellos ihm geschuldeten Betrag des Gebers bezahlt zu machen. Bei richtiger Auffassung des Delikts der Unterschlagung bedürfte es freilich der bezeichneten Vorschrift in diesem Falle nicht.

[165b]) Z. B. jemand, der nachts bei schlechtem Wetter in die gemietete Wohnung zurückkehren will, hat den Hausschlussel vergessen, pocht vergebens um

Handlungen auf Befehl.

§ 48. Insoweit das Recht einen Befehl nicht mit der Bedeutung ausgestattet hat, daß derjenige gehorchen soll, an den der Befehl gerichtet, ist der Befehl nur ein Motiv für die von dem Befehlenden gewollte Handlung des Befehlsempfängers. Ist diese Handlung strafbar, so finden auf Befehl und Befehlsausführung die Grundsätze von der Anstiftung Anwendung, möglicherweise auch von der mittelbaren Täterschaft, wenn zwar der Befehlende, nicht aber der Ausführende den tatsächlichen Vorgang,[166]) den er bewirken sollte, richtig erfaßte. Dagegen muß das Recht, wenn es nicht mit sich selbst in Widerspruch geraten will, den Gehorchenden dann als straffrei betrachten, wenn es ihn zum Gehorsam verpflichtet: »*Ejus vero nulla culpa est, cui parere necesse sit*«.[166a])

Hat der Befehlende ein wirkliches Recht so zu handeln, wie er dem zum Gehorsam Verpflichteten aufgetragen hat, so ist klar, daß der Gehorchende nicht verantwortlich sein kann; es kann nur der Schein einer Rechtswidrigkeit vorhanden sein; ein wirkliches Recht kann auch durch einen anderen ausgeübt werden, es müßte denn diese Art von Ausübung besonders ausgeschlossen sein, und dies gerade trifft nicht zu, falls eine Gehorsamspflicht besteht. Die Frage, inwiefern ein Befehl als solcher entschuldigt, kann daher genau betrachtet nur aufgeworfen werden, wenn der Inhalt des Befehls eine Rechtswidrigkeit darstellt, und auf diesen Fall hat man daher die erwähnten Aussprüche der Pandekten bezogen; sie scheinen auch bei anderer Auslegung allzu selbstverständlich.

Einlaß zu erlangen und zertrümmert schließlich ein Fenster, durch welches er in den Hausflur einsteigt. Oder jemand hat spät abends einen Brief einwerfend, seine Hand zu tief in einen Briefkasten gesteckt und kann sie nun nicht wieder herausziehen. Vorübergehende Personen helfen ihm unter Beschädigung oder Zertrümmerung des Briefkastens die Hand herauszuziehen; die Briefe befördern sie in den nächsten Postbriefkasten. Oder jemand kann seinen Fuß aus einem automatischen Schuhputzapparat nicht wieder herausziehen. Es gelingt, ihm den Apparat zu zertrümmern und sich so zu befreien. Diese nach StGB. strafbaren Falle würden freilich straffrei sein, wenn die strafbare Sachbeschadigung StGB. 302 z. B. im Sinne des Art. 336 des hannoverschen CGB. beschränkt würde.

[166]) Möglicherweise könnte ein Befehl von schweren Drohungen für den Fall der Nichtausführung begleitet und dann der Gehorchende wegen Notstandes (vgl. unten die Lehre vom Notstande) straffrei sein.

[166a]) L. 169 pr. D. de RJ. — L. pr. eod. »*qui jussu judicis aliquid facit, non videtur dolo malo facere, qui parere necesse habet.*«

Das Recht kann nun zur Anerkennung des Satzes, daß auch ein inhaltlich rechtswidriger Befehl zum Gehorsam verpflichtet und die Gehorchenden deshalb verantwortungsfrei macht, durch die Rücksicht auf privatrechtliche Gewaltverhältnisse gelangen. Einerseits können diese als so wichtig erscheinen, daß irgend welcher Ungehorsam des Gewaltuntergebenen gegen den Gewaltinhaber als ein schweres Übel angesehen wird, und andererseits kommt in Betracht, daß der Untergebene tatsächlich meist irgend welchen Widerstand gegen den Befehlenden nicht leisten kann; er würde sich im Falle des Ungehorsams in einem Notstande befinden, da der Gewaltinhaber die schärfsten Gewaltmittel unbeschränkt anwenden darf. Dann ergibt sich als allgemeiner Rechtssatz, daß der Gewaltinhaber allein, der Gehorchende, in seiner Gewalt Befindliche für das auf Befehl begangene Verbrechen gar nicht verantwortlich ist, ein Rechtssatz, den wir im älteren deutschen Rechte für das Verhältnis der Unfreien (des Knechtes) zum Herrn in den sog. Volksrechten[167]) ausgesprochen finden, der aber je mehr die Autorität der Staatsgewalt erstarkt, um so weniger mit dieser verträglich ist, so daß er allmählich verschwindet und jedenfalls für diejenigen Fälle Anwendung nicht mehr erleidet, in denen angenommen wird, der Gewaltuntergebene müsse die Gesetzwidrigkeit, der immerhin tatsächlich in gewissem Umfange unleugbaren Autorität des Gewaltinhabers ungeachtet, einsehen. Zu diesem Punkte der Entwicklung ist das römische Recht,[168]) wie wir es kennen, bereits gelangt: nur bei geringfügigen Delikten wird der Sklave entschuldigt, wenn er auf Befehl des Herrn handelt. Bei Hauskindern ist schon nach römischem Rechte solche Bedeutung eines vom Inhaber der väterlichen

---

[167]) Lex Frisionum I, 14; Lex Saxonum XI. § 1. »*Quidquid servus vel litus jubente domino perpetraverit, dominus emendet.*« Edictum Rothari c. 2. *Wilda*, Strafrecht der Germanen S. 633. Nach dem englisch-nordamerikanischen Commonlaw wird bei Verbrechen, die, wie die englische Jurisprudenz sagt, nicht »*mala in se*«, nicht schon nach natürlichem Recht verboten sind, präsumiert, daß eine in Gegenwart ihres Mannes ein Delikt begehende Ehefrau unter dem Zwange des Mannes handle und daher straflos sei. Aber die Präsumtion kann als solche widerlegt werden und kommt jetzt nur wenig zu praktischer Wirksamkeit. In New York ist sie durch das Gesetzbuch von 1882 abgeschafft. Vg. *Archbold-Craies*; *Stephenson* S. 31. 32 und *Wharton* 1 S. 78. 79.

[168]) L. 4. L 157, D. 50, 17; *Rein*, Römisches Strafrecht S 191. 192; *Mommsen* S. 77. 78.

Gewalt erteilten Befehls nicht wohl anzunehmen,[168a]) geschweige nach heutigem Rechte. Aber bei jugendlichen Personen könnte der Befehl als Verführung die Zurechnung ausschließen,[168b]) wenngleich solche dem Rechtsgefühle unter Umständen zweifellos erscheinende Straffreiheit mit der (rationellen) Anforderungen nicht entsprechenden Fassung des § 56 unseres StGB. nur vermittelst recht freier Interpretation vereinbar sein mag.

Nicht völlig unzweifelhaft ist es aber, trotz der oben erwähnten allgemein lautenden Aussprüche, ob die römische Staatsgewalt unbedingten Gehorsam der Amtsuntergebenen gegen den Vorgesetzten fordert. Die Tendenz ging wohl dahin. [168c]) Aber der unbedingte Gehorsam in dieser Ausdehnung konnte in der Kaiserzeit, aus der die erwähnten Quellenansprüche herrühren, der Gewalt des Kaisers selbst gefährlich werden. Ein Feldherr konnte bei völlig unbedingtem Gehorsam die Soldaten gegen den Kaiser selbst benutzen, und wenn die Kaiser unbedingten Gehorsam gegen ihre Befehle forderten,[169]) so war auch hier dieser Gehorsam wohl mehr nur Tatsache, als daß er auf anerkanntem Rechtssatze beruhte, und diejenigen, welche auf Befehl eines Kaisers Mordtaten verübt hatten, waren wohl nicht immer vor Verantwortlichkeit geschützt, wenn der Befehlsgeber nicht mehr herrschte.[169a]) Gewiß aber betrachteten die Kaiser selbst den unbedingten Gehorsam gegen ihre Befehle als unzweifelhaft geltendes Recht, und dies wird den deutschen Königen, welche bald die römische *Lex majestatis* für sich geltend machten, genügt haben, um auch für ihre Befehle unbedingten und jed-

---

[168a]) Nach L. 1 und L. 11 § 4 D. 3, 2 wird der Haussohn, der auf Befehl seines Vaters eine Witwe vor Ablauf der Trauerzeit heiratet, mit der sonst dieser Handlung drohenden Infamie verschont. Ich glaube nicht, daß man aus diesem besonderen Falle den allgemeinen Schluß ziehen darf, es seien Haussöhne in demselben Maße entschuldigt gewesen wie Sklaven (Anders freilich *Rein* S. 192 und *Mommsen* S. 78.) Die Infamie ist keine Strafe im eigentlichen Sinne, und in dem erwähnten Falle handelt es sich um eine Angelegenheit, in welcher die Autorität des Familienhauptes ganz besonders sich geltend machen mußte.

[168b]) In diesem Sinne *Hélie* 1 n. 380.

[168c]) Vgl. Auctor ad Herennium II. 15.

[169]) Quintilian, Inst. orat. III. 6, 78. »*Hominem occidi jussus ab imperatore.*«

[169a]) Darauf deutet auch die Gleichstellung des kaiserlichen Befehls mit wirklichen durch Naturereignisse herbeigeführten Notständen hin (»*Deserui tempestatibus, fluminibus, valetudine impeditus*«). Quintilian a. a. O.

wede Tat[170]) rechtfertigenden Gehorsam zu verlangen.[171]) Es kam dann gleichwohl auf die tatsächliche Macht an; denn ein Recht, welches immerhin der Theorie nach den Kaiser unzweifelhaft für begangene Rechtswidrigkeiten einem Gerichte unterwarf,[172]) konnte schwerlich den unbedingten Gehorsam gegen kaiserliche Gebote als Rechtssatz aufstellen.[173]) Und wenn die Kirche lehrte, man müsse Gott mehr gehorchen als den Menschen,[174]) eine Lehre, die in ihrer praktischen Anwendung vielfach den deutschen Kaisern gefährlich geworden ist, so konnte um so weniger von unbedingt bindender Kraft kaiserlicher Befehle die Rede sein.

Die italienische Jurisprudenz des XVI. Jahrhunderts sodann war weit entfernt, unbedingten Gehorsam gegenüber dem Superior oder selbst dem Princeps anzuerkennen: bei schweren Straftaten (*in gravioribus*) wurde dem Befehle nur strafmildernde Bedeutung zugeschrieben, bei leichteren Delikten allerdings strafbefreiende. Man hielt sich also wesentlich an die Grundsätze, welche sich aus römischen Quellen über gehorchende Sklaven ergeben. Es war daher keineswegs auffallend, daß die deutsche Jurisprudenz[175]) ebenfalls von einer strafbefreienden Kraft des Befehles prinzipiell nichts wußte, zumal auch *Pufendorf* die bindende Kraft eines Befehls ablehnte, der das *Jus naturale ac divinum* verletze. Diesen allgemeinen für den einzelnen Fall

[170]) Tötung auf Befehl des Herzogs (Lex Bajuw. II, 8), des Königs (Ed. Rothar. c. 2) ist verantwortungsfrei. Es erscheint aber zweifelhaft, ob diesen Satzen allgemeine oder selbst nur in dem Gebiet der Bawaren und Longobarden unbestrittene Geltung zukam.

[171]) *Waitz*, Deutsche Verfassungsgeschichte 2. Aufl. 8 S. 308 ff.

[172]) Sächs. Landr. Art. 52 § 3.

[173]) Den königlichen Befehlen kam zwar weite, jedoch nicht unbeschränkte Geltung zu. *Waitz* a. a. O. S. 316 und 2 S. 271.

[174]) Causa 11 qu. 3 c. 93. — Causa 23 qu. 5 c. 13 spricht nicht von einem ungesetzlichen Befehle. Es wird nur gesagt, daß der Soldat, der (im Kriege) auf Befehl seiner Vorgesetzten töte, das Verbrechen der Totung nicht begehe. *Kroll* S. 7.

[175]) Die Ansicht, daß nur den Befehlen des Princeps unbedingt entschuldigende Kraft zukomme, liegt aber dem Codex Max Bavaricus I § 32 und der Theresiana I Art. 11 § 8 zugrunde, wo die mehr entschuldigende Kraft des Befehls abhängig gemacht wird von der mehr oder minder hohen Stellung des Befehlenden. In den Anmerkungen „über den Codicem Iuris Bavar. Crim., von einem unbekannten Autore. München, Curf. Hof- und Landschaftsbuchdruckerei 1752" wird zu tit. 2 c. 8 sogar gesagt, daß wer „auf Königlichen oder Herzoglichen Befehl jemand entleibe, deswegen nicht gestraft werden solle, welches auch *quoad forum externum* keinen Anstand leidet." „Man müsse aber, sagt der Kommentator ferner ‚*de voluntate Principis* gesichert sein' und ‚sich schriftliche Ordre geben lassen".

vieldeutigen Satz verwandelte sodann die mehr praktische deutsche Wissenschaft des XVII. und namentlich des XVIII. Jahrhunderts, indem sie sich jetzt speziell mit der Gehorsamspflicht und der Verantwortlichkeit des Beamten beschäftigte, in den weit mehr praktischen, daß dem Befehle verbindliche Kraft nicht zukomme, wenn er offenbar gesetzwidrig [177]) sei — bei zweifelhafter Gesetzwidrigkeit sei Gehorsam allerdings Pflicht — während das preußische Landrecht I 20 § 69, den Satz der italienischen Jurisprudenz über die Befehle *in gravioribus* allgemein anwendend, bestimmte, daß durch Befehle die Strafbarkeit des Täters zwar gemindert, nicht aber ausgeschlossen (erlassen) werde.

§ 49. Erst zu Anfang des XIX. Jahrhunderts führte — vielleicht unter dem Einflusse der vom Reichsrechte völlig befreiten soeben erlangten Souveränität der deutschen Staaten — die überspannte Idee der Notwendigkeit völlig einheitlicher und straffer Leitung des Staates *Gönner* [178]) zur Annahme unbedingter Gehorsamspflicht des Beamten, der nur das Recht haben soll, einen Befehl einstweilen unbefolgt zu lassen und dagegen bei dem Befehlenden zu „remonstrieren" bei erfolgloser Remonstration (Wiederholung des Befehls) aber auch den völlig gesetzwidrigen Befehl auszuführen hat. Die Schwäche dieser Remonstrationstheorie liegt auf der Hand. Sie

[177]) *Stryk*, *De jure epistalmatis* bes. c. 3 n. 19 (Dissertationes Halenses T. XII Diss. 23 Francofurti a. M. 1741, das. n. 39 (gegen *Hobbes*' Lehre des absoluten Gehorsams) *Leyser*, Med. VIII Sp. 534 erklärt sich ebenfalls gegen den unbedingten Gehorsam; nur solle der Untergebene keine »*scrupulosa investigatio*« anstellen. Vgl. auch *Stryk*, *De praesumtione pro magistratu* Diss. 7 in dem genannten Dissertationenbande. Weitere Nachweisungen bei *Freund* S. 118, 119.

[178]) Der Staatsdienst aus den Gesichtspunkten des Rechtes betrachtet 1808 S. 204. 210. Indes beschränkt auch *Gönner* den Gehorsam auf Dienstsachen: Befehle, die mit dem Zwecke des Dienstes nichts zu tun haben und mit der Rechtlichkeit unvereinbar sind, braucht der Untergebene nicht zu befolgen. *G. Meyer*, Lehrb. d. deutschen Staatsrechts § 146 behauptet, eine Kollision zwischen Gehorsamspflicht und Beobachtung der Gesetze habe zur Zeit der absoluten Monarchie nicht vorkommen können. Aber auch die absolute Monarchie war nicht gesetzlos; es brauchte sich auch keineswegs immer um Befehle des Monarchen selbst zu handeln, und außerdem war nicht jede Verordnung des Landesherrn im ehemaligen Deutschen Reiche rechtsverbindlich; die Reichsgerichte konnten wegen Mißbrauch der Landeshoheit einschreiten. Die Erörterungen der Juristen — man braucht nur die zitierte Dissertation von *Stryk* zu lesen — aus dem XVIII. Jahrhundert beweisen das Gegenteil der Ansicht *G. Meyers*. Richtiger und eingehender hat die Frage schon früher *Zachariä*, Deutsches Staats- und Bundesrecht 2 § 137 III behandelt.

versagt bei Befehlen, die eilige Erledigung fordern oder der Natur der Sache nach Eile heischen; sie ist meist ungeeignet etwas zu bessern, wenn der Befehlende sehr wohl weiß, daß er Ungesetzliches befiehlt, und schließlich wird der Beamte doch wieder verpflichtet den ungesetzlichen Befehl auszuführen und dann verantwortungsfrei. Sie paßt für eine Instruktion an die Beamten, namentlich für Fälle, wo der höhere Beamte Tatsachen nicht so genau kennt, wie der untere; aber sie ist ungeeignet für eine juristische Lösung, um so mehr als die Remonstration ja sehr verschiedenen Inhalts sein kann: soll man eine inhaltlose Remonstration für genügend halten, oder muß der Untergebene den Vorgesetzten gründlich zu belehren suchen?[179])

In die Strafgesetzbücher wurde die Remonstrationstheorie jedoch keineswegs aufgenommen. Sie findet sich nur in Verfassungsurkunden; sie galt also nur für Verfassungsverletzungen, die nicht als gemeine Verbrechen in Betracht kommen konnten. Für andere strafbare Handlungen galt sie etwa nur insofern, als sie nebenher dem untergebenen Beamten die Verpflichtung zur Remonstration auferlegte, einerseits wohl um unbegründeten Ungehorsam zu vermeiden, andererseits aber um den befehlenden Beamten vor nicht beabsichtigter Gesetzwidrigkeit zu bewahren.[180]) So war im braunschweigischen CGB. § 251 den höheren Beamten die Pflicht zur Remonstration nur nebenher auferlegt, wenn sie sich auf die ihnen durch diesen Paragraphen gewährte Straffreiheit auf Grund eines Befehles berufen wollten.

Ein zuerst im bayerischen GB. 122 Abs. 2 vorkommender und darauf in die Mehrzahl der Gesetzbücher übernommener Satz[181]) befreite den Gehorchenden vielmehr nur, wenn „die befohlene Handlung als Mißbrauch, Überschreitung oder Verletzung der Amtspflichten straffällig" war.[182])

---

179) Vgl. gegen die Remonstrationstheorie namentlich *Zachariä*, Deutsches Staats- und Bundesrecht a. a. O., und *Laband*, Das Staatsrecht des Deutschen Reiches.

180) Vgl. die Zusammenstellung bei *Zacharia* a. a. O. Anm.

181) Württemberg 403, Braunschweig 251, Hannover 85, Hessen 40.

182) Selbstverständlich ist übrigens auch nach dieser Vorschrift, daß der Untergebene dann vermöge des erhaltenen Befehls nicht straffrei wird, wenn das Gesetz bei bestimmten Handlungen ihm selbst die Beobachtung einer besonderen Amtspflicht auferlegt hat, so z. B. dem gerichtlichen im übrigen dem Richter untergebenen Protokollführer die Amtspflicht, nur der Wahrheit entsprechende Proto-

Aber zu verkennen ist nicht, daß gegenüber der im XVIII. Jahrhundert herrschenden Theorie eine wesentliche Verschlechterung vorliegt, mindestens eine große Undeutlichkeit, welche in den nicht völlig schreienden Fällen leicht zur Ausführung gesetzwidriger Befehle Anlaß geben konnte. Denn der befehlende Beamte, der eine gesetzwidrige Handlung begehen will, wird diese dem Untergebenen gegenüber gewiß nicht als Verbrechen oder Vergehen bezeichnen; er wird sie als erlaubte oder gebotene Diensthandlung befehlen, oder wenn er im Irrtum sich befindet, selbst als solche ansehen. Die rechtswidrige Handlung erscheint also dem Untergebenen, abgesehen von solchen Handlungen, die nie in das Gewand einer Diensthandlung sich kleiden lassen (wie z. B. Unzuchtsdelikte), praktisch fast immer als Diensthandlung, daher das mittels derselben begangene Delikt, z. B. Freiheitsberaubung, Hausfriedensbruch, Körperverletzung als Mißbrauch oder Überschreitung der Amtsgewalt, und doch liegt in dem Mißbrauch, in der Überschreitung der Amtsgewalt, wie das RG. auch die Überschreitung des Züchtigungsrechtes in ständiger Praxis ausgesprochen hat, stets das gemeine oder das nicht nur disziplinarisch strafbare Amtsdelikt. Die bezeichneten gesetzlichen Vorschriften führten also nur irre, und vorzuziehen war es, wenn andere Gesetzbücher über die von Verantwortung befreiende Kraft des Befehls nichts sagten, so z. B. das badische,[182a]) das nassauische, das österreichische. Bei den Beratungen über die Entwürfe des preußischen StGB. gelangte man aber schließlich deshalb zur Weglassung jeder ausdrücklichen Bestimmung, weil es sich um staatsrechtliche Rechtssätze handle, während man allerdings eine sehr weitgehende Gehorsamspflicht und dieser entsprechend eine weitgehende Verantwortungsfreiheit des in Dienstverhältnissen Gehorchenden annahm.[183]) Das bayerische GB. von 1861 behielt aber, abgesehen von einem in Wahrheit überflüssigen Zusatze

---

kolle zu schreiben. Vgl. schon die offiziellen Anmerkungen zum bayerischen GB. von 1813 und den beschrankenden Zusatz in Art. 71 Abs. 1 (am Ende) des bayerischen GB. von 1861 (über letzteren Zusatz *Hocheder*, Kommentar S. 348).

[182a]) Hier ist § 152, 2 der Befehl nur als Strafminderungsgrund aufgeführt.

[183]) *Goltdammer*, Materialien 1 S. 375 ff., 2 S. 711. Bei Übertretungen hatte man eine Zeitlang durch besondere Vorschrift dem Befehle unbedingt bindende Kraft, dem amtlich Gehorchenden unbedingte Straffreiheit zusichern wollen.

(vgl. Anm. 182) die Vorschrift des Gesetzbuches von 1813, während das sächsische StGB. von 1855 Art. 94, sich wieder mehr der Ansicht der deutschen Jurisprudenz des XVIII. Jahrhunderts anschließend, dem Gehorchenden Straffreiheit nur gewährte, „sofern der Vorgesetzte an und für sich zu der Anordnung dieser Handlung berechtigt war und die Gesetzwidrigkeit des Befehls nicht sofort in das Auge fiel".

§ 50. In dem gegenwärtigen deutschen StGB. findet sich keine Bestimmung. Dagegen bestimmt der Code pénal Art. 327 scharf »*Il n'y a ni crime ni délit, lorsque l'homicide, les blessures et les coups étaient ordonnés par la loi et commandés par la loi*«, eine Vorschrift, die, lediglich nach dem Wortlaute und der Stellung im Gesetzbuch aufgefaßt, zwar nur auf Tötung, Körperverletzung und Mißhandlung sich bezieht (also auf praktisch besonders wichtige Fälle), jedoch von der französischen Wissenschaft und Praxis auf alle auf amtlichen Befehl vorgenommenen Handlungen erstreckt [184]) und in dem Sinne ausgelegt wird, daß prinzipiell nur der dem Gesetze entsprechende Befehl (*commandé par la loi*) den Gehorchenden von Strafe befreit, daß aber wegen entschuldbaren Irrtums der Untergebene dann verantwortungsfrei ist, wenn er im Zweifel den Befehl des Vorgesetzten für gesetzmäßig hält, und der Fall einen Zweifel zuläßt — also in Wahrheit Sanktionierung der hier wie in manchen anderen Fragen zutreffenden und praktischen deutschen Jurisprudenz des XVIII. Jahrhunderts.

§ 51. In der Tat ist diese Lösung des Konfliktes auf der einen Seite Herrschaft des Gesetzes, auf der anderen Erreichung bestimmter Zwecke, welche nur durch gesicherte Ausführung oder unter gesicherter Mitwirkung anderer Personen — der Untergebenen — genügend erreicht werden können, die möglichst

---

[184]) Vgl. *Ortolan*, **1** n. 466 ff. Art. 114 des *Code pénal* scheint freilich dem gehorchenden Amtsuntergebenen nur die Prufung der Zuständigkeit (Ressort) des Vorgesetzten aufzuerlegen. Aber die Worte »*pour des objets* . ., *sur lesquels* . . *était dû obéissance hiérarchique*« beweisen, daß die Prüfung sich auch auf Weiteres zu erstrecken hat: es würde sonst einfach lauten »*pour des objets du ressort de ceux-ci*«. *Hélie* 2 bemerkt auch: »*On ne doit voir dans cette espèce*« (Art. 114) *nulle dérogation aux règles qui ont été poséer dans notre chapitre* 14.; *Haus* **1** n 605 ff.; *Beltjens* zu Art. 70 des Code belge n. 7. Ausdrücklich als allgemeines Prinzip aufgestellt im Code pénal belge art.70 auch für Übertretungen: »*Il n'y a pas d'infraction lorsque le fait était ordonné par la loi et commandé par l'autorité*«.

beste. Es kann die Absicht der Rechtsordnung sogar bei Anordnung unbedingten Gehorsams nicht sein, irgend einem Organe der Staatsgewalt und selbst dem Staatsoberhaupte allezeit bereite Mittel zu gewähren, die Rechtsordnung selbst, das Gesetz, zu verletzen. Die *Ratio legis* ist vielmehr nur, die Ausführung gesetzlicher Verfügungen möglichst zu sichern, und aus diesem Grunde nimmt man in der Voraussetzung, daß präsumtiv der Höhergestellte nur Gesetzliches befehlen werde, es in den Kauf, daß auch einmal ein ungesetzlicher Befehl ergehen kann und dann ausgeführt wird, da der Untergebene zu gehorchen verpflichtet ist. Es entspricht aber nicht den Zwecken der Rechtsordnung, dem gesetzwidrigen Befehle auch dann bindende Kraft beizulegen, wenn der Untergebene die Gesetzwidrigkeit des Befehls deutlich erkennt. Eine Gefahr, daß die im Staatswesen nötige Unterordnung dadurch untergraben werde, der Untergebene über den Vorgesetzten gestellt werde, besteht nicht; der Untergebene setzt sich meist bei unbegründeter Weigerung, dem Befehl nachzukommen, empfindlichen Nachteilen aus, während der Gehorsam ihm förderlich ist, und dazu kommt die Gewöhnung des Gehorsams. Und von selbst ergibt sich, daß der Untergebene um so weniger die Gesetzmäßigkeit des Befehls genauer zu prüfen Anlaß und Zeit haben, also um so mehr zur Ausführung verpflichtet sein wird, je größere Eile die Ausführung erfordert. Dies kommt z. B. wesentlich in Betracht beim Einschreiten bewaffneter Polizeimannschaften oder des Militärs bei Zerstreuung von Menschenmassen, die gesetzwidrig den Straßenverkehr hindern usw. Andererseits je gebildeter der Untergebene ist, je weniger Eile die Vollziehung des Befehls fordert, um so weiter werden Prüfungsrecht und Prüfungspflicht des Untergebenen reichen. Das Prinzip ist also nicht starr; es gestattet den wirklich vorliegenden Umständen gerecht zu werden.

Nun wird das Prinzip völlig unbedingten Gehorsams wohl von niemandem mehr vertreten. Alle beschränken den Gehorsam auf dienstliche Angelegenheiten. Damit ist aber kaum eine praktisch wirksame Grenze gewonnen. Der gesetzwidrige Befehl wird sich, wie bemerkt immer als dienstliche Angelegenheit, als Ausführung des Dienstes ausdrücklich oder stillschweigend bezeichnen, ausgenommen diejenigen wenigen Fälle, in denen die etwa befohlene Handlung niemals als dienstliche erscheinen kann (z. B. Befehl zur Begehung eines Unzuchtdeliktes). Soll nun der Untergebene wirklich prüfen, ob die befohlene Handlung dienstliche Angelegenheit im einzelnen Fall ist, so gibt man das Prinzip des die Gesetzmäßigkeit des Befehls nicht prüfenden Gehorsams auf; schließt man aber die Prüfung aus, so hat man praktisch fast völlig das Prinzip des unbedingten Gehorsams, selbst in nicht dienstlichen Angelegenheiten, sofern der Befehl sich als in dienstlichen Angelegenheiten ergehend bezeichnet.

Es bedarf ferner keiner besonders eingehenden Untersuchung um zu erkennen, daß das bei den Beratungen über das preußische Gesetzbuch schließlich als maßgebend bezeichnete, wenn auch im Gesetz nicht ausgesprochene, Prinzip, die Befugnis des Befehlenden sei von dem Untergebenen nur *in abstracto*, nicht *in concreto* zu prüfen, praktisch zu demselben Ergebnisse führt. Wenn ein Beamter *in abstracto*, d. h. unter irgendwelchen Umständen die Befugnis hat, Personen zu verhaften oder mit der Waffe angreifen zu lassen, so darf der Untergebene nach diesem Prinzip den Gehorsam nicht weigern, obschon »*in concreto*« kein Zweifel sein kann, daß der Befehl zur Verhaftung, zur Körperverletzung lediglich gegeben wird, um eine Privatrache auszuüben, oder obschon absolut kein Grund zu diesen Eingriffen vorliegt. Nur Prüfung *in concreto* hat daher die wirklich praktische Bedeutung, Gesetzwidrigkeiten [185]) zu verhüten und den Beamten selbst vor erniedrigendem Gehorsam [185a]) zu schützen.

§ 52. Die jetzt in der deutschen Wissenschaft vorherrschende Ansicht [185b]) betrachtet den untergebenen Beamten dann zur Verweigerung des Gehorsams berechtigt und eintretenden Falles bei Vermeidung eigener Verantwortlichkeit ver-

---

[185]) Es ist dabei zu bedenken, daß der Schutz des Publikums gegen Beamtenwillkür praktisch weit mehr in der Verantwortlichkeit und der nur gesetzmäßigen Gehorsamspflicht der Beamten, als in der etwa möglichen, aber meist mißlichen Notwehr (wovon unten) enthalten ist.

[185a]) Verpflichtung zu Handlungen, deren Gesetzwidrigkeit man erkennt, erniedrigt moralisch.

[185b]) Unbestimmt äußern sich *H. Meyer* § 38 Anm. 49 und *Allfeld* § 38 Anm. 35.

pflichtet, wenn der befehlende Beamte zum Erlaß des Befehls **nicht zuständig**, oder die vom Gesetze vorgeschriebene Form des Befehls nicht beachtet, oder endlich der untergebene Beamte selbst zur Vornahme der anbefohlenen Handlung nicht zuständig ist.[186]) Aber mit solcher nur formellen Prüfung ist genügender Schutz gegen Gesetzwidrigkeit nicht gegeben. Umfaßt die Zuständigkeit des befehlenden Beamten eine große Anzahl in verschiedenen Formen und Modifikationen möglicher Handlungen, wie dies für die Zuständigkeit der Polizei zutrifft, so hat die Prüfung der Zuständigkeit praktisch in den meisten Fällen keine Bedeutung.[187]) Andererseits kann die Beantwortung der Zuständigkeit des befehlenden Beamten, ja selbst die Frage der eigenen Zuständigkeit, zuweilen sogar die Frage, ob die Form beobachtet sei, recht schwierig sein. So erscheint es doch unbillig dem untergebenen Beamten die Prüfung dieser Fragen ohne jede Beschränkung aufzuerlegen. Wenn aber gegen die Verpflichtung zu irgendwelcher materiellen Prüfung eingewendet wird, dann müsse auch der Gerichtsvollzieher das ihm zur Vollstreckung übergebene richterliche Urteil prüfen, so erledigt sich, wie dies auch die Meinung der französisch-belgischen Juris-

---

[186]) Vgl. namentlich *Laband*, Das Staatsrecht des deutschen Reiches **1** S. 437 ff.; *Loffler* in *Grünhuts* Zeitschr. **31** S. 542; *Finger* S. 402; *O. Mayer*. Verwaltungsrecht **2** S. 235; ebenso *Binding*, Handb. **1** S. 805, der aber verschiedene Arten eines mehr oder weniger verbindlichen Befehls annimmt. — Man könnte nach dem Wortlaute des Art. 260 (vgl. auch Art. 152) des *Code pénal belge* annehmen, daß der untergebene Beamte doch nur die Zuständigkeit des befehlenden Vorgesetzten zu prüfen habe, und so versteht diesen Artikel auch von *Calker* S. 46. Der voraufgehende Art. 257 bestraft aber »*violences envers des personnes dans l'exercice ou à l'occasion*« des amtlichen Dienstes, die ein *Fonctionnaire public* vorgenommen hat oder hat vornehmen lassen »*sans motif légitime*«, d. h. der Art. 257 straft den auf eigene Verantwortlichkeit handelnden Beamten auch dann, wenn er innerhalb seiner Zuständigkeit ohne gesetzlich gerechtfertigtes (genügendes) Motiv Gewalt gegen Personen angewendet hat (vgl. Art. 151, der die konstitutionellen Rechte der Bürger schützt, wenn der Beamte einen »*Acte arbitraire et attentatoire aux libertés*« vorgenommen hat). So weitgehende, selbst ein nur zu mißbilligendes Ermessen treffende Verantwortlichkeit soll nach Art. 260 der gehorchende Untergebene nicht tragen: **insoweit** braucht er nur die Zuständigkeit des Befehlenden zu prüfen. *Beltjens* verweist daher auch sowohl bei Art. 260 wie bei Art 151 auf die zu Art. 70 gegebenen Ausfuhrungen. Art 70, nicht Art. 260 ist *Sedes materiae*.

[187]) Man denke z. B. an den Fall, daß ein in Zorn geratener Polizeileutnant den untergebenen Schutzleuten bei Zerstreuung eines Auflaufes den Befehl erteilen wurde, Personen, die sich bereits in Hauser geflüchtet hätten, zu verfolgen und auf sie mit blanker Waffe einzuhauen. Die Zuständigkeit zu solchem Befehle mangelt hier nicht.

prudenz ist, dieser Einwand durch den Hinweis auf die besondere Stellung der Justiz im Staatsorganismus.[188]) Die Justiz entscheidet endgültig mit Wirksamkeit für Staat und Individuen.. Eine Nachprüfung des Inhalts durch den vollstreckenden Beamten hat daher keinen Sinn, es müßte denn, was kaum vorkommen wird, die Ausführung des Urteils tatsächlich unmöglich oder durchaus sinnlos sein oder etwas unter allen Umständen Verbotenes darstellen. Daher ist hier nur die Form zu prüfen. Die Verwaltung und ihre Beamten stehen anders. Es kann freilich ihre Entscheidung endgültig und allgemein maßgebend sein. Aber der Verwaltungsakt und Verwaltungsbefehl bekräftigt dies nicht schon durch seine Existenz und seine Form.

Es wäre endlich auch kein Einwand gegen eine (beschränkte) materielle Prüfung, daß, wenn jemandem ein Recht zusteht, die Art und Weise, in welcher er es gebrauchen will, die Zweckmäßigkeit des Gebrauchs seinem Ermessen überlassen bleiben muß, daß also innerhalb der Zuständigkeit des Beamten dessen völlig freies Ermessen für die Gesetzmäßigkeit der Handlung maßgebend sei. Dieser Satz ist aber nur soweit richtig, als nicht innerhalb der Zuständigkeit des Beamten das Gesetz für bestimmte Handlungen wieder bestimmte Voraussetzungen fordert, was bei einem Privatrechte nicht vorkommt, oder wenn es vorkommt, leicht das Privatrecht ohne weiteres als nur unter einer Beschränkung existierend erscheinen läßt. Sind solche Voraussetzungen für eine Amtshandlung gefordert, so ist insoweit wieder das Ermessen ausgeschlossen. Man könnte hier auch von einer besonderen Zuständigkeit innerhalb der allgemeinen Zuständigkeit reden, und meinte man die Prüfung auch dieser besonderen Zuständigkeit, so wäre dies mit einer Prüfung der materiellen Gesetzmäßigkeit gleichbedeutend.

Wenn nun auch die einschlagende Bestimmung des italienischen StGB. Art. 49, 1 in dem Sinne aufgefaßt werden kann,[188a]) daß nur im Zweifel der Untergebene den gesetzwidrigen Befehl des Vorgesetzten auszuführen habe, und das englisch-nord-

---

[188]) Vgl. *Haus* **1** n. 608. — Die nur in bestimmten Formen befehlende Justiz hat, wie *Rossi* **2** S. 130 ff. es ausdruckt, nicht nur eine einfache Prasumtion fur sich, sondern eine *Praesumtio juris et de jure*: *»Res judicata pro veritate accipitur«*.

[188a]) *Impallomeni* (**1** S. 221), dessen Ausfuhrung hier etwas durftig ist, folgt allerdings der Kompetenztheorie.

amerikanische Recht[189]) ebenfalls von dem untergebenen Beamten prinzipiell Prüfung der Gesetzmäßigkeit des Befehls fordert, ihn aber entschuldigt, wenn er den anscheinend gesetzmäßigen Befehl für wirklich gesetzmäßig hielt, kann man da zweifeln, daß unsere deutsche Jurisprudenz bereits im XVIII. Jahrhundert das richtige Prinzip aufgestellt hat, und daß nur einseitige und vorgefaßte formalistische Theorien die Anerkennung dieses richtigen Prinzipes im XIX. Jahrhundert und bis jetzt bei uns verhindert haben?[190]) Streng juristisch betrachtet erscheint die Straflosigkeit des Beamten auf Grund eines gesetzwidrigen Befehls als Entschuldigung eines Rechtsirrtums,[191]) welche vom Gesetze als eine Art Privileg gewährt werden muß, um gerade die Ausführung gesetzmäßiger Befehle, wenn nötig auch ohne Verzug, sicherzustellen, ein Privileg, das zugleich sich daraus ergibt, daß die Staatsordnung den Untergebenen im allgemeinen der Autorität des Vorgesetzten unterstellt.[192])

Der Rechtssatz wird demnach in folgender Form sich im Gesetzbuche aufstellen lassen:

„Eine gesetzwidrige Handlung eines öffentlichen Beamten ist straflos, wenn sie auf Befehl[193]) eines Dienstlich-Vorgesetzten geschah, und der Befehl von dem Beamten[193a]) den Umständen nach als zweifellos gesetzwidrig nicht angesehen werden konnte.

---

[189]) *Wharton* 1 § 94 unter Berufung auf eine daselbst wörtlich wiedergegebene Ausführung *Stephens*.

[190]) Für dies Prinzip lassen sich auch die Verhandlungen der schweizerischen Expertenkommission 2 S. 406 anführen, vgl. insbesondere den von *Gretener* formulierten Vorschlag.

[191]) *Crivellari* 3 S. 494 ff.; treffend; *M. E. Mayer*, Deutsches Militärstrafrecht 1 (1907) S. 117.

[192]) Auf einen Notstand des Untergebenen ist daher dessen Straflosigkeit nicht zurückzuführen. So freilich anscheinend *Calker* S. 21, der in dem Befehl stets eine Drohung (für den Fall des Ungehorsams) erblickt. Die Nachteile, welche den Nichtgehorchenden treffen, können aber tatsächlich — z. B. bei einem sog. Ehrenamte — minimale sein oder überhaupt fehlen, und der Befehlende braucht gar nicht die Absicht zu haben, Nachteile über den Ungehorsam zu verhängen oder solche herbeizuführen. — Der Befehl kann freilich von Drohungen begleitet sein, welche einen Notstand begründen. Aber man darf Befehl und Notstand desjenigen, von dem Gehorsam gefordert wird, durchaus nicht identifizieren, wie schon *Carrara, Programma, parte generale* 1 § 316 hervorgehobon hat; vgl. auch *Crivellari* 3 S. 500.

[193]) Ob schriftlicher Befehl erforderlich ist, richtet sich nach anderen (nicht dem materiellen Strafrecht angehörenden) Vorschriften.

[193a]) Hier kommt auch der für die einzelne Beamtenklasse geforderte Bildungsgrad in Betracht.

Diese Entschuldigung findet nicht statt, insoweit gesetzliche Bestimmung den Beamten zu weiterreichender Prüfung der Gesetzwidrigkeit der Amtshandlung unverkennbar verpflichtet.[194])"

§ 53. Die französisch-belgische und englische Wissenschaft [195]) sind darüber einig, daß der für den Gehorsam der Zivilbeamten geltende Rechtssatz prinzipiell auch auf den militärischen Gehorsam Anwendung finde. Nur die tatsächlichen Verhältnisse und Umstände führen sehr leicht zu einer den Gehorchenden für straflos erklärenden Entscheidung, während im gleichen Falle der gehorchende Ziviluntergebene verantwortlich sein würde. Die Gewöhnung an weitgehenden Gehorsam, die augenfällige Notwendigkeit strengen Gehorsams, die Bestrafung der Insubordination, alles dies hat zum Ergebnis, daß dem Militär ein Zweifel an der Gesetzmäßigkeit des Befehls des Vorgesetzten nicht leicht aufkommt, oder daß er sich verpflichtet hält, den auftauchenden Zweifel zu unterdrücken. Aber ein unbedingter oder blinder braucht der militärische Gehorsam nicht zu sein, und er ist es schon dann nicht, wenn er ohne weitergehende Beschränkung nur ein dienstlicher sein soll; denn für Handlungen, die dienstliche nicht sein können, bestände er nicht. Ist aber Gehorsam nur für dienstliche Handlungen vorgeschrieben, so bezieht er sich nicht auf Handlungen, die im konkreten Fall strafbar sind, und die der Untergebene als solche erkennt [196]) oder erkennen muß; der Untergebene hat also prinzipiell dieselbe Prüfungspflicht wie der Zivilbeamte; nur tatsächlich wird, wie bemerkt, durch die vom Gesetze gewollte Autorität des Vorgesetzten die Prüfung eingeschränkt, oft unmöglich gemacht und demnach die Freiheit von Verantwortung erweitert.

Es entspricht denn auch ein völlig unbedingter Gehorsam keineswegs der geschichtlichen Tradition. In dem vom Kaiser

[194]) Z. B. es ist eine bestimmte Form des Befehls vorgeschrieben. Die Prufung solcher Form kann der Befehl selbst nicht ausschließen.

[195]) *Hélie* n. 378; *Haus* **1** n. 605. 612. 613; *Beltjens* zu Art. 70 des *Code belge* Anm. 7. »*La responsabilité des militaires sous les armes est la même que celle des agents civils;*« *Stephen*, *Law quarterly Review*, Januarheft 1901 S. 87 ff. Das von *Impallomeni* **1** S. 221 angefuhrte Beispiel zeigt, daß man auch in Italien den militarischen Gehorsam nicht als einen unbedingten ansieht.

[196]) *Wharton* **1** § 411 ...»*military and naval officers.... a suballern cannot defend himself, if he acts maliciously by his superior's commands*«.

Maximilian 1508 für die deutschen Reichstruppen erlassenen Artikelbrief z. B. ist Gehorsam gefordert nur für alles „was zum Kriegswesen und dessen ehrenrühmlicher Einrichtung gehören möchte", in dem kurmainzischen Artikelbrief „Gehorsam wie Kriegsleuten zusteht", in dem kursächsischen Artikelbrief von 1631 Gehorsam für „Was Kriegsleuten zusteht", im kurkölnischen und im württembergischen (Herzog Eberhard II.) Gehorsam für das „was ehrliebenden Soldaten zusteht".[197])

In Art. XXXII der schwedischen Kriegsartikel ist aber geradezu gesagt, daß wenn ein Vorgesetzter „seinem unterhabendem Volke etwas anderes, als was den Dienst betrifft und außer seinem Amte ist, befiehlt, der Kriegsmann ihm nicht zu gehorchen gehalten ist". Dagegen findet sich in Art. XV der vom Großen Kurfürsten erlassenen Kriegsartikel eine Beschränkung des Gehorsams nicht. Während *Kröll* unter Berufung auf einen in der Ausgabe des *Corpus juris militaris, Francofurti a. M.* 1703, enthaltenen Kommentar der Weglassung ausdrücklicher Beschränkung des Gehorsams keine Bedeutung beimißt, leitet *Hecker*[198]) daraus ab, daß die Gehorsamspflicht in Dienstsachen in Preußen stets eine unbegrenzte gewesen sei, und daß dies unter der Herrschaft des preußischen Militärstrafgesetzes fortgegolten habe.

Diese Kontroverse kann indes hier, wo das Militärstrafrecht nicht eingehend behandelt zu werden braucht, auf sich beruhen bleiben.

Die rationelle Interpretation des deutschen Militärstrafgesetzbuchs § 47

„Wird durch die Ausführung eines Befehls in Dienstsachen ein Strafgesetz verletzt, so ist dafür der befehlende Vorgesetzte allein verantwortlich. Es trifft jedoch den gehorchenden Untergebenen die Strafe des Teilnehmers:

1. wenn er den ihm erteilten Befehl des Vorgesetzten überschritten hat, oder
2. wenn ihm bekannt gewesen, daß der Befehl des Vorgesetzten eine Handlung betraf, welche ein bürgerliches oder militärisches Verbrechen oder Vergehen bezweckte."

---

[197]) Corpus juris militaris, Leipziger Ausgabe 1723, S. 12, 750, 760 803; vgl. *Kröll* S. 8.

[198]) GArch. 30 S. 120 Anm.

kann keine andere sein, als daß der Untergebene — den Befehl zur Begehung einer Übertretung ausgenommen — nur auf Grund des Irrtums straflos ist, da das Gesetz den Untergebenen straft, falls ihm der verbrecherische Charakter der Handlung bekannt ist. Das Gesetz weicht jedoch in zwei Punkten von den Konsequenzen ab, die sich aus der Unverantwortlichkeit des Gehorchenden wegen privilegierten Rechtsirrtums ergeben, Punkte, die in den erwähnten Gesetzgebungen anderer Staaten nicht vorkommen und zugleich die Unverantwortlichkeit erweitern, also den militärischen Gehorsam im Deutschen Reich dem unbedingten Gehorsam näher bringen. Erstens muß, wenn Verantwortlichkeit des Gehorchenden stattfinden soll, ihm der verbrecherische Charakter der Handlung positiv bekannt sein; er braucht also nicht in irgend einer Weise zu prüfen, und eine Verantwortlichkeit findet nicht statt, wenn er den auftauchenden Zweifel unterdrückt, obschon einige Überlegung den verbrecherischen Charakter der Handlung hätte erkennen lassen. So kann der Vorgesetzte, wenn er will, in der Tat Körperverletzungen, Tötungen, Freiheitsberaubungen, Hausfriedensbrüche sehr leicht durch Untergebene ausführen.[199]) Der zweite Punkt ist, daß bei Übertretungen der Gehorchende, selbst wenn er den Deliktscharakter der Handlung sofort erkennt, dennoch straflos bleibt. Nun können freilich leicht Fälle sich ereignen, in denen zweifelhaft ist, ob nicht die Nichtbeobachtung eines Polizeiverbots aus besonderen Gründen entschuldigt ist, z. B. Reiten auf verbotenem Wege. Aber einerseits kann die Innehaltung einer Polizeivorschrift sehr wichtig sein für die allgemeine Sicherheit, z. B. zur Vermeidung von Feuersgefahr, oder die Übertretung kann einen bedeutenden sachlichen Schaden herbeiführen, z. B. durch Überreiten eines Getreidefeldes durch Kavallerie, und andererseits kann es sehr klar sein, daß eine Übertretung der Polizeivorschrift durchaus unzulässig ist.[199a]) Sollte eine Handlung

---

[199]) Wie 1906 der sogar im Auslande viel besprochene Fall des „Hauptmann von Köpenick" gezeigt hat. Ein als Hauptmann verkleideter entlassener Strafling verhaftete durch Soldaten den Burgermeister der Stadt Kopenick im Amtsgebäude, erzwang die Herausgabe von Geld, und niemand wagte Widerstand zu leisten.

[199a]) Kontrovers ist, ob der Befehl zu einer Handlung, die der Untergebene klar als strafbare Übertretung erkennt, befolgt werden muß oder nur befolgt werden darf. (Fürs letztere *M. E. Mayer* a. a. O. S. 119 Anm.) Ich möchte die erstere Ansicht für richtig halten.

befohlen sein, die in Wahrheit ein Verbrechen oder ein Vergehen ist, die der Untergebene aber trotz des klaren Bewußtseins, daß sie verboten sei, in der Meinung ausführt, sie sei nur eine Übertretung, so kann dieser Rechtsirrtum den Untergebenen den allgemeinen über den Rechtsirrtum geltenden Grundsätzen zufolge nicht entschuldigen.[200]) Die objektive Bedeutung der Tat nicht zu erkennen, wird dem Zurechnungsfähigen nicht verziehen; die technische Qualifikation der Tat vorzunehmen ist andererseits Sache des Richters. Die Ausnahmevorschrift des Militärstrafgesetzbuchs über die Übertretungen kann so für den einzelnen verhängnisvoll werden, da die Scheidung der Übertretungen von den Vergehen in manchen Fällen dem Rechtsbewußtsein des Volkes nicht völlig entspricht.[200a])

§ 54. Der dienstliche in der deutschen Seemannsordnung von 1902 § 85 dem Seemann besonders zur Pflicht gemachte Gehorsam [200b]) versteht sich genau betrachtet von selbst; er bestand schon vor Erlaß der modernen Seemannsordnungen und ist zunächst im allgemeinen nicht verschieden von dem Gehorsam, den z. B. der Maurer oder Handlanger dem Maurermeister, in dessen Diensten er steht, zu leisten hat. Ein besonderer, auch schon von alters her anerkannter ist der Gehorsam, den der Kapitän von der Mannschaft zur Aufrechterhaltung der Disziplin fordern kann. Aber der Kapitän muß auch im Interesse der Sicherheit des Schiffes, der Landung und besonders der auf dem Schiffe befindlichen Personen polizeiliche Befugnisse ausüben, bei denen er der Hilfe der Mannschaft bedarf, und im Falle der Not eine Art von Notstandsordnung im Interesse einer möglichst umfassenden Rettung der Personen unter seinem Befehl einrichten. Dabei können Eingriffe in Freiheit und Eigentum von Passagieren nötig werden, und die diese Eingriffe ausführende Mannschaft muß den Befehl des Kapitäns als präsumtiv berechtigt ansehen und demnach ausführen, insoweit er nicht offensichtlich über den Zweck der Rettung möglichst vieler hinausgeht oder zweifellos den Grundsätzen der Pflicht oder

[200]) Anderer Ansicht: *Hecker* a. a. O.

[200a]) So ist der einfache Hausfriedensbruch Vergehen (StGB. 125), die Fälschung von Legitimationspapieren (StGB. 363) dagegen Übertretung.

[200b]) *Binding*, Handb. I S. 806, scheint hier unbedingten Gehorsam anzunehmen

Moral widerspricht (wie z. B. wenn der Kapitän Maßregeln treffen wollte, um die Mannschaft oder gar die Ladung auf Kosten des Lebens der Passagiere zu retten). Dasselbe gilt von der Aufrechterhaltung der Disziplin unter der Mannschaft, insoweit (vgl. Deutsche Seemannsordnung § 91 Abs. 3) die Mannschaft hier verpflichtet ist dem Kapitän Hilfe zu leisten.

§ 55. Nur der Befehl eines Zurechnungsfähigen kann die rechtliche Bedeutung eines Befehls haben. Der Untergebene, der auf Befehl eines geisteskranken oder völlig trunkenen oder sonst vorübergehend zurechnungsunfähigen Vorgesetzten handelt, tut dies, ohne die Entschuldigung des Befehls in Anspruch nehmen zu können; er handelt auf eigene Verantwortlichkeit. Hält er den zurechnungsunfähigen Vorgesetzten für zurechnungsfähig, so ist bei solchem tatsächlichen Irrtum die Handlung des Untergebenen unter denselben Voraussetzungen straflos, welche sonst die Straflosigkeit bedingen. Im Zweifel muß er den Vorgesetzten für zurechnungsfähig halten,[200c]) jedenfalls dann, wenn die Ausführung des Befehls dringend ist; denn präsumtiv wird die Oberbehörde einen Geisteskranken rechtzeitig aus dem Amte entfernen, und präsumtiv wird der Vorgesetzte seiner Amtspflicht gemäß sich hüten, in den Zustand der Zurechnungsunfähigkeit zu geraten.[200d])

Ist der gehorchende Untergebene kraft der für ihn geltenden Präsumtion straflos, so ist der Befehlende, wie nicht zu bestreiten, mittelbarer Täter.[200e]) Aber die Strafbarkeit der Tat ist nach der wirklichen Ausführung durch den Untergebenen zu beurteilen, und über erschwerende oder mildernde Umstände müssen die BS. 2 S. 662 ff. entwickelten Sätze entscheiden. Beteiligt sich der Befehlende an der Ausführung, so ist er gleichwohl nur als Täter zu bestrafen, da mehrfache Teilnahme derselben Person an derselben Tat nicht angenommen werden kann.

[200c]) Die völlige, sonst unbegreifliche Unangemessenheit eines Befehls kann aber den Umständen nach die Zurechnungsunfähigkeit unverkennbar machen.

[200d]) Z. B. der Vorgesetzte kann infolge einer geheilten Kopfverwundung Alkohol nicht mehr wie früher vertragen; aber er weiß dies nicht, oder er hat bei Alkoholgenuß nicht daran gedacht.

[200e]) *Calker* S. 133. Das deutsche Militärstrafgesetzbuch bezeichnet hier den Befehlenden unrichtig als Teilnehmer.

Nicht zum Gehorsam verpflichtete Personen, welche sich an der Ausführung beteiligen, sind Teilnehmer an der strafbaren Handlung, so wie sie erscheinen würde, wenn der Täter auf unverbindliche Anstiftung gehandelt hätte; für sie gilt keine Präsumtion der Gesetzmäßigkeit der Tat; der Befehl ist, was sie betrifft, nur psychische Veranlassung der Tat, wie jedes andere Motiv der Tat.

Die Tat ist für den zum Gehorsam Verpflichteten auch zivilrechtlich nicht rechtswidrig; er haftet nicht für etwaigen Schaden. Die Tat ist aber keineswegs des Befehls wegen in der Hinsicht eine rechtmäßige, daß ihr Widerstand nie geleistet werden dürfte, wie unten in der Lehre von der Notwehr gezeigt werden wird.

Überschreitung eines Befehls ist Handeln ohne Befehl. Mißverständnis des Befehls kann nach den für tatsächlichen Irrtum geltenden Sätzen den Dolus ausschließen, aber wegen Fahrlässigkeit strafrechtlich und zivilrechtlich verantwortlich machen.

Weiß der Untergebene, daß der Befehl nicht verbindlich ist, so ist er doloser Täter und der Befehlende Anstifter.

E. Ausschließung der Rechtswidrigkeit durch Notwehr und Notstand.

Feuerbach, Kritik des Kleinschrodschen Entwurfs usw. in der Bibliothek für peinliche Rechtswissenschaft, Bd. II N. 3. S. 253—266 (1804). *Grattenauer*, Über die Notwehr 1806. *Thibaut* (Selbstverteidigung gegen fremde Sachen), Arch. d. Cr. (1825) **8** S. 139—146. *Luden*, Abhandlungen aus dem Strafrecht, **2** S. 475 bis 516 (1840). *Oerstedt* (Über das Notrecht), Arch. d. Cr. 1841 S. 68—112. *Sander*, Arch. d. Cr. 1841 S. 112 (Notwehr). *Zachariae*, Arch. d. Cr. 1841 S. 422—438 (Notwehr). *Zöpfl*, Arch. d. Cr. 1842 S. 118—162, 311—339 und 1843 S. 27—48 (Notwehr). *Levita*, Das Recht der Notwehr 1857. *Geyer*, Die Lehre von der Notwehr 1857. *John*, Das Strafrecht in Norddeutschland zur Zeit der Rechtsbücher 1858 S. 293—338. *Seeger*, Abhandlungen aus dem Strafrechte 1858 S. 173—489 (Notwehr). *Glaser*, Gesammelte kleine Schriften **1** S. 187—211 (1858 zuerst veröffentlicht). *Glaser*, Abhandlungen aus dem österreichischen Strafrecht (Wien) 1858. S. 109—128 (Notstand). *Berner*, De impunitate propter summam necessitatem proposita 1861, *Wessely*, Die Befugnisse des Notstandes und der Notwehr, Prag 1862. *Gregory*, Commentatio de inculpatae tutelae moderatione. Hagae 1864. *Bar*, Lehre vom Kausalzusammenhang 1871, S. 85 ff. (Abwehr durch Schutzvorrichtungen). *v. Buri*, GS. **30** (1878) S. 434—476 (Über Notstand und Notwehr). *Stammler*, Darstellung der strafrechtlichen Bedeutung des Notstandes 1878. *Janka*, Der strafrechtliche Notstand 1878. *Göb*, GArch. **28** (1880) S. 183—193 (Notstand, insbesondere Verschuldung in Herbeifuhrung desselben). *Wahlberg*, Kleinere Schriften über Strafrecht, Strafprozeß 3 (Wien 1882) S. 71—100 (Selbsthilfe und Notwehr). *Rotering*, GArch. **30** (1882) S. 415—427 (Verantwortlichkeit für Schutzmaßregeln). *Rotering*, GArch. **31** S. 247—267 (Die eigene Gefahr als Strafausschließungsgrund). *Sommerlad*, GArch. **34** (1884) S. 329—371 (Notwehr, Rechtswidrigkeit des Angriffes). *Sommerlad*, GS. **39** S. 359—401 (Notwehr durch Schutzvorrichtungen). *v. Tuhr*, Der Notstand im Zivilrecht, 1888. *v. Liszt*, Die Grenzgebiete zwischen Privatrecht und Strafrecht (Heft 5 der Beiträge zur Erläuterung des Entwurfs eines burgerlichen Gesetzbuchs ,herausgegeben von *Bekker* und *Fischer* 1889). *Moriaud*, *Le délit nécessaire et l'état de nécessité*. Genève, Paris 1889. *van Calker*, Zeitschr. **12** S. 443—472 (Grenzgebiet zwischen Notwehr und Notstand) 1892. *Rudolf Merkel*, Die Kollision rechtmaßiger Interessen 1895. *Tobler*, Die Grenzgebiete zwischen Notstand und Notwehr 1894. *Titze*, Die Notstandsrechte im deutschen Bürgerlichen Gesetzbuch 1897. *Kroner*, Die Verletzung von Rechtsgutern Dritter bei der Notwehr (Göttinger Diss.) 1897. *v. Liszt*, Die Deliktsobligationen im System des Burgerlichen Gesetzbuches 1898. *Linckelmann*, Die Schadenersatzpflicht nach dem Rechte des Burgerlichen Gesetzbuchs für das Deutsche Reich 1898. *Vigelius*, Über Notwehr gegen Tiere 1898 (Freiburger Diss.). *v. Alberti*, Notwehr heute und in den Volksrechten 1898. *Neumond*, GS. **56** (1899) S. 46—54 (Notwehr). *Schollmeyer*, Das Recht der Notwehr nach dem Bürgerlichen Gesetzbuch fur das Deutsche Reich 1899 (Würzburger Festrede). *Arter*, Inwiefern sind die §§ 228 und 904 des Bürgerlichen Gesetzbuches für das Strafrecht von Bedeutung 1899 (Freiburger Diss.). *Löffler*, Zeitschr. **21** S. 537—582 (Unrecht und Notwehr). *Braun*, I. Vorsatzliche und fahrlässige Verletzung Unbeteiligter bei Notwehrhandlungen, II. Putativnotwehr 1900 (Erlanger Diss.). *Dannenbaum*, Das Notrecht de lege ferenda 1901 (Freiburger Diss.). *v. Alberti*, Das Notrecht 1901. *Bähr*, Die Bestimmungen des Burgerlichen Gesetzbuches uber Notwehr und Notstand in ihrer Bedeutung fur das Strafrecht 1903 (Marburger Diss.). *Oetker*, Über Notwehr und Notstand 1903. *Munz*, Die Voraussetzungen und Wirkungen der Notwehr, des Notstandes und der Nothilfe im Burgerlichen Gesetzbuche 1903 (Erlanger Diss.). *v. Alberti*, Gefahrdung durch uberlegene Gewalt (Notstand) 1903. *Wurzburger*, Das Recht des strafrechtlichen Notstandes 1903. *Auer*, Der strafrechtliche Notstand und das Burgerliche Gesetzbuch 1903. *Simon*, Notwehr, Notstand und Selbsthilfe nach dem deutschen Burgerlichen Gesetzbuche 1903. *Ahsbas*, Die Grundlinie des Notwehrrechts 1903. *v Alberti*, Eigenmachtige Unrechtshemmung, abgesehen von Notwehr und Notwehrhilfe 1904. *Schleifenbaum*, Begriff und Bedeutung der gegenwartigen rechtswidrigen Angriffe in § 227 des Burgerlichen Gesetzbuches 1904. *Keller*, Der Beweis der Notwehr, rechtshistorische Studie aus dem Sachsenspiegel 1904. *Hold v. Ferneck*, Die Rechtswidrigkeit **2** 1. Abt. (Notstand und Notwehr) 1905. *Gr. Dohna*, Die Rechtswidrigkeit 1905. *Knetsch*, Der Begriff der Notwehr, dogmatisch-historische Studie 1906. *Rissom*, Notwehr und Waffengebrauch des Militars 1906.

Über Notwehr gegen die Obrigkeit insbesondere: (außer den Lehr- und Handbüchern des Staatsrechts) *v. Jagemann*, Arch. d. Cr. 1842 S. 593—615 und 1843 S. 49—68. *Zachariä*, Arch. d. Cr. 1843 S. 344—376. *Kitz*, Arch. d. Cr. 1846 S. 525—569. *v. Kirchenheim*, GS. **30** S. 172—206. *Neumann*, GArch. **22** S. 216 bis 227. *Bolze*, GArch. **23** S. 389—397. *v. Kallina*, Notwehr gegen Amtshandlungen. Prag 1898.

§ 56. Die Römer gründen das im Prinzip von niemandem geleugnete Recht der Notwehr, das Recht im Notfalle einen Angriff, den zu dulden man rechtlich nicht verpflichtet ist, durch Verletzung des Angreifenden oder seiner Güter abzuweisen[201]), einfach auf die »*Naturalis ratio*« [202]) auf das »*Jus gentium*« im Sinne der Römer, das »*Jus quod inter omnes gentes peraeque custoditur.*« »*Adversus periculum naturalis ratio permitit se defendere.*« »*Juris gentium est ... ut vim atque injuriam propulsemus*« und zwar gestattete das römische Recht Notwehr zur Verteidigung aller dem Individuum zustehenden Rechte, nicht nur etwa zum Schutze von Leib und Leben oder der Keuschheit[202a]), vielmehr auch zum Schutze des Eigentums, wenngleich es selbstverständlich eine allgemeine bis in die Einzelheiten durchgeführte systematische Theorie der Notwehr so wenig, wie über andere Rechtsmaterien aufgestellt hat [203]).

---

[201]) Abwehr durch eine ohnehin schon erlaubte Handlung ist nicht Notwehr im juristischen Sinne. Die Bedeutung der Notwehr liegt darin, daß sie eine an sich (oder der allgemeinen Regel nach) rechtswidrige Handlung zu einer rechtmaßigen macht. Vgl. BGB. 227 Abs. 1. „Eine durch Notwehr gebotene Handlung ist nicht widerrechtlich."

[202]) L. 4. D. 9, 2. Vgl. L. 45 § 4 D. 9, 2 ... »*vim enim vi defendere omnes leges omniaque jura permittunt*« I. 1. § 4. — L. 3. D. de justitia 1, 1. L. 1 § 27 D. 43, 16: »*Vim vi repellere licere Cassius scribit idque jus natura comparatur.*« — Vgl auch *Cicero pro Milone* c. 4 a. E. Besondere Falle in L. 3. C. 9, 16. L. 3 § 9 L. 17 D. 43, 16: »*Est haec non scripta, sed nata lex ...*« *Rein* S. 138—143. *Mommsen* S. 620. 621. 673.

[202a]) L. 1 § 4. D. 48, 9. L. un pr. § 1. C. 9, 13.

[203]) Vgl. *Seeger* S. 242 ff. Die Bemerkungen *Pernices*, Labeo, 2. Aufl. 1 S. 73 ff., und *Mommsens* S. 621 dürften gegen *Seegers* Ausfuhrungen nicht in Be-

Ebenso betrachtet das kanonische Recht die Notwehr als durch das *Jus naturale* erlaubt [204]). Wenn eine gelinde Buße (Fasten) bei Tötung in Notwehr in Bußordnungen angeordnet wird, so ist das nicht sowohl Bestrafung unrechtmäßiger Tat, als vielmehr eine der Seele desjenigen heilsame Handlung, der in die schlimme Lage gekommen ist, zur eigenen Rettung einem anderen das Leben nehmen zu müssen.

Daß dem gesamten Rechtszustande des älteren deutschen (germanischen) Rechts ein höchst umfassendes Notwehrrecht entspricht, ist wohl von selbst klar: wo Rache, Fehde und Selbsthilfe in solchem Umfange geübt werden, und wo die Staatsgewalt noch so wenig stets hilfsbereite und ausreichende Organe besitzt, ist der einzelne fast immer zunächst auf Abwehr durch eigene Kraft angewiesen. Daß nach älteren Quellen [205]) die Tötung »*ad se defendendum*« mit Zahlung des Wergeldes gebüßt werden muß, erklärt sich daraus, daß hier Fälle gemeint sind, in denen der Totschläger, durch Schläge oder Wunden gereizt, den Getöteten »*dolore aut indignatione compulsus*« verfolgt und erschlagen oder einen Exzeß der Notwehr begangen hatte.[206]) Auch tritt

---

tracht kommen. *Pernice* meint, ein umfassendes Notwehrrecht habe sich erst ziemlich spät — in der Kaiserzeit — entwickelt, und eine Notwehr in bezug auf bewegliche Sachen habe es in Rom nie gegeben, eine Ansicht, welche den Regeln der geschichtlichen Entwicklung des Rechtes widerspricht; denn Selbsthilfe und Notwehr werden im Laufe der Zeit bei mehr entwickeltem Beamtentum wohl eingeschränkt, nicht aber geschaffen. Das unbeschränkte Tötungsrecht, welches im älteren Recht gegen den *Fur nocturnus* gewährt wird, widerlegt jene Ansicht ebenfalls. *Mommsens* Erklärung der L. 52 § 1 D. 9, 2 wird nicht beizustimmen sein. Lebensgefährdung wird hier nicht als Voraussetzung für Straflosigkeit einer schweren Körperverletzung gefordert. Aber wenn ein ergriffener Dieb die genommene Sache einfach festhält und sich nicht durch Schlagen mittels eines gefährlichen Werkzeugs wehrt, wird in der Regel der Eigentümer dem Diebe bei Eigentumsnotwehr ein Auge nicht ausschlagen dürfen.

[204]) *Decr. Grat. dist.* 1 c. 7, Cap. 2, X. 5, 12.

[205]) *Lex Liutprandi* c. 20, c. 62. — Reichhaltige Zusammenstellung (aber im wesentlichen unrichtige Auffassung) von Bestimmungen älterer Deutscher Rechtsquellen über Notwehr, Selbsthilfe und straflose Tötungen bei *Zöpfl.* Arch. d. Cr. 1842 S. 131—162. Besonders eingehende und richtige Beurteilung der deutschrechtlichen Quellen aber bei *Levita* S. 64—135: „das deutsche Recht (hat) zu allen Zeiten ein Recht der Selbstverteidigung anerkannt, aber zugleich besondere Gewährschaften für die rechte Ausubung derselben verlangt.“ Für diese Ansicht auch: *Kostlin*, Syst S. 77 ff., *Alberti*, Notw. heute u. in d. Volksfr. S. 6 ff.

[206]) *Wilda*, Strafr. d. Germ. S. 563. *Seeger* S. 196, 369. *Brunner* 2 S. 632. *Titze* S. 40. Bei Versäumung vorgeschriebener Förmlichkeiten mußte Wergeld gezahlt werden. Vgl. noch Sachsisches Landr. II, 14 und II, 69 und darüber *Brunner* a. a. O. sowie *Keller* S. 26 ff. — Im alten englischen Rechte wurde Tötung »*se defendendo*« technisch von Totung in eigentlicher Notwehr (d. h. Tötung in Ab-

die Notwehr in vielen Fällen hinter der weiterreichenden Befugnis zur Selbsthilfe und Rache zurück; und zu beachten ist, daß das rohe Beweisrecht des germanischen Prozesses nach und nach, wie spätere Rechtsquellen des Mittelalters zeigen, zur Aufstellung von prozessualen Regeln und Präsumtionen führte, welche uns als Einengung des Notwehrrechts erscheinen. Da ein mit Klage Angesprochener sich — abgesehen von dem Falle der sog. handhaften Tat — einfach mit seinem Unschuldseide, wenn auch etwa mit Zuziehung meist billig oder leicht zu erlangender Eideshelfer, frei schwören konnte, war die einfache Behauptung, auf frevelhaften Angriff in Notwehr getötet zu haben, sehr leicht zu beschwören [206a]). Man verlangte daher, falls Notwehr behauptet wurde, zur völligen Entlastung mehr.

Wer auf Notwehr mit Erfolg sich berufen wollte, mußte z. B. selbst irgendeine Wunde am eigenen Körper aufzeigen können oder[206b]) nachweisen, daß er eine Anzahl Schritte zurückgewichen sei[207]). Die voll erwiesene Notwehr zog dann aber keinerlei Strafe nach sich.

§ 57. Der in Italien weit früher als in Deutschland zur Geltung kommende römisch-kanonische Inquisitionsprozeß bedurfte solcher starrer die Notwehr einengender Präsumtionen nicht [208]). Sie werden daher gelegentlich von den Juristen verworfen und finden sich nicht in den städtischen Statuten Italiens. Der Ausdruck »*Defensio*«, »*Se defendendo*« bezeichnet dabei nunmehr die erlaubte Abwehr, die freilich auch wohl in Konsequenz der Tradition des altgermanischen Racherechts in Fällen ange-

---

wehr eines schweren Verbrechens) unterschieden. *Blackstone*, *Commentaries* 4 S. 186

[206a]) Das Bemuhen, die Verwandten des Erschlagenen zu begutigen und so die Fehde und Rache zuruckzudrängen, gab ubrigens oft zu einer Praxis Anlaß, welche in vielen Fallen zweifelloser Notwehr gleichwohl die Verpflichtung zur Zahlung der Privatbuße aussprach; vgl. *Köstlin* S. 80, *Knapp*, Das alte Nürnberger Kriminalrecht S. 33.

[206b]) Bamberger Recht ed. *Zopfl* § 158. Dagegen die italienische Doktrin vgl. *Bonifacius de Vitalinis*, *Rubr. de insultu* n. 9. »*Non debet quis expectare se prius percuti, quam ipse percutiat.*«

[207]) Schwabisches Landrecht (*Lassberg*) Art. 79. In einem Konstanzer Falle von 1443 wurde, weil das Zuruckweichen um drei Schritte nicht als erwiesen angenommen war, der Beklagte wegen Totschlags enthauptet. *Osenbruggen*, Alemannisches Strafrecht S. 153.

[208]) *Kohler*, Strafr. d. italien. Statuten S. 210 ff. besonders S. 213. Die »*Conjecturae*« bei *Aretinus* (*Rubr. Et dictus Titius se defendendo*; vgl. besonders n. 14) haben nur die Bedeutung von Indizien.

nommen wurde, in denen der Angegriffene über die Abwehr hinausgegangen war. Die gelehrte Jurisprudenz, sofern sie nicht Statutarrecht zu berücksichtigen hatte, bezeichnete als Defensio eine Verletzung des Angreifers, bei welcher der Angegriffene weiter als notwendig gegangen war und Straflosigkeit deshalb nicht stattfand, als »*Moderamen inculpatae tutelae*«[208a]) dagegen die innerhalb der nötigen Schranken sich haltende wirkliche, wenngleich mit Tötung des Angreifers verbundene, straflose Notwehr.[209])

So finden wir die Notwehr in der italienischen Jurisprudenz in weitem Umfange anerkannt; auch als Notwehr zum Schutz der Ehre und als Eigentumsnotwehr, wenngleich zuweilen unter dem Einflusse kanonischer Schriftsteller, welche Tötung zum Schutz des Eigentums als Sünde betrachteten, die Eigentumsnotwehr als unzulässig bezeichnet, von manchen auch Unersetzlichkeit,[209a]) von einzelnen ein nicht zu geringer Wert des Eigentumsobjekts gefordert wurde.[209b])

§ 58. Die CCC. 139—144 sodann, zum Teil fast wörtlich aus *Aretinus* schöpfend, hob in energischer Weise jene partikularrechtlichen Beschränkungen auf, insbesondere den schon von *Aretinus* bekämpften Satz, daß der Abwehrende erst geschlagen (verwundet) sein müsse, bevor er den Angreifer töte.[209c]) Eigentumsnotwehr wird in Art. 150 Abs. 2 anerkannt.[209d]) Eine allgemeine

---

208a) Dieser im Juristenlatein technisch gewordene Ausdruck ist entnommen der L. C. *unde vi* 8, 4 *Impp. Diocletianus et Maximianus* ... „*Recte possidenti ad defendendam possessionem, quam sine vitio tenebat, inculpatae tutelae moderatione illatam vim propulsare licet*" a. 290.

209) *Gandinus, Rubr. de defensionibus a reo faciendis* n. 8. *Aretinus* a. a. O. n. 7. Später *Clarus, Homicidium* n. 25—36.

209a) In Beziehung auf unbewegliche Sachen wurde Notwehr unbeschränkt für zulässig gehalten (vgl. *Baldus, ad L. 1 C. de locato* 4, 65) — wohl auf Grund der römischen Quellenstellen über die Verteidigung des Besitzes.

209b) Vgl. über die Ansichten der Italiener im allgemeinen *Seeger* S. 386 ff. Keineswegs aber verlangten alle Italiener (vgl. *Aretinus, Rubr. Et dictus Titius* n. 9) Unersetzlichkeit der Schutzobjekte. Bei unbeweglichen Sachen forderte niemand Unersetzlichkeit — wegen der bestimmten Aussprüche der römischen Quellen, welche dabei sogar unverzügliche Gewaltanwendung zur Wiedererlangung gewaltsam entzogenen Besitzes für zulässig erklären. Später sagt *Clarus (Homicidium* n. 25), die Zulässigkeit der Eigentumsnotwehr sei „*Communis opinio.*"

209c) Aus Bamberg. Art. 165, die hier hinzufügt „als etlich unverstendig lewt meynen."

209d) Eigentümlich und dem älteren deutschen Rechte wenig entsprechend erscheint in CCC. die Voraussetzung, daß der Angegriffene „on ferlichkeit oder verletzung seines leibs, lebens, ehr und guten leumuts nicht entweichen" könne. Es sollten aber wohl improvisierte Zweikämpfe nicht als Notwehr ausgegeben werden,

Lehre der Notwehr konnte nicht wohl gegeben werden, da diese sich auch bei den Italienern der Renaissance nicht findet. Ebenso wie diese behandelt die CCC. die Notwehr als einen Fall erlaubter Tötung. *Carpzov* (*Pr. qu.* 32) [209e]) und *Damhouder* (c. 56) erklären später sich bestimmt für Zulässigkeit auch der Eigentumsnotwehr; *Carpzov* mit genauer Unterscheidung der einzelnen möglichen Fälle.

Von einer philosophischen Begründung ist, wenn nicht die Berufung auf die Zitate aus den römischen Quellen gelten soll, bei den Italienern und bei *Carpzov* nicht zu reden. Bemerkenswert ist nur der Ausdruck, daß weder Kaiser noch Papst das Recht der Notwehr beschränken könne,[210]) wie denn das *Jus naturae*, aus welchem die Notwehr abgeleitet wurde, überhaupt als der Einwirkung des Gesetzgebers entzogen angesehen wurde, und *Carpzov* sagt auch, wer Notwehr übe, sei weit entfernt zu sündigen; er erfülle vielmehr eine Pflicht gegen sich selbst und das Gemeinwesen. [211])

§ 59. Tiefer erfaßt dagegen die Notwehr *Grotius*.[212]) Sogleich bei Beginn seiner Erörterung bemerkt er, das Recht der Verteidigung sei ein unmittelbar gegebenes Recht; es gründe sich nicht auf *Peccatum* (Unrechtswillen) der Angreifenden, und so entscheidet er die noch heute nicht erledigte Streitfrage, ob es Notwehr auch gegen schuldlose Personen gebe, unbedenklich im bejahenden Sinne. Zwar spricht er nicht von Geisteskranken, wohl aber von Personen, die sich im Irrtum befinden, und die Begründung seiner Entscheidung trifft ohne weiteres die gesamte Streitfrage.[213]) Mit sicherem Takte weiß er moralische Anforderungen von rechtlichen Voraussetzungen, bloße Straflosigkeit von einem wirklichen Rechte zu sondern. *Grotius* behandelt aber das Strafrecht eigentlich nur vom Standpunkte

---

und man hat es mit dem Erfordernis des Fliehens in Theorie und Praxis nicht streng genommen, z. B. bei *Milites*, nicht selten auch bei Adligen usw. die Verpflichtung zur Flucht verneint.

[209e]) *Carpzovs* Vorgänger *Berlich (Concl.* IV. 12 und 13) stellt etwas weniger mannhafte Grundsätze auf.

[210]) Qu. 28 n. 7 unter Berufung auf *Hippolitus de Marsiliis* § *Quoniam* n. 76 und *Farinacius qu.* 125 n. 12. Vgl. auch *Baldus* in *Leg. ult.* D. 1, 1.

[211]) Qu. 28 n. 11.

[212]) *De jure belli ac pacis* II, 1 §§ 3—15.

[213]) Vgl. § 10 n. 2 § 14.

des von ihm angenommenen *Status naturalis*, da er nur untersuchen will, inwiefern den seiner Ansicht nach im *Status naturalis* befindlichen Staaten ein Strafrecht und Verteidigungs- oder Angriffsrecht zukomme, obschon er mehrfach seine Beweisgründe auch dem positiven Rechte des *Status civilis* entnimmt, in welchem die Menschen im Staate leben. Genau betrachtet haben wir hier schon eine allgemeine Notwehrlehre, obschon nur von Rechtfertigung einer Tötung in Notwehr die Rede ist. *Pufendorfs*[214]) längere und auf Einzelheiten genauer eingehende Erörterung will die Notwehr sowohl im *Status civilis* wie im *Status naturalis* erörtern. Aber abgesehen von dem Satze, daß im *Status civilis* »*Violenta defensio*« nur gestattet sei, wenn die Obrigkeit zur Zeit und am Orte des Angriffs Hilfe nicht bringe (§ 4), kommt *Pufendorf* für den *Status civilis* zu denselben Ergebnissen, welche er dem *Status naturalis* für entsprechend erachtet. Es ist doch, wenn auch besondere Gründe für die einzelnen Fälle geltend gemacht werden, die alte Grundanschauung maßgebend, daß die Notwehr auf dem *Jus naturae* beruhe und aus der Notwendigkeit der Behauptung des Rechts folge, daher auch Geltung im *Status civilis* und im positiven Rechte fordern könne. Notwehr wird somit von *Pufendorf* im weiten Umfange, auch als Eigentums- und Ehrennotwehr, für gerechtfertigt erklärt.[215])

§ 60. Aber dem absoluten Beamtenstaate des XVIII. Jahrhunderts und ebenso der flachen Nützlichkeitsphilosophie, welche zugleich Moral und Recht genauer zu unterscheiden verlernte und etwa bis zum Auftreten *Kants* im XVIII. Jahrhundert in Deutschland herrschte, entsprach ein so ausgedehntes Notwehrrecht nicht. Es schien mit der Omnipotenz des Staates nicht verträglich und dem Staate selbst gefährlich. Konnte es auch für nützlich gehalten werden, daß die Verteidigung ersetzbarer oder gar nur geringfügiger Güter mit schwerer Verletzung eines anderen erkauft werde?[216]) Ist Notwehr wirklich ein Recht oder nicht

---

[214]) *De jure naturae et gentium Lib.* II *cap.* V *(De defensione sui).*

[215]) Interessant ist, daß *Pufendorf* die Frage, ob nur ein *Peccatum* (ein Unrechtswille) auf seiten des Angreifenden Notwehr auf seiten des Angegriffenen begründe, in demselben Sinne wie *Grotius* entscheidet, diese Entscheidung aber ausdrücklich (§ V) auf den Angriff durch Wahnsinnige und Nachtwandler erstreckt.

[216]) Theorie der Verhältnismäßigkeit von Abwehr, d. h. der in der Abwehr zulässigen Verletzung des Angreifenden — und Wert des zu schützenden Gutes.

vielmehr eine nur entschuldigte Handlung, entschuldigt nur soweit, als man von dem durch einen Angriff Bedrohten billigerweise nicht verlangen kann, die Hilfe des Staates (der Obrigkeit) abzuwarten? Und drängt nicht auch die systematische Stellung, welche Notwehr und Notstand als verwandt erscheinen läßt, zu der Auffassung der Notwehr als einer bloßen Entschuldigung?[216a]) Die Kommentatoren der CCC. halten zwar an deren Bestimmung. Indes beschränkt *Kress* im Gegensatz zu *Carpzov* die Eigentumsnotwehr mannigfach und unter Hervorhebung der Frage, ob auch Tötung erlaubt sei. In gewissem Maße gilt dies auch von *Boehmer* [216b]). Kompendien gehen weiter in der Beschränkung der Notwehr. *Koch* (§§ 447 ff.) verlangt z. B. einen unvorhergesehenen Angriff und einen sehr schweren bei dem Angriff drohenden Nachteil; *Tittmann* 1 § 167 (dessen Handb. schon in der ersten Ausgabe allerdings dem Anfang des XIX. Jahrhunderts angehört) Unersetzlichkeit des drohenden Nachteils, wenn der Angriff in einer Weise abgewehrt werden soll, welche ein unersetzliches Gut des Angreifenden schädigt, und derselbe Schriftsteller betrachtet die Notwehr zugleich als eine zurechnungslose Handlung, indem er die Notwehrhandlung in Verbindung bringt mit einer erzwungenen und daher einen Notstand begründenden Handlung (1 § 98).

Den Polizeistaat und zugleich ein Konglomerat der erwähnten Nützlichkeitsphilosopheme darstellende, die Notwehr unnatürlich beschränkende Vorschriften enthält aber das preußische Allgem. Landr. [217]) Notwehr soll nur zulässig sein „wenn die obrigkeitliche Hilfe die Beleidigung [218]) weder abwenden noch den vorigen Zustand wiederherstellen kann, und dabei muß das zur Abwendung des Schadens gewählte Mittel mit dem

---

[216a]) Zu CCC. art. 140 §§ 3 und 4. Bei unbeweglichen Sachen soll Notwehr mit Tötung des Angreifenden, falls dieser nicht mit Waffen versehen ist, nicht zulässig sein, weil unbewegliche Sachen stets wiedererlangt werden können.

[216b]) II, 20 §§ 518. 524. Dazu kommen noch besondere Vorschriften uber Schutz des sog. Hausrechts durch Notwehr.

[217]) *Geyer*, Notwehr S. 156 bemerkt, das Recht der Notwehr sei diesen Bestimmungen zufolge ein Chamäleon. Merkwürdigerweise erblickte *Hälschner*, Preuß. Strafr. (1. S. 251) in dieser Notwehrlehre ein Verdienst der Redaktion des preuß. ALR., weil hier die Lehre von der Notwehr aus den Banden der Lehre von der Tötung gelöst sei. Dieser geringe systematische Fortschritt dürfte aber der großartigen Konfusion gegenuber nicht in Betracht kommen.

[218]) Beleidigung bedeutet hier Schädigung.

Schaden selbst, welcher durch die Notwehr abgewendet werden soll, im Verhältnis stehen. Sodann bestimmt § 523: „Solange der Angegriffene sich ohne seine Gefahr dem Angriff des anderen zu entziehen vermag, ist er zu dessen lebensgefährlicher Beschädigung nicht berechtigt.“ [219])

§ 61. Die übrigen deutschen Gesetzbücher hielten sich von solchen Verirrungen ungeachtet der in Lehrbüchern vorkommenden Unklarheiten frei. So die österreichische Gesetzgebung, zunächst das in der Fassung allerdings nicht korrekte Gesetzbuch Josefs II. (§ 96).

Nur ist es wohl Einwirkung einerseits der Tendenzen des Polizeistaates, [220]) andererseits irriger Theorie, welche das Notwehrrecht als eine Gabe der Staatsgewalt betrachtete, daß die Notwehr an die praktisch freilich wenig bedeutende Voraussetzung gebunden wurde, es sei obrigkeitliche Hilfe nicht rechtzeitig zu erlangen gewesen. Die Notwehr wurde nunmehr aber überall unter die Sätze des allgemeinen Teils aufgenommen, [221]) also ausdrücklich anerkannt, was übrigens selbstverständlich war, daß in Notwehr nicht nur Tötung, sondern auch mindere Verletzung des Angreifenden und dessen Güter gerechtfertigt sei. [222])

§ 62. Der Richtung der Gesetzgebung, die Notwehr von ängstlichen oder aus flachen Nützlichkeitserwägungen gefolgerten Beschränkungen zu befreien, war günstig der Einfluß der Rechtsphilosophie *Hegels*. [223]) Da diese das Unrecht als etwas Nichtiges

---

[219]) Also zu minderer Beschädigung berechtigt! Vgl. darüber *Geyer*, Notwehr S. 152.

[220]) An diesen erinnert auch das in den Gesetzbüchern für Bayern (1813) Württemberg, Hannover vorkommende, in späteren Gesetzbüchern weggelassene Gebot der Anzeige einer in Notwehr geschehenen Tötung oder Verwundung bei der Obrigkeit.

[221]) Eine in dieser Beziehung rückständige Ausnahme ist die systematische Behandlung der Notwehr im Braunschweigischen GB. §§ 167 ff. Übrigens enthält auch der Code pénal im Art. 328 nur eine Bestimmung über die Straflosigkeit von Tötung und Körperverletzung in »*légitime défense*«, indem er zugleich zwei Beispiele solcher *Défense* hinzufügt: 1. gegen nächtliche Einbrecher; 2. gegen Personen, die gewaltsam Diebstahle ausführen. Dies hat der französischen Jurisprudenz genügt zur Aufstellung einer vollständigen Theorie der Notwehr, die um so rationeller gestaltet werden konnte, als eine Definition der »*légitime défense*« vom Gesetze nicht gegeben ist. *Ortolan* **1** n. 435 ff.

[222]) Vgl. auch österreichisches StGB. § 2 g.

[223]) Grundlinien der Philosophie des Rechts; herausgeg. von *Gans*, § 82

(d. h. unter allen Umständen nicht zu Duldendes) bezeichnete, so ergab sich, daß zur Verteidigung jedes, auch eines geringfügigen von der Rechtsordnung zu schützenden Gutes Notwehr zulässig war, daß der Angriff, der durch Notwehr abgewendet werden sollte, ein unvorhergesehener nicht zu sein brauchte, daß eine Verpflichtung zur Flucht niemandem auferlegt werden, daß nur die Verletzung nicht hinausgehen durfte über dasjenige, was zur Abwehr wirklich erforderlich war.

So gelangte auch aus zutreffenden Erwägungen das preußische StGB. zu den einfachen im deutschen StGB. § 53 im wesentlichen beibehaltenen Sätzen: [224])

> „§ 41. Ein Verbrechen oder Vergehen [224a]) ist nicht vorhanden, wenn die Tat durch (die) Notwehr geboten war. Notwehr ist diejenige Verteidigung, welche erforderlich ist, um einen gegenwärtigen, rechtswidrigen Angriff von sich (selbst) oder [224b]) anderen abzuwenden. Der Notwehr ist gleich zu achten [224c]), wenn der Täter nur aus Bestürzung [224d]), Furcht oder Schrecken über die Grenzen der Verteidigung hinausgegangen ist". [225]) [226])

Sachlich stimmen überein, wenngleich weitläufiger in der Fassung und einzelne Fälle ausdrücklich zugunsten der Notwehr Übenden entscheidend, die Strafgesetzbücher für Sachsen Art. 91 und Bayern (1861) Art. 72. Das BGB. § 227 hat die Definition des StGB. beibehalten, aber in richtiger allgemeiner, auch für das Zivilrecht geltender Fassung die in Notwehr erfolgende Handlung für „nicht widerrechtlich" erklärt.

Die Theorie [226a]) folgte ebenfalls überwiegend dieser richtigen, wenngleich nicht ganz richtig ausgedrückten Auffassung, obschon es an Betretung von Irrwegen nicht durchaus fehlte. Wenn *Zöpfl* die Notwehrhandlung als eine vom Rechte nur geduldete, entschuldigte Handlung betrachten wollte, da im Notstand, wie

---

[224]) *Goltdammer*, Materialien 1 S. 360. 370. 417. 425.
[224a]) Deutsches StGB.: „Eine strafbare Handlung ist ...".
[224b]) Deutsches StGB.: „einem Anderen".
[224c]) Deutsches StGB.: „Die Überschreitung der Notwehr ist nicht strafbar."
[224d]) Deutsches StGB.: „in Bestürzung".
[225]) Die eingeklammerten Worte fehlen im Deutschen StGB.
[226]) Der in beiden Gesetzbüchern einen Fall entschuldigten Exzesses betreffende Schlußsatz des Paragraphen kommt vorläufig nicht in Betracht.
[226a]) Vgl. z. B. *Heffter*, Lehrb. § 41 ff.

Fichte gelehrt hatte, die Rechtsordnung überhaupt aufhöre, so glaubte *Geyer* auf der *Herbart*schen Rechtsphilosophie fußend, die Notwehr als Vergeltung auffassen zu sollen, die den Angreifenden deshalb treffe, weil er Streit erhebe, der Streit aber mißfalle. Nun ist Vergeltung auch eine Art Abwehr, aber nicht sowohl dem unmittelbar drohenden, sondern dem in Zukunft bevorstehenden Angriffe gegenüber, und sobald irgend ein Staatswesen vorhanden ist, sind Vergeltung wie Abwehr durchaus zu unterscheiden, und nicht einzusehen ist, weshalb der Staat dem einzelnen die Vergeltung gegen ein Minderes (gegen die bloße Gefährdung) einräumen, dagegen bei der wirklichen Verletzung versagen soll.[227]) Es ist indes möglich, dieser, so wie sie aufgestellt wurde, irrigen Theorie eine Wendung zu geben, welche sie geeignet macht, einen wichtigen Punkt in der Lehre von der Notwehr aufzuklären.

§ 63. Mit dem preußischen, dem sächsischen, dem neuen bayerischen und dem deutschen StGB. war die Lehre von der Notwehr zu einem Ruhepunkte gelangt. Nur die Eigentumsnotwehr verursachte Zweifel, sofern sie erlaubte, erforderlichenfalls zum Schutze eines geringfügigen Gegenstandes schwerste Verletzung vorzunehmen. (Sollte es erlaubt sein, auf jemanden zu schießen, der im Begriff ist, einige Äpfel von einem Baume zu entwenden, wenn auf andere Weise diese Entwendung im Augenblick nicht zu verhindern ist?) Dieser Zustand befriedigter Ruhe wurde erschüttert im letzten Dezennium des XIX. Jahrhunderts. *Berner* war schon 1861 in seinem den Notstand behandelnden Programme von der Annahme einer gewissen Rangordnung der Rechte ausgegangen; Leben und körperliche Integrität sollten insbesondere dem Eigentume vorgehen und demnach derjenige, der sein Leben, seine körperliche Unversehrtheit nur auf Kosten des Eigentums eines anderen zu retten imstande ist, nicht nur entschuldigt, sondern zu dieser Handlung berechtigt sein, so daß der Eigentümer ihm gegenüber zum Widerstande nicht berechtigt erschien. Diesen Gedanken[227a]) gab der auch in

[227]) Trefflich widerlegt ist diese Theorie von *Glaser*. Kl. Schriften **1** S. 185 ff. — Die schwächliche Rechtstheorie *Herbarts*, welcher ein legislativ nur sekundäres Moment — die Vermeidung von Streit — zum Grundprinzip der Rechtsordnung erhebt, wird wohl schwerlich noch Anhänger finden.

[227a]) Dafür z. B. auch *Buri* GS. **80** S. 461.

dieser Beziehung vielfach beifällig aufgenommene [228]) Entwurf des neuen norwegischen StGB. allgemeinere Bedeutung; der abzuwendende Schaden sollte, um Straflosigkeit zu bewirken, auch bei der Notwehr im Verhältnis stehen zu dem Schaden, der dem Angreifenden zugefügt wurde, [229]) und großen Eindruck machte in dieser Richtung die Ausführung *R. Merkels*, daß auch sonst schon vielfach im Rechte im Falle einer Kollision das mindere Interesse dem überwiegenden weichen müsse. So entstand und wurde als *de lege ferenda* unumgänglich empfohlen der Begriff des Notrechts, und das BGB. nahm ihn auf. Dadurch wurde zugleich der Unterschied zwischen Notwehr und Notstand stark verwischt; denn wie gegen Notwehr Widerstand nicht straflos ist, der den Notwehr Übenden verletzt, so mußte nunmehr auch gegen den im Notstande Befindlichen solcher Widerstand unzulässig sein (ja das Recht des Notstandes mußte noch die weitere Folge haben, daß man die im Notstande geübte Handlung zu dulden verpflichtet werde).

Dazu kam die allgemeine Rechtstheorie, welche das gesamte Recht in eine Summe von Verboten und Geboten auflöst: die Abwehr zurechnungsunfähiger Personen konnte hiernach nur als Notstand betrachtet werden, und doch war nicht zu verkennen, daß diese Abwehr im Notstande sich nur wenig von der Notwehr gegen zurechnungsunfähige Personen unterscheiden konnte.

So ist denn eine neueste Theorie [229a]) dazu gelangt, Notwehr und Notstand nicht mehr, wie es der geschichtlichen Entwicklung entspricht, völlig getrennt, sondern, ausgehend von dem Begriffe der Not, die Notwehr als besonderen Fall des Notstandes zu behandeln.

---

[228]) So von *Lammasch*, Zeitschr. **14** S. 508, der hierin einen Sieg ethischer Prinzipien über die abstrakt logische Konsequenz der herrschenden juristischen Theorie und der meisten Gesetzgebungen erblickt. Vgl. auch *Bittl*, Motive zum norweg. StGB. S. 133 ff.

[229]) Die „Totschlagsmoral" — ein von *Geyer* (*Holtzendorffs* Hdb. **4** S. 94) zuerst gebrauchter Ausdruck — welche erlaube, jemanden wegen eines geringfugigen Eigentumsobjektes in Notwehr zu toten, konnte so aus dem Gesetze entfernt werden.

[229a]) Vgl. besonders scharf: *Liepmann*, Einleitung S. 183. „Die schwerste Unterlassungssunde, die dem Burgerlichen Gesetzbuche in dieser Materie zuzurechnen ist, besteht darin, daß das Notwehrrecht nicht den gleichen Bestimmungen unterstellt ist wie der Notstand" Meiner Ansicht besteht der Fehler darin, daß Abwehr gegen Sachen nicht, der einfachen und naturlichen Ansicht entsprechend, prinzipiell — mit den von selbst sich ergebenden Modifikationen, vgl. unten — als Fall der Notwehr aufgefaßt ist.

Indes sind die Vertreter dieser neuesten Theorie weit entfernt von Übereinstimmung, selbst in wichtigen Fragen. Während z. B. *Gr. Dohna* die Proportionalität der Rechtsgüter vertritt, aber S. 130 den Rechtsgrund der Notstandshandlung in der Gefahr, dagegen den Rechtsgrund der Notwehr in dem böswilligen Eingriff in fremdes Recht findet, geht umgekehrt *Ferneck* [230]) von der prinzipiellen Zusammengehörigkeit von Notstand und Notwehr aus, so daß auch für die Notwehr nicht das Unrecht des Angreifenden, sondern die Not den Rechtsgrund bildet, während er auf das schärfste [231]) die Kollisionstheorie bekämpft, der zufolge das Gut von geringerem Werte den vom größeren Werte im Falle einer Kollision (Not) geopfert werden solle. Damit verwirft er zugleich das Notrecht im eigentlichen Sinne (S. 40), wie denn auch ein Notwehr r e c h t nicht anzuerkennen sei (S. 152). Dagegen werden von *Ferneck* die Probleme von Notstand und Notwehr auf das psychische Gebiet verschoben: es soll darauf ankommen, ob man dem im Notstand Befindlichen zumuten darf, die drohende Schädigung zu ertragen — wobei eine gewisse Strenge im Interesse der Unverbrüchlichkeit des Gesetzes erforderlich sein soll — und andererseits, ob man von dem in Notwehr Befindlichen (böswillige Angriffe Abwehrenden) noch sagen könne, daß er im Interesse der allgemeinen Rechtsordnung innerhalb der Drohung, welche in der Zulassung der Notwehr durch das Gesetz liegt, energische Abwehr (Vergeltung) übe (S. 128). Notstandshandlung und Notwehr seien aber böswillige Angriffe nicht. Folglich gebe es Notwehr weder gegen erstere noch gegen letztere.

§ 64. Fragt man aber, nach welchen Merkmalen die erlaubte Notwehr sich von der unerlaubten Gewaltanwendung unterscheide, so kann die Antwort, soll sie allgemein gegeben und nicht lediglich, wie in *Ferneck*s Ausführung geschieht, durch Beispiele illustriert werden, nur dahinlauten, daß in Notwehr wie im Notstande derjenige richtig (rechtmäßig) handelt, der wie der Durchschnittsmensch handelt, und damit sind wir angelangt

---

[230]) **2** S. 131 „Zusammengehorigkeit von Notstand und Notwehr, die S. 153 als „fundamental" charakterisiert wird. Daselbst „Der boswillige Angriff andert nichts an der inneren Beschaffenheit der Nothandlung". Nur aus „opportunistischen Grunden" sei bei Notwehrhandlungen „energische Abwehr" zugelassen.

[231]) **2** S. 47ff.

bei der einfacheren Lösung des Problems, welche *Berolzheimer* [232]) gibt. Notstands- wie Notwehrshandlung sind nach der Ansicht *Berolzheimers* soweit zulässig, als sie der Durchschnittsmensch vornehmen würde, als sie mit anderen Worten nicht Betätigung einer verbrecherischen Persönlichkeit sind. Für diese Auffassung wird zugleich geltend gemacht die im deutschen StGB. wie in anderen Gesetzbüchern anerkannte Straflosigkeit eines in Bestürzung oder Schrecken über den Angriff begangenen Exzesses der Notwehr, eine Bestimmung, die sich nur dadurch erklären lasse, daß der Durchschnittsmensch in Schrecken oder Bestürzung nicht immer die Grenzen der Abwehr innehalten werde.

Unleugbar sind diese neuen Auffassungs- und Lösungsversuche geistvoll und bestechend, und wie sich zeigen wird, bringen sie Momente, die zur Beleuchtung des Problems nach der einen oder anderen Seite wie zur Lösung einzelner Unterfragen beitragen. Dennoch sind sie im Prinzip abzulehnen.

Zunächst widerspricht solche prinzipielle Zusammenfassung und in der Hauptsache auch Gleichstellung von Notstand und Notwehr der geschichtlichen Entwicklung, und will man entgegnen, daß diese Entwicklung die Trennung gleichsam wie eine Eierschale jetzt abzustreifen habe, so ist solche Entgegnung dadurch zu widerlegen, daß der unbefangene Laie zwar unbedenklich sich berechtigt hält, einen durch nichts gerechtfertigten Angriff wenn nötig mit recht fühlbarer Gewalt zurückzuweisen, daß er aber keineswegs glauben wird, er könne in jedem Notfalle des Nachbars Gut selbst gewaltsam sich aneignen oder auch ohne weiteres nur gebrauchen, oder daß der A es ruhig hinnehmen müsse, wenn ein beliebiger X in seiner, des A, Abwesenheit gewaltsam dessen Wohnung erbräche und durchsuchte, um ein Medikament darin zu finden, dessen Gebrauch seinem, des X, wirklich (oder vermeintlich?)[233]) lebensgefährlich erkrankten Kinde nötig wäre. Die Äußerung, daß jemand sich gegen diesen oder jenen Eingriff in sein Recht energisch wehren werde, ist eine alltäglich vorkommende. Damit brüstet man sich sogar.

---

[232]) Rechts- und Wirtschaftsphilosophie 5 S. 85—89.

[233]) Wer, der nicht Arzt ist, will den einen Fall vom anderen sogleich immer richtig unterscheiden?

In Beziehung auf Notstand kommen dergleichen Äußerungen nur vor, wenn von Polizeiübertretungen oder ganz geringfügigen Rechtsverletzungen die Rede ist. Differenzen aber, die in solcher Weise hervortreten, gehören noch nicht ins Altertumsmuseum.

Not bei Notwehr und Not im Notstande haben auch keineswegs dieselbe Bedeutung. Der Millionär, dem auf einsamem Wege ein entsprungener Sträfling mit drohend erhobenem Knüppel Geld und Uhr abfordert, befindet sich zweifellos in Notwehr, wenn er, dem Angreifer zuvorkommend, diesen niederschlägt. Ist diese Not dieselbe, welche jemanden entschuldigt, dritte Personen tödlich zu verletzen, oder berechtigt, fremdes, ihn nicht im geringsten bedrohendes Eigentum der Vernichtung preis zu geben?

Die praktische Konsequenz dieser neuesten Theorie aber ist die Reduktion der gesamten Lehre von der Notwehr wie vom Notstande auf Entscheidung nach einem unbegrenzten richterlichen Ermessen. Eine Rangordnung der verschiedensten Lebensgüter existiert zwar — aber auch nur so, daß für gewisse Fälle das der Regel nach höher eingeschätzte Gut doch weniger gewertet wird, als ein im allgemeinen minder gewertetes — für den Gesetzgeber, insofern er verschuldete Verletzungen der Lebensgüter mit schwereren oder minder schweren Strafen bedroht. Aber für das Individuum und dessen Handlungsweise kann solche abstrakte Bewertung (verhältnismäßige Schätzung) keine Gültigkeit beanspruchen: hier muß die konkrete Lebenslage entscheiden, d. h. im Ergebnis das richterliche Ermessen. Kann sich aber der in Notwehr Befindliche, also zum raschen Handeln Gedrängte sogleich vorstellen, wie der Richter über die konkrete Sachlage denken wird? Die Wertung verschiedener Lebensgüter ist individuell äußerst verschieden, und nun gar die Bewertung der an eine drohende Verletzung sich knüpfenden möglichen Folgen (z. B. einer Wunde)! Bei solcher Abwägung der Verhältnismäßigkeit trägt wer Notwehr übt meist unermeßliche Gefahr ungerechter Verurteilung; denn gerade bei Notwehr sind scharfe bestimmte Rechtssätze Bedürfnis, während beim Notstande unbestimmtere Normen oder weniger leicht erkennbare, weniger sich fühlbar machende erträglicher sind. Und dabei entscheidet das richterliche Ermessen nicht etwa nur über die Frage, ob ein Exzeß der Notwehr begangen sei, sondern über die Frage, ob überhaupt von Notwehr die Rede sein könne. In kleinen Staaten mit einfachen Verhältnissen mag man mit solchem richterlichen Ermessen auskommen; aber wenn die Anschauungen in verschiedenen Volksklassen weit auseinander gehen über die Wertschätzung verschiedener Lebensgüter, dürfte solch unbegrenztes Ermessen schlimme Wirkungen haben.

§ 65. In Wahrheit gründet sich aber die Notwehr auf die dem Rechte immanente und nicht zu unterdrückende Tendenz, das Objekt des Rechtes gegen jede nicht berechtigte Verletzung angreifender Menschen oder Sachen zu schützen; sofern diese Menschen oder Sachen nicht selbst irgend einen rechtlichen Schutz genießen, auch ohne besondere Veranlassung (Not) und ohne Schranken der Abwehr; dagegen nur unter besonderer Veranlassung und begrenzt, wenn der Angriff von Personen oder Sachen ausgeht, die selbst von der Rechtsordnung geschützt sind und nun von der verletzenden Abwehr getroffen werden. Aus der dem Rechte immanenten Abwehrkraft aber erwächst die Rechtsordnung selbst. Abwehr ist das U r r e c h t , welches jedes zugleich als Zustand erscheinende Recht begleitet.[233a]) Daher haben die Römer die Notwehr zum *Jus naturae* gerechnet. Es ist also hier nicht eine Konstruktion des überwundenen Naturrechts vergangener Jahrhunderte zu erblicken, und man kann nicht behaupten, daß, da jedes Recht erst durch den Staat gegeben werde, es sich mit dem Rechte der Notwehr ebenso verhalte. Es handelt sich hier nicht um einen Naturzustand der Menschen, der nur in der Vorstellung, nicht in der Wirklichkeit existiert hätte,[234]) vielmehr um eine reale Erscheinung, die man bei der Bildung nordamerikanischer Staaten nach-

[233a]) In diesem Sinne auch *Ahsbahs* S. 41.

[234]) Diese Einwendung erhebt *Berolzheimer* a. a. O. S. 86. — Übrigens sollte man die Arbeiten der früheren Naturrechtslehrer nicht allzu geringschätzig behandeln, wenngleich manche platte und wertlose darunter ist. Genau betrachtet, ist der *Status naturalis* nur die Etikette für Erörterungen *de lege ferenda*, wobei die Ausgangspunkte allerdings häufig dem positiven Rechte recht fern genommen und deshalb die Konsequenzen und Ergebnisse irrig und willkürlich werden oder gar albern erscheinen. Gerade in der Lehre vom Notstande aber war das nicht selten verspottete Naturrecht *Chr. Wolffs* gar nicht so weit entfernt von der modernsten Theorie unserer Tage. Vgl. unten.

weisen kann, und die überall da eingetreten sein wird, wo das Gemeinwesen nicht aus einer einzigen Familie hervorgegangen ist, die unter der Herrschaft eines einzigen Oberhauptes sich zum Staat erweiterte. Zuerst üben die einzelnen für sich Abwehr gegen feindliche Angriffe, leisten aber auch den Nachbarn Hilfe bei solcher Abwehr in der richtigen Überzeugung, damit nicht minder für die eigene Sicherheit zu sorgen. Und dann beginnt die organisierte Abwehr, der Keim des Staates, der die Abwehr der einzelnen wirksamer ersetzt, aber auch beschränkt, da unbeschränkte Abwehr durch die einzelnen in der allmählich zahlreicheren und zu inneren Konflikten mehr Anlaß gebenden Genossenschaft dieser selbst gefährlich werden müßte. [234a])

Aber als ein Stück und Überrest der ursprünglichen Abwehr durch die einzelnen ragt in jeder auch der kompliziertesten Rechtsordnung und Organisation die Notwehr hervor; denn dieser Überrest ist unentbehrlich.

[234a]) Die Notwehr ist das bedrohte angegriffene Recht selbst im Kampfe, wie auch das Klagrecht nur das Recht selbst in dem durch den Prozeß geordneten Kampfe darstellt. Wie im Prozesse die Staatsgewalt das Recht schützt, so in der Notwehr die Kraft des einzelnen. Die herrschende Ansicht erblickt also richtig in der Notwehr einen Rechtsausübungsakt (*Alberti* S. 5), und unrichtig ist daher die Auffassung, welche die Notwehr für ein besonderes, neben dem angegriffenen oder bedrohten Rechte gewährtes selbständiges Rechtsverteidigungsrecht erklärt (so *Ahsbahs* S. 55). Es ist kein Beweis für die letztere neu aufgestellte Auffassung, daß Notwehr auch dann stattfindet, wenn der Angriff die Ausübung des Rechtes zurzeit gerade unmöglich macht — z. B. man befreit sich erst durch Notwehrhandlung von einer widerrechtlichen Freiheitsberaubung — denn jedes Recht ruht letztlich in der Person, und so ist eigentlich mit der Rechtsverletzung auch die Person selbst mitgetroffen. Alles, was die Person befugterweise unternimmt, um das Recht zu schützen, ist auch Ausübung des angegriffenen Rechts (wenn auch zugleich unter Umständen Ausübung eines anderen Rechtes).

Dahin gehört zweifellos auch der Schutz der Person gegen unberechtigte Zufügung eines Seelenschmerzes durch positive Nichtachtung des jedem innewohnenden Selbstgefühles (Schutz gegen Ehrverletzung). Dahin gehört aber auch jetzt der Schutz immaterieller Rechte, welche als unmittelbare Annexe der Person anzusehen sind. So hält *Schollmeyer* S. 11 Notwehr gegen mißbräuchliche Benutzung eines Namens für möglich und *Elzbacher* (Deutsche Juristenzeitung 1905, 240) bemerkt: „Beginnt jemand in Gegenwart eines Schriftstellers mit öffentlichen Mitteilungen über dessen noch unveröffentlichtes Werk, so kann dieser dagegen Notwehr üben." Einem fremden Besitzrechte gegenüber muß aber rationellerweise der Schutz immaterieller Rechte durch Notwehr nachstehen. Hier würde Notwehr gegen Notwehr stehen — was hier allein möglich ist, weil das eine Recht, sich an eine körperliche Sache anschließend, materieller Natur, das andere immateriell ist. Der Rechtsordnung ist aber der Schutz des wirklichen Besitzes wichtiger als der Schutz sog. immaterieller Rechte mannigfacher Art, ohne welche die Rechtsordnung recht lange Zeit bestanden hat. Was würde daraus werden, wenn, wie *Elzbacher* es vertritt, ein Komponist z. B. eine wirklich (oder vermeintlich) unberechtigte Musikaufführung mit Gewalt, z. B. durch Wegnahme der Noten-

§ 66. Der Schutz, den die Rechtsordnung durch die staatlichen Organe gewähren kann, muß zunächst außer der Unversehrtheit der Personen und dem, was dieser Unversehrtheit nach den geltenden, aber im Laufe der Zeit sich in einzelnen Beziehungen modifizierenden Rechtsanschauungen gleichgestellt wird (mit ihr untrennbar verbunden erscheint), dem derzeitigen Besitzstande gelten. Aber gerade in diesen Beziehungen versagt er in der überwiegenden Mehrzahl der Fälle, weil er meist zu spät kommen und zugleich absolut unzureichend sein würde. Daher muß die Abwehr durch die einzelnen als zulässig, ja als notwendig anerkannt werden. Und daß der augenblickliche zu einer gewissen Ruhe gelangte Zustand allgemein respektiert werde, bis ihn etwa der Staat (die Rechtsordnung) selbst nach Untersuchung der Sache für rechtswidrig erklärt, ist für den Staat selbst von allergrößtem Interesse. Weil der Staat, allein auf seine Organe angewiesen, den Schutz nicht eisten könnte, würde bei Verbot der Abwehr durch die interessierten Personen selbst sofort das Chaos hereinbrechen, und zwar um so mehr, als vor den Gerichten des Staats selbst im Vorteil se n muß, wer den augenblicklichen Besitzstand zu seinem Vorteil verändert hat. Wenn also die Notwehr um der Unversehrtheit der Personen, also der einzelnen wegen, nötig ist, so ist sie des Besitzstandes wegen noch mehr für die Gesamtheit nötig; [236]) denn der einzelne braucht nicht gerade durch den Verlust eines Eigentumsobjekts, das er oft auch durch die Gerichte des Staates wiedererlangen kann, in Not zu geraten. Die Abwehr der einzelnen muß aber, während die Hilfe des Staates langsamer waltet, schnell wirksam sein, eben weil sie erhalten und nicht erst wieder herstellen soll. Es ist also begreiflich, daß sie regelmäßig weit weniger schonend ist, als das Eingreifen des Staates in der Zivilrechtspflege: sie kann gegen den Angreifenden alles tun, was

---

hefte der Musiker zu hindern berechtigt (bezw. deshalb entschuldigt) wäre? Wer von dem Erfordernis des ruhigen Zustandes bei Notwehr absehen will, sanktioniert das Faustrecht. Wozu gibt es denn einstweilige prozessuale Verfugungen? Und bei der Verletzung immaterieller Rechte wird meist die drohende Strafe und Schadenersatzklage weit wirksamer sein, als der unsichere Weg der Gewalt, wobei oft jeder Teil sich *bona fide* das Recht zuschreiben kann.

[236]) Daher darf prinzipiell — gerade im öffentlichen Interesse — die Möglichkeit des Ersatzes über die Zulässigkeit der Eigentumsnotwehr nicht entscheiden.

nötig ist, ihn sofort davon abzuhalten, die Person zu schädigen oder den augenblicklichen Besitzstand zu ändern.

Die Abwehr wird also häufig, wenn der Angriff selbst gefährlich oder auch nur hartnäckig ist, mit einer schweren Schädigung des Angreifenden enden, also einer Vergeltung äußerlich ähneln, obschon sie dies durchaus nicht wirklich sein darf,[236]) und so wirkt die Möglichkeit auch prävenierend. Ja man kann behaupten, daß diese aus dem Begriff und dem Wesen der Notwehr dialektisch nicht abzuleitende Nebenwirkung [237]) praktisch besonders wichtig ist. Ernsthaft in Betracht kommende Notwehr wird verhältnismäßig wenig geübt, weil jedermann, der Neigung hat, die Güter anderer zu verletzen, regelmäßig energische Abwehr zu befürchten hat. Auch aus diesem Grunde ist die Notwehr für die Aufrechterhaltung der Rechtsordnung von unermeßlicher Bedeutung, willkürliche oder ängstliche Beschränkung der Notwehr dagegen höchst nachteilig. Daher hatte *Carpzov* recht, wenn er die Übung der Notwehr als einen dem Gemeinwesen geleisteten Dienst bezeichnete.

§ 67. Durchaus anders verhält es sich mit dem Notstande. Ob A oder B das Opfer eines Zufalls wird, ob das Eigentum des X oder des Y beschädigt oder vernichtet wird, ist für die allgemeine Rechtsordnung nicht von Interesse. Es ist für diese — freilich nicht für den Inbegriff der ökonomischen Werte im Staate — ebenfalls gleichgültig, ob der A, der in Gefahr sich befindet, ein wertvolles Vermögensstück zu verlieren, dieses auf Kosten eines minderwertigen Vermögensstückes des B rettet. Ja es kann für den idealen Bestand der Rechtsordnung, für die Unverbrüchlichkeit ihrer Normen besser sein, daß A diese Rettungshandlung nicht vornehme. Die Achtung vor dem Gesetz, ja der gesamte Volkscharakter muß sinken, wenn jeder den Schaden, der ihn zunächst trifft, auf andere abzulenken vom Gesetze selbst autorisiert wird. Das ist moralische Dekadenz, die, wenn das Volk sich erst daran gewöhnt hat, nach und nach im gesamten

---

[236]) Denn die Vergeltung in der modifizierten Form der Strafe, der öffentlichen Mißbilligung ist ausschließliche Funktion des Staates geworden und muß dies sein.

[237]) Gut hervorgehoben von *Ferneck* S. 126.

Staats- und Volksleben — auch in anderen Lebenslagen, welche das Gesetz unmittelbar nicht berührt — sich bemerklich machen muß. Vom Standpunkte der allgemeinen Rechtsordnung also die Notstandshandlungen betrachtend, muß man wünschen, daß Verletzungen allgemeiner Rechtsgebote, wie Verletzungen der Güter anderer im Notstande nicht zu leicht genommen werden;[238]) und der Moral entspricht es gewiß nicht immer, im Notfalle einen eigenen größeren Schaden durch Herbeiführung eines geringeren Schadens anderer abzuwenden. Außerdem wird, falls es sich nur um den Verlust einzelner Eigentumsobjekte von nicht außerordentlichem Werte oder besonders großer Bedeutung für den Betroffenen handelt, unbefangene Auffassung überhaupt nicht von einem Notstande reden, obschon untergeordnete Polizeigebote in dem Sinne ausgelegt werden müssen, daß sie auch einmal nicht beobachtet zu werden brauchen, wenn ihre Beobachtung mit einem nennenswerten Nachteil verbunden sein würde.[238a]) Not im Sinne der Notwehr und Not im Sinne des Notstandes, wie schon bemerkt, ist nicht ganz dasselbe.

Hiernach ist die althergebrachte Lehre, welche, Notwehr und Notstand streng unterscheidend, beide als besondere koordinierte Fälle betrachtet, durch die Angriffe neuerer Theorien keineswegs erschüttert.[239]) Letztere sind vielmehr im Prinzip irrig, und so sehr man insbesondere in *Ferneck*s Lehre treffende Einzelausführrungen und insbesondere die Kritik der objektiven Kollisionstheorie anzuerkennen Grund hat, so wenig ist doch *Ferneck*s Theorie geeignet, genügend sichere Grundsätze für

---

[238]) In diesem Sinne auch *Endemann*, Lehrb. des bürgerlichen Rechts (8. Aufl.) 1 S. 85 Anm. 8 und *Ferneck* S. 64 und S. 118. Es ist nur schade, daß die hier einschlagenden treffenden Bemerkungen *Fernecks* mit den von ihm aufgestellten Prinzipien durchaus nicht übereinstimmen und daher, wenn letztere Geltung erlangen sollten, praktisch bedeutungslos werden, nur gut gemeinte, aber nicht beobachtete Mahnungen sein würden. —

[238a]) Z. B. mag man einen verbotenen Weg einschlagen, wenn der sonst freistehende Weg durch Erdarbeiten gefährlich zu passieren ist. Vgl. über die französische Praxis in dieser Hinsicht *Garrand* **6** n. 2774.

[239]) Gegen die Unterordnung der Notwehr unter den Notstandsbegriff auch: *Bähr* S. 17. Vgl. ebenso die systematische Behandlung beider Materien in der neuesten Auflage des Lehrbuchs von *Liszt* §§ 33, 34; *Binding* §§ 75, 76; *Meyer-Allfeld* §§ 39, 40; übrigens auch *Berolzheimer*, Die Entgeltung S. 2, obwohl er schließlich praktisch Notwehr und Notstand nach dem gleichen Prinzipe behandelt.

die Notwehr zu entwickeln. Vielmehr läuft alles hinaus auf ein verschwommenes richterliches Ermessen, gleich gefahrvoll für den einzelnen, wie für die Rechtsordnung, und dies ist leicht erklärlich. Das Verhalten der Menschen im Notstande, sowohl desjenigen, der in Not sich befindet, wie desjenigen, auf dessen Kosten die Not des anderen beseitigt werden darf, ist weniger durch das Recht, mehr durch die Moral richtig zu bestimmen. Eine Theorie, die ausgehend vom Notstande die Grundsätze der Notwehr rechtlich entwickeln will, muß — man darf dies mit Sicherheit aussagen — auf den Abweg geraten, statt der Notwehr die dieser nötigen bestimmten Rechtssätze zu liefern, sich mit verschwommenen Grundsätzen der Moral zu begnügen. Diese freilich wird sie geneigt sein als die allein richtigen deshalb zu verkünden, weil bei solcher Unbestimmtheit jeder die größte Freiheit hat, jeden einzelnen Fall lediglich nach seinem — selbstverständlich richtigen — Gutdünken zu entscheiden.

§ 68. Das StGB. erfordert, im Anschluß an die früheren Gesetzbücher, wie an die seit langer Zeit gängige Theorie für die Notwehr einen Angriff, ein Erfordernis, das in eine Reihe ausländischer Gesetze übergegangen ist.[240]) Der Ausdruck schränkt aber, wenn man ihn wörtlich nimmt, die Notwehr zu sehr ein. Er paßt genau für unmittelbar drohende Verletzungen der Person oder erst bevorstehende Eingriffe in den Besitzstand; er paßt dagegen nicht für bereits vollzogene, aber fortdauernde Eingriffe in einen demungeachtet fortbestehenden Besitz, Eingriffe, gegen die ihrer Natur nach gleichwohl rechtlicher Schutz erforderlich ist;[241]) er paßt endlich nicht für Hinderungen in dem Gebrauche allgemeiner Rechtsbefugnisse, bei welchen zwar

[240]) Der Ausdruck „Angriff" ist schon seit langer Zeit in der deutschen Gesetzessprache eingeburgert, wenngleich in älteren Gesetzbüchern neben dem Angriffe zuweilen noch andere Veranlassungen der Notwehr aufgefuhrt werden. Vgl. bayerisches StGB. von 1813 Art. 125, württembergisches Art. 102. — Andere Veranlassungen erwähnen nicht: ungarisches StGB. § 79, bulgarisches Art. 45, norwegisches StGB. § 48, Vorentwurf eines schweizerischen StGB. Art. 24, japanisches StGB. von 1907 § 36. Der *Code pénal* spricht dagegen nicht von Angriff, sondern verlangt nur »*légitime défense*«, das italienische GB. Art. 41 spricht von Abwehr einer »*Violenza*«.

[241]) Richtig RG. II. 30./9. 84, Rs. 6 S. 577. „Unter „Angriff" versteht das Gesetz das Vorgehen einer Person, welche einen Eingriff in die Rechtssphäre einer anderen Person zum Gegenstande hat."

nicht von einem Besitznotstande gesprochen werden kann, wohl aber von einem ruhigen Besitzstande der Gesamtheit, welche darauf rechnet, daß jedermann ohne in Betracht kommende Störung eine im Besitze der Gesamtheit stehende Sache, z. B. einen öffentlichen Weg, benutzen könne.[242])

Der Ausdruck „Angriff" muß also in einem weiteren Sinne genommen werden, wie dies auch kaum bezweifelt wird. Aber eine völlig zutreffende Definition ist nicht leicht zu geben.[242a]) Ich möchte als Angriff im Sinne des Notwehrrechts sagen: Angriff ist das Verhalten einer Person oder Sache,[242b]) welches unmittelbar mögliche Verletzung oder Beeinträchtigung droht entweder einer Person in ihrer Unversehrtheit oder der aus der Persönlichkeit selbst abzuleitenden Rechte oder eines ruhigen Besitzstandes.[243]) Man wird nicht einmal fordern dürfen, daß das Subjekt des Angriffs im Augenblick gerade tätig sei. *Alberti* macht hier mit Recht auf folgende Fälle aufmerksam. Ein Geisteskranker hat in einer Versammlung soeben auf jemanden geschossen; jetzt hat er sich beruhigt, ist aber noch im Besitz des geladenen Revolvers. Soll man ihm diesen nicht kraft Notwehr nehmen dürfen? Oder ein gefährliches Raubtier ist aus der Menagerie entsprungen; im Augenblick liegt es ruhig am Wege; aber es kann sich plötzlich auf wehrlose vorübergehende Personen stürzen. Darf, wenn man annimmt, daß das Eigentum des Menageriebesitzers noch nicht erloschen sei, also nicht unbeschränkt wie gegen wilde Tiere in der Freiheit vorgegangen werden kann, ein Jäger das Tier nicht in Ausübung der Notwehr für das Publikum durch einen Schuß unschädlich machen? Von dem Erfordernis, daß die Schädigung u n m i t t e l b a r

---

[242]) Versperrt jemand z. B. völlig widerrechtlich einen öffentlichen Weg. so kann m. E. das Hindernis von denjenigen, welche den Weg benutzen wollen. gegen den Willen desjenigen weggeräumt werden. der das Hindernis errichtet hat, und widersetzt er sich persönlich, so kann gegen ihn auch Gewalt gebraucht werden.

[242a]) Vgl. darüber *Titze* S. 77.

[242b]) Nach unserer gegenwärtigen, durch das BGB. § 228 bestimmten legalen Terminologie wird man allerdings *de lege lata* nicht mehr von einem Angriffe durch leblose Sachen reden dürfen, ja nach der herrschenden Ansicht nicht einmal — entgegen einem unzweifelhaften Sprachgebrauche — von einem Angriffe durch Tiere, vielleicht nur von einer Gefahrdung durch Sachen mit Einschluß der Tiere.

[243]) *Ahsbahs* S. 11 möchte das Wort Angriff, wie im BGB. § 228 durch G e f a h r ersetzen. Aber eine Gefahr kann auch in Zukunft drohen und gegen in Zukunft nur in Aussicht stehende Gefahren gibt es weder Notwehr- noch Notstandsbefugnisse.

drohen müsse, darf aber nicht abgegangen werden.[243a]) Notwehr gegen erst zukünftig drohende Ereignisse würde zu den schlimmsten Eingriffen in fremdes Gut führen. Das in Zweifelsfällen entscheidende Kriterium muß sein: ist die Möglichkeit nicht allzuweit entfernt, daß inzwischen durch eine mehr schonende Handlung (oder wenn ein Schaden durch Sachen oder Tiere droht, durch Eingreifen des Eigentümers) die Schädigung vermieden werde? Wer übrigens sich zu sehr an den Wortlaut „Angriff" hält, gelangt zu Fehlergebnissen. Einerseits scheint ein Angriff ein lebendes Wesen als Subjekt und andererseits eine wahrnehmbare Aktivität eines solchen Wesens vorauszusetzen. So gelangt man zu einer Ablehnung der Notwehr gegen Sachen, welche doch insofern irrationell ist, als die Notwehr objektiv vom Standpunkte des Angegriffenen zu beurteilen ist, dem es zur Erhaltung seiner Güter gleich ist, ob die diesem drohende Sache sich selbständig in Bewegung setzt oder auf Antrieb von Menschen, und so gelangt die herrschende Ansicht auch irrigerweise dahin zu leugnen, daß ein Angriff auch in einer Unterlassung bestehen könne.[243b]) Indes wo Tätigkeit zur Beseitigung eines die Rechtssphäre eines anderen tatsächlich störenden Zustandes Pflicht ist, kann Untätigkeit sehr wohl als Angriff angesehen werden. Oder soll man nicht Notwehr in Form des sogenannten Hausrechts gebrauchen dürfen? Z. B. jemandem ist bei einem starken Gewitterschauer Einlaß in ein Haus gewährt worden. Nachdem das Unwetter aufgehört hat, bleibt er trotz der Weisung, sich jetzt zu entfernen, und erklärt, nachts im Hausflur schlafen zu wollen.[244]) Es genügt, wie oben dar-

[243a]) Daher ist auch BGB. § 228, obschon es nicht ausdrücklich gesagt ist, in dem Sinne zu verstehen, daß nur eine gegenwärtige Gefahr zu der Abwehrhandlung berechtigt (so auch *Planck*, Komm. zu § 228 Anm. 1, 6, anders dagegen z. B. *Fischer-Henle*, Bürgerliches Gesetzbuch zu § 228 Anm. sowie *Staudinger* und *Minz* S. 30).

[243b]) *Olshausen* zu § 53 Anm. 5; *Frank* § 53 I; *Schollmeyer* S. 5; *Binding*, Handb. 1 S. 726, RG. III 19./6. 89 E. **19** Nr. 86 S. 298 in den Entscheidungsgründen S. 299 (die Entscheidung selbst hing ab von der Auffassung des Besitzrechtes des Mieters nach abgelaufener Mietszeit gegenüber dem Eigentümer). Im Sinne des Textes aber *Alberti* S. 18. Vgl. auch *Kohler* in *Jherings* Jahrbüchern **25** S. 29. Soll man etwa gegen den (wahnsinnigen) Lokomotivführer, der die Maschine in rasendem gefahrbringenden Laufe nicht hemmen, gegen den Katakombenführer, der uns in unbekannten unterirdischen Gängen verlassen will, nicht Notwehr gebrauchen können?

[244]) Vgl. im Sinne des Textes die englisch-nordamerikanische Praxis *Wharton* 1 S. 624. Vorherige Aufforderung zum Verlassen des Hauses ist allerdings nötig,

gelegt worden ist, rationellerweise zur Anwendung der Notwehr, daß ein ruhiger Besitzstand tatsächlich gestört werde. Gewalt im strengen Sinne ist nicht erforderlich. Es dürfte sich, falls man die auf dem Worte „Angriff" ruhende Definition der Notwehr überhaupt beibehalten will, empfehlen, dem Worte „Angriff" hinzuzufügen „oder eine einem Angriffe gleichzusetzende tatsächliche Störung des Besitzstandes oder des Gebrauches allgemeiner, jedermann zustehender Befugnisse".[244a])

§ 69. Wie aus dem Gesagten hervorgeht, ist das, was man unter „Angriff" zu verstehen hat, auch abhängig von demjenigen, was durch Privatgewalt geschützt werden soll. Daher kann ich Notwehr nicht ausüben in Beziehung auf Sachen, an denen mir ein Besitzrecht nicht zusteht.[245]) An dem von mir innegehabten mit meiner Reisetasche belegten Platze im Eisenbahnwagen habe ich kein Besitzrecht irgendwelcher Art, obschon die Eisenbahnverwaltung mich in der Innehaltung dieses Platzes während der Dauer meiner Fahrzeit schützt. Setzt sich jemand, während ich beim Anhalten des Zuges ausgestiegen bin, meine Reisetasche beiseite schiebend, auf meinen Platz, so habe ich nicht das Recht

---

wenn jemand mit Erlaubnis des Berechtigten eingetreten ist. Daß man nicht sofort scharfe Mittel anwenden darf, versteht sich (nach dem unten zu erörternden Maße der Abwehr) von selbst.

[244a]) Damit waren Gefahrdungen lediglich durch leblose Sachen freilich ausgeschlossen.

[245]) *v. Tuhr* S. 46: „Notwehr zum Schutze des Vermögens ist immer Verteidigung des Besitzes". „Das Eigentum nur als solches kann nicht zur Notwehr, wohl aber zur Selbsthilfe berechtigen." Ebenso *Cosack*, Lehrb. des deutschen bürgerlichen Rechts **1** § 781a; *Neubecker*, Deutsche Juristenzeitung **5** Sp. 146ff. AM. *Alberti* S. 30. Das Ergebnis, daß nach dem BGB. der Eigentümer den Mieter nicht mittels Notwehr an selbst böswilligen Beschadigungen der vermieteten Sache hindern darf, ist freilich auffallend, aber eine Folge der in das BGB. aufgenommenen Theorie des Besitzes, welche das im romischen Rechte geltende System des Besitzes zugunsten des Detentors auf den Kopf gestellt hat. — Es wird aber der Ansicht *Neubeckers* nicht zuzustimmen sein, welche in § 854 Satz 2 des BGB. nicht einen nur besonders hervorgehobenen Fall der Notwehr erblickt und daher eine dem Besitzer zu leistende Hilfe nur dann gestatten will, wenn neben dem Besitze auch die Person des Besitzers angegriffen werde. — Der sog. Besitzdiener hat kein Besitzrecht, also auch kein Notwehrrecht bezüglich der in seiner Obhut oder Benutzung befindlichen Sachen des Besitzers gegen diesen, wohl aber gegen Dritte (BGB. 855). Vgl. *Schollmeyer* S. 12. *Schollmeyer* S. 13, 14 bemerkt (m. E. zutreffend), da der mittelbare Besitz ein Rechtsgut sei, so könne er auch durch Notwehr verteidigt werden. Aber bloße Storung des Besitzes treffe den mittelbaren Besitzer nicht, wohl aber Entziehung des Besitzes oder Zerstörung der Sache; denn damit würde auch der mittelbare Besitz genommen, gegen Entziehung des Besitzes und Zerstörung (wohl auch Beschädigung) habe der mittelbare Besitzer das Recht der Notwehr, d. h. gegen Dritte. (Allerdings bestritten.)

der Notwehr oder Selbsthilfe. Will aber ein anderer Fahrgast mich unter Gewaltanwendung von dem, einerlei wie erlangten, Platze entfernen, so habe ich das Recht der Notwehr, weil meine Person angegriffen wird. Ebenso kann ich Notwehr nicht üben in Beziehung auf Sachen, die zwar mein Eigentum sind, aber tatsächlich in meinem Besitze sich nicht oder nicht mehr befinden. Und eine physische Veränderung braucht der Angriff nicht zu enthalten oder zu drohen; aber bloße Belästigungen berechtigen nicht zur Notwehr, während wiederum, sobald die Belästigung Deliktscharakter[246]) annimmt, insbesondere zur Beleidigung wird, da dann Rechtswidrigkeit vorhanden ist, Notwehr gestattet sein muß. Von Notwehr kann noch weniger die Rede sein, wenn jemand einer übernommenen Verpflichtung, etwas zu unterlassen, entgegenhandelt,[246a]) z. B. der Verpflichtung im Nachbarhause das Musizieren zu unterlassen. Erfüllung einer Obligation ist nicht Erhaltung, vielmehr Erweiterung (Ergänzung) eines Zustandes.[246b]) Anders wiederum, wenn die Verpflichtung zu einem dinglichen Recht erhoben ist, an welchem nach Maßgabe des bürgerlichen Rechts ein Besitz möglich ist; z. B. enthält das dingliche Recht, einen bestimmten Weg über ein Grundstück zu nehmen, auch die Verpflichtung des Besitzers des dienenden Grundstücks, den Weg nicht zu sperren.[247]) [248])

Ist die Handlung, welche abgewehrt werden soll, eine strafbare, so wird ein unmittelbar bevorstehender Angriff regelmäßig

---

[246]) Ungeachtet der Zweikampf Delikt ist, kann aber im Zweikampfe nie eine die Regeln des Zweikampfes überschreitende Notwehr gestattet sein (so auch *Frank* S. 201, V). Im Zweikampfe erfolgende Verletzungen unterliegen einer besonderen privilegierten Bestrafung, ohne daß dabei Angriff und Abwehr unterschieden werden. Der physisch im Augenblicke Angreifende befindet sich also auch in Abwehr, und gegen Notwehr gibt es keine Notwehr.

[246a]) Gewaltanwendung und Sicherung oder Erfüllung einer Verpflichtung zu erlangen, ist daher nie Notwehr, sondern Selbsthilfe.

[246b]) *Alberti* S. 16. — Notwehr gibt es auch dann nicht, wenn der Schuldner die geschuldete Sache zu zerstören sich anschickt (so auch *Schollmeyer* S. 12). Möglicherweise könnte Selbsthilfe nach den Bestimmungen des BGB. gebraucht werden.

[247]) Vgl. jetzt BGB. §§ 1029, 859 und dazu den Kommentar von *Planck*.

[248]) Auch ein Unterlassungsdelikt im eigentlichen Sinne kann zugleich einen Eingriff in das Recht eines anderen enthalten, kommt aber für etwaige Notwehr nur wegen des letzteren in Betracht; der Deliktscharakter der Handlung kennzeichnet den mit der Unterlassung verbundenen Eingriff als einen rechtswidrigen. Vgl. oben Anm. 243.

anzunehmen sein, wenn der Angreifende bereits im Stadium des strafbaren Versuchs sich befindet. Absolut kann dies aber nicht entscheiden, zumal die Handlung, welche von dem Angreifenden beabsichtigt wird, gar nicht strafbar zu sein braucht, z. B. ein freches, dem Eigentümer und Besitzer der Sache höchst unangenehmes *Furtum usus*.

§ 70. Der Angriff muß, wie StGB. sagt, ein gegenwärtiger sein. Erst in Zukunft bevorstehende Angriffe können zur Notwehr nicht berechtigen. Ihre Verwirklichung ist zu ungewiß; selbst wenn sie angedroht sind, können Hindernisse die Verwirklichung ausschließen, während gewaltsame Abwehr schwere Schädigung herbeiführen kann. Übermäßige Furcht darf das Gesetz mit einem Privilegium der Straflosigkeit nicht ausstatten, und Notwehr ist allerdings, wenn ein wirklich schützender Staatsorganismus besteht, auf den Fall der Not, d. h. eines unmittelbar drohenden Übels einzuschränken. Die Gestattung schon jetzt wirksamer gewaltsamer Vorkehr gegen künftige Angriffe würde auch zu leicht zum Vorwande selbst böswilliger Verletzung genommen werden können. Man wird gewiß von dem Erfordernis der Gegenwärtigkeit des Angriffs in keiner Gesetzgebung Abstand nehmen wollen.[248a]) Allerdings kann darüber, ob ein Angriff ein gegenwärtiger ist, nur vernünftiges richterliches Ermessen entscheiden.[248b])

Der Angriff braucht, um Notwehr zu rechtfertigen, jedoch ein unvorhergesehener, unerwarteter nicht zu sein. Dies noch von den offiziellen Anmerkungen zum bayerischen GB. von 1813 vertretene Erfordernis sollte namentlich bedeuten, daß, wer einen rechtswidrigen Angriff vorhersah, sich diesem nicht aussetzen dürfe dadurch, daß er sich an den Ort begebe, wo der Angriff zu erwarten sei.[249]) Man gibt aber so dem Unrechte

---

[248a]) Gegen Anstiftung als solche gibt es, wie *Alberti* richtig bemerkt, keine Notwehr.

[248b]) Über Vorrichtungen, die erst in Zukunft ohne weitere Anregung des sich schützenden Eigentumers tätig werden sollen, vgl. unten.

[249]) Gegen dieses, z. B. noch von *Feuerbach* (Kritik des *Kleinschrod*schen Entwurfs in der Bibliothek für peinliche Rechtswissenschaft II, St. 3 S. 257) aufgestellte, später (Lehrb. § 38) aufgegebene Erfordernis richtig schon *Grattenauer* S. 79 ff.; bes. *Levita* S. 190; *Wessely* S. 67, 68; *Binding* Hdb. I S. 748. Vgl. auch *Berner*, Arch. d. Cr. 1848 S. 561. Es kann allerdings ein Gebot der Moral oder auch der Klugheit sein, einem vorhergesehenen Angriffe auszuweichen.

das Recht, die Bewegungsfreiheit anderer beliebig zu beschränken. Soll A den nächsten Weg nach seiner Wohnung nicht wählen dürfen, weil B erklärt, er werde ihn angreifen? Soll er deshalb versteckte Schleich- und Umwege nehmen, vielleicht gar nicht in seine Haustür eintreten, sondern über Mauern und Hecken klettern, um heimzukehren? Die Begründung, welche die zitierten Anmerkungen geben für jene irrige Ansicht, kommen darauf hinaus, daß Notwehr gegen einen provozierten Angriff nicht stattfinde, eine Ansicht, die erst unten gewürdigt werden kann. Sie ist aber auch dadurch zu rechtfertigen versucht worden, daß bei einem vorhergesehenen Angriffe man Schutz der Obrigkeit erlangen könne.[250]) Letzteres dürfte nicht immer der Fall sein; es ist aber außerdem (vgl. unten S. 191) unrichtig, daß Notwehr nicht stattfinde, wenn obrigkeitlicher Schutz möglich ist. Endlich kann jene irrige Ansicht auch aus der Annahme abgeleitet werden, daß Notwehr nur eine durch Not entschuldigte Handlung sei, welche gewissermaßen die Zurechnung aufhebe.[251]) Daß diese Auffassung der Notwehr grundfalsch ist, wird heutzutage niemand bestreiten; vielmehr kann Notwehr bei kältestem Blute geübt werden und seit längerer Zeit vorbereitet sein. Man kann gegen Einbrecher und Räuber sich mit Waffen versehen usw.

Andererseits kann nicht mehr von Abwehr, vielmehr nur von Vergeltung (Retorsion) die Rede sein, wenn die Verletzung, die der Angreifende zufügen wollte, schon geschehen ist, und etwaige Vergrößerung oder Wiederholung nicht in Aussicht steht, und ebenso, wenn bei einer Besitzentziehung wer angegriffen hat, bereits der unmittelbaren Gegenwehr oder Verfolgung des früheren Besitzers sich entzogen hat; denn nun genießt der erstere den Vorzug des tatsächlichen nicht durch Eigenmacht zu beeinträchtigenden Zustandes, sofern nicht Selbsthilfe gegen ihn stattfindet, die weiter reicht als Notwehr, aber meist an etwas verschiedene Voraussetzungen gebunden ist.

Indes der Umstand, daß strafrechtlich das Delikt des Angreifenden schon vollendet ist, wird Notwehr nicht immer ausschließen. Das durchaus rechtswidrige Hindernis in der Be-

---

[250]) So *Luden*, Abhandlung 2 S. 496 Anm.; *Breidenbach*, Kommentar zum hessischen GB. 1 S. 616.

[251]) Vgl. *Grolmann*, Lehrb. §§ 24, 25.

nutzung unserer Bewegungsfreiheit, in der Benutzung unseres Besitzes darf jederzeit beseitigt werden. Der Hausfriedensbruch kann strafrechtlich vollendet sein, und doch werde ich Notwehr (das sogenannte Hausrecht) gegen den Eindringling, der sich in meinen Wohnräumen aufhält, gebrauchen dürfen.[252]) Es befindet sich jemand noch in Notwehr, der dem Diebe nacheilt, um ihm die soeben entwendeten Sachen wieder abzunehmen.[253])

Der Angriff muß aber, wie unser Gesetz sagt, ein rechtswidriger sein. Dieser Ausdruck ist ungenau, insofern selbst eine Handlung einer zurechnungsfähigen Person zur Notwehr berechtigen kann, obschon diese Handlung, an und für sich betrachtet, noch keineswegs eine Rechtswidrigkeit zu enthalten braucht. Man versteht den Ausdruck aber dahin, daß er neben dem Falle einer in der Angriffshandlung selbst schon enthaltenen Rechtsverletzung (z. B. Wegreißen einer Sache) auch den Fall in sich begreift, daß der Angriff erst in eine Rechtsverletzung auslaufen soll.[253a]) Rechtswidrigkeit fehlt, wenn ein besonderes Recht die sonst rechtswidrige Handlung rechtfertigt, z. B. das Recht der Pfändung, der Selbsthilfe, das Recht, jemanden festzunehmen. Rechtmäßig ist aber auch die Notwehr; daher gibt es, wie allgemein anerkannt, Notwehr nicht gegen Notwehr, vielmehr nur gegen einen Exzeß der Notwehr. Ob und wieweit gegen Handlungen eines bloßen Notstandes Notwehr möglich ist, kann erst unten in der Lehre vom Notstande erörtert werden. Höchst kontrovers ist aber, ob der Angriff auch subjektiv dem Angreifenden als Rechtswidrigkeit muß zur Last gelegt werden können.[254])

---

[252]) Viele fruhere Gesetzbücher (vgl. z. B. bayerisches GB. von 1813 Art. 129, württembergisches 102, braunschweigisches 166, badisches 84, 3, hessisches 46, 3, nassauisches 43) lassen Notwehr scheinbar nur zu gegen widerrechtliches oder gewaltsames Eindringen in eine Wohnung.

[253]) StGB. S. 859 Satz 3 und früher ausdrücklich im hessischen StGB. als Selbstverteidigung bezeichnet. Vgl. *Alberti* S. 17.

[253a]) Vgl. *Ahsbahs* S. 20. Eine Unrechtsfolge im eigentlichen Sinne ist also die Notwehr keineswegs immer; aber auf solche rein dialektische Streitigkeiten möchte ich mich nicht weiter einlassen.

[254]) Fur Notwehr auch bei nur objektiver Rechtswidrigkeit: *Boehmer*, *Obs. ad Carpzovium qu* 28 n. 2; *Luden* S. 301; *Levita* S. 185; *Köstlin* S. 85; *Seeger*, Abhandlungen S. 401; *Wessely* S. 55; *Merkel* S. 163 (*Merkel* leugnet aber die Notwehr gegen Tiere); *Binding* 1 S. 739; *Olshausen* § 53, 6; *Liszt* § 33, 1a (der aber nach Maßgabe des BGB. keine Notwehr gegen Tiere annimmt); *Frank* § 52, 2; *Schollmeyer* S. 9 (der aber Notwehr nicht nur gegen leblose Sachen und Tiere,

§ 71. Nach dem oben (S. 9ff.) Gesagten muß es genügen, wenn der Angriff nur objektiv rechtswidrig ist: die Notwehr ist vom Standpunkte des Angegriffenen aus zu konstruieren. Oder soll die Mannschaft eines deutschen Schiffs gegen Wilde nur die beschränkten Befugnisse des Notstandes, nicht aber die umfassenden Befugnisse der Notwehr deshalb üben dürfen, weil jene Wilden durch unser Gesetz nicht gebunden, etwa gar nach ihrem Rechtsbewußtsein eine lobenswerte Handlung vorzunehmen glauben, wenn sie Fremde berauben und töten? Die moderne, aber als irrig bezeichnete Theorie, welche die Existenz einer nur objektiven Rechtswidrigkeit leugnet und insbesondere subjektive hier durch Abwehr zu verteidigende Rechte nur aus Verboten bestehen läßt, die an andere ergehen, muß konsequent subjektive Rechtswidrigkeit des Angriffes verlangen;[254a] sie gewährt damit demjenigen, der durch einen Wahnsinnigen, durch ein Tier, ja der durch einen in entschuldbarem tatsächlichen Irrtum handelnden Menschen angegriffen wird, nur das beschränkte Recht des Notstandes und kommt so zu seltsamen und unpraktischen, zu besonders befremdenden Ergebnissen, aber nach Maßgabe der Bestimmungen des Strafgesetzbuchs.[255]) Wir dürfen zwar einen Angehörigen im Sinne des § 52 des StGB., nicht aber einen uns begleitenden Freund durch Notwehr gegen den Angriff eines Wahnsinnigen verteidigen, und gelüstet es

---

sondern auch gegen in entschuldbarem Irrtum handelnde Zurechnungsfähige ausschließt — aus dem Grunde, daß sonst zurechnungsfähige Personen dem Abwehrenden gegenüber schlechter gestellt sein würden als Tiere); — *Finger* S. 388; *Alberti* S. 12ff. Es war dies auch die Ansicht der italienischen Juristen des Mittelalters (vgl. *Seeger* a. a. O.). — *Schleifenbaum* (vgl. bes. S. 27ff.) verlangt ebenfalls nur objektive Rechtswidrigkeit, findet dieselbe aber — inkonsequent — nur in einer Handlung, die wider ein gesetzliches Gebot oder Verbot verstößt und betrachtet dann wieder Angriffe, die von Zurechnungsunfähigen ausgehen, als Handlungen gegen gesetzliche Gebote bzw. Verbote (gegen solche Angriffe soll es also Notwehr geben, nicht aber gegen Angriffe durch Tiere).

Sächsisches Landrecht II, 62, § 2 bezeichnet die Tötung eines angreifenden Tieres als handeln „notweringe"; der Tötende „blift des ane wandel".

Subjektive Rechtswidrigkeit fordern, rechnen also die Abwehr hier zum Notstande: *Martin*, Lehrb. § 45; *Berner*, Arch. d. Cr. 1848 S. 542; *Hälschner* **1** S. 479; *Geyer* in *Holtzendorffs* Rechtslexikon „Notwehr"; *Schütze* S. 113; *Schwarze* § 53, 4; *H. Meyer* § 39 zu Anm. 14; *Stammler* S. 2; *Janka* S. 33.

[254a]) Vgl. im Sinne des Textes auch *Löffler*, Zeitschr. **21** S. 545 ff.; *Frank* § 53, I, 2.

[255]) Man kann Notwehr zugunsten jedermanns üben; die Befugnisse des Notstandes haben wir nur für uns selbst und für gewisse nahe Angehörige; nicht z. B. zugunsten eines uns begleitenden Freundes.

einem Wahnsinnigen, eine uns gehörige Sache von enormem Werte zu zerstören, so müssen wir dies ruhig geschehen lassen, wenn wir einsehen, daß wir die Zerstörung nur unter Verletzung des Wahnsinnigen hindern können: ja vielleicht dürfen wir den Wahnsinnigen nicht einmal herzhaft festhalten, falls wir uns nicht des Delikts der Nötigung schuldig machen wollen.

Löffler (S. 539 ff.) hat indes, sehr richtig hervorhebend, daß gegen Angriffe zurechnungsfähiger Personen die aus einem bloßen Notstande abzuleitenden Abwehrbefugnisse sich unzureichend erweisen, eine Mittelmeinung aufgestellt. Er unterscheidet Trutzwehr und einfache Notwehr. Trutzwehr, d. h. wenn nötig schonungslose Abwehr, bei der der Angegriffene keinen Zoll zu weichen brauche, soll stattfinden gegen Angriffe, die mit brutalem Rechtshohne erfolgen; einfache (schonende) Notwehr gegen Zurechnungsfähige, die aus Fahrlässigkeit einen Angriff ausführen, gegen Zurechnungsunfähige, gegen Tiere, wie gegen leblose Sachen: hier weicht man, wenn irgend möglich, dem Angriffe aus; hier verteidigt man nicht Kleinigkeiten durch scharfe Abwehr: aber wenn es sich um Wichtiges handelt, hat man auch hier das Recht wirklicher Notwehr, auch zugunsten anderer, nicht nur der Angehörigen. Wollte man auf die von Zurechnungsunfähigen ausgehenden Angriffe einfach die bisher für die Notwehr allgemein geltenden Sätze anwenden, so könnte jemand sogar den Angriff eines Wahnsinnigen provozieren, um den Angreifer sodann straflos zu töten.

Dies letzte Argument ist jedenfalls nicht anzuerkennen. Da der Wahnsinnige einen rechtlich in Betracht kommenden Willen, einen rechtswidrigen Angriff vorzunehmen, nicht hat, so ist der Provozierende mittelbarer Täter bei dem gegen ihn selbst erfolgenden Angriffe;[256]) sich selbst kann man aber in dem hier entscheidenden Sinne nicht angreifen; der Angriff des Wahnsinnigen gilt daher als solcher juristisch nicht, und was

---

[256]) Selbstverständlich gilt das im Text Gesagte auch von der Notwehr gegen Tiere. Daher beweist das Beispiel, das *R. Merkel* S. 8 zur Unterstützung seiner Polemik gegen solche Notwehr aufgestellt hat, nicht. Es ist vielmehr, wie *Oetker* S. 16 bemerkt, von *Merkel* unrichtig entschieden. Von zwei Strolchen reizt der eine meinen Bernhardiner so lange, bis er ihn anfällt, worauf der andere den Hund totschlagt. Hier ist nicht nur die Ersatzpflicht nicht zu verneinen, vielmehr sind beide Strolche als Mittäter bei doloser Sachbeschädigung strafbar.

allein übrig bleibt, ist der Mord des Wahnsinnigen, den der Mörder unter dem Vorwande der Notwehr begeht. Anders steht es freilich bei doloser Reizung einer zurechnungsfähigen Person.

Wegen völliger auch nach den individuellen Verhältnissen des Angegriffenen als Kleinigkeiten zu betrachtender Dinge aber findet nach der unten zu erörternden Begrenzung Notwehr durch erhebliche Verletzung nicht statt. Auch dies Argument trifft also nicht. Hauptsächlich aber steht der Unterscheidung von einfacher Notwehr und Trutzwehr entgegen, daß sie in verschwimmender Weise die Befugnisse der ersteren von den Befugnissen der letzteren unterscheidet. Was ist schonende und was ist nicht schonende Abwehr? Der einzige wirklich faßbare Unterschied ist möglichstes Ausweichen bei der einen Art der Abwehr, ein Ausweichen, das hier niemandem zur Unehre gereichen kann. Dieser Gedanke ist richtig, aber unzureichend, eine durchgreifende juristische Unterscheidung zu tragen. Die Sache verhält sich vielmehr folgendermaßen.

Der von einer zurechnungsunfähigen Person, einem Tiere ausgehende Angriff, wird häufig nur von einem rasch vorübergehenden Triebe getragen, während wir bei einer zurechnungsfähigen Person einen ernstlichen Willen voraussetzen dürfen. Die in ersterem Falle sich von selbst darbietende Abhilfe, einem schädigenden Zusammenstoße zu entgehen, ist also auszuweichen, zu versuchen, ob nicht jener unvernünftige Angriffswille oder Angriffs drang nachlassen werde.[256a]) Sobald sich aber herausstellt, daß dieser vernunftlose Wille ein hartnäckiger ist — und er kann sogar hartnäckiger sein, als der Wille eines Zurechnungsfähigen, z. B. ein bissiger Hund läßt durchaus nicht nach in seinem uns bedrohenden Zuspringen —,

---

[256a]) *Schleiffenbaum* meint, eine Gefahr, hinter der kein Wille stehe, sei keine Handlung, folglich auch Notwehr gegen dieselbe unmöglich. Er ist daher, da z. B. ein durch Zufall, ein aus dem Fenster stürzender auf uns herabfallender oder ein infolge Ausgleitens uns gefährdender Mensch doch nicht als Sache (vgl. BGB. § 228) behandelt werden könne (vgl. *Liszt*, Die Grenzgebiete zwischen Privatrecht und Strafe nach dem Entwurf des BGB. S. 12 und *Liszt*, Die Deliktsobligationen im System des BGB. 1898 S. 88) der Ansicht, daß hier eine „kleine Lücke" in der Selbstverteidigung von Gefahr vorliege. Aber der Behandlung willenloser Menschen als Sachen (vgl. allerdings Motive zum ersten Entwurf des BGB. 1 S. 352) bedarf es nicht, sobald man jeden die Rechtssphäre des Individuums gefährdenden Angriff, der von irgend einem Wesen oder Objekte ausgeht, das selbst unter dem Schutze des Rechts steht, als Notwehr behandelt.

müssen wir die Befugnisse schärfster Abwehr haben, ebenso wie gegen Angriffe, die von Zurechnungsfähigen ausgehen. Und diese Befugnisse müssen uns von Anfang an zustehen, wenn wir wissen, daß der Irre, der Hund, der uns angreift, ein höchst gefährliches in seinem Angriffe hartnäckiges Individuum ist. Andererseits fehlt aber solchem Angriffe jeder beleidigende Charakter; es ist keine Schädigung unseres Ansehens, wenn wir dem Angriffe eines völlig Trunkenen, eines Tieres eine Kleinigkeit unseres Besitzes opfern, während das dreiste Verlangen eines Zurechnungsfähigen (z. B. „Geben Sie mir sofort die schöne Rose!") schon eine Mißachtung unserer Persönlichkeit darstellen mag, ein Nachgeben hier also uns nicht zugemutet werden kann.

§ 72. Noch stärker wird sich meist der Unterschied zwischen dem dolosen Angriffe eines Zurechnungsfähigen und andererseits der Bedrohung durch eine leblose Sache, z. B. durch eine Maschine, ein führerloses Automobil gestalten. Die leblose Sache hat nicht einmal einen Willen im rein natürlichen Sinne; sie folgt rein physikalischen Gesetzen; sie wird nicht deshalb eine andere Richtung ihres Laufs einschlagen, weil wir nach einer anderen Richtung, um ihr zu entgehen, uns bewegen. Daher ist hier Ausweichen, Fortlaufen das zunächst gegebene Abwehrmittel, und niemand wird hierin, wie *Löffler* richtig hervorgehoben hat, etwas Ehrenrühriges entdecken können. Dies alles sind aber tatsächliche nicht immer zutreffende Unterschiede, die eine prinzipiell verschiedene Behandlung zu rechtfertigen nicht vermögen.

Findet aber Notwehr auch gegen leblose Sachen statt,[257]) so muß es, weil diese keinen Willen haben, auch gleich sein, ob die erste Quelle des Angriffs der Gefahr in ihnen selbst oder in anderen Sachen oder in Menschen liegt. Eine neuerdings [258]) mit Scharfsinn aufgestellte Frage erledigt sich danach unzweifelhaft in befriedigender Weise. A greift den B an, indem er zu diesem Angriffe die Sache (z. B. die Waffe) des C benutzt. Stellt

---

[257]) Vgl. dafur *Thibaut*, Pandekten § 561 und Archiv fur die zivilistische Praxis 8 S. 139ff. sowie *Tobler* S. 61ff. bes. S. 65 und *Kroner* S. 37, der nur der Notwehr gegen leblose Sachen einen anderen Namen (Selbstverteidigung) geben will, ebenso *Alberti* S. 15.

[258]) *Vigelius* S. 38.

man den Satz auf, daß Bedrohung durch eine leblose Sache oder noch mehr durch ein Tier nur Notstand, nicht Notwehr begründet, so hat B, wenn er die von A gebrauchte Waffe zerschlägt oder den auf ihn gehetzten Hund tötet, nur das Recht des Notstandes; er wird also besser tun — jedenfalls nach dem BGB. § 228, wenn er im Gebiete des BGB. handelt, um die heikle Frage der Verhältnismäßigkeit des durch Abwehr anzurichtenden Schadens und andererseits der eigenen Beschädigung zu vermeiden — [259]) den B selbst, als dessen Waffe oder Werkzeug oder Hund zu beschädigen, während das unmittelbare Gefühl und gesunder Menschenverstand uns sagen, daß verletzende Abwehr sich hier besser gegen eine Sache oder ein Tier, als gegen einen Menschen zu richten habe.[260]) Nach der Ansicht, welche Notwehr auch gegen Sachen gestattet, ergibt sich diese letztere Entscheidung unmittelbar, und zwar auch in dem Sinne, daß der Abwehrende Entschädigung für die etwa vernichtete angreifende Sache nicht zu leisten hat. Der Eigentümer dieser Sache kann sich als selbstverständlich an denjenigen halten, der diese Sache widerrechtlich benutzt hat.

Ein Seitenblick auf das Zivilrecht dürfte zugleich zur Bestätigung dienen. Nach L. 49 § 1 D. 9, 2 und L. 3 § 7 D. 47, 9 ist es gestattet, das Haus eines anderen niederzureißen, obschon nicht dieses selbst der ursprüngliche Herd eines unser Haus bedrohenden Brandes ist, sobald nur dringende Gefahr vorhanden ist, daß es als zwischenliegendes Gebäude den Brand vom ursprünglichen Herde auf unser Haus übertragen werde.[260a])

---

[259]) Um diese Frage besonders hervortreten zu lassen, kann das Beispiel leicht dahin modifiziert werden, daß B nicht selbst, sondern sein kleiner Hund oder eine ihm wertvolle Katze von der von A gehetzten mächtigen Dogge des C angefallen wird.

[260]) Es ist nur ein Aufgeben des Prinzips bzw. ein Sophisma, wenn gesagt wird, dadurch, daß der Angreifende Sachen eines Dritten zum Angreifen benutze, werde der Abwehrende berechtigt, seine Abwehr gegen die benutzte Sache zu richten, oder aber die Abwehr richte sich doch indirekt gegen den Angreifenden. Benutzt der Angreifende seine eigene Sache zum Angriffe, so kann freilich gesagt werden, die Notwehr dürfe sich selbstverständlich auch gegen die Angriffs m i t t e l richten (in diesem Sinne *Endemann*, Bürgerliches Recht 8. Aufl. 1 S. 85 Anm. 4). Anders aber, wenn die Zerstörung des Mittels einen anderen unschuldigen Eigentümer trifft, oder sollte die Abwehr sich in e r s t e r L i n i e auch gegen eine dritte unschuldige Person richten durfen, die der Angreifer A benutzt (indem er z. B. im Begriff steht, sie auf den B gewaltsam hinzustoßen, um den B auf die Eisenbahnschienen vor eine herankommende Lokomotive zu werfen)?

[260a]) L. 7 § 4 D. 43, 24 verneint allerdings die Verpflichtung zum Schadenersatze n u r unter der Voraussetzung, daß die Obrigkeit das Niederreißen der

§ 73. Widerrechtlichkeit des Angriffs wird zweifellos nicht ausgeschlossen dadurch, daß der Angreifende dem Strafgesetze überhaupt oder dem Strafgesetze des Ortes der Handlung nicht unterworfen ist. Dies wird auch von denjenigen anerkannt, welche subjektives Unrecht des Angreifenden als Erfordernis der Notwehr aufstellen. Die Strafbarkeit des rechtswidrigen Angriffs kommt, wie schon bemerkt, nicht in Betracht. Auch gegen einen Souverän, gegen exterritoriale Personen ist daher Notwehr möglich.[261]) Ob gegen Berufsäußerungen von Mitgliedern gesetzgebender Versammlungen, hängt von der Auffassung dieses Privilegs ab. Nach dem oben Bd. 1 S. 241ff. Dargelegten muß die Möglichkeit der Notwehr gegen Berufsäußerungen von Parlamentmitgliedern verneint werden. Der Verletzte genießt aber bei einer Abwehr das Privileg im berechtigten Interesse in der Presse zu entgegnen, und da es sich nur um Verletzungen durch öffentlich kundgegebene Worte

---

zwischenliegenden Gebäude gestattet habe, oder daß bewiesen werde, das zwischen liegende Gebäude wurde, wenn nicht durch Niederreißen, so doch durch den Brand zerstört sein. — Genau betrachtet, muß aber die letztere Voraussetzung, wie für die Handlung einer Privatperson, so auch für die Anordnung oder Gestattung seitens der Obrigkeit gelten. Die Obrigkeit hat nur die Präsumtion richtigen Handelns für sich. Der Privatmann muß beweisen, daß das Feuer das zwischenliegende Gebäude auch ergriffen haben wurde, oder es muß letzteres wirklich der Fall gewesen sein (»*pervenisset*«), wenn auch das Zwischengebäude durch das Feuer nicht völlig zerstört und daher durch das Niederreißen ein Schaden wirklich entstanden sein würde. Die bisherigen Versuche, den Ausspruch des *Servius* in L. § 4 cit. mit der Ansicht *Ulpians* und *Celsus* zu vereinigen (*Binding*, Normen 2 S. 293; *Stammler* S. 64; *Tuhr* S. 58ff.) oder die Ansicht des *Servius* als antiquitiert zu bezeichnen, scheinen mir zu übersehen, daß das »*pervenisset*« des Feuers zu dem zwischenliegenden Gebäude noch nicht die völlige Zerstörung zu bedeuten braucht, daß also das Niederreißen immerhin noch einen Schaden verursacht haben kann, wenn das Feuer das Zwischengebäude erreichte. Im Ergebnisse stimmt mit mir überein *Thibaut*, Arch. für die zivil. Praxis a. a. O.

[261]) *Liszt* § 33, 1a; *Olshausen* § 53, 6; *Frank* 53, I; *Finger* S. 386. — *Binding* 1 S. 738, *Olshausen* und *Doehn* (Zeitschr. 21 S. 522) halten Notwehr gegen den Souverän selbst wegen dessen Unverletzlichkeit für unzulässig. Aber diese Bedeutung hat dieser Ausdruck nicht. Es ist damit nur gemeint persönliche strafrechtliche Unverantwortlichkeit und Exemtion von jedem durch die Staatsgewalt auszuübenden Zwange. Auch fremde Gesandte sind, wie das Völkerrecht sagt, unverletzlich; aber Notwehr kann unzweifelhaft gegen sie geübt werden. — Deutsch wäre jene Annahme auch sicher nicht (vgl. Sächsisches Landrecht III, 78, § 6), ebensowenig aber der italienischen Jurisprudenz des späteren Mittelalters und der Renaissance entsprechend, wie denn *Clarus* § 110 Homicidium n. 29 ausdrücklich sogar hervorhebt, daß man Pabst und Kaiser in Notwehr töten dürfe, *Carpzov* aber wenigstens sagt, Notwehr könne geubt werden »*absque personarum respectu*« (qu. 28 n. 6). Die Versagung der Notwehr erniedrigt den Menschen zum Sklaven, zur Sache gegenüber demjenigen, von dem er sich wehrlos mißhandeln lassen müßte.

handelt, die zudem der Disziplin der gesetzgebenden Versammlung unterliegen, dürfte diese Abwehr auch genügen, während bei den dem Strafgesetze überhaupt entzogenen Personen auch gegen sehr reelle Mißhandlungen Abwehr erforderlich sein kann. Auch gegen juristische Personen wird Notwehr für möglich zu erachten sein, wenngleich sie physisch nur gegen Vermögensobjekte der juristischen Personen sich richten wird.[261a]) Denn der richtigen Ansicht kommt es nur auf objektive Rechtswidrigkeit an.

§ 74. Notwehr wird, da die zielbewußte, eingreifende Handlung eines Zurechnungsfähigen den Kausalzusammenhang im juristischen Sinne unterbricht,[262]) nicht dadurch ausgeschlossen, daß der Angegriffene selbst den Anlaß zu dem rechtswidrigen Angriffe gegeben hat, sofern der Angreifende zurechnungsfähig ist. Es ist ein alter, wenngleich früher nicht unbestrittener Satz, daß der *Auctor rixae* gegen den *Auctor pugnae* Notwehr üben könne.[263]) Das folgt wieder einfach aus den oben in betreff des Kausalzusammenhangs dargelegten Grundsätzen — da die freie Handlung des in zurechnungsfähigem Zustande Angreifenden den Kausalzusammenhang unterbricht — und wohin würde die Konsequenz des entgegengesetzten Satzes auch führen? Als Fälle der Notwehr würden fast nur übrig bleiben Anfälle von Räubern, Dieben, Strolchen, nicht aber die sehr häufigen Fälle,

---

[261a]) AM. z. B. *Schollmeyer* S. 18, weil Angriffshandlungen immer nur von den Vertretern der juristischen Person ausgehen. Wer aber eine Handlung für den Angriff verlangt, gibt den objektiven Standpunkt auf; er müßte konsequent — da Zurechnungsunfähige im eigentlichen Sinne nicht handeln — auch gegen letztere Notwehr nicht zulassen, was *Schollmeyer* a. a. O. doch tut.

[262]) In dem Folgenden, in welchem der Gegensatz der Reizung einer zurechnungsfähigen Person zu der eines Geisteskranken und insbesondere eines Tieres hervortritt, dürfte sich wieder die in Bd. 2 S. 192ff. bes. S. 217ff. vertretene Theorie des Kausalzusammenhanges bewähren.

[263]) Dafür *Boehmer* in CCC. 140 § 1; *Grattenauer* S. 76; *Heffter* § 45 Anm. 5; *Levita* S. 187; *Köstlin* S. 86; *Hälschner* S. 480; *Merkel* S. 163; *Olshausen* § 53, 7. — Anders *Feuerbach*, Kritik des *Kleinschrod*schen Entwurfs zu einem peinlichen Gesetzbuche **2** S. 266 (Wer sich absichtlich in die Lage bringe, Notwehr zu gebrauchen, habe den Zustand der Notwehr selbst verschuldet und könne nicht straflos sein); *Grolmann* § 25 Anm. c; *Jarcke* **1** S. 146, 147; *Luden*, Handb. **1** S. 301 (Der Fall, daß jemand eine Notwehrlage zu dem Zwecke veranlaßt, um in dieser den Angreifenden zu verletzen, ist hier, ebenso wie im hannoverschen CGB. Art. 99, wo von einer Reizung mit böslichem Vorsatze die Rede ist, nicht gemeint). Übereinstimmend mit dem Texte: RG. II. 30./9. 84, Rs. **6** S. 576 I. 2./3. 05 (Recht **9** S. 200 und Jahrb. d. Strafrechts **1** S. 22) N. 16./11. 06 (Recht **10** Sp. 1443 u. Jahrb. **1** S. 22); schuldhafte Herbeiführung der Angriffsnotwehr nicht ausschließend.

daß nach und nach ein heftiger Wortstreit entsteht und dann plötzlich jemand zu Tätlichkeiten übergeht.[264]) Über die Frage, wer an dem schließlichen Ausgange des Streites im ganzen die Schuld trage, wird meist ein sicheres Urteil gar nicht möglich sein; denn das Streiten mit Worten — das Aufstellen einer Meinung gegen eine andere, das Streiten mit den Waffen der Ironie und des Spottes, sofern darin eine Beleidigung nicht zu finden ist — kann doch nicht als rechtswidrig oder im rechtlichen Sinne als schuldhaft angesehen werden, und nicht einmal eine wörtliche Beleidigung berechtigt zu einem tätlichen Angriffe. Bei Notwehr gegen eine zurechnungsfähige Person kann daher auch von einer Schadensersatzpflicht nicht die Rede sein, und mit Recht sagt daher die CCC. 140, die diesen Fall ausschließlich entscheidet, von dem in Notwehr den Angreifer Tötenden: „er ist darumb nichts schuldig", während § 229 unseres BGB., sofern darunter auch Angriffe von Zurechnungsunfähigen gestellt werden, nicht genau zutreffend ist, da hier die zivilrechtliche Entschädigungspflicht nicht ganz allgemein verneint werden dürfte.[264a])

Nach unserem positiven Rechte ist eine Ausnahme nicht zu machen, selbst in dem freilich schwer nachweislichen Falle, daß, wer Anlaß zu dem Angriffe gab, diesen geradezu wollte, auf ihn rechnete. Der Angriff erfolgt zwar mit (versteckter) Zustimmung des Angegriffenen; aber die Zustimmung wäre jedenfalls strafrechtlich nicht zu beachten, insofern eine schwerere Verletzung droht, außerdem deshalb, weil der Angegriffene, indem er sich wehrt, die Zustimmung im Augenblicke des Angriffes zurücknimmt. Der Angriff bleibt also widerrechtlich.[265]) (nur der vom Gesetz besonders hervorgehobene Fall des

[264]) In suddeutschen Rechten des spateren Mittelalters wird freilich der sogenannte Anlaß zum Streit besonders beachtet. Wer den Streit veranlaßt und dann verletzt wird, kann nichts fordern; er wird sogar fur die ganze Sache verantwortlich gemacht. Vgl. *Osenbrüggen*, Alamanisches Strafrecht S. 169ff.; *Knapp*, Das alte Nurnberger Strafrecht S. 34. In einer Zeit, wo die Gewalttat so ublich war, war es nicht unverstandig, den Frieden durch durchgreifende, wenn auch im einzelnen Falle oft nicht völlig gerechte, Strafbestimmungen zu schutzen.

[264a]) Man denke an den Fall, daß der in Notwehr von jemand getötete, aber schuldhaft von diesem zum gefahrlichen Angriff gereizte Geisteskranke eine Rente genoß, die mit seinem Tode aufhörte, und zugleich Personen vorhanden sind, denen er Unterhalt kraft Gesetzes zu gewähren hatte.

[265]) *Hälschner* a. a. O.

Zweikampfs macht hier, wie bemerkt, eine Ausnahme)[266]). Dafür spricht auch die Fassung des StGB., welche nur bei Notstandshandlungen einen unverschuldeten Angriff fordert.[266a]) Gerecht würde es allerdings sein, demjenigen die Berufung auf Notwehr zu versagen, der den Angriff in jener Absicht veranlaßte. Es würde dazu aber einer besonderen gesetzlichen Bestimmung bedürfen, da die Handlung des Angreifenden, falls er zurechnungsfähig ist, den Kausalzusammenhang mit der Reizung unterbricht und folglich der dolos Reizende den Angriff im juristischen Sinne nicht verursacht hat. Ich möchte eine besondere Bestimmung indes nicht befürworten. Denn nachweisen wird man ein solches Raffinement in Wirklichkeit kaum, wenngleich es sich für dichterische Phantasie eignet. Andererseits führt das gegenwärtige positive Recht auch praktisch nicht gerade zu bedenklichen Ergebnissen. Denn ließe sich jener Beweis erbringen, und hätte der Angegriffene dem Angreifer eine vorher vorbereitete sehr schwere Verletzung zugefügt, so würde fast immer ein Exzeß der Notwehr festzustellen, der Verbrechensschmied also keineswegs straflos sein. Außerdem kann der Zufall es mit sich bringen, daß der Angriff weit stärker trifft, als der Provozierende sich gedacht hat: der Schwächere kann unerwartet schwer verwunden, der schlechte Schütz zufällig vorzüglich treffen. Die Rechnung des Verbrechensschmied wird also nicht immer stimmen und demnach auch selten gemacht werden. Dagegen könnte jene besondere Bestimmung leicht ergebnislose Prozesse veranlassen.

Anders steht es aber, wenn der Angriff einer zurechnungsunfähigen oder im Irrtum handelnden[266b]) Person, eines Tieres, der Angriff oder (wenn dieser Ausdruck vorgezogen wird) die Gefahr durch eine Sache schuldhaft (oder gar dolos) veranlaßt wurde, da dann der Kausalzusammenhang mit der

---

[266]) Die Bestimmungen über den Zweikampf sind gewissermaßen ein Ersatz fur die in Anm. 264 erwähnten älteren Bestimmungen über den „Anlaß".

[266a]) *Binding*, Normen **2** S. 203ff. möchte in solchen Fällen dem Verbrechensschmiede das Recht der Notwehr versagen; wie aus Handb. **1** S. 769 Anm. 60 hervorgeht, erkennt *Binding* aber an, daß diese Ansicht der *Lex lata* bei uns nicht entspricht. — *Oppenhoff* § 53, 7 zieht den Satz *Volenti non fit injuria* heran. Unklar ist *Buri*, GS. **30** S. 469 (Beiträge S. 140). Gegen diese Autoren vgl. *Hälschner* a. a. O.

[266b]) Beispiel: A macht B im Scherze glauben, daß er ihn gefährlich angreifen wolle, zielt etwa mit den Worten „Ich schieße" mit einem nicht geladenen Revolver auf B.

Provokationshandlung nicht unterbrochen wird und der Vorgang daher in seiner Gesamtheit als Einheit dem Veranlassenden als fahrlässiger oder als gewollter zur Last zu legen ist. Daher verpflichtet BGB. § 228 im Falle der Schuld des Abwehrenden diesen mit Recht zum S c h a d e n s e r s a t z e. Es zeigt sich also hier ein Unterschied zwischen dem nur objektiv und andererseits dem auch subjektiv rechtswidrigen Angriffe. Aber dieser Unterschied beruht nicht auf dem Prinzip der Notwehr, vielmehr auf den für den Kausalzusammenhang anzuerkennenden Grundsätzen.

§ 75. Auch gegen eine r e c h t s w i d r i g e H a n d l u n g d e r O b r i g k e i t, eines Beamten kann Notwehr zulässig sein. Das war nach mehreren Stellen für das römische Recht zweifellos und zwar durch kaiserliche Konstitutionen anerkannt.[267]) Ebenso spricht das kanonische Recht [268]) von einem gerechtfertigten Widerstande gegen widerrechtliche obrigkeitliche Maßnahmen, und aus dem bereits erwähnten Ausspruch des Sachsenspiegels über die Zulässigkeit des Widerstandes gegen den Herrn wie aus der allgemeinen Tendenz des deutschen Rechts, niemals völlig unbegrenzte Herrscherrechte anzuerkennen,[268a]) läßt sich mit Bestimmtheit die Zulässigkeit des Widerstandes gegen rechtswidrig vorgehende Beamte wie gegen Vollstrecker des Obrigkeitswillens ableiten. Wenn daher auch die italienische Jurisprudenz sich weniger bestimmt aus-

---

[267]) L. 5 C. *de jure fisci* 10, 1.... »*ut etiamsi officiales ausi fuerint a tenore datae legis desistere, ipsis privatis resistentibus a facienda injuria arceantur*« L. 4 C. 10, 30. L. 5 C. *de executoribus* 12, 61 Nov. 124 Cap. 3 (L. 5 C. *de metatis* 12, 41, nicht glossiert). — Vgl. auch L. 20 D. *de jurisdictione* 2, 1 »*Extra territorium jus dicenti impune non paretur. Idem est si s u p r a j u r i s d i c t i o n e m s u a m velit jus dicere*«, eine Stelle, die freilich unmittelbar nur von rein passivem Ungehorsam redet. Vgl. insbesondere *Zachariä*, Arch. d. Cr. 1843 S. 363ff.

[268]) Cap. 6 in VI 5, 11.

[268a]) Vgl. sächsisches Landrecht III, 78 § 2: „Die man mut ok wol sineme konige und sime richter unrechtes wederstan" — Kaiserrecht II, c. 117. *Luthers* Meinung („Von weltlicher Obrigkeit und wieweit man ihr Gehorsam schuldig". *L.*s. Werke herausgegeben von *Jenischer* Bd. 22 S. 101), „daß man der Obrigkeit nicht mit Gewalt, sondern nur mit Erkenntnis der Wahrheit widerstehen" sollte, blieb wohl bei den Juristen ohne Einfluß. Sonderbarerweise vindiziert *Luther* dagegen dem Untertanen ein gewisses Recht, über Gerechtigkeit und Ungerechtigkeit eines vom Fürsten unternommenen Krieges zu urteilen. *Berlich*, Conclus. p. LV, 12 gestattete Notwehr gegen Kaiser und Papst, nicht aber gegen Eltern und Lehnsherrn (!).

drückte,[269]) so sagte doch *Boehmer*[270]) daß dem *Magistratus*, der »*de facto*« und »*instar privato*« vorgehe, erlaubterweise Widerstand geleistet werden könne, und *Leyser*[271]) erklärte Widerstand für gestattet bei offenbarer (*aperta*) *injustitia* des obrigkeitlichen Vorgehens. *Grolmann* (§ 358) und *Quistorp* (2 § 240) halten ebenso Notwehr gegen die Obrigkeit für rechtlich möglich.

§ 76. Die offiziellen Anmerkungen zum bayerischen StGB. von 1813 Art. 315 erklärten dagegen in Konsequenz der damals in Bayern[272]) besonders hochgespannten Idee des von *Gönner* vertretenen Staatsabsolutismus jeden gewaltsamen Widerstand auch gegen widerrechtliche Anordnungen selbst einer unzuständigen Behörde für strafbar.[272a]) Wenn man dem Untertanen das Recht des Widerstandes gegen unrechtmäßige Handlungen der Obrigkeit, der Beamten, gebe, so sagte man, werde der einzelne zum Richter in eigener Sache,[273]) die Obrigkeit aber mut- und machtlos gemacht. Für die Gesetzmäßigkeit der Handlungen der Beamten müsse, so meinte *Jagemann*, durch Dienstinstruktionen gesorgt werden.

Indes folgten hervorragende Vertreter der Doktrin[274]) keineswegs dieser Richtung, und eine erhebliche Anzahl der Gesetzbücher erklärte den Widerstand nur gegen „rechtmäßige Anordnungen"[275]) oder „formell verfassungs- und gesetzmäßige"[276]) oder doch nur gegen die „innerhalb des Wirkungs-

---

[269]) *Hippolitus de Mars.* § *de criminibus* n. 15; *Bossius*, tit. *De via facti* n. 1; *Clarus* § fin. qu. 29 n. 2 meint, man dürfe dem »*Iudex*« nur Widerstand leisten, wenn er »*tanquam privatus*« vorgehe. Bei den älteren Schriftstellern bewirkt die Verkennung der besonderen Stellung der richterlichen Gewalt (vgl. Anm. 271) überhaupt Unklarheit. So wechseln in der Anm. 271 zitierte Stellen in *Leysers Specimina* die Ausdrücke »*Magistratus*« und »*Iudex*«.

[270]) *Ad Carpzovium qu.* 28.

[271]) *Spec.* 590 n. 12—14.

[272]) *Kallina* S. 15ff. ist der Ansicht, schon der *Codex Max. Bavaricus* Cap. 3 § 4ff. verglichen mit Cap. 8 §§ 4 und 6 habe Notwehr gegen die rechtmäßige Obrigkeit überhaupt ausgeschlossen, während die *Theresiana* Art. 73 § 14 und Art. 84 § 10 Notwehr zugelassen, das Josephinische Gesetzbuch §§ 56, 96 aber den Standpunkt des *Codex Bavaricus* eingenommen habe.

[272a]) Gegen die Konsequenzen dieses Satzes vergleiche die Erfahrungen nach dem bayerischen StGB., mitgeteilt von *Arnold*, Arch. d. Cr. 1843 S. 396ff.

[273]) Gegen diese Sophismen vgl. insbesondere *Zachariae* S. 374.

[274]) *Henke* 1 S. 217; *Wächter*, Lehrb. S. 64; *Luden* 1 S. 300; *Zachariae* S. 368; *Levita* S. 199; *Köstlin* S. 85.

[275]) Braunschweig 107.

[276]) Nassau 172.

kreises der Behörde" ergangenen Anordnungen[277]) für strafbar, oder sie erklärte den Widerstand für straflos, wenn durch ein gesetzwidriges Verfahren der Widerstandleistende mit einem unersetzlichen Nachteile bedroht war,[278]) und das hannoversche GB. Art. 160 verwies einfach auf die allgemeinen Grundsätze über Notwehr, nach denen ein rechtswidriger Angriff zur Abwehr berechtigt.

Die Auffassung des § 89 des preußischen StGB., welcher vom strafbaren Widerstande gegen Vollstreckungsbeamte handelt, hat nun zwar, obschon Rechtmäßigkeit der Amtshandlung für die Strafbarkeit aktiven Widerstandes keineswegs ausdrücklich fordernd,[279]) gegen rechtswidrige Amtshandlungen Notwehr nicht ausgeschlossen. Aber [280]) darüber, inwieweit Notwehr zugelassen sei, war man durchaus im unklaren. *Goltdammer* (Materialien 2 S. 123) meint, wenn nicht ein Exzeß der Amtshandlung vorliege, oder zweifellos vorgeschriebene Formen außer acht gelassen oder verletzt seien — in welchen Fällen eine Amtshandlung genau betrachtet überhaupt nicht vorliege — sei Notwehr nur zulässig, wenn die Amtshandlung auch subjektiv in der Person des Beamten rechtswidrig sei, d. h. mit anderen Worten, Widerstand sei abgesehen von den erwähnten besonderen Fällen nur dann zulässig, wenn den Beamten auch eine Verschuldung treffe. Auch dem Rechtsirrtum der Beamten gegenüber und ebenso in Fällen sinnloser Anwendung des amtlichen Ermessens war demnach Notwehr fast immer versagt. Die in mancher Beziehung freilich schwankende Praxis des preußi-

---

[277]) Altenburg 105.

[278]) Württemberg 174, Baden 615.

[279]) Ebenso die Gesetzbücher fur Österreich § 81, Hessen Art. 172, Sachsen Art. 142, Bayern Art. 136.

[280]) Vgl. *Oppenhoff*, Deutsches StGB. für die preußischen Staaten § 89 Anm. 21ff und *Friedrich Meyer*, Strafgesetzbuch fur das Deutsche Reich § 113 Anm. Nicht selten hat man bei Verstößen gegen gesetzliche Vorschriften sogar verlangt, daß der Beamte sich des Verstoßes bewußt gewesen sei. — Während die österreichische Praxis immerhin bei Mißbrauch der Amtsgewalt noch einigermaßen die Zulässigkeit der Notwehr anerkannte und die sächsische Praxis, um Notwehr auszuschließen, ein Handeln des Beamten innerhalb seiner Zustandigkeit forderte, war die bayerische Praxis, wenn möglich noch weniger befriedigend als die preußische, wenn ein Erkenntnis des bayerischen höchsten Gerichtshofs vom 11./9. 63 geradezu erklärte, „daß es für den strafrechtlichen Begriff der Widersetzung unerheblich sei, ob die obrigkeitliche Verfügung gerechtfertigt oder ob sie von der zulässigen Behörde erlassen war". Vgl. darüber und über die Praxis in den Anm. 275ff. genannten Ländern *Hiller* S. 36ff.

schen Obertribunals ist in dieser Ausschließung der Notwehr sehr weit gegangen und ungeachtet z. B. des alten Satzes »*Extra territorium jus dicenti impune non paretur*« ist Strafe der Widersetzung häufig für gerechtfertigt erkannt worden, obschon dem Beamten die territoriale Zuständigkeit fehlte.

Der erste Entwurf eines norddeutschen StGB. schloß sich in der Fassung an das preußische StGB. an, ebenso der vom Bundesrate dem Reichstage vorgelegte Entwurf. Der Reichstag dagegen machte namentlich infolge der verdienstvollen Ausführungen der Abgeordneten *Lasker* und *Planck* den beschränkenden Zusatz, daß die Amtshandlung eine rechtmäßige sein müsse. Damit war allerdings die Basis der früheren Praxis des preußischen OT. formell beseitigt und einer neuen dem Wesen des Rechtsstaats entsprechenden Praxis und Theorie freie Bahn geschaffen; aber wie die bei *Olshausen* zu § 113 zusammengestellten Entscheidungen ergeben — es wird darauf später genauer eingegangen werden — waren damit die Schwierigkeiten keineswegs in einem das unmittelbare Rechtsgefühl befriedigenden Sinne gelöst.[281]) Insbesondere ist nach den Entscheidungen des RG. das Publikum zu wenig geschützt gegen grobe Irrtümer wie gegen ein durchaus dem Sinne des Gesetzes widersprechendes Ermessen der Beamten, und zwar, was nicht minder wichtig ist, auch gegen Handlungen, die auf Befehl vorgenommen werden. Auch die Theorie kann als völlig befriedigend nicht bezeichnet werden. Sie faßt gleichfalls das Amtsrecht des Beamten zu formalistisch auf — als wäre dies ein willkürlich auszuübendes Privatrecht — während sie andererseits dem entschuldbaren Irrtum des Beamten nicht genügende Rechnung trägt, ein Punkt, der andererseits (freilich mit zu weitgehenden Konsequenzen) vom RG. hervorgehoben ist.[282])

---

[281]) *Planck* hatte, um dem Paragraphen größere Bestimmtheit zu geben, das Amendement beantragt, den Widerstand zu bestrafen „gegen eine innerhalb der Zuständigkeit des Beamten vorgenommene Amtshandlung". Dies Amendement wurde abgelehnt. In der Tat ist dieser Grundsatz zu formalistisch, der einfache Ausdruck „rechtmäßige Amtshandlung" daher vorzuziehen (vgl. oben S. 113 und unten S. 170).

[282]) Vgl. über die in mancher Beziehung unbefriedigenden Ergebnisse der herrschenden Theorie *M. E. Mayer* S. 453, der übrigens, darin zu weitgehend, Bestimmungen empfiehlt, wie die unten zu kritisierenden des § 127 des norwegischen StGB.

§ 77. Die von der Theorie bis jetzt nicht ganz gelöste auf die Praxis nachteilig einwirkende Schwierigkeit liegt in der ungenügenden Würdigung der Pflicht und Stellung des öffentlichen Beamten gegenüber der sonst geltenden Beurteilung des Notwehrrechts vom Standpunkte des Angegriffenen. Wer zur Notwehr subjektives Unrecht des Angreifers fordert, hat es leicht, dem Beamten den erforderlichen Schutz zu gewähren, gibt aber das Publikum ziemlich schutzlos schädigenden und selbst frivolen Eingriffen von Beamten preis und verlangt in der Tat, daß der Angegriffene sich stets über die häufig unerkennbaren Vorstellungen und Motive des Beamten Gewißheit verschaffe. Wer umgekehrt für Notwehr subjektives Unrecht des Angreifenden nicht fordert, erschwert dem Beamten die Erfüllung seiner Pflicht und beschwört die Gefahr herauf der Energielosigkeit des Staatsorganismus. In der Tat läßt sich dem amtlichen Handeln die in anderen Fällen zutreffende Theorie der Notwehr in voller Konsequenz nicht festhalten. Dem zum Handeln verpflichteten Beamten gegenüber kommt der ruhige, sonst durch Notwehr zu schützende Zustand nicht in Betracht: der Beamte ist *auch* dazu bestellt, wenn erforderlich, diesen ruhigen Zustand zugunsten des zu realisierenden Rechtes zu brechen. *Es entscheidet daher über die Rechtmäßigkeit der Notwehr der Standpunkt des Beamten*, genauer ausgedrückt: der Standpunkt *der durch den Beamten vertretenen Staatsgewalt.*[282a])

Da ferner für die Grundlage des amtlichen Handelns absolute Gewißheit über die in Betracht kommenden konkreten Tatsachen nicht zu fordern ist — diese Forderung würde fast jedes Handeln ausschließen — muß die Überzeugung des Beamten, daß er rechtmäßig handle, der Handlung in Ansehung der Notwehr den Charakter einer rechtmäßigen aufdrücken; aber freilich nur dann, wenn diese Überzeugung in pflichtmäßiger Weise erlangt ist, da eine leichtfertig auf das Geratewohl er-

[282a]) Gleichwohl dürfte sich ergeben, daß selbst nach diesem Ausgangspunkte die Rechtsmäßigkeit der Amtshandlung einer strengeren Beurteilung unterzogen werden kann, als nach der gegenwärtig herrschenden Theorie, welche auch der Amtshandlung gegenüber die Notwehr, vom Standpunkte des Angegriffenen (des von der Amtshandlung Betroffenen) konstruiert.

haschte Überzeugung des Beamten die Staatsangehörigen der Willkür preisgeben würde, und selbstverständlich die Pflichttreue des Beamten auf die Erkundung und Beurteilung der Umstände, unter denen der Beamte handeln soll, sich zu erstrecken hat. Wenn aber schon im allgemeinen die Frage, ob gehörige Sorgfalt angewendet wurde, nach einem objektiven Maßstabe zu entscheiden ist,[282b]) nicht etwa nach den individuellen Fähigkeiten, so muß das Gleiche hier um so mehr gelten, als es sich nicht darum handelt, ob der Beamte strafbar sei, vielmehr darum, ob das Publikum sich eine übel angebrachte Amtshandlung gefallen lassen muß, und ob der Staat dafür Sorge zu tragen hat, daß unfähige Beamte nicht die Rechte der Staatsangehörigen verletzen. Nach diesen Gesichtspunkten aber muß die falsche rechtliche Beurteilung der Sachlage seitens des Beamten stets die Amtshandlung als eine unrechtmäßige, als eine solche erscheinen lassen, welcher Widerstand geleistet werden darf. Die oben Bd. 2 S. 431 gemachte Unterscheidung einerseits des Irrtums über die rechtliche Stellung und andererseits des Irrtums über die aus solcher Stellung abzuleitenden Befugnisse kann hier nicht gelten. Der Beamte muß auch über seine rechtliche Stellung gewiß sein, und der Staat hat dafür zu sorgen, daß dies der Fall sei: jedenfalls wäre es im höchsten Grade verkehrt, demjenigen, der die Rechtswidrigkeit der Amtshandlung richtig erkannt hat, das Recht der Abwehr zu nehmen, den Beamten dagegen zu schützen, der in einem Irrtum befangen war, zumal es sich, wie stets festgehalten werden muß, nicht um Bestrafung des Beamten handelt. Den Beamten endlich über seine rechtliche Stellung und seine Befugnisse aufzuklären, kann vom Publikum wahrlich nicht gefordert werden, zumal der Beamte diese Belehrung anzunehmen meist wenig geneigt sein wird,

---

[282b]) Vgl. Bd. 2 S. 449 und *Streit* S. 102. Man mag den Ausdruck, den *Streit* hier gebraucht: Beurteilung nach der Handlungsweise eines „Normalbeamten" für nicht besonders geeignet halten. Sachlich hat *Streit* gegenüber *Kallina* S. 49 und *Binding*, Lehrb. 2 S. 769 Anm. 3 recht. Eine lediglich nach der Individualität des Beamten anzustellende Beurteilung müßte zur Verneinung jeder Fahrlässigkeit, zur Entschuldigung auch der gröbsten Sorglosigkeit führen. Schließlich stellt man bei jeder Beurteilung von Fahrlässigkeit sich doch vor wie ein ordentlicher Durchschnittsmensch unter den konkreten Umständen handeln würde. Wie will *Kallina* (S. 58) anders als auf diesem Wege zur Beantwortung der Frage gelangen, „welche Prufung nach Lage des Falles von dem Beamten verlangt werden konnte und mußte"?

während dies bei einem Irrtum über tatsächliche Verhältnisse, über welche der durch die Handlung Betroffene häufig besser unterrichtet sein wird, sich anders verhält. Die Nichtbeachtung einer wesentlichen Form[283]) wird kaum anders als auf Grund eines Rechtsirrtums oder grober Nachlässigkeit oder Nichtachtung des Gesetzes vorkommen, macht also die Handlung zu einer unrechtmäßigen.[284])

Andereseits kann aber dem oben angenommenen Satze, daß ein entschuldbarer tatsächlicher Irrtum des Beamten die Berechtigung des Widerstandes ausschließe, der Vorwurf nicht gemacht werden, es werde hiermit an den durch die Handlung des Beamten Betroffenen die Anforderung gestellt, sich in den Seelenzustand des Beamten zu versetzen. Es ist meist nicht schwer erkennbar, ob ein Beamter auf Grund eines tatsächlichen Irrtums handelt, und ebenso, ob ein tatsächliches Verhältnis vorliegt, über welches ein anderer als der zunächst Betroffene sich leicht täuschen kann. Wenn hier der durch die Amtshandlung Betroffene — den Fall einer Schädigung von Leib und Leben vorbehalten, in denen das Recht des Notstandes gleichwohl Verteidigung gestatten würde — einstweilen die Handlung des Beamten über sich und sein Gut ergehen lassen muß, so kann darin eine Unbilligkeit nicht gefunden werden.[284])

---

[283]) Es kommt wohl öfter vor, daß einer Amtshandlung, insbesondere einer Handlung der Zwangsvollstreckung, Widerstand geleistet wird ohne Rücksicht auf einen der Amtshandlung den Charakter der Unrechtmäßigkeit aufprägenden, von dem Beamten begangenen Formfehler: der Widerstand würde geleistet sein, auch wenn die Form gewahrt wäre, und erst später greift die Verteidigung den Formfehler auf (vgl. *M. E. Mayer* S. 454). Solche Fälle — der aus dem Strafrecht nicht ganz zu verbannende Zufall war dem Angeklagten günstig — rechtfertigen aber eine Modifikation des Grundsatzes nicht. Die Motive des Widerstandleistenden sind schwer feststellbar, und ihre Berücksichtigung führt hier besonders zu einer verwaschenen willkürlichen Jurisprudenz, während es nutzlich ist, die Beamten an die Beobachtung wirklich wesentlicher Formen zu gewöhnen. Darüber, daß bei Außerachtlassung wesentlicher (nicht etwa nur instruktionell vorgeschriebener Formen) die Amtshandlung als eine rechtmäßige nicht erachtet werden kann, ist man einig.

[284]) Die heutzutage in Theorie und Praxis herrschende Ansicht erachtet ebenfalls bei Rechtsirrtum des Beamten die Amtshandlung nicht für rechtmäßig im Sinne des BGB. § 113. Sehr richtig macht auch das RG. hier keinen Unterschied, ob der Rechtsirrtum des Beamten das Strafgesetz selbst oder einen Rechtssatz betrifft, der einem anderen Rechtsgebiete angehört, wie denn gerade Irrtümer von Beamten, welche ihre Anstellung und ihre Zuständigkeit betreffen, besonders häufig zu Freisprechungen, weil die Amtshandlung als eine rechtmäßige nicht bezeichnet werden konnte, geführt haben. Vgl. *John* in *Holtzendorffs* Handb. 3 S. 118; *Hiller* S. 62ff.; *Binding*, Handb. 1 S. 766 f.; *Streit* S. 92ff.; *Olshausen* § 113

§ 78. Eine fast unübersehbare Zahl von Amtshandlungen hängt nun freilich vom pflichtmäßigen Ermessen des Beamten ab, z. B. Festnahme einer Person von dem nach dem Ermessen des Beamten zu beurteilenden Umstande, ob der Verdacht der Begehung der strafbaren Handlung genügend stark ist, das Einschreiten mit der Waffe gegen eine Ansammlung von Menschen von der Beurteilung des Verhaltens dieser Menschenmenge. Hier kann nicht ohne weiteres von Unrechtmäßigkeit der Amtshandlung gesprochen werden, wenn der über die angebliche Notwehrhandlung entscheidende Richter der Ansicht wäre, daß er selbst an Stelle des Beamten von jenem Ermessen einen anderen, richtigeren Gebrauch gemacht haben würde; denn des Beamten eigenes Ermessen soll nach dem Gesetze maßgebend sein.

Gleichwohl verhält es sich, wie oben S. 114 betreffend die Rechtsverbindlichkeit amtlicher Befehle dargelegt ist, bei Ausübung amtlichen Ermessens anders, als bei Ausübung privater Rechtsbefugnisse. Amtliches Ermessen heißt Ermessen im Sinne der Gesetzgebung; was zweifellos diesem Sinne — dem Zwecke — des Gesetzes widerspricht, ist zulässiges amtliches Ermessen nicht mehr, daher nicht mehr rechtmäßige Amtshandlung, [285]) z. B. Festnahme unter Umständen, welche

Anm. 16; *Liszt* § 171 II, 2; *Frank* § 113 III, 1, RG. III 5./11. 81 E. 5 Nr. 102 S. 296, II 24./10. 84 E. 11 Nr. 50 bes. S. 178, I 19./11. 94 E. 26 bes. S. 251, IV 26./11. 97 E. 30 Nr. 110 S. 348. Anders *Bolze* S. 395; *Meves* in *Holtzendorffs* Handb. 4 S. 308; *Hälschner* 2 S. 809, die bei entschuldbarem Rechtsirrtum Strafbarkeit des Widerstandes annehmen, weil der Staatsangehörige die Rechtmäßigkeit der Handlung des Beamten nicht von seinem, des Staatsangehörigen, Standpunkte beurteilen durfe, und weil die juristische Beurteilung der Sachlage oft zweifelhaft sei, und dann bei Erwartung straflosen Widerstandes die Tätigkeit des Beamten lahm gelegt werden könnte. Auf das Urteil des preußischen OT. vom 28./11. 74 (*Stengleins* Zeitschr. 4 S. 278) konnte *Meves* sich aber kaum berufen, da dasselbe nicht sowohl trotz Rechtsirrtums, als vielmehr bei pflichtmäßiger Anwendung des amtlichen Ermessens Rechtmäßigkeit der Amtshandlung annahm.

[285]) Diesen Sinn hatte auch die nach *Leysers* Ansicht zum Widerstande berechtigende »*aperta injustitia*«, wie aus dem Gegensatze sich ergibt, daß der Beamte »*in aliqua sollennitate*« sich geirrt habe. — Daß eine allem Verstande hohnsprechende Dummheit oder Willkür nicht mehr als rechtmäßige Amtshandlung angesehen werden sollte, hebt auch *Bolze* S. 396 hervor. Ebenso ist *Levita* S. 195 bes. S. 199, im Ausdruck allerdings zu weitgehend, der Ansicht, Notwehr müsse auch gegen eine innerhalb der Zuständigkeit liegende materiell ungerechte Handlung stattfinden. Die Ansicht, daß eine aus völlig verkehrter Anwendung des amtlichen Ermessens folgende »*aperta injustitia*« die Amtshandlung zu einer solchen mache, der ungestraft Widerstand geleistet werden kann, hat aber mit der *Praesumtio legalitatis*, mit der die Glosse (zu L. 128 D. de R. J. und L. 1 C. 8, 4) und ihr folgend *Bartolus* (zu L. 3 D. 1, 1 n. 3) den Widerstand gegen den *Iudex* in der Regel für unzulässig erklärte, begrifflich nichts zu schaffen, wenngleich die Lehre von der Rechtmäßig-

für den Festgenommenen äußerst drückend sind, auf den Schatten kaum eines Verdachtes hin, während zugleich an eine Flucht des Festgenommenen nicht zu denken wäre. Will man diese Begrenzung des amtlichen Ermessens nicht anerkennen, so verliert das Erfordernis der Rechtmäßigkeit der Amtshandlung für den Ausschluß der Notwehr bei der ausgedehnten Zuständigkeit sehr vieler Beamten und bei der Unzahl der nach pflichtmäßigem Ermessen vorzunehmenden Amtshandlungen, den praktischen Wert zum allergrößten Teile. Man braucht hier nur an die Amtshandlungen der Beamten des Sicherheitsdienstes oder der Gendarmen zu denken. Soll man sich eine Verhaftung auch dann gefallen lassen, wenn nach vernünftiger Beurteilung der Umstände auch nicht der Schatten eines Verdachtes existiert? [286]) Kaum genug kann dabei betont werden der Unterschied zwischen Verantwortlichkeit des Beamten und Straffreiheit des Widerstandes; beides deckt sich nicht; die letztere kann im einzelnen Falle bejaht werden, während die erstere zu verneinen ist, und gerade

---

keit des Widerstandes schon von *P. de Castro* und anderen Postglossatoren aufgestellt ist. Vgl. *Seeger*, Abhandlungen **1** S. 400 (anderer Ansicht *Binding*, Lehrb. **2** S. 757 Anm.). Man müßte sonst die in vielen Beziehungen doch richtige Schuldlehre der Postglossatoren überhaupt verwerfen, weil die Lehre der Postglossatoren ursprünglich meist mit Präsumtionen operierte. Daß die *Praesumtio legalitatis* bei der Frage, ob Widerstand berechtigt sei, nicht zu verwenden ist, hat *John* S. 119 allerdings richtig gegen eine frühere Bemerkung *Oppenhoffs* ausgeführt. — *Aperta injustitia* heißt aber hier nicht offenbare, sondern zweifellose Unrechtmäßigkeit, wenngleich zweifellos und offenbar häufig als gleichbedeutende Ausdrücke gebraucht werden. Vgl. für die Benutzung des Begriffs der »*aperta injustitia*« der zweifellosen materiellen Unrechtmäßigkeit (wobei man zweifellos nicht mit offenbar im Sinne von nicht versteckt verwechseln darf, wie freilich von *Kallina* S. 37 geschieht, der darauf hinweist, daß der nicht offenbare Angriff häufig der gefährlichere sei), insbesondere *Kitz* S. 558, sowie *Hiller* S. 49. — Noch das badische StGB. § 617 erklärte „bei offenbarer Gesetzwidrigkeit des Verfahrens" der Beamten Widersetzlichkeit für straflos, verlangte freilich außerdem, daß durch das Verfahren des Beamten für den Widerstandleistenden ein unersetzlicher Nachteil entstanden sein würde.

[286]) Hier soll nach der herrschenden Ansicht auch die im konkreten Falle völlig verkehrte Anwendung des amtlichen Ermessens die Amtshandlung nicht zur unrechtmäßgen machen, vorausgesetzt nur, daß nicht ein unentschuldbarer Irrtum die Amtshandlung veranlaßte oder der Beamte einen, wie er selbst wußte, unangemessenen Gebrauch von seiner Amtsbefugnis machte. Die in Erkenntnissen des RG. wie von verschiedenen Autoren gebrauchte Ausdruckweise, insbesondere die Wendung, daß pflichtmäßiges Ermessen (auch das zu einem völlig absurden Ergebnisse führende?) angewendet sein müsse, kann allerdings Zweifel über dasjenige erwecken, was in einzelnen Fällen noch als rechtmäßige Anwendung amtlichen Ermessens verstanden werden sollte. Vgl. z. B. *Binding*, Handb. **1** S. 742 *Liszt* § 171 II, 2; *Olshausen* § 113 Anm. 14; *Meyer-Allfeld* § 121 Anm. 6 RG. II, 24./5. 84, Rs. **6** S. 369.

dies macht die konsequent entwickelte Straffreiheit des Widerstandes gegen rechtsverletzende Amtshandlungen erträglich. Will der Beamte energisch vorgehen in der pflichtmäßig erlangten, wenngleich irrigen, Überzeugung rechtmäßig zu handeln, so wird es ihm meist leicht sein, da er auf Unterstützung anderer Beamten und von Hilfspersonen rechnen kann, den Widerstand zu brechen, ohne Verantwortlichkeit befürchten zu müssen. Dem Staatsorganismus gegenüber ist heutzutage der Widerstand einzelner meist ebenso ohnmächtig wie bedenklich.

§ 79. Das materielle Recht muß aber zurücktreten, wenn die Nachprüfung des Sachverhaltes durch endgültige oder auch nur vorläufig vollstreckbare formelle Entscheidung ausgeschlossen ist. Vollstreckung eines rechtskräftigen oder für vorläufig vollstreckbar erklärten Urteils ist wegen materieller Unrichtigkeit des Urteils keineswegs unrechtmäßig [287, 288]) und dasselbe muß gelten von Entscheidungen der Verwaltungsbehörden (z. B. in Steuersachen), denen das Gesetz jenen Charakter beilegt. So ist auch gegen Ausführung eines richterlichen in gehöriger Form erlassenen Haftbefehls Notwehr eines der fraglichen strafbaren Handlung Nichtschuldigen nicht zulässig; hier steht nur Aufhebung des Haftbefehls im Wege der Beschwerde offen. Irrt sich aber der Polizeibeamte bei Ausführung des Haftbefehls in unentschuldbarer Weise in der Person des zu Verhaftenden, so ist Notwehr zulässig.

Selbstverständlich kann ein Befehl einer zu derartigen Anordnungen absolut unzuständigen Behörde oder ein Befehl einer Behörde, der der Ausführende durchaus keinen Gehorsam schuldet, oder zu einer *in abstracto* außerhalb der Zuständigkeit des Untergebenen liegenden Handlung für die Rechtmäßigkeit einer Vollstreckungshandlung nicht in Betracht kommen. [288a])

---

[287]) Vgl. *Seeger* **1** S. 307; *Binding*, Lehrb. **2** S. 766. Daß eine Anordnung rechtmäßig zustande gekommen ist, hält *Bolze* S. 391 mit Unrecht für genügend. Es ist erforderlich, daß sie unmittelbar kraft Gesetzes oder kraft besonderer dem Gesetze entsprechender Bestimmung der Behörde vollstreckbar sei. *Binding* a. a. O. S. 767 Anm. 1.

[288]) Eine Ausnahme wäre nur anzuerkennen bei absoluter Nichtigkeit der Entscheidung, insofern man solche Fälle (nach der Lehre des alten gemeinen Rechts) trotz des Schweigens unseres Prozeßgesetzes anerkennen will, wie ich mit *Binding*, Grundriß des deutschen Strafprozeßrechtes 5. Aufl. S. 243ff. und Lehr. **2** S. 766 für richtig halte.

[288a]) *Meves* S. 309; *Neumann* S. 223; *Hälschner* **2** S. 810.

Aber nach der jetzt in der Theorie wohl überwiegenden Ansicht [289]) ist es für die Frage der Zulässigkeit der Notwehr überhaupt bedeutungslos, ob der Beamte auf Befehl oder selbständig handelt, wobei indes alle diejenigen, welche die Prüfung der Angemessenheit einer innerhalb des amtlichen Ermessens überhaupt zulässigen Handlung ausschließen, selbstverständlich diesen Satz auch für die auf Befehl vorgenommene Handlung erstrecken. Die entgegengesetzte, vom preußischen OT.[289a]) und in ständiger Praxis vom RG. vertretene Ansicht [290]) macht geltend, daß die Rechtsordnung, ohne mit sich selbst in Widerspruch zu geraten, den Beamten insoweit sie ihn zum Gehorsam verpflichte, gegen gewaltsamen Widerstand nicht schutzlos lassen könne; keineswegs sei auch die Bestimmung des § 113 nur zum Schutze des Publikums gegenüber den Beamten, vielmehr wesentlich zum Schutze der Beamten gegeben. Das letztere Argument ist zu allgemein, um etwas zu beweisen, das erstere aber deshalb unzutreffend, weil der Beamte in Wahrheit doch nur Repräsentant der einheitlichen Staatsgewalt ist, deren ganzer machtvoller Apparat schließlich dem Widerstrebenden gegenüber zur Anwendung kommen kann. Handelt die Staatsgewalt einmal gegen ihr eigenes Gesetz, so kommt es nicht darauf an, durch welche physische Person sie dies tut. Sie straft den zu Unrecht Widerstand Leistenden hart, weil er sich der Staatsgewalt widersetzt, und sie zwingt die Individuen oft einstweilen Unrecht zu leiden, weil sie als Staatsgewalt eingreift; gleichwohl soll sie dem einzelnen sagen dürfen: „daß du der einheitlichen Staatsgewalt gegenüberstehst, gilt nur zu deinem Nachteile; da wo diese Auffassung dir vorteilhaft wäre, schiebe ich die Person des Beamten vor; handelt dieser als Person nicht unrechtmäßig, so ist Widerstand deiner-

---

[289]) *John* S. 119; *Neumann* S. 225; *Schwarze* § 113 Anm. 5; *v. Kirchenheim* S. 195; *Geyer* **2** S. 138; *H. Meyer* § 121 zu Anm. 9; *Oppenhoff-Delius* § 113 Anm. 13; *Streit* S. 95, 103; *Binding*, Lehrb. **2** S. 771; *Frank* § 113 III, 2; *Allfeld* § 121 zu Anm. 8; *M. E. Mayer* S. 447.

[289a]) 21./9. 71, 19./1. 72 GArch. **19** S. 809, **20** S. 94.

[290]) Vgl. z. B. I. 1./11. 80 E. **2** Nr. 171 bes. S. 416, 1./5. 82 Rs. **4** S. 418, III. 7./5. 84 Rs. **7** S. 280 (ein besonders bemerkenswertes Urteil), IV. 28./1. 87. GArch. **35** S. 55. Dafür auch *Meves* S. 130; *Bolze* S. 391; *Hiller* S. 81ff.; *Hälschner* **2** S. 810ff.; *Freund*, Arch. f. öffentl. Recht 1 S. 133; *Rudorff-Stenglein* § 113 Anm. 8; *Olshausen* § 113 Anm. 15a; *Pfeiffer* S. 41; *Kallina* S. 49ff., 61. Auch *Liszt* § 172 II, 2 will der Ausführung eines bindenden Befehls (eines wirklich absolut bindenden oder nur eines pflichtmäßig für bindend erachteten Befehls?) Widerstand nicht zulassen.

seits nicht gestattet." In Wahrheit wird aber durch diese Preisgabe des objektiven Standpunktes das Recht der Notwehr gegen stark rechtswidrige Amtshandlungen großenteils illusorisch gemacht; denn bei wenig gebildeten, an fortwährende stramme dienstliche Unterordnung gewöhnten Unterbeamten nähert sich der Gehorsam tatsächlich oft einem unbedingten, und besonders in kritischen, schnelles Handeln erfordernden Momenten. Und wie, wenn sich der Ausführende oder der Vorgesetzte auf Mißverständnis des Befehls beruft? Soll unter dem Schutze eines wirklichen oder angeblichen Mißverständnisses grobe Rechtswidrigkeit gar das Privileg genießen, daß der in seinem Rechte Gekränkte, wenn er in der Erregung Widerstand leistete, deshalb bestraft wird? Man kann sogar behaupten, daß ganz besonders bei auf Befehl begangenen Rechtswidrigkeiten die Bestrafung des Widerstandleistenden zu einer Karrikatur der Rechtsordnung werden kann. Es ist zuzugestehen, daß der auf Befehl handelnde Untergebene, wenn ihm straflos Widerstand geleistet werden darf, in einer üblen Lage sich befindet. [290a]) Dafür mag aber gerechterweise der Befehlende die Verantwortung tragen. Wie *Binding* (Lehrb. 2 S. 773) mit Recht sagt, er ist es, der den pflichtgetreuen Untergebenen dem berechtigten Widerstande preisgibt. [290b])

§ 80. Insoweit die Handlung des Beamten in der Weise, in welcher sie erfolgte, als eine durchaus tadelfreie bezeichnet werden muß, ist die Meinung des Beamten, er handle gesetzwidrig, und ebenso das Motiv der Handlung ohne Bedeutung;

[290a]) Denn die Frage, ob der Untergebene zu gehorchen verpflichtet ist, muß durchaus von der Frage der Erlaubtheit des Widerstandes geschieden werden, genau so wie die Frage, ob der auf eigene Entschließung handelnde Beamte sich strafrechtlich verantwortlich macht. Auf der Identifikation der ersteren beiden Fragen beruht meist die Ausführung der Gegner der im Text vertretenen Ansicht. — Verfehlt ist die Berufung auf den Wortlaut des Gesetzes (vgl. bes. *Kallina* a. a. O.) „in der Ausübung seines (des Beamten) Amtes"; denn es fragt sich gerade, ob die Befugnisse des Amtes dem durch die Amtshandlung Betroffenen gegenüber durch Befehl oder durch das Gesetz bestimmt werden.

[290b]) Es könnte sogar bei Ungültigkeit eines Gesetzes dem auf Grund desselben vorgehenden Beamten straflos Widerstand geleistet werden; denn ein ungültiges Gesetz ist rechtlich nicht Gesetz (so auch *Streit* S. 100). Gesetze und Verordnungen, die der Verfassung widerstreiten, können aber bis zu ihrer formellen Aufhebung als einstweilen gültige, d. h. zu beobachtende von der Verfassung erlärt sein, und insoweit die Prüfung der Rechtsgültigkeit der Verfassung den Behörden zufolge überhaupt entzogen ist (vgl. preußische Verfassungsurkunde Art 106), muß jedermann diese Rechtsgültigkeit gegen sich gelten lassen.

daher ist auch unerheblich, ob sie nicht sowohl im öffentlichen Interesse, als vielmehr aus Haß gegen den Betroffenen, um ihm zu schaden, vorgenommen wurde; [291]) die Handlung verletzt objektiv das Recht des Widerstandleistenden in keiner Weise. Insoweit jedoch es sich um Anwendung eines amtlichen Ermessens handelt, wird die Handlung nicht erst dann als unrechtmäßig anzusehen sein, wenn sie dem vernünftigen Sinne jenes Ermessens völlig widerspricht, vielmehr wird der Richter sie schon dann als unrechtmäßig zu betrachten haben, wenn sie tadelnswürdig ist: amtliches Ermessen wird Unrecht, wenn es nachweisbar vorsätzlich mißbraucht wird. Genau dasselbe muß gelten — Hauptsatz und Beschränkung — wenn etwa der Beamte z. B. wegen Trunkenheit nicht oder nicht vollständig zurechnungsfähig sein sollte: der objektiv tadelfreien Handlung Widerstand zu leisten, ist als berechtigt nicht anzusehen; [292]) dem der Lage der Sache nicht entsprechenden Ermessen z. B. eines Trunkenen sich zu fügen, kann dagegen dem unter diesem Ermessen Leidenden nicht wohl zugemutet werden. Selbstverständlich wird eine Amtshandlung nicht dadurch zu einer unrechtmäßigen, daß der Beamte sich unangemessen beträgt und dadurch den Widerstand provoziert, wie dies den allgemeinen Grundsätzen über Notwehr entspricht. [293]) Begeht er aber nebenher gegen den Widerstand Leistenden ein Delikt, so ist gegen dieses freilich Notwehr zulässig, und letztere kann dann einen straflosen Widerstand gegen eine rechtmäßige Amtshandlung mitenthalten. Es ist, wenn beides trennbar, aber zu unterscheiden, ob der Widerstand gegen die Amtshandlung oder gegen die nebenherlaufende rechtswidrige andere Handlung des Beamten sich richtet. Bei Überschreitung einer an sich berechtigten Notwehr ist zwar die Strafe der Widersetzung ausgeschlossen — denn die unrechtmäßige Amtshandlung ist nicht Amtshandlung im Sinne des § 113 — wohl aber kann der Widerstandleistende wegen Körperverletzung, Mißhandlung straffällig sein, während bei nicht

[291]) *Binding*, Lehrb. **2** S. 770 und *Olshausen* Anm. 16 nehmen allgemein an, daß es auf bösen Glauben oder auf das Motiv des Beamten nicht ankomme. Vgl. für die im Texte vorgenommene Beschränkung des Prinzips: OT Berlin 23./5. 79; *Oppenhoff*, Rechtsprechung des OT. **20** S 280; aber auch *Kitz* S. 548.

[292]) OT. Berlin 19./2. 74 GArch. **22** S. 243.

[293]) *Olshausen* Anm. 18; OAG. Dresden 24./7. 76; *Stengleins* Zeitschr. **7** S. 38.

berechtigter Abwehr Konkurrenz anderer Delikte mit dem Delikt des § 113 möglich ist.

§ 81. StGB. § 114. „Wer es unternimmt, durch Gewalt oder Drohung eine Behörde oder einen Beamten zur Vornahme oder Unterlassung einer Amtshandlung zu nöthigen, wird mit Gefängnis nicht unter drei Monaten bestraft.

Sind mildernde Umstände vorhanden, so tritt Gefängnisstrafe bis zu zwei Jahren ein."

enthält einen Deliktstatbestand, der (abgesehen von dem hier bezüglich der Notwehr nicht interessierenden Falle eines ohne Absicht der Abwehr gegen einen Beamten während einer Amtshandlung vorgenommenen tätlichen Angriffs) dem Wortlaute nach den Tatbsetand des § 113 mitumfaßt. Die herrschende Ansicht nimmt daher Gesetzeskonkurrenz als vorliegend an und straft, sofern § 113 anwendbar erscheint, ausschließlich nach der milderen Bestimmung des § 113 als der *Lex specialis*, welche der *Lex generalis* des § 114 vorgeht. Danach hätte allerdings eine Redaktion den Vorzug verdient, welche den Fall des § 113 ohne weiteres als einen milderen Fall der nach § 114 zu strafenden Nötigung zur Vornahme oder Unterlassung einer Amtshandlung erscheinen ließe.

Es fehlt indes nicht an Versuchen, eine anderweite Differenz in den Tatbeständen des § 113 und des § 114 nachzuweisen. *Goltdammer*, *John* (*Holtzendorffs* Handb. **3** S. 127) [294]) und *Hälschner* (**2** S. 822) waren der Meinung, § 114 bestrafe den Angriff gegen diejenigen staatlichen Organe, deren Befugnis darin bestehe, den Willen der Staatsgewalt festzustellen (auf den konkreten Fall anzuwenden), § 113 den Angriff gegen einen Beamten, der im einzelnen Falle das Beschlossene zu vollstrecken habe. Allein diese Unterscheidung ist nicht durchzuführen; in sehr vielen Fällen vollstreckt derselbe Beamte den von ihm selbst gefaßten Beschluß. Die Unterscheidung wäre aber auch irrationell; warum soll der vollstreckende, weit mehr rechtswidrigem gewaltsamen Widerstande ausgesetzte Beamte geringeren strafrecht-

---

[294]) Vgl. auch *Goltdammer*, Materialien **2** S. 127 und GArch. **10** S. 256ff. Das Urteil des Berliner OT. vom 14./2. 62 (GArch. a. a. O.) kann aber für diese Auffassung nicht angeführt werden.

lichen Schutz genießen, als eine nur beschließende Behörde, die sozusagen doch weiter vom Schuß entfernt ist?

Nach *Streits* (S. 56) Ansicht kommt es darauf an, ob die Initiative der Zwangsanwendung von Beamten ausgeht — Fall des § 113 — oder ob der Täter aus freien Stücken die Tätigkeit des Beamten nach seinem, des Täters, Willen durch Gewalt oder Drohung zu leiten unternimmt.

Nach der von *Olshausen* (Anm. 2 zu § 114) geteilten Ansicht des RG.[295]) findet § 114 Anwendung, wenn eine in der Zukunft liegende Entschließung der Behörde herbeigeführt werden oder verhindert werden soll, während § 113 den Widerstand gegen die bereits begonnene Amtshandlung straft, oder, wie Erkenntnisse des RG. den Unterschied auch ausdrücken, § 113 schützt die Tätigkeit, § 114 die Willensfreiheit des Beamten.[296])

Diese letzteren einander nahestehenden Auffassungen streifen den richtigen Unterschied, ohne, so wie sie vertreten worden sind, völlig zu befriedigen. Das vom RG. nebenher berücksichtigte von *Olshausen* in den Vordergrund gestellte Unterscheidungsmoment, Hinderung der Tätigkeit und andererseits Hinderung der Willensfreiheit der Beamten, scheint am wenigsten haltbar, da an Tätigkeit des Beamten ohne begleitenden und dieselbe lenkenden Willen schwerlich zu denken ist, und falls hier ein Unterschied gemacht werden sollte, eher Hinderung von Wille und Tätigkeit, als Hinderung nur des Willens strengere Strafe verdienen würde.

Auch die psychische durch die wirklich begonnene Vollstreckung etwa veranlaßte Erregung, in welcher *Binding*[297]) die gesetzgeberische Unterscheidung begründet findet, könnte zwar strafmildernd in Betracht kommen, nicht aber den tiefgreifenden Unterschied in der Bestrafung nach § 113 und andererseits nach § 114 rechtfertigen. Endlich ist die Frage der Selbständigkeit einzelner Vollstreckungshandlungen oder der Fortsetzung von Amtstätigkeiten, die eine bereits begonnene Einheit bilden sollen, eine oft schwierige und von solchen zivilprozessualen

---

[295]) Z. B. II. 4./2. 81, I. 3./5. 81, II. 18./1. 98, E. **3** Nr. 129 S. 334, **4** Nr. 52 S. 143, **31** Nr 2 S. 3.

[296]) IV. 8./11. 89, III. 30./4. 91, E. **20** Nr. 14 bes. S. 37, **22** Nr. 71 bes. S. 228.

[297]) Lehrb. **2** S. 752. Gelegentlich hat auch das RG. diesen legislativen Grund hervorgehoben.

oder verwaltungsrechtlichen Subtilitäten [298]) eine erheblich schwerere Bestrafung abhängen zu lassen, dürfte materieller Gerechtigkeit wenig entsprechen.

§ 82. Die Unterscheidungsmomente — gegenwärtige und andererseits zukünftige Amtshandlung des Beamten — und im Falle des § 114 Initiative des Widerstand Leistenden kommen dagegen dem meiner Ansicht nach zutreffenden Unterscheidungsmomente nahe. § 113 betrifft den Fall, daß die Amtshandlung einen unmittelbar gegenwärtigen Eingriff in die Rechtssphäre des Widerstandleistenden droht oder darstellt; dann soll bei Unrechtmäßigkeit der Amtshandlung Notwehr zulässig sein. Dagegen kann im Falle des § 114 auch bei unrechtmäßiger nur erst in Aussicht stehender amtlicher Handlung, weil eben diese nicht unmittelbar verwirklicht wird, Drohung oder Gewalt, als gegen einen nur zukünftigen Vorgang gerichtet, niemals Notwehr sein. Wo bei unrechtmäßiger Amtshandlung Notwehr den Widerstand straflos machen würde, da ist bei rechtmäßiger Amtshandlung nach § 113 zu strafen; wo aber unter der Voraussetzung, daß eine unrechtmäßige Amtshandlung abgewendet werde, gleichwohl Drohung oder Gewalt, weil gegen einen nur zukünftigen Vorgang gerichtet [299]), als Notwehr nicht anzuerkennen wäre, findet die strengere Bestrafung nach § 114 Anwendung.

Danach ergibt sich, daß in § 114 keineswegs eine rechtmäßige Amtshandlung wie in § 113 als Anlaß der strafbaren Drohung oder Gewalt vorausgesetzt wird. [300]) Solange ein unmittelbarer Eingriff in die Rechtssphäre des der Obrigkeit gegenüberstehenden Individuums nicht unternommen wird, ist der einzelne durch Vorstellungen und etwa ihm zustehende Rechtsmittel zur Abwendung von Maßregeln für genügend geschützt

[298]) Z. B. der Gerichtsvollzieher macht erst die Pfändung ersichtlich; nach einigen Tagen fuhrt er das gepfandete Pferd fort, und nun wird dem Schuldner sein Elend so fuhlbar, daß es ihn zum Widerstand gegen den Gerichtsvollzieher erregt. Vgl. insbesondere die Entscheidungsgründe in dem bereits zitierten Urteile des RG. E. **20** S. 35.

[299]) Danach kommt es auf die erwahnten Subtilitäten insbesondere des Zivilprozeß- und Verwaltungsrechtes nicht an. Es entscheidet vielmehr die Tatsache, welchen einzelnen Vorgang der Schuldige hindern wollte

[300]) Übereinstimmend *Hälschner* **2** S. 821; *Geyer* **2** S. 140; *Oppenhoff-Delius* § 114 Anm. 18; *Olshausen* § 114 Anm. 4; OT. Berlin 15./3 79, unter Berufung auf frühere Urteile GArch. 27 S. 368 RG. I. 13./5. 80, Rs. 1 S. 770

zu halten; wollte man dann schon einen Schutz durch eine der allgemeinen Regel nach unerlaubte Handlung zulassen, so würde dies bedeuten, daß der Obrigkeit gegenüber eine Abwehr erlaubt wäre, die gegenüber einer Privatperson noch nicht gestattet ist. Solange also die Amtshandlung nur erst beschlossen ist, kann sie selbst als unrechtmäßige eine sonst unerlaubte Nötigung nicht rechtfertigen. Selbstverständlich muß die Handlung, welche durch Drohung oder Gewalt angewendet werden soll, *in abstracto* überhaupt als mögliche Amtshandlung des bedrohten Beamten (der bedrohten Behörde) gelten können. Nur wenn die Zuständigkeit zweifellos fehlt, also voraussichtlich nicht daran zu denken ist, daß der Beamte (die Behörde) amtlich tätig oder bzw. untätig infolge der Drohung (der Gewalt) sein würde, dürfte dieser Mangel der Handlung den Charakter als Amtshandlung nehmen. [301]) Das Erfordernis der Rechtmäßigkeit der Amtshandlung hätte in § 114 nur zu Mißverständnissen Anlaß geben können. [302])

M. E. Mayer (S. 459) hält (abgesehen von der Strafbestimmung gegen den tätlichen Angriff von Beamten während der rechtmäßigen Ausübung ihres Amts) den § 113 des StGB. für überflüssig, da die betreffende Gewaltanwendung oder Drohung, wenn einer rechtmäßigen Amtshandlung entgegengestellt, den Tatbestand der Nötigung darstelle. Dieser Ansicht wird nicht beizutreten sein. Erstens würde dann die Gewaltanwendung oder Drohung gegenüber einer unrechtmäßigen Amtshandlung den Charakter der strafrechtswidrigen Handlung nach Maßgabe der allgemeinen Grundsätze über Notwehr völlig verlieren, d. h. sie würde einer durchaus objektiven Beurteilung vom Standpunkte des Gewalt oder Drohung Anwendenden unterliegen. Demnach würde selbst bei völlig entschuldbarem tatsächlichen Irrtum des Beamten gewaltsamer Widerstand straflos sein.

---

[301]) OT. Berlin 25/9. 72; GArch. 20 S. 443 erachten ohne Beschrankung den Mangel örtlicher Zuständigkeit für unerheblich, ebenso *Rüdorff-Stenglein* § 1144 Anm. 3. Derselben Ansicht ist *Binding*, Lehrb. 2 S. 755 zu Anm. 3; *Olshausen* § 114 Anm. 4 verlangt auch örtliche Zuständigkeit, ebenso OLG. München 20./3. 90, Strafrechtliche Entscheidungen des OLG. München 6 S. 62.

[302]) Anders liegt der Fall, wenn der Beamte schon durch vorhergehendes rechtswidriges Benehmen die Drohung veranlaßt hätte. Vgl. italienisches StGB. Art. 192 verglichen mit Art. 187.

Liegen die Voraussetzungen der Notwehr nicht vor, so kann der Widerstand gegen eine unrechtmäßige Handlung des Beamten nur insofern straffällig sein, als er den Tatbestand eines anderen Deliktes enthält, da das Vergehen der Widersetzung eine unrechtmäßige Amtshandlung voraussetzt.

§ 83. Die alte französische Jurisprudenz[303]) beurteilte den Widerstand gegen eine unrechtmäßige Handlung eines Beamten als Notwehr (*défense legitime*), und der *Code pénal* von 1791 strafte nur den Widerstand gegen einen Beamten der Vollstreckungsgewalt »*agissant légalement dans l'ordre de ses fonctions*«. Der *Code pénal* von 1810 hat diesen die Rechtmäßigkeit der Amtshandlung ausdrücklich hervorhebenden Zusatz fortgelassen. Gleichwohl erkennt man überwiegend an, daß strafbarer Widerstand nicht vorliegt, wenn der Beamte unter Überschreitung seiner gesetzlichen Funktionen handelt, und *Garraud* bemerkt sogar, daß ein gewisser Grad von Willkür (»*arbitraire*«) den Widerstand als rechtmäßig erscheinen lasse (*Garraud* **1** n. 302). [304])

Nach dem englischen Rechte kommen die in verschiedenen Gesetzen für den Fall des Widerstandes gegen Beamte angedrohten Strafen nur zur Anwendung, wenn der Beamte gesetzmäßig handelt. Es ist freilich nicht leicht zu ersehen, unter welchen Voraussetzungen in konkreten Fällen Amtshandlungen für rechtswidrig erachtet werden; indes wird man dem Geiste der englischen Jurisprudenz zufolge annehmen dürfen, daß nicht nur klare Überschreitung der Zuständigkeit und Nichtbeachtung besonders vorgeschriebener gesetzlicher Formen und sonstiger gesetzlicher Voraussetzungen, sondern auch grobe, dem Sinne des Gesetzes widersprechende Willkür

---

[303]) *Jousse* 4 S. 79 (die hier gegebenen Sätze stimmen wesentlich überein mit der heute im Deutschen Reiche herrschenden Ansicht).

[304]) Der Kassationshof berücksichtigt die Illegalität der Handlung der Beamten nicht, selbst bei klar vorliegender Verletzung wesentlicher Formen oder Überschreitung der Amtsgewalt. Aber die Appellhöfe befolgen eine andere Praxis Vgl. *Hétie* **8** n. 940, der, ausgehend von der für den Beamten sprechenden *Praesumtio legalitatis*, letztere für weggefallen, also den Widerstand für berechtigt erklärt, wenn ein »*Excès de pouvoir*«, eine »*Violation flagrante d'un droit*« vorliege. Dies würde auf das Entscheidungsmoment der »*aperta injustitia*« hinauskommen. — Die belgische Praxis läßt auch im Prinzip die Illegalität der Amtshandlung als Strafausschließungsgrund gelten, scheint aber in der Anwendung dieses Prinzips etwas strenger zu sein als die französische Theorie. Vgl. *Beltjens*, Code pénal belge zu Art. 269 n. 8, 15, 18—23.

innerhalb des amtlichen Ermessens den Widerstand, soweit er sich in den Schranken erforderlicher Abwehr hält, straflos macht.

Während das deutsche StGB. die Rechtmäßigkeit der Amtshandlung und ebenso das niederländische Art. 179[304a]) als ein konstitutives Moment des Deliktes der Widersetzung behandelt, hat das italienische StGB. Art. 192[305]) aus dem illegalen Verhalten der Beamten formell einen Schuldausschließungsgrund gebildet und damit gewissermaßen an die Präsumtion der Legalität der Handlung der Beamten angeknüpft. Der Widerstand ist straflos, wenn der Beamte dadurch den Widerstand veranlaßt hat, daß er mit willkürlichen Handlungen seine Befugnisse überschritt (*»abbia dato causa al fatto eccedendo con atti arbitrarii i limiti delle sue attribuzioni«*). Nach der hier maßgebenden Erklärung des Ministers *Zanardelli*, unter dessen Amtsführung das StGB. vom italienischen Parlamente angenommen wurde, ist Widerstand straflos nicht nur, wenn die gesetzlichen Formen der Amtshandlung verletzt sind, sondern auch, wenn die Amtshandlung *»nella sostanza«* (materiell?) illegal ist.

Sodann haben neuere gesetzgeberische Arbeiten den Fall des Widerstandes mit der Hinderung und dem Zwange durch Gewalt oder Drohung zur Vornahme oder Unterlassung einer Amtshandlung in der Art zusammengezogen, daß diese deliktischen Tatbestände sämtlich als Fälle qualifizierter Nötigung erscheinen. So das norwegische §§ 127, 128 und der schweizerische Vorentwurf von 1903 Art. 192.[306]) *M. E. Mayer* (S. 508ff.)[307]) findet dies richtig, erachtet, wie bemerkt, den § 113 des StGB. für überflüssig und empfiehlt die Unrechtmäßigkeit der Amtshandlung nach dem Muster des italienischen und des norwegischen StGB. formell als Schuldausschließungsgrund,

---

[304a]) Vgl. auch ungarisches StGB. S. 165. Das bulgarische StGB. Art. 145 sagt: „Wer widerrechtlich ein Organ der offentlichen Gewalt an der Ausubung seiner Rechte und Pflichten verhindert".

[305]) Vgl. *Crivellari-Suman* 6 S. 134ff. bes. S. 153 und 157—164, 191—201; *Tuozzi* 3 S. 238.

[306]) § 1. „Wer einen Beamten durch Gewalt oder Drohung an einer rechtmäßigen Amtshandlung zu hindern oder zu einer Amtshandlung zu notigen sucht oder ihn während einer Amtshandlung tätlich angreift."

[307]) Auch *Binding*, Lehrb. 2 S. 774 faßt den Widerstand als Nötigung zur Unterlassung einer Amtshandlung auf.

bzw. Strafmilderungsgrund in einem besonderen Paragraphen oder doch in einem besonderen Zusatze zu berücksichtigen. Nach abstrakter Logik ist nun in der Tat Widerstand durch Gewalt oder Drohung Nötigung zu einer Unterlassung. Aber die Gewalt kann in einer Form vorkommen, welche die Hinderung einer Willensbetätigung im Augenblicke gar nicht fühlbar macht, z. B. in der Form einer Körperverletzung, welche jede weitere Tätigkeit des Verletzten zur Zeit ohne weiteres ausschließt. Hier Nötigung anzunehmen oder etwa Konkurrenz von Nötigung und Körperverletzung, ist überaus künstlich, da dann die meisten als Körperverletzung behandelten Fälle solche Konkurrenzfälle darstellen würden, woran bis jetzt niemand gedacht hat. Und ferner steht der Widerstand als auf unmittelbare Abwendung eines Nachteils gerichtet in Parallele mit der Notwehr, während die Nötigung sich auch auf die Zukunft bezieht. Die Auffassung des Widerstandes als Fall der Nötigung kann daher leicht zu ungerechter (zu harter) Beurteilung des Widerstandes Anlaß geben und läßt die Frage entstehen, ob man auch für den Fall einer auf die Zukunft sich beziehenden Drohung zur Bestrafung eine rechtmäßige Amtshandlung fordern soll. Wird dies wie in dem schweizerischen Entwurfe bejaht, so sind viele durchaus objektiv nicht motivierte freche Drohungen gegen Beamte und Behörden als qualifizierte Nötigung nicht strafbar und können höchstens als Beleidigungen bestraft werden, sofern die Vermutung ausgedrückt wird, daß der Beamte oder die Behörde zur Vornahme einer gesetzwidrigen Handlung geneigt sei. [308]) Man fühlt aber, daß solche in der Tat Gesetz und Ordnung angreifende Drohungen dann nur unter einem der Bedeutung der Tat nicht entsprechenden Gesichtspunkte gestraft werden. Läßt man andererseits das Gesetz über das Erfordernis der Rechtmäßigkeit der Amtshandlung überhaupt schweigen, so versteht es sich freilich von selbst, daß auch eine Drohung kraft Notwehr gerechtfertigt sein kann — Drohung ist sogar oft das gelindeste Mittel der Abwehr — allein die Nichterwähnung des Erfordernisses der Rechtmäßigkeit der Amtshandlung läßt es dann, wenigstens dem Wortlaut nach, zweifel-

[308]) Solche auf die Zukunft sich beziehende Drohungen dürfen straflos nur sein, wenn der Beamte zuvor mit einer gesetzwidrigen Handlung gedroht hatte.

haft, [309]) ob dies Erfordernis bei dem Widerstande gelten soll, und damit wäre man wieder bei der Redaktion des preußischen StGB. angelangt, welche zu so manchen nicht ohne Grund angegriffenen Entscheidungen Anlaß gegeben hat. [309a])

Das norwegische StGB. enthält aber noch eine bedeutsame Neuerung. Bei Anwendung von Gewalt, bei welcher die Rechtmäßigkeit der Vornahme oder Unterlassung der Amtshandlung unwesentlich ist, findet, wenn der Beamte durch ungebührliches (also nicht notwendig ungesetzliches) Verhalten Anlaß zur Anwendung von Gewalt (seitens des Angeklagten) gegeben hat, eine bedeutend mildere Strafe Anwendung, und bei besonders mildernden Umständen kann (also nach richterlichem Ermessen) von jeder Strafe abgesehen werden. *M. E. Mayer* (S. 510) empfiehlt solche arbiträre Bestimmung, aber in anderer Art: nicht die Anwendung von Gewalt soll das Geltungsgebiet jener beiden Strafvorschriften scheiden, sondern der Umstand, ob Vornahme einer Amtshandlung erzwungen werden soll; in diesen Fällen sei „die strenge Alternative beizubehalten" (also Straflosigkeit bei Erzwingung einer rechtmäßigen Amtshandlung, Strafe nur bei Erzwingung einer unrechtmäßigen Amtshandlung). Bei Anwendung von Drohung oder Gewalt zur Hinderung einer Amtshandlung wäre nach *M. E. Mayers* Ansicht die Beurteilung nach billigem Ermessen zu empfehlen.

Indes eine arbiträre Behandlung von Widerstand und Drohung, welche unter gewissen Voraussetzungen Notwehr ist, dürfte überhaupt schweren Bedenken unterliegen. Es mag sein, daß ein dem Gesetze nicht entsprechendes Verfahren den Beamten im einzelnen Falle den durch die Handlung des Beamten Betroffenen oder Bedrohten nicht zum Widerstande, zur Drohung bewogen, daß vielmehr ein nebenhergehendes provozierendes ungebührliches Benehmen der Beamten weit mehr den Anlaß gegeben hat. Aber zwischen erlaubter Notwehr und strafbarem Widerstande und strafbarer Drohung hat das Gesetz eine scharfe

[309]) Auch das neue russische StGB. Art. 142 spricht bei dem Delikte des Widerstandes von gesetzmäßigen Anordnungen der Behörden.

[309a]) Dies ist der Fall nach dem norwegischen StGB., welches bei Drohung deren Richtung auf Erzwingung einer unrechtmäßigen Vornahme oder Unterlassung einer Amtshandlung fordert, 128, bei Gewalt 127, aber deren Richtung auf Vornahme oder Unterlassung einer Amtshandlung genügen läßt.

Unterscheidungslinie zu ziehen, und zwar bei dem Widerstande gegen Beamte um so mehr, als der Notwendigkeit strenger Beobachtung des Gesetzes sowohl für die Beamtenschaft wie für das Publikum eine höchst wohltätige erziehende Kraft innewohnt. Hier ein unbestimmtes richterliches Ermessen walten zu lassen, kann den Sinn für gesetzmäßiges Handeln nur abschwächen. Man soll freilich z. B. nicht unnütze oder in ihrer Nützlichkeit fragwürdige Formen häufen; aber wo das Gesetz eine Form als wesentliche Voraussetzung verlangt, da muß sie beobachtet werden, und andererseits muß, wenn sie beobachtet ist, den Widerstand Leistenden auch die volle Strafe des Gesetzes, selbstverständlich nach Maßgabe der Strafmessungsgründe, treffen, und dem Widerstand Leistenden zu Gemüte geführt werden, daß Widerstand gegen die Staatsgewalt eine ernste Sache ist, die nicht so leicht durch Nebenumstände beinahe oder gar völlig entschuldigt wird. [309b])

§ 84. Hiernach erscheint die Trennung des Widerstandes gegen unmittelbar im Vollzuge bezeichnete Amtshandlungen von Gewalt und Drohung zur Vornahme oder Unterlassung erst in Zukunft ausstehender Amtshandlungen, wie solche Trennung nach den §§ 113, 114 unseres StGB. und auch im österreichischen Entwurfe von 1893 §§ 116 (122) und 118 (128) sich findet, doch richtig und vor der Zusammenfassung der betreffenden Delikte in einem allgemeinen von der Nötigung in bezug auf Amtshandlungen handelnden Paragraphen den Vorzug zu verdienen. Auch einer teilweisen Verwässerung der scharf gefaßten Bestimmungen etwa im Sinne des norwegischen Gesetzbuches § 126 oder im Sinne *M. E. Mayers* wird nicht das Wort zu reden sein, ebensowenig bei Widerstand gegen eine Amtshandlung einer die Unrechtmäßigkeit der Amtshandlung formell als Strafausschließungsgrund behandelnden Zusatzbestimmung, da diese, wie bemerkt,

---

[309b]) Übrigens scheint mir die im norwegischen StGB. gemachte Unterscheidung vor der von *M. E. Mayer* empfohlenen den Vorzug zu verdienen, schon deshalb, weil der Unterschied von Handlung und Unterlassung beim Widerstande oft kaum von wirklicher Bedeutung sein wird. Es scheint mir nicht von Erheblichkeit, ob der Gerichtsvollzieher gezwungen wird, von der Beschlagnahme einer Sache Abstand zu nehmen oder die soeben in Gewahrsam genommenen Sachen wieder herauszugeben. Und wenn der Gerichtsvollzieher gezwungen wird, eine ergriffene Sache loszulassen, liegt dann ein Zwang zu einer Unterlassung (der vollständigen Pfändung) oder Hinderung einer Handlung vor?

in der Praxis zur Aufstellung einer h i e r nicht passenden *Praesumtio legalitatis* der Handlung des Beamten Anlaß geben könnte. Die Frage aber bedarf außerdem der Beantwortung, ob Rechtmäßigkeit oder andererseits Unrechtmäßigkeit der Amtshandlung genauer zu definieren wäre. Vielleicht könnte man, wenn den gegebenen Ausführungen zuzustimmen wäre, in § 113 hinzufügen:

„Eine, sei es auf Entschließung des Beamten, sei es auf Befehl vorgenommene Amtshandlung ist im Sinne dieses Paragraphen [310]) nicht rechtmäßig, wenn

der Beamte seine Zuständigkeit überschritten, hat oder

w e s e n t l i c h e, im Gesetz vorgeschriebene Formen nicht beobachtet oder verletzt sind, oder

von einem dem Beamten zustehenden Ermessen ein dem Sinne des Gesetzes durchaus widersprechender Gebrauch gemacht ist oder

die Vornahme der Handlung lediglich eines außerhalb der Amtspflicht liegenden Zweckes wegen erfolgte."

Für die Zulässigkeit der Notwehr gegen Amtshandlungen ist Unersetzlichkeit des bedrohten Gesetzes ebensowenig zu fordern, wie in anderen Fällen der Notwehr. Dies wird jetzt kaum bestritten werden.[310a])

§ 85. Die G ü t e r anlangend, welche durch Notwehr geschützt werden können, so ist zweifellos, daß Notwehr zum Schutze von L e i b und L e b e n wie von F r e i h e i t und E h r e [311]) gebraucht werden kann. Gegen tätliche Beleidigungen wird gegenwärtig wohl allgemein Notwehr als zulässig angesehen. Gegen eine einzige schnell ausgesprochene wörtliche Beleidigung

---

[310]) Damit ist gesagt, daß im folgenden über die straf- und zivilrechtliche V e r a n t w o r t l i c h k e i t der Beamten nicht entschieden wird.

[310a]) *Streit* S. 89. Anders noch *Zachariae*, Arch. d. Cr. 1843 S. 375 und *Arnold* daselbst S 399.

[311]) Von älteren Schriftstellern (so von *Carpzov* qu. 30 n. 34ff.) wird mit der Notwehr hier aber verwechselt die Erwiderung der Beleidigung, und dann selbstverständlich die Tötung des Beleidigers für strafbar erklärt, allerdings unter Aberkennung eines Milderungsgrundes. Dagegen unterscheiden *Grotius*, *De jure belli* II, 1 § 10 n. 1 und *Pufendorf*, *De Jure Nat.* II, 5 § 12 richtig die Abwehr einer drohenden Ohrfeige von der Genugtuung wegen einer bereits empfangenen. Nach strengem Rechte halten sie, wenn erforderlich, im ersteren Falle jede Verletzung des Angreifers für erlaubt. (*Pufendorf* scheint allerdings Standesunterschiede sowie im zweiten Falle bei verweigerter Genugtuung Eigenmacht fur maßgebend zu halten.)

wird zwar Notwehr in der Art, daß man die Äußerung verhindert, schwer möglich sein.[312]) Aber gegen die Fortsetzung eines Stromes von Schmähungen wäre Notwehr denkbar, und die Verbreitung von Schmähschriften, den Anschlag von beleidigenden Plakaten könnte man kraft Notwehr gewaltsam, z. B. durch Vernichtung, Wegnahme der Exemplare, Abreißen der Plakate verhindern. Ehrennotwehr kann sich endlich auch darin zeigen, daß man sofort gegen ehrenrührige Vorwürfe oder Schmähungen, bzw. gegen deren Fortsetzung protestiert; [312a]) dies ist deshalb bemerkenswert, weil, wenn nicht als Notwehr straffrei, die Gegenäußerung an dem Orte, wo sie erfolgt, z. B. während des Gottesdienstes in der Kirche [312b]), eine strafbare Handlung sein kann.[313]) Spätere Gegenäußerungen brauchen von den bei der beleidigenden Äußerung gegenwärtig gewesenen Personen nicht

[312]) Eine Zeitlang hat man allerdings, abgesehen von der in der L. 1 § 4 D. *ad leg Corn. de sic.* 48, 8 besonders als zulässig erwähnten Notwehr zum Schutze der weiblichen Ehre, den Art. 150 der CCC. unrichtig auslegend, eine Ehrennotwehr nur anerkannt, wenn die Injurie mittels eines tätlichen Angriffs erfolgte. Man meinte, daß lediglich in Worten bestehende Beleidigungen nicht präventiv abgewendet werden könnten (so *Breidenbach*, Kom. **1** S. 220, 221); *Grolmann* § 25 d aber war der Ansicht, daß durch die *Actio injuriarum* die Ehre vollständig wieder hergestellt werde. Weder das eine noch das andere trifft aber immer zu. Bei *Tittmann* **2** § 328 begegnet uns gar die Ansicht, man könne überhaupt gegen Injurien Notwehr nicht üben, weil der wörtlichen Injurie keine Handlung vorhergehe, welche zur Abwehr auffordere, und weil eine tätliche Injurie schon durch den Angriff vollbracht werde, in welchem Falle nur der höhere Grad der Beleidigung selbst aufgehalten (vermieden) werde — als wenn es dem Bedrohten nie darauf ankäme, die formelle Vollendung des Delikts abzuwenden. Vgl. gegen solche irrige Ansichten *Henke*, Handb. **1** S. 214 und S. 220 Anm. 15; *Köstlin*, Neue Revision S. 718; System S. 82; *Heffter* § 43 Anm. 4; *Levita* S. 176, 182; *Wessely* S. 83. Die Ehre wird als wehrhaftes Gut besonders genannt in den Gesetzbüchern für Württemberg 102, Braunschweig 166, Hessen 46, Nassau 43, Baden 84, Thüringen 66; die Freiheit auch in den Gesetzbüchern für Württemberg, Hessen, Nassau, Baden, in einigen auch besonders die Keuschheit.

[312a]) Über die bei den alten Italienern bestrittene Erlaubtheit der Entgegnung „*Mentiris*" vgl. *Seeger* S. 409. Die Anm. 312 gerügte Verwechselung findet sich z. B. noch bei *Grattenauer* S. 102 ff. Besonders den Adligen und den Offizieren wollte man eine solche fälschlich sogenannte Notwehr gestatten (*Grattenauer* S. 111). Interessant ist dabei die von *Grattenauer* aufgestellte Rangordnung der verschiedenen Stände: die „Ziviljustizbeamten" als bloße Gesetzmenschen sollen diese Notwehr nicht ausüben — sie rangieren nach den Polizeibeamten — und die Kaufleute haben gar keine andere Ehre zu verteidigen, als ihren Kredit! — Gegen jenes von manchen in Anspruch genommene Privileg augenblicklicher Rachenahme protestierte schon *Bossius*, *Pr. tit. de homicid.* n. 86. Dagegen meinte *Berlich*, *Concl.* IV, 13 n. 23, der Nobilis dürfe den Rusticus, der ihn tätlich angegriffen habe, auf der Stelle niedermachen, auch wenn der Rusticus die Flucht ergreife!

[312b]) Möglicherweise könnten wörtliche Schmähungen, deren Fortsetzung befürchtet werden darf, durch Einschließung des Schmähenden verhindert werden.

[313]) Vgl. RG. I 14, 12. 96 E. **29** Nr. 85 S. 240, I 24, 11. 90 E. **21** Nr. 62 S. 168.

gehört zu werden, und selbst Proteste in öffentlichen Blättern können möglicherweise übersehen werden.

§ 86. Die E i g e n t u m s n o t w e h r[313a]) betreffend, so ist meistens anerkannt, daß der Besitzer ein j e d e s Vermögensobjekt mit seiner Person decken kann, und wird dann auch diese angegriffen, sich schließlich mit der weitgehendsten Verletzung des Angreifenden verteidigen [314]) und dies auch dann tun darf, wenn er auf der Stelle dem entfliehenden Diebe oder Räuber die Sache wieder abnehmen will und letzterer gewaltsamen Widerstand leistet.

Genau betrachtet, handelt es sich aber in solchen Fällen um Notwehr der Person, die nur durch einen Angriff auf eine Sache veranlaßt ist.[315]) Doch ist zuweilen für jede Art der Verteidigung des Eigentums (genauer: des Besitzes) und also auch für diese einerseits U n e r s e t z l i c h k e i t und andererseits V e r h ä l t n i s m ä ß i g k e i t des Wertes des Eigentumsobjektes und der dem Angreifer zugefügten (oder zuzufügenden) Verletzung gefordert. Der Begriff der Unersetzlichkeit [316]) ist aber in seiner Anwendung so zweifelhaft, daß, wie *Berner* (Arch. d. Cr. 1848 S. 561) bemerkt, mit Aufstellung dieses Erfordernisses die Eigentumsverteidigung völlig unsicher gemacht wird.[317]) Soll Unersetzlichkeit in *in abstracto* gefordert werden oder soll Unersetzlichkeit *in concreto* genügen? [318]) Die

---

[313a]) Die CCC. hat zwar nicht im Art. 140, wo gesagt wird: „Was eyn recht notweer ist", die Eigentumsnotwehr erwähnt. Da aber im Art. 150 als entschuldigte Tötung auch der Fall bezeichnet wird, daß „eyner zur rettung eynes anderen leib, leben oder gut" „jemandt erschlecht", so konnte nicht bezweifelt werden, daß Notwehr auch zulässig sei, um das eigene Gut zu schützen. Dies ist denn auch stets als selbstverständlich betrachtet.

[314]) *Wessely* S. 66.

[315]) Vgl. namentlich *Sander*, Arch. d. Cr. 1841 S. 87—93.

[316]) Schon *Bartolus* in *Leg. Furem ad leg. Corn de sic.* wollte unbeschrankte Notwehr nur zulassen, wenn die *injuria irreparabilis* sein würde. Vgl. dagegen aber *Clarus*, § *homicidium* n. 25, der diese Beschränkung nur für das kanonische, nicht für das weltliche Recht anerkennt.

[317]) Die Forderung, der Angegriffene solle über die Unersetzlichkeit des von dem Angreifenden begehrten Gutes im Augenblick des häufig völlig unvermuteten Angriffs Erwägungen anstellen, geht sehr weit.

[318]) Die Unersetzlichkeit *in concreto* gibt den Armen der Bosheit, dem Mutwillen des Vermögenden, der zweifellos Ersatz leisten kann, schutzlos preis (so treffend *Sander*, Arch. d. Cr. 1841 S. 107, in diesem Sinne auch *Levita* S. 224). *Sander* begeht aber den Fehler, in jedem in Gegenwart des Eigentümers begangenen Angriff auf das Eigentum zugleich einen Angriff auf die Person des Eigentumers zu erblicken und nur aus diesem Grunde die etwa nötige schwere Verletzung des

Konsequenz, welche auch von einigen gezogen ist, führt ferner dahin, die Verteidigung des Besitzes von Grundstücken für unzulässig zu erklären,[319]) eine Ansicht, die den römischen Quellen widerspricht. Endlich wird mit Aufstellung jenes Erfordernisses dem rechtswidrig Angreifenden ein Expropriationsrecht gegenüber dem rechtmäßigen Besitzer eingeräumt, das Unrecht also dem Rechte gegenüber geradezu privilegiert.

Dieselbe Widerlegung trifft die Ansicht, welche Verhältnismäßigkeit[319a]) zwischen bedrohtem Gute und zuzufügender Verletzung fordert. Diese z. B. schon von *Tittmann* (Handb. 1 § 135) vertretene[319b]), im hessischen BGB. (49 Abs. 2)[320]) rezipierte und von *Buri*[321]) mit gewohnter Energie vertretene Ansicht ist auch von anderen Seiten mit Beifall begrüßt worden, § 59.[322]) Sie ist aber, abgesehen von den Gründen, die gegen das Erfordernis der Unersetzlichkeit des bedrohten Gutes sprechen, auch deshalb unrichtig, weil Abwehr

---

Angreifers zu rechtfertigen. Dagegen richtig *Levita* S. 222; *Wessely* S. 79: „Was heute ersetzlich erscheint, kann morgen schon unersetzlich sein".

[319]) *Boehmer* in CCC. 140 § 3; *Fichte*, Naturrecht **2** S. 82 (letzterer meint, nur das unbezeichnete Eigentum, dessen Besitz nur dadurch bezeichnet werde, daß jemand es an sich trägt und in seinem Hause habe, dürfe mit dem eigenen Leibe verteidigt werden!). — Dagegen *Wächter*, Lehrb. **1** S. 88. Umgekehrt wollte *Brunnemann*, *Tract.* 9 n. 57, Notwehr (wenigstens bis zur Tötung) nicht zulassen wegen beweglicher Sachen »*sanguis humanus nimis pretiosus*«.

[319a]) Eine weitere Kritik dieser neuerdings *de lege ferenda* stark vertretenen Ansicht unten.

[319b]) *Tittmann* verwechselt dabei Verhältnismäßigkeit mit Unersetzlichkeit.

[320]) In der Fassung „auch muß das angewendete, lebensgefährliche Verteidigungsmittel mit dem Werte, den das bedrohte Eientum oder Besitztum für den Angegriffenen hat, in einem angemessenen Verhältnisse stehen....". Das sächsische StGB 91 Abs. 2 verlangte, daß die Mittel der Verteidigung mit der abzuwendenden Gefahr nicht außer Verhältnis seien. Man bezog das Wort „Gefahr" dabei aber auch auf den Wert des gefährdeten Gutes. Vgl. *Krug*, Kommentar **1** S. 195.

[321]) GS. **80** S. 459ff. — Vgl. dagegen aber *Binding* **1** S. 752 und ausführlich *Tobler* S. 74ff., der insbesondere die künstlichen und sonderbaren Unterscheidungen *Buris* treffend widerlegt. — Auch neuerdings hat *Binding* (Grundriß des deutschen Strafrechts 7. Aufl. S. 189) die Einführung des Verhältnismäßigkeitsprinzips in vollem Umfange (?) in das Recht der Notwehr für sehr bedenklich erklärt.

[322]) Keine der mir bekannt gewordenen neuen Gesetzgebungsarbeiten hat bei der Notwehr das Prinzip der Verhältnismäßigkeit aufgenommen. Vgl. niederländisches StGB. Art. 44, finnländisches Kap. III § 6, russisches Art. 45, japanisches § 36, österreichischer Entwurf von 1891 § 60.

Das norwegische StGB. § 48 Abs. 2 und der schweizerische Entwurf (1903, Art. 24) gestatten jedenfalls eine andere Auslegung, die ein richtiges Prinzip aussprechen würde. — Welche Ansicht *Lammasch*, Zeitschr. **14** StGB. als einen Sieg ethischer Prinzipien über die abstrakt-logische Konsequenz bezeichnet ist mir zweifelhaft.

weder Vergeltung noch Austausch ist. Von dem Bedrohten eine im Augenblick des Angriffs nicht immer einfache Abwägung fordernd, mindert sie zugleich in empfindlicher Weise die im Interesse der Rechtsordnung liegende Wahrscheinlichkeit, daß rechtswidrige Angriffe energischer Abwehr begegnen werden, und ermöglicht endlich die widersprechendsten Urteile über Zulässigkeit der Notwehr in konkreten Fällen.[322a]) Daß die Staatsgewalt da, wo sie rechtsverfolgend auftritt, z. B. bei Verfolgung und Festnahme eines Verbrechers, ihre Organe in der Anwendung scharfer und schärfster Mittel meist beschränkt und die Größe des drohenden Schadens, die Schwere des begangenen Verbrechens dabei mit entscheiden läßt, kann für analoge Beschränkung des Notwehrrechtes, wie freilich *Buri* meint, nicht geltend gemacht werden. Erstens handelt es sich dabei nicht lediglich um Schutz eines ruhigen Zustandes, und zweitens hat die Staatsgewalt ganz andere Mittel den Anspruch schließlich durchzusetzen als der Privatmann, während zugleich diesem der Schaden im einzelnen Falle empfindlicher ist als der Staatsgewalt.

Selbst für geringfügige und leicht ersetzbare Eigentumsobjekte muß, wie bemerkt, eine durch die Person erfolgende Notwehr gelten. An der zur Abwehr möglicher Weise erforderlichen, zuweit gehenden Verletzung des Angreifenden trägt die Hartnäckigkeit des rechtswidrig Angreifenden selbst die Schuld. Es kann, wie richtig gesagt worden ist, „der Streit um die Hand voll Heu zu einem Kampfe um das Leben werden".

Wer hier von dem im Rechte Befindlichen Nachgiebigkeit fordert, verwechselt Gebote christlicher Moral oder unter Umständen auch der Klugheit mit Rechtsvorschriften, eine Verwechselung, die allerdings auch bei älteren Schriftstellern [322b]) vorkommt, welche mit Rücksicht auf eine Stelle des kanonischen Rechts

---

[322a]) Die Forderung der Verhältnismäßigkeit des bedrohten und andererseits des geretteten Gutes ist beim Notstande, der überhaupt im Leben weniger vorkommt, weniger bedenklich, wenngleich, wie unten gezeigt werden wird, die Verhältnismäßigkeit der Rechtsgüter nicht geeignet ist, als Fundament der Lehre vom Notstande zu dienen.

[322b]) *Damhouder*, Pr. c. 78 n. 4; *Carpzov* qu. 32 n. 18 (der sich auch auf L. 4. D. *de in integrum restitutione* 4, 1 beruft).

überhaupt die Notwehr — die hier, wie oben bemerkt, freilich nur in Anlaß der Lehre von der Tötung behandelt wurde — bei Angriffen auf geringfügige Vermögensobjekte ausschlossen. C. 10 X. 5, 12 legt allerdings Tadel und Buße einem Mönche auf, der, wie der Papst sagt, den Ausspruch (Evangelium Matth. 5, 40) vergessend, daß dem, der den Rock nehmen will, auch der Mantel zu lassen sei, jemanden bei Verteidigung von geringfügigen Kleidungsstücken getötet hatte; aber hier wird offenbar nur ein moralischer, nicht ein rechtlicher Grundsatz geltend gemacht.

Sander[323]) dagegen hat schon darauf aufmerksam gemacht, daß unmittelbare Angriffe auf die Person auch geringfügigster Art sein können, z. B. jemand will einem anderen eine kleine Haarlocke abschneiden, einen anderen zwingen, ihm einen Augenblick als Modell zu dienen. Soll hier Notwehr unbeschränkt zulässig sein, nicht aber wegen geringfügiger[324]) Eigentumsdelikte, an denen gleichwohl ein bedeutender Affektionswert haften kann?

Die Eigentumsnotwehr[324a]) tritt aber rein hervor,[324b]) wenn der Besitzer mittels einer Schußwaffe, ohne Eintreten mit der eigenen Person, sein Eigentum verteidigt, z. B. nach dem mit der Sache fliehenden Diebe schießt[325])

---

[323]) Arch. d. Cr. 1841 S. 76, 77.

[324]) Bei geringfügigen Eigentumsobjekten gilt nach *Carpzov* überhaupt keine Notwehr; ebenso nach *Damhouder* c. 78 n. 4, weil man Notwehr nur als Strafausschließungsgrund bei der Lehre von der Tötung behandelte und minder scharfe Abwehrhandlungen also nicht ins Auge faßte. *Kress*, ad CCC. Art. 150 § 7, betrachtet Schießen auf den mit der Sache davoneilenden Dieb nur dann nicht als Notwehr, wenn die Sache »*vilissimi pretii*« sei.

[324a]) Sehr beschränkt ist die reine Eigentumsnotwehr im dänischen StGB. § 40: „Doch soll es nur zur Verteidigung des Lebens, der Gesundheit oder des Wohlergehens erlaubt sein, solche Verteidigungsmittel anzuwenden, durch welche das Leben ders Angreifers einer offenbaren Gefahr ausgesetzt ist", eine Bestimmung, die auch, soviel die Fassung betrifft, mißraten sein dürfte.

[324b]) Das BGB. § 859 behandelt als erlaubte Selbsthilfe die Fälle, daß durch verbotene Eigenmacht eine bewegliche Sache dem Besitzer bereits weggenommen, ein Grundstück ihm entzogen ist, der Besitzer aber, um sofort den Besitz wiederzuerlangen, Gewalt anwendet. Da aber Gewalt und bzw. Entsetzung des eigenmächtig den Besitz Erlangenden (unbeschränkt, also durch jedes erforderliche Mittel — vgl. *Planck* zu § 859, 3b) gestattet wird, so ist hier nur eine Verschiedenheit der Bezeichnung vorhanden.

[325]) Speziell mit dieser Frage beschäftigt sich mit Rücksicht auf die Vorarbeiten und die Kammerverhandlungen uber Abfassung des sächsischen GB. der Aufsatz von *Krug*, GS. 1856 I S. 327. *Krug* will die fragliche Eigentumsnotwehr nur zulassen, wenn bei dem zugefügten (drohenden) Eigentumsverluste wirklich

oder, da er krank ist und sich nicht erheben kann, den Dieb, der im Begriff steht, eine Sache zu nehmen, niederschießt, und allerdings dieser Fall ist seit alter Zeit streitig. *Berlich* (*Concl.* IV, 12 n. 39) erklärt es für unzulässig, *Carpzov* qu. 32 n. 31 dagegen für zulässig, den mit dem gestohlenen Pferde davoneilenden Dieb niederzuschießen. Auch einige ältere Gesetze haben das Schießen auf den fliehenden Dieb ausdrücklich gestattet, so der *Codex Max. Bavaricus* (II, 13)[326]), württembergisches GB. (Art. 102, 2),[327]) während das braunschweigische GB. 166 nur bei gewaltsamem Widerstande des entfliehenden Räubers oder Diebes Tötung oder Verletzung für zulässig, das badische Gesetz Art. 87 aber bei geringem Werte des bedrohten Gutes (sowohl im allgemeinen wie nach den Verhältnissen des Angegriffenen) für unzulässig

das Leben oder der Lebensgenuß, das, was man im gemeinen Leben seine „Existenz" nenne, auf dem Spiele stehe. Letzteres ist aber ein zu unbestimmter Begriff, und die objektive Bedeutung des Objektes ist doch auch nicht außer acht zu lassen. Wer Bedeutendes stiehlt, muß sich auf scharfe Abwehr und Verfolgung gefaßt machen. *Zachariä*, Arch. d. Cr. 1841 S. 421, hat für die Rechtfertigung der Notwehr auch wegen geringfügiger Objekte richtig den Fall angeführt, daß einem Schiffbrüchigen das letzte Stück Brot genommen werden soll.

[326]) In diesem Sinne auch die offiziellen Anm. zu dem bayerischen GB. von 1813 S. 314.

[327]) Auch *Garraud* 1 n. 300 bemerkt, es werde kein französisches Gericht denjenigen verurteilen, der einen Dieb niedergeschossen habe, welcher im Begriffe war, mit dem größten Teil des Vermögens des Bestohlenen davon zu laufen, obwohl Art. 328 des *Code pénal* nur von der Verteidigung der Person spreche. *Garraud* nimmt an, dies sei schon die Meinung von *Jousse*, *Traité de la justice criminelle* 8 S. 500ff. gewesen; indes hier ist der Fall nicht besonders erwähnt, sondern nur gesagt, daß auch zur Verteidigung des Eigentums Tötung unter Umständen zulässig sei. — *Garraud* fügt dann beschränkend hinzu: »*Une lésion insignifiante à la propriété ne saurait certes justifier un meurtre ou des coups ou blessures.*« Auch anderen geringfügigen — nicht durch Wegnahme von Sachen zugefügten — Eigentumsverletzungen und rechtswidrigen Belästigungen, z. B. wenn rechtswidrig jemand ein Grundstück betritt oder fremdes Vieh eindringt, darf man nicht sofort mit Gewalt oder rücksichtslos begegnen. Vgl. L. 39 pr. D. 9, 2 und *Tuhr* S. 54. Unter Umständen wird es, wenn fremde Tiere eindringen und uns belästigen oder gar gefährden, darauf ankommen, ob man den Eigentümer zuvor um Abhilfe ersucht hat. War dies vergeblich, so wird man schärfer vorgehen dürfen. Polizeiliche Hilfe wird oft schwer zu erlangen sein, häufig nicht ausreichen bei Rücksichtslosigkeit der Eigentümer der Tiere. — Durch das hier Gesagte erledigt auch sich das für die Theorie der Verhältnismäßigkeit von *Ahsbahs* S. 10 angeführte Beispiel. Ein Radfahrer entschließt sich, um nicht einem ihm plötzlich zu Gesicht gelangenden Flusse zu nahe zu kommen, in eine an der anderen Seite des schmalen Weges liegende Privatpflanzung hineinzufahren. Der Eigentümer bewirkt durch Vorstrecken eines Rechens, daß der Radfahrer nach der Seite des Flusses ablenkt, in diesen hineinstürzt und ertrinkt. Von Notwehr kann hier auch nach der im Texte vertretenen Ansicht keine Rede sein; es liegt vielmehr fahrlässige Tötung vor, ein Ergebnis, zu welchem man also auch ohne die Lehre von der Verhältnismäßigkeit zwanglos gelangen kann.

erklärte. Beide Ansichten, sowohl diejenige, welche solche Notwehr überhaupt ausschließt, wie die letztgenannte, welche solche Notwehr beschränkt zuläßt, beruhen aber auf der schon kritisierten Annahme, daß zwischen dem bedrohten Gute und der Art der Abwehr Verhältnismäßigkeit bestehen müsse, nur ist der ersteren, strengeren Ansicht das Leben immer ein unverhältnismäßig höheres Gut als das Eigentum. Für die eine wie die andere Ansicht spricht aber nicht einmal die Billigkeit. Muß der Schwache, der nicht hoffen kann, durch seine Körperkräfte des Angreifers Herr zu werden, deshalb trotz der ihm zu Gebote stehenden Schußwaffen ruhig sich berauben lassen? Und wie, wenn der Dieb, der Räuber gerade die Hilflosigkeit des Eigentümers benutzt, wie, wenn er sie selbst z. B. durch Verwundung, Einsperrung oder Knebelung des Eigentümers herbeigeführt hat? Man muß es daher lediglich dem moralischen Gefühle des Angegriffenen überlassen, auf Abwehr zu verzichten, wenn sonst das Leben des Angreifers auf dem Spiele stehen würde, und allein die Ausnahme ist richtig, daß Eigentumsnotwehr unter schwerer körperlicher Verletzung des Angreifenden dann ausgeschlossen ist, wenn das Eigentumsobjekt sowohl nach objektiver Wertschätzung wie nach den besonderen Verhältnissen des Bestohlenen (Beraubten) einen objektiv zweifellos äußerst geringfügigen Wert und für den Bestohlenen nicht einmal erheblichen Affektionswert besitzt und ebensowenig ihm unter den konkreten Umständen schwer entbehrlich ist.[327a])

§ 87. Unser StGB. enthält davon, daß der durch den Angriff drohende Schaden im Verhältnis stehen müsse zu der zur Abwehr erforderlichen Schädigung des Angreifenden kein Wort. Dagegen verlangt BGB. § 228, wenn eine Gefahr durch eine Sache droht, für den Ausschluß der Widerrechtlichkeit einer diese Sache schädigenden oder zerstörenden Abwehr, daß der der letzteren Sache zugefügte Schaden nicht außer Verhältnis

[327a]) Anders freilich *Berner*, Arch. d. Cr. 1848 S. 580 (vgl. auch Lehrb. S. 111), der sich gegen „die Dialektik der Minima" ereifert und besonders gegen die Anm. 329 angeführte Bestimmung des badischen StGB. (die allerdings einiges Überflüssige enthält) polemisiert. Vgl. dagegen aber Motive zum Entwurf des norwegischen StGB., übersetzt von *Bittl* S. 136 ff. — Den Widerspruch unbeschränkter Notwehr wegen geringfügigster Rechtsverletzung und andererseits Notrecht, welches dabei Notwehr ausschließen soll (Lehrb. S. 102), hat *Berner* nicht bemerkt.

steht zu der abzuwendenden Gefahr. Dieser Bestimmung wird aber nur zivilrechtliche Bedeutung insofern beizulegen sein, als bei Unverhältnismäßigkeit des durch die Abwehr zugefügten Schadens der Abwehrende Schadensersatz zu leisten hat. Die gegenteilige Ansicht (*Oppenhoff-Delius* § 303 Anm. 3 und anscheinend (?) auch *Olshausen* § 303 Anm. 7, sowie *Binding*, Lehrb. 2 S. 250 Anm.) schreibt dem Gesetzgeber die Absicht zu, durch eine in einem Zivilgesetze befindliche Bestimmung in direkter Weise eine bis dahin straffreie Handlung zu einem Delikte zu machen. Man könnte dabei wirklich sagen, namentlich wenn Tiere als Sachen im Sinne des StGB. § 228 betrachtet werden, es sei damit die Herrschaft gefährlicher Tiere[327b]) proklamiert; denn der durch ein wertvolles Tier Angegriffene würde nicht nur, wenn er sich wehrt, Verpflichtung zum Schadenersatze, sondern auch (wenn der Richter z. B. ein großer Hundeliebhaber ist) nach StGB. § 303, Gefängnis bis zu zwei Jahren riskieren! Man könnte vielleicht jetzt eine Monographie unter dem Titel schreiben: „Das Expropriations- und Beschädigungsrecht der Tiere".[327c]) (Vgl. dagegen vom legislativen Standpunkte *Liszt*, Die Deliktsobligationen im BGB. S. 87: „den teuren Rassehund, der mir den Sonntagsbraten wegholen will, muß ich gewähren lassen und im Gasthof zu Mittag essen".) Während aber früher von Verhältnismäßigkeit des Wertes des zu schützenden Gutes nur bei Vermögensobjekten gesprochen wurde, hat das BGB. § 228 mit den Worten „von sich (*sic!*) oder einem anderen abzuwenden" jenes Erfordernis auch auf Abwehr persönlicher Verletzungen erstreckt und damit den durch Sachen, zu denen nach der jetzt vorherrschenden

[327b]) Selbstverstandlich nicht solcher Tiere, die in niemandes Recht stehen.

[327c]) Es mag zugegeben werden, daß mit der Forderung, es durfe nicht Unverhältnismaßigkeit schädigender Abwehr vorliegen, nicht sowohl die Tiere selbst als vielmehr deren schuldlose Eigentümer geschützt werden sollen (obschon sie keineswegs immer schuldlos sind, auch wenn sie das Tier nicht als Angriffsmittel benutzen). Aber der durch ein Tier Angegriffene — und darauf kommt es bei objektiver Konstruktion der Notwehr an — hat es in erster Linie doch mit dem Tiere zu tun, und da das Tier im rein naturlichen Sinne auch einen Willen hat, repräsentiert es keineswegs immer den Eigentümer. Es ist wirklich etwas viel von dem durch ein gefährliches Tier Bedrohten verlangt, er solle bei der Abwehr erst noch untersuchen, ob das Tier selbständig angreife oder auf Antrieb des Eigentümers (so z. B. *Olshausen* § 53 Anm. 6), da man ihm nur im letzteren Falle das unbeschränkte Recht der Notwehr zuspricht, im ersteren Falle aber von ihm fordert, die Verhältnismäßigkeitsregel des BGB. § 228 zu beobachten.

Ansicht, wie bemerkt, auch Tiere gehören, Angegriffenen in eine höchst üble Lage gebracht, die, wenn dem § 228 eine auch strafrechtliche Wirkung beigelegt wird, fast unerträglich erscheint. Wenn ein bissiger Köter jemanden anfällt und zuschnappend ihm erst ein Loch in die Hose reißt, wer kann dann im voraus ermessen, welche Bedeutung eine zu befürchtende kleine Fleischwunde erlangen wird, da Bißwunden häufig einen höchst üblen Einfluß auf wichtige Glieder ausüben? Hat der Angegriffene nun in dieser Befürchtung den Hund totgeschlagen, und zeigt sich hinterher, daß die Sache nicht schlimmer war, oder kann das mit einigem Schein behauptet werden, so soll dem Angegriffenen neben der Schadensersatzverpflichtung noch die Strafe der Sachbeschädigung drohen!

§ 88. Es ist aber schon gesagt worden, daß man gegen ganz geringfügige Eigentumsverletzungen nur schonend vorgehen dürfe. Das muß auch hier gelten. Sonst kommt man in der Tat zu dem von *Buri* und *Geyer* gerügten Ergebnisse, daß es unter Umständen gestattet sein würde, „um ein völlig oder fast wertloses Objekt ein Menschenleben zu vernichten". Die Vermeidung dieser „Totschlagsmoral", wie *Geyer* sich ausdrückt, kann jedoch nicht mit *Buri* und *Geyer* in dem allgemeinen Erfordernisse der Verhältnismäßigkeit von Schutzobjekt und Abwehr gesucht werden,[328]) vielmehr nur darin, daß die Notwehr nicht geradezu gemißbraucht[328a]) werden darf, und daß, wenn der Fall wie angegeben liegt, von einer „Not" selbst in der weitesten Bedeutung des Wortes nicht zu reden ist. Die praktischen Bedenken, welche das allgemeine Erfordernis der Verhältnismäßigkeit von Schutzobjekt und Verletzung hervorruft, sind denn auch bei dem soeben aufgestellten Satze nicht vorhanden, namentlich wenn das Wort „zweifellos" be-

---

[328]) Wie freilich das preußische Allgemeine Landrecht II, 20 § 520 ausdrücklich bestimmte. Vgl. dagegen richtig *Grattenauer* S. 86. Dafür freilich *Geyer* in *Holtzendorffs* Handb. 4 S. 97.

[328a]) Nach englisch-nordamerikanischem Rechte ist der Gebrauch tödlicher Waffen gegen Personen, die ohne weitere verbrecherische Absicht widerrechtlich in fremdes Grundeigentum eindringen (*Trespassers*) — falls dieses nicht eine Wohnung ist — um sie abzuwehren nicht gestattet, die Tötung in solchen Fällen als »*murder*« oder »*manslaughter*« strafbar. *Wharton* 1 § 467. *Bishop* 1 § 840 unterscheidet vollkommenes Recht der Notwehr und unvollkommenes; nur das erstere soll das Recht enthalten, nötigenfalls den Angreifenden zu töten.

rücksichtigt wird.[329]) Der zurechnungsfähige und nicht innerlich verrohte Mensch wird, durch unmittelbares Gefühl geleitet, zu schweren Verletzungen nicht schreiten, um ein geringwertiges Eigentumsobjekt zu sichern. Hat aber das an sich geringwertige Objekt für den Eigentümer einen hohen Affektionswert und ist es deshalb unersetzlich, oder hat es einen erheblichen Wert infolge besonderer Umstände, so ist die nötige Verteidigung in vollem Umfange gestattet. Man kann sagen, das sei hart gegen den Angreifer; aber nach der entgegengesetzten Ansicht verfährt man z. B. hart gegen denjenigen, der in einem heiligen Gefühle bedroht den Verlust nur durch scharfe Abwehr abwenden kann, und eher muß man doch für den Angegriffenen als für denjenigen entscheiden, der im Unrecht sich befindet.

§ 89. Es war von jeher und ist bereits in der CCC. Art. 150 Abs. 2 ausdrücklich ebenso wie im StGB. und in anderen Gesetzbüchern entschieden, daß man einem a n d e r e n nicht nur in der Notwehr beistehen, sondern auch f ü r i h n Notwehr üben darf, [330]) freilich nicht gegen den Willen des Angegriffe-

[329]) In diesem Sinne annähernd auch *Hocheder*, Kommentar zum bayerischen GB. von 1861, S. 361, ungeachtet Art. 72 dieses GB. Notwehr allgemein gegen Angriffe auf Person, Besitz oder Eigentum zuließ, und schon badisches GB. § 87: „Wenn in den Fällen Nr. 2 (Beschädigung, Wegnahme oder Zerstörung von Vermögensgegenständen) und 3 des § 84 (Eindringen in ein Besitztum) das bedrohte Gut im allgemeinen sowohl als nach den Verhältnissen des Angegriffenen auch für ihn von nur geringem Werte ist, und dabei in den Fällen Nr. 3 das Besitztum, in welches der Angreifer einzufallen, einzubrechen oder sonst auf unerlaubte Weise einzudringen sucht, nicht zu den Gebäuden oder anderen Räumen der im § 381 Nr. 2 bezeichneten Art gehört, so gilt die zur Abwehr geschehene vorsätzliche Tötung oder lebensgefährliche Verletzung des Angreifers nicht für entschuldigt." Auch § 48 Abs. 2 des norwegischen GB. von 1902: „Notwehr liegt vor, wenn eine sonst strafbare Handlung zur Abwehr oder zur Verteidigung gegen einen rechtswidrigen Angriff auf die Person oder die Vermögensrechte jemandes vorgenommen wird, falls die Handlung in den Grenzen des hierzu erforderlich Scheinenden bleibt und es in Erwägung der Gefährlichkeit des Angriffes, in Erwägung der Schuld des Angreifers oder in Erwägung des angegriffenen Rechtsgutes nicht als u n b e d i n g t v e r w e r f l i c h erachtet werden muß, ein so großes Übel, wie das durch die Handlung beabsichtigte, zuzufügen" und Art. 24 des schweizerischen Vorentwurfes: „Wer einen gegenwärtigen oder unmittelbar drohenden rechtswidrigen Angriff in einer den Umständen angemessenen Weise von sich oder einem anderen abwehrt, übt das Recht der Notwehr aus", können in diesem Sinne verstanden werden; für das norwegische GB. scheint mir diese Ansicht unzweifelhaft, während die Fassung des schweizerischen Entwurfes ihrer Unbestimmtheit wegen bedenklich ist.

[330]) CCC. 150 *Clarus* § *homicidium* n. 27, 28; *Carpzov* qu. 32. Dies wurde sogar als Christenpflicht angesehen.

Nach englischem Rechte ist Tötung, abgesehen von eigener Verteidigung, nur als Verteidigung eines Ehegatten, von Eltern, Kindern, Dienstherrn oder Dienst-

nen,[331]) sofern dieser Wille überhaupt rechtlich zu beachten ist,[331a]) wohl aber auch in Abwesenheit des Besitzers (Eigentümers) (was bei Eigentumsnotwehr zu beachten ist), wenn angenommen werden kann, daß dieser, wenn er zugegen wäre, sein Eigentum verteidigen würde (z. B. gegen Diebe, die nachts in ein unbewohntes Warenmagazin einbrechen, können Passanten ohne weiteres Notwehr üben). Insoweit es sich um Rechte des Staates oder Gefährdung des Staates handelt, wird man auch die Möglichkeit einer Notwehr zugunsten des Staates annehmen müssen, z. B. zur Verhinderung eines Landesverrates, zur Verhinderung einer Mitteilung von Staats- oder militärischen Geheimnissen an auswärtige Mächte.[331b])

§ 90. Aber Notwehr zur Aufrechterhaltung beliebiger Gesetze, sofern deren Verletzung nicht eine direkte Gefährdung oder Verletzung bestimmter Personen oder des Staates selbst enthält, ist entschieden nach dem positiven Rechte des StGB. nicht zulässig — man müßte dann dem Notwehrparagraphen einen dem Wortlaut „um einen Angriff von sich oder einem anderen abzuwenden", nicht entsprechenden, völlig neuen Sinn [331c]) beilegen — und *de lege ferenda* durchaus zu ver-

---

boten gestattet. *Harris, Principles of the criminal law* S. 162. Dabei ist aber zu berücksichtigen, daß jedermann berechtigt ist, wirkliche Verbrechen (*Felonier*) überhaupt nötigenfalls mit Gewalt zu hindern. Vgl. unten Anm. 333. — Auch bei den älteren Italienern wird noch erörtert, wie der Kreis derjenigen Personen zu bestimmen sei, zu deren Gunsten man Notwehr üben könne.

[331]) Auch *Boehmer* CCC. 150 § 1 will Ehrennotwehr für einen anderen nicht ohne weiteres gestatten, da die Aufrechterhaltung der Ehre von dem Willen des Betroffenen abhänge.

[331a]) Zustimmung eines Kindes zu einer erheblicheren ihm zuzufügenden Schädigung würde z. B. Notwehrhilfe nicht ausschließen. Demjenigen, der eine andere Person mit deren Zustimmung töten will (wie es bei Liebespaaren vorkommt), darf man den Revolver aus der Hand schlagen. Vgl. auch *Binding*, Handb. 1 S. 737 Anm. 23; *Simon* S. 18.

[331b]) In diesem Sinne auch *Binding*, Handb. 1 S. 750 Anm. 22. Eine Inkonsequenz gegen die Ablehnung eines allgemeinen Nothilfe- oder richtiger gesagt Hinderungsrechtes gegen Verübung beliebiger strafbarer Handlungen, wie, nach dem Vorgange einer Dissertation von *Wolffsohn*, *Bähr* S. 59 freilich meint, liegt hierin nicht. Der Staat und die ihm als juristischer oder öffentlich-rechtlicher Persönlichkeit zustehenden Rechte werden z. B. durch Verletzung von Sittlichkeitsgeboten oder nächtliche Ruhestörung, Tierquälerei nicht angegriffen.

[331c]) Dies folgt aber auch aus der vom RG. innegehaltenen richtigen Behandlung der Nötigung. Der Zweck der Nötigungshandlung, mag dieser auch ein rechtmäßiger sein, entschuldigt es nicht, sofern nicht das Gesetz auch die Befugnis beilegt, den Zweck mittels Gewalt und also auch durch Drohung zu erreichen. Vgl. die zahlreichen bei *Oppenhoff-Delius* § 240 Anm. 3 und *Olshausen* § 240 Anm. 11

werfen.[332d]) Anerkennung einer Notwehr für das allgemeine Publikum würde nichts anderes bedeuten als Übertragung polizeilicher und obrigkeitlicher Befugnisse auf das Publikum; dabei würden Irrtümer [333]) und Mißgriffe [333a]) und andererseits

---

zitierten Entscheidungen, besonders aber II 21/10. 79 E. **1** Nr. 2 S. 5. Die Entscheidungen des OT. 5. 6. 61, GArch. **9** S. 565, RG. I 11/5. 85 E. **12** Nr. 63 S. 194 und RG. 24/6. 98, GArch. **46** S. 343 können dagegen nicht angeführt werden. In diesen Fällen handelte es sich um eventuell erlaubte Gewalt, und insbesondere kann die Drohung mit einer Notwehrhandlung nicht strafbar sein. Daß die angedrohte Gewalthandlung selbst im Falle der in Aussicht genommenen Notwehr einen Exzeß der Notwehr enthalten würde, beweist nicht die Widerrechtlichkeit der Drohung. — Die gegenteilige Ausführung *Johns*, Zeitschr. **1** S. 234 (vgl. auch *Schütze* S. 410 und zweifelnd *Geyer* in *Holtzendorffs* Handb. **3** S. 578) beruht auf der irrigen Ansicht, daß man Handlungen und Unterlassungen, auf die man ein Recht habe, auch durch beliebige Drohungen erzwingen könne, wogegen denn nur positiv-rechtlich das StGB. § 239 das Verbot der Drohung mit einem Verbrechen im technischen Sinne in Betracht kommen würde. *Alberti* in der Schrift „Eigenmächtige Unrechtshemmung" 1904 S. 24ff. macht gegen die Ansicht des RG. einerseits die Analogie des StGB. § 193 geltend, andererseits die Bestimmungen des BGB. § 904 und 826. Aber StGB. § 193 enthält eine nur auf wörtliche Äußerungen, die eine Beeinträchtigung der persönlichen Freiheit nicht in sich schließen, geschweige auf Gewaltanwendung hinaus kommende Handlungen sich beziehende Bestimmung. Bei Abfassung der §§ 904, 826 sodann hat man schwerlich die Vorstellung gehabt, damit auch einen weitreichenden Streifzug in das gesamte Polizeirecht zu unternehmen. Wenn nun auch die Vorstellung des Gesetzgebers keineswegs absolut über die Tragweite des Gesetzes selbst entscheidet, so spricht doch gegen *Albertis* Ansicht, daß die angeführten Paragraphen nur mit der Verteidigung und dem Schutze von Privatrechten sich befassen. Daß es gegen die guten Sitten verstößt, wenn jemand gegen das Strafgesetz handelt, ist richtig; aber daraus folgt noch nicht, daß es auch den guten Sitten entspricht, daß jeder Beliebige zur Aufrechterhaltung der guten Sitten oder selbst des Strafgesetzes vorbeugenden Zwang als Notwehr übe. Mit dem „Guten-Sitten-Paragraphen" sollte überhaupt vorsichtig verfahren werden, zumal eine Berufung auf „Sitte" häufig unmöglich ist, die Sitte nur in der Vorstellung des Urteilenden existiert. Weit sicherer als solche allgemeine Berufung auf einen angeblichen Verstoß gegen die guten Sitten ist es, die Konsequenzen ins Auge zu fassen, welche daraus sich ergeben, ob man eine Handlungsweise für zulässig oder für unzulassig erachtet.

[332d]) AM: *Neumond*, GS. **56** S. 46—54; *Finger* S. 385; *Frank* (5. Aufl.) § 53 I. — In Beziehung auf Tierquälerei auch *Kohler*, GS. **47** S. 55 sowie *Alberti* in der in vorhergehender Anmerkung zitierten Schrift.

[333]) Bei Delikten, welche eine Verletzung subjektiver Rechte enthalten, sind Irrtümer weit weniger zu befürchten. Übrigens kann die Begehung einer Polizeiübertretung auch eine starke Gefahrdung eines Gutes einer Person, also einen Angriff auf dieses in sich schließen, z. B. eine ein Polizeiverbot übertretende Handlung für ein Gebäude eine dringende Gefahr des Brandes. — Auf das englisch-nordamerikanische Recht beruft sich *Alberti* mit Unrecht; denn hier besteht das Recht der präventiven Gewalt für Private nur zur Verhinderung von *Felonies*, d. h. schwerer Verbrechen, die als »*mala in se*« die Verletzung oder Gefährdung von Gütern der einzelnen enthalten oder gegen die Existenz des Staates sich richten *Wharton* n. 1 § 427.

[333a]) *Alberti* (S. 25) macht fur seine Ansicht noch geltend, daß in erheblichem Umfange obrigkeitliche Funktionen auch von juristisch nicht vorgebildeten Per-

in Schlägereien ausartende Widersetzlichkeiten zu oft vorkommen, da es dem Einschreitenden an der erforderlichen Autorität fehlen würde. Von einer „Not", die für den Abwehrenden oder bestimmte andere Personen existierte, wäre auch hier nicht zu reden, man müßte denn jedes irgend unangenehme Gefühl schon als Not bezeichnen wollen. Ich finde auch bei älteren Schriftstellern und aus der Praxis kein Beispiel zugunsten solcher Ausdehnung der Notwehr. Daß unter Umständen die Gefühle von Zuschauern — z. B. wenn eine Tierquälerei [333a]) vorkommt — peinlich berührt werden, daß zuweilen ein gewisses natürliches Gefühl zum Einschreiten drängt, mag zugegeben werden; [334]) aber die Übelstände, die sich aus solcher Ausdehnung der Notwehr ergeben würden, sind zu erheblich, und da die Vermeidung praktischer Übelstände überhaupt für die Abgrenzung von Recht und Moral von großer Bedeutung ist, so

---

sonen ausgeübt werden. Dies mag zugegeben werden, obwohl jetzt vielfach ein besonderer Unterricht für Polizeioffizianten und Gendarmen besteht, und die Neueintretenden wenigstens nicht ohne besondere Anleitung und Anweisung gelassen werden. Dann aber gibt ein wirkliches Amt auch, wenn nicht, wie das Sprichwort sagt, Verstand, so doch allermeist Verantwortlichkeitsgefühl, das durch disziplinare Aufsicht geschärft wird, während, wenn jeder Beliebige Polizei spielen kann, Einmischungslust und Arroganz sich geltend machen können.

[333a]) Hier z. B. können Unkundige sich leicht täuschen. Es kann ein Fuhrmann sich mit Grund veranlaßt sehen, einem widerspenstigen Pferde eine harte Züchtigung zu geben. Nach unserem Gesetze ist das keine Tierquälerei. Wie wäre es auch, wenn es jedem Vorübergehenden erlaubt wäre, in einem Kunstgeschäfte Bilder oder Statuetten, die er für unzüchtig hält, ohne weiteres und nötigenfalls mit Gewalt vom Schaufenster zu entfernen usw? Es kommt aber auch vor, daß die Obrigkeit gute Gründe hat, es mit ihrem eigenen Verbote oder Gebote nicht allzu streng zu nehmen. Ein arroganter Naseweis, oder ein allzu empfindlich Besaiteter — es gibt ja Leute, die ihren Nebenmenschen alles Denkbare verbieten möchten, wie man häufig durch Lektüre des „Eingesandt" in Zeitungen erfahren kann — würde hier die Geschäfte der Polizei führen können und niemand dürfte sich dagegen wehren.

[334]) Einerseits wird häufig die nicht widerrechtliche, also erlaubte Bedrohung mit einer Strafanzeige ausreichen, und andererseits kann man, wenn diese Bedrohung nicht ausreicht, in den meisten Fällen der Fortwirkung solcher unangenehmer Eindrücke sich entziehen.

Auf die englischen und nordamerikanischen von *Kohler* a. a. O. mitgeteilten gesetzlichen Bestimmungen, welche gestatten, hungerndem fremden Vieh Nahrung zu bringen und zu diesem Zwecke in fremdes Besitztum einzudringen, wird man sich schwerlich zur Rechtfertigung beliebigen Eingreifens des Publikums — unter in letzter Linie unbeschränkter Gewaltanwendung — berufen können. Und wenn in einigen nordamerikanischen Staaten Mitgliedern von Tierschutzvereinen weitergehende Befugnisse gegen tierquälendes Verhalten beigelegt sind, so stehen diese Mitglieder oder Beamte unter besonderer obrigkeitlicher Kontrolle. Dagegen wäre auch von dem im Texte angenommenen Standpunkte aus nichts einzuwenden. — *Frank* a. a. O. ist sogar der Meinung, man

wird die bezeichnete Ausdehnung der Notwehr weder *de lege lata* noch *de lege ferenda* für richtig zu erachten sein.

§ 91. Die Abwehr muß, um erlaubt zu bleiben, sich in den Grenzen des nach den Umständen des Falles Notwendigen halten; es entscheidet daher die Gefährlichkeit oder Ungefährlichkeit des Angriffes, die Kraft und Ausrüstung des Angreifenden, insoweit dieser andeutet, von diesen ihm zu Gebote stehenden Mitteln Gebrauch machen zu wollen, im Verhältnis zu den dem Angegriffenen zustehenden Mitteln der Abwehr. Möglicherweise könnte der Abwehrende den Umständen nach verpflichtet sein, zunächst durch eine einfache Abmahnung, einen einfachen Zuruf zum Ziele zu gelangen, bevor er Gewalt braucht; aber er kann auch durch Gegenangriff abwehren;[335]) er kann den Angriff durch Einsperrung des Angreifenden abwehren, ebenso durch Zerstörung einer Sache, durch Drohung.

Der über die Notwehr urteilende Richter hat sich bei diesem Urteile in die Lage des Angegriffenen zu versetzen. Insofern kann gesagt werden, die Frage, ob Notwehr innegehalten oder ein Exzeß begangen wurde, sei individuell zu beurteilen. Gleichwohl muß auch gefragt werden, würde ein verständiges Individuum in dieser Lage und ausgestattet mit diesen körperlichen Abwehrmitteln diese oder eine minder scharfe Abwehr für erforderlich gehalten und vorgenommen haben. Insoweit muß objektive Beurteilung Anwendung finden.

Drohung, die eine wirkliche Verletzung nicht enthält, wird häufig das gelindeste Mittel sein, auch dann, wenn eine scharfe Drohung zu dem Zwecke gewählt wird, den Eindruck nicht zu verfehlen. Aus der Unzulässigkeit der Verwirklichung der Drohung welche einen Exzeß der Notwehr enthalten würde, folgt noch nicht, wie das RG. mehrfach mit Recht erkannt hat, die Unzulässigkeit der Drohung.

---

könne auch schon dann Notwehr gebrauchen, wenn nur das sittliche oder religiöse Gefühl angegriffen werde. Wohin würde ein solcher Rechtssatz bei der Verschiedenheit der Gefühle führen. Freireligiöse Gespräche oder Vorträge z. B. könnte man dann, ohne Strafe oder Abwehr fürchten zu müssen, mit Gewalt inhibieren, wenn man dadurch unangenehm berührt wird. Positiv-rechtlich steht hier das StGB. m. E. entgegen.

[335]) RG. II 30/9. 84, RS. **6** S. 576. — 14/5. 87 E. **16** Nr. 18 S. 70. Auch *Grattenauer* S. 146.

§ 92. Nicht selten ist darüber gestritten, ob der Angegriffene, wenn er dazu imstande sei, statt den Angreifenden zu verletzen, sich dem Angriffe durch Flucht zu entziehen habe, wie früher oft gefordert wurde, freilich dann nicht gefordert wurde, wenn die Flucht dadurch, daß der Fliehende z. B. dem Angreifer den Rücken darbietet, mit besonderer Gefahr verbunden ist. In der älteren Jurisprudenz,[336]) namentlich in der deutschen, ist vielfach die auch in der CCC. 140[337]) angenommene Ansicht vertreten, daß verletzende Abwehr dann zulässig sei, wenn der Angegriffene „ohne Verletzung" (Schädigung) seiner Ehre nicht entweichen konnte. Nur nahm man nicht selten diese Schädigung der Ehre bei „Milites" und „Nobiles" an, denen damit für gewaltsame Abwehr ein Privileg erteilt wurde.[338]) Die neuere Theorie[338a]) fordert überhaupt nicht, daß der Angegriffene fliehe — mit allem Rechte. Solche Demütigung des Rechts vor dem Unrechte, wie sie in der Flucht gefunden werden muß, zu verlangen, ist mißverstandene christliche Moral; nur wird man bei Angriffen zurechnungsunfähiger Personen und von Tieren anders zu entscheiden haben[338b]) (vgl. oben S. 161). Die Praxis[339]) wird indes zuweilen beeinflußt durch die Erwägung, daß Notwehr nicht selten vorgeschützt wird, in Wahr-

[336]) Die Verpflichtung zur Flucht wurde auf die *Caritas christiana* gegründet, vgl. *Carpzov* qu. 30 n. 56ff.; *Matthaeus* 48, 5 c. 3 n. 7. — Gegen diese Beschränkung der Notwehr aber bestimmt: *Clarus* § *homic.* n. 32 unter Berufung auf andere Autoritäten.

[337]) Die CCC. vermochte sich hier dem Einfluß der älteren Rechtsquellen, welche infolge der Beweisschwierigkeiten unrichtig entschieden (vgl. oben S. 128), noch nicht völlig zu entziehen.

[338]) *Damhouder* c. 76 n. 9, später z. B. *Koch* § 445 und besonders preuß. allg. Landrecht II, 20 § 525. Gegen solche Privilegien aber *Carpzov* a. a. O., auch *Leyser*, Spec. 600 n. 24.

[338a]) Vgl. namentlich *Berner*, Arch. d. Cr. 1848 S. 578; *Levita* S. 236ff.; *Hälschner*, System des preußischen Strafrechts 1 S. 261; *Binding* 1 S. 749; *H. Meyer* § 39 Anm. 28 (sehr scharf!); *Faustin Hélie* 4 § 1329; *Garraud* 1 n. 305; *Liszt* § 33; *Finger* S. 391. Anders: *Geyer* S. 536; *Leonhardt*, Komm. 1 S. 341; *Carrara* 1 § 307; *Crivellari* 8 S. 508.

[338b]) So auch *Binding* a. a. O.

[339]) Vgl. OT. Berlin 20. 11. 78, GArch. 26 S. 502: „Das Gesetz bestimmt nicht, daß der rechtswidrig Angegriffene fliehen müsse, und nur dann dem Angreifer Gewalt entgegenstellen dürfe, wenn die Flucht unmöglich ist". RG. II 13. 5. 87, Rs. 9 S. 314 auch (E 16 Nr. 18 S. 69) Flucht könne mit den hergebrachten Anschauungen des Verkehrslebens nicht vereinbar sein. — In demselben Sinne RG. I 21. 1. 07 (Jahrb. d. Strafrechts u. Strafprozesses 2 S. 17); RG. II 27/9. 87; Rs. 9 S. 471: Flucht nicht geboten, wenn zwar der Angegriffene sich dadurch sichern konnte, aber Vermögensrechte preisgab.

heit aber der Angegriffene den Kampf wollte, um dann einen leicht straflos bleibenden Exzeß der Notwehr zu begehen. Ein augenblickliches Ausweichen, das von wirklicher Flucht sehr zu unterscheiden ist, kann allerdings, wo es ohne weitere Gefahr, und ohne die Vermutung der Feigheit oder etwa den Spott anderer Personen zu erregen, möglich ist, verlangt werden; solches Ausweichen kann die Ehre nicht schädigen, nicht als Sieg des Unrechts betrachtet werden und ist als zu unbedeutend auch nicht Schmälerung der Rechte des Angegriffenen.[340]) Dagegen möchte man allerdings fragen, was verstehen denn im übrigen die Vertreter der Verbindlichkeit zu fliehen unter einer „nicht schimpflichen Flucht"?

Nach einer früher, übrigens von den alten Italienern noch nicht einmal erwähnten,[340a]) häufig aufgestellten Beschränkung sollte Notwehr ausgeschlossen sein, wenn ausreichende obrigkeitliche Hilfe zu erlangen war;[341]) diese Beschränkung wäre zutreffend, wenn die Notwehr nichts anderes wäre, als vom Staate abgetretene obrigkeitliche Gewalt. Das Gegenteil ist aber, wie gezeigt worden, zutreffend,[341a]) und daher jene Beschränkung prinzipiell unrichtig, während allerdings Selbsthilfe nur erlaubt ist, wenn obrigkeitliche Hilfe fehlt. Freilich, wenn obrigkeitliche Hilfe zur Stelle und anzunehmen war, daß diese den Angriff ohne jede Verletzung des Angreifenden oder doch mindere Verletzung desselben abwehren konnte,[341b]) so

---

[340]) Kann jemand z. B. auch durch Schließen einer Tür sich dem Angriffe (z. B. durch Steinwürfe) entziehen, so wurde er nicht zur Abwehr schießen dürfen. So auch *Seeger*, Abhandlungen **1** S. 405.

[340a]) Vgl. *Seeger* a. a. O. S. 406.

[341]) So bayerisches GB. von 1813 Art. 135, württembergisches GB. 102, hessisches 46; *Breidenbach* **1** S. 592; *Leonhardt* **1** S. 340; *Geib* **2** S. 233. — Die übrigen Gesetzbücher stellen dies Erfordernis nicht besonders auf, das nichts weiter als eine Erfindung des in der ersten Hälfte des XIX. Jahrhunderts besonders blühenden sogenannten Polizeistaates und zugleich recht unpraktisch ist. Wer sofort ausreichende polizeiliche Hilfe zur Stelle hat, wird es meist vorziehen, nicht selbst mit dem Angreifenden handgemein zu werden, und andererseits wird in solchem Falle auch selten ein Angriff gemacht werden.

[341a]) So *Hälschner*, System des preußischen Strafrechts 1 S. 256 und bes *Krug*, GS. 8 S. 337: „Nur die Selbsthilfe ist" (in dieser Beziehung) „subsidiärer Natur, nicht die Notwehr".

[341b]) Es wird also darauf ankommen, ob Sicherheitsbeamte zugegen waren, deren Hilfe in Anspruch genommen werden konnte und ob diese Hilfe den Angriff mit gelinderen Mitteln zu bewältigen imstande war, vgl. Entscheidungsgründe in RG. I 19/1.05 (Recht **9** S. 139 und Jahrb. **1** S. 23). — Die Hilfe anderer zur Hilfe nicht verpflichteter Personen muß man freilich annehmen, wenn sie angeboten

hat der Abwehrende, indem er ohne genügende Veranlassung selbst dem Angreifenden schwerere Verletzungen zufügte, einen Exzeß der Notwehr begangen, d. h. das, was er getan hat, ist Delikt, wie wenn überhaupt von einem Angriffe nicht zu reden gewesen wäre, nur daß der Angriff eine Minderung oder Milderung der Strafe begründen muß. Und gegen den Exzeß ist, wer zuerst angegriffen hat, unbestrittenermaßen wieder zur Notwehr berechtigt. Im übrigen ist allerdings nur diejenige Notwehr erlaubt, welche in der nach Maßgabe der Umstände schonendsten Weise den Angriff oder dessen Erfolg verhindert.

§ 93. Geht der Abwehrende über dieses Maß vorsätzlich[341c]) hinaus, oder wählt er vorsätzlich eine verletzende Abwehr, welche nicht erforderlich war, also eine Verletzung des Angreifenden, die, wie er erkannte, zur Abwehr nicht erforderlich war,[341d]) so begeht er, wie man sich ausdrückt, einen Exzeß[341e]) der Notwehr und hat dann für die darin liegende Straftat keine Entschuldigung: »*sin autem, quum posset apprehendere (furem), maluit occidere, magis est, ut injuria fecisse videatur, ergo et Cornelia tenebitur.*«[342]) Es sind aber hier die Umstände des einzelnen Falles scharf zu beachten; ein Schwacher kann genötigt sein, Waffen zu gebrauchen, während der an Körperkraft dem Angreifenden Überlegene mit dem Gebrauch seiner Arme und Hände ausreichen mag usw.[343]) Außerdem hat man stets die etwa vorhandene Aufregung, den gerechten Zorn über einen nicht besonders provozierten Angriff als Strafminderungsgründe, im früheren gemeinen Rechte auch als

---

wird oder bekanntermaßen bereit ist, aber in der bloßen Hoffnung auf solche Hilfe braucht man auf Selbstverteidigung nicht zu verzichten RG. I 26. 2. 06. (Jahrb. **1** S. 23, Juristische Wochenschrift **35** S. 487).

[341c]) Über Fahrlässigkeit vgl. unten das über Irrtum Bemerkte.

[341d]) So genau *Levita* S. 247.

[341e]) Das RG. (vgl. I 8/12. 05 und I 6/11. 05; Jahrb. **1** S. 23) betrachtet unter Umständen mit Recht die Erfolglosigkeit der Abwehrhandlung als Gegenindiz eines Exzesses.

[342]) L. 5 *pr. D. ad leg Aqu.* 9, 2. — So auch Kap. 18 X *de homic.* 5, 12; CCC. 142.

[343]) CCC. 144 hielt es noch für angemessen, die Möglichkeit der Notwehr eines Mannes gegen den Angriff einer Frau besonders anzuerkennen. — Einfaches Wegschieben kann, wenn der Angegriffene dem nicht bewehrten Angreifer an Körperkraft sehr überlegen ist, ausreichende Notwehr, darüber hinausgehende Verletzung also Exzeß sein. RG. III 31. 5. 06 (Jahrb. d. Strafrechts **1** S. 23 aus *Seufferts* Blättern für Rechtsanwendung **71** S. 523).

Straf mildernungsgründe anerkannt,[344]) und mehrere der früheren Gesetzbücher enthielten besondere dahin gehende Bestimmungen.[345]) Man ist aber oft in der Privilegierung der Notwehr weiter gegangen. So ist schon im bayerischen GB. von 1813 Art. 130,[345a]) im braunschweigischen 167 Abs. 2, im badischen 91; thüringischen 67, preußischen 41, bayerischen von 1861 Art. 72 Abs. 3 Straflosigkeit einer Überschreitung der Notwehr obligatorisch ausgesprochen, wenn der Abwehrende in Bestürzung, Furcht oder Schrecken, die Grenzen (objektiv) erlaubter Verteidigung überschritten hatte. Die gleiche Bestimmung ist in das StGB. übergegangen. Sie gilt nicht nur für den Fall eines Irrtums in Ansehung der Gefährlichkeit des Angriffes oder der Wirkung zur Abwehr gebrauchten Mittel, vielmehr auch für die Fälle des Vorsatzes,[345b]) aber andererseits nur, wenn wirklich Notwehr in gewissem Umfange zulässig war, nicht für den Fall, daß der Abwehrende einen rechtswidrigen Angriff nur irrtümlich als vorhanden annahm.[346]) Sie kann auch als eine in der Tat außerordentliche Begünstigung des Angegriffenen nicht

---

[344]) CCC. 142; *Clarus* § *homicidium* n. 34; *Carpzov* qu. 28 n. 15, 16 qu. 29; *Boehmer*, CCC. 142 § 5 (nach *Boehmer* niemals *Poena capitalis*).

[345]) Braunschweig 167 Abs. 1, Baden 92 (nur fakultativ nach richterlichem Ermessen), Thüringen 67. — Dagegen bestimmte Hessen 52 ausdrücklich bei Vorsatz die (volle) gesetzliche Strafe.

[345a]) Die Bestimmung ist wohl auf *Feuerbach* zurückzuführen, der in seiner Kritik des *Kleinschrod*schen Entwurfs (Bibliothek f. peinl. Rechtswissensch. II, 3 S. 265) den Zustand der Verwirrung, Bestürzung ohne weitere Voraussetzung als einen unwillkürlich (d. h. ohne Schuld des Angegriffenen) eintretenden betrachtete.

[345b]) So die Anm. 346 angeführte Entscheidung des RG. und *Frank* § 53 II. Im Affekt kann auch vorsätzlich gehandelt werden. Die meisten wollen aber Straflosigkeit nur zugestehen im Falle eines sogenannten intensiven Exzesses, d. h. wenn zu scharfe Abwehrmittel angewendet sind, nicht aber im Falle eines sogenannten extensiven Exzesses, d. h. wenn der Angreifende verletzt wird, obschon der Angriff bereits aufgehört hatte. So in Übereinstimmung mit der Praxis des OT. Berlin; *Binding*, Handb. **1** S. 752 Anm.; *Wächter*, Vorlesungen S. 181; *H. Meyer* § 39 Anm. 33 und *Allfeld* § 39 Anm. 42; *Rudorff-Stenglein* § 53 Anm. 16; *Oppenhoff-Delius* § 53 Anm. 14; *Olshausen* § 53 Anm. 15; *Schütze* S. 111 (vgl. auch die von *Binding* a. a. O. zitierten Urteile des OT. Berlin). Ich möchte indes der von *Hälschner* **1** S. 481, 484 und *Schwarze* § 53 Anm. 14 vertretenen entgegengesetzten Ansicht zustimmen. Der Wortlaut des Gesetzes nötigt keineswegs zu jener einschränkenden Auslegung, und wer überhaupt in einem der genannten Affekte gewaltsame Abwehr übt, kommt ebenso leicht dazu, dieselbe auch dann noch fortzusetzen, wenn die Gefahr vorüber ist, wie er dazu gelangt, übermäßig scharfe Abwehrmittel anzuwenden. — Schadensersatzansprüche wegen Exzesses der Notwehr sind nicht ausgeschlossen; die Bestimmung hat nur strafrechtliche Bedeutung. Vgl. Entscheidungen des RG. in Zivilsachen (27. 6. 85) Bd. **21** Nr. 54 S. 295.

[346]) RG. IV 2. 12. 90 E. **21** Nr. 70 bes. S. 191; *Olshausen* § 53, 16.

auf andere Seelenzustände des Angegriffenen, insbesondere nicht auf Zorn [347]) oder Ärger ausgedehnt werden und schließt wie jeder andere Exzeß keineswegs [348]) Notwehr desjenigen aus, der zuerst angegriffen hat. Gerechtfertigt ist sie überhaupt nicht. Sie kann nicht gerechtfertigt werden durch den psychischen Zustand des Handelnden — sonst müßte sie auch Anwendung finden auf den Fall eines irrtümlich angenommenen Angriffs; denn starke Bestürzung, Schreck und Furcht können auch in letzterem Falle vorkommen. Ja es müßte konsequent die Bestimmung auch beim Notstande gelten. Vielmehr ist, wie in anderen Fällen, gerechter Aufregung,[349]) so auch hier ein gewisses Maß von Besonnenheit von dem zurechnungsfähigen Menschen zu fordern. Ebensowenig ist die Bestimmung deshalb gerechtfertigt, weil der Angreifende sich eventuell auf eine maßlose Verteidigung gefaßt machen müsse; denn auf einen wenig gefährlichen Angriff paßt nur eine wenig gefährliche Verteidigung.[349a]) Selbstverständlich aber muß der Richter bei Abwägung dessen, was der Angegriffene tun durfte, sich in des letzteren Lage versetzen; was bei kalter Überlegung, wenn man sich Zeit nimmt, nicht nötig erscheint, kann, ohne daß ein Vorwurf zu erheben ist, geschehen, wenn schnell gehandelt werden muß, und eine Überraschung stattgefunden hat.[350]) Aber weil das selbstverständlich ist, braucht es auch nicht besonders im Gesetz gesagt und zu einem Privileg gesteigert zu werden, das Denjenigen, der einen vielleicht ziemlich harmlosen

---

[347]) RG. II 2/2. 87, Rs. 9 S. 120; auch *Schwarze* § 53 Anm. 14; *Olshausen* § 53 Anm. 17.

[348]) Der schweizerische Vorentwurf Art. 24 Abs. 2 erklärt den Exzeß in allgemeiner Weise für straflos, „wenn in entschuldbarer Aufregung oder Bestürzung" gehandelt wurde.

[349]) Den an der Abwehr teilnehmenden Personen kommt in Gemäßheit des in Bd. 2 § 343 dargelegten Grundsatzes dieser persönliche Strafausschließungsgrund nur zu statten, wenn er auch in ihrer Person zutrifft (gemeine Meinung vgl. *Olshausen* § 53 Anm. 18).

[349a]) Diese Erwägung würde *de lege ferenda* eher den Ausschluß zivilrechtlicher Verantwortlichkeit rechtfertigen, da immerhin, wer zuerst rechtswidrig angegriffen hat, den Anlaß zu der ihm selbst schließlich zugefügten Verletzung gegeben hat. Doch würde die Ablehnung zivilrechtlicher Verantwortlichkeit mit den über den Kausalzusammenhang entscheidenden Grundsätzen nicht zu vereinigen sein.

[350]) Mehr ist in den Verhandlungen über § 41 des preußischen StGB. zur Rechtfertigung der Bestimmung auch nicht beigebracht, vgl. *Goltdammer*, Materialien 1 S. 369; auch *Hocheder*, Bayerisches StGB. 1 S. 363.

aber immerhin rechtswidrigen Angriff unternimmt — z. B. einem anderen eine Sache für einen Augenblick entreißen will — gegenüber einer zügellosen Nervosität des Angegriffenen rechtlos macht. Legislativ empfiehlt es sich daher, nur einen Strafmilderungsgrund anzuerkennen, und zwar nur fakultativ (nach richterlichem Ermessen) — denn weshalb soll bei Angriffen und Gefahren von dem Vollzurechnungsfähigen nicht, wie in anderen Fällen, Besonnenheit gefordert werden? Die Möglichkeit einer erheblichen Strafmilderung aber bei einem jedem Notwehrexzesse zu gewähren — eine Bestimmung, die dem § 56 des norwegischen StGB. entsprechen würde[351]) — oder Erlaß der Strafe (neben fakultativer Milderung), wie ihn das neue japanische StGB. § 36 nach richterlichem Ermessen gestattet, möchte ich nicht befürworten. Das neue russische StGB.[352]) Art. 45 (vgl. 459, 473) bestraft den Exzeß der Notwehr nur, wenn er in Tötung oder vorsätzlicher schwerer Körperverletzung besteht. Der Vorschrift unseres gegenwärtigen StGB. gegenüber erscheint dies immerhin rationeller und praktischer.

§ 94. Tatsächlicher Irrtum, [352a]) dem zufolge jemand annimmt, es werde ein Angriff gegen ihn (oder einen anderen) gemacht, oder es liege ein Angriff von größerer Gefährlichkeit vor, als wirklich der Fall ist, nimmt der verletzenden Handlung den Charakter als einer dolosen,[352b]) kann aber Fahrlässigkeit

---

[351]) Während das ungarische StGB. § 79 Schlußsatz und das bulgarische Art. 45 wie der österreichische Entwurf von 1891 eine dem deutschen StGB. entsprechende Bestimmung enthalten, fehlt in den Gesetzbüchern für die Niederlande und für Finnland für den Exzeß der Notwehr überhaupt eine besondere Vorschrift, ebenso im StGB. für New York, wie denn dem englisch-nordamerikanischen Strafrecht solche Laxheit bei der Behandlung der Notwehr überhaupt fernliegen dürfte.

[352]) Vgl. darüber *Gretener*, GS. **67** S. 54.

[352a]) *Heitz*, Das Wesen des Vorsatzes S. 10ff., führt rein dialektisch aus, daß die §§ 56—58 koordinierte Schuld- oder Strafausschließungsgründe behandeln; sie könnten also nicht aufeinander, sondern nur auf die besonderen Deliktsarten bezogen werden. Aber das Nichtvorliegen des Tatbestandes der Notwehr gehört, genau betrachtet, zum Tatbestande einer jeden konkreten Handlung, die strafbar sein soll. Allerdings kommt der Irrtum über die eigene Zurechnungsfähigkeit nicht in Betracht; dies beruht aber auf anderem Grunde, als jener rein systematischen Koordination. Vgl. gegen *Heitz* insbesondere *Braun* S. 35ff.

[352b]) Vgl. z. B. den übereinstimmenden Satz in RG. III 6. 6. 89 E. **19** Nr. 86 S. 301: „Putative Notwehr kommt auch dem zu statten, welcher sich über das Vorhandensein der tatsächlichen Voraussetzungen gerechter Notwehr im Irrtum befindet. Dagegen ist es nicht mehr putative Notwehr, sondern ein unbeachtlicher

bestehen lassen:[353]) der Handelnde glaubte an Umstände, die seine Handlung als eine erlaubte erscheinen lassen mußten (putative Notwehr); so wird z. B. nicht selten, wenn entschuldbarer tatsächlicher Irrtum vorliegt, die vorgenommene Verletzung straflos sein. Dagegen würde der irrige Glaube jemandes, daß nach Maßgabe der wirklich vorliegenden oder von ihm angenommenen Umstände er berechtigt sei zur Verletzung eines anderen, als rechtlicher Irrtum über die aus einer bestimmten Lage sich ergebenden Befugnisse (vgl. oben Bd. **2** S. 398) ihm nicht zur Entschuldigung gereichen, so z. B. wenn jemand Erwiderung einer Beleidigung durch Mißhandlung des Beleidigers für Notwehr hält. Zu den Umständen können aber auch Rechtsverhältnisse[353a]) gehören, z. B. Eigentum, Besitz; nur kann, wie oben ausgeführt, der (übrigens meist nur vorgeschützte) Glaube an die Einwirkungen von Rechtssätzen nicht in Betracht kommen, deren Unvernünftigkeit jedem Verständigen sofort einleuchten muß.

---

strafrechtlicher Irrtum, wenn sich jemand einbildet, § 53 StGB. gestatte schlechthin Eigenmacht und es werde auch dieser Begriff von demjenigen der Notwehr umfaßt"; ferner IV 2. 12. 90 E. **21** Nr. 70 S. 191; bayerischer KH. 31. 10. 74 (*Stengleins* Zeitschr. **4** S. 258) *Hälschner* **1** S. 484; *Merkel* S. 82; *Löffler* in *Grünhuts* Zeitschr. 20 S. 775; *Frank*, Zeitschr. **14** S. 364; *Oppenhoff-Delius* § 53 Anm. 10; *Olshausen* § 59 Anm. 25; *Frank* § 53 III und 59 II, 2. — Dies kann als herrschende Ansicht bezeichnet werden. Eigentümlicherweise versagt *Liszt* § 41 Anm. 41 bei der Notwehr selbst dem rein tatsächlichen Irrtum jede entschuldigende Wirkung, da er überhaupt jedem auch dem auf unrichtiger Beurteilung (richtiger wäre Erfassung) von Tatsachen beruhenden Subsumtionsirrtum diese Bedeutung abspricht: „Wer in vermeintlicher Notwehr einen Menschen tötet, hat auch die Strafe des Totschlags durchaus verdient." M. E. gewiß nicht, wenn z. B. jemand sich den schlechten Scherz macht, nachts in die Wohnung des X einzusteigen, um ihn als gefährlicher und bewaffneter Einbrecher verkleidet zu erschrecken, und X nun den Scherz nicht erkennend den vermeintlichen Einbrecher erschießt. *Liszt* hat aber hier nicht nur die gemeine Meinung der deutschen Juristen gegen sich, sondern auch die feststehende englisch-nordamerikanische Jurisprudenz. Vgl. *Wharton* **1** §§ 102, 488, 489. — BGB. § 231, auf das sich *Liszt* noch beruft, beweist nichts. Erstens würde aus einer Verpflichtung zum Schadensersatz noch nicht die Strafbarkeit der Handlung folgen. Und zweitens ist die Entschädigungspflicht in § 231 nicht für den Fall irrtümlich geübter Notwehr, vielmehr nur für den Fall irrtümlich geübter Selbsthilfe ausgesprochen. Gegen *Liszt* insbesondere *Frank* a. a. O. und *Braun* S. 11. Ein durch übermäßige Ängstlichkeit bewirkter tatsächlicher Irrtum läßt Strafbarkeit wegen Fahrlässigkeit bestehen.

[353]) Man kann dafür auch folgenden analogen Fall anführen. Der Soldat, der verzeihlicherweise den zu seinem eigenen Regimente gehörenden X für einen heranschleichenden feindlichen Soldaten hält und ihn deshalb niederschießt, verdient keine Strafe.

[353a]) RG. E. **19** Nr. 86 bes. S. 301; *Binding*, Handb. **1** S. 754 Anm. 75 schließt auch bei verzeihlichem Rechtsirrtum Zurechnung zum Dolus aus.

§ 95. Der umgekehrte Fall, daß jemand objektiv in Notwehr handelt, also einen rechtswidrigen Angriff abwehrt, während er, mit rechtswidrigem Vorsatze handelnd, ein Verbrechen begehen will, wird selten vorkommen, ist aber juristisch interessant.[353b]) *Binding* (Normen **2** S. 194) schließt die hier einschlagende Erörterung an den Satz an, daß für die Handlung nicht ein früherer, vielmehr der im Augenblicke der Handlung vorhandene Vorsatz entscheidend sei. A beabsichtigt, eine verhaßte Person, in dem wirklich vorgekommenen Falle seinen Stiefvater, zu töten und überrascht den Stiefvater mit der Mordwaffe, als dieser gerade im Begriff steht, die Mutter des A zu töten; er tötet jetzt, der Mutter in der Notwehr helfend, den Stiefvater. *Binding* bemerkt dazu: „Hätte er wegen des Zwielichts in der Kammer die gefährdete Lage der Mutter gar nicht bemerkt, und den Vater noch gerade rechtzeitig „(genug)" erschlagen, um die Mutter zu retten, so läge vollendeter Mord vor. So dicht grenzen erlaubtes Tun und schwerste Missetat manchmal aneinander".

Binding ist also der Ansicht, daß — und es ist ein Verdienst *Bindings*, auf diese Frage aufmerksam gemacht zu haben — die Notwehr, um für die Beurteilung der Handlung in Betracht zu kommen, voraussetze, daß der Handelnde mit der Absicht, mit dem Zwecke handle, einen rechtswidrigen Angriff abzuwehren, daß also die objektive Existenz eines Notwehrstandes nicht genüge. Meiner Ansicht nach ist anders zu entscheiden. Derjenige, der einen rechtswidrigen, die Notwehrhandlung objektiv rechtfertigenden Angriff unternimmt, ist dieses Angriffes wegen in diesem Momente untaugliches Objekt des Verbrechens, welches letztere, abgesehen von der Notwehr, in der abwehrenden Handlung liegen würde. Man kann sich dies klar machen, wenn man den Fall unterstellt, daß ein Soldat, durch die Dunkelheit der Nacht getäuscht, seinen vorgesetzten ihm verhaßten Offizier zu erschießen glaubt, während der Erschossene ein feindlicher im Spionieren begriffener Offizier ist. Es müssen in letzterem

---

353b) Vgl. allerdings den durch das RMG. II. 10/2. 06 (E. d. RMG. **2** S. 298. Jahrbuch d. Strafr. **2** S. 18) dem Wortlaut nach in Übereinstimmung mit der Ansicht *Bindings* entschiedenen Fall.

Falle die Grundsätze über den Versuch am untauglichen Objekte in Betracht kommen, und danach ist m. E. der Handelnde straffrei. Jedenfalls aber dürfte auch bei anderer Beurteilung des Versuchs am untauglichen Objekte dem Schlußsatze der Erörterung *Bindings* nicht völlig zuzustimmen sein.

§ 96. Verletzt jemand in der Notwehr unabsichtlich einen bei dem Angriffe Unbeteiligten — z. B. indem er nach dem Angreifenden schlägt oder zielt — so müssen die allgemeinen Grundsätze über Fahrlässigkeit und Zufall entscheiden;[353b] die besondere Lage, in welcher der Angegriffene sich befindet, die gerechtfertigte Aufregung usw. wird freilich sehr häufig Verantwortlichkeit ausschließen. Zur Aufstellung eines besonderen Rechtssatzes über dergleichen Fälle, welche juristisch mit der Lehre von der Notwehr in keinem Zusammenhange stehen und nur tatsächlich durch Ausübung der Notwehr veranlaßt werden und sich entweder als Zufall oder als Fahrlässigkeit darstellen, ist indes keine Veranlassung. Benutzt aber der Angegriffene einen unschuldigen Dritten als Schutzwaffe, um auf diese (selbstverständlich den Umständen nach unumgänglichen) Weise selbst dem Angriffe, z. B. dem tödlichen Streiche zu entgehen, so müssen allein die Grundsätze über Notstand entscheiden.[353c] Der Angriff ist hier nur der Anlaß zur Notstandshandlung. Die Benutzung fremder Sachen zur Abwehr ist jetzt nach BGB. § 904 nicht mehr als Sachbeschädigung strafbar, vielmehr rechtmäßig, sofern der abzuwehrende Schaden verglichen mit dem dem Eigentümer entstehenden Schaden unverhältnismäßig groß ist. Insoweit ist die Bestimmung des § 904 rationell und läßt Entscheidungen, welche das gesunde Rechtsgefühl verletzen würden, vermeiden. Ein gleiches Ergebnis ist aber mit einer Einschränkung des Delikts der Sachbeschädigung zu erreichen. Andererseits ist, wenn Notwehr zur Verteidigung von

---

353b) Vgl. darüber die ausführliche Erörterung *Toblers* S. 102ff. Es ist nicht einzusehen, weshalb der in Notwehr Handelnde von der allgemeinen Verpflichtung sich vor Schädigungen anderer zu hüten befreit und weshalb eine dritte unbeteiligte Person unbedingt preisgegeben sein sollte, mehr selbst als der Angreifer.

353c) Z. B. Jemand reizt einen großen gefährlichen Hund; er rettet sich durch einen Schuß, verletzt dabei aber unabsichtlich eine andere Person. Hier ist Verantwortlichkeit für fahrlässige Körperverletzung anzunehmen.

Leib oder Leben geübt wird, die Verletzung dritter Personen durch die Notwehrhandlung entschuldigt, da die Notwehr in solchen Fällen gleichzeitig Notstand ist; nur darf der Abwehrende diesen Notstand nicht verschuldet haben, was bei Angriffen von Zurechnungsunfähigen und Tieren jedenfalls möglich,[353d] aber selbst bei schwerer Reizung eines zurechnungsfähigen Angreifenden ausgeschlossen ist.

Ebenso liegt der Fall, wenn der Abwehrende nur, indem er zugleich einen Unbeteiligten verletzt, den Angreifer behuf der Abwehr verletzen kann, also wenn jene Verletzung absichtlich erfolgt. Auch hier ist ideale Konkurrenz einer Notstandshandlung mit einer Notwehrhandlung vorhanden, nicht etwa nur eine Notwehrhandlung; denn nicht die Richtung der Abwehr in rein physikalischem Sinne kann hier maßgebend sein,[354] sondern die Frage, ob hier im rechtlichen Sinne zwei Handlungen anzunehmen sind.

Es kann aber auch mit der Abwehrhandlung die Verletzung eines allgemeinen Strafgesetzes, ideell konkurrieren, ohne daß dabei eine andere Person oder deren Gut verletzt wird, namentlich kann in solchem Falle eine Polizeivorschrift, z. B. Verbot des Schießens in feuergefährlicher Nähe von Gebäuden, verletzt werden. Die Entscheidung muß zunächst davon abhängen, ob man die in Notfällen straffreie Verletzung solcher allgemeiner

---

[353d]) Der sich verteidigende A weiß, daß die Kugel, die er auf den ihn Bedrohenden B abschießt, bei ihrer Durchschlagskraft auch den C verletzen wird. Anders *van Calker*, Zeitschrift **12** S. 470, der in solchen Fällen nur Notwehrhandlung erblickt.

[354]) So *Geyer* in Holtzendorffs Rechtslex. 2 (Notwehr) S. 904; *H. Meyer* § 39 zu Anm. 27, 28; *Liszt* § 33; *Tobler* S. 117ff.; *Planck*, Komment. z. BGB. 227 Anm. 2; *Titze*, Die Notstandsrechte des deutschen BGB. S. 89; *Braun*, Vorsätzliche und fahrlässige Verletzung. Unbeteiligter bei der Notwehr S. 16: „Die Ausdrücke Angriff und Verteidigung bezeichnen nicht Handlungen." „Gleichzeitige Verletzung eines Unbeteiligten ist keineswegs eine Verteidigung, sondern eine Verletzung." Anders *Finger* **1** S. 393 außer *Calker* a. a. O., *Frank*, Zeitschr. **14** S. 362 und zu BGB. § 53 II. (*Frank* will freilich eine die Notwehr nur vorbereitende Tatigkeit nur als Notstandshandlung behandeln. Dies ist richtig: aber beruhrt den Streitpunkt und das Ausreißen eines Pfahls zur sofortigen Verteidigung — ein von *Frank* gebrauchtes Beispiel ist wohl nicht bloße Vorbereitung der Notwehr.) *Binding* Hdb. (**1** S. 760 Anm. 68) erkennt allerdings den Konkurrenzfall an, bemerkt aber, die Notstandsverletzung werde insofern statthaft, als sie zur Notwehr erforderlich sei. Vgl. auch *Binding*, Grundriß Allgemeiner Teil 7. Aufl. S. 189, wo aber beschränkend hinzugefügt ist: „Sieht der Angegriffene freilich diese Tragweite seiner Verteidigungshandlung ein, so konkurrieren für ihn insoweit Notwehr und Notstand."

Vorschriften ohne Verletzung oder Gefährdung anderer Personen oder deren Eigentum zum Notstande im eigentlichen Sinne rechnet. Meiner Ansicht nach ist diese Frage verneinend zu beantworten. Es kann niemandem zugemutet werden, in solcher Weise für allgemeine Interessen, die häufig im einzelnen Falle gar nicht wirklich verletzt oder auch nur gefährdet werden, oder bloßer Gefühlsverletzung anderer wegen wirkliche Güter ohne Entschädigung zu opfern.

Daß alle hier genannten Fälle von der älteren Jurisprudenz gleichmäßig als Fälle nur der Notwehr, bei der eine Art Zufall obwaltet, behandelt und meist im Sinne der Straffreiheit des Abwehrenden entschieden sind — einige wollten allerdings eine (milde) Bestrafung —, ist an sich nicht zu verwundern, da in der Regel die verschiedenen Elemente eines und desselben äußeren Vorgangs richtig zu sondern, der Wissenschaft erst nach und nach zu gelingen pflegt. Es kommt aber hinzu, daß zwei Stellen der römischen Quellen, die L. 45 § 4 *ad. leg. Aqu.* 9, 2 [355]) und die L. 2 *C. ad leg. Corn. de sic.* 9, 16 in diesem Sinne mißverstanden wurden, und nebenbei, daß meistens die Jurisprudenz die sogenannten *Mediatores* im Auge hatte; man war denjenigen, die sich in einen Kampf mischten, um Frieden zu stiften, tatsächlich aber oft den Kampf verschlimmerten, wenig günstig; man bürdete es ihnen als eigene Schuld auf, wenn sie

[355]) Die erste Stelle sagt, es werde nur nach Maßgabe der *Lex Aquilia* gehaftet, also auf Schadensersatz, nicht aber strafrechtlich verantwortlich (»*innoxii sunt*«). Sehr richtig, weil die *Lex Cornelia* nur d o l o s e Handlungen straft. Richtig *Aretinus, Rubr. Et. dictus* n. 33 »*non possum offendere mediatorem vel alium circumstantem qui se de crimine non impedit, alias teneor*« (vgl. *Brunnenmeister*, „Die Quellen der Bambergensis S. 184“), . An anderer Stelle aber hat er, wie verschiedentlich berichtet ist, die entgegengesetzte Ansicht vertreten (vgl. *Clarus* § *homicid.* n. 30), und diese letztere ist die in der italienischen Doktrin herrschende geworden. *Farinacius* qu. 125 n. 138ff. und *Clarus* a. a. O. Vgl. auch *Calker*, Zeitschr. **12** S. 467.

Die zweite Stelle kann allerdings in dem Sinne verstanden werden, daß der Angegriffene durch Aufopferung eines unbeteiligten Dritten sein Leben zu retten befugt sei. »*Is qui agressorem vel quemcumque alium in dubio vitae discrimine constitutus occiderit, nullam ob id factum calumniam metuere debet.*« Aber es kann der Sinn auch der sein, daß nur zufällige oder fahrlässige Tötung eines Dritten bei Gelegenheit der Notwehr straflos sein soll, und dies ist wahrscheinlich, weil ein sehr weitgehendes Notrecht schwerlich so nebenher sanktioniert sein wird. Indes hat man schon früh die Stelle in dem Sinne verstanden, daß der Angegriffene sich durch Aufopferung eines „Mediator“ retten dürfe, und anscheinend ist auch *Aretinus* durch sie zur Änderung seiner Ansicht bewogen worden. Vgl. die Glosse zu dieser Stelle und die Noten der Gothofredus.

bei solcher Gelegenheit verletzt wurden. Auch die CCC. 145 hat (vgl. Bamberg 171) in Bausch und Bogen die Tötung eines Dritten in Notwehr für straflos erklärt, und lange Zeit hat die Wissenschaft diese Bestimmung ohne Kritik hingenommen.[356]) Selbst in einigen deutschen Gesetzgebungen des XIX. Jahrhunderts [357]) findet sie sich noch, und was bemerkenswert ist, noch im bayerischen StGB. von 1861 Art. 72.[357a])

Die meisten Gesetzgebungen aber sprachen und sprechen in der Lehre von der Notwehr nicht von der Verletzung eines Unbeteiligten. Zu diesen gehört das preußische GB. und gehört auch das StGB. Dies gesetzgeberische Verfahren ist das richtige; denn, wie bemerkt, handelt es sich hier um Kombinationsfälle. Dies ist auch jetzt die überwiegende Ansicht der Doktrin. Allerdings läßt die Wortfassung des StGB. 53 die Auslegung zu, daß, wenn die Abwehr des rechtswidrigen Angriffes nur unter gleichzeitiger Verletzung eines unbeteiligten Dritten erfolgen kann, auch diese Verletzung durch Notwehr ohne weiteres und ohne die Voraussetzungen eines Notstandes gerechtfertigt sei; denn „Verteidigung“ liegt hier vor, und die Verletzung des Unbeteiligten ist zu dieser erforderlich.[358])

§ 97. Das RG. hat in einem mehrfach besprochenen Urteil die Frage behandelt, inwieweit Notwehr auch Verletzungen dritter Personen rechtfertige sowie insbesondere Verletzungen allgemeiner Strafgesetze, bei denen solche Verletzungen nicht

---

[356]) Vgl. z. B. noch *Feuerbach* § 38 Anm. 5, der hier auch noch die zitierte L. 45 § 4 anführt. *Wachter*, Lehrb. § 51e.

[357]) Braunschweig 187 „Jemand tötet oder verletzt“ Badisches GB. § 86 (hier ausdrucklich).

[357a]) ... „wer uberhaupt eine strafbare Handlung „(in Notwehr)“ verubt,“ ist straflos. Vgl. *Hocheder*, Komment. **1** S. 357. Gegen solche in neueren Gesetzen fortgelassene Bestimmung: *Janka* S. 32.

[358]) Vgl. daruber *Tobler* S. 136 und unten. — Daß die Fassung des Art. 24 des schweizerischen Vorentwurfs: „Wer einen gegenwärtigen unmittelbar drohenden rechtswidrigen Angriff in einer den Umständen angemessenen Weise von sich oder einem anderen abwehrt, übt das Recht der Notwehr aus“, wie *Tobler* S. 152 meint, in dieser Beziehung korrekter sei, kann ich nicht anerkennen; denn Abwehr von sich ist es auch, wenn jemand einen anderen vorschiebt, damit dieser einen Stoß oder Stich auffange, der jenem zugedacht ist. — *Tobler* polemisiert gegen die Hervorhebung und Betonung des Zweckes der Verteidigung; allein in dem Begriffe der „Wehr“ ist dieser Zweck unumgänglich mitenthalten. Es kommt nur darauf an, unter welchen Voraussetzungen dieser Zweck eine sonst unzulässige Handlung rechtfertigt.

als wesentliches Erfordernis des Tatbestandes erscheinen. Z. B. eine Ehrennotwehr enthielt gleichzeitig eine Störung des öffentlichen Gottesdienstes, da der Beleidigte gegen die von dem Prediger auf der Kanzel vorgebrachten Beleidigungen protestierte. Das RG. entschied unter Aufrechterhaltung des freisprechenden Urteils der Strafkammer in dem allgemeinen Sinne,[359]) daß Notwehr überall und ohne Rücksicht auf die Heiligkeit des Ortes zulässig sei, und bezeichnete es insbesondere als unerheblich, daß die Handlung des Angeklagten auch gegen Dritte wirke und diese belästige (in der Andacht störte).[359a]) Das RG. hat aber was zu bemerken ist und meist übersehen wird, nicht erklärt, daß die Notwehrhandlung stets, und ohne daß die Voraussetzungen des Notstandes gegeben wären, auch Verletzungen des Lebens, der Gesundheit, überhaupt der Rechte dritter Personen enthalten dürfe; denn Störung der Andacht und Belästigungen sind noch nicht Verletzungen subjektiver Rechte. Die in letzterer Beziehung gegen das reichsgerichtliche Urteil erhobenen Einwendungen [359b]) sind daher gegenstandslos; vielmehr stimmt das reichsgerichtliche Urteil im Ergebnis, wenn auch nicht durchaus in der Begründung mit der oben dargelegten Ansicht überein. Verletzungen allgemeiner Verbote und Gebote, die nicht zugleich Verletzungen subjektiver Rechte sind, dürfen überhaupt nicht unter dem Gesichtspunkte des Notstandes im juristischen Sinne aufgefaßt werden. Der entscheidende Gesichtspunkt ist hier, ob vernünftigerweise solche allgemeine Verbote, die den eigentlichen Kernbestand der Güter nicht, vielmehr nur eine weitere Umhüllung schützen, oft nur entferntere Gefahren abzuwenden helfen sollen, schwerer wiegen, als der unumgängliche Schutz gegen wirkliche Verletzung subjektiver Rechte, und diese Frage ist fast durchgängig zu verneinen. Die entgegengesetzte Ansicht wird entweder die Notwehr in vielen Fällen zurückdrängen oder den in gerechter Notwehr Befindlichen in einer das Rechtsbewußtsein

[359]) RG. I 24/11. 90 E. **21** Nr. 62 S. 168.

[359a]) Für die vom RG. ausgesprochene Ansicht selbstverständlich alle diejenigen, welche die etwa in Notwehr erforderliche Verletzung Dritter unbedingt straflos lassen wollen, so insbesondere *Calker*, Zeitschr. **12** S. 443; *Frank* § 53 II.

[359b]) So von *Tobler* S. 132ff.

verletzenden Weise mit einer Strafe heimsuchen müssen.[359c]) Dagegen gehen die Entscheidungsgründe insofern zu weit, als daraus erhellt, daß die Verletzung jedes nur allgemeine Interessen, nicht aber direkt Rechte Einzelner schützenden Strafgesetzes ohne weiteres kraft der Notwehrhandlung erlaubt sein soll. Hier wird man dem Obigen zufolge nach der Wichtigkeit des in Betracht kommenden allgemeinen Interesses und andererseits der Wichtigkeit des bedrohten Gutes unter Berücksichtigung der individuellen Umstände unterscheiden müssen.[359d]) Es ist aber richtig, daß die Notwehr, namentlich wenn der Angriff von einer zurechnungsfähigen, sich des Unrechts bewußten Person ausgeht, meist die Straffreiheit für solche allgemeine Störungen und Belästigungen begründen wird. Die Verletzung eines wirklichen Rechtes, welches nicht sehr unbedeutend ist, wiegt schwerer als einfache Belästigung, Störung von Gefühlen usw. „Auch der Ort steht der Ausübung der Notwehr nicht entgegen; die Heiligkeit des Ortes mußte den Angreifer abhalten; der Angegriffene kann den Ort der Verteidigung nicht wählen; der Ort ist durch den Angriff gegeben, dem Angegriffenen aufgedrängt.[359e]) „Namentlich in dem konkreten Falle war die Entscheidung des RG. durchaus zutreffend. Ein Prediger, der auf der Kanzel unzweifelhafte Beleidigungen gegen Gemeindemitglieder ausspricht, stört schon dadurch die Andacht selbst, und eine augenblickliche Störung der andächtigen Stimmung kann der Wahrung der Ehre z. B. groben Injurien gegenüber nicht ins Gewicht fallen. Oder muß vielleicht eine Frau sich unziemliche Zudringlichkeiten

---

[359c]) Man vergleiche in dieser Beziehung die treffenden Ausfuhrungen *Rissoms* S. 24ff. Gerade im militärischen Dienstverhältnis muß die Ausübung gerechter Notwehr mit den militarischen Interessen (der Dienstordnung und gegebenen Befehlen) leicht in Kollision geraten. *Rissom* erachtet es für unzutreffend, solche allgemeine Interessen zu einem selbständigen Angriffsobjekte zu stempeln und demnach die Notwehr, sofern nicht zugleich das Ertragen eines Notstandes gefordert wird, aus dem Gesichtspunkte der Verletzung einer Dienstpflicht für strafbar zu erklären.

[359d]) So im Prinzip richtig *Bauke*, Die Zulässigkeit der Notwehr S. 42ff., der aber in die Kritik der reichsgerichtlichen Entscheidung das unrichtige Prinzip hereinzieht, daß ein Prediger nur, wenn er sich b e w u ß t außerhalb des Rechtes stelle, auf der Kanzel sich der Beleidigung schuldig mache. Außerdem geht *B.* in der Parteinahme für den Prediger S. 50 so weit, den von ihm selbst aufgestellten Grundsatz der Verhältnismäßigkeit der zu schützenden Interessen wieder zu verlassen und den Angeklagten (Beleidigten) lediglich nach StGB. § 54 zu beurteilen. Siehe dagegen auch *Braun* S. 11.

[359e]) So das reichsgerichtliche Urteil.

eines frechen Gesellen oder eines Wahnsinnigen in der Kirche gefallen lassen, wenn sie nicht befürchten soll, wegen Störung des öffentlichen Gottesdienstes angeklagt zu werden? Muß ich es mir während des Gottesdienstes gefallen lassen, daß ein Dieb mit meinem Portemonnaie sich leise entfernt, selbst wenn in dem Portemonnaie ein für meine Verhältnisse recht bedeutender Geldbetrag sich befindet? Das wäre die Konsequenz der entgegengesetzten Ansicht,[359f]) da diese auch bei Verletzung solcher „unpersönlicher Rechtsgüter" die Erfordernisse des § 54 zur Straffreiheit verlangt. Man braucht aber vielleicht bei solchen Gesetzen, wie das Strafgesetz gegen Störung des Gottesdienstes ist, nicht auf die Grundsätze der Notwehr oder eines Notstandes in weiterem Sinne zurückzugreifen, um Fälle wie den erwähnten für straflos zu erklären. Eine rationelle Interpretation kann, wie gesagt, ohne weiteres zu diesem Ergebnisse führen. Der Frieden des Gottesdienstes ist auch nur bis zu einem gewissen Grade geschützt; seinem Interesse kann nicht jedes andere nachgestellt sein, so nicht das Interesse an der Verteidigung eines wichtigen Gutes.[360])

§ 98. Die in einigen der früheren (nicht der letzten) deutschen Gesetzbücher[360a]) sich findende Bestimmung, der zufolge jemand, der einen anderen in Notwehr getötet oder verwundet hatte, bei Strafe verpflichtet war, diesen Vorfall der Obrigkeit unverzüglich anzuzeigen, ist der richtigen Ansicht[360b]) nach durch das StGB. aufgehoben. Einerseits hat sicherlich das StGB. die Materie der Notwehr vollständig regeln wollen, und andererseits spricht der oben Bd. **1** S. 36 angeführte allgemeine Grundsatz für diese Ansicht. Ich halte übrigens jene polizeiliche Vorschrift, deren Anwendung in vielen Fällen zu Zweifeln Anlaß geben muß, für unzweckmäßig und unbillig.

[359f]) Für diese *H. Meyer* § 39 zu Anm. 38; *Olshausen* § 53, 12; *Liszt* § 33 zu Anm. 6; *Tobler* S. 135; *Planck*, Kommentar zum BGB. § 227 Anm. 2; *Tilse* S. 89 (*de lege lata*).

[360]) Vgl. *Kohler*, Studien 1 S. 198; Dissertation von *Braun* S. 21.

[360a]) Z. B. den Gesetzbüchern für Württemberg 102, Braunschweig § 168, Hannover Art. 81 (die betreffende Bestimmung des bayerischen GB. von 1813 Art. 136 ist schon durch Gesetz von 10/11. 1848 aufgehoben worden).

[360b]) *H. Meyer* § 39 a. E., ebenso *Allfeld*. — Anders *Olshausen* § 53 Anm. 20. *Berner*, S. 114, bezeichnet derartige Vorschriften zwar als zweckmäßig, sagt aber nicht (wenigstens nicht deutlich, wie *Olshausen* freilich annimmt), daß sie noch fortgelten; noch weniger kann *Olshausen* sich in dieser Hinsicht auf *Schütze* S. 112 berufen.

§ 99. Da Notwehr die Annahme einer strafbaren Handlung ausschließt, so bedeutet ein Schuldspruch der Geschworenen über den Tatbestand einer strafbaren Handlung, falls eine Frage über Notwehr nicht besonders vorbehalten wurde, daß Notwehr nicht vorliegt. Nach der im Deutschen Reiche bis jetzt siegreichen Tendenz, den Ausspruch der Geschworenen möglichst unanfechtbar, unkontrollierbar zu machen und somit Revisionsbeschwerden aus materiellen Gründen möglichst zu vermeiden, wird nach Maßgabe der Entstehungsgeschichte der betreffenden Paragraphen der StPO. die Stellung besonderer Fragen (Nebenfragen) über Strafausschließungsgründe für unzulässig erklärt.[361]) Dagegen wird anerkannt, daß ein gegründeter Zweifel, ob nicht die Handlung durch Notwehr entschuldigt sei — da die Verneinung einer Notwehr, genau betrachtet, zur Annahme einer strafbaren Handlung gehört — dem Angeklagten zugute kommen und seine Freisprechung herbeiführen muß. Gleichwohl gehört die Frage, ob Notwehr vorliege — und nach unserem StGB. auch ein in Bestürzung, Furcht oder Schrecken begangener Notwehrexzeß, da dieser nach dem Gesetze der Notwehr gleichgeachtet wird —, durchaus zur Schuldfrage, und die Stimme des Geschworenen, der Notwehr oder straflosen Exzeß annimmt, ist denjenigen Stimmen beizuzählen, welche die Schuld des Angeklagten aus irgendeinem anderen Grunde, z. B. wegen Mangels des Kausalzusammenhanges, verneinen. Würde eine besondere Frage, ob Notwehr vorliege, gestellt — was nach unserer StPO. für unzulässig erachtet wird —, so würde zur Verneinung der Notwehr Zweidrittelmehrheit der Stimmen erforderlich sein.[362])

---

[361]) Vgl. indes dagegen *Hücking*, GArch. **34** S. 219; *Mittelstadt*, GS. **37** S. 264 und *Dalcke*, Fragestellung und Verdikt im schwurgerichtlichen Verfahren 2. Aufl. 1898 S. 96.

[362]) Anders *Oetker*, Das Verfahren vor den Schwur- und Schoffengerichten, 1907, S. 195, auf Grund seiner m. E. nicht haltbaren Theorie über die Natur der Strafausschließungsgründe: „Verneinen z. B. zwei Geschworene den Kausalnexus zwischen Handlung und Tod, während einer die Handlung als durch Notwehr entschuldigt ansieht, zwei andere straflose Notwehrüberschreitung annehmen, so dürfen nicht die verneinenden Vota, die sich teils auf die Schuld-, teils auf die Straffrage beziehen, addiert werden, es ist vielmehr die Schuldfrage mit neun gegen drei Stimmen zu bejahen, ebenso die Straffrage (der Geschworene, der die Schuld wegen Notwehr verneinte, hat demnächst für straflosen Notwehrexzeß zu votieren und sonach die Hauptfrage im ganzen nicht zu verneinen, sondern zu bejahen).

§ 100. Auch durch vorsorgliche, von selbst bei bestimmten Anlässen tätig werdende Schutzvorrichtungen, z. B. Fußangeln, Fallen und Selbstschüsse, aber auch durch gefährliche Wachthunde[362a]) kann Notwehr geübt werden, und die dann etwa eintretende Verletzung des eindringenden Verbrechers straflos sein. Die Abwehr wird in solchem Falle vorher vorbereitet; sie funktioniert erst im Augenblicke des Angriffs, und darauf kommt es an; es ist also, wie nicht zu bestreiten, Notwehr [363]) beabsichtigt. Andererseits ist über die Anwendung der allgemeinen für Fahrlässigkeit und Kausalzusammenhang geltenden Grundsätze kein Zweifel, wenn durch solche Vorrichtung jemand verletzt wird, der nicht im geringsten in den Rechtsbereich desjenigen eingegriffen hat,[363a]) der die Schutzvorrichtung angelegt hat; z. B. jemand, der auf der öffentlichen Straße geht, wird verletzt durch einen mit Schrot geladenen Selbstschuß, der auf einem an der Straße belegenen Grundstücke gelegt ist.

Aber die Frage, ob nicht ein Exzeß der Notwehr vorliege, ist damit noch nicht beantwortet, und zwar kann die Frage des

---

Dieser dem Angeklagten überaus nachteilige Abstimmungsmodus könnte Ergebnisse liefern, die den Geschworenen wie dem Publikum stark überraschend kommen würden.

[362a]) Frei umherlaufende Wachthunde will *Sommerlad* nicht hierzu rechnen, da kraft seiner Mobilität ein Hund jemanden verletzen könne, ehe überhaupt ein Angriff auf das zu schützende Rechtsgut erfolge. Aber z. B. Besitzer von frei auf Höfen lagernden Brennholzvorräten, die scharfe Hunde zur Bewachung zu halten pflegen, wollen überhaupt nicht, daß der Hof von Unbefugten betreten werde. Ist das Betreten des Hofes wider Willen des Besitzers nun keine Rechtsverletzung?

[363]) Nur von diesem Gesichtspunkte ist neuerdings die Frage regelmäßig behandelt worden, so von *Hälschner* **1** S. 477, besonders aber in dem längeren Aufsatze von *Sommerlad*, GS. **89** S. 358, unter zum Teil *Buri* und *Binding* nachgeschriebener, auf Mißverständnis beruhender Polemik gegen meine früher (Lehre vom Kausalzusammenhang S. 85ff.) vertretene Ansicht. — *Liszt* § 46 II; *Binding*, Handb. 1 S. 748; *Olshausen* § 53, 12c; *Frank* § 5 S. 53, IV; *Titze*, Notstandsrechte S. 81; *Finger* **1** S. 389 behandeln die Frage ebenfalls nur vom Gesichtspunkte der Notwehr, der für die einigermaßen schwierigeren und zweifelhafteren Fälle absolut nicht ausreicht. Ein Gericht wird daher durch die ganz unbestimmten Sätze, z. B. *Sommerlads* maßgebende Gesichtspunkte, eine Entscheidung oft nicht erhalten. — *Rotering*, ein erfahrener Praktiker, GArch. **80** S. 415—427, dagegen hat meine Ausführungen verstanden und sich ihnen angeschlossen.

[363a]) *Sommerlad* S. 364 spricht hier von einer *Aberratio ictus*. Aber derjenige, gegen den die Vorrichtung wirken sollte, ist in dem Zeitpunkte, in welchem diese wirkte, gar nicht da; vielleicht kommt ein solcher Übeltäter überhaupt nicht. Man könnte da eher, wenn die automatisch wirkende Vorrichtung in jeder Beziehung persönlicher Abwehr gleichgestellt werden sollte, von einem *Error in objecto* reden. Ich tue es aber nicht.

Exzesses in doppelter Weise gestellt werden: 1. Ist derjenige, der solche Vorrichtungen zum Schutze seines Eigentums oder seiner Person angebracht hat, in jedem Falle straflos, auch wenn eine schwere Verletzung des rechtswidrig Eindringenden erfolgt ist, und wenn andererseits behauptet werden könnte, durch persönliche Bewachung hätte die schwere Verletzung oder überhaupt eine Verletzung vermieden werden können, z. B. der eindringende Dieb war eine keineswegs gefährliche, keineswegs mit Waffen oder gefährlichen Werkzeugen versehene Persönlichkeit? Oder kann jemand nur seiner Bequemlichkeit wegen sich der gefährlichsten Schutzmaßregeln bedienen? 2. Wie steht es, wenn jemand zwar in den Rechtsbereich des Eigentümers eingreift, aber ohne die Absicht, dasjenige Delikt zu begehen, gegen das Abwehr vorbereitet wurde, oder vielleicht gar ohne jede Schuld, z. B. jemand betritt das Grundstück, freilich unberechtigterweise, nur um eine ihn interessierende Pflanze genau zu betrachten, oder er gerät in der Dunkelheit, oder da er sich verirrt, auf das Grundstück, überklettert vielleicht gar einen Zaun, da er hofft, so auf den richtigen Weg zu kommen usw.?[364])

[364]) Im Anschluß an einen in Österreich schon im Jahre 1820 vorgekommenen und in der österreichischen Literatur damals erörterten Fall (vgl. darüber *Osenbrüggen*, Kasuistik des Kriminalrechts, 1854, Nr. 3) haben *Bekker*, Theorie des deutschen Strafrechts S. 604 und *Böhlau*, GArch., S. 472 die Frage der Schutzvorrichtungen aus völlig eigentümlichen, jetzt kaum mehr vertretenen Gesichtspunkten erörtert. *Bekkers* auf zivilistischer Grundlage ruhende Ansicht geht dahin, daß der Veranstaltende zwar den Willen der Verletzung habe, dieser aber an eine *Conditio impossibilis* (die Begehung des Deliktes) anknüpfe. Diese Möglichkeit brauche nicht beachtet zu werden. *Böhlau* (unter Berufung auf eine in L. 7 § 6 D. 9, 2 gemachte Unterscheidung) meint, der Veranstaltende habe zwar das »*causam mortis praestare*« vorgenommen, nicht aber das »*occidere*«. Mit anderen Worten: während *Bekker* meint, wenn der Schaden nur den Verbrecher treffe, sei der Veranstaltende ohne Schuld, sagt *Böhlau*: der Verbrecher ist selbst Ursache, nicht der Veranstaltende. Ich habe dann (Lehre vom Kausalzusammenhange), als selbstverständlich voraussetzend, daß durch Schutzvorrichtungen Notwehr geübt werden könne, ausgeführt, daß hier die vernünftige Regel des Lebens entscheide, d. h. daß es auf dasjenige ankomme, was an dem betreffenden Orte, der betreffenden Gegend hergebracht sei. *Bekkers* zivilistische Begründung dürfte schwerlich überzeugen. Die eine wie die andere Ansicht steht aber in Widerspruch mit den richtigen, bezüglich des Kausalzusammenhangs anzuwendenden Grundsätzen. Der Veranstalter rechnet darauf, daß der Eindringende verletzt werde, und daß das geschehe, ist sicher nichts so Außerordentliches, daß das Rechnen darauf als völlige Unvernunft erschiene. Er verursacht also die Verletzung. Aber diese Verletzung kann ihm nicht als rechtwidrige angerechnet werden, wenn sie in den Grenzen der Notwehr sich hält — vielleicht auch in anderen Fällen (darüber im Texte). Daß der Dieb z. B. selbst Ursache seiner Verletzung sei, läßt sich doch allenfalls nur behaupten, wenn er von der gefährlichen Schutzvorrichtung Kunde hatte oder wenigstens auf ihr Vorhandensein gefaßt sein mußte.

Die zweite Frage wird wohl vernünftigerweise nicht in d e m Sinne bejaht werden können, daß jemand, der übermäßig ängstlich ist oder sein Eigentum übermäßig hoch und heilig hält, berechtigt wäre, zur Vermeidung auch der kleinsten Rechtsverletzungen die gefährlichsten Vorrichtungen anzubringen. Auch *Sommerlad* und *Frank* und *Finger*, welche des ersteren Ansicht folgen, gehen nicht so weit. Aber wie sind nun diese verschiedenen Fälle zu behandeln? *Sommerlad* schweigt darüber; er meint, nur in einer verschwindend kleinen Anzahl von Fällen werden gefährliche Vorrichtungen sich rechtfertigen lassen,[365]) und *Frank* bemerkt auch nur, in der Mehrzahl der Fälle werden solche Schutzvorrichtungen dem Angreifer gegenüber intensiver wirken, als erforderlich sei, den Angriff abzuwehren, so daß ein strafbarer Exzeß der Notwehr vorliegen würde. *Finger* v e r s u c h t eine w i r k l i c h e Lösung.[365a]) Er betrachtet S c h u t z v o r r i c h t u n g e n nur dann unbedingt als „ N o t w e h r h a n d l u n g e n “, wenn es möglich ist, die Intensität dieser Abwehrmittel mit der Intensität des Angriffs in Parallele zu bringen. Dagegen ist, wie *Finger* hinzufügt, das Anbringen von Abwehrmaßregeln, die gegen j e d e n Angriff in gleicher Intensität und insbesondere auch gegen Personen wirken, die keinen Angriff unternehmen, nicht unter den Gesichtspunkt wirklicher, wenngleich beabsichtigter Notwehr zu bringen. Diese Lösung scheitert jedoch an der Beschaffenheit der bisher bekannten Abwehrmittel, welche mechanisch wirken, oder sollte es möglich sein, Fußangeln und Selbstschüsse zu legen, welche zwar gegen gefährliche Diebe und Einbrecher, nicht aber z. B. gegen harmlose Personen oder Kinder wirken, die das geschützte Besitztum aus Neugier betreten? [366])

---

[365]) Dies ist doch recht unbestimmt.

[365a]) Ähnlich, aber umfassender und unbestimmter äußert sich *Titze* S. 81: „Natürlich müssen die Abwehrungsmaßregeln so getroffen sein, daß sie auch nur gegen den Angreifer, nicht auch gegen Dritte wirken“: Frage: Ist Angreifer hier auch z. B. jemand, der zufällig die Grenze der bewehrten Grundstücke überschreitet?

[366]) Nach englisch-nordamerikanischem Rechte sind Selbstschüsse nur erlaubt zum Schutze von Gebäuden, in denen besondere Wertobjekte aufbewahrt werden, und die dem Publikum nicht zugänglich sind. Wird in anderen Fällen jemand getötet, der nur *Trespass* begeht (ohne Absicht, ein wirkliches Verbrechen zu begehen, eindringt), so ist, wer den Selbstschuß gelegt hat, wegen »*manslaughter*« verantwortlich. *Wharton* 1 § 507, 464. — In England besteht ein besonderes Gesetz solchen Inhalts 24 *et* 25 *Vict.* c. 100 s. 31. Vgl. *Archbold* S. 678.

§ 101. Die Lösung kann in der Tat nur in einem vernünftigen Ermessen liegen, wie dies bei der Beurteilung von Fahrlässigkeitsfällen ebenfalls unumgänglich ist. Die Beurteilung, nach der nur als Sinnbild und zur Veranschaulichung von den römischen Juristen eingeschobenen von so vielen jetzt mit Protest zurückgewiesenen Figur des »*Bonus paterfamilias*« lassen wir beiseite. Dagegen suchen wir uns die Konsequenzen klar zu machen,[366a]) welche sich ergeben, wenn einerseits die im einzelnen Falle gebrauchten Abwehrvorrichtungen als Verantwortung nicht begründende allgemein in der betreffenden Gegend und unter den betreffenden Umständen zugelassen werden würden, und andererseits, welche Konsequenzen aus der entgegengesetzten Entscheidung folgen würden. Sicherheit des Eigentümers — z. B. in der betreffenden Gegend oder gar bei dem Eigentümer selbst sind gefährliche oder Schaden bringende Einbrüche in letzter Zeit mehrfach vorgekommen, und eine ständige und ausreichende Bewachung durch Wachpersonal kann dem Eigentümer nicht wohl zugemutet werden — und Gefährdung des Publikums oder sonst harmlos eindringender Personen, sowie auch größere oder geringere Gefährlichkeit der Schutzvorrichtungen [366b]) sind hier gegeneinander abzuwägen: würde man z. B. sagen müssen, wenn jeder Haus- oder Garten- oder Hofbesitzer sich dergleichen Vorrichtungen gestattete, so würden fortwährend Verletzungen oder gar Tötungen harmloser Personen zu beklagen sein. Dann wird eintretenden Falles derjenige, der solche Vorrichtungen getroffen hat, verantwortlich sein wegen Fahrlässigkeit, wenn nicht der Geschädigte gerade eine solche Handlung zu begehen im Begriff war, gegen welche die Schädigung als gerechte Notwehr zu betrachten wäre. Dabei ist aber auch das, was in der betreffenden Gegend herkömmlich ist (die Regel des Lebens), [367]) zu beachten, wenn es eben nicht

[366a]) Vgl. Bd. 2 S. 455.

[366b]) Wenn man z. B. das Einmauern von Glasscherben auf Gartenmauern, woran kletternde Kinder sich bosartig verletzen können, fur zulassig erachtet, so folgt daraus natürlich nicht, daß das Legen von Fußangeln und Selbstschüssen Verantwortung nicht begründe.

[367]) Einfriedigungen mit scharfen Spitzen sind allgemein ublich. Kein Vernünftiger wird daran denken, den Eigentumer verantwortlich zu machen, wenn ein mutwillig überkletternder Junge sich daran aufspießt. Nach der abstrakten Theorie des Vorhersehenkönnens müßte man vielleicht anders entscheiden.

völlig maßlos und daher unvernünftig ist.[368]) — Einerseits kann jemandem, der dasjenige tut, was alle anderen auch in gleicher Lage tun, nicht leicht ein Vorwurf gemacht werden, und andererseits muß jeder auf das, was üblich ist, gefaßt sein; er ist, wenn er durch Nichtbeachtung solcher Einrichtungen in Schaden gerät, selbst Ursache dieses Schadens. Auf das Übliche legt auch die von einem derartigen Falle redende L. 28 pr. D. 9, 2 entscheidendes Gewicht.[368a]) Zuweilen können aber auch angebrachte Warnungen die Verantwortlichkeit ausschließen. Gegen schädigende oder gar gefährliche, wiederholt einbrechende Tiere wird man unter Umständen, z. B. wenn der Eigentümer vorher vergeblich gewarnt wurde, Gift legen dürfen. Gegen Menschen ist Gift kein Abwehrmittel. Übrigens kommen Schutzvorrichtungen als vorbereitete Notwehr nur in Betracht, wenn sie als solche absichtlich angebracht sind. Vorrichtungen, die erst nach der einzelnen Delikttat verletzen, könnten unter Umständen als Notwehr gerechtfertigt sein, wenn das fragliche Delikt schon mehrmals begangen ist, es aber nicht möglich war, den Täter zu fassen, und die Verletzung nun dazu dient, den Täter zu kennzeichnen und so vor künftigen deliktischen Handlungen Schutz zu erhalten.[368b])

Polizeiliche Erlaubnis zum Anbringen gefährlicher Schutzvorrichtungen kann nicht unbedingt die rechtliche Verantwortlichkeit beseitigen (vgl. oben Bd. 2 S. 454), falls das Gesetz dies

---

[368]) Völlig unvernünftige und zu weit gehende derartige Einrichtungen pflegen aber in einer Gegend auch nicht in großem Umfange vorzukommen. — *Sommerlad* hat, wenn ich von der „Regel des Lebens" sprach, hier nicht beachtet, daß sich diese Regel nach Zeit und Örtlichkeit modifizert. Ich habe ausdrücklich darauf aufmerksam gemacht, daß z. B. das Halten gefährlicher Hunde auf einsamen Gehöften gerechtfertigt sein werde, wahrend in einer Stadt mit wohl organisierter Polizei Verantwortlichkeit stattfinde. Wenn man daraus macht, daß ich als „Regel des Lebens" uberall das Legen von Selbstschüssen vertreten habe, so ist das in der Tat wohlfeile Polemik.

[368a]) »*Qui foveas ursorum cervorumque capiendorum causa faciunt, si in itineribus fecerunt, eoque aliquid decidit, factumque deterius est, lege Aquilia obligati sunt; at si in aliis locis, ubi fieri solent, fecerunt, nihil tenentur.*«

[368b]) Vielleicht wird man in folgendem Falle nicht wegen vorsätzlicher Sachbeschädigung strafen wollen. Jemandem wird fortwährend Brennholz gestohlen, vermutlich von einer im Nebenhause wohnenden Person, ohne daß dieselbe gefaßt werden kann. Endlich fullt der Bestohlene in ein Scheit Holz eine Ladung Schießpulver. Die Diebin heizt damit; das Pulver explodiert; ihr Ofen wird krachend zertrummert. Nun weiß man, wer fortwahrend gestohlen hat, und die Diebstähle horen auf.

nicht ausdrücklich sagt. Umgekehrt ist aber der Verstoß gegen ein dahin gehöriges Polizeigesetz nicht unbedingt für die strafrechtliche Verantwortlichkeit des Veranstaltenden maßgebend,[368c]) wird aber andererseits als autoritative Warnung für den Beweis der Fahrlässigkeit häufig genügen.

Notstand.

§ 102. Ein unmittelbares Gefühl sagt uns, daß in Lebenslagen von außerordentlicher Bedrängnis die Beobachtung der Gesetze und die Achtung des Rechtes nicht immer zu fordern ist (Notstand). „Not kennt kein Gebot", wie das Sprichwort übertreibend sagt: »*Necessitas non habet legem*«.[369]) Und ebenfalls, einem natürlichen Gefühle folgend, möchte man hinzufügen, je wichtiger das Gesetz, das Recht ist, um dessen Verletzung es sich handelt, um so stärker muß die Not sein, welche entschuldigen soll, und umgekehrt.

Ein besonderes Problem des Rechtes des Notstandes würde aber vermutlich nicht entstanden sein, wenn es im Falle einer Not nur um die Nichtbeobachtung allgemeiner Verbote und Gebote, nicht auch um Verletzung der Güter anderer sich handeln könnte. Da, wo solche Verletzung zur Abwendung einer Gefahr nicht erfolderlich ist, zeigt unmittelbares Gefühl meist mit Sicherheit an, ob die Beobachtung des allgemeinen Gebots oder Verbots wichtiger ist, als die Aufopferung eines realen Gutes oder unter Umständen die Befreiung der einzelnen Personen aus einer drückenden Zwangslage. Hier muß einfach eine vernünftige (einschränkende) Auslegung des Gesetzes gelten und helfen nach dem Grundsatze, daß solche allgemeinen Gebote und Verbote nicht um ihrer selbst willen, sondern zum Schutze realer Güter bestehen[369a]) und daher ihre Beobachtung dem

---

[368]c) Anders verhalt sich nach BGB. § 823 mit der zivilrechtlichen Verantwortlichkeit.

[369]) *Decr. Grat. Dist.* 1 c. 11.

[369]a) „Der Sabbat ist um der Menschen willen gemacht und nicht der Mensch um des Sabbats willen." Evang. Marci 2, 27. Vgl. Evang. Matthäi 12, 11: „Welcher ist unter euch, so er ein Schaf hat, das ihm am Sabbat in eine Grube fällt, der es nicht ergreife und aufhebe?"

wirklichen Schutze dieser Güter nachzustehen hat, es müßte denn diesen realen Gütern selbst nur eine verhältnismäßig geringfügige Bedeutung, sowohl allgemein wie nach den Umständen des Falles zuzumessen sein. Eine allgemeine Lehre über Erlaubtheit und Nichterlaubtheit solcher Nichtbeobachtung, eigentlich aber nur scheinbare Nichtbeobachtung der Gesetze ist daher nicht möglich. Die Anwendung des besonderen Gesetzes richtet sich nach den besonderen Umständen des einzelnen Falles. Und am sichersten dürfte, wie in manchen anderen Problemen, die Entscheidung durch die Erwägung gegeben werden: welche Konsequenzen würden sich ergeben, wenn in ferneren gleichartigen Fällen einerseits die Nichtbeobachtung des Gesetzes als entschuldigt angesehen werden würde und andererseits jeder verpflichtet wäre, die Vorschrift des Gesetzes ungeachtet des ihm daraus erwachsenden Schadens zu beobachten. Die absolut innezuhaltende Grenze der Entschuldigung muß dabei sein, daß die entschuldigten Fälle doch immer nur Ausnahmen bleiben; denn als Regel will das Gesetz angewendet werden.

Anders dagegen, wenn die Erhaltung[369b]) unseres Gutes nur möglich erscheint unter Schädigung oder Vernichtung eines anderen selbst oder seines Gutes. Hier erwächst das allgemeine Problem: kann es überhaupt, und unter welchen Voraussetzungen und mit welchen Rechtsfolgen, erlaubt sein, das eigene Gut — und Leben und Gesundheit sind selbstverständlich auch Güter — durch Schädigung oder Vernichtung von Gütern anderer aus Not (Gefahr) zu retten, den uns drohenden Schaden etwa gar ausschließlich auf andere zu überschieben? Dies Problem ist allgemeiner Behandlung zugänglich. Es würde z. B. gelöst sein, wenn eine allgemeine Rangordnung der verschiedenen Lebensgüter aufgestellt werden könnte, der zufolge das mindere Gut des einen dem mehrwertigen Gute des anderen im Notfalle geopfert werden könnte oder müßte, und wenn man im Falle des

---

[369b]) Insoweit hat die oben besprochene Theorie Graf *Dohnas* recht. Es muß aber um die bei Beobachtung des Gesetzes dem einzelnen anzusinnende Aufopferung eines reellen Gutes sich handeln. Die Erreichung beliebiger anderer vernünftiger oder selbst lobenswerter Zwecke darf nicht als genügend angesehen werden, die Nichtbeachtung des Gesetzes zu rechtfertigen.

gleichen Wertes z. B. dem durch größere Kraft oder Glück begünstigten Egoismus (Selbstbehauptungstriebe) die Berechtigung, das Gut anderer zu verletzen, zuschreiben würde. So allein gewinnt man die richtige Begrenzung des allgemeinen Notstandsproblems, zu welchem ebensowenig wie die Nichtbeobachtung allgemeiner Gesetze ohne Verletzung der Güter anderer zu rechnen ist das Problem der Kollision der Pflichten;[369c]) denn auch in den Fällen, in denen die von der Rechtsordnung auferlegten Pflichten nebeneinander im einzelnen konkreten Falle tatsächlich nicht erfüllt werden können, handelt es sich um die Frage, welche Pflicht nach den Umständen des Falles als die wichtigere anzusehen ist,[369d]) z. B. die Pflicht, das ärztliche Geheimnis zu wahren oder andererseits die ärztliche Pflicht für die Gesundheit jemandes zu sorgen, die Pflicht des Soldaten, seinen Posten nicht zu verlassen, oder

[369c]) Dahin ist auch zu rechnen, daß jemand die Pflicht hat, etwas zu tun, und nun im konkreten Falle die Frage fur ihn entsteht, ob er diese Pflicht auch zu erfüllen habe, ungeachtet er bei solcher Pflichterfüllung ein Recht verletzen, eine sonst verbotene Handlung begehen müsse (Kollision eines Gebots mit einem Verbot).

[369d]) Über diese unbestimmte Lösung kommt auch *Binding* (Handb. **1** S. 764 ff.) bei der im übrigen verdienstvollen Anregung zur Untersuchung der Frage nicht hinaus, und nicht berucksichtigt wird von *Binding*, daß die Umstande des besonderen Falles verschiedene Entscheidungen bei Kollision derselben *in abstracto* angeführten Pflichten rechtfertigen müssen, obschon man einzelne Beispiele differenter Pflichten so wahlen kann, daß immer dieselbe Rangordnung der Pflichten sich ergibt. So in den von *Binding* a. a. O. angefuhrten Beispielen. Wer das polizeiliche Gebot des Abraupens von Baumen zu erfullen hat, wird dasselbe vernachlässigen müssen, wenn es notig ist, die von anderen geplante Ausfuhrung eines schweren Verbrechens nach StGB. § 139 sofort zur Anzeige zu bringen. Aber andererseits wird z. B. das den Soldaten bindende Verbot, seinen Posten nicht zu verlassen, gegenüber der Verpflichtung des § 139 den Umstanden nach eine sehr verschiedene Bedeutung haben. Die Verpflichtung, einen der ublichen Ehrenposten (z. B. bei der Wohnung eines Generals) in ruhigen Friedenszeiten nicht zu verlassen, wird, wenn Eile nötig, dem Gebote des § 139 nachstehen; aber wenn der Soldat nachts ein Pulvermagazin zu bewachen hätte oder im Kriege auf Vorposten sich befande, konnte die Entscheidung anders lauten. — Gr. *Dohna*, der S. 110 ff. die Frage der unbefugten (und befugten) Geheimnisverletzung besonders erörtert, stellt in Konsequenz des von ihm angenommenen allgemeinen Prinzips hierfur den Satz auf, die Grenze sei da zu suchen, wo ein solches Verbot eine willkürliche und ungerechtfertigte Bevorzugung der bedingten Interessen auf der einen Seite uber die auf der anderen Seite ebenfalls bedingten Interessen bedeuten würde. Aber sogleich wird zugestanden, daß eine abstrakte Entscheidung nach diesem (meiner Ansicht nach zu unbestimmten) Satze unmöglich sei (S. 115, 116). — Weder von *Binding* noch von Gr. *Dohna* wird aber hervorgehoben, daß in jedem *in concreto* irgend zweifelhaften Falle die eigene Entscheidung der in solcher Pflichtenkollision sich befindenden Menschen von der Rechtsordnung als richtig respektiert werden muß.

die Pflicht, ein von anderen geplantes schweres Verbrechen rechtzeitig anzuzeigen oder zu hindern. Kann darüber irgend ein begründeter Zweifel bestehen, so kann nur die allgemeine Regel aushelfen, daß die Rechtsordnung die Entscheidung des Handelnden selbst nach dessen Gewissen als gerechtfertigt ansehe, eine Regel, die nicht minder aus der viel gebrauchten Regel »*In dubio mitius*« sich ergibt.

Neben der Beschränkung auf den Fall der Befreiung aus der Not durch die den Umständen nach erforderliche Verletzung von Gütern eines anderen müssen aber noch andere Beschränkungen beachtet werden: zunächst die Beschränkung, daß nicht die Rechtsordnung Erdulden des Notstandes und des aus demselben entspringenden Schadens ausdrücklich oder stillschweigend deshalb fordere, weil die betreffende Notlage zu den alltäglichen Erscheinungen des menschlichen Lebens gehört und die Ableitung einer Entschuldigung oder Rechtfertigung daraus also tatsächlich zu einer Auflösung der Rechtsordnung führen würde. Ebenso ist die vom Rechte selbst gewollte Not des Individuums, z. B. die Not desjenigen, der seine Schulden nicht bezahlen kann und deshalb der Gefahr der Pfändung ausgesetzt ist, nicht als entschuldigend anzusehen, überhaupt keine Not, die erst durch die Rechtsordnung selbst vermittelt wird, z. B. Schädigung sogenannter immaterieller Güter (etwa daß jemand des Honorars für seine Aufführung eines von ihm verfaßten Dramas verlustig gehen könnte). Also kommt nur in Betracht physische Gefahr für reale Sachgüter. Nicht in Betracht kommt als Notlage im Sinne des Rechts z. B. die Notlage desjenigen, der zur Wiederherstellung oder Erhaltung seiner Gesundheit einer teuren Badekur oder einer besseren Wohnung bedarf, während ihm die dazu erforderlichen Geldmittel fehlen. Man braucht sich nur zu vergegenwärtigen, wie es um die Rechtsordnung bestellt sein würde, wenn wegen solcher Notlage z. B. Diebstahl, Unterschlagung usw. für erlaubt oder gar als kraft wirklichen Rechtes erfolgend angesehen werden sollte.[370a])

[370a]) An die hervorgehobene Beschränkung hat man bei Abfassung der §§ 228, 904 des BGB. nicht gedacht, während sie im StGB. § 54 aus dem daselbst gebrauchten Worte „Notstand" sich ergibt, wie denn im § 904 der Begriff der Not völlig verflüchtigt ist.

Ich glaube demnach definieren zu sollen:

Notstand ist ein außergewöhnlicher,[370b]) nicht von der Rechtsordnung selbst gewollter Zustand, welcher bewirkt, daß jemand ein körperlich[370c]) ihm zustehendes dringend gefährdetes Gut nur retten kann durch einen sonst unerlaubten verletzenden Eingriff in ein Gut eines anderen.

§ 103. In unseren römischen Rechtsquellen ist die Frage nur zivilrechtlich erörtert. Es ist danach dem Schiffer erlaubt, das Tauwerk eines fremden Schiffes zu kappen, fremde Fischernetze zu zerreißen, wenn sein Schiff mit dem Tauwerk des anderen Schiffes durch die Gewalt des Windes zusammengeknäult [370d]) oder so in fremde Netze geraten ist, daß das Schiff nicht anders von dem fremden getrennt, aus dem Netzwerk nicht anders befreit werden kann. Es ist ferner erlaubt, ein fremdes Gebäude niederzureißen, wenn den Umständen nach anzunehmen ist, daß nur durch solches Niederreißen,[371]) jemand den Brand vom eignen Gebäude abzuwenden vermag. In diesen Fällen wird die Verpflichtung zum Schadensersatze *ex lege Aquilia* abgelehnt. Entsprechend der römischen Auffassung des Dolus,[372]) welche den auf das

---

[370b]) Die Frage, ob auch der Notstand anderer Personen dem eigenen Notstande des Handelnden gleichzustellen sei, bleibt einstweilen vorbehalten.

[370c]) Daher ist nach CCC. Art. 164 (Vgl. dazu *Boehmer* § 2) zur Entschuldigung des Notdiebstahls eine „rechte hungersnot" erforderlich, d. h. besondere Umstände, welche die Annahme rechtfertigen, der Handelnde wurde ohne fremdes Gut zu nehmen, wirklich verhungern.

In den jetzt üblichen theoretischen Definitionen des Notstandes fehlt diese Beschränkung. Vgl. z. B. *Bindings* Hdb. **1** S. 759. Definition Notstand ist die Lage eines Menschen, worin er nur durch eine sonst verbotene Handlung ein gefährdetes Rechtsgut erretten oder die Erfüllung einer Rechtspflicht ermöglichen kann. Ebenso *Tuhr* S. 5. (*Binding* und *Tuhr* rechnen auch die Kollision von Pflichten zum Notstande.) Vgl. auch *Titzes* Definition S. 19. — *Janka* S. 28 und *Moriaud* S. 28 scheinen körperliche (physische) Gefährdung zu fordern, die allerdings bei Gefahr für „Leib oder Leben" (BGB. S. 52) selbstverstandlich ist.

[370d]) L 29 § 3 D 9,2

[371]) L 49 § 1 D 9,2

[372]) Vgl. auch L. 14 pr *D. de praescr. verb.*. 19,5. — Die vielfach (z. B. von *Oetker* S. 73) gemachte Unterscheidung des Falles, daß eine Sache unmittelbar Gefahr droht, und des Falles, daß sie nur die Gefahr vermittelt, ist nicht aufrecht zu erhalten. Wenn bei starkem Sturme ein Nachbarhaus Einsturz droht, geht da die Gefahr von diesem Haus, aus oder wird nur die vom Sturme verursachte Gefahr vermittelt?

Tatsächliche gerichteten Vorsatz noch nicht von dessen rechtlicher Bedeutung trennt,[373]) wird hier der Dolus verneint; ja es wird so angesehen, als liege in Wahrheit eine aus freier Willensbestimmung hervorgehende Handlung nicht vor — *magna vi cogente* — denn ein Vernünftiger wird oder muß so handeln. Wenn nun das römische Recht eigentlich überall zum Tatbestande der strafbaren Handlung Dolus forderte, so war es selbstverständlich, daß, wer in wahrem Notstande handelte, auch strafrechtlich nicht verantwortlich gemacht werden konnte, daher auch erklärlich, daß eine Erörterung dieser Frage in den Quellen nicht zu finden ist. Allerdings aber sind die ausdrücklich entschiedenen Fälle sämtlich solche, in denen eine gemeinsame Gefahr für das beschädigte wie für das gerettete Gut besteht (so *Luden*, Abhandlungen **2** S. 510, 511; Handb. **1** S. 307)[374]) oder in[375]) denen „gerade die zu beschädigende, zu vernichtende Sache selbst es ist, welche die Sache des in Not Geratenen gefährdet" (so *Thibaut*).[376]) Man kann die bezeichneten Quellenstellen daher nicht zur Entscheidung von Fällen verwenden, in denen zur Abwendung einer nur seinem Gute drohenden Gefahr jemand fremdes Gut opfert. Ein Rechtssatz, dem zufolge jemand das nicht gefährdete Gut eines anderen, ohne auch nur schadensersatzpflichtig zu werden, aus dem Grunde soll schädigen, opfern dürfen, weil eine ihm gehörige Sache sonst geschädigt oder vernichtet werden würde, ist ein

---

[373]) Vgl. *Pernice* Labeo **2** (Aufl. 2) S. 377ff.; *Tuhr* 1888 S. 123.

[374]) So auch *Kritz* (Ausgewählte Abhandlungen a. d. Zivilrecht, 1824, S. 79).

[375]) Diese Unterscheidungen werden in der neueren Literatur nicht beachtet oder geradezu verworfen So von *Stammler* (S. 13), *Janka* S. 47 und *Moriaud* (S. 56). *Janka* S. 47 stützt die Meinung, daß es hierauf nicht ankomme, auf den in der L. § 7 *D. de incendio* 47,9 angegebenen Entscheidungsgrund »*quum enim defendendarum mearum aedium causa fecerim, utique dolo careo*« Es kommt danach, meint *Janka*, nur darauf an, daß jemand das Seinige habe schützen wollen. *v. Tuhr* S 121 glaubt mit Rücksicht auf die Worte »*qui se tueri voluit, cum alias non posset*«, die ebenfalls in der zitierten L. 3 § 7 vorkommen, diese Meinung für das römische Recht annehmen zu müssen, macht aber den römischen Juristen den Vorwurf, sie hätten den Begriff des Notstandes sehr wenig prazis gefaßt und gar nicht unterschieden, ob in das Recht eines Unbeteiligten eingegriffen werde oder nicht.

[376]) Archiv für die zivilist. Praxis **8** S. 140.

Die in den zitierten Stellen unterschiedenen Fälle lassen sich, wie wohl einer weiteren Ausfuhrung nicht bedarf, in der einen oder der anderen Weise konstruieren. Auch das bei dem Brande niedergerissene Haus bedrohte das Nachbarhaus

so exorbitanter, irrationeller Rechtssatz, daß wir ihn den Römern sicher nicht zutrauen dürfen.[377])

Es ist aber auch nicht zutreffend die von *Stammler* ausdrücklich und, wie es scheint, von *Moriaud* stillschweigend gemachte Beschränkung oder Voraussetzung, daß es sich um Rettung eines höheren oder gleichwertigen Gegenstandes handeln müsse. Würde gesagt, es müsse die gerettete Sache einen ganz bedeutend höheren Wert haben als die aufgeopferte fremde (vgl. BGB. § 904), so ließe der Satz sich allenfalls halten. Davon finden wir aber in den Quellen kein Wort, und doch konnten die römischen Juristen, wenn solche Voraussetzung gemacht wurde, sie nicht mit Stillschweigen übergehen.

Ein solcher Rechtssatz wird endlich auch nicht dadurch begreiflich, daß, wie *Tuhr* (vgl. besonders S. 133) annimmt, und was hier dahingestellt bleiben kann, die Schadensersatzpflicht den Römern ursprünglich nur als Folge eines Deliktes erschienen ist, welches letztere hier in unserem Falle verneint werde. In Fällen der letzteren Art würde, wenn von dem in seinem Gute Bedrohten nichts unternommen würde, der andere sein Gut unversehrt behalten, in Fällen der ersteren Art aber würde aller Wahrscheinlichkeit nach sowohl das Gut des einen wie das des anderen untergehen. Hier wäre Untätigkeit zuweilen Wahnsinn,[378]) jedenfalls irrationell, und die Verpflichtung zum Schadensersatz müßte gerade die Untätigkeit provozieren, wenn nicht, was in jenen Fällen der Pandekten nicht zutrifft, das Gut des einen im Verhältnisse zum Gute des anderen als völlig unbedeutend erscheint. Wenn daher *Luden* (Abhandlungen **2** S. 512 Anm.) Notstandshandlungen ohne Ersatzpflicht und andernfalls Notstandhandlungen belastet mit Ersatzpflicht unterscheidet, so ist das durchaus richtig.[378a]) Natürlich aber kann

[377]) *Moriaud* S. 66 beruft sich für diesen Rechtssatz auf *Thibaut's* Ausführung. Aber *Th.* verwahrt sich gerade dagegen, solchen Rechtssatz in seinem Pandekten-Lehrbuch aufgestellt zu haben; er nimmt an, daß nach den bezeichneten Stellen die zerstörte Sache selbst die andere bedroht.

[378]) *Pernice* Labeo S. 69 und ebenso *Titze* unterscheiden diese beiden Arten von Notstandsfällen nicht und kommen daher zu der Folgerung, daß ohne Unterschied im römischen Rechte Nothandlungen zur Erhaltung der eigenen Sache zwar mit Strafe verschont werden, aber rechtswidrig bleiben Das letztere kann nur auf Handlungen der zweiten Art passen.

[378a]) In Beziehung auf den bei Sachen obwaltenden Notstand hat diese Unterscheidung auch schon *Thibaut* a. a. O. S. 140 hervorgehoben.

in Ansehung dessen, was reell nicht geschehen ist, nur die Wahrscheinlichkeit entscheiden. Es könnte ja sein, daß die mit dem Tauwerk zusammengeratenen Schiffe durch einen besonderen Zufall ohne irgendwelchen Schaden wieder voneinander kämen; es kann sein, daß die rasende Feuersbrunst ebenfalls in völlig unvorhergesehener Weise wieder gelöscht wird, ohne daß die betreffenden Gebäude Schaden leiden. Aber darauf kann es nicht ankommen. Ob rationell gehandelt ist, darüber entscheidet nicht der Erfolg — denn dieser kann zuweilen auch mit der Torheit und Dummheit sein —, sondern die Wahrscheinlichkeit, und deshalb ist auch die von *Ulpian* gebilligte Ansicht des *Celsus* die richtige, welche die Verpflichtung zum Schadensersatz verneint, auch wenn das zur Abwendung der Gefahr niedergerissene Gebäude, wie sich später ergibt, gar nicht vom Feuer ergriffen sein würde, weil wider Erwarten das Feuer früher gelöscht wurde.[378b])

Den Fall, daß jemand zur Wahrung eigenen Gutes oder selbst Lebens das nicht gefährdete Gut oder Leben eines anderen verletzt oder vernichtet, finden wir in den römischen Quellen nicht erwähnt. Auch die L. 1 *D. de bonis eorum* 48, 21, in der *Janka* (S. 48) die Anerkennung eines allgemeinen, unbedingten Notstandsprivilegs zur Rettung des Lebens findet, enthält davon nichts. Sie sagt nur, daß, wenn jemand seinen Ankläger bestochen habe, ihm dies nicht nachteilig sein solle, falls es sich um eine Verurtellung zum Tode handle; es soll also darin weder ein Beweis der Schuld erblickt werden, noch soll eine Bestrafung wegen Bestechung eintreten, weil es verzeihlich sei, sein Leben in jeder möglichen Weise (*qualiter-qualiter*) loskaufen zu wollen. Dieser bloßen Motivierung einer Entschuldigung in einem besonders gearteten Falle einen schwerwiegenden Rechtssatz zu entnehmen, wird nicht zulässig sein, zumal die Römer in der Motivierung ihrer Entscheidungen nicht immer sorgfältig sich erweisen. Es kamen wohl — man denke an die Majestätsprozesse unter schlechten Kaisern — viele ungegründete Anklagen vor, die gleichwohl mit Todesurteil endigten; da mußte es verzeihlich erscheinen, das Mittel

---

378b) L. 19 § 1 D. 9,2.

der Bestechung zu wählen. Der Fall einer Schädigung anderer Personen liegt dem Gedankenkreise, in dem diese Stelle sich bewegt, fern.

Eher darf man die bereits oben S. 209 besprochene L 2 C. 9, 16 heranziehen. Sie kann aber höchstens für den Fall eines Zusammentreffens von Notwehr und Notstand beweisen, ein Fall, in welchem bei ungenauer Betrachtung der Notstand in Notwehr aufzugehen scheint. Das aber wird nicht geleugnet werden können, daß nach den römischen Quellen nicht ein vollständiges Notstands r e c h t angenommen wird, in dem Sinne, daß der unter der Rettungshandlung eines Anderen Leidende verpflichtet gewesen wäre, sich diese Schädigung gefallen zu lassen. Es wird vielmehr nur Delikt und Schadenersatzpflicht des im Notstande Handelnden verneint.

§ 104. Während es aber andererseits eine natürliche selbstverständliche Erwägung ist, daß Gesetze, deren Überschreitung eine wirkliche Verletzung von Rechten gar nicht enthält, in außerordentlichen Fällen nicht oder nicht genau beobachtet zu werden brauchen, z. B. das Gesetz der Sonntagsheiligung,[379]) das Gebot des Fastens an gewissen Tagen (nach kirchlichem Recht), eine Berücksichtigung der Not, von welcher allein die auf den Notstand sich beziehenden Stellen des kanonischen Rechts des *Decretum Gratiani* (*Dist.* 1 c. 11 *de consecratione* und c. 4 X *de R. J.* 5, 41) mit den Worten reden: *»necessitas legem non habet«* und *»quod non est licitum in lege, necessitas facit licitum«*, war es allerdings eine erhebliche Neuerung, wenn das kanonische Recht den in der Not begangenen Diebstahl an Eßwaren sowie an Kleidungsstücken als eine nur wenig ins Gewicht fallende Sünde behandelte,[380]) die Glosse aber in einer

[379]) So befreit auch nach älterem deutschen Rechte echte Not von der Verpflichtung, vor Gericht zu erscheinen.

[379a]) c. 3 X *de furtis* 5,18 *»Si quis propter necessitatem famis aut nuditatis furatus fuerit, cibaria, vestem vel pecus, poeniteat hebdomadas tres et si rediderit non cogatur jejunare«.*

[380]) *Decr. Grat. De consecratione Dist. V c. 26. »Discipulos quum per segetes transeundo vellerent spicas et ederent ipisus Christi vox innocentes vocat, quia coacti fame hoc facerent.«* „Diese Stelle konnte aber gar nicht für die Rechtfertigung des Notdiebstahls herangezogen werden, da nach den Evangelien (Ev. Matth. 12 V. 1—6 Marc. 23, V. 23—28, Luc. 6 V. 1—5) die Handlungsweise der Jünger Christi von den Pharisaern nicht als Eigentumsverletzung, vielmehr als Verletzung der Heilighaltung des Sabbats angegriffen und in d i e s e r Beziehung von Christus verteidigt wurde. Solches Ausraufen und Verzehren von Ähren war an anderen Tagen als am

anderen Stelle des kanonischen Rechts,[381]) freilich mißverständlich, die Anerkennung völliger Erlaubtheit des Notdiebstahls von Eßwaren zu entdecken glaubte, und damit den Anlaß gab zu den späteren Schwankungen und Zweifeln der Theorie darüber, ob solcher Notdiebstahl nur milder zu strafen oder gänzlich als straflos zu betrachten sei. Freilich wenn die Moral des Christentums es als Pflicht bezeichnete, von dem Überflusse den Darbenden zu geben und hyperbolisch mit den Worten des heiligen Ambrosius dem Reichen vorwarf, daß er das Brot der Hungernden, die Kleider und das Geld der Armen aufspeichere,[381]) so lag es nahe, auch rechtlich den Notdiebstahl als erlaubt zu betrachten und als Grund dieser Erlaubtheit letztlich die im idealen Sinne für alle Menschen vorhandene Gemeinschaft der Güter anzusehen.[382])

Es ist daher nicht zutreffend, wenn *Janka* S. 5 ausführt, es sei durch Verlassen des römischen Rechts dem Rechte des Notstandes durch die dürftigen Bestimmungen des kanonischen Rechts beinahe jede Grundlage entzogen In Wahrheit hat vielmehr das kanonische Recht den Fällen des römischen Notstandes einen Fall auf neuer Grundlage hinzugefügt.

§ 105. Die spätere Doktrin[383]) hat sich durch diese Begründung irreführen lassen, zumal in den römischen Quellen

Sabbat nach 5. Mos. 23 V. 24, 25 jedenfalls erlaubt. So treffend *Moriaud* S. 102, wahrend *Stammler* (S. 20), *Janka* S. 49 und andere die Stelle noch als Rechtfertigung des Notdiebstahls deuten. *Hinschius* Kirchenrecht, 5 S. 941, sagt mit Recht, daß die kanonische Quellen den Notstand nur als Grund milderer Bestrafung behandeln. Doch ist schon die Glosse zu cap. 3 der Ansicht, daß die Stelle nur einen mäßigen, nicht einen dringenden (wahren) Notstand voraussetze, in welchem letzteren vollige Entschuldigung eintrete.

[381]) *Decr. Grat. Dist.* 47 c. 8 § 4.

[382]) In den älteren deutschen Rechtsquellen wird dem Reisenden gestattet, im Notfalle für sein Pferd Getreide zur augenblicklichen Fütterung abzuschneiden und Holz zur Reparatur seines schadhaft gewordenen Wagens zu nehmen, oder auch, wenn der Weg ungangbar war, selbst unter Verletzung von Einfriedigungen über Grundstücke zu fahren Vgl. z. B. Lex Visig VIII, 2,2 und VIII, 4,24. *Ed. Rothari* c. 305 und andere Stellen bei *Stammler* S. 22 ff. Der schlechte Zustand der Wege, die Schwierigkeit, unterwegs ein Unterkommen zu finden oder das Nötige zu kaufen, erklaren die anscheinende Laxheit solcher Bestimmungen, die zugleich nur geringfugige Eingriffe in fremdes Eigentum betreffen und daher auf die allgemeine Lehre vom Notstande kaum von Einfluß gewesen sind. Sie sind aber Ausfluß eines gesunden Rechtsbewußtseins, und man könnte sich wohl noch auf sie berufen, wenn es sich um geringfügige Polizeiübertretungen und ähnliche geringe Eigentumsverletzungen handelte.

[383]) In der italienischen Doktrin des Mittelalters und der Renaissance ist vom Notstande kaum die Rede. Nur der Diebstahl in Hungersnot wird gelegentlich er-

sich der Satz fand, daß Armut nicht Entschuldigungsgrund für das Betreiben eines schimpflichen Gewerbes sei, ein Satz, der in dem Zusammenhange der Stelle [384]) nicht auf das Strafrecht, vielmehr auf die Frage der Zulässigkeit einer Ehe zu beziehen ist. Der Doktrin ist daher lange Zeit der Diebstahl im Notstande der einzige sicher zu berücksichtigende Fall des Notstandes gewesen, und dabei schwankt sie, veranlaßt durch den unklaren Ausspruch des c. 3 X *de furtis* zwischen der allgemeinen Anerkennung völliger Straflosigkeit des Notdiebstahls und Unterscheidungen, je nachdem der Diebstahl nur auf Eßbares oder auch auf Kleider sich bezieht, je nachdem er groß oder klein ist, je nachdem der Wert des Genommenen restituiert wird oder nicht.

Bemerkenswert ist aber, daß in der italienischen Doktrin auch der kompulsive Zwang durch gefährliche Drohungen äußersten Falles als Entschuldigung angesehen wird, meist freilich nur als Strafmilderungsgrund. Die Erörterung schließt sich hier der Erörterung über die Frage der verbindenden Kraft eines Mordbefehls an. Der verbrecherische Befehl eines »*Princeps*« oder einer mächtigen Person ist zwar nicht bindend; aber wenn der *Princeps* daran gefährliche Drohungen knüpft, und wenn man weiß, daß er diese wahr zu machen pflegt, so soll der Gehorchende straflos sein. Die in Italien so vielfach im späteren Mittelalter und in der Zeit der Renaissance vorkommende Tyrannenwirtschaft gab den Anlaß, diesen besonderen Fall anzuerkennen; aber regelmäßig wurde er nur mit der Frage in Verbindung gebracht, ob hier von einem freien Willen die Rede sein könne. Der Fall erscheint daher nicht als Fall des Notstandes,[385]) obschon er es nach unserer Auffassung ist.

Daß man mit dieser dürftigen Theorie aber praktisch lange Zeit ausreichen konnte, erklärt sich wohl so. Die Fälle einer

---

wähnt. (Vgl. *Bonifacius de Vitalinis*, wo *Rubr. de poenis* n. 18 und *Rubr. de furibus, latronibus* n. 29 und später der Fall des kompulsiven Zwanges erortert wird.) So auch italienische Statuten. Vgl. *Kohler*, Strafr. d. italien. Stat. S. 216. — Bemerkenswert ist, daß *Clarus* § Furtum n. 24 die Ersatzpflicht für das in Hungersnot Genommene verneint: »*Cum factum fuerit jure permittente, non est ulterius de resititutione tractandum*«.

[384]) L. 43 § 5 D. 23,2

[385]) *Clarus* § *fin. qu.* 69 n. 14 *Menochius cas.* 354; *Farinacius qu.* 97 n. 12 n. 24.

hereinbrechenden Katastrophe, in denen jeder sich zu retten sucht, auch auf Kosten anderer, entziehen sich meist der Nachprüfung der Strafjustiz, schon weil der Beweis bei dem dann vorhandenen Zustande der Verwirrung leicht versagt, und dabei ist es auch zu natürlich, daß niemand auf andere Rücksicht zu nehmen verpflichtet ist. Wer nach solchen Ereignissen Klage erheben wollte, zumal als Privatmann, würde bei naiver Rechtsauffassung der Urteiler schwerlich Zustimmung gefunden haben, und selbst wer von Amts wegen eine Untersuchung führte, konnte sich dieser naiven Rechtsauffassung nicht entziehen.

Der hauptsächlich praktische Fall, daß jemand bei Gelegenheit eines gegen ihn gemachten Angriffs einen Dritten verletzt, war, wie oben erwähnt ist, durch eine freilich juristisch unhaltbare, aber allgemein angenommene Ausdehnung der Befugnisse der Notwehr gedeckt.

Die Beschädigung und Vernichtung von Sachen im Notstande endlich kam kaum anders als zivilrechtlich[386]) in Betracht, und hier enthielten die römischen Quellen ja ziemlich weitgehende Bestimmungen.

Es ist daher erklärlich, daß auch die Bambergensis und die mit dieser übereinstimmende Carolina (166) nur den Diebstahl „durch recht hungersnot" behandelt und dabei im wesentlichen auf den Rat der Rechtsverständigen verweist, auch in Ansehung der Frage, ob in Anbetracht der Größe und Kundlichkeit des Diebstahls der Diebstahl straflos zu lassen oder nur milder zu strafen sei. Nur wird ausdrücklich gesagt, daß der eigenen Not die Not von Weib und Kindern des Nehmenden gleichstehe. Des Falles, daß jemand zur Begehung eines Verbrechens durch schwere Drohungen gezwungen wird, gedenkt die CCC. nicht. In Deutschland war dazu zur Zeit der Carolina auch wohl weniger Bedürfnis, und was die Straflosigkeit des Notdiebstahls betrifft, so wird diese von *Berlich* und *Carpzov* keineswegs zur Aufstellung einer allgemeinen, auf alle strafbaren Handlungen sich beziehende Theorie des Notstandes benutzt. Es wird sogar die Meinung vertreten, der Notdiebstahl

---

[386]) Auch wir würden jetzt besonderer Bestimmungen über den Notstand weniger bedürfen, wenn das Strafgesetz über Sachbeschädigung bei uns etwas anders lautete. Vgl. unten S. 240.

sei nur deshalb straffrei, weil hier dem Nehmenden der *Animus lucri faciendi* fehle,[387]) so daß *Matthaeus* (Tit. *de furtis* c. 1 n. 7) sich veranlaßt fand, diese Meinung zu widerlegen, indem er zugleich unter Berufung auf *Cicero* den allgemeinen Satz, daß jemand, um sich vor Schaden zu bewahren, Verbrechen begehen dürfe, als Irrtum bezeichnet. Werde Notdiebstahl überhaupt als straffrei anerkannt, so sei das Verbrechen doch begangen; nur die Strafe werde erlassen: »*inter crimen et poenam distinguendum arbitror*«, meint *Matthaeus*; ja er geht soweit, die Straflosigkeit des Notdiebstahls prinzipiell überhaupt zu leugnen, und im Falle einer Not nur der Obrigkeit das Recht beizulegen, von einzelnen, welche Vorräte haben, die Herausgabe zu verlangen und die Verteilung vorzunehmen. In der Tat ist nicht zu leugnen, daß die Entschuldigung kraft Berufung auf Not gerade bei Eigentumsverbrechen besonders gefährlich ist.[387a])

§ 106. Indes paßte die Straflosigkeit des Diebstahls besonders gut in die von *Hugo Grotius* [388]) aufgestellte naturrecht liche Theorie. Die Not führt zeitweilig wieder auf den naturrechtlichen Zustand zurück, und in diesem besteht kein Privateigentum, vielmehr Gemeinschaft der Güter. Daß aber *Grotius* bei diesem Falle stehen bleibt, erklärt sich daraus, daß es ihm nur darum zu tun war, für das Völkerrecht die Benutzung von Sachen, Orten, Flüssen zu bestimmen. *Pufendorf*,[389]) der sich eine weitere Aufgabe stellt, nimmt daher eine umfassendere Grundlage: der natürliche Trieb der Selbsterhaltung müsse als Rechtfertigungsgrund bei allen Strafgesetzen als vorbehalten gelten; wenn es sich daher um das Leben handle, so könne selbst das Leben eines anderen dafür geopfert werden, und hier wird denn von *Pufendorf* das bereits im Altertum aufgestellte, [390]) nachher fast ständig werdende Beispiel benutzt,

[387]) So spater noch *Kress* zu Art. 166 CCC. § 1 n. 4.

[387a]) Im übrigen erörtert *Matthaeus* Proleg. c. 1 n. 13 nur den Fall eines mit schweren Drohungen verbundenen Befehls zur Begehung von Verbrechen, kommt aber hier eigentlich nur zu dem moralischen Ergebnisse, daß der *Vir bonus* den eigenen Tod dem Verbrechen vorziehen werde.

[388]) *De jure belli ac pacis* II c. 2 §§ 8 I, 9.

[389]) *De jure naturae et gentium* II c. b. »*De favore necessitatis.*«

[390]) *Cicero de off.* III c. 23. *Cicero* entscheidet freilich anders: es soll der den Vorzug haben (am Leben bleiben), dessen Leben den größeren Wert hat, besonders für den Staat, bei gleichem Werte aber doch kein Kampf stattfinden, sondern

daß bei einem Schiffbruch zwei Personen zu ihrer Rettung eine Planke erfassen, die aber nur eine Person zu tragen vermag: nach *Pufendorf* kann jeder auf Kosten des anderen sich retten, den anderen also in die Wellen hinabstoßen. Noch mehr muß selbstverständlich der Notdiebstahl, das Eingreifen in eines anderen Eigentum zur Rettung des Lebens anerkannt werden, und trägt der Nehmende an der Not keine Schuld, so wird sogar der Eigentümer für verpflichtet erklärt, den Eingriff in sein Eigentum zu dulden (§ 6). Aber auch zur Rettung von Sachen (§ 8) erkennt *Pufendorf* nach den Grundsätzen des Naturrechts den Notstand an; dieser berechtigt uns — jedoch nur, wenn er unverschuldet ist (»*cum hac tamen restrictione, ut citra nostram culpam illud periculum exstiterit*« (§ 8) — das Eigentum anderer zu vernichten oder in dasselbe einzudringen; nur dürfen wir um einer uns gehörenden Sache von geringem Werte willen nicht eine fremde, von höherem Werte vernichten und müssen Ersatz leisten, bei gemeinsamer Gefahr aber teilweise den Schaden tragen.

Grotius und *Pufendorf* hatten für gewisse Fälle zuerst ein wirkliches Notrecht aufgestellt, ersterer es ableitend aus der ursprünglichen Gemeinschaft der Güter, letzterer es ableitend aus dem Selbsterhaltungstriebe. Während aber *Pufendorf* diesen Trieb nur als unwiderstehlich und daher als entschuldigend behandelt, erheben *Thomasius* [391]) und sodann *Chr. Wolff* [391a]) diesen Trieb zur ersten und heiligsten Pflicht des Menschen: »*Si par malum imminet, nobis potius quam aliis consulere debemus*«.[392]) So wird denn allerdings zuweilen unter eigentümlichen Unterscheidungen Gewalttat jeder Art für gerechtfertigt erklärt, indes doch nur, sofern es sich um Erhaltung des Lebens

---

gleichsam durch das Los die Entscheidung getroffen werden (»*quasi sorte aut micando victus alteri cedat alter.*« Wie das in solchen der schnellsten Entscheidung bedürfenden Fallen zu machen sei, und wie dabei jene Erwagungen angestellt werden können, sagt *Cicero* freilich nicht.

[391]) Beruht die Lebensgefahr auf einer nicht durch Menschen (absichtlich) herbeigefuhrten Notlage, also auf gottlicher Fugung, so ist man, um sein Leben zu retten, von jedem Strafgesetze eximiert. Anders wenn man durch Drohungen gezwungen wird, sich an der Begehung eines Verbrechens zu beteiligen. *Institutiones juris divini* II, c. 2 §§ 123—172; *Fundamenta juris naturalis* II, c. 2 §§ 18,19. Vgl. *Moriaud* S. 136.

[391a]) *Jus naturae* IV. §§ 561ff.

[392]) A. a. O. § 574.

handelt, während von der Rettung von Sachen keine Rede ist,[393]) oder z. B. mit der Beschränkung, daß es sich nicht um den von anderen ausgehenden Zwang zur Begehung von Verbrechen handeln dürfe, bei *Wolff* mit der Beschränkung, daß ein anderes Leben für das eigene nicht geopfert werden dürfe, und diejenigen, welche wie *Boehmer*, Med. in CCC. 166 sich an das positive Recht halten, bestreben sich, angeregt durch die weiter gehenden Ausführungen der Philosophen, diesen Artikel in einem der Berücksichtigung des Notstandes günstigeren Sinne auszulegen, als dies insbesondere von *Carpzov* geschehen war.

Kant,[394]) dessen Lehre vom Notstande eine so große Berühmtheit erlangt hat, konnte folgerichtig ein wirkliches Notrecht nicht erkennen. Nach seiner Auffassung gibt es keinen Zustand, in welchem es jemand gestattet sein könnte, das Recht eines anderen zu verletzen, außer zur Abwehr des von diesem ausgehenden Unrechts. Das Notrecht würde gegen sich das Recht des Angegriffenen haben; beide können also nebeneinander nicht bestehen. Dennoch wird *Kant* durch die nicht zu leugnende reale Existenz eines Notstandes dazu gedrängt, demselben rechtliche Wirksamkeit zuzuerkennen. Die Vereinigung findet er durch einen kühnen Sprung von der sonst von ihm vertretenen Strafrechtstheorie der absoluten Vergeltung zur psychologischen Zwangstheorie. Auf den in höchster Lebensgefahr Befindlichen kann das Strafgesetz mit seiner Drohung nicht abschreckend einwirken; er ist deshalb straffrei, wenngleich nicht schuldlos. *Feuerbach* (Lehrb. § 91) verneinte hier, im Anschluß an *Kant*, konsequent die Zurechnung,[395]) wenn die Tat bei gegenwärtiger dringender Gefahr für das Leben oder ein anderes unersetzliches Gut begangen wurde, indem er

---

[393]) Statt der im Altertum im typischen Beispiel angeführten Planke, spielt bei *Wolff* der Rettungs k a h n diese Rolle. Wer zuerst in diesem Kahn sich befindet, darf, wenn der Kahn nicht alle Gefährdeten trägt, die später Kommenden hinauswerfen; letztere aber sollen dieses Recht nicht haben (§ 588). Dann soll aber auch der Eigentümer des Kahns bestimmen dürfen, wer hinausgeworfen werden soll (§ 590)! In der Not darf man gewaltsam Nahrungsmittel zum Verzehren nehmen, ist aber zum Ersatz verpflichtet. §§ 595, 606.

[394]) Metaphysische Anfangsgründe der Rechtslehre 1797. (Ausg. v. 1798 S. XLI, Werke herausgegeben von *Rosenkranz* und *Schubert* Bd. 9, S. 37).

[395]) Ebenso z. B. *Bauer* Lehrb. § 129 (früher 121). *Martin* Lehrb. § 40 (Vgl. *Janka* S. 98.)

ausdrücklich die kompulsive Gewalt einem Unglücksfalle gleichstellte.

Die Rechtfertigung der im Notstande begangenen Handlung durch die Annahme des Ausschlusses der Zurechnung wird darauf unter dem Einflusse *Feuerbachs* eine Zeit lang zur überwiegend angenommenen Theorie, bei denjenigen, welche die Freiheit des menschlichen Willens annahmen, sich verwandelnd in eine Konzession an die menschliche Schwäche: der im Notstande das Recht Verletzende handelt zwar frei; aber der Gesetzgeber kann von ihm nicht zu viel, nicht Selbstaufopferung verlangen,[396]) eine Theorie, die wir übrigens in ihrem Kerne bis auf *Filangieri* (*Scienza della legislazione* III c. 37) zurück verfolgen können.[397]) Ganz verschieden, aber in Wahrheit der Konsequenz der *Kant*schen Rechtstheorie völlig entsprechend, ist *Fichtes* [398]) Lösung der Notstandsfrage. Wenn — im Falle der Not — die Bedingungen der Möglichkeit gleichzeitiger Existenz freier Wesen aufhören, so fällt auch die Frage nach dem Rechte fort, welches gerade diese Möglichkeit zur Voraussetzung hat. Dann „hat die Natur die Berechtigung für b e i d e zu leben zurückgenommen, und die Entscheidung fällt der physischen Stärke und Willkür anheim". Es hat dieser Lösung zwar nicht an Zustimmung gefehlt; so wurde sie von *Grolmann* [399])

---

[396]) Vgl. *Kleinschrod* 1 §§ 156ff, ferner z. B. *Jarcke* 1 S. 181—183; *Rossi* 2 ch. 23. — Die nahe Verwandtschaft dieser Auffassung mit derjenigen, welche die Zurechnungsfähigkeit (Freiheit) des im Notstande Befindlichen leugnet, zeigt die von *Geyer* (*Holtzendorffs* Rechtslexikon 3. Aufl. 3 S. 902: „Notstand".) gegebene Begründung der Straffreiheit der Notstandshandlung. Es soll ankommen auf die Gemütslage, in welche jemand durch die Gefahr versetzt werde, eine Begründung, die zu dem irrigen Ergebnisse führen könnte, es müsse Jemand, um im Notstande Anspruch auf Straffreiheit zu haben, etwa in einem Zustande der Verwirrung handeln. Gegen die aus jener Begründung folgenden Konsequenzen (vgl. *Geyer*, Erörterungen über den allgemeinen Tatbestand des Verbrechens S. 115, 116), vgl. *Janka* S. 109ff. Sie fordert von dem Richter eine schwer mögliche Feststellung des Seelenzustandes des Individuums. — In eine Pflichtenkollision (Pflicht der Selbsterhaltung und Pflicht der Achtung vor dem Rechte anderer) ist die Notstandslehre aufgelöst von *Temme* (Lehrb. des preußischen Strafrechts S. 205. S. 220. Lehrbuch des deutschen Strafrechts 1876. S. 86.) Die Widerlegung siehe bei *Janka* S. 137ff

[397]) Die Ansicht, daß höchste Not den Vorsatz ausschließe, — eine Ansicht die nach der römischen Auffassung des Dolus zwar berechtigt, nach der modernen Auffassung des Dolus falsch ist — findet sich aber auch, z. B. bei *Quistorp* 2 § 374.

[398]) Grundlagen des Naturrechts 1 S. 85ff. (Werke 3 S. 251ff.)

[399]) Lehrb. §§ 23, 138.

und *Heffter*,[400]) anfangs auch von *Wächter*[401]) angenommen. Aber die Widersprechenden waren zahlreicher. Es erschien als unzulässige Vorstellung, daß es einen Zustand geben solle, in welchem das Recht seiner Herrschaft völlig entsagen müßte, und als direkte Widerlegung konnte angesehen werden, daß tatsächlich das Recht in gewissen Fällen gewisse Personen, z. B. Soldaten, verpflichtet, im Notfalle selbst das eigene Leben zu opfern.

§ 107. Dagegen hat *Hegels* Konstruktion großen Einfluß auf die deutsche Doktrin ausgeübt. Der von *Hegel* aufgestellte Satz,[402]) daß „das Leben als Gesamtheit der Zwecke (des Individuums) ein Recht habe, sich gegen das beschränkte (abstrakte, einzelne) Recht zu behaupten", wurde z. B. einfach akzeptiert von *Abegg* (Lehrb. §§ 107, 108), von *Köstlin* (System **1**, 112) und von *Wessely* (S. 18). Zugleich aber gab *Hegel* anderen den Anstoß, in umfassender Weise auf *Pufendorfs* Lehre zurückzugreifen,[403]) der zufolge das minderwertige Gut dem höher zu wertenden zu weichen hat, während allerdings für die Fälle, wo Leben mit Leben — also ein gleichwertiges Recht mit einem gleichwertigen — in Kollision gerät, die Erhaltung des eigenen Lebens auf Kosten des fremden noch in der früheren Weise unter verschiedenen untergeordneten Modifikationen gerechtfertigt werden mußte,[404]) sei es, daß man Selbstaufopferung als eine für das Recht zu weitgehende Anforderung bezeichnete, sei es, daß man, wie *Janka* den allgemeinen Naturtrieb, das allgemeine Naturgesetz der Selbsterhaltung[404a]) heranzog, dem das Gesetz die Berücksichtigung nicht versagen könne, sei es, daß man, wie *Binding* (Hdb. **1** S. 765), ausführte, eine zu rigorose An-

[400]) Lehrb. § 40.

[401]) Lehrb. 1 § 55, 56. Vgl. dagegen Vorlesungen S. 139.

[402]) Grundlinien der Philosophie des Rechts § 127.

[403]) So *Hälschner*, *Berner*, *Stammler*, *Janka*, *Moriaud*.

[404]) Die Zurückführung des einen dieser beiden Sätze auf den anderen, welche *Stammler* S. 76 versucht hat, kann kaum als gelungen betrachtet werden. *Stammler* meint, bei (scheinbar) gleichwertigen Gütern zeige die tatsächliche Erhaltung des einen auf Kosten des anderen, daß letzteres doch das schwächere, also das weniger wertvolle gewesen sei. Aber konnte nicht ein mehrfach bestrafter, aber körperlich kräftiger Verbrecher, vielleicht gar ein Verbrecher mit geistigem Defekt sein Leben auf Kosten des Lebens eines genialen, aber körperlich schwächeren Künstlers retten? Da ist die *Fichte*sche Theorie wohl richtiger und natürlicher.

[404a]) *Janka* S. 198 rechnet dabei zur Selbsterhaltung auch die Erhaltung wesentlicher körperlicher Integrität, die Abwendung dauernden Verlustes der Freiheit, die Erhaltung geschlechtlicher Integrität.

wendung des Gesetzes entspreche nicht dem Interesse der Rechtsordnung selbst. Die Rangordnung der Rechtsgüter wird dabei oft mehr nach den konkreten Verhältnissen bestimmt. In einem Falle, so wird bemerkt, habe dieselbe Sache für den in Not Befindlichen einen höheren Wert als in dem anderen; gegenüber der Vernichtung einer wertvollen Sache könne eine kleine vorübergehende Störung körperlicher Integrität, eine Schramme z. B. nicht in Betracht kommen, und *Janka* (S. 206), in dem richtigen Gefühle, daß man dem in seinem Gute Bedrohten doch leicht eine zu weit gehende Befugnis geben könnte, deshalb fremdes Gut anzugreifen, zu zerstören, verlangt, daß der Wert des aufzuopfernden fremden Gutes unverhältnismäßig niedriger sein müsse, als der Wert des eigenen damit zu rettenden Gutes. Mehr und mehr überwiegt auch die Ansicht, daß eine auf Drohungen (*Vis compulsiva*) erfolgende Handlung nichts anderes sei, als Handlung im Notstande. Wer durch einen Zufall in die Lage versetzt wird, sagt *Janka* (S. 209), entweder sein Gut zu verlieren oder das Gesetz zu verletzen, befindet sich ganz in der gleichen Lage mit dem, der durch fremden Willen, durch Bedrohung eines anderen vor dieselbe Alternative gestellt wird: „Der Unterschied liegt nur in dem Anlaß der Gefahr.“[402]) Die für die abweichende Ansicht vorgebrachten Gründe konnten in der Tat nicht stichhaltig erscheinen. Es ist richtig, daß auch der durch schwere Drohung Bewogene streng genommen nicht ohne Willen handelt, daß der Satz des *Paulus* »*Coactus voluit*« (L. 21 § 5 D. 4, 2) immer zu gelten hat, daß die Drohung auch nur ein Motiv für den Willen des Handelnden ist. Aber die Straffreiheit der Nothandlung wird nicht mehr auf den Mangel der Zurechnung zurückgeführt; vielmehr entweder auf eine nicht zu umgehende Rücksicht des Gesetzes auf den Erhaltungstrieb und die durchschnittlich nur vorhandene Kraft psychischen Widerstandes gegen drohende Übel[403]), oder aber auf die dem Gemeinwohl entsprechende verschiedene Bewertung der in Frage stehenden Güter. *Marquardsen* und noch mehr *Geib* legen darauf Gewicht,

[402]) Vgl. dafür schon *Grolmann* § 41; *Heffter* § 40 sodann; *Hälschner* Syst. des preußischen Strafr. 1 S. 277; *H. Meyer* § 40 3.; c. *Liszt* § 344. A. M. wohl nur *Köstlin* (N. Rev. S. 599 Syst S. 160); *Levita* (S. 14); *Marquardsen* (Arch. d. Cr. 1857 S. 400) und *Geib* 2 S. 222.

[403]) *Glaser*, Abhandlungen a. d. österreichischen Strafr. 1 S. 114.

daß der Notstand, nicht aber die Drohung noch eine gewisse Freiheit der Wahl darüber lasse, in welcher Weise der Gefahr zu entgehen sei. Indes auch bei einem nicht durch Drohungen veranlaßten Notstande wird meistens der ergriffene Ausweg dem im Notstande Handelnden als der einzig offen stehende erscheinen.

§ 108. Wenn aber in der einen oder anderen Weise anerkannt wurde, daß das mindere fremde Rechtsgut dem höherwertigen eigenen geopfert werden dürfe, ohne daß die Nothandlung als solche in das Gebiet des Strafrechts falle, so war außerdem die wichtige Frage, zu beantworten, ob dem solchergestalt im Notstande Handelnden daneben ein wirkliches Notrecht zustehe, welches ihm auch die Befugnis gewähren muß, etwaigen Widerstand gegen die Notstandshandlung erforderlichen Falles gewaltsam zu brechen, und welches andererseits Notwehr gegen solche Gewaltsanwendung ausschließt. Während *Hälschner*, *H. Meyer*, *Binding*, *Olshausen* die Notstandsbefugnis im ersteren Sinne beschränken,[404]) vertrat schon *Berner* (*De impunitate* S. 11) ein wirkliches Notrecht, behauptete dasselbe aber nur, sofern bei Lebensgefahr fremdes Eigentum zu verletzen nötig war. Ihm schlossen sich an *Wessely* S. 50 und *Wächter*.[405]) Die prinzipielle Ansicht der letztgenannten Autoren, ebenso wie diejenige *Geyers*[406]) war allerdings, daß die Notstandshandlung nur entschuldigt werde. Nur wo Leben oder schwere Leibesschädigung gegen Eigentumsverletzung steht, soll ein wirkliches Recht anerkannt werden, da Leib und Leben dem Eigentum gegenüber unzweifelhaft Güter von höherem Werte seien. *Janka*[407]) und *Stammler* (S. 79) erstrecken sodann

---

[404]) *Hälschner*, Syst. d. preeußischen Strafr. **1** S. 275 und Deutsches Strafrecht **1** S. 492; *H. Meyer*; § 40,7; *Binding*, Normen 2 Aufl. **1** S. 484 und Handb. **1** S. 766; *Olshausen*, § 54,5. *Liszt* hat (vgl. z.B. in der 3. Aufl. seines Lehrb. 1888 S. 142 und jetzt § 34 Anm. 1) die Ansicht vertreten, die Notstandshandlung sei zwar keine rechtmäßige, ebensowenig aber eine rechtswidrige, demnach Notwehr gegen sie nicht zulässig, während sie auf seiten des Angegriffenen einen zweiten Notstand begründen konne. Gegen diese Ansicht, soweit nicht die Bestimmungen des BGB. in Betracht kommen, unten.

[405]) Ausführlich im sächsisch-thüringischen Strafrecht S. 361 ff. dasselbe S. 365: Die Gestattung der Notwehr beruht auf einem Rechtsgrunde, die Berücksichtigung des Notstandes auf einem Billigkeitsgrunde. *Wächter* ist allerdings nur *de lege ferenda* für Anerkennung des Notrechts in dem erwähnten Falle.

[406]) *Grünhuts* Zeitschr. **2** S. 369ff und *Holtzendorffs* Handb. **4** S. 94.

[407]) Vgl. bes. S. 193 ff S. 212 ff. „Wer eine Gefahr abwendet, welche seine persönliche Existenz in ihrer wesentlichen Integrität bedroht, dessen Handlung ist nicht

die Straffreiheit der Notstandshandlung auch auf die Rettung von Eigentum, sofern nur Eigentum eines anderen verletzt wird und das zu rettende Eigentum mehr wert (nach *Janka* „offenliegend"), als das aufgeopferte, *Janka* dabei noch mehr von der Ansicht ausgehend, daß das Gesetz dem berechtigten Naturtriebe der Selbsterhaltung Rechnung zu tragen habe, wo es sich um das Leben handelt und zugleich aus praktischen Bedenken ein Notrecht abweisend, welches Notwehr bei Aufopferung von fremdem Eigentum ausschließen würde. *Stammler* dagegen erkennt voll die Rechtmäßigkeit der Notstandshandlung zur Rettung des höherwertigen Gutes an, also unter Ausschluß der Notwehr gegen solche Handlung, weil „es nicht rechtmäßig sein kann, wenn das niedere Rechtsgut auf Kosten des höheren sich erhält.

In Frankreich und Italien[408]) wird immer noch ausschließlich oder doch überwiegend die Notstandshandlung als rechtswidrig, aber strafrechtlich nicht imputabel betrachtet, während das englisch-nordamerikanische Recht [408a]) dem Notstande völlig entschuldigende Bedeutung meist nicht zuerkennt.

§ 109. Die deutsche Gesetzgebung des XIX. Jahrhunderts anlangend, so hatte das bayerische GB. von 1813 keine allgemeine Bestimmungen über Notstand, vielmehr nur eine Bestimmung über Straflosigkeit, wenn zur Tat durch Gewalt oder Drohungen genötigt war, ebenso das preußische Strafgesetzbuch, welches (§ 40) noch im Sinne *Feuerbachs* nur Drohungen als möglichen Grund der Ausschließung des freien Willens bezeichnete, aber gleichermaßen wie die oben angeführte Bestimmung des *Code pénal* erweitert dahin ausgelegt wurde, daß auch andere

---

strafbar." „Ebensowenig begeht eine strafbare Handlung, wer eine andere Gefahr abwendet, insofern das Mißverhältnis zwischen der abgewendeten Beschädigung und der zugefügten Verletzung ein offenliegendes ist." Vgl. auch *Rotering* G.Arch. **81** S. 351.

[408]) *Garraud* 1 n. 223; *Carrara* 1 §§ 286ff. *Crivellari* zu Art. 49, 3 d. italienisch. GB. In Frankreich gründet sich die Berücksichtigung des Notstandes allein auf den vom Zwange handelnden Art. 64 des *Code pénal*: »*Il n'y a ni crime ni délit, lorsque* . . . (*le prévenu*) *a été contraint par une force à laquelle il n'a pu résister.*«

[408a]) *Wharton* **1** §§ 95, 511. — Auch gefährliche Drohungen entschuldigen nicht. Nur wenn eine Ehefrau in Gegenwart ihres Mannes ein Verbrechen begeht, wird nach altem *Common law* praesumiert, daß sie unter unmittelbarem Zwange handelt; ihr wird deshalb Straffreiheit gewährt. Die neuere Praxis scheint diese Lehre, da sie der gegenwärtigen tatsächlichen Stellung der Ehefrau nicht mehr entspricht, kaum noch anzuerkennen. *Archbold-Craies-Stephenson* S. 30—33.

Notstände die Zurechnung ausschließen sollten,[408b]) ein Standpunkt, der später, selbst noch im bayerischen GB. von 1861 Art. 67 unter ausdrücklicher Gleichstellung des (nicht definierten) Notstandes mit Drohung und Gewalt beigehalten wurde. Die Mehrzahl der Gesetzbücher dagegen enthielt eine besondere Notstandsbestimmung, welche auch die Rettung von Leib und Leben, bzw. Leben, oder Leib oder Leben, straflos erklärte,[409]) wobei (mit Ausnahme des hannoverschen[279]) GB. 84, 7) der eigenen Rettung die Rettung gewisser naher Angehöriger gleichgestellt, andererseits allgemein Unverschuldetheit des Notstandes gefordert wurde.[410])

In keinem dieser Gesetzbücher ist aber ein Notrecht angenommen worden. Ein solches ist auch in den §§ 52,54 des StGB. nicht zu finden, von denen der erste die *Vis absoluta* und *compulsiva*, der zweite den Notstand überhaupt behandelt in beiden Fällen in Übereinstimmung mit dem von der Notwehr handelnden § 53 freilich nicht die Notstandshandlung einfach als straflos bezeichnet, vielmehr sagt: „Eine strafbare Handlung ist nicht vorhanden, wenn der Täter usw." Ebensowenig ist hier wie in den früheren Gesetzbüchern die Rede von einer erlaubten Nothandlung zum Schutze von Sachen. Man darf indes, was den Rechtszustand vor dem Inkrafttreten des StGB. betrifft, nicht außer acht lassen, daß nach mehreren Gesetzen nur die aus besonderen Motiven (Mutwillen, Rachsucht, Bosheit, Eigennutz[411]) begangene dolose Sachbeschädigung strafbar war, somit eine Notstandshandlung, welche nur Sachen eines anderen beschädigte, aus diesem Grunde schon straflos war, während nach anderen Gesetzen und insbesondere nach dem preußischen § 281 Zweck und Motiv bei der Sachbeschädigung nicht in Betracht kamen, also eine

---

[408b]) *Oppenhoff*, Das preuß. StGB. zu § 40 Anm. 16. *Hälschner*, Syst. d. pr. Strafr. **1** S. 278. — Die verschiedenen mit der Abfassung des preußischen StGB. betrauten Kommissionen sind uber die Rätlichkeit einer umfassenden Bestimmung uber den Notstand verschiedener Ansicht gewesen: *Goldammer*, Materialien **1** S. 370 bis 375.

[409]) Sächs. GB. 92 sagte: „ist derjenige nicht strafbar". — Das badische GB. § 81 sagt: „Die Zurechnung einer an sich unerlaubten Handlung fällt weg."

[410]) Altenburg 72, Württemberg 106, Braunschweig, Hessen 45, Nassau 42, Thüringen 65.

[411]) Hannover 336 (Bosheit oder Mutwille), Baden 570 (Bosheit, Rachsucht Eigennutz), Thüringen 281 (Rache, Bosheit, Mutwille), Sachsen (Bosheit oder Mutwille), Österreich 85, 89, 868 (boshafte Beschädigung). Anders nach dem hier mit dem Reichsstrafgesetzbuch übereinstimmenden preußischen StGB. § 281.

Sachbeschädigung in einem Notstande, der nicht unter § 40 des preußischen GB. subsumiert werden konnte (bzw. bei dem es sich nicht um Leib oder Leben handelte) auf Straflosigkeit keinen Anspruch hatte.

Das StGB. ist in den §§ 52,54 auf dem Standpunkte der früheren deutschen Gesetzgebungen verblieben. In § 52 ist der durch Drohungen begründete Notstand besonders behandelt und durch die Verbindung mit der Ausschließung der Zurechnung wegen *Vis absoluta* äußerlich noch in Verbindung gesetzt mit der Ausschließung der Zurechnung, obgleich kein Zweifel darüber besteht, daß zur Straflosigkeit auf Grund von Drohungen mit gegenwärtiger Gefahr für Leib oder Leben keineswegs etwa ein Zustand wirklicher, z. B. durch Bestürzung oder Schrecken herbeigeführter, Zurechnungsfähigkeit erforderlich ist. In § 54 aber ist dann allgemein von einem Leib oder Leben gefährdenden Notstande die Rede, so daß allerdings, wie Liszt sagt, § 52 eigentlich überflüssig ist. Notstandshandlungen zum Schutze von Sachen erkennt das Gesetz als straflose nicht an, und ebenso wie nach den früheren deutschen Gesetzbüchern ist die erlaubte Notstandshandlung beschränkt auf den Handelnden selbst und bestimmte nahe Angehörige. Von einem Notstandsrechte ist nach der herrschenden und gewiß richtigen Auffassung des StGB. nicht die Rede — bei Einfügung des § 54 im Entwurf II des StGB. wollte man nur der Deutlichkeit wegen eine Bestimmung aufnehmen, welche die entsprechenden Bestimmungen anderer deutscher Gesetze reproduzierte — und das Gegenteil läßt sich gewiß aus den freilich mehrdeutigen Anfangsworten der §§ 52, 54 „Eine strafbare Handlung ist nicht vorhanden" — nicht ableiten. In dem Notwehrparagraphen bezeichnen diese Worte freilich ein wirkliches Recht; aber in dem von der Zurechnungsfähigkeit handelnden Paragraphen 51 kann der Gebrauch der gleichen Worte nicht ein Recht, vielmehr nur die Nichtexistenz eines Deliktes bedeuten. Somit ist jene Bedeutung auch im § 54, da sie nicht aus anderen Gründen sich ergibt, nicht anzunehmen.

Unerheblich für die Auffassung des § 54 und überflüssig [411a]) sind dabei auch die Worte „außer dem Falle der Notwehr". In

[411a]) Vgl. *Binding* 1. S. 768; *Olshausen* § 54,2.

einem gewissen Sinne kann zwar der Notwehrfall als eine Spezies des Notstandes aufgefaßt werden. Bestimmte Folgerungen sind aber aus diesem nur die systematische Stellung von Notwehr und Notstand betreffenden Zusatze nicht abzuleiten.

§ 110. Die Bestimmungen des StGB. wurden mehr und mehr als unzulänglich kritisiert. Die Beschränkung der Notstandsbefugnisse auf eigene Gefahr und Gefahr von nahen Angehörigen erschien engherzig, namentlich wenn Angriffe von zurechnungsunfähigen Personen und von Sachen nicht als die Befugnisse der Notwehr, sondern nur als die Befugnisse des Notstandes gewährend betrachtet wurden. (Im Falle einer plötzlichen Gefahr wurde verlangt, daß derjenige, dem Abwehr möglich war, erst an den Katalog der nahen Angehörigen, wie er im StGB. steht, sich erinnere!) Man vermißte auch Bestimmungen, welche Notstandshandlungen zur Rettung wertvoller Sachen unter Schädigung minder wertvoller Sachen eines anderen der sonst nach StGB. 303 unvermeidlichen Bestrafung wegen Sachbeschädigung entziehen würden; denn dieser Paragraph straft dolose und rechtswidrige Sachbeschädigung ohne Rücksicht auf das Motiv der Handlung. Dann aber pochte das Notrecht an die Pforte der Gesetzgebung. Und das Zivilrecht schien besonders geeignet, hier Abhilfe zu schaffen, soweit der im Notstande Handelnde zur Abwendung der Gefahr der Benutzung oder des Verbrauches fremden Eigentums bedurfte. So ist es denn zu Bestimmungen im BGB. gekommen, die stark in das Strafrecht einschneiden. Zwar brachte der erste Entwurf in seinem § 187

> „Eine unerlaubte Handlung ist nicht vorhanden, wenn jemand eine fremde Sache beschädigt oder zerstört, um eine von dieser Sache drohende Gefahr von sich oder einem anderen abzuwenden, sofern die Handlung zur Abwendung der Gefahr erforderlich war und die Gefahr nicht vorsätzlich oder fahrlässig verursacht worden ist."

nur eine Bestimmung, welche, wenn man die Beschränkung hinzufügt, daß Verschuldung der Gefahr bei Tieren und Sachen und zurechnungsunfähigen Personen die Verantwortlichkeit jedenfalls wegen Fahrlässigkeit für den durch die Rettungshandlung angerichteten Schaden bestehen läßt, genau der Anerkennung der Notwehr gegen Tiere und Sachen wie gegen zurechnungsunfähige Personen entspricht (vgl. oben 155 ff.). Da der Entwurf in § 186 die Notwehr auch als eine von jeder zivilrechtlichen Haftpflicht exemten Handlung bezeichnete, wäre die Bestimmung nicht erforderlich gewesen, wenn die Verfasser des Entwurfes nicht die Notwehr in dem engeren Sinne aufgefaßt hätten, der Notwehr gegen Sachen ausschließt.

Liszt hatte schon den Fall angeführt, daß nach dem dermaligen Rechte ein Metzgergeselle einen ihn anfallenden bissigen Hund töten, nicht aber, ohne (wegen Sachbeschädigung) straffällig zu werden, ihm ein Stück Fleisch, das Kunden des Metzgers zugedacht sei, zur Abwehr hinwerfen dürfe,[412]) und nun schrieb *R. Merkel* (S. 37, 38), indem er zugleich eingehend entwickelte, daß es einem rationellen konsequenten Rechte entspreche, in Fällen unausweichlicher Kollision stets das minderwertige Gut zur Rettung des höherwertigen zu opfern, u. a.: „Ein in Gefahr des Ertrinkens Schwebender hält sich an einem fremden Kahne fest, der darin befindliche Eigentümer stößt ihn, ohne daß er selbst gefährdet ist, also frivoler Weise, aber in Verteidigung seines ausschließlichen Rechts auf den Kahn, ins Wasser zurück. Soll jene Notstandshandlung im Ernste als rechtswidrig, diese Abwehr als rechtmäßig (Notwehr) gelten? Ich will über ein fremdes Grundstück laufen, um an einen Teich zu gelangen und dort ein ertrinkendes Kind zu retten; der Eigentümer des Grundstücks stößt mich in Verteidigung seines Eigentumsrechtes gewaltsam zurück."

Daher bestimmt denn jetzt das BGB.

§ 228: „Wer eine fremde Sache beschädigt oder zerstört, um eine durch sie drohende Gefahr von sich oder einem anderen abzuwenden, handelt nicht widerrechtlich, wenn die Beschädigung oder die Zerstörung zur Abwendung der Gefahr erforderlich ist und der Schaden

[412]) Das Beispiel paßt freilich nicht. Wenn der Hund sich durch Hinwerfen des Fleisches beruhigen ließ, so fiel er den Gesellen eben des Fleisches wegen an; da Hinwerfen des Stückes war als nutzliche *Negotiorum gestio* für den Meister, dem das Fleisch bis zur Übergabe an den Kunden noch gehörte. Ja selbst wenn der Hund es nur auf die Person des Gesellen abgesehen hatte, ware mit Rücksicht auf das Interesse des Meisters an dem Dienste des Gesellen die *Negotiorum gestio* nicht zu bezweifeln.

nicht außer Verhältnis zu der Gefahr steht. Hat der Handelnde die Gefahr verschuldet, so ist er zum Schadenersatze verpflichtet."

und

§ 904: „Der Eigentümer einer Sache ist nicht berechtigt, die Einwirkung eines anderen auf die Sache zu verbieten, wenn die Einwirkung zur Abwendung einer gegenwärtigen Gefahr notwendig und der drohende Schaden gegenüber dem aus der Einwirkung dem Eigentümer entstehenden Schaden unverhältnismäßig groß ist. Der Eigentümer kann Ersatz des ihm entstehenden Schadens verlangen."

§ 228 enthält dem früheren Rechte gegenüber keine wesentliche Neuerung, wenn die Abwehr gegen Gefahr drohende Sachen als Notwehr aufzufassen war. Letztere war dem oben Dargelegten zufolge dann ausgeschlossen, wenn die durch sehr erhebliche Schädigung des angreifenden Teils abzuwendende Verletzung äußerst geringfügig ist. Nimmt man dagegen an, daß gegen Sachen nur Abwehr kraft Notstandes möglich sei, so enthält § 228 im Vergleich zu StGB. 54 eine wesentliche Erweiterung: a) man kann durch Beschädigung oder Zerstörung fremder Sachen nicht nur Leib oder Leben, sondern auch Sachen schützen, ohne sich straffällig zu machen, b) man kann in dieser Weise zugunsten jedes beliebigen anderen handeln, ist also in der Hilfe nicht beschränkt auf den Kreis der Angehörigen. Der den Schadensersatz betreffende Schlußsatz des § 228 könnte möglicherweise als Erweiterung des Notwehrrechtes aufgefaßt werden. Wenn selbst bei verschuldeter Gefahr die Notbefugnis nicht aufhört, vielmehr nur Schadensersatz eintritt, also die Widerrechtlichkeit der Nothandlung ebenso wegfällt, als wäre Verschulden nicht vorhanden,[413]) so würde man darin finden können, daß auch dann, wenn die Gefahr dolos, in der Absicht herbeigeführt ist, unter dem Deckmantel der Nothandlung schließlich die Sache eines anderen, — z. B. eine solche, an der dieser ein besonderes Affektionsinteresse hat — zu zerstören, eine Bestrafung wegen

[413] Vgl. *Planck* zu § 228 Anm. 6; *Endemann*, Einführung in das Studium des BGB. 1 § 85ᵃ 4. c; *Titze* S. 108; *Oetker* S. 42; *Münz* S. 43.

Sachbeschädigung nicht eintreten solle, während nach den oben entwickelten Sätzen über Notwehr der absichtlich zum Zwecke der Schädigung herbeigeführte Angriff von zurechnungsunfähigen Personen, von Tieren und Sachen, die strafrechtliche Verantwortlichkeit für das Endergebnis bestehen läßt. Es ist aber richtiger, unter dem Verschulden der Schlußworte des § 228 nur die *Culpa* zu verstehen. Nach der entgegengesetzten Ansicht würde boshafter Sachbeschädigung, bei welcher es dem Täter auf Ersatzleistung nicht ankommt, ein Freibrief ausgestellt sein: A. könnte z. B. es einrichten, den Hund des B., der diesem besonders lieb ist, straflos zu töten, und ihm dann höhnisch die Entschädigung per Post zusenden. Zivilrechtlich ist es gleichgültig, ob man sagt: Verschulden schließt die Notstandsbefugnisse des § 228 aus, oder ob man sagt, auch verschuldeter Notstand wird als Notstand anerkannt, zieht aber die Verpflichtung zum Schadenersatze nach sich; denn zivilrechtlich ist Verpflichtung zum Schadensersatze der alleinige Nachteil, der den Schuldigen treffen kann. Strafrechtlich aber ergibt sich eine wichtige Verschiedenheit. Wird bei Verschuldung der Notstand verneint, so ist nach StGB. § 303 der Handelnde, auch wenn er die Gefahr nicht dolos herbeigeführt hat, bei vorsätzlicher Zerstörung fremder Sachen wegen Sachbeschädigung straffällig.

§ 112. Aus der Anerkennung eines wirklichen Notrechtes, wie es § 904 statuiert — freilich mit der Verschiedenheit gegen die nach § 228 stattfindende Abwehr, 1. daß hier der Schaden auf seiten des Nothandelnden unverhältnismäßig groß sein muß im Vergleich zu dem durch die Nothandlung dem anderen zugefügten und 2. daß stets Ersatz des Schadens verlangt werden kann, allerdings wohl nur, wenn die Gefahr nicht durch eine dem Geschädigten selbst gehörige andere Sache herbeigeführt ist.

1. Der Eigentümer hat solchem Notrechte gegenüber (das seiner Natur nach nicht erst im Prozeßwege braucht festgestellt zu werden) nicht das Recht der Notwehr.[414]) Durch schädigende Abwehr macht er sich vielmehr verantwortlich, ja genau be-

---

[414]) Im Falle der Not ist man, wie *Würzburger* S. 93 ausführt, berechtigt, um die zur Abwendung erforderlichen Sachen zu erlangen, in fremde Häuser einzubrechen, Schränke gewaltsam zu öffnen usw.

trachtet, schon durch einfache Verweigerung, wenn der im Notstand Befindliche den Umständen nach nicht in der Lage wäre, sein Verlangen mit Gewalt durchzusetzen — vielleicht selbst durch schlaues Verbergen oder Ableugnen des von dem anderen geforderten Mittels zur Abwendung der Gefahr. Es kommt eben auf die Grundsätze über den Kausalzusammenhang an, und nach der (vom RG. festgehaltenen) Theorie des Bedingungsverhältnisses und der Möglichkeit den Erfolg vorherzusehen, kann man da erschreckend weit gelangen, [415]) wenn auch vielleicht nicht so weit, den Eigentümer zum Anbieten der Aufopferung seiner Sachen zu verpflichten, so daß er der Aufforderung des in Not Befindlichen schlau zu entgehen nicht vermöchte.

2. Die Befugnisse des Notstandes, soweit letzterer im BGB. behandelt ist, stehen nicht nur dem unmittelbar selbst oder in seinem Gute Bedrohten, sondern ebenso wie im Falle der Notwehr auch anderen für ihn [415a]) zu, und andere können ihm helfen, auch in unbeschränkter Zahl.

3. Der Notstand des in fremdes Eigentum Eingreifenden braucht ein unverschuldeter nicht zu sein. Herbeiführung des Notstandes in der Absicht das fremde Eigentum zu verletzen würde nach richtiger Auffassung der Grundsätze des Kausalzusammenhangs allerdings für die schließliche Verletzung des fremden Eigentums so verantwortlich machen, als wäre ein Notstand nicht vorhanden gewesen. Aber die Fahrlässigkeit kann eine recht grobe sein.

---

[415]) Vgl. *Wurzburger* S. 92—94, der Haftung wegen Tötung in dem Falle annimmt, daß jemand mit Erfolg sich weigert, ein Medikament herauszugeben, dessen ein anderer zur Rettung seines erkrankten Kindes bedarf, wenn nun der Mangel des Medikamentes den Tod des Kindes herbeiführt. — *Oetker* S. 58 führt aus, daß je nach Umständen, wenn Hilfe gegen Angriffe verlangt werde, der die Herausgabe der Sache Weigernde Tater, bzw. Gehilfe sein werde. Aber genügt es, daß der in Not Befindliche oder sein Helfer einfach gebeten hat, um eine derartige unter Umstanden schwerste Strafe zu begründen? Oder welcher Art muß die Aufforderung gewesen sein? Treten solche Konsequenzen nicht in Widerspruch zu StGB. 360, 10, wonach die Verweigerung der Hilfe auf Aufforderung der Polizei bei Unglücksfallen oder gemeiner Gefahr im Maximum nur mit 6 Wochen Haft bestraft wird? Kommen wir so nicht zurück zur Lehre von der negativen Beihilfe oder gar zu einer negativen Täterschaft?

[415a]) Nur nicht gegen seinen Willen. Bei Rettung eines Selbstmörders dürfte das oben Dargelegte entsprechende Anwendung zu finden haben. Vgl. auch *Oetker* S. 69.

4. Für den Schaden des fremden Eigentums muß in jedem Falle Ersatz geleistet werden; nach richtiger Ansicht von dem Handelnden, der nach den Grundsätzen der *Negotiorum gestio* wiederum denjenigen, zu dessen Vorteil er tätig ist, in Anspruch nehmen kann.

5. Ein Irrtum über das Wertverhältnis des aufzuopfernden gegenüber dem zu rettenden Gute kann zwar weder dem in Notstande Befindlichen zum Eingriff in fremdes Eigentum wirklich berechtigen, noch andererseits, wenn er auf seiten des Eigentümers vorhanden ist, für diesen das Recht der Abwehr begründen. Aber sofern der Irrtum tatsächlicher Natur ist, muß er allgemeinen Grundsätzen zufolge den *Dolus*, und ist er entschuldbar, auch die Fahrlässigkeit ausschließen. Irrtum darüber, ob bei richtiger Kenntnis der konkreten Umstände das in Gefahr befindliche Gut verhältnismäßig wertvoller sei als das aufzuopfernde Gut, ist strafrechtlicher Irrtum, also nicht zu berücksichtigen. Irrtum über die konkreten Umstände auf der einen oder der anderen Seite ist tatsächlicher Irrtum. Dabei hat jeder der einander gegenüberstehenden Beteiligten sich auch eine Überzeugung über die auf der Gegenseite bestehenden Verhältnisse zu bilden.

6. Es ist aber zu bemerken, daß das Notrecht des § 904 beschränkt ist auf Abwendung eines körperlichen Schadens an körperlichen Sachen; daß es nicht stattfindet, um Schaden des Vermögens, abgesehen von dem Falle der Beschädigung an Sachen wie an der Person selbst abzuwenden. Es kann also niemand z. B. des Wagens und Gespannes eines anderen sich straflos bemächtigen, weil er ohne dies einen Gerichtstermin versäumen und dadurch Schaden erleiden würde; N a c h t e i l e, w e l c h e d i e R e c h t s o r d n u n g v e r h ä n g t, sind n i c h t N o t oder Gefahr im Sinne des § 904. Der Soldat, der Bestrafung wegen Urlaubsüberschreitung befürchtet, darf deshalb nicht eines fremden Automobils oder Fahrrads sich bemächtigen, um noch zur rechten Zeit in der Kaserne einzutreffen, und ebensowenig darf derjenige, der seine Schulden nicht bezahlen kann, fremdes Geld sich aneignen. Auch gibt es keinen Notstand, wenngleich eine Notwehr für die Ehre;[416]) denn diese kann nicht,

---

[416]) Oder soll man es auch als Notstandshandlung gelten lassen, wenn der leichtsinnige Bankrotteur sich an fremdem Gelde vergreift, erstens weil er in Zah-

worauf die Notstandshandlung sich bezieht, abhängen von der tatsächlichen Abwendung eines Schadens, vielmehr nur von dem sittlichen Werte oder Unwerte einer Handlung, d. h. hier dem sittlichen Werte oder Unwerte des dem Notstande vorhergehenden Benehmens der Person. Eine Not, die eine Handlung entschuldigen soll, ist stets nur vorhanden, wenn körperlichen Dingen durch körperliche Einwirkung Gefahr droht.[417]) Dahin gehört freilich auch die körperliche Einwirkung, welche der Mangel körperlicher Erhaltungsstoffe — Hungersnot — herbeiführen kann. Dagegen enthält das Gesetz nichts von der Beschränkung auf die Fälle der Erfüllung einer sittlichen Pflicht.[418]) Es kann vielmehr, wenn das geforderte Wertverhältnis vorliegt, im übrigen egoistische Rücksichtslosigkeit, z. B. gegenüber den Affektionsinteressen, der häuslichen Ruhe und Bequemlichkeit eines anderen schrankenlos sich geltend machen.

§ 113. Es wird jetzt, da hier weitere zivilrechtliche Fragen des Notstandsrechtes nicht interessieren, angezeigt sein, den legislativen Wert dieses auf die Geltung des überwiegenden Interesses gegründeten Notstandsrechtes zu prüfen.

R. Merkel hat für die Richtigkeit desselben geltend gemacht, daß schon das geltende Recht mehrfache Anwendungen dieses Prinzips erkennen lasse. Indes diese Ährenlese ist dürftig. Aus dem gemeinen römischen Rechte führt *Merkel* an das Recht des Notwegs, die Bestimmungen über *Tignum junctum*, aus dem Seerecht die Bestimmungen über Havarie, eine Bestimmung des *Code civil* über die Unzulässigkeit der Änderung des Laufes einer

---

lungsnot sich befindet, und zweitens, weil die Ehre es erfordere, den Konkurs zu vermeiden? Soll die Hoffnung, einmal Ersatz leisten zu können, die Berechtigung zur Unterschlagung begründen? — Unrichtig die Entscheidungsgründe RG. II. 21. I. 88 (Rs. **10** S. 53), welche es als Fall eines (verschuldeten) Notstandes im Sinne des StGB. § 54 betrachten, wenn jemand, der sein Haus selbst angezündet hat, nachher, um diese strafbare Handlung nicht zu verraten, der Versicherungsgesellschaft betrügerische Angaben zu machen sich gezwungen sieht.

[417]) Man überlege, wohin es führen würde, wenn in Beziehung auf nicht durch körperliche Objekte repräsentierte Werte, wie Ehre, Erhaltung der Kundschaft (was *Planck* z. B. § 904 Anm. 2c annimmt), die Berechtigung von Notstandshandlungen anerkannt würde. Bei älteren Schriftstellern kann ich nicht ein einziges Beispiel eines Notstandes für sog. ideale Güter finden!

[418]) So auch *Endemann*, Einführung in das Studium des BGB. § 85[a] zu Anm. 30.

Quelle, welche einer Gemeinde das notwendige Wasser liefert [419]), und als besonders beweisend das Recht der Expropriation. Übersehen ist aber z. B. die bereits erwähnte Nr. 10 des § 360 des StGB., nicht bedacht bei Anführung der Expropriation, daß wenn jemand auf Geheiß der Obrigkeit oder gar nach einer strengen Prüfung und unter vielen Kautelen gegen sicheren Ersatz etwas aufopfern muß, die Sache doch ganz anders liegt, als wenn jeder Beliebige sofort mit Gewalt fordern kann, und der Ersatz zwar vom Gesetze versprochen, aber reell nicht gewährleistet ist. Ein allgemeines überall aus der Gesetzgebung hervorblickendes, nur der endlichen Erweckung durch die moderne Jurisprudenz wartendes Prinzip ist in jenen exzeptionellen Vorschriften nicht zu finden.

Wäre nicht das andere Prinzip ebenso richtig, daß der Gesetzgeber es als eine der ersten Aufgaben betrachtete, jedermann Sicherheit des Eigentums und damit auch des Hausfriedens zu gewährleisten und andererseits zunächst auf eigene Vorsicht zu verweisen — z. B. wenn böse Krankheiten herrschen, darauf zu verweisen, daß jedermann sich selbst die nötigen Medikamente kaufe — nicht aber eventuell die Erlaubnis zu geben, zur Erlangung solcher Medikamente im Notfalle fremde Gelasse zu erbrechen und sonstige Gewalttaten zu verüben?

Daß aber die Rechtsordnung in ihren verschiedenen Strafsätzen gegen Verletzungen verschiedener Rechtsgüter oder Lebensinteressen diese gleichsam verschieden bewertet, ist erstens nur in sehr beschränktem Sinne wahr und zweitens kein Beweis für die Richtigkeit solcher verschiedener Bewertung, da, wo es sich um die Ausübung des Notrechts, also um das Verhältnis einer Privatperson zu einer andern, handelt. Die Verschiedenheit der Strafsätze zeigt heutzutage an, daß im ganzen das Leben und die Existenz des Staates, die körperliche Unversehrtheit des Monarchen als unbedingt höchstbewertete Güter gelten; dann aber durchkreuzen sich die verschiedenartigsten Gesichtspunkte:

[419]) Diese Bestimmung ist wohl nur eine Beschränkung des Eigentumsrechts. Bei weiterer Ausdehnung des Begriffes kollidierender Interessen fällt am Ende das gesamte Privatrecht, vielleicht das gesamte Recht unter die Lehre vom überwiegenden Interesse zwangsweise.

Nach der Strandungsordnung § 9 geschieht die Benutzung von Privateigentum auch nur auf Anordnung des Strandvogts.

gewisse Eigentumsverletzungen wiegen im Strafgesetze schwerer als manche nicht unbeträchtlichen Schädigungen der Gesundheit usw. Eine allgemeine Rangordnung der Rechte und Güter und ihrer Verletzungen aufzustellen, ist schon vom allgemeinen Standpunkte des Staates aus eine Unmöglichkeit, nicht minder auch eine allgemeine Rangordnung der Pflichten, welche bei einer Kollision der Pflichten entschiede, welche der Pflichten zu erfüllen, welche zu verletzen sei.

Noch weniger ist im Verhältnisse einer Privatperson zu einer andern die Frage des höheren oder minderen Wertes der Güter mit irgendwelcher Sicherheit in den meisten Fällen zu beantworten, sofern nicht der Maßstab des gemeinen Marktwertes des Gutes entscheiden kann, und soweit er es kann, ent scheiden soll; es ist nach genauerer Betrachtung nur ein sub jektives Gefühl, welches die Entscheidung gibt.

§ 114. Es ist leicht, krasse Fälle aufzustellen, in denen die Entscheidung unbedenklich und der allgemeinen Billigung sicher erscheint. Betrachten wir zunächst das abwehrende Notrecht. Wer eine Wurst trägt, die ein höchst wertvoller Hund ihm nehmen will, soll statt des Hundes, wenn er anders die Wurst nicht retten kann, als durch Tötung des Hundes, die Wurst opfern und sich von dem Herrn des Hundes die Wurst bezahlen lassen. Wem ein fremdes, wertvolles Pferd Garten oder Feld zertritt, darf dasselbe nicht töten; [419a]) er mag den Eigentümer auf Ersatz verklagen usw. Das Beispiel des Pferdes paßt deshalb nicht, weil Pferde sich meist auf sehr einfache Weise verjagen lassen, mindestens man dies versuchen müßte. Das Hund- und Wurst- oder Bratenbeispiel kann aber auch eine andere Beurteilung erfahren, sobald gewisse Nebenumstände untertsellt werden, wie z. B., daß der Braten bestimmt ist für ein Hochzeitsmahl und rechtzeitig gar nicht zu ersetzen ist, wie dies *Liszt* bereits in ähnlicher Weise hervorgehoben hat. Tatsächlich wird der Vorgang meist der sein, daß der Besitzer der Wurst, des Bratens, diese Gegenstände zu bergen sucht; läßt dann der Hund nicht nach, so wird aus der Bedrohung der Wurst oder des Bratens eine Bedrohung der Person, oder es kann der

---

[419a]) *Planck* zu BGB. § 228 Anm. 1 c.

Besitzer der Wurst doch nicht wissen, ob nicht der Hund ihn selbst angreifen werde; der Fall wird also zu einem Notwehrfall. Aber abgesehen hiervon, wie soll die Entscheidung fallen, wenn ein armer Arbeiter sich soeben ein Stück Fleisch gekauft hat, damit seiner in Rekonvaleszenz von schwerer Krankheit begriffenen Frau davon Suppe gekocht werde? Soll er sehen, wie er wieder Geld bekommt? Wird er sofort für das geopferte Fleisch bezahlt? Ist der Eigentümer des Hundes immer bereit, den Anspruch des Arbeiters anzuerkennen? Kennt der Arbeiter immer den Eigentümer des Hundes? Eine andere Version des berühmten Hundefalles! Jemand, der genötigt ist, das für den Haushalt erforderliche Fleisch von der eine Stunde entfernten Stadt zu holen oder mitzubringen, hat sich eben am Sonnabend abend das Fleisch für zwei Feiertage geholt; da spürt eine Bulldogge Appetit, ihm das Fleisch mit Gewalt zu nehmen. Soll er zwei Tage mit Familie fasten und Tage lang nach dem unbekannten Eigentümer des Tieres Nachforschung halten? Allerdings, wenn ich im Besitze der erforderlichen Geldmittel an einem Orte mich befinde, wo ich jeden Augenblick den Verlust der Wurst wieder ersetzen kann; wenn ich weiß, wem der Hund gehört, und überzeugt bin, daß der mir bekannte Eigentümer den Verlust sofort ohne Anstand ersetzen wird, werde ich nicht so töricht sein, den Hund sofort zu töten — meist hat man ja auch tötliche Waffen nicht sofort zur Hand — oder es auf einen Kampf ankommen zu lassen. Solche Fälle erledigen sich daher in der von den Anhängern der Verhältnistheorie gebilligten Weise ohnehin. Möglich freilich, daß hin und wieder einmal ein roher Mensch gerade in der Lage ist, anders zu handeln. Aber für solche besonderen Fälle macht man vernünftigerweise keine Gesetze, die nach anderer Richtung die Sicherheit des Eigentums schwer beeinträchtigen.[420])

[420]) *R. Merkel* S. 23 führt noch folgenden Fall an: „Bei einem Turnfeste verletzt sich ein Turner schwer, schnelle Hilfe tut not, und da kein Arzt zur Stelle ist, verlangen seine Genossen den Wagen eines Wirtes, um den Verletzten nach dem nächsten Orte zu fahren. Der Wirt verweigert sein Gefährt, weil seine Pferde eben von einer weiten Fahrt zurückgekehrt seien. Die Turner bemächtigen sich eigenmächtig des Wagens und spannen die Pferde ein. Nach geltendem Rechte (d. h. nach dem vor dem BGB. geltenden Rechte) würde ihnen Bestrafung drohen wegen qualifizierten Hausfriedensbruchs, Sachbeschädigung und Nötigung."

Die berühmten Beispiele der Unangemessenheit der Notwehr gegen Tiere beweisen also bei genauerer Betrachtung nichts.

Wie steht es aber da, wo das Notrecht nicht nur abwehrend auftreten soll, wo es aktiv eingreifen soll in den ruhigen Besitz, in das Eigentum einer an der Herbeiführung der Notlage völlig unschuldigen, unbeteiligten Person mit der Theorie der Verhältnismäßigkeit?

Es ist mehrfach der Fall als besonders beweisend angeführt, daß der Wind den Hut eines Vorübergehenden auf ein Privatgrundstück trägt. Hier wird allerdings der Eigentümer des Grundstückes, sofern ihm das Betreten des Grundstückes nicht außergewöhnlichen Schaden verursacht, den Eigentümer des Hutes nicht hindern dürfen, den Hut herauszuholen, weil dergleichen kleine und im Laufe der Zeit unvermeidliche Eingriffe in das Grundeigentum sich jeder gefallen lassen muß (vgl. oben S. 193). Der Fall ist also nicht geeignet, zum Beweise der Notwendigkeit eines wirklichen Notrechtes zu dienen.[421])

Der Eigentümer eines Medikamentes z. B. soll verpflichtet sein, jedem Beliebigen, der dasselbe schnell zur eigenen Rettung oder eines beliebigen anderen benötigt, herauszugeben — tut er es nicht, eventuell wegen Tötung sich verantwortlich machen.

Es ist aber nicht gesagt, ob etwa die Turner sogleich Kaution für den etwaigen Schaden erlegt oder doch einer von ihnen, der zahlungsfähig war, sich zum Ersatze ausdrücklich verpflichtete. Außerdem konnten die Pferde so ermüdet sein, daß sie — was vorkommt — tatsächlich nicht weiter zu bringen wären oder zuschanden getrieben würden. — Nach der Theorie des Notrechts können zahlungsunfähige Personen billig auf Kosten anderer Menschenliebe üben.

[421]) *Merkel* (S. 80), der dieses von *Buri* (GS. 30 S. 455) aufgestellte Beispiel ebenfalls benutzt, bemerkt aber, der Eigentümer des Hutes dürfe, weil das Interesse am Leben ein größeres sei, den ihn am Betreten des Grundstücks hindernden Eigentumer des letzteren nicht totschlagen. Im wirklichen Leben wird der Besitzer des Hutes nicht sofort dem Eigentumer des Grundstücks mit Revolver oder Degen entgegentreten, vielmehr etwa das Verbot des anderen unbeachtet lassen und dann mit ihm handgemein werden. So kann es allerdings zu erheblichen Verletzungen kommen. Die Entscheidung muß hier ebenso wie bei dem Streite um die „Hand voll Heu" davon abhangen, welcher der beiden Personen man das Recht der Notwehr zuerkennt. Steigert sich der Streit so, daß der Grundeigentümer mit immer gefahrlicher werdender Abwehr den Huteigentümer gleichsam überbietet, so würde ich, da m. E. der Grundeigentümer sich ganz kleine Rechtsverletzungen, wie sie im Leben unvermeidlich sind, gefallen lassen muß, den Eigentümer des Hutes als in Notwehr befindlich betrachten. Anders wenn das sofortige Wegholen des Hutes dem Eigentümer des Grundstückes einen wirklich beachtenswerten Schaden zufügen würde, ohne daß die Entbehrung des Hutes den Anderen gesundheitlich gefährdete.

Das heißt mit anderen Worten: Wer vorsichtig ist, ist dies zum Nutzen für alle Welt, am wenigsten aber für sich selbst. Der Nachbar, der, statt sich z. B. bei einer Epidemie das Medikament zu kaufen, das Geld in Branntwein vertrunken hat, kann dem *Bonus pater familias* das teure Medikament wegnehmen. Dieser mag sehen, wo er das Geld zur Neubeschaffung wieder bekommt, und wie, wenn er befürchten kann, daß in nächster Stunde etwa er selbst oder Frau oder Kind von der grassierenden Krankheit ergriffen werden? Es ist also nicht einmal immer der Billigkeit entsprechend, daß jemand zur Rettung der Gesundheit, ja des Lebens eines anderen absolut gezwungen werde — darauf kommt es hier an — sein Eigentum preiszugeben.

§ 115. Und wie ist es gar mit der Vergleichung des Wertes einer Sache, wenn nicht der gemeine Wert, vielmehr der Wert für den Eigentümer nach individuellen und augenblicklichen Verhältnissen entscheiden soll? *Planck*[422]) will bei den Fällen des § 228 und folglich wohl auch des § 904 den Affektionswert mit in Betracht ziehen; das scheint nicht unbillig, erschwert indes die Entscheidung.

Wie aber, wenn auf der einen Seite Gesundheitsschädigung, Freiheitsberaubung, Ehre und auf der anderen Beschädigung oder Verbrauch der Sache in Frage steht? Man sagt wohl, unbedeutende Körperverletzung komme nicht in Betracht. Sie kann sich aber verschlimmern: es kann Blutvergiftung eintreten. Ferner, es dürfte jemand, der infolge eines Versehens oder Scherzes in einem Zimmer eingeschlossen sei, nicht zur Erlangung der Freiheit s o g l e i c h die Tür zertrümmern oder sonst einen erheblichen Schaden anrichten — die Ehre gilt höher als Vermögen, darf jemand, wenn er hoffen darf, durch Schriftstücke, die ein anderer im Besitz hat, seine Ehre wiederherzustellen, dessen Schränke erbrechen,[423]) dessen Papiere sozusagen von A bis Z durchsehen? Man könnte erwidern, im letzteren Falle sei doch gerichtliche Hilfe möglich, also das unmittelbare Notrecht

---

[422]) Kommentar zu § 228 Bem. 1 c.

[423]) *Planck* zu BGB. § 904 2 c. verneint das Notrecht allerdings mit Recht in dem Falle, daß jemand, um eine unter Ehrenwort kontrahierte Schuld zu zahlen, einem anderen Geld wegnimmt, läßt aber nach der Sachlage, welche die richtige Entscheidung in die Hand gebe, doch zur Rettung der Ehre ein Notrecht gegen fremdes Eigentum zu. Siehe dagegen aber oben S. 248.

ausgeschlossen. Aber die gerichtliche Hilfe ist meist langsamer; inzwischen leidet die Ehre, und so wird denn auch hier unter Umständen ein Notrecht angenommen, um so mehr, als vielleicht die Schriftstücke verloren gehen, vernichtet werden können. Mit andern Worten: der Privatmann hat ein viel weiter gehendes Recht gewaltsamer Beschlagnahme als die Behörde im Strafprozeß.[424])

Nun aber handelt es sich nicht um das besonnene und kühle theoretische Urteil eines Gesetzes-Kommentators. Vielmehr sollen die beiden in Betracht kommenden Personen oder vielleicht die mehreren, auf beiden Seiten stehenden Personen — denn dem im Notstande Befindlichen kann Beistand geleistet werden, und ebenso kann derjenige sich Beistand sichern, gegen den ein angebliches Notrecht zu Unrecht ausgeübt werden soll, da er sich in Notwehr befindet — im Augenblicke oft der Erregung jeder von seinem Standpunkte aus entscheiden. Werden da nicht die Urteile höchst verschieden ausfallen? Und was folgt dann, wenn der eine gewaltsam angreift, der andere gewaltsam abwehrt? Am Ende könnten da förmliche Schlachten geliefert werden, und niemand wäre verantwortlich. So ist denn auf beiden Seiten *Optima fides* vorausgesetzt, das Notstandsrecht eine furchtbare und bösartige Quelle von Streit und Gewalttätigkeit, und wenn das Rechtsprinzip „Der Streit mißfällt" auch von *Herbart* in seiner Bedeutung weit überschätzt ist, so ist es doch wahr, daß eine gesetzliche Bestimmung, welche sehr leicht falscher Anwendung ausgesetzt und Streitigkeiten in großer Anzahl hervorzurufen geeignet ist, der Regel nach eine gesetzgeberische Mißbildung sein wird.

Die weitreichende Bedeutung des Irrtums über tatsächliche Verhältnisse, über mögliche Folgen, z. B. einer Erkrankung, einer Verwundung, ist von den Verteidigern des Verhältnis-Notstandsrechts kaum erwogen; denn es kommt nicht nur der Irrtum über die eigenen, es kommt auch der Irrtum über die Verhältnisse der Gegenseite in Betracht. Können diejenigen,

---

[424]) Es wird übrigens auch von Verteidigern des neuen Notrechts verlangt, daß der in fremdes Eigentum Eingreifende auch die Interessen der Rechtsordnung an der Erhaltung des Rechtsfriedens berucksichtige! So nach dem Vorgange von *Matthias* und anderer auch *Wurzburger* S. 112. Genau betrachtet wird damit dem gesamten § 904 das Urteil gesprochen.

welche für einen Erkrankten, einen Verwundeten die Benutzung fremden Eigentums, z. B. auch zur Nachtzeit den Einlaß in ein Haus, fordern, sich nicht übertriebenen Befürchtungen hingeben, und kann nicht gar solches Notstandsrecht als Vorwand genommen werden, um bequeme Gelegenheit zur Begehung schwerer Verbrechen zu erhalten? Ein Strolch fordert für einen anderen, der sich krank stellt, Einlaß in ein Haus oder Sitz auf einem Wagen, verlangt gar, daß die im Wagen befindlichen Personen das Gefährt einen anderen Weg etwa zu einem entfernten Hospitale nehmen lassen;[425]) nachher morden beide mit vereinten Kräften die Bewohner des einsam gelegenen Hauses, den Kutscher, der nachts durch den Wald fährt. Wer aber dem Verlangen nicht nachkommt, kann, wenn diejenigen, die er für verbrecherische Strolche hält, ehrliche Personen waren und die Wahrheit sagten, eventuell für den Schaden haften, nach der oben erwähnten Ausführung *Oetkers* und *Würzburgers* am Ende wegen fahrlässiger Tötung angeklagt werden, vielleicht, wenn ihm *Dolus eventualis* zur Last gelegt wird, wegen Totschlags oder gar Mordes! Was sollen da ängstliche Leute tun?

Daß ferner die Ersatzleistung an den in seinem Eigentum und indirekt in seiner Person Getroffenen in sehr vielen Fällen wenig bedeutet, liegt auf der Hand. Der Verletzer des fremden Eigentums braucht den Ersatz nicht bar anzubieten; er kann unpfändbar sein, und wenn er will, jedenfalls den Beeinträchtigten zu einem Prozesse zwingen.

Das Notrecht findet aber auch dann statt, wenn der Notstand verschuldet ist! Der Gesetzgeber hat dem solchergestalt unter fremder Torheit und Unvernunft zum Leiden verurteilten Eigentümer allerdings den Trost des Ersatzes gegeben, der aber tatsächlich oft recht problematischer Natur sein wird und jedenfalls den Ärger über die Beschädigung nicht wettmacht.

Zu allen diesen Übelständen kommt endlich die weitreichende Unsicherheit der Entscheidung, wenn es zu einem Strafprozesse über Ausübung des Notrechtes kommt, sei es, daß der Ausübende

[425]) Es kann allerdings zweifelhaft erscheinen, ob die Bestimmung des § 904 soweit reicht, insofern mit dem Eingriff in das Eigentum auch eine Belästigung der Person verbunden ist. *Dernburg*, Das bürgerliche Recht des Deutschen Reichs und Preußens (3. § 80) a. E. ist mit Recht der Meinung, daß § 904 möglichst eng interpretiert werden müsse. Aber so eng, daß jene Folgerung ausgeschlossen wäre?

wegen ungehöriger Ausübung des Notrechtes, sei es, daß der Gegner wegen unberechtigter Verteidigung, d. h. wegen Verletzung des im Notstande Befindlichen auf Grund unberechtigter Abwehr angeklagt wird. Abgesehen von der oft folgenschweren, hier eingreifenden Frage des Irrtums und der Schwierigkeit die Tatsachen festzustellen, von denen das Wertverhältnis abhängt, ist die Formel, welche das Gesetz aufstellt, wie dargelegt, sehr verschiedener Anwendung fähig. *R. Merkel* (S. 78) bezeichnet das gesellschaftliche Werturteil als maßgebend; aber unter diesem denken sich verschiedene Gesellschaftsklassen recht Verschiedenes. In der Kommission, welche das BGB. beriet, ist der Antrag gestellt, aber abgelehnt worden: „Das Notrecht auf die Fälle zu beschränken, wo sittliche Pflicht die Hilfe in der Not gebiete." Viel deutlicher wäre das auch nicht gewesen; denn als sittliche Pflicht kann es auch gelten, nicht nur für das Leben eines anderen, sondern auch dann ein Vermögensstück zu opfern, wenn der fremde Vermögensschaden das eigene Vermögensopfer bedeutend an Wert übertrifft.[426]) Es ist überhaupt unmöglich, eine Formel zu finden, welche einen sicher leitenden Gesichtspunkt abgeben würde; denn man verlangt nichts Geringeres als einen Maßstab für den Wert der verschiedensten Güter in den verschiedensten Lebenslagen.

§ 116. *Dernburg* charakterisiert den freilich von anderer Seite als schöpferische Tat bezeichneten § 904 BGB. als einen „Riß in das Gebiet des Privatrechtes"; man kann aber das durch § 904 sanktionierte Zwangsnotrecht ebensogut als einen Einbruch in das Gebiet des Strafrechts bezeichnen, am mildesten als eine wohlgemeinte, aber äußerst verkehrte Verwechslung von Recht und Moral; denn in der Tat die Frage, was jemand für jeden beliebigen anderen aufopfern soll, ist im allgemeinen eine Frage der Moral, nicht des Rechts. Zur rechtlichen Zwangspflicht erhoben wird Aufopferung auf Verlangen jedes Beliebigen — und Aufgeben des Gutes auch mit (oft fragwürdiger)

[426]) *Dernburg* meint, diese in der Kommission freilich abgelehnte Schranke müsse doch von der Rechtsprechung innegehalten werden. Sonst könnte es z. B. im Falle einer Hungersnot dahin kommen, daß Bäcker- und Fleischerläden geplündert würden. Aber dahin könnte es auch mit der Schranke der sittlichen Pflicht kommen; ein Agitator wird sich wenigstens nicht durch diese beirren lassen, wenn er den Wortlaut des Gesetzes für die Menge geltend machen kann.

Entschädigung ist Aufopferung — ein gesetzgeberisches Zerrbild.[429]) In einem Lande endlich, in welchem die allgemeine Moral so tief stände, daß in wirklichen Notfällen die durch ein kleines oder mäßiges Vermögensopfer mögliche Hilfe häufig verweigert würde, könnten gesetzliche Bestimmungen, wie die des § 904 auch nicht viel helfen.

Besonders bemerkenswert aber ist, daß das neue schweizerische Zivilgesetzbuch keineswegs eine dem § 904 unseres BGB. entsprechende allgemeine Vorschrift aufgenommen hat. Vielmehr stimmt das, was in jenem Gesetzbuche § 701 gesagt ist:

> „Kann jemand einen drohenden Schaden oder eine gegenwärtige Gefahr nur dadurch von sich oder anderen abwenden, daß er in das Grundeigentum eines Dritten eingreift, so ist dieser verpflichtet, den Eingriff zu dulden, sobald Gefahr oder Schaden ungleich größer sind als die durch den Eingriff entstehende Beeinträchtigung.
>
> Für den hieraus entstehenden Schaden ist angemessener Ersatz zu leisten."

überein mit demjenigen, was bereits oben von mir als richtig bezeichnet wurde. Geringfügige Eingriffe in das Grundeigentum muß man sich oft gefallen lassen, weil vermöge des Zusammenhanges der Erdoberfläche eine so scharfe Trennung des Eigentums nicht stattfinden kann, wie bei beweglichen Sachen. Eingriffe beliebiger Dritter werden hier auch schwerlich bedeutende Verletzungen bringen können, und wo erheblichere Eingriffe in Frage stehen, werden sie vom Nachbar herrühren, der leicht auf Ersatz belangt werden kann und gerade als Nachbar Grund genug hat, nicht zu weit zu gehen. Von gefährlichen Konsequenzen ist hier also nicht zu reden; aber den vom Winde auf ein Grundstück fortgetragenen Hut herauszuholen, darf

[429]) Wie berichtet wird, ist § 904 in der Kommission bei Stimmengleichheit nur durch Stichentscheid des Vorsitzenden angenommen. — Noch 1878 erklärte *Janka* S. 148 sich auf das schärfste gegen die Konstruktion eines wirklichen Notrechts (vgl. auch *Marquardsen*, Arch. d. Cr. 1857 S. 402), es scheint uns von einem Rechte der Einen auf die Substanz oder die Benutzung der Sachen eines Anderen nicht geredet werden zu können. — Man vergleiche dagegen das Plaidoyer für Ausdehnung der Kollisions- und Proportionalitätstheorie und des darauf zu gründenden Notrechtes auch gegenuber der Integrität anderer Personen in der (Preis-) Schrift von *Auer* bes. S. 26ff.

allerdings auch nach dem schweizerischen Gesetzbuch in der Regel der Eigentümer des Grundstückes nicht hindern.[430])

Für den schweren gesetzgeberischen Mißgriff des Notrechts[431]) kann man sich auf Gesetzgebungsarbeiten, wie das spanische StGB. Art. 8 Nr. 7 § 47, die Entwürfe für Österreich und die Schweiz Art. 25 (vgl. oben S. 240) nicht berufen; denn wenn sich in diesen — was bei dem norwegischen GB. bestritten werden kann — das Prinzip der Verhältnismäßigkeit der Güter angenommen findet, so ist doch nicht gesagt, daß die straffreie Notstandshandlung deshalb eine in dem Sinne berechtigte sei, daß sie die Gegenwehr ausschließe.[431a])

§ 117. Einwenden gegen diese Kritik könnte man vielleicht, daß die Erlaubtheit und Straflosigkeit einer Handlung auf der einen und die Rechtmäßigkeit selbst gewaltsamer Abwehr auf

[430]) In Wahrheit geht das im BGB. § 904 eingeführte Notstandsrecht — wenn die, vermögenslosen Personen gegenüber, illusorische Entschädigungspflicht außer Ansatz bleibt — noch hinaus über die Anforderungen des sozialdemokratischen Zukunftsstaates. Der bequeme Lehnstuhl wird, wie *Eug. Richters* sozialdemokratische Zukunftsbilder schildern, einer Familie doch nur auf Anordnung der sozialdemokratischen Obrigkeit genommen; nach BGB. § 904 aber kann jeder zusammengelaufene Haufen, wenn er tatsächlich, wenn auch irrig, davon überzeugt ist, es liege ein Notstand vor, den Gebrauch einer Sache erforderlichenfalles mit Gewalt in Anspruch nehmen, und nach dem Gebrauche könnte häufig die Sache so verbraucht sein, daß sie für den Eigentümer wertlos wäre: Wer dann wirklich Ersatz leisten würde, mögen die Verteidiger des Notrechtes sagen — z. B. der völlig in Vermögensverfall befindliche X. holt aus dem Stalle des A. ein wertvolles Pferd, um einen Arzt für sein vermeintlich totkrankes Kind zu holen und reitet es dabei zuschanden. Vielleicht müssen noch besondere öffentliche Fonds durch Zwangsversicherung gegen Notstandshandlungen geschaffen werden, um die Ersatzpflicht in vielen Fällen nicht als gesetzgeberischen Hohn erscheinen zu lassen.

[431]) *Hold v. Ferneck* 2 S. 47ff. erhebt und begründet gegen die sog. Kollisionstheorie und das darauf gebaute Notrecht folgende Einwürfe.

1. Die Kollisionstheorie ist sachlich unrichtig und praktisch undurchführbar.
2. Sie ist überflussig und unklar.
3. Sie ist methodologisch verfehlt.
4. Ihre Konstruktion ist theoretisch unhaltbar.

Leider aber ist *H. v. Ferneck* keineswegs konsequent. Wenn er einerseits das Notstandsrecht (S. 65 ff.) in einer Weise bekämpft, die an berechtigter Energie nichts zu wünschen übrig laßt, so wird dieser Polemik praktisch die Spitze abgebrochen durch die Ablehnung der Notwehr gegen die Notstandshandlung, welche also ertragen werden muß (S. 116), sofern sie nicht so groß ist, daß der Dritte (Angegriffene) sie nicht ertragen muß (? ?), also seinerseits ebenfalls in Notstand gerät, und in der Natur der Sache liegt es, daß, wenn Noteingriffe in den friedlichen Besitzstand inmal in weitem Umfang erlaubt sind, der Vermögenslose, also tatsächlich der Ersatzpflicht Entgehende, den eigenen Notstand überschätzen wird.

[431a]) Im spanischen StGB. Art. 8 ist ausdrucklich (vgl. die Eingangsworte) nur von der Ausschließung strafrechtlicher Verantwortlichkeit die Rede

der anderen Seite ein Mißverhältnis, einen Widerspruch in der Rechtsordnung bedeute. Indes da wo ein gleichwertiges Gut gegen das andere steht, ist solcher Widerspruch doch unvermeidlich; er liegt in gewissem Sinne in der Natur der „Not" begründet, und in gewissem Umfange wird — wie ich glaube zeigen zu können — die *Fichte*sche Theorie des Notstandes, daß der Erfolg entscheide, sich als richtig behaupten.

Nur die Zahl der Fälle des Widerspruchs wird durch das Notrecht vermindert — vielleicht in Anbetracht der Schwierigkeit der Verhältnismäßigkeitsfrage vermindert nicht sowohl in der Wirklichkeit als in der Vorstellung der neuen Doktrin und unserer Gesetzgeber — und diese Verminderung steht mit den Nachteilen, welche die Anerkennung des Not r e c h t e s mit sich bringt, in keinem Verhältnis. Auch wird im wirklichen Leben die Anwendung des Notrechts sich so gestalten, daß meist wer sich energisch der Ausübung des Notrechts widersetzt und zugleich die physische Macht,[432]) äußerstenfalls die kräftigen Fäuste für sich hat, das Notrecht illusorisch macht;[433]) denn er ist, wenn er abwehrend dem anderen Verletzungen beibringt, im Strafverfahren der Angeklagte, dem nicht nur der allgemeine *Favor defensionis* zur Seite steht, sondern auch der Umstand, daß die Unverhältnismäßigkeit des Schadens auf der anderen Seite ihm bewiesen werden muß, und daß ein tatsächlicher Irrtum ihn von Strafe befreit. Ebenso trifft aber auch im Zivilprozesse, wenn im ein-

---

[432]) Dahin gehört auch die v e r s c h l o s s e n e T ü r , der h a n d f e s t e P o r t i e r , die S c h i l d w a c h e , der g e f ä h r l i c h e H u n d.

[433]) Man kann dies als Glück bezeichnen, damit nicht die Konsequenzen des § 904 des BGB. dem Volke, das davon bis jetzt noch nichts weiß, zum Bewußtsein kommen und in Handlungen verwirklicht werden. In welcher Weise z. B. ein Viehbesitzer, der das zur Anschaffung von Futter zu verwendende Geld vertrinkt, sich den § 904 zunutze machen kann, um dem Nachbar straflos Viehfutter wegzunehmen, hebt *v. Alberti* (Gefährdung S. 38) hervor. Derselbe bemerkt ferner: „Auch von den Landstreichern in Deutschland, die sich bekanntlich ständig auf viele Tausende beziffern, kann jetzt jeder gelegentlich eine gegenwärtige Gefahr für die Gesundheit abwarten und sich dann mittels Einbruchs nehmen, was er braucht, hübsch in dem Verhältnis, das § 904 immerhin vorschreibt." *Planck* § 904 Anm. 1 b ist der Ansicht, eine verständige richterliche Handhabung des Gesetzes werde hier den „Rechtsfrieden" zu schützen haben. Aber die richterliche Handhabung des Gesetzes kann die unabwendbaren Konsequenzen des Gesetzes nicht abschneiden, und am wenigsten läßt sich der Satz durch den verständigen Richter aus der Welt bringen, daß tatsächlicher Irrtum den Dolus ausschließt, also in den allermeisten Fällen jede strafrechtliche Verantwortlichkeit, so daß nur eine zivilrechtliche Ersatzpflicht übrig bleibt, deren Wert in den in Betracht kommenden Fällen oft t a t s ä c h l i c h = 0 sein wird

zelnen Falle ein Entschädigungsanspruch des auf sein Notrecht vom Eigentümer Abgewiesenen überhaupt rechtlich anerkannt wird, wobei der entschuldbare Irrtum jedenfalls auch eine Rolle spielen würde, die Beweislast den Abgewiesenen. Andere dagegen, die ein Handgemenge oder eventuell auch sonstige Verantwortlichkeit fürchten, können auf Grund eines angeblichen Notrechts den schlimmsten Belästigungen und Beeinträchtigungen ihres Eigentums und ihrer Ruhe, selbst schweren Gefahren ausgesetzt sein.

§ 118. Neuestens wendet indes die strafrechtliche Doktrin sich ab von der rein objektiven, man könnte fast sagen nationalökonomischen, Rangordnung der verschiedenen Lebensgüter. Indem sie mehr den Wert des in Gefahr befindlichen Gutes für das Individuum ins Auge faßt, gelangt sie dazu, die Wirkung dieser Gefahr auf die Seele des Individuums darüber entscheiden zu lassen, ob die Nothandlung straflos oder strafwürdig sei,[434]) d. h. sie kehrt, ohne sich dessen, wie es scheint, genau bewußt zu werden, zu der früheren Auffassung zurück, welche die Nothandlung deshalb entschuldigt, weil man von dem in Not Befindlichen nicht einen übermäßigen Altruismus, nicht eine Gesinnung und einen Willen fordern dürfe, der bei unverschuldet hereinbrechender Gefahr die eigenen wichtigsten (oder allgemeiner ausgedrückt, wenn der Notstand auch auf Gefährdung von Vermögensobjekten erstreckt wird, wichtigeren) Lebensinteressen untergehen läßt, um nicht fremde zu schädigen. Prinzipiell ist dies der richtige Standpunkt. Aber in dieser Fassung ist das Prinzip, da es auf alle möglichen Fälle von Notstandshandlungen sich erstrecken soll, zu unbestimmt und stellt einerseits dem Richter eine noch schwieriger zu lösende Aufgabe als die Abwägung kollidierender Interessen nach einem objektiven Maßstabe – denn er soll feststellen, welchen verhältnis-

[434]) So *Liepmann*, Einleitung S. 184 ff.: Vergleichende Abwägung. Gr. *Dohna* S. 127: „Das Faktum der Verletzung an und für sich sowie dessen ethisch negativer Wert bleibt sich gleich; nur in seiner Beziehung auf den Täter erscheint es in milderer Beleuchtung. Mit anderen Worten: Die Not entschuldigt, was sonst zuzurechnen sein würde; sie macht nicht rechtmäßig, was ohnedies rechtswidrig ist." *Ferneck* **2** S. 146: „daher muß der Gesetzgeber darauf bedacht sein, daß es nicht gilt, den Egoismus munifizent mit Rechten auszustatten, wenn ein „überwiegendes" Interesse gefährdet ist, sondern bloß in möglichst engem Ausmaß die menschliche Schwäche zu schonen, bei der Beurteilung aber nicht bloß auf die „kollidierenden Interessen" zu achten, sondern alle Umstände, die in Betracht kommen, zu würdigen."

mäßigen Wert diese kollidierenden Interessen nach der individuellen Lage und Auffassung des Handelnden haben mußten (oder hatten?) — und läßt andererseits den in der Not zu raschem Handeln Veranlaßten in den meisten Fällen in völliger Ungewißheit, wie der Richter urteilen werde. Die von *Ferneck* in Ansehung der objektiven Kollisionstheorie drastisch hervorgehobenen Übelstände machen also bei dieser Versetzung der Kollisionstheorie in das psychische Gebiet in verstärktem Maße sich geltend. Das bekannte Hund- und Bratenbeispiel ein wenig modifiziert mag dies zeigen. Der Wildhändler A. ubergibt seinem Laufburschen B. einen besonders guten Rehbraten mit dem Auftrage ihn durchaus pünktlich bei C. abzuliefern, dessen Tochter heute getraut werde, und zu deren Hochzeitsfrühstück der Braten bestimmt sei. Unterwegs wird der Laufbursche von einer großen und schönen, ein elegantes Halsband tragenden Dogge bedrohlich — offenbar des Bratens wegen - verfolgt; Versuche, den Hund zu verscheuchen, sind nutzlos; vielmehr macht dieser Miene sogleich auf die Platte, auf welcher der Braten sich befindet, loszuspringen. Da ergreift B. eine an einen Laternenpfahl gelehnte Hacke eines Straßenarbeiters und führt damit auf den Hund einen wuchtigen Schlag, der alsbald den Tod des Hundes zur Folge hat. Der Hund war vor kurzem auf einer Ausstellung zu 1500 M. bewertet; B. konnte darüber nicht im Zweifel sein, daß er es mit einem wertvollen, vermutlich einem reichen Manne gehörenden Hunde zu tun hatte, während der Braten 20 M. kostete, von der rechtzeitigen Ablieferung aber vielleicht die Aufrechterhaltung der Kundschaft des A. abhing. Jetzt entscheide man: war die Seelenstimmung des Laufburschen, die ihn den gefährlichen Schlag gegen den Hund führen ließ, eine zu billigende oder nicht? [435]) Es gibt Personen und wohl auch Richter, die große, frei in der Stadt umherlaufende Hunde für eine leider noch lokal zugelassene Plage des Publikums halten, und andererseits leidenschaftliche Hundefreunde, die einen Hund unter Umständen fast ebenso hoch bewerten wie einen Menschen. So kann das Urteil sehr verschieden ausfallen, schon nach der

[435]) Dies Beispiel paßt allerdings genau nur für die jetzt herrschende Theorie, welche Notwehr gegen Angriffe von Tieren leugnet für Rettung sowohl von Personen wie von Sachen.

objektiven Kollisionstheorie, noch mehr, wenn man fragt, welchen Eindruck mußte die besondere Mahnung des Dienstherrn machen; denn Aufopferung, also Nichtablieferung des Bratens war natürlich noch schlimmer als Verspätung der Ablieferung um eine Viertelstunde. Oder: ich bin zum Mittagessen zu bestimmter Stunde eingeladen. Versehentlich werde ich auf dem Vorplatze eines Hauses, in welchem ich nicht wohne, eingeschlossen. Darf ich, um nicht in ärgerlicher Weise als Gast zu spät zu erscheinen, etwa eine große Glasscheibe zertrümmern, da, nachdem ich einigemal vergeblich gerufen habe, niemand kommt mich zu befreien? Und wie, wenn nach einigen Minuten jemand gekommen sein würde? Mußte ich noch längere Zeit Geduld haben, und kann ich demnach auf Antrag des sich ärgernden Hausbesitzers wegen Sachbeschädigung verurteilt werden?

In der Tat kommt man mit jenem Prinzip, sofern Nothandlungen gegen Sachen in Frage stehen, zu einem fast schrankenlosen Ermessen [436]) — zur äußersten Rechtsunsicherheit, [436a]) und dabei bleibt noch die Frage des Notrechts unentschieden, das von *Ferneck* 2 S. 137 abgelehnt wird, aber dafür nach *Fernecks* Ansicht durch eine Strafvorschrift gegen denjenigen ersetzt werden soll, der einer für das Wohl des im Notstande Befindlichen ihm angesonnenen Aufopferung seiner Person oder Hab und Gut in unangemessener Weise sich entzieht, eine Strafbestimmung, die (was *Ferneck* nicht zu bemerken scheint) in der Tat noch weit stärker wirkt, als die einfache Versagung der Notwehr, und deren schließliche Steigerung

[436]) Ein solches ist in der Tat sanktioniert im finnlandischen StGB. Kap. 3 § 10 (auch mit Befugnis des Richters, die Strafe nur zu mildern), in meines Erachtens, besserer Fassung auch in Art. 25 des schweizerischen Vorentwurfs von 1903: „Die Tat, die jemand begeht, um sein oder eines anderen Gut, so namentlich Leben, Leib, Freiheit, Ehre, Vermögen, aus einer unmittelbaren, nicht anders abwendbaren Gefahr zu erretten, ist kein Verbrechen, wenn dem Täter den Umständen nach nicht zugemutet werden konnte, das gefährdete Gut preiszugeben; andernfalls mildert der Richter die Strafe nach freiem Ermessen (Art. 50)."

[436a]) Diese Rechtsunsicherheit ist anscheinend vermieden auf Kosten materieller Gerechtigkeit in § 37 Satz 1 des neuen japanischen StGB., da die Nothandlung nur dann nicht strafbar sein soll, „wenn der aus der Handlung entstehende Schaden den Grad des abzuwendenden Schadens nicht übersteigt." Aber der Gesetzgeber hat der Gerechtigkeit dieser scharflautenden Bestimmung selbst nicht recht getraut. Denn im folgenden Satze heißt es: „Bei Überschreitung dieses Grades kann jedoch die Strafe nach den Umständen des Falles gemildert oder erlassen werden." Damit ist alles wieder ins Unbestimmte gestellt.

zu bei Strafe gebotener positiver Hilfe noch von *Ferneck* empfohlen wird — (selbstverständlich wieder!) nach unbeschränktem richterlichen Ermessen.

§ 119. Es wird sich aber vielleicht unten zeigen, daß es einer besonderen Vorschrift über das Notstands r e c h t zur Erhaltung von Sachen nicht bedarf, wenn

1. gegen angreifende (Schaden drohende) Sachen Notw e h r zugelassen und

2. die oben bereits vertretene Ausschließung der Notwehr gegen geringfügige Rechtsverletzungen bezüglich des Noteingriffs etwas erweitert wird, u n d eine Anzahl jetzt überspannter Deliktsbegriffe in einer, wie mir scheint, ohnehin dem Rechtsbewußtsein des Volkes entsprechenden einschränkenden Weise modifiziert wird. Eine allgemeine Entschuldigung bei Gefahr für Leib oder Leben (StGB. § 54) muß dabei erhalten bleiben.

Sodann aber ist als die Notstandshandlung in ausgiebigstem Maße gewährend der Fall herauszuheben, daß aller Voraussicht zufolge in g e m e i n s a m e r G e f a h r befindliche Personen oder Sachen, bei Untätigkeit aller Beteiligten sämtlich dem Untergange verfallen sein würden, wie in dem Beispiele der Schiffsplanke, welche die beiden daran sich klammernden Personen nicht zu tragen vermag. Hier kann jeder sich oder sein Gut auf Kosten der anderen retten,[437]) es sei denn, daß sein gemeinsam gefährdetes Gut z w e i f e l l o s dem Gute anderer gegenüber minderwertig ist, wie wenn jemand ein Vermögensobjekt auf Kosten des Lebens eines anderen retten wollte. Würde das Gesetz hier jedem Beteiligten Zurückhaltung auferlegen — und es müßte doch, abgesehen von b e s o n d e r e n Pflichtverhältnissen, alle gleich behandeln — so würde es damit voraussichtlich alle zum Untergang verurteilen.[437a])

Man könnte glauben, die besondere Hervorhebung des Falles gemeinsamer Gefahr sei überflüssig, wenn Leib oder Leben in Gefahr sich befindet, da dann ohnehin die Nothandlung er-

[437]) Der einzelne kann sich nach der für ihn maßgebenden M o r a l selbstverständlich zur Selbstaufopferung bestimmen und so andere retten.

[437a]) Doch kann das Recht ausnahmsweise gewissen Personen die Verpflichtung auferlegen, gegenüber anderen zurückzutreten, oder sie gar auf Kosten des eigenen Lebens zu retten, z. B. den Matrosen eines Schiffes gegenüber den Passagieren. Vgl. unten.

laubt sei.[437b] Aber die Nothilfe, welche etwa andere leisten, muß rationellerweise in diesem Falle legislativ anders behandelt werden, als in den Fällen, wo jemandes Rettung unter Gefährdung anderer nicht in der ursprünglichen Gefahr mitbegriffener Personen in Frage steht. Zugleich werden wir durch diese Unterscheidung überhaupt zu der legislativ richtigen Behandlung der Hilfe beim Notstande gelangen. Die Frage der Nothilfe ist aber gerade, insoweit Notwehr gegen die Notstandshandlung ausgeschlossen werden soll von besonderer Bedeutung. Notstandshandlungen — oder gar vermeintliche in tatsachlichem, also entschuldigendem Irrtum bandenweise oder in gegenseitiger Nothilfe ausgeübt — könnten doch selbst bei den am meisten begeisterten Anhangern eines wirklichen Notstandsrechts vielleicht einige Bedenken erregen.

In dem Falle gemeinsamer Gefahr muß Nothilfe unbeschrankt gestattet sein. Wer dem A. hilft, den B. von der Schiffsplanke herunterzustoßen, die beide nicht tragen kann, handelt rationell; denn er hilft dazu einen Kampf zwischen A. und B. zu verhüten, bei dem vermutlich A. und B. das Leben einbüßen würden. Danach kann z. B. bei einem Brande eines Theaters oder eines Konzertsaales, jeder seinen Freund oder Begleiter auf Kosten unbekannter Personen retten oder z. B. eine sonst hilflose Frau, ein Kind dem erstickenden Rauch entreißen, ohne daß es darauf ankäme, ob jene Personen nahe Angehörige sind, und ohne sich darüber den Kopf zu zerbrechen, ob er nicht, indem er einer Person hilft, andere von dem rettenden Ausgange verdrängt. Instinktiv werden bei solchen gemeinsamen Gefahren auch die meisten so handeln.[438]

[437b]) Auch *Liszt*, Lehrb. 16./17. Aufl. § 34 I am Schluß scheint *de lege ferenda* anzunehmen, daß die Falle des Notstandes nicht samtlich nach einem und demselben Prinzip zu beurteilen seien.

[438]) In solchem Falle — das ergibt sich schon aus der hier allgemein zu gestattenden Nothilfe — kann es auch nicht fur unerlaubt gehalten werden, daß mehrere der in Not befindlichen Personen zu ihrer Rettung eine Person (oder eine Minderheit von Personen) aufopfern, wie in dem beruhmten, 1884 vorgekommenen Falle des Schiffbruchs der „Mignonette". Matrosen dieses Schiffs schlachteten schließlich in grausamster Not von Hunger und Durst den bereits vor Entbehrung dem Tode nahen Schiffsjungen und retteten mit dessen Blut und Fleisch ihr Leben. (Die Queens bench verurteilte die Matrosen zum Tode; aber die Strafe wurde im Wege der Gnade in einige Monate Gefangnis verwandelt.) Vgl. über diesen Fall *Moriaud* S. 7—9 und ausfuhrlich *Simonsohn*. Zeitschr. 5 S. 366—368.

Anders liegt die Sache aber, wenn jemand (A.) sich durch Aufopferung eines anderen (B.) retten will, der nicht in gemeinsamer Gefahr mit ihm sich befindet, vielmehr ohne die Handlung überhaupt nicht gefährdet sein würde.

Hier sind weder Zweckmäßigkeitsgründe noch moralische Erwägungen dafür aufzufinden, daß es A. erlaubt sein sollte, den B. zu seiner, des A., Rettung zu opfern. Im Gegenteil spricht die Moral gegen solche Handlung der Selbstsucht, und nichts anderes bleibt zur Begründung der Straflosigkeit, als die Rücksicht auf die Schwäche der menschlichen Natur,[438a]) oder wenn man den Ausdruck vorzieht, auf die meist elementare Stärke des Triebes der Selbsterhaltung, welche geeignet ist, in der äußersten Not bei der großen Mehrzahl der Menschen moralische Gegengründe nicht zur Geltung gelangen zu lassen. Kommen diese zur Geltung, so setzt dies andere besondere Triebe, z. B. der Trieb der Mutterliebe, oder eine schon über das Gewöhnliche hinausgehende starke moralische Charakterbildung voraus, so daß das Gesetz auf diese Charakterbildung nicht zugeschnitten werden darf. Es folgt aus jener Erwägung aber nur eine Entschuldigung, nicht ein Recht irgendwelcher Art.

§ 120. Gegen[438b]) diese Auffassung und Begründung, welche tatsächlich, die allerneueste Wendung ausgenommen, die Gesetzgebung des 19. Jahrhunderts beherrscht und in der Theorie doch wohl die meisten Stimmen für sich gehabt hat, ist geltend gemacht worden, sie sei positiv nicht aufrecht erhalten und nicht aufrecht zu erhalten, weil allgemein zugestanden werde, daß zuweilen, z. B. beim Soldaten, doch Aufopferung des eigenen Lebens gefordert werde. Aber dies sind Fälle, wo mit dem Eintritt in besondere Pflichtverhältnisse, auch eine besondere Erziehung oder Disziplin den Selbsterhaltungstrieb niederhält oder nieder

Man scheint in England und Nordamerika entweder Entscheidung durch das Los oder Zustimmung des Aufzuopfernden zu fordern. Erkennt man aber — was freilich nach englisch-nordamerikanischem Rechte nicht der Fall ist — überhaupt den Notstand als Strafausschließungsgrund an, so wird sich diese Forderung nicht rechtfertigen lassen. Vgl den von *Marquardsen*, Arch. d. Cr. 1857 S. 414 mitgeteilten richterlichen Schlußvortrag in einem früheren amerikanischen Falle.

[438a]) Vgl in diesem Sinne den Ausspruch des *Aristoteles* (Nikomachische Ethik III, 1 § 7 am Ende) über nicht lobenswerte, aber verzeihliche Handlungen aus Beweggründen, deren Kraft die menschliche Natur übersteigt.

[438b]) Vgl. insbesondere die scharfe, aber verfehlte Polemik bei *Moriaud* S. 185ff

zu halten für geeignet erachtet wird. Dieser Einwand beweist also nicht.

Ebensowenig aber kann entgegnet werden, daß mit jener Entschuldigung das unumgängliche[439]) Erfordernis unvereinbar sei; es müsse der Notstand ein unverschuldeter sein. (Wird, so fragt freilich *Moriaud* (S. 187) der Mensch dadurch, daß er den Notstand verschuldet hat, zum Helden, dem die Notstandshandlung nicht zu verzeihen ist?) Denn die Entschuldigung beruht nur auf Billigkeitserwägungen — das englisch-nordamerikanische Recht kennt sie jedenfalls nicht bei Aufopferung des Lebens eines anderen — und findet somit in der Grenze der Billigkeit auch ihre Grenze. Es würde aber unbillig sein, wenn jemand, der in frivoler Weise, oder gar um ein Verbrechen auszuführen, einen vorauszusehenden Notstand für sich herbeigeführt hat, nun straflos zur eigenen Rettung andere opfern dürfte. Es entspricht also gerade der Billigkeit, hier dem Notstande die Straflosigkeit zu versagen, während umgekehrt die objektive Theorie, derzufolge der Wert der beteiligten Güter entscheiden soll, nicht verträglich ist mit der Berücksichtigung der Verschuldung des Notstandes; da jener Wert nicht im mindesten durch eine Verschuldung geändert wird. Die Straffreiheit einer im verschuldeten Notstande vorgenommenen Verletzung ist aber völlig abzulehnen und die Handlung ihrem Wesen nach so zu beurteilen, als läge überhaupt hier kein Notstand vor, so daß die vorsätzlich in fahrlässig verschuldetem Notstande vorgenommene Tötung als eine dolose, wenn auch unter einem Milderungsgrunde begangene, anzusehen ist.[439a]) Wer in verschuldetem Notstande, wohl wissend was er tut, jemanden tötet, handelt vorsätzlich. Der Fall einer putativen Notwehr, in welchem bei nicht entschuldbarem tatsächlichen Irrtum Fahrlässigkeit anzunehmen ist, liegt durchaus anders: nach der Vorstellung des

---

[439]) Ließe man dies Erfordernis fallen, so würde, wer um zu stehlen und die Gefahr kennend, in ein brennendes Haus eindringt, straflos das Leben der Bewohner opfern können, wenn dies zu seiner Rettung aus den Flammen nötig wäre, und der Verbrecher würde, wie *Moriaud* (a. a. O.) meint, den Zeugen seiner Tat töten können, um nicht angezeigt zu werden. Das letztere Beispiel ist unrichtig gewählt; Rechtsnot ist nicht strafausschließender Notstand.

[439a]) Vgl. *Beling*, Lehre v. Verbrechen S. 78, 79. Die Feststellung der Verschuldung enthalte hier das Urteil, der Angeklagte sei des Vorteils (der Straflosigkeit) nicht würdig.

Handelnden ist die Person, welche er verletzt, eine solche, die er im Augenblick verletzen darf, während dies in Wirklichkeit nicht zutrifft. Ist aber bei verschuldetem Notstande irgendeine Differenz zwischen Vorstellung und Wirklichkeit vorhanden? Selbstverständlich kommt es jedoch bei nur geringfügigen Verletzungen fremden Eigentums aus dem oben bereits dargelegten Grunde auf Verschuldung nicht an,[439b] während andererseits rationell betrachtet es für unsere Frage unerheblich erscheint, ob die den Notstand verschuldende Handlung an sich eine strafbare ist.[440]

§ 121. Aus dem Gesagten aber ergibt sich, was unter Verschuldung des Notstandes rationell zu verstehen ist. Daß der auf Herbeiführung des Notstandes gerichtete Dolus die Straffreiheit ausschließt, ist selbstverständlich. Der auf den Enderfolg — z. B. auf Tötung einer Person — gerichtete Dolus faßt den gesamten Vorgang von der ersten den Enderfolg bezielenden Tätigkeit bis zum Enderfolge einschließlich zu einer Handlungseinheit zusammen: der Enderfolg ist *dolos* verursacht, und die Zwischenglieder der Kausalkette kommen nicht in Betracht.[441] Wer aber nicht mit solchem Dolus sich in eine erhebliche außer-

[439b]) Auf solche Fälle macht *Frank* § 54 I 3, aufmerksam. In der Tat gelangen *Janka* S. 252 und *Moriaud* S. 293 von der Wertverhältnistheorie aus zu der Konsequenz, daß Unverschuldetheit des Notstandes rationellerweise nicht zu fordern sei. Das der Notstandshandlung vorhergehende Verhalten modifiziere diese Handlung selbst nicht; die Schuld müsse im Augenblicke der Notstandshandlung selbst vorhanden sein. Auch *Geyer* (Kritische Vierteljahrsschrift 1864 S. 82 und in *Holtzendorffs* Handb. **4** S. 94) erklärt sich für Streichung jenes Erfordernisses (abgesehen von einem *dolos* herbeigeführten Notstande), weil auch in verschuldetem Notstande Heroismus nicht verlangt werden könne. *Berner*, *De impun.* S. 21, *Göb*, GArch. **28** S. 191, 192 verlangen zur Ausschließung der Straflosigkeit, daß gerade der spezielle Notstand vorhergesehen sein müsse, nach der Deduktion *Göbs* gewissermaßen nach Analogie der Verantwortlichkeit bei einer *Actio libera in causa*. Die Konsequenzen dieser Ansicht dürften aber, wenn Menschenleben in Frage stehen, höchst bedenklich sein. Man erwäge z. B. folgenden leicht möglichen Fall. Ein Fährboot ist schon bis zur Grenze der Tragfähigkeit mit Menschen gefüllt Der Bootsführer will daher niemanden mehr aufnehmen. Aber einige angetrunkene handfeste und mit Stöcken versehene Burschen drängen sich ins Boot; der Bootsführer wagt keinen Widerstand. Bei der Überfahrt kommt das Boot in die von einem Dampfer erregten Wellen und kentert. Sollen jene Burschen sich unter Aufopferung anderer Passagiere retten dürfen?

[440]) Auch erheblichere Eigentumsverletzungen würden straflos sein (wenngleich Schadensersatz zu leisten ist), falls die unten empfohlene Einschränkung des Delikts der Sachbeschädigung eingeführt würde.

[441]) So schon *Breidenbach* **1** S. 580. *Berner*, *De impun.* S. 21; *Stammler* S. 69; *Wächter*, Sächs. Thüring. Strafr. S 374.

gewöhnliche Gefahr begibt, ungeachtet er sie erkennt oder bei einiger Besonnenheit erkennen muß, kann, wenn diese Gefahr einen Notstand für Leib oder Leben mit sich bringt, billigerweise Anspruch darauf nicht erheben, sich unter Aufopferung unbeteiligter Personen zu retten, also die Folgen des übernommenen Heldentums auf andere zu überwälzen. Dabei kommt aber in Betracht, daß einerseits jemand in einer ethisch zu billigenden Weise durch besondere Umstände dazu gedrängt werden kann, eine Gefahr auf sich zu nehmen (z. B. zur Rettung anderer) oder weil ein zu billigendes Interesse oder Pflichterfüllung nicht leicht vernachlässigt werden darf,[442]) andererseits aber kann die Übernahme der Gefahr auf geradezu verwerflichen, vielleicht verbrecherischen Motiven beruhen. Während in Fällen der ersteren Art man billigerweise einer schließlich sich ergebenden Notstandshandlung die Entschuldigung eher zusprechen wird, rechtfertigen Fälle der letzten Art strengere Beurteilung.[443]) Will man den Notstand nur dann als verschuldet ansehen, wenn dieser Fall in der später eintretenden konkreten Weise oder auch nur völlig unbestimmt vorherzusehen war,[443a]) d. h. vorherzu-

[442]) Man vergleiche die sehr freie, aber dem Billigkeitsgefühle entsprechende, die Unverschuldetheit eines Notstandes anerkennende Entscheidung des RG. IV. 3/7. 1903. E **36** Nr. 113 bes. S. 342, wo namentlich geltend gemacht wird, daß eine entgegengesetzte Entscheidung der g e s u n d e n Moral im Volksbewußtsein widersprechen und deshalb unbillig erscheinen würde. Anschließend auch *Frank* § 54 I. 3.

[443]) Die strafbare Handlung ist, auch wenn das Gesetz rationell abgefaßt ist, ihrer Natur nach keineswegs immer geeignet üble Folgen nach sich zu ziehen, wie sie in einem Notstande hervortreten. Ein Fischdiebstahl braucht z. B. nicht mit irgendeiner besonderen Gefährdung, des Stehlenden oder anderer, verbunden zu sein. Fällt der Fischdieb zufällig ins Wasser und läuft Gefahr zu ertrinken, so ist d e s h a l b von verschuldetem Notstande noch nicht zu reden. Vgl. *Wessely* S. 25. Ein Fischdiebstahl k a n n aber so unternommen werden, daß er ohne weiteres lebensgefährlich erscheint. Der Tatbestand der hier üblichen Schulbeispiele ist oft zu unbestimmt gegeben, um eine sichere Entscheidung zu ermöglichen. Der ungeübte Schwimmer, der trotz Warnung zu weit schwimmt, befindet sich in verschuldetem Notstande, wenn ihn die Kräfte verlassen; anders der geübte Schwimmer, der unerwarteterweise von einem Krampf befallen wird. Aber die Strafbarkeit der Handlung schließt die Erwägung aus, daß die Handlung als eine allgemein nützliche, billigenswerte auch mit einem gewissen Risiko unternommen werden dürfe. Zu Forschungszwecken unternommene Polarfahrten gelten als nützlich. Deshalb kann der Unternehmer auf solcher Fahrt allerdings in einen u n v e r s c h u l d e t e n Notstand geraten.

[443a]) *Luden*, Handb. **1** S. 309, ist der Ansicht, man dürfe den Fall, wenn der Handelnde vorhergesehen hätte, er werde sich in eine Lage bringen, in welcher er zur eigenen Erhaltung eine verbotene Handlung vornehmen müsse, überhaupt nicht als Notstand ansehen.

sehen war, daß der Handelnde nur unter Aufopferung anderer sich würde retten können, so hat das Erfordernis der Nichtverschuldung in Wahrheit nur Bedeutung für die Fälle der Reizung von Tieren oder der Behandlung von Sachen, die unmittelbar den Handelnden in Gefahr bringen (z. B. ein Unkundiger setzt eine Maschine in Gang), wobei denn in der Regel zur Rettung nur das gereizte Tier, die Maschine geopfert werden wird. In anderen Fällen kommt man in Konsequenz dieser Ansicht zu Ergebnissen, welche dem gesunden Menschenverstande wenig einleuchten.[443b]) Der fahrlässige Brandstifter, meint freilich *Würzburger* (S. 55), dürfe doch nicht als Mörder bestraft werden, wenn er zu eigener Rettung aus dem brennenden Hause einen Dritten in die Flammen stoße, so daß dieser darin umkommt. Dieser Fall aber, so wie er aufgestellt wurde, ist nicht mit Sicherheit zu entscheiden. Es wird darauf ankommen, ob bei Begehung der Fahrlässigkeit eine starke Gefährdung von Menschenleben, und zwar gerade durch den Brand, als leicht möglich zu denken war. Muß diese Frage bejaht werden, so kann es nicht als gerecht und billig anerkannt werden, denjenigen, der schuldhaft gerade diese Gefahr verursacht hat, die Befugnis zu geben, sich unter Aufopferung anderer aus dieser Gefahr zu retten,[444]) und zu einer Bestrafung wegen Mordes wird man deshalb auch kaum gelangen, da die Überlegung meistens verneint werden wird; ja in vielen derartigen

[443b]) Wohin man nach dieser Auffassung der Unverschuldetheit gelangt, zeigt das von *Würzburger* S. 122 entschiedene Beispiel. Der Hausdiener (vermutlich der verabschiedete) X. verübt einen nächtlichen Einbruch in die Wohnung seines (vormaligen) Dienstherrn Z. Hier wird er von einem großen Bernhardiner, den ein auf Besuch bei Z. verweilender Freund desselben mitgebracht hat, angefallen. X. tötet den Hund und soll nun nach *Würzburger* nicht ersatzpflichtig sein, weil der Notstand ein unverschuldeter, d. h. nicht vorherzusehender, war (nach Maßgabe des BGB. § 228). Am Ende könnte nach *Würzburger* der Einbrecher im Falle gänzlicher oder teilweiser, durch Bisse des Hundes herbeigeführter Erwerbsunfähigkeit nach BGB. § 828 von dem Eigentümer des Hundes eine lebenslängliche Rente fordern. (Die Ersatzpflicht von Einbrechern, die stehlen wollen, ist in der Regel tatsächlich unerheblich.) Es könnte aber auch jemand, der zahlungsfähig ist, in anderer als diebischer Absicht widerrechtlich nachts in ein Haus einsteigen. Sollte man von ihm nicht Ersatz fordern können, wenn er in Abwehr eines Hundes diesen tötet? Nach meiner Ansicht müssen Einbrecher sich darauf gefaßt machen, auf unvorhergesehene, selbst ungewöhnliche Gefahren zu stoßen, sie handeln in bezug auf die Herbeiführung solcher Gefahren daher stets schuldhaft, oder sollen die Einbrecher gegen solche Gefahren durch die Haftpflicht des gefährdeten Eigentümers gewissermaßen versichert werden? Bei solchem durch Verbrechen veranlaßten Notstande muß man es mit der Unverschuldetheit streng nehmen.

[444]) Vgl. *Luden*, Abhandl. 1 S. 310; *Wessely* S. 25.

Notstandsfällen wird nur starke Fahrlässigkeit vorliegen, wenn jemand, um sich selbst zu retten, andere in gefährlicher Weise zur Seite drängt, da der tödliche Erfolg doch nicht ganz gewiß und vom Handelnden ebensowenig erstrebt sein wird. Selbstverständlich wird auch hier, je größer die Zahl der Zwischenereignisse und je länger die Zwischenzeit zwischen der fehlerhaften Handlungsweise und dem letzlich eintretenden Notstande ist, der Kausalzusammenhang um so problematischer, und mit Recht bemerkt auch *Boehmer* (zu CCC. 166 § 7), die Culpa (d. h. die schuldhafte Handlung) liege zu weit zurück.[445]) Einige der früheren deutschen Gesetzbücher[446]) verlangten daher[446a]) zur Ausschließung der Straffreiheit ein strafbares Verschulden. Indes kann die Strafbarkeit hier nicht absolut entscheiden; es kann große Frivolität in der Herbeiführung des Notstandes liegen, ohne daß doch die letztere eine strafbare Handlung ist. Diejenigen der früheren Gesetzbücher, welche überhaupt nur dem unverschuldeten Notstande Straflosigkeit gewährten,[447]) trafen daher das Richtige,[447a]) diejenigen dagegen,[448]) welche von dem Erfordernis der Unverschuldetheit überhaupt nicht redeten, gingen (jedenfalls die redaktionelle Fassung betreffend) in der Zuerkennung der Straffreiheit zu weit;[448a]) nur der absichtlich herbeigeführte Notstand konnte danach die Straffreiheit ausschließen.

[445]) Ebenso *Wächter*, Sächs.-thür. Strafr. 1 S. 376.

[446]) So die Gesetzbücher für Hessen Art. 45 Abs. 3, Baden § 81, Nassau Art. 42. — Sachsen Art. 92 forderte, „daß ..... nicht die Gefahr als unmittelbare Folge einer von ihm begangenen strafbaren Handlung eingetreten ist". Diese Beschränkung der Straffreiheit besagt nichts, da, wie oben bemerkt, Rechtsnot, welche auch durch veranlaßte Notwehr eines anderen entstanden sein kann, als strafbefreiender Notstand überhaupt nicht gelten darf.

[446a]) Vgl. *Breidenbach* 1 S. 576 (siehe auch *Krug*, Kommentar zum sächs. StGB. 1 S. 196) meinte, man könnte sonst jedes gewagte Unternehmen oder jede verschuldete Armut als Verschuldung eines Notstandes ansehen. eine Argumentation, die auf Verkennung der richtigen Grundsatze uber Kausalzusammenhang und Fahrlässigkeit beruht.

[447]) Altenburg, Art. 72, Braunschweig § 34, Hannover Art. 84, Nr. 7.

[447a]) Nur wenn auf beiden Seiten, sowohl auf seiten des Verletzenden wie des Verletzten, verschuldeter Weise gemeinsame Gefahr herbeigeführt wäre, würde es auf Verschulden nicht ankommen.

[448]) So Württemberg 106, Thüringen Art. 65, ebenso bayerisches StGB. von 1861 Art. 67 nach Maßgabe der Auffassung, welche im Notstande einen wirklichen psychologischen Zwang (also Aufhebung der Zurechnungsfähigkeit) erblickt, wie denn der zitierte Artikel von Ausschließung der Willensfreiheit spricht. So auch *Hocheder* 1 S. 330.

[448a]) Man bedenke etwa das Anm. 439 a angeführte Beispiel.

§ 122. Es ist oben ausgeführt worden, daß bei gemeinsamer Gefahr, in welcher bei Untätigkeit sämtliche Beteiligte das Leben verlieren oder Schaden erleiden würden, Nothilfe unbeschränkt gestattet sein müsse. Anders steht es aber, wenn unter Aufopferung eines nicht in Gefahr Befindlichen jemand gerettet werden soll. Hier kann nicht jedem Beliebigen die Verfügung über Leben und Tod eines anderen nach Belieben oder nach individuellen Empfindungen überlassen bleiben, vielmehr ist hier der Kreis derjenigen, denen Nothilfe geleistet werden darf, vom Gesetze genau und nicht zu weit gehend abzugrenzen. In dem letzteren Falle sollte auf Kosten von Leib und Leben anderer Nothilfe nur zulässig sein, wenn präsumtiv der Helfende die Gefährdung derjenigen Person, der er helfen will, fast ebenso empfindet wie die eigene Gefährdung (oder vielleicht noch mehr). Dieser Kreis wird aber mit Ehegatten, Verlobten, Aszendenten, Deszendenten und Geschwistern abschließen. Das kann hart erscheinen; aber von der anderen Seite betrachtet enthält ein zu weiter Kreis von Personen, dem Nothilfe auf Kosten Dritter geleistet werden darf, eine noch größere Härte, und ein Unglück wird im allgemeinen leichter ertragen, wenn es ohne Eingriff von Menschen jemanden trifft, als wenn es durch menschliche Willkür von dem einen auf den anderen geschoben wird. Arbiträre Bestimmung, wie manche sie wollen,[449]) ist hier, wie *Janka* bemerkt, nicht erträglich. Wenn es natürlich erscheint, daß ich einen guten Bekannten, mit welchem zusammen ich den Ausgang eines brennenden Theaters suche, mit mir auf Kosten anderer hinaushelfe, so darf solche Bekanntschaft mich doch nicht ermächtigen, eine einstweilen noch nicht bedrohte Person durch einen Stoß einem aus dem Käfig entsprungenen Tiger entgegenzuwerfen oder sie durch den Schuß eines Wahnsinnigen töten zu lassen, um meinen guten Freund zu retten. Unterscheidet man jene beiden Fälle nicht, so kommt man in der einen oder anderen Weise zu fehlerhaften Ergebnissen.[450])

[449]) So *Binding*, Handb. **1** S. 786. Vgl. dagegen auch *Wächter*, Sächs.-Thüring. Strafr. S. 369, der als bedauerliche Lücke bezeichnet, daß das thüringische StGB. ebenso wie das altenburgische und das sächs. GB. nur von Angehörigen ohne genauere Bezeichnung redete. Die übrigen früheren deutschen Gesetzbücher erklärten genau, welche Personen als Angehörige gelten sollten.

[450]) Handelt es sich nur um Aufopferung fremden Eigentums, so wird eine Modifikation des Gesetzes über Sachbeschädigung die beste Abhilfe bringen.

Binding (Handb. **1** S. 785) räumt denjenigen, welche rechtlich verpflichtet seien, Leib und Leben anderer zu hüten, unbeschränkt für letztere auch das Recht der Notstandshandlung ein. Indes weder aus dem Wertverhältnis der beteiligten Interessen noch aus der Entschuldigung, welche der Rettung Angehöriger ebenso wie der eigenen Rettung gewährt wird, ist jener Satz abzuleiten. Sorge und Obhut können zwar zur Abwehr rechtswidriger Angriffe, nicht aber zur Aufopferung (nicht in gemeinsamer Gefahr befindlicher) Personen berechtigen oder diese Aufopferung auch nur entschuldigen; letzteres können nur Liebe und Anhänglichkeit. Welchen Eindruck würde es machen, wenn z. B. Gendarmen, um einen zu lebenslänglichem Zuchthause Verurteilten zu retten, das Leben eines berühmten oder sonst hochverdienten Mannes aufopfern würden? [450a])

Bei schuldhafter Herbeiführung des Notstandes durch den Bedrohten selbst kann, wer ihm durch eine Nothandlung hilft, nicht mehr entschuldigt sein als der Bedrohte selbst. Überwiegend [451]) wird freilich das Gegenteil angenommen unter Berufung auf den W o r t l a u t des StGB. § 54, demzufolge der Notstand eines nahen Angehörigen als eigener Notstand des Handelnden („Täter") gelten müsse. Aber diese Ansicht ist

Es ergibt sich dann von selbst, daß unter Vorbehalt der Ersatzpflicht zu Rettung von Leib oder Leben jedem Beliebigen unter Aufopferung fremden Eigentums Nothilfe geleistet werden kann, ebenso auch zugunsten entschieden mehrwertigen Eigentums unter Aufopferung minderwertigen Eigentums. (Die neuen Gesetzbücher für Norwegen § 47, Japan § 37 und die Entwürfe für Österreich (v. 1893) § 59 (58) und die Schweiz Art. 25, welche in der einen oder anderen Form nur das Wertverhältnis der in Betracht kommenden Güter (oder Interessen) für die Berechtigung der Notstandshandlung für maßgebend erklären, lassen die Notstandshandlung unbeschränkt für andere zu.) *Janka* S. 263 erachtet Straflosigkeit der Nothilfe insoweit für unbeschränkt zulässig, als Straflosigkeit deshalb besteht, weil das geringere Interesse dem höheren geopfert wird, während er da, wo nur in Berücksichtigung des Selbsterhaltungstriebes die Handlung als entschuldigt angesehen wird, den Kreis der für Nothilfe privilegierten Personen in der im Texte bezeichneten Weise enger zieht: „Das Recht kann nicht mit verschränkten Armen zusehen, wenn, um die eigene Sippe, um Vetter und Muhme zu erhalten, an die höchsten Güter und Interessen des Rechtslebens gegangen wird. In solcher Ausdehnung ist die Impunität des Nothelfers nicht zu rechtfertigen. Es kann in solchen Fällen von Strafminderung die Frage sein, nicht von Straflosigkeit."

[450a]) Rechtsnot ist kein beachtenswerter Notstand, wie kaum oft genug gesagt werden kann. Daher bedarf es auch keiner besonderen Ausführung darüber (vgl. *Binding*, Handb. **1** S. 784 Anm.), daß selbst nahe Angehörige dem zum Tode Verurteilten nicht gegen den Scharfrichter Hilfe leisten dürfen.

[451]) So *Schwarze* § 54 Anm. 3; *H. Meyer* § 40 Anm. 2 (ebenso *Allfeld*); *Hälschner* **1** S. 497; *Rudorff-Stenglein* § 54 Anm. 6; *Rotering*, GArch. **31** S. 265; *Olshausen* § 54 Anm. 7 a; *Finger* **1** S. 423, 424.

mit dem Erfordernis der Unverschuldetheit unvereinbar. Die Konsequenz ist, daß der Hilfe Leistende straffrei wäre, nicht aber der Gerettete selbst, falls dieser durch eine (wegen Verschuldens) strafbare Handlung sich retten würde; dann hätte der Nothelfer wissentlich und vorsätzlich straffrei zu einer strafbaren Handlung Hilfe geleistet. Man bedenke auch Folgendes: wer die Notlage selbst verschuldet hat, verdient nicht durch Aufopferung eines Unbeteiligten gerettet zu werden. Wenn von zwei Personen die eine die Gefahr ausschließlich schuldhaft herbeigeführt hat, soll dann der Vater oder Bruder der schuldigen Person diese auf Kosten der unschuldigen retten dürfen? In solcher Weise dürfte das Gesetz übertriebener Familienliebe doch nicht nachgeben.[452]) Aber tatsächlicher Irrtum, Unkenntnis des Verschuldens des nahen Angehörigen kann für den Helfenden indirekt Straffreiheit bewirken.[453])

Übereinstimmung herrscht dagegen über den entgegengesetzten Fall. Wer den Notstand eines anderen schuldhaft herbeigeführt hat, kann Straflosigkeit nicht beanspruchen, wenn er den durch ihn Gefährdeten zu retten versucht. Er kann, da er einen nahen Angehörigen in Gefahr gebracht hat, nicht wohl behaupten, ihm stehe das Wohl dieses Angehörigen so hoch, daß man ihm die Aufopferung eines anderen darüber verzeihen müsse.

Daher: Verschuldung sowohl des im Notstand Befindlichen[453a]) wie des Helfenden schließt die Entschuldigung aus.

Nicht als Nothilfe im eigentlichen Sinne ist zu behandeln rein intellektuelle Beihilfe durch Ermunterung, damit der selbst im Notstand Befindliche eine Notstandshandlung für sich vornehme; diese Hilfe erscheint ohne weitere Voraussetzung ebenso erlaubt wie Anstiftung des im Notstand Befindlichen

[452]) Mit dem Texte im Ergebnis übereinstimmend *Binding*, Handb. 1 S. 788; *Frank* § 54 I. 3.

[453]) Damit erledigt sich das Argument *Fingers*, es könne dem helfenden Angehörigen nicht zur Pflicht gemacht werden, sich davon zu überzeugen, ob der Angehörige den Notstand verschuldet habe. Die Verschuldung des Angehörigen kann klar vorliegen; z. B. er wäre durch den Vater oder Bruder selbst gewarnt worden.

[453a]) D. h. in allen Fällen, wo Verschuldung überhaupt in Betracht kommen kann, also nicht wenn Geretteter und Aufgeopferter gleichmäßig eine gemeinsame Gefahr verschuldet hätten.

zur Notstandshandlung.[454]) Der rein intellektuelle Hilfe Leistende bewirkt nur, daß der im Notstande Befindliche dasjenige tut, was er tun darf. Hier dürfte auch das praktische Bedenken nicht bestehen, daß dazu Hilfe geleistet werde, um jemanden willkürlich unter Aufopferung eines anderen zu retten.

Es ist oben die Ansicht vertreten worden, daß es bei Notwehr nicht darauf ankomme, ob jemand Notwehr ausüben wolle, wenn der Zufall es so füge, daß seine Handlung den Umständen nach objektiv den Erfordernissen der Notwehrhandlung entspreche. In Gemäßheit der Theorie kollidierender Güter verschiedenen (bzw. gleichen Wertes) ist die gleiche Behandlung des Falles wie bei der Notwehr gegeben. Anders aber, insoweit die Notstandshandlung nur nach der Seelenstimmung des Handelnden für entschuldigt betrachtet wird; denn diese als Entschuldigung geltende Stimmung ist in jenem Falle nicht vorhanden. Bei Selbstrettung in gemeinsamer Gefahr, welche nicht nur entschuldigt, vielmehr als rechtlich rationell anzusehen ist, kommt es wieder auf entschuldigende Seelenstimmung nicht an.

§ 123. Es wiederholt sich für den Notstand die für den Fall der Notwehr erörterte Frage, inwiefern die Verletzung von Strafgesetzen gestattet sei, welche nur allgemeine Interessen, nicht unmittelbar subjektive Rechte zu schützen bestimmt sind. Wenn ein Gesetz die im Notstande zur Rettung von Leib oder Leben begangene sonst unerlaubte Handlung für straflos erklärt oder, wie im StGB. geschehen, sich des Ausdruckes bedient: „Eine strafbare Handlung ist nicht vorhanden", so wird man vielleicht schon des Ausdrucks wegen, jedenfalls aber, weil es sich um Leib oder Leben handelt, und hier selbst die Handlung gegen das Leben anderer erlaubt sein kann, annehmen, daß nicht nur den Erfordernissen der Nothandlung entsprechende Verletzung von Personen und Sachen, sondern auch jede etwa in der Nothandlung zu findende anderweite Gesetzesverletzung straflos sein muß. Soll aber die Straffreiheit der Nothandlung auch auf den Schutz anderer Güter als Leib und Leben ausgedehnt werden, so kann allerdings gefragt werden,

[454]) Vgl. Bd 2 S. 654, 655.

ob die straffreie oder, falls man ein Notrecht anerkennt, berechtigte Beschädigung oder Zerstörung fremder Sachen auch die Straffreiheit für die oft bei diesen Eingriffen in fremdes subjektives Recht ideell konkurrierende anderweite Gesetzesverletzung mit sich bringe. Rationell kann es nun nicht sein, z. B. eine schwere Gefährdung der allgemeinen Sicherheit, eine schwere Verletzung des öffentlichen Schamgefühls mit der Rettung eines geringfügigen Eigentumsobjektes zu rechtfertigen. Andererseits wäre es widersinnig, von jemandem zu verlangen, daß er ein höchst wertvolles Eigentumsobjekt deshalb untergehen lasse, weil die Rettung desselben nur unter einer im einzelnen Falle völlig unschädlichen Verletzung eines Polizeigesetzes erfolgen kann. Ja insoweit die Befugnisse des Notstandes auf die Rettung des eigenen Lebens und des Lebens naher Angehöriger beschränkt werden, kann der Fall sehr leicht auch bei Lebensrettung einer Person sich ereignen, welche nicht den nahen Angehörigen zuzurechnen ist. Die Voraussetzung eines Notstandes, wie ihn StGB. § 54 behandelt, hier zu fordern, erscheint widersinnig. So bleibt allerdings nichts übrig als die Theorie der Verhältnismäßigkeit auf eigentlich inkommensurelle Größen, so gut es gehen will, nach richterlichem Ermessen anzuwenden, und ungeachtet solcher Inkommensurabilität ist die Anwendung dieser Theorie für die hier in Betracht kommenden Fälle weit weniger bedenklich, als da, wo die Nothandlung in die Rechtssphäre einer anderen Persönlichkeit eingreift. Denn in dem letzteren Falle haben zwei Privatpersonen im entscheidenden Augenblicke jede von einem anderen Standpunkte aus zu urteilen über Zulässigkeit des Eingriffes und andererseits Zulässigkeit der Abwehr; in dem anderen Falle haben wir es lediglich zu tun mit der Frage, ob Strafgesetze, die jenen allgemeinen Zwecken dienen, auf die vorliegenden exzeptionellen Fälle rücksichtslos Anwendung finden sollen, und dabei wird das Gefühl und eine vernünftige Erwägung der Umstände uns ziemlich sicher leiten.[455])

---

455) Zu diesem Ergebnisse gelangt auch *Titze*, Deutsche Juristenzeitung 1904 Sp. 285, indem er Spalte 292 zu dem vom Notstande handelnden Paragraphen des StGB. einen Zusatz vorschlägt, der etwa lauten würde: „Eine Übertretung kann der Richter für straflos erklären, wenn sie zum Schutze eines wichtigen und berechtigten Interesses begangen worden ist." Ich würde einen derartigen Satz eigentlich nicht für nötig halten. Wollte man ihn aber aufnehmen, so würde er m. E. dahin zu stellen sein, wo etwa von der Auslegung der von Übertretungen

Jedermann wird es für unmöglich erklären, jemanden wegen verbotenen Befahrens eines Weges zu bestrafen, weil er nur so den eigenen Handwagen vor einem dahinrasenden durchgegangenen Gespann retten konnte, oder jemanden zu strafen, weil er, um eine Person aus dem Wasser zu retten, der polizeilichen Vorschrift entgegen, seine Pferde auf öffentlicher Straße eine kurze Zeit ohne Aufsicht stehen ließ, oder aber eine völlig nackte Person, weil er sie nicht anders retten konnte, aus einem brennenden Hause durch eine Menschenmenge trug. Wenn dagegen es sich darum handelt, die Blüten eines Obstbaumes vor dem Erfrieren zu schützen, so wird man deshalb ein polizeiliches Verbot, offene Feuer in bestimmter Nähe von Gebäuden anzuzünden, nicht übertreten dürfen.[456])

Rechnet man die Abwehr, wenn die Angriffe von Tieren ausgehen, oder die Abwehr der Beschädigung durch fremde Sachen zum Not s t a n d e, so werden dergleichen Fragen häufiger auftauchen. Z. B. ein fremdes oder herrenloses Tier (möglicherweise auch ein uns selbst gehörendes Tier) ist im Begriff, ein höchst wertvolles anderes Tier zu zerreißen; es bleibt nichts anderes übrig, als das angreifende Tier durch einen Schuß zu töten, während Schießen an dem betreffenden Orte verboten ist. Eine Bestrafung in solchem Falle scheint mir dem wahren Sinne des Polizeigesetzes nicht zu entsprechen, es müßte denn für den e i n z e l n e n k o n k r e t e n F a l l w i r k l i c h das Schießen mit einer erheblichen Gefahr der Herbeiführung einer Verletzung von Menschen verbunden sein. Wie schon gesagt worden, es handelt sich gegenüber dem Polizeigesetze nicht um Notstand im wahren (juristischen) Sinne, vielmehr

handelnden Bestimmungen die Rede wäre. Polizeigesetze — aber auch andere Strafgesetze, die sich nur gegen allgemeine Gefährdungen und Belästigungen richten — müssen nicht sowohl nach dem Buchstaben als nach den Bedürfnissen des Lebens und dem gesunden Menschenverstande ausgelegt werden. (Vgl. auch oben Bd. **2** S. 639 Anm. 82a, wo ich, im Gegensatz zu solcher Auslegung lediglich nach dem Buchstaben, umgekehrt zur Annahme der Strafbarkeit einer Handlung gelangte, die offenbar in hohem Grade eine Gefahr herbeiführen würde, gegen welche das Gesetz schützen will).

[456]) Man darf aber in der Annahme der Straffreiheit auch nicht zuweit gehen. Nicht selten kann man auch sagen, wer denn ein so dringendes Interesse an der Vornahme einer Handlung hat — z. B. um schnell ein bestimmtes Haus zu erreichen, radelt jemand auf einer dem Radfahren entzogenen Straße — mag einmal eine geringe Geldstrafe zahlen.

um vernünftige (einschränkende) Auslegung. Der Fall, daß das Schaden drohende Tier dem Abwehrenden (Schießenden) selbst gehört, zeigt die Richtigkeit dieser Auffassung der Frage. Sollte die Frage nach den Grundsätzen des Notstandes entschieden werden, so könnte vielleicht, wer eine fremde Katze in der Nähe eines Gebäudes erschießt, straffrei ausgehen, aber nicht, wer die ihm selbst gehörende räuberische Katze durch einen Schuß zu töten sich veranlaßt findet.[456a])

§ 124. Den vorstehend gegebenen Ausführungen dürften folgende Notwehr und Notstand betreffende gesetzliche Bestimmungen entsprechen.[456b])

[456a]) Die Tatumstände für den von *Titze* a. a. O. erörterten Fall sind also m. E. nicht genau genug mitgeteilt. Es müßte rationell darauf ankommen, ob der Teschingschuß auf die fremde Katze, welche schon mehrfach Tauben geraubt hatte und solchen Raub zu wiederholen in Begriff war, im konkreten Falle Menschen gefährdete oder nicht; wird ersteres angenommen, so rechtfertigte die Wahrung des *in concreto* gefährdeten Eigentumsobjekts den Schuß nicht, und umgekehrt. Der Schutz eines äußerst wichtigen Eigentumsobjektes würde m. E. auch ausnahmsweise die Gefährdung von Menschenleben straflos machen — vorbehaltlich der etwaigen Bestrafung, wenn wirklich ein Mensch verletzt wurde. Das Schöffengericht hatte anscheinend im Ergebnis richtig entschieden auf Grund des Wortlauts des Notwehrparagraphen des StGB.: „Eine strafbare Handlung ist nicht vorhanden (also auch nicht in idealer Konkurrenz eine Übertretung!)" den Angeklagten freigesprochen. Die höhere Instanz hielt die Abwehr durch den Schuß für eine nur nach BGB. § 228 zu beurteilende Notstandshandlung, für welche eine derartige, Straffreiheit gewährende Vorschrift nicht besteht. § 228 war an dieser dem allgemeinen Rechtsbewußtsein wohl wenig einleuchtenden Entscheidung doch nicht so ganz unschuldig, wie *Titze* meint, der die Schuld, wie bemerkt, einer Lücke im StGB. beimißt. Gleichwohl mußte auch nach BGB. § 228 m. E. der Angeklagte vermutlich freigesprochen werden (vgl. auch *Hasse*, Deutsche Juristenzeitung 8 S. 523). Das daselbst mitgeteilte Urteil des OLG. Kiel vom 29. Juli 1903, welches den im Notstande Schießenden auf Grund des StGB. § 367 Nr. 8 verurteilte, stand mit dem kategorischen Ausspruch des BGB. § 228 ebenso in Widerspruch, wie mit dem im Texte erwähnten Urteile des RG. Der Rechtfertigung des Kieler Urteils auf Grund des bestehenden Rechtes, welches von *Titze* a. a. O. unternommen wird, kann ich nicht beistimmen, ebenso nicht der von *Titze* vertretenen Unterscheidung zweier verschiedener Arten der Idealkonkurrenz, eine Annahme, nach welcher der Widerspruch des Kieler Urteils mit dem Urteile des RG. in Wegfall kommen soll. Wenn das RG. in dem von ihm entschiedenen Falle eine Verurteilung wegen Jagdvergehens dann als möglich bezeichnete, wenn der den Marder Erschießende sich diesen aneignete, so war in diesem Falle in der nachfolgenden Aneignung nicht Ideal-, vielmehr Realkonkurrenz mit der Notstandshandlung zu befinden.

[456b]) Besondere Strafstufen für nicht völlig rechtmäßige Abwehrhandlungen aufzustellen, unterlasse ich. Um dies zu tun, mußte man wissen, wie sich das Gesetz überhaupt in Ansehung der Behandlung der Strafzumessung verhält. Wenn das Gesetz bei allen Delikten die Anerkennung mildernder Umstände zuläßt und im Falle solcher Anerkennung das Strafminimum genügend herabsetzt, dürften besondere Strafstufen bei Notwehr- und Notstandshandlungen, die man als solche nicht vollkommen gelten läßt, überflüssig sein.

§ 1 (Notwehr).

a) Eine Handlung, welche den Umständen nach erforderlich ist, um eine nicht durch das Gesetz für rechtmäßig erklärte sofortiger Verwirklichung[457]) nahe Verletzung einer Person oder der mit der Person unmittelbar verbundenen oder in ihrem Besitze befindlichen Güter oder des Besitzes selbst abzuwenden,[458]) ist rechtmäßig, insoweit sie gegen die Verletzung drohende Person oder deren Gut oder gegen die Verletzung drohende Sache sich richtet.[459])

b) Diese Bestimmung findet keine Anwendung, wenn entweder

1. das ausschließlich[460]) bedrohte Gut nur von geringem Werte und seine Wahrung auch für den Berechtigten oder Innehabenden den Umständen nach ohne besonderes sittlich anzuerkennendes Interesse ist, oder

2. derjenige, dessen Person oder Gut oder Besitz bedroht wird, oder der die Gefahr Abwehrende diese Gefahr verschuldet hat.[461])

---

[457]) Auch drohende Fortsetzung einer Verletzung (z. B. des Hausrechtes) kann drohende Verwirklichung einer Verletzung sein.

[458]) Also nicht nur entschuldigt, sondern auch zivilrechtlich frei von Ersatzpflicht, und ohne daß verletzende Abwehr dagegen zulassig ist.

[459]) Die Verletzung anderer Personen als des Angreifenden oder seiner Güter, sowie die Verletzung allgemeiner nicht oder nicht notwendig wirkliche Verletzung oder Gefährdung von Personen oder Sachen voraussetzender Gesetze ist hierdurch nicht für rechtmäßig erklärt; es kann jedoch auch die Verletzung solcher Gesetze bei Notwehr entschuldigt sein, wenn die Voraussetzungen des § 2 zutreffen. Außerdem vgl. § 5.

[460]) Das Wort „ausschließlich" ist hinzugefugt, um anzuzeigen, daß, wenn zugleich die Person angegriffen wird, die Beschrankung Anwendung nicht findet, jeder also das Recht hat, auch minderwertiges Gut mit seiner Person zu decken.

[461]) Von einer Verschuldung kann nicht die Rede sein, wenn die drohende Verletzung von einer zurechnungsfahigen nicht im wesentlichen Irrtume befindlichen Person ausgeht; dagegen kann ein Angriff zurechnungsfahiger im Irrtum befindlicher Personen, ferner namentlich ein Angriff von Tieren oder eine durch Sachen drohende Gefahr sehr wohl schuldhaft verursacht sein. In Fällen der letzten Art muß die Freiheit von Verantwortung fur die verletzende Abwehrhandlung wegfallen. Derjenige, der im Begriff ist, abzuwehren, mag dann erwägen, ob er lieber die von ihm verschuldete Verletzung oder die Strafe der Abwehrhandlung auf sich nehmen will. Insoweit die Abwehrhandlung nur gegen Sachen sich richtet, wird sie auch im Falle verschuldeter Gefahr häufig straflos sein, wenn die unten vorgeschlagenen Einschränkungen der Delikte der Sachbeschadigung und des Diebstahls (wie der Unterschlagung) Gesetz werden sollen.

In dem unter 1. bezeichneten Falle kann jedoch nach richterlichem Ermessen die in einer Sachbeschädigung oder leichten Körperverletzung bestehende Abwehrhandlung für rechtmäßig und straflos erklärt werden.

§ 2 (Notstand, Gefahr für Personen, gemeinsame Gefahr).

Befinden sich mehrere Personen in gemeinsamer Gefahr für Leib oder Leben, und würden bei Unterlassung jeder Rettungstätigkeit voraussichtlich sämtliche gefährdete Personen an Leib oder Leben geschädigt werden, so ist, soweit erforderlich, eine Rettungshandlung, welche andere der in jener Gefahr befindlichen Personen verletzt oder deren Eigentum schädigt, nicht strafbar, es sei denn, daß entweder

a) die Gefahr von demjenigen, der gerettet wird, oder demjenigen, der die Rettungshandlung vornimmt, verschuldet und der durch die Rettungshandlung geschädigten Person nicht ebenfalls ein Verschulden in Ansehung der Herbeiführung der Gefahr zur Last zu legen ist, oder

b) der Gerettete verpflichtet ist, die Gefahr zu bestehen oder der eigenen Rettung die Rettung anderer vorgehen zu lassen.[462])

§ 3 (Notstand, Gefahr für Personen, ohne gemeinsame Gefahr).

Wer außer dem Falle des § 2 zur Abwendung dringender Leibes- oder Lebensgefahr seiner selbst oder eines nahen Angehörigen, soweit zu diesem Zwecke erforderlich, eine andere Person oder deren Gut verletzt, ist strafrechtlich verantwortungsfrei, es sei denn, daß die Gefahr von ihm oder dem nahen Angehörigen schuldhaft herbeigeführt war.

§ 4 (Notstand, Gefahr für Sachen).

Befinden sich Sachen, an denen verschiedene Personen Rechte haben, in gemeinsamer Gefahr, und würden

[462]) Ist die Handlung nach § 2 strafrechtlich verantwortungsfrei, so ist auch Nothilfe unbeschränkt straffrei. — Die Frage der Möglichkeit einer zivilrechtlichen Verantwortlichkeit sowie der denkbaren billigen Verteilung eines in Geld anzuschlagenden Schadens ist hier vorbehalten.

bei Unterlassung jeder Rettungstätigkeit diese Sachen sämtlich oder großenteils voraussichtlich vernichtet oder schwer beschädigt werden, so ist, soweit erforderlich, eine Handlung, durch welche Sachen unter Vernichtung oder Schädigung anderer in jener Gefahr befindlichen Sachen gerettet werden oder gerettet werden sollen, strafrechtlich, insoweit es sich um Beschädigung, Verwendung, Wegnahme, gewaltsame oder erzwungene Erlangung fremder in der gemeinsamen Gefahr begriffener Sachen handelt, verantwortungsfrei,[463]) es sei denn, daß entweder

a) die Gefahr von demjenigen, für dessen Sachen die Rettungshandlung erfolgt, oder von dem Rettenden verschuldet, und nicht demjenigen, dessen Sachen durch die Rettungshandlung geschädigt werden, ebenfalls ein Verschulden zur Last zu legen ist, oder

b) der Wert der geretteten Sachen sowohl allgemein als nach den Umständen des Falles offenbar erheblich geringer anzuschlagen ist, als der Betrag des mittels der Rettungshandlung anderen Beteiligten zugefügten Schadens.[464])

§ 5.

Eine zur Wahrung (§ 1) oder Rettung von Sachen (§ 4) unternommene Handlung ist auch, abgesehen von denjenigen Gesetzesbestimmungen, welche nach den §§ 1 und 4 nicht in Betracht kommen, nicht strafbar, wenn die Rettungshandlung eine wirklich erhebliche Gefahr für fremde nicht beteiligte Personen oder Sachen

[463]) Hier wie im Falle des § 2 Nothilfe unbeschrankt gestattet.

[464]) Nach der vorgeschlagenen Bestimmung des § 4 kann allerdings nicht nur, wenn Leib oder Leben gegen Leib oder Leben eines anderen steht, sondern auch im Falle einer Gefahrdung von Sachen, deren Wert nach der rechtlichen Stellung der Beteiligten die Möglichkeit verschiedener Schatzung zuläßt, ein Kampf entstehen, der auf beiden Seiten als gerechte Notwehr anzusehen wäre. Dies wird jedoch nur in höchst seltenen Fällen eintreten, während die §§ 228 und 904 des BGB. bei der naheliegenden Möglichkeit eines auf beiden Seiten vorhandenen tatsächlichen Irrtums in Wirklichkeit diesen Übelstand schwerlich in höherem Grade ausschließen, zumal der Ausdruck des § 229 des BGB. daß, wer eine fremde Sache unter daselbst angegebenen Voraussetzungen beschadige, „nicht widerrechtlich handelt", und der Ausdruck des § 904, daß der Eigentümer die (ihn schädigende) Einwirkuug auf die Sache zu verbieten „nicht berechtigt" sei, weit mehr dazu auffordert, wirkliches oder vermeintliches Recht rücksichtsloser durchzuführen, als der Ausdruck „ist strafrechtlich verantwortungsfrei".

nicht herbeiführte oder diese Gefahr gegenüber dem Werte oder dem anzuerkennenden Interesse des Handelnden an den geretteten oder zu rettenden Sachen nicht wohl in Betracht kommen kann.

Derjenige, dessen Gut durch die Rettungshandlung geschädigt werden soll, hat das Recht der Abwehr nach Maßgabe des § 1, sofern der ihm drohende Schaden nicht zweifellos erheblich geringer ist, als der durch die Rettungshandlung abzuwendende Schaden.[464a])

Strafrechtliche Vorschriften über Nothandlungen zum Schutze von Sachen, außer dem Falle gemeinsamer Gefahr, sowie über Nothandlungen zur Abwendung geringerer Körperverletzungen unter Verletzung von Sachen halte ich für ungeeignet, weil die dabei erforderlichen Wertschätzungen, sofern Sachen auf Kosten von Sachen gerettet werden, nur im Falle enormer Differenzen von den Beteiligten im Augenblicke des Handelns mit Sicherheit gewürdigt werden können, die Vergleichung des durch eine geringe Körperverletzung oder Freiheitsberaubung zugefügten oder möglichen Schadens mit einem Sachschaden im Augenblick des Geschehens aber meist unmöglich ist. Ich würde übrigens vorziehen, auch die Bestimmung des § 4 fortzulassen, jedoch unter Aufhebung der Bestimmungen der §§ 228 und 904 des BGB., soweit dieselben strafrechtlich in Betracht kommen (also einerseits Nothandlungen und Nothilfe für straffrei erklären, andererseits Notwehr gegen Nothandlungen und Nothilfe ausschließen), die erforderliche (insbesondere die Rettung von Sachen betreffende) Ergänzung aber in einer Einschränkung der gegenwärtig überspannten Strafbarkeit der Eigentumsdelikte zu geben. Also:

1. Sachbeschädigung würde nur gestraft werden, falls sie aus Mutwillen, Eigennutz, Bosheit, Rachsucht oder mit völliger

[464a]) Die von *Oetker* neuestens (Deutsche Juristenzeitung **18** Sp. 615ff. gemachten Gesetzesvorschläge über Notwehr und Notstand stimmen in mehrfacher Beziehung sachlich überein mit den im Texte enthaltenen Vorschlägen, namentlich auch darin, daß *Oetker*, die Notwehr objektiv vom Standpunkte des Bedrohten konstruierend, die Verteidigung gegen Angriffe, die von Zurechnungsunfähigen und von Tieren ausgehen, als Notwehr behandelt sehen will. Es ist mir aber leider an dieser Stelle nicht mehr möglich, mich mit *Oetkers* interessanten viele Einzelheiten enthaltenden und etwas komplizierten Vorschlägen auseinanderzusetzen. Ich beschränke mich also darauf, zu meiner Genugtuung die Übereinstimmung in dem bezeichneten wichtigen Prinzip hervorzuheben.

Rücksichtslosigkeit [465]) vorsätzlich begangen würde. Es würde dann niemand bestraft werden können, der z. B., weil er versehentlich eingeschlossen ist, um sich zu befreien, eine fremde Fensterscheibe zertrümmert; analog auch niemand, der im wirklichen Notfalle oder um ein wertvolles oder gerade nötig zu gebrauchendes Eigentumsobjekt zu retten, in sonst unzulässiger Weise ein fremdes Grundstück betritt.[466])

Dagegen meint allerdings *Schmoller*, Vergleichende Darstellung, bes. Teil, 6 S. 167, 168 (unter Berufung auf die neuere englische Jurisprudenz, die mir aber in bezug auf Notstandsfälle keineswegs zweifellos erscheint), die gemeinsame Rechtsauffassung der Kulturvölker habe sich dahin geklärt, daß das Delikt der Sachbeschädigung zu einer Einschränkung auf besondere Arten des Dolus keine Veranlassung gebe. Mit dem beschränkten Begriffe der Sachbeschädigung ließ sich ohne wirkliche Unzuträglichkeit leben; [466a]) das moderne Notrecht, das hier die Korrektur gegen Bestrafung von Sachbeschädigungen bilden soll, welche dem allgemeinen Rechtsbewußtsein widerstreiten, scheint mir aber weit bedenklicher.

2. Diebstahl nur bei gewinnsüchtiger Absicht [467]) — wie

---

[465]) Dahin würde der Fall gehören, daß jemand, um ein geringwertiges Eigentumsobjekt zu retten oder um sich eine kleine Verlegenheit zu sparen, eine kostbare einem anderen gehörende Sache der Vernichtung preisgeben oder zerschlagen würde, wobei denn die Absicht und zugleich Möglichkeit völliger Ersatzleistung mit in Betracht zu ziehen wäre. Andererseits könnte (um ein zum Erweise der Notwendigkeit eines wirklichen Notrechtes öfter gebrauchtes Beispiel zu benutzen) niemand bestraft werden, der eine Fensterscheibe zerschlagen würde, um ein in einem verschlossenen Zimmer befindliches Kind zu retten.

[466]) Eine nicht unerhebliche Anzahl der früheren deutschen Strafgesetzbücher strafte die (nicht aus besonderen Gründen qualifizierte) Sachbeschädigung nur, wenn sie aus Bosheit, Rachsucht oder Mutwillen begangen war, also nicht, wenn ein billigenswertes Motiv, insbesondere Rettung eines Menschen oder Wahrung anderer bedeutender Interessen den Vorsatz der Beschädigung hervorgerufen hatten. So die Gesetzbücher für Bayern (von 1813 Art. 383, Altenburg 288, Hannover 336, Baden 570, Thüringen 281, Sachsen 335. Das österreichische StGB. § 468 betreffend, so ist allerdings bestritten, was unter dem Ausdruck „boshaft" verstanden werden muß. *Wahlberg* und insbesondere *Lammasch* (Grundriß S. 73) zufolge werden aber im Sinne des Gesetzes nur jene Beschädigungen als boshaft aufgefaßt werden dürfen, welche durch böse Gesinnung gegen den Beschädigten charakterisiert werden.

[466a]) *Zachariae* (Arch. d. Cr. 1845 S. 593) bemerkte einst: „Der Himmel bewahre uns vor einer Gesetzgebung, die sie (die Beschädigung fremden Eigentums) überhaupt in das Gebiet der öffentlichen Strafe ziehen möchte."

[467]) Diese allerdings richtig verstanden! Vgl. *Bar*, Magazin für das deutsche Recht der Gegenwart 1885 S. 1ff.; auch jetzt *Lammasch*, Grundriß des österreichi-

es der älteren Jurisprudenz entspricht — angenommen würde. Wer in der Lage ist und die Absicht hat, Ersatz zu leisten, begeht danach Diebstahl nicht.

Es könnte also in gewissem Umfange jemand fremdes Eigentum allerdings zur Rettung anderer Personen und selbst zur Rettung von Sachen verwenden, ohne Strafe befürchten zu müssen, falls nur der Eigentümer nicht Widerstand leistete, und wenn die Eigentumsverletzung nur geringfügig wäre, würde höchstens eine durch die Person erfolgende Abwehr in Betracht kommen. Dies würde für die meisten Fälle ausreichen, und bekannte Schulbeispiele, in denen ausgeführt ist, es könne doch niemandem verboten sein, um Leib und Leben zu retten, eine fremde Sache ein wenig zu beschmutzen usw., erledigen sich dadurch von selbst, ohne daß ein besonderes Notrecht erforderlich wäre. Freilich ein durchaus gemein denkender Eigentümer könnte einmal Widerstand leisten. Aber er würde bei üblem Ausgange des Vorfalls der allgemeinen Verachtung preisgegeben sein, und der Gesetzgeber muß sich sagen, daß er nicht jede Moralwidrigkeit durch Strafe oder Rechtssatz verhindern kann. Unternimmt der Gesetzgeber dies gleichwohl, so wird er allermeist die Moral erst recht schädigen.[468])

§ 125. Es ist oben dargelegt worden, daß, wenn durch eine Notstandshandlung Leib oder Leben einer nicht in gemeinsamer Gefahr befindlichen Person geopfert werden soll, die Notstandshandlung nur für den Handelnden selbst oder einen engen und fest vom Gesetz unterschriebenen Kreis von Personen verantwortungsfrei sein dürfe. Man muß aber, da die Nothilfehandlung mit Rücksicht auf das natürliche Gefühl entschuldigt wird, gleichwohl die natürliche Verwandtschaft und Schwägerschaft der auf ehelicher Geburt beruhenden gleichstellen[469])

---

schen Strafrechts S. 68 (das österreichische StGB. § 171 fordert ebensowenig wie das deutsche 242 ausdrücklich gewinnsüchtige Absicht). Anders freilich die herrschende Ansicht, insbesondere auch *Harburger*, Vergleichende Darstellung besonderer Teil 6 S. 219.

[468]) L. 3 D. 1, 3 (*Pomponius*): »*Jura constitui oportet, ut dixit Theophrastus, in his, quae ἐπὶ τὸ πλεῖστον accidunt, non quae ἐκ παραλόγου*« und L. 4 *eod.* (*Celsus*): »*Ex his, quae forte uno aliquo casu accidere possunt, iura non constituuntur.*

[469]) Dies geschieht auch seitens der herrschenden Ansicht. Vgl. *Olshausen* § 52 Anm. 18. — In Art. 33 des Einfuhrungsgesetzes zum BGB. ist auch das StGB. nicht unter denjenigen Gesetzen aufgeführt, für welche die Bestimmungen des

und überhaupt alle hier in Betracht kommenden Verhältnisse als Entschuldigungsgründe gelten lassen, wenn sie auf den Handelnden den Eindruck des Vorhandenseins im rechtlichen Sinne machen mußten, sollte auch nach der Strenge des Zivilrechts das fragliche Personenverhältnis nicht anzuerkennen sein, und irrtümliche Annahme des Handelnden, daß ein solches Verhältnis existiere, muß der wirklichen Existenz gleichgeachtet werden, wie dies auch den in Bd. 2 hinsichtlich des Rechtsirrtums angenommenen Sätzen entspricht.

Wird eine Ehe durch den Tod aufgelöst, so dauern der Regel nach die innigen Beziehungen fort, welche für die Straflosigkeit der Nothandlung der infolge der Ehe verschwägerten Personen maßgebend sind. Daher ist es hier richtig, die Schwägerschaft im strafrechtlichen Sinne als fortbestehend anzusehen. Anders aber, wenn die Ehe durch Scheidung aufgelöst wurde.[470]) Nach den Reichsgesetzen, welche die Besetzung des Gerichts und das gerichtliche Verfahren betreffen, wird die Schwägerschaft bei jeder Auflösung der Ehe, also auch bei Auflösung durch Scheidung, als fortdauernd angenommen; bei der Besetzung der Gerichte ist es zweckmäßig, keine Person zuzulassen, die auch nur möglicherweise voreingenommen sein könnte, und dabei kann eine geschiedene Ehe, welche nicht selten Abneigung oder Feindschaft zwischen den Angehörigen der geschiedenen Ehegatten zurückläßt, sehr in Betracht kommen, und dasselbe gilt von der Glaubwürdigkeit des Zeugnisses, also für die Frage, ob jemand, der mit einer Partei verschwägert ist, zu beeidigen sei. Das Recht ferner das Zeugnis zu verweigern soll das unter nahen Angehörigen wünschenswerte Vertrauensverhältnis schützen. Dieses Vertrauensverhältnis aber wird

BGB. über Verwandtschaft und Schwägerschaft (unbedingt) maßgebend sein sollen. Der Satz des BGB. § 1589 Abs. 2: „Ein uneheliches Kind und dessen Verwandte gelten nicht als Verwandte" ist also strafrechtlich nicht (oder richtiger nicht ohne genauere Prüfung der einzelnen in Betracht kommenden Strafvorschrift) anzuwenden.

[470]) Für diese Unterscheidung: *Schwarze* § 52, 7; *Berner* S. 106; *Schaper* in *Holtzendorffs* Handb. 2 S. 171; *Binding* 1 S. 787 Anm. 93. — Dagegen will *Olshausen* § 54, 19 die Entschuldigung des Notstandes auch bei erfolgter Scheidung fortdauern lassen. Auf Urteile des RG., welche andere Fälle (z. B. Verurteilung nach StGB. 173, 2) betreffen, kann man sich (mit *Olshausen*) m. E. nicht berufen, da nach der *Ratio legis* die Entscheidungen in bezug auf verschiedene strafgesetzliche Bestimmungen verschieden ausfallen müssen.

genügend nur gedeckt, wenn die Befreiung vom Zeugnis ungeachtet der Auflösung der Ehe fortdauernd gilt. Die Analogie der Bestimmungen der genannten Reichsjustizgesetze kann also für die Fragen des Notstandes nicht in Betracht kommen.

Das Verlöbnis wird von der herrschenden Ansicht mit Recht als ein tatsächliches Verhältnis angesehen; es muß nur ein ernstlich gemeintes sein. Ebenso ist ein tatsächliches Verhältnis die Pflegekindschaft; es kommt hier darauf an, ob ein annähernd inniges Verhältnis wie zwischen leiblichen Eltern und Kindern besteht, und die in solcher Weise einmal begründeten innigen persönlichen Beziehungen müssen auch als fortbestehend gelten, soweit eine Notstandshandlung in Frage steht, wenn das Pflegekind selbständig geworden ist.

Nach dem Wortlaute des Gesetzes sind nur Geschwister und deren Ehegatten, nicht aber Geschwister der Ehegatten, Angehörige; darnach wäre A, der Mann der Schwester des B, des letzteren Angehöriger, nicht aber B Angehöriger des A. A würde also zugunsten des B, nicht aber B zugunsten des A eine Notstandshandlung vornehmen dürfen. Dies aber ist offenbar widersinnig; denn behandelt der Gesetzgeber ein Verhältnis zwischen zwei Personen, das nicht ein Abhängigkeitsverhältnis ist, von der einen Seite als ein so inniges, so daß es kraft dieser seiner Eigenschaft besondere rechtliche Wirkungen hat, so kann er es von der anderen Seite auch nicht anders ansehen. Daher wird — was freilich nicht unbestritten ist — das Gesetz hier trotz des unvollkommenen Ausdrucks dahin aufzufassen sein, daß auch Geschwister des Ehegatten des Handelnden als Angehörige zu gelten haben.[471])

Zwischen vollbürtiger und halbbürtiger Verwandtschaft macht das StGB. einen Unterschied nicht, und mit Recht; denn tatsächlich bestehen zwischen halbbürtigen Geschwistern oft ebenso innige persönliche Beziehungen wie zwischen vollbürtigen.

§ 126. Von alters her hat man die vom Arzte vorgenommene Tötung eines noch nicht geborenen Kindes durch sogenannte Perforation oder auf andere Weise

[471]) In diesem Sinne: *Binding* **1** S. 787; *Olshausen* § 52, 23; *Frank* § 52, III. Anders *Geyer* in *Holtzendorffs* Handb. **4** S. 93; *Schwarze* § 52, 9; *H. Meyer* § 40 Anm. 18 (die freilich das Unangemessene des Ergebnisses zugestehen).

zur Rettung der Mutter für erlaubt gehalten, und wenn im gegenwärtigen deutschen StGB.[472]) eine diesen Satz aussprechende Bestimmung fehlt, so sagt mit Recht doch neuestens *Radbruch* (S. 3), daß kein Rechtslehrer, keine Richter jene Handlung des Arztes für strafbar oder verboten halte, und wenn die Rechtmäßigkeit derselben noch nicht durch Reichsgerichtsentscheidung verbürgt sei, so habe das keine andere Ursache, als daß sich bis jetzt kein Staatsanwalt gefunden habe, der Anklage erhoben hätte.

Dem übereinstimmend angenommenen Satze steht aber weitgehende Verschiedenheit in der Begründung und, was damit zusammenhängt, eine differierende Beurteilung wichtiger besonderer Fälle gegenüber. Übergehen wir diejenigen Begründungsversuche,[473]) die wenig Zustimmung gefunden haben und leicht zu widerlegen sind, so bleiben nur die Auffassungen der Handlung 1. als Heilbehandlung, 2. als Konsequenz des ärztlichen Berufsrechts, 3. als Notstandshandlung. Von einer Heilbehandlung kann nur in Ansehung der Mutter die Rede sein; dem Kinde gegenüber ist die Handlung, welche zwei bedeutsame Seiten zeigt, Tötung; die erstgenannte Rechtfertigung reicht also nicht aus. Ein wirkliches ärztliches Berufsrecht ist dem früher Dargelegten zufolge nicht anzuerkennen; es könnte außerdem nicht die Schädigung eines Dritten[474]) — hier des Kindes — rechtfertigen. Notstand[475]) endlich würde nach unserem positiven Rechte den Arzt nur dann zur Vornahme der Handlung berechtigen, wenn er naher Angehöriger der Mutter wäre; die herrschende Notstandstheorie versagt also hier in den meisten Fällen, und daß es legislativ nicht geraten sein würde, jedermann allgemein die Erlaubnis zu geben, beliebige andere unter Aufopferung dritter Personen zu retten, ist oben bereits ausgeführt worden.[476])

[472]) Diese Frage soll hier, da ich sonst gezwungen sein wurde, vieles zu wiederholen, was schon von anderen vollstandiger gesagt worden ist, nur kurz und ohne ausgiebige Kritik der Meinungen erortert werden nach Maßgabe der allgemeinen von mir vertretenen allgemeinen strafrechtlichen Satze.

[473]) Vgl. über altere Lösungsversuche *Geib* **2** S. 223.

[474]) So auch *Radbruch* S. 7.

[475]) *Wächter*, Vorlesungen S. 338, erklart die Handlung des Arztes deshalb für erlaubt, weil sie gegen eine „Naturgewalt" sich richte. Aber das Kind ist keine Naturgewalt, genießt vielmehr rechtlichen Schutz. Schrankenlose Abwehr, wie gegen herrenlose Tiere ist also ausgeschlossen.

[476]) Diesen Ausweg empfiehlt schließlich *Radbruch* S. 32.

Aber Mutter und Kind befinden sich in gemeinsamer Gefahr. Erfolgt ein ärztlicher Eingriff überhaupt nicht, so sind beide verloren. Ist daher der oben für diesen Fall entwickelte Satz des Notstandsrechts richtig, so ist Nothilfe in dem hier vorliegenden Falle ohne Beschränkung auf Angehörige gestattet; es darf also jeder Arzt (jedermann) der Mutter helfen.[476a]) Man könnte sagen wollen: auch dem Kinde unter Aufopferung der Mutter; aber hier kommt in Betracht, daß, wie aus den Strafschutzbestimmungen über das Leben hervorgeht, das Recht dem Leben des fertigen Menschen doch einen höheren Wert beilegt, als dem erst werdenden Leben des Embryo, und wo eine solche gesetzliche Wertdifferenzierung klar vorliegt, muß sie auch beim Notstande von einem Dritten, der helfen will, respektiert werden.

Es bedarf aber andererseits deshalb der Einwilligung der Mutter zur Tötung des Kindes, weil im Falle einer gemeinsamen Gefahr, wie in anderen Fällen des Notstandes jedermann die Befugnis hat, sich für den anderen aufzuopfern, und hieran niemand mit Gewalt gehindert werden darf. Indes deckt die Einwilligung der Mutter den Arzt doch nicht unbedingt. Es muß nach den für den Notstand geltenden Grundsätzen die Notstandshandlung, um als straflos zu gelten, den Umständen nach zur Rettung erforderlich sein, und dies letztere ist hier nach den Lehren der ärztlichen Wissenschaft zu beurteilen. Selbstverständlich ist endlich die kunstgemäße Ausführung der Operation nötig; sonst würde Verantwortlichkeit wegen Fahrlässigkeit eintreten.

Ebenso bedarf es aber, wie weiter auszuführen nicht erforderlich ist, der Einwilligung der Mutter zu einer vorzugsweise zur Rettung des Kindes unternommenen, die Mutter dagegen im äußersten Maße gefährdenden Operation. Diese Einwilligung [477]) muß andererseits genügen, den Arzt verantwortungsfrei zu stellen, falls die Vornahme der Operation wissenschaftlich

[476a]) Diese Erwägung auch bei *Abegg* (Untersuchungen aus dem Gebiete der Strafrechtswissenschaft S. 120).

[477]) Die Erfordernisse der Einwilligung betreffend, so kann auf die früheren Ausführungen verwiesen werden. Ware aus anderen besonderen Gründen Zurechnungsfahigkeit nicht zu bestreiten, so würde m. E. einer jugendlichen Mutter, eben weil sie dies ist, die Fahigkeit zur Entscheidung über eigene hohe Gefahr und Kindesleben nicht abzusprechen sein.

die Rettung von Kind und Mutter nicht als durchaus unwahrscheinlich erscheinen läßt: die im Notstande befindliche Person (die Mutter) will hinter der Rettung der anderen zurücktreten; dazu ist sie befugt, und ein Dritter, der helfen will, hat dies zu respektieren und danach seine Hilfe einzurichten; er wird es nur dann nicht dürfen, wenn aller Wahrscheinlichkeit nach das rechtlich höher stehende Interesse — das Leben der Mutter — dem Leben des Kindes geopfert werden soll, ohne daß doch eine Wahrscheinlichkeit besteht, das Leben des Kindes zu erhalten. In dem letzteren Falle würde das Verlangen der Mutter, sich einer vermutlich für sie tödlich verlaufenden Operation zu unterwerfen, bedeutungslos sein; der Arzt müßte[478]) gleichwohl perforieren oder (wenn noch tunlich) die Abtreibung bewirken, und dies müßte auch für den Fall gelten, daß die Mutter nicht für das eine oder andere — Perforation oder Kaiserschnitt (oder Symphyseotomie) — sich entscheiden mag oder, weil in einem Zustande der Unzurechnungsfähigkeit sich befindend, zu entscheiden nicht imstande ist, da das Leben der Mutter höher zu werten ist als das erst im Werden begriffene Leben des Kindes, die Entscheidung für das Leben der Mutter also rationell ist und Untätigkeit den Tod von Mutter u n d Kind bedeutet.[478a]) Wir gelangen also auf den Boden der oben vertretenen allgemeinen Notstandstheorie zu einem Ergebnisse, welches schließlich, wie *Radbruch*[479]) bemerkt, der meistens angenommenen Ansicht entspricht: der Wille der Mutter entscheidet über die eine o d e r andere Eventualität, jedoch nur sofern die gewählte Eventualität vom Standpunkte der Heilkunde im vorliegenden Falle gebilligt werden kann. Entscheidet die Mutter sich nicht rechtzeitig, so perforiert der Arzt unter der letzteren Voraussetzung. Aus den entwickelten Grundsätzen über den Notstand folgt auch, daß die Unterbrechung einer Schwangerschaft stets erfolgen darf, wenn sie notwendig erscheint, die Schwangere vor schwerem Siechtum — denn dies ist auch Gefahr für Leib

[478]) D. h. falls ihm die Behandlung verbleibt. Der vom Krankenbette von dem zurechnungsfähigen Patienten zurückgewiesene Arzt kann Gewalt nicht gebrauchen; der gesetzliche Vertreter des etwa zurechnungsunfähigen Patienten kann dem Arzte die Behandlung abnehmen, ist aber für die schädlichen Folgen verantwortlich.

[478a]) Dafür schon *Mittermaier*, Arch. d. Cr. N. F. **8** (1826) S. 609.

[479]) Vgl. insbesondere auch *Behr*, GS. **62** S. 415.

oder Leben — zu schützen.[480]) Freilich kann die letztere Befugnis gemißbraucht werden. Indes ist dies kein legislativer Grund, sie auszuschließen.[481])

Vielleicht werden die Ärzte eine ausdrückliche Vorschrift[482]) der Gesetzgebung der Folgerung aus einem allgemeineren Prinzip vorziehen. Man würde aber vermutlich später finden, daß auch ausdrückliche Bestimmungen, um für besondere Fälle die Entscheidung zu liefern, der Auslegung nach einem allgemeineren Prinzipe bedürfen.

---

[480]) Vgl. auch in diesem Sinne die bereits früher benutzte Entscheidung RG. IV 3. 7. 03 E. 36 S. 344. Mit den im Texte dargelegten Ergebnissen, insbesonder darin, daß in erster Linie der Wille der Schwangeren zu entscheiden habe, daß aber auch Unterbrechung der Schwangerschaft erlaubt sei, wenn anderenfalls Siechtum der Schwangeren befürchtet werden muß, und daß endlich, wenn letztere nicht willensfähig ist, der Arzt nach den Regeln der medizinischen Wissenschaft das Leben des Kindes dem Leben der Mutter zu opfern habe, übereinstimmend auch *Groß*, Separatabdruck aus der Wiener klinischen Wochenschrift 1905 Nr. 10 (Inwiefern ist beim Vorliegen einer Neurose oder Psychose künstliche Unterbrechung der Schwangerschaft medizinisch indiziert und juristisch gestattet?).

[481]) Dem Mißbrauche ließe sich nach einem Vorschlage *Dürssens* vorbeugen, wenn, abgesehen von Notfällen, d. h. Notwendigkeit unverzüglichen Eingreifens, welches Zuziehung eines zweiten Arztes nicht gestattet, die Mitwirkung oder die Zustimmung eines zweiten Arztes gefordert würde.

[482]) Vorschläge zu solchen Bestimmungen sind mitgeteilt bei *Radbruch* S. 28, 29; daselbst S. 27, 28 auch dergleichen Bestimmungen einiger ausländischer Gesetzgebungen, von denen aber verhältnismäßig wenige sich zu solchen Bestimmungen verstanden haben.

Anhang.

Strafverfolgung bedingt durch Antrag und Ermächtigung des Verletzten.

Mittermaier, Arch. d. Cr. 1838 (S. 609—620). *Zachariae*, Arch. d. Cr. 1845 (S. 566—594) 1847 S. 390—408. *Fuchs*, GArch. **19** S. 82—87. *Koch*, GArch. **19** S. 161—165. *F. Hälschner*, GArch. **19** S. 366—372. *Klebs*, GArch. **19** S. 569—578. *Bar*, GArch. **19** S. 641—652. *Lehmann*, GArch. **19** S. 736, 757. *Francke*, GArch. **20** S. 58—62, 306—320. *Zum Sande*, GArch. **21** S. 426—430. *Fuchs*, GArch. **20** S. 433 — 438. *Tessendorf*, GArch. **21** S. 332—338. *v. Schwarze*, GS. 25 (1873) S. 169—187. *Fuchs*, Anklage und Antragsdelikte 1873. *Nessel*, Die Antragsberechtigungen des deutschen Strafgesetzbuches 1873. *Reber*, Die Antragsdelikte des deutschen Strafrechts 1873 (vgl. dazu *Geyer*, Kritische Vierteljahrsschrift 1874 S. 473—496). *Thomsen*, Gutachten für den XII. deutschen Juristentag; Verhandlungen **2** S. 193—222 und *John*, Gutachten daselbst S. 223—269 (1874). *Medem*, Beseitigung des Antragsdelikts GS. **29** (1877) S. 509—538. *v. Buri*, Kritische Vierteljahrsschrift S. 93—105. *v. Kirchenheim*, Die rechtliche Natur des Antragsdeliktes 1878. *Samuely*, GS. **32** (1880) S. 1—30. *Brodbeck* (Die Antragsdelikte der schweizerischen Kantonalgesetze), Schweizer. Zeitschr. für Strafrecht **1** (1886) S. 475—504. *Köhler*, Die Lehre vom Strafantrage 1898. *Beling* in *Bennecke-Beling*, Lehrb. des deutschen Strafprozeßrechts 1900 S. 222—239. *Gerland*, GS. **57** S. 132—141. *Eulau*, Geteilter, bedingter, unter Vorbehalt gestellter Antrag 1905. *Allfeld* in der vergleichenden Darstellung des deutschen und ausländischen Strafrechts, allgemeiner Teil, **2** S. 160—218 (1908).

§ 127. Wenn für den Strafprozeß im allgemeinen der Grundsatz gilt, daß strafbare Handlungen von Amts wegen zu verfolgen sind, so kann doch eine Ausnahme für einzelne Deliktsarten angezeigt sein. Man kann sie der rein privaten Verfolgung im Strafprozesse überlassen, so daß dann eine Privatperson für den Staat auftritt, oder aber die amtliche Verfolgung von einem besonderen Antrage des Nächstbeteiligten, also des Verletzten abhängen lassen. So war nach dem Rechte der Carolina, welche die Strafverfolgung von Amts wegen für das ganze Reich für gesetzlich zulässig erklärte und damit den Anlaß dazu gab, daß alsbald die Strafverfolgung der allgemeinen Regel nach lediglich Amtssache wurde, eine Ausnahme gemacht für Ehebruch, Entführung, Notzucht und Familiendiebstahl, und zu diesen Delikten trat nach der gemeinrechtlichen Theorie und Praxis hinzu die Injurie,[483]) soweit sie überhaupt öffentliche Strafe

[483]) *Meister*, *Principia juris crimin.* § 184. Als Injurien wurden aber auch Körperverletzungen behandelt, so weit sie nicht zu den besonders schweren gehörten. Über das gemeine frühere Recht, vgl. bes. *Zachariae*, Arch. d Cr. 1845 S. 566—594.

nach sich zog, jedoch nicht zu den besonders schweren Arten der Injurie gerechnet wurde.[483a])

Die Gründe,[484]) für solche Ausnahmen können mehrfacher Art sein. Bei manchen Delikten ist die Verfolgung des Schuldigen für den Verletzten selbst oft peinlich,[484a]), verletzt ihn in gewisser Weise nochmals, so wenn ein innerhalb der engeren Familie begangener Diebstahl verfolgt wird. Bei anderen kann die Strafverfolgung ein persönliches Verhältnis, das der Gesetzgeber möglichst schonen möchte, erst recht unheilbar zerrütten — so die Strafverfolgung beim Ehebruch — oder es ist die Rechtsverletzung geringfügig, so daß man sie aus diesem Grunde nicht beachtet, falls nicht der Verletzte selbst ihr eine erhebliche Bedeutung beimißt. Sodann kann bei gewissen Delikten, bei denen es wesentlich ist, daß die Handlung gegen den Willen eines Berechtigten erfolge, ein enges persönliches zwischen dem Schuldigen und dem Verletzten bestehendes Verhältnis zweifelhaft erscheinen lassen, ob nicht stillschweigend letzterer dem ersteren Erlaubnis gegeben habe. Auch in Fällen dieser Art muß es richtig erscheinen, ein Einschreiten der Strafjustiz von einer Kundgebung des Verletzten abhängig zu machen, welche nicht zweifelhaft läßt, daß er die Handlung wirklich als Verletzung seines Rechtes betrachte. Ferner kann, auch abgesehen von nahen persönlichen Beziehungen zwischen dem Verletzten und dem Schuldigen, bei manchen Delikten, zu deren Wesen es gehört, daß sie gegen den Willen eines Berechtigten vorgenommen werden, es zweifelhaft erscheinen, ob der Berechtigte wirklich die Handlung nicht gestatten wollte.[484b]) Endlich aber kann bei einzelnen Deliktsarten die Verzeihung als Strafaufhebungsgrund eingreifen, und dabei ist stillschweigende Verzeihung

[483a]) Bei der Majestätsbeleidigung wurde auf Grund der L. und C. 9, 7 Zustimmung des Kaisers, bzw. Landesherrn zur Bestrafung gefordert.

[484]) Vgl. über solche Gründe *Zachariae*, Arch. d. Cr. 1847 S. 390ff. Vollständige Aufzählung noch bei *Köstlin* **1** S. 516.

[484a]) Zuweilen geradezu nachteilig: so z. B. die Verfolgung einer Beleidigung (üblen Nachrede), wenn der Angeklagte den Beweis der Wahrheit unternimmt.

[484b]) Aus diesem Grunde nimmt die französische Jurisprudenz — ohne daß dafür eine besondere gesetzliche Bestimmung vorhanden ist — an, daß Jagen auf fremdem Jagdgrunde, einige besondere Fälle ausgenommen, nur auf „Plainte" des Jagdberechtigten bestraft werden dürfe. *Garraud*, *Précis de droit criminel* n. 366.

denkbar, welche vorliegen kann, wenn ein Antrag auf Bestrafung nicht gestellt wird.[485])

Es können auch mehrere dieser Gründe kombiniert als maßgebend gedacht werden, so z. B. wenn die Bestrafung des Ehebruchs von dem Strafantrage des verletzten Ehegatten abhängig gemacht ist usw. Abzuweisen aber ist die Auffassung, als ob die Bestrafung bei den sog. Antragsdelikten, d. h. bei denjenigen Delikten, deren Verfolgung von dem Antrage des Verletzten abhängig gemacht ist, nicht im öffentlichen Interesse liege; denn sonst müßte überhaupt in solchen Fällen eine öffentliche Bestrafung ausgeschlossen sein. Die Gesetzgebung geht vielmehr nur von dem Gesichtspunkte aus, daß bei gewissen Deliktsarten das Privatinteresse das Delikt nicht verfolgt zu sehen, wichtiger sein könne, als das öffentliche Interesse an der Strafverfolgung.

§ 128. Die Gesetzbücher für Württemberg, Braunschweig, Baden, Hessen, Sachsen, Thüringen forderten bereits den Strafantrag bei einer erheblich größeren Zahl von Delikten zur Verfolgung [485a]) und diesem Vorgange schloß sich das StGB. an.[486]) In der Strafgesetznovelle von 1876 machte dagegen wieder die Tendenz sich geltend, das Antragsrecht und seine Bedeutung zu beschränken,[486a]) da man allerdings auf Mißbräuche, die mit dem

---

[485]) Mit Rücksicht auf diesen Grund hat das preußische allgemeine Landrecht II, 20 §§ 658, 659 eine dreimonatliche Rügefrist für Beleidigungen eingeführt — offenbar der Ursprung der heutigen Antragsfrist, vgl. *Marcinowski*, GArch. **11** S. 168 ff.

[485a]) Übersicht bei *Kirchenheim* S. 23ff.; *Zachariae*, Arch. d. Cr. 1845 S. 566ff.

[486]) Im preußischen Strafgesetzbuche kommen nur wenige Fälle vor. — Zu bemerken ist aber, daß auch das französische Recht in einer freilich nicht sehr großen Anzahl von Fällen die „Plainte" des Verletzten zur Strafverfolgung für erforderlich erachtet. Vgl. *Garraud*, *Précis* n. 363—369.

[486a]) Im StGB. sind jetzt als Antragsdelikte behandelt: Feindliche Handlungen gegen befreundete Staaten, § 102; Beleidigung fremder Monarchen, Gesandten, §§ 103, 104; einfacher Hausfriedensbruch, § 123; Erschleichung einer auflösbaren Ehe, § 170; Ehebruch 172; Verleitung zum Beischlafe durch Vorspiegelung usw., § 179; Verführung unbescholtener Mädchen unter 16 Jahren, § 182; Beschimpfung, Beleidigung Verstorbener, §§ 185—187, 189, 194 ff.; leichte vorsätzliche und einfache fahrlässige Körperverletzung, §§ 223, 230, 232; Entführung, § 236; Diebstahl gegen Verwandte, Vormünder, Erzieher, §§ 247; Betrug gegen Verwandte, Vormünder, Erzieher, § 263; Veräußerung *in fraudem creditorum*, § 288; *Furtum possessionis* in den Fällen des § 289; Verletzung des Urkundengeheimnisses, § 299; Verletzung von Geheimnissen durch Anwälte usw., § 300; Übervorteilung Minderjähriger, §§ 301, 302; einfache (private) Sachbeschädigung, § 303; Mundraub, § 370, 5. und sog. Futterdiebstahl, § 370, 6. — Außerdem ist aber die Ver-

Antragsrechte, getrieben wurden, hinweisen konnte, Mißbräuche, die freilich mehr noch mit der weitgehenden Freiheit den Antrag zurückzunehmen,[487]) als mit dem Erfordernisse des Strafantrags an sich zusammenhingen. Auch nach der nunmehr geltenden Beschränkung fehlt es nicht an herber Kritik der Institution überhaupt.

Andererseits hat die Lehre vom Strafantrage in der deutschen Literatur und Praxis seit dem Erscheinen des StGB. eine sorgfältigere Ausbildung erfahren, zu welcher — während das frühere gemeine Recht nur den einfachen Satz enthielt, daß die Einleitung des Strafverfahrens nur auf Klage (Anzeige) der verletzten Privatperson zu erfolgen habe — die Fristbestimmung, die Vorschriften über die Unteilbarkeit des Antrages bei mehreren Mitschuldigen und die selbständige Berechtigung jedes einzelnen der durch die strafbare Handlung Verletzten den Anlaß gegeben haben.[487a])

§ 129. Eine viel erörterte und zugleich praktisch bedeutsame Streitfrage ist es, ob das Institut des Strafantrages dem Prozeßrechte oder dem materiellen Rechte zuzurechnen sei, oder endlich sowohl dem Prozeß- wie dem materiellen Rechte angehöre. Für die erste Ansicht [488]) spricht der Ausdruck des Gesetzes in § 61: „Eine strafbare Handlung ist nicht zu verfolgen, wenn der zum Antrage Berechtigte es unterläßt, den Antrag binnen drei Monaten zu stellen" und nach StPO. § 259 Abs. 2

folgung einer großen Anzahl in Spezialgesetzen mit Strafe bedrohter Handlungen von dem Strafantrage des Verletzten (der hier häufig speziell bezeichnet ist) abhängig gemacht. Vgl. die Zusammenstellung bei *Köhler* S. 31—35, die was bei der rastlosen Arbeit unserer Gesetzgebung selbstverständlich erscheint, schon nicht mehr ausreicht.

[487]) Nach der Strafgesetznovelle bilden übrigens die Fälle, in denen Rücknahme des Antrags möglich ist, nur die Ausnahme.

[487a]) Ins einzelne gehende Bestimmungen — namentlich über Berechtigung und Zurücknahme des Antrags — enthält übrigens schon das sächs. GB. Art. 78 bis 108. Es fehlt aber die wichtige Fristbestimmung und auch in anderen wichtigen Beziehungen weicht das StGB. von dem sächsischen ab, obschon letzteres namentlich infolge des von *Schwarze* geübten Einflusses dem StGB. hier mehrfach als Muster gedient hat.

[488]) OT. Berlin in einer Reihe von Erkenntnissen z. B. 24. 3. 71 GArch. **19** S. 455 (angeführt bei *Reber*, S. 58, 59); *Heinze*, Über das Verhältnis d. Reichsstrafrechts z. d. Lande strafrecht S. 67; *Koch*, GArch. **19** S. 161; *Dochow*, in *Holtzend.* Handb. **4** S. 242; *v. Kries*, Lehrb. d. Strafprozesses S. 10; *Liszt* § 45 III; *Frank* § 61 II; *Gerland* GS. **57** S. 136, 138. — Dem Ausdrucke der Entscheidungsgründe nach teilt auch das RG. (vgl. I, 12./7. 80 und 13./4. 82, III., 14./4. 80 Rs. **1** 614) diese Auffassung.

soll auch bei Mangel des erforderlichen Strafantrags eine Entscheidung über die Schuld eines Angeklagten nicht ergehen, vielmehr Einstellung des Verfahrens erfolgen; ja es wird abgesehen von provisorischer Festnahme und Verhaftung des Schuldigen, der Mangel des erforderlichen Strafantrages in jedem Stadium des Prozesses beachtet und hindert den Fortgang des Verfahrens.

Danach bildet allerdings der Strafantrag eine Prozeßvoraussetzung im Strafverfahren.[489]) Aber diese Prozeßvoraussetzung ist aus Gründen des materiellen Strafrechts[490]) eingeführt; sie hat nichts zu schaffen mit dem Zwecke einer besseren Feststellung des Sachverhalts, einer richtigeren Beurteilung der Rechtsfrage nach Maßgabe des positiven Strafrechts, eines Schutzes des Angeklagten gegen Willkür oder einer größeren Sicherung des staatlichen Strafrechtsanspruchs, überhaupt nichts zu schaffen mit prozessualen Zwecken irgendwelcher Art. Sie hängt zusammen mit der gesetzgeberischen Auffassung derjenigen Deliktsarten, bei denen der Strafantrag erfordert wird, mit der Abschätzung von Lebensinteressen und Lebensbeziehungen gegenüber der Bestrafung des Schuldigen bei einzelnen Delikten, und sie hat den Zweck: 1. in vielen Fällen den Schuldigen nicht nur vor Strafe, sondern wenn tunlich auch vor dem Übel einer Strafverfolgung zu schützen, nicht freilich

---

[489]) Die Existenz des erforderlichen Strafantrags legitimiert genau betrachtet den Staatsanwalt zur Verfolgung des Straffalles. Der Mangel des Strafantrags müßte nach den Grundsätzen eines konsequent durchgeführten Anklageprozesses Abweisung der Anklage angebrachtermaßen zur Folge haben. — Als Prozeßvoraussetzung kann die Existenz des erforderlichen Strafantrages in jeder Lage des Prozesses geprüft werden; andererseits kann der Antrag in jeder Lage des Prozesses nachgeholt werden, jedoch nicht mehr, wenn das höhere Gericht (Revisionsgericht) auf die Prüfung beschränkt ist, ob das untere Gericht eine Rechtsnorm in seinem Urteile verletzt habe. (Reichsmilitärgericht I, 14./10. 07, Entsch. d. RMG. **9** S. 160; auch Jahrb. **2** S. 25.)

[490]) Das Recht des Strafantrags rechnen zum materiellen Strafrechte: *Merkel* S. 237; *Kohler*, Patentrecht S. 510; *v. Kirchenhein* S. 67; *Reber* S. 61, die Praxis des bayerischen obersten Gerichtshofes (vgl. bes. Urt. v. 12/2. 72, *Stengleins* Zeitschr. 1872 S. 162), Badisches Oberhofgericht (*Stengleins* Zeitschr. 1872 S. 249); *Köhler* S. 19; *Birkmeyer*, Encyklopadie, 2. Aufl. S. 54; *Finger* **1** S. 188. — Daß der Strafantrag sowohl dem materiellen Rechte wie dem Prozeßrechte angehöre, nehmen an: *Klebs*, GArch. 19 S. 576; *Hälschner* **1** S. 711; *Schwarze* § 61, 1; *Schütze* S. 166; *Oppenhoff-Delius* § 61 Anm. 2; *Binding* 1 S. 661 (vgl. S. 609). Auch mein Aufsatz GArch. **19** S. 641 nimmt diesen Standpunkt ein, obgleich er freilich, was durch die Polemik gegen die formalistische vom Berliner OT. vertretene Auffassung veranlaßt war, die prozessuale Seite nicht genügend hervorhebt.

weil der Schuldige so mitleidswert erschiene, sondern weil, wenn der Schuldige jenes Übel erleiden würde, auch andere Personen notwendig unter diesem Übel mitleiden müßten; 2. aber zu verhüten, daß nicht der Schuldige über Gebühr geschützt werde, da eine Freisprechung bei Mangel des erforderlichen Strafantrages, die Wirksamkeit eines späteren Antrags des Berechtigten ausschließen würde. Gerade aus dem letzteren Grunde erscheint der Strafantrag auch als Prozeßvoraussetzung, und eben deshalb darf man dies, was Konsequenz des dem materiellen Strafrechte angehörenden gesetzgeberischen Gedankens ist, nicht zur Hauptsache erheben. Es muß vielmehr davon ausgegangen werden, daß der Strafantrag seinem Wesen nach ein Institut des materiellen Rechtes ist, und daß seine gleichzeitige Eigenschaft als Prozeßvoraussetzung nur dazu dienen soll, den materiellen Zweck des Gesetzgebers um so besser erreichen zu lassen.[491]) Die juristische Deduktion hat also überall auszugehen von der materiellen Natur des Erfordernisses des Strafantrags und daraus die Konsequenzen zu ziehen, und diese Konsequenzen nur aufzugeben, wo sie mit der gleichzeitigen Natur des Strafantrages als einer Prozeßvoraussetzung durchaus unvereinbar sind. Dieser letztere Fall trifft aber, wie mir scheint, niemals zu.[492])

[491]) Daß ein Rechtssatz seinem Wesen nach dem materiellen Rechte angehört, daß zugleich aber derselben Tatsache, welche der materielle Rechtssatz betrifft, zum Zwecke einer desto mehr gesicherten Wirksamkeit die Eigenschaft einer Prozeßvoraussetzung beigelegt ist, zeigt sich auch bei geistiger Krankheit eines möglicherweise Anzuklagenden. Geistige Krankheit ist Schuldausschließungsgrund, zugleich aber ist geistige Gesundheit Prozeßvoraussetzung. — Die Rechtssätze über die Geschäftsfähigkeit gehören zweifellos dem materiellen Privatrechte an; gleichwohl ist die Geschäftsfähigkeit der Parteien Prozeßvoraussetzung im Zivilprozesse.

[492]) *Kohler* S. 16ff. und *Birkmeyer* a. a. O. bestreiten dem Strafantrage den Charakter als Prozeßvoraussetzung; *Birkmeyer*, weil, wenn der Antrag wirklich Prozeßvoraussetzung wäre, das Strafverfahren, nicht, wie StPO. 259 vorschreibt, durch Einstellungs urteil, sondern durch Beschluß erfolgen müßte; *Köhler*, weil der Strafantrag unter der von ihm aufgestellten Definition der Prozeßvoraussetzungen nicht zu subsumieren sei. Aber es widerspricht durchaus nicht dem Prozeßrechte, die Nichtexistenz einer Prozeßvoraussetzung durch Urteil auszusprechen, — im Zivilprozesse geschieht es bekanntlich — und formell richtiger wäre, wie gesagt, in einem Anklageverfahren statt Einstellung auszusprechen, vielmehr die Anklage angebrachtermaßen abzuweisen. Die von *Köhler* aufgestellte Definition der Prozeßvoraussetzungen, wonach unter Prozeßvoraussetzungen jedenfalls nur Voraussetzungen zu verstehen seien, auf deren Eintreten mit den Mitteln des Prozesses eingewirkt werden könne, ist nicht zutreffend. Eine

§ 130. Das Erfordernis des Strafantrags gehört aber freilich nicht zur Schuldfrage.[493]) Wer ein nur auf Antrag verfolgbares Delikt begangen hat, ist dieses Deliktes schuldig; er soll nur straflos sein, falls der Strafantrag nicht gestellt wird. Der Strafantrag ist also nur eine Voraussetzung oder Bedingung des staatlichen Strafanspruchs. Wenn man sagt, der Strafantrag sei Voraussetzung der Strafbarkeit, so hat man insofern Recht, als bei Mangel des Strafantrags die Tat nicht bestraft werden kann, also in diesem Sinne nicht strafbar ist; aber man hat Unrecht, wenn damit gesagt werden soll, daß abgesehen von der Verwirklichung der staatlichen Strafe, der Tat die Qualität als einer strafbaren fehle.[494]) Im Grunde handelt es sich also nur um einen Wortstreit, wenn einige den Antrag als Voraussetzung der Strafbarkeit, andere aber den Antrag als Voraussetzung des staatlichen Strafanspruches bezeichnen, und ein Widerspruch der verschiedenen Auffassungen, die sich so stark bekämpfen, besteht eigentlich nur dann, wenn von der einen Seite, der ausschließlich prozessuelle Charakter des Strafantrages behauptet und von der anderen der gleichzeitig prozessuale Charakter geleugnet wird. Daher besteht zwischen der Mehrzahl derjenigen, welche in dem Erfordernisse des Strafantrags einen Satz des materiellen Rechts erblicken und zwischen denjenigen, welche ihm eine gemischte Natur zuschreiben, in der Tat kein Widerspruch: es kommt nur darauf an, was man als den Ausgangspunkt betrachtet, und wenn allgemein gesagt wird, daß das RG. den Strafantrag lediglich zum Prozeßrechte rechne, so mögen dafür einzelne Wendungen in den Entscheidungsgründen reichsgerichtlicher Entscheidungen angeführt werden; im Ergebnis sind diese Entscheidungen mit der Konsequenz der hier vertretenen Ansicht meist vereinbar. Bei mehrfachen Ent-

Vergleichung mit dem Zivilprozesse stellt auch dies klar. Die Geschäftsfähigkeit einer nicht vom gesetzlichen Vertreter vertretenen Partei ist zweifellos Prozeßvoraussetzung. Mit den Mitteln des Prozesses kann aber hier Abhilfe nicht geschafft, vielmehr nur der Mangel gerügt werden.

[493]) Wenngleich es in gewissen Fällen auch dazu dient, jemanden vor ungerechter Verurteilung zu schützen, nämlich da, wo die Tat wegen stillschweigender Einwilligung des Verletzten der Deliktscharakter leicht fehlen kann.

[494]) Wer den Strafantrag als Bedingung der Strafbarkeit bezeichnet, wird deshalb nicht die Meinung aufstellen müssen, daß die Einrede der Wahrheit nicht gegenüber dem Beleidigungskläger zulässig sei, dem der Vorwurf einer nur auf Antrag verfolgbaren Straftat gemacht ist.

scheidungen des früheren OT. war dies aber nicht der Fall; so bei den Entscheidungen, welche in dem bei einer Anzahl von Delikten für die Strafverfolgung eingeführten Erfordernisse des Strafantrags nicht ein milderes, also nach § 2 Abs. 2 des StGB. anzuwendendes Strafgesetz erblickten,[495]) oder welche der Ansicht folgten, daß, wenn das erkennende Gericht finde, es liege nur ein Antragsdelikt vor, dennoch bei Fehlen des Strafantrags Verurteilung erfolgen müsse, falls nur die Untersuchung auf den Titel eines Deliktes eröffnet war, dessen Verfolgung Strafantrag nicht voraussetzte.[496]) Wenn dagegen reichsgerichtliche Urteile ausführen, daß der Strafantrag nicht zur Schuldfrage gehöre, und daß daher der Beweis der Existenz des erforderlichen Strafantrags nicht unter denjenigen Vorschriften des Verfahrens stehe, die für den Schuldbeweis bestimmt sind, so liegt darin trotz des allgemein an die Spitze gestellten Satzes, es sei der Strafantrag ein prozessuales Institut, doch keine prinzipielle Gegnerschaft gegen die richtige Auffassung; denn dem praktischen Satze, welchen die reichsgerichtlichen Erkenntnisse fixieren wollen, kann auch nach der richtigen Auffassung zugestimmt werden, und der Ausspruch jenes ganz allgemeinen und unbestimmten Prinzips hat nach der Art und Weise, in welcher Richter bei Abfassung von Erkenntnissen nicht selten vorgehen, weniger Bedeutung.

§ 131. *John*,[497]) *H. Meyer* (§ 43 zu Anm. 7 ff.) und *Liszt* (§ 45, II.) haben die Ansicht aufgestellt, daß bei den Antragsdelikten zwei Arten zu unterscheiden seien,[497a]) die auch eine verschiedene gesetzliche Regelung des Antragsrechtes erfordern würden. Indes sind die genannten Autoren über die Unterscheidungsmerkmale keineswegs einig. Während *H. Meyer* bei einigen Delikten die Verfolgung ohne Antrag für nicht nötig erklärt, bei anderen dagegen für nachteilig, will *Liszt* die Unterscheidung nach der

[495]) Vgl. *Stengleins* Zeitschr. **1** S. 84; andere Entscheidungen zitiert bei *Reber* S. 58.

[496]) 13/12. 70 *Stengleins* Zeitschr. **1** S. 11.

[497]) Verhandlungen des XII. deutschen Juristentags **2** S. 228ff.

[497a]) *Liszt* führt noch andere Autoren fur diese Ansicht an. Ich kann bei mehreren der von ihm zitierten diese Ansicht nicht entdecken, sofern es auf die bezeichnete legislative Folgerung ankommen soll, so nicht bei *Geyer*, Zeitschr. **4** S. 421 § 61.

Erwägung treffen, daß für die öffentliche Rechtsordnung einige „Rechtsgüterverletzungen" nur dann von Bedeutung seien, wenn der Verletzte sie als solche empfinde, wogegen bei anderen Rechtsgüterverletzungen die Verfolgung ohne Antrag der verletzten Person für diese eine neue Verletzung enthalten würde. Bei den Delikten der ersten Art sei der Strafantrag Bedingung der Strafbarkeit und Fehlen des Strafantrags müsse Freisprechung mit definitiver Erledigung der Sache zur Folge haben. Bei den Delikten der zweiten Art verzichte der Staat dem Verletzten zuliebe auf Geltendmachung seines Strafanspruchs, hier sei also der Strafantrag Prozeßvoraussetzung, sein Mangel nur Hindernis der Strafverfolgung.

John, dessen Unterscheidung als die am meisten von der herrschenden Auffassung abweichende und zugleich als besonders tiefgreifend zu bezeichnen ist, erblickt in einer Anzahl von Antragsdelikten Delikte in Wahrheit nur privatrechtlichen Charakters, bei denen der Staat auf Autorisation des Verletzten eigentlich nur die Strafvollstreckung übernehmen sollte und letztere auch tatsächlich nach positivem Rechte übernimmt — weil die Vollstreckung von Privatstrafen auf Unzuträglichkeiten stoßen würde. Bei einer anderen Kategorie von Antragsdelikten steht nach *John* dem Staate der Strafanspruch von Anfang an zu; der Staat verzichtet hier nur (bei Fehlen des Antrags), weil überwiegende Privatinteressen die Strafverfolgung widerraten.

Die von *Meyer* gemachte Unterscheidung scheint mir deshalb nicht haltbar, weil das Nichtnötige auf dem Gebiete des Strafrechts ohne weiteres auch das Nachteilige ist. Ebensowenig kann ich aber der *Liszt*schen Unterscheidung zustimmen. Gewiß wird man sagen, daß für den Rechtssatz, nach welchem Verfolgung von Beleidigungen nur auf Antrag eintritt, bestimmend sei die Erwägung, daß der Beleidigte die Beleidigung auch als solche empfinden müsse. Aber kann nicht ebensogut die zweite Erwägung passen, da etwa der Beleidiger die *Exceptio veritatis* vorbringen, und selbst wenn diese rechtlich unbegründet wäre, die Aufrollung einer Menge persönlicher Beziehungen vor Gericht eine zweite Verletzung des Beleidigten enthalten könnte? Ebenso treffen aber auch bei dem von *Liszt* angeführten Delikte des StGB. § 182 beide

Gesichtspunkte zu, wenigstens in vielen Fällen, und gewiß kann auch der erste Gesichtspunkt als maßgebend betrachtet werden, wenn der Verführer — der Begriff der Verführung ist hier ja ein sehr weiter — die Verführte zu heiraten beabsichtigt, und die Heirat für die Verführte eine recht vorteilhafte ist. Die verschiedene rechtliche Behandlung des Strafantrags — (nach *Liszt*) in den Fällen der ersteren Art als Bedingung der Strafbarkeit, in den Fällen der zweiten Art als Prozeßvoraussetzung — könnte also nur zu sachlich unbefriedigenden Ergebnissen führen — wenn wirklich die materielle Auffassung des Strafantrages nicht auch der Auffassung als Prozeßvoraussetzung gerecht werden könnte — was oben bestritten werden mußte.[497b])

Noch weniger kann aber die von *John* gemachte Unterscheidung befriedigen. Eine Privatstrafe, die der Staat als öffentliche Strafe vollstreckt und durch den Staatsanwalt im Wege und mit allen Mitteln des öffentlichen Strafverfahrens verfolgen läßt, ist eine evidente *Contradictio in adjecto*. Und nun betrachte man die Durchführung der Unterscheidung. Beleidigungen, Verleumdungen, ja falsche Anschuldigungen sind nach *John* Privatdelikte, die den Staat, d. h. die öffentliche Rechtsordnung nicht berühren; dagegen gehören leichte Körperverletzungen zu denjenigen Delikten, welche ihrer Natur nach dem öffentlichen Strafrechte anheimfallen. Die verkünstelten Konsequenzen [497c]), welche *John* selbst für die verschiedene Behandlung jener beiden Deliktskategorien gezogen hat, Konsequenzen, auf welche hier einzugehen, sich erübrigt, ergeben eine weitere Kritik seiner Ansicht.

Auch *Gerland* hat eine Einteilung des Antragsdelikts nach Maßgabe der verschiedenen durch das Erfordernis des Antrags legislativ berücksichtigten Interessen unternommen. Man wird

---

497b) Nach *Liszts* Theorie würde in den von ihm bezeichneten Fallen der ersten Art der Angeklagte auch dann definitiv freigesprochen werden mußen, wenn erst in der Hauptverhandlung die Eigenschaft der Straftat als eines Antragsdeliktes sich herausstellen würde, und der Antrag nicht vorlag, gleichwohl aber noch gestellt werden könnte.

497c) Man vergleiche z. B. a. a. O. S. 239, 240, wo *John* versucht einander offenbar widersprechende Urteile des Berliner OT. (GArch. **19** S. 455—502 und andererseits GArch. **20** S. 252) Urteile, deren Diskrepanz das OT. in dem späteren Urteile selbst anerkennt, als miteinander durchaus übereinstimmend nachzuweisen — auf Grund der von *John* angenommenen Unterscheidung, welche sehr willkürliche Anwendung gestattet.

sich jedoch auch hier unschwer überzeugen können, daß fast durchgehend jeder dieser verschiedenen Gründe bei den einzelnen Deliktsarten zutrifft. Daher kann eine auf solche Einteilung zu gründende verschiedene Behandlung der einzelnen Antragsdelikte nur als Willkür erscheinen.

§ 132. Ich habe vor langen Jahren[497d]) die juristische Konstruktion des Antragsrechts, das seiner Wirkung nach oft als ein dem Verletzten eingeräumtes Recht die Strafverfolgung zu hindern, aufgefaßt ist,[497e]) in folgendem zu geben versucht. Bei gewissen Delikten ist die Strafgewalt des Staates nur dann strafend einzuschreiten gesonnen, wenn das Bedürfnis der staatlichen Reaktion gegen das Delikt in dem zunächst interessierten Kreise (regelmäßig bei dem Verletzten) sich in bestimmter Weise (durch Stellung des Strafantrags) manifestiert hat.[497f])

Man könnte das auch so ausdrücken, die staatliche Strafgewalt ist, soweit es sich darum handelt, gegen den Schuldigen einzuschreiten, solange dem begangenen Delikte gegenüber blind, bis ihr durch die in formeller Weise erfolgende Reaktion des Verletzten darüber die Augen geöffnet werden, daß der Ver-

---

497d) GArch. **19** S. 644.

497e) *Hälschner* 1 S 760 und *H. Meyer* § 43 zu Anm. 22 bezeichnen das Antragsrecht als Recht darauf, daß nicht ohne den Willen des Beteiligten eingeschritten werde. — Indes erschöpft diese Auffassung das Wesen des Antrags nicht. Der Antrag hat auch positive Bedeutung. Wenn das Strafrecht jetzt ganz überwiegend im öffentlichen Interesse ausgeübt wird, so bezeichnen die Antragsdelikte diejenigen Fälle, in denen die öffentliche Strafgewalt zu ihrem Einschreiten auch gegenwärtig noch der Existenz eines Privatinteresses an der Bestrafung zu bedürfen glaubt. — *Beling*, Strafprozeßrecht S. 229 gelangt infolge jener rein negativen Auffassung des Antragsrechts dahin, den Strafantrag zu bezeichnen als Ausübung des Verzichts auf das Recht, die Strafverfolgung zu hemmen. Daher ist er auch der Ansicht, es sei legislatorisch richtiger, zur Hemmung (des in den Antragsfällen sonst von Amts wegen einzuleitenden Verfahrens einen positiven Einspruch des Verletzten zu fordern, so daß Nichterklärung der gesetzten Frist das Strafklagerecht frei machen würde. Meines Erachtens würde das wenig praktisch, namentlich mit der doch so oft sehr zu berücksichtigenden Schonung des Verletzten schwerlich vereinbar sein. Entweder müßte dann die Behörde den Fall erst einigermaßen feststellen oder der Verletzte ihn sofort gerade durch seinen Einspruch sozusagen an die große Glocke hängen.

497f) Dies ist im wesentlichen auch die Auffassung *Gerlands*, der mehrfach hervorhebt, daß durch den Antrag das Unrecht manifestiert werde, aber freilich den Antrag lediglich als prozessuales Institut betrachtet. — Anders *Allfeld*, der sogar (S. 221 Anm.), ungeachtet insbesondere der Tatbestand der Beleidigung das Gegenteil beweisen dürfte (vgl. in dieser Beziehung namentlich *Gerland* S. 135), die Behauptung aufstellt, der Tatbsetand keines einzigen Deliktes erfordere, daß die Verletzung als solche empfunden werde.

letzte die Verletzung als durch Strafe zu ahndendes Unrecht empfinde.[498])

Gegen diese Konstruktion ist eingewendet worden, daß sie nichts erkläre. Aber eine juristische Konstruktion soll nicht die legislativen Gründe mehrerer Rechtssätze erklären; ihre Aufgabe ist, eine Mehrzahl von Rechtssätzen so in einem Satze zusammenzufassen, daß die einzelnen Rechtssätze sich deduktiv ableiten lassen und möglichst auch die feineren Konsequenzen dieser einzelnen Sätze, und diese Aufgabe wird durch jenen allgemeinen Satz, wie ich glaube, einigermaßen erfüllt — wie mir scheint — mehr als durch die Bezeichnung des Strafantrags als Prozeßvoraussetzung oder Bedingung des staatlichen Strafanspruchs; denn es lassen sich Prozeßvoraussetzungen und Bedingungen des staatlichen Strafanspruchs, die einen wie die anderen, mit recht verschiedener Wirkung denken

[498]) Diese von mir in dem zitierten Aufsatze mehrfach benutzte Konstruktion ist von *Kirchenheim* bes. S. 67 weiter begründet; *K.* betont nur in seiner Definition ausdrücklich, daß der Verletzte das Delikt als Rechtsverletzung e m p f u n d e n haben müsse, was m. E. auch der Sinn meiner Definition ist (vgl. den zitierten Aufsatz S. 647, Text unten). — Sie ist dann auch von einigen anderen (z. B. von *Lisst* § 45, II, 1; *Frank* § 61, I. 1) wenigstens teilweise als richtig anerkannt (vgl. auch *Binding* Handb. 1 S. 605 Anm.). — *Beling*, Strafprozeßrecht S. 223 Anm. 12, erklärt sich dagegen, weil der nachträglich (z. B lediglich aus Rache) gestellte Antrag keineswegs ein Beweis dafür sei, daß der Betroffene sich wirklich durch die Tat verletzt gefühlt habe, und weil andererseits das Unterbleiben des Antrags noch keinen Beweis dafür enthalte, daß der Betroffene sich nicht verletzt gefühlt habe, da er ja sich den Antrag abkaufen lassen könne. Indes das Bedürfnis nach Rache scheint mir das Gefühl erlittenen Unrechts keineswegs auszuschließen und ebensowenig der Empfang einer Entschädigung. Abgesehen aber hiervon kann doch aus Gründen der Rechtspolitik die Geltendmachung des Gefühls erlittenen Unrechts derartig an eine Form (hier die Antragstellung) gebunden sein, daß die Beobachtung dieser Form die Existenz jenes Gefühls immer beweisen, bei Nichtbeobachtung der Form aber von jenem Gefühle keine Notiz genommen werden soll. Hiermit dürfte auch die Einwendung *Köhlers* (S. 3) erledigt sein, welcher deshalb das Fühlen der Verletzung für unerheblich erklärt, weil es nur auf den W i l l e n beim Antrage ankomme. Im einzelnen Falle ist letzteres richtig, aber eine legislative Erklärung des Instituts im allgemeinen liegt hierin nicht. — *Thomsen*, Gutachten für den XII. deutschen Juristentag 2 S. 201, tadelt den von mir aufgestellten Satz auch deshalb, weil er „obendrein eigentlich nur auf das sekundäre aktive Moment des Antragsrechts sich beziehe". Aber nach der Fassung unseres Gesetzes kommt praktisch nur dies aktive Moment in Betracht. D e r Z w e c k, d e m V e r l e t z t e n d i e H i n d e r u n g v o n S t r a f v e r f o l g u n g u n d B e s t r a f u n g z u e r m ö g l i c h e n, l i e g t g l e i c h s a m h i n t e r d e r S z e n e. — *John* a. a. O. S. 226 wendet insbesondere ein, daß nach der von mir unternommenen Konstruktion diejenigen Falle, in denen auf sog. Privatklage prozediert wird, zu den Antragsverbrechen nicht gehören könnten Aber ich meine, daß Privatklage und Verfolgung durch die Staatsanwaltschaft auf Strafantrag des Verletzten n u r f o r m e l l verschiedene Wege des Einschreitens (oder des Wirksamwerdens) der Strafgewalt darstellen, da auch die Privatklage zur öffentlichen Strafe führt.

§ 133. Ohne weiteres klar ist, daß nicht, solange ein Strafantrag fehlt, oder falls solcher gar nicht gestellt wird, die Handlung überhaupt in keiner Weise als Delikt behandelt werden solle,[498a]) oder selbst als nicht rechtswidrig. Wer einen nur auf Antrag verfolgbaren Familiendiebstahl begangen hat, kann vielmehr, wenn zwar der Antrag nicht erfolgt ist, ihm aber die Begehung eines Diebstahls nachgesagt wird, eine Klage wegen übler Nachrede mit Erfolg nicht erheben, und gegen denjenigen, der eine nur auf Antrag verfolgbare Handlung zu begehen im Begriff ist, kann Notwehr stattfinden. Das Delikt der üblen Nachrede setzt das Nachreden einer strafbaren Handlung gar nicht voraus; es genügt eine in der allgemeinen Achtung herabsetzende Handlung, und dieser Charakter der Handlung ist von der Strafbarkeit der letzteren unabhängig. Für die Zulässigkeit der Notwehr kommt es ebensowenig auf Strafbarkeit des Angriffs, vielmehr nur auf dessen objektive Rechtswidrigkeit an.

Da die Existenz eines Strafantrags mit der Schuldfrage nichts zu schaffen hat, so ist ein Irrtum[499]) des Handelnden sowohl über die Verfolgbarkeit seiner Handlung ohne Strafantrag, wie über die Person des Antragsberechtigten und über den Umstand, daß der Berechtigte einen Strafantrag nicht stellen werde, unerheblich.

§ 134. Der oben angenommenen Konstruktion entspricht der Satz des § 63 des StGB.: „Der Antrag kann nicht geteilt werden. Das gerichtliche Verfahren findet gegen sämtliche, an der Handlung Beteiligte (Täter und Teilnehmer) sowie gegen den Begünstiger statt, auch wenn nur gegen eine dieser Personen auf Bestrafung angetragen ist." Der Verletzte kann die begangene Verletzung der Regel nach nicht teilweise

---

[498a]) Nach StPO. § 127, 130 ist sogar Festnahme des Verdächtigen und Haftbefehl gegen denselben auch bei Antragsdelikten zulässig.

[499]) Vgl. *Olshausen* § **59**, 33 und § **61**, 55 und bereits OAG. Dresden 16. 3. 74, OT. Berlin 20. 1. 75 (*Stengleins* Zeitschr. **4** S. 178 u. 86). RG. II 1. 7. 81 E. **4** Nr. 125 S. 346. Auch alle strafprozessualen Bestimmungen, die sich speziell nur auf die Schuldfrage beziehen, wie z. B. das Erfordernis einer stärkeren Mehrheit der richterlichen Vota zu ungunsten des Angeklagten, gelten für den Strafantrag nicht. Vgl. RG. IV., 10/10. 05 (Recht **9** S. 624 und Jahrb. **1** S. 31). — So kann auch der Revisionsrichter die Rechtzeitigkeit des Antrags frei prüfen (RG. v. 24/9. 07; Recht **11** Sp. 1338 und Jahrb. **2** S. 25).

als Verletzung empfinden, je nachdem der A. oder auch der B. oder der C. als Mitwirkender dabei in Betracht kommt. Dagegen ist es mit jener Konstruktion allerdings vereinbar, daß das Gesetz ausnahmsweise bei gewissen Delikten die Bestrafung nur solcher Teilnehmer von einem Strafantrage des Verletzten abhängig mache, welche zu diesem in einem besonderen persönlichen Verhältnisse (z. B. als nahe Verwandte) stehen (sog. relative Antragsdelikte).[500]) Die Unteilbarkeit des Antrags gilt aber auch bei relativen Antragsdelikten; wird der Antrag auch nur gegen einen der Teilnehmer gestellt, welche nur auf Antrag verfolgt werden können, so erstreckt seine Wirksamkeit sich auf diese sämtlichen Teilnehmer. Doch kommt im Falle eines relativen Antragsdelikts das, was durch Erfordern des Strafantrags bezweckt wird, immerhin insofern nicht voll zur Geltung, als durch Untersuchung gegen einen Teilnehmer regelmäßig auch die Schuld der anderen Teilnehmer mehr oder minder der Öffentlichkeit preisgegeben wird. Außerdem kann leicht das allgemeine Gerechtigkeitsgefühl dadurch verletzt werden, daß die klargelegte Schuld eines Teilnehmers ungeahndet bleibt, während ein anderer Teilnehmer zu büßen hat, der nicht durch eine persönliche Beziehung zu dem Verletzten gedeckt wird. Nur besonders gewichtige Gründe dürfen daher bei einzelnen Deliktsarten ausnahmsweise den Gesetzgeber bestimmen, Delikte als relative Antragsdelikte zu behandeln. In der Regel muß das Antragsdelikt, das freilich als solches eine Ausnahme darstellt, ein sog. absolutes sein, d. h. ein solches, bei welchem das Erfordernis des Antrags für alle Teilnehmer gilt.

Das Erfordernis des Strafantrags bezieht sich auf alle Formen der Begehung des Antragsdelikts. Die weniger schweren Formen Versuch, Beihilfe, Begünstigung können[500a]) unmöglich strenger behandelt werden als die Täterschaft bei Vollendung der Straftat. Anstiftung wird prinzipiell im Strafrecht der Täterschaft gleich behandelt.

---

[500]) Vgl. StGB. § 247 Abs. 1 und 3; § 263, 289, 292.

[500a]) In Betreff der Begünstigung vgl. Bd. 2 S. 794 und StGB. § 63, wo von der Voraussetzung ausgegangen wird, daß das Erfordernis des Strafantrags, welches für das Hauptdelikt gilt, auch auf die entsprechende Begünstigung sich beziehe.

§ 135. Der zum Antrag Berechtigte ist nach der herrschenden und richtigen Ansicht [501]) — falls dies nicht bei einzelnen Delikten besonders bestimmt ist — derjenige, dessen Recht oder Person unmittelbar durch die Handlung verletzt ist [502]) oder verletzt worden wäre, falls das Delikt vollendet wäre (daher ist der Antragsberechtigte nicht immer wirklich beschädigt), und hierbei ist selbstverständlich die Natur der einzelnen Deliktsart zu beachten.[503]) Ein Interesse im weiteren Sinne, das über den nächst Betroffenen hinaus etwa vorhanden und verletzt sein kann, genügt nicht,[504]) z. B. nicht das Interesse, das ein Ehemann an der körperlichen Integrität der Gattin hat,[504a]) noch weniger ein nur obligatorisches Interesse, z. B. das Interesse als Versicherer Ersatz zahlen zu müssen für die beschädigte Sache. Auch darf der Schwebezustand des staatlichen Strafanspruchs nicht zu lange dauern; dagegen soll die dreimonatige Antragsfrist schützen. Dieser Schutz würde in vielen Fällen verloren gehen und die Möglichkeit des Antrags allzuoft bis zur wirklichen Verjährung dauern können, wenn bei einer größeren Anzahl von Antragsberechtigten für jeden dieser Berechtigten die Frist einen verschiedenen Ausgangspunkt haben könnte. Diese allgemeine *Ratio* spricht entschieden gegen jene Erstreckung des Antragsrechts. Außerdem aber spricht, soviel das StGB. betrifft, das *Argumentum a contrario* dagegen, da im StGB. in einzelnen Fällen es stets besonders gesagt ist, auf welche neben dem Verletzten Interessierte das Antragsrecht erstreckt ist — so in den §§ 195, 196, 182.

---

[501]) Dafür *H. Meyer* § 43 zu Anm. 24; *Hälschner* **1** S. 714; *Binding* Hdb. **1** S. 615; *Merkel* S. 240; *Liszt* § 45 III. 1.; *Olshausen* § 60, 10; *Frank* § 61 III.; *Finger* **1** S. 193.

[502]) Rg. II, 16./4. 89 E. **19** N. 72 S. 250 mit Beziehung auf das Delikt des StGB § 179.

[503]) Wird dem Inhaber des Gewahrsams an einer beweglichen Sache ein wirkliches Recht an der Sache, wenngleich nur ein Besitzrecht, zugeschrieben, so wird er auch — ein Interesse an dem Behalten des Gewahrsams vorausgesetzt — bei einem Diebstahle n e b e n dem Eigentümer als Verletzter und Antragsberechtigter anzusehen sein. Vgl. Rg II, 1./7. 81. E. **4** N. 125 S. 347; I., 23./9. 89 E. **19** N. 107 S. 379. — Nach dem BGB. wird daher ein Gewahrsamsinhaber, wenn er dem Eigentümer für Diebstahl haftet oder auch nur ein Recht hat, die Sache länger zu behalten, zum Antrage berechtigt sein.

[504]) Anders *Kessler*, Die Einwilligung des Verletzten S. 49 und GS. **39** S. 109.

[504a]) So ausdrücklich Rg. IV. 16./4. 89 E. **19** N 72 S. 250 mit Beziehung auf das Delikt des StGB. § 179.

Übrigens wird meist der kraft obligatorischen Rechtes Interessierte in seinem obligatorischen Rechte ein Mittel besitzen, den unmittelbar Berechtigten und Beschädigten zur Stellung des Antrags zu veranlassen. Beinahe selbstverständlich ist, daß für die Frage, wer der Verletzte und also der Antragsberechtigte ist, der Zeitpunkt der Deliktshandlung entscheidet. Den späteren Erwerber einer beschädigten Sache hat der Beschädiger absolut nicht geschädigt; der Erwerber hat vielmehr eine beschädigte Sache erworben. Nicht eine Sache oder ein Rechtsverhältnis fühlt die in der Deliktshandlung liegende Verletzung, sondern eine Person, und diese kann das Antragsrecht nicht übertragen, da es nicht einmal auf Erben des Antragsberechtigten übergeht.[505])

§ 136. Sind mehrere Verletzte,[506]) z. B. mehrere Miteigentümer, Jagdberechtigte, vorhanden, so kann jeder derselben unabhängig von den übrigen den Antrag stellen. Dies folgt aus der oben vertretenen allgemeinen Auffassung des Antrags: nur wenn das Delikt in dem beteiligten Kreise überhaupt nicht als Verletzung gefühlt wird, will der Staat von der Verfolgung absehen; es genügt also, wenn einer die Verletzung dem Staate manifest macht. Den Antrag sämtlicher Verletzten zu verlangen würde die Strafverfolgung allzu sehr beschränken, und zugleich zu verwerflichen Verträgen über die Ausübung des Antrags Anlaß geben. Es wäre außerdem insofern unpraktisch, als häufig sich nicht ohne weiteres bei Eröffnung einer Untersuchung feststellen läßt, ob nicht noch ein anderer Verletzter vorhanden ist. Nach den §§ 62, 65, 192, 195 des StGB. ist aber auch nicht zu zweifeln, daß die hier vertretene Ansicht dem positiven Rechte entspricht. Jeder einzelne Berechtigte bewirkt durch seinen Antrag, daß das ganze Delikt durch richterliche Aburteilung festzustellen ist; wie sollte es auch werden, wenn der Richter auf den Antrag eines von mehreren Verletzten nur die diesem zugefügte Verletzung berücksichtigen dürfte, und

---

[505]) *Reber* S. 341 vertritt (wohl allein) die Ansicht, daß „die Antragsberechtigung mit dem Titel hierzu erlösche". Vgl. dagegen *Binding* 1 S. 646 Anm. 31; *H. Meyer* § 43 zu Anm. 35; *Olshausen* § 61, 11.

[506]) Antragsberechtigt kann auch eine juristische Person, eine Behörde, der Fiskus sein. Vgl. *Olshausen* § 61 14 und z. B. Rg. I. 23./9. 89 E. **19** N. 107 S. 378 Dann bedarf es eines dem Gesetz oder Statut formell entsprechenden Beschlusses.

nachher ein anderer Verletzter die ihm zugefügte Verletzung geltend machen könnte.[507]) Das schließt allerdings nicht aus, daß, insoweit Verzeihung als Grund, die Strafe zu mindern, anerkannt wird, das Schweigen eines oder mehrerer Mitberechtigten als Grund zu betrachten ist, die Strafe geringer auszumessen.[508])

Anders zu behandeln sind nach dem StGB. die Fälle, in denen für den Verletzten[509]) oder neben ihm einem anderen oder anderen die Antragsbefugnis zusteht. Während bei mehreren Verletzten die Strafe geringer ausfallen muß, wenn nur einer den Antrag stellt, ist es in jenen Fällen gleich, ob der Antrag nur von einem oder von mehreren Berechtigten ausgeht. Es ist jedoch dann nicht wegen des Strafmaßes, wohl aber den Lauf der Antragsfrist betreffend, zu unterscheiden, ob ein Fall der Vertretung des Verletzten vorliegt oder ob wegen eines besonderen persönlichen Verhältnisses zu dem Verletzten andere eine selbständige Antragsbefugnis besitzen; letzteres trifft zu, wenn das StGB. §§ 195, 232 Abs. 3 dem Ehemann bei Beleidigungen und Körperverletzungen, welche der Ehefrau zugefügt sind, sowie unter bestimmten Voraussetzungen[510]) Beamten und Behörden, welche dem Verletzten vorgesetzt sind (StGB. § 196, 232, Abs. 1), d. h. in Wahrheit dem Staate, dem betr. Kommunalverbande, der betr. Religionsgesellschaft die Antragsbefugnis erteilt.[510a]) Für alle Fälle aber, in denen neben dem wirklich Verletzten irgendeine andere Person als antragsberechtigt

---

[507]) In diesem Sinne auch *Binding* **1** S. 632; *H. Meyer* § 43 zu Anm 34 (unter Aufgabe der früher von ihm vertretenen abweichenden Ansicht); *Olshausen* § 61 N. 58b. Anders die Idealkonkurrenz vgl. unten.

[508]) RG. IV. 14./6. 95, GArch. **48** S. 231 die einheitliche Handlung sei in ihrem ganzen Umfange festzustellen, aber bei der Strafzumessung nur die Verletzung des Antragstellers zu berücksichtigen.

Vgl. auch StPO. § 415 Abs. 3: „Jede in der Sache selbst ergangene Entscheidung äußert zugunsten des Beschuldigten ihre Wirkung auch gegenüber solchen Berechtigten, welche die Privatklage nicht erhoben haben." Was bei der Privatklage gilt, welche in Beziehung auf dieselbe Straftat mehreren Personen zustehen kann, muß jedenfalls auch für den Strafantrag gelten.

[509]) In einem Falle StGB. § 182 unter Ausschluß der verletzten Person (vgl. *Olshausen* § 182 Anm. 4).

[510]) Im Falle des § 189 StGB. ist, da ein Verstorbener nicht beleidigt werden kann, von mehreren Verletzten zu reden, wenn das Gesetz Eltern, Kinder und den Ehegatten des Verstorbenen als antragsberechtigt bezeichnet.

[510a]) Vgl. über diese Unterscheidung namentlich *Beling* (*Bennecke-Beling*, Deutsches Reichsstrafprozeßrecht S. 226).

bezeichnet wird, erlischt, was allerdings bestritten ist,[511]) die Antragsbefugnis mit dem Zeitpunkte des Todes des Verletzten;[511a]) denn unser Gesetz nimmt in den fraglichen Fällen nicht eine mehrfache Verletzung des unmittelbar Verletzten und des Antragsberechtigten an — vielmehr nur ein selbständiges Interesse des letzteren.[511b])

§ 137. Ein Übergang des Antragsrechtes auf die Erben würde der Natur dieses Rechtes[512]) widersprechen: der Verletzte selbst muß das Unrecht als ein zu sühnendes empfunden und geltend gemacht haben; man wird nie mit voller Evidenz sagen können, daß der Verletzte, wäre er länger am Leben geblieben, den Antrag gestellt haben würde: vererbt sich doch nach römischem Rechte eine *Actio vindictam spirans* nicht, und als solcher verwandt nicht ohne Weiteres die *Querela inofficiosi testamenti.* Wie *Schwarze* (§ 64, 12) bemerkt, würde die Vererblichkeit des Antragsrechtes bei einzelnen Delikten (z. B. bei Ehebruch) zu sonderbaren Konsequenzen führen, und

---

[511]) Für die im Texte vertretene Ansicht *Reber* S. 377; *Olshausen* § 195 Anm. 3; *Frank* § 195 II.; *Köhler* S. 42. — Anders *Hälschner* **2** S. 208; *Oppenhoff-Delius* § 195 Anm. 7; *Wächter*, Vorlesungen S. 389; *Binding*, Handb. 1 S. 629 und RG. II. 9./12. 79, I. 26./11. 85 E. **1** N. 15 S. 29; **18** N. 36 S. 115. Diesem Urteil des RG. würde freilich zuzustimmen sein, wenn, wie nach römischem, so auch nach heutigem Rechte in der Beleidigung einer Ehefrau eine doppelte Beleidigung — gegen die Ehefrau und gegen den Ehemann — zu erblicken wäre.

[511a]) Hört die Ehe durch Scheidung auf, so ist damit das Interesse des Ehemannes an der Verfolgung der Beleidigung erloschen, und damit auch das Antragsrecht, ein Ergebnis, zu dem *Hälschner* a. a. O. und auch *Binding* S. 630 gelangt, während *Oppenhoff-Delius* a. a. O. die Fortdauer des Antragsrechtes selbst nach Scheidung der Ehe annimmt. — Auch der Austritt aus der Stellung eines Beamten, eines Religionsdieners muß, da das Interesse des Staates, bzw. der Gemeinde, der Religionsgesellschaft an der Ehre des gewesenen Beamten, Religionsdieners aufhört, das Antragsrecht beseitigen. Anders *Binding*, Handb. **1** S. 630.

[511b]) Die Erörterung der bestrittenen Frage, welchem dienstlichen Vorgesetzten das Antragsrecht zusteht, wenn der beleidigte Beamte nach dem Vorgange, auf welchen die Beleidigung sich bezieht (bzw. nach der Beleidigung) durch Versetzung oder Übernahme eines anderen Dienstes einem anderen Vorgesetzten unterstellt ist (ob dem Vorgesetzten zur Zeit des Vorganges oder dem Vorgesetzten zur Zeit der Beleidigung oder dem Vorgesetzten zur Zeit der Antragstellung), gehört in die Lehre von der Beleidigung Vgl. darüber namentlich *Stenglein* GS **42** S 79 bis 101 Dem Prinzip des Antragsrechts entspricht es am meisten, den zweiterwähnten Zeitpunkt als entscheidend zu betrachten. Dafür auch *Stenglein* a. a. O.; *Olshausen* § 196 Anm. 50; *Frank* § 196 IV.; *Finger* **1** S. 194 Anm. RG. I 18 2. 89; E. **19** N. 6 S. 23.

[512]) So auch die herrschende Ansicht. Vgl. *Hälschner* S. 716; *Merkel* S. 241; *H. Meyer* § 43 Anm. 32; *Olshausen* § 61 Anm. 20; *Finger* **1** S. 195 Anm. 261; OAG. Dresden 13. 8. 75; *Stengleins* Zeitschr. **5** S. 236; RG. *Allfeld* III., 9. 6. 84 E. **11** N 14 bes. S. 55.

wenn das Erfordernis des Antrages z. B. auf einem verwandtschaftlichen Verhältnisse beruht, so ist dies bei dem Erben oft gar nicht vorhanden. Außerdem wäre zu entscheiden: soll, wenn mehrere Erben vorhanden sind, jeder der Miterben das Antragsrecht selbständig ausüben, oder soll das Antragsrecht nur durch übereinstimmende Erklärung sämtlicher Miterben oder gar auf Grund eines Mehrheitsbeschlusses ausgeübt werden? Die beiden letzteren Antworten haben praktische Schwierigkeiten zur Folge; die erste Lösung enthält eine starke Unbilligkeit gegenüber dem Schuldigen. *Frank* (§ 61 V.) und *Liszt* (§ 45 Anm. 14) machen eine Ausnahme von der Unvererblichkeit des Antragsrechtes, wenn durch das Delikt der Erblasser materiell geschädigt wurde. Allerdings trifft diese materielle Schädigung auch den Erben, aber noch nicht im Augenblicke der Tat, und darauf kommt es an. Gegen die Vererblichkeit spricht auch, daß nach römischem Rechte die *Querela inofficiosi testamenti* nicht vererbte, wenn der Berechtigte selbst sie nicht bereits angestellt oder vorbereitet hatte, und doch bestand bei der Querel ein sehr erhebliches Vermögensinteresse. (Gegen *Frank* und *Liszt* vgl. auch *Finger* **1** S. 195.)[513])

§ 138. Der Verletzte muß das gegen ihn begangene Unrecht als ein zu ahndendes fühlen. Daher kann der Regel nach eine Vertretung im Willen des Berechtigten nicht für zulässig gehalten werden,[514]) so insbesondere bei Beleidigungen [515]) und Körperverletzungen. Eine Ausnahme ist jedoch bei Vermögensdelikten für den Fall anzuerkennen, daß jemandem unter einer sog. Generalvollmacht[516]) die Wahrung von Vermögensinter-

[513]) *Binding* (Hdb. **1** S. 626, Lehrb. **1** S. 477) will jedem, der in das Urheberrecht sukzediert, auch bezuglich einer bereits vor dem Erwerbe des Urheberrechts erfolgten Verletzung dieses Rechts das Antragsrecht geben, da durch die Verbreitung der nachgedruckten Exemplare das übergegangene Urheberrecht fortwährend wieder verletzt werde. Aber die Verbreitung ist nur eine natürliche Folge der verbotenen Vervielfältigung, und Verletzung des Urheberrechts ist kein Dauerdelikt, wie aus § 53 des Gesetzes vom 19./6. 01 hervorgeht, welcher die Verjährung mit dem Zeitpunkte der ersten Veröffentlichung beginnen läßt (wie *Binding* auch *Oppenhoff-Delius* § 65 Anm. 7 Vgl. gegen *Binding*: *Allfeld* a. a. O. und *Finger* **1** S 195).

[514]) Vgl. *Rubo* § 61, 6; *Bolze* GS. **82** S. 434; *Liszt* § 45 III. l. c.

[515]) Rg. I. 8./12. 90 E. **21** N. 63 S. 231 entschied, daß ein Ministerialdirektor „im Auftrage" unterzeichnend einen Strafantrag wegen Beleidigung für den Minister nicht stellen könne

[516]) Rg. II., 4./5. 80 E. **2** N. 59 S. 151. — Solche Vollmacht wird aber vom RG. für nicht ausreichend erklärt, wenn zwischen dem Verletzten und dem Schul-

essen anvertraut ist. Da der Schutz dieser Interessen auch durch Strafverfolgung gewährt wird, und zwar in keineswegs geringem Maße, so würde hier die Ausschließung einer Stellvertretung im Willen leicht zu völliger Schutzlosigkeit derjenigen führen, welche tatsächlich genötigt sind, sich in der Vermögensverwaltung durch andere vertreten zu lassen. Das Recht, Strafantrag zu stellen, ist insoweit eine natürliche Konsequenz der Vermögensverwaltung.[517]) Dagegen würde eine Bevollmächtigung, für künftige Fälle Strafanträge zu stellen ohne solche Unterlage einer Vermögensverwaltung für unwirksam zu halten sein, und ein bezüglich bereits begangener Straftaten von dem Berechtigten in der Art gestellter Antrag, daß dieser erst durch den hinzutreten den Willen eines anderen wirksam werden soll, würde nicht sowohl eine Vertretung einsetzen, als vielmehr eine bedingte Willenserklärung des Antragsberechtigten enthalten.[517a]) Der Staatsanwaltschaft wie dem Gerichte würde der Antrag im letzteren Falle, sofern er überliefert wird, als ein unbedingter zu gelten haben. Die Stellung von Strafanträgen durch Stellvertreter bei sog. relativen Antragsdelikten wie überhaupt gegen Angehörige ist der richtigen Ansicht nach zwar nicht ganz ausgeschlossen, verlangt aber auch in dem erwähnten Falle einer Vermögensverwaltung besondere Ermächtigung.

Eine Stellvertretung nur in der Erklärung des Antrages ist selbstverständlich zulässig. Antragstellung kraft Geschäftsführung ist, da es sich um das persönliche Gefühl des Verletzten

---

digen besondere persönliche Beziehungen obwalten, die es zweifelhaft machen, ob die Vollmacht auch solchen Fall umfassen soll.

[517]) *Bolze*, GS. **82** S. 446ff.; *Oppenhoff-Delius* § 65 Anm. 8; *Olshausen* § 61 Anm. 17; *Liszt* § 45 zu Anm. 8; *Frank* § 61 IV., 2, 6. (Dagegen *Binding*, Handb 1 S. 652; *H. Meyer* § 45, 7; *Finger* **1** S. 195) RG. III. 13./12. 86 E. **15** N. 44 S. 144 (Prokurist einer Firma könne Strafantrag stellen wegen Verletzung eines von dieser Firma erworbenen Urheberrechts). § 12 des Patentgesetzes von 1891 und § 23 des Warenzeichengesetzes geben dem inländischen Vertreter eines im Auslande wohnenden Berechtigten das Antragsrecht.

[517a]) Ein nach dem Tode des Antragsberechtigten durch einen Stellvertreter gestellter Antrag ist selbstverständlich wirkungslos. OT. Berlin 12./6. 77 GArch. **25** S. 452. Ebenso ein vom Stellvertreter erst gestellter Antrag, nachdem der Verletzte in Geisteskrankheit verfallen ist. Es muß dasselbe aber auch gelten von einem Antrage, der von dem (alsbald in Geisteskrankheit verfallenden) Verletzten selbst verfaßt und einem Boten zur Bestellung übergeben ist; denn auch in diesem Falle ist der Antrag bei Lebzeiten, zur Zeit als der Verletzte willensfähig war, noch nicht gestellt. (A.M. für die letzteren Falle *Olshausen* § 65, 13; *Köhler* S. 67, 68).

handelt, ausgeschlossen; [519]) hat aber jemand für einen anderen eine anderweite Geschäftsführung, so kann er kraft dieser selbständig Antragsberechtigter werden, z. B. wer für einen anderen eine Wirtschaft führt, in Ansehung eines gegen ihn als zeitigen Inhaber der Wirtschaft begangenen Hausfriedensbruchs.[520]) Genehmigung eines von einem *Negotiorum gestor* gestellten Antrags, ebenso Genehmigung eines von einem Bevollmächtigten gestellten Antrags innerhalb der gesetzlichen Frist und in der einem selbständigen Antrage entsprechenden Form muß den gestellten Antrag rechtswirksam machen.

Selbstverständlich muß übrigens für diejenigen Personen, welche eines rechtlich wirksamen Willens unfähig sind, eine umfassende Stellvertretung durch den gesetzlichen Stellvertreter (Vormund, Vater [520a]) usw.) stattfinden, da sonst die willensunfähigen Personen in Ansehung der nur auf Antrag verfolgbaren Delikte schutzlos sein würden. Dies bestimmt denn auch StGB. § 65 Abs. 2.

§ 139. Man kann eine Verletzung nicht unter einer wirklichen Bedingung als eine zu ahndende behuf der Strafverfolgung offensichtlich machen, also auch nicht einen wirksamen Strafantrag von dem Eintritte eines künftigen ungewissen Ereignisses abhängen lassen.[521]) Stellung eines Antrags unter Resolutivbedingung ist zwar dialektisch betrachtet nichts anderes als Stellung mit bedingter Rücknahme und scheint aus diesem Grunde als unbedingter Antrag behandelt werden zu müssen.

Wenn aber Zurücknahme des Antrags in dem fraglichen Falle ausgeschlossen ist, so hat der Antragsteller einen unmög-

---

[519]) RG. III. 17./6. 82 E. 1 N. 4 bes. S. 7; *Kohler*, Patentrecht S. 550; *Olshausen* § 65, 5; *Köhler* S. 69.

[520]) OT. Berlin 14./12. 71; *Stengleins* Zeitschr. **1** S. 114; *Olshausen* § 61.

[520a]) Nach der durch das EG. zum BGB. Art. 34 veränderten Fassung des § 195 des StGB., welche den Vater neben dem Ehemanne als Antragsberechtigten nicht mehr nennt, wird dem Vater (vgl. *Pollack*, GS. **62** S. 388 ff.) ein selbständiges Antragsrecht wegen Beleidigung seiner Kinder nicht mehr zugestanden werden können. Er hat ein Antragsrecht nur als gesetzlicher Vertreter nach StGB. § 65. (Anders *Löwenstein*, Deutsche Juristenzeitung **7** S. 364.)

[521]) Dies ist herrschende Ansicht. Vgl. *H. Meyer* § 43 zu Anm. 57; *Reber* S. 417; *Oppenhoff-Delius* § 61 Adm. 23; *Liszt* § 45 III. 5; *Olshausen* § 61 Anm. 45 a; *Finger* **1** S. 201; *Allfeld*, Vergl. Darst. S. 189; RG. III. 16./4. 86 E. **14** N. 25 S. 96. — Anders *Klebs*, GArch. **19** S. 576 (ohne Begründung), der die Bedingung als nicht beigefügt behandelt sehen will, und *Köhler* S. 111, der den an eine wirkliche Bedingung geknüpften Strafantrag für rechtsgültig erachtet, aber der Ansicht ist, er brauche

lichen Vorbehalt hinzugefügt, und es ist zweifelhaft, ob er überhaupt den Antrag gestellt haben würde, falls er vorher diese rechtliche Unmöglichkeit gekannt hätte. In diesem Falle muß daher die Beifügung auch der Resolutivbedingung den Antrag unwirksam machen; dieser Fall ist jetzt die Regel, und so ist denn auch die Meinung vertreten, welche überhaupt Resolutivbedingungen wie Suspensivbedingungen behandelt.[523a]) Eine unechte Bedingung — *Conditio in praesens collata* — läßt zwar, zivilistisch betrachtet, wenn die Bedingung eingetreten ist, den Willen nicht als ungewiß erscheinen. Aber die Behörde kann nicht wohl von Amts wegen feststellen, ob das Ereignis so eingetreten ist, wie der Antragsteller es sich vorstellte. Sie muß also abwarten, bis der Antragsteller ihr anzeigt, daß das Ereignis, wie er es sich vorstellte, eingetreten sei, und zwar wird der Antragsteller dies innerhalb der Antragsfrist tun müssen, da ein völliger Beweis der Identität der gegenwärtig bei dem Antragsteller maßgebenden Darstellung und seiner früheren Auffassung schwierig ist, mit anderen Worten: auch hier ergibt sich die Unwirksamkeit des erstgestellten Antrags, und die spätere Anzeige ist genau betrachtet nur ein erster Antrag, dessen Wortfassung freilich auf dem ersten Antrage fußt.[523b]) Man wird eine Ausnahme selbst nicht in dem Falle zu machen haben, daß der Eintritt des den Antrag bedingenden Ereignisses dem Gerichte, bei welchem der Antrag gestellt wird, unmittelbar aus der eigenen Amtsführung bekannt wäre; denn es handelt sich um die individuelle Auffassung des Antragstellers, und dieser mag sich erkundigen und nach Maßgabe des Ergebnisses dieser Erkundigung den Antrag stellen oder ihn unterlassen. Wie wäre es z. B., wenn der Antrag von der Nichtabgabe einer entschuldigenden Erklärung des X. abhängig gemacht wäre, und X. diese Erklärung zwar abgegeben aber mit irgendeinem beschränkenden Zusatz versehen hätte? Auf derartige von individueller Empfindung und Laune abhängige Untersuchung können m. E. die Gerichte

---

von der Behörde so lange nicht beachtet zu werden, bis der Antragsteller sie über das Eintreffen der Bedingung benachrichtigt habe.

[523a]) So *Köhler* S. 112; *Eulau* S. 30; *Allfeld*, Vergl. Darst S. 189.

[523b]) Vgl. *Binding*, Handb. 1 S. 656 Anm. 8.

sich nicht wohl einlassen.[523c]) Die Beifügung eines Motivs, welche irgend zweifelhaft erscheinen läßt, daß der Antragsteller selbst die Tat als eine ihm selbst (oder der von ihm vertretenen Person) angetane Verletzung empfinde oder nach Maßgabe seiner persönlichen Interessen zu verfolgende betrachte, muß ebenfalls den Antrag unwirksam machen. So insbesondere das Motiv, daß der Antragsteller sich zur Stellung des Antrags unbedingt verpflichtet erachtet.[523d]) Auslegung von Strafanträgen nach rein zivilistischen Grundsätzen ist meiner Ansicht nach nicht richtig.

Beschränkungen, die mit der rechtlichen Behandlung des Antrags in Widerspruch stehen (z. B. die Beschränkung, daß eine bestimmte Person nicht mitbestraft werden solle, während das Gesetz die Erstreckung der Bestrafung auf alle Teilnehmer in dem fraglichen Falle verlangt), müssen meines Erachtens Ungültigkeit des Antrags bewirken: eine sich selbst widersprechende Erklärung ist keine Erklärung.[524]) Vorbehalte machen, wie *Eulau* (S. 35) ausgeführt hat,[524a]) den Willen ungewiß, daher den Antrag unwirksam. Es ist meiner Ansicht nach dabei gleich, ob das, was der Antragsteller erreichen oder andererseits vermieden sehen will, gesetzlich zulässig oder verboten ist. (Nur dann ist der Vorbehalt unbeachtlich und der Strafantrag wirksam, wenn das was, dem Vorbehalt entspricht, gesetzlich notwendig ist.) Daher muß für ungültig erachtet werden, ein Strafantrag, dem der Vorbehalt beigefügt wird, daß der Antragsteller aber nicht als Zeuge vernommen werden, daß der Schuldige nicht eine zu strenge (d. h. nach Ansicht des Antragstellers zu strenge) Strafe erleiden werde. Es kann aber in dem scheinbaren Vorbehalte bedingte Zurücknahme liegen und aus diesem Grunde der Antrag in Wahrheit bedingungslos gestellt sein, eine Aus-

---

[523c]) In dem Urt. des OAG. Dresden vom 9./12. 72 in *Stengleins* Zeitschr. **2** S. 259 hatte das Gericht eine Befragung eintreten lassen, und danach wurde der Antrag für rechtswirksam angesehen.

[523d]) Daß der Antragsteller nur aus irrigem Motive den Antrag gestellt, nicht aber das Motiv dem Antrage selbst beigefügt hat, kann freilich nicht in Betracht kommen. Daher ist dem Urteile des preußischen OT. v. 27./3. 73 (*Stengleins* Zeitschr. **2** S. 343) im Ergebnisse (freilich nicht in der Begründung) beizustimmen.

[524]) In diesem Sinne auch *Binding* 1 S. 656 bes. Anm. 6.

[524a]) Anders *Allfeld*, Vergl. Darstellung S. 190. *Eulau* hält nur den Antrag mit Vorbehalt der Rücknahme, falls letztere zulässig, für wirksam. Dies ist m. E. selbstverständlich.

legung des Antrags, die jedoch nur dann möglich ist, wenn überhaupt Zurücknahme des Antrags zugelassen ist.

Eine einfache, bei einer Behörde gemachte Anzeige, daß eine Straftat begangen sei, ist kein Straf a n t r a g; sie kann auch aus dem Grunde erfolgen, daß der Anzeigende sich zur Anzeige für verpflichtet hält, oder daß er nicht für den Schuldigen angesehen werden will usw. Indes ist aus der Bezeichnung einer schriftlichen Eingabe als Anzeige nicht zu schließen, daß die Eingabe nicht doch als Antrag aufzufassen sei. Es kommt auf den deutlich erkennbaren W i l l e n an, eine B e s t r a f u n g h e r b e i z u f ü h r e n; nur dieser Wille zeigt an, daß der Verletzte die Tat als ein zu verfolgendes Unrecht empfindet. In dem Auftreten als Nebenkläger, insbesondere in dem Antrage auf Zuerkennung einer Buße (die ohne ein auf Strafe lautendes Urteil nicht erkannt werden kann) wird in der Regel auch ein Strafantrag zu erblicken sein.[525]) Ebenso liegt in der Erhebung einer P r i v a t k l a g e stets auch ein Strafantrag.[526])

Dagegen kann die Erhebung der öffentlichen Klage seitens der Staatsanwaltschaft nicht zugleich als Strafantrag gelten, wenn es sich um eine dem Staatsanwalt selbst zugefügte Beleidigung handelt.[527])

§ 140. Da es nur darauf ankommt, daß der Verletzte die strafbare Handlung als eine ihm zugefügte Verletzung empfinde und geahndet sehen will, bedarf es in dem Strafantrage nur der Bezeichnung des tatsächlichen Vorganges, auf welchen der Strafantrag sich bezieht, nicht einer rechtlichen Würdigung oder Qualifizierung desselben, und eine irrige in dem Antrage vorgenommene rechtliche Qualifizierung der Tat ist unerheblich; die rechtliche Beurteilung der Tat vielmehr Sache des Gerichtes.[528]) Danach ist aber auch, wenn in der Handlung zwei ideell konkurrierende Delikte zu befinden sind, das Gericht nicht behindert, wegen des einen dieser Delikte zu verurteilen, falls der Strafantrag auch das andere dieser Delikte als zu verfolgendes

---

[525]) Vgl. RG. III. 29./10. 88, Rs. **10** S. 606 und *Stengleins* Kommentar zur StPO. § 156 Anm. 12.

[526]) RG. II. 20./4. 83 E. **8** N. 60 S. 209; vgl. auch *Binding* I. S. 649; *H. Meyer* § 43 Anm. 54; *Frank* § 61 VI. 1.

[527]) *Olshausen* § 61, 38, ROH. 18./6. 75 (E. dieses Gerichts **18** S. 123).

[528]) RG. II. 2./11. 80, Rs. **2** S. 432 (bes. S. 434); RG. I. 6./6. 98 E. **31** N. 57 S. 168 (weitere Urteile in diesem Sinne bei *Olshausen* § 61, 39).

bezeichnete, z. B. der wegen frivolen Aufhaltens eines Zweirades auf Bestrafung wegen Sachbeschädigung gerichtete Strafantrag kann zur Bestrafung wegen fahrlässiger Körperverletzung führen, wenn sich herausstellt, daß der Radfahrer eine solche erlitten hat, aber verneint wird, daß der Schuldige die Beschädigung des Rades gewollt habe.[529]) Die entgegengesetzte Ansicht stellt die Tätigkeit der Justiz doch allzusehr in den Dienst zufälliger Laune des Antragstellers und steht mit dem Prinzipe im Widerspruch, daß das auf Anregung des Verletzten durch Strafuntersuchung aufgedeckte und festgestellte Delikt nicht wohl mehr der Bestrafung entzogen bleiben kann.

Insoweit das Recht mehrere Handlungen als eine Einheit behandelt (fortgesetztes Verbrechen, gewohnheitsmäßiges Delikt, Kollektivdelikt) äußert der Strafantrag seine Wirkung für die sämtlichen unter dieser Einheit begriffenen Handlungen,[529a]) soweit nicht die Antragsfrist für einzelne bereits abgelaufen ist.[529b]) Die Entscheidung muß dann aber auch in derselben umfassenden Weise zugunsten des Schuldigen gelten, also spätere Verfolgung der unter der Einheit wirklich zu begreifenden, wenngleich tatsächlich in dem früheren Strafprozesse nicht berücksichtigten Handlungen ausschließen.

Ein Antrag, der ausdrücklich nur Bestrafung wollen würde, falls in der Handlung des Schuldigen ausschließlich ein bestimmtes Delikt befunden würde, wäre ungültig,[530]) ebenso ein Antrag der ausdrücklich nur die Bestrafung eines Teil-

---

[529]) So RG. III. 22./4. 82 E. 6 N. 105 S. 310. Anders *Binding* **1** S. 636 Anm 13.

[529a]) Auch für die dem Antrage erst nachfolgenden Handlungen.

[529b]) Diese Beschränkung ergibt sich daraus, daß die Behandlung einer Mehrzahl von Straftaten als Einheit im fortgesetzten Verbrechen eine dem Schuldigen gesetzlich gewählte Vergünstigung ist. Die Auffassung mehrerer Straftaten als fortgesetztes Delikt würde dagegen dem Schuldigen zum Nachteil gereichen, wenn die sonst erloschene Strafbarkeit von Straftaten auf Grund der Einrechnung in das fortgesetzte Verbrechen aufrecht erhalten werden würde. Noch weniger aber darf diese Einrechnung demjenigen zum Nachteil gereichen, der bei einer einzelnen Straftat Beihilfe geleistet hat, deren Strafbarkeit, wenn die Straftat als einzelne in Betracht kommen würde, durch Ablauf der Antragsfrist bereits erloschen ist. Anders RG. v. 10./5. 07 E. **40** N. 98 bes. S. 331, weil der gegen den Täter gerichtete Antrag auch die Verfolgung des Gehilfen bedinge. Vgl. dagegen aber *Galli* (D. Juristenzeitung **18** Sp. 630), der auch darauf aufmerksam macht, daß eine jede der das fortgesetzte Verbrechen bildenden Handlungen ihren besonderen Helfer haben könne.

[530]) So auch *Hälschner* **1** S. 717; *H. Meyer* § 43 zu Anm. 63. — Nicht völlig zutreffend *Reber* S. 417 ff.

nehmers bezielt, oder ein Antrag, der besondeis milde Bestrafung oder sonstige Schonung der Schuldigen ausdrücklich vorbehält. Der Antragsteller will in solchen Fällen die Bestrafung nur, indem er der Strafjustiz unzulässige Beschränkungen auferlegt; daß er die Bestrafung auch wolle, wenn solche als nicht vorhanden angesehen werden, weiß man jedenfalls nicht.[530a])

Der Verletzte kann übrigens die Verletzung als eine zu ahndende empfinden ohne Rücksicht darauf, wer der Schuldige ist. Er braucht also bei Stellung des Antrags weder den Schuldigen zu nennen, noch ihn überhaupt zu kennen. Wenn das Gesetz die Antragsfrist erst von der Kenntnis der Person des Schuldigen ab beginnen läßt, so ist damit ein vorher gestellter Antrag nicht für unwirksam erklärt: ist es doch wünschenswert und gerade durch die Frist als vom Gesetzgeber wünschenswert bezeichnet, daß möglichst bald der Schwebezustand des staatlichen Strafanspruchs aufhöre. Man kann das auch so ausdrücken: das Recht des Strafantrags entsteht schon mit der Tat, nicht erst mit der Kenntnis des Schuldigen.[531]) Nur bei den sogenannten relativen Antragsdelikten ist anzunehmen, daß der Antragsteller, wenn er den Angehörigen, Mündel usw. nicht als Schuldigen kennt, nicht gegen solche Personen den Antrag habe stellen wollen. Durch eine anders lautende ausdrückliche Erklärung, z. B. durch die Erklärung, es werde Bestrafung beantragt, wer auch der Schuldige sein möge, kann aber der Strafantrag auch für diese sofort wirksam werden [532])

§ 141. Das Antragsrecht erlischt durch den Ablauf einer Frist von drei Monaten, welche „beginnt mit dem Tage, seit welchem der zum Antrage Berechtigte von der Handlung und der Person des Täters Kenntnis erhalten hat" (§ 61). Die hier

---

[530a]) Hat aber der Antragsberechtigte einfach ohne ausdrückliche Beschränkung nur eine Person genannt, so kann, selbst wenn diese Person freigesprochen ist, eine andere Person spater als Täter oder Teilnehmer, ohne daß ein Strafantrag erforderlich ist, bei absoluten Antragsdelikten verfolgt werden. So (richtig) RG. 17./12. 81 E. **5** N 94 bes. S. 271, 272. — *Olshausen* § 61 Anm. 47 und *Köhler* S. 114, lassen Anträge mit vom Gesetze nicht besonders anerkennenden Beschränkungen gelten.

[531]) *Frank* 61, VIII.; *Finger* **1** S. 198.

[532]) *Köhler* S. 88; *Schwarze* § 61, 15 OAG. Dresden 15./6. 74; *Stengleins* Zeitschr. **4** S. 262; RG. I. 13./2. 82 E. **6** N. 15 S 38; IV. 22./4. 84; Rs. **6** S. 291, Verjährung kann z. B. in den Fällen des § 370. 5 und 6 (Mundraub und sog. Futterdiebstahl vor Ablauf der Antragsfrist leicht eintreten). Vgl. *Olshausen* § 53, 6.

gesetzte Frist, wohl zu unterscheiden von der Verjährung, welche unabhängig von dem Strafantrage die Strafverfolgung unzulässig machen kann,[288a]) ist eine besondere gesetzliche Ausschlußfrist,[532a]) wie solche sich bereits in früheren deutschen Gesetzbüchern im altenburgischen Art. 77, 1, im hannoverschen Art. 89,4, im badischen § 190, 3, im thüringischen Art. 72, im sächsischen Art. 110, 111 und auch im preußischen § 50 sich fand, aber, abgesehen von dem preußischen, unter der Bezeichnung als besonderer von der Kenntnisnahme der Verletzten an laufender Verjährung (neben welcher dann die allgemeine Verjährung die Strafbarkeit beseitigen konnte).

Eine Prozeßfrist ist übrigens die Antragsfrist ebenfalls nicht; eine Wiedereinsetzung in den vorigen Stand gegen den Ablauf der Frist findet nicht statt. Es würde auch legislativ unrichtig sein,[533]) die Rücksicht auf den Verletzten weiter auszudehnen; ganz seltene Fälle ausgenommen, ist er genügend dadurch geschützt, daß die Frist erst von dem Zeitpunkte der Kenntnis ab läuft. Daher ist der von nicht wenigen Autoren vertretenen Ansicht[534]) nicht zuzustimmen, welche die Frist nur unter der Voraussetzung als abgelaufen betrachtet, daß der Antragsberechtigte tatsächlich einmal in der Lage war, den Antrag wirklich zu stellen. Man verliert sich damit aber in ein zu unbestimmtes richterliches Ermessen. Auch im Zivilprozesse kann äußersten Falles einer Partei die Geltendmachung ihres Rechts durch eine Frist abgeschnitten sein (vgl. CPO. 234 Abs. 3), und man möchte glauben, daß ein Privatrecht doch größere Rücksicht verdiene, als die Möglichkeit, Strafe über jemanden zu bringen. Der Ausdruck des Gesetzes, wenn der Berechtigte es unterläßt, den Antrag zu stellen, dürfte auch schwerlich zu dem Schlusse berechtigen, daß das Gesetz hier eine geradezu von dem Willen des Berechtigten abhängige Versäumung, eine willkür-

[532a]) Die Streitfrage, in welchen Beziehungen Ausschlußfrist und Verjährung sich der Theorie nach unterscheiden, kann hier übergangen werden. Vielleicht gibt es notwendig differente Wirkungen überhaupt nicht, wenigstens nicht für das Gebiet des Strafrechts, da hier die Verjährung von Amts wegen berücksichtigt werden muß.

[533]) OT. Berlin 7. 3. 73; GArch **22** S. 269.

[534]) So *Fuchs* S. 25; *Nessel* S. 43; *Olshausen* § 61 Anm. 50—52; *Frank* § 61 VIII., 6; *Köhler* S. 97; *Finger* **1** S. 202 (Beiläufig auch RG. I. 3. 10. 95 E. **27** N. 130, bes. S. 367, eine Entscheidung, die nur den unten zu erwähnenden Fall rechtlicher Unmöglichkeit betrifft.) — Gegen diese Ansicht die gemeine Meinung, vgl. *Liszt* § 45 Anm. 9; *Oppenhoff-Delius* § 61 Anm. 32.

liche Unterlassung im Sinne habe, zumal uns in § 62 andererseits der Ausdruck „die ....Frist versäumt" begegnet.

Nur ein Ruhen der Frist ist anzunehmen, wenn der Verletzte als geschäftsunfähig einen Antrag zu stellen rechtlich verhindert ist, so lange ein gesetzlicher Vertreter nicht vorhanden ist. Diese Annahme stimmt auch zu dem wörtlichen Ausdrucke des Gesetzes, da von einem zum Antrage Berechtigten, der den Antrag zu stellen unterließe, dann nicht zu reden ist.

Die Bestimmung des StGB. über den Beginn der Frist entspricht dem oben aufgestellten Prinzip. Soll eine besondere Frist für die Stellung des Antrags gelten, so kann sie nicht wohl vor dem Zeitpunkte beginnen, wo der Verletzte die Verletzung zu fühlen vermag, und er vermag sie gerade in den hier in Betracht kommenden Deliktsfällen meistens in ihrer vollen Bedeutung erst zu fühlen, wenn er nicht nur die Tat, sondern auch den Schuldigen kennt.

§ 142. Zum Beginne des Laufs der Frist ist im einzelnen erforderlich:

a) Kenntnis der Deliktshandlung als eines wirklichen tatsächlichen Vorganges und seiner Beziehung zu dem Verletzten[534a]) und Bedeutung für letzteren;[535]) denn nur durch diese Beziehung wird die Verletzung dem Verletzten fühlbar. Eine Vermutung, daß jemand deliktische Handlungen bestimmter Art wohl gegen den Antragsberechtigten begangen haben werde, genügt nicht, auch wenn hinterher die Vermutung sich bestätigt findet. Völlige Gewißheit kann nicht gefordert werden. Darüber, ob der Berechtigte einer ihm gewordenen Mitteilung Glauben schenken und daraufhin Antrag stellen konnte, muß vernünftiges richterliches Ermessen entscheiden. Ist der Verletzte geisteskrank[536]) oder noch nicht 18 Jahre alt, so kann seine Kenntnis nicht in Betracht kommen, denn diese Kenntnis führt noch nicht zu einem rechtlich in Betracht kommenden Ent-

534a) Kenntnis, daß eine Sache beschädigt sei, wenn dabei nicht bekannt ist, daß gerade die dem Antragsberechtigten gehörende Sache beschädigt sei, kann nicht genügen. OT. Berlin 4./3. 75, *Stengleins* Zeitschr. **5** S. 21: Kenntnis des Antragstellers erforderlich, daß er unter der in beleidigender Weise genannten Person gemeint sei.

535) Kenntnis des Inhalts der beleidigenden Äußerung erforderlich: RG. III 2./12. 97, GArch. **46** S. 38.

536) Vgl. das Anm. 534 zitierte Urteil des RG.

schlusse über die Antragstellung. Ein Irrtum des zum Antrag Berechtigten aber kann nicht in Betracht kommen, sofern er nicht den tatsächlichen Vorgang des Delikts und die Person des Schuldigen betrifft, insbesondere kann nicht in Betracht kommen der Irrtum, daß die Tat nicht strafbar oder der Antrag noch nicht zulässig sei; denn für die Empfindung der Kränkung auf seiten des Verletzten, welche über die Strafverfolgung entscheidend sein soll, ist dies alles unerheblich. Wie mißlich die Entscheidung über den Ablauf der Frist sein muß, wenn man auf Rechtsirrtum des Verletzten Rücksicht nehmen will, bedarf kaum der Erwähnung.[537])

b) Kenntnis der juristischen Qualifikation der Handlung ist dagegen nicht erforderlich, auch nicht Kenntnis der Eigenschaft der Handlung als eines Antragsdeliktes oder überhaupt als einer strafbaren Handlung. Das Gesetz verlangt, daß aktiv die Verletzung so fühlbar sei, daß der Verletzte darauf sich veranlaßt findet, mittels des Strafantrags zu reagieren. Ist der Verletzte der Ansicht, daß ein Offizialdelikt vorliege, und tut er deshalb keine Schritte, um die Verfolgung sicher herbeizuführen, so wird er meistens die ihm geschehene Verletzung doch nicht sehr stark empfinden. Käme das Gegenteil bei einem bestimmten Antragsdelikte häufiger vor, so wäre durch Mißgriff der Gesetzgebung das fragliche Delikt zu einem Antragsdelikte gemacht; aber von diesem Gesichtspunkte aus darf das positive Recht nicht ausgelegt werden.[537a])

c) Sind Handlung und ein zur Vollendung des Deliktes erforderlicher Erfolg zeitlich getrennt, so kann die Frist erst nach

537) RG. III. 9./10. 94 E **26** N. 48 S. 116 und III. 30./1. 05 E. **37** N. 125 haben freilich angenommen, daß fur Stellung eines Strafantrags wegen Ehebruchs die Antragsfrist nicht schon von dem Tage laufe, an welchem der Antragsberechtigte von den die Rechtskraft begründenden Tatsachen Kenntnis erhielt, sondern erst von dem Zeitpunkte ab, an welchem dem Antragsberechtigten der Eintritt der Rechtskraft zum Bewußtsein gekommen ist. Das erstgenannte Erkenntnis bemerkt dabei zur Beseitigung des Einwandes, daß Unkenntnis des Rechts schade, es handle sich hier nicht um einen strafrechtlichen, sondern um einen zivilprozessuale Normen betreffenden Irrtum. Aber dieser letztere vom RG. allerdings konstant angewendete Satz bezieht sich auf die Schuld des Angeklagten und kann zugunsten der Strafverfolgung nicht wohl gelten.

537a) A. M. *Binding* I S. 643, der nur die unrichtige rechtliche Beurteilung der Handlung als Offizialdelikt für unbeachtlich erklart, dagegen bemerkt: „Wer eine Tat in einer Gestalt erfahrt, wonach sie Offizialdelikt wäre, fur den ist die Antragsfrist noch nicht entstanden." Diese Unterscheidung dürfte zu mißlichen Untersuchungen darüber fuhren, was der Antragsteller sich vorgestellt hat.

dem Eintritt des Erfolges laufen;[538]) denn für das Gefühl des Antragsberechtigten ist die Verletzung wesentlich. Aber von der Vollendung an muß die Frist laufen (abgesehen von dem Falle, daß eine weitere Wirkung des begangenen Delikts dem Berechtigten erst zum Bewußtsein brächte, daß die Handlung gegen ihn oder sein Recht gerichtet war);[538a]) man wird sonst mit dem Beginne der Frist, da die Wirkungen eines Deliktes sich zeitlich sehr weit erstrecken können, völlig ins Unbestimmte gelangen.

d) Bei einem fortgesetzten Verbrechen und bei sogenannten Kollektivdelikten ist der Beginn der Frist der sämtlichen juristisch als Einheit zu behandelnden Handlungen erst nach der letzten dieser Handlungen zu bestimmen: die Bedeutung dieser Handlungen für den Verletzten kann möglicherweise erst durch die Wiederholung fühlbar werden oder sich steigern. Nach der gleichen Erwägung kann die Frist beim Dauerdelikt erst mit dem Aufhören des zum Tatbestande des Delikts gehörigen Zustandes beginnen.[539])

e) Da die Bedeutung der Tat für den Verletzten oft einerseits wesentlich davon abhängt, wer der Schuldige ist, und andererseits der Verletzte Gründe haben kann, bestimmte Personen zu schonen, ihnen zu verzeihen, so fordert mit gutem Grunde das Gesetz für den Beginn der Frist auch, daß der Verletzte die Person des Täters kenne, wobei jedoch Kenntnis des Namens nicht immer nötig ist,[540]) Kenntnis seines Standes usw. nicht in Betracht kommen kann. Sind mehrere Teilnehmer vorhanden, so läuft, wie auch überwiegend angenommen wird,[541])

[538]) *Olshausen* § 61. 33, 1; *Frank* § 61, VIII 1.

[538a]) RG III. 4./5. 81 Rs. **3** S. 270.

[539]) So auch *Binding* **1** S. 631; *Olshausen* § 61, 34; *Frank* § 61 VIII. 2; *Köhler* S. 79, Rg. IV. 18./3. 87 E. 15 N. 115 bes. S. 371. — Dies gilt auch bei einem Delikte, welches seinem Wesen nach nicht Dauerdelikt zu sein braucht, aber, durch Art und Weise seiner Ausführung sich wahrend einer langeren Dauer fühlbar macht (so in Beziehung auf Beleidigung durch Ausstellung symbolischer Figuren bayer. OLG. 13./3. 06, Jahrb. d. Strafr. **1** S. 30). Denn dem Verletzten kann durch die Dauer der Tat diese empfindlicher werden, so daß gerade diese Dauer ihn veranlaßt, Antrag zu stellen.

[540]) Vgl. (beilaufig) RG. IV. 15./2. 95 E. **27** N. 14 bes. S. 35.

[541]) *Berner* S. 328; *Geyer* 1 S. 210; *Liszt* § 45 zu Anm. 10; *Olshausen* § 63, 2; *Köhler* S. 85; *Finger* **1** S. 202. Ver. Strafsenate d. RG. 2./2. 84 E. **9** N. 116 S. 390 (in bezug auf sog. absolute Antragsdelikte). Dieses Urteil rechtfertigt die angenommene Ansicht auch aus der Entstehungsgeschichte des dem § 61 d. StGB.

die Frist von dem Zeitpunkte an, wo e i n e r der Teilnehmer dem Antragsberechtigten bekannt wurde zugunsten sämtlicher Teilnehmer. Das Gesetz (§ 61) will, daß sämtliche Teilnehmer, insoweit ihre Bestrafung von einem Antrage abhängt, gleich behandelt werden. Es würde eine starke Verletzung dieses Gerechtigkeitsprinzips sich ergeben, wenn das Delikt zur öffentlichen Sühne gelangen würde, aber, weil die Frist gegen jeden Teilnehmer besonders zu berechnen war, der eine der Teilnehmer b e s t r a f t , der andere trotz klarer Mitschuld f r e i ausgehen müßte, und es könnte, was das Gesetz gerade nicht will, der Verletzte, indem er die Frist gegen einen Teilnehmer verstreichen läßt, gegen einen anderen aber Strafantrag stellt, den zu bestrafenden und den zu schonenden Teilnehmer willkürlich auswählen. Die letzte Konsequenz des gesetzgeberischen Gedankens, daß zur vollen Würdigung der Tat auch Kenntnis des Schuldigen gehöre, führt allerdings dahin, die Frist erst von dem Bekanntsein der sämtlichen Mitschuldigen zu rechnen. Aber es ist nicht immer richtig, die letzte Konsequenz zu ziehen, und im vorliegenden Falle erscheint dies auch deshalb, wie die Vereinigten Strafsenate des RG. bemerkt haben, als unzulässig, weil die Zurücknahme des Strafantrags (in denjenigen Fällen, wo das Gesetz sie gestattet) einem Teilnehmer gegenüber der Möglichkeit des Strafverfahrens gegen alle Teilnehmer ein Ende macht, und dieselbe Wirkung, welche die Zurücknahme des Antrags hat, der Ausschließung des Antrags durch Fristablauf zuzuschreiben ist. Läßt man aber die Dauer der Frist, wie *H. Meyer* (§ 43 zu Anm. 44) und *Binding* (Handb. 1 S. 639) wollen, erst von dem Zeitpunkte an beginnen, wo sämtliche Teilnehmer dem Verletzten bekannt waren, so wird der Schwebezustand der Bestrafung gegenüber einzelnen Teilnehmern in unbilligster Weise verlängert; auch wird man oft nicht wissen, ob die Frist abgelaufen sei, da die Existenz irgendeines verborgenen, nur sehr gering beteiligten Teilnehmers den Beginn der Frist verzögert haben könnte. Und man darf sagen, daß in der Regel die Kenntnis der Person e i n e s Teilnehmers zur Würdi-

entsprechenden § 50 des preuß. StGB. — Daß für jeden Teilnehmer die Frist besonders beginnen könne, nehmen an *Schwarze* § 61, 14; *Nessel* 41 (auch RG. III. 17./4. 80, Rs. 1 S. 614).

gung der Tat seitens des Verletzten ausreichen wird.[541a]) (Bei sogenannten relativen Antragsdelikten kann freilich die Kenntnis der Person irgendeines Teilnehmers nicht genügen, sondern nur eines solchen, der zu dem Verletzten in dem vom Gesetz bezeichneten persönlichen Verhältnisse steht; dann erst hat der Verletzte Veranlassung, sich über die Antragstellung schlüssig zu werden.) Die Ansicht [542]) endlich, nach welcher die Kenntnis der Person des Täters im engeren Sinne entscheiden soll, hat wenig Anklang gefunden. Sie kann konsequent eine Entscheidung nicht geben im Falle einer Mittäterschaft, und sie ist deshalb wenig praktisch, weil sehr oft die Frage, ob jemand Mittäter oder nur Gehilfe war, erst durch die Hauptverhandlung festgestellt werden kann. Sie stützt sich wesentlich nur auf den Wortlaut des StGB. § 61; auf diesen aber ist in der hier fraglichen Beziehung kein Gewicht zu legen, da das StGB. das Wort Täter auch anderweit (vgl. z. B. § 46) in der Bedeutung eines Mitschuldigen gebraucht.

§ 143. Ist die Strafbarkeit der Tat noch von einem zukünftigen Ereignisse abhängig, das nur als weitere Bedingung der Strafverfolgung aufzufassen ist (so im Falle des § 170 von der Auflösung einer Ehe, in den Fällen der §§ 236, 237 (vgl. 238) von der Rechtskraft der Nichtigkeitserklärung und in dem Falle des § 172 StGB. von der Scheidung einer Ehe), so läßt die herrschende, insbesondere vom RG. angenommene Ansicht[543]) die Frist erst vom Eintritte jenes Ereignisses (genauer

[541a]) Ausnahmsweise kann freilich durch die Teilnahme mehrerer Teilnehmer die Tat einen schwerer wiegenden Charakter erlangen, ein Argument, das *Binding* fur seine Ansicht geltend macht. Indes werden dergleichen Falle seltener sein, und gegenuber den Übelständen, welche die im Texte bekampfte Ansicht mit sich fuhrt, kann die Rucksicht auf solche Ausnahmefälle nicht in Betracht kommen

[542]) So *Reber* S. 470 und *Frank* § 61 VIII. 3.

[543]) RG. III. 3./1. 80 E. **1** N. 22 S. 44 I. 23./3. 80 E. **2** N. 22 S. 62; II. 1./4. 81; Rs. **3** S. 181; RG. IV. 9./10. 94 E. **26** N. 48 bes. S. 117. (Dem letzteren Urteile zufolge soll, die rechtsirrtumliche Annahme, daß die Rechtskraft noch nicht eingetreten sei, dem Antragsberechtigten nicht schaden, die Frist, was auch konsequent ist, erst mit der Kenntnis von der Rechtskraft des Urteils beginnen. Hierdurch wird aber ein oft schwer feststellbarer Zeitpunkt ausschlaggebend.) Fur diese Ansicht ebenfalls *Schwarze* in *Holtzendorfs* Handb. **3** S. 300; *Berner* S. 442; *Nessel* S. 43; *Wächter*, Vorles. S. 484; *Liszt* § 45 zu Anm. 11 § 116 a. E. *Olshausen* § 172 9 d (daselbst auch Zitate von Urteilen früherer höchster Gerichtshöfe). *Finger* S. 201; *Binding* 1 S. 644 grundet diese Ansicht ausschließlich auf die Erwagung, daß der Ehegatte nicht wahrend der Ehe — d. h. solange die Ehe nicht gelöst ist —

ausgedrückt von der Kenntnisnahme des Ereignisses) beginnen, da die Handlung vor Eintritt des maßgebenden Ereignisses nicht strafbar sei, und ein Strafantrag nur bezüglich einer sofort verfolgbaren Handlung gestellt und z. B. nicht von dem zukünftigen Ereignisse der Scheidung oder Nichtigkeitserklärung einer Ehe abhängig gemacht werden könne. Indes die Handlung ist schon vor dem Eintritt der Scheidung, der Nichtigkeitserklärung der Ehe als Delikt vollkommen vorhanden; ihre Verfolgung steht nur einstweilen aus, wie das auch in anderen Fällen vorkommen kann (z. B. es wird ein Strafantrag gestellt gegen eine Person, die nach der Tat in Geisteskrankheit verfällt, bezüglich deren also das Strafverfahren einstweilen — bis zur etwaigen Genesung — nicht stattfinden kann oder eingestellt werden muß). Auch in ihrer Bedeutung liegt die Handlung dem Antragsberechtigten klar vor. Ein realer Grund, den Antrag für unzulässig und unwirksam zu erklären, ist also nicht vorhanden, und der Antrag ist kein im wahren Sinne bedingter; nicht willkürlich macht der Antragsteller seine Willenserklärung von einem ungewissen zukünftigen Ereignisse abhängig; es ist vielmehr das Gesetz, das die Wirksamkeit des Antrags in solcher Weise von dem Ausgange eines Zivilprozesses abhängig macht. Die Sache liegt also eigentlich nicht anders wie in jedem anderen Falle, in welchem schließlich die Wirksamkeit des Strafantrages davon abhängt, daß der Anzuklagende für schuldig erklärt werde. Es liegt daher kein Grund vor, von der allgemeinen Vorschrift des § 61 abzuweichen. Daß allerdings der Antragsberechtigte gerade in jenen Fällen vielleicht unter Umständen zu übereilter Entscheidung gedrängt wird, mag zugegeben werden. Aber der langdauernde Schwebezustand des Antrags ist wohl ein noch größerer Übelstand, und ursprünglich konnte nach der Fassung des StGB. von 1870 in jenen Fällen Zurücknahme des Antrags erfolgen. Daraus, daß jetzt die Stellung des Antrags der Regel nach definitiv bindende Bedeutung hat, kann nicht gefolgert werden, daß das Gesetz für jene Fälle das Prinzip des § 61 habe modifizieren wollen. Noch weniger kann geltend

Strafantrag gegen den anderen Ehegatten stellen soll. Aber ein Ehegatte kann sogar wegen Körperverletzung gegen den anderen während bestehender Ehe Strafantrag stellen.

gemacht werden, daß einzelne frühere Gesetzbücher den Beginn der Frist bei Bestrafung des Ehebruchs erst von der Rechtskraft des Scheidungsurteils rechneten oder den Antrag erst von diesem Zeitpunkte ab zuließen.[543]) [544])

§ 144. Wenn es auf die Kenntnis eines Verletzten nicht ankommt, der vom Gesetze eines rechtlich in Betracht kommenden Entschlusses nicht für fähig erachtet wird, so muß andererseits die Kenntnis des gesetzlichen Vertreters die Frist beginnen lassen. Tritt der Verletzte später, z. B. weil er volljährig wird, an die Stelle des gesetzlichen Vertreters, so muß die einmal begonnene Frist weiter laufen; ebenso wenn er die Fähigkeit erlangt, neben dem gesetzlichen Vertreter nach eigener selbständiger Entschließung Strafantrag zu stellen, wie solche Fähigkeit StGB. § 65 Abs. 1 dem Verletzten zuspricht, der das achtzehnte Lebensjahr vollendet hat.

Sind hier nach dem Gesetze zwei Antragsberechtigte [545]) vorhanden, so handelt es sich gleichwohl bei der Antragsberechtigung des Vormundes fortdauernd nur um das, was diese Antragsberechtigung von Anfang an war: um eine Vertretung

[543]) Letzteres im bayer. GB. v. 1861 Art. 218, ersteres im lubischen StGB. § 110. (Gegen Bestrafung des Ehebruchs überhaupt vgl. *John*, Entwurf eines StGB. für den Norddeutschen Bund S. 399, eine Ausführung, der ich beitreten möchte. Die Bestrafung ohne Antrag des verletzten Ehegatten wird heutzutage niemand wollen. Der Antrag aber stellt gerade bei Ehebruch, wenn die Ehe geschieden oder auch nur Scheidung beantragt wird, sich als ein trauriger Racheakt dar (vgl. jetzt auch *W. Mittermaier*, Vergleichende Darstellung des deutschen und ausländ. Strafr., bes. Teil 4 S. 96 ff.)

[544]) Für die im Texte vertretene Ansicht vgl. *Oppenhoff* § 170, 11. § 172, 15; *H. Meyer* § 43 zu Anm. 45; *Hälschner* 1 S. 719; *Heinze* in *Holtzendorffs* Handb. 2 S. 629 Anm. 6; *Dochow*, das 4. S. 174; *Fischer*, GS. **31** S. 496ff. (ausfuhrliche Darlegung); *Köhler* S. 87ff. und neuestens *W. Mittermaier* a. a. O. S. 98.

[545]) Ein Konkursverwalter (oder Zwangsverwalter nach dem Reichsgesetze vom 24./3. 97) hat nach Urteilen des RG. III 12./12. 93, IV 26./10. 00, IV 4./3. 02 E. **28** Nr. 122 S. 344, **33** Nr. 144 S. 433 das Antragsrecht bezüglich des gegen die ihm unterstellte Masse (bzw. das Grundeigentum) begangenen Deliktes des StGB. § 288. Man kann dies Recht daraus ableiten, daß er gesetzlicher Vertreter des Schuldners (Gemeinschuldners, Eigentumers) sei. Wenn sodann das RG. (vgl. das letztgenannte Urteil) anscheinend ein neben dem Antragsrechte des Gemeinschuldners bestehendes selbständiges Antragsrecht des Verwalters annimmt, so läßt sich dies rechtfertigen durch die Theorie, welche den Glaubigern in ihrer Gesamtheit ein Pfandrecht (Beschlagsrecht) an der Konkursmasse zuspricht; denn nicht nur der Eigentümer, auch der dinglich Berechtigte hat in Beziehung auf Sachdelikte Antragsrecht. Aber dies Recht kann sich nur erstrecken auf Delikte, die nach der Konkurseröffnung begangen sind. Das in Vertretung ausgeubte Antragsrecht kann nur ausgeübt werden innerhalb der Frist, welche dem Gemeinschuldner bei Eröffnung des Konkurses noch zustand.

des eigentlich Berechtigten (Verletzten). Der noch Minderjährige, wenngleich 18 Jahre Alte (oder Ältere), soll nicht durch jugendliche Nachlässigkeit, Unerfahrenheit oder Zugänglichkeit für Überredung usw. eine etwa angemessene Repression des gegen ihn begangenen Unrechts unmöglich machen; daher hat neben ihm bis zum Ende der Minderjährigkeit noch fortdauernd der gesetzliche Vertreter das Antragsrecht, während andererseits es möglich ist, daß der minderjährige Verletzte das gegen ihn persönlich begangene Delikt lebhafter empfindet und richtiger in seiner Schwere würdigt, als der gesetzliche Vertreter. Daher das Ergebnis, daß bei Differenz der Ansichten des Minderjährigen und des gesetzlichen Vertreters diejenige Ansicht vorgeht, welche die Bestrafung will. Bis zum vollendeten 18. Lebensjahre des Minderjährigen aber ist dessen Vertretung durch den gesetzlichen Vertreter eine vollständige und ausschließende. Der bis zur Vollendung des 18. Lebensjahres des Minderjährigen gegenüber dem gesetzlichen Vertreter eingetretene Fristablauf schließt daher auch den Minderjährigen aus, wie fast allgemein angenommen wird.[545a]) Wie der vollständige Fristablauf gilt, muß auch der unvollständige gelten, d. h. der Konsequenz nach kann der Minderjährige in Ansehung der vor Beginn seines 19. Lebensjahres fallenden Delikte ein Antragsrecht nur innerhalb der noch übrigen Frist haben.[546])

Ein neuer gesetzlicher Vertreter, der an Stelle eines anderen gesetzlichen Vertreters tritt (insbesondere eines etwa verstorbenen), kann den Antrag nur innerhalb des Restes der Frist

[545a]) *H. Meyer* § 43 Anm. 33; *Allfeld* § 43 Anm. 28; *Oppenhoff-Delius* § 65 Anm. 7; *Olshausen* § 65 Anm. 20a; RG. III 7. 12. 81 E. **5** Nr. 62 bes. 192. — *Binding*, Handb. **1** S. 626, will dem 18 Jahre alten Minderjährigen das Antragsrecht sogar für alle Delikte gewähren, für welche das Antragsrecht des gesetzlichen Vertreters schon durch Fristablauf erloschen ist. Dies ist auch praktisch betrachtet deshalb bedenklich, weil der Verletzte über zeitlich weit zurückliegende Vorgänge ein zutreffendes Urteil präsumtiv nicht haben wird.

[546]) So die meisten und auch RG. I 4./12. 93 E. **24** Nr. 156 S. 428; *Schwarze* § 65 Anm. 4; *Reber* S. 465; *Nessel* S. 58; *Frank*, *Finger* **1** S. 199; *Oppenhoff-Delius* § 65 Anm. 65; *Köhler* S 84; *Olshausen* § 65 Anm. 20a geben dem Minderjährigen die volle dreimonatliche Frist für diejenigen Delikte, deren Verfolgbarkeit noch nicht durch vollständigen Fristablauf erloschen ist, *Köhler* deshalb, weil er in dem unbenutzten Fristablauf eine Disposition des gesetzlichen Vertreters erblickt, die den Minderjährigen binde, während eine solche Disposition bei noch laufender Frist fehle. Einfache Versäumung einer Frist ist im eigentlichen Sinne kein Dispositionsakt; sonst würde, falls ein Gesetz nicht anders bestimmt, eine Frist nie gegen Minderjahrige laufen, so lange sie einen Vertreter nicht haben

stellen, welcher dem früheren gesetzlichen Vertreter noch verblieben war: hier findet nur eine Sukzession in die Antragsbefugnis statt.[547]) Ebenso hat, wenn ein zur Antragsstellung Fähiger unfähig wird (z. B. durch Geisteskrankheit), der nunmehr bestellte gesetzliche Vertreter nur die noch übrige Frist, obschon bis zur Kenntnisnahme des gesetzlichen Vertreters allerdings ein Ruhen des Fristablaufs wird angenommen werden müssen. Wenn ferner in den Fällen der §§ 196, 232 des StGB. ein vorgesetzter Beamter, Offizier usw. an die Stelle eines anderen tritt, so bleibt dem neuen Vorgesetzten auch nur die noch übrige Frist.[548]) Während sodann für jeden von mehreren Verletzten

---

[547]) Diese Ansicht durfte auch als die überwiegende bezeichnet werden. Dafur *Reber* S. 463; *H. Meyer* § 43 zu Anm. 48; *Olshausen* § 65 Anm. 20b; *Allfeld* § 43 zu Anm. 50; *Frank* § 65; *Finger* S. 200; RG. III 7./12. 81 E. **5** Nr. 62 bes. S. 192. — *Binding*, Handb. **1** S. 630 und *Liszt* § 45 Anm. 7 geben dem neu eintretenden gesetzlichen Vertreter stets die ganze Frist (falls nicht voller Ablauf während der früheren Vertretung stattgefunden hatte), *Binding* begründet dies damit, daß nicht die Vormundschaft, sondern der Vormund das Antragsrecht habe. Aber eigentlich hat das Antragsrecht nur der Verletzte selbst; es wird nur in seiner Vertretung vom Vormunde ausgeübt. — Wird ein Pfleger bestellt, damit dieser an Stelle des pflichtwidrig den Antrag unterlassenden oder unfähig gewordenen gesetzlichen Vertreters (des Vaters, Vormundes) Antrag stelle, so ist dieser Pfleger auch Sukzessor des anderweiten gesetzlichen Vertreters; er hat also ebenfalls nur die noch übrige Frist. Der bestellte Pfleger wird aber die ganze, von seiner Kenntnis bzw. Anstellung laufende Frist haben, wenn er deshalb bestellt ist, weil der gesetzliche Vertreter selbst der Schuldige ist; denn in diesem Falle bestand fruher ein zu diesem Antrage verpflichteter gesetzlicher Vertreter nicht.

[548]) Als Inhaber des Antragsrechtes sind hier die Gesamtheiten (der Staat, die Religionsgesellschaft) zu denken, in deren Vertretung die amtlich Vorgesetzten den Antrag stellen. Es dürfte also hier nicht, wie *Binding*, Handb. **1** S. 629 annimmt, eine Mehrzahl — unter Umständen eine Überzahl — von Antragsrechten geben, wobei denn die Antragsfrist ungemessen weit sich ausdehnen würde. Allerdings wird, wenn die Kenntnisnahme eines anderen als des tatsachlich den Antrag stellenden Vorgesetzten den Fristablauf herbeigefuhrt haben soll, diese Kenntnisnahme als eine positive Tatsache wenigstens wahrscheinlich sein müssen, wenn auch von einer eigentlichen die Verteidigung treffenden Beweislast nach den Grundsätzen des Strafprozesses nicht zu reden ist. — Ist das rechtliche Band, welches die Antragsberechtigung des Staates, der Religionsgesellschaft begründet, durch Verabschiedung des Beamten, Offiziers usw. aufgelöst, so ist auch jenes Antragsrecht als erloschen zu betrachten, und selbst die Ansicht, welche das Antragsrecht des Vorgesetzten als fortdauernd nur annimmt, wenn die Beleidigung zur Zeit des Dienstverhältnisses erfolgte (nicht wenn die Beleidigung sich auf das frühere Dienstverhältnis bezog), fuhrt zurück auf den im StGB. abgelehnten Begriff einer abstrakten Beleidigung des Amtes als solchen. Die Ehre einer nicht mehr im Dienst befindlichen Person zu vertreten hat die Gesamtheit kein Interesse. Der Ansicht des RG. (vgl. I 26./11. 85 E. **13** S. 95, III 2./5. E. **27** Nr. 74 S. 194 und I 20./5. 95, GArch. **43** S. 127), welche die zur Zeit des Dienstverhältnisses gegen den Beamten (Offizier) begangene Beleidigung auch nach dem Aufhören des Dienstverhältnisses auf Antrag des Vorgesetzten für verfolgbar erachtet, halte ich daher für nicht konsequent. Noch weniger kann ich der Ansicht *Franks* (zu § 196) beitreten. Es handelt sich

der Lauf der Frist sich besonders bestimmt, muß das Antragsrecht, welches dem Staate oder einer juristischen Person oder irgend einem Personenverbande als solchem zusteht, erlöschen, wenn eine der etwa gleichzeitig zum Antrage in Stellvertretung berechtigten Personen das Antragsrecht durch Fristablauf verliert.

Ist eine Gesamtheit oder eine Behörde antragsberechtigt, so wird die Frist von dem Zeitpunkte an beginnen müssen, wo auch nur einer der (stimmberechtigten) Mitglieder des Vorstandes oder der Behörde die erforderliche Kenntnis erlangt hat. Es ist Sache dieses Mitgliedes, die Angelegenheit zur Kenntnis und Beschlußfassung des Kollegiums zu bringen. Dies entspricht auch dem im BGB. § 28 Abs. 2 angenommenen Prinzipe.[548a]) Nach der entgegengesetzten Ansicht könnte die Antragsfrist ungebührlich und selbst willkürlich verlängert werden, und würden Beweisschwierigkeiten unvermeidlich sein. Aber das Recht der juristischen Person, der Behörde, kann auch durch Wechsel einzelner Mitglieder nicht berührt werden.

Ein Antrag eines nicht zur Stellung des Antragsberechtigten wird nicht dadurch rechtswirksam, daß nachträglich der Antragsteller jenes Recht, z. B. durch Bestellung zum Vormunde, zum Pfleger erhält.[549]) Der Entschluß über die Strafverfolgung darf in diesem Falle nur gefaßt werden von jemandem, der sich kraft seiner amtlichen Stellung verantwortlich fühlt.

§ 145. Die Frist ist übrigens nur gewahrt, wenn der Antrag in der vom Gesetz vorgeschriebenen Form gestellt ist, daher auch nur, wenn er innerhalb der Frist der vom Gesetze bezeichneten Behörde zugegangen ist. Daß der Antrag innerhalb der Frist niedergeschrieben oder eingesandt ist, kann nicht entscheiden. Man würde damit auch in schwierige Beweiserhebungen sich verwickeln. Ebenso muß, wenn es noch einer Genehmigung bedarf, diese innerhalb der Frist an die Behörde gelangen oder bzw. vor derselben erklärt sein.[550])

im Falle des § 195 um eine Vertretung, die selbst gegen den Willen des Vertretenen ausgeübt werden kann. Der betreffende Wortlaut der §§ 195, 196 ist auch völlig der gleiche.

[548a]) „Ist eine Willenserklärung dem Vereine gegenüber abgegeben, so genügt die Abgabe gegenüber einem Mitgliede des Vorstandes."

[549]) OT. Berlin 26./3. 73; *Stengleins* Zeitschr. **2** S. 151.

[550]) Bayerischer KH. 2./6. 76; *Stengleins* Zeitschr. **6** S. 156.

Die Frist ist abgelaufen mit dem Beginne desjenigen Kalendertages, welcher der Zahl desjenigen Tages entspricht, an welchem der Lauf der Frist beginnt.[551])

Die Innehaltung der Frist muß von der Staatsanwaltschaft nachgewiesen werden. Das Gericht hat von Amts wegen den etwaigen Ablauf zu beachten. Dagegen kann der Antrag bis zum Augenblicke der Urteilsfällung über die Tat nachgebracht werden,[552]) jedoch überhaupt nicht in der Berufungsinstanz,[553]) falls Berufung nur zugunsten des Angeklagten eingelegt ist, und in der Revisionsinstanz deshalb nicht, weil das Revisionsgericht nur zu prüfen hat, ob das untere Gericht zu der Zeit, als es urteilte, richtig geurteilt hat.[554]) Das Einstellungsurteil, welches aus dem Grunde ergeht, daß ein Strafantrag erforderlich, aber überhaupt nicht gestellt sei, steht der späteren Strafverfolgung, falls ein gültiger Strafantrag dann gestellt ist, nicht entgegen.[554a]) Aber wie schon oben bemerkt, der vorliegende Strafantrag wird durch das Einstellungsurteil, falls er als unwirksam bezeichnet ist, definitiv beseitigt,[555]) und wenn das Gericht in der Lage war, über einen vorliegenden Strafantrag zu erkennen, dieser Antrag aber übersehen worden ist, so ist auch dieser Antrag damit beseitigt; denn die Entscheidung des Gerichts hat ausgesprochen, daß ein wirksamer Strafantrag zurzeit nicht vorhanden sei.[556])

Nachträgliche Erstreckung und bzw. Beschränkung der Antragsfrist findet nach StGB. 198, 232 Abs. 3 bei wechselseitigen Beleidigungen und leichten (oder fahrlässigen) Körperverletzungen statt.[556a])

Eine Erstreckung findet nach § 96 der Seemannsordnung von 1902 statt; der Strafantrag kann wegen der im § 96 genannten Delikte bis zur Abmusterung gestellt werden.

[551]) RG. I 29./12. 79 E. **1** Nr. 19 S. 41 (allgemeine Ansicht).

[552]) RG. II 20./4. 83 Rs. 5 bes. S. 272.

[553]) Fur Zulassigkeit in der Berufungsinstanz im Allgemeinen Bayerischer KH. 21./9. 74; *Stengleins* Zeitschr. **4** S. 264.

[554]) So genau und richtig *Binding* **1** S. 644. Siehe auch *Olshausen* § 61, 57.

[554a]) RG. II 13./7. 81 Rs. **3** S. 479.

[555]) So das Anm. 554a zitierte Urteil des RG.

[556]) Anders das von *Olshausen* § 61, 57 anscheinend gebilligte Urteil des RG. III 22./2. 92; GArch. **39** S. 437.

[556a]) Auf genauere Auslegung dieses Paragraphen soll hier nicht eingegangen werden. Bemerkt mag werden, daß das ergehende freisprechende oder verurteilende

§ 146. Stark überwiegend in der Literatur und in der Praxis[557]) jetzt allein herrschend ist die Ansicht, daß ein Verzicht auf den Strafantrag, und zwar selbst ein ausdrücklicher und vor Gericht erklärter, ebensowenig wie eine Verzeihung die spätere rechtswirksame Antragstellung ausschließe.[557a]) Formloser Verzeihung[557b]) diese Wirkung einzuräumen, wäre bei der großen Mehrzahl der Antragsdelikte allerdings im höchsten Maße bedenklich, wenngleich diese Wirkung z. B. bei den Beratungen über das württembergische GB.[557c]) auch für den stillschweigenden, von einer Verzeihung kaum zu unterscheidenden Verzicht als selbstverständlich angenommen wurde und beim Ehebruch in einer Mehrzahl von Gesetzen ausdrücklich anerkannt war.[557d]) Die Möglichkeit einer wirksamen Berufung auf Verzeihung würde — man darf sich daran erinnern, welche Handlungen und Unterlassungen früher in der Lehre von der Beleidigung als Verzeihung geltend gemacht wurden[558]) — die Strafverfolgung der bedenklichsten Unsicherheit aussetzen.

Aber die Wirksamkeit eines ausdrücklichen und unzweifelhaften Verzichts da, wo die Strafverfolgung von dem Willen des

Erkenntnis für alle Beleidigungen und Körperverletzungen, welche in Gemäßheit dieses Paragraphen geltend zu machen sind, auch konsumierende Wirkung haben muß. Dies gilt jedoch nicht von einem im Sühnetermine geschlossenen Vergleiche, der vielmehr nur die wirklich geltend gemachten Fälle erledigt (so bayerisches ObLGR. 13. 3. 06, mitgeteilt Jahrb. d. Strafrechts **1** S. 30).

[557]) OT. Berlin 20./2. 73; OT. Stuttgart 26./4. 76; *Stengleins* Zeitschr. **2** S. 216, 6 S. 164; *Reber* S. 636; *Kirchenhein* S. 71, 87; *Samuely*, GS. 32 S. 24; *Frank* § 61, IX; *Köhler* S. 166; *H. Meyer* § 43 zu Anm. 37; *Liszt* § 45, 5; *Olshausen* § 61, 49b. — Für die Wirksamkeit des Verzichts OAG. Dresden 29./5. 74; *Stengleins* Zeitschr. 4 S. 621 *Schwarze* § 61, 10a, 11; *Klebs*, GArch. **19** S. 576; *Finger* § 36 a. E.; auch *Freudenstein*, Deutsches Recht der Ehrenkränkungen (1880) S. 116.

[557a]) Die (Göttinger) Dissertation von *C. Koellner*: „Kann bei Delikten, welche nur auf Antrag verfolgt werden, der Beschuldigte die Bestrafung durch Berufung auf einen mit dem Antragsteller abgeschlossenen Privatvergleich abwenden." (1889) bekämpft die Wirksamkeit des Vergleichs wesentlich nur von dem Standpunkte aus, daß der Strafantrag lediglich Prozeßvoraussetzung sei.

[557b]) *Marcinowski*, GArch. **11** S. 169 (bes. 178) führt aus, daß (nach dem preußischen StGB.) ausdrucklich erklärte Verzeihung die Privatklage wegen Beleidigung ausschließe, während er die fruher vom preußischen OT. angenommene Ansicht, der zufolge die Wirksamkeit des Verzichts von der zivilrechtlichen Gültigkeit des betreffenden Vertrages (Rechtsgeschäfts) abhangen sollte, bekämpft. Vgl. OT. Berlin 1./2. 61; GArch. **9** S. 203.

[557c]) Vgl. *Hufnagel*, Kommentar **1** S. 322; *Hepp*, Kommentar **2** S. 10.

[557d]) Vgl. z. B. hannoversches GB. 258, hessisches 327, badisches 351, thüringisches 206, sachsisches 259.

[558]) Vgl. *A. D. Weber*, Über Injurien und Schmähschriften, 4. Aufl. **2** S. 156 (1820).

Verletzten abhängt, ist in Wahrheit nur diese Abhängigkeit, betrachtet von der anderen Seite. Wenn der Wille des Verletzten die Kraft haben soll, die Verfolgung hervorzurufen, so muß ihm auch die Kraft zugeschrieben werden, die Verfolgung zu hindern, und zwar, falls nicht positive Bestimmungen entgegenstehen, in derjenigen Form, welche als der regelmäßige Ausdruck wirksamer und bindender Willenserklärung gilt. Das ist entschieden die einfache und natürliche Auffassung,[559]) von der ältere Strafgesetzbücher ausgehen, indem sie die Möglichkeit des Verzichts anerkennen,[560]) und die selbst noch von dem bayerischen StGB. von 1861 Art. 89 geteilt wurde, welches letztere ausdrücklichen Verzicht verlangte. Daneben führte es allerdings die dreimonatliche Frist des preußischen Rechts ein und erkannte die Zulässigkeit der Rücknahme des Antrags an, welche freilich, da nun einmal die Justiz mit der Strafsache befaßt ist, keineswegs selbstverständlich ist.[561]) Erst der besondere Einfluß der preußischen Gesetzgebung hat jene gleichsam selbstverständliche und natürliche Auffassung in der herrschenden Ansicht verdrängt und dazu geführt, daß die künstliche, wenngleich in vielfacher Hinsicht praktische Beseitigung des Antragsrechts durch Fristablauf (abgesehen von der Zurücknahme des Antrags) als die juristisch allein mögliche, überwiegend betrachtet wird. Den dafür beigebrachten Gründen ist aber beweisende Kraft nicht zuzuschreiben.

Wenn gegen die Rechtswirksamkeit eines wirklichen und ausdrücklichen Verzichts bemerkt wird, für die Strafbehörde sei lediglich der Antrag maßgebend, und dasjenige, was vor dem Antrage liege, komme für sie nicht in Betracht, ebenso wenig wie die Motive, welche den Antragsteller bei Stellung des Antrags leiteten, so ist dies nur *Petitio principii*. Wie die Behörde untersuchen kann und muß, ob das Antragsrecht nicht durch

[559]) Vgl. in diesem Sinne *Geib* 1 S. 165.

[560]) Vgl. Württemberg 134. „In allen Fällen, in welchen der besondere Teil des Gesetzbuches Untersuchung und Strafe eines Verbrechens oder Vergehens von der Klage des Beschädigten abhängig macht, wird eine solche Klage durch Verzicht aufgehoben" (Klage ist hier nicht Privatklage, da zur Zeit des Erlasses des württembergischen GB. noch der Inquisitionsprozeß in Württemberg galt). Hessen 55. Nassau 51. Thüringen 70.

[561]) Vgl in diesem Sinne v. *Bothmer*, Erörterungen und Abhandlungen aus dem Gebiete des hannoverschen Kriminalrechts 1 (1842) S. 222.

Fristablauf nach Kenntnisnahme des Antragsstellers aufgehoben sei, ebenso kann das Gesetz, ohne Widersinniges anzuordnen, die Strafbehörde auch zur Untersuchung darüber verpflichten, ob ein Verzicht vorgekommen sei, und dies um so eher, als bei erfolgtem Verzichte der Anzuklagende sich auf den Verzicht berufen wird. Der Grund, daß über das Fortbestehen des Antragsrechts ein Beweisverfahren oft stattfinden müßte, beweist also auch nicht;[562]) ebenso kann man nur unbegründete Behauptungen in dem Argumente erblicken, daß das Gesetz lediglich einen Verzicht durch unbenutzten Fristablauf wolle, innerhalb dessen der Berechtigte die Frage, ob Antrag zu stellen sei, sich überlegen solle, und daß es auch sonst vorkomme, daß ein Recht nur durch Zeitablauf, nicht aber durch ausdrücklichen Verzicht untergehe, daß endlich auch andere Behörden als die Strafbehörde gar nicht befugt seien, Erklärungen über einen Strafantrag anzunehmen.[563]) Unzutreffend ist es ferner, den Verzicht deshalb für unwirksam zu erachten, weil über ein staatliches Strafrecht disponiert werde. Wäre das richtig, so hätte das Gesetz die Wirksamkeit einer Zurücknahme des Antrages — da ja nach Stellung des Antrags das staatliche Strafrecht zur vollsten Wirksamkeit gelangt — um so mehr ausschließen müssen.[563a]) Ebenso ist *Petitio principii* das Argument, die Möglichkeit der Verfolgung könne auch bei Antragsdelikten dem Staate nicht noch weiter beschränkt werden.[564]) Umgekehrt erklärt der Staat, indem er die Strafverfolgung an den Antrag des Verletzten bindet, daß er gar nicht besonders interessiert sei, das Delikt zu verfolgen, daß das Interesse ihm vielmehr nur durch das Interesse des Verletzten an der Strafverfolgung miterwachse — wie das in älteren Rechtsperioden bei den meisten Verbrechen der Fall war. So bleibt in der Tat nur der Grund übrig, daß man bei Abfassung des preußischen StGB. von einem besonderen Verzichte nichts

[562]) Diese beiden Gründe besonders im Urteil des badischen OHG. 15./7. 73; *Stengleins* Zeitschr. 6 S. 153.

[563]) So ROH. 13./10. 76; *Stengleins* Zeitschr. 6 S. 154.

[563a]) Wenn in weiterer Fassung dieses Grundes (so z. B. von *Reber* und *Nessel* a. a. O.) gesagt ist, das Antragsrecht als offentliche Rechtbefugnis könne nicht durch Privatabmachungen aufgehoben werden, so ist diese Behauptung in solcher Allgemeinheit ebenfalls unrichtig.

[564]) Beide Argumente besonders hervorgehoben *Köhler* S. 165, 166.

wissen, vielmehr diesen durch den Fristablauf ausschließend ersetzen wollte, und daß das Gesetz den Verzicht nicht erwähnt.[565]) Indes ist es unrichtig, das deutsche StGB. nur als Neuauflage des preußischen anzusehen; was bei wörtlich gleichlautenden Bestimmungen die preußischen gesetzgebenden Faktoren gedacht und gewollt haben, ist lediglich aus diesem Grunde noch nicht Gedanke und Wille der deutschen gesetzgebenden Faktoren geworden, und der Mangel einer besonderen Bestimmung hindert, da, wo es sich nicht um Vermehrung der Bestrafungen handelt, nicht, etwas anzuerkennen, was der Natur der Sache und der guten Sitte entspricht. Ist es nun aber nicht eine Verletzung der guten Sitte, wenn jemand ausdrücklich dem Schuldigen gegenüber erklärt, Strafantrag nicht stellen zu wollen, etwa dabei noch für den durch die Straftat erlittenen Schaden reichlich Entschädigung oder Genugtuung empfängt, und dann hinterher unter Verletzung seines Wortes mit der Entschädigung in der Tasche Strafantrag stellt? Dazu kommt, daß die StPO. 420 für Privatklagen wegen Beleidigungen einen vorgängigen Sühnetermin in der Regel obligatorisch gemacht hat und voraussetzt, daß durch einen Sühnevertrag auch das Antragsrecht beseitigt werden könne.[566]) Endlich aber hat das RG.[567]) selbst unter eingehender Begründung dargelegt, daß ein Vertrag über Rücknahme eines Strafantrags als solcher keineswegs ungültig sei, vielmehr der solche Rücknahme Versprechende im Wege des Zivilprozesses dazu verurteilt werden könne; die Konsequenz

[565]) Vgl. RG. III 13./1. 81, 1./4. 81, Rs. **1** S. 721, **3** S. 181. In ersterem Urteil wird noch hervorgehoben, daß Rechtswirksamkeit eines Verzichts allenfalls da angenommen werden könne, wo der legislative Grund, Strafantrag des Verletzten zu fordern, in der Rücksicht auf etwaige Verzeihung liege, was nur bei Ehrverletzungen zutreffe. Aber der legislative Grund des Erfordernisses eines Strafantrages ist ein mehr umfassender, auch bei Ehrverletzungen. Vgl. gegen diese Argumente bes. *Schwarze*, GS. **25** S. 256ff.

[566]) Anders freilich *Meyer* § 43 Anm. 37; *Olshausen* § 64 Anm. 20. Vgl. dagegen aber *Löwe*, Strafprozeßordnung § 420 Anm. 5a; *v. Kries*, Lehrb. des deutschen Strafprozeßrecht S. 725; *Stenglein*, Strafprozeßordnung § 420 Anm. 3. Der vom Gesetze möglichst geförderte Vergleich würde doch zu wenig Wirksamkeit haben und also auch zu selten zustande kommen, wenn der Antrag trotz des Sühnevergleichs möglich oder bestehen bliebe, und somit die Staatsanwaltschaft noch eine Verurteilung herbeiführen könnte.

[567]) RG. IV 24./10. 98 E. in Zivilsachen **42** Nr. 15, S. 60. — Es kann allerdings auch ein zivilrechtlich ungültiges Faktum vorliegen (vgl. *Köstlin* **1** S. 522, der dies wohl in zu weitem Umfange annimmt, aber die strafrechtliche Wirksamkeit eines Verzichtes, und insbesondere eines nicht durch Gewährung von Geld oder Geldeswert erreichten Verzichtes nicht bezweifelt).

wird verlangen, eine Verurteilung zur Unterlassung eines Strafantrags ebenso für zulässig zu erklären. Auf einem Umwege gelangt man also zu einem Ergebnisse, das im Strafprozesse einfacher zu erreichen ist. Auch kann folgendes vorkommen: A hat sich verpflichtet, den Strafantrag zu unterlassen; er stellt ihn gleichwohl. Dann wird er auf Schadenersatz belangt werden können wegen Verletzung der Vertragstreue. Solcher Zwiespalt zwischen Straf- und Ziviljustiz ist doch wenig erbaulich, und der Natur der Sache entspricht es, daß der Verzicht vor dem Strafrichter erklärt werde.[567a])

§ 147. Die Stellung des Strafantrags betreffend,[568]) so ist nach StPO. 156 Abs. 2 zuständig zur Entgegennahme eines Strafantrags jedes (deutsche) Gericht und jede (deutsche) Staatsanwaltschaft, ja sogar nach dem Wortlaute jede andere (deutsche) Behörde [569]) ohne Rücksicht auf örtliche Zuständigkeit. Man nimmt indes mit Rücksicht auf § 156 Abs. 1 an, daß nur die Behörden des Polizei- und Sicherheitsdienstes sowie die Amtsgerichte zur Entgegennahme von Strafanträgen verpflichtet sind, und daß der von anderen Behörden etwa entgegengenommene Antrag rechtzeitig nur gestellt ist, wenn er rechtzeitig einem Amtsgericht, einer Staatsanwaltschaft oder einer Behörde des Polizei- oder Sicherheitsdienstes zu Händen kommt, andererseits aber, daß unter Behörden auch einzelne Beamte des Polizei- und Sicherheitsdienstes, insbesondere Gendarmen, zu verstehen sind.

Der Antrag bedarf der schriftlichen Form, welche dadurch hergestellt wird, daß entweder der Antrag bei einem Gerichte oder einer Staatsanwaltschaft zu Protokoll erklärt oder bei einer Behörde (einem Beamten des Polizei- und Sicherheitsdienstes oder einem Gerichte oder einer Staatsanwaltschaft) schriftlich eingereicht wird. Über die Erfordernisse des Protokolles sind die sonst für Protokolle der Behörde geltenden Vorschriften maßgebend. In Ansehung der schrift-

---

[567a]) Vgl. in diesem Sinne *Köstlin* 1 S. 521 und die Motive zum württembergischen StGB. Art. 134 (*Hufnagel*, Kommentar 1 S. 322).

[568]) Vgl. darüber die Kommentare zur StPO. insbesondere *Löwe* und *Stenglein*, *Bennecke-Beling*, Lehrb. des deutschen Strafprozesses S. 236.

[569]) Die Beschränkung auf deutsche Behörden und Gerichte steht wörtlich nicht im Gesetze, dürfte aber selbstverstandlich sein.

lichen Form ist die Rechtsprechung des RG. sehr lax; es genügt selbst Unterzeichnung eines Handzeichens durch einen anderen, der als Bevollmächtigter des Antragstellers unterzeichnet und dafür mündliche Bevollmächtigung.[570]) Auch ist für genügend erklärt worden die vorherige Unterzeichnung eines Blanketts, das nachher ein Gendarm ausfüllte.[571])

Daß für die Stellung des Antrags örtliche Zuständigkeit der Behörde nicht erfordert werde, ist richtig erkannt worden, da es nur darauf ankommt, die Absicht des Verletzten, es solle verfolgt werden, außer Zweifel zu stellen. Es kontrastiert dieser Satz aber auffällig mit der Ansicht, welche dem Verzichte deshalb jede Bedeutung abspricht, weil der Verzicht nicht im Strafprozesse als strafprozessualer Akt besonders zugelassen sei, und noch mehr kontrastiert die Laxheit, mit welcher die schriftliche Form des Antrags behandelt wird mit dem Formalismus, den man als der Natur der Sache entsprechend gegen die Wirksamkeit des Verzichtes geltend macht. Wenn Beweisführungen über mündliche Genehmigung eines Antrags zugelassen werden, so sollte man die Zulassung eines Beweises über ausdrücklichen Verzicht nicht für durchaus ungehörig erklären.

§ 148. Die Wirkung des Antrags ist, daß bei absoluten Antragsdelikten die Untersuchung und Bestrafung gegen s ä m t l i c h e T e i l n e h m e r einschließlich des Begünstigers z u l ä s s i g wird. Der Begriff des Teilnehmers kann hier in verschiedenem Sinne genommen werden. Hat der Antragsteller in dem Antrage eine Person genannt, so ist die Untersuchung nur gegen Teilnehmer im eigentlichen Sinne zulässig; hat er den Strafantrag dagegen auf den eingetretenen Erfolg gerichtet, so können alle diejenigen bestraft werden, die zu dem Erfolge

[570]) RG. II 21./3. 81 E. **3** Nr. 164 S. 425, IV 22./2. 89 E. **19** Nr. 2 S. 1 Rs. **3** S. 281. Widerruf einer Bevollmächtigung zur Antragstellung macht letztere unwirksam, wenn er erfolgt, bevor der Antrag an die Behörde gelangt (so *Bolze*, GS. **32** S. 438). – *Kohler* S. 464 verlangt, daß der Widerruf zuvor bei der Behörde eintreffe und hält jetzt BGB. 160, 167 Abs. 1 für maßgebend. Aber die Grundsätze, welche rechtsgeschäftliche Willenserklärungen betreffen, können nicht ohne weiteres auf Erklärungen, die ein Strafverfahren betreffen, angewendet werden. BGB. 167 Abs. 1 will den Bevollmächtigten und bzw. den Kontrahenten vor Schaden schützen, der aus einem ihm unbekannten Widerruf der Vollmacht entstehen kann. Im Strafverfahren ist von einem solchen Schaden nicht die Rede.

[571]) RG. I 28./6. 80, Rs. **2** S. 128.

tatsächlich mitgewirkt haben, mittelbare Täter, Nebentäter.[572]) Ein Strafantrag gegen eine der Tat durchaus nichtschuldige Person hat bei absoluten Antragsdelikten doch Wirksamkeit gegen die Schuldigen,[573]) da Erwähnung einer Person in dem Antrage nicht erforderlich ist. Andererseits wirkt der Strafantrag nicht gegen Personen, welche gleichartiger, aber selbständiger, wenn auch bei demselben Anlaß begangener, Handlungen schuldig sind, z. B. Beleidigungen ausgestoßen haben.[574]) Die Erhebung der öffentlichen Klage ist aber in diesem Umfange nur zulässig; der Staatsanwalt kann, wenn er den Beweis gegen eine der Teilnahme verdächtige Person für ungenügend hält, die Erhebung der öffentlichen Klage gegen diese Person unterlassen, bzw. ablehnen; er kann durch einen Strafantrag nicht wohl gezwungen werden, eine seiner Ansicht nach rechtlich unhaltbare oder nicht zu beweisende Anklage zu erheben,[575]) und selbst der Privatkläger hat die Befugnis der Beschränkung der Privatklage;[576]) letzteres ist rationell, weil der Privatkläger ebenso wie der Staatsanwalt seiner Überzeugung der Schuld des einzelnen zu folgen und eintretendenfalles selbst die Kosten zu tragen hat. Das Verfahren muß dem in dieser Beziehung maßgebenden

---

[572]) RG. II 19./11. 89 E. **20** Nr. 22 S. 54, II 20./2. 00 E. **33** Nr. 48 bes. S. 162 (das RG. leitet das Ergebnis aus dem Worte „Beteiligte" in StGB. 63 ab. Der reale Grund dürfte sein, daß der Verletzte die Verletzung als solche und ohne Beschränkung auf die eine oder andere Handlung, durch welche die Verletzung mitherbeigeführt wurde, muß geltend machen konnen). *Köhler* S. 127.

[573]) RG. III 17./12. 81 E. **5** Nr. 94 bes. S. 271; *Frank* § 61, VI; *Beling*, Strafprozeß S. 238 zu Anm. 28.

[574]) So *Olshausen* unter Berufung auf mehrere Entscheidungen des OT. Berlin. — Ein Strafantrag, der gestellt ist gegen denjenigen, der eine beleidigende Behauptung weiter verbreitet hat, erstreckt sich nicht auf denjenigen, der die Behauptung zuerst aufgestellt hat. RG. I 2./11. 05 (Recht **9** Sp. 652 und Jahrb. **1** (1907) S. 31).

[575]) Vgl. in diesem Sinne *Hufnagel*, Kommentar zum württembergischen GB. 3 S. 185 und *Köstlin* **1** S. 522; *Olshausen* § 63, 4a; *Löwe*, StPO. S. 153, 3; RG. I 5./7. 92 E. **23** Nr. 62 S. 202 (aus dem Grunde, daß dem Gerichte kein Mittel zustehe, dies Verfahren abzulehnen).

[576]) *Oppenhoff-Delius* § 63 Anm. 5; *Olshausen* § 63, 4b; *Frank* § 63 II, 5; *Finger* **1** S. 197 Anm. 267. Anders *Dochow* in *Holtzendorffs* Handb. **4** S. 476; *Rüdorff-Stenglein* § 63 Anm. 6. Das Verfahren sei solange zu beanstanden, bis gegen sämtliche Beteiligte Klage erhoben werde. OT. Berlin 6./11. 75; GArch. **23** S. 496 weil Gründe nicht vorhanden seien, die Privatklage anders zu behandeln als den Strafantrag. Die sachlichen Gründe werden hier so wenig wie in der entgegengesetzten Entscheidung des RG. berührt. Dagegen macht das Urteil des OLG. München vom 13./1. 81 (E. 1 Nr. 61 bes. S. 277) den sachlichen Grund der eventuellen Haftung des Privatklägers fur die Prozeßkosten geltend. *Kiehl*, GArch. **34** S. 61ff. (das Verfahren sei ohne weiteres gegen sämtliche Beteiligte zu eröffnen).

Entschlusse des Anklägers entsprechen. Der Antrag gibt der Staatsanwaltschaft gleichsam nur die Waffe; ob sie davon Gebrauch zu machen hat, ist von ihrer Entscheidung abhängig.

Der einmal gültig gestellte Strafantrag bleibt aber bestehen, ungeachtet einer etwaigen Ablehnung der Strafverfolgung seitens der Staatsanwaltschaft,[576a] sowie ungeachtet einer durch das Gericht erfolgenden Ablehnung der Eröffnung einer Voruntersuchung oder des Hauptverfahrens, sofern der Antrag nur nicht rechtskräftig für ungültig erklärt ist; denn als reine Tatsache, als authentische Manifestation der Empfindung und des Willens des Verletzten kann der Antrag nicht aus der Welt geschafft werden.

Der Grundsatz der Unteilbarkeit des Antrags muß auch Anwendung finden bei relativen Antragsdelikten,[577] insofern das Gesetz nicht etwa ausdrücklich das Gegenteil bestimmt. Wird die Tat überhaupt untersucht und bestraft, so ist es in hohem Grade bedenklich, ohne zwingende Gründe einzelne Schuldige straffrei ausgehen zu lassen.[578]

§ 149. Während das StGB. nach der Fassung von 1870 § 64 allgemein bei Antragsdelikten die Zurücknahme des Strafantrags gestattete (mit der aus dem Prinzipe der Unteilbarkeit folgenden unzertrennlichen Wirkung zugunsten aller Teilnehmer) ist seit der Novelle von 1876 die Rücknahme nur in denjenigen Fällen gestattet, in welchen das Gesetz dies besonders bestimmt; in betreff des Zeitpunktes und der Wirksamkeit der Rücknahme für alle Teilnehmer, zu deren Verfolgung Antrag erfordert wird, ist dagegen nichts geändert. Man ist damit, die noch bestehenden wenigen Ausnahmen abgerechnet, während die anderen Landesgesetze späterer Zeit überwiegend die Möglichkeit einer Rücknahme des Antrags bis zu einem gewissen

576a) Übereinstimmend angenommene Ansicht. Vgl. *Rüdorff-Stenglein* § 61 n. 27; *Oppenhoff-Delius* § 61 n. 38; *Reber* S. 480; *Olshausen* § 61 Anm. 68.

577) RG. IV 17. 1. 98 E. **17** Nr. 63 S. 246. Auch überwiegend in der Literatur vgl. z. B. *Fuchs* S. 174; *Dochow* in *Holtzendorffs* Handb. **4** S. 267; *Binding*, Handb. **1** S. 638; *Olshausen* § 63, 3; *Köhler* S. 80; *Beling*, Strafprozeßrecht S. 231; *Frank* § 63 II, 2. Jetzt auch *Oppenhoff-Delius* § 63 Anm. 4; OAG. Dresden 24. 3. 73; *Stengleins* Zeitschr. 3 S. 53; RG. IV 28. 4. 96 E. **28** Nr. 104 S. 328 wendet dies (vgl. auch *Binding* a. a. O.) konsequent auf die Wirksamkeit der Rücknahme des Antrags an.

578) Anders *Reber* S. 443.

freilich verschieden bestimmten Zeitpunkte anerkannten,[578a]) wieder hinter das Prinzip des § 53 des preußischen GB. zurückgegangen, insofern nach dem letztgenannten Paragraphen allgemein erst durch Eröffnung der gerichtlichen Untersuchung die Rücknahme ausgeschlossen war.[579])

Wenn es nun auch richtig ist, daß besonders die Möglichkeit einer Rücknahme des Antrags zu wenig zu billigenden Geschäften über das Antragsrecht und auch zu Erpressungen Anlaß geben kann, und man auch sagen kann, daß Privatwillkür mit der Strafjustiz nicht gleichsam Spiel treiben dürfe, so ist andererseits doch zu erwägen, daß in der ersten Erregung leicht übereilte Strafanträge gestellt werden, die der Antragsteller später zu bereuen Anlaß hat, daß die Tat bei genauerer Untersuchung sich oft weniger strafbar oder auch als mehr entschuldigt darstellt, als anfangs angenommen wurde. Beide Gründe sprechen für Zulässigkeit der Zurücknahme. Wenn aber einmal die Schuld des Angeklagten der Öffentlichkeit preisgegeben ist, so kann nicht noch die Rede davon sein, daß der Staat vor dem Verbrechen die Augen schließe, am wenigsten selbstverständlich dann, wenn schon ein autorativer Ausspruch über die Schuld vorliegt. Vielleicht erscheint der Zeitpunkt des Beginns der öffentlichen Hauptverhandlung, wie die hannoversche StPO. von 1859 § 40 bestimmte, als regelmäßig legislativ richtiger Termin, bis zu welchem die Rücknahme gestattet sein sollte. Das schlösse nicht aus, daß bei einzelnen Delikten, bei welchen man etwa auf Versöhnung der Beteiligten besonders Gewicht legt, namentlich bei Ehebruch im Interesse der Aufrechterhaltung der Ehe oder bei Beleidigungen der Verzeihung und der Rücknahme des Antrags noch einen weiteren Spielraum gewähren würde.[580])

578a) Das bayerische GB. von 1813 enthielt über Rücknahme wie über Verzicht nichts, ebenso das hannoversche. Nach dem letzteren war daher die Wirksamkeit der Rücknahme zweifelhaft (*Leonhardt*, Kommentar **1** S. 329). Auch nach dem badischen GB. gab es eine Zurücknahme der Anzeige nicht. — Vgl. Zurücknahme (bzw. Verzicht) im hessischen GB. 55, württembergischen Ges. vom 13. 8. 49 Art. 19, braunschweigischen GB. 247 Art. 52, naussauischen GB. Art. 51, 52, thüringischen GB. Art. 70, sächsischen GB. Art. 106, bayerischen GB. von 1861 Art. 88c. E. (hier Rücknahme nur vor Ablauf von acht Tagen). Im Interesse der Aufrechterhaltung der Ehe gaben alle Gesetze ein weitgehendes Verzeihungsrecht (Rücknahmerecht) bei Ehebruch.

579) Vgl. darüber *Goltdammer*, Materialien **1** S. 443 zu Anm. 2.

580) Nach mehreren früheren Gesetzen konnte derjenige, gegen den ein Strafantrag gestellt war, Fortsetzung der Untersuchung verlangen, oder es war die

Für die Zurücknahme hat das StGB. keine Form bestimmt, es wird danach — was wenig stimmt zu einem Teil der Argumente, welche gegen die Wirksamkeit des Verzichts angeführt werden — angenommen, daß jede für die betreffende Strafbehörde bestimmte Erklärung ohne weiteres wirksam sei, also z. B. eine nur zu Protokoll eines Amtsvorstehers gegebene,[581]) ja selbst eine nicht einmal protokollierte[582]) der Strafbehörde gar nicht zugegangene Erklärung. Für Bedingungen und Beschränkungen der Zurücknahmeerklärung müssen dieselben Grundsätze entscheiden, welche für die Antragsstellung gelten. Die Privatklage enthält, wie oben bemerkt, immer einen Strafantrag; aber sie enthält außerdem die Erklärung, die Strafverfolgung auf eigene Kosten zu übernehmen, und eine erzwungene Strafverfolgung ist zugleich mißlich. Aus beiden Gründen gestattet die StPO. 431 allgemein die Zurücknahme der Privatklage bis zur Verkündung des Urteils erster Instanz (und soweit zulässige Berufung eingelegt ist, bis zur Verkündung des Urteils zweiter Instanz). Aber die Verletzung ist durch den Antrag einmal für die Strafverfolgung kundbar gemacht. Dieses Faktum bleibt bestehen. In denjenigen Fällen daher, in denen Rücknahme des Antrags unzulässig ist, kann der in der Erhebung der Privatklage vorliegende Antrag seine Wirksamkeit nicht durch Rücknahme der Privatklage verlieren.[583]) Zweifelhaft dagegen ist, ob nicht in denjenigen Fällen, in welchen Zurücknahme des Antrags zulässig ist, letztere auch in der Zurücknahme der Privatklage zu finden sei. Das RG. hat dies nebenher (in dem Anm. 583 zuerst zitierten Urteile) gewissermaßen als selbst-

Wirksamkeit der Rucknahme oder des Verzichts durch Annahme seitens des Beschuldigten bedingt (Württemberg 134, Braunschweig 247, Hessen 54, Baden 394). Da die Staatsanwaltschaft aber nicht gezwungen ist, auf den gestellten Antrag öffentliche Klage zu erheben, so wird tatsachlich jenes Verlangen vor Erhebung der öffentlichen Klage keinen Erfolg haben, da es wohl nur von einem Beschuldigten gestellt wird, gegen den Schuldbeweise nicht vorliegen. — Zweckmaßig bestimmte die hannoversche StPO. (1859) § 40 a. E. „Zur Zurücknahme bedarf es der Zustimmung des Beschuldigten, wenn die Ratskammer oder Anklagekammer die Sache bereits an ein Gericht verwiesen hat."

[581]) RG. II 26./1. 83 E. **8** Nr. 25 bes. S. 80.

[582]) RG. IV 7./2. 93; GArch. **41** S. 29.

[583]) So RG. II 20./4. 83 E. **8** Nr. 60 S. 207 und IV 21./5. 89 E. **19** Nr. 83 bes. S. 285 (hier wird aus dem Gesichtspunkte des offentlichen Interesses argumentiert: es ist aber gerade die Frage, wie weit hier das offentliche Interesse gegenüber dem Privatinteresse überwiegt).

verständlich angenommen, und *Binding* (1 S. 560)[584]) ist der Ansicht, in der Rücknahme der Privatklage liege die „denkbar energischste" Rücknahme des Strafantrags. Beides kann nicht zugegeben werden, da sehr wohl mit Rücksicht auf die Opfer welche die Strafverfolgung dem Privatkläger auferlegt, denkbar ist, daß letzterer nur die eigene Verfolgung aufgebe, aber wünscht, daß der Staatsanwalt die Sache übernehme, falls in Zukunft neue Beweise auftauchen würden. Andererseits verlangt die *Bona fides* z. B., daß die Rücknahme der Privatklage als Zurücknahme auch des Strafantrages gedeutet werde, wenn der Privatkläger zur Zurücknahme der Klage durch eine ihm gewordene Genugtuung bewogen worden ist. Es ist also Sache der Interpretation nach den Umständen des Falles, ob in der Zurücknahme der Privatklage auch Zurücknahme des in der letzteren enthaltenen Antrags zu erblicken ist.[585]) Im Falle fingierter Zurücknahme der Privatklage — bei Ausbleiben des Privatklägers (StPO. 431 Abs. 2) — kann gewiß nicht eine Zurücknahme des Antrags ohne weiteres angenommen werden. Im Zweifel möchte bei ausdrücklicher (nicht fingierter) Zurücknahme der Privatklage auch Rücknahme des Antrags anzunehmen sein.[586])

Die Zurücknahme wirkt für sämtliche Teilnehmer, auch bei relativen Antragsdelikten, es müßte denn im Gesetz, wie im StGB. 232 Abs. 2 (leichte Körperverletzung und fahrlässige Körperverletzung), 303 Abs. 3 (Sachbeschädigung) geschehen, die Zurücknahme nur zugunsten bestimmter Personen (Angehöriger) für zulässig erklärt sein. Aber die Zurücknahme eines Antrags, der gegen eine als schuldlos erkannte Person gerichtet war, kann nicht als Zurücknahme des Antrags

---

[584]) Ebenso *Hälschner* 1 S. 720, 2 S. 210; *Binding*, Handb. 1 S. 650; *Freudenstein*, Ehrenkränkungen S. 168; *Finger* 1 S. 205. — Dagegen verlangen *Oppenhoff* § 64, 7, *Stenglein*, Strafprozeßordnung § 431 Anm. 1, *Löwe* § 431, 1b, *Olshausen* § 64, 21 ausdrückliche Erklärung oder sind doch wie *H. Meyer* § 43 Anm. 83 der Ansicht, daß in der Zurücknahme der Privatklage nicht notwendig auch eine Zurücknahme des Antrags liege.

[585]) So wesentlich *Köhler* S. 161, der indes ebenso wie *v. Kries*, Lehrb. des deutschen Strafprozesses S. 730, die Zurücknahme der Privatklage regelmäßig auch als gleichzeitige Zurücknahme des Antrags behandelt. *Liszt* § 45 Anm. 13 bemerkt, in der Rücknahme der Privatklage liege nicht notwendig Zurücknahme des Antrags.

[586]) So insbesondere *Frank* § 64 II, 2 und *Kohler* a. a. O.

für die wirklich schuldigen Personen gelten.[587]) Findet das Gericht (oder vor Erhebung der öffentlichen Klage) die Staatsanwaltschaft, daß derjenige gleichwohl mitschuldig ist, bezüglich dessen, als eines vermeintlich Nichtschuldigen, der Strafantrag zurückgenommen ist, so muß allerdings auch bezüglich der anderen Teilnehmer das Verfahren eingestellt werden.

In Ansehung des Zeitpunktes, bis zu welchem Zurücknahme zulässig war, differierten die früheren Gesetzgebungen. Während nach der französischen Jurisprudenz die Plainte nach dem das Gericht sich mit der Sache befaßt hatte, nicht mehr zurückgenommen werden kann,[587a]) war nach dem hessischen GB. Art. 55 die Zurücknahme bis zur ersten gerichtlichen Vernehmung des Angeschuldigten, nach dem württembergischen Ges. von 1849 Art. 19 bis zur Eröffnung des Beschlusses auf Verfolgung in den Anklagestand oder Eröffnung der Hauptverhandlung, nach dem badischen GB. Art. 394 und braunschweigischen GB. bis zur Eröffnung des Erkenntnisses erster Instanz, nach dem sächsischen 106 bis zur Eröffnung des Erkenntnisses und nach der hannoverschen StPO. von 1859 § 40 bis zur Eröffnung der mündlichen (Haupt-) Verhandlung gestattet.[588])

StGB. § 64 gestattet die Zurücknahme bis zur Verkündung eines auf Strafe lautenden Urteils.[588a]) Wenn auch dieser Zeitpunkt reichlich spät gesetzt ist, so läßt er sich doch insofern rechtfertigen, als erst mit Verkündung eines auf Strafe lautenden Erkenntnisses die Schuld des Angeklagten im eminenten Sinne aufgedeckt ist: es entspricht dieser Auffassung auch, daß ein den Angeklagten schuldig erklärendes, aber gleichwohl ihn straffrei erklärendes Urteil diese Wirkung nicht hat; denn ein solches

---

[587]) Vgl. namentlich die Ausfuhrungen von *Hüppner*, GS. **38** S. 389ff. und für die im Texte vertretene Ansicht auch *H. Meyer* § 43 zu Anm. 80ff.; *Oppenhoff* § 64, 19; *Köhler* S. 175; OT. Berlin 12./12. 76; *Stengleins* Zeitschr. **7** S. 18. — Anders ein von *Hüppner* kritisiertes Urteil des OLG. Dresden vom 25. 6. 85.

[587a]) Der französische Staatsanwalt kann, solange er die alleinige Verfugung über die Strafsache hat, die zurückgenommene Plainte nach seinem Ermessen unbeachtet lassen. Vgl. *Faustin Hélie*, *Traité de l'instruction criminelle* **8** § 141.

[588]) Doch war in mehreren Gesetzen bei Ehebruch und Injurien die Verzeihung noch bis zu einem späteren Zeitpunkte zulässig.

[588a]) Die Seemannsordnung vom 2./6. 02 § 96 gestattet für die in § 96 bezeichneten Verletzungen der seemännischen Dienstpflicht Zurücknahme bis zu rechtskräftiger Entscheidung.

Urteil stellt genau betrachtet nur fest, daß der Angeklagte eine bestimmte Tat begangen hat, aber nicht, daß diese Tat eine wirkliche Strafschuld in sich schließt.[589])

Zweifelhafter ist, ob bei einfacher Aufhebung des auf Strafe lautenden Urteils und Zurückverweisung der Sache in die untere Instanz das Recht der Rücknahme als fortbestehend zu erachten ist, bis wieder ein auf Strafe lautendes Urteil erfolgt. Kein Grund ist es, wenn für die Ausschließung der Rücknahmebefugnis in solchem Falle angeführt wird, es entspreche dem öffentlichen Interesse nicht, das einmal eingeleitete Strafverfahren von dem Belieben einer Privatperson abhängig zu machen und deshalb § 64 möglichst einschränkend auszulegen; [590]) denn das Gesetz hat einmal der Privatwillkür jene Konzession gemacht, und es fragt sich hier, wie weit. Ebenso ist es nur *Petitio principii* zu sagen, daß das Recht der Rücknahme erloschen und von einem Wiederauftreten desselben nicht zu reden sei,[591]) denn es fragt sich eben, ob ein für ungültig erklärtes, kassiertes Urteil als ein für den Ausschluß der Rücknahme wirksames Urteil anzusehen sei, ob nicht das Rücknahmerecht fortbestehe, so daß es eines Wiederauflebens nicht bedarf. Die Ausschließung der Rücknahmebefugnis [592]) ergibt sich vielmehr daraus, daß, wenn nach Aufhebung des ersten Urteils schließlich doch ein verurteilendes Erkenntnis ergeht, die öffentliche Kundmachung der Strafschuld, welche durch das erste Urteil erfolgte, im Effekt bestätigt wird. Dazu kommt, wie ein Urteil des früheren bayerischen KH. ausführt,[593]) als Nebengrund, daß das gesetzgeberische

---

[589]) Daher schließt auch ein auf Schuldig lautendes Verdikt der Geschworenen die Zurücknahme des Antrags nicht aus, bis der Gerichtshof die Strafe verkündet. — Ein Urteil, welches in Gemäßheit des StGB. 42 Einziehung von Gegenständen bzw. Unbrauchbarmachung von Platten usw. ausspricht, wird die Zurücknahme ausschließen müssen, insoweit jene Maßregel als wirkliche Nebenstrafe zu betrachten ist. Vgl. auch *Binding*, Handb. 1 S. 649 Anm. 7.

[590]) So RG. II 12./11. 80 E. 2 Nr. 174 bes. S. 421.

[591]) So RG. I 4./12. 82 E. 8 Nr. 52 bes. S. 176; *Binding* a. a. O.

[592]) Vgl. dafür die Anm. 590 und 591 zitierten Urteile, außerdem *Binding*, Handb. 1 S. 649; *Hälschner* 1 S. 720; *Geyer* 1 S. 212; *Olshausen* § 64 Anm. 4; *Frank* § 64 I, 2; *Finger* 1 S. 204.

[593]) 21./3. 74 *Stengleins* Zeitschr. 8 S. 278. Das Urteil entschied in einem Falle, in welchem das erste Urteil wegen Unzuständigkeit des Gerichts aufgehoben war. — Das in vorhergehender Anm. 591 zitierte Urteil des RG. bezieht sich auf einen Fall, in welchem das frühere Urteil im Wiederaufnahmeverfahren aufgehoben, aber in dem neuen Urteil auf Strafe wegen eines anderen in der Handlung befundenen Deliktes erkannt war.

Motiv, welches in den Reichstagsverhandlungen über die Rücknahme des Strafantrages zur Annahme der Bestimmung des § 64 über den Zeitpunkt des Erlöschens der Rücknahmebefugnis führte — „daß die öffentliche Verhandlung in der Seelenstimmung des Verletzten regelmäßig eine Änderung herbeizuführen pflege" —, dafür spricht, daß der Rücknahmebefugnis mit einer Hauptverhandlung genügt ist, welche mit einem Strafurteil schließt. Nicht die Gültigkeit, sondern die Existenz eines die Schuld aussprechenden Urteils endigt also die Rücknahmebefugnis nach der herrschenden (und richtigen) Ansicht, ein weiterer Beweis für die Grundauffassung des Antragsrechtes, von der hier ausgegangen ist.[593a])

Es ist ebenfalls dieser Auffassung und dem Unteilbarkeitsprinzipe völlig entsprechend, daß ein gegen einen Beteiligten ergangenes auf Strafe lautendes Urteil die Rücknahme des gegen einen anderen Beteiligten gestellten Antrags ausschließt.

Ein amtsgerichtlicher Strafbefehl und ebenso ein von einer Polizei- oder Verwaltungsbehörde ergangener Strafbescheid (Strafverfügung) schließen, solange sie nicht rechtskräftig sind, die Zurücknahme nicht aus; sie konstatieren nicht die Schuld, enthalten vielmehr nur einen Versuch, dieselbe festzustellen durch möglicherweise eintretende freiwillige Unterwerfung des Beschuldigten. Tritt aber diese Unterwerfung dadurch ein, daß der Beschuldigte den Strafbefehl, den Strafbescheid oder die Strafverfügung rechtskräftig werden läßt, so ist auch die Wirkung eines rechtskräftigen Urteils vorhanden (StPO. 450) und somit die Rücknahme des Antrags ausgeschlossen.[594])

Zur Zurücknahme berechtigt ist selbstverständlich der Antragsberechtigte. Ein gesetzlicher Stellvertreter ist ebenfalls zur Rücknahme berechtigt. Wird umgekehrt der Verletzte von der gesetzlichen Vertretung völlig befreit, so ist allein der Verletzte selbst zur Zurücknahme be-

[593a]) Daher auch nach OT. Berlin 6./12. 76 (R. d. O. **17** S. 746), ein Urteil, welches auf Grund eines unberechtigterweise gestellten Antrags eines Dritten verurteilt, während allerdings der Strafantrag den Berechtigten vorliegt, dem Richter aber unbekannt geblieben ist. *Olshausen* § 64 Anm. 4.

[594]) Vgl. besonders *Kohler* S. 156 und *Olshausen* § 64, 6.

rechtigt;[595]) aber der 18 Jahr alte Minderjährige kann den Strafantrag des Vormundes (Vaters) nicht zurücknehmen: dies folgt aus der oben angegebenen *Ratio legis* des doppelten Antragsrechtes in diesem Falle. Tritt ein gesetzlicher Vertreter an die Stelle eines anderen, so ist er befugt, den von seinem Vorgänger gestellten Antrag zurückzunehmen.[595a]) Die Zurücknahme eines Antrags kann auf das Recht anderer selbständig zum Antrag berechtigter Personen keinen Einfluß ausüben. Nimmt z. B. der in Ausübung seines Dienstes beleidigte Beamte seinen Strafantrag zurück, so bleibt dem amtlich Vorgesetzten das Antragsrecht und ebenso im umgekehrten Falle dem beleidigten Beamten.[596])

Erben sind nicht berechtigt, den vom Erblasser gestellten Antrag zurückzunehmen. Es handelt sich nicht darum, ob sie die Verletzung als solche fühlen und geahndet wissen wollen, als vielmehr darum, ob dies bei dem wirklich Verletzten der Fall war. Es würde sich dabei auch fragen, ob nicht eher dem nächsten Blutsverwandten als dem Erben im Sinne des Vermögensrechtes die Rücknahme gestattet sein sollte. Die Privatklage kann aber nur im Falle einer gegen den Privatkläger begangenen Verleumdung von dem Ehegatten, den Erben oder Kindern des Privatklägers nach StPO. 433 fortgesetzt werden; sie erlischt also im anderen Falle. Würde man Erben oder Verwandte zur Fortsetzung der Privatklage verpflichten, so würde dies unter Umständen ein Zwang zur weiteren Verfolgung gegen die Überzeugung des Klagenden sein. Das Bestehenbleiben des Antrags dagegen hat nur dann Bedeutung, wenn die Staatsanwaltschaft die Existenz eines öffentlichen Interesses an der Verfolgung anerkennt oder anerkannt hat, oder das Gesetz diese Existenz bei Vorliegen des Antrags nach der Natur des begangenen Deliktes als ohne weiteres gegeben anerkennt. Daher diese Verschiedenheit.

Über willkürliche Stellvertretung und Vollmacht müssen bei Zurücknahme des Antrags dieselben Grundsätze gelten wie bei Stellung des Antrags.

---

[595]) RG. III 19./11. 91 E. **22** Nr. 83 S. 256.
[595a]) *Finger* **1** S. 204.
[596]) So *Hälschner* **1** S. 719; *Olshausen* § 64, 7.

Die Folge der Zurücknahme ist, daß das weitere Verfahren nun unzulässig wird, und wenn nach prozessualen Grundsätzen eine Entscheidung zu fällen ist, dieselbe, abgesehen von den nach StPO. 502 dem zurücknehmenden Antragsteller aufzuerlegenden Kosten, so erfolgen muß, als wäre ein Antrag nicht gestellt. Ist das Hauptverfahren einmal eröffnet, so muß auch — was freilich unter Umständen eine unnütze Verweitläufigung sein kann — auf die Hauptverhandlung ungeachtet der Rücknahme des Antrags eingegangen werden;[597]) denn es besteht die Möglichkeit einer Verurteilung wegen eines in der Tat zu erblickenden Offizialdeliktes. Die Zurücknahme schließt, wie allgemein angenommen wird — das StGB. enthält darüber nichts — eine Erneuerung des Antrags aus.[597a]) Sachlich begründen läßt sich dies nur durch die Annahme, daß ein Verzicht das Antragsrecht aufhebt.

§ 150. Im Falle ideeller Konkurrenz eines Offizialdeliktes mit einem Antragsdelikte hat bei Aburteilung der Tat der Mangel des Antrags die Folge, daß nur das Offizialdelikt festzustellen und der Bestimmung der Strafe zugrunde zu legen ist. Die Antragsberechtigten können verlangen, daß Beziehungen der Tat, die sie durch Unterlassung oder Zurücknahme des Antrags der öffentlichen Aufdeckung entziehen wollen, nicht durch Untersuchung und Urteil der Öffentlichkeit preisgegeben werden;[598]) andererseits kann der Mangel des Strafantrags dem konkurrierenden Offizialdelikte Straflosigkeit nicht verschaffen.[598a]) Die Aburteilung der Tat,

---

[597]) So *Stenglein*, StPO. 259, 4; *Meves*, GArch. **36** S. 145; *Kohler* S. 134; *Beling*, Strafprozeßrecht S. 518. — AM.: *Glaser*, Handb. des Strafprozesses **2** S. 450; *Löwe*, StPO. 259, 11; *Olshausen* § 64, 12.

[597a]) Ausdrückliche dahingehende Bestimmung in der gegenwartig geltenden italienischen StPO. 118, im norwegischen StGB. § 82 Schlußsatz.

[598]) Man denke z. B. an ideell konkurrierende Beleidigungen, bei denen die Einrede der Wahrheit befürchtet werden müßte. — Gegen die im braunschweigischen GB. § 244 enthaltene Bestimmung, daß bei idealer Konkurrenz von Offizial- und Antragsdelikt auch das letztere von Amts wegen zu untersuchen sei: vgl. auch *Köstlin* **1** S. 519 und die richtigen Bestimmungen des württembergischen GB. 291 und des hessischen 319. — Zuweilen begegnet in früheren Gesetzen die Bestimmung, daß bestimmte Antragsdelikte dann von Amts wegen zu strafen seien, wenn sie mit Störung der öffentlichen Ruhe und Ordnung verbunden waren. Vgl. z. B. württembergisches GB. 261, braunschweigisches GB. 244, hannoversches GB. 269, I. Auch solche Bestimmung ist, wenn man den Antragsberechtigten schonen will, bedenklich.

[598a]) Allgemein angenommen vgl. *Olshausen* § 61, 58a § 73, 36; *Liszt* § 45 a. E. — Vgl. RG. III 25. 2. 82, Rs. **4** bes. S. 211; II 27. 11. 88 E. **18** Nr. 69 bes.

welche bei Fehlen des Strafantrags das Antragsdelikt nicht berücksichtigt, muß aber gleichwohl die spätere Verfolgung wegen des letzteren nach StPO. § 153 Abs. 2, § 263 ausschließen. Ebenso steht es,[599]) [599a]) wenn mehrere Antragsdelikte mitein-

S. 286; RG. I 5./10. 96 E. **32** Nr. 81 S. 280: Zurücknahme des Antrags für ein ideell konkurrierendes Antragsdelikt unwirksam, bei welchem Zurücknahme durch das Gesetz ausgeschlossen ist. — *Lehmann*, GArch. **19** S. 740, stellt den Satz auf: „Konkurriert ein Antragsdelikt mit einem minder schweren Offizialdelikte, so kommt in Ermangelung eines Antrags wegen des ersteren immer von Amts wegen das zweite zur Verfolgung, mit Ausnahme derjenigen Fälle, wo die Bestrafung im eigenen Interesse des Verletzten von seinem Antrage abhängig gemacht und nicht eine zweite Person Objekt des konkurrierenden Offizialdeliktes ist." Auch dies ist *de lege lata* nicht haltbar. *De lege ferenda* spricht dafür freilich der Grund, daß durch Verhandlung des Offizialdelikts häufig auch das ideell konkurrierende Antragsdelikt der Öffentlichkeit preisgegeben wird und so die Schonung der Verletzten, welche durch das Erfordernis des Antrags bezweckt wird, nicht selten verletzt werden mag. Gleichwohl ist eine derartige Bestimmung deshalb nicht zu empfehlen, weil das *in abstracto* mit schwererer Strafe bedrohte Delikt, *in concreto* das minder streng zu ahndende sein kann, und die Frage, ob das Antragsrecht n u r im eigenen Interesse des Verletzten eingeführt ist, bei den einzelnen Deliktsarten recht zweifelhaft ist. Nur ein diskretionäres, aber in anderer Rücksicht bedenkliches Ermessen der Staatsanwaltschaft könnte hier die Interessen des Verletzten und andererseits der Strafverfolgung genügend wahren. — Umgekehrt fand sich in einzelnen der früheren Gesetzgebungen die Bestimmung (vgl. *Köstlin* 1 S. 510), daß gewisse Antragsdelikte Körperverletzungen (nach dem württembergischen StGB. 261, nach dem badischen 238), Verleumdungen und Injurien (nach dem hannoverschen GB. 269), falls sie mit Störung der öffentlichen Ruhe oder Ordnung (bzw. Sicherheit) begangen würden, von Amts wegen bestraft werden sollten. Dabei wurde das Interesse des Verletzten preisgegeben wegen eines Nebenumstandes.

[599]) So *Glaser*, Strafprozeß **2** S. 53; *Stenglein*, StPO. § 151, 8h; *v. Kries*, Strafprozeß S. 595; *Löwe*, StPO. zu II. Abschn. 1 Anm. 301 (*Löwe* war früher anderer Ansicht), neuerdings auch *Olshausen* § 73 Anm. 38 sowie RG. I 3./3. 81 E. **8** Nr. 148, 38 385; II, 27./5. 81, Rs. **8** S. 343; I 17./11. 92 E. **23** Nr. 106 S. 307.

[599a]) Unrichtig ist es, stets Straflosigkeit des Offizialdeliktes anzunehmen, wenn dieses das geringere ist, und wegen des schwereren Antragsdeliktes Strafantrag nicht gestellt ist, wie *Hälschner* **1** S. 685 in Übereinstimmung mit einer Ausführung *Goltdammers* (GArch. **19** S. 309) annimmt, weil nach StGB. § 73 nur dasjenige Gesetz zur Anwendung komme, welches die schwerste Strafart androhe, also nur das Gesetz, nach welchem das Antragsdelikt bestraft werde — ein, wie *Hälschner* selbst einräumt, vom Gesetzgeber schwerlich beabsichtigtes Ergebnis. Aber das Antragsdelikt ist bei Fehlen des Antrags für den Staat in Ansehung der Bestrafung nach der oben angenommenen Konstruktion des Antragsrechtes nicht vorhanden, folglich § 73 nicht anwendbar, und *Hälschner* muß selbst zugestehen, daß, wenn diese Konstruktion richtig wäre, jenes auffallende Ergebnis vermieden würde. *Hälschner* erachtet aber meine Konstruktion für unrichtig und zieht es vor, bei mangelndem Strafantrag einen Verzicht des Staates auf Bestrafung anzunehmen. Nun verzichtet aber nicht sowohl der Staat, als daß er die Verzeihung oder das Nichtwollen der Bestrafung seitens des Beschuldigten gelten läßt, und jene Konstruktion bewährt sich wieder, während die Auffassung *Hälschners* ein von *Hälschner* selbst für verkehrt erachtetes Ergebnis zur Folge hat (vgl. meine Bemerkungen GArch. **19** S. 651 und *Binding*, Handb. **1** S. 633). Es ist aber auch m. E. eine (auch *de lege ferenda* nicht empfehlenswerte) Korrektur des Gesetzes, hier der StPO., wenn *Binding* **1** S. 634, 635 die eine weitere Strafverfolgung ausschließende Rechtskraft des Urteils nur anerkennen will, wenn zuerst über das

ander ideell konkurrieren, aber nur bezüglich eines, ein Strafantrag vorliegt. Es wird Sache der Staatsanwaltschaft sein, falls das ideell konkurrierende Antragsdelikt klar vorliegt, der Antrag aber fehlt, Antragsberechtigte von der bevorstehenden Aburteilung der Sache rechtzeitig zu benachrichtigen, obschon ein wirklicher Anspruch auf solche Benachrichtigung nicht anzuerkennen ist. Allerdings ist in der Literatur mehrfach auch die Ansicht vertreten,[600]) daß die Entscheidung über das Offizialdelikt die spätere Verfolgung des Antragsdeliktes deshalb nicht ausschließe, weil der Mangel des Antrags das Gericht rechtlich verhindere, über das Antragsdelikt zu urteilen. Indes eine derartige öftere Verhandlung über dieselbe Tat enthält eine so starke Unbilligkeit gegen den Angeklagten und bereitet wegen der nachträglich zu verhängenden Zusatzstrafe, die eben deshalb oft auch eine materielle Ungerechtigkeit unvermeidlich macht, zugleich einer gerechten Urteilsfällung so große Schwierigkeit, daß schon bei völligem Schweigen des Gesetzes diese Ansicht abgelehnt werden müßte. Die StPO. hat aber nicht nur geschwiegen, sondern in § 415 Abs. 3 ausdrücklich erklärt, daß jede auf Privatklage eines von mehreren Berechtigten in der Sache selbst ergangene Entscheidung zugunsten des Beschuldigten ihre Wirkung auch gegenüber den anderen äußert, und es ist klar, daß, wenn schon ein Verfahren auf Privatklage diese Wirkung hat, letztere um so mehr dem Verfahren zuzuschreiben ist, welches auf die öffentliche Klage stattgefunden hat.[600a]) Im Falle einer Gesetzeskonkurrenz ist es nicht zulässig, beim Mangel des erforderlichen Antrages für das *in concreto* vorliegende Verbrechen daraus einen Tatbestand auszusondern, für dessen Bestrafung der Antrag nicht

---

mit schwerer Strafe bedrohte Delikt erkannt wurde, wahrend bei Idealkonkurrenz von Antragsdelikten verschiedener Art (z. B. Hausfriedensbruch und Diebstahl gegen Angehörige) oder Idealkonkurrenz von Antragsdelikt und Offizialdelikt die frühere Aburteilung des leichteren Delikts eine spatere Verurteilung auf Antrag nicht hindern soll.

[600]) So *Geyer*, Lehrb. des deutschen Strafprozesses S. 841; *Ollmann*, Lehrb. des deutschen Strafprozesses S. 630; *Köhler*, Die Grenzlinien zwischen Idealkonkurrenz und Gesetzeskonkurrenz S. 180; *Beling*, Lehrb. des deutschen Strafprozesses S. 417.

[600a]) Vgl. *Olshausen*, Der Einfluß von Vorbestrafungen auf spater zur Aburteilung kommende Straftaten, 1876 S. 147 (mit Rücksicht auf den damals vorliegenden Entwurf der StPO.

erforderlich sein würde: das Gesetz kann Gründe haben, selbst ein schweres Delikt, welches eine besondere Verletzung einer bestimmten Person enthält, nur auf deren Antrag zu verfolgen, während ein leichteres diese Verletzung nicht mitenthaltendes Delikt von Amts wegen verfolgt wird. Gesetzeskonkurrenz liegt aber nicht, vielmehr Idealkonkurrenz vor, wenn eine Handlung nicht notwendiger Bestandteil eines anderen Deliktes ist. Privilegiert dagegen das Gesetz einen Tatbestand in der Art, daß das darin zu befindende Delikt nur auf Antrag verfolgt werden soll, so kann freilich wegen des weniger umfassenden Tatbestandes ein selbständiges zweites Antragsrecht konkurrieren. Ist z. B. ein Diebstahl mit Einbruch gegen einen Aszendenten verübt, so besteht neben dem Antragsrecht des Aszendenten ein Antragsrecht desjenigen, dessen Haus durch den Einbruch beschädigt ist. Stellt dann der Aszendent keinen Strafantrag, so kann auf Antrag des Hauseigentümers der Dieb wegen Sachbeschädigung gestraft werden.[601]) Man kann schwerlich annehmen, daß derjenige, der vorsätzlich einer Sachbeschädigung sich schuldig macht, deshalb günstiger steht, weil er sich ein weiteres deliktisches Ziel setzte, letzteres aber wegen mangelnden Strafantrags nicht beachtet wird, oder daß eine verletzte Person aus gleichem Grunde ihr Antragsrecht einbüßen soll. Es macht dabei keinen Unterschied, ob die weniger umfassende Handlung ein notwendiger Bestandteil der umfassenderen Handlung ist oder nicht.

§ 151. Es wird jetzt angezeigt sein, den legislativen Wert oder Unwert des Erfordernisses des Strafantrags zur Strafverfolgung zu prüfen. Leugnen läßt sich nicht, daß jede Abhängigkeit der Verhängung öffentlicher Strafen von Privatwillkür insofern bedenklich ist, als dann über Strafe und Straffreiheit Umstände entscheiden können, welche mit der Frage, ob der Schuldige die Strafe verdient habe, nicht das mindeste zu tun haben, als insbesondere auch der Zufall, Mangel an Mut oder ungerechtfertigte Zurückhaltung oder falsches Anstandsgefühl den Antrag hindern kann, und daß selbst schimpflicher

---

[601]) So *Merkel* in *Holtzendorffs* Handb. 4 S. 226. — Anders OT. Berlin 24./9. 58 (GArch. 6 S. 845). Hier wird unrichtigerweise die Analogie der straftilgenden (umfassenden) Kraft der Begnadigung und Verzeihung geltend gemacht.

Handel möglich ist.[602]) Man könnte endlich auch geltend machen, daß bei Beseitigung des Antragserfordernisses eine komplizierte, mancherlei Zweifel und Kontroversen enthaltende Lehre aus dem Strafrechte verschwinden, das Strafrecht somit sich einfacher gestalten würde.

Dennoch ist das Erfordernis des Antrags in gewissem Umfange empfehlenswert. Einerseits gibt es wirklich manche Fälle, in denen der Strenge zufolge und nach dem Buchstaben des Gesetzes Bestrafung eintreten müßte, die aber gleichwohl für das öffentliche wie für ein verletztes Privatinteresse wenig Bedeutung haben. Wenn nun, wie im Deutschen Reiche, die Staatsanwaltschaft, sehr wenige Ausnahmen abgerechnet, verpflichtet ist, stets nach der Strenge des Gesetzes zu verfahren, und jedes dem Angeklagten ungünstige frühere Urteil eines höheren oder des höchsten Gerichtshofes die Verfolgung auch in sonst zweifelhaften gleichartigen Fällen zur Pflicht zu erheben scheint, so ist es zweckmäßige Milderung sonst fortwährend sich steigernder Strenge der Strafverfolgung, daß diese in gewissen Fällen wenigstens an die Aufforderung des Verletzten gebunden ist. Das Delikt wird gewissermaßen noch einmal gewogen, freilich nur von dem Verletzten. Das ist, man mag es zugeben, ein unvollkommenes Verfahren; immerhin ist es ein Korrektiv gegen die Tendenz, auch die unbedeutendsten Fälle zu verfolgen. Ferner ist es übermäßiger, einem gesunden Rechtsgefühl widersprechender Rigorismus, der Verzeihung des Verletzten in gewissen Fällen strafbeseitigende Wirkung nicht zugestehen zu wollen. In Ländern, nach deren Gesetzen die Staatsanwaltschaft bei der Verfolgung ein freieres Ermessen walten lassen darf, wird dieser Grund allerdings weniger ins Gewicht fallen.[603])

---

[602]) Für die völlige Beseitigung der Antragsdelikte: *Medem*, GS. **29** (1877) S. 509. — Auch *Binding* 1 S. 603, 604 spricht sich energisch gegen dieselben aus. Ebenso *Berolzheimer* (vgl. unten Anm. 604). — *Allfeld*, Vergleichende Darstellung S. 219ff., empfiehlt das Erfordernis des Strafantrags bei einer erheblichen Anzahl von Delikten zu streichen.

[603]) In Frankreich erhebt tatsächlich die Staatsanwaltschaft oft nur Anklage, wenn sie die Verfolgung als im öffentlichen Interesse liegend erachtet, oder der Verletzte in irgend einer Form auf Bestrafung des Schuldigen dringt. Gleichwohl ist bei einer Anzahl von Delikten — sie sind freilich nicht zahlreich — wie bemerkt die Verfolgung vom Antrage („Plainte") des Verletzten gesetzlich abhängig gemacht (vgl. *Ortolan* **2** n. 2191; *Mangin*, *Traité de l'action publique* **2** n. 20). Ebenso gilt für den österreichischen Staatsanwalt das Prinzip absoluter Legalität nicht (vgl. österreichische StPO. § 34 und dazu *S. Mayer*, Handb. des österreichischen Straf-

Sodann kann wirklich zuweilen die Strafverfolgung die verletzte Person doppelt leiden lassen, einerseits weil der Schuldige ihr nahe steht, und andererseits, weil die Strafverfolgung Privatverhältnisse in empfindlicher Weise aufdecken müßte, oder es kann durch die Strafverfolgung, indem sie den Schuldigen zahlungs- und erwerbsunfähig macht, dem Verletzten der Schadenersatz entgehen. Daß hier die Begnadigungsgewalt, deren Eingreifen der Natur der Sache nach an mancherlei Kautelen gebunden ist und daher meistens nur nach längerer Zeit erfolgen kann, bessere Abhilfe schaffen würde, wie *Binding* (Handb. **1** S. 603 Anm. 5) anzunehmen scheint, ist nicht zuzugeben,[604]) um so weniger, als gerade bei solchen Delikten, deren Bedeutung stark von dem Rechtsgefühl des Verletzten abhängt (z. B. bei Beleidigungen) die Begnadigungsgewalt [604a]) sich besondere Zurück-

---

prozesses **2** §§ 30, 80; *Ullmann*, Lehrb. des österreichischen Strafprozeßrechts 2. Aufl. 1882 S. 263ff.), und doch enthalten die österreichischen Entwürfe den Bestimmungen des deutschen StGB. im wesentlichen konforme Sätze über das Antragsrecht (vgl. Entwurf von 1893 § 81ff.). Nicht minder ist nach dem italienischen StGB. nur auf »*Querela del dannegiato*« und nach dem schweizerischen Vorentwurf eine erhebliche Anzahl von Delikten nur auf Antrag strafbar, da auch, wie *Brodbeck*, Schweizerische Zeitschrift für Strafrecht **1** S. 477 bemerkt, die in dem deutschen Gesetze von 1876 zur Geltung gelangte rückläufige, gegen das Erfordernis des Antrags gerichtete Bewegung sich auf die neueren schweizerischen Kantonalgesetzgebungen nicht ausgedehnt hat. (Der schweizerische Vorentwurf Art. 2 weicht von den allgemeinen Sätzen des deutschen StGB. nur darin ab, daß er auch den Erben des Verletzten das Antragsrecht gibt.) Auch das norwegische StGB. läßt zahlreiche Delikte nur auf Antrag oder auf Anklage des Verletzten verfolgen und enthält über Antrag und Anklage des Verletzten Bestimmungen im allgemeinen Teile (§§ 77—82), welche bezüglich der Auswahl der zu strafenden bei einem Delikte beteiligten Personen sogar dem Verletzten freiere Hand lassen, als nach dem deutschen StGB. der Fall ist.

[604]) Wirkliche Abhilfe würde oft auch nur durch die von vielen bedenklich erachtete, in vielen Staaten beseitigte Abolition zu erreichen sein; denn Begnadigung im engeren und gewöhnlichen Sinne setzt vorherige Aburteilung der Tat voraus, und Aburteilung im öffentlichen Verfahren gibt zum Schaden des Schuldigen, aber auch oft des Verletzten die Straftat der Öffentlichkeit preis. — *Berolzheimer*, System der Rechts- und Wirtschaftsphilosophie **5** S. 214, erachtet Privatklage und Strafantrag für unverträglich mit der modernen Strafauffassung. Er empfiehlt daher diejenigen Antragsdelikte, an deren Bestrafung ein publizistisches Interesse nicht besteht, zu streichen, die anderen dagegen in Offizialdelikte zu verwandeln oder an Stelle des Strafantrags und der Privatklage behördliche Ermächtigung zu setzen. (Welcher Art Behörde sollte dies sein?)

[604a]) Mit dem Abolitionsrechte darf das Antragsrecht auch in seiner negativen, die Strafverfolgung hindernden Funktion nicht auf gleiche Linie gesetzt werden. (Vgl. *Binding*, Handb. **1** S. 615: „Dem Privaten stehen also Rechte zu, welche dem Inhaber des Strafrechts selbst versagt sind, er disponiert über staatliche Strafbefugnisse.") Der Verletzte kommt beim Strafantrage in Betracht als in seinem individuellen Rechte Verletzter. Der Souverän als Inhaber des Begnadigungsrechtes handelt lediglich als Inhaber eines öffentlichen Rechts.

haltung auferlegen muß, und wenn diese beobachtet wird, schließlich der an den Inhaber des Begnadigungsrechtes gerichtete Antrag des Verletzten die jetzt geltende Unterlassung der Antragstellung ersetzen würde. Es ist endlich auch zweckmäßig, daß zuweilen der Verletzte bei der Strafrechtspflege mitwirke, den Anstoß zur Verfolgung gebe, ohne daß ihm doch dann unbedingt die Last der Verfolgung auf eigene Hand und mit dem Risiko des Kostenersatzes aufgelegt werde, wie bei der sogenannten Privatklage des gegenwärtigen deutschen Strafprozesses der Fall ist: die Schwierigkeiten würden bei Verweisung lediglich auf die sogenannte Privatklage für Unbemittelte oft zu groß werden, und selbst wenn die Verletzten die erforderlichen Geldmittel zur Verfügung haben, würde die Strafverfolgung aus Rücksichten anderer Art allzuoft unterbleiben. Liegt andererseits alles in den Händen von Beamten, so bilden sich andere Mißstände heraus. Selbstverständlich lassen sich Fälle in großer Anzahl zusammenstellen, in denen das Antragsrecht nachteilig gewesen ist.[605]) Aber es würde nicht schwer sein, auch Fälle geltend zu machen, in denen die rigorose Verfolgung von Amts wegen eine Verletzung des natürlichen Gerechtigkeitsgefühls enthielt, und andererseits läßt sich in vielen Fällen, die nicht ohne weiteres der Öffentlichkeit anheimfallen, dasselbe Ergebnis, wie durch Unterlassung des Antrags, auch durch Unterlassung der Anzeige herbeiführen: also auch hier Möglichkeit von Erpressungen, usw.

Die, wie bemerkt, von verschiedenen Seiten empfohlene Streichung des Antragserfordernisses bei einer größeren Anzahl von Delikten oder gar gänzliche Beseitigung dieses Erfordernisses würde meiner Ansicht nach endlich eine große Anzahl ergebnisloser Untersuchungen zur Folge haben und zugleich den mit Recht so vielfach gegen unsere Strafjustiz erhobenen Vorwurf der Kleinlichkeit in ungeahntem Grade verstärken helfen.[605a]) Der alte Satz »*Minima non curat*

[605]) Zusammenstellung von *Thomsen* a. a. O. S. 213, 216; *Medem* S. 510—513.

[605a]) Man bedenkt nicht, daß der Beweis einer nicht allzubedeutenden Straftat häufig davon abhangt, daß der Verletzte bald Anzeige erstattet, und oft ist es zweifelhaft, ob nicht doch die verletzte Person sozusagen halb und halb mit der Tat einverstanden war und aus diesem Grunde Strafbarkeit nicht vorliegt. Die von *Gerland* S. 139 z. B. empfohlene Verfolgung jeder vorsatzlichen Sachbeschädigung von Amts wegen durfte jedenfalls, wenn der Tatbestand dieses Deliktes

Praetors sollte immer gültig bleiben. Aber der Verletzte wird die Frage, ob die Verletzung zu unbedeutend war, häufig zutreffender beantworten, als die Staatsanwaltschaft oder schließlich das Gericht; denn beide können individuelle Umstände nur bis zu einem gewissen Grade berücksichtigen.

Im allgemeinen sollte das Erfordernis des Strafantrags für sehr schwere Delikte nicht gelten, es sei denn, daß die Verfolgung leicht die Interessen oder das Gefühl der verletzten Person (z. B. auch ihr Schamgefühl) stark verletzen könnte, und überhaupt muß die Gesetzgebung bei jeder einzelnen Deliktsart die sorgfältigste Überlegung anstellen, ob in solcher stark anomalen Weise die Strafverfolgung von dem Entschlusse von Privatpersonen abhängig gemacht werden soll.[606]) Diese Erwägungen betreffen aber den besonderen Teil des Strafrechts und sind daher hier nicht am Platze.

§ 152. Über die allgemeinen den Strafantrag betreffenden Bestimmungen würde dagegen Folgendes *de lege ferenda* zu bemerken sein.

In Ansehung der Antragstellung für geschäftsunfähige Personen könnte in Frage kommen, ob dem Minderjährigen, der eine bestimmte Altersstufe überschritten hat, wie im gegenwärtigen deutschen Gesetze nur ein Antragsrecht neben dem Antragsrechte des gesetzlichen Vertreters oder, wie im norwegischen GB. § 78, bei Körperverletzungen und Beleidigungen auch ein Recht, den Antrag des gesetzlichen Vertreters zu hindern, zugestanden werden soll. Die für die norwegische Bestimmung angeführten Gründe — daß die Untersuchung für den Minderjährigen selbst peinlich sein könne, daß der Grund zur Annahme einer strafbaren Handlung wesentlich geschwächt werde, wenn der Verletzte selbst sich dagegen erkläre — scheinen mir nicht durchschlagend. Wären sie durchschlagend, so müßten sie für alle nicht rein vermögensrechtliche Delikte gelten, und dies dürfte nicht zugestanden werden können. Andererseits

---

nicht noch in anderer Weise beschränkt wird (z. B. auf böswillige oder mutwillige Sachbeschädigung), in der Praxis vielfach Unwillen erregen.

[606]) Die entscheidenden Gesichtspunkte sind die oben § 127 angegebenen. Die Formel (*Thomsen* a. a. O. S. 201): „Wenn das Staatsinteresse an der Verfolgung geringer (?) ist, als ein berechtigtes (?) Privatinteresse an der Nichtverfolgung, dann, aber auch nur dann, ist das Antragsrecht zu statuieren“ ist inhaltlos.

scheint es mir nicht zulässig, einen Schritt, der von der als nützlich anzuerkennenden Autorität des Vormundes oder Vaters unternommen werden soll, geradezu hindern zu lassen durch den Willen einer Person, den man sonst im allgemeinen nicht als maßgebend betrachtet.

Die dreimonatliche Frist scheint angemessen; nur wäre im Falle unabwendbarer Hindernisse, wohin auch schwere Krankheit gehören würde, eine *ipso jure* eintretende der Dauer des Hindernisses gleichkommende Verlängerung zu empfehlen, die jedoch den Zeitraum von sechs Monaten nicht überschreiten dürfte.

Den Erben des Verletzten das Antragsrecht zu geben, wie in den österreichischen Entwürfen von 1893 (§ 85 bzw. § 79) und in dem schweizerischen Vorentwurfe von 1903 geschieht, halte ich nicht für richtig. Die Erben stehen möglicherweise zu dem Verstorbenen in einem nur losen und entfernten Verhältnisse; ihr Interesse als Erben und nicht als etwa nächste Verwandte oder Ehegatten beschränkt sich genau betrachtet auf Verletzungen von Vermögensrechten, und ein Vermächtnisnehmer könnte bei letzteren sogar ein größeres Interesse haben als der eigentliche Erbe. Bedenklich erscheint auch die leicht mögliche Vergrößerung der Anzahl von Antragsberechtigten im Falle der Beerbung.[606a]) Dagegen empfiehlt sich unter der Voraussetzung, daß die Wirksamkeit eines Verzichtes auf den Strafantrag anerkannt wird, vielleicht die Bestimmung:

> „Ist der Verletzte verstorben und hat er nicht die Antragsfrist unbenutzt ablaufen lassen, so kann derjenige, der von Todes wegen aus dem Nachlasse Vermögensgegenstände erhält und durch die Straftat geschädigt ist, binnen

[606a]) *Allfeld* (Vergleichende Darstellung S. 224) bezeichnet die Unübertragbarkeit des Antragsrechtes als einen entschiedenen Mangel unseres geltenden Rechtes, möchte es aber nicht den Erben, sondern nahen Angehörigen des Verletzten geben. Dagegen spricht schon, wie bemerkt, die Unvererblichkeit der *Actio vindictam spirans* nach römischem Rechte, dagegen sprechen auch die oben (S. 310) dargelegten Gründe. Es lassen sich immer einzelne besondere Fälle ausdenken, in denen man das Ausbleiben einer Bestrafung bedauert. Aber Fälle dürften häufiger sein, in welchen solcher Strafantrag allgemeinem Unwillen begegnen würde. — Z. B. der eine Sohn hat in der Not gegen seinen Vater eine Unterschlagung begangen; der Vater wollte Strafantrag nicht stellen; aber der Bruder würde es nach dem Tode des Vaters tun — und besser ist es doch, daß einmal eine wünschenswerte Bestrafung unterbleibt, als daß Bestrafungen erfolgen müssen.

drei Monaten gerechnet vom Zeitpunkte des Todes des Erblassers[607]) Strafantrag stellen. Der Strafantrag ist ausgeschlossen, wenn wahrscheinlich gemacht wird, daß der Verstorbene die Bestrafung nicht gewollt habe." [608])

Nahe Verwandte und der Ehegatte des Verstorbenen, die in den erwähnten österreichischen Entwürfen für gleichfalls antragsberechtigt erklärt werden, haben nur ein Interesse an der Verfolgung von üblen Nachreden und Verleumdungen. Es erscheint sogar bedenklich, selbst jenen dem Verstorbenen nahe verbundenen Personen ein Antragsrecht in dieser Beschränkung zu gewähren. Ob der Verstorbene Kenntnis von der Beleidigung oder Verleumdung erhalten hat, ob er, dessen Wille doch zu respektieren wäre, die Verfolgung nicht absichtlich unterlassen hat, wird oft schwer festzustellen sein. Jedenfalls würden nur komplizierte Bestimmungen den verschiedenen Umständen gerecht werden können, und da ein dringendes Bedürfnis zur Gewährung des Antragsrechts sich kaum herausgestellt haben dürfte, wird man gut tun, von der Gewährung eines Antragsrechts an nahe Verwandte und den Ehegatten der Verstorbenen überhaupt abzusehen.

Daß der Antrag[609]) notwendig sämtliche Teilnehmer, einschließlich der Begünstiger, umfasse, halte ich den oben gegebenen Ausführungen zufolge für durchaus richtig und erachte es ebenso für richtig, daß die sogenannten

---

[607]) Hier vom Zeitpunkte einer Kenntnisnahme zu rechnen, dürfte zu weit führen. Es handelt sich gewissermaßen nur um eine Notbestimmung, wesentlich für den Fall, daß man etwa den Familiendiebstahl in weiterem Umfange durch das Erfordernis des Strafantrages privilegieren würde.

[608]) M. E. muß die Zulassung von Strafanträgen, wenn der eigentlich Verletzte verstorben ist, mit äußerster Vorsicht behandelt werden. Das niederländische GB. Art. 65 gibt allgemein das Recht, an Stelle des Verstorbenen Strafantrag zu stellen, den Eltern, Kindern und dem überlebenden Ehegatten, aber nur innerhalb der dem Verstorbenen noch übrig gebliebenen Frist und nicht, wenn der Verstorbene die Verfolgung erweislich nicht gewollt hat. Diese Bestimmung scheint mir nicht gerade glücklich abgefaßt. Strenger Beweis, daß der Verstorbene die Verfolgung nicht gewollt habe, wird bei Fehlen eines ausdrücklichen Verzichts meist schwer zu erbringen sein.

[609]) Nicht die Privatklage! Vgl. oben § 148 zu Anm. 576 und übereinstimmend die österreichischen Entwürfe von 1893 §§ 82, 83 bzw. 76, 77. — Die amtliche Verfolgung aller Teilnehmer soll auch nach dem schweizerischen Vorentwurf Art. 2 Schlußsatz erfolgen. Das norwegische StGB. § 81 gestattet, den Strafantrag auf die oder den Urheber des verbrecherischen Entschlusses zu beschränken, eine Bestimmung, die m. E. der richtigen Konstruktion des Antragsrechtes widerspricht und praktisch in mehrfacher Hinsicht bedenklich sein dürfte.

relativen Antragsdelikte betreffend folgende Bestimmung eingefügt werde:

„Ist zur Verfolgung einer Straftat ein Antrag des Verletzten nur dann erforderlich, wenn der Schuldige ein Angehöriger des Verletzten ist, so sind in Ermangelung eines gegen einen Angehörigen, Schuldigen oder Teilnehmer gerichteten Antrags Täter, Mittäter, Teilnehmer oder Begünstiger, welche nicht Angehörige des Verletzten sind, nur in dem Falle zu verfolgen, daß sie durch oder für ihre Mitwirkung oder Begünstigung einen Vermögensvorteil erlangt haben oder zu erlangen beabsichtigten." [609a])

Hat der Fremde nur aus Interesse für den Angehörigen gehandelt — man denke z. B. an den Fall, daß ein geiziger und reicher Vater, um eine verhältnismäßig geringe Schuld seines Sohnes nicht zu zahlen, diesen tatsächlich dem Verderben preisgeben wollte, und daß nun der Sohn unter Beihilfe eines anderen, der diese Beihilfe ohne eigenes Interesse leistet, den Vater bestiehlt, um jene Schuld bezahlen zu können —, so verletzt die Bestrafung des Fremden bei gleichzeitiger Straffreiheit des Sohnes zweifellos das Gerechtigkeitsgefühl.[610]) Auch die Verfasser des norwegischen StGB. haben hervorgehoben, daß in manchen Fällen derartiger relativer Antragsdelikte dieser Gegensatz von Straffreiheit des einen und Bestrafung des anderen Beteiligten das öffentliche Rechtsbewußtsein verletzen könne, und nach § 265 des norwegischen StGB. (dessen Verfasser sich berufen auf in Zürich vorgekommene Fälle und *Benz*, Strafgesetzbuch für den Kanton Zürich) entscheidet freies Ermessen der Anklagebehörde darüber, ob in Fällen der Beteiligung von Fremden an Familien- und Hausdiebstählen die Fremden — bei mangelndem Strafantrage gegen schuldige Familien- und Hausstandsangehörige — zu verfolgen seien. Dies freie Ermessen der Anklagebehörde kann indes Bedenken erregen, während das angegebene Unterscheidungsprinzip vielleicht das richtige trifft.

Daß es *de lege lata* wie legislativ richtig sein würde, die Wirksamkeit eines ausdrücklichen Verzichts auf den Strafantrag anzuerkennen, ist bereits oben ausgeführt worden. Es mag

---

[609a]) „beabsichtigten" bezieht sich auf den Versuch.

[610]) Vgl. auch *John* a. a. O. S. 264.

noch bemerkt werden, daß die österreichischen Entwürfe von 1893 § 86 (bzw. 80) und der Entwurf einer italienischen StPO. Art. 163 nicht nur ausdrücklichen, sondern sogar stillschweigenden Verzicht anerkennen, der nach dem italienischen Entwurfe angenommen wird, wenn Tatsachen vorliegen, welche mit einem Strafantrage unvereinbar erscheinen,[611]) ja sogar den Ausschluß des Antragsrechts durch Fristablauf als stillschweigenden Verzicht auffassen, während freilich das norwegische StGB.[612]) und der schweizerische Vorentwurf den Verzicht nicht erwähnen.

Die Möglichkeit zur Zurücknahme des Antrags ist durch die Strafgesetznovelle stark beschränkt worden.[613]) Meiner Ansicht nach sind aber die Nachteile einer wirksamen Zurücknahme des Antrags damals stark überschätzt worden. Im Gegenteil halte ich die allgemeine Möglichkeit der Zurücknahme bis dahin, daß die Strafsache durch öffentlichen Vertrag der Anklage oder des das Hauptverfahren eröffnenden Beschlusses der Öffentlichkeit übergeben ist,[614]) für sehr nützlich, wenn man überhaupt die Verfolgung des betreffenden Delikts von dem Willen des Verletzten abhängen lassen will und in rücksichtsloser Bestrafung nicht sozusagen das Heil der Welt erblickt. Strafanträge können gestellt werden in der ersten Erregung und bevor die Sache gehörig mit allen Einzelheiten, insbesondere in betreff der Frage aufgeklärt ist, welche Personen als Mitschuldige mit in Betracht kommen. Auch halte ich es, wie gesagt, in vielen Fällen für besser, daß der Verletzte entschädigt, als daß er dadurch um jede Entschädigung gebracht

---

[611]) Nach dem spanischen StGB. Art. 132 n. 5 wird jedes nicht von Amts wegen zu verfolgende Delikt durch Verzeihung des Verletzten straflos.

[612]) Die Motive (vgl. *Bittl* S. 224) erklären sich gegen die Zulässigkeit eines Verzichts: entweder liege hier ein Handel »*do ut des*« vor, oder der Verletzte lasse sich durch Bestürmen und Bitten des Schuldigen gegen das öffentliche und gegen das eigene Interesse zum Verzicht bewegen. Die Motive bemerken aber zugleich, daß, wenn dem Verzichte Wirksamkeit nicht beigelegt werden solle, dies im Gesetze selbst auszusprechen sei, d. h. mit anderen Worten, sie erklären, daß die Wirksamkeit des Verzichts der Konsequenz und der Natur der Sache entspreche.

[613]) Wie *Binding* Hdb. 1 S. 652 bemerkt, hat in der Novelle von 1876 eine ziemlich prinziplose Auswahl der Delikte stattgefunden, bei denen man die Zurücknahme noch zugelassen hat.

[614]) Der Regel nach nur bis zu diesem Zeitpunkte (vgl. dafür auch den Beschluß des 12. deutschen Juristentags, Verhandlungen 3 S. 220). Für einzelne Delikte, insbesondere für Beleidigungen, Ehebruch würde man den gegenwärtig geltenden späteren Zeitpunkt allerdings zweckmäßig beibehalten. In diesem Sinne jetzt auch *Allfeld*, Vergleichende Darstellung S. 225.

wird, daß man den Schuldigen einsperrt und ihn dadurch außerstand setzt, Entschädigung zu zahlen. Die Möglichkeit wirksamer Zurücknahme erleichtert gerade die Entschädigung, und für Beleidigungs- und Ehebruchsprozesse z. B. wird wohl niemand die jetzt vorhandene Zulässigkeit der Zurücknahme des Antrags ebenso wie bei den relativen Antragsdelikten, insofern Angehörige des Verletzten die Schuldigen sind, bekämpfen. Wenn nach französischem Rechte die *Plainte* des Verletzten — abgesehen von dem Falle der Plainte wegen Ehebruchs — nicht zurückgenommen werden kann,[615]) so ist dabei zu bemerken, daß die Tätigkeit der französischen Staatsanwaltschaft zur Beilegung von Strafprozessen, die nur auf Plainte stattfinden, anscheinend eine sehr umfassende und wirkungsvolle ist. Bei der tatsächlich freieren Stellung der französischen Staatsanwaltschaft wird dasselbe, was bei uns die Zurücknahme des Antrages bewirkt, tatsächlich dadurch erreicht, daß die Staatsanwaltschaft bei Verzicht oder Verzeihung des Verletzten die Erhebung der Anklage unterläßt. In der gegenwärtig geltenden italienischen StPO. (vgl. Art. 116) ist ebenso wie in dem Entwurf eines neuen Strafprozeßgesetzes von 1905 (vgl. n. 159ff.) die Zurücknahme in weitem Umfange zugelassen, und wenn nach den österreichischen Entwürfen von 1893 § 82 (bzw. 76) die Zurücknahme des Strafantrags allgemein ausgeschlossen ist, so ist doch in diesen Entwürfen ebenso allgemein (§ 83 bzw. 77 Schlußsatz) die Zulässigkeit der Zurücknahme einer Privatanklage ausgesprochen, und in verschiedenen Fällen, in denen nach dem deutschen StGB. Verfolgung auf Antrag stattfindet, soll nach den österreichischen Entwürfen nur die Privatanklage zulässig sein — eine Unterscheidung, die m. E. übrigens nicht gerechtfertigt ist.

Empfehlenswert dürfte endlich erscheinen, dem Angeklagten unter gewissen Voraussetzungen ein Recht auf Fortsetzung des Verfahrens zu gewähren; [616]) er kann ein erhebliches Interesse daran haben, seine Unschuld festgestellt zu sehen, und unter Umständen auch daran, nicht noch einem anderen Strafverfahren auf Grund eines Antrags eines anderen Strafantragsberechtigten ausgesetzt zu sein. Man dürfte daher bestimmen:

---

[615]) *Pandectes françaises* 2, *Action publique* n. 265, 270.

[616]) Vgl. württembergisches GB. Art. 134 Abs. 1 Schlußsatz.

„Ist infolge des Strafantrags das Hauptverfahren eröffnet, so kann der Angeklagte der Zurücknahme des Antrags ungeachtet Fortsetzung des Verfahrens und Urteil oder Außerverfolgsetzung verlangen."

Die Fragen, welchen Einfluß ein Wechsel der Gesetzgebung über das Antragsrecht auf die Behandlung noch durch rechtskräftiges Urteil nicht erledigter Straffälle ausübe, und wie das Antragsrecht international zu behandeln sei, sind schon oben (Bd. 1) erörtert worden.

§ 153. Die Landesgesetzgebung kann selbstverständlich jedes zu ihrer Zuständigkeit gehörende Delikt als Antragsdelikt behandeln. Sie kann innerhalb dieser Grenze auch die Frist für Stellung des Antrags verkürzen, dem Verzichte Wirksamkeit beilegen und die Zurücknahme des Antrags nach ihrem Ermessen gestatten; ebenso den über 18 Jahre alten Minderjährigen das selbständige Antragsrecht nicht bewilligen; denn insoweit verzichtet sie bedingt oder unbedingt auf die ihr sonst zukommende Strafbefugnis. Die Befugnis bei einem ihr unterstellten Delikte das Erfordernis des Antrags behufs der Strafverfolgung nur für Personen aufzustellen, welche zu dem Verletzten in besonderer Beziehung stehen, wird endlich der Landesgesetzgebung auch nicht zu bestreiten sein; denn solche Fälle finden sich auch im StGB.

Dagegen kann die Landesgesetzgebung bei keinem Delikte die Antragsfrist erweitern oder die Befugnis erteilen, einen zurückgenommenen Antrag zu erneuern oder das Prinzip der Unteilbarkeit des Antrags für unanwendbar erklären; denn die hier einschlagenden Vorschriften des StGB. sind als absolute zu betrachten; was nicht stattfinden soll bei schwerer ins Gewicht fallenden Delikten, welche der Reichsgesetzgebung unterstellt sind, kann nicht zulässig sein, bei den im ganzen weniger bedeutenden Delikten, über deren Bestrafung die Landesgesetzgebung verfügt.[616a])

Auch da, wo die Bestrafung einzelner besonderer Deliktsarten (vgl. StGB. §§ 102, 103) von dem Antrage einer fremden Regierung im StGB. abhängig gemacht ist (vgl.

[616a]) Die Reichsgesetzgebung selbst braucht selbstverständlich in Spezialgesetzen sich an diese Schranken nicht zu binden.

StGB. §§ 102, 103) — nicht aber im Falle des § 4a E. des StGB.[617]) — müssen die Grundsätze des StGB. §§ 61—64 zur Anwendung kommen,[617a]) und was die Wirkung des von einer auswärtigen Regierung gestellten Antrags betrifft, im Zweifel auch in denjenigen Fällen, in denen durch Staatsvertrag die Bestrafung des Schuldigen der auswärtigen Regierung auf deren Antrag zugesichert ist. Die Frist aber des § 61 ist, da sie eine Beschränkung des vertragsmäßig eingeräumten Rechtes enthalten würde, nicht auf Fälle der letzteren Art zu übertragen.[617b])

§ 154. Das StGB. kennt wie andere moderne Gesetzgebungen als Voraussetzung gewisser Delikte auch eine Ermächtigung[618]) (im französischen Rechte *»autorisation«*, im italienischen *»autorisatione«*). Diese Fälle sind dadurch ausgezeichnet, daß die verletzte Persönlichkeit oder Korporation eine hervorragende öffentliche Stellung einnimmt.[618a]) Das Gesetz erachtet es hier im allgemeinen angemessen, daß Verfolgung eintrete; die anklagende Behörde soll daher anfragen bei der verletzten Persönlichkeit oder Korporation; diese soll jedoch das Recht haben, durch Versagung der Ermächtigung die Erhebung der Anklage zu hindern. Die anklagende Behörde wird aber kaum anders die Anfrage stellen können, als wenn sie bereits Ermittlungen angestellt hat, welche genügenden Grund zur Erhebung der öffentlichen Klage geben. Solche Ermittlungen sind vom Gesetze stillschweigend, auch bevor die Ermächtigung

[617]) Vgl. darüber unten zu Anm. 622.

[617a]) So auch die herrschende Ansicht, vgl. *Olshausen* § 102 Anm. 3. Es ergibt sich das im Texte Gesagte auch daraus, daß das StGB. in den §§ 102, 103 eine Zurücknahme des Antrags ausdrücklich für zulässig erklärt.

[617b]) In diesem Sinne *Köhler* S. 33 Anm. 1.

[618]) Darüber besonders *Binding* 1 S. 614ff.; *Hausmann*, Die Beleidigung gesetzgebender Versammlungen und die rechtliche Natur der Ermächtigung 1892. S. 13—36; *Köhler* S. 169ff. — Es geht zu weit, wenn nicht selten (vgl. z. B. *Hälschner* 1 S. 722) gesagt wird, daß die für das Antragsrecht geltenden Bestimmungen in keiner Weise auf die Ermächtigung Anwendung finden dürfen. Antrag und Ermächtigung sind doch nahverwandte Erfordernisse des Strafanspruchs. Richtig: *Köhler* S. 172.

[618a]) In einem Falle der Schuldige. Nach Art. 31 der deutschen Reichsverfassung kann kein Mitglied des Reichstags während der Sitzungsperiode ohne Genehmigung des Reichstags außer in gewissen Ausnahmefällen zur Untersuchung gezogen werden. Das Hindernis ist aber hier nur ein durchaus temporäres, und der Fall nimmt daher gegenüber den eigentlichen Ermächtigungsfällen eine besondere Stellung ein.

erteilt ist, gebilligt, weshalb auch Sicherungsmaßregeln, soweit sie vor Erhebung der öffentlichen Klage überhaupt möglich sind, der Erteilung der Genehmigung vorhergehen können.[618b]) Die Erhebung der öffentlichen Klage ohne vorherige Ermächtigung ist jedoch ausgeschlossen. Derjenige, der die Ermächtigung zu erteilen hat, soll aber bezüglich seiner Entschließung günstiger gestellt sein, als derjenige, dem ein Antragsrecht zusteht, da ihm die Ermittlungen der Staatsanwaltschaft mindestens als Aufklärung dienen können. Man kann ihm daher das Recht nicht bestreiten, durch eine ohne weiteres erteilte Ermächtigung die Tätigkeit der Staatsanwaltschaft auch selbst zu veranlassen.

Über die Form der Ermächtigung bestimmt das Gesetz nichts. Es genügt also jede Form, welche die Existenz der Ermächtigung genügend beweist.[619]) Die Ermächtigung braucht eine bestimmte Person als Schuldigen nicht zu bezeichnen. Ob aber für die Ermächtigung der Grundsatz der Unteilbarkeit in Ansehung mehrerer Teilnehmer zu gelten habe, ist streitig. Ich möchte die Frage bejahen.[619a]) Der Grundsatz entspricht der materiellen Gerechtigkeit. Für eine Durchbrechung desselben aus Gründen der Politik, möglicherweise der Parteipolitik einer Mehrheit, darf man sich nicht leicht erklären, und das Gesetz hat sich nicht dafür ausgesprochen. Eine Frist besteht aber nicht.[619b])

Der Mangel der Ermächtigung in einem Falle, in welchem dieselbe erforderlich ist, und andererseits die Erteilung der Ermächtigung wirken ebenso wie Mangel und bzw. Stellung des Antrags. Eine absolute Verpflichtung der Staatsanwaltschaft, die öffentliche Klage nach erteilter Ermächtigung zu erheben, auch wenn letztere, wie regelmäßig der Fall, von der Staatsanwaltschaft provoziert ist, wird ebensowenig anzuerkennen sein, wie eine solche Verpflichtung, wenn ein Strafantrag

[618b]) Vgl. *Tuozzi* **1** S. 467, der hervorhebt, die Untersuchung beginne in der gewöhnlichen Weise, könne aber in Ermangelung der Autorisation nicht zu Ende geführt werden (»*essere completata*«). Der sachliche Tatbestand sei vor Einholung der Autorisation möglichst festzustellen. Ebenso *Crivellari* **5** S. 269.

[619]) Vgl. RG. II 25./1. 89 E. **18** Nr. 101 S. 382. — Die Ermächtigung könnte auch in der Form des Verlangens der Untersuchung gegeben werden.

[619a]) Dafür auch *Binding*, Handb. **1** S. 636 Anm. 1 S. 172; *Finger* **1** S. 191 Anm. 255. — Verneinend: *Geyer* **1** S. 212; *Oppenhoff-Delius* § 99 Anm. 2; *Olshausen* zu § 99, 3c; *Frank* § 99 II, 2; *Allfeld* S. 217.

[619b]) Eine Fristbestimmung wie beim Strafantrage würde bei den hier in Betracht kommenden politischen und internationalen Verhältnissen unangemessen

gestellt ist. Sollte der Staatsanwalt sich nachträglich überzeugen, daß mit der in Aussicht genommenen öffentlichen Klage nicht durchzudringen ist, so hat er vielmehr die Erhebung der öffentlichen Klage auch nach eingeholter Ermächtigung zu unterlassen.

Ob die Ermächtigung zur Strafverfolgung auf einzelne Teilnehmer eines Deliktes beschränkt werden kann, ist bestritten, richtiger aber die Unteilbarkeit ebenso wie bei den Antragsdelikten anzunehmen.[620]) Die Bestrafung aller Teilnehmer einer Straftat beruht auf einem allgemeinen Gerechtigkeitsprinzipe, das nur aus schwerwiegenden Gründen eine Ausnahme erleiden darf, welche zugleich positiv vom Gesetze anerkannt sein müßte.

Eine zur Ermächtigung berechtigte Korporation betreffend, so ist der richtigen Ansicht nach das Ermächtigungsrecht erloschen, wenn ein vollständiger Wechsel der Personen eingetreten ist, welche die Korporation repräsentieren, ebenso wenn eine völlige Neuwahl eingetreten ist, sollte auch eine Mehrzahl wiedergewählt sein. Die auf Grund einer Neuwahl zusammentretende gesetzgebende Versammlung kann nicht mehr das als Beleidigung empfinden, was der anders zusammengesetzten vorhergehenden gesetzgebenden Versammlung in beleidigender Weise vorgeworfen ist.[621]) Eine Institution als solche kann weder beleidigt werden, noch eine Beleidigung, eine Verletzung als solche empfinden. Könnte es sich doch ereignen, daß die

sein; für die Zurücknahme besteht, da der Tatbestand vorher aufgeklärt werden kann, kein Bedürfnis. — Daß an Stelle der nicht mehr bestehenden gesetzgebenden Versammlung (politische Korporation) die folgende vielleicht völlig anders zusammengesetzte Versammlung die Ermächtigung zur Verfolgung einer der früheren Versammlung zugefügten Beleidigung geben kann, wird von den deutschen Autoren angenommen, ist aber m. E. unrichtig. Vgl. meine Ausführung im GS. **52** S. 191.

[620]) *Binding*, Handb. **1** S. 636 Anm. 1; *Köhler* S. 173; *Finger* **1** S. 191. — Anders *Geyer* **1** S. 212; *Olshausen* § 99, 3c (weil die Unteilbarkeit des Strafantrags ihrer rein positiven Natur zufolge auf die Ermächtigung nicht übertragen werden könne); *Frank* § 99 II, 2.

[621]) Vgl. *Bar*, GS. **52** S. 191 und in diesem Sinne auch *Faustin Hélie*, *Traité de l'instruction criminelle* **8** n. 791. — Anders RG. III 12./12. 82 E. **7** Nr. 115 bes. S. 386 und *Schwarze* § 197, 4; *Olshausen* § 197, 4; *Frank* § 197 II; *Köhler* S. 173; *Binding* **1** S. 618. — Daß bei Untergang der Körperschaft Erteilung von Ermächtigung ausgeschlossen ist, versteht sich von selbst. Dagegen wird Abdankung eines beleidigten Bundesfürsten (StGB. 99) der Erteilung der Ermächtigung nicht entgegenstehen. — In dem vom RG. entschiedenen Falle war übrigens nicht behauptet, daß ein vollständiger Wechsel der Mitglieder des Bundesrats eingetreten sei.

vorhergehende Versammlung, auf welche die Äußerung sich bezog, die Äußerung gar nicht als Beleidigung, vielmehr als Lob betrachtet hätte! Außerdem könnte, da für die Ermächtigung eine Frist nicht gesetzt ist, die Einholung der Ermächtigung allzu lange hinausgeschoben oder nachgeholt werden. Ebensowenig wie eine Frist, besteht für die Ermächtigung die Möglichkeit einer Zurücknahme;[622]) auch ist für letztere nicht wie bei dem Antrage ein Bedürfnis vorhanden, da die Erteilung der Ermächtigung nur zu erfolgen braucht, nachdem die Staatsanwaltschaft Erhebungen über den Sachverhalt vorgenommen hat.

§ 155. Von d e m Antrage, welcher in den §§ 61—65 des StGB. behandelt ist, zu unterscheiden ist der in § 4 Schlußsatz erforderte Antrag der betreffenden ausländischen Regierung für Verfolgung von im Auslande begangenen Straftaten eines Deutschen, der zur Zeit der Begehung noch nicht Deutscher war. Das Erfordernis des in den §§ 61—65 behandelten Antrags kommt nur bei einzelnen Deliktsarten vor und hängt mit deren besonderer Natur zusammen; der nach § 4a E. erforderliche Antrag der auswärtigen Regierung aber ist bei allen und jeden Verbrechen und Vergehen notwendig. Auch ist das Interesse der auswärtigen Regierung an der Bestrafung einer auf ihrem Territorium begangenen strafbaren Handlung nicht mit dem Interesse des Verletzten an der Verfolgung einer strafbaren Handlung gleichzustellen. Es gilt daher im Falle des § 4 Schlußsatz k e i n e Antragsfrist.[623]) Ferner ist unter der nach StGB. § 4 zur Antragsstellung berechtigten „zuständigen Behörde des Landes, in welchem die strafbare Handlung begangen wurde", nicht etwa der zur Verfolgung im Auslande zuständige Staatsanwalt, sondern nur die im internationalen Verkehr zur Antragstellung von Staat zu Staat zuständige Staatsbehörde, d. h. das auswärtige Amt zu verstehen, es müßte denn in einem Staatsvertrage eine andere Behörde als die zuständige besonders bezeichnet sein. Ob der Grundsatz der Unteilbarkeit des Antrags auf den Antrag der auswärtigen Staatsgewalt anzuwenden ist, muß davon abhängen, ob man in diesem Grundsatze ein all-

---

[622]) Allgemeine Ansicht, vgl. *Köhler* S 173; *Finger* **1** S. 191. Unzulässigkeit der Rücknahme ausgesprochen durch RG. I 15, 1. 00, E. **88** Nr. 23 bes. S. 70.

[623]) Vgl. *de lege ferenda* diesen Antrag betreffend Bd. **1** S. 172.

gemeines Prinzip der Gerechtigkeit oder nur eine positive Bestimmung erblickt. Ich möchte mich, wie schon oben bemerkt, für ersteres entscheiden. Eine Prozeßvoraussetzung ist aber der Antrag der auswärtigen Regierung ebenso wie der Strafantrag einer Privatperson;[624]) an den Mangel des Antrags knüpfen sich daher dieselben prozessualen Folgen,[624a]) wie an das Fehlen des privaten Strafantrags, und eine Verpflichtung, auf Antrag der auswärtigen Regierung ein Strafverfahren einzuleiten, besteht nicht. Der Staatsanwalt ist nicht gezwungen, etwa gegen seine Überzeugung von der Strafbarkeit des Bezichtigten eine Strafverfolgung einzuleiten, und die deutsche Staatsgewalt ist nicht gehindert, der Staatsanwaltschaft die Verfolgung zu untersagen, da auch die Verfolgung auf Antrag der auswärtigen Regierung unter dem Grundsatze der nur fakultativen nach Opportunitätsgründen sich bestimmenden Strafverfolgung steht.

Von der Möglichkeit, den Antrag zurückzunehmen, ist im Gesetze nicht die Rede. Nach allgemeinen prozessualen Grundsätzen dürfte die Rücknahme nur wirksam sein bis zur Eröffnung der Untersuchung bzw. des Hauptverfahrens; denn bis dahin ist der Antrag nur für die Staatsanwaltschaft vorhanden, welche ihr Ermittelungsverfahren einzustellen befugt ist. Ein Verstoß gegen das sogenannte Legalitätsprinzip wird im Falle der Zurücknahme des Antrags in der Einstellung des Verfahrens schwerlich zu finden sein. In einem späteren Stadium des Strafverfahrens könnte nur durch Abolition, insofern diese überhaupt noch zulässig ist, der Rücknahme des Antrags Rechnung getragen werden, oder nach erfolgter Verurteilung durch Begnadigung.

[624]) Vgl. insoweit *Köhler* S. 33 Anm. 1. — Eine durchweg verschiedene Behandlung dieses Strafantrags und andererseits des Privatstrafantrags kann also nicht behauptet werden, wie scheinbar freilich *Oppenhoff-Delius* § 4 Anm. 32, *Olshausen* § 4 Anm. 18 und *Frank* § 4 III, 3b annehmen.

[624a]) Solange ein Antrag nicht vorliegt, soll ebenso wie beim Privatstrafantrage eine eingehende Beweiserhebung, ein staatsanwaltschaftliches Vorverfahren nicht stattfinden, während in den Ermächtigungsfällen sich dies anders verhält. Vgl. auch über die »*Richiesta*« nach italienischem Rechte *Tuozzi* I S. 473.

II. Erlöschen der Strafschuld.

A. Tod des Schuldigen.

K. Birkmeyer, „Der Tod des Verbrechers in seiner Bedeutung für Strafrecht und Strafprozeß" 1908. Vgl. außerdem unten Anm. 14, 15, 23.

§ 156. In den römischen Rechtsquellen finden wir den Satz »*Extinguitur ..... crimen mortalitate*«[1]). Zweifelhaft könnte erscheinen, ob die im römischen Rechte bei dem Verbrechen der *Perduellio* eintretende Vermögenskonfiskation[2]) und *Damnatio memoriae*[3]) als nach dem Tode des Schuldigen stattfindende Strafen anzusehen seien. Aber nach römischer Auffassung traten die Rechtsfolgen jenes Verbrechens eigentlich *ipso jure* ein,[4]) und die Sentenz, welche auf Vermögenskonfis-

---

[1]) *Ulpian* in L. 11 D. 48, 4. Dieser Satz bedeutet eigentlich und im Zusammenhange der Stelle nicht, daß die Strafe direkt wegfalle, vielmehr daß die Anklage (*Crimen*; vgl. über dieses Wort *Mommsen* S. 9, 10) wegen Verbrechens beim Tode des Angeklagten hinfällig werde, was dann allerdings die Unmöglichkeit, eine Strafe auszusprechen, zur Folge haben müßte. In anderen Stellen wird aber auch direkt die Ausschließung der Strafe durch Eintritt des Todes des Schuldigen ausgesprochen, so in der L. 20 D (Paulus) D. 48, 19. Auch das kanonische Recht Can. 4 causa 1 quast. 4 sagt: »*crimen vel poena paterna nullam maculam filiis infligere potest ...nec alieni criminis successor constituitur*«.

[2]) Z. B. L. 11 D. 48, 4.

[3]) L. 4 § 4 C. 1, 5. Später trat die *Damnatio memoriae* auch bei dem Verbrechen der Ketzerei ein.

[4]) Vgl. *Mommsen* S 1006 S. 87. — *K. Birkmeyer* S. 3 erblickt in den erwähnten Fällen wirkliche Ausnahmen des Prinzips. Eher kann als wirkliche Ausnahme betrachtet werden die in L. 4 C. 12, 35 hervorgehobene Verordnung von *Marc Aurel* und *Antoninus*, der zufolge auch der Nachlaß eines Deserteurs der Konfiskation anheimfiel. Andererseits galt später auch die Ketzerei als Majestätsverbrechen, und die Vermögenskonfiskation war dabei demnach in demselben Umfange fast von selbst gegeben, wie bei dem eigentlichen Majestätsverbrechen (L. 4 und 5 C. 1, 5). Prozesse gegen Erben wegen *Peculatus* und *de residuis* galten mehr als unmittelbare Vermögensansprüche der Staatskasse; daher ist hier die Verurteilung der Erben leicht erklärlich. Vgl. L. 16 (14) D. 48, 13.

Daß man den Erben den Gewinn, den der Erblasser durch Begehung des Verbrechens gemacht hatte, im Prozeßwege wieder abnahm, gehört nicht in die Lehre von der Strafe. Ebenso ist es zivilistisch konsequent, wenn das sogenannte *Commissum*, d. h. dasjenige, was bereits zur Lebenszeit des Erblassers der Konfiskation wegen Steuerdefraude verfallen war, von den Erben herausgegeben werden mußte. L. 8 und 14 D. 39, 4.

kation und *Damnatio memoriae* lautete, stellte somit nur fest, was rechtlich bereits vollzogen war.[5])

Eine Ausnahme von dem erwähnten Grundsatze ist es aber im römischen Rechte nicht, wenn die auf Geldkondemnation gerichtete Privatklage nach der *Litis contestatio* auch passiv vererblich ist;[6]) denn durch die *Litis contestatio* wird die Strafschuld in eine gewöhnliche von dem Ausfall des Urteils abhängige Geldschuld verwandelt.

Ebenso liegt in dem nach dem Tode des Schuldigen seitens der Kirche ausgesprochenen Anathem, in der Verweigerung kirchlichen Begräbnisses, genau betrachtet, keine gegen den Toten gerichtete Strafe, vielmehr nur der Ausspruch, daß die Gemeinschaft zwischen ihm und der Kirche (und der kirchlichen Gemeinde) nicht bestehe.

Anders aber stand es, wenn im späteren Mittelalter dem Leichnam ein besonderer Schimpf angetan oder und noch später gar eine Strafe wie Enthauptung, Aufhängen am Galgen,[7]) Flechten auf das Rad an dem Leichnam äußerlich vollzogen wurde, ein Gebrauch,[8]) der mit Rücksicht auf die Abschreckung wohl verteidigt,[9]) aber z. B. von *Clarus* [10]) auf das entschiedenste für verwerflich erklärt wurde. Späterhin hat sich das zu einer Exekution am Bildnis (mit Verscharrung des Leichnams) am Richtplatz verfeinert.[11])

Die gegenwärtigen Gesetzgebungen kennen auf Grund einer schon lange Zeit geltenden, zu dem alten einfachen Rechte wieder zurückgekehrten Rechtsanschauung irgend welche der-

---

[5]) Wenn Selbstmord und freiwilliges Exil jede Bestrafung ausschlossen, so kann allerdings eine wirkliche Strafe *post mortem* gefunden werden in dem (wohl seit Hadrian geltenden) Rechtssatze (L. 3 D. 48, 21), daß Selbstmord die Vermögenskonfiskation da, wo sie durch das Verbrechen verwirkt ist, nicht ausschließt.

[6]) Für die spätere öffentliche Bestrafung vieler *Delicta privata* im Wege der *Extraordinaria cognitio* galt das nicht; vgl. *Geib*, Geschichte des römischen Kriminalprozesses S. 404ff. und Lehrb. 2 S. 133.

[7]) Das Verscharren am Richtplatz unter einem Galgen (vgl. *Cropp* in *Hudtwalker* und *Trummers* kriminalistischen Beiträgen 2 S. 329, 385) ist vielleicht kaum als solche Strafvollziehung zu bezeichnen.

[8]) Vgl. Deutschensp. Art. 89; *Knapp*, Das alte Nürnberger Recht S. 123; *Aretinus*, *Rubr. Qui dominus* n. 42, der aber selbst eigentlich sich dagegen erklärt.

[9]) So von *Carpzov* qu. 121 n. 30ff.

[10]) § fin. qu. 51 n. 17 »*pessima est practica*«.

[11]) So nach preußischem allgemeinen Landrecht II, 20 §§ 99, 103, 904 in Fällen des Hochverrats und schweren Landesverrats.

artige gegen einen Verstorbenen sich richtende Strafprozeduren nicht mehr.[11a])

Nur die Begründung der also jetzt wieder — abgesehen von den bei Steuerstrafen etwa hin und wieder vorkommenden Ausnahmen — rein hervortretenden alten Rechtsregeln kann zweifelhaft erscheinen. Einfach ist sie, wenn angenommen wird, daß die Strafe den strafbaren Willen zu treffen bestimmt sei; denn dieser Wille ist nach dem Tode des Schuldigen nicht mehr vorhanden oder nicht mehr erreichbar; einfach auch, wenn die Strafe Vergeltung sein oder den Schuldigen bessern oder vor ihm sichern soll. Die ersteren beiden Zwecke sind unmöglich, der letztere ist unnütz geworden. Eher verträgt sich eine gegen Verstorbene gerichtete Strafe mit der Abschreckungstheorie, wenngleich der abschreckende Erfolg einer nach dem Tode des Schuldigen eintretenden Strafe nur gering sein kann. Wer eine dem Lebenden drohende Strafe nicht fürchtet, wird durch die dem Toten drohende Strafe kaum abgeschreckt werden.

Der gegen alle und jede Auffassung der Strafe durchschlagende Grund ist aber, daß die nach dem Tode des Schuldigen vollzogene Maßregel keine Strafe mehr ist, weil sie dem Schuldigen absolut nicht mehr fühlbar wird, vielmehr die Angehörigen trifft und in der Form der früher gegen Leichname vorgenommenen Prozeduren sogar als Zeugnis der Ohnmacht menschlicher Justiz gegenüber dem Toten oder als Barbarei von einem in der Kultur vorgeschrittenen Rechtsbewußtsein aufgefaßt wird.

§ 157. Eine bei Lebzeit des Schuldigen schon rechtskräftig gewordene Verurteilung zu einer Geldstrafe wird aber nach StGB. 30 in den Nachlaß vollstreckt.[12]) Ist diese Bestimmung, welche nur wieder-

---

[11a]) Vgl. darüber *Ortloff*, GArch. **33** S. 209ff.

[12]) Das Gesetz sagt hier „kann ....vollstreckt werden". Damit ist aber, wie allgemein mit Recht angenommen wird, nicht gemeint, daß die Vollstreckung vom Ermessen der Behörde abhängen soll; vielmehr ist der Ausdruck nur dadurch veranlaßt, daß im allgemeinen die Unzulässigkeit einer Strafvollstreckung nach dem Tode des Schuldigen vorausgesetzt und im Gegensatze hierzu die Zulassigkeit der Vollstreckung von Geldstrafen durch das Wort „kann" hervorgehoben wird.

holt, was frühere deutsche Gesetzbücher aussprachen,[13]) materiell gerecht?[14])

Die Mehrzahl der angesehensten Kriminalisten erachtet sie für durchaus ungerecht, da sie eine Bestrafung der Erben für das Delikt ihres Erblassers sei; das Strafübel werde dem Erben, nicht aber dem Schuldigen zugefügt.[15])

Rein äußerlich betrachtet, ist dies allerdings der Fall; der Gerichtsvollzieher begibt sich, wenn der Erbe nicht auf Erfordern zahlt, in die Wohnung des Erblassers oder gar des Erben und pfändet Sachen, die der Erbe selbst gebrauchen, verwerten könnte. Aber indem man diesen Vorgang lediglich wegen seiner äußeren Erscheinung und der unangenehmen Empfindung des Erben als entscheidend betrachtet,[16]) verkennt man einerseits, daß die Vermögenseinbuße des Erben nie eine Strafe gegen diesen darstellen kann, weil die der Strafe notwendige Eigenschaft öffentlicher Mißbilligung einer Tat des Bestraften fehlt — diese Mißbilligung hat vielmehr in dem rechtskräftigen Urteile schon den Schuldigen getroffen — und daß die Vermögensstrafe, wie das Vermögen, das sie treffen soll, eine von der Person des Schul-

[13]) Vgl. z. B. Braunschweig 67, Hannover 87, Bayern, GB. von 1861 Art. 91. — Auch in Frankreich wird an der Vollstreckung rechtskräftig erkannter Geldstrafen gegen den Erben nicht gezweifelt; nur die *Contrainte par corps* ist ausgeschlossen. *Garraud* **2** n. 43. Anders freilich belgisches GB. Art. 86, dessenungeachtet aber Geldstrafen wegen Steuerkontraventionen nach dem Tode des Verurteilten vollstreckt werden, da man ihnen auch die Bedeutung beilegt einer Entschädigung des Fiskus für die nicht gezahlten Steuern (vgl. *Haus* **1** n. 983; *Beltjens* zu Art. 86 n. 3) und italienisches GB. Art. 85, welches letztere nur Konfiskationen vollstrecken läßt, und die Anträge des österreichischen Abgeordnetenhauses zu dem Entwurf eines StGB. § 27 (der Regierungsentwurf selbst von 1893 stimmt hier mit dem deutschen Gesetze überein). Gegenwärtig werden auch in Österreich Geldstrafen in den Nachlaß vollstreckt (vgl. *Finger*, Österreichisches Strafrecht **1** S. 415). Früher ist man, wie *Geyer*, GArch. **18** S. 161 berichtet, freilich anderer Ansicht gewesen.

[14]) Vgl. Spezialschriften: *Scherer*, Über die Vollstreckung erkannter Geldstrafen in den Nachlaß, Erlangen Diss. 1893; *Prenner*, Vollstreckung der Geldstrafen in den Nachlaß Münchener Diss. 1897; *Weber*, Die Vollstreckung von Vermögensstrafen in den Nachlaß 1900 (Marb. Diss.).

[15]) So schon *Zachariae*, Arch. d. Cr. 1853 S. 400, dann aber auch *Geyer*, GArch. 13 S. 161; *Walther*, GS. **19** (1867) S. 268ff.; *Heinze* § 44, 3a; *Lueder*, GS. **29** S. 401ff.; *Heinze* in *Holtzendorffs* Handb. 2 S. 589; *Kronecker*, GArch. **28** S. 20ff.; *Stooss*, Zur Natur der Vermögensstrafen (1878) S. 24; *Liszt* § 74; *Binding* 1 S. 811; neuerdings auch *Berner* § 154 (auf dessen frühere Ausführungen — vgl. 10. Aufl. S. 315 Kritik des Entwurfs zum StGB. für den Norddeutschen Bund — sich gerade der damalige Bundeskommissar *Friedberg* zur Rechtfertigung des § 30 berufen hat); ebenso *Hälschner* **1** S. 731 (anders früher in seinem preußischen Strafrecht **1** S. 533), auch *Scherer* und *Prenner*.

[16]) *Finger* **1** S. 570. Vgl. in diesem Sinne besonders *Walther* a. a. O. S. 276.

digen trennbare Existenz haben kann, daß sie überhaupt neben der durch die Verkündigung und Rechtskraft erledigten strafrechtlichen Funktion, zugleich Zivilschuld ist. Als solche aber hat sie schon bei Lebzeiten des Verurteilten rechtlich betrachtet, dessen Vermögen gemindert: »*Bona non intelleguntur nisi aere alieno deducto*«, und nur faktisch befindet sich der Betrag der Geldstrafe nach dem Werte noch im Nachlasse.[17]) Unzutreffend ist es daher auch, mit *Binding* den Einwand zu erheben, daß § 30 des StGB. die Strafe in ein publizistisches Forderungsrecht verwandle. Die erkannte Geldstrafe schließt vielmehr schon ein publizistisches Forderungsrecht [18]) in sich und streift nur in der Vollstreckung gegen den Nachlaß den Charakter der Strafe ab.[19]) Noch weniger aber kann gegen die Auffassung der Geldstrafe als eines fiskalischen Forderungsrechtes geltend gemacht werden, daß die Strafe nicht den Zweck habe, den Fiskus zu bereichern, und daß sie deshalb nicht auch ein publizistisches Forderungsrecht sei: die privatrechtliche Konventionalstrafe hat ebenfalls oft nicht den Zweck der Bereicherung des Forderungsberechtigten; man kann z. B. eine Konventionalstrafe sich ausbedingen, die der Armenkasse anheimfallen soll. Wenn daher auch die überwiegende Mehrzahl der Theoretiker,[19a]) sofern sie sich überhaupt *de lege ferenda* ausgesprochen haben, die Vollstreckung rechtskräftig erkannter Geldstrafen in den Nachlaß des Verurteilten absolut verwirft, so dürfte die Minderheit,[20]) welche die entgegengesetzte Ansicht vom Standpunkte der juristischen Konsequenz vertritt, doch

[17]) Den letzten Grund macht ungefähr *Köstlin* 1 S. 475 geltend, freilich deshalb wenig eindrucksvoll, weil er die Straffunktion des Urteils selbst als öffentliche Mißbilligung nicht beachtet.

[18]) In diesem Sinne *Wach*, Handb. des Zivilprozesses 1 S. 89; *Oetker*, Konkursrechtliche Grundbegriffe 1 (1893) S. 162 Anm.

[19]) Ähnlich *Jellinek*, Die subjektiven öffentlichen Rechte (1892) S. 61.

[19a]) *Lueder* a. a. O. S. 414, dem *Birkmeyer* S. 30 beigetreten ist, macht noch geltend, daß die erkannte und als milder angesehene Geldstrafe die Erben treffen muß, während die als schwerer angesehene Freiheitsstrafe die Erben unberührt läßt. Aber es kann auch sonst vorkommen, daß infolge besonderer individueller Umstände Geldstrafe sich schließlich für den Verurteilten drückender erweist als Haftstrafe.

[20]) *Köstlin* 1 S. 475; *Harburger*, GS. 29 S. 224; *Wächter*, Vorlesungen S. 300; *Weismann*, Hauptintervention und Streitgenossenschaft (1884) S. 43 Anm. 5; *Nissen*, Die Einziehung (Abhandlung 2 in der Festschrift der Straßburger Fakultät für *Planck* 1887) S. 92; *Weber* S. 7ff.

im Rechte sich befinden.[20a]) Und selbst nach Zweckmäßigkeitsgründen, wenn Geldstrafen, wie gerade bei der Reform des Strafrechts mit Grund erstrebt wird, in weiterem Umfange an Stelle der Freiheitsstrafen treten und dabei Teilzahlungen, Stundungen leicht zugelassen werden sollen; denn dann wird es nicht selten vorkommen, daß Säumnis des Verurteilten und nachfolgender Tod die Strafe ganz oder zum guten Teile illusorisch macht, die Erben aber den Vorteil davon haben, daß der Verurteilte es verstand, die Sache geschickt in die Länge zu ziehen.[21]) In der Tat, je mehr Erfolg man von der Geldstrafe erwartet, um so weniger darf man sie auf eine ungewisse Basis stellen.[22])

§ 158. War aber die Geldstrafe nicht schon bei Lebzeit des Schuldigen rechtskräftig ausgesprochen, so hat sie gegen den lebenden Schuldigen noch keine Wirksamkeit ausgeübt, ist ihres Charakters daher als Strafe noch nicht entkleidet und kann gegen die Erben keine Wirkung haben.[22a]) Die Vollstreckung einer bei Lebzeiten des Schuldigen noch nicht rechtskräftigen Strafe in den Nachlaß, also der Bestrafung des Erben für das Delikt des Erblassers, ist daher absolut unzulässig. Gleichwohl findet sich in mehreren landesrechtlichen Steuergesetzen noch eine Haftung der Erben für die vom Erblasser begangene, noch nicht abgeurteilte Defraudation.[23])

Gelten solche Vorschriften noch angesichts des § 30 des StGB.? Die Frage ist zu verneinen, wenn man, wie richtig, in

---

[20a]) Allerdings dürfte der Erbe nie uber den Bestand der Erbmasse hinaus haften, und einer öffentlichen Geldstrafe gegenüber mußte er das Recht auf solche beschränkte Haftung auch nicht durch Fristablauf, Unterlassung der sonst die beschränkte Haftung bedingenden Maßnahmen verlieren können; sonst wurde er wirklich indirekt an Stelle des Erblassers bestraft werden. Der Fiskus wurde schon abzuweisen sein, wenn es nur nicht unwahrscheinlich ist, daß der Nachlaß nicht reicht.

[21]) Nach häufig gemachten Erfahrungen werden dann die Behorden mit der Bewilligung von Stundungen zurückhaltend sein und tatsachlich wieder mehr Freiheitsstrafen Platz greifen.

[22]) In welcher Prozeßart die Geldstrafe rechtskräftig erkannt ist, muß als unerheblich angesehen werden. Auch der Strafbefehl des Amtsrichters wie die nach StPO. zulässige Strafverfügung einer Verwaltungsbehörde kann eine dem ordentlichen Urteile gleichstehende Rechtskraft erlangen. So *Binding*, Handb. 1 S. 813.

[22a]) Der nicht rechtskräftig gewordene Strafspruch hat nur hypothetische Bedeutung, ist also vorläufig noch nicht vorhanden.

[23]) Vgl. die Dissertation von *Ricker*, Die Verantwortlichkeit der Erben fur Steuerdefraudationen des Erblassers (Wiesbaden 1898).

StGB. § 30 zugleich ein Verbot jeder weitergehenden Haftung des Nachlasses erblickt; sie wird aber bejaht von denjenigen, welche die Landesgesetzgebung in den ihr verbliebenen Materien, abgesehen von den im E. G. StGB. gegebenen Vorschriften über Strafarten und Maximum von den Vorschriften des allgemeinen Teiles absolut emanzipieren.[24]) Es ist aber hier, was an dieser Stelle nicht weiter darzulegen ist, die StPO. ein absolutes Hindernis, die Erben strafgerichtlich haftbar zu machen. Sie gewährt keine Möglichkeit den Toten vor Gericht zu fordern oder dem Erben als solchem den Prozeß zu machen.[25]) Meiner Ansicht nach ist aber auch ein zivilprozessuales oder Verwaltungsverfahren gerichtet auf Zahlung der etwa nach Maßgabe des Landesgesetzes *ipso jure* bei Lebzeiten verwirkten Geldstrafe ausgeschlossen. Nach StGB. § 30 nimmt die Geldstrafe den Charakter einer auf die Erben übergehenden Zivilschuld n u r dann an, wenn sie bei Lebzeit des Schuldigen rechtskräftig geworden ist. Eine Geldstrafe, die schon früher diesen Charakter annehmen sollte, wäre eine von der Geldstrafe des StGB. abweichende, daher nach E. G. StGB. § 6 unzulässige Strafart. Oder sollte es zulässig sein, in Landesgesetzen im Administrativverfahren Strafen festzusetzen, welche das E. G. nicht einmal den Gerichten zu Gebote stellt? [25a])

§ 159. Geht man von der Ansicht aus, daß rechtskräftig erkannte Geldstrafen gegen den Nachlaß vollstreckbar sind, so ergibt sich von selbst, daß auch rechtskräftig erkannte E i n - z i e h u n g e n vollstreckbar sein müssen, selbst in den Fällen, in welchen die Konfiskation als wirkliche Nebenstrafe und nicht

[24]) So von *Oppenhoff-Delius* § 30 Anm. 7; *Rüdorff-Stenglein* § 30 Anm. 5; *Olshausen* § 30 Anm. 5; OT. Berlin 20./11. 73 (GArch. **21** S 488). Gegen diese Emanzipation des Landesrechts von dem Grundsatze der Unvererblichkeit noch nicht erkannter Strafen speziell *Frank* zu § 30 III.

[25]) Vgl. *Ortloff* S. 216. Dies führt auch *Ricker* S. 17ff. aus, obwohl er in StGB. § 30 eine wirkliche Bestrafung der Erben erblickt und deshalb eine so starke Diskrepanz jener Partikulargesetze gegen das Reichsrecht nicht anerkennt, übrigens auch das Landesrecht in der bezeichneten Weise von den Bestimmungen des allgemeinen Teils des StGB. für emanzipiert erachtet. Vgl. in diesem Sinne RG. I 19./4. 88 E. **18** Nr. 3 bes. S. 20ff., ein Urteil, das übrigens in Ansehung der materiellen Gültigkeit solcher landesrechtlichen Bestimmungen sich nur hypothetisch ausdrückt.

[25a]) Umgekehrt folgert *Olshausen* daraus, daß nach § 30 die rechtskräftig erkannte Geldstrafe sich in eine Zivilschuld verwandle, daß hier das Landesrecht vom StGB. unabhängig sei. Es ist bei dieser Argumentation aber der sehr wesentliche Zeitpunkt jener Verwandlung außer acht gelassen.

lediglich als Polizeimaßregel zu betrachten ist, welche das Gesetz nur aus besonderen Gründen der Hand des Strafrichters anvertraut hat. Manche Autoren,[26]) die der entgegengesetzten, die Vollstreckung der Geldstrafen verwerfenden Ansicht folgen, halten aber gleichwohl — auch legislativ — vielleicht bewogen durch das Gefühl, daß man doch die Konfiskate, z. B. ein zur Begehung des Verbrechens benutztes gefährliches Werkzeug, nicht wohl in den Händen von Angehörigen des Verbrechers belassen könne, die Vollstreckung rechtskräftig erkannter Konfiskationen für richtig, indem sie sich darauf berufen, daß das Eigentum bereits auf den Fiskus vor dem Tode des Schuldigen übergegangen sei. Wenn aber das Eigentum hier nach zivilrechtlichen Grundsätzen geltend gemacht wird, welcher Grund besteht, die erkannte Geldstrafe nicht als zivilrechtliche Schuld zu behandeln?

Ist die einfache Konfiskation in den Nachlaß zu vollstrecken, so gilt dies um so mehr in den Fällen, für welche das Gesetz Vernichtung oder Unbrauchbarmachung vorschreibt, da die Konfiskation hier zugleich den Charakter einer Präventivmaßregel annimmt; von letzterer wegen des Todes des Schuldigen Abstand zu nehmen, scheint ein haltbarer Grund nicht zu sein.

Da die Buße, welche in gewissen Fällen neben der Strafe zugunsten des Verletzten erkannt wird, im wesentlichen als eine diesem zukommende Entschädigung anzusehen ist, so kann ein Zweifel darüber nicht bestehen, daß sie, falls rechtskräftig vor dem Tode des Schuldigen zuerkannt, als reine Zivilforderung gegen den Nachlaß zur Vollstreckung kommen kann.

Man wird auch in Übereinstimmung mit der überwiegenden Ansicht [27]) anzunehmen haben, daß, wenn das Urteil dem durch die strafbare Handlung Verletzten das Recht gibt, die

[26]) *Olshausen* § 40 Anm. 4; *Binding*, Grundriß 7. Aufl. S. 259; *Meyer-Allfeld* S. 318; *Birkmeyer* S. 36. — Geht das Eigentum erst mit der Beschlagnahme oder unter Voraussetzung vorheriger Beschlagnahme über, so liegt der Fall genau so, wie bei der rechtskräftig erkannten Geldstrafe. Vgl. *Oppenhoff-Delius* § 40 Anm. 16.

[27]) *Schwarze*, Kommentar § 200 Anm. 1; *Fuchs*, GArch. **29** S. 432; *Oppenhoff-Delius* § 200 Anm. 2; *H. Meyer* und *Allfeld* §56 zu Anm. 3; *Olshausen* § 165 Anm. 1; *Frank* § 201; *Finger* **1** S. 509ff. überhaupt alle, welche der Bekanntmachung in diesem Falle den Charakter der Strafe absprechen. Anders diejenigen, welche die Bekanntmachung als Strafe betrachten, so *Dochow* in *Holtzendorffs* Handb. 3 S. 259, 368; *Schütze* S. 364 in Verbindung mit S. 204; *Rüdorff-Stenglein* § 200 Anm. 10; *Birkmeyer* S. 41. — Vgl. RG. (Ver. Strafsenate) 17. 4. 82 E. **6** Nr. 67 S. 180ff.

erfolgte Verurteilung auf Kosten des Verurteilten öffentlich bekannt zu machen, dies Recht durch den Tod des Verurteilten nicht aufgehoben wird. Es mag richtig sein, daß diese Befugnis des Verletzten geschichtlich zusammenhängt mit der Abbitte und Ehrenerklärung, welche im älteren deutschen Rechte dem Schuldigen auferlegte Strafen waren; heutzutage dient sie wesentlich dazu, die Ehre des Verletzten vollständig wieder herzustellen oder ihm sonst Genugtuung zu gewähren für einen erlittenen idealen Schaden. Dem Verletzten diese Genugtuung zu entziehen, weil der Schuldige zufällig alsbald stirbt, ist durch nichts gerechtfertigt. Wenn die Bekanntmachung etwa auch von dem Schuldigen als Strafe empfunden wird, so kommt das so wenig in Betracht, als wenn, wie es nicht selten der Fall sein wird, der zum Schadenersatz im Zivilwege Verurteilte diese Verurteilung als Strafe fühlt. Die Unannehmlichkeit der Bekanntmachung für Erben und Angehörige ist nur eine Folge des unangenehmen Umstandes, daß der Verstorbene, der ihnen nahe stand, eine strafbare Handlung beging.

Überhaupt, wo der Zweck der öffentlichen Bekanntmachung ist, den Schaden wieder gutzumachen, der dem Verletzten entstanden ist, oder aber den Verletzten vor weiterem Schaden zu bewahren, muß diese öffentliche Bekanntmachung (auch zu Lasten des Nachlasses) selbst nach dem Tode des Schuldigen in Gemäßheit des rechtskräftigen Urteils erfolgen können. Wenn X. durch Verbreitung nachteiliger Gerüchte z. B. wider besseres Wissen den Gewerbebetrieb des A. schwer geschädigt hat,[28]) soll A. diesen Nachteil durch Bekanntmachung des Urteils deshalb nicht für die Zukunft so weit als möglich von sich abwenden dürfen, weil X. inzwischen verstorben ist? Sollen gar die Erben des X., gewerbliche Konkurrenten des A., sich des aus jenem Nachteil des A. ihnen erwachsenden Vorteils ungestört erfreuen dürfen? [29])

[28]) Gesetz zur Bekämpfung des unlauteren Wettbewerbs vom 27./5. 96. §§ 7, 13.

[29]) Man wird aber ohne in Widerspruch mit der im Texte vertretenen Ansicht zu geraten, dem Urteile des RG. II 17./5. 87 E. 16 Nr. 19 S. 73 zustimmen können, welches eine Befugnis der Erben des Beleidigten zur Bekanntmachung verneint, falls der Verletzte selbst Zuerkennung dieser Befugnis nicht beantragt hat. Diese Befugnis kann jedenfalls nur dann anerkannt werden, wenn der Beleidigte selbst

Endlich aber wird in den Fällen, in welchen die öffentliche Bekanntmachung dem Schutze des Publikums dient, diese des inzwischen erfolgten Todes des Verurteilten wegen nicht zu unterbleiben haben. Der Bekanntmachung kann in solchen Fällen zwar auch der Charakter einer Strafe zugeschrieben werden; sie ist zugleich doch eine wichtige polizeiliche Maßregel, welche nur zum Schutze des Schuldigen von einem richterlichen Urteile abhängig gemacht ist. Diese Schutzmaßregel sollte des Todes des Schuldigen wegen nur dann unterbleiben, wenn sie aus jenem Grund unnötig geworden ist. Hiernach wird man allerdings die öffentliche Bekanntmachung in manchen Fällen nach dem Tode des Schuldigen auch mit Rücksicht auf die konkrete Sachlage verschieden zu behandeln haben. Besteht keine Gefahr mehr für das Publikum — z. B. deshalb, weil der Gewerbebetrieb des Schuldigen nach dessen Tode von einem Nachfolger nicht fortgesetzt wird — so würde die öffentliche Bekanntmachung nur eine nach dem Tode des Schuldigen unzulässige Strafvollstreckung bedeuten.

Hiernach würde vielleicht ein Zusatz zu StGB. S. 30 etwa in folgender Fassung sich empfehlen:

„Ist auf öffentliche Bekanntmachung eines verurteilenden rechtskräftigen Urteils auf Kosten des Schuldigen erkannt, so kann

1. wenn dieser Zusatz nur auf Antrag des Verletzten im Urteile erfolgte, ein Erbe oder naher Angehörige des Verurteilten die Streichung dieses Zusatzes im Urteile bei dem Gerichte beantragen, von welchem das Urteil erlassen wurde, wenn er nachweist, daß die Unterlassung der Bekanntmachung einen dem Verletzten zugefügten Schaden nicht zur Folge haben würde;

2. falls der betreffende Zusatz im Urteil von Amts wegen oder auf Antrag der Staatsanwaltschaft erfolgt ist, die Staatsanwaltschaft in Erwägung der obwaltenden Umstände von der Bekanntmachung Abstand nehmen.

die Beleidigung als eine solche empfunden hat, daß sie öffentliche Bekanntmachung forderte, und wenn er deshalb den entsprechenden Antrag stellte. Es steht aber außerdem noch dahin, ob der Erblasser, wenn ihm diese Befugnis zuerkannt wäre, davon wirklich Gebrauch gemacht hätte. Daß das Recht des Strafantrags nicht auf Erben übergeht, spricht entschieden gegen jeden Übergang auch der hier fraglichen Befugnis auf die Erben.

Die Kosten des Verfahrens im Falle 1 trägt, insoweit sie nicht durch unbegründeten Widerspruch des früheren Neben- oder Privatklägers entstanden sind, der Antragsteller.

Jeder Erbe oder Angehörige des Verurteilten kann eine vom Ermessen des Gerichts abhängende einstweilige die Bekanntmachung untersagende Verfügung beantragen.

Das Verfahren ist ausgeschlossen, sobald die Bekanntmachung erfolgt ist. Ist sie erfolgt, nachdem dem zur Bekanntmachung für befugt Erklärten der Gegenantrag des Erben oder nahen Angehörigen des Verurteilten zugestellt ist, so ist die Bekanntmachung, falls nicht in einer einstweiligen Verfügung eine höhere Geldstrafe angedroht wurde, auf Antrag der Erben oder nahen Angehörigen eintretendenfalls in dem die Bekanntmachung untersagenden Urteile mit Geldstrafe bis zu 150 M. zu ahnden.[30])

Das Verfahren betreffend die Unterlassung der Bekanntmachung ist nicht öffentlich und kann ein schriftliches sein."

[30]) *Finger* a. a. O. hat eine gesetzliche Regelung der Frage für erforderlich erklärt. Man könnte diese Regelung bei den einzelnen gesetzlichen Bestimmungen vornehmen, welche eine öffentliche Bekanntmachung des Urteils gestatten oder verordnen. Damit würde man aber bei den einzelnen in Betracht kommenden gesetzlichen Bestimmungen oft schwierige Untersuchungen und Debatten veranlassen, ohne den einzelnen konkreten Fällen gerecht zu werden. Allerdings ist auch die im Texte gegebene gesetzliche Formulierung nicht einfach.

B. Verjährung.

Lauterbach, *Diss. de praescription criminum Tubingae* 1655. *Thomasius*, *De praescriptione bigamiae Halae* 1733. *Engau*, Juristische Betrachtung von der Verjährung in peinlichen Fällen, Jena, 3. Aufl., 1755. *Stübel*, Das Kriminalverfahren in den deutschen Gerichten Bd. **3** (1811) §§ 1315—1505. *Zachariae*, Arch. d. Cr. 1842 S. 199—213. *Schwarze*, Arch. d. Cr. 1843 S. 454—485. *Coustourier*, *Traité de la prescription Bruxelles* 1849. *Unterholzner*, Ausführliche Entwicklung der gesamten Verjährungslehre (2. Aufl. von *Schirmer*) Bd. **2** 1858 S. 412—450. *Dambach*, Beiträge zur Lehre von der Kriminalverjährung 1860. *Abegg*, Über die Verjährung rechtskräftig erkannter Strafen 1862. *v. Schwarze*, Bemerkungen zur Lehre von der Verjährung im Strafrecht 1866 (Beilageheft zum GS.). *Pulvermacher*, GArch. **19** S. 145ff., 301ff., 394ff. *Oertmann* (Bemerkungen über Unterbrechung und Sistierung der Kriminalverjährung), Arch. f. praktische Rechtswissenschaft, Neue Folge **1**, 1877 S. 223—265. *v. Risch*, GS. **36** S. 241—293, und in der Würzburger Festschrift für Held 1888, abgedruckt, Zeitschr. **9** S. 235—269. *Koopmann*. Zur Lehre von der Verjährung im Strafrechte, Göttinger Diss. 1888. *Bühler*, Die Verjährung im Strafrecht mit besonderer Berücksichtigung des schweizerischen Strafgesetzes, Berner Diss. 1894. *Salomon*, Der Beginn der Verfolgungsverjährung (Greifswalder Diss.) 1904. *Wahlen*, Der Beginn der Strafverfolgungsverjährung, Rostocker Diss. 1904. *R. Loening*, Vergleichende Darstellung des deutschen Strafrechts, allgemeiner Teil, Bd. **1** S. 379—471.

§ 160. Die strafrechtliche Verjährung — Ausschließung der strafrechtlichen Folgen begangener Straftaten durch Ablauf eines bestimmten Zeitraumes nach Begehung der Tat [31]) ist im römischen Recht erst ziemlich spät geltend geworden. Nicht daß einfachere und naive Rechtsauffassung den tiefgreifenden Einfluß der Zeit verkannt hätte. Aber wenn Volksgerichte mit ziemlich souveräner Machtvollkommenheit urteilen, hat regelmäßig einen schweren Stand, wer längst vergangene Ereignisse zum Gegenstande einer Anklage zu machen unternimmt; [31a]) das Scheitern solcher Anklagen ist tatsächlich meist gewiß, und so sind bestimmte Rechtssätze über Verjährung kaum Bedürfnis, während andererseits, wenn die Tat als eine besonders verabscheuenswürdige geschildert werden kann, das souveräne Volks-

[31]) Im neueren Rechte auch Ausschließung der strafrechtlichen Wirkung eines nicht zur Vollstreckung gelangten Urteils durch Zeitablauf nach Erlaß des Urteils. Diese Verjährung der Strafvollstreckung ist aber weit weniger wichtig als die erste und ältere Art der Verjährung, die Verjährung der Strafverfolgung.

[31a]) *Cicero pro Rabirio* c. 7 übergießt den Ankläger, der längst vergangene Tatsachen geltend macht, mit beißendem Spott.

gericht nicht leicht sich der abstrakten Möglichkeit begeben mag, des langen Zeitablaufes ungeachtet zu strafen. Anders aber, wenn die Gesetzgebung beginnt mit Strafen einzuschreiten in Fällen, wo dieses Einschreiten möglicherweise den Frieden in gewissen Kreisen, z. B. im Kreise der Familie, besonders stören kann, oder wo Strafe und Strafverfahren an sich schon dem Volke nicht sympathisch, nach längerer Zeit noch widerwärtiger erscheinen oder besonders böswillig benutzt werden kann, und endlich, wenn die Gerichte, weniger frei mit Gesetz und Beweis umgehend, einen wirklichen Rechtsgrund zu vermissen beginnen, der ihnen gestattet, Anklagen über Taten leicht abzuweisen, die völlig oder fast vergessen waren. Aus den erst erwähnten Rücksichten erklären sich die kürzeren zuerst eingeführten Verjährungsfristen von fünf Jahren bei Anklagen auf Grund der *Lex Julia de adulteriis*, der *Lex Julia peculatus*, bei Vindikation von Sachen, die wegen Zolldefraude verfallen waren, bei der Untersuchung auf Grund des *S. C. Silanianum* [32]) und aus der letzteren Rücksicht die in späterer Zeit allgemein geltende Verjährung von zwanzig Jahren,[32a]) von der jedoch das *Parricidium* [33]) und später die *Apostasie* [34]) ausgenommen waren.[35])

§ 161. Das kanonische Recht kennt, ungeachtet es sonst so oft die Vorschriften des römischen Rechts als maßgebend betrachtet, keine strafrechtliche Verjährung, [36]) und nur wenig

[32]) L. 30 §§ 5—8, D. 48, 5; L. 9 D. 48, 13 L. 2 C. 4, 61 L. 13 D. 29, 5.

[32a]) L. 12 *C. de falsis* 9, 22.

[33]) L. 10 D. 48, 9. *Loening*, S. 394, versteht die Stelle dahin, daß des *Parricidium* fähigen Verwandten die fünfjährige wegen Verletzung des *Scum Silanianum* sonst geltende Verjährung nicht zugute komme.

[34]) L. 4 pr. C. 1, 7.

[35]) Für *Delicta privata* galt bei erhobener Privatklage die 30 jährige Zivilverjährung, und *Mommsen*, S. 489, ist auf Grund der L. 3 C. 7, 39 (*Cod. Theodos* L. 1, 4, 14) der schon von *Thibaut* für das *Parricidium* und die *Suppositio partus* verteidigten Ansicht, daß die 30 jährige Verjährung sich auch auf Verbrechen, daher auch auf die von der 20 jährigen Verjährung ausgenommenen erstreckt habe. Mir scheint aber, daß die bis jetzt herrschende Ansicht Recht habe, wenn sie im Zusammenhange der Stelle, die sonst nur von zivilrechtlichen Verhältnissen redet, die 30 jährige Verjährung, ungeachtet der Worte »*si ... vel persona qualicumque actione vel persecutione pulsetur*« nur auf Zivilklagen, nicht aber auf Kriminalklagen bezieht. Vgl. in diesem Sinne *Unterholzner* 2 S. 430. Die scheinbar die Unverjährbarkeit einer Anklage wegen *Suppositio partus* aussprechende Stelle L. 19 § 1 D. 48, 10 handelt, wie der Schluß zeigt, nur von der Möglichkeit einer Zivilklage, solange die Unterschiebung selbst dauert (*Accusatio* bedeutet nicht immer Kriminalklage); vgl. *Loening* S. 394 zu Anm. 2.

[36]) *Hinschius*, Kirchenrecht 5 S. 145, 667, 943.

über Verjährung ergibt das ältere deutsche Recht; doch kommt es vor, daß die Frist von Jahr und Tag auch die Klage wegen Verbrechens ausschließt,[37]) und Erleichterung des Unschuldbeweises [38]) und anderes [39]) ersetzte wohl die Verjährung. — (Wer erst nach längerem Schweigen ein Unrecht verfolgt, handelt oft aus unlauteren Motiven, vielleicht hat er inzwischen auch verziehen, und zu lange darf, wenn Rache und Fehde zulässig ist, diese auch im Interesse des allgemeinen Friedens nicht drohen.)[40])

§ 162. Bei Eintritt der Herrschaft des inquisitorischen Verfahrens verloren aber die nur für den Privatkläger geltenden deutschrechtlichen Fristen ihre Anwendbarkeit; sie wären auch für den Beamten, der der Sache ferner stand und oft erst spät von ihr Kunde erhielt, zu kurz gewesen. So ist leicht begreiflich, daß man, um feste Normen für die Beamten zu haben, die nicht wohl längst vergessene Taten nachzuforschen verpflichtet sein konnten, zu den römischen Grundsätzen wie bei anderen Fragen die Zuflucht nahm. Auf alle nicht speziell im römischen Rechte anders behandelten Delikte wurde die 20 jährige Ver-

[37]) Sächsisches Landrecht 3, 33 § 3; Schwabenspiegel, Art. 290. Vgl. auch *Osenbrüggen*, Alamann. Strafrecht S. 194. — Nach der Gragas dauert die Rachebefugnis nur bis zum nächsten Althing; *Wilda*, Strafrecht der Germanen S. 160. Die zuweilen vorkommenden sehr kurzen Fristen — namentlich für Anklagen wegen Notzucht (vgl. darüber *Loening* S. 385ff.) — erklären sich wohl daraus, daß ein Unrecht, welches nicht alsbald, sei es im Wege der Rache, sei es mittels Klage verfolgt wird, als nicht gefühlt, als nicht gegen den Willen des angeblich Verletzten geschehen betrachtet wurde, ähnlich wie dies bei den heutigen Antragsdelikten der Fall ist. Die Magd, die nicht alsbald wegen Notzucht klagte, schien Widerstand jedenfalls nicht ernstlich geleistet zu haben.

[38]) *Brünner*, Schöffenbuch n. 367 »*Antiquum jus civile habet: Si homo impetitur simplici querimonia pro homicidio ante multos annos perpetrato .... ille simplici juramento se expurgabit...*«.

[39]) Vgl. *Waitz*, Deutsche Verfassungsgeschichte **4** (2. Aufl.) S. 431 „an die Stelle der römischen Verjährung nach bestimmten Jahren tritt hier eine Rücksicht auf den Regierungsantritt des Königs oder in Bayern des Herzogs Tassilo". Vor dem Regierungsantritt des Königs (Karls des Großen) vorgekommene Fälle sollen nicht weiter verfolgt werden oder doch erst mit besonderer königlicher Genehmigung. *Capitulare de justitiis faciendis* (811—813) 3. *Capitularia Reg. Francorum, ed. Boretius* I, 1 S. 176, und das S. 159. *Capitulare Bajuwariorum* 8. — Ähnliche Bestimmungen, denen zufolge Delikte begangen zurzeit des vorigen Potestas, nicht mehr oder nur beschränkt verfolgt werden sollen, begegnen in späteren mittelalterlichen italienischen Statuten. Vgl. *Kohler*, Strafrecht der italienischen Statuten S. 308 ff.

[40]) Besonders kurze Verjährungsfristen haben die italienischen Statuten vom XIV.—XVI. Jahrhundert. Vgl. *Kohler*, Strafrecht der italienischen Statuten S. 306 ff.

jährung angewendet [41]) wie in Italien so in Deutschland, da die CCC. über Verjährung Schweigen beobachtet.[41a])

Gegen Ende des XVII. Jahrhunderts beginnt dann die Beschäftigung mit der Frage, wie und ob die Verjährung rechtsphilosophisch und rechtspolitisch zu begründen sei. *Lauterbach* (*De praescr.* c. 10. 11) rechtfertigt sie, wie viele nach ihm, mit dem Hinweise auf die mit der Zeit eintretende Unsicherheit der Beweise, insbesondere auf das Schwinden der zugunsten des Verdächtigen sprechenden Beweise.[42]) Später machten andere geltend, daß Zeitablauf das Andenken der Tat erlöschen lasse [43]), und aus diesem Grunde die Gefahr des bösen Beispiels, die Notwendigkeit der Sicherung und Abschreckung nicht mehr bestehe wie denn auch der Schuldige, falls in der Zwischenzeit nicht andere Straftaten von ihm begangen seien, sich gebessert habe [44]), und es sind auch mehrere dieser Gründe, auf welche die Verjährung noch nicht zur Aburteilung gelangter Verbrechen zugleich gestützt wird.[45])

§ 163. Mit dem übertriebenen Werte, welcher der Strafgerechtigkeit beigelegt wurde, konnte die Verjährung ebenso-

---

[41]) Vgl. *Clarus* § fin. qu. 51 (der Zweifel, daß nach römischem Rechte eigentlich nur von dem Ausschluß der *Accusatio* die Rede war, während es nunmehr meist um die *Inquisitio* sich handelte, wurde durch die Annahme beseitigt, daß die *Inquisitio* die Stelle der förmlichen Anklage vertrete. *Clarus* l. c. n. 2). Einige wollten indes bei *Crimina enormia* (nach Analogie der *Parricidium*) die Verjährung nicht gelten lassen (so bei *Assassinium*), und die protestantischen Theologen stritten heftig gegen die Verjährung bei *Homicidium*, da diese mit dem Worte Gottes nicht vereinbar sei (vgl. *Berger, Electa jurisprud. crim.* [2 edit 1722] **1** S. 282), und *Leyser*, Sp. 597 n. 28, 2, ist wirklich dieser Ansicht; denn hier handle es sich um etwas, worüber der Gesetzgeber keine Macht habe. — Dagegen aber *Engau*, Verjährung § 28, und in späterer Zeit z. B. *Koch, Instit. j. crim.* § 973. — Das englische Recht kennt auch gegenwärtig nur bei einzelnen Delikten eine Verjährung (vgl. *Schuster* in *v. Liszt* Strafgesetzgebung der Gegenwart **1** S. 636), während das französische Recht ebenso wie die deutsche Jurisprudenz schon früh die Bestimmungen des römischen Rechts anwendete (*Jousse, Justice criminelle* **1** S. 580).

[41a]) Eine bei aller Kürze sehr gute Darstellung des früheren gemeinen, die Verjährung betreffenden Rechts gibt *Heffter*, Lehrb. §§ 186—190.

[42]) Vgl. die von *Loening* S. 406 Anm. 2 gegebenen Zitate, aus weit späterer Zeit z. B. *Wening-Ingenheim*, Arch. d. Cr. 1824 S. 239; *Mittermaier*, Arch. d. Cr. 1829 S. 715; *Hepp*, Kommentar zum württembergischen StGB. 1 S. 93. — Auch *Binding* Handb. **1** S. 823 sieht die Beweisvergänglichkeit zwar nicht als einzigen, wohl aber als hauptsächlichsten legislativen Grund der Verjährung an.

[43]) Vgl. übrigens schon *Pufendorf, De jure nat.* IV c. 12 § 2.

[44]) Die inzwischen erfolgte Besserung des Verbrechers besonders geltend gemacht von *Engau*, Verjährung §§ 8, 9; *Koch, Instit.* § 972.

[45]) Über die verschiedenen Meinungen zur Zeit des früheren gemeinen Rechts vgl. *Köstlin* **1** S. 481ff.; *Geib* **2** S. 135ff.

wenig vereinbar erscheinen, wie mit der Abschreckungs- oder psychologischen Zwangstheorie. Warum sollte das Walten absoluter Gerechtigkeit durch bloßen Zeitablauf gehindert werden, und war es nicht eine ungerechtfertigte Beeinträchtigung der abschreckenden Kraft des Strafgesetzes, dem Verbrecher die Hoffnung der Straffreiheit zu bieten, wenn nur seine Schuld längere Zeit verborgen blieb? [45a]) So schloß, nachdem schon einzelne Gesetze die Zahl der unverjährbaren Verbrechen erheblich vergrößert hatten, [45b]) das österreichische GB. Josephs II. § 183 die Verjährung bei allen Verbrechen aus, und *Feuerbach* [46]) war (§ 64) der Ansicht, es lasse sich für die strafrechtliche Verjährung ein Grund nicht auffinden, da durch sie die Hoffnung auf Straflosigkeit nur vergrößert werde.[45c]) Nachgiebiger konnte man vom Standpunkte der Sicherungs- oder Besserungstheorie sein, obwohl *Servin* [47]) (1782) sich gegen die Verjährung ausgesprochen hatte, weil man keine Garantie habe, daß der Schuldige nicht wieder schaden könne.

Der Einfluß dieser Abneigung gegen die Verjährung zeigt sich noch deutlich in dem Zerrbilde, welches das bayerische Gesetzbuch von 1813 Art. 140 (wenigstens dem Wortlaute nach) aus der Verjährung gemacht hat.[47a]) Aber bereits das österreichi-

[45a]) Man vgl. z. B. die von *Justi* in dem Aufsatze „Von der Verjährung der Missetaten" (historische und politische Schriften **1** S. 423) gegen die Verjährung geltend gemachten Gründe. — Gegen die Verjährung auch *Oersted* S. 471ff. (der sie [S. 482] nur bei Polizeiübertretungen für ratsam erachtet), ferner *Henke*, Handb. **4** S. 172ff.

[45b]) So der *Codex. Max. Bavar.* II, 11, 4 und besonders die *Theresiana* Art. 16 § 9.

[45c]) Die Verjährung wurde aber auch vom Standpunkte des positiven Rechts aus bekämpft. So vertritt *Martin*, Lehrb. des Kriminalrechts (2. Aufl. 1829) § 103 die Ansicht, daß die Verjährung zwar der Natur des römischen Anklageprozesses entspreche, ihre Übertragung auf das deutsche Kriminalverfahren ein Irrtum sei, obwohl, wie bemerkt, die ältere Jurisprudenz über die Anwendung der römischen Verjährung auf den Inquisitionsprozeß einig war.

[46]) Kritik des *Kleinschrod*schen Entwurfs zu einem peinlichen GB. **2** S. 242. Wie einige andere meinte er. nur die Analogie der zivilrechtlichen Klagverjährung habe im römischen Rechte zur Einführung der strafrechtlichen Verjährung Anlaß gegeben.

[47]) *De la législation criminelle* I art. 5 § 3.

[47a]) Der Täter soll, wenn die in Art. 141 bemerkten Zeiträume verflossen sind und während derselben eine ununterbrochene gute Aufführung gezeigt hat, „freigesprochen werden". Erfordernis der Verjährung war dabei, daß der Täter dem Gerichte unbekannt geblieben (nach den offiziellen Anmerkungen **1** S. 326 „ohne strafliche Verheimlichung von seiten des Verbrechers") oder daß die Untersuchung und Entscheidung aus Verschulden des Richters unterblieben war.

sche Gesetzbuch von 1803 kehrte, allerdings mit einigen recht verkehrten auf dem Erfordernis der Besserung und Reue beruhenden Einschränkungen, zur wirklichen Anerkennung der Verjährung zurück, und letzteres ist auch bei den übrigen deutschen Gesetzbüchern der Fall gewesen.

Doch haben mehrere der früheren Gesetzbücher das gute Betragen[48]) oder das Nichtbegehen von Verbrechen während der Verjährungszeit zu einer Voraussetzung der Verjährung erhoben,[49]) die späteren deutschen Gesetze aber, mit Ausnahme des bayerischen von 1861, dieses von der französischen Gesetzgebung überhaupt vermiedene Prinzip wieder aufgegeben.[50]) Die prinzipwidrige Ausschließung der Verjährung bei Verbrechen, welche mit Todesstrafe bedroht sind, findet man noch in einigen Gesetzbüchern,[50a]) sogar noch in dem sächsischen StGB. von 1855, zuweilen sogar Ausschließung der Verjährung bei nur mit lebenslänglichem Zuchthaus bedrohten Verbrechen.[50b])

§ 164. Der Hauptgrund[51]) der Verjährung liegt aber darin, daß Ablauf eines langen Zeitraumes den Eindruck, den die Tat hervorgebracht hat, (das Andenken an die Tat) verwischt und daher die in der Strafe sonst liegende Mißbilligung der Tat zwecklos erscheinen läßt, ja als eine schon wegen ihres langen

[48]) GB. für Bayern (1813) Art. 139. Das preußische allgemeine Landrecht II, 20 § 63 gab nur Anspruch auf Begnadigung.

[49]) Württemberg Art. 132 Abs. 2 (Unterbrechung der Verjährung durch Verübung eines vorsätzlichen Verbrechens oder Vergehens, dessen Strafe nicht in Geldbuße oder 6 Monaten Gefängnis besteht). Baden § 197 (Unterbrechung durch ein neues gleiches oder gleichartiges Verbrechen). Österreich GB. 229 d. Auch bayerisches GB. von 1861 Art. 89 (Unterbrechung durch jedes Verbrechen oder vorsätzliche Vergehen) *Binding* **1** S. 824 bezeichnet dies als „Ersitzung der Straffreiheit durch Besserung".

[50]) Neuerdings freilich wieder empfohlen von *Lammasch*, Gutachten für den deutschen Juristentag, Verhandlungen des 24. Juristentags **1** S. 102ff. bes. S. 117ff. — Siehe dagegen aber das Gutachten *Hoegels* daselbst **2** S. 134ff. bes. S. 148ff. und den einstimmig gefaßten Beschluß der 3 Abteilung des 24. deutschen Juristentages, Verhandlungen **4** S. 308 und *Liszt* § 76 Anm.

[50a]) Österreichisches GB. 1803/1852 § (210) 231; altenburgisches Art. 80; hannoversches Art. 90.

[50b]) So im altenburgischen, thüringischen Art. 76 und im sächsischen Art. 109.

[51]) Der etwas sonderbare — mit viel Material ausgestattete — Aufsatz *Pulvermachers* kommt schließlich (S. 393) zu dem Ergebnis, daß die Wirkung der Verjährung die ist, „daß sie dem Menschen ihr vermeintliches Recht ohne erkennbare Gründe aus den Händen windet". Die für dieses Ergebnis aufgewandte Beweisführung wird nicht allgemein überzeugend wirken.

Verzuges höchst unvollkommene Maßregel[52]), die gleichwohl, indem sie rücksichtslos völlig veränderte Verhältnisse und Personen treffen kann, mit dem Anspruche absoluter göttlicher Gerechtigkeit auftritt; denn dem Menschen wird es verdacht, wenn er nach allzu langer Zeit noch Vergeltung erstrebt für ihm angetanes Unrecht, und bis in ferne Zukunft wird unserer heutigen Strafe noch ein Teil ihrer ursprünglichen Wurzel, der Rache und Vergeltung, ankleben. Dabei k a n n in manchen Fällen auch in Betracht kommen, daß der Schuldige in der Zwischenzeit innerlich ein anderer Mensch geworden sein mag,[53]) und jedenfalls wird es außerordentlich schwer, die Strafe in gerechter Weise sowohl mit Rücksicht auf die Tat wie auf die Persönlichkeit des Handelnden selbst richtig zu bemessen,[54]) so daß schließlich nur in den jetzt äußerst seltenen Fällen absolut bestimmter Strafen die Gerechtigkeit des Strafmaßes genügend verbürgt wäre.[54a]) Allerdings liegt danach in der Verjährung eine Anerkennung der in verschiedenen Wirkungen[54b]) sich zeigenden Macht der Zeit,[55]) und wenn die neuere Theorie verschiedene dieser Wirkungen kombiniert hervorhebt, so kann man den deshalb von *Loening* (S. 409) gegen sie erhobenen Vorwurf nicht für gerechtfertigt erachten.[56])

---

[52]) *Garraud* 2 S. 380 sagt wesentlich übereinstimmend: »*Une peine appliquée longtemps après, ne serait plus efficace*«.

[53]) *Lammasch*, Verhandlungen des 24. deutschen Juristentages 2 S. 112, 119. — Dies trifft aber keineswegs in allen Fällen zu, vielmehr dann nicht, wenn der Schuldige später dasselbe Delikt wieder oder doch ein dem früheren nahe verwandtes Delikt begangen hat. Es paßt außerdem nicht für die Erklärung der kurzen Verjährungsfristen, z. B. bei Übertretungen. Doch gründet *Berolzheimer*, Die Entgeltung im Strafrecht S. 304ff. (vgl. auch dessen Rechts- und Wirtschaftsphilosophie 5 S. 106), die Verjährung l e d i g l i c h auf die Annahme der inzwischen erfolgten Änderung der Persönlichkeit des Schuldigen.

[54]) So *Geyer-Merkel* in *Holtzendorffs* Enzyklopädie 5. Aufl. S. 958. Vgl. für die Kombination mehrfacher Gründe auch *Ad. Merkel*, Strafrecht § 89.

[54a]) Vgl. *Köstlin* 1 S. 482; *Abegg* S. 25; *Berner* § 155.

[54b]) Der Grund der Schwierigkeit einer gerechten Beurteilung des Unsicherwerdens der Beweise gilt selbstverständlich nicht für die Verjährung der Strafvollstreckung.

[55]) Einzelne französische Juristen, so *Cousturier* S. 14ff., haben einen wesentlichen Grund darin erblickt, daß der Schuldige durch die Furcht vor der Strafe und Gewissensbisse während der Verjährungszeit schon genügend bestraft sei. Dagegen bezeichnet *Ortolan* 2 n. 1853, diesen Grund als rhetorische Phrase.

[56]) Daß in einzelnen Fällen die eine oder andere Wirkung des Zeitablaufs nicht eintritt, ist nicht — wie *Loening* einwendet — ein Beweis, daß für die Verjährung solche Begründung der Wirkung der Zeit nicht angeführt werden dürfe. Nach einem bekannten Ausspruche unserer römischen Rechtsquellen sollen Gesetze richtig abgefaßt sein, wenn sie dasjenige richtig behandeln, was m e i s t e n s tatsächlich vorliegt: für völlige Ausnahmefälle macht man kaum Gesetze, und

Eher erscheint die allgemeine Berufung auf die Macht der Zeit zu unbestimmt, um darauf eine befriedigende Theorie der Verjährung zu gründen, und abzuweisen ist nur die Wendung, daß die Verjährung den Widerspruch zwischen Tatsache (d. h. wohl lange fortdauernder Straffreiheit) und Recht beseitige,[57]) da doch aller Regel nach das Recht die Tatsachen beherrscht, und das Umgekehrte nur dann der Fall ist, wenn die Durchsetzung des Rechts gegen die Tatsachen unmöglich ist (wie z. B. bei dauernden Usurpationen im Gebiete des Staats- und Völkerrechts).

Nur ein anderer Ausdruck für die Macht der Zeit ist es endlich, wenn *Loening* (S. 459) in der deliktischen Tat eine Verschiebung des rechtlichen Gleichgewichts zwischen dem Täter und der übrigen Rechtsgenossenschaft erblickt, eine Verschiebung, die durch im Laufe der Zeit fortwährend eingreifende neue Tatsachen endlich in ein neues Gleichgewicht verwandelt werde.

§ 165. Wesentlich mit in Betracht kommt aber auch der Grund, daß im Falle des Ablaufes eines langen Zeitraums der Beweis verdunkelt oder doch seine Beurteilung erschwert wird [58]). Freilich scheint das in erster Linie von Schuldbeweisen zu gelten. Aber entschließt man sich überhaupt, über ein vor langer Zeit begangenes Verbrechen Untersuchung einzuleiten, so liegt gewöhnlich ein für den ersten Augenblick recht starker Verdacht oder Beweis ohne weiteres vor, und die Gefahr besteht darin, daß dieser Verdacht oder Beweis überschätzt wird, weil man die entgegenstehenden versteckteren Momente nicht kennt, welche die Glaubwürdigkeit des Beweises mindern oder aufheben oder doch die Tat in einem milderen Lichte er-

---

der von *Loening* als ausschließlich angenommene Grund der Verjährung trifft ebenfalls nicht in allen Fällen zu — sogar in vielen Fällen nicht. Wenn A durch einen von ihm geleisteten Meineid einen großen Bauernhof gewonnen hat, und B infolge eben dieses Meineids sein Brot in der Nachbarschaft als Taglöhner verdienen muß, so dürfte von einer ausgleichenden Verschiebung des gestorten rechtlichen Gleichgewichts auch nach 20 Jahren nicht zu reden sein.

[57]) So *Heinze* in *Holtzendorffs* Handb. 2 S. 609; *Hälschner* 4 S. 691. Dagegen *Berner*, Lehrb. § 55a E. und *Binding* a. a. O., aber auch *Loening* S. 413.

[58]) Schon *Geo. J. Meister* hat (*Principia j. cr.* § 466) den Grund, daß das Verbrechen »*vetustate obliteratum*« mit der Schwierigkeit des Beweises kombiniert. — Gegen solche Kombination kann sich nur eine aprioristische Strafrechtstheorie erklären, welche verkennt, daß auch die Strafbarkeit der einzelnen Deliktshandlungen überhaupt meist auf einer Kombination mehrerer Gründe beruht (vgl. *Bar*, Geschichte S. 332ff.).

scheinen lassen: man hat einen Beweis, aber ohne Sicherheit, ob nicht Gegenbeweis bestanden hat,[59]) oder man hat die Tat in äußeren groben Umrissen; die feineren Einzelheiten, die Entschuldigungsmomente fehlen, und dem Angeklagten ist es oft unmöglich, sie noch zu beweisen. Ferner ist zu beachten, daß schon die Eröffnung einer Untersuchung den davon Betroffenen schwer schädigen kann, und noch mehr eine Freisprechung, welche schließlich mit der Begründung erfolgt, es sei die Schuld wegen Länge der inzwischen verflossenen Zeit, die Glaubwürdigkeit der Beweismittel nicht mehr genügend festzustellen gewesen.[60]) Und wie steht es gar, wenn der Verdächtige verhaftet wurde? Endlich aber diskreditieren ergebnislose Untersuchungen die Justiz.[60a]) *Binding*, Handb. **1** S. 823, hält daher das gewichtige praktische Moment der Beweisunsicherheit für den allein zwingenden Rechtfertigungsgrund der Verjährung, und richtig ist, daß der Hinweis auf die freie richterliche Beweiswürdigung keine Widerlegung dieser Auffassung enthält; der Gesetzgeber kann mit Fug die leicht mögliche richterliche Selbsttäuschung bei Feststellung einer vor langer Zeit begangenen Straftat für bedenklich erachten, wie er auch die Benutzung bestimmter Beweismittel bei sonst freier Beweiswürdigung ausschließen kann. Aber jener Grund allein vermag die nach neuerem Rechte auch stattfindende Verjährung erkannter Strafen nicht zu tragen, und wenn *Binding* letztere als irrig bekämpft, so ist doch die Abstufung der Verjährungszeit nach der Schwere der Verbrechen, wie sie unserm Rechte eignet oder dem unmittelbaren Rechtsgefühl einleuchtet, aus der Schwierigkeit des Beweises allein nicht abzuleiten;[60b]) leichtere Evidenz des Verbrechens und Schwere desselben sind keineswegs korrelate Eigenschaften eines Straffalles; der Beweis, daß X. eines Mordes oder einer Brandstiftung schuldig sei, kann sehr viel leichter sein, als der

---

[59]) Vgl. *Mittermaier*, Arch. d. Cr. 1849 S. 569 und die älteren Schriftsteller, vgl. z. B. *Lauterbach*, *De criminum praescriptione* n. X.

[60]) Damit dürften diejenigen widerlegt sein, welche, wie *Schwarze* S. 13 und *Loening* S. 406, die Unsicherheit des Beweises als Grund der Verjährung absolut verwerfen und darauf verweisen, es werde das Gericht schließlich die richtige Beurteilung vornehmen.

[60a]) Vgl. im Sinne des Textes besonders auch *Crivellari* **4** S. 517.

[60b]) In gewissem Umfange würde allerdings Rücksicht auf die Flüchtigkeit der Beweise bei einzelnen Delikten zu empfehlen sein. Vgl. unten.

Beweis, daß Z. einem Gendarmen rechtswidrig gewaltsamen Widerstand geleistet habe. Dagegen haftet der Eindruck eines schweren Verbrechens regelmäßig länger als der eines leichteren Deliktes im Gedächtnisse der Menschen,[61]) und somit ist auch die öffentliche Mißbilligung schwerer Straftaten noch längere Zeit hindurch nicht gegenstandslos oder unnötig. Reicht dies auch nicht aus zur Erklärung des Umstandes, daß die gegenwärtige Gesetzgebung die Länge der Verjährungsfristen in so hohem Grade verschieden je nach der Schwere des begangenen Delikts bestimmt, so wird diese Lücke doch durch die Erwägung ausgefüllt, daß die Rechtsordnung um so schwerer sich zu dem in der Zulassung der Verjährung liegenden Verzichte auf Bestrafung aus diesem oder jenem Grunde entschließen wird, je größere Bedeutung sie dem begangenen Delikte beilegt. Die Institution der Strafverjährung läßt sich nun einmal nicht auf einen einzigen Grund zurückführen, und jedes der verschiedenen legislativen Motive reicht hin, wenn es im einzelnen Falle zutrifft, die Verjährung als möglich erscheinen zu lassen.

Verjährung der Strafverfolgung.

§ 166. Welche Wirkung aber ist dieser Verjährung rationellerweise beizulegen? Der alte Streit, ob die Verjährung das Verbrechen als solches tilge,[61a]) oder nur die Strafe im eigentlichen Sinne (modern ausgedrückt den Strafanspruch des Staates beseitige), ist nicht ohne weiteres zu ungunsten der ersteren Ansicht aus dem Grunde zu entscheiden, daß eine Tatsache — die strafbare Handlung — nicht ungeschehen gemacht werden könne; das ist selbstverständlich nicht der mit jener ersten Ansicht zu verbindende Sinn. Der Sinn der ersten Ansicht ist vielmehr der, daß, abgesehen von rein zivilen Folgen (insbes. abgesehen vom Schadensersatze), die Begehung der Straftat in keiner Weise gegen den Schuldigen soll geltend gemacht werden können; z. B. nicht im Wege der Einrede, wenn jemand dem Schuldigen die Begehung des Verbrechens vorgeworfen hat und nun wegen Beleidigung von diesem belangt wird, als Grund der

[61]) Es kommt hier auf einen weiteren Kreis von Personen an. Daß in einem kleinen Kreise oder bei einzelnen Personen einzelne recht unbedeutende Ereignisse oft länger im Gedächtnisse haften, als wirklich bedeutende Dinge, beweist nichts.

[61a]) Vgl. über die altere Literatur *Dambach* S. 78ff. Für die erstere Ansicht z. B. *Feuerbach*, Lehrb. § 69. Dagegen *Matthäus* 48, 19 c. 4 § 10; *Henke* 4 S. 202.

Ausschließung vom Zeugnis usw., Folgen der Verjährung, welche von der zweiten Ansicht verworfen werden.[62])

Abstrakte Logik wird der zweiten Ansicht recht geben. Umgekehrt aber wird das Urteil ausfallen, wenn der reale Zweck der Verjährung ins Auge gefaßt wird. Dieser Zweck wird nur höchst unvollkommen erreicht, wenn zwar die eigentliche Strafe dem Schuldigen erlassen wird, dagegen alle möglichen übrigen Nachteile, die aus der Begehung der strafbaren Handlung folgen können, ihn bis in die fernste Zukunft treffen, und zu solchem Zwecke der Beweis der begangenen strafbaren Handlung jederzeit gegen ihn unternommen werden kann,[63]) obwohl der Gesetzgeber selbst den Beweis im Strafverfahren gegen den Schuldigen nicht geführt sehen will, ihn für unzuverlässig erklärt. In Frankreich hat man schon vor der ersten Revolution eingesehen, daß dies mit dem Zwecke der Verjährung unverträglich ist, und dort ist selbst — was allerdings zu weit geht — die Zivilklage auf Entschädigung unmittelbar auf Grund der Begehung des Deliktes ausgeschlossen, wenn die Strafverfolgung wegen Verjährung unzulässig geworden ist,[64]) und in gewissem Umfange liegt eine Anerkennung einer umfassenderen Wirkung der Verjährung darin, daß neuere Gesetze, wenn sie jemand wegen begangenen Verbrechens oder Vergehens von politischen Rechten ausschließen, diese Ausschließung von einer vorgängigen Verurteilung im Strafverfahren abhängig machen.[65])

---

[62]) Indes kommen hier oft Unklarheiten und Inkonsequenzen bei älteren Schriftstellern vor, so geht *Quistorp* § 864 von der zweiten Ansicht aus, folgt aber § 870 den Konsequenzen der ersteren.

[63]) Man läßt den Schuldigen nicht zu bei Wahlen; man bezeichnet ihn als unglaubwürdig, man wirft ihm das Verbrechen vor — und jedesmal kann auf besondere Weise, nur nicht so zuverlässig, wie im öffentlichen, die Tat selbst unmittelbar betreffenden Strafverfahren, der Beweis der Begehung des Verbrechens geführt werden. Gegen Ausschließung von der Ausübung von Rechten schon *Engau* §§ 24—27 und *Zachariae*, Arch. d. Cr. 1842 S. 208; *Heffter* § 190 (in der 5. Aufl.). — Die Unterscheidung, ob Rechte Dritter in Betracht kommen, in welchem Falle die Verjährung nicht soll opponiert werden können (so z. B. *v. Bothmer*, Erörterungen aus dem hannoverschen Kriminalrecht 1 S. 210), ist nicht durchzuführen.

[64]) *Code d'instruction crim.* 637—640. Vgl. dazu *Cousturier* § 73ff. und *Garraud*, *Précis du dr. crim.* n. 417, der es als „Skandal" bezeichnet, wenn jemand einen anderen im Zivilverfahren eines Verbrechens überführen könnte, während die Strafjustiz entwaffnet wäre. Das ist auch zutreffend, aber m. E. ist es der im Texte angeführte Grund noch in höherem Grade. In Italien ist dagegen jetzt im Art. 102 des GB. die Unabhängigkeit der Zivilklage von der Verjährung des Deliktes festgestellt, vgl. *Tuozzi* 1 S. 528.

[65]) Vgl. dafür in allen Konsequenzen: *Köstlin* 1 S. 507, aber auch *Binding* Hdb. 1 S. 826, der auch die *Exceptio veritatis* wegen Verjährung des einem anderen vor-

Völlig abzuweisen ist die Ansicht, welche die Begehung eines verjährten Deliktes zur Begründung einer Rückfallstrafe oder zur Herstellung des Tatbestandes gewerb- oder gewohnheitsmäßigen Handelns gestattet; denn hier soll direkt in einem Strafverfahren ein Beweis der verjährten Handlung gegen den der letzteren Beschuldigten geführt werden.[66])

Auch den Beweis der Wahrheit wird man konsequent ausschließen müssen im Beleidigungsprozesse,[66a]) wenn die strafbare Handlung, welche dem Beleidigten vorgerückt oder nachgesagt wurde, verjährt ist: [67]) der Zweck der Verjährung könnte sonst oft zu einem oft recht wesentlichen Teile von dem Beleidiger beliebig vereitelt werden. Dies kann zwar nach unserem positiven Rechte gegen denjenigen hart erscheinen, der an die eingetretene Verjährung nicht dachte oder von derselben keine Kenntnis hatte. Sobald aber der fehlerhafte gegen

---

geworfenen Deliktes ausschließt. — Die in Deutschland herrschende Meinung ist die entgegengesetzte. So *Schwarze*, Kommentar S. 283, 284 Anm.; *Liszt* § 77, V.: „Die Wirkung der Verjährung ist die Beseitigung des Strafanspruchs, nicht die des Verbrechens"; *Loening* S. 448.

[66]) In diesem Sinne auch *Wächter*, GArch. 8 S. 14, Vorlesungen S. 309 Anders: *Allfeld* (*Meyer-Allfeld* § 45 Anm. 52).

[66a]) Die Frage ist schon in der älteren Jurisprudenz auch wohl mit Bezugnahme auf die kanonische Lehre von dem Vorwurfe eines begangenen Verbrechens »*per exceptionem*« erörtert worden. Völlig zivilistisch bemerkt *Matthaeus ad Dig.* 48, 19 c. 4 § 10, um die Zulässigkeit des Wahrheitsbeweises darzutun: (*exceptiones*) »*temporales ad agendum, perpetuae sunt ad excipiendum*«.

[67]) Dafür *Binding* 1 S. 826 Anm. Dagegen *Schwarze* § 66 Nr. 6; *Heinze* in *Holtzendorffs* Handb. 2 S. 626, weil die Tatsache durch Verjährung nicht ungeschehen gemacht werde. Dies letztere braucht man nicht zu behaupten, um zu dem im Texte vertretenen Ergebnis zu gelangen: der Beweis der strafbaren Handlung wird auch dadurch gewiß nicht zuverlässiger, daß der Beleidiger ihn unternimmt, während er sonst Sache des Staatsanwalts ist! Aber der Beleidigte wird, wenn Verjährung eingetreten ist, auch nicht verlangen können, daß die Unwahrheit des ihm gemachten Vorwurfs als bewiesen im Urteile erkannt werde; denn auch dieser Beweis muß nach dem Gesetze als unzuverlässig angesehen werden (sofern nicht ein förmliches Wiederaufnahmeverfahren eintritt). Die Zulässigkeit solcher Unwahrheitsbeweises ist zudem zweischneidig. Der Vorwurf haftet, sobald dieser Beweis nicht mit Erfolg geführt wird; er haftet aber auch, wenn der Beweis gar nicht versucht wird, eben weil dieser Versuch möglich ist und die Unterlassung des Versuchs daher leicht als Zugeständnis gedeutet werden kann. — *Liszt*, § 76, hält es sogar, da die Tat selbst nicht aus der Welt geschafft werden könne, fur richtig, die verjährte Tat als Grundlage für die Annahme der Gewerbs- oder Gewohnheitsmäßigkeit oder des Rückfalles zu verwerten. Anders *Dambach* S. 92ff.; *Heinze* in *Holtzendorffs* Handb. 2 S. 626; *H. Meyer* § 45 zu Anm. 57; *Hälschner* 1 S. 704 (der das verjährte Delikt sogar bei der Strafzumessung berücksichtigen will!); *Birkmeyer*, Enzyklopädie S. 65. Wenn wie nach dem StGB. Rückfallstrafe voraussetzt, daß die frühere Strafe ganz oder teilweise verbüßt sei, so ist natürlich die Verjährung der Strafverfolgung des früher begangenen Deliktes ein Hindernis der Rückfallstrafe.

einen wesentlichen Grundsatz des Strafrechts verstoßende § 186 des StGB. dahin geändert wird, daß auf genügende Vermutungen gestützte *bona fides* die Verurteilung ausschließt, während andererseits der Beweis der Wahrheit des gemachten Vorwurfs nicht schützt, wenn dieser nur zu dem Zwecke erfolgte, den Beleidigten zu verletzen, hört diese Härte auf.

§ 167. In Ermangelung einer positiven Vorschrift kann dagegen eine Abhängigkeit des aus einem Delikte entspringenden Zivilanspruchs nicht behauptet werden, und solche Abhängigkeit ist bedenklich, da bedeutende Schadensersatzansprüche Folgen unbedeutender, d. h. in kurzer Zeit verjährender Delikte sein können. Die im Zivilverfahren vorgebrachte Behauptung, daß der Beklagte ein Delikt, ein Verbrechen begangen habe, ist auch keineswegs so schädigend für den Beklagten, wie wenn sie im Strafverfahren oder zum Beweise seines schlechten Rufes, seiner Unglaubwürdigkeit vorgebracht wird: die Partei hat hier mancherlei Mittel einen Ausgleich herbeizuführen oder doch den Beweis der Begehung des Verbrechens zu hindern, und im Zivilverfahren herrscht zwar jetzt juristisch, aber keineswegs tatsächlich dieselbe Öffentlichkeit wie im Strafverfahren.

Zweifelhafter ist die oft erörterte Frage, ob ein verjährtes Delikt noch im Wege des Disziplinarverfahrens gegen den Schuldigen geltend gemacht werden könne. Insofern das Disziplinarverfahren als reines Strafverfahren zu betrachten wäre, müßte konsequent auch die Disziplinarstrafe ausgeschlossen sein; denn, ist die für die Allgemeinheit wichtigere öffentliche Strafe ausgeschlossen, so kann um so weniger die Disziplinarstrafe noch Platz greifen. Es spricht ebenfalls gegen die Zulässigkeit die Erwägung, daß die Verjährung auch auf der Berücksichtigung der Unsicherheit des Beweises beruht, und diese Unsicherheit ist im Disziplinarverfahren, welches oft nur weniger scharfe Mittel der Wahrheitserforschung anwenden kann, sogar größer.

Daher muß jede reine Disziplinarstrafe, bei welcher eine Unwürdigkeit des Schuldigen nicht in Betracht kommt, ausgeschlossen sein, z. B. Geldstrafe, Verweis. Handelt es sich dagegen um Unwürdigkeit, Mangel des zur Berufstellung erforderlichen Vertrauens, so kommt der zivilrechtliche Gesichtspunkt in Betracht, daß der Schuldige für seine Stellung unbrauchbar geworden sein kann.[68]) Wenn jedoch nur ein entfernter Verdacht des früher begangenen Verbrechens vorlag und auf solchen Verdacht hin erst weitere Beweise gesammelt wurden, die schließlich die Sehuld klarzustellen schienen, so darf man sagen, daß die Disziplinarbehörde selbst die Unbrauchbarkeit des Angestellten herbeigeführt hat, daß also jener zivilrechtliche Gesichtspunkt nicht gegen den Schuldigen entscheiden darf, der sonst im Amte hätte verbleiben können. Der Umstand, daß das kanonische Recht bei der Inquisitio über Delikte der Geistlichen auf die Existenz eines allgemeinen Gerüchtes (*Clamor publicus*) als Vorbedingung der Untersuchung so wesentliches Gewicht legt, sollte auch bei der Disziplinaruntersuchung gegen Beamte beachtet werden, und die Beweise müssen jedenfalls über jeden Zweifel erhaben sein; sonst ergibt sich der Widerspruch, daß der Staat, den Beweisen bei verjährte Delikten mißtrauend, bei einer an sich mit größeren Garantien versehenen Jurisdiktion ihnen die Wirksamkeit versagt, sie ihnen dagegen in der Disziplinargerichtsbarkeit beilegt.[69])

[68]) Die Frage, ob eingetretene Verjährung auch die Ahndung der Handlung als Verstoß gegen die Standesdisziplin ausschließe, behandelt schon *Engau*, Verjährung § 56. Er entscheidet sich dahin, daß dem Schuldigen zwar das Amt genommen werden, nicht aber schimpfliche Absetzung stattfinden dürfe, und beruft sich dafür auf einen Spruch der Erfurter Fakultät in einer Hildesheimer Sache von 1709 und ein Reskript des Königs von Polen und Kurfursten von Sachsen an das Wittenberger Konsistorium von 1728. Ausdrücklich bestimmt das neue norwegische GB. § 68, daß Verjährung einem Verfahren auf Aberkennung öffentlicher Ämter nicht entgegenstehe. — *Dambach*, S. 92ff., spricht der Verjährung hier die Wirkung ab, weil die Dienstentsetzung im Disziplinarwege keine Strafe sei, und außerdem die Disziplinargesetze (vgl. z. B. preußisches Gesetz vom 7./5. 51 § 4 und Gesetz vom 21./7. 52 §§ 4, 5) ein Disziplinarverfahren auch nach erfolgter gerichtlicher Freisprechung für möglich erklären. Der letztere Grund aber beweist nicht, und der entscheidende Punkt, daß die Gesetzgebung die Verjährung auch auf die eintretende Unsicherheit der Beweise gründet, wird von *Dambach* nicht gewürdigt. Weniger absolut hatte *Heffter*, Arch. d. Cr. 1833 S. 87 sich ausgesprochen: „Daß übrigens der Anwendung von Disziplinarmitteln keine Verjahrung entgegengesetzt werden konne, läßt sich zwar mit guten Gründen behaupten: indes wird eine inzwischen erfolgte Besserung mehr als bei wirklichen Verbrechen in Anschlag zu bringen sein."

[69]) Meistens wird, ohne das weitere Voraussetzungen gemacht werden, der Disziplinarbehörde die Befugnis zugesprochen, den Beamten auf Grund eines verjährten Delikts aus dem Amte (ohne Entschädigung) zu entfernen. So z. B. von *Henke* 4 S. 203; *Leonhardt* **1** S. 399; *Laband*, Staatsrecht des Deutschen Reichs (4. Aufl. **1** S. 464ff.), bei dem sich eine eingehende und im Wesentlichen zutreffende Darstellung des Disziplinarrechts der Beamten findet (in der 1. Aufl. war die privatrechtliche Seite der Sache etwas zu stark hervorgehoben), hat diese Frage nicht besonders berücksichtigt.

Wenn die Regierung die Befugnis hat, einen Beamten auch gegen dessen Willen zu pensionieren, wird es sich oft empfehlen, bei stattgehabter Verjährung eines sonst Dienstentlassung begründenden Deliktes diesen Ausweg zu ergreifen, in anderen Fällen aber den Schuldigen zu veranlassen, gegen Pension oder Fortzahlung des Gehaltes auf seine Stelle zu verzichten.[70])

§ 168. Eine Untersuchung, welche über ein verjährtes Delikt eingeleitet wird, ist mit dem Zwecke der Verjährung nicht vereinbar. Sie frischt dasjenige wieder auf, was das Gesetz der Vergessenheit übergeben will; sie schädigt den wirklich oder vermeintlich Schuldigen, und da sie mit einer Freisprechung oder doch mit der Erklärung enden muß, die Strafe sei unzulässig, ist sie zugleich dem Ansehen der Strafjustiz selbst nachteilig. Wenn es daher auch richtig ist, daß überhaupt jeder materielle Schuld- und bzw. Strafausschließungsgrund, der sofort klargestellt wird, die Eröffnung und bzw. die Fortführung eines Strafprozesses möglichst hindern muß — denn straffreie Personen soll man nicht unnütz mit Strafuntersuchungen quälen —, so fühlt man doch ohne weiteres, daß jene die Untersuchung hindernde Wirkung der Verjährung der Strafbarkeit in hervorragender Weise eignet: wenn irgend möglich wird auch ohne besondere dies verordnende gesetzliche Vorschrift jeder sachlich richtig verfahrende Richter oder Ankläger von vornherein die Frage scharf ins Auge fassen, ob nicht Verjährung eingetreten sei, obschon es unpraktisch und unrichtig sein würde, der Untersuchung dieser Frage einen unbedingten Vorrang vor der Feststellung anderer materieller Gründe der Straffreiheit einzuräumen; denn im einzelnen Falle kann ein derartiger Grund, z. B. Unverantwortlichkeit des Täters wegen besonderen Rechtes usw. einfach und schnell festzustellen sein, während die Beantwortung der Frage, ob Verjährung anzunehmen sei, eine schwierigere Untersuchung erfordern oder rechtlich zweifelhaft liegen mag. Dann würde

[70]) Vgl. *Rose*, Neues Magazin für hannoversches Recht 1862 S. 274ff. bes. S. 282. — *Zachariae*, Arch. d. Cr. 1842 S. 209, erklärt Suspension und Remotion eines Staatsdieners wegen eines verjährten Verbrechens für unzulässig.

der Beschuldigte unter der prozessual absoluten Auszeichnung der Verjährung leiden, und dies ist zu vermeiden.[71])

Die Gesetzgebung verfährt jedoch richtig, wenn sie jener besonderen eigentlich selbstverständlichen Wirkung der Verjährung entsprechend die Unzulässigkeit der Strafverfolgung wegen eingetretener Verjährung ausspricht, den materiellen Rechtssatz daher in prozessualem Gewande erscheinen läßt; die zugleich materielle Wirkung der Verjährung braucht dabei nicht besonders hervorgehoben zu werden; sie versteht sich von selbst, da ohne Strafverfahren und ein darin ergehendes Urteil Strafe undenkbar ist. Jenes prozessuale Gewand — es ist nicht schwer, die meisten Rechtssätze der Privat- und des Strafrechts als prozessuale Normen erscheinen zu lassen, da schließlich jedes Recht, jede rechtlich beachtenswerte Einwendung ohne jede prozessuale Wirksamkeit ein rechtliches Nichts sein würde —

[71]) Vgl. *Glaser*, Handb. des Strafprozesses **2** S. 55. — *v. Risch*, GS. **36** S. 268 (Zeitschr. **9** S. 250ff.), *Olshausen* § 66 Anm. 7, *Frank* § 66 II, *Löwe-Hellweg*, StPO. § 259 Anm. 4 und andere halten die Verjährung gegenüber anderen schuld- oder strafausschließenden Tatsachen für eine wirklich prozeßhindernde Einrede oder Tatsache. Sie ziehen daraus z. B. (insofern mit *Ruhstrat*, GArch. **29** S. 58, übereinstimmend) die Folgerung, daß im schwurgerichtlichen Verfahren der Gerichtshof das Verfahren bei Anerkennung eingetretener Verjährung einzustellen habe. Der richtigen Ansicht nach muß aber bei eingetretener Verjährung Freisprechung eintreten (in diesem Sinne auch *Binding*, Handb. **1** S. 826; *v. Kries*, Strafprozeß S. 89; *Finger* **1** S. 475; *Oetker*, Verfahren vor dem Schwur- und Schöffengericht S. 354). Es ist indes hervorzuheben, daß auch der Wahrspruch der Geschworenen zuvor erfolgen muß, obschon es anscheinend der im Text angenommenen Ansicht widerspricht, wenn etwa der Wahrspruch den Angeklagten für schuldig erklärt und darauf der Gerichtshof den Angeklagten gleichwohl freispricht (*Oetker* scheint den Gerichtshof ohne weiteres für berechtigt zu halten, den Angeklagten wegen eingetretener Verjährung freizusprechen). Aber das entgegengesetzte Verfahren steht in Widerspruch mit dem Eröffnungsbeschlusse. Ist dieser einmal, ohne angefochten zu sein, erlassen, so gibt es keine Vorfrage mehr, die durch Vorbeschluß erledigt werden könnte: es muß nun über die Schuld entschieden werden und StPO. 262 Abs. 3 bestimmt nur, daß nach Maßgabe der im Wahrspruch gegebenen Feststellung der Gerichtshof die rechtliche Folgerung zu ziehen habe, ob Verjährung eingetreten sei oder nicht. Könnte der Gerichtshof vorweg über die Verjährung entscheiden, so würde er auch mannigfache die Schuld betreffende Tatsachen der Beurteilung der Geschworenen entziehen können; insbesondere die Feststellung des Zeitpunktes der Begehung der Tat. Das Urteil muß eventuell lauten: „In Erwägung, daß zwar durch den Wahrspruch der Geschworenen als festgestellt erscheint, daß usw., daß jedoch in Gemäßheit eben dieser Feststellung, da die die am ..... begangene Tat im Höchstmaße nach StGB. ..... mit ..... bedroht, mithin zufolge StGB. § 67 ihre Verfolgung ausgeschlossen ist, wird der Angeklagte freigesprochen." Die Feststellung, daß der Angeklagte die Tat begangen habe, hat, wenn die Frage der Verjährung noch vorbehalten ist, nur eine eventuelle Bedeutung; sie verliert jede reale Bedeutung, wenn die Frage der Verjährung darauf bejahend entschieden wird.

aber hat den Anlaß gegeben zu der noch ungelösten Streitfrage, ob die strafrechtliche Verjährung dem Prozeßrechte [71a]) oder dem materiellen Strafrechte angehöre oder endlich beiden Gebieten, aber doch vorherrschend und im letzten Grunde dem materiellen Rechte.[72]) Die geschichtliche Entwicklung, bei der allerdings die prozeßrechtliche Seite der Verjährung zuerst hervortritt — da es besonders praktisch ist, Anklagen, die nicht zum Ziele führen sollen, von vornherein abzuweisen — kann über das Wesen der Sache nicht entscheiden. Wäre die Verjährung ein seiner Grundlage nach prozeßrechtliches Institut, so müßte sie mit den prinzipiellen Änderungen, welche der Strafprozeß mehrfach erfahren hat, doch wohl ebenfalls sich geändert haben. Das ist aber nicht der Fall gewesen, vielmehr hat die Verjährung, ohne in ihrem Wesen verändert zu werden, im römischen Reiche die Wandlung des Anklageprozesses in den Inquisitionsprozeß und neuerdings auch die Wandlung des Ver-

---

[71a]) Diese Ansicht ist bei älteren Systematikern vertreten, vgl. z. B. *Koch*, *Institut j. cr.* § 971; *Meister*, *Principia j. cr.* § 467, welcher letztere ausführlich sagt, erst *per consequentiam* werde *poena et crimen* beseitigt; *Stübel*, Kriminalverfahren § 1440ff. Von neueren Schriftstellern sind dafür zu nennen *Oppenhof-Rüdorff* 66 Anm. Auch nach *Binding* **1** S. 826, 827, vgl. S. 85, gehört die Verjährung dem materiellen Rechte nur *per consequentiam* an. Vgl. auch *Schwarze* zu § 66 Anm. 3. — Die gegenwärtig noch geltende französische Gesetzgebung behandelt die Verjährung im *Code d'instruction* Art. 635ff. Für die Systematik der französischen Literatur ist dies vielfach maßgebend, für die sachliche Behandlung aber kaum von Bedeutung gewesen.

[72]) Auch diejenigen, welche nur den Strafanspruch als der Verjährung unterworfen betrachten, wie *Liszt*, müssen deshalb die Verjährung ihrem Wesen nach zu den Rechtssätzen des materiellen Rechtes rechnen. Das geschieht auch von *Liszt*. Für die Zugehörigkeit der Verjährung zum materiellen Recht ausdrücklich: *Schwarze*, Kommentar § 66 Anm. 3a; *Liszt* § 76; *H. Meyer* § 45 Anm. 2; *Finger* **1** S. 575 bes. Anm. 727; *Meyer-Allfeld* § 45; *v. Kries*, Zeitschr. **1** S. 12 und Strafprozeßrecht S. 638; *Loening*, Darstellung S. 433; RG. III 8./10. 85 E. **12** Nr. 130 bes. S. 436; RG. IV 2./2. 00; GArch. **47** S. 125 (im Falle eingetretener Verjährung sei auf Freisprechung zu erkennen) (vgl. übrigens auch *Hälschner* **1** S. 695). *Binding* **1** S. 816ff. ist der Ansicht, es gehe durch Verjährung nur das Strafklagrecht, nicht das Strafrecht (der Strafanspruch) selbst unter, was damit zusammenhängt, daß *Binding* den legislativen Grund der Verjährung ausschließlich in der mit der Zeit eintretenden Verdunkelung der Beweise erblickt. Es ist aber unzulässig, Strafrecht, Strafklagerecht und gar Strafurteilsrecht mit *Binding* (vgl. S. 823) zu unterscheiden, insofern diese verschiedenen Rechte dem Staate zustehen sollen; denn ohne Strafurteil gibt es keine Strafe, keinen Strafanspruch. Strafklagerecht und Strafrecht (im subjektiven Sinne) läßt sich nur unterscheiden, insofern einer Privatperson das Recht gegeben ist, an Stelle des Staates, an Stelle des Organes des Staates den Staat zu veranlassen, von seinem Strafrecht Gebrauch zu machen. Wären jene Unterscheidungen *Bindings* zutreffend, so sieht man nicht ein, weshalb es nicht auch ein besonderes Verhaftungs-, Vorladungs-, Beschlagnahmerecht, Fragerecht usw. geben soll.

fahrens vom rein inquisitorischen in das moderne Anklageverfahren in wesentlich gleicher Gestalt überdauert. Prozeßhindernd ist die Verjährung nur in dem Sinne, in welchem im früheren gemeinen Zivilprozesse [72a]) materiellen Einreden, sofern sie sofort klargestellt wurden, eine sofort die Abweisung der Klage herbeiführende, also in diesem Sinne die Fortsetzung des Prozesses hindernde Wirkung zukam.[72b]) Es widerspricht dem Wesen der strafrechtlichen Verjährung, ein Verfahren zu beginnen, wenn sofort klar ist, daß Verjährung stattgefunden habe; aber es kann auch ein vollständiges Verfahren nötig sein, um die Verjährung festzustellen (z. B. wenn der Tag, an welchem das Delikt begangen sein soll, erst im Zusammenhang mit anderen Tatsachen bewiesen werden kann).[73])

So ergibt sich folgendes prozessuales Schema:

1. eine Anklage wegen eines nach Ansicht des Gerichts verjährten Deliktes ist ohne anderweite Prüfung [74]) abzuweisen (nach unserer StPO. Antrag auf Eröffnung einer Voruntersuchung abzuweisen, Beschluß, das Hauptverfahren nicht zu eröffnen).

2. Wird aber die Verjährung festgestellt

a) nach eröffneter Voruntersuchung, so muß Außerverfolgsetzung,

b) nach Eröffnung der Hauptverhandlung Freisprechung eintreten.

[72a]) Die ihrer Natur nach materielle dilatorische Einrede, daß über den Streitfall ein Schiedsvertrag abgeschlossen sei, hat durch die neue Redaktion der ZPO. § 274, 3 wieder prozeßhindernden Charakter erhalten.

[72b]) Prozeßhindernde Eigenschaft verliert im schwurgerichtlichen Verfahren die Verjährung aber m. E. mit dem Eröffnungsbeschlusse; dieser besagt, daß nunmehr jedenfalls alles mit der Schuldfrage untrennbar zusammenhängende Tatsächliche von den Geschworenen festzustellen ist, und zu diesem Tatsächlichen gehört jedenfalls auch ein Teil, in manchen Fällen das Ganze der tatsächlichen Unterlage der Verjährung.

[73]) Gegen den materiellen Charakter ist nicht einzuwenden (so freilich *Risch*, GS. 36 S. 250), daß diesem Charakter entsprechend die Verjährung gegen sämtliche Teilnehmer einer Straftat nur einheitlich stattfinden würde. Die Tat jedes Teilnehmers ist, genau betrachtet, ein gesondertes Verbrechen, bei dem freilich die Straftat eines anderen Teilnehmers als die Strafbarkeit bedingende Tatsache in Betracht kommen kann.

[74]) Hieraus folgt, daß es *de lege ferenda* verkehrt ist, die Verjährung abhängig zu machen von Umständen, die an sich schwer festzustellen sind, oder über die leicht verschiedene Meinungen bestehen können. Man leitet dann Untersuchungen ein, die schließlich wegen eingetretener Verjährung kein Resultat haben, die wohltätige Wirkung der Verjährung aber zu einem erheblichen Teile beseitigen.

In den beiden letzten Fällen hat die Verjährung, da sie nicht sofort liquid war, ihren prozeßhindernden Charakter *in concreto* verloren;[75]) sie kommt daher als materielle in Betracht, und da sie jedenfalls die Strafbarkeit beseitigt, das Gericht aber nur strafbare Handlungen festzustellen hat, so kann nur diejenige Entscheidung formell richtig sein, welche auch in anderen Fällen gegeben wird, in denen zwar eine Handlung, nicht aber eine strafbare Handlung als bewiesen angenommen werden kann, also Freisprechung, nicht Einstellung des Verfahrens im Sinne der StPO. Dafür spricht nicht minder, falls auch die Unsicherheit des Beweises als Grund der Verjährung gelten soll, die Erwägung, daß es dann nicht angemessen sein kann, jemanden eines verjährten Verbrechens schuldig zu erklären und gleichwohl von Strafe freizusprechen; die in der Schulderklärung liegende Mißbilligung enthält schon eine Strafe und unter Umständen eine empfindliche Schädigung der Ehre. Im schwurgerichtlichen Verfahren wird sich dieser Übelstand formell freilich nicht vermeiden lassen, wenn aus dem durch den Wahrspruch festgestellten Zeitpunkte der Begehung des Verbrechens zugleich die Verjährung desselben sich ergibt.

Dieser Schuldspruch hat aber juristische Bedeutung nicht.[76])

---

[75]) Das wird übersehen von denjenigen, welche nach Eröffnung des Hauptverfahrens noch eine Einstellung des Verfahrens auf Grund der Verjährung für richtig halten (so von *Risch* S. 260, *Olshausen* § 66, 8). Die Verjährung ist nicht in dem Sinne prozeßhindernd, wie der Mangel des Strafantrags. *Löwe*, Vorbemerkungen zu Buch II Abschn. 5 der StPO., hat daher in Ansehung der Verjährung recht, und der gegen ihn erhobene Vorwurf der Inkonsequenz ist unzutreffend (die Entdeckung dagegen, der Angeklagte sei noch nicht 12 Jahr alt, beseitigt dessen *Persona standi in judicio*; hier muß das Verfahren eingestellt werden).

[76]) Gegen ein Urteil, welches die Tat an sich als begangen festgestellt, aber wegen Verjährung freispricht, kann daher ein Rechtsmittel, welches darauf abzielt, daß der Schuldbeweis für nicht geführt erklärt werde, nicht ergriffen werden. In diesem Sinne auch *Zachariae* S. 211. Anders *v. Kries*, Strafprozeß S. 638, sowie *Schwarze*, Verjährung S. 117. („Der rechtschaffene Mann werde sich nicht dabei begnügen, auf Grund der Verjährung freigesprochen zu sein". Aber Freisprechung bedeutet nicht, daß ein Unschuldsbeweis erbracht sei.) Würde in solchen Fällen ein Rechtsmittel zugelassen, so würde gegen die bei dem Institut der Verjährung obwaltende *Ratio legis* eine mehrfache Prüfung gerade der Schuldfrage eintreten. Das Rechtsmittel kann also immer nur die inkorrekte Fassung des Urteils betreffen, vgl. Anm. 71, und insoweit ist m. E. auch Revision zulässig. Vgl. in diesem Sinne auch beiläufig (und nicht ganz klar) RG. III 11./7. 81 E. 4 Nr. 129 bes. S. 358. Dies Urteil führt aus, daß ein Angeklagter gegen ein freisprechendes Urteil überhaupt ein Rechtsmittel nicht habe.

Es kann m. E. nie StGB. 190 Satz 1 [76a]) daraufhin Anwendung finden. Gegen diese Anwendung spricht auch der Wortlaut des § 190; denn der Angeklagte ist nicht verurteilt.

Unbestritten ist jetzt, daß eingetretene Verjährung von Amts wegen zu berücksichtigen, ein Verzicht des Angeklagten darauf nicht zulässig ist [77]), auch nicht zu dem Zwecke ein „Nichtschuldig" in Beziehung auf eine ihm zur Last gelegte Handlung zu erlangen. Die *Ratio legis* ist: es soll überhaupt wegen einer verjährten Handlung kein Strafprozeß stattfinden, und Beweis wie Gegenbeweis erscheinen dem Gesetze gleich unzuverlässig.

§ 169. Erkennt man an, daß die Verjährung auch auf dem legislativen Grunde des Unsicherwerdens der Beweise beruht, so muß ein Zweifel über die Begehungszeit des Deliktes dem Angeklagten zugut kommen und der Tag, an welchem das Delikt frühestens begangen sein kann, als Tag der Begehung angesehen werden. Es ist nur Wortstreit, ob man zu diesem Satze kommt, weil auch hier der Grundsatz gelte »*In dubio pro reo*«, [78]) oder weil man die Erwägung als durchschlagend erachtet, der Staat wolle nicht, daß über möglicherweise verjährte Strafklagen ein bejahendes Strafurteil gefällt werde; [79]) denn der legislative Grund der Unsicherheit der Beweise ist auch nur eine Anwendung des Satzes »*In dubio pro reo*«.

Strafbare Handlung im engeren Sinne und ihr Erfolg fallen nicht immer in denselben Zeitpunkt. Geht man davon aus, daß die Strafe sich auf den moralischen Eindruck beziehen soll, den die Tat hervorbringt, so ist letzterer vor dem Erfolge nicht oder doch nicht voll vorhanden. Diese Betrachtung würde dazu führen, die Verjährung erst mit dem Eintritt des Erfolges beginnen zu lassen. [80]) Auch hängt es häufig von einem bestimmten Erfolge ab, ob die Handlung überhaupt strafbar ist, so

---

[76a]) „Ist die behauptete oder verbreitete Tatsache eine strafbare Handlung, so ist der Beweis der Wahrheit als erbracht anzusehen, wenn der Beleidigte wegen dieser Handlung rechtskräftig verurteilt worden ist."

[77]) Vgl. schon *Carpzov* qu. 141 n. 29ff. und die von ihm zitierten Autoren; ferner *Köstlin* **1** S. 506; *Geib* **2** S. 150.

[78]) So z. B. *Schwarze* § 66 Anm. 3a; *Olshausen* § 66 Anm. 10; *Oppenhoff*. *Delius* § 66 Anm. 2b.

[79]) So *Binding*, Handb. **1** S. 843.

[80]) Dies macht *Hälschner* **1** S. 619 geltend.

die Strafbarkeit einer Anstiftungs-, einer Beihilfehandlung. Läßt man die Verjährung in solchen Fällen schon mit der Handlung im engeren Sinne beginnen, so kann die Verjährung beendet sein, bevor überhaupt eine Anklage möglich war.[81]) Andererseits ist aber die Handlung selbst — der entscheidende Willensakt — das für die Strafjustiz hauptsächlich in Betracht kommende Moment, und wenn das Unsicherwerden und Schwinden der Beweise, insbesondere auch der dem Verdächtigen günstigen Beweise, ein wesentlicher Grund des Instituts der strafrechtlichen Verjährung ist, so scheint diese schon mit der Handlung im engeren Sinne, nicht erst mit dem Eintritt eines späteren Erfolges beginnen zu müssen; denn die Beweise, welche die Handlung selbst betreffen und diese in das richtige Licht setzen, werden allmählich blasser und unsicherer, je mehr der Zeitpunkt der Handlung selbst in entfernte Vergangenheit rückt. Außerdem kann der Eintritt des letzten strafrechtlich zu berücksichtigenden Erfolges einer Handlung (z. B. Verfallen des Verletzten in Siechtum oder Geisteskrankheit) häufig nicht genau bestimmt werden, während es doch legislativ wenig ratsam erscheinen muß, den Beginn der Verjährung an einen ins Unbestimmte verschwimmenden Zeitpunkt zu knüpfen.[81a])

So ergibt sich ein Widerstreit, der in der Literatur wie in der Gesetzgebung auch hervortritt.[82])

---

[81]) Man denke an den von RG. II 2./11. 83 E. 9 Nr. 45 S. 152 entschiedenen Fall, daß Verletzung einer Regel der Baukunst erst nach Jahren den Brand eines Gebäudes herbeiführt, da inzwischen der betreffende Raum gar nicht geheizt war.

[81a]) In der Dissertation von *Wahlen*, S. 51, wird noch geltend gemacht, daß, wenn die Verjährung schon mit der Handlung im engeren Sinne beginne, jemand auch vorsätzlich schwere Verbrechen straflos begehen könne, z. B. durch Beibringen von Gift, welches erst nach Ablauf der Verjährungszeit wirke. Nun sind aber solche Dinge, deren Wirkung mit einiger Sicherheit auf lange Zeit hinaus bestimmt werden kann, noch nicht erfunden, und außerdem wird, wer ein Verbrechen zu begehen gesonnen ist, sich sagen müssen, daß er bei solcher Hinausschiebung des Erfolgs diesen letzteren vielleicht selbst nicht mehr erleben werde. Die geschilderte Gefahr ist also nicht sehr groß.

[82]) Für den Beginn der Verjährung mit dem Zeitpunkte der Handlung: *Schwarze*: Verjährung S. 49 (der früher Arch. d. Cr. 1843 S. 459 die entgegengesetzte Ansicht vertreten hat); *Wächter*, Vorlesungen S. 308; *Koopmann* S. 14; *H. Meyer* § 45 zu Anm. 28; *Halschner* **1** S. 698; *Frank* § 167 II; *Kitzinger*, Ort und Zeit der Handlung im Strafrecht S. 205ff.; *Finger* **1** S. 579. — Dagegen für den Zeitpunkt des Erfolges: *Meister*, *Principia* § 467c; *Heffter*, GArch. **1** S. 306; *Berner* § 157 Nr. 8 (der die Bestimmung des StGB. fur „grundverkehrt" erklärt; *Heinze* in *Holtzendorffs* Handb. **2** S. 617; *v. Buri*, GS. **28** S. 164; *Geyer* **1** S. 197; *Olshausen* § 67 Nr. 9; *Binding*, Handb. **1** S. 836; *Bühler* S. 59.

Während die Ausdrucksweise früherer Gesetzbücher hierüber Bestimmtes nicht ergibt,[82a]) das preußische StGB. § 46 Schlußsatz seiner ebenfalls unbestimmten Ausdrucksweise ungeachtet in dem Sinne der Berechnung nach dem Zeitpunkte des Erfolges ausgelegt wurde,[83]) hat im Anschluß an das sächsische StGB. § 67 III das deutsche StGB. § 67 Schlußsatz ausdrücklich und scharf bestimmt:

> . . . „Die Verjährung beginnt mit dem Tage, an welchem die Handlung begangen ist, ohne Rücksicht auf den Zeitpunkt des eingetretenen Erfolges." [83a])

Dieser Bestimmung gegenüber erscheint es als gewagte Auslegung, unter Erfolg nur einen ferner liegenden die Deliktsnatur der Handlung nicht mehr bedingenden wenngleich straferhöhenden Erfolg zu verstehen, eine Auslegung, zu welcher allerdings der sonderbare Zustand Anlaß gegeben hat, daß eine Handlung verjährt sein könnte, während sie überhaupt noch nicht verfolgbar gewesen wäre. Wenn aber das Gesetz nichts als dies hätte sagen wollen, so hätte es besser geschwiegen, und die Motive konnten schwerlich von der Entscheidung einer Kontroverse reden. Und gerade einer der vom RG. beurteilten Fälle zeigt andererseits, wie bedenklich es sein kann, die Verjährung erst vom Zeitpunkte des Erfolges an beginnen zu lassen. Ein Baumeister soll sich nach langen Jahren noch verantworten wegen eines Baufehlers, der dann erst einen Schaden verursacht hat.[84]) Es ist aber sehr möglich, daß seine Anordnungen nicht

---

[82a]) So ist der Ausdruck des württembergischen GB. Art. 132, des hannoverschen Art. 88, von dem Tage der begangenen Straftat, der Vorubung (hessisches StGB. Art. 124, nassauisches Art. 123) zweideutig. — Dagegen erklärten sich bestimmt für den Zeitpunkt der Vollbringung das braunschweigische GB. § 72 und das thüringische Art. 71, der Vollendung des Delikts das badische § 191. Letzteres bestimmte: „Die Verjährung läuft.... bei vollendetem Verbrechen von dem Augenblick an, da dasselbe für vollendet gilt...."

[83]) Vgl. *Oppenhoff*, StGB. fur die preußischen Staaten § 47 Anm. 11 und *Goltdammer*, GArch. **9** S. 760.

[83a]) In Spezialgesetzen ist mehrfach der Anfang der Verjährung besonders bestimmt. Vgl. z. B. § 17 des Gesetzes betr. die Wechselstempelsteuer, § 121 der Seemannsordnung.

[84]) *Loening*, S. 437, erklärt diese vom RG. in nicht wenigen Entscheidungen II 30./12. 81, II 5./12. 90, IV 30./11. 94, II 3./4. 04, I 14./4. 04 E. **5** Nr. 98 S. 282, **21** Nr. 82 S. 228, 26, **33** Nr. 71 S. 230; GArch. **51** S. 350 angenommene, von *Binding*, Handb. **1** S. 838 und Grundriß S. 304 sowie *Olshausen* § 67 Anm. 9 und 10a (der aber Modifikationen für erforderlich hält) gebilligte Auslegung als „dem klaren Ausdruck und dem Sinn des Gesetzes widersprechend". — Gegen diese Auslegung:

befolgt sind, daß etwa einige unzuverlässige Arbeiter ihn getäuscht haben, daß der Bauherr in unzulässiger Weise in Abwesenheit des Baumeisters eingewirkt hat usw. Für solche Entschuldigungsgründe werden die Beweise nach längeren Jahren schwer zu beschaffen sein. [84a])

Soll ferner der Erfolg maßgebend sein, so beginnt die Verjährung von Anstiftung und Beihilfe erst mit der Ausführungshandlung des Täters,[84b]) während, wenn die Handlung an sich entscheiden soll, die Verjährung für jeden Teilnehmer mit einer besonderen Teilnahmehandlung anfängt.[84c]) Die Beweise für und gegen eine möglicherweise vorgekommene meist mündlich erfolgende Anstiftung und Beihilfe, besonders intellektuelle Beihilfe, sind aber ihrer Natur nach oft problematisch. Die Verteidigung gegen eine Anklage wegen Anstiftung und Beihilfe ist also ebenfalls schwierig, wenn Umstände dafür zu sprechen scheinen, daß der Täter angestiftet, daß ihm Beihilfe geleistet wurde.[84d])

H. Meyer § 45 zu Anm. 27, ebenso *Allfeld* und *Birkmeyer* (Enzyklopaedie) Strafrecht S. 64. Gegen die Ausführungen des GR. besonders *Kitzinger* a. a. O.

[84a]) In dem vom RG. E. **26** Nr. 103 S. 261 entschiedenen Falle lag zwischen der fahrlässigen H a n d l u n g und dem Erfolge, der letztere erst strafbar machte, ein Zeitraum von 19 Jahren (wie *Kitzinger*, Vergl. Darstellung allgem. Teil I. S. 194, hervorhebt). Wäre etwa noch ein Jahr mehr verflossen gewesen, so wäre die Handlung — als fahrlässige Brandstiftung nach StGB. § 309 wahrscheinlich nur mit Geldstrafe zu belegen — ebenfalls nicht verjährt gewesen, während ein Mörder sich in gleichem Falle auf Verjährung berufen kann.

[84b]) *Schütze* S. 209; *Ohlshausen* § 67, 16. — RG. II. 20./12. 81. E. **5** Nr. 98 bes. S. 285 (Verjährung der Anstiftung beginne erst mit der Ausführungshandlung des Angestifteten.) *Birkmeyer*, Teilnahme S. 174, ist dieser Ansicht auf Grund seiner Theorie, daß Anstifter und Gehilfe für die Handlung des Täters nicht als kausal, vielmehr nur als Bedingungen zu betrachten seien. — *Wächter*, Vorles. S. 308; *Schwarze* § 67, Anm. 5 lassen eigentümlicherweise Anstiftung mit der Tat des Täters, Beihilfe dagegen für sich verjähren. Man erwäge demgegenüber, daß intellektuelle Beihilfe und Anstiftung oft kaum unterscheidbar sind. — *Binding* S. 839, 840 will Mittäter anders behandeln als akzessorische Teilnehmer und für letztere die Tat des Täters als maßgebend ansehen; da aber der Mittäter, sofern er von der Tätigkeit des anderen Mittäters Kenntnis hat, seine Tätigkeit auch als Hilfe für die Tätigkeit des anderen betrachtet, dürfte hier ein Unterschied nicht praktisch sein.

[84c]) Daß die Handlungen der Teilnehmer an einem Delikte jede für sich verjähren, nehmen an *Hälschner* **1** S. 700, *H. Meyer* § 45 zu Anm. 29; *Allfeld* daselbst, *Rube* § 67, 15; *Liszt* § 77, II.; *Koopmann* S. 15; *Kitzinger* S. 228; *Frank* § 67, II.; *Finger* **1** S. 579. Dagegen *Geyer* in *Holtzendorffs* Handb. 2 S. 375, 402; *Heinze* daselbst S. 8.

[84d]) Dies wird von *Kitzinger*, Vergl. Darstellung allgem. Teil **1** S. 209, 210 übersehen, wenn er, zwar anerkennend, daß die Konsequenz zu der im Texte vertretenen Ansicht führe, deshalb lediglich die für den T ä t e r eingetretene Verjährung für Anstifter und Gehilfen als maßgebend behandeln will, weil bei Teilnahmehandlungen nur geringe Zeitunterschiede in Betracht zu kommen pflegen,

§ 170. Dieselbe Frage besteht auch bei Handlungen, die nicht durch einen vom Willen des Handelnden abhängigen Erfolg, sondern durch eine später eintretende Bedingung strafbar werden. Das ist namentlich der Fall bei dem strafbaren Bankerott.[85]) Zwar wurde ursprünglich im mittelalterlichen Deutschland und Italien der Bankerott an sich bestraft, später nur unter besonderen ihm vorausgegangenen oder begleitenden Umständen, jetzt, Handlungen des Gemeinschuldners. Diese Auffassung muß zwar für die territoriale Zuständigkeit der Strafgewalt des Staates als entscheidend gelten, weil der Staat, in welchem die Handlung an sich begangen (z. B. der übermäßige Verbrauch von Geld im Differenzhandel vorgekommen) ist, nicht das geringste Interesse an der Bestrafung hat und schwerlich die Handlung beachten wird. Jene Auffassung hat gegenüber der *Ratio legis* der Verjährung, sofern diese in der Unsicherheit der Beurteilung der Tat gefunden wird, keine Berechtigung. Für die Schuld entscheidend ist die voraufgehende Handlung, die unordentliche Buchführung, die Unterlassung der Bilanzziehung usw.; die Handlung hat freilich keine Bedeutung, wenn ein Konkurs des Schuldigen nicht darauf folgt. Wie schwer dürfte es auch werden, nach langer Zeit festzustellen, ob die vom Angeklagten verbrauchten Summen im Verhältnis zu seinem damaligen Vermögen übermäßig waren.[86])

Unter den neueren Gesetzgebungsarbeiten haben die österreichischen Entwürfe von 1893 § 68 (§ 66) sich dem gegenwärtigen deutschen StGB. angeschlossen; dagegen läßt der schweizerische Vorentwurf von 1903 Art. 55 § 2 die Verjährung erst mit dem zum Verbrechen gehörenden Erfolge beginnen und das norwegische StGB. § 69 Satz 2 bestimmt sogar, daß wenn die Strafbarkeit durch einen eingetretenen Erfolg auch nur beeinflußt („also erhöht") wird, die Verjährung erst mit

---

und daher es störend wirken würde, wenn einzelne Beteiligte wegen für sie eingetretener Verjährung straffrei bleiben würden, während andere die Strafe treffen müßte.

[85]) Für den Beginn der Verjährung erst mit der Konkurseröffnung: RG. II 15./2. 81 E. 8 Nr. 139 S. 350, IV 26./3. 07 (Das Recht 11, 588. Deutsche Juristenzeitung 12, 968), aber auch *Cousturier* n. 103. *Binding* Lehrb. 1 S. 430 Anm. *Binding* macht hier (ebenso wie *Cousturier*) geltend, vor dem Konkurs gebe es keine Strafklage.

[86]) Im Sinne des Textes: *Mangin*, *Traité de l'action publique* 2 n. 329, der dafür auch ein Urteil des französischen KH.s anführt.

dem Eintritt dieses Erfolges beginnen soll, eine Bestimmung, welche die Frage, ob Verjährung eingetreten ist, häufig zweifelhaft machen wird und meiner Ansicht nach (vgl. auch *Binding* 1 S. 838) entschieden unpraktisch ist, obgleich abstrakte Konsequenz dafür zu sprechen scheint. Den praktischen Übelständen welche mit der einen wie der anderen Ansicht verbunden sind, kann wohl nur durch eine neue gesetzliche Bestimmung abgeholfen werden.[87]) Ich würde vorschlagen, die Verjährung zwar erst mit dem Zeitpunkte des die Strafbarkeit bedingenden Erfolges eintreten zu lassen, aber daneben eine von der Handlung beginnende, gegen die sonst geltenden Fristen etwas verlängerte Verjährung in dem Paragraphen einzuführen, so daß letztere zur Anwendung kommt, wenn sie dem Angeklagten günstiger ist.[87a]) Also:

> „Wird eine Handlung erst durch den Eintritt eines Erfolges oder eines anderen Ereignisses strafbar, so beginnt der Lauf der Verjährung mit dem Tage des Eintritts der Strafbarkeit der Handlung. Die Strafverfolgung ist aber auch ausgeschlossen, wenn seit der Handlung selbst die sonst geltende Verjährungszeit und außerdem bei Übertretungen ein Jahr abgelaufen ist, bei Vergehen zwei Jahre, bei Verbrechen vier Jahre verstrichen sind."

Damit dürfte praktisch der Übelstand wesentlich vermieden sein, daß nicht selten das Delikt schon verjährt ist, wenn es erst verfolgbar wird, der vermeintlich Schuldige aber wäre dagegen geschützt, sich nach einer übermäßig und unberechenbar langen Zeit noch verantworten zu müssen.

§ 171. Es ergibt sich von selbst, daß, wenn ein Delikt aus mehreren aufeinander folgenden Tätigkeiten besteht, die Verjährung erst mit der letzten Tätigkeit ihren Anfang nehmen kann. Aber dürfen

[87]) *Loening* S. 462 empfiehlt die (schon in früheren Gesetzen vorkommende) Formel:

> „Die Verjährung beginnt mit dem Tage, an welchem die strafbare Handlung vollbracht ist."

Nach der beigefügten Motivierung, daß die Verjährung erst beginnen dürfe, wenn alle nach dem Gesetze für seine Entstehung und Größe *in concreto* maßgeblichen Tatsachen abgeschlossen vorliegen, dürfte damit der Standpunkt des norwegischen Gesetzbuches vertreten sein.

[87a]) In gleichem Sinne, wenn auch ohne bestimmt formulierten Vorschlag: *Kitzinger*, Vergleichende Darstellung, allgemeiner Teil 1 S. 194, 195.

frühere Handlungen noch berücksichtigt werden, seit deren Begehung die Verjährungszeit abgelaufen ist, wenn erst durch ihre Berücksichtigung als strafbare Handlungen die Gewohnheits- oder Gewerbmäßigkeit und damit die Strafbarkeit der gesamten Handlungsweise des Schuldigen oder doch die höhere Strafbarkeit — als sog. fortgesetztes Verbrechen — begründet wird?

Die herrschende Meinung [88]) und mit ihr das RG. will [88a]) in Übereinstimmung mit der schon zur Zeit des gewissen Rechts herrschenden früheren Ansicht [89]) solche Berücksichtigung, weil die mehreren zeitlich getrennten Handlungen juristisch als Einheit aufzufassen seien. Wird aber angenommen, daß der Ablauf der Verjährungszeit eine richtige Feststellung und Beurteilung einer Handlung problematisch erscheinen läßt,[90]) so muß

---

[88]) So *Köstlin* S. 493, 494 (der jedoch bei dem fortgesetzten Verbrechen diese Ansicht in dem Falle für bedenklich erklärt, daß das Gesetz „das fortgesetzte Verbrechen durch Fiktionen ausdehnt". Was ist hier Fiktion?); *Berner* § 157, 8c; *H. Meyer* § 45 zu Anm. 33; *Hälschner* **1** S. 698; *Olshausen* § 67 Nr. 14; *Schwarze* § 67, 5a; *E. Koopmann* S. 14; *Liszt* § 77, II; *Finger* S. 580, endich RG. (III 3./3. 84 E. **10** Nr. 64 S. 203); *Binding* (Grundriß 7. Aufl. S. 305) ist für Kollektivdelikte der im Text vertretenen Ansicht, für das fortgesetzte Verbrechen der entgegengesetzten Ansicht. Vgl. über die frühere Ansicht *Bindings:* Handb. S. 836, 837

[88a]) Dafür auch *Loening* S. 438.

[89]) Vgl. z. B. *Engau* § 81; *Koch*, Inst. § 974; *G. Meister*, *Principia* § 467 Anm. c; *Quistorp* **8** S. 868; *Henke* **4** S. 189; *Schwarze*, Arch. d. Cr. 1843 S. 461.

[90]) Man darf hier nicht einwenden, daß in Gemäßheit dieses Arguments auch die Berücksichtigung irgendwelcher früher eingetretener Tatsachen ausgeschlossen sei: die Feststellung von Tatsachen als Ereignissen ist verschieden von der Feststellung, daß ein Ereignis einem Menschen als strafbare Handlung zuzurechnen sei. Diese letztere Feststellung setzt eine ganz andere Würdigung des Ereignisses voraus. Allerdings steht es anders, wenn nicht die Strafbarkeit einer an sich verjährten Handlung festgestellt werden muß, um damit die erhöhte Strafbarkeit einer späteren Handlung zu begründen — z. B. die Gewohnheitsmäßigkeit —, vielmehr die frühere Handlung nur dazu dient, die Intention des Schuldigen bei der Handlung genauer zu prüfen und festzustellen. Hier erscheint die frühere Handlung als einfache Tatsache; so könnte, wenn angenommen wird, daß eine einzige Handlung unter gewissen Voraussetzungen als gewerbmäßige charakterisiert werden darf, das Gericht, ohne m. E. gegen die *Ratio legis* der Verjährung zu verstoßen, die noch nicht verjährte Handlung als gewerbsmäßig vorgenommen behandeln, wenn die durch Verjährung gedeckte Handlung sie als gewerbsmäßige erscheinen läßt (vgl. OT. Berlin 2./5. 79 GArch. **27** S. 525). Man wird diese Ansicht vielleicht inkonsequent nennen. Aber bis zu den allerletzten Konsequenzen läßt sich auch die *Ratio legis* der Verjährung nicht durchführen: von der Benutzung aller vor der Verjährungszeit zurückliegenden Tatsachen kann das Gesetz den Strafrichter nicht ausschließen. Daher ist im Ergebnis auch dem Urteil RG. I 1./5. 82 E. **6** Nr. 101 S. 294 zuzustimmen. Jemand hat eine Unterschlagung im Amte begangen; nachher fälscht er Jahre hindurch zur Verdeckung der Unterschlagung die von ihm geführten amtlichen Rechnungen; die Unterschlagung an sich ist verjährt, nicht aber die Fälschung. Die Entscheidung des RG. betrachtet (vgl. auch RG. IV 13./3. 85 Rs. **7** S. 174) die Vornahme der Fälschung nur als einen straferhöhenden Umstand der Unterschlagung und

die Berücksichtigung der früheren Handlungen ausgeschlossen sein.[91]) Bei dem fortgesetzten Verbrechen aber kommt außerdem in Betracht, daß hier die Auffassung mehrerer Handlungen als einer Einheit im Rechtssinne, dem Schuldigen eine günstigere Behandlung sichern soll: in der Anwendung auf die Verjährung aber wäre das Ergebnis das entgegengesetzte. Nimmt man, wie oben geschehen, an, daß ein Strafantrag, der von der Verfolgung einer der mehreren Handlungen redet, welche ein fortgesetztes Delikt bilden, gleichwohl die Verfolgung der sämtlichen betreffenden Handlungen zur Folge habe, so ist doch m. E. nicht die Konsequenz, daß nun auch hinsichtlich der Verjährung dasselbe zu gelten habe. (So freilich *Olshausen*.) Im Falle des Strafantrags handelt es sich um den Einfluß des Privatwillens auf die Höhe der Strafe; ein solcher Einfluß erscheint unangemessen.

§ 172. Bei idealer Konkurrenz vereinigt derselbe Willensakt zwei gesetzliche Deliktstatbestände in sich. Ist nun die Strafbarkeit nach der einen Seite durch Verjährung beseitigt, so kann sie doch nach der anderen Seite bestehen. Die Verjährung ist also für jedes der ideell konkurrierenden Delikte besonders zu beurteilen.[92]) Es kann aber in Konsequenz dieser

ist somit zu der anderen mir nicht einleuchtenden Motivierung gezwungen, welche wegen juristischer Einheit die weit zurückliegende erste Handlung der Verjährung entzieht. Aber schon aus der großen Differenz der Strafsätze der §§ 350, 351 StGB. ergibt sich m. E., daß eine Gesetzeskonkurrenz verliegt, und wenn § 351 zutrifft, § 350 überhaupt nicht in Betracht kommt.

[91]) Dafür: *Wächter*, GArch. **8** S. 14 ff., Vorles. S. 309; *Heinze* in *Holtzend.* Handb. **2** S. 617; *Geyer*, Grundr. **1** S. 198; *Binding*, Handb. **1** S. 836 (weil die Berücksichtigung der betr. Handlungen dem Grundgedanken der Verjährung widerspreche); auch *Höpfner* **2** S. 220 (weil eine Mehrheit von Verbrechen vorliege). *Kitzinger* S. 248 ff. (der mit Recht bemerkt, daß bei dem fortgesezten Verbrechen in jeder Einzelhandlung ein vollständiges Delikt vorliegt, das als solches zugleich zu verjähren beginnt, und daß die entgegengesetzte Ansicht genau betrachtet in der Wiederholung der Handlung eigentlich eine gesetzlich nicht begründete Unterbrechung der Verjährung konstruieren muß). *Beling*, Lehre v. Verbr. S. 387. Für die bei uns herrschende Ansicht vgl. z. B. *John*, GArch. **9** S. 511; *Hälschner* **1** S. 698; *H. Meyer-Allfeld* § 45 zu Anm 31; *Liszt* § 77 II; *Finger* **1** S. 580; *Oppenhoff-Delius* § 67 Anm. 5; *Olshausen* § 67 Anm. 14; *Frank* § 67 II; *Dörr*, Das fortgesetzte Verbrechen S. 196 (daselbst zahlreiche Zitate); sofern die einzelnen früher vorgekommenen Akte das Delikt noch nicht enthalten, die Praxis des französischen KH.s; *Cousturier* S. 265 ff. und *Garraud* **2** n. 534 und *Précis* n. 405 a. E.; *Ortolan* **2** n. 1866. Im Sinne des Textes *Hélie*, *Instruction criminelle* **2** n. 689, 690, aber auch andere französische Autoren wie *Le Sellyer* und Brun *de Villeret* (vgl. *Garraud* a. a. O). — Vgl. unten die Lehre vom fortgesetzten Verbrechen.

[92]) So auch die herrschende Ansicht: *Oppenhoff-Delius* § 67 Anm. 21; *Schwarze* § 67 Anm. 4; *Olshausen* § 73 Anm. 36b, RG. II 22./6. 82, IV 30./11. 94, III 3./1. 07 E. 6 Nr. 124 S. 372, E. **26** Nr. 103 S. 261, E. **89** Nr. 115 S. 353.

Ansicht auch nicht angenommen werden, daß, weil die Tat in einer Hinsicht, um strafbar zu sein, des Eintritts eines Erfolges nicht bedürfe, nunmehr auch schon vor dem Eintritt dieses Erfolges die Strafverfolgung des anderen der ideell konkurrierenden Delikte zu verjähren beginne, falls man überhaupt erst von dem Eintritt des die Strafbarkeit ergebenden Erfolges die Verjährung will beginnen lassen.[93])

§ 173. Allgemein wird angenommen, daß bei einem Dauerverbrechen[94]) die Verjährung erst beginnt mit dem Aufhören des Zustandes, in dessen Herbeiführung und Aufrechterhaltung das Verbrechen besteht, so beim rechtswidrigen Berauben der persönlichen Freiheit. Es wird aber nicht gesagt, worin das unterscheidende Wesen dieser Delikte besteht,[95]) und so ergeben sich erhebliche Zweifel über die einzelnen hierher zu zählenden Delikte. Bei einer sehr großen Anzahl von Deliktsfällen will der Schuldige den Genuß eines durch sie herbeigeführten Zustandes haben; der Dieb kann stehlen, um die gestohlene Sache zu behalten, zu gebrauchen, sie weiter zu veräußern; er will jedenfalls den Zustand, daß der Bestohlene die gestohlene Sache ohne Entgelt entbehre, auch aufrechterhalten; der Betrüger will die erschwindelte Summe behalten usw. Das sind aber keineswegs nach allgemeiner Meinung Dauerdelikte, und man darf, wie auch *Mangin* (*Traité de l'action publique* 2 n. 320) bemerkt, nicht schon deshalb von einem Dauerdelikte (*Delit successif* im Sinne der französischen Rechtssprache) reden, weil die praktischen Konsequenzen einer Tat fortdauern.[95a]) Worin besteht also das Wesen derselben? M. E. in nichts anderem

[93]) Anders die Entscheidungsgründe RG. II 2./11. 83 E. 9 [Nr. 45] bes. S. 156, 157.

[94]) *Liszt* § 54 II und 77 II unterscheidet das fortdauernde und das Zustandsverbrechen, wendet aber auf das eine wie das andere dieselben Grundsätze an. — *Stübel* § 1442 leugnete die Existenz von Dauerverbrechen überhaupt.

[95]) *H. Meyer* § 61 I a sagt, bei den Dauerdelikten erscheine die Aufrechterhaltung eines in strafbarer Weise begründeten Zustandes als Weiterverübung des Deliktes. Damit ist die Frage nicht gelöst, vielmehr nur gestellt. Auch in Frankreich herrscht über das Wesen der Dauerdelikte anscheinend Unklarheit (vgl. *Cousturier* n. 105 ff.), und Praxis und Theorie haben den Kreis dieser Delikte sehr weit ausgedehnt: so soll die Produktion einer falschen Urkunde bei Gericht auch ein Dauerdelikt sein, bei dem die Verjährung erst mit der Rücknahme der Urkunde oder der Beendigung des Prozesses beginnt, usw.

[95a]) Aber die von *Mangin* gegebene Definition: »*Délits successifs sont ceux qui se perpétuent et se renouvellent chaque instant*« ist auch nur Worterklärung.

als in der Herbeiführung eines Zustandes,[95b]) bei welchem 1. nach natürlicher Anschauung dem Schuldigen fortwährend oder doch unendlich oft und ohne, daß es einer besonderen Anregung bedarf, die Frage sich aufdrängt, ob nicht der Zustand aufzuheben sei und 2. bei welchem diese Aufhebung zugleich als unmittelbar in der Macht des Schuldigen liegend gedacht wird.[96]) So wird in Wahrheit unendlich oft ein wirkliches Unterlassungsdolus gefaßt und daher das Delikt, solange der Zustand dauert, stets neu begangen, allerdings da die Fortdauer des Zustandes von vornherein von dem Schuldigen ins Auge gefaßt wurde, gleichwohl in Ansehung der Strafe als ein einheitliches Delikt, so daß die kürzere oder längere Dauer des Zustandes nur als Strafzumessungsgrund behandelt wird. Man wird den Unterschied des strafbaren Gefangenhaltens und des Behaltens durch den Dieb bemerken. Im ersteren Fall ist die sich unendlich oft dem Schuldigen aufdrängende Frage: „Soll ich den A noch lange eingesperrt halten", und zugleich die Erwägung: „Es steht in meiner Macht, dem Zustande sofort ein Ende zu machen". Im letzteren Falle ist diese Frage meistens fernliegend und die Restitution der Sache an den Bestohlenen nicht durch einen einfachen Akt zu bewerkstelligen, oft nur um den Preis der Entdeckung des Diebstahls.[97]) Man könnte einwenden, die

[95b]) Es werden auch wohl Zustands- und Dauerdelikte unterschieden in dem Sinne, daß bei ersteren die Herbeiführung eines Zustandes das entscheidende Moment ist, so daß damit schon die Verjährung beginnt (vgl. *Salomon* S. 25 ff.). Diese Terminologie erspart aber die genauere Untersuchung bei den einzelnen Deliktsarten und Strafgesetzen nicht.

[96]) Diese letztere beschränkende Voraussetzung ist deshalb zu machen, weil ohne dieselbe die Fortbegehung des Deliktes lediglich durch Unterlassung der Beseitigung des Zustandes nicht möglich sein würde. — Rechtsbeugung, durch welche absichtlich die Verurteilung jemandes zu Freiheitsstrafe bewirkt wird, ist daher kein Dauerdelikt, weil die Aufhebung der Freiheitsentziehung nicht von dem Willen des Schuldigen abhängt, ebenso nicht ein, in der Absicht einen Unschuldigen in Strafe zu bringen, geleisteter Meineid oder eine falsche Anschuldigung, infolge deren ein Unschuldiger tatsächlich eine Freiheitsstrafe erleidet. — *Kitzinger*, Vergleichende Darstellung, allgemeiner Teil 1 S. 215, betrachtet als Dauerdelikte solche, „bei das Opfer (der Verletzte) in jedem Augenblicke neu getroffen", „bei welchen also die Rechtsverletzung in jedem Augenblicke quantitativ gesteigert wird". Dann würden Meineid und falsche Anschuldigung, wenn diese Delikte eine Freiheitsstrafe eines Unschuldigen zur Folge haben, Dauerdelikte sein, und zwar auch dann, wenn die Freiheitsberaubung des Unschuldigen nicht beabsichtigt wäre. M. E. darf man den Begriff des Dauerdelikts nicht auf die Wirkung des Delikts gründen, vielmehr nur auf die besondere Beschaffenheit des *Dolus*.

[97]) Ebenso ist die Entführung StGB. §§ 235, 237 ein Dauerdelikt. Auch der Menschenraub (239) ist Dauerdelikt bis zu dem Zeitpunkte, wo die geraubte Person ausgesetzt oder in Sklaverei, fremden Kriegsdienst usw. gebracht wird.

aufgestellten Merkmale träfen doch nicht in allen Fällen zu. Demjenigen, der einen anderen eingesperrt hält — falls er z. B. diesen einem Dritten als Wächter anvertraut hat — könnte die Fortdauer der Einsperrung aus dem Sinn kommen, oder es könnten Umstände eintreten, die ihn an der Freilassung des Eingesperrten hindern. Aber hierauf ist zu erwidern, daß dies ganz exzeptionelle Fälle, — h. z. T. halten Privatpersonen doch nicht mehr Gefängnisse! — und aus diesem Grunde nicht wohl zu berücksichtigen sind. Mildere Beurteilung aber verdient es gewiß nicht, wenn jemand nicht einmal an den von ihm verbrecherisch herbeigeführten Zustand denkt oder sich in besonderer Weise der Möglichkeit beraubt hat, jenem Zustande sofort ein Ende zu machen. Es liegt dagegen kein Dauerdelikt vor, wenn die Begehung des Delikts einen länger dauernden rechtswidrigen Zustand herbeiführt. Hiernach wird nicht zuzustimmen sein einer Entscheidung des RG.,[98]) nach welcher die Verjährung der Begünstigung begangen durch Empfangnahme einer gestohlenen Sache zur Aufbewahrung für den Dieb erst mit der Rückgabe der Sache an den Dieb beginnen soll.[98a]) Die Aufbewahrung von Sachen ist nicht eine Angelegenheit, an die man sich unendlich oft erinnert, wie an die Einsperrung einer Person; sie dauert zwar fort, aber ist nicht deshalb eine fortwährend erneuerte und deshalb fortdauernde Handlung, wie das RG. annimmt, und durch einfachen Willensakt konnte der Begünstiger in jenem Falle dem Verhältnis auch nicht ein Ende machen: der Deponent saß in Strafhaft, und gab der Depositar das Depositum vorzeitig auf, so überlieferte er sich damit aller Wahrscheinlichkeit nach dem Strafrichter. Befände sich in solchem Falle der Deponent lange Jahre in Strafhaft, so wäre das meist viel geringere Delikt der Begünstigung tatsächlich unverjährbar. Kann es nach so langer Zeit noch mit Sicherheit gerecht beurteilt werden? Von selbst ergibt sich hiernach die Kritik einer anderen Entscheidung,[99]) welche sogar eine zu geringe Steuerdeklaration als ein bis zu wahrheitsgemäßer Angabe fortdauerndes Delikt

---

[98]) I 19./6. 82 E. 6 Nr. 134 S. 412.

[98a]) In Frankreich ist die Frage, ob Hehlerei ein *crime successif* sei, kontrovers. *Mangin, Traité de l'action publique* 2 n. 321 verneint sie.

[99]) I 4./6. 83 E. 8 Nr. 120 bes. S. 416, 417.

betrachtet, weil der übersteigende Betrag verschwiegen[100]) werde, und dies Verschweigen fortdauere. Eher könnte man in StGB. 169 — Verändern und Unterdrücken des Personenstandes eines anderen — ein Dauerdelikt finden, wie auch eine vielfach angenommene Ansicht das Verbrechen der *Suppositis partus* nach römischem Recht als unverjährbar ansieht. Bei genauerer Betrachtung aber passen die angegebenen Merkmale nicht. Im Gegenteil ist es natürlich, daß, wenn jemand z. B. ein Kind unter einem ihm nicht zukommenden Namen in die standesamtlichen Register hat eintragen lassen, er dies nicht nur für den Augenblick getan hat, und nicht unendlich oft ihm die Frage sich aufdrängen wird, ob er nicht der unrichtigen Angabe ein Ende machen wolle; auch läßt sich die Eintragung nicht durch einen völlig einfachen Willensakt beseitigen.[101]) Dagegen ist es allerdings nach der Fassung des StGB. § 140 ein Dauerdelikt, wenn Wehrpflichtige, in der Absicht, sich dem Eintritt in den Wehrdienst zu entziehen, sich ohne Erlaubnis im Auslande aufhalten, und auch das Verlassen des Bundesgebietes, da dies dem Sich-Aufhalten im Auslande gleichgestellt ist.[102]) Verjährung tritt also erst ein, wenn der Wehrpflichtige in das deutsche Bundesgebiet zurückkehrt[103]) oder die Verpflichtung zum Wehrdienste aufhört, z. B. dadurch, daß der Pflichtige (durch zehnjährigen Aufenthalt im Auslande, ohne in die Matrikel eines deutschen Konsulats als deutscher Reichsangehöriger eingetragen zu sein) die deutsche Staatsangehörigkeit verliert. Wenn aber der Wehrpflichtige inzwischen das nordamerikanische Bürger-

[100]) Hiernach ist jede falsche Angabe zugleich ein Verschweigen. Die Verjahrung beginnt also erst, wenn der Schuldige sich selbst anzeigt. Praktisch ist damit ein unverjährbares Steuerdelikt geschaffen, es müßte dann eine sonderbare Nachlässigkeit fiskalischer Beamten eine Verjährung herbeiführen. In Konsequenz der reichsgerichtlichen Entscheidung müßte auch ein durch Verschweigen eines wesentlichen Umstandes begangener Meineid als Dauerdelikt behandelt weden.

[101]) Auch RG. IV 1./12. 1900 E. **84** Nr. 8 S. 28 betrachtet das Delikt des § 169 nicht als Dauerdelikt, sagt freilich, das Delikt werde fortgesetzt, durch Unterlassungen, wenn dieselben in Verbindung mit dem vorausgehenden Tun sich als dasjenige Mittel darstellen, welches der Angeklagte gewählt hat, um die Tauschung fortzufuhren. Über diese Frage vgl. unten die Lehre von der Einheit und Mehrheit der verbrecherischen Handlung.

[102]) Obwohl diese Interpretation, wie RG. III 21./6. 82 Rs. **4** S. 596 sehr richtig bemerkt, über den unmittelbaren Wortsinn des Wortes „verlassen" hinausgeht. Noch mehr geht es über den Wortsinn hinaus, wenn auch das „Auswandern" von dem § 140, 2 handelt, als Dauerdelikt aufgefaßt wird.

[103]) RG. I 28./9. 91 E. **22** Nr. 47 bes. S. 163.

recht erworben hat und für fünf Jahre in Nordamerika sich aufgehalten hat, so ist das Vergehen nach Maßgabe der mit den Vereinigten Staaten abgeschlossenen s. g. Bancroftverträge gleichwohl verjährt, da in solchem Falle nur strafbare Handlungen verfolgt werden können, die vor der Auswanderung (nicht also durch die Auswanderung) vorgenommen sind.[104])

Ein wucherischer Vertrag und die Empfangnahme wucherischer Leistungen auf Grund jenes Vertrages aber stellen nicht ein einheitliches Dauerverbrechen, vielmehr zwei selbständige, dem Strafgesetze über den Wucher unterliegende Handlungen dar.[105])

Durchaus unrichtig ist es, wie bemerkt, wenn das Gesetz die Herbeiführung eines bestimmten Zustandes verbietet, die Verjährung erst mit dem Aufhören dieses Zustandes eintreten zu lassen; gerade die mit geringen Strafen bedrohten Delikte würden hiernach erst durch eine unberechenbar lange Zeit straffrei werden. Deshalb ist aber auch die weitere hieran sich reihende von der herrschenden Meinung vertretene Ansicht unrichtig, daß eigentliche Omissivdelikte erst mit dem Aufhören der Unterlassung oder mit dem Aufhören der Pflicht zu handeln verjähren sollen.[105a]) Die Verjährung des Omissivdelikts beginnt vielmehr, schon weil das Gesetz eine besondere Ausnahme nicht macht, mit dem Augenblicke der Vollendung, d. h. mit dem Augenblicke der Beendigung der dem Verpflichteten gesetzten Frist.[106]) Auch hier wäre der herrschenden Ansicht gegenüber die Frage aufzuwerfen: sollen gerade die der Regel nach unbedeutend-

---

[104]) Vgl. Art. 2 des mit dem Norddeutschen Bunde abgeschlossenen Vertrags vom 22. Februar 1868 und dazu das Urteil RG. I 18./2. 97 E. **29** bes. S. 394 ff. Vgl. auch RG. III 20./1. 96 E. **28** Nr. 46 S. 127.

[105]) Vgl. auch *Hälschner* 2 S. 993; *Olshausen* zu § 140 Anm. 10 und die daselbst zitierten Autoren. Aber die Verjährung beginnt erst von dem späteren Zeitpunkte.

[105a]) *H. Meyer* § 45 zu Anm. 34; *Liszt* § 27 II a. E.; *Finger* S. 581 RG. I 16./9. 80 Rs. **2** S. 212.

[106]) Anders mit Bezug auf das Reichsimpfgesetz vom 8./4. 74 OAG. Dresden 3./12. 77. (*Stengleins* Zeitschr **7** S. 379) mit der mir wenig verständlichen Motivierung, daß sonst die Verpflichtung auf die gesetzte Frist beschränkt sein würde, und daß, wenn die Verjährung mit dem Ablauf der Frist beginnen solle, die Verjährung von einem Zeitpunkte an zu berechnen wäre, wo noch nicht *Actio nata* vorhanden sei. — In derartigen Fällen kann die Aufforderung erneuert und damit auch die Verpflichtung erneuert werden, selbst wenn die ursprüngliche Unterlassung wegen Verjährung nicht mehr verfolgt werden kann.

sten Delikte der Verjährung unbestimmt lange entzogen sein? Ist bei diesen z. B. die Schuld immer sonnenklar, so daß die *Ratio* der Verjährung — Unsicherheit des Beweises — nicht in Betracht kommt? Gibt es dabei gar keine Entschuldigungsgründe, deren Beweis nachher nicht mehr erbracht werden kann? (Wie wenn z. B. ein nachlässiger Bureaubeamter die erstattete Anzeige nicht eingetragen und Bescheinigung nicht erteilt hat, nach 2 Jahren aber gestorben ist; wie soll man hier den Entschuldigungsbeweis führen?) Die abstrakte Logik führt hier einmal gründlich irre, und welches sind z. B. die Konsequenzen? A hat unterlassen, einen angenommenen Dienstboten polizeilich anzumelden; nach 10 Jahren kann er noch bestraft werden, falls der Dienstbote noch in seinem Dienste sich befindet!

Man darf aber mit dem Unterlassungsdelikte, was die herrschende Ansicht freilich oft tut, nicht den Fall verwechseln, daß das Gesetz eine ihrer Natur nach längerdauernde Tätigkeit nur unter der Voraussetzung gestattet, daß diese Tätigkeit angemeldet oder erlaubt wird; dann ist selbstverständlich ein Dauerdelikt vorhanden, dessen Verjährung erst mit dem Augenblicke beginnen kann, in welchem entweder die Tätigkeit aufhört oder die Erlaubnis erteilt oder die Anzeige erstattet ist.[107]) Unterscheidungen, wie sie z. B. von *Schwarze*, Verjährung S. 68, 69 oder von *Hälschner* S. 699 gemacht werden, indem sie den Zweck der Verpflichtung entscheiden lassen, führen irre: [107a]) man kann immer behaupten es entspreche dem Zwecke solcher Verpflichtung, die Strafbarkeit

[107]) Daher ist dem RG. I 21./12. 83 E. 9 Nr. 107 S. 353 im Ergebnisse (nicht aber in der Begründung beizutreten), welches die Verjährung der Beschäftigung jugendlicher Arbeiter in einer Fabrik ohne vorherige Anzeige nicht mit dem Tage der Unterlassung dieser Anzeige beginnen läßt. — Das Gesagte trifft aber dem Wortlaute nach nicht zu bei dem Delikte StGB. 360, 3; denn das „Auswandern" ist keine längerdauernde Tätigkeit. Gleichwohl läßt die Praxis die Verjährung erst mit der Rückkehr des Beurlaubten oder mit dem Ende seiner Wehrdienstpflicht beginnen, RG. I 28./9 91 E 22 Nr. 47 bes. S. 163 (vgl. auch OT. Berlin 17./10. 77 GArch. 25 S. 507). Dies läßt sich nur verteidigen, wenn man „Auswandern" in dem Sinne von „im Auslande sich aufhalten" nimmt (vgl. StGB. 140, 1). Die Unterscheidungen *Bindings*, Handb. 1 S. 840, sind wohl logisch nicht zu beanstanden. Über die Frage aber, ob sie bei einem bestimmten Gesetze zutreffen, wird sich sehr streiten lassen, da sie zum Teil die eigentliche Schwierigkeit als gelöst voraussetzen.

[107a]) Weit richtiger sind die an einzelnen Beispielen demonstrierten Unterscheidungen *Hefflers*, GArch. 1 S. 312, der vom Gesetzgeber (oder der Polizeiobrigkeit) verlangt, sich klar auszudrücken über das, was eigentlich gestraft werden soll.

der Unterlassung möglichst lange fortdauern zu lassen, da dann die Verpflichtung um so wirksamer auferlegt werde[107b]), und dies ist in der Tat oft der eigentliche Grund übermäßiger Strenge gegenüber der Zulassung der Verjährung.[108])

D a m i t harmoniert aber nicht, wenn andererseits (richtig) entschieden wird, daß eine unzulässige (gefährliche) Fabrikanlage,[109]) eine ohne polizeiliche Erlaubnis vorgenommene Anlage einer Feuerstätte[110]) schon mit der Vollendung der Anlage und unzulässige Verlegung eines Damms schon mit der geschehenen Verlegung beginnen soll.

§ 174. Nach einer besonderen Bestimmung des StGB. (171 a. E.) beginnt die Verjährung der Strafverfolgung bei dem Verbrechen der B i g a m i e erst mit dem Tage, an welchem eine der beiden Ehen für aufgelöst oder nichtig erklärt ist. Diese Bestimmung faßt die Bigamie als ein Dauerdelikt auf. Dies war zutreffend, solange das Wesen des Deliktes in einem fortgesetzten Ehebruche, in der gleichzeitigen Führung einer Art ehelichen Lebens mit mehreren Personen gefunden wurde, wie nach CCC. 121;[111]) es mußte dann aber mit dem einfachen Aufgeben des zweiten anscheinend ehelichen Verhältnisses die Verjährung beginnen. Wird aber das Wesen des Verbrechens gefunden, wie nach dem StGB., in dem freventlichen Gebrauche der Formen der Eheschließung in einem Falle, wo wegen schon anderweit bestehender Ehe eine Ehe nicht begründet werden kann[111a]) — der Schuldige braucht gar nicht die Absicht zu

---

[107b]) Vgl. auch die Kritik *Hefflers* a. a. O., der die Logik einer auf unterlassene Anmeldung bezüglichen Entscheidung der Vereinigten Strafsenate des früheren Berliner OT. „als nicht ohne Bedenken" bezeichnet.

[108]) Durchaus auf dem Standpunkte des RG.: *Loening* S. 440 zu Anm. 2, da die Nichtvornahme der rechtlich geforderten Tätigkeit der aktiven Tätigkeit bei Begehungsdelikten gleichstehe.

[109]) OT. Berlin 14./10. 58 GArch. **6** S. 831. — Anders wieder dasselbe Gericht 2./6. 74. *Stengleins* Zeitschr. **4** S. 82 (hier wird aus dem Zwecke, dort aus dem Wortlaute des Gesetzes argumentiert).

[110]) RG. IV 1./4. 92 E. **22** Nr. 147 S. 435.

[111]) „Welche übelthat denn auch eyn ehebruch und grösser dann dasselbig laster ist." Nach dieser Auffassung entscheidet die Dissertation von *Christ. Thomasius*, vgl. bes. S. 49. Die Bigamie wird hier bezeichnet als »*Delictum quod continuatur*«. Es wird mit der Handlung des Ehebruchs vollendet, und dauert auch ohne Wiederholung des Ehebruchs fort, bis der Schuldige den zweiten Gatten verläßt; dann beginnt die Verjahrung, die nach *Th.* zufolge der *Lex Iulia de adulteriis* fünf Jahre erfordert.

[111a]) So auch *Code pénal* 340. In Frankreich behandelt man die Bigamie n i c h t als *Délit successif*. Vgl. *Mangin*, *Action publique* **2** n. 322 und *Cousturier*

haben mit der Person, mit welcher er sich trauen läßt, irgend zusammenzuleben; es kann die Eheschließung z. B. lediglich Mittel sein, einen Betrug zu begehen — so kann von einem Dauerdelikt keine Rede sein, und die auf Konfusion total verschiedener Auffassungen des Deliktes gegebene Vorschrift über Verjährung entzieht praktisch das Delikt der Verjährung fast völlig. Daß jene Bestimmung vom Gesichtspunkte der Konsequenz nicht haltbar ist, vielmehr eine Anomalie darstellt, ist von der herrschenden Ansicht anerkannt.[112])

§ 175. Spezialgesetze enthalten besondere Bestimmungen über den Beginn der Verjährung.[113]) Das Preßgesetz von 1874 enthält zwar direkt solche besondere Bestimmung nicht, bezeichnet aber in dem hier entscheidenden § 22, für die in ihm behandelten strafbaren Handlungen als vollendende Tätigkeit, die „Verbreitung", indem es für diese die kurze Verjährungszeit von 6 Monaten bestimmt. Danach ist kontrovers geworden, was hier unter Verbreitung zu verstehen sei. Dem unmittelbaren Wortsinne nach scheint Verbreitung zu sein jede Versendung irgendeines Exemplares; dem entsprechend wird, wenn die Druckschrift einen strafbaren Inhalt hat, die Straftat, z. B. die Beleidigung, in jedem Augenblick wieder begangen, in welchem ein Exemplar versandt wird. Wenn nun allerdings auf solche Wiederholung der Begriff des sog. fortgesetzten Delikts Anwendung findet, so kann nach dieser Auffassung die Verjährung doch nur vom Zeitpunkte der letzten Versendung eines Exemplars beginnen, und dies ist denn auch die Ansicht des

---

n. 105 ff. — Sehr treffend sagt schon *Stübel* § 1442: „In Ansehung der Bigamie, welche unter den *Delictis permanentibus* obenansteht, ist die Schließung der zweiten Ehe von dem dabei gewöhnlich konkurrierenden Ehebruche zu unterscheiden. Die Verjährung der Strafe der erstern läuft unbezweifelt von dem Akte der ehelichen Zusammenbegebung an. In Rücksicht des letztern schlagen die Grundsätze uber die Verjährung konkurrierender Verbrechen ein."

[112]) Vgl. *Olshausen* § 171 Anm. 10; *Liszt* § 115; *Loening* S. 440 A zu Anm. 2, der aber S. 463 die Bestimmung selbst für die Zukunft aufrechterhalten sehen möchte unter gleichzeitiger Verwandlung der Doppelehe in ein Dauerdelikt. Mit dieser Reform möchte ich mich nicht einverstanden erklären.

[113]) So z. B. Gesetz über das Urheberrecht an Werken der Literatur und Kunst von 19./6. 1901 § 51 Abs. 2: „Die Verjährung beginnt mit dem Tage, an welchem die widerrechtliche Handlung zuletzt stattgefunden hat."

Seemannsordnung (neue von 1902) § 121 Abs. 2: „Die Verjährung beginnt ... erst mit dem Tage, an welchem das Schiff, dem der Täter zur Zeit der Begehung angehörte, zuerst ein Seemannsamt erreicht."

Reichsgerichts[114]) und *Stengleins.*[115]) Man kann aber auch das Wort Verbreitung in dem Sinne auffassen, daß es erstmalige Versendung zur Verbreitung unter das allgemeine Publikum bedeutet, an welche Versendung dann selbstverständlich weitere Versendungen sich anschließen, falls weitere Exemplare verlangt werden, und diese Auffassung, für welche insbesondere *Marquardsen,*[115a]) der Referent der für die Beratung des Preßgesetzes niedergesetzten Reichstagskommission, sich erklärt hat, entspricht sowohl der Absicht des Gesetzes wie einer vernünftigen Auffassung der realen Verhältnisse und Bedürfnisse des Buchhandels. Das Gesetz wollte, da es für die mittels der Presse begangenen strafbaren Handlungen durchweg eine sechsmonatliche Verjährungsfrist bestimmt, eine schnellere Verjährung dieser Handlungen; denn erstens ist bei der Öffentlichkeit der Begehung die Verfolgung des Schuldigen sofort möglich, zweitens können viele Preßerzeugnisse längere Zeit nach ihrer ersten Veröffentlichung — man denke z. B. an die Frage, ob bei einer Beleidigung Wahrnehmung berechtigter Interessen stattgefunden hat — nur schwer noch richtig gewürdigt werden, und drittens kann der Buchhandel nicht lange Zeit hindurch im Ungewissen bleiben, ob die Verbreitung einer bestimmten Druckschrift unerlaubt sei. Umgekehrt würde mit dem späteren Absatze jedes einzelnen Exemplars tatsächlich eine Art Unterbrechung der Verjährung eintreten, also entgegen der Absicht des Gesetzes die durch die Presse begangene strafbare Handlung fast unverjährbar werden. Ja man wird behaupten dürfen, daß mit dem Ablaufe der Verjährung nach dem ersten Verbreitungsakte auch alle Handlungen von Teilnehmern verjährt seien, sofern nicht bezüglich des einzelnen Teilnehmers Unterbrechung der Verjährung eingetreten ist.[116]) Nur eine durchaus selbständige Neuveröffentlichung würde wieder Gegenstand einer Strafverfolgung werden können, nicht ein einfacher Neudruck der anfänglichen

[114]) IV 30./1. 87 Rs. 9 S. 483.

[115]) Deutsche Juristenzeitung 1896 S. 331 ff. GS. 53 S. 376 ff., aber auch *Binding*, Grundriß § 108 III 3, 6 (ebenso *Rathenau*).

[115a]) Aber auch *Kloeppel*, Deutsches Reichspreßrecht S. 330.

[116]) Man wird nicht einen Kolporteur, der ein fast sechs Monate altes Zeitungsblatt verbreitet, noch dafür zu Strafe ziehen wollen. So *Marquardsen*, Deutsches Reichspreßgesetz S. 189 (wie *Kloeppel* richtig hinzufügt, nicht innerhalb weiterer sechs Monate).

Auflage oder ein Neudruck durch einen anderen Verleger.[117]) Für eine im Auslande erschienene Druckschrift beginnt die inländische Verjährung, da die eigentlich strafbare Tat die Verbreitung ist, mit der ersten Verbreitung im Inlande.[118])

§ 176. Die Verjährung beginnt mit dem Augenblicke der maßgebenden Handlung; da aber der Regel nach das Recht nur mit ganzen Tagen rechnet, schon mit dem Anfang des Tages der Begehung der Handlung; eine den Ablauf von 3 Monaten erfordernde Verjährung ist daher, wenn die Tat am 1. Januar 1908 begangen, mit dem Ablaufe des 31. Dezember vollendet.

Die Berechnung erfolgt nach dem deutschen Gesetze[119]) in der Art, daß die Zahlbezeichnung der in Betracht kommenden Tage im Kalender entscheidet, so daß eine am 15. Juli begangene Übertretung am 16. Oktober (nach Ablauf von 3 Monaten) nicht mehr verfolgbar ist. Früher schon wurde dies auf Grund der Analogie nach Maßgabe des von der Berechnung der Dauer redenden § 19 StGB. angenommen; jetzt entscheidet direkt die allgemeine Bestimmung des § 188 BGB., welche nach § 186 daselbst und Art. 1 des Einführungsgesetzes ganz allgemein für alle Gesetze gilt.

§ 177. Das frühere gemeine Recht machte in Übereinstimmung mit dem römischen Rechte[120]) den Lauf der Kriminalverjährung nicht davon abhängig, daß es *de facto* möglich war, den Verbrecher zu verfolgen. Die Verjährung läuft daher auch in der Zeit, wo das Verbrechen oder der Schuldige unbekannt ist.[121],)[122]) Dies ist auch prinzipiell richtig. Die Verjährung

---

[117]) *Marquardsen* und *Kloeppel* a. a. O.

[118]) Das sog. objektive Verfahren StGB. 42 aber wird nach der richtigen Ansicht überhaupt durch Verjahrung nicht ausgeschlossen (vgl. RG. IV 8. 15./10. 86 E. **14** Nr. 96 S. 382) und oben S. 374. Darin liegt die Remedur gegen Verbreitung von Druckschriften mit strafbarem (z. B. unzüchtigem) Inhalt, wenn die Bestrafung des Urhebers durch Verjahrung ausgeschlossen ist, vgl. *Kloeppel* a. a. O.

[119]) RG. IV 25./6. 89 Rs **8** S. 493. In Frankreich dagegen rechnet man den Tag der Begehung der Tat nicht mit, vgl. *Garraud*, *Précis* n. 405, und ausdrücklich bestimmt § 71 des niederlandischen GB., daß die Verjahrung erst von dem auf die Begehung der Tat folgenden Tage laufe. Umgekehrt ausdrücklich Art. 21 des belgischen Gesetzes vom 17./4. 78.

[120]) »*Adulterii reum intra quinque annos continuos a die criminis admissi . . . . postulari posse, palam est.*« L. 1 § 4 D. 48, 5.

[121]) Vgl. *Carpzov* qu. 141 n. 25 und für das XVIII. Jahrhundert z. B. *Engau*, Verjährung § 91; *Koch Inst.* § 975.

[122]) Öfter ist aber die Verjahrung mit der Frage, ob der Richter nachlässigerweise die Untersuchung versaumte, in Verbindung gebracht, vgl. z. B. *Sande*,

braucht nicht dadurch noch gerechtfertigt zu werden, daß zu ihrem Eintritt oder Fortlauf irgendeine Nachlässigkeit des Anklägers oder der strafverfolgenden Behörde verlangt würde. Wird sie überhaupt im Gesetze anerkannt, so erscheint die Bestrafung eines verjährten Verbrechens als unangemessen, als dem öffentlichen Interesse ohne weiteres zuwiderlaufend.

Die Ungunst freilich, mit der überhaupt am Ende des XVIII. Jahrhunderts die Verjährung angesehen wurde, und der Gedanke an den zivilrechtlichen Satz: »*Agere non valenti non currit praescriptio*«[122a]) hatte schon früh zu der Ansicht geführt, daß bei Flucht des Verbrechers keine Verjährung laufe, und[122b]) das österreichische GB. 229c) bestimmte ausdrücklich, daß dem aus dem Lande Flüchtenden Verjährung überhaupt nicht zu statten komme, während das hannoversche GB. 88a. E.[123]) Verjährung ausschloß, wenn der Täter sich der bereits gegen seine Person eingeleiteten Untersuchung durch die Flucht entzog.[124])

War dies offenbare Verirrung[125]) — denn die zivilrechtliche Rücksicht, dem Berechtigten möglichst nur dann sein Recht zu entziehen, wenn er selbst nachlässig gewesen, kann der allgemeinen *Ratio legis* der Strafverjährung gegenüber keine Anwendung finden — so übertrug die gemeinrechtliche Doktrin und Praxis auch die zivilrechtliche Lehre von der Unterbrechung der Verjährung auf die strafrechtliche Verjährung.[125a]) Während nach römischem Rechte nur bestimmt war, daß dem Ankläger nur die zur Zeit der Erhebung der Anklage, nicht aber eine erst

Decisiones Frisicae (1635) V, 9 n. 2 und noch im bayerischen GB. von 1813 Art. 139, vgl. oben Anm. 48. Dagegen insbesondere *Engau* § 90. Auch *Carpzov* qu. 141 n. 25 ff. will im allgemeinen von dergleichen nur für das Zivilrecht passenden Ausnahmen nichts wissen Gegen diese falsche Auffassung auch *Garraud* 2 n. 534. Vgl. indes unten Anm. 122 b.

[122a]) Gegen die Anwendung dieses Satzes treffend: *Stübel* § 1454, der hervorhebt, daß es sich dabei um rechtliche Hindernisse, nicht wie bei der Flucht des Verbrechers um physische Hindernisse handle.

[122b]) In diesem Sinne: *Carpzov* qu. 141 n. 56 mit der sehr schwachen Begründung, daß sonst Schuld und Flucht den Verbrecher von der Strafe befreien würden.

[123]) Ähnlich hessisches GB. 127.

[124]) Wie im Privatrechte der Kläger, so sollte im Strafrechte der Staat nicht darunter leiden, daß der Verbrecher — der Strafschuldner — ihm die Einleitung oder Fortsetzung des Prozesses unmöglich machte, insbesondere durch Flucht!

[125]) Vgl. dagegen schon *Matthaeus* 48, 19 c 4 § 9; *Engau* §§ 90, 91; auch *Feuerbach* § 66 und *Henke* 4 S. 191, besonders aber *Stübel* §§ 1453—1459, 1464.

[125a]) Vgl. *Carpzov* qu. 141 n 52; *Matthaeus* a. a. O.; *Engau* § 97; *Koch, Inst.* § 975; *Klein* S. 186.

zur Zeit des Urteils vollendete Verjährung entgegengehalten werden und die Verurteilung hindern konnte,[126]) sollten nunmehr wie im Privatrechte gewisse Vorgänge, die man als Beginn oder als Fortgang des Prozesses bezeichnen konnte, bewirken, daß der bis dahin seit Begehung des Verbrechens erfolgte Zeitablauf als nicht erfolgt angesehen wurde, so daß von dem unterbrechenden Vorgange ab der Ablauf der gesamten Verjährungszeit von neuem zur Tilgung der Strafbarkeit erforderlich wurde. Verschieden war dabei bestimmt, welchen Vorgängen und bezw. Akten der Strafgerichtsbarkeit diese unterbrechende Kraft beizulegen sei. Nach dem bayerischen GB. von 1813 Art. 139 und dem württembergischen 132 unterbricht noch neben der Einleitung der Untersuchung auch jedenfalls eine inzwischen begangene erhebliche Straftat; [127]) später wird nur eine, aber auch jede gegen den einzelnen Schuldigen [127a]) gerichtete gerichtliche Handlung als Unterbrechung der Verjährung behandelt,[128]) und in dieser Gestalt ist die Unterbrechung in das StGB. aufgenommen.

Die Unterbrechung der Verjährung, früher dem französischen Rechte fremd,[129]) hat im *Code d'instruction criminelle* Art. 637, 638, 640, 643 wesentlich [130]) in der Auffassung und Gestalt der

[126]) L. 29 § 7 D. 48, 5: »*Quinquiennium antem . . . accipiendum est . . . ad eum diem, quo quis postulatus postulatave est, et non ad eum diem, quo judicium de adulteriis exercetur.*« Was genau hier unter *postulatio* zu verstehen sei, kann für unsere Erörterung dahingestellt bleiben. — Für die Erledigung der Prozesse pflegte dem Ankläger später eine Frist gesetzt zu werden. Vgl. *Mommsen* S 488. Zweifelhaft erscheint aber, wie es mit der Verjährung gehalten wurde, wenn wegen Abwesenheit (Flucht) des Schuldigen Verurteilung ausgeschlossen war. *Mommsen*, vgl. auch S. 333 ff., äußert sich darüber nicht.

[127]) Da für die Vollendung der Verjährung ununterbrochen gute Aufführung gefordert wird.

[127a]) Diese Beschränkung der Wirkung des Unterbrechungsaktes wurde darauf gegründet, daß ein Prozeß einem Dritten nicht präjudiziere. So *Engau*, Verjährung §§ 121, 122.

[128]) Vgl. schon GB. für Altenburg 79, Braunschweig 72, Hessen 126, Baden 192, Nassau 50. — Die Gesetzbücher für Thüringen Art. 71, Preußen § 48 und Sachsen Art. 114, legten auch Handlungen der Staatsanwaltschaft, Thüringen und Sachsen sogar der Polizeibehörde unterbrechende Kraft bei.

[129]) Man scheint mehr in Übereinstimmung mit dem römischen Rechte die Verjährung während des Prozesses als ruhend betrachtet zu haben und ließ vom Tage der Verurteilung an eine neue 30jährige Verjährung zu, da man das Urteil als eine *Actio judicati* erzeugend sich vorstellte.

[130]) Die Hauptabweichung gilt für Übertretungen nach Art. 640. Hier unterbricht nur ein verurteilendes Erkenntnis erster Instanz; vom Tage der Anfechtung dieses Urteils mittels Appellation läuft eine neue Verjährung. Bei *Crimes* und *Delits* unterbricht jeder »*Acte de poursuite*«, und die Unterbrechung wirkt nicht nur persönlich, sondern für das Delikt als Ganzes, d. h. für alle Teilnehmer.

gemeinrechtlichen Doktrin Aufnahme gefunden, und mit nicht erheblichen Modifikationen, mit mehr oder weniger Anlehnung an die deutsche oder französische Gesetzgebung findet sie sich in den neueren Gesetzbüchern. Doch ist in manchen Gesetzen für den Fall einer erfolgten Unterbrechung eine bestimmte Frist gesetzt, nach deren Ablauf die Verjährung unbedingt eintritt, so daß weitere, bis ins Endlose gehende Unterbrechungen durch Akte des Richters (oder einer anderen Behörde), wie solche nach dem deutschen Gesetze und nach der in Frankreich herrschenden Praxis vorkommen können, ausgeschlossen sind.[131])

§ 178. Nach dem gegenwärtigen deutschen StGB. stellt sich die Unterbrechungslehre folgendermaßen:

1. Nur ein Akt der Strafjustiz wird als die Unterbrechung bewirkend anzusehen sein, also nicht Akte von Zivilrichtern, Akte der vormundschaftlichen Gerichtsbarkeit. Aber mit Recht hat die StPO. §§ 453, 459 den Strafverfügungen[132]) derjenigen Behörden, welche die Geltung gerichtlicher Urteile erlangen können, unterbrechende Kraft beigelegt.

2. Ebenso zweifellos muß ein Akt der inländischen Strafjustiz verlangt werden; denn Strafjurisdiktionsakte der Staatsorgane sind überhaupt in einem anderem Staate nur wirksam, wenn dies durch Gesetz oder Staatsvertrag ausdrücklich anerkannt ist. Der inländischen Justiz gehört aber auch ein Jurisdiktionsakt eines deutschen Konsuls im Auslande an, und der inländischen Strafjustiz dienen die Gerichte aller deutscher Bundesstaaten, soweit sie für die Verwirklichung der Reichsstrafgesetze tätig sind.[133]) Landesgesetzliches Strafrecht zu handhaben sind die Gerichte eines anderen Bundesstaates nicht befugt, soweit nicht eine anders lautende gesetzliche Vorschrift vorliegt (letzteres ist der Fall in Ansehung der Rechtshülfe;

Die Unterbrechung gilt als »*Acte impersonnel*« (*Garraud*, *Précis* S. 557). — Inkonsequent ist es, wenn das italienische StGB. 93 a. E. den Unterbrechungsakt »*in rem*« gegen alle Teilnehmer wirken laßt, auch solche, die dem Gerichte noch nicht bekannt sind (vgl. *Impallomeni* **1** S. 414), obschon der Unterbrechungsakt gegen eine bestimmte Person gerichtet sein muß. Die Kommission der Deputiertenkammer hatte Wirkung des Unterbrechungsaktes nur »*in personam*« gewollt.

[131]) Vgl. die genauere Darstellung bei *Loening* S. 455. — Nach dem italienischen GB. Art. 93 Abs. 2 kann durch Unterbrechung die Verjahrungszeit nur um die Hälfte der sonst erforderlichen Dauer verlängert werden.

[132]) Allgemeine Ansicht, auch des RG. Vgl. *Olshausen* § 68 Anm. 2.

[133]) Allgemeine Meinung. Vgl. *Olshausen* § 68 Anm. 2.

aber ein Unterbrechungsakt kann nur, wenn im Auftrage des zuständigen Staates erfolgend, als Rechtshilfeakt betrachtet werden).[134])

3. Das deutsche Gesetz verlangt einen richterlichen Akt.[135]) Dies hat nur Sinn, wenn angenommen wird, ein Richter in seiner Eigenschaft als Strafrichter muß sich bewogen finden, einen als Unterbrechung geltenden Akt vorzunehmen; folglich kann von Vornahme ohne richterlichen Auftrag nicht die Rede sein: aber ein im rechtsgültigen Auftrage des Richters vorgenommener Akt z. B. eine durch die Polizei ausgeführte Verhaftung gilt als Handlung des Richters selbst,[136]) und die Genehmigung macht den ohne Auftrag vorgenommenen Akt wirksam, aber nur vom Augenblicke der Genehmigung an. Dies muß auch von einer Handlung gelten, welche ein ausländischer Richter vornimmt.

4. Man könnte jeden inländischen Richter, insoweit er überhaupt richterliche Akte vornehmen kann,[137]) als Vertreter der inländischen Strafjustiz[138]) bei der Strafverfolgung, d. h. hier der Unterbrechung der Verjährung, betrachten, so daß es weder auf örtliche noch auf sachliche Zuständigkeit ankommen würde.[139]) Aber eine derartige Emanzipation von allen Regeln

[134]) Übereinstimmend: *Hälschner* **1** S. 701; *Binding*, Handb. **1** S. 849; *Finger* **1** S. 582 Anm. 737. — Dagegen: *Rüdorff-Stenglein* § 68 Anm. 8; *Oppenhoff-Delius* Anm. 7; *Heinze* in *Holtzend.* Handb **2** S. 623; *Olshausen* Anm. 2 Schluß.

[135]) Dies beruht auf Beschluß des Reichstags, der auch eine von der Bundesregierung in dem Entwurfe der Novelle 1876 enthaltene Bestimmung ablehnte, der zufolge wieder Handlungen der Staatsanwaltschaft unterbrechende Wirkung haben sollten. Der Reichstag hat somit der richterlichen Würdigung der Sachlage besondere Bedeutung beigelegt. Nach § 10 des EG. zur Militärstrafgerichtsordnung von 1898 steht im Sinne des § 68 des StGB. einer richterlichen Handlung gleich jede Handlung, welche von dem (militärischen) Gerichtsherrn, dem untersuchungführenden und dem die Anklage vertretenden Gerichtsoffizier, Kriegsgerichtsrat oder Oberkriegsgerichtsrat wegen der begangenen Tat gegen den Täter gerichtet wird.

[136]) Übereinstimmend die herrschende Ansicht, vgl. *Olshausen* § 68 Anm. 6; *Allfeld* § 45 Anm. 41; Teilweise *H. Meyer* § 45 Anm. 44; *Oppenhoff-Delius* § 68 Anm. 14.

[137]) Der einem Kollegium angehörende Richter kann als solcher nur im Kollegium zu einem Beschlusse des letzteren *beitragen*.

[138]) Die richterliche Gewalt sei als einheitliche aufzufassen. So: OT. Berlin 4./3. 79; *Stengleins* Zeitschr **8** S. 374.

[139]) So die herrschende Meinung (vgl. *Olshausen* § 68 Anm. 17 und *Olshausen* selbst) auch *Finger* **1** S. 588. Dagegen fordert Zustandigkeit *Heinze* in *Holtzend.* Handb. **2** S. 623 mit Berufung auf eine Entscheidung des OAG. Kassel in *Temmes* Arch. **2** S. 150; *Wächter*, Vorles. S. 311. (Wenn die Handlung wegen Unzuständigkeit nichtig sei, was fast immer der Fall sein werde, so könne sie Wirkung nicht, also auch nicht die Wirkung einer Unterbrechung haben.)

der Zuständigkeit ist ein völlig anomaler, daher deutlichen Ausdruck des Gesetzes erfordernder Satz; er stimmt außerdem nicht mit der vom deutschen Gesetze gewollten Garantie, welche eine empfindliche Einbuße erleiden könnte, wenn z. B. eine Polizeibehörde sich einen Richter zur Verwandlung des von ihr vorgenommenen Aktes in einen richterlichen Akt (z. B. Verwandlung der Festnahme in Verhaftung) auszusuchen für befugt erachtet würde. Die auf Grund der StPO. § 20 von *H. Meyer* (§ 45 zu Anm. 47) und *Binding* (Handb. **1** S. 849) angenommene Unterscheidung, der zufolge nur die sachliche Unzuständigkeit, nicht aber die örtliche den Unterbrechungsakt unwirksam machen soll, kann deshalb für zutreffend nicht erachtet werden, weil der Unterbrechungsakt nicht wie viele andere Untersuchungshandlungen an einer bestimmten Örtlichkeit in Erscheinung zu treten braucht, wie z. B. eine Augenscheineinnahme, welche gültig ist, auch wenn der betreffende Richter für die Untersuchung, diese als Einheit betrachtet, nicht zuständig ist. Allerdings könnte das Erfordernis auch der örtlichen (zuweilen selbst nur der sachlichen) Zuständigkeit zu einer späteren die Strafverfolgung allzusehr benachteiligenden Ungültigkeitserklärung der Unterbrechung führen. Dagegen würde *de lege ferenda* der Satz sich empfehlen, daß der Richter nicht offenbar unzuständig sein dürfe, der an die alte gemeinrechtliche Hervorhebung eines offenbaren (klaren) juristischen Fehlers anknüpft. Damit wären Willkürlichkeiten ausgeschlossen, und andererseits würden leicht der Beachtung sich entziehende Umstände Einfluß nicht äußern.

5. Mit der Garantie, welche das Erfordernis der richterlichen Handlung geben sollte, unverträglich würde es sein, wenn die Wirkung einer Unterbrechung eine richterliche Handlung haben sollte, welche lediglich dieses Zweckes wegen vorgenommen werden würde.[140]) Es muß vielmehr gefordert werden eine durch sonstige Zwecke der Untersuchung motivierte Handlung, welche eben deshalb auch der Überführung der Verdächtigen dienen kann, mag die Beurteilung, ob dies zutreffe, auch völlig dem Richter anheimgegeben sein, der die fragliche Handlung

---

[140]) Vgl. gegen solche vermeintliche Unterbrechungshandlungen die Ausführungen *Bornhaks*, Deutscher Juristentag 1901 S. 490 ff. und scharf OLG. *Kassel* 10./5. 94 GArch. **42** S. 264.

vornimmt oder anordnet. Handlungen, die nicht der Überführung des Verdächtigen (Beschuldigten, Angeklagten) dienen können,[141] [141a]) dürfen daher, was von der deutschen Praxis nicht klar erkannt ist, nicht als die Verjährung unterbrechend betrachtet werden, auch wenn sie sonst prozessual geboten oder zweckmäßig sein sollten,[142]) z. B. Rückgabe von Asservaten oder der Schluß der Untersuchung durch Außerverfolgsetzung oder Freisprechung des Angeklagten oder Einstellung des Verfahrens [142a]) oder etwa einfache Ablehnung eines staatsanwaltschaftlichen Antrags.[143]) Es handelt sich ja nicht darum, ob die Sache in der Erinnerung des Gerichts blieb,[144]) und ob diesem etwa der Vorwurf der Nachlässigkeit gemacht werden könnte. Andererseits ist es nicht nötig, daß der Unterbrechungsakt zur Kenntnis des Verdächtigen gelange; [145]) er hat nicht den Zweck, diesen auf die Vorbereitung der Verteidigung aufmerksam zu machen. Andererseits kann eine erst weiterer Ausführung bedürfende Verfügung, z. B. Ansetzung eines Termins, Eröffnung der Untersuchung nicht unterbrechen.[146]) Aussetzung der Sache aus irgendwelchen Gründen z. B. um die Entscheidung eines Zivilgerichts abzuwarten, ist auch nur eine Erklärung der Gerichte einstweilen untätig bleiben zu wollen. Es soll indes auf die verschiedenen Meinungen über einzelne Fälle hier nicht weiter eingegangen werden; denn hoffentlich verlieren diese Kontroversen [147]) bei der demnächstigen Umgestaltung des Strafrechts ihre Bedeutung.

---

[141]) Daher unterbricht das sog. objektive auf Einziehung usw. gerichtete Verfahren (StGB. § 42) nicht. *Binding*, Handb. 1 S. 852; *Olshausen* § 67 Anm. 7 RG. I 27./4. 82 E. 6 Nr. 77 S. 212.

[141a]) Dazu kann auch die Vernehmung von Entlastungszeugen dienen; tatsächlich dient oft ein sog. Entlastungszeuge gerade zur Überführung. Im voraus kann die Bedeutung einer Zeugenvernehmung nicht genau berechnet werden.

[142]) RG. I 30./11. 05 Deutsche Juristenzeitung 1906 S. 206 verlangt eine g e g e n den Angeklagten gerichtete Handlung.

[142a]) Anders die Theorie des RG., welche anscheinend einen nach außen hervortretenden Akt des Gerichts fordert, aber auch für genügend erachtet (vgl. Beschluß I 20./11. 05 Deutsche Juristenzeitung 1905 S. 206). Dies stimmt aber weder mit der richtigen Theorie der Verjährung, noch völlig mit dem Anm. 142 erwähnten Satze überein.

[143]) Ablehnung eines Antrags bedeutet (motivierte) Untätigkeit des Richters.

[144]) Daher unterbrechen nicht Verfügungen des sog. inneren Dienstes z. B. Vorlage der Akten betreffend. Vgl. RG. I 20./11. 05 Deutsche Juristenzeitung 1906 S. 205.

[145]) *Wächter*, Vorles. S. 310; *Schwarze* § 68 Anm. 7; *Olshausen* § 68 Anm. 15b.

[146]) So *Schwarze* § 68 Anm. 4.

[147]) Vgl. darüber besonders *Olshausen* § 68.

6. Das deutsche Gesetz läßt den Unterbrechungsakt nur wirken gegenüber dem „Täter", d. h. gegenüber dem einzelnen Teilnehmer, gegen welchen er gerichtet ist.[148]) Dies ist rationell; nicht deshalb, weil der Unterbrechungsakt den Verdächtigen auffordern soll, seine etwaige Verteidigung vorzubereiten [149]) — denn das Gericht soll auch Entlastungsbeweise berücksichtigen, und der Prozeß gibt dazu Gelegenheit — wohl aber deshalb, weil die Schuld jedes Teilnehmers von besonderen Umständen abhängt, und die Handlung, in gewissem Sinne für jeden Teilnehmer eine besondere ist. Ist aber einmal ein Teilnehmer bestimmt in die Untersuchung mit hereingezogen — gegen ihn die Untersuchung eröffnet — so kommt es nach der herrschenden und richtigen Meinung dann nicht weiter darauf an, ob die fernere einzelne Handlung sich gegen einen anderen Teilnehmer richtet oder nur objektiv den Sachverhalt aufhellen soll; denn selbst die gegen einen anderen Teilnehmer gerichtete richterliche Handlung kann die Schuld jenes Teilnehmers klarer feststellen.[149a])

7. Fehlt der zur Strafverfolgung erforderliche Strafantrag, so betrachtet das Gesetz die Straftat als solche einstweilen als nicht existierend. Der Eindruck der Tat kann daher durch eine richterliche Handlung, welche zudem vom Gesetze einstweilen nicht gewollt wird, nicht weiter erhalten werden, und die gleichwohl gegen den Schuldigen vorgenommene Handlung muß des Unterbrechungseffektes entbehren;[150]) allerdings erleidet dies eine Ausnahme, insofern das Gesetz ausnahmsweise eine besondere Maßregel auch ohne vorherigen Strafantrag gegen den Schuldigen zuläßt.[150])

---

[148]) Dies ist wenigstens herrschende Ansicht. Vgl. auch RG. I 24./3. 81 E. **4** Nr. 86 bes. S. 217.

[149]) Zivilrechtlich verhalt sich dies anders. Aus der im Texte hervorgehobenen Negation folgt auch, daß eine richterliche auf Verfolgung abzielende Verurteilung (provisorisch aussprechende Verfugung ist ebenfalls solche Handlung, vgl. StPO.) mit dem Zeitpunkte der Erlassung, nicht erst der Bekanntgabe an den Beschuldigten wirksam wird. Im Ergebnis ubereinstimmend: Bayerisches OLG. 26./3. 07 (mitgeteilt Jahrb. des Strafr. **2** S. 27).

[149a]) Vgl. besonders treffend die Ausfuhrungen *Schwarzes* § 69 Anm. 5. Sodann RG. 10. 7. 03 E. **36** Nr. 115 bes. S. 351. Aber die Vernehmung des spater Angeklagten als Auskunftsperson unterbricht die zu seinen Gunsten laufende Verjährung nicht. So *Binding*, Handb. **1** S. 851 und RG. I 24./11. 79 und III 7./6. 83 E. **1** Nr. 119 S. 331 E. **8** Nr. 103 S. 363.

[150]) Dies ist auch *Communis opinio*. Vgl. *Binding* **1** S. 852 Anm. 20; *Wächter* S. 311; *Olshausen* § 68 Nr. 16 RG I 13./2. 82 E. **6** Nr. 15 bes. S. 41; *Frank* § 68 II 1.

8. Der Unterbrechung muß der Zweck zugeschrieben werden, die Handlung, so wie sie wirklich geschah, der Feststellung und Bestrafung offen zu halten, die genauere rechtliche Qualifikation der Tat kann erst durch den nun beginnenden Prozeß erfolgen. Daher ist die bei dem richterlichen Unterbrechungsakte erfolgende (vorläufige) rechtliche, demnächst etwa von dem erkennenden Gerichte anders vorgenommene Qualifizierung der Deliktstat gleichgültig,[151]) ja es ist aus dem angeführten Grunde, wenn nicht der fragliche Akt an sich zu seiner Gültigkeit eine rechtliche Qualifizierung der Handlung der Verdächtigen enthalten müßte, überhaupt eine rechtliche Qualifizierung der Handlung behufs der Unterbrechungswirkung nicht erforderlich.[152]) Die Handlung, so wie sie wirklich geschah, kann aber auch eine mehrfache juristische Bedeutung haben, d. h. sie kann den Fall einer idealen Konkurrenz darstellen; daher braucht der Unterbrechungsakt ein in der Tat liegendes, ideell konkurrierendes Delikt nicht besonders hervorzuheben, damit für letzteres die Unterbrechung der Verjährung herbeigeführt werde.[153]) Dies entspricht auch dem Prinzip des § 152 der StPO., wird aber nicht gelten dürfen für den Fall, daß das ideell konkurrierende Delikt ein Antragsdelikt ist, und der Antrag noch nicht gestellt war; [154]) das Gericht soll in solchem Falle die Tat nach der Seite des Antragsdelikts hin nicht untersuchen und feststellen; folglich sind auch Unterbrechungshandlungen ihm entzogen, welche auf Verfolgung und Feststellung des Antragsdelikts abzielen.

§ 179. Dies im wesentlichen die Behandlung der Unterbrechung nach dem gegenwärtigen deutschen StGB. Man wird sie weder für einfach noch für materiell befriedigend halten

---

[151]) Auch herrschende, vom RG. (z. B. I 16./3. 93 E. **24** Nr. 22 S. 79) angenommene Ansicht. Vgl. *Olshausen* § 68 Anm. 1.

[152]) RG. II 26./10. 97 E. **30** Nr. 99 bes. S. 304; *Olshausen* a. a. O.

[153]) Übereinstimmend: *Schwarze* § 68 Anm. 2; *Rüdorff-Stenglein* § 68 Anm. 9; *Olshausen* § 68 Anm. 12; *Finger* **1** S. 584 Anm. 739; OAG. Dresden 29./4. 78; *Stengleins* Zeitschr. **8** S. 87 RG. III 8./10. 00 E. **33** Nr. 141 S. 426. — Dagegen *Binding*, Handb. **1** S. 851 auf Grund seiner Theorie der Idealkonkurrenz.

[154]) Anders ohne zureichende Begrundung die in voraufgehender Anmerkung zitierten Urteile. Die Praxis des RG. durfte hier der Konsequenz nicht entsprechen, wenn andererseits Ablehnung der Eröffnung des Hauptverfahrens wegen Mangels des Strafantrags nicht unterbrechen soll. Vgl. Deutsche Juristenzeitung 1906 Sp. 206 und Jahrb. d. Strafr. **2** S. 33.

können. Eine befriedigende Behandlung der Unterbrechung der strafrechtlichen Verjährung ist auch nicht möglich; denn die Unterbrechung paßt überhaupt nicht zu der Institution der strafrechtlichen Verjährung,[154a]) wie denn die Anerkennung einer Unterbrechung dem römischen Rechte fremd ist.[154b]) Der Eindruck, den die Tat hervorgebracht hat, wird im Publikum oder bei den näher Beteiligten nicht dadurch aufgefrischt oder erneuert, daß ein beliebiger gerichtlicher oder etwa polizeilicher Akt gegen den mutmaßlichen Schuldigen vorgenommen wird. Auch für die Wirksamkeit der Strafe auf den Schuldigen ist es gleich, ob er während der Verjährungszeit dreimal oder gar nicht geladen worden ist: er kann in dem ersten Falle grade so ein völlig andrer Mensch geworden sein, als in dem letzten. Ferner trifft es keineswegs in allen Fällen zu, daß die Beweise durch alle und jede richterliche gegen den einzelnen Verdächtigen gerichtete Akte besser und lebendiger erhalten würden. Endlich hängt nach der Unterbrechungsmaxime der Ablauf der Verjährungszeit allzusehr ab von dem Ermessen oder gar Belieben einzelner Personen, z. B. davon, ob ein einzelner Richter sich veranlaßt findet, eine Ladung oder einen Haftbefehl zu wiederholen. Unbestimmt (*in infinitum*) mögliche Wiederholung der Unterbrechung endlich widerspricht durchaus der Idee der Verjährung; sie kann die Verjährung tatsächlich illusorisch machen.[154c]) Andererseits würde es freilich unangemessen sein, die Verjährung während des begonnenen Strafprozesses fortlaufen zu lassen: der Angeklagte könnte durch schlaues Hinziehen des Prozesses sich Straffreiheit erwirken, und mindestens könnte der Zufall, ob

[154a]) So hat *Carrara, Programma, Parte generale* **2** § 718 prinzipiell die Unterbrechung verworfen; ebenso *Geyer* (in *v. Holtzendorffs* Rechtsenzyklopädie 5. Aufl. S. 559) und mit eingehender Begründung *Ortmann* (vgl. Literatur S. 381). Vgl. über andere die gegenwärtig herrschende Behandlung der Verjährung *de lege ferenda* mehr oder weniger ablehnende Autoren unten Anm. 154 c.

[154b]) Im römischen Rechte kommt eine Unterbrechung der Verjahrung in dem Sinne, daß nun eine neue Verjährung begönne, die vorher verflossene Zeit aber nicht in Betracht käme, nicht vor. Vgl. darüber *Unterholzner* **2** S. 443, der deshalb für den gemeinen früheren Inquisitionsprozeß zu dem Schlusse gelangt, daß Eröffnung der Untersuchung speziell gegen den Schuldigen die Verjährung bis zum Schluß der Untersuchung nur ruhen mache.

[154c]) Vgl. in dieser Beziehung besonders die treffenden Ausführungen *Crivellaris* **4** S. 518; aber auch *Binding* **1** S. 353 und *Bühler* S. 64 ff., der nur ein Ruhen der Verjährung während des Prozesses für angemessen erachtet, wie dies die Gesetze für den Kanton Waadt Art. 176 und den Kanton Tessin Art. 78 auch bestimmen.

eine Untersuchung mehr oder weniger schnell zu Ende gebracht werden konnte, allzuoft über die Möglichkeit der Bestrafung entscheiden.

Hiernach wie nach der gegebenen Schilderung der auf dem Boden des gegenwärtigen Gesetzes sich bewegenden häufig zweifelhaften und nach wenig bedeutenden Umständen entscheidenden, daher kleinlich erscheinenden Praxis wird man eine Vereinfachung der Lehre von der Unterbrechung vermutlich angezeigt erachten, wie dies auch dem vom Deutschen Juristentage gefaßten Beschlusse entsprechen dürfte und von *Loening* ebenfalls energisch vertreten wird.

Loening (S. 463) ist aber, was jedenfalls der Erwägung wert erscheint, der Ansicht, es sei die Unterbrechungshandlung nicht eine dem Richter, vielmehr der strafverfolgenden Behörde zukommende Handlung, die entgegengesetzte Bestimmung des gegenwärtigen Gesetzes also ein Rückschritt. Ich stimme dieser Ausführung im Prinzip zu, meine aber, daß, wenn schon die zivilrechtliche Verjährung nicht durch einen völlig einseitigen Akt des Berechtigten, z. B. durch eine Mahnung unterbrochen werden kann, sondern eine Mitwirkung des Gerichts erforderlich ist, diese noch weniger strafrechtlich zu entbehren ist, und daß der Reichstag, als er einen richterlichen Akt verlangte, doch von einem richtigen Gefühle geleitet wurde, wie denn auch vielleicht der Reichstag die auf seiner Forderung beruhende und später schon einmal (bei Beratung der Strafgesetznovelle von 1876) festgehaltene Garantie der richterlichen Verfügung künftig nicht aufgeben dürfte. Dagegen erscheinen Konsequenz und Garantie vollkommen gewahrt in der Bestimmung:

> „Die Verjährung wird unterbrochen durch die auf Antrag der Staatsanwaltschaft (des Privatklägers, der zur Erhebung der öffentlichen Klage befugten Verwaltungsbehörde) erfolgende Eröffnung der Voruntersuchung oder des Hauptverfahrens, sowie durch jede vom Gesetze zugelassene provisorische Verurteilung (Strafbefehl, Strafverfügung) einer dazu befugten Polizei- oder Verwaltungsbehörde."

Damit dürfte zugleich entschieden sein, daß nur der zuständige Staatsanwalt den Unterbrechungsakt herbeiführen kann, und daß auch Zuständigkeit des Gerichts gefordert wird, daß es ferner der Zustellung an den Verdächtigen (Beschuldigten) nicht bedarf. Damit aber andererseits bei zweifelhafter Sachlage eine spätere Unzuständigkeitserklärung die Unterbrechung nicht unwirksam mache, müßte hinzugefügt werden:

> „Die Unterbrechung der Verjährung bleibt auch in dem Falle wirksam, daß dem verfügenden Gerichte im Laufe des Verfahrens oder in höherer Instanz die Zuständigkeit abgesprochen werden sollte.[155])"

Die Einbuße in der zur Verfügung der Strafverfolgung stehenden Zeit durch die Forderung der Eröffnung der Untersuchung (wenn z. B. Untersuchungsakte, wie Ladung der Verdächtigen als solche, Festnahme usw. nicht mehr als Unterbrechungsakte gelten) wird kaum ins Gewicht fallen, wenn die für die Verjährung verlangten Zeiträume genügend ausgiebig bemessen sind. Man könnte auch der Verhaftung oder Vorladung des Verdächtigen als solchen die Kraft der Verjährungsunterbrechung beilegen wollen. Indes bei kürzeren Verjährungsfristen ist dies, wenn nur einmalige Unterbrechung stattfinden soll — und zu dieser Beschränkung der Unterbrechung wird man sich doch wohl entschließen — zweischneidig: die neue Verjährung beginnt dann um so eher zu laufen, wenn ein erster, durchaus vorläufiger Prozeßakt unterbrochen hat, und um so eher ist die neue Verjährung vollendet.

Daß nur einmal eine Unterbrechung stattfinden und nicht, entgegen dem Wesen der strafrechtlichen Verjährung, tatsächlich eine ins Unbegrenzte gehende Verjahrungszeit möglich sein soll, [155a]) ist mehr und mehr in den neuen Gesetzgebungsarbeiten [155b]) anerkannt, namentlich in der Weise, daß die sonst bestimmte Frist um eine Quote verlängert wird. Auch die dritte Abteilung des 24. Deutschen Juristentages [156]) hat auf das Referat

---

[155]) Andererseits wird schwerlich ein offenbar unzuständiges Gericht die Eröffnung der Voruntersuchung aussprechen, den Strafbefehl erlassen usw. Vgl. oben.

[155a]) Auch *Buri* GS. **28** hielt eine gesetzliche Abhilfe fur dringend geboten gegen das beliebige Hinausschieben der Verjahrung durch Erlaß von Steckbriefen.

[155b]) *Loening* S. 465 halt ebenfalls die Zulassung nur e i n e s Unterbrechungsaktes fur richtig, und zwar soll dieser (ubereinstimmend mit der im Text angenommenen Ansicht) die Klageerhebung sein.

[156]) Verhandlungen **4** S. 308.

von *Felisch* 1898 einstimmig den Beschluß gefaßt: „Es empfiehlt sich einen Endtermin für unterbrochene Verjährungsfristen zu setzen". *Loening* (S. 466) erachtet eine einmalige Verlängerung der sonst geltenden Frist um die Hälfte [157]) für angemessen, (welche aber nicht eintreten soll, wenn das Verfahren aus anderen als die Sache selbst betreffenden Gründen (?) eingestellt wird, es sei denn, daß die Klage binnen 6 Monaten von neuem erhoben wird), ein Vorschlag, der in der Tat empfehlenswert erscheint, wenn man nicht — und dies ist vielleicht das einfachste und richtigste Prinzip — zurückkehren will zu dem römischen Grundsatze, demzufolge die nach Eröffnung des Prozesses verlaufende Zeit nicht mitgerechnet wird, d. h. modern ausgedrückt: die Verjährung ruht während eines gegen den Beschuldigten vor einem inländischen Gerichte eröffneten Strafverfahrens.[158]) Dabei wäre aber erforderlich:

1. Eine Vorschrift zum Schutze des Beschuldigten bei ungebührlicher Verlängerung des Prozesses, d. h. in Wahrheit zur Aufrechterhaltung des Instituts der Verjährung in letzterem Falle.

2. Eine Vorschrift, welche die Verjährungszeit dann verlängert, wenn der Prozeß wegen Abwesenheit des Beschuldigten

---

[157]) Nach dem belgischen Gesetz vom 17./4. 78 Art. 26 kann durch mehrfache Unterbrechungen höchstens eine Verdoppelung der sonst gesetzlichen Verjährungszeit herbeigeführt werden. Nach dem italienischen StGB. Art. 93 wird die Verjährungszeit durch Unterbrechung nur um die Hälfte verlängert; ebenso nach dem schweizerischen Vorentwurf von 1903 Art. 55 § 3 (vgl. auch StGB. für den Kanton Tessin Art. 78 und für Graubünden in Ansehung der Polizeiübertretungen, Polizeistrafgesetz von 1873 § 1, mitgeteilt in *Stooss*, Die schweizerischen Strafgesetzbücher Bern 1890 S. 244, vgl. *Loening* S. 455).

Nach dem italienischen Gesetzbuch Art. 93 Abs. 3 unterbricht bei Delikten mit kürzerer als einjähriger Verjährungszeit jeder Verfahrensakt die Verjährung; aber diese ist, falls nicht die Verurteilung erfolgt, jedenfalls nach Ablauf eines Jahres, gerechnet von Begehung des Delikts, vollendet. Andererseits ist jedoch zu beachten, daß die gegenwärtig (1908) geltende italienische StPO. auch in schweren Strafsachen eine Verurteilung *in contumaciam* kennt (vgl. *Codice di procedura* 543 ff.), welche durch Stellung oder Eingreifung des Verurteilten hinfällig wird, so daß ein wesentlicher Effekt jener Verurteilung gerade in der Unterbrechung der Verjährung besteht mit der Wirkung, daß nun die volle Verjährungszeit von neuem laufen muß, wenn der Verurteilte straffrei werden soll. (Übereinstimmend auch der Entwurf einer neuen italienischen StPO. von 1905 Art. 520 ff. Die österreichischen Entwürfe von 1893 haben noch das System des deutschen StGB. Auch das norwegische StGB. § 70 steht hier noch vollständig in der alten Theorie, was sich wohl aus der bisher in Norwegen herrschenden Abneigung gegen das Institut der strafrechtlichen Verjährung erklart (vgl. *Bittl*, Motive S. 200).

[158]) In diesem Sinne jetzt *Hoegel*, Teilreformen auf dem Gebiete des österreichischen Strafrechts 1908 S. 202.

infolge der prozessualen Grundsätze der Unzulässigkeit der Verurteilung eines Abwesenden nicht zu Ende geführt werden kann. Es liegt hier ein rechtliches Hindernis des Prozesses vor,[159]) also wäre etwa zu bestimmen:

„1. Verjährung tritt jedoch ein, wenn bei Anwesenheit des Beschuldigten (Angeklagten) rechtskräftige Verurteilung nicht binnen einer Frist erfolgt, welche a) bei Verbrechen, die sonst geltende Verjährungszeit um drei Jahre, b) bei Vergehen um zwei Jahre, c) bei Übertretungen um ein Jahr, übersteigt.

2. Verjährung ist bei Abwesenheit des Angeklagten ausgeschlossen, nachdem das Verfahren eingestellt wurde oder sonst nicht fortgeführt werden konnte, während der unter 1. a—c bezeichneten Zeiträume, welche zu den sonst geltenden Verjährungsfristen hinzukommen.[160])"

Der Grundsatz, daß die Verjährung stets nur gegen den einzelnen Schuldigen, gegen welchen das Verfahren sich richtet, unterbrochen, bezw. gehemmt wird, ist aus dem oben angegebenen Grunde beizubehalten.

§ 180. Es ist oben bemerkt worden, daß es gegen Grund und Zweck der strafrechtlichen Verjährung verstoßen würde, tatsächliche Hindernisse den Lauf der Verjährung unterbrechen oder hemmen zu lassen. Anders kann aber unter gewissen Voraussetzungen die Behandlung solcher Umstände und Verhältnisse sich gestalten, welche von der Gesetzgebung aus besonderen Gründen zu Hindernissen erhoben sind,[160a]) welche — mit anderen Worten — die Verfolgung nicht hindern würden, wenn die Gesetzgebung es nicht selbst so bestimmt hätte. Hier kann der Ausgleich im Sinne einer nicht allzu starken Beschränkung, zuweilen einer Ermöglichung der Strafverfolgung darin bestehen, daß nach Beseitigung des Hindernisses die Verjährungs-

---

[159]) *Hoegel* a. a. O. will Hemmung (Ruhen) der Verjahrung (in unbestimmter Dauer), „wenn der Täter in der Absicht, sich dem Strafverfahren zu entziehen, sich in das Ausland geflüchtet hat, während der Dauer dieser Abwesenheit". Damit würden wir aber tatsächlich zu einem Satze zurückkehren, der von der gegenwärtigen deutschen Gesetzgebung schon mit Recht beseitigt wurde. Vgl. oben S. 418.

[160]) Vgl. auch russisches StGB. von 1903 Art. 68 Nr. 2, wo aber die Fristen bei eingeleitetem Prozesse (durch Verdoppelung bezw. Verdreifachung der sonst geltenden Frist) zu umfangreich bemessen sind.

[160a]) Die französische Jurisprudenz nimmt an, daß, wenn das Gesetz selbst ein Hindernis der Verfolgung aufstelle, die Verjährung nicht beginne. *Mangin, Traité de l'action publique* 2 n. 335.

frist um die Dauer des Hindernisses verlängert, d. h. daß die Dauer des Hindernisses nicht in die Verjährungsfrist eingerechnet wird,[160b]) die Verjährung, wie man sich ausdrückt, in dieser Zeit ruht[160c]) (StGB. § 69). Es muß[160d]) dabei aber festgehalten werden, daß, weil hier besondere Gründe entscheiden und der Grundsatz »*Agere non valenti non currit praescriptio*« nur zivilrechtlich berechtigt erscheint, solches Ruhen der Verjährung sich nie von selbst versteht und analoge Anwendung von einem Hindernisse auf ein anderes ausgeschlossen sein muß.[161])

Verkehrt würde es sein, den Mangel des Strafantrags oder der Ermächtigung zur Strafverfolgung als ein solches die Verjährung hemmendes Hindernis zu behandeln. Damit würde der Strafverfolgung von Antrags- und Ermächtigungsdelikten meist eine längere Lebensdauer gegeben werden, als Offizialdelikten von gleicher Schwere — ein zweifellos irrationelles Ergebnis.[162])

Anders verhält es sich aber, wenn das Gesetz den Strafrichter hindert, den Ausspruch über die Schuld abzugeben, weil über eine Vorfrage die in einem anderen Prozesse oder seitens einer anderen Behörde[162a]) ergehende Entscheidung

[160b]) Man kann dafür auch anführen L. 31 D. 48, 5. Wenn jemand von Erhebung der Anklage wegen *Adulterium* dadurch ausgeschlossen war, daß eine andere Anklage zuvor erledigt sein mußte, so wurde die während des Vorprozesses verstrichene Zeit in die Verjährungsfrist nicht miteingerechnet. »*Aequum est, computationi quinquiennii eximi id tempus, quod per postulationem praecedentem consumptum sit.*«

[160c]) Dieser Ausdruck ist vielleicht aus dem sächsischen StGB. Art. 114 Abs. 4 in das deutsche StGB. gekommen; noch in Entwurf II des StGB. findet er sich nicht.

[160d]) Wie gegen Unterbrechung, so auch gegen irgendwelches Ruhen der Verjährung die Ausführungen *Ortmanns*, der aber dann, um nicht die Strafjustiz allzusehr zu beeinträchtigen, auf den bedenklichen Abweg gerät, die Verjährungsfristen sehr stark zu verlängern.

[161]) Schon aus diesem Grunde war das in Übereinstimmung mit den Ausführungen des Oberreichsanwalts ergangene noch in anderer Weise genauer begründete Urteil des RG. IV 24./6. 92 E. 23 Nr. 57 S. 184 ff. zutreffend, da es zu dem Ergebnis gelangte, daß die Verjährung des einem Reichstagsabgeordneten zur Last gelegten Delikts während der Dauer der Reichstagssession nicht ruhe, obschon nach Art. 31 der Reichsverfassung der Mangel der Genehmigung des Reichstags zur Verfolgung des Abgeordneten als ein rechtliches Hindernis der Verfolgung zu betrachten ist.

[162]) Dieser Fehler findet sich im italienischen StGB. Art. 92 Abs. 2 in Verbindung mit Art. 124, 127. Er ist dagegen im Anschluß an das deutsche StGB. vermieden im norwegischen StGB. S. 70 Abs. 2, sowie in dem österreichischen Entwurfe von 1893 § 69. — Eigentumlich und zu weitgehend schweizerischer Voren wurf 1903 Art. 55 § 3 Abs. 1 „Ersteht der Täter im Ausland eine Freiheitsstrafe, so ruht die Verjährung während des Vollzuges".

[162a]) Vgl. z. B. StGB. §§ 170, 171 S. 236, 237 in Verbindung § 238, § 164 Abs. 2 §§ 186, 187 in Verbindung mit 191, landesgesetzliches EGGV. § 11 Nr. 2

das Strafverfahren erst ermöglichen soll. Der Aufschub dient hier der besseren Aufhellung der Schuld, und somit kann umgekehrt die Vollendung der Verjährung gerade während der Zeit dieses Aufschubs oder die Einrechnung dieser Zeit in die Verjährungszeit als ebenso irrationell betrachtet werden, wie etwa der Satz, daß auch während des Prozesses ohne jede Beschränkung die Verjährungszeit fortlaufen solle.[162b]) So erklärt es sich wohl, daß im Anschluß an ein Arrêt des Kassationshofs vom Jahre 1810 die französische Praxis in diesem Falle einer in einem anderen Verfahren nach Vorschrift des Gesetzes zu entscheidenden Vorfrage eine »*Suspension*« der Verjährung angenommen hat, obschon das französische Gesetz nichts davon enthält, und der Satz »*Agere non valenti non currit praescriptio*« auf den der KH. sich berief, im Strafrecht überhaupt nicht anwendbar sein darf.[162c])

Nur für den Fall der durch das Gesetz unbedingt gebotenen — einem anderen Verfahren zugewiesenen — Vorentscheidung[162d]) verordnete ursprünglich StGB. § 69 das Ruhen der Verjährung.[163]) Es darf diesem Falle nicht gleichgestellt werden der

---

[162b]) Kann die Vorfrage in dem betreffenden besonderen Verfahren nicht mehr entschieden (z. B. die Ehescheidung wegen Todes des Ehescheidungsklägers nicht mehr ausgesprochen) werden, so ist damit auch die Fortsetzung des Strafverfahrens unmöglich geworden. *Heinze* in *Holtzend.* Handb. 2 S. 614; *Binding*, Handb. 1 S. 842; *Olshausen* § 69 Anm. 7.

[162c]) M. E. hat hier die französische Praxis in die Prärogative des Gesetzgebers hinübergegriffen. Daher erklaren sich *Cousturier* (S. 211 ff.) und *Garraud*, *Précis* n. 408 gegen diese Praxis. — Gesetzlich anerkannt ist die *Suspension de la prescription* im StGB. für den Kanton Waadt Art. 76 »*sur l'inscription en faux fait par le prévenu dans le cours de l'instruction dirigée contre lui*« und »*pendant le cours de l'action civile qui donne lieu à la suspension des poursuites pénales*«. — Im bayerischen StGB. von 1861 war (§ 218) das Ruhen der Verjährung in dem Falle des Ehebruchs ausdrücklich bestimmt wahrend der Dauer des auf Scheidung oder Trennung gerichteten Verfahrens.

[162d]) Übereinstimmend die Strafgesetzbücher für Ungarn § 109 („Wenn die Einleitung oder Fortsetzung des Strafverfahrens von der behördlichen Entscheidung einer Vorfrage abhängig ist"); fur Bulgarien Art. 74; für Norwegen § 71; für Rußland 1903 § 71; österreichische Entwürfe von 1893 § 69 (67) Abs. 4. Nach dem Wortlaut des niederländischen StGB. Art. 73 scheint die Verjährung auch zu ruhen, wenn das Gericht die Entscheidung einer Vorfrage für zweckmaßig erachtet (?).

[163]) Eigentlich war dieser Paragraph, hauptsächlich mit Rücksicht auf das französisch-rheinische Recht eingefügt, nur eine gesetzliche Anerkennung der französischen Praxis, in welcher andere Fälle der »*Suspension*« der Verjährung anscheinend nicht vorgekommen waren. — Zu bemerken ist, daß schon *Engau*, Verjährung § 100, in dem Falle „wenn das peinliche Gericht an dem Erfolg des peinlichen hanget, und daher ehe dieses geendigt worden, nicht angestellt werden kann" Hinderung der Verjährung annimmt.

Fall, daß das Gericht nach seinem Ermessen [164]) den Ausgang eines anderen Prozesses abzuwarten für zweckmäßig erachtet.[164a]) Der Lauf der Verjährung darf nicht für möglicherweise längere Zeiträume vom richterlichen Ermessen, vielleicht von richterlicher Bequemlichkeit abhängig gemacht werden.[165])

Durch das den § 69 des StGB. abändernde Gesetz vom 26./3. 93 ist aber das Ruhen der Verjährung zu einem ziemlich umfassenden Prinzipe erhoben.[166]) Die Verjährung ruht allgemein während der Zeit, in welcher auf Grund gesetzlicher Vorschrift die Strafverfolgung nicht begonnen oder nicht fortgesetzt werden kann. Diese Ausdehnung wurde veranlaßt durch das schon oben (vgl. Anm. 161) erwähnte Urteil des RG., demzufolge die Verjährung einer einem Reichstagsabgeordneten zur Last gelegten strafbaren Handlung ungehemmt auch während der Zeit fortlief, während welcher nach Art. 31 der Reichsverfassung eine Verfolgung gesetzlich unzulässig war. Hiernach konnten insbesondere von einem Reichstagsmitgliede begangene Preßdelikte und Übertretungen, insbesondere, wenn die Session des Reichstags nicht geschlossen, sondern nur für längere Zeit vertagt war, leicht in der Art verjähren, daß tatsächlich die Verfolgung unausführbar wurde.

Jedes gesetzliche Hindernis[166a]) — insbesondere auch ein in einem persönlichen Verhältnis des Schuldigen[167])

---

[164]) Vgl. *Schwarze* § 69 Nr. 4; *Meves*, GArch. **39** S. 147; *Binding*, Handb. **1** S. 843 und besonders *Olshausen* § 69 Anm. 3; *Frank* § 69 II 2, auch RG. II 20./6. 82 E. **6** Nr. 127 bes. S. 386, II 2./12. 92 GArch. **40** S. 328 I 7./2. 98 E. **31** Nr. 5 bes. S. 13.

[164a]) Vgl. StPO. 261 und dazu RG. II 2./12. 92 GArch. **40** S. 328, vgl. auch bayerisches KH. 26./3. 77, *Stengleins* Zeitschr. **7** S. 21.

[165]) Anders (weil das Institut der Verjährung nur auf der Zweckmäßigkeit beruhe) *Altona*, GS. **48** S. 205.

[166]) Vgl. über die Entstehungsgeschichte dieses Gesetzes *Seuffert*, Zeitschr. **14** S. 543 ff.

[166a]) Durch Art. 31 der Reichsverfassung sind staatsanwaltschaftliche und richterliche Ermittlungshandlungen nicht ausgeschlossen. Im Gegenteil werden sie nicht selten dem Reichstage erst eine richtige Entscheidung darüber ermöglichen, ob eine Verfolgung eines Mitgliedes stattzufinden habe (*Finger* **1** S. 586 Anm.). Daß der Reichstag die Genehmigung zu versagen pflegt, erklärt sich daraus, daß die in Betracht kommenden Delikte ausnahmlos nicht besonders schwerer Art gewesen sind.

[167]) Nimmt man an — was ich jedoch für unrichtig halte —, daß exterritoriale Personen — abgesehen doch wohl von fremden Staatsoberhäuptern! — nur von der inländischen Strafgerichtsbarkeit, nicht aber zugleich von dem inländischen Strafgesetze selbst eximiert seien, so würde die Bestimmung des gegen-

begründetes — des Beginnes oder der Fortsetzung des Strafverfahrens bewirkt nunmehr das Ruhen der Verjährung. Diesem allgemeinen Prinzipe entsprechend würde auch der Mangel des Antrags, bzw. der Ermächtigung das Ruhen bewirkt haben. Man hat aber mit gutem Grunde [167a]) bestimmt, daß Mangel des Strafantrags wie der Ermächtigung die Verjährung nicht hemmen soll. Bei Strafantrag und Ermächtigung liegt der legislative Grund des gesetzlichen Hindernisses in der der Natur des betreffenden Delikts entsprechenden Berücksichtigung des Gefühls und des Willens der verletzten Person, eine Berücksichtigung, welche den Schuldigen der Strafe auch endgültig entziehen kann. In den neu hinzugefügten Fällen des Ruhens der Verjährung dagegen handelt es sich um ein persönliches Privileg, welches nur einstweilen vor Verfolgung schützen soll.

Insofern es einer Genehmigung (Art. 31 der Rückverfassung) [168]) zur Verfolgung des Schuldigen bedarf, genügt das Fehlen der Genehmigung, um den Beginn eines Strafverfahrens auszuschließen, und so auch die Verjährung ruhen zu machen: Verweigerung der Genehmigung ist nicht erforderlich;[169]) die Verweigerung ist vielmehr rechtlich bedeutungslos: sie würde nicht einmal eine spätere Genehmigung unmöglich machen. Dagegen bedarf es, um ein gegen ein Reichstagsmitglied nach Beginn der Reichstagssession bereits eröffnetes Verfahren und somit in diesem Falle die Verjährung zu hemmen, eines auf Aufhebung dieses Verfahrens gerichteten Verlangens des Reichstags; die Verjährung läuft also in diesem Falle, bis solches Verlangen erfolgt ist.[170])

Ein rechtliches Hindernis besonderer Art ergibt sich nach (als Gesetz publizierten) Auslieferungsverträgen, welche die Bestrafung einer ausgelieferten Person auf die im Vertrage be-

---

wärtigen § 69 auch auf exterritoriale Personen Anwendung finden. Vgl. *Beling*, Die strafrechtliche Bedeutung der Exterritorialität 1896, S. 175; *Olshausen* § 69 Anm. 69 c. Vgl. dagegen *Harburger*, Der strafrechtliche Begriff Inland 1882 S. 171 ff. und *Bar*, Lehrb. d. internation. Privat- und Strafrechts S. 347 ff.

[167a]) Vgl. oben S. 319.

[168]) Vgl. preußische Verfassungsurkunde Art. 84 Abs. 2 und 4.

[169]) So RG. II 15./2. 95 E. 27 Nr. 5 S. 11; RG. III 25./10. 95 E. 88 Nr. 135 S. 410; *Olshausen* § 69 Anm. 1 c.

[170]) RG. I 17./10. 95 E. 27 Nr. 136 S. 385 von *Olshausen*.

stimmten Delikte beschränken, es sei denn, daß diese Person nach der wegen des Auslieferungsdeliktes erfolgten Bestrafung oder Freisprechung über eine bestimmte Frist hinaus im Lande verbleibe (oder aufs neue dorthin komme).[171]) Während der Dauer dieser Frist besteht ein gesetzliches Hindernis der Strafverfolgung. Nach Maßgabe der neuen Fassung des § 69 ruht also auch hier die Verjährung.[172])

Die Bestimmung des gegenwärtig geltenden § 69 würde bei der Reform des Strafrechts beizubehalten, jedoch, wenn die Unterbrechung der Verjährung durch bestimmte Endtermine begrenzt sein soll, durch eine Vorschrift zu ergänzen sein, derzufolge das Ruhen der Verjährung nicht über bestimmte Zeiträume hinaus sich erstrecken dürfte. Dies entspricht nicht nur der Konsequenz; es wird auch durch die der Verjährung zugrunde liegende Rechtsidee gefordert.

§ 181. Die Länge der Verjährungsfristen betreffend, wird es einem Zweifel nicht unterliegenn— es sind darin alle neueren Gesetzgebungen einig —, daß hier die Schwere des Deliktes entscheidend sein muß.[172a]) Soll aber die *in concreto* gerechte Strafe oder die *in abstracto* möglicherweise zu verhängende als die für das fragliche Delikt im Höchstmaße angedrohte Strafe maßgebend sein? Der eigentlichen *Ratio legis*

---

[171]) Z. B. Auslieferungsvertrag zwischen dem Deutschen Reiche und der Schweiz vom 24./1. 74 Art. 4 (Reichsgesetzblatt 1874 S. 116).

[172]) So RG. IV 23./6. 99 E. 82 Nr. 75 bes. S. 250. *Olshausen* § 69 Anm. 1c.

[172a]) Für Strafbestimmungen, die in Gesetzen vorkommen, welche in der Hauptsache andere Materien (z. B. Steuern verschiedener Art, Ausübung von Gewerben usw.) betreffen, werden die Verjährungsfristen oft zweckmäßig nach besonderen Rücksichten sich bestimmen. Daher finden sich in zahlreichen Gesetzen des Deutschen Reiches besondere Verjährungsfristen. Vgl. über solche Bestimmungen *Liszt* § 77 zu I 3. — Über die Befugnis der Landesgesetzgebung die Verjährungsfristen anders zu bestimmen als im StGB., vgl. Bd. 1 S. 32. — Über die gegenwärtig geltenden Fristen, vgl. StGB. § 67. — Eine Lücke besteht bezüglich der mit lebenslänglicher Festungshaft bedrohten Verbrechen. Da diese Strafe doch nicht die Schwere lebenslänglicher Zuchthausstrafe erreicht, wird man mit *Oppenhoff-Delius* § 67 Anm. 3; *H. Meyer* § 45 Anm. 20; auch *Allfeld*, *Olshausen* § 67 Anm. 4; *Liszt* § 77 I 1; *Finger* 1 S. 576 eine fünfzehnjährige Verjährung anzunehmen haben. Anders, für zwanzigjährige Frist: *Berner* S. 326; *Koopmann* S. 20 und *Binding*, Handb. 1 S. 844 Grundr. S. 302. — Bei alternativer Androhung von Geld- und Freiheitsstrafe muß allein die letztere — als die vom Gesetze im allgemeinen für schwerer erachtete Strafe — entscheiden. (Anders *Finger* 1 S. 576.) — Bei Androhung lediglich von Geldstrafe — ein Fall der im StGB. selbst nicht vorkommt und daher im StGB. § 67 nicht erwähnt ist, — müßte, wenn eine besondere Bestimmung im Spezialgesetze fehlen sollte, das Höchstmaß der im Unvermögensfalle eintretenden Freiheitsstrafe entscheiden.

der Verjährung würde das erstere entsprechen; denn nicht der mögliche, sondern der wirkliche Eindruck der Tat entscheidet sowohl über seine Dauer, wie in gewissem Maße auch für die Erhaltung der Beweise, und wenn die gesetzlichen Strafrahmen für die einzelnen Deliktsarten sehr weite sind — und die neueste Tendenz geht dahin, sie noch erheblich zu erweitern, wenigstens für alle nicht zu den sog. Übertretungen zählenden Straftaten —, so gelangt man leicht dahin, für tatsächlich höchst unbedeutende Taten sehr lange Verjährungszeiten zu fordern, lediglich aus dem Grunde, daß andere tatsächlich schwerwiegende Taten, die sich lange im Gedächtnis erhalten, logisch unter denselben Gesetzesparagraphen mit jenen unbedeutenden Handlungen gebracht werden müssen.[172b]) Dieser Erwägung steht aber die Rücksicht entgegen, daß die Strafbarkeit der Tat im einzelnen Falle sich nur nach genauerer Untersuchung feststellen läßt, und daß es sich empfiehlt, über verjährte Delikte möglichst wenig Untersuchungen zu veranlassen, also die Frage, ob Verjährung vorliegt, schon nach den sofort in die Augen fallenden Umrissen der Tat entscheiden zu können.[173]) Es ist zwar nicht ganz zu vermeiden, eine Verjährung erst nach völlig verhandelter Sache anzuerkennen, aber gleichwohl ein Übelstand: man wird dabei die Schuld des Angeklagten häufig ziemlich evident machen und muß ihn doch auf Grund der Verjährung straffrei lassen. Die Praxis des französischen Kassationshofes[174]) läßt ungeachtet jener Verletzung des Grundgedankens der Verjährung das für die Tat *in abstracto* angedrohte Höchstmaß der Strafe entscheiden, jedoch unter Berücksichtigung der im Gesetze durch besondere Tatumstände bedingten hervorgehobenen Milderungsgründe (*Excuses*). Das Prinzip des französischen Rechts ist dann in voller

---

[172b]) Auch *Hälschner* 1 S. 697 Anm. deutet an, daß eigentlich über die Bemessung der Verjährungsfrist die konkrete Tat entscheiden müsse.

[173]) Nach dem früheren gemeinen Rechte, welches den zur Verjährung erforderlichen Zeitraum nach Verbrechensarten abstrakt bestimmte, war keine Veranlassung *de lege lata* auf die Frage einzugehen. Sachlich liegt dem früheren gemeinen Recht auch das System zum Grunde, die Dauer der Verjahrung nach der Tat *in abstracto* zu bestimmen.

[174]) Vgl. *Garraud*, *Précis* n. 403, der zustimmt. Die Frage ist in Frankreich theoretisch kontrovers. *Faustin Hélie*, *Traité de l'instr. crim.* 2 n. 1057; *Cousturier* n. 113 und der belgische KH. entscheiden im entgegengesetzten Sinne.

Schärfe von den deutschen Gesetzgebungen angenommen[175]) und so auch dasjenige des StGB. geworden, ebenso z. B. des niederländischen Art. 70, des norwegischen § 67, der österreichischen Entwürfe von 1893 § 66, des schweizerischen Vorentwurfs (1903) Art. 55. Dagegen folgt das italienische GB. Art. 91 dem entgegengesetzten Prinzip.[176])

§ 182. Das richtige System dürfte m. E. darin bestehen, eine Kombination vorzunehmen und die Verjährungsfrist nicht lediglich nach der Schwere der Strafen, sondern auch danach zu bestimmen, ob der Eindruck der Tat längere oder kürzere Zeit dauert und, was damit meistens zusammenhängt, die Beweise noch längere Zeit mit größerer oder minderer Sicherheit erhoben werden können. Demnach würden einer besonders kurzen Verjährung unterliegen: Delikte, deren Tatbestand lediglich in mündlichen oder pantomimischen Äußerungen verwirklicht wird,[176a]) sodann Delikte, bei denen angenommen werden darf, daß, wenn sie nicht binnen kurzer Zeit verfolgt werden, sie meist nicht einmal einen irgend nennenswerten psychischen Eindruck und ideellen Schaden hervorgebracht haben werden, bei denen die Schuld in solchem Falle also in Wahrheit auch geringer ist. Wenn solche Delikte erst verspätet zur Anzeige kommen, so liegen der letzteren oft niedrige und verwerfliche Motive, insbesondere Rachsucht, zum Grunde, und die Zeugen sind häufig keineswegs unverdächtig. Auch sollten alle Delikte, die einen nennenswerten Schaden nicht bewirkt haben, in kürzerer Zeit verjähren. Dies letztere Moment wird regelmäßig ohne eingehende Beweisführung feststehen, falls es zutrifft: die Erwägung also, welche dafür anzuführen ist, die Verjährungszeit nicht nach der *in concreto*

---

[175]) Undeutlich noch bayerisches GB. von 1813 Art. 140, aber schon das GB. für Württemberg 130 macht die erforderliche Zeit abhängig von der Strafe, mit welcher die Straftat bedroht ist, ebenso braunschweigisches GB. 71, hannoversches 89, badisches 190, österreichisches 228 usw.

[176]) Vgl. darüber und über den entscheidenedn Grund *Crivellari* 4 S. 585, 586.

[176a]) Vgl. schon gegenwärtig deutsches Gesetz vom 17./2. 08 betreffend die Bestrafung der Majestätsbeleidigung Abs. 4 „Die Verfolgung verjährt in sechs Monaten". Nach dem englischen *Statute Law* verjähren *blasphemous words* binnen drei Monaten nach der darüber aufgenommenen Anzeige; letztere muß binnen vier Tagen nach der strafbaren Äußerung erfolgen. *Archbold-Craies-Stephenson* S. 1020. — Die Verjährungsfrist von fünf Jahren (StGB. § 67 Abs.) für nur mündliche Beleidigung, üble Nachrede und selbst Bedrohung mit der Begehung eines Verbrechens ist m. E. eine zu lange.

zu bestimmenden Strafe zu bemessen, trifft insoweit in den meisten Fällen nicht zu. Man könnte also bestimmen: die Verjährungszeit beträgt, wenn ein nennenswerter Schaden nicht eingetreten ist, die Hälfte der sonst für das Delikt bestimmten Verjährungszeit.[176b]) Endlich wäre das jugendliche Alter, insofern es einen absoluten, nicht vom richterlichen Ermessen abhängenden Milderungsgrund bildet,[176c]) zu berücksichtigen. Dagegen nicht der Rückfall. Allerdings wird der Rückfall ebenso wie das jugendliche Alter meist ohne weiteres festzustellen sein. Aber der Rückfall hat mit den Gründen, nach denen rationell die Verjährungsfristen sich bestimmen, wenig zu schaffen: das Delikt der Rückfälligen macht objektiv betrachtet keinen nachhaltigeren Eindruck als das gleiche Delikt der Nichtrückfälligen, und mit den Beweisen steht es auch nicht anders. Der Rückfall beweist nur die größere persönliche Strafbedürftigkeit. Verjährt das im Rückfalle begangene Delikt erst in unverhältnismäßig langer Zeit, so kann dies zu einer großen nicht gerechtfertigten Härte werden, da der Schuldige sehr wohl in der abgesehen vom Rückfall geltenden Verjährungszeit sich gebessert haben kann; hat er ein anderes Verbrechen nicht außerdem begangen, so wird letztere Annahme meistens zutreffen. Eine besonders lange Verjährungszeit ist daher oft gerade verderblich. Mildernde Umstände endlich, welche nicht auf im Gesetze besonders bezeichneten bestimmten Tatbeständen beruhen und somit eine besondere Unterart des Delikts nicht charakterisieren, dürften, wenngleich sie im Gesetze durch einen besonderen Strafsatz ausgezeichnet sind, konsequenterweise nicht in Betracht kommen: sie können erst nach erschöpfender Verhandlung der Sache zuletzt festgestellt werden.

Die deutsche Wissenschaft ist sich über die in Betracht kommenden realen Gründe und deren richtige Kombination wenig klar geworden. Sie hält sich, wie öfter, meist an den

---

176b) Daß in einzelnen Fallen die Frage, ob ein solcher Schaden anzunehmen sei, zweifelhaft sein mag, soll nicht bestritten werden. Aber es werden verhaltnismäßig wenige sein, und auch das einfache System der Bestimmung der Verjahrung nach dem Höchstmaße der Strafe kann in einzelnen Fallen zu Zweifeln Anlaß geben.

176c) Dies erkennt auch der französische KH. an nach dem Wortlaut neuerer Gesetze von 1824 und 1832 über die Zustandigkeit der *Tribunaux correctionnels* bei Verbrechen jugendlicher Personen (unter 16 Jahren).

Wortlaut des Gesetzes und die dem Wortlaute entsprechende Dialektik, macht aber hin und wieder auf Grund eines richtigen Gefühls, daß in einzelnen Fällen Unzuträglichkeiten entstehen, Ausnahmen; daher denn auch verschiedene Kontroversen.

Völlig konsequent verfährt *Liszt* (§ 771), der absolut das Höchstmaß entscheiden läßt und nicht einmal — was sonst allgemein angenommen wird — auf Versuch und Beihilfe Rücksicht nehmen will, während umgekehrt z. B. *Finger* (**1** S. 577) der Ansicht ist, daß Qualifikations- und Privilegierungsumstände, nicht aber Strafzumessungsgründe von Bedeutung seien, aber doch, ungeachtet das Gesetz hier besondere Strafsätze enthält, die mildernden Umstände nicht glaubt berücksichtigen zu sollen. Das Reichsgericht (vgl. die Anm. 143 a zitierte Entscheidung) will unterscheiden zwischen objektiven und subjektiven Gründen der Strafbarkeit und nur erstere berücksichtigen, eine Unterscheidung, die zwar nicht durchaus abzulehnen, aber keineswegs ausreichend ist.

Kontroversen bestehen danach:

1. über das jugendliche Alter;[177])
2. über die mildernden Umstände;[178])
3. über den Rückfall.[179])

§ 183. Abgesehen von dem italienischen GB., welches, wie bemerkt, die Verjährungsfristen nach den in konkreten Fällen zu erkennenden Strafen bemißt, stellen die Gesetzgebungen (und so auch das deutsche StGB.) mehr oder minder umfassende Rahmen auf für die Länge der Verjährungsfristen, so daß diese Fristen oft für eine erhebliche Zahl von Delikten mit stark verschiedenem Strafmaximum gleichmäßig gelten, so z. B. verjähren nach StGB. § 67 Abs. 2 alle Vergehen, die im Höchstbetrage mit einer längeren als dreimonatigen Gefängnisstrafe bedrohten Vergehen in fünf Jahren. Dabei wird doch

---

[177]) Gegen die Berücksichtigung des jugendlichen Alters: *Hälschner* **1** S. 697; *Heinze* in *Holtzend.* Handb. **2** S. 616; *Wächter*, Vorles. S. 306; *H. Meyer* § 45 zu Anm. 24; *Olshausen* § 67 2 d; *Frank* § 67 I 2; *Finger* RG. I 22./11. 80 E. **3** Nr. 22 S. 52; — dafur: *Berner* S. 320; *Binding*, Handb. **1** S. 846; *Koopmann* S. 24.

[178]) *Berner* S. 320 und *Koopmann* S. 28 wollen dieselben berücksichtigen. Dagegen: z. B. *Halschner* 1 S. 697; *H. Meyer* § 45 zu Anm. 26; *Olshausen* § 67 Nr. 2 a.

[179]) Diesen wollen berücksichtigen *H. Meyer* § 45 zu Anm. 23; *Olshausen* § 67 2 b; *Binding* S. 846. — Dagegen: *Halschner* **1** S. 697.

Ungleiches zu sehr einer gleichen Behandlung unterworfen, und daher erscheint der Vorschlag *Hoegels* (Teilreformen S. 202) empfehlenswert, die Verjährungsfristen unmittelbar nach Maßgabe der für die einzelnen Deliktsarten geltenden Strafhöchstbeträge zu bestimmen. Meiner Ansicht nach wäre danach und meinen oben gegebenen Ausführungen entsprechend das Gesetz etwa folgendermaßen zu formulieren:

„1. Vorbehaltlich der in besonderen Gesetzen (oder in diesem Gesetze besonders)[179a]) für die Strafverfolgung bestimmten Verjährungsfristen verjährt die Strafverfolgung:

bei Verbrechen, die (mit dem Tode oder) mit lebenslänglichem Zuchthaus bedroht sind, in zwanzig Jahren; bei allen anderen mit zeitlicher Zuchthausstrafe bedrohten Verbrechen in einer das Höchstmaß der Strafe um zwei Jahre übersteigenden Frist;

bei Handlungen, die mit Gefängnisstrafe bedroht sind, in einer das Höchstmaß der Strafe um ein Jahr übersteigenden Frist;

bei Handlungen, die mit Haftstrafe bedroht sind, in einer das Höchstmaß der Strafe um .... übersteigenden Frist;

bei Handlungen, die mit Geldstrafe über tausend Mark ausschließlich bedroht sind, in einem Jahre, bei Handlungen, die mit Geldstrafe bis tausend Mark ausschließlich bedroht sind, in drei Monaten.[180])

Für das Höchstmaß kommen in Betracht die für einzelne bestimmte Tatumstände besonders bestimmten Strafsätze, ebenso die für jugendliche Angeklagte und die für Teilnahme und Versuch bestimmten Strafsätze, nicht aber mildernde nicht durch bestimmte Tatumstände bedingte Umstände und Rückfall. Mindestens aber bleibt auch in solchen Fällen der Strafverfolgung ein Zeitraum von drei Monaten.

2. Insoweit nicht besondere Verjährungsfristen bestimmt sind, verjährt die Strafverfolgung in der Hälfte

---

179a) Vgl. oben S. 437.

180) Selbstverständlich sind hier Modifikationen nach dem bei der Reform angenommenen Strafensystem vorbehalten.

der sonst bestimmten Zeit, falls durch die Handlung des Schuldigen selbst und im Falle der Teilnahme auch durch die Handlung des Täters (oder der Täter) ein nennenswerter Schaden nicht verursacht ist, jedoch nicht in einer weniger als drei Monate betragenden Frist."

§ 184. Im XVIII. Jahrhundert, wo viele Schriftsteller, wie bemerkt, die Verjährung sehr ungünstig beurteilten, haben einzelne Gesetzgebungen eine Reihe schwerer Verbrechen für unverjährbar erklärt,[181]) wie auch schon früher die Neigung hervortritt, gewisse »*Crimina atrocissima*« *per analogiam* der nach römischem Recht der Verjährung entzogenen Verbrechen als unverjährbar zu behandeln.[182]) Die moderne Gesetzgebung[183]) ist davon zurückgekommen, und mit Recht. Jede Ausnahme muß hier auf Willkür beruhen: bei jedem Verbrechen lassen erhebliche Milderungsgründe sich denken, die es in der Strafbarkeit unter andere Verbrechen herabsetzen; bei jedem Verbrechen wird mit der Zeit der Beweis unsicherer, verwischt sich der Eindruck der Tat, und bei keinem Verbrechen ohne Ausnahme läßt sich für die Mehrzahl der Fälle behaupten, der Schuldige sei nach sehr langer Zeit noch in moralischer Hinsicht dieselbe Persönlichkeit, welche einst das Verbrechen beging. Der Ablauf von 20 Jahren wird selbst für die schwersten Verbrechen genügen, und demgemäß bestimmen auch die gegenwärtig geltenden Gesetzgebungen fast durchgängig. Daß eine Verurteilung zum Tode lange Zeit nach Begehung des Verbrechens das Gefühl verletzt, ist wohl außer Zweifel. Sollte die Todesstrafe beibehalten werden, so wäre m. E. zu bestimmen:

„Gelangt ein mit Todesstrafe bedrohtes Verbrechen erst nach Ablauf von 10 Jahren zur Aburteilung, so ist statt auf Todesstrafe auf Zuchthaus nicht unter 10 Jahren zu erkennen."

---

[181]) Vgl. besonders z. B. *Theresiana* Art. 16 § 9.

[182]) Vgl. z. B. *Carpzov* qu. 151, 152, dessen Zitate italienischer Schriftsteller jedoch nicht durchweg zutreffend sind.

[183]) Eine Ausnahme bildet hier das österreichische GB. § 231, und noch in den Entwürfen von 1893 § 73 (bezw. 68) ist gesagt: „Bei Verbrechen, welche mit dem Tode bedroht sind, ist die Verjährung ausgeschlossen". Nach Ablauf von 20 Jahren soll jedoch an Stelle der Todesstrafe Zuchthaus nicht unter 10 Jahren treten.

Verjährung rechtskräftig erkannter Strafen oder richtiger ausgedrückt: Verjährung des Rechts der Strafvollstreckung.[184])

§ 185. Das französische Recht kannte schon vor der ersten Revolution eine dreißig Jahre erfordernde Verjährung der im Kontumazialverfahren erkannten (etwa nur *in effigie* zu vollziehenden) Strafen.[185]) Bei Abfassung des *Code d'instruction criminelle* hat man solche Verjährung auch auf die bei Anwesenheit des Angeklagten erkannten Strafen ausgedehnt und, humanitäre Rücksichten[186]) zum Grunde legend, die Verjährungsfristen wie bei der Strafverfolgung nach der Schwere der Strafen bestimmt, selbstverständlich nunmehr nach der Höhe der erkannten Strafen.[187]) Konsequenz kann dieser Erweiterung der Strafverjährung, welche in Deutschland längere Zeit hindurch viel-

[184]) *Binding* **1** S. 853 bezeichnet diese Verjahrung als Verjahrung des Rechts der Strafverfügung.

[185]) Vgl. *Jousse* **1** S. 583. Der Grund war zunächst eine aus dem positiven Rechte gezogene Konsequenz. Man nahm an, durch die *in effigie* geschehene Vollziehung (z. B. Anschlagen des Namens am Galgen) werde die bis dahin laufende Verjährung (der Strafverfolgung) unwirksam und nun entstehe ein Strafanspruch (Obligation) des Staates gegen den Verurteilten. Auf diesen Anspruch wurde die 30jährige Verjahrung des Zivilrechts angewandt, die man fur ein ganz allgemeines, daher auch auf erkannte Strafen zu beziehendes Rechtsinstitut hielt. Vgl. daruber *Merlin*, *Répertoire universel de jurisprudence* (*Prescription* sect. III § 7 art. 1).

[186]) »*La glaive de la loi suspendue pendant vingt ans sur la tête du coupable, Législateurs, ce supplice, plus cruel que la mort, n'a-t-il pas assez vengé le crime et légitimé la prescription.*«

[187]) *Abegg*, Verjahrung S. 104, bemerkt uber Folgen verspäteter Strafvollstreckung sehr richtig: „Ein in angehendem Mannesalter Befindlicher ist zu Gefängnis von einigen Monaten oder selbst einem Jahre verurteilt. Die Vollstreckung ist nicht erfolgt; der durch das Urteil gewarnte und zugleich durch bessere Motive zu einem geordneten Leben zuruckgefuhrte Schuldige hat sich mit gunstigem Erfolge einem burgerlichen Beruf gewidmet, eine Ehe geschlossen, die Achtung seiner Genossen erworben. Nach mehreren Jahren wird er ermittelt, die Identitat mit dem fruher Verurteilten hergestellt und nun das Erkenntnis vollstreckt. . . . ." Ein anderer hat schwerer gefrevelt und hartere Strafe verwirkt. Aber ist es einerlei, ob eine zehn- oder mehrjahrige Freiheitsstrafe, zu welcher der jungere im sog. besten Alter stehende Mann verurteilt worden war, nach zwanzig oder mehr Jahren an dem vollzogen wird, der sich dem Greisenalter naht oder Greis geworden ist?" *Hufnagel*, Komment. **1** S. 291: „(Es) ubt doch auch hier (nach ergangenem Strafurteil) die Zeit ihre Macht auf das Gefuhl aus, und wenn ein solcher Verbrecher eine lange Zeit so gesetzlich gelebt hat, daß er keine in dem Gesetzbuche fur strafbar erklärte Handlung begangen hat, so hat sich die Gerechtigkeit mit ihm ausgesohnt". Auch der beruhmte Roman *Victor Hugos* »*Les misérables*« schildert das Unheil, welches nach langen Jahren drohende Strafvollstreckung mit sich fuhren kann. — *Binding* **1** S. 828 vermißt jeden zwingenden Grund fur die Verjahrung erkannter Strafen; er meint, damit werde nur die Flucht oder die geschickte Tauschung des Staates durch den nicht fluchtigen Verbrecher pramiiert. *Binding* durfte aber gegenwartig mit dieser Ansicht, falls er sie noch hegt, ziemlich isoliert stehen.

fach bekämpft wurde,[187a]) nicht abgesprochen werden, sofern der Grund der letzteren nicht ausschließlich in der entstehenden Unsicherheit der Beweise erblickt wird. Die Konsequenz ist indes in der Gesetzgebung noch nicht genügend beobachtet.

Der Verurteilte und die Verhältnisse ändern sich nach dem Urteile ebenso wie vor dem Urteile, und man kann nicht einmal mit Grund behaupten, daß durch eine Verurteilung das Andenken an die Tat in weiteren Kreisen länger erhalten werde. Daher ist mehrfach die Ansicht vertreten worden, es sei dem Grundprinzipe der Verjährung entsprechend und daher *de lege ferenda* richtig, dieselben Verjährungsfristen, welche für die Strafverfolgung gelten, für die Strafvollstreckung Anwendung finden zu lassen.[188]) Aber wenn überhaupt Unterbrechungsakte mit der Wirkung anerkannt werden sollen, daß die bis dahin verflossene Zeit nicht gerechnet wird und die Verjährung neu zu beginnen hat, so würde der entgegengesetzten und in den Gesetzgebungen[189]) überwiegend befolgten Ansicht [190]) beizupflichten sein. Rechtskräftige Verurteilung müßte doch als besonders wirksamer Unter-

[187a]) Vgl. z. B. *Bauer*, Entwurf eines CGB. für das Königreich Hannover mit Anmerkungen, 1826, S. 238, 544, und *Breidenbach*, Komment. **2** S. 702. Der Vertreter der Regierung bezeichnete bei den Verhandlungen über das hessische StGB. es als einen Hohn für die Justiz, wenn ein durch rechtskräftiges Urteil als Verbrecher charakterisierter Mensch nach Jahren zurückkehren und frei umhergehen könne. Das Königreich Sachsen (1838) und Württemberg 1839 nahmen indes die Strafvollstreckungsverjährung auf. Andererseits wurde sie in Preußen noch abgelehnt, weil das Motiv, welches vorwiegend die Verjahrung rechtfertige, die Erschwerung der Beweise, nach ergangenem rechtskräftigen Urteile hier nicht zutreffe. *Goltdammer*, Materialien **1** S. 381.

[188]) So mit ausführlicher Begründung von *Schwarze*, Verjährung S. 25 ff.; ferner von *Heinze* in *Holtzend.* Handb. **2** S. 616 Anm.; *Hälschner* **1** S. 695 und neuestens mit Nachdruck von *Loening* S. 467. — *Schütze* GS. **85** S. 127 wollte sogar kürzere Fristen fur die Vollstreckungsverjahrung.

[189]) Der *Code d'instruction crim.* 635 läßt z. B. bei *Crimes* die Verurteilung in 20 Jahren verjahren, wahrend die Strafverfolgung schon mit Ablauf von 10 Jahren verjahrt. Die deutschen Gesetzgebungen, welche überhaupt die Verjährung erkannter Strafen aufnahmen — was z. B. bei den Gesetzbüchern für Bayern von 1813 und Hannover, aber auch in den Gesetzbuchern für Hessen Art. 127, Nassau 128 („die Vollziehung der einmal rechtskraftig erkannten Strafen wird durch keinen Zeitablauf ausgeschlossen"), Preußen nicht der Fall — haben aber mit Ausnahme von Wurttemberg Art. 131 nicht durchweg langere Fristen für die Verjahrung angenommen. Vgl. die Gesetzbücher fur Baden § 194, fur Thüringen 73 und Sachsen Art. 115, welche die gleichen Fristen bestimmen wie fur die Verjahrung der Strafverfolgung in gleichen Fallen. — Das bayerische StGB. von 1861 Art. 97 (verglichen mit Art. 931) bestimmt aber erheblich längere Fristen.

[190]) Dafur *Hufnagel*, Württemberg StGB. **1** S 290 ff.; *Abegg*, *H. Meyer* § 45 zu Anm. 62, ebenso *Allfeld*.

brechungsakt anerkannt werden. Die Rücksicht auf die Unsicherheit der Beweise fällt fort, und die im Erkenntnisse liegende Erklärung, daß der Angeklagte wirklich Strafe verdient hatte, verlangt, daß die Strafjustiz nicht zu früh auf volle Genugtuung verzichte, erst später verzichte als in anderen Fällen, in denen bei Mangel einer Verurteilung die Schuld des Angeklagten nicht festgestellt ist.

Die vollständige dem allgemeinen legislativen Grunde strafrechtlicher Verjährung entsprechende Konsequenz dürfte jedoch darin bestehen, die Verjährung der Strafverfolgung mit der Verjährung rechtskräftig erkannter Strafen in einer Institution zu vereinigen und die rechtskräftige Verurteilung nur mit der Wirkung einer erheblichen Verlängerung der Verjährungsfrist auszustatten, sei es, daß man hier an die Unterbrechung oder an das Ruhen der Verjährung anknüpft. Denn wie aus den Argumenten hervorgeht, welche gegen längere Zeiträume der Verjährung der Strafvollstreckung geltend gemacht sind, der Ablauf der Zeit wirkt ungeachtet des Urteils.[191]) Man wird damit freilich nicht zu längeren Zeiträumen kommen, welche nach dem Ergehen des Urteils verfließen müssen, vielmehr eher zu kürzeren, als diejenigen sind, welche, abgesehen von dem Urteile, der Verwirklichung der Strafe gesetzt sind. Jeder Akt der Strafvollziehung würde selbstverständlich ein Ruhen der Verjährung herbeiführen, und selbstverständlich wäre auch dann für die Bemessung der Verjährungsfrist die im Urteile bestimmte Strafe maßgebend. Endlich aber wäre erforderlich, die Autorität der Verurteilung gegenüber mancherlei Zufälligkeiten (z. B. den Weiterungen der Auslieferung des Verbrechers, dem oft von Erfolg begleiteten Bestreben des Verurteilten, sich der Strafe zu entziehen) durch Festsetzung von Fristen zu wahren, welche, nach der Schwere der erkannten Strafen verschieden bemessen, der strafvollstreckenden Behörde unbedingt — ohne der Verkürzung durch irgendein Ereignis zu unterliegen — eine genügende

---

[191]) Darauf kommt das System des neuen russischen StGB. Art. 68 hinaus. Ist eine Verurteilung ergangen, so muß seit der Begehung der Straftat die verdoppelte (bezw. dreifache Zeit bei Übertretungen) Zeit verstrichen sein, welche Verjährung begründet, wenn ein Urteil nicht ergangen ist. Vgl. über das russische StGB. *Gretener* GS. 67 S. 110 ff.

Zeit die zur Vollstreckung nötigen[191a]) Schritte zu tun, gewähren würden.

§ 186. Das deutsche StGB. hat die Verjährung der Strafvollstreckung aufgenommen. Die Fristen sind erheblich länger als die für Verjährung der Strafverfolgung geltenden.[192])

Während aber das französische Gesetz über die Unterbrechung der Strafvollstreckungsverjährung nichts bestimmt, und nach der französischen Jurisprudenz [193]) richtigerweise nur eine vor vollendeter Strafverjährung wirklich begonnene Strafvollstreckung[194]) diese Verjährung unterbricht oder suspendiert, läßt das deutsche StGB. in Übereinstimmung mit dem sächsischen Art. 165 Abs. 2 jede auf Vollstreckung der Strafe gerichtete Handlung derjenigen Behörde genügen, welcher die Vollstreckung obliegt.[195]) Damit ist bei der Unbestimmtheit des Begriffs einer Handlung, welche auf Vollstreckung der Strafe gerichtet ist, und bei der Möglichkeit, solche Handlungen unbestimmt oft — bei dem geringfügigsten Anlaß, z. B. dem Auftauchen irgendeiner Möglichkeit, des Verurteilten habhaft zu werden — zu wiederholen, ein Rechtsinstitut geschaffen, das fast nur auf dem Papier zu Nutz und Frommen derjenigen besteht, welche Neigung haben, sich mit einem recht unpraktischen Thema zu beschäftigen. Die Vollstreckungsbehörde kann z. B. durch periodisch wiederholte Insertion eines Steckbriefs in ein Polizeiblatt oder in anderer Weise fort-

[191a]) Das russische StGB. gewährt diese Möglichkeit m. E. in unrichtiger Weise durch übermäßige Dauer der Verjährungsfristen, die nach Rechtskraft des Urteils verdoppelt bezw. verdreifacht werden.

[192]) Ebenso viele ausländische Gesetzbücher für Ungarn § 120 (vgl. 106), die Niederlande Art. 76 (vgl. 70), Italien Art. 95 (vgl. 91), Bulgarien Art. 77 (vgl. 72), Finnland Kap. 8 § 7 (vgl. § 1), Norwegen § 77 (vgl. 67). Die österreichischen Entwürfe von 1893 § 70 (vgl. § 68 bezw. § 66), schweizerischer Vorentwurf von 1903 Art. 56 (vgl. Art. 55). — Gleiche Fristen für beide Verjährungen (abgesehen von den geringfügigen Delikten) bestimmt das spanische StGB. von 1877 Art. 135 (vg. Art. 134). Die gegenwärtig geltenden schweizerischen Gesetzbücher folgen verschiedenen zum Teil etwas komplizierten Systemen. Vgl. *Stooss*, Die schweizerischen Strafgesetzbücher S. 240—255.

[193]) In diesem Sinne *Garraud*, *Précis* n. 413 I 1; *Code d'instruct. cr.* art. 635, 637, 638.

[194]) Bei Freiheitsstrafen wird Arrestation verlangt.

[195]) Dagegen richtig württembergisches StGB. 133 Abs. 2 und badisches § 197, welche Ergreifung fordern (oder eine neue im StGB. als strafbar bezeichnete Handlung, ein Satz, der mit dem für die Strafverfolgung angenommenen Prinzip zusammenhängt und oben bereits kritisiert ist) und noch genauer braunschweigisches ZGB. § 72: „Sie (die Verjährung) wird unterbrochen durch Erneuerung der Strafvollstreckung und durch Ergreifung des Verurteilten zum Zweck der Strafvollstreckung." Ebenso thüringisches StGB. Art. 73.

während die Verjährung unterbrechen.[196]) Daher findet man auch reichsgerichtliche Entscheidungen über die Verjährung erkannter Strafen nicht; sie kommt nicht in Frage, während es in Frankreich an Entscheidungen des sonst seltener als das RG. eingreifenden KH.s doch nicht fehlt. Gegenüber mehreren der früheren deutschen Gesetzgebungen, soweit diese überhaupt eine Verjährung erkannter Strafen zuließen, enthält somit das StGB. eine erhebliche Verschlechterung,[197]) welche von dem norwegischen GB. (73 Abs. 2) [197a]) und von dem schweizerischen Vorentwurf (Art. 56 § 3) [197b]) vermieden ist. Ein nichts bedeutendes Rechtsinstitut gewissermaßen als Schaustück zu führen, ist m. E. nicht angemessen.[198]) Da aber das Institut der Verjährung der Strafvollstreckung infolge einer Verbesserung der für die Unterbrechung normierenden Bestimmung in Zukunft wirklich praktisch werden kann, wird ein Eingehen auch auf die Vorschriften des StGB. gleichwohl nicht überflüssig erscheinen, und zum Schluß der Erörterung über die Unterbrechung möge noch bemerkt werden, daß empfehlenswert ist,[199]) die Bestimmung des schweizerischen Vorentwurfs (Art. 56 § 3 a. E.): „Die Strafe ist in jedem Falle verjährt, wenn die Dauer der ordentlichen Verjährungsfrist um die Hälfte überschritten ist.“ Wird überhaupt Verjährung anerkannt, so darf die Frist durch Zufälligkeiten nicht allzusehr verlängert werden.

Von der Verjährung a u s g e n o m m e n sind Strafen, die keiner besonderen Vollstreckung bedürfen: [200]) die Entziehung

---

[196]) Ebenso (verkehrt) § 72 des österreichischen Entwurfs 1893.

[197]) Das italienische GB. Art. 96 Abs. 2 verlangt einen Akt, der in gesetzlicher Weise dem Verurteilten bekannt gemacht ist *»legalmente reso noto al condannato«*.

[197a]) „Der Lauf der Verjährung wird durch den Anfang der Strafvollstreckung oder durch die Festnahme des Verurteilten in der Absicht, die Vollstreckung zu sichern, unterbrochen.“

[197b]) Es wird eine wirkliche Vollstreckungshandlung gefordert. Eine auf Vollstreckung gerichtete Handlung genügt also nicht.

[198]) *Bühler* S. 73 ff. verwirft *de lege ferenda* auch bei der Verjährung der Strafvollstreckung die Unterbrechung und will statt derselben nur ein Ruhen der Verjährung.

[199]) Falls nicht das oben angedeutete unten (vgl. S. 451) durch Gesetzesvorschlag ausgeführte System angenommen wird.

[200]) Stellung unter P o l i z e i a u f s i c h t erfordert aber besondere äußere Maßregeln, mußte daher durch Verjährung der Hauptstrafe ausgeschlossen sein, und zwar um so mehr, als durch Ausführung der Polizeiaufsicht die bürgerliche Existenz jemandes, der während der Verjährungszeit sich tadellos betragen hat, geradezu vernichtet werden kann. Es ist daher ein legislativer Fehler, wenn StGB. 38

von Ehrenrechten.[200a]) Dagegen ist eine Geldstrafe noch nicht mit der Rechtskraft des Strafurteils vollstreckt; sie begründet nur einen Anspruch des Staates auf Vollstreckung, und dieser verjährt. Würde eine im Urteil ausgesprochene Konfiskation Eigentum auf den Fiskus *ipso jure* übertragen, so würden in Beziehung auf diese Verfolgung die Grundsätze des Zivilrechts Anwendung finden, insoweit sie der Verfolgung jenes Eigentums günstiger wären, was allerdings regelmäßig nicht der Fall sein wird.[201])

§ 187. Verjähren Nebenstrafen,[202]) z. B. hohe Geldstrafen, erst in längerer Zeit als die Hauptstrafe, neben welcher sie erkannt sind, so muß über die erforderliche Dauer der Verjährung das Gewicht der Verurteilung im ganzen entscheiden; denn diese bezeichnet indirekt die Schwere der Tat. Wenn daher das Urteil wegen derselben Tat auf mehrere Strafen zugleich erkennt, so muß bei sämtlichen Strafen für die erforderliche Frist der Verjährung die Strafe maßgebend sein, welcher die längere Dauer im Gesetze bestimmt ist. StGB. § 71 gibt diesem Prinzip nur unvollkommen Ausdruck, indem er bestimmt, daß die Vollstreckung einer wegen derselben Handlung neben einer Freiheitsstrafe erkannten Geldstrafe nicht früher als die Freiheitsstrafe ver-

---

Abs. 3 die Zeit, während welcher die Polizeiaufsicht ausgeübt werden kann, von dem Tage an berechnen läßt, an welchem die Freiheitsstrafe verbüßt, verjährt oder erlassen ist. Die Worte „verbüßt" und „erlassen" bezeichnen hier das Richtige, und in StGB. § 5 Abs. 1 Nr. 2 konnte die Verjährung auch richtig dem Erlaß der Strafe gleichgestellt werden. Das hat man ohne Nachdenken auf einen anderen Fall übertragen. — Ein französisches Gesetz von (23./1.) 1874 hat freilich auch bestimmt, daß die Strafe der »*Interdiction du séjour*«, welche an Stelle der Polizeiaufsicht getreten ist, nicht durch Verjährung der Hauptstrafe ebenfalls verjährt sein soll (*Garraud* **2** n. 544).

[200a]) Solche Ehrenstrafen werden häufig nach rationeller Bestimmung des Gesetzes die Vollstreckung einer in demselben Urteil ausgesprochenen Freiheitsstrafe überdauern (vgl. StGB. § 36). Es verstößt dann aber gegen den Zweck der Verjährung, wenn die Zeitdauer jener Entziehung von Ehrenrechten erst von der Zeit der Verjährung der Freiheitsstrafe beginnen soll, wie freilich nach ausdrücklicher Vorschrift des StGB. 36 der Fall ist. Durch eine nachträgliche Untersuchung darüber, ob jemandem ein solches Recht zusteht, seitens einer Verwaltungsbehörde oder eines Verwaltungsgerichts usw., kann der wohltätige Zweck der Verjährung vereitelt, die bürgerliche Existenz einer völlig gebesserten Person vernichtet werden. Im Falle eines Erlasses im Gnadenwege steht es anders.

[201]) Daraus erklärt sich wohl die Entscheidung in L. 2 C. 4, 61, der zufolge das *Commissum* nach Ablauf von 5 Jahren nicht vindiziert werden soll.

[202]) Das StGB. gedenkt in § 70 nur der Verjährung sog. Hauptstrafen, d. h. solcher Strafen, auf welche selbständig erkannt werden kann. Daraus aber zu schließen, daß Nebenstrafen nicht verjähren, auf welche nicht selbständig erkannt werden kann, heißt dem Gesetzgeber einen völligen Widersinn zumuten.

jähre, da doch nach § 70 eine in höherem Betrage festgesetzte Geldstrafe auch eine längere Verjährungsdauer haben kann, als die erkannte Freiheitsstrafe (Haftstrafe). Man wird § 71 aber im Sinne des richtigen Prinzips ergänzen müssen, obgleich die Motive des Entwurfs des StGB. auch hier die Freiheitsstrafe ausschließlich beachten wollten.[203]) Eine teilweise Vollstreckung eines Strafurteils würde außerdem eine eigentümliche, nicht leicht zu rechtfertigende Anomalie darstellen. Eine für den Fall der Nichtzahlung der Geldstrafe substituierte Freiheitsstrafe kommt nicht in Betracht,[203a]) die Schwere des Delikts wird allein durch die in erster Linie erkannte Strafe bezeichnet.

Zivilansprüche sind der Verjährung erkannter Strafen nicht unterworfen,[203b]) sollten sie auch im Strafverfahren mit zuerkannt sein, und eine im Strafverfahren zuerkannte Buße im Sinne des StGB. ist ein Zivilanspruch, wie allgemein anerkannt ist.[204]) Weil nach dem im StGB. angenommenen System der Verurteilung als solcher eine die Verjährung in zwei verschiedene Arten scheidende, also tief durchgreifende Bedeutung beigelegt ist, muß auch die größere oder geringere Bedeutung des Urteils (der darin festgesetzten Strafe) für die Verjährungszeit maßgebend sein. Daher ist, nach dem StGB., wenn eine Gesamtstrafe für mehrere Delikte ausgesprochen ist, diese entscheidend; die Strafbeträge, welche für die einzelnen Delikte angesetzt sind und nach welchen die Gesamtstrafe vom Gerichte bestimmt ist, kommen nicht in Betracht.[205]) Wenn aber in einem Urteile wegen mehrerer

---

[203]) Im Ergebnisse übereinstimmend auch *Binding* 1 S. 855; *Olshausen* § 71 Anm. 1. — Anders *Frank* § 71 I. — Das Gesagte gilt nach dem positiven Recht des StGB. nicht von der sog. korrektionellen Nachhaft (StGB. 362 Abs. 2), da deren Vollstreckung die vorherige wirkliche Vollstreckung der erkannten Haftstrafe voraussetzt. *Frank* § 70 II; *Finger* 1 S. 589 Anm. — Anders *Binding*, Handb. 1 S. 854; *Olshausen* § 70, 5 a. E.

[203a]) Auch in Deutschland *Communis opinio.* Vgl. *Olshausen* § 70, 3 a.

[203b]) Dies erkennt auch der *Code d'instruction* an (Art. 642), obwohl die Verjährung eines noch nicht durch Urteil festgestellten auf einer strafbaren Handlung beruhenden Anspruchs auf Schadenersatz mit dem Schicksal der Verjährung der Strafverfolgung untrennbar verbunden ist.

[204]) Die Buße ist selbstverständlich der Zivilverjährung unterworfen. *Rubo* (S. 532), der in Wortinterpretation überhaupt vieles leistet, hält die Buße für unverjährbar, da das StGB. darüber nichts bestimme.

[205]) Allgemein angenommen, vgl. *Olshausen* § 70 Nr. 7. — Anders und meiner Ansicht nach materiell gerechter wäre zu entscheiden, wenn das oben (S. 444) angedeutete und (unten ausgeführte) System angenommen würde. Die Taten der

Delikte mehrere n i c h t in einer Gesamtstrafe zusammenzuziehende Strafen erkannt sind, so verjähren insoweit die einzelnen Strafen jede für sich; [206]) in Wahrheit liegen hier mehrere selbständige Strafurteile vor, die nur in derselben Urkunde äußerlich zusammengefaßt sind.

Nach dem Buchstaben des StGB. würde während der Vollstreckung der einen Freiheitsstrafe gleichwohl die Verjährung einer anderen laufen. (So allerdings *Olshausen* § 70 Nr. 9.) Dies ist aber widersinnig und könnte die Vollstreckungsbehörde bewegen, eine sachlich unangemessene Reihenfolge der Vollstreckung der Freiheitsstrafen eintreten zu lassen. Daher nimmt *Binding* (1 S. 855) mit Recht für diesen Fall ein Ruhen der Verjährung an, obgleich das Gesetz von einem solchen bei der Verjährung der Strafvollstreckung überhaupt nicht redet. [206a])

§ 188. T e i l w e i s e V o l l s t r e c k u n g (ebenso Anrechnung der Untersuchungshaft auf die Strafe und eine im Auslande wegen der Tat erlittene Strafe) kann die Verjährungszeit nicht in der Art mindern, daß dieselbe für den übrigbleibenden Rest nach Maßgabe dieses Restes bestimmt würde. Dies ist auch die in Deutschland überwiegende Ansicht;[207]) sie stützt sich auf den Wortlaut, daß die e r k a n n t e Strafe maßgebend sei. Der innere Grund aber ist, daß auch bei der Verjährung erkannter Strafen die Schwere der Tat die Verjährungszeit bestimmt und in der erkannten Strafe besonders scharf ausgedrückt wird. Daraus ergibt sich auch, daß anders zu entscheiden ist, wenn ein Teil der Strafe durch B e g n a d i g u n g erlassen ist. Solche Begnadigung kann eintreten, wenn vom Standpunkte höherer Gerechtigkeit die vom Richter erkannte

---

Schuldigen wiegen doch — auch für die Verjährung — deshalb nicht schwerer, weil darüber in einem Urteile geurteilt wird.

[206]) Überwiegend angenommen, vgl. *Olshausen* a. a. O. Anders *Oppenhoff* § 70 Anm. Nr. 6; *Hälschner* 1 S. 703, welche nach der schwersten der erkannten Strafen die Verjährungszeit bestimmen. — *Binding*, der in der Hauptsache der im Texte vertretenen Meinung ist, macht eine Ausnahme für den Fall, daß in dem Urteile auf mehrere Geldstrafen erkannt ist, welche seiner Ansicht nach zusammengerechnet werden sollen. Diese Ausnahme scheint nicht gerechtfertigt. Vgl. dagegen auch *Olshausen* a. a. O. Man ersieht übrigens auch aus dieser Kontroverse, daß das System des StGB. angreifbare Seiten hat.

[206a]) Anders *Olshausen* § 70 Anm. 9.

[207]) *Geyer* 1 S. 201; *Schwarze* § 70 Nr. 7; *Olshausen* § 70 Nr. 8. — Anders (aber legislativ verkehrt) norwegisches GB. 73 Abs. 3, 4, das zugleich Unterbrechung der Verjährung annimmt.

Strafe als zu hoch charakterisiert, die Schwere der Tat also in Wahrheit von der Begnadigungsgewalt richtiger abgewogen ist, und da die Motive des Begnadigungsaktes im einzelnen Falle nicht erkennbar sind, muß zugunsten des Verurteilten jene Annahme gemacht werden.[208]) Die Gründe, aus denen die Vollstreckung unterblieben ist (ob Nachlässigkeit der Behörde oder Flucht des Verurteilten usw.), kommen bei der Verjährung erkannter Strafen nicht in Betracht. Von einem Ruhen dieser Verjährung redet, wie bemerkt, das StGB. nicht.[209]) Legislativ ist ein Rechtssatz, dem zufolge die Verjährung ruht, zu empfehlen für den Fall bedingter Verurteilung und bedingter Entlassung aus der Strafhaft.[210])

Die Verjährung der Strafvollstreckung beginnt nach dem StGB. (und muß rationell beginnen) mit der Rechtskraft des Urteils; bis dahin läuft die Verjährung der Strafverfolgung. Wird ein nachträgliches Urteil auf Gesamtstrafe wegen realer Konkurrenz (vgl. StGB. §79, StPO. §492) gefällt, so kommt nur die Gesamtstrafe und zwar vom Tage ihrer Rechtskraft in Betracht.[211])

Ein Gesetz, welches die Verjährung für erkannte Strafen einführt oder dieselbe für den Verurteilten günstiger gestaltet (z. B. durch Einführung kürzerer Verjährungsfristen, Beschränkungen der Unterbrechungen), muß der richtigen Ansicht nach auch auf früher erkannte Strafen bezogen werden, und zwar so, daß die Strafvollstreckung ausgeschlossen ist, wie wenn das neue Gesetz schon bei Eintritt der Rechtskraft des Urteils gegolten hätte. Zur Begründung dieses Satzes bedarf es nicht der Hinweisung auf das Prinzip der Anwendung des milderen Strafgesetzes im Falle der Änderung der Gesetzgebung;[212]) er folgt einfach aus der Erwägung, daß es widersinnig erscheint, Strafen als unverjährbare oder unverjährte aus älteren Strafurteilen zu vollstrecken, während man die

---

[208]) Die Anm. 165 zitierten Schriftsteller behandeln den Fall teilweiser Begnadigung ebenso wie den Fall teilweiser Vollstreckung; ebenso entscheidet *Binding*, Handb. I S. 856 für beide Fälle gleichmäßig im entgegengesetzten Sinne.

[209]) Anders norwegisches StGB. 72.

[210]) Vgl. auch norwegisches StGB. 72, schweizerischer Vorentwurf von 1903 Art. 56 § 2.

[211]) *Schwarze* § 70 Anm. 8; *Olshausen* § 70 Anm. 10.

[212]) Diesen Grund macht z. B. *Berner* S. 326 geltend.

Strafvollstreckung aus neueren Strafurteilen unter gleichen Voraussetzungen für ungerecht oder unangemessen erklärt. Gleichwohl hat sich ein Teil der deutschen Literatur auf Grund einer am Buchstaben haftenden Dialektik für die entgegengesetzte Ansicht erklärt, weil nach StGB. § 2 das mildeste Strafgesetz nur „bis zur Aburteilung" in Betracht komme.[213]) Man übersieht dabei, daß die Bestimmung des Gesetzes über die Verjährung der Strafe ein Teil des richterlichen Urteils nicht ist. Das prinzipiell Richtige ist, auch frühere dem Verurteilten günstigere Bestimmungen hier nicht zu beachten, vielmehr lediglich das neuere Gesetz anzuwenden, ausgenommen, den Fall, daß die Verjährung nach Maßgabe des früheren Gesetzes vor dem Inkrafttreten des späteren schon vollendet war.

Im StGB. fehlt eine Bestimmung über die Verjährung der Strafe des Verweises. Die herrschende Ansicht nimmt mit Recht an, daß dafür, als für die gelindeste, nicht nur für Übertretungen bestimmte Strafe die Verjährung von 2 Jahren nach Nr. 6 des § 70 Anwendung finde.

§ 189. Den gegebenen Ausführungen dürfte folgender Gesetzesvorschlag über die Verjährung nach ergangenem rechtskräftigen Urteil (Ersatz der bisherigen Verjährung der Strafvollstreckung) entsprechen.

„1. Rechtskräftige Verurteilung verlängert die Verjährungsfrist, welche nunmehr nach der für die einzelne strafbare Handlung ausgesprochenen, bzw. angesetzten Strafe zu bemessen ist, um die Hälfte,[214]) wenn die hiernach sich ergebende Frist sich weiter erstreckt, als eine vom Tage der Rechtskraft der Verurteilung an laufende Vollstreckungsfrist, welche beträgt

---

[213]) Es soll hier lediglich das frühere Recht, unter dessen Herrschaft die Aburteilung stattfand, in Betracht kommen. So *Schwarze* § 70 Nr. 9; *Heinze* in *Holtzendorffs* Handb. 2 S. 21; *Hälschner* 1 S. 129; *Oppenhoff-Delius* § 2 Anm. 21; *Olshausen* § 2 Anm. 13; auch bayr. KH. 20./7. 77 in *Stengleins* Zeitschr. **7** S. 24 (mit übrigens besserer Begründung als das im gleichen Sinne ergangene Urteil des OT. Berlin vom 21./2. 72; *Stengleins* Zeitschr. **1** S. 216). Dagegen aber *Berner* S. 326, *Francke*, GArch. **20** S. 58; *Binding*, Handb. **1** S. 266; *Liszt* § 19 III; *Finger* **1** S. 142; *Frank* § 2 VI.

[214]) Die Einwendung, daß nach diesem Vorschlage die Fristen zu kurz bemessen sein würden, dürfte unbegründet sein. Oder meint man, daß die Justiz wirklich noch Strafen nach — wie es jetzt denkbar ist — 40 oder fast 50 Jahren in den schwersten Fällen vollstrecken möchte? Bis zur Verurteilung können jetzt

bei Verurteilung zu Freiheitsstrafe nicht unter zehn Jahren sechs Jahre,

bei Verurteilung zu Freiheitsstrafe nicht unter fünf Jahren vier Jahre usw.[215])

Erreicht die um die Hälfte verlängerte Verjährungsfrist nicht die Dauer der letztgenannten Fristen, so kann die Strafe innerhalb der letzteren vollstreckt werden.

2. Wird der Verurteilte in rechtmäßiger Weise[216]) zum Zwecke der Strafvollstreckung ergriffen oder stellt er sich freiwillig zur Vollstreckung, so ruht von diesem Zeitpunkte an, solange das auf Vollstreckung gerichtete Verfahren tatsächlich[216a]) dauert, und während der Vollstreckung selbst, die Verjährung.

Die Verjährung ruht ebenfalls, solange nach der Rechtskraft der Verurteilung ein anderes Strafurteil vollstreckt wird. Die Vollstreckung eines ausländischen Strafurteils im Auslande bewirkt Ruhen der Verjährung von dem Zeitpunkte an, wo das Ersuchen um Auslieferung der ausländischen Regierung zugegangen ist, falls die ausländische Regierung noch während der ausländischen Strafvollstreckung erklärt, dem Ersuchen entsprechen zu wollen. Die Verjährung ruht auch, solange eine bedingte Entlassung aus der Strafhaft widerrufen oder eine bedingte Verurteilung in eine unbedingte verwandelt werden kann.

3. Die Verjährung einer Geldstrafe hört auf mit Beschlagnahme von Vermögensgegenständen, soweit durch letztere die Strafe gedeckt wird."

Man müßte übrigens bei Reform des Strafrechts auch, was der der Verjährung zugrunde liegenden Idee entspricht, zurück-

---

fast 20 Jahre verstreichen, zu denen noch 30 Jahre für die Vollstreckung hinzukommen — und zwar ohne daß Unterbrechung stattgefunden hat!

[215]) Die Lange der Fristen ist hier nur der Verdeutlichung wegen eingesetzt. In einem zur Beratung gelangenden Gesetzentwurfe würden die zulassigen Maße der Freiheitsstrafen zu beachten sein.

[216]) Rechtmäßige Ergreifung könnte auch durch eine auslandische um Ergreifung ersuchte Behörde erfolgen.

[216a]) Macht der Verurteilte z. B. dadurch, daß ihm Flucht gelingt, tatsächlich dem Vollstreckungsverfahren ein Ende, so würde von diesem Zeitpunkte ab die Verjährung wieder laufen.

greifen auf die von älteren Schriftstellern öfter vertretene, später freilich fast allgemein aufgegebene Strafmilderung [217]) bei Ablauf einer längeren, jedoch zur Verjährung nicht hinreichenden Zeit. Indes dürfte man nicht, wie freilich auch *Loening* jetzt vorschlägt, die Milderung obligatorisch machen. Der Grund, daß im Laufe der Zeit die Beweise zu unzuverlässig werden, ist hier nicht anzuerkennen; sonst müßte überhaupt die Verurteilung wegfallen, und ohne festes Maß für die Anerkennung der Macht der Zeit, läßt sich Justiz schwer üben. Die der Verjährung zugrunde liegende Rechtsidee schwächt sich daher hier zu einer Idee der Billigkeit ab, welche nur nach Maßgabe der konkreten Umstände eingreifen darf. Der Verbrecher, dem es gelungen wäre, durch allerlei Listen oder gewaltsame Flucht die Justiz einstweilen zu verhöhnen, oder der Verbrecher, der inzwischen noch weitere Verbrechen begangen hätte, dürfte schwerlich auf mildere Bestrafung Anspruch haben, wenn der nur einer Straftat Schuldige, aber in kürzerer Frist Abgeurteilte die volle Strafe zu erdulden hat. Richtig aber ist es, wie *Loening* will, die Strafmilderung auch bei Ablauf eines bedeutenden Teils (nach *Loening* mindestens der Hälfte) der Verjährungsfrist nach richterlichem Ermessen zu ermöglichen, wozu dann des erlassenen Strafurteils wegen eine die Änderung dieses Urteils ermöglichende Vorschrift der Strafprozeßordnung erforderlich wäre. Es würde demnach folgender Paragraph sich empfehlen:

„Ist eine Frist abgelaufen, welche die Hälfte der für die Verjährung sonst erforderlichen Frist beträgt, und hat der Schuldige seit Begehung der Straftat einer weiteren erheblichen Straftat sich schuldig nicht gemacht, so kann das Gericht die sonst zu erkennende Strafe bis zur Hälfte [218]) ermäßigen. War die Strafe schon rechtskräftig erkannt,

---

[217]) Vgl. dafür z. B. *Cod. Max. Bavaricus* I, 1 § 89; *Koch, Inst.* § 151, 6 (der den »*lapsus dimidii temporis*« als Milderungsgrund ansieht) und *Globig* und *Huster*, Abhandlungen über die Criminalgesetze (1787) S. 151ff.; *Köstlin* I S. 613; *Geyer* in *Holtzendorffs* Enzyklopädie 5. Aufl. S. 959; *Oertmann* 240; *Cohen*, Zeitschr. II S. 340; *Bühler* S. 38ff., 75ff.

[218]) Nach *Loenings* Vorschlag soll die Strafmilderung nach Maßgabe des § 44 des StGB. erfolgen. Danach würde bis auf ein Viertel des Strafminimums herabgegangen werden können. M. E. wäre dies in diesem Falle zu große Milde.

so findet auf Antrag des Verurteilten oder der Staatsanwaltschaft das im § 492 der StPO. angeordnete Verfahren entsprechende Anwendung.

Die in diesem Paragraphen zugelassene Strafmilderung ist ausgeschlossen bei Freiheitsstrafen von nicht längerer als...... Dauer, ebenso bei Geldstrafen.[219])"

---

219) Geringere Strafen würden zu sehr abgeschwächt werden.

C. Begnadigung.

Christ. Wildvogel, Dissertatio de abolitionibus, Jenae 1727. *Rud. Engau, Diss. de abolitione, Jenae* 1754. *Bayl*, Beiträge zum Kriminalrecht Th. **1** 1813 S. 122—144. *Vollgraff*, Vermischte Abhandlungen aus dem Gebiete des Kriminal-Staatsrechts und deutschen Privatrechts **2** S. 1—78. *Buma, De jure gratiae, Groningae* 1823. *Zirkler*, Begnadigung in *Weiskes* Rechtslexikon 1844 S. 791—815. *Plochmann*, Das Begnadigungsrecht 1845. *Lueder*, Das Souveränitätsrecht der Begnadigung 1860. *Abegg*, Münchener kritische Vierteljahrsschrift für Gesetzgebung und Rechtswissenschaft 1861 S. 321—323, 519—552. *R. v. Mohl*, Staatsrecht, Völkerrecht und Politik 2 (1862) S. 634—691. *Loeb*, Das Begnadigungsrecht, eine reichsrechtliche Studie (Gießener Dissertation), Worms 1881. *Elsas*, Über das Begnadigungsrecht (Straßburger Dissertation), Mannheim 1888. *Jos. Heimberger*, Das landesherrliche Abolitionsrecht 1901. *H. Seuffert*, Begnadigung, in *v. Stengel*, Wörterbuch des deutschen Verwaltungsrechts, **1** (1890) S. 147—153.

Pandectes belges, Bd. **1**, *Amnistie* Sp. 880—897; Bd. **48** (*Grace*) Sp. 944—990. *Pandectes françaises*, Bd. **6**, Paris 1889, *Amnistie* 520—568 S. Bd. **84** (*Grace*) 1900 S. 537—567.

§ 190. Begnadigung[220]) nennt man die Beseitigung strafrechtlicher sonst den Schuldigen treffender Nachteile durch einen Akt der höchsten Staatsgewalt.[220a])

Man unterscheidet 1. Begnadigung im engeren Sinne: Erlaß oder Milderung einer zuerkannten Strafe; 2. Abolition (Niederschlagung): Begnadigung durch Verhinderung der Verurteilung, sei es vor, sei es nach Beginn des Strafprozesses; 3. Amnestie: Verbindung beider Arten von Begnadigung für sämtliche in einem bestimmten Zeitraume begangene Delikte bestimmter Kategorien.

---

[220]) Die sogenannte bedingte Begnadigung, welche nach bestimmten bekannt gemachten Grundsätzen für gewisse Straffälle eintreten kann oder soll, ist hier nicht behandelt worden. Sie gehört in die Lehre von der Strafe oder, wenn es sich um jugendliche Personen handelt, in die Lehre von der strafrechtlichen Bedeutung des jugendlichen Alters.

[220a]) Nimmt man an, daß der Staat durch die strafbare Handlung ein Recht auf Vollstreckung der Strafe gegen den Schuldigen erhalte, so liegt es nahe, die Begnadigung als Verzicht auf die Strafe aufzufassen, eine Konstruktion, die in der neuesten deutschen Doktrin vielfach Zustimmung (vgl. z. B. auch *H. Meyer* § 46 zu Anm. 3; *Liszt* § 46 I. § 127; *Jellinek*, System der subjektiven öffentlichen Rechte 2. Aufl. S. 334) gefunden hat und besonders von *Binding* **1** S. 860ff. und *Elsas* (bes. S. 39 ff.) konsequent durchgeführt ist. Indes ist die Begnadigung nicht immer nur Verzicht, jedenfalls dann nicht, wenn sie den Begnadigten in verlorene Rechte, insbesondere Ehrenrechte, wiedereinsetzt. *Binding* S. 878 und *Elsas* S. 55 sehen

Ob dieser Akt ein Akt höchster Richtergewalt,[220b]) ein Akt der Gesetzgebung [220c]) oder ein Verwaltungsakt sei, ist bestritten. Es ist aber kein Akt der Gesetzgebung im materiellen Sinne, da er Normen für künftige noch unbestimmte Fälle nicht gibt, und kein Akt höchster Richtergewalt, da er den anderweit gefällten Richterspruch keineswegs aufhebt oder durch einen anderen Richterspruch ersetzt, zuweilen (als Abolition oder Amnestie) sogar einen Richterspruch unmöglich macht, und nicht immer aus Gründen des Rechts — sei es auch das Recht in freierer Auffassung — erfolgt. Dagegen entspricht die Begnadigung dem Wesen eines Verwaltungsaktes. Sie verschafft nach freiem Ermessen einem Einzelnen oder mehreren einzelnen Personen absichtlich ein besonderes Recht, das Recht, nicht oder doch in gewissen Beziehungen nicht als straffällig behandelt zu werden (als nicht straffällig zu gelten), und verwirklicht diese Absicht soweit nötig durch Befehle, welche sie den untergeordneten Staatsorganen erteilt. Sie verfügt aber über die Strafe in den einzelnen Fällen; daher steht sie nur dem Staate zu, der für den einzelnen Fall die Strafgewalt rechtlich in Anspruch nehmen kann (und über die entzogenen und im Begnadigungswege wiederzugebenden Rechte auch zu verfügen vermag), und ist somit ein Korrelat der Strafgewalt

---

sich daher veranlaßt, den zur Strafe eintretenden Verlust solcher Rechte auch als erzwungenen Verzicht des Straffälligen auf diese Rechte aufzufassen: die Begnadigung ist dann Verzicht auf den Zwang zur Verzichtleistung des Verurteilten, eine Konstruktion, deren Künstlichkeit schwer zu leugnen ist, und die zudem nicht ausreicht für den Fall, daß der Besitz des restituierten Rechtes Voraussetzung für ein anderes Recht (z. B. für die vaterliche Gewalt) ist, oder daß der Restituierte selbst nie seit seiner Verurteilung die Wiederausübung des Rechtes in Anspruch genommen hat. Lassen sich nun schon im Zivilrecht einheitliche Regeln über den Verzicht nicht aufstellen (vgl. *Windscheid*, Pandekten 8. Aufl. herausgegeben von *Kipp* **1** § 69 zu Anm. 13), so ist die Hereinziehung dieses Begriffes in das Strafrecht jedenfalls mißlich und, wie sich ergeben durfte, irreführend. — Gegen die Verzichtstheorie vgl. auch: *Laband*, Staatsrecht des Deutschen Reichs 4. Aufl. **3** S. 484.

[220b]) Dies ist wohl die ältere Auffassung; vgl. daruber *Vollgraff* S. 11.

[220c]) Seit Anfang des XIX. Jahrhunderts kommt diese Auffassung auf (vgl. z. B. *Kleinschrod* **2** S. 290; *Vollgraff* S. 11; *Plochmann* S. 42; *Hälschner* **1** S. 730 nennt die Begnadigung eine *Lex specialis*; *Kleinschrod* bezeichnet sie als Privilegium). — Siehe dagegen *Zirkler* S. 809; *Mohl* S. 641; *H. Meyer* § 46 zu Anm. 4. — Eine eigentümliche Auffassung vertritt die Dissertation von *Loeb* (bes. S. 3 ff.), derzufolge die Begnadigung ein Akt der Gesetzgebungsgewalt und zugleich ein Akt höchster richterlicher Gewalt sein soll; letzterer wird deshalb angenommen, weil *Loeb* in der Begnadigung eine Aufhebung des gegen den Begnadigten ergangenen richterlichen Urteils erblickt.

für den einzelnen Fall, also zusammengefaßt ein Akt der Justizverwaltung[220d]) (nicht der Justiz selbst), möglich für die der Strafgewalt des einzelnen Staates unterliegenden Straffälle und beschränkt auf die der Verfügungsgewalt dieses Staates unterliegenden Rechte. Allerdings aber kann die Begnadigung formell als Gesetz erscheinen, insofern nach der Verfassung des einzelnen Staates für gewisse Fälle die gesetzgebenden Faktoren zusammenwirken müssen.

Daß die dem Rechte entsprechende Strafe in einzelnen Fällen gleichwohl das Rechtsgefühl verletzen oder dem Wohl des Gemeinwesens, statt ihm zu dienen, schaden kann, wird nur von dem Fanatismus der Konsequenz oder vermeintlich göttlicher Gerechtigkeit bestritten werden. Man braucht nur an den Fall zu denken, daß etwa der nach dem Buchstaben des Gesetzes einer strafbaren Handlung Schuldige durch diese seine Handlung den Staat gerettet oder ihm zahllose Opfer erspart, oder daß er gegenüber einer einzigen Verfehlung die größten Verdienste in die Wagschale zu werfen hätte, um ausnahmsweise Straflosigkeit gerechtfertigt zu finden, oder an den Fall, daß in unruhiger Zeit eine große Masse von Staatsangehörigen zu zwar formell strafbaren, aber den Umständen nach entschuldbaren Handlungen sich hinreißen ließ, und dann Massenbestrafungen nur weiter aufregen und Haß und Feindschaft gegen Mitbürger und Regierung verbreiten würden.

220d) So insbesondere *Merkel*, Lehrb. S. 247 und eingehend *Elsas* S. 19 ff.; *Laband* a. a. O. S. 484, welcher die Begnadigung wesentlich als Befehl auffaßt, aber dabei doch bemerkt, daß es sich um einen Befehl besonderer Art handle. Meiner Ansicht nach erschöpft *Labands* Auffassung das Wesen der Sache nicht. Dagegen genügt die Bezeichnung der Begnadigung als eines Recht schaffenden (höchsten) Verwaltungsaktes allen Anforderungen: daß unter Umständen Befehle ergehen müssen, um den Begnadigungsakt zu verwirklichen, ergibt sich danach von selbst. Wird z. B. dem in Haft Befindlichen die Strafe im Gnadenwege erlassen, so wird für die Folge das Inhaftbehalten rechtswidrig, und der Justizverwaltung erwächst die Pflicht, den Befehl zur Haftentlassung an die Verwaltung des betreffenden Gefängnisses ergehen zu lassen. Ein Befehl ist aber z. B. nicht nötig, wenn jemandem im Gnadenwege politische Rechte restituiert werden. Zuweit geht auch *Laband* darin, daß er (S. 485, 486) die Begnadigung als prinzipiell nicht dem Strafrecht und Strafprozeßrecht angehörig darstellt. Das in Deutschland in dieser Beziehung in der Gesetzgebung beobachtete Herkommen, dessen Bedeutung bei der Frage des Fortbestehens des Abolitionsrechtes allerdings nicht verkannt werden darf, beweist nicht die Allgemeingültigkeit dieser Materientrennung. Das italienische StGB. Art. 86 ff. beweist gegen diese Allgemeingültigkeit, da es (ebenso wie die Strafrechtstheorie allgemein) die Begnadigung als eine wesentlich dem Strafrechte angehörige Materie mitbehandelt hat.

§ 191. Solche Erwägungen haben von jeher gleichsam instinktiv gegolten und gewirkt; sie brauchen aber nicht immer besonders hervorzutreten, wenn die höchste Staatsgewalt, z. B. eine Volksversammlung, selbst die Rechtsprechung übt, kann sie leicht über das formelle Recht sich hinwegsetzen und in der Form der Freisprechung Gnade üben. In Rom ist daher, abgesehen von der Begnadigung durch den Feldherrn, der über seine Untergebenen unbeschränkte Jurisdiktion hatte, in der republikanischen Zeit, in der die Volksgerichte urteilten, die Begnadigung ausdrücklich nur geübt entweder in Form umfassender Befreiung von der Strafverfolgung [221]) einer großen Anzahl von Personen, die man mit dem Staatswesen versöhnen wollte, oder in Form der Wiedereinsetzung in Rechte, die ein früheres Urteil dem Schuldigen oder angeblich Schuldigen entzogen hatte (*Restitutio*).[222])

In der Kaiserzeit, in welcher die Gerichte zu Beamtengerichten werden, die streng an das Gesetz gebunden sind, erscheint die nun oft geübte Begnadigung als ein Recht der dem *Princeps* zustehenden höchsten Gewalt, wobei bessere Kaiser die Ansicht des Senats einzuholen pflegten, auch in der Form unmittelbarer Strafmilderung, wie in der Wiedereinsetzung in Ehren — politische und bürgerliche Rechte. Indirekt war endlich eine Vermeidung der Bestrafung durch *Abolitio* [223]) möglich. Ursprünglich konnte der Ankläger, wie der von Amts wegen prozessierende Beamte den begonnenen Strafprozeß jeder Zeit fallen lassen. Dies Recht des Anklägers ist im Jahre 61 n. Chr. durch das *Senatus Consultum Turpillianum* beschränkt worden: der Ankläger mußte, um nicht in Strafe zu verfallen, von dem Gerichtsbeamten eine Streichung der Anklage von der Liste (*Abolitio privata*) erwirken. Der Wiederholung der Anklage durch einen anderen stand freilich kein Hindernis entgegen; aber unterblieb die Anklage, so war selbstverständlich der Angeklagte straffrei, und ebenso, jedoch unter Beschränkung durch eine Frist von

---

[221]) *Mommsen* S. 457.

[222]) *Mommsen* S. 32, 480 ff. In der vorsullanischen Zeit sind solche Restitutionen aber höchst selten vorgekommen; sie schienen dem Staatswesen gefährlich; in den Bürgerkriegen erfolgte sie häufig.

[223]) Tit. D. 48, 16 und C. 9, 15 vgl. dazu *E. Herrmann*, *De abolitionibus criminum* 1834; *Mommsen* S. 452 ff.

30 Tagen für Wiederholung der Anklage seitens des früheren Anklägers, stand es, als unter dem Prinzipat die *Abolitio publica* aufkam, anfangs, um auf einmal viele mißbräuchlich erhobene Anklagen (namentlich wegen Majestätsbeleidigung) oder verschleppten Prozessen ein Ende zu machen, seit dem Ende des 1. Jahrhunderts als legislatorischer Akt, veranlaßt durch besonders glückliche Ereignisse, in christlicher Zeit zur Steigerung der Osterfreude.[224]) »*Abolitio . . publica fit ob diem insignem aut publicam gratulationem vel ob rem prospere gestam.*«[224a]) Kaiserliche Machtvollkommenheit[225]) konnte selbstverständlich die Begnadigung (*Indulgentia*)[226]) in engerer und in völlig umfassender Weise erteilen.

Die *Indulgentia* im engeren Sinne bedeutet regelmäßig nur Erlaß der noch nicht verbüßten Strafen, nicht die Wiedereinsetzung in die bürgerlichen und Ehrenrechte, welche mit der *Restitutio* verbunden ist, nur daß bei letzterer das etwa durch die Verurteilung verlorene Amt nicht wiedergewonnen wird. Nur das vom Fiskus schon verkaufte Gut erhielt der Restituierte nicht zurück, wenn dies nicht ausnahmsweise bestimmt wurde. Zuweilen wurden sämtliche von einem bestimmten (schlechten) Beamten verurteilte Personen restituiert.[227])

§ 192. Im deutschen Rechte[228]) stand ursprünglich einer Anwendung der Gnade das Kompositionensystem entgegen. Die Strafe und selbst die Ausübung der Rache war in der großen Mehrzahl der Fälle ein Recht des Verletzten, über welches die Gesamtheit keine Macht hatte; die wenigen Verbrechen gegen die Gesamtheit galten als Verletzungen zugleich der Gottheit und als so verabscheuenswürdig, daß aus beiden Gründen »*velut deo imperante*«, wie *Tacitus* sagt, gestraft wurde, Gnade also

[224]) L. 3 C. 1, 4 (385) »*exsequantur judices, quod indulgere consuevimus; ubi primum dies paschalis exstiterit, nullum teneat carcer, omnium vincula solvantur*«. Indes wurden regelmäßig Kapitalverbrecher ausgenommen. Vgl. *Joh. Merkel*, Zeitschr. für neutestamentliche Wissenschaft, 1905, S. 293ff.

[224a]) L. 8 und 9 D. 48, 16.

[225]) Vgl. *Plochmann* S. 18 ff. und *Mommsen* S. 485 ff.

[226]) Es kommen aber auch andere Ausdrücke vor z. B. *Poenae liberatio*, *Venia*. — Vgl. *Lueder* S. 46.

[227]) Dem kanonischen Rechte ist die Begnadigung zwar nicht unbekannt; es finden sich aber, abgesehen von Zuständigkeitsbestimmungen, besondere Grundsätze über Ausübung und Wirkung des Begnadigungsrechtes im kanonischen Rechte nicht. *Hinschius*, Handb. des Kirchenrechts **5** S. 145.

[228]) *Plochmann* S. 28 ff.

wohl nicht stattfand. Aber der Verletzte konnte verzeihen, und später legten die fränkischen Könige sich als Nachfolger der römischen Kaiser da, wo wirklich öffentliche Strafe bestand oder von ihnen eingeführt wurde, auch das Begnadigungsrecht bei; [229]) es wirkte dabei die Vorstellung mit, daß der König durch die Verletzung der von ihm sanktionierten Gebote und Verbote sich selbst persönlich als verletzt betrachtete,[230]) und die in vielen Fällen ganz arbiträre Strafgewalt des Königs *»quod illi placuerit«* [231]) enthielt von selbst das Recht Gnade walten zu lassen. Je ausgedehnter später das Gebiet der mit körperlichen Strafe bedrohten Verbrechen sich gestaltete, je mehr das Gebiet der *Compositio* ein engeres wurde, um so mehr konnte auch Gnade geübt werden. Der Nürnberger Reichsabschied von 1187 § 3 schränkte daher das Recht der königlichen Begnadigung ein: *Incendiarii* sollten nur begnadigt werden, wenn sie mit dem Beschädigten sich verglichen hatten, und wenn der Richter seine Zustimmung gab. In der fränkischen Zeit war es dem Grafen noch streng verboten, Gnade zu üben,[232]) welche allein dem Könige zustand; aber die Neigung des Mittelalters und besonders des deutschen, Sachliches und Persönliches miteinander zu vermischen, führte ohne Schwierigkeit dazu, daß der Richter, dessen Amt ja häufig erblich war, das Verbrechen, sofern es mit öffentlicher Strafe bedroht war, auch als ihm persönlich angetanes Unrecht betrachtete, und somit sich das Recht der Verzeihung, der Gnade beilegte: war doch zur Zeit des Sachsenspiegels das Recht des Richters, wenn der Kläger zustimmte, Leibes- und Lebensstrafen mit Geld lösen zu lassen, schon ein beschränktes Recht der Gnade.[233]) So kam das Begnadigungsrecht, sofern der Kaiser es nicht übte, oder das Verbrechen unmittelbar gegen Kaiser und Reich gerichtet war,

[229]) Über die Ausübung des Begnadigungsrechts durch Karl den Großen und seine Nachfolger vgl. *Waitz*, Deutsche Verfassungsgeschichte 2. Aufl. 4 S. 499ff.

[230]) Wie es in den longobardischen *Leges Liutprandi* 17 a. E. heißt. Vgl. *Osenbrügge*, Strafrecht der Langobarden S. 51. Diesen Zusammenhang mit der Begnadigungsbefugnis des Königs hebt auch *Brunner* **2** S. 43 (vgl. S. 65) hervor. — Das Wort Gnade (= Herablassung, Huld, vgl. *Heyne*, Deutsches Wörterbuch) weist auch auf eine persönliche Beziehung hin.

[231]) Damit hängen die oben Anm. 32 b erwähnten, die Verjährung ersetzenden Vorschriften zusammen.

[232]) *Brunner* **2** S. 165.

[233]) *Hälschner*, Geschichte des brandenburgisch-preußischen Strafrechts S. 45 und preußisches Strafrecht 1 S. 515 ff.; *R. Loening*, Zeitschr. **5** S. 228.

an die Landesherren, aber auch an untergeordnete Richter, und die Mißbräuche, die letztere mit dem Begnadigungsrecht übten, veranlaßten die *Bambergensis* Art. 272, den Richtern zu verbieten, ohne landesherrliche Genehmigung statt die gebührende peinliche Strafe zu verhängen sich mit einer die „Taschenrichter" bereichernden Geldbuße zu begnügen;[234]) denn prinzipiell erklärte schon die Theorie das *Jus aggratiandi* für ein ausschließliches Recht des *Princeps*.[235]) Bei den vielfach verworrenen Gerichtsbarkeit- und Herrschaftsverhältnissen haben aber, wie aus *Carpzovs* (Qu. 150) Darstellung hervorgeht, untergeordnete Herren und Obrigkeiten[236]) das Begnadigungsrecht anderwärts noch lange Zeit geübt, wenn auch vielleicht nicht gerade in solchen Sachen, in denen der Strenge nach Todesstrafe erkannt werden mußte. Unbestimmtheit der Strafen vieler Delikte ließ auch oft schwer erkennen, ob das Gericht von seinem Strafzumessungs- und Milderungsrechte Gebrauch machte,[237]) oder Begnadigung sogleich bei Fällung des Urteils übte: das Begnadigungsrecht kam so nur selten in Frage, fast nur, wenn nach gefälltem Urteil Milderung der Strafe begehrt wurde.

§ 193. Indes drang im XVIII. Jahrhundert bei dem stetigen Anwachsen der landesherrlichen Gewalt auch im Deutschen Reiche der Satz durch, daß ein wirkliches Begnadigungsrecht nur dem Landesherrn zustehe,[238]) jedenfalls aber nicht dem

---

[234]) Über das Begnadigungsrecht (Ablösungsrecht) der Gerichte beschränkende landesherrliche Verordnungen in der Mark Brandenburg: *Hälschner*, Geschichte S. 51 ff.

[235]) *Clarus* § fin. qu. 59 n. 2.

[236]) Auch *Clarus* l.c. sagt, daß *de facto vel ex consuetudine* die Barone in vielen Ländern das Begnadigungsrecht üben.

[237]) *Quistorp* 3 § 848; *Stübel*, Kriminalverfahren 8 § 397; *Plochmann* S. 34ff. Nach Herkommen wurden auch allerlei nach dem Urteil eintretende Umstände anerkannt, Todesstrafen nicht zu vollziehen, z. B Reißen des Stricks am Galgen, Erbieten den Verurteilten zu heiraten (nach *Carpzov*, sofern eine *honesta puella* sich erbietet). — Lange Zeit war es streitig, ob der Landesherr auch in Fällen begnadigen könne, für die nach, wie man meinte, göttlichem Gesetze Todesstrafe bestimmt sei, namentlich bei vorsätzlichem *Homicidium*. *Carpzov* qu. 150 n. 31 hatte dies Recht noch mit Bestimmtheit selbst dem Kaiser abgesprochen, jedenfalls, wenn es sich um überlegten Mord handelte. Vgl. auch *Koch* § 148 und die daselbst wie die bei *Lueder* S. 66 zitierten Schriftstellen.

[238]) Theoretisch gründete man oft das Begnadigungsrecht der Fürsten auf deren Gesetzgebungsrecht. Die Ausnahme von der Anwendung des Gesetzes schien nur auf das Gesetzgebungsrecht selbst zurückgeführt werden zu können. Vgl. z. B. *Meister*, *Principia juris crim.* § 74.

Richter als Amtsrecht,[239]) und mit dem Erscheinen der umfassenden Gesetzbücher mußte das Begnadigungsrecht sich von dem richterlichen Milderungsrecht in voller Schärfe scheiden.

Im XVIII. Jahrhundert bemerken wir indes, während früher, wie angeführt, das Recht der Begnadigung nur bei gewissen Verbrechen bestritten wurde, Angriffe auf das gesamte Begnadigungsrecht. Einen realen Grund hatten sie in der wohl nicht gerade seltenen mißbräuchlichen Anwendung der Begnadigung zur Zeit des fürstlichen Absolutismus; theoretisch beruhte sie bei einigen auf dem Satze, daß die Begnadigung die Sicherheit der Bestrafung und danach die Wirksamkeit der Strafdrohung des Gesetzes beeinträchtige,[240]) also nur etwa bei schlechten Gesetzen als deren Korrektur zulässig sei,[241]) bei *Kant*[242]) und anderen, die mehr oder weniger *Kants* Strafrechtstheorie folgen, aber in der Konsequenz der absoluten Vergeltung, die Ausnahmen von der Anwendung der Strafe nicht gestattete.[243]) So wurde denn in der Tat in Frankreich, wo die Ausübung des Begnadigungsrechts besonders häufig Anstoß erregt hatte, in dem *Code* von 1791 (I. tit. 7 art. 13) das Begnadigungsrecht in jeder Form für alle durch die Geschworenengerichte abzuurteilenden Verbrechen abgeschafft, freilich aber in dem Senatskonsult vom 16. Thermidor des Jahres X (wenn auch mit erheblichen Kautelen gegen Mißbrauch) als Recht des ersten Konsuls wieder hergestellt, da man inzwischen doch die Erfahrung gemacht hatte, daß — namentlich bei der Beschränkung des Wieder-

---

[239]) Doch überließ die österreichische Kriminalgerichtsordnung von 1787 § 201 ff. die Begnadigung in bestimmten Fällen den Gerichten.

[240]) *Beccaria*, Über Verbrechen und Strafen Kap. 20.

[241]) *Pastoret* I Kap. 4 will möglichste Einschränkung des Begnadigungsrechtes; *Filangieri, Scienza della legislazione Libro III* 2 c. 57; *Bentham Traité de législation* (*trad. par Dumont*) 2. Aufl. **2** S. 190 ff. halten Begnadigung für zulässig nur bei Aufstanden, öffentlichen Unruhen (Fälle, in denen Bestrafung mehr schaden als nützen würde).

[242]) *Kant*, Metaphysische Anfangsgründe der Rechtslehre § 49, will ausnahmsweise das Begnadigungsrecht anerkennen, wenn der begnadigende Fürst selbst der Verletzte ist und durch die Begnadigung die Sicherheit des Volkes nicht gefährdet wird. Ein solches Begnadigungsrecht ist aber in Wahrheit nur ein Recht der Verzeihung.

[243]) Verteidigt wurde das Begnadigungsrecht im vollen Umfange von *K. S. Zachariä* (Vierzig Bücher vom Staate **4** 1840 S. 361). Auch *Bayl* (bes. S. 142) machte mit Recht geltend, daß der Staat noch andere Zwecke als die Aufrechterhaltung der Rechtsordnung habe, und demnach die Begnadigung über die Grenzen eines bloßen Notrechtes (zur Rettung des Staates) hinausgehen könne.

aufnahmeverfahrens gegen ein rechtskräftiges Strafurteil — die Justiz bei Ausschluß jeder Möglichkeit einer Begnadigung gezwungen sein konnte, sogar Unschuldige oder vermutlich Unschuldige zu strafen. In Deutschland hatten jene prinzipiellen Angriffe keinen Erfolg. Das Begnadigungsrecht blieb bestehen, und die vollständigen Verfassungsgesetze, welche seit 1818 bis in die zweite Hälfte des XIX. Jahrhunderts in den meisten der größeren deutschen Staaten erschienen, erkennen es ausdrücklich als ein Recht des Staatsoberhauptes an, in den freien Städten als ein Recht des Senats,[243a]) schließen aber zum Teil die sog. Abolition und die Begnadigung bei Verletzungen der Verfassung bzw. einige auch bei Dienstverbrechen der Beamten aus. Es bezweifelt heutzutage niemand, daß das Begnadigungsrecht ein notwendiges Komplement des Strafrechts sei.[244]) Die legislative Rechtfertigung liegt einfach darin, daß die Strafe (überhaupt oder doch die streng nach dem Gesetze bemessene Strafe) dem Wohle der im Staate vereinigten Menschen dienen soll, daß sie diesen Zweck aber in Ausnahmefällen nicht erfüllt und demnach in diesen Ausnahmefällen wegfallen oder gemildert werden muß.

§ 194. Daraus ergibt sich allerdings, daß das Begnadigungsrecht nie aus rein willkürlicher persönlicher Begünstigung des zu Begnadigenden ausgeübt werden sollte.[245]) Die Hauptfälle sind 1. Begnadigung, wenn zwar nach dem Sinne des Gesetzes der fragliche Fall bestraft werden muß, aber bei der Unvollkommenheit des Gesetzes[245a]) die Bestrafung unzweifelhaft dem

---

[243a]) *Plochmann* S. 38 ff.; *Zachariä*, Deutsches Staats- und Bundesrecht.

[244]) Ein vom Staatsoberhaupte geübtes Strafschärfungsrecht, wie solches allerdings wohl in einigen deutschen Ländern (z. B. im Kurfürstentum Brandenburg, vgl. *Hälschner*, Geschichte des brandenburgischen preußischen Strafrechts S. 184ff.) zeitweise bestanden hat, wäre mit der Rechtssicherheit, welche nach moderner Auffassung das Strafgesetz dem einzelnen zu garantieren hat, völlig unvereinbar und zieht außerdem das Begnadigungsrecht herab, welches dann gewissermaßen zu einer obersten richterlichen Instanz wird. In unserer Zeit ist davon nicht mehr die Rede.

[245]) Aber die Berücksichtigung ganz besonderer Verdienste des Schuldigen ist schon keine rein persönliche Begünstigung: sie kann nur im Gesetze selbst nicht anerkannt werden und darf nicht von vornherein gewiß sein; dies wäre Strafloserklärung.

[245a]) Diejenigen, welche wie *Beccaria*, *Filangieri* und *Bentham* die Begnadigung auf das Äußerste beschränken wollten, vergaßen, daß es im strengen Sinne vollkommene Gesetze überhaupt nicht gibt.

allgemeinen Rechtsbewußtsein widerspricht. Dahin kann auch Milderung der Strafe gehören, wenn die gesetzliche Strafe den Schuldigen außerordentlich hart treffen würde.[245a]) 2. Begnadigung in dem Falle, daß massenhaft bestimmte Delikte unter entschuldigenden Umständen, oder daß unter zweifelhaften politischen Verhältnissen politische Delikte begangen sind,[245b]) und durch Begnadigung Aussöhnung der Gemüter befördert wird oder gar notwendig erscheint. 3. Begnadigung ganzer Kategorien von Schuldigen bei besonders glückverheißenden Ereignissen, sofern die Delikte nicht zu schwere sind. Die Begnadigung in diesem Falle ist oft als ungehörig bekämpft worden. Dennoch entspricht sie unter Umständen nicht nur einem naiven Gefühle. In gewisser Beziehung ist das Verbrechen nicht nur Schuld, sondern Unglück (vgl. Bd. 2 S. 29). Wenn dem ganzen Volke also ein großes Glück zuteil wird, so mag an diesem Glücke auch der Straffällige teilnehmen, dessen Schuld nur eine leichtere ist.[245c]) 4. Begnadigung in Fällen, wo es wahrscheinlich ist, daß eine Verurteilung eines Unschuldigen oder Minderschuldigen

---

[245a]) Strafmilderung im Gnadenwege darf nie etwas Gewöhnliches werden. Begnadigungsgewalt ist nicht Befugnis, das Gesetz zu ändern. *Bishop* 1 § 922.

[245b]) Daher pflegt in neuere Friedensverträge die sog. Amnestieklausel eingefügt zu werden, der zufolge Bewohner abgetretener Gebiete wegen politischer oder militärischer während des Krieges begangener Handlungen nicht verfolgt werden dürfen. Vgl. z. B. Wiener Schlußakte Art. 11—13 (betreffend die Teilung des Herzogtums Warschau zwischen Preußen und Rußland), Art. 22 (betreffend das von Sachsen an Preußen abgetretene Territorium); *Prager*, Frieden zwischen Preußen und Österreich vom 23./8. 66 Art. 10; Frankfurter Friedensvertrag zwischen dem Deutschen Reich und Frankreich von 1871 Art. 2 Abs. 2. — Die allgemeine Fassung deckt hier allerdings auch Handlungen, die nicht entschuldigt werden können durch die allgemein während eines Krieges etwa entstehende Verwirrung und politische Aufregung. Vgl. *Pandectes françaises, s. v. Amnistie* n. 205. — *Bayl* S. 137 und *Plochmann* S. 57 wollen — ohne genügenden Grund — diesen Fall nicht zum Begnadigungs-, sondern zum Staatsnotrechte rechnen.

[245c]) Wenn daher dem Fürsten oder dem fürstlichen Hause ein besonderes Glück beschert wird, so wird man es allgemein mit Genugtuung begrüßen, wenn insbesondere solche Personen begnadigt werden, deren Schuld in Nichtachtung der Autorität und Würde des Fürsten besteht. — *Lueder* S. 183, 184 verteidigt mit Recht die Zulässigkeit von Begnadigungen in Anlaß einer *Laetitia publica* gegen *Pastoret* a. a. O., der Fürsorge für Unglückliche in solchen Fällen für allein angemessen erachtet, aber außer acht läßt, daß die Begehung einer strafbaren Handlung auch Folge eines Unglücks sein kann. — *Mohl* S. 655, 656 führt aus, daß Begnadigung aus Gründen, welche sich lediglich aus persönlichen Lebensbeziehungen und Ereignissen des Staatsoberhauptes ergeben, „unbedingt unstatthaft" sei. In Belgien, einem Lande des strengen Konstitutionalismus, sind doch in Anlaß glücklicher Ereignisse mehrfach Amnestien erfolgt. Vgl. *Picard, Pandectes belges, s. v. Amnistie* n. 7 bis 64.

erfolgte, aber ein gesetzliches Rechtsmittel einer nochmaligen Nachprüfung der Sache nicht existiert.[246]) Dieser Grund ist freilich nur höchst ausnahmsweise ein Grund der Begnadigung. Wenn das Strafprozeßgesetz dem Angeklag en genügende Garantie bietet — und von dieser Annahme muß ausgegangen werden — ist das Gericht und nicht die Begnadigungsgewalt das geeignete Organ, Schuld und Unschuld festzustellen.[246a]) Da aber die Todesstrafe in ganz besonderem Grade irreparabel ist, so ist es wohl in allen Kulturstaaten Gesetz oder Gebrauch, daß Todesurteile (abgesehen von den standrechtlich gefällten) dem Staatsoberhaupte (Inhaber der Begnadigungsgewalt) vor der Vollstreckung vorgelegt werden müssen,[246b]) damit rechtzeitig von etwaiger Begnadigung Gebrauch gemacht werden könne. Dabei tritt dann meist eine nochmalige wenn auch formlose Nachprüfung der Sache ein, welche sich auch auf etwaige Milderungsgründe erstreckt (falls der Richter bei im Gesetze bestimmter Todesstrafe Milderungsgründe nicht berücksichtigen durfte, wie nach StGB. der Fall ist), und findet die Begnadigungsinstanz einen Zweifel, so wird die Todesstrafe in langdauernde Freiheitsstrafe verwandelt, bei welcher doch immerhin eine spätere wirksame Wiederaufnahme des Verfahrens zugunsten des Verurteilten möglich ist. 5. Nicht selten hat man auch Strafmilderung im Gnadenwege eintreten lassen, wenn Zweifel daran bestehen, ob die Todesstrafe noch dem Rechtsbewußtsein der Zeit angemessen sei, gleichwohl aber Bedenken getragen wurde, die Todesstrafe gesetzlich zu beseitigen, oder wenn man den Übergang von einer schwereren

---

[246]) Man denke aber z. B. an den Fall, daß das Gesetz keine Handhabe bietet (nach dem deutschen StGB. fraglich!), Urteile eines Gerichtshofs anzufechten, bei denen ein Richter mitwirkte, dessen Geisteskrankheit alsbald nach der Beendigung des Prozesses klar wird.

[246a]) Die Begnadigungsgewalt ist nicht eine Art höchster Appellhof. So auch *Bishop* 1 § 922.

[246b]) Vgl. StPO. 485. Bei Todesurteilen in Sachen, in denen das RG. in erster Instanz erkannt hat, in denen also dem Kaiser das Begnadigungsrecht zusteht, ist die Vollstreckung erst zulässig, nachdem die Entschließung des Kaisers ergangen ist, von dem Begnadigungsrechte keinen Gebrauch machen zu wollen. Ist in anderen Strafsachen ein Todesurteil gefällt, so muß in gleicher Weise erst die Entschließung des Staatsoberhauptes eingeholt werden. Die StPO. sanktionierte hier nur schon bestehendes Recht. Vgl. *Zachariä*, Handbuch des deutschen Strafprozesses 2 S. 697. Über Frankreich vgl. *Pandectes françaises*, *Grace* n. 200, über Belgien *Pandectes belges*, *Grace* n. 276, 448.

zu einer milderen Strafe mehr unmerklich gestalten will, so wird seit längerer Zeit in Belgien die Todesstrafe wohl nicht mehr vollstreckt,[246c]) obgleich sie gesetzlich noch besteht. Und die deutschen Regierungen haben seit einer Reihe von Jahren (seit 1895 bzw. 1896) bedingte Begnadigung in Fällen eintreten lassen, wo in anderen Ländern bedingte Verurteilung nach richterlichem Ermessen stattfindet. Man kann auf diese Weise die Probe machen, ob eine Einrichtung sich bewähre, welche Verminderung der Straffälle bezweckt. Allzulange wird jedoch ein solches Verhältnis von Gesetz und Begnadigung nicht dauern dürfen.[246d]) Begnadigung muß eine exzeptionelle Maßregel bleiben. Wird Begnadigung nach bestimmten Grundsätzen in Aussicht gestellt, so entzieht die Begnadigungsgewalt der richterlichen Gewalt einen Teil desjenigen, was letzterer der Natur der Sache nach gebührt, oder es wird zum mindesten aus dem Eingreifen der Begnadigungsgewalt, wenn diese etwa in Gemäßheit eines vom Gericht erstatteten Berichtes verfährt, eine leere und schon deshalb schädliche Formalität. 6. Bei langdauernden Freiheitsstrafen kann die Hoffnung, bei gutem Betragen vor Ablauf der Strafzeit begnadigt zu werden, der Besserung des Verurteilten förderlich sein. Zwar kann sich zweckmäßig unter gewissen Voraussetzungen auch eine Abkürzung der Strafzeit auf Grund des Gesetzes durch Ausspruch einer unabhängigen Behörde erweisen, eine Frage, die aber an diesem Orte nicht weiter untersucht werden kann. Aber für außerordentliche Fälle wird das Gesetz, wenn es nicht allzu milde sein soll, doch nicht ausreichen.[246e]) 7. Endlich kann im Begnadigungswege ein Aufschub der Vollstreckung einer Freiheitsstrafe gerechtfertigt sein, wenn baldige Vollstreckung den Verurteilten oder dessen Familie besonders schwer schädigen würde.

Es ist möglich, daß es noch andere besondere Gründe gerechtfertigter Begnadigung gibt. Indes immer müssen Begnadigungen Ausnahmefälle bleiben.[247]) Die Erörterung aber darüber,

---

[246c]) *Pandectes belges, s. v. Grace* n. 39.

[246d]) In diesem Sinne *Zirkler* in *Weiskes* Rechtslexikon 1 S. 602; *Mohl* S. 654.

[246e]) *Pandectes belges, s. v. Grace* n. 45.

[247]) In aller Regel muß angenommen werden, daß die strikte Handhabung des Gesetzes der Gerechtigkeit genügt und zum Wohle des Staates auch not-

ob unter diesen oder jenen Umständen Begnadigung sich rechtfertigen lasse oder geboten sei, ist deshalb keineswegs müßig oder auf die Kritik einzelner Mißbräuche zu beschränken, weil das Begnadigungsrecht ein Souveränitätsrecht ist.[248]) Denn der Souverän übt das Begnadigungsrecht nicht als persönliches, sondern als Recht des Staates aus; [248a]) schließlich muß, wer ein Souveränitätsrecht ausübt oder der verantwortliche Berater des Inhabers der Begnadigungsgewalt ist, doch wissen, in welchen Fällen es der Regel nach auszuüben sei, und andererseits in welchen Fällen nicht, wenngleich es unrichtig sein würde, das freie Ermessen des Inhabers der Begnadigungsgewalt durch gesetzliche Bestimmungen einzuengen: das freie Ermessen hört deshalb nicht auf, weil es durch Erfahrung, Analogie und Kritik sich leiten läßt. Die moderne übrigens schon von *Klein* [249]) gegebene und zugleich an eine mittelalterliche Vorstellung erinnernde, freilich formell unanfechtbare Konstruktion des Begnadigungsrechts als eines Verzichts auf den dem Staate durch die strafbare Handlung erwachsenen Strafanspruch [249a]) gibt in dieser Hinsicht Aufschluß nicht, sie führt vielmehr konsequent dahin, die Ausübung des Begnadigungsrechtes von jeder auch inneren Schranke zu befreien, so daß auch gegen völlig willkürliche Begnadigungen sich nichts würde erinnern lassen, weil der Fürst seine Güte durch einen völlig freistehenden Verzicht walten lassen könne.[249b]) Man darf dagegen sagen: die Ausübung des Begnadigungsrechtes ist im Interesse des Staatswohles wie der Gerechtigkeit selbst dem freien, aber nicht willkürlichen Ermessen des Inhabers des Begnadigungsrechts anheimgegeben.[249c]) Andererseits aber ist die Begnadigung, obgleich man sie in manchen Fällen als höhere Gerechtigkeit, in anderen als Anordnung des Zurücktretens der Gerechtigkeit

---

wendig ist. Durch regelmäßige Begnadigungen darf das Gesetz nicht korrigiert werden. — Der Fall der Verwandlung der Todesstrafe im Gnadenwege ist exzeptionell; gegen diese Strafe liegen viele Aussprüche vor, und sie ist in manchen Ländern schon abgeschafft.

[248]) So freilich *Lueder* S. 81 ff.

[248a]) In diesem schon *Stübel*, Das Kriminalverfahren 3 §. 1386.

[249]) Arch. d. Cr. 1805 Heft 3 S. 89.

[249a]) Vgl. z. B. *Binding*, Handb. 1 S. 873; *Finger* 1 S. 590.

[249b]) So in der Tat *Bayl* S. 127 ff.

[249c]) »*Le pouvoir de faire grace est institué, comme tous les autres pouvoirs dans l'intérêt de la société.*« *Pandectes belges*, *s. v. Grace* n. 29.

vor anderen Staatszwecken bezeichnen darf, keineswegs eine Aufhebung eines Strafurteils, eine Freisprechung im gewöhnlichen Sinne; die gewöhnliche Begnadigung — im Gegensatze zur Abolition und Amnestie — fordert sogar als Voraussetzung ein rechtskräftiges verurteilendes Straferkenntnis.

§ 195. Dem Begnadigungsrechte unterliegt aber alles, was als öffentliche Strafe zu bezeichnen ist,[250]) nur nicht der aus einem Delikte entspringende Zivilanspruch,[250a]) daher auch nicht die Buße im Sinne des StGB. (und anderer deutscher Gesetze), obschon diese Buße nur durch Strafurteil erkannt werden kann, und insofern die Handlung als Vorfrage für die Entscheidung eines Zivilanspruchs erscheint, können durch die Begnadigung auch ihre Folgen als beseitigt nicht angesehen werden.[250b]) Auch entzogene Ehrenrechte können von der Begnadigung umfaßt werden, nur nicht solche, die von unabhängigen Korporationen verliehen sind, falls gleichwohl das Strafurteil nach dem Gesetze ihren Verlust aussprechen konnte. Alles, was der Staat durch Strafe genommen hat, vorausgesetzt, daß er damit nicht in Privat-

---

[250]) Dies war schon die Meinung der älteren Schriftsteller, z. B. *Leysers* Spez. 626, vgl. darüber *Spangenberg* in *Bülow* und *Hagemann*, Praktische Erörterungen Bd. 10 (1837) S. 139 ff. und *Lueder* S. 199 ff. — Nicht die Begnadigung (*Grace* und selbst Amnestie durch besonderes Gesetz) löscht nach französischem Rechte diese Wirkungen der Handlung aus; wohl aber hat nach dem französischen Gesetze die *Réhabilitation judiciaire* die Bedeutung, daß für die Zukunft die strafbare Handlung als nie begangen betrachtet wird; die verlorene väterliche Gewalt wird wieder erlangt, der Ehegatte kann nicht mehr wegen der Handlung Scheidung oder *Séparation de corps* erlangen (*Garraud*, *Précis* n. 257, 268). Dies ist deshalb mit den Grundsätzen des Zivilrechts vereinbar, weil die *Réhabilitation judiciaire* erst nach langerer Zeit erlangt werden kann. Die *Réhabilitation* setzt im übrigen Verbüßung der Strafe voraus und ist nach dem Gesetze vom 14/8. 85 überhaupt kein Gnadenakt.

[250a]) Auch Konfiskationen, sofern sie als wirkliche öffentliche Strafen zu betrachten sind, dagegen nicht Konfiskationen (bzw. Vernichtung von Sachen), die das Recht einzelner Personen vor Beeintrachtigung schützen sollen, vgl. z. B. Reichsges. betr. das Urheberrecht an Werken der Literatur v. 19./6. 01 § 42. In diesem Sinne auch: *Pandectes belges, s. c. Grace* n. 227ff.; *Pandectes françaises Grace* n. 104ff. Auch die Befugnis einer Privatperson, ein ergangenes Urteil öffentlich bekannt zu machen (vgl. StGB. 200), kann im Wege der Begnadigung des Verurteilten nicht beseitigt werden. Vgl. *Pandectes belges* a a. O. n. 257; *Pandectes françaises* n. 104. — Der Umstand, daß eine erkannte Geldstrafe etwa einer Gemeinde, einer Armenkasse usw. zufällt, kann dagegen das Begnadigungsrecht nicht beschranken. *Pandectes francaises* a. a. O. n. 87ff; *Pandectes belges* a. a. O. n. 208ff.

[250b]) Englisches Recht: »*Non potest rex gratiam facere cum injuria et damno aliorum.*« In den französichen Begnadigungsdekreten wird das ausdrücklich bemerkt. *Pandectes françaises*, *Grace* n. 266.

rechte eingreift, die durch die Verurteilung oder das Verbrechen begründet sind, kann er durch Begnadigung auch wiedergeben, sofern er es überhaupt verleihen kann. Und ob der Verlust gewisser Ehren- und bürgerlichen Rechte ohne weiteres (*ipso jure*) mit der Verurteilung zu einer bestimmten Freiheitsstrafe (z. B. Zuchthausstrafe nach StGB. 31) verbunden ist oder besonders ausgesprochen wird, kann einen Unterschied nicht begründen.[250c]) Ja es kann möglicherweise durch Begnadigung auch wiedergegeben werden, die durch Urteil abgesprochene Fähigkeit, einen Zeugen- oder Sachverständigeneid zu leisten [251]) oder Solennitätszeuge bei Aufnahme von Urkunden zu sein, und das um so mehr als ja die Begnadigung auch darauf beruhen kann, daß nach einer höheren Gerechtigkeit beurteilt, der Verurteilte eigentlich eine strafwürdige Handlung gar nicht begangen hatte. Mit Recht kann gesagt werden, wenn man leugne, daß das Begnadigungsrecht auf Ehrenrechte sich erstrecken könne, so beraube man es damit eines Bestandteiles,

---

[250c]) Übereinstimmend in Ansehung des § 31 StGB.: *Oppenhoff* zu diesem Paragraphen Nr. 2 und *Olshausen* § 31 Nr. 4; *Finger* S. 501. — Selbstverständlich kann die Begnadigung in solchen Fällen aber nur *pro futuro* wirken, wie *Heinze*, *Holtzendorffs* Handb. 2 S. 635, und *Binding* 1 S. 874 hervorheben. — In Frankreich ist es kontrovers, ob die gewöhnliche Begnadigung (*Grace* im Gegensatz zur *Amnistie*) auch auf *Incapacités* sich erstrecken kann. Nach einer Ansicht sollen »*incapacités prononcées par le juge*« erlassen werden können, nicht aber *incapacités résultant légalement de la condamnation elle-même*, eine Unterscheidung, die *Garraud* 2 n. 563 als willkürlich betrachtet. Die *Chancelerie* des Justizministeriums scheint auch »*peines accessoires*« als erlaßbar zu betrachten, solange die Exekution der Hauptstrafe nicht begonnen hat. Vgl. *Pandectes françaises*; *s. v. Grace* n. 274. Dagegen bestimmt Art. 87 des *Code pénal belge* ausdrücklich: »*Les incapacités prononcées par les juges ou attachées par la loi à certaines condamnations cessent par la remise que le roi peut en faire, en vertu du droit de grace.*« — Entziehung von Ehrenrechten, die gesetzlich als Selbstfolge mit der Verurteilung zu bestimmten Strafen verbunden ist, wird kraft Begnadigung, die nicht Amnestie ist, nur aufgehoben sein, wenn der Begnadigungsakt dies besonders ausspricht. Scharf und richtig verfügt Art. 87 des italienischen GB.: »*L'indulto o la grazia* (......), *che condona o commuta la pena, fa cessare l'interdizione legale del condannato e le incapacità stabilite nei capoversi dell' articolo* 33, *purchè non siano congiunte per legge alla pena sostituita: ma non fa cessare l'interdizione dai pubblici ufficii, nè la sospensione dall'esercizio di una professione o di un' arte, nè la vigilanza speciale dell' Autorità di pubblica sicurezza, salvo il caso di espressa disposizione nel decreto d'indulto o di grazia* (89)«.

[251]) So auch die englisch-nordamerikanische Jurisprudenz *Bishop* § 917. Diese Fähigkeit durch Strafurteil zu entziehen, ist hier zum Teil irrationell; sie ist nicht mehr ein politisches Recht, es kommt vielmehr auf die Glaubwürdigkeit an, und diese wird zwar häufig abhängen von den Umständen, unter welchen eine frühere Handlung begangen wurde, braucht es aber nicht einmal und ist nicht immer gerade durch die Strafbarkeit der früheren Handlung bedingt.

der unter Umständen gerade wesentlich und besonders kostbar sei; denn Ehrenstrafe kann den Verurteilten weit schwerer treffen, als Freiheitsstrafe oder hohe Geldstrafe.[252]) Es kommt darauf an, ob der Begnadigende die Begnadigung soweit wirklich erstrecken will, also auf die Interpretation des Begnadigungsaktes.[252a])

Begnadigung in Form der Abolition, sei es der Abolition eines einzelnen Falles oder der Abolition als Bestandteil eines Amnestie-Erlasses, muß aber notwendig diese umfassendste Wirkung haben; bei einer Einzelbegnadigung nach erkannter Strafe wird das Gesetz gut tun (wie Art. 87 des italienischen GB.), eine Interpretationsregel aufzustellen. Die Tatsache, daß der Begnadigte eine bestimmte Handlung beging, kann freilich durch die Begnadigung nicht rückgängig gemacht werden, und ebensowenig die Tatsache einer wegen der Handlung erfolgten Verurteilung. Daher kann bei freier Beweiswürdigung die Verurteilung später ein Grund sein, den Zeugen, der begnadigt wurde, für nicht glaubwürdig zu erachten, und ebenso

---

[252]) Vgl. in diesem Sinne auch *Lueder* S. 185ff. und die von ihm für diese Ansicht zitierten Schriftsteller.

[252a]) Die Restitution von Ehren- und allgemeinen bürgerlichen Rechten kann selbstverständlich auch auf die rechtliche Stellung anderer Personen eine Einwirkung ausüben. Würde das begangene Verbrechen als Ehescheidungsgrund gelten, so kann es als solcher nicht mehr einem Scheidungsurteile dienen. Vgl. L. 13 § 1 *C de sententiam passis* 9,51. Auf Grund der durch Strafurteil geminderten Rechtsfähigkeit des Verurteilten von anderen erworbene Rechte werden aber selbst durch eine Amnestie weitesten Umfangs nicht berührt. Ein interessanter Fall kam in Italien vor. Es waren zu Abgeordneten gewählt einige Personen (*De Felice* und andere), welche durch Verurteilung wegen begangener (politischer) Delikte die Wählbarkeit zum Parlamente verloren hatten. Gleichwohl wählte man sie; die Wahl war an sich nichtig. Bevor aber die Deputiertenkammer über die Gültigkeit der Wahl entschied, wurden die Verurteilten amnestiert. Hätte es sich um eine zivilgerichtliche Entscheidung gehandelt, die auf den Zeitpunkt des Rechtsaktes (hier der Wahl) zurück zu beziehen war, so mußte die Wahl für ungültig erklärt werden. Aber bei dergleichen Ungültigkeitserklärungen von Parlamentswahlen findet eine derartige Zurückbeziehung nicht statt; die Wahl, welche die erforderliche Stimmenzahl gefunden hat, gilt solange, bis sie für ungültig erklärt wird; Abstimmungen sind nicht deshalb ungültig, weil Mitglieder die Mehrheit mitgebildet haben, deren Wahl nachher für ungültig erklärt wird. So besagt genau genommen die Ungültigkeitserklärung nicht: „die Wahl war ungültig", vielmehr sie wird ungültig. Da nun im Augenblicke dieser Entscheidung die Gewählten die Wählbarkeit wieder erlangt hatten, so mußten die Wahlen für gültig erklärt werden. Die italienische Deputiertenkammer entschied sich 1896 (26. April) auch für die Gültigkeit, welche ebenso von *Impallomeni* verteidigt wird; (vgl. *Impallomeni* S. 392ff.) — freilich unter einer Begründung, die von der hier gegebenen abweicht. Auf eine bereits erfolgte Ungültigkeitserklärung hätte die Amnestie einen Einfluß nicht äußern können (so auch *Impallomeni*).

k a n n sie allerdings, w e n n dem Begnadigten die Begehung der Handlung vorgeworfen oder nachgesagt ist, die Einrede der Wahrheit die Beleidigung ausschließen,[253]) und steht einer Korporation, einem Privatmanne der Begnadigung ungeachtet das Recht zu, den Begnadigten (ohne Entschädigung, Pension) aus dem Dienste zu entlassen, wenn solches Recht an die Begehung der Handlung oder an die Verurteilung wegen derselben geknüpft ist.[254]) Wenn die Begnadigung sich nicht ausdrücklich auch auf das Dienstverhältnis bezog, ist selbst die staatliche Disziplinarbehörde in derselben Weise berechtigt. Es steht hier deshalb anders, als bei der Verjährung der Strafverfolgung, weil der Ablauf der Verjährungszeit nach Ansicht des Gesetzes auch den Beweis unsicher erscheinen läßt, während dies der Grund des Begnadigungsaktes doch einerseits nur selten ist, und andererseits — das ist entscheidend — bei Annahme der entgegengesetzten Ansicht, der nach souveränem Ermessen erfolgende Begnadigungsakt einem anderen Rechtssubjekte oder dem öffentlichen Dienste zum Nachteil gereichen würde.

§ 196. Ob die durch Begnadigung erlassene Strafe für den Begnadigten, wenn er später wieder straffällig wird, die Strafe des R ü c k f a l l s begründe, muß zunächst davon abhängen, ob das Gesetz die Rückfallstrafe schon an die frühere Verurteilung o d e r an die früher wirklich (gänzlich oder teilweis) erlittene Strafe knüpft. Ist ersteres der Fall, und tritt die Begnadigung erst nach dem Urteile ein (ist sie also nicht Abolition), so ist bei später erneuerter Rückfälligkeit die Rückfallsstrafe begründet, anders im entgegengesetzten Falle.[255]) Da nach dem StGB. die Rückfallstrafe wenigstens teilweise Verbüßung der Strafe voraussetzt, nicht schon Verurteilung (wie nach dem preußischen GB. 58 und z. B. nach dem *Code pénal* Art. 56ff.), so würde

[253]) Diese Einrede will *Lueder* S. 188 ausschließen, und hiermit stimmt auch die englisch-nordamerikanische Praxis überein. *Bishop* § 898 Anm. 2: »*It is impossible to doubt that in the law a pardon is a remission not merely of the punishment of guilt, but of the guilt itself.*« In Amerika ist diese Ansicht aber vielleicht zu beschränken auf den Fall einer vor dem Urteil eintretenden Begnadigung (nach unserem Sprachgebrauch: Abolition). *Bishop* § 917. Bei rationeller Behandlung des Delikts der Beleidigung dürfte die Kontroverse indes nur wenig Bedeutung haben. Vgl. *Bar* GS. 52 S. 179.

[254]) Über diese bei älteren Schriftstellern erörterte Kontroverse vgl. *Spangenberg* a. a. O. S. 141.

[255]) In diesem Sinne auch *Garraud Précis* n. 308.

konsequent nach dem StGB. eine Begnadigung, welche die Strafvollstreckung völlig abgewendet hat, die Rückfallstrafe ausschließen. Das StGB. hat aber in § 245 ausdrücklich im entgegengesetzten Sinne entschieden, und zwar ist nach dem Wortlaute anzunehmen, daß die erteilte Begnadigung — sie würde denn als Amnestie durch ein Reichsgesetz erteilt — diese Wirkung des Urteils nie zu beseitigen vermag.[256]) Volle Begnadigung schließt auch — was freilich *Binding* 1 S. 874 Anm. bestreitet — den Erlaß der rechtskräftig erkannten Geldstrafe in sich, und die Begnadigung kann sich auch auf diese selbst beschränken. Freilich hat der Fiskus auf die rechtskräftig erkannte Geldstrafe ein wirkliches Forderungsrecht; da aber dies nur dem Zwecke der Bestrafung des Schuldigen, nicht der Bereicherung des Fiskus zu dienen hat, so unterliegt es auch der Beschränkung des Strafanspruchs durch das Recht der Begnadigung.[257]) Nach der entgegengesetzten Ansicht würde der Inhaber der Begnadigungsgewalt eine Geldstrafe im Wege der Begnadigung nicht erlassen können. Daß die rechtskräftig erkannte Geldstrafe gegen den Erben vollstreckt werden kann, steht dieser Befugnis nicht entgegen; der Tod des Schuldigen kann die Strafe nicht rückwärts annullieren, wie es die Begnadigung tut. Die Begnadigungsgewalt des Staatsoberhaupts hört aber in Ansehung einer Geldstrafe alsdann auf, wenn sie bezahlt [257a]) und in dem von der Volksvertretung genehmigten Staatshaushalt enthalten ist, und der Regel nach wird der Sinn eines Begnadigungsaktes nicht sein, daß bereits entrichtete Geldstrafen zurückerstattet werden sollen.[258]) Dasselbe muß von Konfiskationen gelten, die allerdings heute zum Teil eine

[256]) So auch *Binding* 1 S. 875.

[257]) Der Ausweg *Bindings*, daß selbstverstandlich der Fiskus auf den Empfang der Geldstrafe verzichten konne, ist in konstitutionellen Staaten m. E. deshalb verschlossen, weil der Monarch nicht beliebig über Staatsgelder verfugen kann.

[257a]) Vgl. in diesem Sinne die Bemerkungen *Pessinas* bei Beratung des italienischen StGB. »*Crivellari*« 4 S. 465.

[258]) Das italienische GB. sagt Art. 89 ausdrücklich, daß keine der verschiedenen im Gesetzbuch anerkannten Arten der Begnadigung ein Recht auf Restitution bezahlter Geldstrafen oder konfiszierter Gegenstande gebe. *Per argumentum a contrario* muß angenommen werden, daß noch nicht bezahlte Geldstrafen erlassen werden können. In Frankreich gilt der im Texte vertretene Satz auch zweifellos (vgl. *Garraud Précis* n. 267 b), desgleichen in Belgien (*Pandectes belges* n. 211ff n. 287). — Wird die Begnadigung durch Gesetz als Amnestie erteilt, so kann sie selbstverstandlich auch die Restitution bereits bezahlter Geldstrafen anordnen. In Frankreich ist es kontrovers, ob dies anzunehmen ist, wenn das Amnestie-

geringere Rolle spielen, als in früheren Zeiten, wo konfiszierte Güter nicht selten dem Verurteilten oder dessen Familie im Wege der Gnade restituiert wurden. Die Kosten des Strafprozesses sind wohl als Zubehör der Strafe zu betrachten, wenngleich sie nicht einen Teil derselben ausmachen. Wer die Begnadigungsgewalt ausübt, kann die Kosten zugleich mit der Strafe erlassen, wenngleich sich solcher Erlaß keineswegs von selbst versteht, vielmehr ausdrücklich ausgesprochen werden müßte. Unterstellt man, daß die Begnadigung aus dem Grunde erfolgt, daß vom Standpunkte einer höheren, nicht an das Gesetz gebundenen, Gerechtigkeit der Verurteilte gar nicht hätte vernrteilt werden sollen, so wäre es entschieden ungerecht, ihn mit den Kosten zu belasten, die sogar drückender sein können, als die erkannte Strafe.[259])

§ 197. Die Begnadigung, insoweit sie nicht einem besonderen Gesetze als Abolition oder Amnestie vorbehalten ist, vielmehr dem Statsoberhaupte allein zusteht, ist gleichwohl in jeder Hinsicht ein Regierungsakt. Gilt daher für Regierungsakte der Satz, daß Regierungsakte des Staatsoberhauptes der Kontrasignatur des Ministers bedürfen, so gilt er auch für Erteilung von Begnadigungen, und die Verantwortlichkeit des Ministers ist ebenso wie bei anderen Regierungsakten begründet. Daß für Begnadigungen der Minister nicht[259a]) oder nur für die Innehaltung der Begnadigungskompetenz verantwortlich sei, ist eine leere Behauptung; sie ist um so grundloser, als die Begnadigung einen Eingriff in den Lauf der Justiz

---

gesetz darüber besondere Bestimmung nicht enthält. *Pandectes français, s. v. Amnistie* n. 140.

[259]) Zu diesem Ergebnisse gelangt auch *Lueder* S. 194, freilich mit der m. E. nicht zureichenden Begründung, daß die Begnadigung ein Souveränitätsrecht sei. Er hat aber darin recht, daß Abolition schon, weil die Schuld nicht festgestellt ist, die Erstattung der Kosten seitens des Begnadigten ausschließt. Vgl. übrigens schon *Stübel*, Kriminalverfahren 8 § 1407, der hier von den Wirkungen der Abolition spricht, aber unter Abolition (vgl. das. § 1391) jede Art der Begnadigung versteht. In Frankreich wird angenommen, daß die *Grace* im Gegensatz zur *Amnistie* sich auf die Kosten nicht erstrecken könne, ebenso in Belgien. Vgl. *Pandectes françaises* a. a. O. n. 74ff.; *Pandectes belges* a. a. O. n. 237.

[259a]) So *Plochmann* S. 70, 71 (der hier Verantwortlichkeit für die Gesetzmäßigkeit von der Verantwortlichkeit für den materiell richtigen Gebrauch nicht gehörig trennt); *Köstlin*, Neue Revision S. 929 und System S. 642; *Lueder* S. 105ff. — *Mohl* hat diese früher von ihm geäußerte Ansicht in der mehrfach zitierten Abhandlung S. 687 aufgegeben, ebenso *Rönne*.

enthält, welche letztere nach neuerem Staatsrechte ganz besonders unabhängig sein und vor materiell unangemessenen, wenn auch ausnahmsweise kraft des Begnadigungsrechtes formell zulässigen Eingriffen geschützt sein muß. Freilich wäre es unangemessen, wenn die Volksvertretung sich mit einer einzelnen Begnadigung eingehend befassen wollte; sie würde durch solche Erörterung leicht der Begnadigung einen Teil ihres Wertes rauben und sich in die Prärogative des Staatsoberhauptes oder der Exekutionsgewalt einmischen. Wenn aber etwa durch völlige Begnadigung, oder wenn im Wege der Begnadigung erfolgende Strafmilderungen bei gewissen Straftaten dem Gesetze die Spitze abgebrochen wird, oder Strafmilderungen in Fällen erfolgen, wo das Gericht im Einklang mit der öffentlichen Meinung strenge Strafe erkannt hat, so kann die Volksvertretung mit Fug die Verantwortlichkeit des Ministers für solche Gnadenakte geltend machen.[259b]) Denn das Begnadigungsrecht soll zwar in Ausnahmsfällen der Billigkeit oder der höheren Gerechtigkeit Geltung verschaffen, aber nicht das Gesetz korrigieren oder gar aufheben. Daß die vollzogenen Begnadigungsakte gültig bleiben, hat selbstverständlich mit der Verantwortlichkeit des Ministers nichts zu schaffen.

§ 198. Im Mittelalter war zur Begnadigung Zustimmung des durch das Verbrechen Verletzten erforderlich, seit und soweit an Stelle der *Compositio* öffentliche Strafe getreten war.[260]) Wenn die Könige in früherer Zeit ohne weiteres begnadigten, so haben sie nur die öffentliche Strafe beseitigen wollen. Man ersieht das deutlich daraus, daß auch in späterer Zeit, als von der *Compositio* keine Rede mehr war, jene Vorbedin-

---

[259b]) In diesem Sinne besonders *Edg. Loening*, Deutsche Juristenzeitung 1896 S. 429ff.; *Binding* 1 S. 879; *G. Meyer*, Lehrb. des deutschen Staatsrechts I § 84 Anm. 19. Die Gegenausfuhrung von Staatsanwalt *Wagner* in den preußischen Jahrbüchern 1897 Bd. 90 S. 311 ist schwerlich überzeugend.

[260]) *Aegidius Bossius, Pr. tit. de poenis* n. 46. *Boni principes* gewahren Begnadigung nur »*pace habita ab offenso*«. *Damhonder Pr. c.* 147 n. 13: Begnadigung setze Versöhnung mit dem Verletzten voraus oder lege doch die Verpflichtung dazu auf. — *Clarus* § fin. qu. 59 n. 3 sagt, der *Princeps* könne zwar »*pro pace publica*« Gnade gewahren auch bei Verletzungen von Privatpersonen »*nec eorum consensus requiritur*«. Indes werde es im Herzogtum Mailand anders gehalten, und der mailändische Senat erkenne die Gnade, welche ohne Zustimmung des Verletzten erfolge, nicht an. — In der Tiroler Malefiz-Ordnung von 1499 machte dagegen Kaiser Maximilian als Landesfürst die Begnadigung nicht mehr von der Zustimmung des Verletzten abhängig.

gung aufgestellt, wenngleich meistens trotz des Mangels jener Zustimmung die Begnadigung für gültig erklärt wurde. Heutzutage wird jenes Erfordernis überhaupt nicht mehr erwähnt. Aber bei Delikten, welche nur auf Antrag des Verletzten bestraft oder gar seitens des Verletzten mit Privatklage (im Sinne der StPO.) verfolgt werden können, wird auch gegenwärtig noch Begnadigung, ohne daß der Verletzte zustimmt, regelmäßig für unangemessen erachtet werden müssen, da hier das Gesetz dem Privatinteresse einen entscheidenden Einfluß auf die Bestrafung des Schuldigen einräumt.[261]) Ungültig ist ein ohne solche Zustimmung erfolgter Begnadigungsakt nicht.[261a])

Zustimmung des Begnadigten ist zur Wirksamkeit der Begnadigung nicht erforderlich: die Begnadigung erfolgt nicht sowohl um den Begnadigten eine Gunst zu erweisen, als vielmehr im Interesse der Strafrechtspflege selbst oder des öffentlichen Wohles, wenngleich das Wohl des Begnadigten dabei auch in Frage kommt. Es bedarf daher keines Begnadigungsgesuchs des Verurteilten,[262]) obschon regelmäßig Begnadigung einzelner Personen nur auf ein Gesuch erfolgen wird, das zuweilen aber auch von Jemandem gestellt wird, der dem Verurteilten nahesteht.

Darf aber ohne Zustimmung des Verurteilten oder gar gegen dessen erklärten Willen die erkannte Strafe im Gnadenwege in eine mildere verwandelt werden? Die verneinende, früher in der Theorie mehrfach vertretene Antwort [263]) stützt sich darauf, daß einerseits der Verurteilte durch das Strafurteil ein Recht darauf erlangt habe, keine andere Strafe als die ihm

[261]) Man könnte sich allenfalls über die Zustimmung des Verletzten hinwegsetzen, wenn letzterem vollständige Entschädigung bzw. Ehrenerklärung geleistet wäre, und das Verlangen der Bestrafung offensichtlich nur auf nicht zu billigenden Motiven beruhte. Vgl. auch *Pandectes belges, s. v. Grace* n. 138. Zuweilen ist, wie *H. Meyer* § 46 Anm. 48 anführt, bei allgemeinen Begnadigungserlassen für Beleidigungen Nachweis des Einverständnisses des Beleidigten verlangt worden, so in dem Gnadenerlaß bei der Thronbesteigung Kaiser Friedrichs 1888.

[261a]) In diesem Sinne auch *H. Meyer* § 46 Nr. 7; *Binding* I S. 870.

[262]) Vgl. insbesondere *Oersted* S. 464ff.; *Mohl* S. 658ff.

[263]) Dafür noch *Buma* S. 67 ff. und sogar *Mohl* S. 660; norwegische Verfassung Art. 20 modifiziert durch Gesetz vom 29./11. 1862. Die vollständige Begnadigung kann nach der in Norwegen geltenden Interpretation dieser Bestimmungen der Verurteilte nicht ablehnen. Vgl. *Aschehoug*, Das Staatsrecht der Vereinigten Königreiche Schweden und Norwegen, in *Marquardsens* Handb. des öffentlichen Rechts Bd. 4 Abt. 2 S. 157. — Dagegen *Plochmann* S. 50 ff.; *Mittermaier* zu *Feuerbach* § 3 Anm. VII.

zuerkannte zu erleiden, und daß andererseits nur das Gefühl des einzelnen darüber entscheiden könne, ob eine Strafe milder sei als die andere. Aber schon bei Zuerkennung der Strafe wird auf dieses Gefühl keine Rücksicht genommen; vielmehr entscheidet die gesetzliche Rangordnung der Strafen über deren Anwendung; der Geizige wird, wenn er ein geringes nur mit Geldstrafe zu ahndendes Delikt begangen hat, nicht deshalb mit Haft bestraft, weil die Haft ihm angenehmer ist als die Geldstrafe, und umgekehrt der Verschwender nicht mit Haft, weil diese ihn empfindlicher trifft, als Geldstrafe. Die Bestimmung des Ranges der Strafen hat den Zweck, gegen strengere Strafen zu sichern, nicht aber mildere auszuschließen [264]) — sonst würde der Grundsatz der Anwendung des milderen Gesetzes bei einer Änderung der Gesetzgebung auch unrichtig sein — und das Urteil ist nur der Ausdruck des Gesetzes für den einzelnen Fall. Die entgegengesetzte Ansicht führt auch (z. B. wenn der zum Tode Verurteilte die Begnadigung zu Freiheitsstrafe zurückweisen würde) zu den sonderbarsten Konsequenzen. Allerdings aber muß es unzweifelhaft sein, daß die im Gnadenwege substituierte Strafe nach dem Gesetze unbedingt die mildere ist,[264a]) und zweifeln läßt sich darüber, ob Geldstrafe einer Freiheitstrafe gegenüber, auch wenn beide für dieselbe Kategorie von Delikten gleichmäßig möglich sind, stets die mildere Strafe sei, weshalb denn auch in Frankreich die im Wege der Gnade erfolgende Verwandlung einer Freiheitsstrafe in Geldstrafe Zustimmung des Begnadigten voraussetzt.[264b]) Es würde jedoch mißbräuchliche Anwendung des Gnadenrechts sein, wenn gegen oder ohne den Willen des Verurteilten im Gnadenwege der erkannten Strafe eine andere substituiert würde, die zwar im Gesetze als die mildere charakterisiert wäre, die aber den Verurteilten individuell härter

---

[264]) Der auch angefuhrte Satz: »*Beneficia non obtruduntur*« paßt offenbar nicht, da das Begnadigungsrecht nicht lediglich im Interessse des Verurteilten besteht.

[264a]) Dies ist nicht der Fall, wenn die Vollstreckung der Strafe einstweilen nur aufgeschoben, die definitive Begnadigung aber von dem guten Betragen des Verurteilten bis zu einem bestimmten Zeitpunkte abhängig gemacht wird. — Eine wegen Übertretung ausgesprochene Haftstrafe könnte nicht in eine Geldstrafe verwandelt werden, deren Höhe sie als Vergehensstrafe erscheinen ließe. Vgl. *Pandectes belges*, *s. v. Grace* n. 317. — Daselbst n. 323 ff. über die Frage, ob bei Strafherabsetzung die Begnadigung an das gesetzliche Minimum der Strafzeit gebunden sei.

[264b]) *Pandectes belges*, *Grace* n. 29.

treffen würde, wenn lediglich dies der Zweck der Begnadigung wäre. Die substituierte Strafe kann selbstverständlich nur eine im Gesetze zugelassene sein, und an der gesetzlichen Art und Weise ihrer Vollziehung kann die Begnadigung nichts ändern.[264c]) Sie hat dann aber auch in dem Sinne als die verdiente Strafe zu gelten, daß sie und nicht die ursprünglich erkannte Strafe für die Verjährung maßgebend ist.

§ 199. Die Begnadigung wird — falls bei Nichterfüllung der Bedingung die Lage des Verurteilten als nachteiliger gestaltet angesehen werden kann [264d]) — freilich nur unter Zustimmung des Verurteilten [265]) bedingt [266]) erteilt werden können, jedenfalls unter einer die Rechtsverwirklichung fördernden Bedingung, z. B. der Bedingung der Leistung des Schadenersatzes an den Verletzten, der Nichtbegehung von Verbrechen binnen bestimmter Zeit, auch wohl unter der Bedingung, einen Akt der Wohltätigkeit vorzunehmen, sofern nach Maßgabe der Vermögensverhältnisse des Begnadigten darin nicht eine Art Vermögenskonfiskation liegen würde (insbesondere eine starke Beeinträchtigung des Pflichtteils naher Verwandter). Zweifelhafter erscheint die früher nicht selten gemachte, nach der nordamerikanischen Jurisprudenz für nichtig erachtete Bedingung, das Land zu verlassen oder nach einem entfernten Lande auszuwandern. Wenn man rückfällige Verbrecher in dieser Weise nicht anderen Ländern zuschieben darf, so lassen sich doch Fälle denken, in denen man auf diese Weise eine besonders milde Behandlung verdienende Person ausnahmsweise vor dem Verderben retten mag. In Nordamerika wird eine nicht zulässige Bedingung als nichtig, die Begnadigung selbst in solchem Falle als gültig angesehen. Zweifellose Verletzung einer zulässigen Bedingung macht die Begnadigung hinfällig.

Stillschweigende Begnadigung muß in allen Staaten, in denen Regierungsakte Gegenzeichnung eines Ministers erfordern,

---

[264c]) *Pandectes belges*, *Grace* n. 304.

[264d]) *Pandectes belges*, *Grace* n. 330, 338.

[265]) Wenn Vermögensleistungen gefordert werden, würde auch Zustimmung des gesetzlichen Vertreters (Inhaber der elterlichen Gewalt, des Vormundes) erforderlich sein.

[266]) Erörterung dieser in der deutschen Theorie vernachlässigten Frage bei *Bishop* 1 § 914 ff., der den Grundsatz aufstellte, die Begnadigung dürfe nicht »*impossible*, *criminal* oder *illegal*« sein, eingehend auch *Pandectes belges*, *Grace* n. 339 ff.

für ausgeschlossen erachtet werden. Dagegen bedarf es einer Motivierung nicht; häufig erfolgt sie wohl nur durch Bezugnahme auf das Begnadigungsgesuch.

Ungültigkeit einer Begnadigung für eine erst zu begehende Handlung ist selbstverständlich: Gültigkeit wäre Außerkraftsetzung des Strafgesetzes für einen einzelnen Fall, unter Umständen Anstiftung zum Verbrechen.[267])

§ 200. Die Begnadigung wird als einseitige Willenserklärung bindend erst mit der Mitteilung an den Begnadigten,[268]) sofern sie nicht durch einen öffentlichen Erlaß erfolgt; in dem letzteren Falle entscheiden die allgemeinen für Verordnungen und Gesetze geltenden Grundsätze. Eine erteilte Begnadigung muß, da sie die Strafe rechtlich beseitigt oder ändert, die durch Urteil bestimmte Strafe also gesetzwidrig geworden und eine freiwillige Unterwerfung unter eine Strafe ausgeschlossen ist, von Amts wegen beachtet werden.[268a])

Ist eine erschlichene Begnadigung gültig? In der älteren Literatur lautet die Antwort verneinend. *Obreptio* (Behaupten falscher Tatsachen) und nach vielen auch *Subreptio* (Verschweigen erheblicher Tatsachen) sollte die erlangte Begnadigung ungültig machen; ohne daß ein Dolus des Impetranten begangen war, sollte aber eine auf unrichtige Annahme unrichtiger Tatsachen hin erteilte Begnadigung nicht angefochten werden.[269]) In solchen Fällen sollte auch die in dem Begnadigungsakte enthaltene Klausel »*Motu proprio*« keine Bedeutung haben. In dem angeführten Beispiele ist aber nur von einer durch Verbrechen — Bestechung des *Advocatus fisci*, Benutzung falscher

---

[267]) Vgl. schon *Clarus* § fin. qu. 59 n. 11; *Bishop* 1 § 903.

[268]) In Nordamerika entscheidet Übergabe des Begnadigungsdokuments an den Begnadigten oder dessen Mandatar. Wer die Begnadigung erbeten hat, gilt als Mandatar (Agent), *Bishop* 1 § 907. — *Heffter* § 184 wendet die kanonische Lehre von den *Rescripta gratiae* (vgl. *F. H. Boehmer*, *Jus ecclesiasticum protestantium* 1, 3 § 23) an, derzufolge der Zeitpunkt der Unterzeichnung entscheiden soll.

[268a]) Davon macht aber eine Ausnahme die gegenwärtig (April 1905) noch geltende italienische StPO. (Art. 827, 830), insofern eine Einzelbegnadigung vom Begnadigten geltend gemacht werden muß, nach der italienischen StPO. auch ein allgemeiner Gnadenerlaß, der nicht Amnestie. — Auch das englische Recht fordert in den meisten Fällen Geltendmachung durch den Begnadigten. Vgl. *Pandectes françaises*, *Amnistie* n. 192.

[269]) *Bossius*, *Pr. tit. de poenis* n. 36; *Decianus* Pr. III 36 n. 90. — Strenger sind *Menochius* c. 201 und *Bajardus* in den Noten zu *Clarus* § fin. qu. 59 n. 73 ff. *Matthaeus* 48, 19 c. 5 § 4; *Quistorp* § 856; *Heffter* § 184; *Plochmann* S 79, 87.

Urkunden, falscher Zeugen — erlangten Begnadigung die Rede. In England und Nordamerika behandelt man den Gnadenakt als nichtig, wenn er durch falsche Behauptungen oder Verschweigen erheblicher Tatsachen erschlichen ist,[270]) eine Strenge, die sich vielleicht in Nordamerika daraus erklärt, daß nach dem Gesetze der in dem Begnadigungsgesuche angegebene Grund als Motiv in dem Begnadigungsakte angeführt werden soll. Nach allgemeinen Grundsätzen kann m. E. die einfache Behauptung unrichtiger Tatsachen Ungültigkeit des Begnadigungsaktes nicht zur Folge haben; denn einerseits liegt es nahe, daß in Begnadigungsgesuchen der Antragsteller die Tatsachen meistens in einem für ihn möglichst günstigen Lichte darstelle. Wer die Begnadigung gewährt (oder der verantwortliche Berater des Staatsoberhauptes), kann also auf die exakte Wahrheit der angegebenen Tatsachen sich nicht verlassen, und andererseits fehlen ihm auch nicht die Mittel der Nachprüfung in gewissem Umfange (Anfrage bei Behörden, Einforderung der Prozeßakten). Anders würde zu urteilen sein im Falle einer Fälschung, falscher strafbarer Versicherungen an Eidesstatt. Hier läßt sich auch besser erkennen, ob wirklich der Inhaber der Begnadigungsgewalt getäuscht worden ist, selbst wenn eine ausreichende Motivieruug des Gnadenaktes nicht stattgefunden hat.

Eine Revokation eines Gnadenaktes kann übrigens letzterem die Wirksamkeit nicht nehmen. Vielmehr haben die Gerichte,[271]) bzw. andere Behörden (z. B. Behörden, welche für Zulassung zu öffentlichen Wahlen zuständig sind) zu entscheiden, ob das frühere Urteil noch wirksam ist, bzw. zur Vollstreckung gebracht werden kann. Die Revokation ist nur ein Anlaß für das Einschreiten der Strafvollstreckungsbehörden,[272]) bzw. ein Anlaß, dem Begnadigten die Ausübung derjenigen Rechte zu weigern, welche ihm durch Urteil entzogen sind.[272a]) Überhaupt

[270]) *Bishop* 1 §§ 905, 906.

[271]) Vgl. *Bishop* 1 § 905 ff. — Die älteren deutschen Schriftsteller (vgl. *Boehmer ad Carpzov*, Pr. qu. 150 Abs. 3, *Quistorp* **8** § 856) erörtern die Frage der Revokation besonders in Ansehung der Abolition. *Stübel*, Kriminalverfahren **8** § 1409, bemerkt, durch die Begnadigung erhalte der Begnadigte ein *Jus quaesitum* wie durch ein anderes Privileg.

[272]) Oder der Strafverfolgungsbehörde, wenn eine Abolition geltend gemacht wird.

[272a]) Widerruf und Ungültigkeit der Begnadigung sind scharf zu unterscheiden. *H. Meyer* § 46 Nr. 8 folgert unrichtig aus der Unwiderruflichkeit auch

steht aus dem bezeichneten Grunde, eine Erweiterung des Gnadenaktes ausgenommen, die entscheidende Interpretation des Gnadenaktes — auch einer allgemeinen Amnestie — nicht dem Inhaber der Begnadigungsgewalt zu, vielmehr den Gerichten (bzw. anderen Behörden).[273])

§ 201. Arten der Begnadigung. Eine Begnadigung kann erfolgen nach oder vor dem (rechtskräftigen) Strafurteil. Im ersteren Falle — Begnadigung im engeren Sinne *Aggratiatio* — hat sie nur die Wirkungen, die der Begnadigende ihr beilegt. Er kann sie auch auf Milderung der Strafe beschränken (*Mitigatio ex capite gratiae*) — und nicht selten ergeben sich, wie wir gesehen haben, aus dem Gesetze gewisse Beschränkungen, namentlich in Ansehung der Ehrenrechte. Die Begnadigung kann aber auch eintreten, nachdem bereits ein Teil der Strafe, und selbst nachdem die Hauptstrafe vollstreckt ist. Sie beschränkt sich dann auf die Wiederherstellung von bürgerlichen- und Ehrenrechten (*Restitutio ex capite gratiae*).

Im zweiten Falle, im Falle der Abolition, ist die Begnadigung ohne weiteres so vollständig, wie möglicherweise eine Begnadigung sein kann; sie hat die Wirkung, daß das Verbrechen als nicht geschehen angesehen wird.[274]) Nur werden, wie gezeigt worden, Privatrechte auch hier durch die Begnadigung nicht berührt. Diese aus der römischen *Abolitio* hervorgegangene Begnadigung[275]) hat aber vielfach Bedenken erregt, da sie erteilt wird, ehe der Sachverhalt durch Untersuchung und Urteil

---

die Gültigkeit erschlichener Begnadigung, ebenso anscheinend *Binding* 1 S. 879, der zur Wiederherstellung des durch den Gnadenakt untergegangenen Strafrechts einen Akt der Gesetzgebung für erforderlich hält.

[273]) Insbesondere in Deutschland Verwaltungsgerichten, Wahlprüfungsbehörden usw.

[274]) »*Crimen pro non facto habetur*«, *Wildvogel* § 19, und ebenso *Theresiana* art. 17 § 3. — Vgl. auch das unten Anm. 300 über Amnestie Gesagte. — Der durch Abolition Begnadigte wird, wenngleich die Abolition auf seinen Antrag erfolgt, auch nicht die Kosten des Verfahrens zu tragen haben, wie freilich *Vollgraff* S. 37 ausführt. Wer Abolition nachsucht, bekennt sich keineswegs immer als schuldig, und gesetzt, es wäre so, so werden doch durch die Abolition alle und jede strafrechtlichen Folgen der begangenen Tat beseitigt. Vgl. in diesem Sinne *Lueder* S. 193.

[275]) Der Laienspiegel unter der Überschrift „Von Abtilgen der übelthat" sagt schon: „Die gemeyn abolition beschieht allein durch die oberhand, damit alle anklag ausgelöschet". Er versteht darunter allgemeine Abolition bei fröhlichen Gelegenheiten. — Auch *Clarus* § fin. qu. 59 n. 10 bemerkt, in Mailand stehe die Abolition dem definitiven Straferlaß gleich.

aufgeklärt ist, und da sie zugleich die weitgehendsten Wirkungen hat.[276]) Wird sie einzelnen Personen[277]) erteilt, so kann dabei leicht starker Mißbrauch stattfinden,[278]) sofern nicht eine strenge politische Verantwortung solchen ausschließt, und besondere Versuchung zu solchem Mißbrauche liegt vor, wenn es sich um Dienstvergehen von Beamten handelt, mit denen der Vorgesetzte leicht begreifliches Mitleid, andererseits aber ein gewisses Gefühl der Solidarität empfindet. Es ist daher begreiflich,[279]) daß die Abolition in manchen Verfassungsgesetzen ausgeschlossen ist.[279a]) Durch Gesetz kann sie natürlich erfolgen, sofern die Verfassung dies nicht ausdrücklich ausschließt;[280]) aber dann wird sie kaum anders erfolgen als im Wege einer auf ganze Kategorien von Delikten oder Schuldigen sich beziehenden Amnestie. In einigen deutschen Verfassungen ist Abolition nur bei Dienstvergehen der Beamten oder bei Verfassungsverletzungen ausgeschlossen; in anderen

---

[276]) *Wildvogel* § 40: Dem durch die Abolition Begnadigten dürfe die begangene strafbare Handlung auch nicht weiter vorgerückt werden, wie dies denn in Abolitionsreskripten auch wohl ausdrücklich gesagt werde. Wer es täte, würde sich der Mißachtung der Autorität des Landesherrn schuldig machen § 43. Ebenso spricht sich *Leyser* 526 n. XI aus; nur bemerkt er: »*Excusatur tamen, qui pro jure tuendo suo facit*«.

[277]) In Frankreich hat, wie *Mangin* 2 n. 442 behauptet, auch die alte Monarchie das Recht, einzelnen Abolition zu gewähren, nicht geübt.

[278]) Namentlich wenn Geld gezahlt wurde, »*pro redimenda vexa*«. Heutzutage könnte man an Geldzahlungen für milde Zwecke, Kirchenbauten usw. denken.

[279]) *Leyser* Sp. 526 n. VI erklärt dagegen die einzelnen Personen gewährte Abolition *in delictis mediocribus ac dubiis* für sehr zweckmäßig. Man wird dabei den zur Zeit des damaligen Inquisitionsprozesses häufigen Übelstand langwieriger und gleichwohl ergebnisloser Untersuchungen zu berücksichtigen haben.

[279a]) Gegner der Abolition: *Tittmann* 1 S. 139; *Vollgraff* S. 32, welche Einzel- (oder Privat-) Abolitionen nur bei Verletzungen des Staatsoberhauptes, also als Verzeihung für zulässig halten und sie sonst als „Machtspruch", d. h. als widerrechtlich bezeichnen. (Vgl. auch *Spangenberg*, N. Arch. d. Kr. 13 S. 356.) *Kleinschrod* 2 § 111 erklärte die Abolition für „schädlicher" als die Begnadigung, weil man ohne Beendigung des Prozesses die Strafbarkeit des Begnadigten nicht genügend ermessen könnte, und *Grolman* war der Ansicht, daß — von Amnestien abgesehen — die Abolition nur höchst selten sich genügend werde rechtfertigen lassen. — Die Verfassungen mancher auswärtiger Staaten geben dem Souverän ein unbeschränktes Begnadigungsrecht, welches Abolition und Amnestie in sich begreift, andere schließen Abolition und Amnestie aus oder lassen letztere kraft Regierungsaktes nur für politische Delikte zu. Vgl. die Zusammenstellung in den *Pandectes françaises*, *Amnistie* n. 180—203, *Grace* n. 279—333.

[280]) 1818 bayerische Verfassungsurkunde Tit. 8 § 4; preußische Verfassungsurkunde Art. 49 Abs. 3: „Der König kann bereits eingetretene Untersuchungen nur auf Grund eines besonderen Gesetzes niederschlagen«. Aus dem Wortlaut dieser Bestimmung wird gefolgert, daß der König das Abolitionsrecht üben könne, solange eine förmliche Untersuchung noch nicht eingeleitet ist. Vgl. *H. v. Schulze*

ist sie dagegen ausdrücklich als Recht des Souveräns anerkannt.[281]) Fraglich könnte erscheinen, ob sich die Abolition im Sinne des heutigen Rechts nur auf bereits begonnene Untersuchungen beziehe. Bejaht man die Frage, so kann daraus entweder die Folgerung gezogen werden, daß Begnadigung überhaupt nicht möglich sei für strafbare Handlungen, über die eine Untersuchung noch nicht eröffnet ist, oder die Folgerung, daß da, wo Abolition gesetzlich ausgeschlossen ist, dieser Ausschluß sich nicht beziehe auf die noch nicht zur Untersuchung gebrachten strafbaren Handlungen.

Die römische, durch den *Princeps* erfolgende Abolition hatte nun zwar mit strafbaren Handlungen, die noch nicht zur Anklage (Untersuchung) gebracht waren, nichts zu tun; sie war ein Eingriff in den Prozeß, in die Tätigkeit der Gerichte. In Deutschland und überhaupt da, wo die richterliche Gewalt als unabhängig angesehen wurde von der Gewalt des Fürsten oder der dem Fürsten gleichgestellten Obrigkeit, hat man die Abolition anders aufgefaßt. Nicht der Tätigkeit des unabhängigen Gerichts wurde Einhalt geboten, vielmehr hörte diese Tätigkeit deshalb auf, weil die strafbare Handlung als solche durch die Begnadigungsgewalt ausgelöscht war, wie man denn auch, seit der Inquisitionsprozeß herrschend geworden war, kaum denken konnte an die Möglichkeit einer Wiedereröffnung einer niedergeschlagenen Untersuchung. Daher hat man auch vor der Eröffnung der Untersuchung erfolgte Gnadenakte als Abolition aufgefaßt, und es ist, wenn das Gesetz nicht geradezu ein anderes bestimmt, unrichtig, das Verbot der Abolition auf bereits anhängige Untersuchungen zu beschränken, und um so mehr unrichtig, als ein Gnadenakt, bevor nicht irgendeine Untersuchung anhängig ist, noch weit bedenklicher [282]) ist als Niederschlagung

---

Gaevernitz, Preußisches Staatsrecht **2** S. 126 Anm. Klar die belgische Verfassungsurkunde Art. 73: »*Il* (*le roi*) *a le droit de remettre ou de reduire les peines prononcées, par les juges*«.

[281]) Württembergische Verfassungsurkunde Kap. 7 § 97, königlich sächsische § 52, kurhessische § 126, braunschweigische neue Landschaftsordnung § 111 (*per argumentum a contrario*).

[282]) Daher sind Bestimmungen wie die der preußischen Verfassungsurkunde Art. 49 Abs. 3 (vgl. Anm. 280) prinzipwidrig und wenig empfehlenswert. *Binding* Hdb. **1** S. 870 unterscheidet Strafverfolgungsanspruch und Strafanspruch. Verzicht auf den Strafanspruch selbst ist ihm Begnadigung, Begnadigung im engeren Sinne nach eingetretener Rechtskraft des Strafurteils, Abolition nach begonnener Untersuchung, aber

einer begonnenen Untersuchung; im ersteren Falle befindet man sich jedenfalls noch mehr im unklaren über Schuld und Unschuld, wie über etwaige Teilnehmer am Verbrechen. Einem schon förmlich Beschuldigten wird das Recht nicht abzusprechen sein, Fortgang des Verfahrens bis zum Urteil (oder doch Außerverfolgsetzung) zu fordern; durch Abolition kann die Ehre eines zu Unrecht Beschuldigten empfindlich verletzt werden. Würde er doch für schuldig erkannt werden, so würde freilich das Urteil wegen der Abolition keine Bedeutung haben. Ein Gesetz kann selbstverständlich auch jenem Verlangen eines Beschuldigten die Wirksamkeit nehmen.

Während die spezielle Begnadigung im engeren Sinne sich nur auf die in derselben bezeichnete Person, nicht aber auf andere Teilnehmer einer strafbaren Handlung erstreckt,[282a]) falls dies nicht ausdrücklich gesagt ist — da ein Grund der Begnadigung

---

vor dem rechtskräftigen Urteil. Der Verzicht auf die Strafverfolgung ist möglich vor Beginn der Untersuchung; er soll allgemein zulässig sein, auch da, wo die Abolition gesetzlich ausgeschlossen ist. Dieser besondere Strafverfolgungsanspruch existiert aber in Wirklichkeit nicht, ist vielmehr nur ein Gebilde zuweit getriebener Dialektik (man könnte ebensogut z. B. einen Verhaftungs-, Durchsuchungs-, Verurteilungsanspruch usw. konstruieren), wie auch *Laband* (§ 494) gegen die dialektische Auflösung der Hoheitsrechte des Staates in sog. Ansprüche hervorhebt. Daraus wird dann in Verbindung mit § 147 des GVG. die höchst gefährliche Folgerung abgeleitet, daß der Justizminister den Staatsanwälten die Erhebung einer öffentlichen Anklage einfach verbieten könne, in Ausübung des völlig freistehenden Verzichts auf den Strafverfolgungsanspruch, eine Folgerung, die m. E. mit dem in § 152 Abs. 2 der StPO. für die Strafverfolgung sanktionierten Legalitätsprinzip durchaus in Widerspruch steht. *Seuffert* (§ 4) hält es nach Reichsrecht (ohne näher auf die preußische Verfassung einzugehen) für unzulässig, daß der Justizminister den Staatsanwälten die Erhebung einer öffentlichen Klage anders als aus Rechtsgründen untersage und gegenüber solchem Verfahren sogar StGB. § 346 für anwendbar. Das bayerische Justizministerium erachtet sich, obwohl die bayerische Verfassungsurkunde Tit. VIII § 4 die Unzulässigkeit der Abolition ebenso wie die preußische Verfassung ausdrücklich nur für anhängige Strafsachen und angefangene Untersuchungen ausspricht, doch absolut nicht für befugt auf eine Untersagung der Untersuchung einzugehen. Vgl. darüber *Heimberger* S. 66. — *Laband* S 485 scheint es allgemein für zulässig zu halten, daß der Chef der Justizverwaltung den Staatanwälten die Erhebung öffentlicher Klage in einzelnen Fällen beliebig untersagt. Er beruft sich dafür auf die oft vorkommende Anweisung, daß bei Einführung neuer Gesetze den Staatsanwälten für die erste Zeit Enthaltsamkeit in der Erhebung der öffentlichen Klage empfohlen werde. Aber dies letztere Verfahren erklärt sich daraus, daß bei reinen Polizeidelikten der Natur der Sache nach trotz StPO. 152 die Entschuldigung wegen Rechtsirrtums sich geltend macht: sonst wird eben „Vernunft Unsinn". Vgl. gegen *Binding* insbes. *Berner* § 168 a. E.

[282a]) Wer aber subsidiär für eine vom Begnadigten verwirkte Geldstrafe haftet, wird von dieser Haftung frei. So auch *Binding* 1 S. 874. Anders: *Loeb* S. 65, in Ansehung der Teilnehmer, da er in der Begnadigung des Täters eine Negation der Strafbarkeit der Tat erblickt.

ausschließlich für die Person des Begnadigten vorliegen kann —, wird man die allgemeinen Gnadenerlasse auf alle und jede Teilnehmer zu beziehen haben, und dasselbe wird von der Abolition zu gelten haben, sofern nicht einzelne Teilnehmer schon früher verurteilt sind.

§ 202. Zuständigkeit der Einzelstaaten und des Reiches (des Kaisers) für die Begnadigung. Das StGB. setzte an die Stelle der Mehrheit partikularer Strafgesetze ein einheitliches Starfrecht für die im StGB. behandelten Materien, ohne über die Zuständigkeit zur Begnadigung der nach dem einheitlichen Strafrecht des StGB. strafbaren Handlungen irgend etwas zu bestimmen, vielmehr die Begnadigung anlangend nur von einzelnen Wirkungen der Begnadigung in Anlaß der Regelung der Nebenstrafen, besonders der Ehrenstrafen usw. redend. Da auch in den früheren deutschen Strafgesetzbüchern von der Frage, wem die Begnadigungsgewalt zukomme, und in welcher Weise sie ausgeübt werde, nicht die Rede war, diese Frage vielmehr zum Verfassungsrecht der einzelnen Staaten gerechnet wurde, hat man das gleiche Verfahren auch bei Abfassung des StGB. beobachtet. Die einzelnen deutschen Staaten behielten das Begnadigungsrecht; sie büßten es nicht etwa ein, um es vom Reich in einer neuen Form wiederzuerhalten; sie behielten es als Korrelat ihrer Strafgewalt, die freilich nur nach Maßgabe des Reichsgesetzes, aber doch als eigenes Recht fortbesteht.[283]) Jeder deutsche Staat übt insoweit die Strafgewalt mit Wirksamkeit auch für die übrigen aus: wer in einem Bundesstaate wegen einer reichsrechtlich strafbaren Handlung bestraft ist, kann in einem anderen Bundesstaate wegen dieser Handlung auf Grund des StGB. nicht mehr bestraft werden. Daraus folgert *Heinze*,[284]) daß das Gleiche ohne weitere Voraussetzung auch für die Begnadigung gelte. Jede von irgendeinem der verschiedenen

---

[283]) Vgl. in dieser Hinsicht bes. *Elsas* S. 74 ff., auch *Laband* S. 488, der hier auch gegen *Löwe* StPO. S. 26 treffend ausführt, daß der gegenwärtige Rechtszustand in Ansehung der Zuständigkeit der Begnadigungsgewalt den Grundlagen der Verfassung des Deutschen Reiches durchaus entspricht, wenngleich einzelnes zweifelhaft sein mag. — Auch in Zollsachen steht das Begnadigungsrecht den Einzelstaaten zu.

[284]) Staats- und strafrechtliche Erörterungen S. 70 ff. und GS. **27** Beilageheft S. 121.

Bundesstaaten wegen irgendeiner auf Grund des StGB. strafbaren Handlung erfolgende Begnadigung sei im ganzen Deutschen Reiche wirksam, jeder Bundesstaat in Ansehung aller überhaupt auf Grund des StGB. zu strafenden Handlungen zur Begnadigung zuständig. Diese Forderung wird indes mit Recht allgemein als unzutreffend erachtet.[285]) Auch für die wirkliche Ausübung der Strafgewalt der einzelnen Bundesstaaten war stillschweigend vorausgesetzt, daß aus den Strafprozeßgesetzen der einzelnen Staaten sich Beschränkungen ergaben. Der Staat, der nach seinem Prozeßgesetze nicht zuständig war, konnte auch auf Grund des StGB. nicht strafen. Diese Beschränkung mußte auch für die Begnadigung gelten, und jetzt verteilt die StPO. durch die Bestimmungen über die Gerichtsstände die der deutschen Strafgewalt unterliegenden Strafsachen unter die einzelnen Bundesstaaten. Ergibt sich hiernach *in abstracto* eine konkurrierende Zuständigkeit mehrerer Bundesstaaten, so entscheidet die Prävention, äußerstenfalles das Reichsgericht.

Das Reich [286]) hätte freilich die Begnadigungsgewalt den Reichsorganen überweisen können: aber da es die Gerichtsbarkeit den einzelnen Staaten beließ, wäre dies prinzipwidrig gewesen. Es hat vielmehr konsequent (StPO. 484) von jener Befugnis nur Gebrauch gemacht für die Begnadigung in denjenigen Sachen, die in erster und letzter Instanz vor das RG. gehören, in denen also das Reich sich selbst die Strafzuständigkeit beigelegt hat; [286a]) hier hat namens des Reichs der Kaiser

[285]) Vgl. *Binding* Hdb. 1 S. 867.

[286]) Nach der Verfassung der Vereinigten Staaten von Nordamerika kommen Gesetzgebung über eine Materie und Verwirklichung des Gesetzes durch Gerichte (und andere Behörden) stets vereinigt entweder der Union oder den Einzelstaaten zu. Die Zuständigkeit zur Begnadigung verteilt sich demnach durchaus anders. Der Präsident der Union kann nur für Verletzung der Gesetze der Union (*offences against the United States*), ein Einzelstaat nur für Verletzung seiner Gesetze Begnadigung erteilen, und nach den Gesetzen der Einzelstaaten verlorene Ehrenrechte kann der Präsident nicht wiederherstellen. *Bishop* 1 §§ 899, 920. — Auch in der Schweiz steht, soweit die Gerichte der Eidgenossenschaft und nicht der Kantone entscheiden, die Begnadigung der ersteren zu: Bundesrat und Nationalrat beschließen in gemeinsamer Sitzung (Schweizerische Bundesverfassung Art. 85, 92).

[286a]) Außerdem steht dem Kaiser das Begnadigungsrecht zu 1. in Ansehung der von Reichsverwaltungsbehörden erlassenen Strafverfügungen, 2. für Elsaß-Lothringen (Gesetz v. 9./6. 71 13, 3) in Strafsachen, in welchen ein Reichskonsul oder ein Konsulargericht in erster Instanz erkannt hat (Gesetz 7./4. 1900 § 72, 4), in Strafsachen, in denen Beamte oder Gerichte der Schutzgebiete geurteilt haben (Redaktion des Schutzgebietgesetzes vom 25. September 1900 § 3). — Das Begnadigungsrecht in militärischen Strafsachen bleibt hier unberücksichtigt.

das Begnadigungsrecht. Entsprechend dem noch unten zu erörternden stillschweigend angenommenen Grundsatze, daß schließlich der Gebrauch prozessualer Zuständigkeit für die Zuständigkeit auch zur Begnadigung maßgebend ist, steht das Begnadigungsrecht dem Kaiser auch in Ansehung derjenigen Straftaten zu, welche nur kraft des Gerichtstandes des Zusammenhanges von dem Reichsgericht in erster (und zugleich letzter) Instanz abgeurteilt werden; es ist gesagt, das Begnadigungsrecht stehe dem Kaiser zu in Sachen, „in denen das RG. in erster Instanz erkannt hat".[286b])

Die Begnadigungszuständigkeit hängt übrigens — darüber herrscht Einverständnis — ab von der Zuständigkeit in erster Instanz; die höhere Instanz hat nur die Bedeutung einer Korrektur der ersten. Der Umstand also ist unerheblich, daß das OLG. eines anderen Bundesstaates oder ein mehreren Staaten gemeinschaftliches OLG. oder auch das RG. in letzter Instanz entscheidet.[287]) Aus welchen Gründen das Gericht erster Instanz zuständig oder durch Prävention ausschließlich zuständig wird, muß, was freilich nicht unbestritten ist, ebenfalls für unerheblich erachtet werden. Daher kann der Souverän des Bundesstaates A denjenigen, der wegen mehrerer real konkurrierender Straftaten vor einem dem Staate A zugehörigen Gerichte erster Instanz zu einer Gesamtstrafe verurteilt ist, auch in Ansehung der konkurrierenden Delikte begnadigen, welche in dem Gebiete anderer Bundesstaaten von dem Verurteilten begangen sind, und unerheblich ist es auch, ob die Gesamtstrafe erst nachträglich ausgesprochen wird, nachdem bereits die einzelnen Straftaten rechtskräftig abgeurteilt sind (StPO. 494).[288]) Eine Schwierigkeit ergibt sich aber in betreff des Abolitionsrechts.

[286b]) Die prozessuale Frage, welche Strafsachen — abgesehen von der Konnexität — vor das RG. gehören, soll hier nicht erörtert werden. Vgl. darüber *Löwe*, Strafprozeßordnung, zu GVG. 136.

[287]) Selbstverständlich können kraft als Gesetz geltenderStaatsverträge unter den beteiligten Bundesstaaten andere Bestimmungen gelten. Vgl. *v. Kries*, Lehrb. des deutschen Strafprozeßrechts S. 109. — Nach dem Ausdruck mehrerer von Preußen mit anderen Bundesstaaten abgeschlossener Verträge entscheidet — was gleichbedeutend mit der im Texte vertretenen Ansicht ist — der Umstand, aus welchem Staate die Strafsache „erwachsen" ist. Vgl. darüber *Seuffert* § 10.

[288]) Aus der Strafvollstreckungspflicht, bezw. dem Strafvollstreckungsrecht des einzelnen Bundesstaates kann ein Schluß auf ein damit korrelates Begnadigungsrecht nicht gezogen werden. Dem Verurteilten kann es gleich sein, welcher Bundesstaat die Kosten der Vollstreckung zahlt, nicht aber welchem Staate die

§ 203. Die Fortexistenz des in einer Mehrzahl von Bundesstaaten noch geltenden und geübten Abolitionsrechts ist von mehreren Seiten [288a]) bestritten worden. Die erhobenen Einwendungen kommen darauf hinaus, daß die Abolition, wenn sie nach den Reichsjustizgesetzen noch als fortbestehend gelten sollte, auch darin anerkannt sein müßte; sie widerstreite aber vielmehr einerseits der nach dem GVG. bestehenden Unabhängigkeit der Gerichte, denen durch die Abolition Stillstand ihrer Tätigkeit geboten werde, andererseits aber der StPO., welche zwar andere Fälle der Einstellung des Verfahrens, nicht aber eine Einstellung auf Grund einer Abolition kenne, sofern es sich aber um Niederschlagung vor eröffneter Untersuchung handle, dem in StPO. 152 für die Strafverfolgung angenommenen Legalitätsprinzipe. Endlich sei das Abolitionsrecht auch den Ideen unserer Zeit widersprechend. Indes: [289]) 1. das Abolitionsrecht wurde herkömmlich, nicht zum Strafprozeß- vielmehr zum Verfassungsrecht gerechnet. Die Strafprozeßordnungen, welche in den deutschen Staaten bis zum Inkrafttreten des GVG. und der StPO. galten, erwähnen das Abolitionsrecht nicht, für welches die Verfassungen *Sedes materiae* waren, und doch war das Abolitionsrecht zweifellos Rechtens. Es ist klar, daß die gesetzgebenden Faktoren diesem Herkommen folgten, wie denn überhaupt die Einwirkungen

---

Begnadigungsgewalt zukommt. Außerdem kann zwar die Vollstreckung einer Freiheitsstrafe möglicherweise in verschiedenen Bundesstaaten erfolgen — ein Verurteilter kann ja auch sonst einen Teil seiner Strafe im Zuchthause A, einen anderen im Zuchthause B verbüßen — dagegen führt eine Verteilung der Begnadigungsgewalt in Ansehung derselben Verurteilung zu den größten Schwierigkeiten. — *A. M. Binding* 1 S. 876, 877. Vgl. dagegen aber *Elsas* S. 122 ff. Die Bestimmungen des Bundesratsbeschlusses vom 24./6. 85 (Zentralblatt für das Deutsche Reich 1885 S. 270) darüber, inwieweit die einzelnen Staaten die Vollstreckungslast bei erkannten Gesamtstrafen zu tragen haben, entscheiden daher für die Begnadigung nicht; sie können auch nichts entscheiden, weil für die Übertragung eines Begnadigungsrechts von einem Staate auf den anderen entweder die Reichsgesetzgebung oder die Gesetzgebung der einzelnen beteiligten Staaten hätte tätig werden müssen.

[288a]) *Jastrow*, GS. **84** S. 533 ff.; *John*, StPO. für das Deutsche Reich **1** S. 180 ff.; *Stenglein*, StPO. zu § 6 des EG. zur StPO.

[289]) So die eingehende Widerlegung *Heimbergers* S. 13—27. — Das von *Jastrow* noch beigebrachte Argument, dem Abolitionsrechte stehe GVG. § 16 entgegen: „Niemand darf seinem ordentlichen Richter entzogen werden", ist offenbar unzutreffend und hat kaum Beifall gefunden. Vgl. *Elsas* S. 81; *Laband*, Staatsrecht des Deutschen Reichs 3. Aufl. 2 S. 469. Ebenso kann das Nebenargument *Johns* auf sich beruhen, daß z. B. das OAG. in Braunschweig, dessen Gutachten vor Erteilung einer Abolition einzuholen war, nicht mehr bestehe.

des Begnadigungsrechtes in den Reichsjustizgesetzen — abgesehen von der besonderen Bestimmung der StPO. 474 — nicht geregelt sind. Das Abolitionsrecht brauchte also für die einzelnen Staaten, in welchen es noch galt, nicht noch besonders anerkannt zu werden. Es steht außerhalb dieser Gesetze, und somit erledigt sich auch die Einwendung, daß die Einstellung des Verfahrens auf Grund der Abolition besonders hätte erwähnt werden müssen, wenn sie gelten sollte. Die Fälle der Einstellung des Verfahrens sind in der StPO. nicht vollständig erwähnt, so z. B. nicht der Fall, daß der Beschuldigte während des Verfahrens stirbt. 2. Die Unabhängigkeit der Gerichte hat mit der Abolition auch nichts zu schaffen; sie besteht nur darin, daß, wenn die Gerichte tätig werden, sie unabhängig sind; nicht darin, daß bei ihnen jeder Fall, in dem sie tätig werden könnten, zur Entscheidung komme, wie denn verschiedene deutsche Verfassungen die Unabhängigkeit der Gerichte ausdrücklich sanktionierten, daneben aber gleichwohl das Abolitionsrecht anerkannten, und ebenso steht es mit dem sog. Legalitätsprinzipe: besteht das Abolitionsrecht und wird davon vor Erhebung der öffentlichen Klage Gebrauch gemacht, so ist ein Strafrecht des Staates, das mittels öffentlicher Klage geltend zu machen wäre, nicht mehr vorhanden. 3. Das Argument, daß das Abolitionsrecht nicht mehr zeitgemäß sei, ist unjuristisch. Es wird sich unten zeigen, daß über diese Behauptung sehr wohl gestritten werden kann.

Nicht besser begründet als die Ansicht, welche den Einzelstaaten das Recht der Abolition auf Grund der Reichsjustizgesetze überhaupt bestreitet, sind die von *Elsas* und *v. Kries* vertretenen Meinungen, denen zufolge ein beschränktes Abolitionsrecht fortbestehen soll. *Elsas* (S. 87—99) führt sehr richtig aus, daß das Abolitionsrecht als Verfassungsrecht nicht durch die Reichsjustizgesetze im ganzen aufgehoben sei; aber da die Begnadigung und also auch die Abolition nur Verwaltungsakt sei, so könne ihr zwar Wirksamkeit für die Staatsanwaltschaft, nicht aber für die von der Verwaltung nach Reichsrecht unabhängigen Gerichte zugestanden werden, also nur bis zur Eröffnung des Hauptverfahrens [290]) durch die Gerichte. Allein

[290]) Dies ist m. E. völlig unrichtig. Wäre der Satz, von dem *Elsas* hier ausgeht, richtig, so würde dem Abolitionsrecht zeitlich sowohl in der Eröffnung der

die Abolition ist nach moderner Auffassung längst nicht mehr ein an die Gerichte gerichtetes Verbot (vgl. oben S. 485), vielmehr ein Gnadenakt, der, was die strafrechtlichen Folgen betrifft, das Verbrechen als nicht geschehen betrachten läßt.

Mit der Frage der Unabhängigkeit der Gerichte, mit dem Umstande, daß die Abolition in der StPO. nicht erwähnt ist, hat, wie gezeigt, die Frage ihrer Fortexistenz nichts zu schaffen.[290a]) Nach *Kries* freilich haben die einzelnen Bundesstaaten eigene Strafgerichtsbarkeit nicht mehr; insofern das Reichsstrafrecht in Betracht kommt, üben sie nur ein dem Reiche zustehendes Strafrecht kraft Übertragung aus, und da das Reichsrecht Abolition nicht kennt, so haben auch die Einzelstaaten insoweit Abolitionsrecht nicht; sie besitzen es dagegen nach Maßgabe ihrer Gesetze: insoweit Handlungen in Frage stehen, die nach Landesrecht strafbar sind, und zwar der einzelne Staat im Bereich s e i n e s Landesstrafrechts. Es ist aber eine unrichtige, überwiegend zurückgewiesene Auffassung, als hätte die Übertragung einer gemeinsamen Gesetzgebung auf das Reich auch den Verzicht und die Übertragung der eigenen Gerichtsbarkeit in sich geschlossen, und daraus, daß die Aburteilung einer nach Reichsrecht strafbaren Handlung vor den Gerichten eines Bundesstaates die Verfolgung vor den Gerichten eines anderen Bundesstaates ausschließt, kann durchaus nicht gefolgert werden, daß es sich um ein in Wahrheit nur dem Reiche zustehendes subjektives Strafrecht (Strafanspruch) handelt, dessen Ausübung nur dem einzelnen Staate vom Reiche überlassen sei; [291]) das Gleiche kommt vor im Verhältnisse völlig von einander unabhängiger

---

Voruntersuchung wie in der Eröffnung des Hauptverfahrens eine Schranke gesetzt sein. Die Rechtshängigkeit beginnt nicht nur mit der Eröffnung des Hauptverfahrens, sondern auch mit der Eröffnung der Voruntersuchung. Die Verfügungsgewalt der Staatsanwaltschaft über die Strafsache hört mit letzterer auf, und das ist entscheidend. Die nur präparatorische Bedeutung der Voruntersuchung hat damit n i c h t s zu schaffen. Die kontroverse Frage, inwiefern die Staatsanwaltschaften auf höhere Anordnung verpflichtet sind, Anklagen zu unterlassen oder zurückzunehmen, ist von der Frage der Abolition juristisch scharf zu trennen, wenngleich es richtig ist, daß durch solche formlos und geheim erfolgende und deshalb leicht jeder Verantwortlichkeit entzogene Weisungen so ziemlich dasselbe Resultat in einer Weise sich erreichen läßt, die weit bedenklicher ist, als die alte so viel angefochtene Abolition.

[290a]) Gegen *Elsas* auch *Laband* S. 489.

[291]) Lehrb. des deutschen Strafprozeßrechts S. 104 ff. Vgl. in diesem Sinne die treffende Widerlegung *Heimbergers* S. 28 ff.

Staaten und ist in gewissem Umfange vom StGB. § 5 anerkannt, weil es doch der Gerechtigkeit entspricht, daß jemand nicht mehrfache Strafe für dieselbe Tat deshalb erleide, weil zufällig mehrere Staaten befugt sind, ihn zu bestrafen, und ebenso, daß er nicht mehrfacher Untersuchung aus jenem Grunde ausgesetzt wird, wenn die Gerichte mehrerer Staaten, wie im Deutschen Reiche der Fall ist, in gleichem Maße als vertrauenswürdig betrachtet werden. Übrigens würde man nach der Auffassung *v. Kries'* [291a]) konsequent zur völligen Negation des Abolitionsrechts gelangen. Wenn das Reich für sich die Abolition verwirft, so ist es nicht wahrscheinlich, daß es dieses von ihm nicht angenommene Institut den Einzelstaaten habe schenken wollen; denn belassen ist den Einzelstaaten nach *Kries* das Landesstrafrecht eigentlich nicht; sie haben es, wie *Kries* annimmt, nur unmittelbar wiedererhalten.

Wenn die Abolition eine Art der Begnadigung ist, so folgt die territoriale Zuständigkeit zur Abolition wie zu jeder anderen Begnadigung der Zuständigkeit der einzelnen Staaten zur Bestrafung. Sobald daher in einem Bundesstaate die Untersuchung gegen eine bestimmte Person gültig eröffnet ist, so ist nur dieser Bundesstaat zur Abolition zuständig; diese ist ausgeschlossen, wenn nach den Gesetzen dieses Bundesstaates Abolition unzulässig ist, möchte sie auch z. B. (falls die Untersuchung am Wohnorte des Beschuldigten eröffnet ist) nach den am Orte der Tat geltenden Gesetzen zulässig sein.[292]) Diese Zuständigkeit kann auch durch Zusammenhang der Strafsachen begründet sein, erlischt dann aber mit der Trennung des Verfahrens. Es geht dann die Zuständigkeit zur Begnadigung auf den nunmehr zur Aburteilung zuständigen Staat über, daher denn auch ein durch Geltendmachung des Gerichtsstandes des Zusammenhanges verloren gegangenes Abolitionsrecht wiederaufleben kann, z. B. in dem Falle, daß eine konnexe Strafsache vor das RG.

[291a]) Gegen *v. Kries* auch *Laband* S. 489 Anm. 3.

[292]) *Löwe*, StPO. S. 28 macht dagegen geltend, daß nach StPO. 12 Abs. 2 der Prävention ungeachtet eine Übertragung der Untersuchung auf ein anderes an sich zuständiges Gericht, also auch auf ein Gericht eines anderen Bundesstaates durch das gemeinschaftliche hohere Gericht möglich sei. Allein man wird annehmen dürfen, daß solche Übertragung an für den Beschuldigten, wie für einen Bundesstaat begründeten Rechten nichts habe ändern sollen.

in erster Instanz gezogen, nachher aber die Trennung ausgesprochen ist.[292a])

Diese Regelung versagt, wenn es sich um eine vor Eröffnung der Untersuchung zu erteilende Abolition handelt. Hier gewährt aber die Bd. 1 S. 52ff. vertretene Ansicht, derzufolge die internationalen Bestimmungen des StGB. auf die zwischenstaatlichen Verhältnisse der Bundesstaaten im Strafrechte analog anzuwenden sind, einen praktisch haltbaren Ausweg. Sofern es sich nicht um eines der Verbrechen handelt, welche gegen die hoheitlichen Rechte des Staates im engeren Sinne gerichtet sind, ist am Orte der Tat geltende Straflosigkeit und dort gewährte Begnadigung, also auch die Abolition überall, d. h. im ganzen Bundesgebiete, zu respektieren; ebenso die Abolition, welche bei einem Angriffe auf die hoheitlichen Rechte eines einzelnen Staates erfolgte, wenn dieser letztere Staat die Abolition verfügt. Bei solchen Angriffen — Majestätsbeleidigung durch einen Staatsangehörigen in einem anderen Bundesstaate, Landesverrat gegen einen deutschen Bundesstaat begangen — würde das Abolitionsrecht nur dem verletzten Staate zustehen, dann aber allgemein wirken. Andere Abolitionen wirken nur als Verzicht auf die Ausübung des Strafrechtes durch die einzelnen Staaten. Nur für die Münzverbrechen läßt sich hiernach keine Norm finden, weil diese nach StGB. Weltverbrechen sind; indes kann hier wohl angenommen werden, daß sie Weltverbrechen insofern sind, als nach der Anschauung des deutschen Gesetzgebers sie ohne Rücksicht auf den Ort der Begehung verfolgt werden können, daß aber der Strafjustiz des Ortes der Begehung doch die prinzipielle Rolle zufällt, und daß, wenn die Art, wie diese Justiz ausgeübt wird, genügende Garantien bietet, die Strafjustiz anderer Staaten diese Ausübung doch tatsächlich anzuerkennen hat. Daß solche Garantien in jedem deutschen Bundesstaate bestehen, erkennen nun die Bundesstaaten gegenseitig an, da die Straferkenntnisse jedes deutschen Gerichtes im ganzen Reiche vollstreckbar sind. Die von dem Staate des Ortes der Begehung erteilte Abolition muß

[292a]) Vgl. z. B. *Löwe*, StPO., zu GVG. Tit. 2 Anm. 12.

[293]) Abgesehen von den Verbrechen gegen hoheitliche Rechte im Sinne des StGB. § 4 Abs. 2 Nr. 1 und 2..

also bei Münzverbrechen im ganzen Deutschen Reiche anerkannt werden.[294])

Zu einem anderen Ergebnisse[294a]) gelangen *Binding* Hdb. 1 S. 869 und *Elsas* S. 130. Indem sie Strafrecht und Strafklagerecht unterscheiden — eine Unterscheidung, die, wie oben gezeigt, nicht haltbar ist — betrachten sie die Abolition als Verzicht nur auf das Klagerecht, welches oft mehreren Staaten nach Maßgabe der Kompetenzbestimmungen der StPO. zustehe, während das Strafrecht selbst ihrer Ansicht nach nur eines ist und erst im Prozesse und durch d a r a u f folgender Begnadigung konsumiert werden kann. Daraus folgt dann, daß die Abolition als Verzicht nur das Klagerecht des abolierenden Staates vernichtet, das Klagerecht der anderen Staaten und das Strafrecht selbst dagegen unberührt läßt, daß also die Abolition nur in dem Staate wirkt, der sie erteilt hat.

Der entgegengesetzten Ansicht, derzufolge eine von irgendeinem deutschen Staate erteilte Abolition im ganzen Reiche Wirksamkeit habe, sind selbstverständlich *Heinze* (auf Grund der oben kritisierten Ansicht), *Löb* (S. 45 ff.), *H. Meyer* [295]) und *H. Seuffert.*[296]) *Löb*, indem er, was entschieden unrichtig ist, die Abolition einem freisprechenden Erkenntnisse gleichsetzt; *Seuffert*, indem er die verschiedenen Bundesstaaten nach Analogie des Zivilrechts als Korrealgläubiger in Ansehung des Strafrechts auffaßt und danach einer Befreiung des Strafschuldners durch den einen dieser Gläubiger auch für die anderen Wirksamkeit zuschreibt. Aber nur die wirkliche Strafverfolgung schließt nach der StPO. die übrigen Staaten von ihrem Rechte aus, nicht ein willkürlicher Akt, der gewissermaßen v o r jeder wirklichen Befassung mit der Sache erfolgen kann. Das praktische Ergebnis der einen wie der anderen Ansicht ist unbefriedigend. Unbefriedigend ist, daß, wenn einmal Abolition nach dem

---

[294]) *Heimberger* S. 99 gelangt — die Verbrechen gegen hoheitliche Rechte ausgenommen — zu demselben Ergebnisse, indem er den Staat des *Locus delicti commissi* als den eigentlich berechtigten betrachtet und den anderen Staaten nur stellvertretende Strafgewalt zuschreibt.

[294a]) Vgl. die Kritik dieser Ansichten bei *Heimberger* S. 98—105.

[295]) § 46 zu Anm. 15 (ohne weitere Begründung) früher mit der Begründung, daß Abolition der Aburteilung gleichstehe.

[296]) *H. Seuffert, v. Stengel,* Wörterb. 1 S. 151 verweist hier auf „Auseinandersetzungen“ zwischen den beteiligten Staaten — ein unsicheres und mißliches Auskunftsmittel.

Gesetze eines Bundesstaates gelten soll, diese nicht einmal dann wirken soll, wenn die Handlung in dem Gebiete dieses Bundesstaates erfolgt ist, nicht aber, sofern in einem anderen Bundesstaate auch ein Gerichtsstand begründet werden könnte. Und unbefriedigend ist es gewiß, auch, daß durch Abolition jeder beliebige Bundesstaat, nach dessen Gesetzen diese gilt, sich Eingriffe in die Strafrechtspflege anderer Bundesstaaten soll erlauben können, selbst in die Strafrechtspflege desjenigen Bundesstaates, in welchem das *Forum delicti commissi* begründet ist. *Berner* erachtet die von einem Bundesstaate erteilte Abolition in allen denjenigen Bundesstaaten für wirksam, in denen Abolition verfassungsmäßig gilt, d. h. die Abolition hat prinzipiell allgemeine Wirksamkeit, nur da nicht, wo sie gewissermaßen als ein unzulässiges Rechtsinstitut betrachtet wird. Diese letztere Beschränkung, welche im internationalen Privatrecht (vgl. EG. BGB. Art. 30) angewendet wird, dürfte aber hier nicht passen; die Übelstände, welche aus der ohne weitere Voraussetzung allgemein anzuerkennenden bindenden Kraft der Abolition sich ergeben, werden dadurch auch keineswegs völlig beseitigt.[296a])

Eine besondere Ansicht vertritt endlich *Laband* (S. 494), ausgehend von der Auffassung der Abolition als eines Befehles. Der Befehl hat, wenn erteilt, vor Beginn der Untersuchung nur Kraft in dem Lande des Befehlenden (und kann auch nur erteilt werden, wenn nach der StPO. die Zuständigkeit für den Straffall *in abstracto* vorhanden ist); nach eröffneter Untersuchung kann er nur erteilt werden von dem Staate, dem das nun ausschließlich zuständige Gericht angehört, wirkt dann aber im ganzen

---

[296a]) Die Beantwortung der Frage, welchem Staate Zuständigkeit zur Abolition zukommt, wenn Außerverfolgsetzung stattgefunden hat, muß davon abhängen, ob man annimmt, daß bei Auffinden neuer belastender Tatsachen oder Beweismittel die frühere Untersuchung fortgesetzt werde o d e r eine vollständig neue beginne welch letztere, Frage bei uns kontrovers ist. *Heimberger* S. 99 entscheidet in letzterem Sinne, also dahin, daß die Zuständigkeit zur Abolition wieder so beurteilt werde, als hätte keine Untersuchung stattgefunden. Wenn aber die StPO. 407 für die Wiederaufnahme eines durch rechtskräftiges Urteil abgeschlossenen Verfahrens das früher befaßte Gericht für ausschließlich zuständig erklärt, so muß dies um so mehr angenommen werden, wenn nur Außerverfolgsetzung — ein nicht ganz definitiver Abschluß des früheren Verfahrens — erfolgt ist. Vgl., was diese prozessuale Frage betrifft, in diesem Sinne: *Löwe*, StPO. § 210 Anm. 5a und ausführlich unter Berufung auf die französische Jurisprudenz. *Nagel*, GS. 86 S. 446ff. — Anders z. B. *v. Kries*, Lehrb. des deutschen Strafprozesses S. 522.

Reiche. Diese Ansicht steht und fällt mit der Auffassung der Begnadigung und insbesondere der Abolition als eines Befehles. Befriedigend ist der erste Satz wohl nicht.

Wenn auch die Abolition — ursprünglich ein prozessualer Akt — später ausgeübt vom römischen *Princeps* — einen Eingriff in begonnene Prozesse enthielt, so war sie doch nach deutscher Auffassung schon lange Zeit der Sache nach nichts anderes als eine Art umfassender Begnadigung, mochte sie auch in die Form eines Befehles sich kleiden, der an das mit der Sache befaßte Gericht erging, wie das daraus, wie bemerkt, sich ergibt, daß Abolition und völlige Unabhängigkeit der Gerichte in Rechtssachen in den deutschen Verfassungsgesetzen als einander widersprechend nicht betrachtet wurden. Daher ist eine Abolition erteilt von dem Staatsoberhaupte desjenigen Staates, in welchem die Untersuchung in erster Instanz abhängig gemacht ist, auch dem Reichsgerichte gegenüber wirksam, nicht aber als unzulässiger und wirksamer Eingriff in die Unabhängigkeit des als Gericht nur dem Reiche, nicht dem Einzelstaate unterworfenen Reichsgerichts zu betrachten: die Tätigkeit des mit der Sache befaßten RG. hört nicht auf, weil dem RG. von seiten eines einzelnen Bundesstaates ein Befehl erteilt wird, sondern weil kraft der Abolition der Straffall als solcher aufgehört hat zu existieren. Diese Ansicht hat jetzt auch das RG.[296b]) in Übereinstimmung mit den Ausführungen des Oberreichsanwalts angenommen.[297]) Es ist aber keineswegs, um zu diesem Ergebnises zu gelangen, erforderlich, die Abolition als Verzicht aufzufassen: wäre sie nur Verzicht, so würde sie freilich der Tätigkeit des RG. in einer bei diesem anhängigen Strafsache ein Ende machen, nicht aber sonst eine Wirksamkeit ausüben, welche über die Grenzen des einzelnen deutschen Bundesstaates hinausreicht.

§ 204. Es ist oben beiläufig angenommen, daß für die dem Kaiser nach StPO. 474 zugewiesenen Begnadigungsfälle ein

---

[296b]) III 12./3. 00 E. **33** Nr. 64 S. 204ff.

[297]) Im entgegengesetzten Sinne hier *Laband*, Staatsrecht des deutschen Reichs 4. Aufl. **3** S. 495 auf Grund seiner (oben kritisierten) Befehlstheorie der früheren Entscheidung desselben Senats, E. **29** Nr. 139 S. 423ff., folgend. *Liszt* §76 Anm. 4 ist auch noch der Ansicht, das Abolitionsrecht sei gehemmt, solange die Strafsache beim Reichsgericht anhangig sei.

Abolitionsrecht nicht bestehe. Dies ist herrschende Ansicht, und sie ist richtig.[297a]) In einer Mehrzahl deutscher Staaten, insbesondere in den beiden größten, Preußen und Bayern, war Abolition ausgeschlossen und nur Begnadigung im engeren Sinne ein Recht des Souveräns geblieben, und im Sprachgebrauche hat man oft Begnadigung und Abolition in strengen Gegensatz gebracht. Wollte man also dem Kaiser auch das Abolitionsrecht beilegen, so hätte das ausdrücklich gesagt werden müssen; dann aber wäre energischer Widerspruch von verschiedenen Seiten nicht ausgeblieben. Dazu kommt, daß der Kaiser in Ansehung des Reichs nicht Inhaber der Staatsgewalt in dem Sinne ist, daß er alle Rechte der Staatsgewalt hätte, die ihm nicht besonders abgesprochen sind; er hat vielmehr nur die Rechte, die ihm in der Reichsverfassung ausdrücklich beigelegt sind.[298]) Da es außer der Abolition einen Verzicht auf die Strafverfolgung überhaupt nicht gibt (auch nicht einen bis auf weiteres geltenden), wie freilich *Binding* meint (vgl. oben), so kann ein solcher auch in den nach StPO. 474 zur kaiserlichen Zuständigkeit gehörenden Begnadigungsfällen nicht anerkannt werden.[299])

§ 205. Die deutsche Theorie unterscheidet zwar Abolition und Begnadigung im engeren Sinne, faßt dagegen die Amnestie[300]) nur als generelle durch Verordnung oder Gesetz erfolgende Abolition und Begnadigung auf. Dagegen stellt die

[297a]) In Elsaß-Lothringen übt der Kaiser aber nicht nur die kaiserliche, sondern auch die Gewalt aus, welche dem einzelnen Staate zusteht (wie man es auszudrücken pflegt: die landesherrliche Gewalt). Daher entscheidet in Elsaß-Lothringen in Ansehung der nicht nach StPO. 484 zu behandelnden Sachen für das Begnadigungsrecht das elsaß-lothringische Landesrecht. Der Kaiser hat also das Begnadigungsrecht wie es nach der Verfassung des zweiten französischen Kaiserreiches dem französischen Kaiser zustand, d. h. das der Begnadigung im engeren Sinne und das Recht der Amnestie, mittels welches auch Abolitionen im weitesten Sinne erfolgen können. Vgl. in diesem Sinne: *Laband* S. 490 Anm. 7.) (Anders *Binding*, Grundriß 7. Aufl. S. 316.) Der Kaiser hat aber nicht das Recht, einzelne Untersuchungen niederzuschlagen; denn dieses Recht wird nach französischer Auffassung vom Rechte der Amnestie strenge unterschieden, ein Punkt, der von *Laband* nicht hervorgehoben wird.

[298]) Vgl. in diesem Sinne auch RG. III 12./3. 00 E. **88** Nr. 64 auf S. 209.

[299]) Gegen *Binding*: *Laband*, Staatsrecht des Deutschen Reichs 3. Aufl. **2** S. 466; *Elsas* S. 102ff.; *Heimberger* S. 84ff.

[300]) Die Amnestie (ein Ausdruck, der aus dem griechischen Worte ἀμνηστία, d. h. ohne Erinnerung, stammt) ist, wie die französische Jurisprudenz sich ausdrückt, ein Akt der Staatsgewalt, der im öffentlichen Interesse mit dem Schleier der Vergessenheit gewisse Straftaten bedeckt, indem er sowohl künftige und bereits angefangene Untersuchungen, wie schon erfolgte Verurteilungen auslöscht. Vgl. *Amnistie* n. 1 u. 31.

französische Theorie die Amnestie[301]) in ziemlich scharfen Gegensatz zur Begnadigung.[302]) Die Wirkung der letzteren ist beschränkt auf den Erlaß der noch nicht verbüßten Strafe; die Amnestie bewirkt, daß alle und jede strafrechtlichen[303]) Folgen[304]) des Delikts (auch polizeiliche Maßregeln, welche die Folgen einer Verurteilung sind, wie die Verurteilung[305]) zur Polizeiaufsicht) für die Zukunft als nicht vorhanden angesehen werden;[306]) es müßte denn der Amnestieerlaß selbst Beschränkungen hinzufügen. Sie ist Gesetz und folglich von irgendeiner Zustimmung der betroffenen Person nicht abhängig; aber sie gewährt dem Amnestierten ein Recht darauf, nicht für straffällig ferner zu gelten; sie ist unwiderruflich, da sie ohne diese Eigenschaft das Ziel — die Beruhigung der Gemüter — nicht würde erreichen lassen; sie ist sachlich, indem sie die Delikte bezeichnet, auf welche sie sich bezieht;[307]) eine Amnestie welche sich auf individuell bestimmte Personen beziehen soll, betrachtet die französische Jurisprudenz als bedenkliche Irregularität.

Die bloße Strafmilderung widerspricht nach französischer Auffassung dem Charakter der Amnestie; sie wäre Begnadigung. Dagegen kann die Amnestie an Bedingungen geknüpft werden, namentlich an Potestativbedingungen, z. B. an die Bedingung,

---

[301]) Vgl. darüber den Artikel *Amnistie* in den *Pandectes françaises* Bd. 6 S. 520ff.

[302]) Die Amnestie wird in der französischen Jurisprudenz wesentlich als politische Maßregel aufgefaßt.

[303]) Nicht die zivilrechtlichen; auch nicht die disziplinarrechtlichen Folgen einer geschehenen Verurteilung, weil es sich hier um Aufrechterhaltung des Vertrauens und des Ansehen des Amtes handelt (a. a. O. n. 149). Als durch die Amnestie aufgehoben wird auch nach einem Urteil des französischen Staatsrats angesehen die Streichung in der Liste des Ordens der Ehrenlegion n. 152. Ebenso erlangt der Amnestierte das verloren gegangene Wahlrecht wieder n. 154.

[304]) Auch die Kosten eines stattgehabten Verfahrens werden nicht eingezogen. Vgl. den Artikel *Amnistie* n. 142. Ja, es wird die Ansicht verteidigt, daß, selbst wenn das Amnestiegesetz es nicht ausdrücklich bestimme, schon eingezogene Kosten und Strafen restituiert werden müssen.

[305]) Die Amnestie wirkt nach französischer Auffassung auch auf schon erfolgte Verurteilungen, wie eine Abolition für noch nicht abgeurteilte Delikte.

[306]) Das amnestierte Delikt zählt auch für den Rückfall nicht (so die Praxis des KH. A. a. O. n. 147).

[307]) Man interpretiert den Amnestieerlaß auch in Ansehung der Delikte in einem sehr weiten Sinne, so daß als dadurch gedeckt angesehen werden auch Delikte, welche in einem gewissen natürlichen Zusammenhange stehen mit den amnestierten Delikten, d. h. sehr häufig begangen werden, um das letztere Delikt mit Erfolg zu begehen. Vgl. *Amnistie*, *Pandectes françaises* n. 131, 132.

daß amnestierte Deserteure oder Militärpflichtige sich bis zu einer bestimmten Frist stellen.

In der französischen Jurisprudenz [308]) ist die Frage kontrovers, wie es zu halten sei im Falle einer Verurteilung bei Konkurrenz eines amnestierten mit nicht unter der Amnestie begriffenen Delikten, eine Frage, die bei allgemeinen Begnadigungserlassen auch bei uns auftauchen kann. Die richtige Lösung, welche aber bei uns auf den Fall idealer Konkurrenz beschränkt werden muß, ist, daß die Amnestie sich auf solche Fälle (z. B. Konkurrenz eines politischen mit einem gemeinen Delikte) gar nicht bezieht; das Delikt erhält dadurch, daß es auch einen Angriff auf ein Lebensinteresse (Rechtsgut) in sich schließt, den der Souverän nicht als entschuldigt betrachtet, eine andere Bedeutung. Anders steht es bei uns im Falle einer realen Konkurrenz, hier würde m. E. dem Verurteilten nach StPO. 494 Reduktion der erkannten Gesamtstrafe zuzubilligen sein.

§ 206. Delegation des Begnadigungsrechtes muß für unzulässig erachtet werden,[309]) falls nicht das Gesetz sie ausdrücklich erlaubt: der außerordentliche in der Begnadigung enthaltene Eingriff in die Justiz kann nur von einer erhabenen Stelle aus erfolgen; nur ihr selbst schenken Gesetz und Verfassung das erforderliche Vertrauen. Indes können landesherrliche Verordnungen (in Preußen Kabinettsordres) aus der Zeit der absoluten Monarchie, soweit sie nicht der Verfassung widerstreiten, als Gesetz gelten. Außerdem kann der Inhaber des Begnadigungsrechts allgemein beschließen, nur diejenigen Begnadigungsgesuche einer persönlichen Würdigung zu unterziehen, welche ihm vom Justizminister als mindestens möglicherweise berücksichtigungswert oder als „interessierend" bezeichnet werden; denn in einem größeren Staate ist die persönliche Entscheidung

---

[308]) A. a. O. n. 157ff.

[309]) Übereinstimmend *Seuffert* § 11; in Frankreich feststehend (vgl. *Pandectes françaises*, *Grace* n. 59) auch nach Erkenntnissen des KH. — AM. *Laband* S. 487. Nach Reichsges. vom 4./7. 79 § 1 ist aber der Kaiser ermächtigt, „landesherrliche Befugnisse" einem Statthalter für Elsaß-Lothringen zu übertragen. So ist denn auch durch Erlaß des Kaisers die Begnadigungsgewalt auf den Statthalter für Elsaß-Lothringen in gewissem Umfange übertragen. Vgl. darüber *Laband* S. 490. — Kann das Staatsoberhaupt (z. B. bei längerer Abwesenheit oder Krankheit) für sich eine Stellvertretung anordnen, so hat der Stellvertreter auch das Begnadigungsrecht.

des Staatsoberhauptes über jedes eingehende Gnadengesuch tatsächlich unausführbar.

Gnadengesuche haben nach strengem Rechte Suspensionseffekt bezüglich der Vollstreckung der Sache nicht. Anordnungen der Justizverwaltung pflegen aber dafür zu sorgen, daß durch zu schnelle Vollstreckung dem Erfolge eines Gnadengesuches nicht vorgegriffen werde. Wo Abolition nicht gilt, wäre ein Begnadigungsgesuch vor Eintritt der Rechtskraft des Urteils vorzeitig und deshalb nicht berechtigt. (Durch gleichzeitigen Verzicht auf Rechtsmittel kann, wenn das Gesetz solches zuläßt, selbstverständlich Rechtskraft begründet werden.) Aber eine erteilte Begnadigung (insbesondere durch Amnestie erteilte) kann einer Wiederaufnahme des Verfahrens nicht entgegenstehen.[309a])

Die über den Straffall urteilenden Richter oder Geschworenen haben nicht die Befugnis, ihrem Urteil (Wahrspruch) ein die Begnadigung für angemessen erklärendes oder dieselbe befürwortendes Gesuch einzufügen; sie sind nicht offizielle Organe der Begnadigungsgewalt, vielmehr müssen Begnadigungsgewalt und richterliche Gewalt von einander getrennt sein. Aber man wird es ihnen nicht verwehren können, ein derartiges Gesuch nebenbei einzureichen, und darüber, ob der Verurteilte nur nach strengem Rechte, nicht aber nach Billigkeit zu verurteilen war, wird die Ansicht der Richter und Geschworenen stark ins Gewicht fallen.

§ 207. Wie bemerkt, besteht heute zum Teil kein Zweifel mehr darüber, daß das Begnadigungsrecht im Staate notwendig ist. Anders steht es aber mit der Frage, ob man es einschränken soll. Insofern es durch die Gesetzgebung ausgeübt werden soll, wird man auch von einer Einschränkung nicht reden können: die Gesetzgebung läßt sich freilich formell dahin beschränken, daß Gesetze bestimmter Art eine Verfassungsveränderung voraussetzen. Aber es ist im höchsten Grade verkehrt, etwa Amnestien als verfassungswidrig zu bezeichnen: der Staat würde sich damit unter Umständen der Möglichkeit berauben, ein wichtiges Mittel der Beruhigung der Gemüter rechtzeitig zu

---

309a) Vgl. *Pandectes françaises* a. a. O. n. 257 ff. (Praxis des franzosischen KH.)

gebrauchen. Die Zulässigkeit der Abolition nur durch Gesetz, nicht durch Regierungsakt des Staatsoberhauptes, findet dagegen heute zum Teil noch viele Verteidiger. Das Staatsoberhaupt ist aber dann verhindert, aus eigener Machtvollkommenheit eine Amnestie zu erlassen, welche auch noch nicht abgeurteilte Fälle umfaßt; es kann nur schon abgeurteilten Personen die Strafe erlassen und bestimmten Kategorien straffälliger Personen in Aussicht stellen, daß sie im Falle der Verurteilung begnadigt werden würden. Es werden also unnütze, dem Ansehen der Strafjustiz schädliche Strafprozesse veranlaßt, wenn von vornherein feststeht, daß die Verurteilung doch keine Strafe zur Folge haben werde, und zugleich geht ein guter Teil der wohltätigen Wirkungen einer Amnestie verloren: statt daß ein Schleier geworfen wird über das Vergangene, wird dies nun erst recht durch eine Menge von Strafprozessen, zu denen die Schuldigen sich freiwillig melden, an das Licht gezerrt. Greift aber die Regierung zu dem Mittel, einen Gesetzesvorschlag einzubringen, so wird eine leicht die Gemüter verbitternde öffentliche Diskussion über das, was geschehen ist, eröffnet, und es fehlt oft nicht an Vorschlägen, welche den Amnestieerlaß um die beabsichtigte Wirkung zu bringen geeignet sind, weil sie ihn zu sehr beschränken wollen, wie an solchen Vorschlägen, die ihn über die Gebühr erweitern würden.[311]) Es empfiehlt sich daher, das Abolitionsrecht, ausgeübt durch allgemeine öffentliche Erlasse, welche nicht auf individuell bestimmte Personen beschränkt sind, der Regierungsgewalt (dem Staatsoberhaupte) zu überlassen.[312])

Bedenklicher ist das Abolitionsrecht, sofern es sich nur auf individuell bestimmte Straffälle oder Personen bezieht. Aber die Notwendigkeit vorheriger Verurteilung raubt unter Umständen dem Gnadenerlasse seine hauptsächlichste Wirkung, namentlich wenn öffentliches Gerichtsverfahren besteht. Die dadurch tatsächlich auf die Ehre, die Achtung des Verurteilten ausgeübte Wirkung des Strafverfahrens läßt sich kaum wieder

[311]) Vgl. auch die in den *Pandectes françaises* s. v. Amnestie im Auszuge mitgeteilte Rede *Bérengers* in der französischen Pairskammer (1834).

[312]) In Republiken ist die öffentliche Diskussion von Amnestie-Erlassen allerdings schwer zu vermeiden, wenn nicht etwa einem kleinen nicht öffentlich beratenden Kollegium eine stark überragende Stellung zukommt.

beseitigen, auch in dem Falle nicht, daß die Tat vom Standpunkte freierer Beurteilung aus gar nicht als strafwürdig erscheinen sollte: die erfolgte Verurteilung bleibt hängen.[313]) Dazu kommt, daß in geeigneten Fällen leicht der Ausweg ergriffen werden mag, der strafverfolgenden Behörde zu empfehlen, besonders scharf zuzusehen, ob nicht der anscheinend strafwürdige Fall sich in Wahrheit als straffrei herausstelle. Dies aber kann formlos und mißbräuchlich geschehen, es kann sozusagen sogar zugunsten gewisser Parteien und Personen „in der Luft liegen". Dem gegenüber ist die alte Abolition, welche mit Unterschrift des Monarchen und des verantwortlichen Ministers erfolgt, entschieden vorzuziehen. Man könnte sie möglicherweise dahin beschränken, daß sie erst dann zulässig wäre, wenn schon ein Beschluß vorliegt, den Angeschuldigten vor das erkennende Gericht zu stellen. Es würde diesem dann doch, wenn er wirklich volle Begnadigung verdient, die peinliche öffentliche Hauptverhandlung erspart. Einzel-Abolitionen werden kaum anders als mit Zustimmung oder auf Gesuch des Angeschuldigten vorkommen. Man kann aber diesem auch das Recht zugestehen, Fortführung der Untersuchung zu fordern, falls er glaubt, seine Freisprechung erreichen zu können. Der Abolition gegenüber, welche in einem Amnestieerlasse enthalten ist, wäre ein solches Recht nicht zu gestatten; sie kann auch die Ehre eines Unschuldigen nicht in der Weise verletzen, wie eine Einzel-Abolition. Ein Fall aber, in welchem eine Einzel-Abolition sich geradezu als Notwendigkeit erweisen kann, ist es, wenn gegen eine bereits anhängig gemachte, schon in der Hand des Gerichts befindliche Untersuchung ein Einspruch einer fremden Regierung erhoben wird, und internationale Verwicklungen bei Fortsetzung der Untersuchung drohen, welche als Zuständigkeitsüberschreitung der territorialen Strafgewalt oder z. B. als Verletzung gesandtschaftlicher oder sonstiger internationaler Privilegien von der fremden Regierung betrachtet wird.[314])

[313]) Auch *Zirkler* S. 807 spricht sich für die Zulässigkeit, wenn auch für sehr vorsichtigen Gebrauch der Abolition aus.

[314]) In diesem Sinne auch *H. Seuffert* § 4 und über den Grenzfall *Schnäbele* wie über dessen Erledigung durch den Fürsten *Bismarck*, *Stoerk* in Holtzend. Handb. des Völkerrechts **2**. S. 669.

Der Begnadigung ohne Zustimmung der Volksvertretung sind nur, wie das jetzt in der Verfassung meist auch angeordnet ist, aus naheliegenden Gründen Verfassungsverletzungen begangen durch verantwortliche Minister zu entziehen. Nicht empfehlenswert erscheinen Beschränkungen der Ausübung der Begnadigung dahin, daß das Gesetz das Staatsoberhaupt verpflichtet, Gutachten bestimmter Kollegien, z. B. einer Abteilung eines hohen Gerichtshofs einzuholen. Solche formelle Schranken widerstreiten dem freien, wenn auch innerlich von der Pflicht gebundenen Ermessen, welches das Wesen der Begnadigung ausmacht. Tatsächlich wird bei jener Einrichtung die gutachtende Behörde meist den Ausschlag geben, und der Eindruck ist kein guter, wenn einmal der Inhaber der Begnadigungsgewalt sich über das vom Gesetze geforderte Gutachten hinwegsetzt. Man überlasse es also dem Staatsoberhaupte, nach seinem Ermessen sich über den Fall Gutachten einzuholen. Solche Beschränkungen sind nur am Platze, wo eine politische Verantwortlichkeit des kontrasignierenden Ministers nicht oder nur dem Namen nach besteht.

Ebensowenig sind Beschränkungen der Begnadigung bei Wiedererteilung von Ehrenrechten, politischen und bürgerlichen Rechten zu befürworten (vgl. oben S. 470). Wo Gnade waltet, muß sie nach ihrem Ermessen auch voll walten können, und das Institut der Begnadigung setzt überhaupt, wenn es segensreich wirken soll, voraus, daß man zu dem Inhaber dieses notwendigen und wohltätigen Rechts Vertrauen habe. Aber der Ratgeber eines selbst der Verantwortung entzogenen Staatsoberhaupts muß in vollem Maße verantwortlich sein, nicht nur rechtlich für die Innehaltung der gesetzlichen Schranken des Begnadigungsrechtes, sondern auch politisch für den richtigen Gebrauch, wie oben dargelegt worden. ist. In England, Frankreich, Belgien, wie in Italien zweifelt an dieser Verantwortlichkeit niemand.

III. Strafschuld bei Konkurrenz strafbarer Handlungen.

v. Savigny, *De concursu delictorum formali* 1880 (in *Savigny*, Vermischte Schriften **4** S. 74—165). *C. A. G. Schroeter*, *De concursu delictorum*, *Lipsiae* 1812. Derselbe, Handb. des peinlichen Rechts Bd. **1** (1818) S. 188—208. — *Schreuer*, Die Behandlung der Verbrechenskonkurrenz in den Volksrechten, 1895. *Mittermaier*, Über den Unterschied zwischen fortgesetzten und wiederholten Verbrechen. N. Arch. d. Cr. 1818, S. 238—256. *Sander*, Betrachtungen über die Konkurrenz der Verbrechen, das. 1836, S. 266—291 und S. 357—391. *Trefurt*, N. Arch. d. Cr. S. 423—431. *Bauer*, Von dem Zusammenflusse der Verbrechen, Abhandlungen **2**. (1842) S. 1—98. *Krug*, Über die Konkurrenz der Verbrechen u. insbes. über den Begriff d. fortgesetzten Verbrechens, 1842. *Krug*, Über die legislative Behandlung der Konkurrenz derVerbrechen, Abhandlungen aus dem Strafrecht 1855, S. 132—187, *v. Woringen*, Über den Begriff des fortgesetzten Verbrechens, Festschrift der Freiburger Juristenfakultat, 1857. *John*, G. Arch. **3** (1855) S. 497—515. *Schwarze*, Zur Lehre vom sogenannten fortgesetzten Verbrechen. Beilageheft zum GS. 1857 (2) S. 55—131. *John*, Die Lehre vom fortgesetzten Verbrechen und von der Verbrechenskonkurrenz, 1860. *Schwarze*, Zur Lehre vom fortgesetzten Verbrechen, G. Arch. **8** S. 543ff. S. 433ff. *Kraushaar*, Beiträge zur Lehre v. d. fortgesetzten Verbrechen GS. 1860 S. 258—294. *Dietz*, Zur Lehre vom fortges. Verbrechen, GS. 1860 S. 500—525. *Merkel*, Zur Lehre vom fortgesetzten Verbrechen, 1862. *Geyer*, Zur Lehre von der Konkurrenz der Verbrechen, GS. 1861, S. 42—66. *Ortloff*, Kein fortgesetztes Verbrechen!) G. Arch. **24** S. 422—428. *v. Buri*, Einheit und Mehrheit von Verbrechen, GS. Beilageheft zu GS. **31** (1879). *Schutze*, Die Konkurrenz strafbarer Handlungen als Gesetzgebungsfrage. Zeitschr. **3** S. 48—110. *Rosenblatt*, Die Strafkonkurrenz, 1879. *Habermaas*, Die ideale Konkurrenz der Delikte, 1879. *Löwenstein*, Die Verbrechenskonkurrenz nach dem Strafgesetzbuche, 1883. *v. Schwarze*, Die Konkurrenztheorie und das Strafgesetzbuch, GS. **34**, S. 575—621. *Hiller*, Die Frage der sogenannten Idealkonkurrenz, *Grunhuts* Zeitschr. **18** S. 126—155. *Oertmann*, G. Arch. **35** S. 26—35. *Heinemann*, Die Lehre von der Idealkonkurrenz, 1893. *Wachenfeld*, Theorie der Verbrechenskonkurrenz, 1893. *Rathenau*, Zur Lehre vom fortgesetzten Verbrechen, Berliner Diss. 1896. *Rathenau*, Stellung des Begriffes fortgesetzter Verbrechen, im System des deutschen Strafr. und seine Geltung GS. **56** S. 91—179. *v. Bülow*, Zur Lehre vom fortgesetzten Verbrechen und vom Rechtsgute, GS. **59** S. 177—192. *Köhler*, Die Grenzlinien zwischen Idealkonkurrenz und Gesetzeskonkurrenz, 1900. *Höpfner*, Einheit und Mehrheit derVerbrechen, Bd. **1** 1901. Bd. **2**. 1908. *Kohler*, Begriff der fortgesetzten Missetat, G. Arch. **53** (1906), S. 153—164. *Doerr*, Das fortgesetzte Verbrechen, Beilageheft zum Gerichtssaal Bd. **71** (1908).

§ 208. Im menschlichen Leben reiht sich Willensakt an Willensakt; der scheinbar einfache Willensakt zerspaltet sich bei genauerer Betrachtung in eine ungezählte Masse weniger umfassender Willensakte. Wieviel kleinere Willensakte gehören nicht zu der scheinbar einfachen Handlung, sich aus der Wohnung zu dem Bahnhof zu begeben! Und vom Standpunkte des

Handelnden aus ist es ebensowohl möglich, eine Mehrzahl einzelner auf einander folgender Handlungen als Einheit wie als Vielheit zu betrachten; die zu einem Enderfolge führenden Zwischenglieder erscheinen nur regelmäßig nicht als besondere Handlungen, wenn der Handelnde sie als selbstverständlich, lediglich von seinem Willen abhängige auffaßt: will jemand verreisen, so betrachtet er es als selbstverständlich, daß er den Koffer packen, sein Zimmer verlassen, sich zum Bahnhof begeben wird usw. Es ist auch möglich, daß bei einer als Einheit von dem Handelnden gedachten Handlung ihm verschiedene Zwecke, die er damit erreichen will, vorschweben, ebensowohl wie nur ein Zielpunkt. Indem ich verreisen will, habe ich den Zweck, einen Freund wiederzusehen; ich kann aber gleichzeitig den Zweck verfolgen, mich von der Arbeit zu erholen, einer für mich lästigen Festlichkeit aus dem Wege zu gehen usw. Die äußerlich einheitliche Handlung nimmt also, da ich mir ihre verschiedenen Wirkungen vorstelle, auch für mich eine verschiedene Bedeutung an. Nun operiert aber unser Strafrecht auch mit dem Begriffe der Handlung. Würde das Strafrecht den ganzen Lebenslauf einer Person zum Gegenstande nehmen, so würde es freilich nicht nötig sein, zu untersuchen, ob man es mit einer oder mit mehreren Handlungen der Person zu tun hätte, insofern die verschiedenen Willensakte aufeinander folgen; freilich müßte man immerhin untersuchen, ob die Person, die zur Strafe gezogen werden soll, nicht mehrfach verwerfliche, vom Strafgesetz reprobierte Zwecke während ihres Lebenslaufes verfolgte (mehrfach allgemeine Rechtsgüter verletzte), und ob sie daher nicht, als in mehrfachen Beziehungen schlecht, einer mehrfachen oder doch verschärften Strafe unterworfen werden müßte.

Aber unser gegenwärtiges Strafrecht befaßt sich nicht unmittelbar mit dem ganzen Lebenslaufe der Person, zieht vielmehr nur einzelne Stücke dieses Lebenslaufes als strafbare Handlungen in Betracht. So ist auch die Frage nicht zu umgehen: wie weit reicht der Begriff der Handlung in der ungezählten Reihenfolge der menschlichen Willensakte.[1]) Erscheint nun der Lebensabschnitt, um dessen Bestrafung es sich handelt,

---

[1]) Vgl. in diesem Sinne auch *Finger* **1** S. 367.

als ein einheitlicher Willensakt, aber als ein nach mehreren Beziehungen hin strafbarer, so bezeichnet unsere juristische Terminologie das als ideale Konkurrenz (oder formale oder eintätliche), während von realer (materieller oder mehrtätlicher) Konkurrenz gesprochen wird, wenn mehrere getrennte und jedenfalls zeitlich getrennte Willensakte derselben Person jeder ein Delikt darstellt. In vielen Fällen liegt allerdings die Beantwortung der letzteren Frage dem natürlichen Gefühle so nahe, daß eine Schwierigkeit nicht zu finden ist. Wenn A gestern eines Diebstahls und heute einer Körperverletzung oder eines Mordes sich schuldig macht, so weiß jedermann, daß zwei strafbare Handlungen des A vorliegen, und die gleiche Antwort wird man geben, wenn A gestern morgen einen Taschendiebstahl und in der folgenden Nacht einen Diebstahl mit Einbruch beging. Aber die Antwort wird zweifelhaft erscheinen, für den Fall, daß A den B in derselben Art und Weise mehrmals kurz hintereinander bestiehlt, oder daß A bei derselben Gelegenheit eine dem B und dem C gehörige Sache stiehlt. Das aber ist klar, daß die Beantwortung der Frage, ob für eine oder für mehrere strafbare Handlungen die strafrechtliche Repression einzutreten habe, nicht lediglich von der Ansicht des Handelnden oder davon abhängen kann,[1a]) ob der Handelnde die verschiedenen Willensakte als eine einheitliche Handlung beabsichtigte; jedenfalls kann diese Abhängigkeit von der individuellen Auffassung und Absicht des Handelnden dann nicht gelten, wenn das Gesetz für mehrfache strafbare Handlungen mehrfache oder doch im Verhältnis zur einfachen Handlung verschärfte Strafe bestimmt; gerade derjenige, der es als selbstverständlich betrachtet, daß er nicht eine, sondern mehrere strafbare Handlungen aneinander reihe, um seine individuelle Befriedigung zu erlangen, also derjenige, welchem nach Gesinnung und Charakter die einzelne Gesetzesverletzung am wenigsten gilt, der also der Verworfenste, oder wenn man Erziehungsstrafe will, derjenige ist, der am meisten solcher Strafe bedarf, würde stets mit der einfachen Strafe davonkommen; ein weniger hartgesottener Verbrecher würde mehrfache oder verschärfte Strafe erleiden.

[1a]) In diesem Sinne auch *Binding* Hdb. **1** S. 520ff bes. S. 524.

§ 209. Es werden also objektive Grundsätze des Rechts, des Gesetzes in Betracht kommen,[2]) mögen sie auch in gewissen Beziehungen auf die individuelle Seelenstimmung des Schuldigen Rücksicht nehmen. Dabei ist möglich und sogar meist der Fall, daß das Gesetz sich nicht besonders ausspricht über die Frage, inwieweit der Lebensabschnitt einer Persón, inwieweit mehrere an einen Moment der nach außen hervortretenden Tätigkeit sich anreihende Erfolge als einheitliche Handlung aufzufassen seien, an welche entsprechend auch nur eine strafrechtliche Folge (Strafe) sich zu knüpfen habe. Wie ist dann diese nicht im Rechte selbst, vielmehr nur in der Erklärung des Gesetzes vorhandene Lücke [3]) auszufüllen? Gibt es einen natürlichen Handlungsbegriff? Diese Frage ist zu verneinen und andererseits zu bejahen, je nachdem man sie auffaßt.

Sie ist zu verneinen, wenn die Meinung ist, es könne *a priori* ein allgemein gültiger Handlungsbegriff aufgestellt werden, der von zurzeit geltenden Rechtsanschauungen absehen könnte oder gar durch einen einfachen dem einzelnen Theoretiker zusagenden Machtspruch[4]) festzustellen wäre.

Sie ist zu bejahen, wenn die Antwort gesucht wird in Analogien des Gesetzes oder in Sätzen, welche sich ergeben aus Entscheidungen, die unser heutiges Rechtsbewußtsein uns gleichsam aufzwingt, deren Gegenteil wir als wirkliche Unver-

---

[2]) Sie können auch das, was dem Handelnden selbst als Mehrheit des Handelns erscheint, als Einheit auffassen, wie dies nicht selten bei dem sogenannten fortgesetzten Verbrechen vorkommen wird.

[3]) Die Ausfüllung dieser Lücke ist nicht zu umgehen. Wir würden sonst oft nicht wissen, ob jemand ein- oder mehrmals eine oder verschiedenartige Strafen nach dem Gesetze erleiden soll. Daher kann ich *Finger* (1 S. 371) nicht beistimmen in der Ansicht, daß die Frage, ob eine einheitliche Handlung vorliege oder eine Mehrheit von Handlungen, nur eine Frage unfruchtbarer Scholastik sei, so daß die darauf von der deutschen Rechtswissenschaft verwendete Arbeit lediglich bedauert werden müsse. — Auch die französische, der Scholastik wenig zuneigende Jurisprudenz empfindet das Bedürfnis der Lösung dieser Frage.

[4]) So ist der von *Liszt* § 54 I aufgestellte Satz: „Liegt nur eine Handlung (d. h. im Sinne *Liszts* vgl. § 28 I, 1 eine Korperbewegung) vor, so ist nur ein Verbrechen gegeben", falls er uberhaupt irgendeine Bedeutung haben soll, nur ein nicht begründeter Machtspruch. Ebenso ist es aber unrichtig dann, wenn ein Vorgang den Tatbestand mehrerer Delikte darstellt, mit *Binding*, Handb. 1 S. 566ff. stets eine Mehrheit von Handlungen in jedem Sinne des letzteren Wortes anzunehmen Gegen beide Ansichten *H. Meyer* § 62 zu Anm. 2, 3. *Allfeld* das.; *Dorr* S. 67.

nunft empfinden, obgleich man vielleicht in anderen Kulturperioden anders entschieden hat.[4a])

§ 210. Die Geschichte des Strafrechts zeigt die Veränderlichkeit solcher Anschauungen.

Nur ein Satz läßt sich gewissermaßen *a priori* — aber genau betrachtet auch nur aus dem allgemeinsten Prinzipe des Strafrechts ableiten — der Satz, daß zu jeder Handlung, die eine gesonderte Strafe verdienen könnte, mindestens eine besondere Willensrichtung erforderlich ist, die zugleich eine Körperbewegung, im Falle einer Unterlassung eine Unterdrückung der auf Tätigkeit gerichteten Willensstimmung verlangt: die Strafe richtet sich gegen die Willensbetätigung. Eine Körperbewegung aber könnte mehreren Willensrichtungen zugleich dienen.

Da die Feststellung, ob eine oder eine Mehrheit von Handlungen angenommen werden muß, nur im Sinne des Strafrechts erfolgen kann und zwar zu dem Zwecke, ob den Schuldigen nur eine einfache oder mehrfache Strafe (oder statt der letzteren eine verstärkte einfache Strafe) treffen muß, so ergibt sich, daß die Untersuchung, ob Einheit oder Mehrheit von Handlungen identisch ist mit der Frage, ob eine oder mehrere Strafen für einen in Frage stehenden Fall nach dem Gesetze zu verhängen sind. Nach abstrakter Logik wäre freilich die Frage, ob Einheit oder Mehrheit der Handlung, unabhängig von der Straffrage und an erster Stelle zu entscheiden. Aber nach abstrakter Logik ist, wie angeführt wurde, die Frage der Einheitlichkeit der Handlung überhaupt nicht zu entscheiden. So sehen wir denn, daß schließlich selbst diejenigen, welche an eine abstrakte Lösung

---

[4a]) *Höpfner* 2 S. 1 ff. bes. S. 17 nimmt (vgl. auch 2 S. 6 Anm.) einen natürlichen Handlungsbegriff an. Es soll darauf ankommen, ob die große Mehrzahl der Menschen dem Verhalten der Schuldigen gegenüber ein einmaliges oder ein mehrmaliges Reaktionsbedürfnis empfinde. Dieser natürliche Handlungsbegriff soll Anwendung finden, soweit das Gesetz sich nicht besonders darüber erklärt, was in Beziehung auf die in Frage stehende Deliktsart als Handlungseinheit oder -mehrheit zu gelten habe. Die Differenz dieser Ansicht gegenüber der von mir vertretenen Ansicht ist bedeutender, als auf den ersten Anblick scheinen möchte. Während nach meiner Ansicht die Frage stets nach Analogien anderer gesetzlichen Bestimmungen, nach der geschichtlichen Tradition und nach Maßgabe der Konsequenzen zu prüfen und zu entscheiden ist, macht *Höpfner*, wie auch z. B. (vgl. 1 S. 233) von dem Kriterium des unmittelbaren sinnlichen Eindrucks Gebrauch. Rechtliche Beurteilung eines Vorganges lediglich nach sinnlichem Eindrucke ist aber nicht möglich. Vgl. gegen *Höpfner* auch *Bierling*, Juristische Prinzipienlehre, 3 S. 144, dessen Kritik durch *Höpfners* Ausführungen (2 S. 16ff.) nicht widerlegt sein dürfte.

glauben und in der Benutzung der Strafwürdigkeit des Verhaltens des Schuldigen zur Lösung der Frage einen methodischen Fehler erblicken[5]), als *ultima ratio* ihrer Entscheidungen einzelner Fälle doch das Gefühl geltend machen, daß man offenbar den Schuldigen zu hart treffen würde, wenn man ihn nicht mit der Strafe des einfachen Delikts abkommen ließe, oder zu milde, wenn man ihn nicht mit der härteren Strafe (heutzutage der Strafe der realen Konkurrenz) träfe.

Solange und soweit nun das Strafrecht noch wesentlich nur der Ersatzforderung und der Privatrache der Verletzten dient, ist die Entscheidung einfach. Der Schuldige zahlt sovielmal Buße, wie er unterscheidbare Verletzungen verursacht hat; ob er solche mehrfachen Verletzungen durch mehrere getrennte Willensakte oder mit einer einzigen Bewegung herbeigeführt hat, ist gleich; nur wenn die mehreren Willensakte oder Verletzungen lediglich im Gesamtergebnisse fühlbar sind, findet nur e i n e Buße oder Strafe wegen Herbeiführung dieses Gesamtergebnisses statt.

Besonders deutlich tritt dies hervor im älteren deutschen Strafrecht zur Zeit der Volksrechte.[6]) Zuweilen erblickt das deutsche Recht in der Handlung neben der äußeren Verletzung indes noch eine Art von Injurie (*Praesumptio*), und dann wird trotz der uns einheitlich erscheinenden Handlung dem Verletzten doppelt gebüßt.[7]) Sind mehrere durch e i n e Tätigkeit verletzt worden, so hat jeder selbständigen Bußanspruch.[8]) Als man dann begonnen hatte, in der Verletzung eines einzelnen a u c h ein Delikt gegen das Gemeinwesen zu erblicken, das als solches ohne Unterscheidung hier zwischen den Verletzungen einzelner Rechtsgüter allgemein als F r i e d e n s b r u c h bezeichnet wurde, mußte ebenso wie mehreren verletzten Privatpersonen jeder besonders, so auch dem Gemeinwesen neben dem oder den Verletzten mit der Zahlung der Friedensgebühr gebüßt,[9]) aber wegen e i n e r Handlung nur einfache Friedens-

---

[5]) So *Höpfner* 1 S. 72ff. und *Dörr* S. 24.

[6]) *Schreuer* S. 2ff. Die Volksrechte gehen hier in der detaillierten Abbüßung der einzelnen Körperverletzungen sehr weit. — Bei Eigentumsdelikten (Sachbeschädigung, Diebstahl) wird oft (nicht immer!!) der Schaden zusammengefaßt als Grundlage der Buße genommen. *Schreuer* S. 34ff.

[7]) *Schreuer* S. 56ff.

[8]) *Schreuer* S. 115.

[9]) *Schreuer* S. 91ff. S. 117. Aus späterer Zeit: *Munchener*, Stadtrecht v. 1347 (nach der Ausgabe von *Auer*). Zusatz S. 280 Nr. 51.

gebühr gezahlt werden. In der Handlung konnte man wohl mehrere Privatdelikte, aber nur ein öffentliches Delikt erblicken. In gewisser Weise ist das Übertragung der Auffassung des Privatrechts sogar auf das eminent öffentliche Strafrecht, das hier aber als einheitliche Friedenswahrung aufgefaßt wird. Selbstverständlich mußte das Friedensgeld mehrmals gezahlt werden, wenn mehrere durchaus getrennte Straftaten vorlagen.[9a])

§ 211. Das römische Recht[10]) faßt, soweit wir es bis in die frühere Zeit zurückverfolgen können, die strafbare Handlung auf als Nichtachtung allgemeiner Lebensinteressen. Die einzelnen über die Bestrafung von Verbrechen ergehenden Gesetze unterscheiden die Lebensinteressen im einzelnen; so erblickt man in dem äußerlich einheitlichen Vorgange, wenn dieser gegen mehrere Strafgesetze verstößt, auch mehrere Verbrechen,[11]) und so konnte dieselbe Tat auch mehrmals Gegenstand einer Anklage sein, ein und dieselbe Tat auch den Grund einer mehrfachen Klage auf Privatstrafe bilden; bei Konkurrenz galt daher prinzipiell: der Satz: »*Numquam plura delicta faciunt, ut ullius impunitas detur,*« wie L. 2 § 1 D. 47,1 sagt, ein Satz, der in L. 9 § 1 C. 9,1 ausdrücklich als auch für die ideale Konkurrenz geltend bezeichnet wird: »*Si ex eodem facto plurima (plura) crimina nascuntur et de uno crimine in accusationem fuerit deductus, de altero non prohibetur ab alio deferri.*« Aber bei dem, wie *Mommsen* sagt, exemplifizierenden Charakter der römischen Strafgesetze, man möchte hinzufügen, bei dem Charakter vieler römischer Strafgesetze als sogenannter Gelegenheitsgesetze, wurden zuweilen genau dieselben Handlungen in verschiedenen Gesetzen mit Strafe bedroht.[12]) Mehrfache Anklage und etwa gar Bestrafung lediglich auf Grund mangelhafter Gesetzesredaktion konnte jedoch selbstverständlich von der Jurisprudenz nicht

---

[9a]) *Schreuer* S. 116.

[10]) Vgl. darüber *Rein* S. 252ff. *Mommsen* S. 887ff.

[11]) Beispiele L. 5. D. 48, 18: »*Si quis viduam vel alii nuptam cognatam, cum qua nuptias contrahere non potest, corruperit, in insulam deportandus est, quia duplex crimen est, et incestum, quia cognatam violavit contra fas, et adulterium vel stuprum adiungit ....*«. — Vgl. auch L. un pr. C. 9, 13. Justinian droht hier zwar nur eine Strafe an, bemerkt aber, daß in der Handlung — gewaltsame Entführung ehrbarer Jungfrauen — eigentlich zwei Verbrechen (Raptus und Stuprum oder Adulterium) zu erblicken seien.

[12]) *Mommsen* S. 890. Sonach unterschieden bereits die Römer Jdealkonkurrenz und Gesetzeskonkurrenz.

gebilligt werden, und so verbot ein Senatsbeschluß[13]) unter *Titus*, jemanden nach mehreren Gesetzen anzuklagen, welche dieselbe Tat aus einem und demselben Gesichtspunkte bestraften.

Dagegen wird nirgends Gewicht darauf gelegt, ob bei einem mit öffentlicher Anklage zu verfolgenden Verbrechen mehrere Personen verletzt sind, wie dies dem Charakter der römischen öffentlichen Strafgesetze auch entspricht, bei denen der Eintritt eines bestimmten Erfolges keineswegs erfordert wird, vielmehr eigentlich gleichgültig ist. Bei der Privatklage verhält es sich natürlich anders: so viel Verletzte vorhanden sind, so viel Strafklagen wegen desselben Vorgangs; das Privatinteresse des A ist nicht das des B, wenn beide durch dieselbe Tat verletzt sind,[14]) und andererseits konnte ebenso wie eine mehrfache öffentliche Anklage, so auch eine mehrfache Privatklage wegen desselben Vorgangs angestrengt werden, wenn die Tat nach mehrfachen Gesichtspunkten als das Interesse der Privatperson verletzend angesehen wurde: die eine Privatklage wird durch die anderen nicht konsumiert;[15]) nur sollten nicht mehrmals die nach den verschiedenen Klagen anzusetzenden Strafsummen voll eingeklagt werden, vielmehr nur die höchste dieser Strafsummen, so daß allerdings nach Durchführung der Klage, welche dem Kläger nur die geringere Strafsumme gewährt, eine weitere Klage auf die Differenz zulässig war. Die Privatklage konkurrierte mit der öffentlichen; nur durfte sie — abgesehen von einer Klage

---

[13]) L. 14 D. 48,2: »*Senatus censuit, ne quis ob idem crimen pluribus legibus reus fieret*« — *Suetonius*, *Titus* c. 8.

[14]) Verletzt dieselbe Injurie den Mann, die Frau und den Sohn, so entspringen daraus drei Klagen, und der Vater klagt daraus für sich und als Vertreter des Sohnes L. 1 § 9. L. 18 § 2. L. 41. D. 47, 10. *Mommsen* S. 887. Anm. 2.

[15]) Das war allerdings längere Zeit kontrovers. In L. 32 D. 44,7 (*Hermogenian*) heißt es aber: »*Cum ex uno delicto plures nascuntur actiones ... omnibus experiri permitti, post magnas varietates obtinuit.*« Die Beschränkung auf die höchste Summe ist an verschiedenen Stellen angewendet, vgl. z. B. L. 47. D. 9,2. L. 11 D. 47,7 L. 34 pr. D. 44,7; das Prinzip ist ausgesprochen in L. 41 D. 44,7. — Nur auf die privatrechtliche *Actio furti* bezieht sich L. 68 (67) 2 D. 47,2. Ein gestohlener Sklav wird dem Diebe selbst gestohlen, und der erste Dieb stiehlt ihn dem zweiten wieder. Der Jurist entscheidet: »*etiamsi duo furta fecisset, non amplius quam semel cum eo furti agi posse*«. Nur der erste Diebstahl wird gegen den Eigentümer (berechtigten Besitzer) begangen; der zweite von dem ersten Diebe begangene Diebstahl verletzt nur das unberechtigte Interesse des zweiten Diebes: dieser hat keine Strafklage. Der § 4 eod. kann gegen letzteren Satz nicht geltend gemacht werden. Dieser Paragraph handelt von einem besonderen, wie die Stelle selbst sagt, zu bestimmtem Zwecke eingeführten Rechtssatze für einen besonderen Fall.

wegen Eigentumsbeschädigung — nicht vor der öffentlichen angestellt werden (L. 1 C. 9,31). Als aber in der späteren Zeit manche Privatdelikte mit extraordinärer Kriminalstrafe geahndet werden konnten, hatte der Verletzte nur die Wahl zwischen dieser öffentlichen und der Privatstrafe.

Unabhängig von der Frage,[16]) ob mehrfache Verbrechen vorliegen, wird in späterer Zeit erwogen, ob den Schuldigen die mehrfache öffentliche Strafe nicht allzu hart treffen werde, und inwiefern eine Strafe mit der anderen vereinbar sei. Zur Zeit der sogenannten *Quaestiones perpetuae* kam diese Erwägung nicht vor, wenn es um ideale Konkurrenz sich handelte; denn jede *Quaestio* war nur für e i n e Deliktsart zuständig.

§ 212. Das deutsche Recht des Mittelalters verblieb wesentlich auf dem Standpunkte der Volksrechte[17]) und erfuhr nur dadurch eine Änderung, daß viele Verbrechen jetzt mit der Todesstrafe geahndet wurden, neben welcher als dem Ersatz der alten Friedlosigkeit schon nach älteren Rechten jede Privatstrafe ausgeschlossen war. Eine Strafe, die, gleich der Friedlosigkeit, die gesamte Persönlichkeit, auch die vermögensrechtliche, auslöschte, mußte notwendig auch die Buße a b s o r b i e r e n, und zugleich vertrat sie die Rache, neben welcher eine Buße und anderweite Strafe nicht gedacht werden konnte. Das ist nachher festgehalten, als die Todesstrafe nicht mehr in jedem Falle den Verlust des Vermögens (Konfiskation) mit sich führte, und weiter festgehalten, als andere den Schuldigen an den Leib gehende Strafen, also andere wirkliche Kriminalstrafen die Stelle der alten Friedlosigkeit vertraten. Hier zeigt sich der Ursprung des Satzes: »*Poena major absorbet minorem.*«

Die italienischen Statuten[18]) des späteren Mittelalters behandeln die Begehung[19]) mehrfacher Delikte ähnlich wie die deutschen Rechtsquellen, oft offenbar in fiskalischem Interesse die Häufung von Geldstrafen bei Wiederholung von Delikten,

---

[16]) L. 57 § 1 und L. 93 D. 47,2. Persönliche Verletzungen höchster Beamten und später des Kaisers sind lediglich als öffentliche Vergehen behandelt, vgl. *Mommsen* S. 787, 582.

[17]) Vgl. *John* Strafrecht in Norddeutschland S. 268—293.

[18]) Das kanonische Recht gewährt hier keine Ausbeute. Wir finden nur bestätigt (nach Maßgabe des römischen Rechtes), daß ein wiederholtes Delikt mehrfache Strafe zur Folge habe c. 1 X *de poenis* 5,37; c. 27 X *de sent. excom.* 5,39.

[19]) *Kohler*, Strafrecht d. italienischen Statuten 292—301.

auch solcher, die leicht nochmals begangen werden, ohne Ermäßigung steigernd und jede einzelne Verletzung und Wunde besonders ahndend. Doch fassen einige Statuten den Handlungsbegriff weniger äußerlich: mehrere ununterbrochen nacheinander gegen dieselbe Person ausgestoßene Schmähworte gelten dann als eine Injurie; ebenso wird bei der Gotteslästerung bestimmt; zuweilen gilt eine Mehrzahl bei einem Anlaß zugefügter Schläge, Verwundungen als einheitliches Delikt. Gegen denjenigen, der wiederholt gestohlen hat, waltete oft besondere Strenge. Bei idealer Konkurrenz findet sich in einigen Statuten Strafschärfung; in anderen wird allein die Strafe des Deliktes angewendet, welches am schwersten gebüßt wird.

§ 213. Der italienischen Doktrin fiel eine nicht leichte Aufgabe zu. Sie konnte einerseits, wenn sie eine feinerem Gerechtigkeitsgefühl entsprechende Bestrafung wollte, nicht an der rohen Auffassung sich genügen lassen, daß jede einzelne und unterscheidbare irgend einen Eindruck machende Körperbewegung, jeder einzelne Schlag oder Stoß oder jedes einzelne Schimpfwort ein gesondertes Delikt sei und gesonderte Strafe fordere, und andererseits hatte sie die Beachtung des Erfolges, auf welchen das römische Strafrecht so wenig, das deutsche Rechtsbewußtsein aber so erhebliches Gewicht legt, auch in der Lehre von der Konkurrenz der Delikte durchzuführen,[19a]) ohne doch den Boden des römischen Rechts völlig zu verlassen, und dieser zweite Teil ihrer Aufgabe war schwieriger als der erste.[19b])

Am einfachsten und daher übereinstimmend ist die Antwort in ersterer Beziehung, wenn überhaupt eine verletzte Privatperson nicht vorhanden ist. Die ohne erhebliche Unterbrechung fortgesetzte Tätigkeit, von der einzelne Akte schon zum Deliktsbegriffe genügen, gilt nur als ein Delikt. Wer an einem Tage fortgesetzt Hazard spielt, begeht nur ein Delikt.[20]) Das entspricht vollkommen der römischen Anschauung, die hier mit der Berücksichtigung des Erfolges nicht in Differenz gerät.

[19a]) Vgl. Bd. 1 S. 114.

[19b]) Vgl. *Hälschner*, Preuß. Strafr. 1. S. 490ff., und über die Einzelheiten und die scholasti chen Einteilungen der auch hier in vielfachen Beziehungen einflußreichen Lehre des *Bartolus*: *Höpfner* S. 30ff.

[20]) *Bartolus ad. leg. Infans* (67 § 2) *de furtis Aretinus Rubr. Metidore de mali dadi n.* 24. *Farinacius* Pr. 13 qu. 22 n. 4.

Ebenso wird nur ein Verbrechen angenommen, wenn mehrere Tätigkeiten zwar mehrere Erfolge haben, sie sämtlich aber doch nur vorgenommen werden zur Erreichung eines einheitlichen Enderfolges (*ad eundem effectum*): jemand fügt einem anderen mehrere Wunden zu, um ihn zu töten,[21]) jemand macht auf einen anderen einen Angriff (*Insultus*), der vom Statut besonders mit Strafe bedroht ist, um ihn zu schlagen (*percutere*);[22]) nicht so, wenn die Absicht anfangs nur auf einen Vorerfolg ging und nachher erst die weitere Absicht gefaßt wurde. (A verwundet den B und faßt erst nach Zufügung der Wunde den Entschluß, den B zu töten.) Und bei manchen Delikten wird deshalb Einheitlichkeit des Delikts angenommen, weil es gewissermaßen natürlich erscheint, daß sie wiederholt vorgenommen werden, oder daß das strafbare Verhalten fortdauert. (*Delicta successiva* nach *Bartolus*.)

Gestritten wurde über den Fall, daß jemandem mehrere Verletzungen *in continenti* zugefügt werden;[22a]) die meisten entschieden, wenn der Wortlaut des Statuts nicht entgegenstand, für die Einheitlichkeit des Deliks, sofern nicht die spätere Handlung *»ex intervallo«* erfolgte, und wie das auch heutzutage bei Polizei- und Steuergesetzen der Fall, spielt dabei der Wortlaut eine erhebliche Rolle. Aber schließlich gelangte man auch dahin, trotz des Intervalles die mehrmalige Vornahme des Ehebruchs mit derselben Ehefrau als ein Delikt zu bestrafen. Die *Ratio* ist wohl, daß dem verletzten Ehemann, wenn einmal die eheliche Treue gebrochen ist, die Wiederholung (*Reiteratio*) gleichgültig erscheinen kann.[22b]) Sind aber mehrere Personen direkt verletzt,

---

[21]) *Gandinus* Rubr. *de poenis* n. 57; *Bartolus ad. leg. Numquam plura* (2) D. 47 n. 45. Ein anderes Beispiel: jemand reißt mehrere Grenzpfähle aus, um die Grenze zu verrücken. *Bartolus ad leg. Infans.* 67 § 2 D. 47,2. — Vgl. auch *Clarus* § *fin.* q. u. 84 n. 4.

[22]) *Farinacius* beschränkt diesen Satz, den er mit den Worten ausspricht: »*uno majus delictum absorbet minima*« auf den Fall, daß das geringere Delikt nötig sei, um das größere auszuführen. Der Fall also, daß jemand *frangit ostium ut stuprum committat*, gehöre nicht dahin, hier müsse doppelte Strafe stattfinden; doch werde nach der gemeinen Meinung einfache Strafe mit Verschärfung verhängt. Vgl. in diesem Sinne übrigens schon *Cinus de Pistorio* in L. *qui de crimine* 9,2 n. 4.

[22a]) Vgl. *Clarus* § fin. qu. 84 n. 2. — Dagegen soll nach *Bonifacius de Vitalinis* für jede Ohrfeige besonders gezahlt werden. *Rubr. quid sit accus.* n. 47.

[22b]) *Aretinus Rubr. Che hai adulterato la mia donna* n. 61. *Clarus* § Adulterium n. 10. Selbstverständlich konnte von dieser Kontroverse nur die Rede sein, wenn das Statut den Ehebrecher nicht mit dem Tode, vielmehr nur mit Geldstrafe oder körperlicher Züchtigung bedachte.

so werden[22c]) auch mehrere Delikte angenommen; ebenso wenn nach dem Statut anzunehmen ist, daß von mehreren Wunden jede geahndet, gebüßt werden soll, und zwar erachtete man mehrere Delikte, wie aus den gehäuften Strafen hervorgeht, selbst dann für vorliegend, wenn die Wunden mittels einer einzigen Körperbewegung hervorgebracht werden.[23]) Ebenso wenn mit der Handlung verschiedene andere Wirkungen bezweckt werden, z. B. mit derselben falschen Zeugenaussage wird bezweckt, die Entscheidung mehrerer Prozesse zu beeinflussen.[23a]) Besteht das Delikt aber in der Wegnahme oder Beschädigung von Sachen, ohne Verletzung der Person selbst, so wird nur ein Delikt angenommen, falls mehrere Sachen auf einmal gestohlen oder beschädigt werden.[24]) Der Fall, daß die Sachen mehreren Personen gehören, wird nicht besonders hervorgehoben; man war hier offenbar der Meinung, daß eine Mehrzahl von Eigentümern der Annahme eines einheitlichen Deliktes nicht entgegenstehe.[25])

In der Tat finden sich hier die Grundlagen der gesamten neueren Theorie; man kennt das einheitliche Delikt trotz mehrerer einzelner *in continenti* wiederholten Akte, das einheitliche Delikt, wenn angenommen wird, daß das Delikt kaum anders als mit mehreren den Verbrechensbegriff einzeln schon erschöpfenden

[22c]) In dieser Beziehung kommen, wie bemerkt, auch in Rechtsquellen des späteren deutschen Mittelalters Verschiedenheiten vor. Vgl. für Zahlung nur einer Buße an den Richter bei mehreren gegen dieselbe Person „in einer weil" ausgestoßenen Scheltworten, verübten Schlägen oder Stößen: Zusatz zum Münchener Stadtrecht von 1347 herausgegeben von *Auer* S. 280 n. 51. Dagegen kann nach Brünner Schöffenbuch N. 605 der Ankläger nach der Zahl der empfangenen Wunden »*querimonias multiplicare*«.

[23]) Hier wird oft das Beispiel der mehrfachen gleichzeitigen Verwundung mittels eines mehrzinkigen Instrumentes (Gabel) »*cum bidente*« benutzt.

[23a]) *Bartolus ad.* L. 3 D. 47,21.

[24]) Vgl. insbes. Entscheidungen des *Bartolus* bei den *Delicta circa rem extra personam*. *Gandinus Rubr. de poenis* n. 28. »*Debet quis puniri secundum effectum, non secundum affectum.*« *Bartolus ad.* L. 2. D. 47,1. vgl. *Aretinus Rubr. et ipsum Titium* n. 3 und dazu die Note des Augustinus; *Bonifacius de Vitalinis Rubr. de insult.* n. 29; *Baldus, Cons.* (*ed Feyerabend* 1589) Vol. II. cons. 351. Doch wollen mehrere dieser Autoren (z. B *Gandinus*) auf den Wortlaut des Statuts sehen, ob *Percussio* oder Beibringen der Wunden bestraft werde.

[25]) *Baldus, Consilia* III. *cons.* 89. *Aretinus Rubr. Etiam vestem coelestem* n. 13. (*Bartolus*, der neben so vielem Treffenden, oft unglaubliche Wortklaubereien liefert, rechnet *ad* § *Si ad plures D. sepulcri violati* das Statut, welches straft »*si quis aliquem turbaverit in sua possessione*« zu den *Statuta circa personam*, ein Statut aber »*si quis intraverit in possessionem*« zu den *Statuta circa rem.*) *Hippolitus de Marsiliis ad leg. Corn. de sic L. Si in rixa* n. 15ff. *Farinacius* Pr. 1,3 qu. 22 n. 22.

Akten begangen wird, ferner das fortgesetzte Delikt — wobei namentlich an das Ehebruchsbeispiel zu denken ist — die reale und die ideale Konkurrenz — Beispiel: die mehrfache Verwundung mit der mehrzinkigen Gabel (die Handlung mit dem mehrfachen Zweck). Aber freilich für die ideale Konkurrenz gilt nach der Lehre der italienischen Jurisprudenz ebenso wie für die reale Konkurrenz die Kumulation der Strafen, soweit sie möglich ist, nicht etwa die Absorption der geringeren Strafe durch die schwerere. Auch findet sich die Bemerkung, daß, wenn eine Tätigkeit notwendiger Bestandteil eines weiterreichenden Deliktes ist, nicht zwei Delikte vorliegen,[25a]) (also nicht ideale Konkurrenz!), und ebenso wird entschieden, wenn die Handlung unter zwei Gesetze subsumiert werden kann, von denen das eine die Handlung erschöpfender erfaßt als das andere.[26]) Die Inkompatibilität der Strafen wird lange Zeit hindurch kaum gestreift (so bei der Frage des wiederholt mit derselben Person begangenen Ehebruchs, wo, wie *Clarus* bemerkt, die Erörterung nur Sinn habe, wenn nach dem Gesetze nicht Todesstrafe auf Ehebruch stehe). Erst *Farinacius*[27]) hebt die Inkompatibilität schärfer hervor, um damit in den betreffenden Fällen den Satz zu begründen »*Poena major absorbet minorem.*« Im ganzen ändert sich aber die italienische Doktrin vom XV. bis zum Ende des XVI. Jahrhunderts wenig; nur die Tendenz ist bemerklich, den Begriff des einheitlichen Verbrechens etwas auszudehnen, etwas weniger die einzelnen Wirkungen zu beachten und einzelne körperliche Akte nicht leicht als gesondert zu ahndende Delikte aufzufassen.

§ 214. In der Lehre von der Einheit und Mehrheit der Delikte liefert die deutsche strafrechtliche Doktrin bis etwa zu Mitte des XVIII. Jahrhunderts wenig Ausbeute. Bei *Berlich*[28]) finde ich dieselbe Entscheidung für wiederholten Ehebruch, welche bereits die Italiener gegeben hatten, sodann[29]) das allgemeine Prinzip, daß die Kumulation bei jeder Konkurrenz

---

[25a]) *Cinus de Pistorio ad Leg. Qui de crimine C* 9, 2: es liegen nur dann mehrere Delikte vor »*si unum potest esse sine altero*«.

[26]) *Glossa* ad. L. 9 C. 9, 2 und *Bartolus* zu diesen Stelled vgl. *Höpfner*, S. 35, 47.

[27]) Pr. 1, 3 qu. 22 n. 30.

[28]) *Conclusiones practicabiles* IV. 16 n. 15.

[29]) *Conclusiones practicabiles* V, 57 n. 46.

von Delikten einzutreten habe, und zwar auch bei körperlichen Strafen: man fängt mit der mindest schweren an und hört mit der schwersten auf, und zwar gilt das nach IV, 16 n. 1 auch für die ideale Konkurrenz: wer jemanden eine in injuriösen Worten gefaßte Herausforderung zustellt, erleidet die Strafe der Injurie neben der Strafe der Herausforderung.

Carpzov[30]) geht zunächst wie die Italiener von dem Satze aus, daß jedes Delikt seine Strafe fordere, erwähnt dann einige der von den Italienern gemachten Einschränkungen dieses Prinzips, verspottet aber sodann die künstlichen Regeln der Italiener, indem er die vielfach vorhandene Unverträglichkeit der Strafen hervorhebt. Mehrere verstümmelnde Strafen will er nicht vereinigt wissen, während bei Todesstrafe wegen konkurrierender Delikte, sofern jedes der Verbrechen geschärfte Todesstrafe verdient, die Schärfungen gehäuft werden können. Bei Konkurrenz von leichteren Delikten soll die Geldstrafe erhöht, die etwaige Gefängnisstrafe verlängert und von körperlicher Züchtigung neben solchen Strafen Gebrauch gemacht werden. Neben der Kriminalstrafe, selbst neben Staupenschlag und Landesverweisung soll eine Geldstrafe nicht erkannt werden.[31]) Im ganzen scheint sich bei ihm die gesamte Lehre von der Konkurrenz, ohne Unterscheidung von idealer und realer Konkurrenz aufzulösen in die Lehre von der Kompatibilität der Strafen. Es ist das nicht nur eine allerdings auch bemerkbare Verflachung der Doktrin; auch der altdeutsche Satz wirkt hier mit, daß körperliche Strafe, welche die alte Rache vertritt, die Geldstrafe ausschließt, welche letztere den Frieden wiederherstellt und ihrerseits mit der Rache, also mit der körperlichen Strafe nicht verbunden werden kann. Man kann nur einmal Rache nehmen, und damit ist jede früher vorgekommene Untat des Schuldigen abgebüßt, ein Gedanke, mit dem sich wohl die Vorstellung verbindet, daß mehrfache Verstümmelung den Schuldigen allzu stark treffen müsse, so daß schließlich nur ein grauen- und mitleiderregendes kaum einem Menschen ähnliches Wesen übrig

---

[30]) Pr. III qu. 132 *De cumulatione poenarum.*

[31]) A. a. O. n. 76 »*quod poena corporis afflictiva cum multa pecuniaria et carceris poena cumulari nequeunt*«. Dies wird unter Berufung auf die sächsischen Konstitutionen und die Praxis belegt.

bleiben würde. So tritt praktisch bei *Carpzov* als wesentliche Regel hervor: »*Sicut regulatiter majus delictum tollit minus, ita major poena absorbet minorem*« (n. 22). Der damals in Deutschland besonders starke Gebrauch verstümmelnder Strafen und Todesstrafen — anscheinend stärker als in Italien — konnte auch eine feinere Theorie der Konkurrenz der Delikte als wenig brauchbar erscheinen lassen, wie das *Carpzov* ausdrücklich bemerkt. Kam dazu noch die alte Vorstellung, daß Kriminalstrafe eigentlich nur einmal für alles verhängt werden dürfe, so darf man sich nicht wundern, wenn lange Zeit die gesamte Lehre von der Konkurrenz der Delikte völlig vernächlässigt und meist nur in der willkürlichen Verschärfung einer Todes- oder körperlichen Strafe die Konkurrenz berücksichtigt wurde, die Regel »*Poena major absorbet minorem*« aber lange Zeit auf *Carpzovs* Autorität hin tatsächlich abgesehen von Geld- und Gefängnisstrafen, welche letztere zunächst nur für leichtere Delikte in Betracht kamen, die Herrschaft behauptete.

Die gelehrte Jurisprudenz[32]) opponierte freilich öfter, auf das *Corpus juris* und die Italiener sich stützend. Am meisten wohl *Matthaeus* (48, 20 c. 4 n. 10, 11), der sogar für die von ihm genauer behandelte ideale Konkurrenz, soweit es tatsächlich möglich, die Häufung der Strafen für allein richtig erklärt, mit einer gewissen willkürlichen Milderung des letzteren Prinzips; ferner *Boehmer*[33]), der von der *Multiplicatio poenarum* nur dann Abstand nehmen will, wenn die Verbindung der Strafen tatsächlich unmöglich ist, oder eine der mehreren Strafen den Zwecken der Gerechtigkeit genügt oder aus der Verbindung der Strafen eine unnütze und unmenschliche Grausamkeit sich ergeben würde.[34]) Daß diese Opposition, die auch an der Schwäche litt, nicht zu bestimmen, wann nur ein, und wann eine Mehrheit von Delikten anzunehmen sei, erheblich praktischen Erfolg gehabt hätte, ist nicht anzunehmen. Im Gegenteil wird die Ver-

---

[32]) Vgl. über diese im XVIII. Jahrhundert: *Wächter*, Lehrb. 1 in den Anmerkungen zu § 123; *Hälschner*, Preuß. Strafr. 1 S. 493.

[33]) *Ad Carpzovii Praticam* q. 132 obs. 1, ferner in CCC. art. 163. Die Polemik *Boehmers* gegen *Carpzov* beruht hier größtenteils darauf, daß ihm der Gedanke des Zusammenhangs der Todesstrafe mit der Rache, welche jede andere Strafe ausschließt, abhanden gekommen ist.

[34]) Auch *Leyser*, Spec. 575 n. 644 n. 3—5 opponiert mit dem Satze: »*singula delicta singulas poenas merentur*«.

hängung der schwersten Strafe bei idealer Konkurrenz in den Lehrbüchern als Axiom behandelt und gestützt auf CCC. 163, welche, wenn bei einem Diebstahle verschiedene Erschwerungsgründe sich finden, die Strafe allein nach demjenigen dieser Gründe bestimmen läßt, der die schwerste Strafe bedingt.[35]) Das viel gebrauchte Lehrbuch von *Koch* wiederholt (§§ 158—164) nur *Carpzovs* Regeln und verweist schließlich geradezu auf *Carpzov*. Die Errungenschaft der Theorie besteht, wie öfter vorkommt, einstweilen nur in der Erfindung einiger technischer Ausdrücke.[36]) Doch wird scharf hervorgehoben — und dieses ist bemerkenswert — daß Geldstrafen, welche nach den Statuta verhängt werden, stets miteinander kumuliert werden sollen (§ 164), allerdings wohl nur bei realer Konkurrenz.[37])

Dieser Unterschied zwischen realer und idealer Konkurrenz[38]) war anscheinend einerseits durch die Erwägung veranlaßt, daß das Absorptionsprinzip angewendet auf reale Konkurrenz demjenigen, der ein schwereres Verbrechen begangen hatte, für die Begehung leichterer Verbrechen einstweilen Straflosigkeit verheißt, und daß die reale Konkurrenz häufig einen Schluß gestattet auf die Existenz eines verbrecherischen Hanges;[39]) andererseits aber fängt die Vorstellung an sich geltend zu machen, daß bei idealer Konkurrenz nur ein und dasselbe Verbrechen

[35]) Auch *Stübel*, D. Kriminalverfahren 3, § 1205 und *Martin* § 65 beriefen sich später noch auf diesen Art. der CCC. zur Rechtfertigung jener Behandlung der idealen Konkurrenz, welche *Feuerbach*, § 131 und *Grolmann*, § 175 auch gelten lassen bei idealer Konkurrenz gleichartiger Verbrechen. Letzteres entspricht, wie oben bemerkt, bei öffentlichen Verbrechen dem römischen Rechte. Es fehlte aber nicht an Widerspruch, vgl. *Klein*, § 159.

[36]) *Concursus delictorum successivus* (Realkonkurrenz) wird eingeteilt in *Conc. delictorum objectivus* — der Schuldige hat mehrere verschiedenartige Delikte nacheinander — begangen und *Conc. delictorum continuatus* und andererseits *reiteratus* — der Schuldige hat dasselbe Delikt mehrmals begangen — entweder *circa idem objectum* oder *circa diversum objectum*. Eigentümlicherweise nimmt *Hälschner* an, daß *Koch* die Lehre sehr gefördert habe. Er ist allerdings genauer als mancher andere; z. B. sagt *Engau*, § 56 nur: »*Gravius quoque habetur crimen*, (8) *quocum concurrit aliud, ad diuersum finem tendens. Sin vtrumque, quod concurrit, ad eundem tendit finem, vnum habetur.*« Der deutsche Ausdruck für Konkurrenz ist: Zusammenfluß von Verbrechen.

[37]) Bei Gefängnis und Geldstrafen gilt nach dem *Codex. Max. Bavar.* I § 36 das Absorptionsprinzip nicht. Vgl. für die Kumulation verschiedener Geldstrafen insbesondere preuß. allgemein. Landr. II 20 § 55.

[38]) Das preuß. allgem. Landr. II 20 §§ 52 ff. hebt diesen Gegensatz nicht hervor; die Praxis hat die Häufung der Strafen nicht eintreten lassen, vielmehr nur Strafschärfungen, vgl. *Goltdammer* 1 S. 447.

[39]) Vgl. preuß. allgem. Landr. 2, 20 § 53.

nach verschiedenen Gesichtspunkten hin betrachtet werde, eine mehrfache Bestrafung also der Gerechtigkeit nicht entspreche.[40])

Die deutsche Doktrin[40a]) und Gesetzgebung hält daher, erstere fast durchgängig, letztere mit Ausnahme der österreichischen[41]) ausnahmslos an durchgreifender Unterscheidung der idealen und der realen Konkurrenz fest. Theorie und Gesetzgebung hatten dabei konsequent den Fall zur idealen Konkurrenz gerechnet, daß mehrere Objekte (auch Personen) durch einen und denselben Willensakt und die dadurch angeregte Kausalität in derselben Weise getroffen (verletzt) werden.[42]) (*Concursus delictorum simultaneus homogeneus*). Auch das preußische StGB. § 55 war in diesem Sinne auszulegen.[42a])

§ 215. Das gegenwärtige deutsche StGB. hat aber abweichend von dem ersten hier mit § 55 des preußischen StGB. übereinstimmenden Entwurfe (§ 64) in § 73 die Fassung erhalten. „Wenn eine und dieselbe Handlung mehrere Strafgesetze ver-

---

[40]) Vgl. *Koch* § 158, b »*idem factum plures admittit inspectiones*«, worauf *Höpfner* S. 57 aufmerksam macht.

[40a]) Meist wurde die Lehre von der Konkurrenz in den Lehr- und Handbüchern kurz erledigt und nur etwa auf die Frage des wiederholten und andererseits des fortgesetzten Verbrechens näher eingegangen. Tiefer suchte *Karl Aug. Wilh. Schröter* in dem 1. Bande seines Handbuchs die Sache zu erfassen. Seine Theorie ist aber derartig konfus und in sich selbst widersprechend, daß ich mir versagen muß, sie hier zur Darstellung zu bringen. Sogleich der Ausgangspunkt zeigt dies, wenn gesagt wird, Einheitlichkeit der Handlung werde durch Einheitlichkeit entweder der Absicht oder der Ursachlichkeit begründet. Fleischliche Vermischung des Bruders mit der verheirateten Schwester ist nach S. 192 (unrichtig als S. 216 paginiert) ein zusammengesetztes, aber einheitliches Verbrechen, nach S. 195 dagegen eine verschiedene Ursachlichkeit, folglich ein mehrfaches Verbrechen. Man weiß nicht, was Einheit der Absicht ist und ebensowenig, was *Schröter* unter Rechtsverletzung als Wirkung der Handlung versteht.

[41]) Das österreichische GB. v. 1787 I, 2 § 6 behandelt ideale und reale Konkurrenz prinzipiell gleich, ein Grundsatz, den auch — was freilich nicht unbetritten ist — die späteren Gesetzbücher v. 1803 und 1852 bewahrt haben. Freilich ist durch die dem Richter gebotene Bedachtnahme auf die übrigen Verbrechen auch ein Schärfungsprinzip in recht unbestimmter Weise anerkannt. Vgl. *Herbst* **1** S. 120; *Lammasch* S. 50. Auch kann nach § 267 des GBs. v. 1852 Geldstrafe n e b e n anderen Strafen im Konkurrenzfalle auf Grund eines zweiten Deliktes erkannt werden. (Ebenso steht es mit gewissen anderen Nebenstrafen).

[42]) Ausdrückliche und besondere Entscheidung in diesem Sinne in den Gesetzbüchern für Württemberg, Art. 123 (vgl. dazu *Hufnagel*, Komment. **1** S. 264), Hannover 107, Baden 182.

[42a]) In dem Entwurfe von 1843 fand sich die Formulierung, „wenn durch dieselbe Handlung mehrere Strafgesetze verletzt sind". Dies wurde in die Fassung, „wenn eine und dieselbe Handlung die Merkmale mehrerer Verbrechen oder Vergehen in sich vereinigt", umgeändert, welche in der fraglichen Beziehung keinen Zweifel läßt. *Goltdammer*, Materialien **1** S. 450.

letzt", und dem unmittelbaren Wortsinne nach deckt diese Fassung nur die sogenannte heterogene ideale Konkurrenz, nicht die homogene. Es wird indes ein Zweifel darüber kaum bestehen, daß das Gesetz gleichfalls die sogenannte homogene ideale Konkurrenz nur mit der einfachen Strafe des Delikts treffen will,[43]) obschon bei gleichzeitiger Schädigung mehrerer Objekte die Strafe innerhalb des gesetzlichen Strafrahmen höher bemessen werden mag. Anscheinend oder vielleicht ist man bei der schließlichen Redaktion des Gesetzes von der Ansicht ausgegangen, daß bei idealer Konkurrenz stets nur eine Handlung vorliege, und danach würde es selbstverständlich sein, daß bei homogener Konkurrenz auch nur e i n e Strafe zu verhängen sei. So erschien als erforderlich nur eine Bestimmung für den Fall einer möglichen Anwendung verschiedener Strafgesetze auf dieselbe Handlung.[43a]) Hatte der Gesetzgeber mit dieser Ansicht das Richtige getroffen?

Diese Erwägung führt auf die allgemeine Frage, was denn im Sinne unseres Strafgesetzes unter Handlung oder bzw. Verbrechen zu verstehen sei? Ist es der äußere sinnliche Vorgang in seiner Gesamtheit ohne Rücksicht auf das Strafgesetz, ohne Rücksicht auf weitere Folgen oder auf Absichten des Handelnden, o d e r ist es der äußere Vorgang mit Beziehung auf das Strafgesetz? o d e r aber mit Rücksicht auf die Absicht oder Ansichten des Handelnden?

Geht man von der ersten (allerdings der Zeitfolge nach nicht ersten) Ansicht aus, die besonders scharf von *Liszt* und *Hiller* (S. 151) vertreten wird, so ist es, wie *Liszt* im Lehrb. § 54 III sagt, nur e i n e einzige Handlung nicht nur dann, wenn

---

[43]) Herrschende Ansicht (vgl. *Olshausen* § 75, Anm. 19. *Frank* § 73, III. Übereinstimmend die Behandlung des Falles in Frankreich. Vgl. *Garraud* **8** n. 714. — Die von *Buri*, Einheit und Mehrheit d. Verbr. S. 104, aufgestellte Ansicht, daß bei mehreren Kausalitäten (Erfolgen) Realkonkurrenz vorliege, ist mit StGB. § 74 unvereinbar, demzufolge für die Realkonkurrenz mehrere selbständige Handlungen erfordert werden, da von Selbständigkeit (Getrenntheit) der Handlungen hier keine Rede sein kann. Gegen *Buri* vgl. insbesondere *Hälschner* S. 657; *Hiller* S. 150; *Schütze*, Zeitschr. **8** S. 164 und *Frank* a. a. O.

[43a]) Die Terminologie ist schwankend. Bald wird als Verbrechen die Handlung nach allen ihren rechtlichen Beziehungen bezeichnet, bald ist Verbrechen die der Handlung entsprechende rechtliche Beziehung zu einem bestimmten Strafgesetze (oder auch einem bestimmten Erfolg) und ein und derselbe Schriftsteller verwendet diese verschiedene Terminologie nebeneinander, weshalb denn oft schwer die wirkliche Meinung des Autors festzustellen ist.

ein Wort mehrere Menschen beleidigt,[43b]) eine Körperbewegung durch Herbeiführung einer Explosion hundert Menschen tötet, sondern auch dann, wenn die an eine „Willensbetätigung" sich knüpfenden Erfolge in ihrer Art verschieden sind: der geschleuderte Stein tötet einen Menschen, verwundet einen zweiten und zertrümmert eine Scheibe. Die von *Liszt* und *Hiller* auch ausdrücklich betonte Konsequenz dieser Ansicht ist, daß es eine ideale Konkurrenz gar nicht gibt, daß vielmehr die e i n e Handlung in den vermeintlichen Fällen idealer Konkurrenz nur durch Heranziehung mehrerer Strafgesetze rechtlich erschöpft wird, daß also, wie man sich ausdrückt, die sogenannte ideale Konkurrenz der Handlungen bei näherer Betrachtung zu einer sogenannten G e s e t z e s k o n k u r r e n z herabsinkt. Diese Ansicht[44]) steht und fällt mit der bereits in Bd. **2** S. 286 ff. in Betracht gezogenen Ansicht, daß Wille und Willensbetätigung im eigentlichen Sinne nichts als K ö r p e r b e w e g u n g sei. Wenn aber die zurechnungsfähige Person mit jeder bewußten Körperbewegung einen Erfolg erstrebt, so kann die Handlung nicht ohne einen vorgestellten und erstrebten Erfolg gedacht werden; nicht die Körperbewegung an sich bestimmt das Wesen der Handlung, sondern Absicht und Erfolg. Das Krümmen eines Fingers kann in der realen Welt einerseits nichts und andererseits, wenn der Finger gekrümmt wird, um einen Schuß abzufeuern, einen Wilddiebstahl oder einen Mord bedeuten. So können mit einer einzigen Körperbewegung auch sehr verschiedene Zwecke verfolgt und erreicht werden. A. schreibt dem B. einen Brief, in welchem er 1. eine ihm von B. gemachte Kaufofferte annimmt, 2. den B. ersucht, dem C. eine Unterstützung auf sein des A. Konto auszuzahlen und 3. seine Zustimmung dazu erteilt, daß der Sohn des B. sich mit seiner des A. Tochter

---

[43b]) *Hiller* S. 152.

[44]) Gegen diese, auch von *Höpfner* **1** S. 127 ff. geteilte Ansicht und für Anerkennung einer Idealkonkurrenz wohl die meisten, so *H. Meyer-Allfeld* § 62 zu Anm. 4. *Binding* Handb. 1 S. 572; *Freudenthal*, die notwendige Teilnahme am Verbr., S. 56 ff.; *Olshausen* § 73 Anm. 15; *Frank* § 73 II; *Finger* **1** S. 368; *Köhler* S. 12 ff.; *Beling*, Lehre v. Verbr. S. 306; *Gr. Dohna*, Zeitschr. **27** S. 340. Auch RG. mehrfach, z. B. III, 10./12. 84 E. 11 N. 104 bes. S. 356. *Höpfner* (vgl. bes. **1** S. 168) glaubt den Beweis für seine (und *Liszts*) Ansicht dadurch erbracht zu haben, daß er annimmt, das Verbrechen bestehe im Ungehorsam gegen die Verbote und Gebote der Rechtsordnung, welche nur Tätigkeiten und Untätigkeiten, nicht aber die mit diesen verbundenen Erfolge als wesentliche Momente berücksichtigen.

verheirate. Über den letzteren Entschluß ist A. sich beim Schreiben des Briefes noch nicht ganz einig, da für die Tochter noch ein anderer Heiratsantrag eingelaufen ist. A. trägt den fertigen Brief eine Zeitlang unentschlossen in der Tasche; endlich wirft er ihn in den Briefkasten. Schlägt es da nicht all und jeder vernünftigen Auffassung ins Gesicht, absolut zu behaupten: A. habe, indem er den Brief der Post übergab, nicht drei verschiedene Handlungen, vielmehr nur eine einzige Handlung vorgenommen? Nimmt man eine Mehrzahl von Handlungen an, so ist damit übrigens nicht gesagt, daß in dem Falle mehrfacher aus einer und derselben Körperbewegung resultierender Erfolge Real- und nicht vielmehr Idealkonkurrenz anzunehmen sei. Und in gewisser Beziehung könnte man jenes Einwerfen des Briefes auch als eine einzige Handlung betrachten; z. B. wenn X. den A. verhindern wollte, den Brief einzuwerfen, so würde in Ansehung dieser Hinderung das Einwerfen als einzige Handlung betrachtet werden, und wenn später alle drei Punkte, die in dem Briefe erledigt wurden, für A. einen unerwünschten Erfolg gehabt hätten, würde er da nicht sagen können, daß das Einwerfen des Briefes für ihn eine recht unglückliche Handlung gewesen sei? Es gibt, wie früher bemerkt wurde, keinen allgemeinen durchschlagenden Begriff der Einheitlichkeit einer Handlung.[44a]) Es kommt auf die Zwecke und Veranlassungsgründe der Betrachtung an, ob man in einer Körperbewegung eine mehrfache oder eine einfache Handlung sehen will.[44b]) Für das Straf-

[44a]) Den wörtlichen Ausdruck der Überschrift des fünften Abschnitts des StGB. (allgemeiner Teil) hat man für jede der beiden entgegengesetzten Ansichten geltend gemacht, indes läßt sich aus den Worten „Zusammentreffen mehrerer strafbarer Handlungen" nichts über die Ansicht des Gesetzgebers schließen. Der fünfte Abschnitt will seiner Überschrift zufolge nicht von Handlungs-, sondern von Verbrechensmehrheit sprechen". Er bedient sich des Ausdrucks „strafbarer Handlungen", weil StGB. § 1 technisch die Verbrechen von den Vergehen und Übertretungen unterscheidet, und der fünfte Abschnitt doch auch von dem Zusammentreffen von Vergehen und Übertretungen handelt. So treffend *Stürenburg* S. 10, 11. Man wird aber annehmen dürfen, daß der Gesetzgeber eher im Sinne der zur Zeit der Abfassung des Gesetzes herrschenden Theorie — der Theorie der Idealkonkurrenz — als im Sinne einer damals noch unbekannten Theorie — der Theorie der Gesetzeskonkurrenz — habe sprechen wollen.

[44b]) *Höpfner* I S. 161, 162 glaubt die Ansicht, welche unter gewissen Voraussetzungen, in einem einfachen Akte — einer einfachen Körperbewegung — eine Mehrheit von Verbrechen (insbesondere bei mehrfachen Wirkungen) erblickt, mit folgendem Beispiele *ad absurdum* führen zu können. „Erstens ich habe einen Schimmel. Zweitens ich habe einen Hengst. Ein Schimmel ist ein Pferd. Ein

recht aber ist Absicht und Strafwürdigkeit des Handelnden entscheidend. Geht die Absicht[45]) auf zwei differente Erfolge, so liegen zwei in einer Willensbetätigung zusammengefaßte (in idealer Konkurrenz begangene) Handlungen vor, und verletzt die Handlung die allgemeine Rechtsordnung nach mehreren Seiten, so ist die Handlung in höherem Maße strafbar: technisch — aber nicht physisch kausal[46]) betrachtet — liegen zwei Verbrechen vor, wie die Auffassung des römischen Rechts unzweifelhaft beweist. Andererseits haben wir aber auch, da der Erfolg bei uns nicht wie im römischen öffentlichen Strafrechte gleichgültig ist, und es nicht nur auf die Absicht ankommt, auch in einem mehrfachen durch Treffen verschiedener realer Objekte erreichten oder von dem Handelnden ins Auge gefaßten Erfolge ein mehrfaches Verbrechen zu sehen. Wer durch denselben Schuß zwei Personen zu verletzen beabsichtigt, macht sich, wenn er diese Absicht verwirklicht, zweier vollendeter Verletzungen, erreicht er seine Absicht nicht, zweier versuchter Körperverletzungen schuldig.

Indeß ist keineswegs bei einer Mehrheit von der Absicht des Handelnden gemäß getroffenen Objekten stets auch eine Mehrheit zu idealer Konkurrenz verbundener Handlungen als vorliegend anzunehmen. Dem Wesen vieler Delikte ent-

---

Hengst ist auch ein Pferd. Also habe ich zwei Pferde. Wenn der Schimmel zugleich der Hengst ist, habe ich einen Schimmelhengst, d. h. ein Pferd, aber nicht zwei Pferde."

[45]) Knüpfen an eine fahrlässige Tätigkeit sich mehrere schädliche Erfolge, so haben wir freilich es nur mit einer Handlung zu tun. Bei mangelndem Vorsatz differenzieren sich die Erfolge nicht psychisch. Der Handelnde braucht, um bezüglich dieser Erfolge wegen Fahrlässigkeit verantwortlich zu sein, sie sich gar nicht bestimmt vorgestellt zu haben. Vgl. Bd. 2, S. 453.

[46]) Diese Unterscheidung hat *Binding* Handb. 1 S. 564 ff. nicht beachtet und ist daher zu einigen nicht haltbaren Konsequenzen gelangt (vgl. dagegen *Liszt*, Zeitschr. 8, S. 688 ff.). Aber ich möchte auch nicht mit *Liszt*, Zeitschr. 8 S. 151 von einer Verkörperung der Rechtsgüter reden, vielmehr nur davon, daß ein gewisses Handeln gegen reale Dinge (Menschen und Sachen) oder ein gewisses Handeln an solchen im gegebenen Zeitpunkte als Nichtachtung idealer (ethischer) Rücksichten der Gesamtheit erscheint, daß jene realen Dinge sozusagen zur Zeit gleichsam als von der allgemeinen Rechtsordnung beschirmt erscheinen, so daß mit ihrer Antastung die allgemeine Rechtsordnung verletzt wird. Dieser Schirm oder Schutz kann ein mehrfacher (aus mehrfachen Rücksichten stattfindender) sein. Wer dann die verbotene Handlung vornimmt, verletzt die allgemeine Rechtsordnung mehrfach. Während *Binding* die Verletzung idealer Interessen mit der physischen Kausalität identifiziert, übersieht *Liszt*, daß Wirkung und Bedeutung einer einzigen äußeren Kausalität nach der idealen Seite hin eine mehrfache sein kann.

sprechend kann es nicht sowohl auf Individualität und Stückzahl der Objekte oder auf die Anzahl der an den Objekten berechtigten Personen als vielmehr auf den Wert der Objekte ankommen. Dies ist der Fall bei den reinen Vermögens- und Sachdelikten. Richtet sich dagegen das Delikt seinem Wesen nach gegen die Personen selbst[46a]) oder gegen höchst persönliche Rechte, so würde mit einer Mehrzahl absichtlich getroffener Objekte auch eine Mehrzahl von Delikten gegeben sein: Personen kommen nicht als Quantitäten oder Objekte, deren Wert man zusammenrechnen könnte, vielmehr als Individuen für das Recht in Betracht. Die schon von *Bartolus* gemachte Unterscheidung erscheint also berechtigt; nur daß *Bartolus* auf den Wortlaut der Statuten zu viel Gewicht legt.

§ 216. Nach dieser Erwägung nimmt man heutzutage, wie schon die ältere Jurisprudenz es tat, allgemein an, daß, wer in einer Garderobe die Kleidungsstücke mehrerer Personen stiehlt, wohl wissend, daß sie mehreren Eigentümern gehören, gleichwohl nur einen Diebstahl begeht, wogegen z. B. in der Beleidigung mehrerer Personen durch eine Äußerung ideale Konkurrenz erblickt wird.[47]) Die Beleidigung wie die Körperverletzung und Tötung richtet sich direkt gegen die Person; der Diebstahl aber nur mittelbar und ebenso die Sachbeschädigung, möchte immerhin die Absicht des Schuldigen dahin gehen, gerade bestimmte Personen durch Wegnahme oder Beschädigung ihres Eigentums zu kränken; denn nicht der individuelle Zweck des Handelnden, vielmehr der Charakter des Deliktes *in abstracto* wird über jene wichtige Frage entscheiden müssen, auch abgesehen davon, daß jener individuelle Zweck meist nicht mit Bestimmtheit zu erkennen ist, ja oft dem Handelnden bei der Handlung selbst nur dunkel vorschweben wird. Käme der individuelle Zweck persönlicher Kränkung in Betracht, so müßte dieser

---

[46a]) In diesem Sinne *Köstlin* **1** S. 540; *Hälschner* **1** S. 661; *Schütze*, Zeitschr. **8** S. 61; *Binding* **1** S. 533; überhaupt die herrschende Lehre (vgl. *Köhler* S. 37 Bayerischer KH. 5./4. 78. *Stengleins* Zeitschr. **8** S. 91. RG. I 1./7. 80. E. **2** N. 105 S. 155). Häufig wird für diese Unterscheidung keine Begründung gegeben. Andererseits scheinen mir aber die bisherigen Begrundungsversuche wenig zutreffend. So meint *Köstlin*, die gegen die unmittelbare Persönlichkeit gerichteten Delikte seien *quantitativ* in sich abgeschlossen, die Sachdelikte dagegen nicht. Ähnlich *Binding* a. a. O.

[47]) So O. T. Berlin und 4./2. 76; 7./10. 74. *Stengleins* Zeitschr. **4** S. 323, **6** S. 167. RG. I. 14./7. 81. Rs. **8**, S. 485. IV. 2./3. 86. Rs. **7**, S. 149.

gesetzlich auch einen Auszeichnungsgrund bei jenen zunächst gegen Sachen gerichteten Delikten bilden. Dagegen sind Entführung, Freiheitsberaubung, Nötigung, Erpressung,[48]) Raub — wegen der gegen die Person geübten Gewalt — Delikte, bei denen die Mehrheit der Verletzten die Annahme mehrerer Delikte begründet.[49]) Zweifelhaft kann die Frage erscheinen bei Betrug und Hausfriedensbruch. Da es aber dem Betrüger wesentlich nur um den Vermögensvorteil zu tun ist, während der Hausfriedensbruch zwar indirekt die Person mitberührt, in erster Linie aber das Verhältnis des Schuldigen zu einer Sache betrifft, tritt auch hier die Person des Verletzten in den Hintergrund, und bei einer Mehrzahl Verletzter wird deshalb eine Mehrheit von Delikten nicht anzunehmen sein.[50]) Der Widerstand, der mehreren Beamten in der Ausübung ihres Dienstes geleistet wird, ist nicht wegen dieser Mehrheit als Fall

[48]) Vgl. RG. I. 1./7. 80. RS. 2 S. 148 (in den Entscheidungsgründen).

[49]) *Köhler* S. 96 (vgl. auch, aber nur beiläufige Bemerkung im RG. IV. 2./6. 93. E. 25 N. 67 S. 201) ist der Ansicht, daß ein vom Handelnden mit seiner Handlung verbundener Kränkungs- oder Beleidigungsvorsatz Idealkonkurrenz des Deliktes mit Beleidigung begründe, z. B. wenn Freiheitsberaubung in beleidigender Absicht erfolge. Dies ist aber schon nach römischem Rechte unrichtig. Überall, wo im Rechte ausgebildete Spezialdelikte den äußeren Tatbestand vollständig decken, kommt das allgemeine Subsidiardelikt der Injuria nicht mehr in Betracht. Genau angesehen enthält jeder vorsätzliche Eingriff in die Rechtssphäre einer Person auch den Ausdruck einer Nichtachtung dieser Person. Wer dies bedenkt, würde also bei jedem vorsätzlichen von ihm begangenen Delikte, das ein Recht einer Person verletzt, auch einer Beleidigung sich schuldig machen. Daß eine wörtliche Beleidigung, z. B. mit dem Verbrechen des § 176, 1 konkurrieren kann — ein Fall, den das zitierte Urteil des RG. betrifft — ist selbstverständlich. — Einfache gewerbsmäßige oder eigennützige Kuppelei StGB. 180 ist nur Vergehen gegen die allgemeine Sittlichkeit. Daher kann das Vermieten eines Zimmers an m e h r e r e Dirnen, welche daselbst Unzucht üben wollen, nur als einheitliches Delikt betrachtet werden. Bayer. KH. 19./10. 74, *Stengleins* Zeitschr. 4 S. 278. Die qualifizierte Kuppelei StGB. 181 ist aber zugleich Vergehen gegen die Person. Ebenso ist der Zweikampf wesentlich Gefährdung der Person, daher das Vermieten eines Zimmers, in welchem, wie dem Vermieter bekannt, mehrere Zweikämpfe stattfinden sollen, mehrfache Beihilfe zu den ausgefochtenen Zweikämpfen, und zwar wie RG. I. 3./11. 81, Rs. 4 S. 684 annimmt, in idealer Konkurrenz.

[50]) Sobald aber ein mehrfacher Willensakt vorliegt, kann der Umstand zur Annahme eines einheitlichen Verbrechens nicht genügen, daß der Betrüger dasselbe Mittel oder dieselbe Veranstaltung zur Täuschung mehrerer Personen benutzt. Der betrügerische Subskribentensammler begeht, wenn er mehrere Personen zur Subskription veranlaßt, Betrug in realer, nicht in idealer Konkurrenz. Vgl. Bayer. KH. 4./12. 74; *Stengleins* Zeitschr. 4 S. 317. (Es kann sich nur fragen, ob Realkonkurrenz im eigentlichen Sinne oder fortgesetztes Verbrechen.) Dasselbe muß für den Fall gelten, daß der Betrüger nur beabsichtigend eine bestimmte Summe zu erhalten bei verschiedenen Personen nach einander den Betrug vergeblich versucht und schließlich von einer Person die ganze Summe betrüglich erhält (siehe Württemberg. KH. 22./9. *Stengleins* Zeitschr. 5 S. 269.

idealer Konkurrenz zu betrachten; denn in Wahrheit sind die mehreren Beamten nur Vertreter der einheitlichen Staatsgewalt.

In allen Fällen einer Mehrheit von Verletzten aber ist es besonders wichtig, den Unterschied gegenüber der Realkonkurrenz festzuhalten, der darin besteht, daß der Akt, welcher die Absicht oder den Willen in die äußere Wirklichkeit überführt, ein einheitlicher ist, während bei der Realkonkurrenz eine Mehrheit solcher Akte vorhanden ist. Und überall kommt es an auf den die Strafbarkeit begründenden Willensakt, nicht auf etwa vorhergehende nur vorbereitende Handlungen oder Überlegungen. Daher ist die Beleidigung mehrerer Personen in einer und derselben Druckschrift, welche nicht in mehreren Abschnitten gesondert veröffentlicht werden soll, nur ein Fall idealer Konkurrenz und der Ansicht, welche in solchen Fällen nur eine in der Revisionsinstanz nicht nachzuprüfende Tatfrage erblickt,[80a]) nicht zuzustimmen. Der Umstand, daß bei fehlendem Strafantrage das Urteil wegen eines der ideell konkurrierenden[80b]) Delikte gleichwohl nach der herrschenden und m. E. richtigen Meinung das »*Ne bis idem*« bezüglich der übrigen begründet, ist kein Gegenargument.

§ 217. Daher ist es unrichtig, reale Konkurrenz in dem Falle anzunehmen, daß jemand durch eine und dieselbe Tätigkeit

---

[80a]) So freilich Plenarbeschl. OT. Berlin 11./6. 77; GArch. **25** S. 479. Das RG. hat nach den Umständen des einzelnen Falles meist Realkonkurrenz angenommen. RG. III 16./3. 81 E. **8** Nr. 168 bes. S. 436. Vgl. auch III 4./2. 81; Rs. **8** S. 27; IV 20./4. 86; Rs. **8** S. 305; I 5./1. 91 E. **21** Nr. 98 S. 276, II 9./1. 00 E. **33** Nr. 18 bes. S. 49. — Die richtige Ansicht vertreten *Binding*, Handb. **1** S. 581; *Frank*, Zeitschr. **14** S. 372 und zu § 73 III 3b; *Kloeppel*, Reichspreßrecht S. 323; *Olshausen* § 73 Anm. 19 II c; *Höpfner* **1** S. 204ff. — Eine neuere Entscheidung des RG. II 12./2. 01 E. **34** Nr. 41 S. 134 erkennt an, daß auch in solchen in derselben Schrift vorkommenden mehrfachen Delikten bei natürlicher Handlungseinheit ideale Konkurrenz zu befinden sei, sucht aber diese Ansicht mit der früher vom RG. vertretenen (in wohl nicht gerade glücklicher Weise) so zu vereinigen, daß nur bei räumlicher Trennung der in derselben Schrift vorkommenden strafbaren Äußerungen Realkonkurrenz anzunehmen sei. Der französische KH. nimmt im allgemeinen Realkonkurrenz an, jedoch dann nicht, wenn die verschiedenen Äußerungen in wesentlichem Zusammenhange stehen, also „wenn man sie nicht trennen kann, ohne ihren Sinn zu ändern". *Garraud* **2** n. 715. Dagegen scheint es zuweit zu gehen, wenn RG. IV 12./2. 95 E. **27** Nr. 10 bes. S. 21 nur ideale Konkurrenz auch in dem Falle annimmt, daß jemand den Entschluß faßt, sich mit einer Menschenmenge herumzuhauen und dann mehrere Mißhandlungen gegen mehrere Personen verübt. — Es ist hier, wie öfter geschieht, vorheriger Entschluß und wirklicher Willensakt verwechselt.

[80b]) Vgl. *Löwe*, StPO. Buch 2 Abschn. 1 Anm. 30b; *Olshausen* § 73 Anm. 38 RG. I 12./6. 03 E. **33** Nr. 96 S. 275.

zu Verbrechen anstiftet oder Beihilfe leistet, die zu verschiedenen Zeiten begangen werden sollen;[51]) denn die Ausführungshandlungen der Täter erscheinen im Verhältnisse zu der einheitlichen Handlung des Anstiftenden oder Beihilfe Leistenden nur als mehrere an denselben Willensakt sich reihende Erfolge,[52]) und demgegenüber kommt es nicht in Betracht, daß Anstiftung und Beihilfe insofern im Verhältnis zur Ausführungshandlung als akzessorisch behandelt werden, also nur dann und von da ab strafbar sind, wenn die Ausführungshandlung objektiv strafbar ist.[52a]) Diese Konsequenz scheint dem Rechtsgefühl zu widerstreben: der Anstifter zu mehrfachen Straftaten kommt mit der einfachen Strafe des schwersten der mehreren Delikte ab, während den Angestifteten eine (härtere) Gesamtstrafe trifft nach StGB. §§ 73, 74. Aber dies ergibt sich eben nur nach einem in dieser weitgehenden Weise nicht gerechtfertigten Unterschiede der idealen und der realen Konkurrenz und beweist daher, daß ein so weitgehender Unterschied beider Arten der Konkurrenz legislativ nicht gerechtfertigt ist. In gewissem Maße ist allerdings der Anstifter (Gehülfe) weniger strafbar, wenn überhaupt der Unterschied zwischen idealer und realer Konkurrenz begründet ist: er faßt den Entschluß nur einmal, während den ausführenden Personen die Wirklichkeit der Straftat mehrmals

---

[51]) So freilich das RG. in konstanter Praxis. Vgl. z. B. RG. III 9./4. 81 E. 4 Nr. 35 bes. S. 97; II 9./12. 81 E. 5 Nr. 76 bes. S. 228; II 30./3. 83 E. 8 Nr. 45 bes. S. 159 und früher schon OT. Berlin 13./12. 71 (*Stengleins* Zeitschr. 1 S. 113), ebenso *Birkmeyer*, Teilnahme S. 180. — Dagegen aber (selbstverständlich): *Liszt*, ferner *Frank*, Zeitschr. 14 S. 372; *Kohler*, Studien S. 116; *Höpfner* S. 193ff.

[52]) *Bünger*, Zeitschr. 8 S. 712.

[52a]) *Binding* Hdb. 1 S. 586 ff. erachtet die Anwendung der Unterscheidung von Ideal- und Realkonkurrenz auf die Teilnehmer (Anstifter und Gehilfen) für eine „Unmöglichkeit", indem er die Ungerechtigkeit dieser Unterscheidung nachzuweisen unternimmt. Es ist aber genau betrachtet nicht weniger ungerecht denjenigen, der mittels eines Schusses mehrere Personen verwundet, mit der Strafe der idealen Konkurrenz abkommen zu lassen, als denjenigen mit der Strafe realer Konkurrenz zu verschonen, der mittels eines Willensaktes zu verschieden nach einander auszuführenden Verbrechen oder selbst verschiedene Personen zu verschiedenen Verbrechen anstiftet. Die Ungerechtigkeit liegt allein in der zu starken Differenzierung der Bestrafung der beiden Arten der Konkurrenz nach unserem positiven Gesetze, wovon unten zu reden ist. Vgl. im Sinne des Textes insbesondere *Stürenburg* S. 103ff., der die akzessorische Natur der Teilnahme hier mit Recht als ein Hindernis der Annahme lediglich einer Idealkonkurrenz nicht betrachtet. Vgl. auch *Höpfner* 1 S. 184, der aber auf Grund der von ihm mit besonderer Konsequenz vertretenen Normentheorie gegen die Ansicht des RG. III 9./4. 81 E. 4 Nr. 35 S. 95 polemisiert (vgl. auch E. 11 Nr. 10 S. 37), ein Urteil, das wegen der akzessorischen Natur der Teilnahme Realkonkurrenz annimmt.

vor Augen tritt und so ein hartnäckigeres Festhalten der strafbaren Unternehmungen erfordert.

Ebenso ist es auch noch ideale, nicht reale Konkurrenz, wenn jemand, um ein sogenanntes zusammengesetztes Verbrechen zu begehen, durch einen dazu gehörigen Willensakt zugleich ein anderes Verbrechen verwirklicht, während der zweite zu dem zusammengesetzten Verbrechen gehörige Willensakt erst nachfolgt; das Gesetz behandelt die beiden einer natürlichen Anschauung als getrennt erscheinende Willensakte hier als untrennbare Einheit. Wer dadurch, daß er jemanden tötet, einen Raub begehen will und dies Vorhaben ausführt, macht sich des Raubes in idealer Konkurrenz mit Mord (oder Totschlag) schuldig; die Ausführung des Tötungsvorsatzes ist auch Ausführung des auf Gewaltanwendung gerichteten Vorsatzes, wie ihn das Verbrechen des Raubes fordert.[53]) Aus demselben Grunde folgt, daß solange ein sogenanntes Dauerverbrechen dauert — z. B. eine Freiheitsberaubung — ein anderes Delikt in idealer Konkurrenz mit jenem begangen werden kann, z. B. eine fahrlässige Körperverletzung.[54]) Möglich ist auch, daß während das Dauerdelikt dauert, der Schuldige mehrere durchaus verschiedene Delikte durch getrennte Willensakte begeht: jedes dieser in Realkonkurrenz begangenen Delikte steht dann in Idealkonkurrenz mit dem Dauerdelikt.[54a]) Lediglich Ideal-

[53]) *Köhler* S. 29 RG. II 17./6. 81 E. **4** Nr. 105 bes. S. 289. Es ist übrigens auch möglich ein zusammengesetztes Verbrechen (Verbrechen mit einem Erschwerungsgrunde) als Versuch in idealer Konkurrenz mit dem einfachen Verbrechen zu begehen, wenn bei Festhaltung des Entschlusses, das Verbrechen überhaupt zu begehen, die Begehung unter einem Erschwerungsgrunde mißlingt, gleichzeitig aber sich Gelegenheit findet, das Verbrechen in einfacher Weise zu begehen, z. B. es gelingt dem Diebe nicht, ein Behältnis gewaltsam zu öffnen, aber er findet unerwartet den zugehörigen Schlüssel, öffnet mit diesem und stiehlt. RG. III 13./11. 87 E. **15** Nr. 89 S. 282.

[54]) Der Angeklagte verhinderte durch rasches Fahren, daß eine Frau seinen Wagen verließ; die Frau sprang herab und wurde dabei verletzt. RG. IV 23./2. 94 E. **25** Nr. 52 S. 147.

[54a]) So auch *Stürenburg* S. 94ff., der aber in solchen Fällen ohne Grund große Schwierigkeiten erblickt, während *Binding* Hdb. **1** S. 588 die gemeinsame Anwendung der §§ 73, 74ff. für unmöglich erklärt. Für die richtige Lösung vgl. auch *Meyer-Allfeld* § 62 Anm. 27. *Stürenburg* erinnert hier an den berühmten Fall des „Hauptmanns von Köpenick". Der entlassene Sträfling W. Voigt bekleidete sich mit einer Hauptmannsuniform eines Garderegiments, befahl einer Abteilung Soldaten das Rathaus in Köpenick zu besetzen, verhaftete den Bürgermeister angeblich auf unmittelbaren Befehl des Kaisers, ließ sich den Kassenbestand aushändigen und quittierte unter falschem Namen als Hauptmann. Schließlich ließ

konkurrenz der sämtlichen Delikte anzunehmen wäre seltsam. Der Schuldige würde nach dieser Ansicht wegen des neben sämtlichen reell konkurrierenden Delikten doch gewiß nicht als mildernd zu betrachtenden Dauerdeliktes milder bestraft werden, als hätte er das Dauerdelikt nicht auch begangen. Es kann aber ein Unternehmen als Fall ideeller Konkurrenz beginnen und als Realkonkurrenz endigen und umgekehrt. Es kommt darauf an, ob der Schlußerfolg, der dem Unternehmen den maßgebenden Charakter erteilt, durch eine einheitliche oder durch eine mehrfache Willensanstrengung herbeigeführt wird. Die vorhergegangene Tätigkeit kommt nicht in Betracht, sie ist entweder nur Vorbereitungshandlung oder wird als Versuchshandlung absorbiert. Ein Matrose machte zwei Mordanfälle auf zwei andere Matrosen, indem er beide nacheinander über Bord warf (Realkonkurrenz); als sie sich an einem Tau festhielten, kappte er das Tau, und beide ertranken. (Idealkonkurrenz.) Stieß der Mörder beide Opfer mit einem Stoße über Bord (Idealkonkurrenz) und dann jeden einzelnen, der sich an das Schiff anklammerte, mit einer Stange durch zwei Stöße in den Abgrund, so endigt das Unternehmen als Realkonkurrenz.[64b])

Reiht sich aber ein weiterer nicht beabsichtigter Erfolg an einen beabsichtigten Erfolg, so liegt wieder der oben behandelte Fall vor, daß ein einfaches Strafgesetz die konkrete Erscheinung nicht erschöpft, also aus diesem Grunde zwei Delikte angenommen werden müssen. Wer durch einen Schuß den A absichtlich und zugleich den B fahrlässig verletzt, hat in derselben Tätigkeit zwei Delikte begangen. In allen diesen Fällen ist eine über die

---

er noch den Rendanten verhaften. Zwei Freiheitsberaubungen, ein Betrug, eine schwere Urkundenfälschung und eine dritte Freiheitsberaubung waren hier in Realkonkurrenz begangen; jedes dieser Delikte konkurrierte ideal mit unbefugtem Uniformtragen (360,8) und Amtsanmaßung, die erste Freiheitsberaubung auch mit Majestätsbeleidigung nach dem früheren Rechte, nicht mehr nach dem Gesetze vom 17./2. 1908.

[64b]) *Binding* 1 S. 583 hat auf solche interessante Fälle aufmerksam gemacht. Vgl. auch *Stürenburg* S. 102. Dem letzteren ist m. E. in seiner Beurteilung des Falles nicht beizustimmen, daß die beiden Matrosen mit dem Leben davon kommen. Es sollen nach *Stürenburgs* Ansicht hier stets zwei fortgesetzte Versuche in Realkonkurrenz vorliegen, weil die mehrfachen Versuchshandlungen gleichwertig seien. Allein dies dürfte nicht entscheiden. Frühere Versuchshandlungen bilden mit einer nachfolgenden der Vollendung näher kommenden stets eine Einheit, und die letzte Versuchshandlung wiegt deshalb schwerer, weil sie der Vollendung näher kommt. Gleichwertigkeit ist juristisch nicht vorhanden.

Strafe des einfachen Delikts hinausgehende Strafe gerechtfertigt — ob die kumulierte Strafe der mehreren Delikte, ist eine andere von anderen Erwägungen abhängige Frage. Allerdings würde eine mehrfache Bestrafung in dem Sinne, den Schuldigen erst wegen des einen und dann wegen des anderen Delikts jedesmal in einem gesonderten Verfahren verurteilen zu lassen, eine nicht gerechtfertigte Härte enthalten, die freilich in Rom zur Zeit der sogenannten *Quaestiones* nicht beachtet werden konnte. Man kann hier den Satz des englischen Rechts anwenden, daß niemand wegen derselben Handlung (d. h. wegen desselben tatsächlichen Vorgangs) mehrmals in »*jeopardy of life*« gebracht werden soll. Aber darin besteht nicht die Frage. Man kann eine mehrfache Strafe für richtig halten und gleichwohl nach StPO. 153 Abs. 2 ein mehrfaches Strafurteil ausschließen. In einer Handlung, die nach zwei oder mehreren differenten ethischen Gesichtspunkten sich als eine verwerfliche darstellt, offenbaren sich Leidenschaft und Egoismus, Nichtachtung des Gesetzes und des eigenen Gewissens in weit stärkerer Weise als in einer Handlung, die nur ein einziges Strafgesetz verletzt, sollte es auch dasjenige sein, welches die schwerere Strafe androht, indem es dasjenige allgemeine Lebensinteresse schützt, welches relativ das wichtigste ist. Wenn gewaltsame Unzucht nach dem Gesetze schwerer wiegt, als Inzest oder Ehebruch, so ist eine Befriedigung der Leidenschaft, welche neben der Rücksicht der Freiheit auch die Rücksicht auf Verwandtschaft und Ehe beiseite schiebt, doch sicher eine weit verwerflichere Handlung, und die Kumulation der auf diesen drei Verbrechen gesetzten Strafen daher keine Ungerechtigkeit. Ebenso wenn jemand, der den A verwunden will, sich im gegebenen Augenblicke von seinem Vorhaben nicht dadurch abbringen läßt, daß er mit demselben Schusse, demselben Stoße auch den B notwendiger- oder wahrscheinlicherweise verletzen, oder daß er neben der Tötung des A auch noch einen gemeingefährlichen Brand verursachen werde. Und wenn es richtig ist, daß das Gesetz — wie unser StGB. in einer erheblichen Anzahl von Fällen — oft eine schwerere Strafe androht, falls ein bestimmter schädlicher Erfolg mit einem nicht von der Absicht dieses Erfolgs begleiteten Delikte sich verbindet, wie kann es konsequent sein, solche Erfolge in anderen Fällen sogar dann als nicht existent zu behandeln, wenn sie nach der Absicht des Täters oder notwendig mit der Handlung verbunden sind?[54c]) Die Argumentation, daß über Menschen und Ereignisse, nicht über Begriffe geurteilt werden solle, trifft demgegenüber nicht zu, trifft höchstens zu, wenn ein mehrfaches Strafverfahren über solche Vorgänge stattfindet; vielmehr kann gesagt werden, daß wenn das Gesetz nur die Strafe des schwereren Deliktes in solchem Falle verhängt, es vor der wahren Bedeutung der Handlung einerseits als Kennzeichen des rechtsverachtenden Charakters des Handelnden, andererseits als Beispiel für andere absichtlich die Augen verschließt, die Handlung also gar nicht erschöpfend würdigt, und unrichtig ist auch die Behauptung, daß Rechtsgüter, dies Wort in idealem Sinne genommen, durch eine Handlung nie verletzt werden können, vielmehr nur äußere Gegenstände, in denen sich die Rechtsgüter sinnfällig verkörpern sollen, wie *Liszt*[55]) es ausdrückt. Das Rechtsgut (das allgemeine Interesse) der Achtung des Lebens, der körperlichen Integrität wird nicht durch den vor mir stehenden A verkörpert; das ist nicht möglich: hört A doch auf, einen Anspruch auf Achtung seiner Integrität zu haben, wenn er mich rechtswidrig angreift, so daß ich in Notwehr mich befinde.

Eine haltbare Einwendung gegen diese in der ideellen Konkurrenz den Grund mehrfacher Strafe erblickenden Ansicht ist ferner nicht der Hinweis darauf, daß es ja nur von den Zufälligkeiten positiver Gesetzgebung abhänge, ob in einer Handlung eine einfache oder mehrfache Gesetzesverletzung zu befinden sei. Die in mehrfachen Tätigkeiten bestehenden gesetzlichen Tatbestände, sogenannte zusammengesetzte Verbrechen, würden als Konkurrenzfälle erscheinen, wenn wir nur Bestimmungen über die einfachen Tatbestände hätten, z. B. würde der Raub als ideale Konkurrenz von Nötigung (*Crimen vis*) und Diebstahl erscheinen oder wie *Finger* I (S. 372) bemerkt: „Wer auf Grund eines

---

[54c]) Beispiel: StGB. 307, 1 bestraft besonders schwer die Brandstiftung, wenn dieselbe den Tod eines Menschen verursacht, der sich zur Zeit der Tat in einer der in Brand gesetzten Räumlichkeiten befand. Die Verkehrtheit der Nichtberücksichtigung der ideellen Konkurrenz würde sofort hervortreten, wenn der Mord nicht unbedingt mit dem Tode (oder lebenslänglicher Zuchthausstrafe) bedroht wäre, und jene besondere Bestimmung des StGB. nicht existierte.

[55]) Zeitschr. 8 S. 151.

Entschlusses durch Verwendung von Dynamit ein Häuschen zerstört und drei Menschen tötet, die sich darin befinden, kann nach Maßgabe einer Gesetzgebung schuldig sein dreier Morde, einer Sachbeschädigung und irgendeines besonders benannten Verbrechens der Verwendung von Dynamit zu normwidrigem Zwecke — während eine zweite Gesetzgebung in demselben Vorgange nur ein besonders benanntes Dynamitverbrechen findet."[56]) Aber diejenige Gesetzgebung, welche solche zusammengesetzten Tatbestände als besondere Verbrechen aufstellt, wird diese ohne Zweifel weit strenger strafen, als die getrennten einfachen Delikte, wie wir das von alters her bei dem Verbrechen des Raubes im Verhältnisse zur Nötigung und Diebstahl kennen. Ist es nun nicht inkonsequent, insoweit solche zusammengesetzte Tatbestände nicht aufgestellt, die Tat aber als Antastung der Achtung mehrfacher allgemeiner Lebensinteressen erscheint, sie gleichwohl nur so zu bestrafen, als hätte sie lediglich e i n e s dieser Interessen verletzt?[56a]) Ebenso ließe sich aber auch eine Bestimmung treffen, welche z. B. die Tötung mehrerer Menschen *uno actu* strenger strafte als die Tötung eines einzelnen usw. Ein solches gesetzgeberisches Verfahren, das z. B. auch vorliegt in der Bestimmung über Diebstahl mit Einbruch usw., ist aber nur bis zu einer gewissen Grenze praktisch — für besonders häufig vorkommende Kombinationsfälle, wie z. B. Diebstahl mit Einbruch —, da man sich anderenfalls zu sehr in der Kasuistik verliert, ohne doch die Mannigfaltigkeit der Kombinationen zu erschöpfen. Solche Kombinationen werden dagegen der Regel nach besser mit einer einzigen sachgemäßen Bestimmung über die sogenannte ideale Konkurrenz erledigt.[56b])

---

[56]) Wie verschwindend und zweifelhaft oft der Unterschied von Real- und Idealkonkurrenz erscheint, ersieht man aus den Gründen der Entscheidung RG. IV 28./4. 99 E. **32** Nr. 48 bes. S. 139. Wenn jemand mit jeder Hand auf eine andere Person gleichzeitig einen Schuß abfeuert, so soll nach Ansicht des RG. Realkonkurrenz vorliegen. (So auch *Olshausen* § 73 Anm. 2. Gleichzeitigkeit sei mit Einheit des Aktes nicht identisch.) — Nach Maßgabe anderer Entscheidungen würde aber Idealkonkurrenz anzunehmen sein, wenn jemand mit einer und derselben Fingerbewegung ein doppelläufiges mit Schrot geladenes Gewehr abfeuert und damit zwei Personen gleichzeitig verletzt. — Besondere Zweifel hat der zugleich wichtige Fall erregt, daß mittels einem und demselben Preßerzeugnisse mehrfache Delikte (insbes. Beleidigungen mehrerer Personen) begangen sind. Vgl. oben Anm. 50a.

[56a]) Vgl. in dieser Hinsicht die Motive zum norwegischen StGB., *Bittl* S. 183.

[56b]) Vgl. für eine Erhöhung der Strafe im Falle idealer Konkurrenz auch *Bünger*, Zeitschr. 8 S. 728. — Die französische Jurisprudenz behandelt die weder

§ 218. Da die Beantwortung der Frage, ob bei einer verbrecherischen Tat mildernde Umstände anzunehmen seien, eine völlig freie und umfassende Würdigung der Tat voraussetzt, wird rationell auch das ideell konkurrierende geringere Delikt hierbei mit zu berücksichtigen sein, und rationell die verneinende Antwort gerade wegen dieser Konkurrenz erfolgen dürfen, wenn auch nicht müssen. (Nach dem Wortlaut des StGB. § 73 wird freilich anders zu entscheiden sein.)[57])

Die Verwendung der idealen Konkurrenz ist daher im Strafrecht unentbehrlich, man müßte denn in der einfachen aber rohen Weise verfahren wollen, eine Handlung, die mehrere allgemeine Lebensinteressen verletzt, nur nach der Seite einer dieser Lebensinteressen hin zu würdigen, oder von dem Strafgesetze verlangen, daß es in unendlicher Zahl auftretende Kombinationen sämtlich in besonderen Paragraphen erschöpfend behandele.

Vorschnell dagegen ist der von *John*, *Hälschner* und *Binding* (Hdb. **1** S. 576) gezogene Schluß, daß nun ideale und reale Konkurrenz in der Bestrafung durchweg gleich zu behandeln seien.[58]) Wenn

---

im *Code pénal* noch im *Code d'instruction criminelle* erwähnte ideale Konkurrenz ebenso wie diese im StGB. 73 behandelt wird. Aber *Garraud* **8** n. 714 bemerkt sehr richtig: »*Cette pluralité d'infractions contenues en un même fait ne devrait cependant rester indifférente. Elle dénote chez l'agent une culpabilité plus grande qu'un fait constituent un délit unique, et nous approuverions une législation qui verrait dans le concours ideale d'infractions une circonstance aggravante.*« — Eine Einwendung gegen die *de lege ferenda* im Texte vertretene strengere Bestrafung der Idealkonkurrenz kann m. E. nicht daraus entnommen werden, daß nach richtiger Auffassung des früheren gemeinen Rechts bei einem Zusammentreffen mehrerer der in CCC 163 bezeichneten Qualifikationsgründe des Diebstahls eine mehrfache Strafschärfung nicht stattfand (vgl. *Heffter*, Lehrb. § 163 a. E.; *Bauer*, Abhandl. **2** S. 9), und daß jetzt Zusammentreffen mehrerer der StGB. § 243 normierten Erschwerungsgründe nur als Strafzumessungsgrund in Betracht kommt (*Oppenhoff-Delius* zu § 243 Anm. 5). Die Häufung von Strafschärfungen verbot sich bei dem Charakter der in der CCC. bestimmten Strafen ziemlich von selbst, und von den im StGB. § 243 normierten Erschwerungsgründen stehen manche sich sehr nahe, so daß mehrfache Anrechnung eine ungerechtfertigte Härte ergeben würde.

[57]) Rationell richtig, aber m. E. dem Wortlaut des StGB kaum entsprechend: RG. II 8./11. 81 und I 1./11. 86 E. **5** Nr. 48 S. 155 und **15** Nr. 8 S. 29; *Wachenfeld* S. 78: die Frage der mildernden Umstände sei für die gesamte Tat mit allen ihren Umständen einheitlich zu beantworten.

[58]) In diesem Sinn auch schon *Breidenbach* **2** S. 560: man solle nicht danach fragen, ob die verschiedenen Verbrechen nur durch eine oder durch wiederholte Kraftanstrengungen entstanden seien. Größere Kraft oder Kunstfertigkeit ermöglichen etwa die Verletzung mehrerer Personen mit einer Kraftanstrengung, während mindere Kraft oder mangelnde Kunstfertigkeit für das gleiche Ergebnis mehrmalige Anstrengung erforderlich machen. *Binding* macht geltend, daß gerade die Idealkonkurrenz sehr oft eine erschreckende Nichtachtung der Pflicht-

auf der einen Seite die eine ideale Konkurrenz enthaltende Handlung insofern besonders schwer wiegt, als mehrfache ethische Gründe den Schuldigen von der Begehung abhalten mußten, so hat der Schuldige doch andererseits einen mehrfachen Willensakt nicht vorgenommen; es fehlt also, wenn nur eine, freilich nach mehrfachen Richtungen freilich strafbare Handlung vorliegt, an dem Kennzeichen eines strafbaren Hanges, und zugleich kann der Gesetzgeber von mehrfacher Strafe (oder gesteigerter Strafe) im Falle der realen Konkurrenz deshalb weniger absehen, weil er anderenfalls dem Schuldigen für fernere in der Zwischenzeit bis zum Urteile begangene Straftaten von geringerer oder gleicher Schwere Straflosigkeit zusichert.

Mit anderen Worten die lediglich nach der Schuld fragende Gerechtigkeit wird ideale und reale Konkurrenz gleich behandeln, die Kriminalpolitik aber, welche Verbrechen verhüten will, muß die reale Konkurrenz strenger strafen und ebenso eine Strafrechtstheorie, welche die Ausrottung eines etwa vorhandenen verbrecherischen Hanges in dem Verbrecher als die Hauptaufgabe der Strafjustiz betrachtet, also die moderne Theorie, welche Gelegenheits- und Gewohnheitsverbrecher prinzipiell unterscheidet. Die ideale Konkurrenz zeigt nicht den Gewohnheitsverbrecher; die reale Konkurrenz kann es, oder sie kann doch ein Anzeichen dafür sein, daß der Schuldige Gewohnheitsverbrecher zu werden Anlage hat. Es ist daher nicht völlig Zufall, wenn insbesondere *Liszt* und seine Schule die ideale Konkurrenz als einen Irrtum mit, wie mir scheint, logisch unhaltbaren Argumenten bekämpfen, und in dem Falle der idealen Konkurrenz nur eine einheitliche Handlung erblicken, so daß nicht einmal Nebenstrafen sollen berücksichtigt werden, welche im Gesetz für das leichtere, nicht aber für das schwerere Delikt bestimmt

---

motive zeige. Das ist richtig, beweist aber nur gegen die jetzige scharfe Unterscheidung in der Bestrafung der realen und der idealen Konkurrenz; nicht beweist es gegen die im Text *de lege ferenda* vertretene Ansicht, der zufolge die Strafrahmen für beide Teile in einander greifen sollen. — Das norwegische StGB. von 1902 § 62 macht keinen Unterschied zwischen idealer und realer Konkurrenz. Vgl. *Hagerups* Kommentar zu § 62, ebenso die österreichischen Entwürfe von 1893 § 96 (70), schweizerischer Entwurf Art. 52. Zu den Tendenzen der neuen kriminalistischen Schule stimmt das freilich nicht. — Auch *Rosenblatt* S. 65 hat sich für gleiche Behandlung der idealen und der realen Konkurrenz erklärt unter Anwendung des Kumulationsprinzips.

sind, wie letzteres allerdings nach dem StGB. schon positives Recht ist.[59])

Köhler (S. 149) ist der Ansicht, daß es Fälle geben könne, in denen ideale Konkurrenz eine konkrete Handlung sogar in einem milderen Lichte erscheinen lasse, als das einfache Delikt. Er führt den Fall an, daß jemand, in der Absicht einem wegen Vergehens verfolgten Freunde die Flucht zu ermöglichen, also in der Absicht sogenannter persönlicher Begünstigung, als Arzt eine falsche Bescheinigung ausstellt. Aber jene Betrachtungsweise beruht auf Verwechslung von Moral und Recht. Vom moralischen Standpunkte kann man dazu gelangen, unter gewissen Voraussetzungen in einer persönlichen Begünstigung eine lobenswerte Handlung zu erblicken, namentlich, wenn, wie bei uns, der Begriff der strafbaren Begünstigung recht weit gefaßt ist und in der Praxis in noch weiterem Umfange gedeutet wird. Vom rechtlichen Standpunkte aber wird durch Konkurrenz (dadurch daß die Handlung nach mehreren Richtungen hin strafbar erscheint) die Strafbarkeit notwendig gesteigert. Aber das ist richtig, daß man nicht allzu subtil untersuchen sollte, ob nicht ein Verbrechen ausnahmsweis begangen werden kann ohne eine begleitende Handlung, welche, wenn allein vorgenommen, den gesetzlichen Tatbestand eines anderen Deliktes ausfüllen würde, und daß man dann im Bejahungsfalle ideale Konkurrenz nicht annehmen sollte. Ist es Regel, daß beide Handlungen mit einander verbunden werden, so hat das Gesetz mit der Bestrafung des einen Deliktes das andere mit umfassen wollen, und dabei kann sogar dasjenige Delikt, welches allein in Betracht kommen soll, mit geringerer Strafe bedroht sein. So braucht eine Brieferöffnung nicht notwendig Sachbeschädigung zu sein, eine Gefangenenbefreiung nicht Begünstigung.[60]) Aber man würde un-

---

[59]) *Schütze*, Zeitschr. 8 S. 88 sucht die verschiedene Behandlung der Real- und der Idealkonkurrenz auf die abstrakte Gerechtigkeit zu gründen: der mehrmalige Entschluß bezeuge einen intensiveren verbrecherischen Willen. Aber kann nicht ein mehrfache wichtige ethische Interessen verletzender einheitlicher Akt gerade deshalb eine wahre Scheußlichkeit enthalten, die zu begehen jemand nur qualifiziert ist, wenn er alle und jede ethische Schranken mißachtet!

Prinzipiell verschiedene Behandlung der idealen und der realen Konkurrenz findet sich auch in den Gesetzbüchern von Italien (Art. 67ff.) und den Niederlanden (Art. 55 ff.).

[60]) *H. Meyer* § 61 Anm. 41.

richtigerweise hier Konkurrenzfälle annehmen, ebenso wie es unrichtig sein würde, das Wiederausgeben des als falsch erkannten aber als solches nicht empfangenen Geldes (StGB. 148) unter Täuschung und beabsichtigter Vermögensschädigung des Empfängers als Konkurrenzfall des Delikts des § 148 und des Betruges aufzufassen; denn dieser Fall wird die Regel sein; daß der Empfänger gefälschter Geldstücke diese gerade verschenkt, wird nur ausnahmsweis vorkommen; der Regelfall ist, daß er sie zur Zahlung wieder verwendet und dabei den neuen Empfänger täuscht. Das Delikt des § 148 wird aber milder bestraft, als der Betrug nach § 263. Der Versuchung, empfangene falsche Geldstücke wieder anzubringen, können Personen erliegen, die einen anderen Betrug weit von sich weisen würden, und manche Leute halten ein solches Wiederabschieben falscher Geldstücke gar für erlaubt. Indes ist es wohl keine ganz richtige Formulierung, wenn *Köhler* bemerkt, es komme darauf an, ob der Handelnde deshalb sich bei seiner Handlung eine mehrfache Schuldvorstellung mache; das würde schwer festzustellen sein und den genauer Denkenden ungerechterweise schwerer belasten, als denjenigen, der blind darauf los handelt. Vielmehr wird, obschon in vielen Fällen auch *Köhlers* Formulierung zu einem richtigen Ergebnisse führt, der Umstand entscheiden müssen, ob die Handlung, so wie sie geschah, m e i s t eine andere Nebenwirkung mit sich führt.[61]) Ist das der Fall, so kann von der Voraussetzung ausgegangen werden, daß die Nebenwirkung nicht weiter zu berücksichtigen ist.[62]) Daß ein Schuß, der die Person trifft, leicht auch deren Kleidung beschädigen wird, ist klar. Dennoch wird man bei Verwundung oder Tötung durch einen Schuß nicht auch noch Sachbeschädigung annehmen dürfen, wenn der Schuß den Rock des Getroffenen durchlöchert. Es muß aber die konkrete Sachlage in Betracht gezogen werden.[63])

---

[61]) In letzter Linie laßt *Köhler* (S. 110 Anm.) übrigens den prasumtiven Willen des Gesetzes entscheiden. Die Entscheidung nach der Vorstellung des Handelnden ist also eigentlich ein Umweg, der aber den Richter irreführen kann.

[62]) Gelegentlich auch vom RG. anerkannt. Vgl. III 15./11. 88 E. **18** Nr. 56 bes. S. 221, 222; neben StGB. 352 — rechtswidrige Erhebung von Gebühren — komme nicht noch § 263 (Betrug) in Betracht, weil in der Regel derjenige, dem die Gebühren rechtswidrig abgefordert werden, über die Verpflichtung zur Zahlung oder den Betrag getäuscht werde.

[63]) *Binding*, Handb. **1** S. 368 macht insbesondere darauf aufmerksam, daß sehr häufig die als Mittel benutzte Sachbeschädigung neben einem anderen Delikte

Wenn jemand dadurch an seinem Körper verletzt wird, daß man ihm den Rock anzündet, so ist allerdings Konkurrenz von Körperverletzung und Sachbeschädigung anzunehmen; denn eine derartige raffinierte Verbindung beider Delikte hat das Gesetz nicht durch die einfache Bestimmung über Körperverletzung erledigen wollen. Es ist daher unrichtig und erklärt die neuerliche mehrfache Opposition gegen die Annahme einer idealen Konkurrenz überhaupt, wenn die Praxis der Gerichte sich bemüht, dann schon eine ideale Konkurrenz zu konstruieren, wenn irgend die Möglichkeit besteht, daß ein Delikt ohne einen *in concreto* vorliegenden Tatbestand begangen werde, welcher letzterer mit einem anderen Bestandteile der Handlung zusammengenommen ein zweites Delikt darstellt.[64])

§ 219. Der Verletzung einer Sache, einer Person geht als Vorstadium, genau betrachtet, immer vorher ein Zeitpunkt, in welchem die Sache, die Person gefährdet ist. Man könnte daraus schließen, daß, wenn das Gesetz einerseits die Gefährdung und andererseits die Verletzung in gesonderten Bestimmungen bestraft, die erstere Bestimmung nie zu berücksichtigen sei, wenn es zu wirklicher Verletzung gekommen ist, und *Binding* (Handb. 1 S. 358) ist dieser Ansicht. Dies ist nicht völlig richtig. Einerseits kann das Gefährdungsgebot außer dem Schutze des gefährdeten Objekts noch dem Schutze anderer Objekte[65]) oder

---

nicht in Betracht komme. Die Beschädigung des Briefumschlages kommt als Mittel unbefugter Brieferöffnung neben dieser nicht in Betracht; obschon es zuweilen möglich ist, einen Briefumschlag ohne Schädigung zu öffnen, liegt gleichwohl ein Konkurrenzfall nicht vor. (*Köhler* S. 110). Wohl aber ist ideale Konkurrenz von Sachbeschädigung und Brieferöffnung vorhanden, wenn jemand bei einer Brieferöffnung absichtlich eine in dem Briefe befindliche Photographie mitzerschneidet.

[64]) So insbesondere Konkurrenz von schwerer Urkundenfälschung StGB. 268 und Betrug (263) zu konstruieren. So die Praxis des RG. III 3./12. 79 E. 1 Nr. 56 S. 111, I 3./5. 80 E. 2 Nr. 13 bes. S. 43, namentlich I 6./12. 00 E. 8 Nr. 64 bes. S. 172. (Übereinstimmend *Olshausen* § 268 Anm. 9b; auch *Frank* § 268 III; dagegen aber *Merkel* in *Holtzend*, Handb. 3 S. 801; *Hälschner* 2 S. 554.) — Es sind doch seltene Fälle, in denen der wissentliche Gebrauch einer gefälschten Urkunde, in der Absicht sich einen rechtswidrigen Vermögensvorteil zu verschaffen, nicht auch den Tatbestand eines Betruges oder Betrugsversuches enthält. Freilich darf man nicht verkennen, daß die Bestimmungen des StGB. über den Rückfall in Ansehung des Betruges zu enge sind. Wer wegen schwerer Urkundenfälschung zweimal bestraft ist und dann einen Betrug begeht, verfällt nicht der Rückfallstrafe (264), wohl aber (nach der Praxis), wenn die ersten Straffälle als Urkundenfälschungen in idealer Konkurrenz mit Betrug qualifiziert waren.

[65]) Dies macht *Köhler* S. 81, 83 geltend.

Interessen dienen;[66]) andererseits kann, was besonders wichtig ist, die Gefährdung eine sehr umfassende Schädigung in Aussicht stellen, während die beabsichtigte oder wirklich sich ergebende Schädigung gering ist und als solche auch nur im Maximum eine recht geringe Strafe nach sich zieht. In beiden Fällen ist ideale Konkurrenz des Gefährdungsdelikts und des Verletzungsdeliktes anzunehmen. So liegt die Sache, wenn Aussetzung einer hilflosen Person in der Absicht begangen wird, diese an der Gesundheit zu schädigen, und nun etwa nur eine leichte Körperverletzung der ausgesetzten Person das Ergebnis ist.[66a]) Dagegen wird ein auf Gefährdung eines Gegenstandes, einer Person gerichteter Vorsatz stets selbstverständlich und daher nicht beachtlich sein, wenn ein auf weitgehendste oder doch der Gefährdung vollkommen entsprechende Verletzung gerichteter Vorsatz vorhanden ist. Ideale Konkurrenz der Aussetzung mit beabsichtigter Tötung kann daher nicht angenommen werden; erstere ist vorsätzliches Gefährdungsdelikt, und Tötung ist weitgehendste Verletzung. Wer einen *Dolus eventualis* in dem Bd. 2 S. 322 bekämpften Sinne für möglich hält, wird dagegen die Verbindung des Gefährdungsvorsatzes mit dem entsprechenden eventuellen Verletzungsdolus für möglich erachten müssen, was denn allerdings in jedem Falle eines zunächst auf Gefährdung gerichteten Dolus die Annahme eines eventuellen Verletzungsdolus notwendig macht. Denn in jedem Falle ist, wer gefährden will, sich der Möglichkeit einer eintretenden Verletzung bewußt und wird eventuell mit dem Eintritt der Verletzung auch einverstanden sein müssen.[67]) Logisch unmöglich

---

[66]) Daher kann vorsätzliche Brandstiftung und ebenso vorsätzliche Herbeiführung einer Überschwemmung mit gemeiner Gefahr sehr wohl mit vorsätzlicher Tötung bestimmter Personen ideell konkurrieren; ebenso aber z. B. das Übertretungsdelikt des StGB. 366,6) „Wer Hunde auf Menschen hetzt" mit vorsätzlicher Körperverletzung, welche durch den Biß eines Hundes bewirkt werden soll, insofern durch das Hetzen des Hundes mehrere Menschen in Gefahr gesetzt werden.

[66a]) Begrifflich mit einander vereinbar sind Gefährdungs- und der Gefährdung gegenüber beschränkter Verletzungsdolus. So bezeichnet *Binding* Normen 2 S. 523 auch den Vorsatz der Lebens gefährdung mit dem Vorsatz der Körperverletzung sehr richtig als vereinbar, jedoch ohne das hier entscheidende Prinzip hervorzuheben.

[67]) Danach wäre in jedem Falle die Aussetzung hilfloser Menschen Konkurrenz mit Tötungsversuch oder Versuch der Körperverletzung — das bleibt natürlich unbestimmt! — vorhanden.

aber ist Konkurrenz von Verletzungsdolus mit eventuell nur auf Gefährdung gerichtetem Dolus;[68]) denn da die Gefährdung stets der Verletzung vorhergeht, so muß, wer letztere will, auch erstere zunächst wollen; er kann sie nicht eventuell wollen.[68a])

Es ist also n i e Konkurrenz von Aussetzung und vorsätzlicher Tötung anzunehmen; denn genau betrachtet schließt der Aussetzungsdolus einen eventuellen Tötungsdolus s t e t s in sich, bei direktem Tötungsdolus aber kommt der Aussetzungsdolus nicht in Betracht. Die eingetretene schwere Körperverletzung kann in Betracht kommen, insofern diese, wenn beabsichtigt, schwerer bestraft wird (nach dem StGB. 225 im Minimum) als Aussetzung, deren Folge eine schwere Körperverletzung ist.

Daß dolose Gefährdung mit entsprechender fahrlässiger Schädigung in ideale Konkurrenz treten kann, versteht sich von selbst: der Handelnde will nur gefährden, aber er kann sich sagen, daß schließlich die Folge der Gefährdung eine wirkliche Schädigung sein kann.

Durch den Zweck der vorliegenden Untersuchung, welche den besonderen Teil des Strafrechts nur soweit berücksichtigen soll, als nötig ist, die Prinzipien des allgemeinen Teils zu beleuchten, ist es ausgeschlossen, noch weiter auf die Frage einzugehen, wann eine Gesetzesbestimmung gegenüber einer anderen nur als s u b s i d i ä r anzusehen ist, oder wann ein Fall eines sogenannten privilegierten Delikts vorliegt (wie z. B. der Mundraub, bei welchem selbst ein überschießendes Strafbarkeitsmoment (z. B. die gewaltsame Eröffnung eines Behältnisses) nach dem Willen des Gesetzes die besonders milde Bestrafung nicht ausschließt, oder wann sonst eine Strafdrohung durch eine andere konsumiert wird.[69]) Aber man wird zugestehen, daß,

---

[68]) Wie RG. II E. 25 Nr. 109 bes. S. 322 freilich annimmt.

[68a]) Das oben zitierte Urteil des RG. konstruiert den eventuellen Dolus nach Analogie eines eventuellen auf ein Minus des in erster Linie gestellten Petitums im Zivilprozesse. Man kann allerdings sagen, ich bin eventuell mit weniger zufrieden, wenn ich das Mehr nicht erreichen kann; ich will somit eventuell das Minus. Aber sofern man in der Welt der realen Dinge kausal ist, muß man principaliter stets das zeitlich Vorhergehende wollen. — Die gegen jenes Urteil gerichtete Kritik *Köhlers* S. 80 ist mir nicht völlig verständlich.

[69]) Die Zahl wirklicher und andererseits scheinbarer Konkurrenzfälle ist unbegrenzt; die Zahl der ersteren steigt, wie *Köhler* S. 68 treffend bemerkt, je mehr Kombinationen man sich ausdenkt. — Die Schrift von *Habermaas* besteht wesentlich in kasuistischer Erörterung wichtiger nach dem StGB. denkbarer Fälle idealer

wenn die Fälle wirklicher idealer Konkurrenz gehörig gegen die Fälle scheinbarer Konkurrenz (sogenannter Gesetzeskonkurrenz) begrenzt werden, eine etwas strengere Bestrafung der Fälle idealer Konkurrenz als nur nach Maßgabe des schwereren Deliktes lediglich der Gerechtigkeit entspricht, und um allzu subtile Untersuchungen und kleinliche Strafzusätze auszuschließen, dürfte es sich empfehlen, die Straferhöhung nicht obligatorisch zu machen, sondern vom Ermessen des Gerichtes abhängen zu lassen.

§ 220. Das StGB. bestimmt, daß bei idealer Konkurrenz von den in Betracht kommenden Gesetzen dasjenige anzuwenden sei, welches die schwerste Strafart androht. Daß das Strafmaximum entscheidet, ist legislativ richtig, auch, daß auf die schwerere Strafart zu erkennen ist; unrichtig dagegen, daß stets die schwerere Strafart[69a]) auch über die zugrunde zu legende einzelne Strafe entscheidet. Ebenso wie bei Bemessung der Fristen der Verjährung der Strafverfolgung[70]) ist hier nicht die Strafe entscheidend, welche *in concretò* dem einzelnen der ideell konkurrierenden Delikte angemessen wäre. Der reale Grund ist, daß, wenn die *in concreto* angemessene Strafart entscheiden sollte, dann irgend welche Berücksichtigung des ideell konkurrierenden geringeren Delikts bei Bemessung der Strafe unmöglich sein würde, denn Strafe *in concreto* bedeutet Strafe unter Berücksichtigung aller für die Strafe maßgebenden individuellen Umstände, und zu diesen Umständen gehört auch die ideelle Konkurrenz des geringeren Delikts.[70a]) Man wird aber

---

Konkurrenz, wobei das Unterscheidungsmerkmal der Verletzung nur eines Rechtsgutes oder andererseits einer Mehrzahl von Rechtsgütern im Sinne *Bindings* angewendet wird.

[69a]) Entspricht freilich auch der französischen Jurisprudenz (vgl. *Pandectes françaises* **28** (*Cumul des peines*) S. 135 n. 32), die besonders in Ansehung der Realkonkurrenz die Lehre von der Absorption behandelt (vgl. unten S. 550).

[70]) Ebenso müssen aber die für Versuch und Teilnahme geltenden Strafsätze berücksichtigt werden, nicht aber mildernde Umstände. Dagegen wird rationell der Rückfall zu berücksichtigen sein; denn bei der Idealkonkurrenz handelt es sich hier auch um die Strafbedürftigkeit der Person.

[70a]) Das Strafminimum kann nicht in Betracht kommen, wenn das im Höchstmaße strengere Gesetz gleichwohl im Mindestmaße milder wäre, als das im Höchstmaße mildere Gesetz. So auch *Schwarze* GB. **84** S. 599; *H. Meyer* und *Allfeld* § 65 zu Anm. 29; *Olshausen* § 73 Anm. 29 Ia; während *Hälschner* **1** S. 684, das *in concreto* strengere Gesetz anwenden, *Merkel* (*Holtzend.* Handb. **2** S. 583) aber den Durchschnitt zwischen Maximum und Minimum entscheiden lassen will. Bedenkt man, daß ein ideell konkurrierendes Delikt doch nie ein Milderungsgrund für das andere Delikt sein dürfte, so erkennt man, daß das Strafminimum überhaupt nicht in Be-

gewiß nicht behaupten können, daß es für die Strafwürdigkeit der Tat gleich sei, ob letztere nur nach einer oder nach mehreren Richtungen dem Strafgesetze zuwiderläuft.[71]) Daß also es durchaus ausgeschlossen sei, das ideell konkurrierende Delikt bei der Strafzumessung straferhöhend zu berücksichtigen. Die Strafart aber absolut entscheiden zu lassen, ist deshalb falsch, weil möglicherweise das Gesetz einzelne Straftaten zwar empfindlich strafen, sie aber mit der Ehrenstrafe oder auch mit der Behandlung verschonen will, welche mit einer schwereren Strafart verbunden ist. Die Bestimmung nach der Straf a r t kann dann seltsame Folgen haben; so befreit nach dem StGB. die ideale Konkurrenz eines mit geringer Gefängnisstrafe bedrohten Delikts den Schuldigen von einer ohne diese Konkurrenz verdienten selbst langjährigen Festungsstrafe.[71a]) Das Richtige ist hier, wie auch in den österreichischen Entwürfen von 1893 bestimmt ist, die in der minder schweren Strafart angedrohte Strafe auf die schwerere nach dem gesetzlichen Reduktionsmaßstabe zu reduzieren und danach erst zu entscheiden, welchem Gesetz das höhere Strafmaximum eigne.

Ein konkurrierendes A n t r a g s d e l i k t[71b]) kann, wenn Strafantrag nicht gestellt ist, überhaupt nicht in Betracht kommen: bei Mangel des Antrags wird es von der Strafjustiz als nicht existierend angesehen.[72]) Man bedarf daher, um zu diesem vernünftigen Ergebnisse zu gelangen, nicht einer Art von gewaltsamer Auslegung des Gesetzes.[73]) Es wird aber auch ein Antrags-

---

tracht zu ziehen ist, es müßten denn die Strafmaxima für beide Delikte gleich sein. Unter das Strafminimum des konkurrierenden Delikts herabzugehen, wäre m. E. ein Verstoß gegen den Sinn des Gesetzes.

[71]) Bestritten ist nur, ob das ideell konkurrierende Delikt mit geringerem Strafmaximum mit berücksichtigt werden müsse. *H. Meyer* § 62 zu Anm. 34 und *Hälschner* **1** S. 686; *Wächter*, Vorles. S. 292; *Olshausen* § 73 Anm. 29 bejahen die Frage, während *Schwarze* § 73 Anm. 7; *Geyer* **1** S. 188; *Oppenhoff-Delius* § 73 Anm. 17 *Frank* § 73 VI; *Allfeld* § 62 zu Anm. 38 und RG. in dem Urteil III 15./10. 89 E. **18** Nr. 52 bes. S. 198 (hier ausführlichere Begründung nach der Entstehungsgeschichte des § 79) sie verneinen.

[71a]) *Geyer* **1** S. 189.

[71b]) Die oben S. 303 vertretene Auffassung des Erfordernisses des Strafantrags erweist also auch bei diesem dem Rechtsgefühle entsprechenden Ergebnisse sich als zutreffend.

[72]) Auch herrschende Ansicht. *Olshausen* § 73 Anm. 24; RG. II 15./6. 00 E. **88** Nr. 110 S. 339.

[73]) So *Merkel* (*Holtzend.* Handb. **4** S. 230). — *Golldammer*, GArch. **19** S. 309, und *Hälschner* **1** S. 685 kommen den Wortlaut drückend zu dem sonderbaren Ergebnis, es sei, wenn das Antragsdelikt mit höherer Strafe bedroht ist, die Be-

delikt nicht berücksichtigt werden dürfen, das von der Strafjustiz deshalb als nicht vorhanden betrachtet wird, weil die Strafbarkeit durch Retorsion oder Kompensation oder etwa Vergleich vor dem Schiedsmanne getilgt ist. Man kommt sonst zu dem gleichfalls eigentümlichen Ergebnis, daß das Gericht bei einer mit nächtlicher Ruhestörung ideell konkurrierenden schweren, aber durch Vergleich unter Widerruf erledigten Beleidigung, nicht die Strafe nach StGB. § 360 II, sondern nach § 186 strafen und dabei alle persönlichen Beziehungen des Beleidigers zum Beleidigten würdigen müßte.

Das Absorptionsprinzip bedeutet übrigens nicht und hat nie bedeutet, daß das ideell konkurrierende Delikt geringerer Art als nicht vorhanden zu betrachten, die Tat nach den ihr enthaltenen mehrfachen Verletzungen der allgemeinen Rechtsordnung im Urteile nicht zu würdigen sei: es soll nur nicht eine mehrfache Strafe stattfinden.[74]) Daher ist im Urteile auch das ideell konkurrierende Delikt, obschon eine besondere Strafe nicht ausgesprochen wird, gleichwohl festzustellen,[75]) und nach der fast allgemein angenommenen richtigen Ansicht begründet die auf Grund des Urteils erlittene Strafe, falls die übrigen Erfordernisse des Rückfalls vorliegen, bei einem späteren Delikte des Verurteilten die Rückfallstrafe;[76]) denn die verhängte Strafe faßt auch die Strafe für das geringere der ideell konkurrierenden

---

strafung des konkurrierenden Offizialdelikts ausgeschlossen, da nur dasjenige Gesetz zur Anwendung kommen dürfe, welches die höhere Strafe droht. Danach würde Ruhestörung (StGB. 360, 11), begangen durch Darbringen einer beleidigenden Katzenmusik, nicht bestraft werden können, wenn der Beleidigte Strafantrag nicht stellt.

[74]) *Beling*, Lehre v. Verbr. S. 307: „Absorption ist zwar auch Subsidiarität, aber nur Subsidiarität der Strafdrohung. Die ungenaue Fassung des § 73 StGB. darf dabei nicht irritieren."

[75]) So auch *H. Meyer* § 62 zu Anm. 38; auch *Allfeld* § 62 Anm. 35; *Oppenhoff-Delius* § 73 Anm. 13; *Rudorff-Stenglein* § 73 Anm. 18; *Geyer* **1** S. 189; *Olshausen* § 73 Anm. 24b; *Wachenfeld* S. 79; *Ortmann* GArch. **85** S. 34; *Frank* § 73, IV; *Finger* **1** S. 376; *Beling* a. a. O. Dagegen *Hälschner* **1** S. 683 (lediglich dem Wortlaute des § 73 folgend), „weil nur e i n Gesetz zur Anwendung kommen soll." *Schwarze* § 73 Anm. 7; *Merkel* in *Holtzend.* Handb. **4** S. 229; *Buri* GS. **85** S. 522; *Schütze*, Zeitschr. **8** S. 72; *Heinemann* S. 95; *Liszt* § 56 III (letztere beide Autoren gemäß ihrer Ansicht, daß nur ein Verbrechen vorliege). Vgl. z. B. RG. III 15./10. 88, E. **18** Nr. 152 S. 193.

[76]) Und dieser Ausspruch gehört, wie auch RG. II, 8./3. 95 E. **27** Nr. 32 S. 86 ausgeführt hat, da es sich um einen wichtigen Schuldspruch handelt, in den entscheidenden Teil des Urteils.

Delikte in sich.[76a]) Spricht das Gericht im entscheidenden Teil des Urteils nicht aus, daß ein ideell konkurrierendes Delikt vorliege, so ist damit erkannt, daß letzteres nicht anzunehmen ist. Der Satz: „was im Urteil nicht zuerkannt ist, ist aberkannt“ hat auch von der staatlichen Strafe zu gelten, und zwar nach Maßgabe des § 152 der StPO. auch dann, wenn die Anklage das ideell konkurrierende Delikt nicht erwähnte, und ohne Rücksicht darauf, ob die Berücksichtigung der Idealkonkurrenz dem Gerichte tatsächlich möglich war.[77])

§ 221. Das Absorptionsprinzip[78]) ist jedenfalls im StGB. zuweit getrieben, da nicht einmal Nebenstrafen auf Grund des mit geringerem Strafmaximum bedrohten Deliktes nach dem in dieser Beziehung klaren Ausdrucke des Gesetzes für zulässig erachtet werden[79]), und doch kann eine Nebenstrafe, z. B. Konfiskation, Polizeiaufsicht, Überweisung an die Landespolizeibehörde, in manchen Fällen wichtiger sein als die Hauptstrafe, und wenn im allgemeinen Freiheitsstrafe der Geldstrafe gegenüber als die leichtere Strafart betrachtet wird,[80]) so kann doch in vielen Fällen es äußerst angemessen erscheinen, den Schuldigen eine Geldstrafe zahlen zu lassen. Von der unter Umständen

---

[76a]) Diejenigen, welche Verurteilung nur wegen des schwereren Delikts für richtig halten, sprechen sich selbstverständlich gegen Rückfallstrafe aus. Gegen Rückfallstrafe aber auch *Geyer* **1** S. 189.

[77]) Der letzte Satz entspricht der herrschenden, insbesondere auch vom RG. geteilten Ansicht. Vgl. oben S. 348 die Lehre vom Strafantrage des Verletzten. Anders freilich *Kohlrausch*, Zur prozessualen Behandlung der Idealkonkurrenz (Greifswalder Diss.) 1899 S. 59 ff., Vorbehaltsurteile nach juristisch technischen Gesichtspunkten, wie solche nach Art. 30 und 86 des preußischen Prozeßgesetzes vom 3./5. 52 möglich waren, kennt unsere StPO. glücklicherweise nicht mehr, und den Umfang der Rechtskraft eines Urteils gar von der meist schwerer zu beantwortenden Frage abhängen zu lassen, ob der Richter ein Versehen beging, würde unpraktisch sein.

[78]) Auf die Zweifel, zu denen das Gesetz bei Vergleichung der für einzelne Delikte angedrohten Strafen Anlaß gegeben hat, soll hier nicht weiter eingegangen werden. Einerseits eignen sich diese Kontroversen besser für die Behandlung in Kommentaren, und andererseits ist wohl zu erwarten, daß das Gesetz in der fraglichen Beziehung eine Änderung erfahren wird.

[79]) Vgl. *Olshausen* § 73 Anm. 30, RG. I. 22./12. 87 E. **17** Nr. 47 S. 193. — Die französische Jurisprudenz unterscheidet Nebenstrafen, die mit der Hauptstrafe immer verbunden sind, und solche Nebenstrafen, die wegen des besonderen Charakters des einzelnen Deliktes den Schuldigen tr ffen. Letztere Nebenstrafen des konkurrierenden mit geringerer Strafart bedrohten Delikts werden erkannt. *Pandectes françaises* a. a. O. n. 40 ff.

Zweifelhaft kann erscheinen, ob eine Buße auf Grund der für das geringere Delikt geltenden Bestimmung erkannt werden kann.

[80]) RG. I. 10./11. 87. E. **16** Nr. 94 bes. S. 303.

empfindlichen Nebenstrafe oder Geldstrafe wird der Schuldige aber oft dadurch befreit, daß das konkurrierende Hauptdelikt Nebenstrafe und kumulative Geldstrafe nicht kennt. Auch kann andererseits unter die Minimalstrafe des nicht mit der höheren Strafe im Maximum bedrohten Deliktes herabgegangen werden.[81]) Der Umstand also, daß die Tat in mehr als einer Beziehung strafbar ist, kann nach der gegenwärtig geltenden Durchführung des Absorptionsprinzips tatsächlich für den Schuldigen eine vom Standpunkte der Ahndung der Tat wie vom Standpunkte der Sicherung der Gesellschaft keineswegs zu rechtfertigende Strafmilderung zur Folge haben.

Aus dem oben S. 537 dargelegten Grunde empfiehlt es sich nun zwar nicht, wie freilich im norwegischen StGB. § 62, ferner in den österreichischen Entwürfen 1893 und im schweizerischen Vorentwurfe von 1903 Art. 52 bestimmt ist, den Unterschied von Ideal- und Realkonkurrenz völlig zu beseitigen, wohl aber ihn minder schroff zu gestalten, insbesondere auch die gerügten Fehler rücksichtsloser Durchführung des Absorptionsprinzips in Ansehung der Nebenstrafen usw. zu vermeiden.[81a])

Dieser Ansicht würde folgende gesetzliche Formulierung entsprechen:

„1. Im Falle einer durch dieselbe Handlung begangenen mehrfachen Gesetzesverletzung kommt die Strafe desjenigen Gesetzes zur Anwendung, welches die schwerste Strafe androht, jedoch

a) bei Verschiedenheit der Strafarten ist zur Vergleichung die gelindere Strafart auf die schwerere nach dem gesetzlichen Maßstabe umzurechnen.[82])

---

[81]) RG. E. **16** S. 302.

[81a]) Das russische StGB. v. 1903 §§ 60—63 behandelt anscheinend nur die Realkonkurrenz. Dagegen schließt sich § 54 des japanischen StGB. der im deutschen StGB. befolgten Behandlung der Idealkonkurrenz an. Die Literatur der englisch-nordamerikanischen Rechte hat mir über Behandlung der idealen Konkurrenz nichts ergeben. In England ist bei der großen Machtbefugnis des Richters, die Strafe höher oder geringer zu bemessen, auch kaum praktisches Bedürfnis zu Erörterung der idealen Konkurrenz anzunehmen. Nachträgliche Verfolgung der bereits abgeurteilten Tat auf Grund einer im Urteile nicht berücksichtigten Gesetzesbestimmung dürfte durchaus ausgeschlossen sein. — Das französische Recht, obwohl dem Absorptionsprinzipe bei *Crimes* und *Délits* folgend, selbst bei Realkonkurrenz, erkennt doch Ausnahmen an, in denen also eine Häufung (Verbindung) der Strafen eintritt, welche ebenso bei Ideal- wie bei Realkonkurrenz gelten. Einige solcher Ausnahmen finden sich im *Code pénal* selbst (Art. 279, 304, 245), andere in Spezialgesetzen. Vgl. *Pandectes françaises* a. a. O. n. 112 ff.

[82]) Übereinstimmend mit den österreichischen Entwürfen von 1893 § 76 (bzw. 70).

b) es darf nicht unter die geringste Strafe herabgegangen werden, welche für eine der in Betracht kommenden Gesetzesverletzungen erkannt werden kann.

c) Nebenstrafen kommen zur Anwendung, auch wenn sie nur für die mit geringerer Strafe bedrohte Gesetzesverletzung ausgesprochen werden können.[83])

d) die Strafe der mit höchster Strafe bedrohten Gesetzesverletzung k a n n um ein Viertel erhöht werden.[83a])

e) wenn für die mit geringerer Strafe bedrohte Gesetzesübertretung Geldstrafe mit Freiheitsstrafe verbunden angedroht ist, so k a n n neben der nach a) bis d) sich ergebenden Strafe auf Geldstrafe nach Maßgabe dieser letzteren Bestimmung erkannt werden.[83b])

2. Um die Hälfte k a n n die sonst gesetzliche Strafe erhöht werden, wenn mehrere Personen durch eine und dieselbe Handlung verletzt sind, und letztere ihrem Wesen nach als gegen die Persönlichkeit sich richtend zu betrachten ist.

3. Es kann eintretenden Falles die Strafe auf Grund dieses Paragraphen nach Nr. 1d) bis um ein Viertel und die solchergestalt sich ergebende Strafe nach Nr. 2 bis um die Hälfte erhöht werden. (Sie darf aber in keinem Fall 15 Jahre Freiheitsstrafe übersteigen.)

4. Die vorstehenden Bestimmungen unter 1c) bis e) wie die Bestimmungen der Nr. 2. und 3. finden keine Anwendung, und ist vielmehr lediglich die nach Nr. 1a) und b) sich ergebende Strafe zu verhängen, wenn eine Handlung zwar mehr als eine Gesetzesverletzung enthält, aber die hauptsächlich in Betracht kommende Gesetzesverletzung gewöhnlich mit der anderen verbunden ist, es sei denn, daß die Art der Begehung im einzelnen Falle diese andere Gesetzesverletzung in besonderer Weise hervortreten läßt."

§ 222. Die mannigfachen schwer mit einander zu vereinigenden Strafen und zugleich ihre Härten hatten im XVIII. Jahrhundert das Absorptionsprinzip populär gemacht.

---

[83]) Übereinstimmend mit den österreichischen Entwürfen von 1893 § 78 (bezw. 72).

[83a]) D. h. wenn die in Betracht zu ziehenden Strafgesetze wesentlich verschiedene Lebensinteressen schützen.

[83b]) Die österreichischen Entwürfe § 78 (bezw. 72) geben dem Richter die Befugnis, neben Freiheitsstrafe auf Geldstrafe zu erkennen, auch in dem Falle,

Es ist daher begreiflich, daß es in dem auf den sogenannten Aufklärungsideen beruhenden Gesetzbuche Josephs II. Art. 15 auch für die Realkonkurrenz zur Anwendung kam und ebenfalls in Frankreich sogleich 1791 zur Geltung gelangte, freilich, eigentümlicher Weise nicht im Gesetzbuche über das materielle Strafrecht, vielmehr im Prozeßgesetze,[84]) und bei dieser Stellung ist es bis jetzt geblieben.[84a]) Indes gilt die Absorption nur für *Crimes* und *Délits* im technischen Sinne; für *Contraventions* (und ebenso nach mehrfachen Spezialgesetzen) kommt vielmehr das Kumulationsprinzip zur Anwendung.[85]) Der Gerechtigkeit aber so wenig, wie der Kriminalpolitik entspricht, wie bemerkt, bei der Realkonkurrenz das reine Absorptionsprinzip, freilich auch nicht das Kumulationsprinzip;[85a]) denn letzteres kann bei an sich geringfügigen Straftaten zu Härten führen, die das gesunde Gefühl verletzen,[86]) und wenn es auch nicht richtig ist,[87]) daß eine langdauernde Freiheitsstrafe stets schwerer trifft,[88])

---

daß überhaupt für eines der Delikte Geldstrafe (also auch nur alternativ) gedroht ist. Es ist aber zu beachten, daß die Bestimmungen der österreichischen Entwürfe sich auch auf die Realkonkurrenz beziehen.

[84]) *Code de procédure criminelle* v. 16. Sept. 1791 art. 38 u. 40.

[84a]) Art. 361, 365, 379 des *Code d'instruction criminelle.*

[85]) Vgl. *Garraud* **3** § 710, 711. — Ein schwerlich der materiellen Gerechtigkeit entsprechendes System findet sich im *Code pénal belge* Art. 58—65: bei Übertretungen Kumulation, bei *Délits* Kumulation mit Maximalgrenze, bei *Crimes* Absorption. Die Unterscheidung der *Crimes* und *Délits* ist hier, da die korrektionelle Strafe bis zu 5 Jahr Freiheitsstrafe sich erstreckt, irrationell.

[85a]) *Rosenblatt* (vgl. die in der Literaturübersicht S. 509 angeführte Schrift) will wieder eine besondere Behandlung der Konkurrenz nur insofern anerkennen, als entweder durch gleichzeitige Vollstreckung der Strafen Schwierigkeiten entstehen, oder die unmittelbar aufeinander folgende Vollstreckung mehrfacher Strafen den Schuldigen intensiv unverhältnismäßig schwer treffen würde. Eine Kritik der von *Rosenblatt* gegen die neuere (und herrschende) Ansicht unternommenen Polemik erübrigt sich hier, da letztere in einfacher Negation der im Texte geltend gemachten Argumente besteht. Erhebliche Zustimmung hat *Rosenblatt* wohl ebensowenig gefunden wie die unten zu erwähnende, immerhin mehr positiv fundierte verwandte Theorie *Schützes.*

[86]) Man wird nicht wohl die Begehung einer Menge kleinerer Diebereien einem einzigen schweren Raube in der Bestrafung gleichstellen können. Die beschränkte Zahl der Strafmittel zwingt uns auf innerlich sehr verschiedene Delikte dieselben Strafmittel anzuwenden. So wurde einfache Addition zu tatsächlicher Gleichstellung innerlicher Verschiedenheit führen, einer Gleichstellung, die insbesondere der verschiedenen Persönlichkeit der Schuldigen nicht gerecht werden würde. Ähnlich, allerdings sehr abstrakt die Ausfuhrung *Hälschners* **1** S. 678 ff.

[87]) Man könnte hier durch Teilung des Strafvollzugs helfen. Vgl. *Merkel* in *Holtzendorffs* Handb. **2** S. 582; *Schütze*, Zeitschr. **3** S. 74; *H. Meyer* § 63 Anm. 2.

[88]) Dies hat *John*, GArch. **3** S. 633 ff. und fortges. Verbr. S. 168 besonders hervorgehoben, freilich zu weitgehend. (Für die subjektive Seite des Verbrechens müsse bei Konkurrenz das Absorptionsprinzip gelten.) — Im Sinne des Textes

als mehrere verhältnismäßig kürzere Freiheitsstrafen, so ist doch zu berücksichtigen, daß die einstweilige Straflosigkeit, das glückliche Gelingen und Entkommen oder Unentdecktsein bei einem ersten Delikte eine Versuchung enthält, auch weiterhin das Strafgesetz nicht zu achten, eine Versuchung, die eine Herabsetzung des sonst verwirkten Gesamtbetrages, der mehreren Strafen gerecht erscheinen läßt. Man gelangt also zu einer im Vergleich zur Addition der einzelnen Deliktstrafen milderen Gesamtstrafe, wie dies der Praxis des allgemeinen Rechts entsprach und in der neueren Gesetzgebung auch anerkannt ist[89]) und es ist nicht mehr die Unverträglichkeit oder die absolut unzulässige Dauer der Freiheitsstrafen der alleinige Grund dieser milderen Gesamtstrafe.[90]) Dabei kann eine verschiedene Methode befolgt werden. Entweder erhöht das Gericht einfach die Strafe der schwersten der begangenen Straftaten,[91]) oder es wird für die einzelnen begangenen Delikte die Strafe besonders angesetzt, welche der Schuldige verdient hätte, wenn er es allein begangen hätte, aber die durch Addition dieser Strafen sich ergebende Gesamtstrafe innerhalb einer bestimmten Grenze herabgesetzt.

Letzteres System gilt im StGB. für Verbrechen und Vergehen, jedoch nicht für Geldstrafen. Die Freiheitsstrafe des

---

Schwarze GS. 84 S. 609; *H. Meyer* § 63 Anm. 1; *Krug*, Abhandl. S. 141 ff. macht geltend, jedes wirkliche Verbrechen beruhe zu einem Teile auf der allgemeinen sittlichen Schuld des Individuums, diese letztere erneuere sich nicht bei einem zweiten und ferneren Verbrechen; daher könne im Konkurrenzfall das zweite Verbrechen nicht mit der vollen Strafe des Verbrechens belegt werden.

[89]) Das bayer. GB. 1813 Art. 109 hatte für die Kumulation nur die Grenze, daß wegen realer Konkurrenz auf keine höhere Strafgattung erkannt werden, vielmehr höchstens äußerliche Schärfung, soweit solche gesetzlich zulässig, stattfinden soll; das hannoversche Art. 108 ließ Übergang auf die nächsthöhere Strafart zu. Vgl. auch braunschweig. GB. §§ 55 und 25. Die Grenze der Kumulation bildete hier wesentlich nur die Inkompatibilität der verschiedenen Strafen. — Das richtigere neuere Prinzip findet sich schon im württembergischen GB. Art. 115 ff.; (in gewissem Umfange) auch im hessischen GB. Art. 104 ff., im badischen GB. §§ 170 ff.

[90]) *Schütze*, Zeitschr. 8 S. 80 ff. führt die Reduktion der Strafen im Falle realer Konkurrenz wieder lediglich zurück auf die Inkompatibilität der schwersten Strafen (allerdings auch der schwersten Freiheitsstrafen, insofern durch deren Verbindung das Maximum der Strafdauer überschritten werden würde). Der Schluß aber: „Was in gewissen Fällen nun tatsächlich unausführbar ist, ist in anderen Fällen, wo es ausführbar ist, ungerecht" kann für zutreffend nicht erachtet werden. (Siehe dagegen *Schwarze* GS. 84, S. 610.) Jene Ausführung *Schützes* ist ein theoretischer Rückschritt, dem *Schütze* im weiteren Verfolg übrigens selbst die praktische Bedeutung nimmt.

[91]) *Krug*, Abhandl. S. 147, empfahl dies System auch vom Standpunkte der Gerechtigkeit.

schwersten der begangenen Delikte muß überschritten werden, die Gesamtstrafe darf den Betrag der addierten Einzelstrafen nicht erreichen. Haftstrafen als Übertretungsstrafen werden kunuliert, ebenso Geldstrafen, erstere jedoch nie über das Maximum von 3 Monaten hinaus.[91a])

Man wird von dem für Verbrechen und Vergehen geltenden System der Bequemlichkeit wegen nicht abgehen und dem Richter nicht erlauben dürfen, ohne weiteres eine Gesamtstrafe im Konkurrenzfalle zu verhängen. Da nachträglich zur Konkurrenzstrafe zu ziehende Straftaten entdeckt werden und diese zu einzelnen der früher mitabgeurteilten Straftaten in besonderer Beziehung stehen können, und man nicht weiß, wie das Gericht diese Straftaten im einzelnen gewürdigt hat, würde es dem später urteilenden Richter an sicherem Anhalt für die Beurteilung der später zur Aburteilung gelangenden Straftaten fehlen.

Jene als Milderungsgrund zu betrachtende Versuchung fällt fort, wenn der Schuldige ein Delikt erst nach der Verurteilung begeht, welche wegen des früheren Deliktes erfolgt ist: der Schuldige erscheint in solchem Falle, da die frühere Verurteilung eine eindringliche Verwarnung enthält, sogar als (in weiterem Sinne jedenfalls) rückfällig, und die strenge Kumulation der Strafen ist gerecht; sie findet nur eine Schranke in der Inkompatibilität der neuen Strafen mit der früheren Strafe, insoweit diese frühere noch nicht verbüßt ist, oder die gesetzliche zulässige Dauer oder Höhe einer Strafe durch die Kumulation überschritten werden würde. Nimmt man aber an, wie meistens geschieht, daß ununterbrochene Aufeinanderfolge von Freiheitsstrafen eine Verschärfung der einzelnen Freiheitsstrafen enthalte, so bleibt allerdings dieser letztere Grund für eine dem Schuldigen günstigere Konkurrenzstrafe bestehen, so lange eine früher erkannte Strafe noch nicht vollständig verbüßt ist.

Da aber die ältere Jurisprudenz und Gesetzgebung einen Konkurrenzfall nur in dem Falle als vorliegend erblickte, daß ein und dasselbe Gericht über die als konkurrierend anzusehenden Delikte in einem und demselben Urteile erkannte, so ergab sich das Fortfallen der (milderen) Konkurrenzbehandlung von selbst,

---

[91a]) §§ 74, 77, 78. Bei Umwandlung von Geldstrafen in Gefängnisstrafe Maximum 2 Jahre Gefängnis, in Haft 3 Monate Maximum.

wenn ein früheres Delikt des Schuldigen rechtskräftig abgeurteilt war; das Gericht konnte dieses Delikt der rechtskräftigen Aburteilung wegen nicht berücksichtigen, und diese frühere Aburteilung mußte selbständig und für sich zur Vollstreckung gebracht werden. Andererseits war eine noch nicht rechtskräftige Verurteilung, sofern das Gericht für die sämtlichen Delikte zuständig war, kein Hindernis, auch das nach der früheren Verurteilung begangene Delikt zur Konkurrenzstrafe zu ziehen.[91b])

Wenn aber die neuere Gesetzgebung, wovon alsbald zu reden ist, den zufälligen Umstand gleichzeitiger Aburteilung durch ein und dasselbe Gericht mit Recht nicht mehr als Erfordernis der Konkurrenz auffaßte, so mußte die Frage entstehen: ist die dem Schuldigen (günstigere) Konkurrenzbehandlung schon ausgeschlossen, wenn ein späteres Delikt nach einer noch nicht rechtskräftigen Verurteilung begangen ist oder ist dieser Ausschluß, also die reine Kumulation erst mit dem Zeitpunkte rechtskräftiger Verurteilung gegeben? Während das bayerische StGB. von 1861 Art. 85 ausdrücklich den letzteren Zeitpunkt für maßgebend erklärte, sagt das deutsche StGB. § 79 nur, daß die zur Gesamtstrafe zu ziehende Tat vor der Verurteilung wegen der anderen Tat (oder der anderen Taten) begangen sein müsse. Es ist daher nicht unbestritten, ob unter der Verurteilung, von welcher die Schlußworte des § 79 reden, auch eine noch nicht rechtskräftige Verurteilung zu verstehen sei. In der Literatur hat man sich überwiegend für diese Ansicht entschieden,[91c]) und ein reichsgerichtliches Erkenntnis hat unter ausführlicher Begründung sich in gleichem Sinne geäußert.[91d]) Daß im Gesetze unter Verurteilung nicht notwendig eine rechtskräftige Verurteilung verstanden werden muß, ist richtig (wenngleich meist das Erfordernis der Rechtskraft zu supponieren ist), und gerade im § 79 des StGB. ist unter der in dem ersten Satzteile vorkommenden „Verurteilung" zweifellos irgendwelche Verurteilung zu verstehen. Indes beweist dies nur die Möglichkeit

[91b]) Der Fall kann namentlich eintreten, wenn bezüglich des früher begangenen Deliktes eine Wiederaufnahme der Untersuchung vor verbüßter Strafe für zulässig erklärt und nun ein neues Urteil zu fällen ist.

[91c]) So *Schwarze* zu § 79 Anm. 5; *Merkel* in *Holtzend.* Handb. **4** S. 235 Anm. 7; *H. Meyer-Allfeld* § 63 Anm. 29; *Liszt* § 57 II, 1; *Olshausen* § 79 Anm. 9; *Frank* § 79 II, 1. Anders: *Schütze* S. 201 Anm. 19.

[91d]) I 10./1. 81 E. **8** Nr. 81 S. 213

der herrschenden Ansicht nach der Terminologie des Gesetzes. Das RG. legt das entscheidende Gewicht daher auf den Umstand, daß der Schuldige durch eine Verurteilung, möge sie immerhin noch der Rechtskraft entbehren, eine genügende Verwarnung erhalten habe. Indes ein noch nicht rechtskräftiges Erkenntnis ist einstweilen nur ein werdendes, noch nicht ein gewordenes Erkenntnis: ihm können daher zwar prozessuale Wirkungen zugeschrieben werden — denn auch der Prozeß ist, solange er nicht formell geschlossen ist, ein unfertiges Gebilde — nicht aber materielle Wirkungen, insbesondere nicht die materielle Wirkung, daß dem Schuldigen die Wohltat der Gesamtstrafe entzogen werde. Erst wenn ein frei über Schuld und Strafe ergehendes Urteil nicht mehr möglich ist, geht der Schuldige dieser Wohltat verlustig. Dies ist allerdings der Fall, wenn das mittels der Revision *in abstracto* anfechtbare Urteil, *in concreto*, weil ein Fehler des Urteils oder des Verfahrens nicht gefunden wurde, sich als unanfechtbar erwies, während ein im Berufungsverfahren und ebenso ein im Wiederaufnahmeverfahren ergehendes Urteil, das nach der ersten Verurteilung begangene Delikt in der Gesamtstrafe mitzuerledigen hätte.[91e]) Will man die entgegengesetzte Ansicht darauf gründen, daß der Schuldige vor der Begehung des neuen Delikts durch die noch der Rechtskraft entbehrende Verurteilung eine autoritative Verwarnung erhalten habe, so müßte man konsequent solche Verwarnung schon in der Eröffnung der Untersuchung finden, falls diese mit Verurteilung endigt.

Auf die Einzelheiten der Bestimmung der Gesamtstrafe, wenn verschiedenartige Freiheitsstrafen in Betracht kommen, soll hier nicht eingegangen werden; sie hängen mit dem System der Freiheitsstrafen zusammen, dessen noch unbestimmte Abänderung bevorsteht. Nur ist zu bemerken, daß Nebenstrafen, zu denen neben Freiheitsstrafen erkannte Geldstrafen nicht zu rechnen sind, rationellerweise stets dann neben der Gesamtstrafe zur Anwendung kommen müssen, wenn auf sie auch nur

[91e]) Letzteres wird auch in einem neueren Urteil des RG. III 5./4. 00 E. 33 Nr. 72 S. 231 anerkannt. In diesem Sinne auch *Finger* 1 S. 551. Nach *Rüdorff-Stenglein* § 79 Anm. 8 soll die Verkundung des ersetn Urteils maßgebend sein, wenn letzteres die Verurteilung ganz (oder teilweise) bestatigt. Es dürfte aber nicht sowohl auf materielle Übereinstimmung der Urteile, als vielmehr darauf ankommen, ob das spätere Urteil frei geschöpft wird oder nur die Frage zu beantworten hat, ob das frühere Urteil auf einem juristischen Fehler beruhe.

wegen eines der konkurrierenden Delikte erkannt ist oder zu erkennen war.[92]) Eine Nebenstrafe kann aber auch auf Grund der Gesamtstrafe selbst erkannt werden, wenn deren Höhe die Nebenstrafe rechtfertigt, und sie kann nur so erkannt werden, wie diese eine Gesamtstrafe sie zuläßt.[93])

§ 223. In früherer Zeit wurde ein Zusammenfluß von Verbrechen nur dann angenommen, wenn ein und dasselbe Gericht dieselben abzuurteilen hatte.[94]) Allmählich hat man indes eingesehen, daß auf den zufälligen Umstand, ob die Aburteilung von e i n e m oder von mehreren Gerichten erfolge, nichts ankommen könne, da dieser Umstand weder für die Schuld noch für das Strafleiden des Schuldigen von Bedeutung ist.[95]) Daher die Bestimmung des StGB. 79.[96]) Vollkommener Gerechtigkeit würde es entsprechen, dabei auch Rücksicht zu nehmen auf den

---

[92]) Dies entspricht für die reale Konkurrenz der herrschenden Ansicht und ist in § 76 für zwei Nebenstrafen — Aberkennung der Ehrenrechte und Erkenntnis auf Zulässigkeit oder Polizeiaufsicht — ausdrücklich ausgesprochen. Vgl. *Olshausen* § 76 Anm. 3. Nebenstrafen enthalten entweder Unwürdigkeitserklärungen oder in Form von Strafen verhängte Sicherungsmaßregeln. Solche Nebenstrafen werden, wenn kompatibel mit der Strafe des schwersten Delikts, auch in Frankreich, ungeachtet des für *Crimes et Délits* geltenden Absorptionsprinzips erkannt, wenn sie nicht Folgen bestimmter Strafen, sondern an die Begehung bestimmter Delikte geknüpft sind. (Vgl. *Pandectes françaises*, *Cumul. des peines* n. 43, 44 ff., Vol. **28** S. 185. — Eine Ausnahme dürfte nur zu machen sein für den Fall einer Konfiskation von (nicht gefälschten) Geldstücken oder ihnen gleichzuachtender Sachen, da solche Konfiskation nur eine verkleidete und besonders geartete (besonders abgestufte) Geldstrafe ist.

[93]) *Olshausen* § 76, 3 und das zitierte Urt. des OT. Berlin 12./12. 77 (*Stengleins* Zeitschr. **8** S. 101).

[94]) Vgl. ausdrücklich in diesem Sinne bayer. GB. von 1813 und *Bauers* Entwurf zu einem StGB. für das Königreich Hannover Art. 120. Bemerkenswert ist, daß noch die §§ 56 u. 57 des preuß. StGB. sich nur auf den Fall gleichzeitiger Aburteilung beziehen. (*Goltdammer* **1** S. 458.) Man erblickte damals noch in der Bestimmung über Bestrafung der Konkurrenz eine wesentlich prozessuale Norm. Diese wurde gegeben in Art. 131 des den Strafprozeß betreffenden Gesetzes vom 3. Mai 1852.

[95]) Vgl. schon württemberg. GB. Art. 115 Abs. 2 und dazu *Hufnagel* **1** S. 255. *Geyer* (GS. 1861) erblickt den Grund, von dem reinen Additionssystem abzugehen, n u r in dem Umstande, daß die mehreren Strafen durch ihre Verbindung auch als einzelne, seiner Meinung nach, intensiver wirken. Er findet es daher auch p r i n z i p i e l l richtig, verbüßte Stafen nicht zu berücksichtigen.

[96]) *Schütze*, Zeitschr. **8** S. 91, ist freilich der Ansicht, daß die gesamte Lehre von der Konkurrenz im Strafprozesse zu behandeln sei. Er möchte überhaupt, „da alles, was die heutigen Strafgesetzbücher über den Begriff und Unterschiedsmerkmale von eintätiger und mehrtätiger Konkurrenz zutage gefördert haben, nicht das Papier wert ist, auf dem es gedruckt worden", eine Behandlung der Konkurrenz nur nach richterlichem Ermessen. Das ist freilich das Einfachste, steht aber zum Teil selbst im Widerspruche mit *Schützes* eigenen Ausführungen. Gegen diese Ansichten *Schützes* treffend: *Schwarze* GS. **34** S. 576 ff.

Fall, daß unter den begangenen realkonkurrierenden Straftaten sich auch eine (oder eine Mehrzahl) befindet, wegen deren schon eine Strafverbüßung stattgefunden hat: insoweit Realkonkurrenz eine Herabsetzung der für die einzelnen Taten an sich verdienten Strafen begründet, kann dies durch den zufälligen Umstand nicht ausgeschlossen sein, daß eine dieser Straftaten tatsächlich bestraft ist.[97]) Allerdings kann die Berechnung bei verschiedenen Strafarten hier Schwierigkeit bereiten. Aber diese ist keineswegs allzu groß und rechtfertigt daher nicht die in § 79 des StGB. gegebene Vorschrift, welche verbüßte Strafen bei Bestimmung einer noch zu erstehenden Gesamtstrafe von der Berücksichtigung ausschließt, während freilich verjährte[98]) und ebenso im Gnadenwege erlassene Strafen, da sie dem Schuldigen tatsächlich nicht fühlbar wurden, in § 79 von der Berücksichtigung mit Recht ausgeschlossen sind.[99])

Statt des schwer verständlichen § 79 des StGB. dürfte demnach etwa folgende Bestimmung sich empfehlen:

> „In eine zu erkennende Gesamtstrafe sind nur solche bereits erkannte Strafen miteinzurechnen, welche Straftaten betreffen, die begangen wurden v o r einer in der Berufungsinstanz ergangenen oder durch Ablauf der Berufungsfrist rechtskräftig gewordenen Verurteilung erster Instanz. Andere bereits erkannte Strafen werden durch die zu erkennende Gesamtstrafe nicht geändert. Verbüßte Strafen sind bei Berechnung der Gesamtstrafe mit in Ansatz zu bringen, aber bei Bestimmung der nunmehr zu verbüßenden Strafe abzurechnen. Verjährte oder erlassene Strafen sind nicht zu berücksichtigen."

---

[97]) Ein im Reichstag bei den Verhandlungen über § 79 in der bezeichneten Richtung gestellter Antrag wurde besonders von *Schwarze* auf Grund der in Sachsen gemachten Erfahrungen bekämpft und darauf vom Reichstag abgelehnt. *Schwarze* zu § 79, 1 und zu § 74, 3.

[98]) Fur die Berücksichtigung im Sinne des Textes vgl. aber *John*, Fortges. Verbr. S. 61 ff.; *Buri*, Einheit und Mehrheit S. 120; *Merkel* in *Holtzend.* Handb. 2 S. 578; *Schütze*, Zeitschr. 8 S. 97; *Stürenburg* S. 86. Auch die österreichischen Entwürfe von 1893 § 79 (73) machen für bereits verbüßte Strafen eine Ausnahme nicht. Vgl. auch norwegisches StGB. § 64.

[99]) Bei der Verjährung der Strafverfolgung kommt außerdem in Betracht, daß das Gesetz hier eine strafgerichtliche Untersuchung vermeiden will. Diese müßte aber bei Annahme der entgegengesetzten Ansicht stattfinden, lediglich zu dem Zwecke, dem Schuldigen für andere von ihm begangene Delikte die (mildere) Gesamtstrafe zu verschaffen.

Sind von anderen Gerichten erkannte Strafen in die Gesamtstrafe einzubeziehen, so muß nach der in der Literatur überwiegenden Ansicht[99a]) die Rechtskraft der Urteile dieser anderen Gerichte abgewartet werden. Das Gericht, welches die Gesamtstrafe bestimmen soll, kann eine Einzelstrafe für einen vor einem anderen Gerichte verhandelten Straffall nicht ansetzen, und hypothetische Urteile, die übrigens die im einzelnen möglichen Modifikationen eines noch nicht rechtskräftigen Urteils vollständig kaum zu berücksichtigen vermöchten, scheinen nicht zulässig. Andererseits kann das Hinausschieben der Einzelurteile bei eintretendem Verluste von Beweismitteln oder Abschwächung der letzteren die Interessen der Rechtspflege gefährden, das Hinausschieben der Festsetzung einer Gesamtstrafe aber, wenn ohnehin mehrere Einzelstrafen zusammenzuziehen sind, eine Härte gegen den Schuldigen enthalten. Danach bleibt nur der Ausweg, daß das Gericht ohne Berücksichtigung der von anderen Gerichten etwa zu verhängenden Einzelstrafen eine Strafe bestimmt, aber vorbehält,[99b]) das Urteil mit Rücksicht auf diese angemessen zu ergänzen, ein Ausweg, der allerdings zu Schwierigkeiten führt, wenn die später von dem anderen Gerichte auszusprechende Einzelstrafe den Übergang zu einer anderen Strafart notwendig machen würde.

Die Bestimmung einer Gesamtstrafe ist kein Eingriff in die Rechtskraft der von anderen Gerichten gefällten Urteile, setzt diese vielmehr voraus: sie ist Verwirklichung aller einzelnen in der Gesamtstrafe begriffenen Urteile.

Daraus ergibt sich, daß ein Urteil eines Gerichts eines auswärtigen (nicht-deutschen Staates) nur dann für die Bemessung der Gesamtstrafe mit in Ansatz gebracht werden dürfte, wenn es bereits vollstreckt ist, wie dies auch aus dem in § 5 des StGB. ausgesprochenen Grundsatze folgt. Wäre das

---

[99a]) So *Schwarze* § 79 Anm. 4; *Binding*, Grundr. S. 246; *Frank* § 79 II, 1; *Olshausen* § 79 Anm. 7 OT.; *Finger* **1** S. 551, OAG. Dresden 1./8. 73. OT. Berlin 21./2. 76, Bayerischer KH. 26./4. *Stengleins* Zeitschr. **5** S. 87, **6** S. 170, **8** S. 97. Anders *Merkel* in *Holtzend.* Handb. **4** S. 235; *H. Meyer-Allfeld* § 63 zu Anm. 32. *Oppenhoff-Delius* § 79 Anm. 5. Ausführliche Behandlung der Kontroverse gibt *Raiffel* GS. **87** S. 471, 496.

[99b]) Für den Fall, daß einstweilen nur eine Einzelstrafe zu erkennen wäre, übereinstimmend RG. III, 6./7. 81 E. 5 Nr. 1; II. 4./10. 81 Rs. 4 S. 592; III. 14./3. 87 Rs. 9 S. 177.

auswärtige Urteil noch nicht vollstreckt, so würde die Berücksichtigung der darin erkannten Strafe eine bis jetzt ausgeschlossene Vollstreckung eines ausländischen Urteils darstellen. Es kann aber nach dem positiven Rechte unseres StGB., welches verbüßte Strafen bei der Gesamtstrafe überhaupt nicht berücksichtigt, allgemein gesagt werden — was *de lege ferenda* wie bemerkt nicht richtig sein würde —, daß auswärtige Strafurteile außer Betracht bleiben.

Andererseits könnte vielleicht durch internationale Verträge unter gewissen Voraussetzungen eine Einbeziehung auch auswärtiger Strafurteile in eine Gesamtstrafe im Interesse einer einheitlichen Strafvollstreckung zweckmäßig eingeführt werden, welche auf den Schuldigen besser einwirken würde, als getrennte durch Auslieferung erfolgende Strafvollstreckungen.[100])

§ 224. Führt man den Satz, daß im Falle realer Konkurrenz nicht die volle Addition der einzeln verwirkten Strafen den Schuldigen treffen dürfe, wesentlich nur zurück auf die Inkompatibilität der Strafen oder darauf, daß Verlängerung einer Freiheitsstrafe diese auch intensiv schärfe, oder darauf, daß das natürliche Gefühl durch Verhängung langdauernder Freiheitsstrafe für eine Reihe kleinerer Straftaten verletzt werde, so wird man bei G e l d s t r a f e n die einfache Addition ohne irgendwelche Milderung im Falle realer Konkurrenz anwenden und nur im Falle der Verwandlung der Geldstrafen in Freiheitsstrafe letztere nicht für allzu lange Zeit aussprechen lassen. Dies ist der Standpunkt der deutschen Gesetzgebung,[100a]) wie ihn die Motive zu dem jetzigen § 78 (ursprünglich 65) bezeichnen. Anders aber wird man entscheiden, wenn die Ablehnung der vollen Addition der Strafe bei realer Konkurrenz a u c h auf die Annahme einer geringeren Schuld zurückgeführt wird: die Häufung einer Menge von Geldstrafen, welche den Schuldigen ökonomisch ruiniert,

---

[100]) Über Kontroversen bei dem reinen im französischen Rechte angenommenen Absorptionsprinzip in Ansehung der *res judicata*, wenn früher begangene Delikte desselben Schuldigen nach der Verurteilung wegen eines Deliktes entdeckt werden, vgl. *Garraud* **3** n. 726. Das bayer. StGB. von 1861 Art. 85 ließ ausdrücklich eine Zusatzverurteilung zu.

[100a]) Vgl. schon die ausdrücklichen Bestimmungen im bad. GB. 177—179; in anderen Gesetzgebungen ist, da nur von einer Reduktion der F r e i h e i t s - strafen die Rede ist, die Frage stillschweigend im Sinne der reinen Kumulation entschieden; so im preuß. GB. § 56, 57.

kann schließlich eine ebenso große Härte enthalten, wie das Aneinanderreihen mehrfacher Freiheitsstrafen, ja in Vermögenskonfiskation ausarten, welche um so weniger zu billigen ist, als sie nicht selten der Familie des Verurteilten die Subsistenzmittel entzieht. *Garraud* (3 n. 717) kann freilich die im französischen Rechte[101]) für die reale Konkurrenz von Contraventions anerkannte Regel der Addition der Strafen nicht nur nach dem Wortlaut des Gesetzes, sondern auch prinzipiell damit verteidigen, daß einerseits (nach französischem Rechte!) die in Betracht kommenden Strafen zu gering seien, als daß die Addition den Schuldigen zu hart treffen würde, andererseits aber der Schuldige zuweilen aus der Begehung von Polizeikontraventionen einen zu bedeutenden Gewinn ziehe; denn die Strafen der *Contraventions de simple police* sind nach dem französischen *Code d'instruction crim.* 137 in der Tat sehr gering (im Maximum 5 Tage Haftstrafe ohne Arbeitszwang, bzw. 15 Franken).[102]) Aber für das deutsche StGB., nach welchem für eine Übertretung 150 M. und selbst sechs Wochen Freiheitsstrafe erkannt werden können, passen diese Gründe nicht; sie sind auch voll zutreffend nur, wenn sonst für Realkonkurrenz das Absorptionsprinzip gilt; das System der Gesamtstrafe wird wenig dadurch getroffen. In einem Gesetzbuche, welches von Geldstrafe in höheren Beträgen Gebrauch macht, erscheint die mildernde Erkennung einer Gesamtstrafe als absolute Forderung der Gerechtigkeit, und § 63 des norwegischen GB. enthält darüber auch eine ausdrückliche Bestimmung, während freilich der schweizerische Vorentwurf Art. 52 Abs. 3 das Prinzip der vollen Kumulation sanktioniert.

Ich möchte das System der Addition für richtig halten nur bei Geldstrafen[103]) (bis zu einem bestimmten Betrage), welche unabhängig vom richterlichen Ermessen verhängt werden,[104])

---

[101]) Das französische Gesetz hat, wie bemerkt, das Prinzip der Absorption nur für *Crimes* und *Délits* ausgesprochen, während es über die Konkurrenz bei Contraventions schweigt.

[102]) Daneben die Konfiskation einzelner Sachen.

[103]) In Frankreich gilt bei *Crimes* und *Délits* das Prinzip der Absorption auch für Geldstrafen. *Pandectes franc. Cumul des peines* n. 35.

[104]) Dahin gehören auch Strafen wegen Steuer- und Zollkontraventionen, sofern die Strafen absolut in einem Vielfachen der defraudierten Summen bestehen.

sowie für andere Geldstrafen, deren jede nicht mehr als etwa 3 M beträgt.

§ 225. Wir haben die Frage erledigt, inwiefern in einer einzigen Willensbetätigung mehrere Verbrechen liegen können — genauer ausgedrückt, inwiefern durch eine einzige Willensbetätigung die gleichzeitige Anwendung mehrfacher Strafbestimmungen begründet sein kann. Es ist jetzt die umgekehrte Frage zu beantworten: unter welchen Voraussetzungen ist eine mehrfache Willensbetätigung als Verbrechenseinheit zu behandeln?

Daß dies in gewissen Fällen ohne weiteres und unbestritten geschieht, ist nicht zu bezweifeln. Wenn jemand eine Sache durch mehrfache unmittelbar nacheinander erfolgende Hammerschläge zerstört, so wird man mehrfache Sachbeschädigung nicht annehmen und ebensowenig Körperverletzung und Tötung, wenn es dem Mörder erst, nachdem er seinem Opfer mehrfache Wunden beigebracht hat, gelingt, den letzten tödlichen Schlag auszuführen.

Aber welche Merkmale entscheiden? Zur Beantwortung dieser Frage werden wir uns gleich anfangs daran erinnern,[104a]) daß aprioristische Entscheidung, da die Teilbarkeit einer Handlung in einzelne kleinere Willensakte eine unbegrenzte ist, nicht möglich erscheint, die Entscheidung, ob Einheit oder Mehrheit, vielmehr nur nach dem Gesichtspunkte gegeben werden kann: welches ist der Sinn des in Betracht kommenden Strafgesetzes, und eventuell verdient der Schuldige einfache oder erhöhte Strafe nach Maßgabe der allgemeinen, aber gleichwohl positiven Prinzipien unseres Strafrechts?

Für zwei Fälle ist die Entscheidung, ob mehrfache Straftat (reale Konkurrenz) vorliegt, leicht vorweg zu geben. Wenn die Objekte, gegen welche sich die Tätigkeit des Handelnden richtet, derartig differenziert erscheinen, daß selbst bei einem einzigen Willensakte gleichwohl mehrere Gesetzesverletzungen in homogener idealer Konkurrenz angenommen werden müssen, so muß bei mehrfachen Willensakten reale Konkurrenz angenommen werden.[105]) Wer durch zwei hintereinander abgefeuerte Schüsse

---

[104a]) Vgl. oben S. 507 ff.

[105]) GR. III 21./5. 81 E. 4 Nr. 63 S. 189 läßt es dahin gestellt sein, ob bei einer Mehrheit gegen verschiedene Personen, vesrschiedenartig und zeitlich hinterein-

zwei Menschen tötet, macht sich zweier doloser Tötungen in realer Konkurrenz schuldig, möchte er auch von vornherein entschlossen gewesen sein, beide Personen unmittelbar nacheinander zu töten. Daß vom subjektiven Standpunkte aus hier Einheitlichkeit der Absicht angenommen werden mag, ist freilich zweifellos. Aber nach dem rein subjektiven Standpunkte des Handelnden zu entscheiden, wäre vollkommen ungerecht; denn offenbar erfährt der Handelnde nach dem, was oben über die nach den neueren Gesetzgebungen bei Konkurrenz der Delikte eintretende Gesamtstrafe gesagt ist, eine strafrechtlich mildere Behandlung, wenn Einheitlichkeit des Verbrechens (der Handlung) angenommen wird — und doch sollte man meinen, daß, wer von vornherein die Absicht hat, sogleich zwei Menschen zu töten und diese Absicht durch einheitliche Tätigkeit verwirklicht, strafbarer sei [106]) als derjenige, der erst im Augenblicke der Tat, z. B. weil er Entdeckung fürchtet, sich zur Tötung auch der zweiten Person entschließt.[107]) Wenigstens aber könnte man einwenden, es sei im Grunde unerheblich, ob jemand durch zwei in kurzer Frist nacheinander abgegebene Schüsse zwei Menschen tötet oder verwundet oder ob ihm diesen Doppelerfolg zu erreichen mit einem Schusse gelingt. Aber immerhin wird ein zweiter Schuß m e i s t eine, wenn auch oft geringe, neue Willensenergie fordern, eine neue Überwindung sittlicher Gegenmotive: der Schuldige sieht z. B. das Opfer seiner ersten Handlung

---

ander verübter Körperverletzungen auch nur ein fortgesetztes Verbrechen d e n k b a r sei, und entscheidet dann gegen die Annahme eines fortgesetzten Verbrechens aus anderen Gründen. Dagegen spricht sich RG. I. 13./10. 83 Rs. 5 S. 609 entschieden für reale Konkurrenz aus, falls mehreren Personen in unmittelbarer Folge Körperverletzungen zugefügt werden; Körperverletzung sei ein Delikt gegen die Persönlichkeit. Ebenso bei mehreren gegen mehrere Personen nacheinander (aber *in continenti*) ausgestoßenen Schimpfworten RG. III 28./1. 84 E. 10 Nr. 16 bes. S. 55. (Wesentlich für die Entscheidung über Einheitlichkeit der Handlung sei jedenfalls die Frage, ob die aus demselben Entschlusse entsprungenen Handlungen sich gegen dasselbe Objekt d. h. gegen dasselbe Rechtsgut richten, was bei verschiedenen gegen verschiedene Personen ausgestoßenen Schimpfworten nicht der Fall sei.)

[106]) *v. Buri* (Einheit und Mehrheit) hat darauf aufmerksam gemacht, es könne doch praktisch einen Unterschied nicht begründen, daß jemand mit zwei unmittelbar nacheinander abgefeuerten Schüssen zwei Personen töte, gegenüber dem Falle, daß er zwei Gewehrläufe gleichzeitig gegen die beiden Personen abschieße.

[107]) Man denke sich, A beschließt die B zu töten, um sich ihr Geld anzueignen. Als er die B gerade gemordet hat, kommt unvermutet die C, und nun ermordet er auch die C. A ist hier nicht so strafbar, als wenn er von vornherein beschlossen hätte, die C mitzumorden, weil diese ihm hinderlich sein könnte.

im Todeskampfe sich winden und wird dadurch nicht abgehalten, noch ein zweites Leben zu vernichten. Freilich kann die zweite Handlung an die erste sich in wenigen Augenblicken anreihen und leidenschaftliche Erregung den trennenden geringen Zeitraum gleichsam überbrücken: es bleibt dennoch meist ein Unterschied, und wenn ideale und reale Konkurrenz, wie oben vorgeschlagen wurde, nicht, wie gegenwärtig nach dem deutschen StGB. der Fall ist, in Ansehung der Strafe so schroff geschieden werden, vielmehr bei idealer homogener Konkurrenz die Strafe um die Hälfte des einfachen Verbrechens erhöht werden kann, so wird auch den auf der Grenze stehenden Fällen eine Behandlung zuteil werden, bei welcher klaffende und ungerechte Differenzen nicht hervortreten.

Der zweite ebenso zu entscheidende Fall ist die nacheinander erfolgende Begehung verschiedenartiger Verbrechen. Auch hier gibt die ideale Konkurrenz die Entscheidung. Man wird Realkonkurrenz nicht verneinen wollen, wenn A. den B. in dessen Wohnung ermordet und sodann, um die Entdeckung der Tat zu hindern, das einsam liegende kleine Haus des B. anzündet.

Es kann daher der Satz aufgestellt werden:

> Ein Handeln, das bei streng einheitlichem Willensakte (den Willen in Erfolg umsetzender physischer Bewegung, oder was hier in der enormen Mehrzahl der Fälle dasselbe bedeuten wird, einheitlicher entscheidender Körperbewegung) als idealer Konkurrenzfall sich darstellen würde, ist bei unterscheidbaren Willensakten ein Fall realer Konkurrenz.

§ 226. Die Frage ist aber durch Entscheidung dieser Fälle keineswegs erschöpft.

Ist es Realkonkurrenz, wenn jemand durch verschiedene unterscheidbare Willensakte allmählich einen Tatbestand verwirklicht, der in einem Strafgesetze als Delikt bestimmter Art bezeichnet ist? Z. B. jemand gelangt erst nach mehrfachen, etwa auch zeitlich getrennten Anläufen — Versuchen — dazu, den beabsichtigten Diebstahl oder Mord auszuführen. Ist hier Realkonkurrenz der verschiedenen Versuchshandlungen mit der schließlichen Vollendung anzunehmen? *A priori* ist eine Entscheidung unmöglich, weder nach dem objektiven (physischen)

Erfolge [108]) noch nach der Zeitfolge (Kontinuität der einzelnen Tätigkeitsakte) noch nach der Vorstellung des Handelnden noch nach der Kombination der beiden letzten Momente. Aber man frage: „Ist es prinzipiell richtig, den A. strenger mit einer über die höchste Strafe des einfachen Verbrechens hinausgehenden Strafe zu belegen, also ihn härter zu strafen als den B., weil A. erst nach mehrfachen Versuchen den verbrecherischen Erfolg verwirklicht hat, während dem B. dies mit einem einzigen Willensakte gelungen ist." [108a]) Bei dieser den strafrechtlichen Zweck in sich aufnehmenden Fragestellung wird es sofort klar, daß jener prinzipielle Unterschied unrichtig sein würde. Wenn demjenigen, der erst nach mehrfachen vergeblichen Versuchen zum Ziele gelangt, eine größere Intensität des verbrecherischen Willens scheint zur Last zu fallen, so erweist sich dies in einer sehr großen Anzahl von Fällen bei genauerer Untersuchung doch als unrichtig. Jemandem, der mit einem Schlage sein Ziel erreicht, wird dies sehr oft nur deshalb gelingen, weil er vor Beginn seiner Tätigkeit alles genau überlegte, und genaue Überlegung ermöglicht die Berücksichtigung ethischer Gegenmotive ebensosehr wie mehrfaches Handeln ohne genaue Überlegung. Es soll damit nicht gesagt sein, daß nicht unter Umständen der mehrfache Ansatz zur Erreichung des Erfolges höhere Strafbarkeit begründe. Indes diese höhere Strafbarkeit muß sich rationell innerhalb der Grenzen der Strafzumessung (des gesetzlichen Strafrahmens) halten; ein so tiefgreifender Unterschied wie einfache und mehrfache (wenn auch als mehrfache gemilderte) Strafe wäre unrichtig. Wir können daher sagen: macht das Gesetz die volle Strafe von der Erreichung eines Erfolgs abhängig, so ist es prinzipiell gleich, ob dieser Erfolg durch einfache oder mehrfache Willensaktion erreicht wird. Die mehrfachen Willensakte gelten daher als Einheit, und es wäre ferner im Beibehalt dieser Entscheidung widersinnig, sie nicht auch im Falle des Versuchs als Einheit zu behandeln, wo der Erfolg nicht erreicht wird.

[108]) Dies führt *Höpfner* I S. 228 aus. Man kann, wenn eine Bildsäule vorsätzlich beschädigt wird *a priori* ebenso das Abschlagen eines Armes usw. wie den gesamten Erfolg als Einheit ansehen.

[108a]) Anders *Höpfner*, der aus der Kombination der beiden letzteren Momente die Einheitlichkeit der Handlung *a priori* ableitet — aber schließlich als entscheidende Norm nur den sinnlichen Eindruck gelten läßt.

Sofern das Gesetz nicht wegen besonderer Mittel, den Erfolg zu erreichen, besondere Verbrechensarten unterscheidet, kann daher auch die Anwendung mehrfacher Mittel der Konsequenz nach für die Frage, ob Einheit oder Mehrheit der Handlung, nicht in Betracht kommen. Es ist z. B. bei mehrfachen Diebstahlsversuchen für die Frage der Einheit der Handlung ohne Bedeutung, ob der Dieb zuerst versucht, den Eingang eines Magazins zu erbrechen und später durch Einsteigen seinen Zweck erreicht. Enthält aber der Versuch schon den Tatbestand eines vollendeten Delikts, z. B. der Versuch zu morden den Tatbestand einer vollendeten Körperverletzung, so muß es allein darauf ankommen, ob nach allgemeiner Erfahrungspsychologie zwischen dem ersten Erfolge für ethische Gegenmotive Zeit vorhanden war, sich geltend zu machen. Wer mittels mehrerer Hammerschläge, deren jeder dem Angegriffenen eine weitere Verletzung zufügt, rasch tötet, begeht nur ein Verbrechen, das vollendete Verbrechen des Totschlages oder Mordes; wer aber am 1. März aus dem Hinterhalte durch einen Schuß einen andern zu töten versucht und nur verwundet, dann aber am 10. März durch einen zweiten Schuß tötet, hat zweifellos die Strafe der Körperverletzung und des Mordes verdient: der in der ersten Handlung sonst liegende Tötungsversuch ist freilich durch die spätere Vollendung der Tötung absorbiert.

Eine Ausnahme ist begründet, wenn ein Ereignis während der Aufeinanderfolge der verschiedenen Willensakte sich dem Handelnden bemerklich macht, das regelmäßig eine tiefgreifende ethische Abmahnung enthält,[109]) die nur dann nicht wirkt, wenn dem Handelnden eine besonders starke Energie behufs Erreichung des verbrecherischen Erfolges eigen ist, so z. B. eine Entdeckung, welche leicht zur Bestrafung führen kann, oder gar die Einleitung einer Untersuchung. Nach Eintritt solcher Ereignisse läßt sich, wie wohl allgemein anerkannt wird, die Einheit der Handlung strafrechtlich nicht aufrechterhalten.

---

[109]) Allgemeine (allerdings meist nicht zu voller Konsequenz durchgeführte) Ansicht, vgl. z. B. *Schwarze* § 74 Anm. 6; *Binding*, Handb. 1 S. 560, Anm. 49; *Liszt* § 55 Anm. 55, Anm. 2 Schluß. „Ausgeschlossen ist die Zusammenfassung von Handlungen, zwischen welchen eine Bestrafung liegt." Ebenso *Oppenhoff-Delius* § 74 Anm. 8 b; *Rathenau* GS. **56** S. 134 (konsequent); *Heinsheimer*, Zeitschr. **20** S. 564 ff.; *Höpfner* **1** S. 250; *Doerr* S. 102, 103.

Da aber der Schuldige gleichwohl seine auf Erfolg gerichtete Absicht festhalten kann, und man ihn gerade bei dieser besonderen Intensität seines verbrecherischen Willens nicht gelinder wird strafen können, als wenn ein Ereignis jener Art ihn veranlaßt hätte, seine verbrecherische Absicht einstweilen aufzugeben, er aber (z. B. bei eintretender günstiger Gelegenheit) darauf zurückgekommen wäre, so ergibt sich, daß es nicht das Festhalten (die Einheitlichkeit) des Entschlusses sein kann, wovon strafrechtlich betrachtet die Einheit des Verbrechens abhängen darf.

§ 227. Ist es ferner Realkonkurrenz, wenn zwar genau betrachtet verschiedene Willensakte unterscheidbar sind, und auch jeder dieser Willensakte den Tatbestand des Delikts vollständig verwirklicht, der Erfolg aber, soweit er schädlich und fühlbar ist, unbefangener Betrachtung [110]) als einheitlicher erscheint? Auch hier ist Realkonkurrenz abzulehnen.

Es kommt hier, da der Erfolg nur als Einheit fühlbar sein muß, um Einheit der Handlung zu begründen, wesentlich auf Kontinuität, auf rasche Folge der einzelnen Akte an. Mehrere Schimpfworte, rasch nacheinander gegen dieselbe Person geäußert, werden nur in ihrer Gesamtwirkung fühlbar, ebenso wie mehrere *in continenti* dieselbe Person treffende Faustschläge. Die nicht *in continuo* erfolgende Wiederholung kann auch deshalb auf mildere Beurteilung als einheitliches Delikt Anspruch nicht haben, weil dann zwischen den mehreren Willensakten ethische Gegenmotive sich geltend machen können. Daß der Begriff der Kontinuität ein fließender ist, kann freilich nicht geleugnet werden; dies ist aber hier wie bei zahlreichen anderen strafrechtlichen Fragen kein Beweis unrichtiger Beantwortung. Die Erfahrungspsychologie hat hier das entscheidende Wort zu sprechen und dabei auf die Natur des begangenen Delikts Rücksicht zu nehmen. [111]) Während wörtliche Beschimpfungen und Verleumdungen nur einen recht kleinen Zeitraum zur Verwirklichung bedürfen und

[110]) Hier ist indes auf das oben S. 516 Gesagte zu verweisen. Naive Auffassung trennt die Erscheinungen, also auch die Handlungsakte; vorgeschrittene Kultur fragt nach der Bedeutung, der Wirkung, faßt daher die Handlungsakte zusammen, wenn sie in ihrer Wirkung, ihrer Fühlbarkeit zusammenfließen.

[111]) Darauf macht mit Recht aufmerksam *Höpfner* 1 S. 234, der schließlich weniger nach einer bestimmten Theorie als nach dem Gefühl die einzelnen von ihm erörterten Fälle entscheidet.

meist der Affekt die rasche Aufeinanderfolge verschiedener Äußerungen herbeiführt, kann für Ausführung eines Diebstahls längere Zeit erforderlich sein. Eine längere Pause bei Beschimpfungen, welche gegen dieselbe Person gerichtet sind, kann also die Annahme mehrerer Beleidigungen rechtfertigen. Bei einem Diebstahle von Wertobjekten, bei welchem der Dieb auch eine vorgefundene Flasche Wein in aller Gemütlichkeit austrinkt, bedeutet die Pause keine Mehrheit von Diebstählen, wenn er nach jenem Genusse noch andere Objekte außer denjenigen wegnimmt, die er vor jenem Genusse sich angeeignet hatte. Aber auch die rascheste Aufeinanderfolge verschiedenartiger Verbrechen wird strafrechtlich nie Einheit der Handlung begründen können, weil bei Verschiedenartigkeit des Verbrechens andere ethische Gegenmotive in Betracht kommen und somit auch der Charakter der Handlung sich in verschiedener Weise als strafwürdig zeigt.[112])

Bei den sogenannten Kollektivdelikten, bei denen ein gewohnheitsmäßiges, gewerbsmäßiges Handeln bestraft wird, kommt die einzelne Handlung als einzelne nicht, vielmehr nur als Element eines Gesamtverhaltens in Betracht: eine Einzelhandlung oder eine Mehrheit kann daher mit einer anderen strafbaren Handlung in ideale Konkurrenz treten. Diese Handlungen scheiden damit — falls nicht der Ausdruck des Gesetzes ein anderes Ergebnis liefert — aus dem Gesamtverhalten als besonders charakterisierte Akte aus, und wenn die übrigen Handlungen noch genügen, das Kollektivdelikt zu bilden,

[112]) Nach *Höpfner* 1 S. 222 soll überhaupt über Einheit und Mehrheit der Verbrechen der sinnliche Eindruck entscheiden, der dann dazu führen soll, die verschiedenartigsten von derselben Person begangenen Verbrechen als Einheit der verbrecherischen Handlung aufzufassen, falls sie nur schnell (kontinuierlich) aufeinander folgen. Dies wird damit begründet, daß die hauptsächlichste Bedeutung des Verbrechens in der Erschütterung des Gefühls der Rechtssicherheit bestehe; für dieses sei es einerlei, ob verschiedenartige Erfolge durch einen oder durch mehrere Tätigkeitsakte herbeigeführt seien. Letzteres ist nicht zutreffend (vgl. oben S. 538), und sinnfälliger Eindruck und Erschütterung des Gefühls der Rechtssicherheit sind keineswegs identisch. Auch *Binding*, Handb. 1 S. 575 legt auf die Sinnfälligkeit Gewicht, aber keineswegs ausschließlich, und benutzt diesen Begriff umgekehrt, um darzutun, daß bei sinnfälligen Zeitunterschieden nie Einheit der Handlung, vielmehr Realkonkurrenz anzunehmen sei. Nach dem sinnfälligen Eindrucke könnte es als einheitliche Handlung angesehen werden, wenn jemand, der in Wut geraten ist, mehrere Menschen in wenigen Augenblicken nacheinander verwundet oder tötet.

so muß dieser strengen Logik zufolge Realkonkurrenz der besonders charakterisierten Handlungen mit dem Kollektivdelikte angenommen werden. Dies Ergebnis verletzt aber das Rechtsgefühl. Hätte der Schuldige sämtliche ihm zur Last gelegten Handlungen mit der besonderen Qualifikation vorgenommen, so würde nur Idealkonkurrenz der Kollektivdelikte mit den besonders charakterisierten Delikten vorliegen. Man kann aber, um diesen entschieden unbefriedigenden Kontrast zu vermeiden, folgendermaßen argumentieren. Wenn das Gesetz bestimmte Handlungen als Kollektivdelikt auffaßt, so will es, daß sie nicht als Einzelhandlungen in Betracht kommen, also auch nicht, wenn einzelne jener Handlungen besondere Qualifikationen an sich tragen; es wirkt daher diese Qualifikation für das Gesamtverhalten der Schuldigen; es ist Gewohnheitsmäßigkeit, Gewerbsmäßigkeit in idealer Konkurrenz mit der einzelnen oder der Mehrzahl ausgezeichneter Handlungen anzunehmen. Dies Ergebnis entspricht der psychologischen Würdigung des Verhaltens des Schuldigen. Dieser zeigt durch sein Verhalten, daß es ihm bei seinem gewohnheitsmäßigen, gewerbsmäßigen Handeln nicht darauf ankommt, auch mit dem Qualifikationsmomente zu handeln. Allerdings wenn der gegenwärtig geltende schroffe Unterschied der Strafbarkeit der idealen und der realen Konkurrenz fällt, so wird die Frage[113]) wenig praktische Bedeutung haben, und sind die in Betracht kommenden Strafrahmen weit, so kann der Richter, sobald er nur nicht auf das Strafmaximum der qualifizierten Handlung erkennt, die Kontroverse schon jetzt weniger bedeutungsvoll machen.

§ 228. Realkonkurrenz liegt endlich nicht vor, wenn es der Natur der Handlung entspricht, daß der Schuldige diese, wenn er nicht daran verhindert wird, mehrmals begehe, weil sie sonst sich nicht lohnen würde, ebenso wenn der Schaden, den die Handlung verursacht, durch ihre Wiederholung nicht in wahrnehmbarer Weise vergrößert wird und der Wortlaut des Gesetzes dieser Zusammenfassung mehrerer wirklichen Willensakte zu einer

---

[113]) In dem durch RG. III 1./3. 82 E. 6 Nr. 48 S. 132 entschiedenen Falle hatte die Angeklagte gewohnheitsmäßig (StGB. § 180) und aus Eigennutz fremden Mädchen, aber auch den eigenen Töchtern (StGB. § 181, 2) Gelegenheit zur Unzucht gegeben. — Darüber *Lilienthal* S. 57; *Binding*, Handb. 1 S. 551.

Einheit nicht entgegensteht. Der gesetzliche Ausdruck läßt solche Behandlung zu, wenn das Gesetz von der deliktischen Handlung im Plural spricht, so wenn es von Nachmachen von Geld, Banknoten, Stempelmarken usw., andererseits von unzüchtigen Handlungen spricht.[114]) Lediglich daraus, daß das Gesetz sich des Plurals bedient, um, sei es die Objekte, sei es die Handlung selbst zu bezeichnen, darf aber nicht geschlossen werden, daß die mehreren Handlungen, von denen jede den vollen Tatbestand des Delikts enthält, nun als Einheit behandelt werden sollen; wenigstens unser gegenwärtiges StGB. ist für solche Auslegung nicht genau genug redigiert. So spricht StGB. § 286 von der Veranstaltung öffentlicher Lotterien und Ausspielungen. Es läßt sich aber absolut kein Grund auffinden, weshalb jemand, der zwei verschiedene verbotene Lotterien veranstaltet, nicht nach den allgemeinen Grundsätzen der Realkonkurrenz bestraft werden soll. Dagegen scheint mir der Gebrauch des Plurals in § 288 „Wer bei einer ihm drohenden Zwangsvollstreckung . . . . . Bestandteile seines Vermögens veräußert" nicht ohne Bedeutung. Nicht die Einziehung der einzelnen Sachen als solche, ist hier maßgebend, vielmehr der Wert der Sache, und dieser wird nur zusammengerechnet und nicht in Einzelbeträgen dem Gläubiger fühlbar.

§ 229. Eine Billigkeitsbetrachtung führt aber weiter dahin, es bei der Strafe des einfachen Delikts — wenn auch mit schärferer Zumessung — da bewenden zu lassen, wo zwar mehrere durchaus unterscheidbare, weil zeitlich etwa durch Tage und Wochen, vielleicht gar noch durch längere Zeiträume getrennte, jedesmal den gesamten Deliktstatbestand darstellende Tätigkeitsakte vorliegen.

Nicht selten bietet diese Behandlung auch den praktischen Vorteil, daß die schwierige oder unmögliche Feststellung einzelner Zwischenfälle unterbleiben kann: man kennt Anfangs- und Endtermin der Deliktshandlungen und weiß, wie hoch der Gesamtschaden sich beläuft. Das genügt, wenn sämtliche Deliktshandlungen in Ansehung der Strafe als Einheit behandelt werden. Und jene beiden Umstände — nur geringe Erhöhung

---

[114]) Zusammenstellung solcher Vorschriften bei *Doerr* S. 68 Anm.

der Fühlbarkeit des Delikts für den Verletzten, gleicher Anlaß zur Begehung — können auch zusammen kommen. Der eine wie der andere Umstand läßt die Schuld geringer erscheinen als in anderen Fällen der Realkonkurrenz: die ethischen Gegenmotive haben geringere Kraft als wenn an sich verschiedene Delikte begangen werden oder dasselbe Delikt unter verschiedenen Umständen. Darin liegt der Ursprung der Lehre vom fortgesetzten Verbrechen[115]) (*Delictum continatum*). Ein klassisches viel benutztes Beispiel bietet in erster Beziehung der Ehebruch. Hat der mit der B verheiratete A Ehebruch mit der C begangen, so wird das eheliche Verhältnis nur wenig mehr zerrüttet, wenn der Ehebrecher auf die erste Ehebruchshandlung noch weitere folgen läßt, jedenfalls wenn der Ehebruch weiter mit derselben Person begangen wird. Ein wohl allgemein hierher gerechnetes Beispiel der zweiten Art ist der immer nach Verlauf mehrerer Tage auf dieselbe Weise wiederholte Diebstahl des Lehrlings, der Geld aus der Ladenkasse seines Prinzipals nimmt. Sieht man hier auf die Willensakte selbst, so ist von einer Deliktseinheit nicht zu reden; sieht man dagegen auf die praktische Folge, auf die Strafe, so kann von Deliktseinheit gesprochen werden. So erklärt sich die Differenz der Anschauungen und der Umstand, daß man in der Handlungseinheit nicht selten auch eine Mehrzahl von Handlungen erblickt und, um Einheit und Mehrheit in einen Widerspruch nicht geraten zu lassen, die einzelnen Handlungen des Gesamtbildes des Verhaltens des Schuldigen als unselbständige bezeichnet hat. Wenn also gegen diejenigen polemisiert worden ist, welche, unselbständige Handlungen in der Lehre vom fortgesetzten Verbrechen erblickend, gleichwohl dieselben als Einheit behandelt haben, so ist dies nur eine Polemik gegen Worte, die eingehend zu beachten, kein Anlaß gegeben ist.

Nie aber kann die mildere Bestrafung mehrerer Handlungen, als läge nur ein Delikt vor, gerechtfertigt sein, wenn diese Handlungen gegen verschiedene Allgemeininteressen sich richten oder gegen verschiedene körperliche Objekte,[116]) falls

---

[115]) Dasselbe ist oft mit dem einfachen durch mehrere Tätigkeitsakte ausgeführten Verbrechen (irrigerweise) identifiziert worden, so von *Berner*, Lehrb. S. 306

[116]) Der Ausdruck „Rechtsgut", der genommen werden kann einmal im Sinne eines Interesses der allgemeinen Rechtsordnung (Achtung vor dem Leben,

die Differenz dieser bei einem einzigen Tätigkeitsakte uns zwingen würde, homogene ideale Konkurrenz anzunehmen: die Lehre von der idealen Konkurrenz liefert auch hier die Grenze der Zulässigkeit, einen Handlungskomplex als Einheit zu behandeln, d. h. als Einheit zu bestrafen.

§ 230. Aber die Beachtung dieser äußersten Grenzen genügt nicht. So genügt es nicht, daß dasselbe Delikt mehrmals gegen dasselbe Objekt begangen sei, um es als fortgesetztes zu behandeln, wie die ältere gemeinrechtliche Theorie[117]) meist getan hat, und *Mittermaier* wurde es (1818) nicht schwer, den hier vorliegenden Irrtum nachzuweisen.[118]) Wenn jemand bei derselben Gelegenheit dieselbe Person mit einer Reihe von Schimpfworten bedenkt, so ist dies zwar eine Beleidigung. Erfolgt dagegen eine Beschimpfung, eine Mißhandlung derselben Person wiederholt bei verschiedenen Gelegenheiten, so kann weder von einer wirklichen Einheit der Handlung, noch von einer Fortsetzung die Rede sein, der die (mildere) Bestrafung des einfachen Delikts angemessen wäre. Wenn der Schuldige auch die folgende Handlung als Fortsetzung eines Gesamtplanes ansehen mag — etwa des Planes: „Ich werde den X bei jeder Gelegenheit, wenn ich ihn sehe, beschimpfen" — so wird die Handlung dem Verletzten bei jeder Gelegenheit vollständig wieder fühlbar, und wie sollte wohl die Wiederholung ohne weiteres einen Grund milderer Beurteilung liefern? Eher wäre bei solchen Verhalten des Schuldigen das Gegenteil zu behaupten.

Mit der Aufstellung einer eigenen Ansicht war *Mittermaier* weniger glücklich.[119]) Richtige Entscheidung der einzelnen ange-

---

Eigentum anderer) und sodann im Sinne körperlicher durch die Rechtsordnung geschützter Objekte, kann auch hier leicht Anlaß zu Verwirrung und Irrtum geben und hat solchen Anlaß gegeben.

[117]) Vgl. dafür *Koch* § 158; *Klein* § 158; *Grolmann* § 121; auch *Feuerbach* § 128 und später noch *Abegg*, Lehrb. § 161. Eine gesetzliche Sanktion dieser Theorie findet sich im bayer. GB. v. 1813 Art. 110.

[118]) Diese Theorie wurde irrigerweise auf L. 68 § 2 D. 47, 2 gestützt, die deshalb hier nicht benutzt werden kann, weil die in dieser Stelle erwähnte zweite Handlung des Diebes nach *Celsus'* Ansicht überhaupt kein Diebstahl ist. — L. 46 § 9 L. 57 (56) pr. D. 47, 2 beweisen die Irrigkeit der Ansicht, daß an demselben Objekte nicht dasselbe Delikt (mit der Wirkung realer Konkurrenz) wiederholt begangen werden könne.

[119]) In der späteren in *Demmes* Annalen veröffentlichten Abhandlung hat M., überhaupt auf ein allgemeines Prinzip verzichtend, nur mehrere wichtige Falle entschieden und diese Methode, das fortgesetzte Verbrechen zu behandeln, der Gesetzgebung empfohlen.

führten Fälle konnte das zu unbestimmte Prinzip, das die als fortgesetzte Verbrechen zu betrachtenden Verbrechen in einem gewissen Zusammenhang stehen müssen, nicht annehmbar machen. Mehr Zustimmung fand daher die ungefähr gleichzeitig aufgestellte Theorie, derzufolge ein subjektives Moment die Einheitlichkeit des Entschlusses[120]) oder auch des Zweckes entscheiden soll. Aber es können die mannigfachsten Vorsätze[121]) auf Grund desselben Entschlusses gefaßt werden, z. B. können sehr verschiedenartige Diebstähle auf Grund eines und desselben Entschlusses oder zur Erreichung eines und desselben Zweckes begangen werden, etwa auf Grund des Entschlusses eine bestimmte Summe zu einem bestimmten Zwecke zusammenzustehlen. Man macht damit die Willkür des Handelnden zum entscheidenden Momente, und wenn selbstverständlich das fortgesetzte Verbrechen im Gegensatze zu dem wiederholten eine geringere Bestrafung rechtfertigen soll, so wird in Wahrheit ein Umstand, der, rationell betrachtet, ein Straferhöhungsgrund sein sollte, zu einem Grunde der Strafherabsetzung umgewandelt; denn wer gleich anfangs entschlossen ist, das Verbrechen zu wiederholen, ist zweifellos strafbarer als derjenige, der erst nach und nach zur Wiederholung sich bestimmen, insbesondere durch eine besonders günstige Gelegenheit sich verlocken läßt.[122])

Bei dieser Lage der Kontroverse[123]) griff man zu Kombinationen. Eigentümlich und vielleicht nur durch das Be-

[120]) So *Schröter*, Lehrb. I S. 199; er entscheidet zunächst nach der Einheit der Absicht, identifiziert aber dann ohne weiteres Absicht und Entstehen; *Henke* I § 91, auch nassauisches GB. 110, badisches § 180. — *Schröter* S. 201 ff. nimmt aber auch Einheit der Absicht in dem Falle an, daß die „Tat an verschiedenen Gegenständen derselben Rechtsordnung wiederholt wurde" wie in dem Falle, daß die Tat, die eine geringere Rechtsverletzung bewirkte, in der Absicht einer größeren unternommen wurde und dann zu deren Bewirkung wiederholt wird. — Die Unklarheit kann kaum weiter getrieben werden.

[121]) Bei jeder der mehreren Handlungen ist eine neue Willensaktion, ein neuer Vorsatz erforderlich.

[122]) Gegen die Entscheidung lediglich nach der Einheit des Entschlusses insbesondere: *Mittermaier* in *Demmes* Ann. S. 11, und die die Unrichtigkeit des Prinzips besonders gut darlegende Ausführung *Trefurts*, Arch. d. Cr. 1838 S. 425 ff. und die unten erwähnte Praxis des RG.

[123]) Von dem subjektiven Gesichtspunkte aus, dem zufolge freilich nicht der einheitliche Entschluß, wohl aber die einheitliche Triebfeder für mehrere aus ihr hervorgehende Verbrechen eine nur einmalige Strafe rechtfertigt, gelangt *Sander* (vgl. bes. Arch. d. Cr. 1826 S. 383 ff.) mit Hilfe des weiteren Satzes, daß die wiederholte Begehung einer unter dasselbe Strafgesetz fallenden Handlung auf derselben

streben zu erklären, das für die Realkonkrrenz geltende, in seiner Konsequenz (namentlich bei vielfacher Wiederholung kleiner Diebstähle) oft äußerst harte Kumulationsprinzip zu mildern, war es, daß in den Gesetzbüchern für Hannover (106) Altenburg 49, Braunschweig 56 und Thüringen 51 fast gleichlautend drei Merkmale für das fortgesetzte Verbrechen das subjektive Merkmal — Ausführung eines und desselben Beschlusses — und zwei objektive Merkmale — Beziehung der mehreren Handlungen auf das nämliche Verhältnis und Charakter der Handlungen — als Bestandteile und Stufen einer und derselben Tat alternativ aufgestellt wurden. Die Auslegung solcher in dieser Form und Verbindung prinzipwidriger Bestimmungen, in welcher die einzelnen Alternativen auf bestimmte besondere Fälle zugeschnitten waren, hatte es schwer, Ergebnisse zu vermeiden, welche seltsam erscheinen mußten;[124]) aber sie ermöglichte, ohne geradezu das Gesetz zu verletzen, dem Gerechtigkeitsgefühle widersprechende exorbitante Bestrafungen abzuwenden.[125])

Einen richtigeren Weg schlug dagegen *Köstlin* (**1** S. 546ff.) ein, indem er zwei bis dahin getrennt geltend gemachte Merkmale kumulativ verlangte, um in mehreren Handlungen ein fortgesetztes Verbrechen zu finden. Er verlangte Einheitlichkeit der Absicht u n d Einheitlichkeit des Objekts. Aber um Einwendungen zu entgehen, müsse man das wahre Objekt des Verbrechens sich klar machen: bei manchen Delikten wachse durch die Wiederholung die Verletzung nicht (so sei bei Verletzung der ehelichen Treue, der natürlichen Sittlichkeit unter Blutsverwandten, der Treue gegen einen bestimmten Staat, der Defraudation eines Beamten gegen eine bestimmte Kasse): hier können unbestimmt viele Akte nur ein Verbrechen darstellen, sobald es an der Einheitlichkeit des Entschlusses

---

Triebfeder beruhe, zu dem eigentümlichen auf objektiver Entscheidungsnorm beruhenden Ergebnisse, daß überhaupt die mehreren unter dasselbe Strafgesetz fallenden Handlungen nur die fortschreitende Entwicklung eines Delikts und daher nur mit einer Strafe zu ahnden seien, ein Satz, von dem etwa nur bei Verbrechen »*quae praecipue personam spectant*« eine Ausnahme zu machen sei.

[124]) Vgl. *v. Bothmer*, Erörterungen und Abhandlungen aus dem Gebiete des hannoverschen Kriminalrechts **1** (1843) S. 143 Anm.

[125]) Vgl. in dieser Beziehung *v. Bothmer* a. a. O. S. 141 ff. und *Leonhardt*, Komment. **1** S. 459 ff.

nicht fehle, und ebenso haben Verbrechen gegen das Eigentum keine qualitative Grenzen, auch wenn das Eigentum mehreren Personen zustehe. Bei diesen Verbrechen sei also fortgesetztes Verbrechen vorhanden, wenn es glaublich gefunden werden könne, daß der Täter sie in der Einheit eines Entschlusses zusammengefaßt habe, während gleichzeitige Entschlüsse zu Verbrechen unmittelbar gegen die Persönlichkeit verschiedener Personen auszuscheiden seien.

Die Einheitlichkeit des Entschlusses, für welche (*Köstlin* S. 548) die Beschaffenheit konkreter Umstände in Betracht kommen, Einheit der Zeit, des Orts, der Gelegenheit dagegen nicht unbedingt maßgebend sein sollte,[125a]) erschien indes, so sehr sich auch schon *Breidenbach* (2 S. 550ff.) dieses im hessischen StGB. Art. 111 angenommene Entscheidungsmoment zu rechtfertigen bemüht hatte, aus den bereits hervorgehobenen Gründen nicht haltbar.[126]) *Schwarze* (GS. 1857) polemisierte eingehend gegen dieses Merkmal, nach welchem die „Willkür des Verbrechers" (S. 86) entscheiden würde, erblickte aber darin, daß *Köstlin* auch Einheitlichkeit des Objektes verlangte, zwar noch nicht das richtige Entscheidungsprinzip, wohl aber das Anerkenntnis, daß ein objektives Moment die Entscheidungsnorm zu geben habe.

Demnach forderte *Schwarze* nur „Urteilbarkeit des Objekts" welche die juristische Einheit des Verbrechens bedingt (mehrmalige Verletzung der ehelichen Treue in bezug auf dasselbe eheliche Verhältnis, welches letzteres das unteilbare Objekt des Verbrechens sei). Wenn jene Unteilbarkeit dagegen fehlt, z. B. wenn jemand mehrmals dieselbe Person bestiehlt, dieselbe Person mehrmals an ihrer Gesundheit schädigt, ihrer Freiheit beraubt, soll nach *Schwarze* fortgesetztes Verbrechen nicht vor-

125a) Vorstellung des Schuldigen, daß er kraft eines einheitlichen Entschlusses handeln soll, nicht nur von dem subjektiven Belieben des Schuldigen abhängen, sondern sich unabhängig hiervon am Objekte vorfinden.

126) Daß ein einheitlicher Entschluß gar nicht immer zum fortgesetzten Verbrechen erforderlich ist, hebt *Schwarze* (S. 89) sehr richtig hervor. A begeht mit der B der Ehefrau des C durch die Gelegenheit verführt einmal Ehebruch. Er denkt zunächst nicht an Wiederholung, bereut vielmehr was geschah. Aber da einmal die Treue gebrochen, lassen sich beide Schuldige zu Wiederholungen verleiten. Allerdings hat *Schwarze* bei Aufstellung dieses Beispiels ein anderes Erfordernis des fortgesetzten Verbrechens nicht beachtet und ist daher, soviel dieses Beispiel betrifft (vgl. GArch. 8, S. 440), selbst zweifelhaft geworden.

liegen, die Anwendung insbesondere desselben konkreten Mittels, mehrere Personen zu betrügen, die Annahme eines fortgesetzten Verbrechens nicht rechtfertigen.

Theoretisch zu dem umgekehrten Ergebnisse gelangte ebenfalls auf objektiver Basis *John* (vgl. bes. S. 24). Das fortgesetzte Verbrechen ist nach *John* ein einheitliches Verbrechen. Im Ergebnis stellt sich hiernach das fortgesetzte Verbrechen, das von *Schwarze* als Zusammenfassung einer Mehrheit verbrecherischer Handlungen betrachtet und deshalb von dem einheitlichen durch mehrere Tätigkeiten ausgeführten Verbrechen streng geschieden wird, als mehrmalige Verletzung besonderer rechtlicher Verhältnisse dar, die schon durch das einmalige Delikt in ihrer Totalität verletzt werden, so daß die späteren deliktischen Akte nur den Umfang der Verletzung ausdehnen, nicht aber als selbständige neue Verbrechen erscheinen. Daher wird, ebenso, wie wir bei *Hälschner* bemerken, Einheitlichkeit der Absicht gefordert. Ein einheitliches Verbrechen setzt aber, wie *John* annimmt, ein einheitliches Recht voraus, gegen das es sich richtet. Soll also die einheitliche Handlung sich gleichwohl in mehreren getrennten Akten verwirklichen, so muß dieses Recht unteilbar sein. Sei das verletzte Recht ein unteilbares, wie das Leben, so werde es schon durch einmalige Verletzung vernichtet; dies aber schließe Fortsetzung der Handlung aus. Nun sind aber teilbare Rechte nur die Vermögensrechte, und von einer einheitlichen Rechtsverletzung kann bei Eigentumsverbrechen nur geredet werden, wenn die Objekte demselben Eigentümer gehören. Nach *Johns* Ansicht liegt daher fortgesetzter Diebstahl nie vor, wenn die mittels mehrerer Aneignungshandlungen gestohlenen Sachen verschiedenen Eigentümern gehören, z. B. wenn jemand durch mehrmalige Handlungen, aber stets auf dieselbe Weise von einer Bleiche Wäschestücke stiehlt, die verschiedenen Personen gehören. Andererseits bilden die in verschiedenartiger Weise gegen denselben Eigentümer vollführten Diebstähle, selbst wenn sie durch erhebliche Zeiträume getrennt sind, ein fortgesetztes Verbrechen. Während so Verbrechen, die ein gesundes Rechtsgefühl als durchaus einheitliche behandelt hat, als Konkurrenzfälle bezeichnet werden, sollen in einer der Rechtssicherheit höchst bedenklichen Weise Fälle realer Konkurrenz die Wohltat der Behandlung des fortgesetzten Verbrechens genießen. So würden gerade zahlreiche Fälle, die man stets als Fälle des fortgesetzten Verbrechens besonders hervorgehoben hat, zu den fortgesetzten Verbrechen nicht gehören. Daß *John* aber Gesundheit, Ehre, Freiheit oder gar allgemeine Sittlichkeit, Sicherheit für Rechte erklärt, die man quantitativ verletzen könne, kennzeichnet die Unrichtigkeit dieser Theorie, welche auch kaum Anhänger gefunden hat.[127])

In anderer ebenfalls abstrakt logischer Weise hat *v. Woringen* die Schwierigkeit zu lösen geglaubt. Fortgesetzt[128]), meint *Woringen*, kann etwas nur in derselben Weise werden, in welcher es angefangen hat. Das Wesentliche muß dabei bleiben, das Unwesentliche wechselt. Als wesentlich erscheint aber dabei — in willkürlicher Auswahl — nach der weiteren Ausführung *Woringens* bald die Identität des Gegenstandes, bald die eines bestimmten Verhältnisses. Der Dieb greift bei dem fortgesetzten Verbrechen mehrmals in fremden Gewahrsam;[128a]) das soll wesentlich sein, unwesentlich dagegen bei Diebstahl, wer Eigentümer der gestohlenen Sachen ist. Dagegen bei Verbrechen gegen die Person ist nach *Woringen* die Identität der Person maßgebend. Zweck, Ort, Zeit, Kontinuität kommen nicht in Betracht. Im ganzen scheint entscheiden zu sollen, ob der Eindruck der Einheitlichkeit oder richtiger gesagt der Identität der konkreten Umstände vorhanden ist, zu denen auch die Identität des Verletzten gehört. Danach wäre es stets fortgesetztes Verbrechen, wenn jemand aus demselben Zimmer oder Hause noch so oft und in noch so großen Zwischenräumen stiehlt, und ebenso, wenn er eine und dieselbe Person nach Wochen und Monaten wiederholt beleidigt, verwundet. Die Irrigkeit vieler dieser Entscheidungen dürfte zweifellos sein.

---

[127]) Gegen *John* vgl. namentlich *Schwarze* GArch. 8 S. 343 ff. S. 436 ff. *Dietz* GS. 12 (1860) S. 507 ff.

[128]) Dieser von dem sprachlichen Ausdruck genommene Ausgangspunkt ist schon verkehrt. Es handelt sich hier nicht um ein Wort, das eine uralte Sache bedeutet, vielmehr um eine spät in der Wissenschaft erfundene Bezeichnung.

[128a]) Dies ist unrichtig, der Diebstahl ist wesentlich Eigentumsverbrechen, sonst müßte der Eigentümer, der die verliehene Sache dem Entleiher wegnimmt, Diebstahl begehen. Die Ansicht, daß Diebstahl nur Delikt gegen das Recht des Gewahrsams sei — oft ist der Gewahrsam übrigens kein Recht —, wird wohl nur vertreten, um zu zeigen, daß wiederholter Diebstahl beliebiger Komplexe von Sachen (z. B. der auf einer Bleiche befindlichen Wäschestücke verschiedener Personen) fortgesetzter Diebstahl sein könne.

Die gesamte Theorie läuft hinaus auf eine Verwechselung von Einheit und Gleichheit der Handlungen. Die Handlungen können als gleiche bezeichnet werden; aber sie werden deshalb nicht als Teile einer Einheit gelten.[129])

In gewissem Sinne umgekehrt verfährt *Merkel.*[130]) Fortgesetztes Verbrechen soll da vorhanden sein, wo die Wiederholung der Handlung zwar den gesamten gesetzlichen deliktischen Tatbestand wieder enthält, aber gleichwohl nur auf eine Vertiefung oder Erweiterung der gleichartig vorgenommenen Handlung (oder des einheitlichen Erfolges) hinauskommt,[131]) während die Begründung des fortgesetzten Verbrechens durch die psychische Erleichterung der späteren Handlung (durch Schwächung der Widerstandskraft gegen die Anregung zum Verbrechen) verworfen wird, ebenso wie die Berücksichtigung der Gleichheit der Modalitäten der Ausführung. Es will aber nicht einleuchten, weshalb es nicht reale Konkurrenz sein soll, wenn

---

[129]) Gegen *v. Woringens* Theorie namentlich *Schwarze* GArch. **8**, S. 351 ff., S. 433 ff. *Dietz* GS. **12** S. 506 ff.

[130]) Fortgesetztes Verbr. S. 87 ff. *Merkel* hat später (*Holtzend.* Handb. **2** S. 575) nur einen für die Anwendung der Strafbestimmung wesentlichen Zusammenhang der Strafbestimmung gefordert, und sehr unbestimmt und kasuistisch ist das von ihm in Lehrb. S. 263, 264 Gesagte, nur daß bestimmte Beziehungen lediglich subjektiver Natur, insbesondere Zusammenfassung der Handlungen in einen Entschluß und der einheitliche Zweck abgewiesen werden. Das von *Merkel* zuerst aufgestellte Prinzip haben im wesentlichen (mit Modifikationen im Ausdruck) angenommen: *H. Meyer* (§ 61 zu Anm. 8 ff., ebenso von Einzelheiten abgesehen); *Allfeld* (nur Einheit des Rechtsguts und Gleichartigkeit der Handlung sei erforderlich); *Binding* **1** S. 544 (die Einzelhandlungen zeigen das Bild des Gesamtdelikts im verkleinerten Maßstabe); *Wachenfeld* S. 100, 55 (S. 104 „der Erfolg ändert sich zwar nach der ersten Handlung, aber der schließlich vorhandene Erfolg ist aus beiden Handlungen hervorgegangen, nicht nur aus der zweiten" — 105.) Die Strafe ist für die erste Handlung bloß bedingt verwirkt. Durch die zweite Handlung tritt eine ganz andere Strafe an die Stelle der ersten. Nach S. 108 spielt die Zwischenzeit keine Rolle. Ähnlich *Olshausen* (§ 73 Anm. 8). *Olshausen* verlangt daneben noch einheitlichen Vorsatz, und daß ein gewisser Zusammenhang im natürlichen Sinne vorhanden sei. *Frank* (§ 73 IV der 4. u. 5. Aufl.) forderte früher n e b e n Einheit des verletzten (und quantitativ abstufbare Verletzungen zulassenden) Rechtsgutes entweder Einheitlichkeit des Vorsatzes oder dieselbe Gelegenheit oder Ausnutzung desselben dauernden Verhältnisses. Jetzt (6. u. 7. Aufl. § 74 V. 1 d) erklärt *Frank* die Annahme eines fortgesetzten Verbrechens nur für eine Sache des richterlichen Ermessens, zu welchem das Gesetz Vollmacht erteilt habe. Die vom RG. im einzelnen angenommenen Sätze werden demnach nur angeführt, nicht kritisiert.

[131]) Was ist Vertiefung desselben Erfolges und was ist andererseits ein neuer Erfolg? A mißhandelt den B. am Montag so, daß dieser erhebliche Schmerzen empfindet, und am folgenden Sonntag so, daß er nun in längeres Siechtum verfällt. Ist das nun, wenn die erst zugefügten Verletzungen noch nicht überwunden waren, ein neuer oder ein vertiefter Erfolg?

jemand unter ganz verschiedenen Umständen dieselbe Person verwundet oder mißhandelt, oder unter ganz verschiedenen Umständen dieselbe Person bestiehlt. Auch wird man — was freilich von *H. Meyer* ausdrücklich abgelehnt wird — mehrere durch einen längeren Zeitraum getrennte Handlungen als fortgesetztes Verbrechen nicht leicht betrachten und behandeln können.

Liszt (§ 55 II. 1) dagegen legt das entscheidende Gewicht gerade auf die Gleichartigkeit der Handlung und kommt damit, wie unten sich ergeben wird, aber auch nach unmittelbarem Gefühle einleuchtet, der richtigen Lösung des Problems viel näher. Es wird sich nichts dagegen einwenden lassen, wenn *Liszt* z. B. fortgesetztes Delikt in dem Falle annimmt, daß ein Diener aus dem Zigarrenkästchen seines Herrn täglich eine Zigarre entwendet,[131a]) während er fortgesetztes Delikt verneint, dagegen reale Konkurrenz annimmt, wenn das früher offene, später aber verschlossene Zigarrenkästchen vom Diener gewaltsam geöffnet wird.

Von den bis jetzt genannten Theorien stark abweichend ist die geistreich vertretene Ansicht *Kohlers.* Den Ausgangspunkt bildet die fortdauernde Vergehung. „Das fortgesetzte Verbrechen ist eine Handlungsweise, die so zu ahnden ist, wie wenn Pausen und Zwischenräume nicht eingetreten wären." Was als fortgesetztes Verbrechen gelten soll, müßte also auch als Dauerdelikt sich haben entwickeln können. Einheit des Rechtsguts im Sinne eines Gutes (als Sache, als Gut des einzelnen) wird als Erfordernis des fortgesetzten Verbrechens abgelehnt wie Einheit des Rechtsguts eines allgemeinen Kulturguts (Achtung vor den Rechtsinstitutionen, den Grundsätzen der Moral), und abgelehnt wird auch die Einheit des Vorsatzes, dagegen Einheitlichkeit des Berührungspunktes gefordert, da dieselbe Handlung in Beziehung auf verschiedene Berührungspunkte verübt die verschiedensten Folgen haben könne. So bilden unzüchtige Handlungen, gegen mehrere Kinder verübt, nicht ein fortgesetztes Verbrechen, ebenso nicht Wegnahme von

[131a]) Es scheint mir etwas zu subtil, wenn *Wachenfeld* S. 101 die Gleichartigkeit der Handlung in dem Falle bezweifelt, daß der Diener das eine Mal eine billigere, das andere Mal eine teurere Zigarre nimmt oder etwa eine Zigarre, die ein Freund des Herrn in das Kästchen gelegt hat.

Gegenständen durch einen Dienstboten in der Sommer- und andererseits in der Winterwohnung der Herrschaft (es soll vielmehr die räumliche Nähe der genommenen Sachen entscheiden, so daß ihre Wegnahme sich zu einer fortdauernden Missetat gestalten könnte). Andererseits sollen z. B. mehrere Meineide ein fortgesetztes Verbrechen bilden können (müssen?), wenn sie aufeinander folgen oder wenn sie so zusammenhängen, daß es eine Zufälligkeit ist, daß sie nicht zu gleicher Zeit geleistet wurden.

Aber mir scheint, daß man nicht von dem seltenen und bestreitbaren Fall des Dauerdeliktes ausgehen dürfe, vielmehr, wie oben geschehen, von dem Begriffe der Idealkonkurrenz als einem Prüfungs-, nicht als einem vollständig entscheidenden Momente. (Was mittels eines Willensaktes ausgeführt, verschiedene Delikte ergibt, kann mittels getrennter Willensakte ausgeführt, nicht als Einheit behandelt werden.) Das Dauerdelikt enthält nicht eine unendliche Zahl von Handlungen im gewöhnlichen Sinne; es trägt vielmehr in seiner Fortdauer (abgesehen von der ersten Herbeiführung eines Zustandes, z. B. der Einsperrung eines Menschen) nur den Charakter einer Kausalität durch Unterlassung; der Schuldige unterläßt es, dem Antriebe, dem Zustande ein Ende zu machen, nachzugeben. Daher erscheint das Dauerdelikt ungeeignet, als entscheidender Gesichtspunkt zu dienen für die Beurteilung von Handlungen, die mit wirklich physischer Kausalität verbunden sind. Auch wird die Entscheidung der einzelnen von *Kohler* gegebenen Beispiele durchgängige Zustimmung kaum finden. Wenn der Diener seinem Herrn täglich eine Zigarre aus dem Zigarrenkasten entwendet, so möchte ich die Beurteilung als fortgesetzten Mundraub nicht deshalb ablehnen, weil ein Teil der Entwendungen in der Sommer-, ein anderer in der Winterwohnung des Herrn erfolgt ist. Andererseits würde ich es als fortgesetzten Meineid nicht immer betrachten, wenn jemand in zwei verschiedenen Streitsachen freilich demselben Gegner gegenüber zwei Meineide in zwei getrennten Terminen schwört, die Eide aber auch in einem und demselben Termine hätten geleistet werden können.

Radikal ist *Höpfners* Theorie. Kontinuität der Handlung soll ohne anderweite Voraussetzung Einheit der Handlung und um so mehr die Beurteilung als fortgesetztes Delikt begründen.

Dem Zuschauer erscheint es, wie *Höpfner* ausführt, als einheitliche Handlung, wenn jemand „mehrere Personen ‚umschichtig' prügelt." Meiner Ansicht nach würde man bei konsequenter Beurteilung verbrecherischer Vorgänge lediglich nach dem Eindrucke, den diese bei beliebigen Zuschauern hervorbringen, die gesamte Wissenschaft des Strafrechts für überflüssig, ja eigentlich für irreführend und daher schädlich erklären müssen.

Von einer Minderzahl Autoren ist endlich der Begriff des fortgesetzten Verbrechens überhaupt abgelehnt worden; sie finden in den hier fraglichen Fällen teils einheitliche, teils in realer Konkurrenz begangene Delikte. *Ortloff* meint, das Volk wisse nichts von diesem Begriffe, es sei ein Geschöpf nur der Theorie, und aus dem Schweigen des Gesetzes selbst und der Motive über das fortgesetzte Verbrechen müsse man schließen, daß die Anerkennung eines fortgesetzten Verbrechens auch der rechtlichen Basis entbehre.[132]) Die letztere Behauptung, die *Buri*[132a]) durch das (jedenfalls unzutreffende) Argument zu stützen glaubt, der Gesetzgeber habe nicht wohl eine verworrene und bestrittene Lehre „sanktionieren können", ist bereits oben gewürdigt worden. Wenn man aber im Volke den Begriff des fortgesetzten Delikts nicht kennt, so würde man es gleichwohl als äußerst ungerechte Härte empfinden, wenn für zehnmalige Wiederholung eines Delikts immer die zehnfache Strafe des einmaligen Delikts ausgesetzt und schließlich diese zehnfache Strafe nach StGB. § 74 nur um ein weniges herabgemindert würde. *Geyer* (1 S. 184 ff.) macht geltend, der Begriff des fortgesetzten Verbrechens könne nicht festgestellt werden. Aber streitige und zugleich unentbehrliche[132b]) Begriffe fehlen der gesamten Rechtswissenschaft überhaupt nicht.

§ 231. Alle diese Theorien aber haben noch unter der Herrschaft des gegenwärtigen StGB. die Möglichkeit gefunden, sich geltend zu machen, da das StGB., hierin dem Beispiele mehrerer früherer deutscher Gesetze folgend,[133]) zwar die Annahme

---

[132]) Ebenso *Max Berner, Ne bis in idem* (1891) S. 96.

[132a]) GB. **81** Beilageheft S. 115.

[132b]) *Lilienthal* S. 61 hält die Anerkennung eines fortgesetzten Verbrechens für entbehrlich.

[133]) Anerkennung ohne Definition positiv ausgedrückt in den Gesetzbüchern für Württemberg Art. 122: „Sind mehrere Handlungen derselben Art nur als ein fort-

eines fortgesetzten, nur innerhalb des Strafrahmens des einfachen (einheitlichen) Delikts zu ahndenden Verbrechens anerkannt, nicht aber eine Definition desselben gegeben hat[133a]).

Da das Gesetz über die Erfordernisse des fortgesetzten Delikts sich nicht ausspricht, mußte auch die Praxis des Reichsgerichts eine Theorie des fortgesetzten Delikts aufstellen, und der Theorie des Reichsgerichts haben sich, allerdings unter kritischer Erörterung von Einzelheiten, angeschlossen *Rathenaus* Arbeiten (namentlich die zweite) und *Doerr* in seiner reichhaltigen, Literatur wie Praxis auch anderer Gerichte genau berücksichtigenden Monographie.

Die Theorie des Reichsgerichts aber folgt im wesentlichen der Ansicht *Hälschners*. Abgesehen von dem selbstverständlichen Erfordernisse, daß die wiederholten Straftaten, um als fortgesetztes Delikt behandelt zu werden, nur ein und dasselbe Strafgesetz verletzen dürfen, verlangt das Reichsgericht, nachdem es anfangs mit einem einheitlichen Entschlusse sich begnügt hatte, schon seit längerer Zeit Einheit des Vorsatzes, gerade im Gegensatz zur Einheit des Entschlusses, welcher letztere, wie vom RG. hervorgehoben wird, sehr wohl dahin gehen könne, bei sich darbietender Gelegenheit mehrere selbständige Straftaten zu begehen (E. **22** S. 237). Der Begriff des einheitlichen Vorsatzes[134]) im Gegensatz zum einheitlichen Entschluß[135])

---

gesetztes Verbrechen zu betrachten"; Österreich 263a, Sachsen 78. Negativ ausgedrückt: altenburgisches GB. Art. 49: „Mehrere Handlungen, welche nicht als Fortsetzung eines und desselben Verbrechens anzusehen sind"; preuß. StGB. § 55: „Gegen denjenigen, welcher durch verschiedene selbständige Handlungen mehrere Verbrechen oder Vergehen begangen hat"; deutsches StGB. § 74.

[133a]) Das preuß. GB. betr. vgl. *Goltdammer*, **1** S. 450. (Es war nicht unbestritten, ob in § 55 eine Anerkennung des fortgesetzten Verbrechens liege. Der Streit kam aber, abgesehen von dem Wortstreite, ob das fortgesetzte Verbrechen nicht ein einheitliches, kontinuierliches Verbrechen sei, darauf hinaus, ob Einheit des Entschlusses für mehrere Verbrechen gleicher Art diese der Strafe der realen Konkurrenz entziehe. Vgl. *Oppenhoff*, Kommentar zum preuß. StGB. § 55.)

[134]) In dem Urt. 10./6. 80 E. **1** Nr. 207 S. 450 ist noch Einheitlichkeit des Entschlusses hervorgehoben und IV 30./9. 87 Rs. **9** L. 483 in entscheidender Weise als genügend bezeichnet. In III 28./10. 86 E. **15** Nr. 7 bes. S. 26. II 27./11. 91; II 20./3. 96. GArch. **45** S. 52. E. **22** Nr. 75 bes. S. 237 wird aber Einheit des Vorsatzes gefordert. Genaue Nachweisung über die Praxis des RG. in beiden Beziehungen gibt *Doerr* S. 63 Anm.

[135]) Der einheitliche Endzweck des Handelnden wird als nicht genügend zur Annahme des fortges. Verbrechens bezeichnet in II, 12./10. 99. E. **82** Nr. 126 bes. S. 385, ebenso Einheit der Absicht, welche vom Handelnden völlig nach subjektivem Belieben einheitlich gefaßt werden könne, um die verschiedensten Rechtsgüter zu verletzen, III, 2./1. 00. E. **88**, Nr. 18 bes. S. 48. In Beziehung auf die Ab-

ist aber ein unklarer[136]), ja genau betrachtet ein unmöglicher; denn Vorsatz bezeichnet den unmittelbar die Tat herbeiführenden psychischen Zustand, und dieser ist bei jeder einzelnen Handlung ein neuer selbständiger und kann bei mehreren Handlungen daher nie einheitlich vorhanden sein. Wohin die Unklarheit des Begriffes der Einheit des Vorsatzes führt, zeigt ein neueres im „Recht" **11** Sp. 263 (auch Jahrb. **1** S. 36) mitgeteiltes Urteil RG. II 22./1. 07. Wenn jemand sich mit einer gewissen, den konkreten Verhältnissen mehr oder weniger entsprechenden Genauigkeit vorher ausgedacht hat, wie er verschiedene Entwendungen nach und nach ausführen werde, so soll fortgesetzten Diebstahl anzunehmen zulässig sein; anders, wenn der Plan nicht so genau ausgedacht war. Folge: im ersten Falle bei von vornherein intensiverem Dolus einfache Strafe, im zweiten Falle, wo die Verführung erst nach und nach eintritt, strengere Strafe wegen Realkonkurrenz.[136a]) Die Entscheidung nach der Einheit des Vorsatzes kommt in einem im „Recht" **9** S. 229 Jahrb. **1** S. 36 mitgeteilten Urteil auf eine Frage hinaus, die selbst durch ein Geständnis des Angeklagten schwerlich beantwortet werden könnte. Das, was das RG. und mit ihm *Rathenau* (GS. **56** S. 116) sowie *Doerr* (S. 89 ff.) und, wie ich annehme, *Olshausen* (§ 73 Anm. 8) meinen, ist daher nicht Einheit, vielmehr Gleichheit des Vorsatzes, bei welcher der Han-

---

weisung einer Entscheidung nach der Absicht des Handelnden, dem subjektiven Belieben des Handelnden (welche von *Hälschner* **1** S. 662, vgl. System. d. preuß. Strafr. **1** S. 497 ff. als maßgebend bezeichnet wird) sehr richtig auch RG. II und III, 19./12. 78. E. **17** Nr. 30 bes. S. 114.

[136]) Durch ein Urteil v. 26./2. 07. (Das Recht **11** Sp. 465 und Jahrb. **2** S. 29, 30) wird das Wesen des einheitlichen Vorsatzes auch nicht klarer, wenn gesagt wird: Voraussetzung für die Annahme einer fortgesetzten Straftat ist die Feststellung, daß die Einzelhandlungen sich nur als unselbständige Ausführungsakte einer und derselben von dem Täter nach ihrem Gesamterfolge von vornherein ins Auge gefaßten Straftat darstellen. Wenn auch der Wille zur Tat nicht die Einzelheiten ihrer Ausführung zu umfassen braucht, ehe vom Vorhandensein des Vorsatzes, die Straftat zu begehen, zu sprechen wäre, so fordert dieser doch begrifflich die Kenntnis der konkreten Tatumstände, in denen sich die gesetzlichen Merkmale verkörpern, und deshalb müsse die Tat in irgendeiner Richtung, nach Art und Zeit der Ausführung oder nach ihrem Gegenstande usw. in der Vorstellung des Täters mit einer das Wesentliche jener Tatumstände umfassenden Bestimmtheit geplant sein. Ein nur allgemein und unbestimmt gehegter Wille, bei passender Gelegenheit eine durch die Erfordernisse des Augenblicks als erwünscht an die Hand gegebene Straftat, wenn auch von gewisser rechtlicher Gestaltung, zu begehen, reicht nicht aus.

[136a]) „Der ein für allemal gefaßte Vorsatz, jedesmal bei dem Besuche eines bestimmten Warenlagers, sobald sich Gelegenheit dazu biete, soviel an Ware fortzunehmen, wie unbemerkt und ohne auffällige Minderung der Vorräte fortgeschafft

delnde sich bewußt ist (richtiger „bewußt sein kann“), daß dasjenige, was er (bei einer zweiten Handlung) nachfolgend tut, im Zusammenhange steht mit demjenigen, was er früher getan hat. Wenn dann aber — was richtig ist — einerseits gesagt wird, es komme nicht an auf eine (rechts-)irrtümliche Auffassung des Handelnden,[136b]) und andererseits, daß die als fortgesetztes Verbrechen zu betrachtenden Handlungen sich gegen ein und dasselbe Rechtsgut richten müssen,[137]) so wird der verlangte einheitliche Vorsatz, sofern er überhaupt beachtet werden soll, zu einem bloßen Spiegelbilde der objektiven Umstände; ist er dies nicht, so wird er nicht beachtet. Mit anderen Worten: das Erfordernis des einheitlichen Vorsatzes ist überflüssig.

Sodann fordert das RG. (und ebenso *Rathenau* und *Doerr*) Einheit des Rechtsguts-Gegenstandes, der von der Rechtsordnung geschützt wird. Wie *v. Bülow* richtig bemerkt, kann darunter aber hier nur verstanden werden das Rechtsgut als Gut einer berechtigten Person. Einheit des angegriffenen Rechtsguts im abstrakten Sinne würde hinauskommen auf Identität der Verbrechensart; denn jede Strafsanktion schützt ein bestimmtes Rechtsgut der Allgemeinheit *in abstracto*, so Leben, Freiheit, Eigentum usw. Hiernach würden denn auch verschiedenen Eigentümern gehörige Sachen verschiedene Rechtsgüter darstellen. So verhält es sich nach dem Urteil des RG. aber nicht. Die alte, schon von der mittelalterlichen Jurisprudenz Italiens gemachte Unterscheidung macht sich geltend: eigentlich wird immer das Rechtsgut *in abstracto* verletzt; es gibt aber Rechtsgüter, die nur in der Person ihrer Träger verletzt werden können,[138]) und bei diesen genügt die Gleichartigkeit des Angriffsobjektes nicht für die Beurteilung der Handlung als fortgesetztes Delikt. Diese

---

werden könne, genügt noch nicht zur Annahme einer fortgesetzten strafbaren Handlung. Denn er kann sowohl dahin gehen, nach und nach mehrere selbständige Straftaten zu verüben, als auch dahin, eine einzige Tat in fortwirkender Betätigung des einen, alle Einzelakte umfassenden Entschlusses auszuführen. Nur wenn das letztere zutrifft, kann eine fortgesetzte strafbare Handlung unter der Voraussetzung gegeben sein, daß auch die in der Rechtsprechung noch weiter angenommenen Erfordernisse vorliegen.“

[136b]) RG. I. 23./5. 91. E. **22** V. 8. S. 29 und *Doerr* S. 95.

[137]) Vgl. besonders III 28./1. 84. E. **10** Nr. 16 besonders S. 55 II und III E. **17** Nr. 30 besonders S. 113.

[138]) So RG. IV. 12./2. 95. E. **27** Nr. 10 S. 20.

Unterscheidung [139]) der besonders die Person verletzenden von den übrigen Delikten wird wohl von den meisten gebilligt werden. Sie ist aber, obwohl von *Berner* (S. 306, 307), *Binding* (Handb. 1 S. 531, *Liszt* § 54 III 2 geteilt) nicht weiter begründet, und *Bülow* (S. 190) möchte deshalb konsequent die Annahme mehrfacher Begehung des gleichen Delikts ausgeschlossen sehen, wenn überhaupt mehrere Verletzte im weitesten Sinne des Wortes (im Sinne des § 170 der StPO.) vorhanden sind, freilich ohne zu sagen, ob denn auch der Dieb, der aus einer Theatergarderobe die Pelze und Überröcke von zwanzig verschiedenen Eigentümern wegnimmt, nicht ebenso viele Diebstähle begehen würde. Andererseits ist klar, daß, wer heute einen Diebstahl im Hause des A. begeht und morgen in ganz gleicher Weise im Hause des B., doch keineswegs einen fortgesetzten Diebstahl begeht. *Rathenau* (S. 152) löst die Schwierigkeit durch die bereits oben widerlegte Annahme, es sei ein Diebstahl wesentlich ein gegen den Gewahrsam gerichtetes Delikt, *Doerr* (S. 133 ff. S. 136) dagegen durch die Ausführung, es richte in dem Falle eines Bleichediebstahls der Diebstahl sich gegen einen „Vermögenskomplex", und dabei soll es gleich sein, wem die einzelnen gestohlenen Stücke gehören. Es soll also einen Vermögenskomplex mit rechtlicher Bedeutung dieses Wortes geben, bei dem die einzelnen Stücke gar keine rechtliche Beziehung zu einander haben, da sie nur räumlich nahe sich befinden.[140]) Überhaupt aber gehört die Untersuchung, ob Einheit des Rechtsgutes anzunehmen sei, zu den Untersuchungen mit höchst zweifelhaftem und zum großen Teil willkürlichem Ergebnisse, da bekanntlich die Frage, die Verletzung welches Rechtsgutes, d. h. welches allgemeinen Lebensinteresses, den Gesetzgeber veranlaßt habe, gerade diesen oder jenen Tatbestand mit Strafe zu bedrohen, schon deshalb oft eine sehr verschieden-

[139]) Ich finde zwar Entscheidungen des RG. nicht, in denen gleichzeitiger Diebstahl von Sachen verschiedener Eigentümer, die sich in derselben Räumlichkeit befinden, ausdrücklich für ein Delikt erklärt wird. Aber die gegenteilige Behandlung der speziell gegen die Person gerichteten Delikte zeigt m. E., daß das RG. jedenfalls Anlaß zu einer verkehrten, dem allgemeinen Rechtsbewustsein widersprechenden Praxis nicht geben will

[140]) Dies wird klar, wenn man sich denkt, daß Wäschestücke jemandes mit gestohlen werden, der ohne Wissen des Bleichereibesitzers seine Wäsche auf die Bleiche gebracht hat, wie zuweilen vorkommen soll. *Doerr* wird schwerlich annehmen wollen, daß, wenn dieser Vorgang sich wiederholt, fortgesetzter Diebstahl gerade in Beziehung auf diese sogenannten wilden Wäschestücke ausgeschlossen sei.

artige Beantwortung zuläßt, weil dabei nicht selten mehrfache Interessen in Betracht kommen.[140a]) Findet man nun den legislativen Grund (das zu schützende Rechtsgut) in einem Interesse nur der Gesamtheit, so ist es gleich, ob eine oder mehrere Personen durch verschiedene Willensakte des Schuldigen betroffen sind; umgekehrt aber, wenn man der Meinung ist, der Gesetzgeber habe gerade den Schutz der einzelnen in erster Linie bezweckt; alsdann erscheinen verschiedene Rechtsgüter verletzt, und von einem fortgesetzten Delikte sollte keine Rede sein. So kann z. B. die falsche Anschuldigung als Delikt gegen die Justizgewalt (gegen das Rechtsgut, daß die Justiz nicht unrichtig verfahre) angesehen werden, aber mit dem gleichen Rechte als Gefährdung der Persönlichkeit,[141]) und die Partiererei als Vergehen gegen die Justiz oder als Eigentums- oder Vermögensdelikt (oder als eine Art der Teilnahme am Vordelikte). Ist ferner der Diebstahl nur Vermögensdelikt im allgemeinen, so können die verschiedenartigsten Diebstähle, begangen gegen dasselbe Vermögen (d. h. gegen denselben Eigentümer), als fortgesetztes Verbrechen betrachtet werden.[142]) Wie mißlich die Entscheidung nach dem verschiedenen Rechtsgute ist, sieht man aus der enormen, von *Doerr* dargelegten Differenz der Meinungen über die Möglichkeit des fortgesetzten Verbrechens bei verschiedenen Deliktsarten unter verschiedenen Umständen (Verschiedenheit der Lage, des Eigentümers usw. des Objekts).[142a])

Als drittes und letztes Erfordernis des fortgesetzten Verbrechens gilt der Praxis des RG, sowie *Rathenau* und *Doerr* S. 173 ff. und *Schwarze*, die Kontinuität, d. h. zeitliche Kontinuität der Handlungen[143]). Da diese, im strengen Sinne genommen, die Annahme entweder nur eines durchaus einheitlichen Verbrechens

---

[140a]) In diesem Sinne auch *v. Bülow* S. 183. In der Doktrin habe jeder Schriftsteller über die Rechtsgüter bei vielen Delikten eine andere Ansicht.

[141]) Die Möglichkeit verschiedener Auffassungen bei diesem Delikte erkennt auch *Doerr* S. 128 an.

[142]) So *Doerr* S. 135, 136, der aber hier z. B. eine ganze Anzahl von Autoren gegen sich hat, so *Köstlin* **1** S. 545; *Dietz* GS. **12** S. 519; *Rathenau* S. 151.

[142a]) Daß es kein fortgesetztes vollendetes Verbrechen geben kann, wenn durch die erstmalige Handlung das konkrete Rechtsgut vollständig vernichtet wird, dessen Verletzung wesentlich für das Delikt ist, wird häufig des weiteren dargelegt. Diese Ausführung scheint unnötig zu sein.

[143]) Das Erfordernis örtlicher Kontinuität wird von *Doerr* bestimmt abgelehnt, von *Kohler* aber, wie bemerkt, gefordert.

oder einer Idealkonkurrenz zur Folge haben müßte, so verliert in Ermangelung eines anderweiten Beurteilungsprinzips das Erfordernis sich völlig ins Unbestimmte. Es kann, wie *Doerr* (S. 174) bemerkt, ein fortgesetztes Verbrechen sich Jahre hindurch hinziehen, und wenn *Bülow* (S. 181) meint, dies Erfordernis werde nie ernstlich genommen[144]), es sei mehr nur eine Ermahnung, der Richter möge nicht zu leicht ein fortgesetztes Verbrechen annehmen, so hat *Doerr* auch dagegen nichts einzuwenden.

§ 232. Meiner Ansicht nach wird eine befriedigende Konstruktion des fortgesetzten Verbrechens nur möglich sein, wenn vom Zwecke der Anerkennung des fortgesetzten Verbrechens ausgegangen wird und zugleich die allgemeinen Prinzipien des Strafrechts berücksichtigt werden. Der Zweck ist mildere Bestrafung,[145]) wie wenn nur ein Delikt vorläge — wenn auch mit höherer Strafe innerhalb des Strafrahmens der einfachen Tat — unter Vermeidung der Strafe der Realkonkurrenz, und die zu beantwortende Frage: „Unter welchen Voraussetzungen hat der Schuldige auf diese mildere Behandlung nach allgemein anerkannten strafrechtlichen Prinzipien Anspruch?" Er hat entschieden diesen Anspruch nicht, wenn die Tat mittels eines Willensaktes begangen, als Fall idealer heterogener oder homogener idealer Konkurrenz erscheinen würde; hier liegt bei mehrfachem Willensakte ein Fall gewöhnlicher, realer Konkurrenz vor. Also scheiden aus Fälle verschiedenartiger Verbrechen, wie auch

---

[144]) Unter Berufung insbesondere auf RG. II, 2./11. 99. E. **32** Nr. 108 S. 338. (Jahre hindurch mit Beziehung auf einen alljährlich erteilten Berechtigungsschein vorgenommene Defraudation betreffend).

[145]) Dies Prinzip darf nie zum Nachteil des Schuldigen gereichen. Wenn man zuweilen — z. B. bei der Frage der Verjährung — geglaubt hat, aus der Annahme eines (einheitlichen) fortgesetzten Verbrechens eine nachteilige Folge für den Angeklagten ableiten zu müssen, so beruht dies auf einem Irrtum (vgl. oben S. 405). Es dürfte auch ein legislativer Irrweg sein, bei Diebstählen, insbesondere bei als fortgesetztes Delikt begangenen Diebstählen, die Beträge stets zusammenzurechnen, eine Bestimmung, die im Art. 50 des altenburgischen Gesetzes, aber auch in den österreichischen Entwürfen von 1893 S. 77 (§ 71) sich findet. Art. 161 der CCC. folgt der im Mittelalter herrschenden, gegen Diebe barbarischen Abschreckungstendenz, die sich über andere Prinzipien hinwegsetzte. Das Prinzip kann aber auch nicht dahin führen, ein fortgesetztes Verbrechen milder zu behandeln, als eine gleiche einmalige Handlung. Wenn daher jemand in derselben Prozeßsache eines fortgesetzten Meineides sich schuldig gemacht hat, so kann er nicht deshalb die mildere Behandlung nach StGB. § 157 1) verlangen, weil bei einem der geleisteten Eide dieser Milderungsgrund zutrifft. Eine verbrecherische Handlung wird nie ein Milderungsgrund für eine andere sein können. Vgl. RG. I. 2./2. 03. GArch. **50** S. 133 und *Doerr* S. 146.

allgemein angenommen wird. Auf mildere Beurteilung hat aber sicher — wegen größerer Intensität des Dolus — keinen Anspruch, wer infolge einheitlichen Planes (Entschlusses) oder gar vorher entworfenen detaillierten Planes [146]) mehrere gleichartige Verbrechen begeht. Wohl aber hat jenen Anspruch, wer durch eine wesentlich gleichartige Gelegenheit, da er schon einmal das Delikt begangen hat [147]), ohne inzwischen eine ernstliche Abmahnung — namentlich dadurch, daß sein früherer Fehltritt entdeckt und diese Entdeckung ihm bekannt wurde — zu erfahren weiter die Bahn des Verbrechens zu verfolgen in Versuchung geführt wird.[148]) Der gleiche Vorsatz erwächst so gleichsam aus dem früheren; nicht mit ihm einheitlich, ist er gewissermaßen dessen Sprößling. Bei der wesentlich gleichen Gelegenheit kommt es denn auch nicht darauf an, ob dieselben Personen verletzt werden, es sei denn, daß das Delikt gerade wesentlich gegen die Personen selbst sich richtet oder, praktisch faßlicher [149]) ausgedrückt, das verletzte Strafgesetz gerade als zum Schutze

---

[146]) Hier nehmen reichsgerichtliche Entscheidungen das Gegenteil an.

[147]) „Das Eis ist gebrochen", weil der erste kleinere Diebstahl gelang. In dem Gelingen der unentdeckten Tat liegt eine starke Verführung. Die Zigarre schmeckte gut! Es war nett, so schnell zu Gelde zu kommen! Dieser Gesichtspunkt und die psychologische Einwirkung der fortdauernden Gelegenheit ist mit Recht besonders geltend gemacht von dem Praktiker *Kraushaar* GS. **12** bes. S. 265 ff. Die Polemik *Merkels* F. Verbr. S. 89 ff. gegen *Kraushaar* ist unzutreffend; sie geht von dem einseitig und ohne Berücksichtigung des wirklichen Lebens eingenommenen Standpunkte aus, daß über die Annahme eines fortgesetzten Verbrechens lediglich nach einem einzigen rein objektiven Merkmale zu entscheiden sei, und der gegen *Kraushaars* Ansicht insbesondere erhobene Einwand — es sei der Milderungsgrund der erleichterten Ausführung bei den späteren Deliktshandlungen schon anderweit im Strafgesetze berücksichtigt und könne daher für das fortgesetzte Verbrechen nicht in Betracht kommen — stellt sich als *Petitio principii* dar: das Gesetz kann sehr wohl einem allgemeinen Strafmilderungsgrunde unter gewissen Voraussetzungen eine erhöhte Bedeutung beilegen. — Die Bedeutung jenes psychologischen Moments wird nicht dadurch widerlegt, daß in einzelnen Fällen das Gesetz die gewohnheitsmäßige Begehung eines Delikts besonders strenge bestraft oder sie als Erfordernis der Strafbarkeit aufstellt. Wer gewohnheitsmäßig in bestimmter Weise handelt, wird gerade nicht bei den einzelnen Wiederholungsfällen durch eine besondere sich gleichbleibende günstige Gelegenheit zu handeln bestimmt. Wer gewerbsmäßig handelt, tut dies auf Grund einheitlichen umfassenden Entschlusses, welcher freilich auch aus einer Vielheit von Einzelhandlungen gefolgert werden kann.

[148]) Umgekehrt, aber durchaus unrichtig *Hälschner* **1** S. 665, der in der wiederholten Begehung eine gesteigerte Energie der verbrecherischen Schuld erblickt. *Hälschners* Ausführungen über das fortgesetzte Verbrechen enthalten mehrfache unklare Widersprüche. — Sehr richtig: *Trefurt*, Arch. d. Cr. 1838 S. 428; *Gessler*, GArch. **9** S. 297 und besonders *Kraushaar* GS. **12** S 259..

[149]) Im Anschluß an den Ausdruck des BGB. § 823 Abs. 2.

von Personen als solcher (nicht für ihr Vermögen) bestimmt gedacht werden muß. Und wenn die Handlung gerade als Verbrechen gegen die Person bestraft wird, ist mildere Beurteilung auch bei wiederholter Verletzung derselben Person ausgeschlossen, wenn die Wiederholung der Handlung diese dem Verletzten von neuem vollständig fühlbar macht.[150]) Mildere Beurteilung ist gleichfalls nicht gerechtfertigt, wenn so lange Zeit zwischen den Handlungen des Schuldigen liegt, daß von einer fortdauernden Verführung zu der folgenden Handlung durch die vorangegangene nicht mehr die Rede sein kann; es muß noch psychologischer Zusammenhang vorhanden sein, also nicht Kontinuität, welche, in irgend faßbarem Sinne genommen, Einheit der Handlung begründet.[151])

§ 233. Die einzelnen Fälle,[152]) welche in der Literatur eine Rolle gespielt haben, dürften hiernach ohne Schwierigkeit in befriedigender Weise entschieden werden. Der Diener, der seinem Herrn täglich eine Zigarre aus dem nicht verschlossenen Zigarrenkästchen wegnimmt, begeht eine fortgesetzte Entwendung, mag jenes in der Sommer- oder in der Winterwohnung des Herrn oder auf der Reise geschehen; die Gelegenheit, die leichte, durch die persönliche Bedienung gegebene Zugänglichkeit des Vorrats von Zigarren, ist dieselbe; die Handlung selbst ist *in concreto* auch gleichartig. Verschließt der Herr aber den Zigarrenkasten, und öffnet der Diener diesen gewaltsam, so ist die gewaltsam erfolgende Entwendung nicht mehr fortgesetztes Delikt, mag man sie auch ebenfalls als Mundraub bezeichnen. Ebenso würde Realkonkurrenz, nicht aber fortgesetzter Diebstahl anzunehmen sein, wenn der Diener dem Herrn zuerst Kleinigkeiten, z. B. Briefpapier, Bleistifte und dergleichen, wegnimmt, nachher aber an einer Hundertmarknote sich vergreift. Wiederholter Diebstahl von Wäsche von der Bleiche

---

[150]) So würde man auch fortgesetzte Mißhandlung desselben Kindes durch Eltern, Stiefeltern einigermaßen strenger bestrafen können, als gegenwärtig der Fall ist. Zwei bedeutende, im Laufe mehrerer Monate zugefügte und bestimmt nachgewiesene Mißhandlungen würden schon die Bestrafung wegen Realkonkurrenz begründen.

[151]) Mißhandlung oder wirkliche Beleidigung derselben Person nach einem merklichen Zeitzwischenraume.

[152]) Vgl. darüber und über die einzelnen Kontroversen eingehend *Doerr* S. 109—172

kann fortgesetzter Diebstahl sein, auch wenn die gestohlenen Stücke den verschiedensten Eigentümern gehören, ohne daß wir, um dies Ergebnis zu erreichen, neue juristische Begriffe wie den des auf lediglich der örtlichen Lage beruhenden Vermögenskomplexes zu erfinden oder den Diebstahl als Gewahrsamsdelikt aufzufassen brauchen; es ist dagegen Realkonkurrenz, wenn X. in derselben Nacht zuerst im Hause des A. und dann im Hause des B. stiehlt: die Gelegenheit ist nicht dieselbe, und wenn X. etwa keiner besonderen Willensanstrengung bedarf, um nach dem Diebstahle bei A. unmittelbar zu dem Diebstahle bei B. zu schreiten, so beweist diese anomale Entschlußbereitheit nur, daß wir es mit stark verbrecherischem Charakter zu tun haben, der als solcher mildere Bestrafung nicht verdient.

Die Sittlichkeitsdelikte anlangend, so ist zu unterscheiden, ob das einzelne Strafgesetz nur die Sittlichkeit im allgemeinen oder auch Personen als solche schützen will.[152a]) Da gerade bei Sittlichkeitsdelikten schon eine einmalige Begehung einen großen Reiz zur Wiederholung auszuüben pflegt, so kommt es hier auf die Gleichartigkeit der Gelegenheit weniger an; man kann also auch, wenn eine andere Person sich bereit findet, mit dem Schuldigen z. B. homosexuelle Handlungen vorzunehmen, schon darin eine Gelegenheit wesentlich gleicher Art erblicken. Das Strafgesetzbuch gegen unzüchtige Handlungen an oder mit unerwachsenen Personen, an Personen, welche der amtlichen Obhut des Schuldigen anvertraut sind, dagegen ist ein Gesetz zum Schutze der Personen, und wenn der Lehrer mit mehreren minderjährigen Mädchen Unzucht begeht, so ist Realkonkurrenz anzunehmen. Dies folgt aber ebenso auch daraus, daß der durch die Handlungen bewirkte Schaden nun ein mehrfacher und verschiedener ist, und daß dies dem Schuldigen

[152a]) Mit dieser Unterscheidung bei unzüchtigen Handlungen mit Personen unter 14 Jahren StGB. stimmt die gemeine Meinung überein. Verkehrt war es, wenn das preuß. OT. 19./11. 56 GArch. 5 S. 100 deshalb, weil der Angeklagte seine Stellung als Lehrer (dauerndes Verhältnis) mißbraucht hatte, fortgesetztes Delikt annahm, obschon mehrere Mädchen unter 14 Jahren betroffen waren. Vgl. dazu *John* S. 53 ff. — »*Attentat aux mœurs commis sur la même personne sans intervalle considérable sous l'empire d'une même passion*« wird in der belgischen Jurisprudenz als fortgesetztes Delikt behandelt. Ist die Handlung z. B. gegen mehrere Kinder begangen, so wird Realkonkurrenz angenommen. (Vgl. *Pandectes belges, Concours des infractions n.* 140.)

bewußt werden wird. Wie aus dem Erfordernis des Strafantrages und insbesondere aus der Wirksamkeit der Verzeihung im Ehescheidungsprozesse hervorgeht, welcher eine Bestrafung erst dann ermöglicht, wenn er mit einem Scheidungsurteile endigt, ist das Strafgesetz gegen Ehebruch ein Gesetz zum Schutz des Rechts des Ehegatten, und andererseits wird die Verletzung dieses Rechts kaum in erheblichem Grade durch die Wiederholung fühlbarer: die Treue ist einmal gebrochen. Daraus ergibt sich, daß in der Regel die Wiederholung einer ehebrecherischen, mit derselben dritten unverheirateten Person vorgenommenen Handlung nur ein fortgesetztes Vergehen darstellen wird,[153]) ja, daß es oft auch nicht darauf ankommen wird, daß die mitschuldige Person bei den wiederholten Ehebruchshandlungen dieselbe Person sei.[153a]) Nur wenn es besonderer Verführung, also einer neuen, stark hervortretenden Willensaktion des schuldigen Ehegatten bedurfte, um die neue mitschuldige Person zu gewinnen, wäre meiner Ansicht nach Realkonkurrenz vorhanden.

Realkonkurrenz würde auch anzunehmen sein, wenn nach der ersten Ehebruchshandlung Verzeihung seitens des beleidigten Ehegatten erfolgt wäre; denn dann ist die Wiederholung eine völlig erneut fühlbare Verletzung der ehelichen Treue.

Die Beurteilung der Fälle, in denen beide schuldige Personen verheiratet sind, ergibt sich hiernach von selbst.

Beim Betruge ist die Person des Betrogenen häufig deshalb wesentlich, weil, um eine andere Person zu täuschen und an ihrem Vermögen zu schädigen, meist die Handlung konkret sich wesentlich anders gestalten wird. Wenn aber jemand angebliche Arzneimittel mit Hilfe einer Zeitungsreklame an eine Unzahl von Personen in derselben Weise betrügerisch zu hohem Preise verkauft, so begeht er m. E. nur einen fortgesetzten Betrug;[154])

---

[153]) Anders, wenn z. B. Jahre zwischen dem ersten und zweiten Ehebruch liegen würden. Von einer fortdauernden Verführung durch die frühere Handlung wäre hier nicht zu reden.

[153a]) Ob der Ehemann, der öfter ein Bordell besucht, hier mit einer oder mit mehreren Dirnen zu tun hatte, dürfte für seine Schuld gleichgültig sein.

[154]) *Doerr*, S. 142 meint, fortgesetzter Betrug sei nur in Ansehung desselben Vermögens denkbar; dabei könnten aber Täuschungen verschiedener Personen vorkommen. Solche auf willkürlicher Begriffsbildung (Betrug = Vermögensdelikt) beruhende Beurteilung der einzelnen Fälle kann der Schuld nicht gerecht werden. Man kann doch Betrug auch auffassen als Delikt gegen Treue und Glauben.

ebenso begeht, wer mittels einer Liste angeblich für einen milden Zweck betrügerisch Beträge sammelt,[155]) fortgesetzten Betrug (oder fortgesetzte Unterschlagung).

Die Urkundenfälschung ist, insofern von einer und derselben gefälschten Urkunde gegen mehrere Personen Gebrauch gemacht wird, ebenso zu behandeln wie der Betrug. Die Anfertigung und der Gebrauch mehrerer gefälschter Urkunden schließt aber keineswegs immer die Annahme eines fortgesetzten Delikts aus. Dafür spricht, daß die Anfertigung gefälschter Inhaberpapiere nach StGB. § 149, die nichts anderes ist als Anfertigung von Urkunden bestimmter Art, sogar ein einheitliches Verbrechen darstellen kann. Es kommt darauf an, ob im einzelnen Falle die Urkunden als gleichartige gelten können. Falsche Anschuldigung, verübt gegen mehrere Personen, ist, da das Strafgesetz gegen falsche Anschuldigung zweifellos auch ein Gesetz zum Schutze von Personen als solcher ist, nicht fortgesetztes Vergehen. Fortgesetzte Brandstiftung wird als gemeingefährliches Verbrechen selten vorkommen können; die Gefahr (wenigstens die mittelbare) für Sachen und Personen wird bei der nachfolgenden Handlung meist eine andere sein als bei der vorhergehenden; jedoch wenn dasselbe einsam liegende Haus oder derselbe einsam gelagerte, einem andern gehörige Vorrat von landwirtschaftlichen Erzeugnissen usw. mehrmals angezündet würde, könnte von einem fortgesetzten Verbrechen die Rede sein.[156]) Unterschlagung ist m. E. ebenso zu behandeln wie Diebstahl; es kommt also darauf nicht an, daß Depots verschiedenen Eigentümern gehören: Unterschlagung ist wesentlich Eigentumsverbrechen. Ein Vertrauensverhältnis ist dabei nur Qualifikationsgrund;[157]) es begründet keineswegs die Strafbar-

---

[155]) Auch die belgische Jurisprudenz nimmt bei einem durch gleichlautende Zirkulare gegen mehrere Personen verübten Betruge fortgesetztes Vergehen, nicht Realkonkurrenz an, *Pandectes belges* **28**, *Cumul des infractions n.* 139. In Deutschland ist die Beurteilung des Falles kontrovers. Vgl. *Doerr* S. 143. Das RG. III hat neuerdings 26./3. 06 (Das Recht **10** Sp. 511; Jahrb. **1** S. 34) ausgesprochen, der Umstand, daß mehrere Personen verletzt seien, sei mit der Annahme eines fortgesetzten Verbrechens nur dann unvereinbar, wenn es sich um persönliche Individualrechte, nicht aber um Vermögensrecht handle.

[156]) Ähnlich *Doerr* S. 141.

[157]) Unrichtig *Buri*, Einheit S. 93. Dagegen insoweit richtig *Doerr*, S. 139, der aber eigentümlicherweise in der Unterschlagung der Deposita mehrerer Eigentümer Realkonkurrenz findet. Das sogenannte Depotgesetz vom 5./7. 96 § 11

keit, wie beim Ehebruch das eheliche Verhältnis. Auch das Wort „Untreue" darf nicht dazu verleiten, in den mannigfachen im StGB. § 266 zusammengefaßten Deliktsfällen durchweg ein derartig gegen die Person gerichtetes Delikt zu erblicken, so daß von einem fortgesetzten Vergehen nie zu reden wäre, wenn das Delikt verschiedene Personen schädigt. Wenn es richtig ist, daß jemand, der zwei verschiedene Vormundschaften führt oder Generalbevollmächtigter zweier Personen ist, nie eine fortgesetzte Untreue begeht, falls er in beiden Pflichtverhältnissen die Interessen seines Mündels oder seines Auftraggebers absichtlich schädigt, so kann dagegen die geschädigte Person in den unter StGB. § 266 Nr. 3 bezeichneten Fällen zurücktreten, da es sich hier um die Ausübung von Gewerben handelt.

Die Verletzung sogenannter Individualrechte (z. B. Urheberrechte, Patentrechte) verschiedener Personen oder verschiedener Individualrechte derselben Person ist nach der herrschenden und als richtig zu bezeichnenden Ansicht nie fortgesetztes Delikt: die Eigenartigkeit des im einzelnen Falle verletzten Rechtes tritt hier in besonderer Schärfe hervor, und um ein solches Individualrecht zu verletzen, wird der Schuldige meist jedesmal in anderer Weise vorgehen.[158])

Kann auch ein fortgesetztes fahrlässiges Verbrechen angenommen werden? Alle diejenigen, welche wie *Hälschner*, das RG.[159]) und *Doerr*, sei es einen einheitlichen Entschluß oder einen einheitlichen Vorsatz fordern, verneinen selbstverständlich

---

behandelt es sogar als Einheitsdelikt, „wenn ein Kaufmann, welcher seine Zahlungen eingestellt oder über dessen Vermögen ein Konkursverfahren eröffnet worden ist, im Bewußtsein seiner Zahlungsunfähigkeit oder Überschuldung fremde Wertpapiere, die er im Betriebe seines Handlungsgewerbes in Gewahrsam genommen, sich rechtswidrig zugeeignet hat" ohne zu unterscheiden, ob die unterschlagenen Wertpapiere einer oder einer Mehrzahl von Personen gehören. Die Unterschlagung erscheint hier als besonderer Fall des strafbaren Bankerotts. — Die Beamtenunterschlagung ist ebenfalls wesentlich Eigentumsdelikt. Daher bilden Unterschlagungen eines Beamten im Amte nicht immer ein fortgesetztes, geschweige ein einheitliches Verbrechen.

[158]) Die Begründung des Urteils RG. II 29./3. 81 E. 4 Nr. 36, bes. S. 37, läßt allerdings zu wünschen übrig, wenn gesagt wird: „Es ist die Einzelhandlung selbst, welche das Gesetz treffen will, weil sie das Recht eines Dritten verletzt, und es sind daher so viel selbständige Handlungen vorhanden, als Verletzte vorhanden sind." Danach würde auch die Möglichkeit eines fortgesetzten Diebstahls verneint sein, wenn die gestohlenen Sachen mehreren Eigentümern gehören.

[159]) Vgl. in diesem Sinne über die vom RG. angenommene Konstruktion des fortgesetzten Verbrechens *Stenglein* GS. 58 S. 314 und RG. IV, 4./1. 87 Rs. 9 S. 7.

die Möglichkeit eines fortgesetzten fahrlässigen Delikts, während diejenigen, welche solchen Entschluß oder Dolus nicht verlangen, sondern in der Beschaffenheit des verletzten Rechtsgutes und der Art seiner Verletzung das Wesen des fortgesetzten Verbrechens erblicken, die Möglichkeit eines fortgesetzten Verbrechens auch bei fahrlässigen Handlungen annehmen, ein Fall, der aber nicht zu verwechseln ist [160]) mit dem Falle einer einmaligen fehlerhaften (kulposen) Tätigkeit, aus welcher Beschädigungen mehrerer Objekte hervorgehen.[161]) Nach den oben gegebenen Ausführungen muß die Frage im letzteren bejahenden Sinne entschieden werden.[162]) Die spätere fahrlässige Handlung kann sich zu einer früheren ebenfalls fahrlässigen Handlung ebenso verhalten, wie die spätere vorsätzliche Handlung zu der früheren ebenfalls vorsätzlichen. Die Versuchung, wenn jemand einmal nachlässig verfahren ist, nochmals in gleicher Situation so zu verfahren, ist sogar noch stärker, und der in fortgesetzter Weise fahrlässig Handelnde hat deshalb noch mehr Anspruch auf die mit der Annahme eines fahrlässigen fortgesetzten Delikts gegebene verhältnismäßig mildere Behandlung als der vorsätzlich Handelnde.[163]) Zu beachten ist indes, daß, sobald der fahrlässig

---

[160]) *Berner* S. 306, der sich gegen die Anerkennung eines fahrlässigen fortgesetzten Verbrechens erklärt, verwechselt beide Fälle, ebenso wie *Schütze* S. 193, der sich dafür ausspricht. Richtig unterscheidet *Kramer* S. 54.

[161]) Wenn ein Apotheker eine Flasche fahrlässigerweise mit einer unrichtigen Aufschrift versehen hat, und infolge davon unrichtig gemischte Arzneien verabreicht, welche bei verschiedenen Personen tödlich wirken, so ist dies nicht ein fortgesetztes, vielmehr ein einheitliches, fahrlässiges Delikt mit mehreren Erfolgen: es ist natürlich und an sich nicht fahrlässig, daß der Apotheker die Aufschrift als den Inhalt der Flasche richtig angebend betrachtet; daher ist in solchem Falle die fahrlässige Handlung nicht die fehlerhafte Mischung, vielmehr das verkehrte Bezeichnen, es müßte denn die Irrigkeit der Aufschrift sich durch besondere Anzeichen des in der Flasche enthaltenen Stoffes, z. B. Farbe, Geruch, verraten. Wohl aber ist es fortgesetztes fahrlässiges Handeln, wenn ein Arzt mehrmals einem Kranken dasselbe Rezept fehlerhaft aufzeichnet, eine Köchin regelmäßig schlecht gereinigte Geschirre benutzt, in denen sich Grünspan sammelt. So richtig *Wacheufeld* S. 117; *Kramer* S. 54.

[162]) Dafür *Schütze* S. 192, 193; *H. Meyer* § 61 zu Anm. 14; *Allfeld* zu Anm. 15; *Binding* Handb. 1 S. 537, der aber die Möglichkeit des fortgesetzten Verbrechens nur bei bewußter Fahrlässigkeit annimmt, eine m. E. nicht haltbare Beschränkung, gegen die sich auch *H. Meyer* und *Allfeld* erklären; *Merkel* S. 127; *Wachenfeld* S. 107.

[163]) Ein vorsätzliches Herbeiführen eines Erfolges ist aber im Verhältnis zu einem fahrlässigen Bewirken eines wenn auch gleichen Erfolges stets eine ungleichartige Handlung. Daher können fahrlässige und vorsätzliche Handlungen nie zu einem fortgesetzten Verbrechen zusammengefaßt werden. So auch *Kramer* S. 53. Anders *Wachenfeld* S. 117.

Handelnde von dem schädlichen Erfolge seiner früheren Fahrlässigkeit Kunde erhält, eine gleichwohl in unverzeihlicher Gleichgültigkeit oder übergroßem Leichtsinn wiederholte, wenn auch äußerlich gleichartige fahrlässige Handlung nicht mehr als durch die erste Handlung veranlaßt anzusehen ist. Die Kenntnis der schädlichen Folgen unterbricht als eingreifende Warnung den Zusammenhang der Handlungen. Wer trotz dieser Warnung in derselben Weise unvorsichtig handelt, verdient mildere Behandlung nicht.

Daß bei Unterlassungsdelikten die Annahme eines fortgesetzten Deliktes nicht prinzipiell ausgeschlossen ist, kann nach den oben angenommenen Sätzen nicht bezweifelt werden und ist auch vom RG. mehrfach ausgesprochen (die Richtigkeit der einzelnen Entscheidungen des RG. soll damit nicht zugestanden werden). Gerade bei Unterlassungsdelikten, z. B. Unterlassung von Deklarationen, wird es von Wichtigkeit sein, die Möglichkeit eines fahrlässigen fortgesetzten Delikts anzuerkennen.

§ 234. Den vorstehenden Ausführungen zufolge wird die Annahme, daß nicht Realkonkurrenz im gewöhnlichen Sinne,[164]) vielmehr der besondere Fall des fortgesetzten Verbrechens vorliege, häufig vom richterlichen Ermessen abhängen, da insbesondere die Begriffe „gleichartige Gelegenheit, konkret gleichartige Handlung (Ausführung)" fließende, verschiedener Auffassung im konkreten Falle zugängliche sind. Gleichwohl wäre es eine irrige Schlußfolgerung, es sei deshalb der Begriff des fortgesetzten Verbrechens aus dem Strafrechte zu entfernen und zum Ersatze dem Richter bei Bestrafung der Realkonkurrenz noch freiere Hand zu geben, so daß er auch im Falle der Realkonkurrenz nur auf Strafe innerhalb des für das einfache Delikt geltenden Strafrahmens erkennen dürfte. Es ist Täuschung, in solcher dem Richter gegebenen Freiheit der Beurteilung eine Lösung des Problems zu erblicken. Das Problem tritt nur nicht zu Tage. Gibt es überhaupt keine diese Frage behandelnde und, wenn auch bestrittene, so doch sie immerhin aufhellende Theorie mehr, so bleibt nur die Entscheidung nach dem augenblicklichen Ge-

[164]) Daß das fortgesetzte Verbrechen rein logisch betrachtet ein Fall der Realkonkurrenz ist, dürfte eigentlich als selbstverständlich zu betrachten sein.

fühl, vielleicht nach völlig irriger, jedenfalls nach einer bei den einzelnen Richtern und Gerichten vermutlich höchst verschiedenen, nicht weiter zu motivierenden Auffassung, die, in keiner Weise im Wege der Revision angreifbar, vom höchsten Gerichtshofe nicht berichtigt werden kann. Solcher Entscheidung lediglich nach individuellem Gefühl ist eine sich allmählich rektifizierende Theorie vorzuziehen, und daher ist, ohne daß irgendeine gesetzliche Bestimmung dazu zwang, auch in der französisch-belgischen Wissenschaft und Praxis das fortgesetzte Verbrechen anerkannt. Ausdrücklich ist dies im italienischen StGB. Art. 79 geschehen (freilich mit einer fehlerhaften, den einheitlichen Entschluß als maßgebend bezeichnenden Definition [164a]) und mit der besonderen Bestimmung, daß die Strafe der einfachen Straftat um ein Sechstel bis um die Hälfte erhöht werden muß. Ich glaube also, daß man bei der Reform des Strafrechts an dem Begriffe des fortgesetzten Verbrechens festhalten sollte, obschon er sich in den neuesten ausländischen Gesetzgebungsarbeiten nicht findet, bei deren Abfassung überhaupt vielfach die Meinung geherrscht hat, die beste Lösung vieler Schwierigkeiten sei ein schrankenloses richterliches Ermessen.

Die Möglichkeit, ein fortgesetztes Verbrechen anzunehmen, leistet übrigens auch prozessual nicht unerhebliche Dienste. Sie erleichtert in vielen Fällen Anklage und Urteil, wenn es feststeht, daß der Angeklagte zwar eine Reihe gleichartiger Delikte begangen hat, aber die Zeit der einzelnen Handlungen und der Umfang des jedesmaligen Schadens (z. B. der Betrag der einzelnen Diebstähle) nicht angegeben werden kann, und erweitert andererseits in zweckmäßiger Weise den Umfang der Rechtskraft des Urteils.[165])

Eine andere Frage ist freilich, ob das Gesetz nur die Existenz eines fortgesetzten Verbrechens anzuerkennen — wenn auch nur durch eine Andeutung, wie sie in StGB. § 74 in dem Erfordernisse der Realkonkurrenz zu finden ist, daß Realkonkurrenz nur bei Mehrheit selbständiger Handlungen vorliege — oder auch eine

---

164a) Selbstverständlich nur, wenn dieselbe gesetzliche Vorschrift (*stessa disposizione di legge*) mehrmals verletzt ist. Vgl. über die Verhandlungen betreffend die Abfassung des Art. 79 *Crivellari* 4 S. 302. *Brusa* erklärte sich gegen das Erfordernis desselben Entschlusses.

165) Nur aus solchen prozessualen Rücksichten möchte *Kramer* S. 58 den Begriff des fortgesetzten Verbrechens erhalten sehen

Definition des fortgesetzten Verbrechens zu geben habe.[166]) Vielleicht könnte (Verbesserung vorbehalten) eine die Definition des fortgesetzten Delikts mitenthaltende Bestimmung lauten:

„Über die Höchststrafe der einfachen Straftat darf nicht hinausgegangen werden,[167]) wenn die durch das Gelingen einer früheren Straftat gegebene Versuchung bei Begehung einer gleichen Straftat unter wesentlich gleichen Umständen sich wirksam zeigte.[168]) Diese Bestimmung findet keine Anwendung bei vorsätzlicher Übertretung von Strafgesetzen, welche unmittelbar den Schutz von Personen [168a]) bezwecken oder mitbezwecken, wenn die Wiederholung der Straftat dem Verletzten oder Gefährdeten als selbständige Verletzung oder Gefährdung fühlbar [169]) sein mußte."

Vielleicht aber finden viele eine Andeutung richtiger etwa in der Form:

„Eine wiederholte Straftat darf mit einer das Höchstmaß der einmaligen Straftat übersteigenden Strafe nicht geahndet werden, wenn die späteren Straftaten nur als Fortsetzung der ersten der Aburteilung unterliegenden Handlung anzusehen sind."

---

[166]) *Finger* 1 S. 380 ff. bemerkt, dem RG. so wenig wie der Theorie sei die Lösung des Problems gelungen, was nach dem StGB. unter einem fortgesetzten Verbrechen im Gegensatz zur Wiederholung desselben Verbrechens durch mehrere selbständige Handlungen zu verstehen sei. Nur durch positive, aber gegenwärtig fehlende gesetzliche Bestimmung sei der Unterschied festzustellen (S. 382).

[167]) Kann bei dem fortgesetzten Verbrechen über das Höchstmaß der Strafe des einfachen Deliktes hinausgegangen werden, so ist m. E. die Aufstellung der Kategorie des fortgesetzten Verbrechens nur von geringer Bedeutung.

[168]) Sie zeigt sich nicht mehr wirksam, wenn ein zu langer Zeitraum seit der vorhergehenden Handlung verflossen ist, wobei es dann auch auf die Natur des Delikts ankommt, wie ausgeführt wurde. Sie zeigt sich ebenfalls nicht mehr wirksam — außer bei einem stark dem Begehen der Straftat zuneigenden Sinne, daher schärferer Strafe zu unterwerfenden Persönlichkeit —, wenn eine Entdeckung die Straftaten trennt.

[168a]) Vielleicht wären hier noch die Worte einzufügen „oder höchst persönlicher Rechte". Ich halte dies aber kaum für erforderlich, weil die Verletzung mehrerer Individualrechte sogar derselben Person, selbst wenn sie mittels eines und desselben Willensaktes erfolgen würde (z. B. in einem und demselben Bande werden zwei verschiedene Werke desselben Autors nachgedruckt), meiner Ansicht nach als homogene Idealkonkurrenz zu betrachten, und schon deshalb bei mehreren Willensakten Realkonkurrenz anzunehmen ist.

[169]) Neu und selbständig fühlbar ist eine Verletzung, auch wenn sie eine andere Person trifft.

Doch könnte man, falls nur eine Andeutung für richtiger erachtet würde, auch eine sich dem Ausdruck des gegenwärtigen § 74 mehr anschließende Formel vorziehen, da man sich immerhin an den Ausdruck des § 74 gewöhnt hat.

Die Anerkennung des fortgesetzten Verbrechens als einer milder zu behandelnden Art der Realkonkurrenz entspricht, wie ausgeführt wurde, der Gerechtigkeit, aber auch der Idee der Schutzstrafe. Liegen die Voraussetzungen vor, unter denen ein fortgesetztes Delikt anzunehmen ist, so hat eine gewisse besondere Verführung zur Wiederholung der Straftat stattgefunden; eine stärkere Strafe als das Höchstmaß der einfachen Straftat scheint also nicht gerade geboten, um präventiv einschüchternd auf den Schuldigen zu wirken oder ihn durch die Strafe zu bessern. Und jede Erhöhung einer Strafe, die in der Mehrzahl der Fälle unnötig ist, muß vermieden werden. Darin sind alle gegenwärtig noch vertretenen Strafrechtstheorien einig.[170])

§ 235. Teilnahme an einer derjenigen Handlungen, welche zusammen ein fortgesetztes Delikt bilden, ist nicht immer auch Teilnahme an dem Ganzen des fortgesetzten Delikts. Es kommt einerseits auf den Vorsatz des Anstifters oder Gehilfen (Begünstigers) an; will er nur für eine der betreffenden Handlungen Beihilfe leisten, so ist mit diesem Willen nicht notwendig der

---

[170]) Die Bestimmungen des Reichsstrafgesetzbuchs über Konkurrenz der Delikte gelten auch für den Fall der Konkurrenz von Handlungen, die nach Reichsrecht strafbar sind, mit Handlungen, die strafbar nach Landesrecht sind, und der richtigen Ansicht nach ist in solchem Falle die Handlung lediglich nach Landesrecht zu strafen, wenn dieses für das landesrechtlich strafbare Delikt die Strafe im Höchstmaße höher bestimmt. Die Frage ferner, ob und inwieweit die Landesgesetzgebung vom Reichsstrafrecht abweichende Bestimmungen aufstellen könne für die Konkurrenz der von ihr unter Strafe gestellten Handlungen, falls solche allein in Betracht kommen, ist nach dem oben Bd. **1** S. 51 angenommenen Satze dahin zu entscheiden, daß die Landesgesetzgebung zwar dergleichen Konkurrenzfalle milder behandeln kann, als nach Reichsrecht der Fall sein würde, nicht aber strenger. Sie könnte z. B. ausdrücklich bestimmen, daß mehrfache Übertretungen eines Gesetzes nur als fortgesetztes Delikt bestraft werden sollen, wenn sie auch nach Reichsrecht als real konkurrierend anzusehen waren. Dagegen erscheint es unzulässig, daß abweichend ein Fall idealer Konkurrenz oder eines fortgesetzten Delikts als Realkonkurrenz behandelt werde. Daher ist m. E. eine Bestimmung wie die des § 2 des preußischen Gesetzes vom 29./8. 04, betreffend das Spiel in außerpreußischen Lotterien, ungültig, der zufolge jede einzelne Verkaufs- oder Vertriebshandlung von ausländischen Losen in Preußen nicht zugelassener Lotterien als besonderes selbständiges Vergehen bestraft werden soll, auch wenn die einzelnen Handlungen zusammenhängen und auf einheitlichen Vorsatz des Taters oder Teilnehmers zurückzuführen sind.

Erfolg verbunden, daß der Täter noch weitere Delikte begehe. Andererseits sind bereits in der Vergangenheit liegende Handlungen (Anstiftung und Beihilfe, nicht aber Begünstigung) der Bestrafung entzogen. Möglich ist allerdings, daß auch bei Beihilfe oder Anstiftung zunächst nur zu einer Handlung die Absicht vorhanden ist, den Täter zur Begehung weiterer Delikte zu veranlassen. Die Ausführung, das fortgesetzte Delikt bilde „ein unzerreißbares Verbrechen", ist unzutreffend; die Aufstellung der Kategorie des fortgesetzten Verbrechens entzieht sich, wie bemerkt, der strengen Begriffslogik; sie hat nur die Bedeutung, daß der eines fortgesetzten Delikts Schuldige der strengeren Strafe der Realkonkurrenz nicht unterworfen wird: das unzerreißbare Verbrechen existiert, ohne Realität zu besitzen, nur in der Theorie.[171]) Es wäre widersinnig, aus der Annahme eines fortgesetzten Delikts eine gelindere Strafe für den Täter, dagegen für den Teilnehmer nur an einer einzelnen Handlung ein nachteiliges Ergebnis abzuleiten. Daß die akzessorische Eigenschaft der Teilnahme nicht entgegensteht, ist bereits oben dargelegt worden. Es kann aber auch umgekehrt insbesondere Anstiftung in der Art wiederholt vorkommen, daß fortgesetzte Anstiftung anzunehmen ist, obwohl die Ausführungshandlungen, weil jedesmal ein anderer zur Ausführung bestimmt wird, mit einander nichts zu schaffen haben; z. B. ein Viehhändler benutzt mehrfach verschiedene Personen, um verbotswidrig Vieh vom Auslande in das Inland zu schaffen. Wenn anscheinend überwiegend die entgegengesetzte Ansicht vertreten wird, so beruht dies wiederum auf einer irrigen Auffassung des akzessorischen Charakters der Teilnahme, zugleich aber auf Verkennung des realen Grundes, welcher das Gesetz zur Annahme der Möglichkeit eines fortgesetzten Delikts geführt hat. Das fortgesetzte Verbrechen ist im Vergleich zur Realkonkurrenz ein persönlicher Milderungsgrund, beruhend auf der Verführung zur

[171]) So freilich *Liszt* § 55 I; *Doerr* S. 211. Dagegen aber *Merkel*, Fortges Verbr. S. 160ff; *Rathenau* S. 106; *Oppenhoff-Delius* § 74 Anm 8a; *Frank* § 74 V. 2a E. RG. III, 5./3. 88 und 15./3. 88 E. **17** Rs. **10** S. 207 Nr. 56, bes. S. 229. — *Doerr*, S. 210 Anm., ist der Ansicht, das RG. zeige durch diese Entscheidungen ein merkwürdiges Schwanken gegenüber der sonst vom RG. angenommenen Auffassung des fortgesetzten Verbrechens als einer Einheit. Meiner Ansicht liegt ein Widerspruch nur im wörtlichen Ausdruck, nicht in der Sache selbst vor, da die Frage, ob logisch Einheit oder Mehrheit der Handlungen beim fortgesetzten Verbrechen anzunehmen sei, ebenso bedeutungslos wie einer Lösung unzugänglich ist.

Wiederholung der Tat dadurch, daß nach nicht zu langer Zeit dieselben Umstände zu gleichartiger Begehung verlocken, sofern der besondere Charakter des Delikts nicht entgegensteht, welcher dem Schuldigen deutlich machen muß, daß hier die Tat mehrfach fühlbar wird.

Daß Delikte, die als Einzelhandlungen verjährt sind, für das fortgesetzte Delikt nicht mehr in Betracht zu ziehen sind, ist bereits oben S. 406 zu Anm. 90 ausgeführt worden; dagegen werden im Auslande begangene (nach den dortigen Gesetzen noch nicht verjährte) Handlungen mitgerechnet werden müssen, sofern dies dem Angeklagten günstig ist, d. h. sofern anzunehmen ist, daß durch die Mitberücksichtigung im inländischen Urteil eine Verfolgung im Auslande ausgeschlossen wird.[172])

§ 236. Nach dem Grundsatze, daß die Rechtskraft eines Urteils mit der Wirkung „*Ne bis in idem*" jedenfalls alles dasjenige umfaßt, was der Richter mit abzuurteilen die Befugnis hatte, während Unkenntnis von Tatsachen oder Rechtssätzen unerheblich ist, gilt das „*Ne bis in idem*", also Ausschluß jedweder künftigen Strafverfolgung unter irgendeinem Titel auch für die in dem richterlichen Erkenntnisse, sei dies ein freisprechendes, sei es ein verurteilendes, nicht berücksichtigten, zu dem fortgesetzten Delikte gehörigen Handlungen, und zwar sind nicht nur ausgeschlossen diejenigen Handlungen, welche der das Urteil sprechende Richter zu berücksichtigen befugt war, vielmehr auch alle diejenigen Handlungen, welche das die Urteilsfälschung vorbereitende Gericht bei Beginn der Untersuchung berücksichtigen durfte. Die Schranken, welche ein Eröffnungsbeschluß setzt, bestehen nur im Interesse der Verteidigung, der genügenden Vorbereitung des Urteils. Sie haben nicht die Bedeutung, den Umfang der Rechtskraft des Urteils zum Nachteil des Angeklagten zu beschränken. Unter der Unkenntnis von Tatsachen oder der irrigen Auffassung von Rechtssätzen auf seiten des früher mit der Sache befaßten Gerichts darf der Angeklagte in einem späteren Verfahren nicht leiden. Ist umgekehrt einem früheren verurteilenden Erkenntnisse eine zu einem fortgesetzten Delikte gehörige Handlung, ohne daß

---

[172]) Vgl. Bd. 1 S. 149.

dieser Umstand bekannt war, als Einzelhandlung festgestellt worden, so muß für die übrigen zu dem fortgesetzten Delikte gehörigen Handlungen ebenfalls das „*Ne bis in idem*" Anwendung finden. Muß das spätere Urteil zu dem Ausspruche gelangen, daß der Angeklagte ein fortgesetztes Delikt begangen habe, welches die früher abgeurteilte Handlung in sich schließt, so würde es durch eine Verurteilung sich in Widerspruch setzen mit dem früher festgestellten Sachverhalte. Will aber das spätere Urteil, um diesen Widerspruch zu vermeiden, aussprechen, daß die nun von ihm zu beurteilende Handlung ein einheitliches Ganzes nicht bilde, so setzt es sich in einen unzulässigen Widerspruch mit der eigenen Überzeugung.[173])

Ein früheres freisprechendes Urteil hat diese Bedeutung nicht. Erklärt es die Handlung oder eine Mehrzahl von Handlungen für nicht bewiesen, so kommt dieselbe auch für den späteren Prozeß nicht in Betracht; sie gilt als nicht vorhanden. Daher kann der später urteilende Richter in anderen Handlungen des Angeklagten ein fortgesetztes Verbrechen unbehindert annehmen. Es steht indes ebenso, wenn das frühere Urteil die Handlung für erwiesen, aber für nicht strafbar erklärte; denn nur strafbare Handlungen darf das spätere Urteil seinem Urteile, daß ein fortgesetztes Delikt vorliege, zugrunde legen, und da ein im Strafprozesse ergehendes Urteil nur strafbare Handlungen feststellen soll, so ist die Feststellung einer nicht strafbaren Handlung nur ein Entscheidungsgrund; die strafbare Handlung war nicht erwiesen und kann nicht mehr erwiesen werden, kann daher auch

[173]) Anders RG. I, 15./10. 94 E. 26 Nr. 66 S. 163 und *Farnbacher* GS. 54 S. 391; aus dem Grunde, daß das frühere Urteil festgestellt habe, die früher abgeurteilte Handlung sei ein selbständiges Einzeldelikt, und daß somit das spätere Urteil, wollte es die Rechtskraft auf die nunmehr abzuurteilende Handlung (oder auf eine Mehrzahl anderer Handlungen) erstrecken, mit dem früheren Urteil sich in Widerspruch setzen würde, da dieses die Handlung für ein Einzeldelikt erklärt habe. *Höpfner* 2 S. 210 erklärt, indem er gleichfalls gestattet, den Angeklagten in dem späteren Verfahren zu verurteilen, diese Begründung für unrichtig, weil das frühere Urteil über die Frage, ob ein Einzeldelikt vorliege, überhaupt nichts gesagt, diese Erwägung vielmehr dem früheren Urteil ferngelegen habe. Die Begründung, welche das RG. und *Farnbacher* ihrer Ansicht geben, berücksichtigt den Widerspruch nicht, in den das spätere Urteil bei Befolgung dieser Ansicht mit der Überzeugung des Richters selbst gerät. *Höpfners* Begründung leidet an dem prinzipiellen Fehler, die Rechtskraft des Urteils nur so weit zu erstrecken, als die Erwägungen des Richters reichen. Es kommt nicht darauf an, was der Richter wirklich aussprach, vielmehr auf dasjenige, was er aussprechen konnte, wenn er alles wußte, alle Umstände kannte.

nicht gedacht werden, als stände sie in irgendwelchen Beziehungen zu andern Handlungen.[174])

[174]) *Höpfner* **2** S. 213 legt unter Berufung auf das Urteil des RG. vom 25./5. 1900 E. **38** Nr. 93 S. 303 der *Res judicata* nur die Bedeutung bei, daß eine andere Entscheidung über dieselbe Sache unzulassig sei: das Urteil, daß eine strafbare Handlung begangen oder nicht begangen sei, soll demnach überhaupt nur die Bedeutung eines Entscheidungsgrundes, und der Richter in dem späteren Prozesse daher völlig freie Hand haben, einerlei, ob in dem früheren Urteil Freisprechung oder Verurteilung erfolgte. Ich halte diese Ansicht nicht für richtig; eingehende Kritik würde zu weit in das Gebiet des Strafprozesses führen; das zitierte Urteil des RG. erklärte es für zulässig, in einem späteren Urteile es als Beweisgrund für die Gewerbsmaßigkeit einer Handlung zu benutzen, daß der Angeklagte eine Handlung begangen habe, die gleichartig sei mit derjenigen, wegen welcher rechtskräftig Freisprechung erfolgt war.

Sachregister.

Fette Zahlen bezeichnen den Band, Zahlen in anderer Schrift die Seiten; ein beigefügter Stern bezeichnet die grundlegende Erörterung.

A.

B.

C.

D.

E.

F.

G.

H.

I.

J.

K.

L.

M.

N.

O.

P.

T.

U.

V.

W.

Z.

Druck von Georg Reimer in Berlin.